박문각 경찰

박충신 경찰헌법

기본 이론서

박충신 편저

스토리가 있는 *만점 경찰헌법*

박문각

헌법과 헌법 공부 방법

누군가 헌법을 공부하려는 학생들에게 "헌법이 어떤 법인지 아십니까?"라는 질문을 한다면, 아마 대부분의 학생들은 "우리나라의 최고법입니다."라고 대답할 것이다. 이 대답이 틀린 진술은 아니다. 헌법은 우리나라의 법규범 중에서 최고의 효력을 갖는 법규범임에 틀림없기 때문이다. 이제 질문을 바꿔 보자. "헌법은 무엇을 규율하는 법입니까?" 이 질문에 속 시원히 대답할 수 있는 학생은 적을 것이다. 헌법을 공부하려는 우리는 지금 이 질문 앞에 있다. 그래서 나는 이 질문으로부터 이 책을 시작하려 한다. 헌법이 최고법인 것은 당연히 주어지는 것이 아니라 헌법이 규율하고 있는 내용에서 비롯된다. 한걸음 더 나아가 보면, 헌법이 정당하다는 것 역시 당연한 것이 아니라 헌법이 규율하고 있는 내용에서 비롯된다. 요컨대, 우리가 주목해야 하는 것은 헌법의 효력이 아니라 헌법의 내용이다.

우리는 모여서 '국가'라는 정치적 공동체를 이루고, 그 국가라는 정치적 공동체 속에서 국가 그리고 국가를 구성하고 있는 개인과 다양한 관계를 맺으며 살아간다. 이렇게 우리는 국가라는 하나의 정치적 공동체를 형성하고, 그 정치적 공동체의 기관을 조직·구성하며, 그 기관의 권한행사를 통해 국가적 공동체로서 생활하게 되는데, 이러한 국가적 공동체로서의 생활방식을 규율하는 것이 헌법이다. 따라서 국가는 헌법에 의해 형성되고, 헌법에 의해 조직되며, 헌법에 의해 운영되는 것이다. 여기서 나는 이 책의 독자들이 국가라는 정치적 공동체 이전에 우리가 존재하는 공간에 주목하기를 청한다. 왜냐하면 그 공간에서 국가라는 정치적 공동체의 생활방식을 규율하는 헌법이 형성되기 때문이다. 우리가 그 공간을 일반적으로 '사회'라 부른다면 우리 헌법의 모태는 우리가 존재하는 사회이다. 그렇다면 우리는 헌법이 모태로 하고 있는 사회가 다르거나 달라지면 헌법 역시 다르거나 달라질 수밖에 없음을 짐작할 수 있다. 여기서 우리는 헌법의 다양성과 역사성 그리고 헌법의 정당성의 근거가 어디에 있는지를 짐작할 수 있다.

오늘날 우리 사회는 '보편성'과 '특수성'을 함께 가지고 있다. 보편성은 우리 사회가 이웃하는 사회와 공유하는 '이념과 가치'이고, 특수성은 우리 사회의 고유한 '이념과 가치'이다. 이념과 가치는 그 사회의 지향점이며 규범의 근원이다. 우리가 국가라는 정치적 공동체 속에서 생활하는 이유는 무엇일까? 그것은 국가적 공동체로서의 생활을 통해 우리 사회가 가지고 있는 이념과 가치를 제대로 실현하기 위함이다. 그렇다면 국가적 공동체의 생활방식을 규율하는 헌법 역시 우리 사회가 가지고 있는 이념과 가치로부터 자유로울 수 없으며, 우리 사회가 가지고 있는 이념과 가치를 실현하기 위한 규범이어야 한다. 즉 헌법은 우리 사회가 가지는 이념과 가치 그리고 이를 실현하기 위한 제도가 체계적으로 연계된 정돈된 규율이다. 그런 이유로 나는 이 책에서 우리 사회가 지향하는 이념과 가치의 모습을 구체적인 제도나 판례를 통해 확인하는 데 중점을 두었다. 따라서 본 저자는 이 책을 읽는 독자들 역시 이 책을 통해서 헌법적 지식이나 정보를 넘어 우리 사회가 지향하는 이념과 가치의 구체적인 모습을 확인하길 바란다.

수험생이 헌법을 효율적이고 효과적으로 공부하는 방법은 다음과 같다.

첫째, 전체를 전제로 부분을 이해해야 한다. 우리가 공부하는 헌법을 '코끼리'에 비유해 보자. 코끼리를 알지 못하는 사람에게 코끼리 코와 귀와 상아 등 코끼리의 각 신체 사진을 보여주고 "이런 것들이 모인 것이 코끼리다."라고 한다면 그 사람이 코끼리를 쉽게 알 수 있을까? 이보다는 코끼리 전신사진을 본 사람이 코끼리가 어떤 모습이고, 코끼리의 코와 귀와 상아의 모습과 특징이 어떤 것인 줄 아주 짧은 시간 안에 알게 될 것이다. 따라서 헌법을 공부하는 수험생들은 먼저 헌법의 전체 내용(헌법의 규율 내용과 상호간의 연관성)을 개략적인 차원에서라도 알고 나서 그 구체적인 내용을 공부해야 한다.

둘째, 개념을 분명히 해야 한다. 헌법은 국가조직법으로서 국가적 공동체의 생활방식을 규율대상으로 하고 있다. 그럼에도 헌법은 전문을 포함하여 130개의 조문뿐이다. 여기서 헌법의 추상성은 운명적이며, 추상적 개념을 구체화하는 헌법해석의 중요성은 필연적이다. 헌법 공부를 어렵게 하는 원인 중 하나는 헌법의 추상성, 좀 더 정확히는 헌법을 구성하는 개념의 추상성에서 비롯된다. 추상적인 개념을 구체화시키지 않고는 헌법은 파편적 지식의 나열에 불과하고 헌법을 공부하는 것은 아무런 의미 없이 전화번호부를 외워야 하는 것처럼 방대하고 지루한 것이 되며, 설혹 외웠다 하더라도 찰나적인 것이 된다.

셋째, 판단의 기준과 판단의 결과를 구별해야 한다. 헌법문제 중에서 출제 비중이 가장 큰 것은 판례이다. 그런데 판례에 관한 질문은 두 가지 형태로 구분된다. 하나는 위헌인가 아닌가, 기본권을 침해했는가 하지 않았는가 하는 헌법재판소의 결론이고, 다른 하나는 그러한 결론을 도출하기 위해 헌법재판소가 제시하는 판단의 기준이다. 사실 판단의 결과는 법이 아니다. 판단의 기준이 법이다. 구체적 사건에 판단의 기준을 적용하여 내린 결론을 판례라 한다면, 판례는 판단의 기준인 헌법을 구체적 사건에 적용한 판단의 예에 불과한 것이다. 따라서 우리는 헌법재판소 판례를 공부함에 있어서 우선 판단의 기준이 되는 부분을 착실히 이해해서 정리하고, 그 판단의 기준을 적용한 많은 사건 중에서 사회적으로 학문적으로 의미 있는 결정례들을 공부해야 한다.

넷째, 강약을 조절해야 한다. 국가조직법으로서의 헌법이 방대하다는 점은 부인하기 어렵다. 그러한 헌법을 소개하는 헌법기본서 역시 방대함은 마찬가지이다. 그런데 모든 헌법적 논점이 헌법 문제로 출제되는 것은 아니다. 물론 출제 문항 수와 출제 지문 수의 차이에 따라 출제되는 헌법적 논점은 차이가 있을 수 있으나 기본적으로 출제 포인트가 되는 중요한 헌법적 논점이 있음은 분명하다. 따라서 합리적 수험생이라면 시험에 자주 출제되는 중요논점과 그렇지 않은 단지 헌법의 구성요소에 불과한 부수적 논점을 구별해서 공부해야 한다.

졸저 「박충신 경찰헌법」의 출간에 즈음하여 모든 수험생들의 꿈이 뜻대로 이루어질 것과 교육계의 신화이자 산증인이신 박용 회장님의 건강과 박문각 남부고시학원 및 박문각출판사의 발전을 진심으로 기원한다.

2024. 03.
박문각 남부고시학원 헌법 대표교수 박충신(朴忠信)

이 책의 차례

CONTENTS

이 책의 차례

CONTENTS

박충신
경찰헌법
기본 이론서

헌법총론

01 헌법과 헌법학

제1절 헌법의 의의

제1항 헌법의 개념

Ⅰ 고유한 의미의 헌법

국가라는 정치적 공동체의 생활방식을 규율하는 '국가조직법'으로서의 헌법을 말한다.

Ⅱ 역사의 발전단계에 따른 헌법

1. 헌법의 역사성

헌법이 기초하고 있는 시대의 이념과 사상이 변화하면 헌법의 내용도 변화·발전하는 데, 이를 헌법의 역사성이라 한다.

2. 근대 입헌주의 헌법

(1) 의의

자유주의와 민주주의를 이념적 기초로, 국민의 기본적 인권 보장을 목적으로, 권력분립과 법치주의를 수단으로 하는 헌법을 말한다. 헌법재판소는 "입헌주의적 헌법은 국민의 기본권 보장을 그 이념으로 하고 그것을 위한 권력분립과 법치주의를 그 수단으로 하기 때문에 국가권력은 언제나 헌법의 테두리 안에서 헌법에 규정된 절차에 따라 발동되지 않으면 안 된다."고 판시하였다(헌재 1994. 6. 30. 92헌가18).

> **판례**
>
> ▶ **입헌적 민주주의 체제:** 고대 민주주의의 부정적 인식(평민 혹은 하층민에 의한 일방적이고 전제적인 지배체제)에서 탈피한 새로운 민주주의 체제는, 특정인이나 특정세력에 의한 전제적 지배를 배제하고 공동체 전체의 동등한 구성원들에 의한 통치를 이상으로 하는 '공화주의 이념'과 개인의 자유와 권리를 강조하는 '자유주의 이념'으로부터 큰 영향을 받았다. 전자는 공민으로서 시민이 가지는 지위를 강조하고 이들에 의해서 자율적으로 이루어지는 공적 의사결정을 중시한다. 따라서 이것은 시민들의 정치적 동등성, 국민주권, 정치적 참여 등의 관념을 내포하고, 우리 헌법상 '민주주의 원리'로 표현되고 있다. 그에 반해 후자는 국가권력이나 다수의 정치적 횡포로부터 보호받을 수 있는 인권의 우선성을 주장한다. 기본적 인권, 국가권력의 법률기속, 권력분립 등의 관념들은 자유주의의 요청에 해당하며, 우리 헌법상에는 '법치주의 원리'로 반영되어 있다. 이렇듯 근대의 입헌적 민주주의 체제는 사회의 공적 자율성에 기한 정치적 의사결정을 추구하는 민주주의 원리와 국가권력이나 다수의 정치적 의사로부터 개인의 권리, 즉 개인의 사적 자율성을 보호해 줄 수 있는 법치주의 원리라는 두 가지 주요한 원리에 따라 구성되고 운영된다(헌재 2014. 12. 19. 2013헌다1).

(2) 유형과 기본원리

유형	진정	• 시민혁명을 통해 시민계급이 제정 • 자유주의 · 국민주권 · 기본적 인권의 보장 · 대의제의 원칙 채택 • 버지니아 권리 장전(1776)과 프랑스 인권선언(1789)
	부진정	• 지배세력이 지배체제를 유지하기 위해 입헌주의 요소 도입 • 인권의 자연권성 부정, 군주 주권 인정 • 비스마르크 헌법(1871), 구 일본제국 헌법(1889) 등
기본원리		• 기본적 인권의 보장 • 권력분립의 원리 • 법치국가의 원리(법치주의) • 국민주권의 원리 • 대의제의 원리

3. 현대 사회국가 헌법

(1) 의의

근대 입헌주의 헌법의 기초 위에 사회국가 이념이 구현된 헌법을 말한다.

(2) 등장 배경 및 기본원리

등장 배경	• 법치주의 및 권력분립 원리의 공동화 • 의회주의에 대한 불신 • 자본주의 사회의 구조적 모순(부익부 빈익빈) • 국가작용의 확대 · 강화 • 세계대전의 경험
기본원리	• 국민주권 원리의 실질화 • 실질적 법치주의 • 사회국가원리(사회적 시장경제질서, 사회적 기본권) • 행정국가화 경향 • 헌법수호 제도(헌법재판제도 등)의 확대 · 강화 • 정당제도의 수용 • 평화국가원리

Ⅲ 존재 형식에 따른 헌법

1. 형식적 의미의 헌법과 실질적 의미의 헌법

형식적 의미의 헌법이란 법의 존재형식 또는 효력을 기준으로 헌법전의 형식으로 존재하거나 최고의 효력을 가진 법규범을 말하고, 실질적 의미의 헌법이란 법의 내용을 기준으로 헌법사항을 규정하고 있는 법규범을 말한다. 여기서 실질적인 헌법사항이란 널리 국가의 조직에 관한 사항이나 국가기관의 권한 · 구성에 관한 사항 혹은 개인의 국가권력에 대한 지위를 포함하여 말한다(헌재 2004. 10. 21. 2004헌마554).

2. 관습헌법

(1) 관습헌법의 의의

사회공동체에서 반복하여 행해진 헌법사항에 관한 관행 또는 관습이 사회구성원들의 법적 확신을 통하여 헌법과 동일한 효력을 가지는 불문헌법을 말한다.

(2) 관습헌법의 인정 여부

우리나라는 성문헌법을 가진 나라로서 기본적으로 헌법전이 헌법의 법원이 된다. 그러나 성문헌법에 모든 헌법사항을 빠짐없이 규율하는 것은 불가능하고, 헌법은 간결성과 함축성을 추구하기 때문에 형식적 헌법전에는 기재되지 아니한 사항이라도 불문헌법 내지 관습헌법으로 인정할 소지가 있다. 특히 헌법 제정 당시 자명하거나 전제된 사항 및 보편적 헌법원리와 같은 것은 명문의 규정을 두지 아니하는 경우도 있다(헌재 2004. 10. 21. 2004헌마554).

(3) 관습헌법의 성립요건

1) 기본적 헌법사항

관습헌법이 성립하기 위하여서는 관습이 성립하는 사항이 단지 법률로 정할 사항이 아니라 반드시 헌법에 의하여 규율되어 법률에 대하여 효력상 우위를 가져야 할 만큼 헌법적으로 중요한 기본적 사항이 되어야 한다. 관습헌법은 일반적인 헌법사항에 해당하는 내용 중에서도 특히 국가의 기본적이고 핵심적인 사항으로서 법률에 의하여 규율하는 것이 적합하지 아니한 사항을 대상으로 한다. 일반적인 헌법사항 중 과연 어디까지가 이러한 기본적이고 핵심적인 헌법사항에 해당하는지 여부는 일반 추상적인 기준을 설정하여 재단할 수는 없고, 개별적 문제사항에서 헌법적 원칙성과 중요성 및 헌법원리를 통하여 평가하는 구체적 판단에 의하여 확정하여야 한다(헌재 2004. 10. 21. 2004헌마554).

> ⚖ 판례
>
> ▶ **기본적 헌법사항** : 헌법기관의 소재지, 특히 국가를 대표하는 대통령과 민주주의적 통치원리에 핵심적 역할을 하는 의회의 소재지를 정하는 문제는 국가의 정체성(正體性)을 표현하는 실질적 헌법사항의 하나이다. 여기서 국가의 정체성이란 국가의 정서적 통일의 원천으로서 그 국민의 역사와 경험, 문화와 정치 및 경제, 그 권력구조나 정신적 상징 등이 종합적으로 표출됨으로써 형성되는 국가적 특성이라 할 수 있다. 수도를 설정하는 것 이외에도 국명(國名)을 정하는 것, 우리말을 국어(國語)로 하고 우리글을 한글로 하는 것, 영토를 획정하고 국가주권의 소재를 밝히는 것 등이 국가의 정체성에 관한 기본적 헌법사항이 된다. 수도를 설정하거나 이전하는 것은 국회와 대통령 등 최고 헌법기관들의 위치를 설정하여 국가조직의 근간을 장소적으로 배치하는 것으로서, 국가생활에 관한 국민의 근본적 결단임과 동시에 국가를 구성하는 기반이 되는 핵심적 헌법사항에 속한다(헌재 2004. 10. 21. 2004헌마554).
>
> ▶ **수도를 결정하는 요소** : 국민의 대표기관으로서 국민의 정치적 의사를 결정하는 국회와 행정을 통할하며 국가를 대표하는 대통령의 소재지가 어디인가 하는 것은 수도를 결정하는데 있어서 결정적인 요소가 된다. 대통령의 소재지를 수도의 특징적 요소로 보는 한 정부 각 부처의 소재지는 수도를 결정하는 데 있어서 별도로 결정적인 요소가 된다고 볼 필요는 없다. 한편 헌법재판권을 포함한 사법권이 행사되는 장소와 도시의 경제적 능력 등은 수도를 결정하는 필수적인 요소에는 해당하지 아니한다(헌재 2004. 10. 21. 2004헌마554).

2) 관습법의 일반적 성립요건

관습헌법이 성립하기 위하여서는 관습법의 성립에서 요구되는 일반적 성립 요건이 충족되어야한다. 첫째, 기본적 헌법사항에 관하여 어떠한 관행 내지 관례가 존재하고, 둘째, 그 관행은 국민이 그 존재를 인식하고 사라지지 않을 관행이라고 인정할 만큼 충분한 기간 동안 반복 내지 계속되어야 하며(반복·계속성), 셋째, 관행은 지속성을 가져야 하는 것으로서 그 중간에 반대되는 관행이 이루어져서는 아니 되고(항상성), 넷째, 관행은 여러 가지 해석이 가능할 정도로 모호한 것이 아닌 명확한 내용을 가진 것이어야 한다(명료성). 또한 다섯째, 이러한 관행이 헌법관습으로서 국민들의 승인 내지 확신 또는 폭넓은 컨센서스를 얻어 국민이 강제력을 가진다고 믿고 있어야 한다(국민적 합의)(헌재 2004. 10. 21. 2004헌마554).

> ⚖ **판례**
>
> ▶ **'우리나라의 수도가 서울인 점'이 관습헌법으로 인정될 수 있는지**(적극) : 서울이 우리나라의 수도인 것은 조선시대 이래 600여 년 간 우리나라의 국가생활에 관한 당연한 규범적 사실이 되어 왔으므로 우리나라의 국가생활에 있어서 전통적으로 형성되어있는 계속적 관행이라고 평가할 수 있고(계속성), 이러한 관행은 변함없이 오랜 기간 실효적으로 지속되어 중간에 깨어진 일이 없으며(항상성), 서울이 수도라는 사실은 우리나라의 국민이라면 개인적 견해 차이를 보일 수 없는 명확한 내용을 가진 것이며(명료성), 나아가 이러한 관행은 오랜 세월간 굳어져 와서 국민들의 승인과 폭넓은 컨센서스를 이미 얻어(국민적 합의) 국민이 실효성과 강제력을 가진다고 믿고 있는 국가생활의 기본사항이라고 할 것이다. 따라서 <u>서울이 수도라는 점은 우리의 제정헌법이 있기전부터 전통적으로 존재하여온 헌법적 관습이며 우리 헌법조항에서 명문으로 밝힌 것은 아니지만 자명하고 헌법에 전제된 규범으로서, 관습헌법으로 성립된 불문헌법에 해당한다</u>(헌재 2004. 10. 21. 2004헌마554).

(4) 관습헌법의 효력

헌법 제1조 제2항은 '대한민국의 주권은 국민에게 있고, 모든 권력은 국민으로부터 나온다.'고 규정한다. 이와 같이 국민이 대한민국의 주권자이며, 국민은 최고의 헌법제정권력이기 때문에 성문헌법의 제·개정에 참여할 뿐만 아니라 헌법전에 포함되지 아니한 헌법사항을 필요에 따라 관습의 형태로 직접 형성할 수 있다. 그렇다면 관습헌법도 성문헌법과 마찬가지로 주권자인 국민의 헌법적 결단의 의사의 표현이며 성문헌법과 동등한 효력을 가진다고 보아야 한다. 국민주권주의는 성문이든 관습이든 실정법 전체의 정립에 국민의 참여를 요구한다고 할 것이며, 국민에 의하여 정립된 관습헌법은 입법권자를 구속하며 헌법으로서의 효력을 가진다(헌재 2004. 10. 21. 2004헌마554).

(5) 관습헌법의 개정과 사멸

1) 관습헌법의 개정

관습헌법은 헌법의 일부로서 성문헌법의 경우와 동일한 효력을 가지기 때문에 그 법규범은 최소한 헌법 제130조에 의거한 헌법개정의 방법에 의하여만 개정될 수 있다. 따라서 재적의원 3분의 2 이상의 찬성에 의한 국회의 의결을 얻은 다음 국민투표에 붙여 국회의원 선거권자 과반수의 투표와 투표자 과반수의 찬성을 얻어야 한다. 다만 이 경우 관습헌법규범은 헌법전에 그에 상반하는 법규범을 첨가함에 의하여 폐지하게 되는 점에서, 헌법전으로부터 관계되는 헌법조항을 삭제함으로써 폐지되는 성문헌법규범과는 구분된다(헌재 2004. 10. 21. 2004헌마554).

> 🔨 **판례**
>
> ▶ **관습헌법을 하위 법률의 형식으로 의식적으로 개정할 수 있는지**(소극): 우리나라와 같은 성문의 경성헌법 체제에서 인정되는 관습헌법사항은 하위규범형식인 법률에 의하여 개정될 수 없다. 우리 헌법의 경우 헌법 제10장 제128조 내지 제130조는 일반법률의 개정절차와는 다른 엄격한 헌법개정절차를 정하고 있으며, 동 헌법개정 절차의 대상을 단지 '헌법'이라고만 하고 있다. 따라서 관습헌법도 헌법에 해당하는 이상 여기서 말하는 헌법 개정의 대상인 헌법에 포함된다고 보아야 한다. 이와 같이 헌법의 개정절차와 법률의 개정절차를 준별하고 헌법의 개정절차를 엄격히 한 우리 헌법의 체제 내에서 만약 관습헌법을 법률에 의하여 개정할 수 있다고 한다면 이는 관습헌법을 더 이상 '헌법'으로 인정한 것이 아니고 단지 관습'법률'로 인정하는 것이며, 결국 관습헌법의 존재를 부정하는 것이 된다(헌재 2004. 10. 21. 2004헌마554).
>
> ▶ **행정수도의 이전을 내용으로 하는 신행정수도 이전에 관한 특별조치법 조항이 국민투표권을 침해하여 위헌인지** (적극): 특정의 법률이 반드시 헌법전에서 규율하여야 할 기본적인 헌법사항을 헌법을 대신하여 규율하는 경우에는 그 내용이 상위의 헌법규범에 배치되는지 여부와 관계없이 경성헌법의 체계에 위반하여 헌법위반에 해당하는 것이다. 그런데 이 사건 법률은 헌법개정사항인 수도의 이전을 헌법개정절차를 밟지 아니하고 단지 단순법률의 형태로 실현시킨 것으로서 헌법 제130조에 따라 헌법개정에 있어서 국민이 가지는 참정권적 기본 권인 국민투표권의 행사를 배제한 것이므로 동 권리를 침해하고 있다(헌재 2004. 10. 21. 2004헌마554).

2) 관습헌법의 사멸

관습헌법은 그것을 지탱하고 있는 국민적 합의성을 상실함에 의하여 법적 효력을 상실할 수 있다. 관습헌법은 주권자인 국민에 의하여 유효한 헌법규범으로 인정되는 동안에만 존속하는 것이며, 관습법의 존속요건의 하나인 국민적 합의성이 소멸되면 관습헌법으로서의 법적 효력도 상실하게 된다. 관습헌법의 요건들은 그 성립의 요건일 뿐만 아니라 효력 유지의 요건이다(헌재 2004. 10. 21. 2004헌마554).

제2항 헌법의 분류

Ⅰ 성문헌법과 불문헌법

성문헌법이란 성문법의 형식으로 존재하는 헌법을 말하고, 불문헌법이란 헌법사항에 대한 국가적 관행이 국민적 확신을 통하여 관습헌법의 형식으로 존재하는 헌법을 말한다. 불문헌법국가로는 영국, 프랑스 제3공화국, 1978년 이전의 스페인, 이스라엘 등이 있다.

Ⅱ 연성헌법과 경성헌법

연성헌법이란 일반 법률의 개정 절차에 따라 개정될 수 있는 헌법을 말하고, 경성헌법이란 헌법의 개정이 일반 법률의 개정 절차보다 어려운 헌법을 말한다. 경성헌법은 헌법이 가지는 사회 안정 · 권력통제 · 자유보장의 기능을 충분히 발휘할 수 있는 장점이 있다. 1848년의 이탈리아 헌법, 1876년 의 스페인 헌법, 1947년의 뉴질랜드 헌법 등은 연성헌법이었다.

Ⅲ 민정헌법 등

헌법은 제정 주체에 따라 군주가 제정한 '흠정헌법'(1814년 프랑스 헌법, 1889년 일본 헌법), 군주와 국민이 협약에 의해 제정한 '협약헌법'(1809년 스웨덴 헌법, 1830년 프랑스 헌법), 국민이 제정한 '민정헌법', 국가 간 협약에 의해 제정한 '국약헌법'(1867년 오스트리아 헌법, 1949년 독일기본법) 등으로 분류한다.

제3항 헌법의 특성

Ⅰ 사실적 특성

헌법은 정치세력 간의 정치적 투쟁과 정치적 타협의 과정을 거쳐서 성립된다는 '정치성', 특유의 이념과 가치를 내용으로 한다는 '이념성', 헌법의 이념이나 가치는 헌법이 기초하고 있는 시대의 역사적 조건과 상황 속에 존재하는 이념이고 가치라는 '역사성'을 가진다.

Ⅱ 규범적 특성

최고 규범	국가의 법질서는 헌법을 최고법규로 하여 그 가치질서에 의하여 지배되는 통일체를 형성하는 것이며 그러한 통일체 내에서 상위규범은 하위규범의 효력근거가 되는 동시에 해석근거(헌재 1989. 7. 21. 89헌마38)
기본권 보장 규범	헌법은 기본권 보장을 이념으로 하므로 기본권보장에 관한 규정을 둠.
조직·수권 규범	통치기구는 헌법에 의해 조직되고, 국가작용은 헌법으로부터 수권이 있는 경우에 발동 가능
권력 제한 규범	수권 규범은 수임기관에게 권한을 부여하지만 동시에 권한을 제한함.
자기 보장 규범	헌법은 국가권력이 헌법의 효력을 부정하거나 침해할 수 없도록 하는 장치를 스스로 마련함.

Ⅲ 구조적 특성

헌법은 유동적인 정치현실이 반영된 규범이므로 헌법의 개정가능성을 불가피한 요소로 한다는 '유동성', 제정 당시의 정치현실에 입각해서 미래의 정치발전 및 통제가능성을 예상하고 만들어지므로 추상적이고 불특정한 용어를 사용한다는 '추상성', 최소한의 기본적인 사항만 기술하고 세부적인 내용은 향후 정치세력 간의 합의에 맡겨두는 '개방성'을 구조적 특성으로 한다.

제2절	헌법학 연구

제1항 헌법의 해석

I 헌법해석의 의의

헌법의 해석이란 헌법규범의 진정한 의미 내용이 무엇인가를 밝힘으로써 구체적인 헌법 문제나 헌법적 쟁점을 해결하려는 헌법 인식 작용을 말한다. 헌법재판소는 "헌법의 해석은 헌법이 추구하는 이상과 이념에 따른 역사적, 사회적 요구를 올바르게 수용하여 헌법적 방향을 제시하는 헌법의 창조적 기능을 수행하여 국민적 욕구와 의식에 알맞은 실질적 국민주권의 실현을 보장하는 것이어야 한다. 그러므로 헌법의 해석과 헌법의 적용이 우리 헌법이 지향하고 추구하는 방향에 부합하는 것이 아닐 때에는 헌법적용의 방향제시와 헌법적 지도로써 정치적 불안과 사회적 혼란을 막는 가치관을 설정하여야 한다."고 판시하였다(헌재 1989. 9. 8. 88헌가6).

II 헌법해석의 원리

통일성 존중	• 헌법은 하나의 통일된 가치체계를 이루고 있는 것이므로 개별조항이 어떤 의미를 갖는지는 헌법 규정 상호 간 보충하고 제한하는 기능을 충분히 고려해야 한다는 헌법해석의 원리 • 통일성 존중을 위한 해석방법: 헌법이 서로 상반되는 내용의 규범을 규정하고 있는 경우보다 큰 가치를 보호하고 있는 헌법규범에 우선적 효력을 인정하는 '이익형량의 원칙'과 상반되는 헌법규범 모두 효력을 발휘할 수 있도록 조화로운 방법을 모색하는 '조화의 원칙'
통치기능 존중	헌법 해석에 의해 헌법이 부여한 기능 분배를 변경시키지 않도록 해석
논리성 존중	해석자의 주관을 배제하고 해석의 논리적 정합성이 존중되도록 해석

판례

▶ **헌법의 개별 규정 간의 논리적 우열관계와 효력의 차등 문제**: 헌법은 전문과 각 개별조항이 서로 밀접한 관련을 맺으면서 하나의 통일된 가치체계를 이루고 있는 것으로서, 헌법의 제 규정 가운데는 헌법의 근본가치를 보다 추상적으로 선언한 것도 있고, 보다 구체적으로 표현한 것도 있으므로 이념적·논리적으로는 규범 상호 간의 우열을 인정할 수 있다. 그러나 규범 상호 간의 우열은 추상적 가치규범의 구체화에 따른 것으로 '헌법의 통일적 해석'에 있어서는 유용할 것이지만, 헌법의 어느 특정규정이 다른 규정의 효력을 전면적으로 부인할 수 있을 정도의 개별적 헌법규정 상호 간에 효력상의 차등을 의미하는 것은 아니다(헌재 1995. 12. 28. 95헌바3).

제2항 법률해석

Ⅰ 전통적 법률해석 방법

전통적 법률해석 방법에는 법조문의 문장·문구에 나타난 의의에 따라서 법의 의미 내용을 확정하는 '문리적 해석', 법조문의 문구·문장의 문법적 의미에 얽매이지 않고, 전후 조문들과의 유기적·논리적 연관성에 입각하여 해당 법조문의 의미를 밝히는 '논리적 해석', 법 제정 당시의 상황이라든가 입법자의 의도가 어떤 것이었는가를 탐구하는 '역사적 해석', 법 제정의 목적이나 법에 내재하는 가치가 무엇인가를 찾아내어 개개의 법조문을 이에 합치하도록 해석하는 '목적론적 해석'이 있다.

Ⅱ 합헌적 법률해석

1. 합헌적 법률해석의 의의

합헌적 법률해석이란 일견 위헌적으로 보이는 법률 또는 법률조항이라도 그것이 헌법의 정신에 맞도록 해석될 여지가 있는 한 이를 쉽게 위헌으로 판단해서는 안 된다는 법률해석 방법을 말한다. 헌법재판소는 "어떤 법률조항에 대한 여러 갈래의 해석이 가능한 경우, 특히 법률조항에 대한 해석이 한편에서는 합헌이라는 해석이, 다른 편에서는 위헌이라는 해석이 다 같이 가능하다면, 원칙적으로 헌법에 합치되는 해석을 선택하여야 한다는 헌법합치적 법률해석의 원칙도 존중되어야 한다."고 판시하였다(헌재 2012. 5. 31. 2009헌바123).

2. 합헌적 법률해석의 연혁

미국 연방대법원은 1827년의 Ogden v. Saunder 사건에서 '입법부가 의결한 법률은 그 위헌성이 명백한 것으로 판명될 때까지는 일단 그 유효성을 추정하여야 한다.'는 '법률의 합헌성 추정의 원칙'을 밝혔고, 독일 연방헌법재판소는 법률의 합헌성 추정의 원칙을 수용하여 '법률이 헌법에 조화되는 것으로 해석될 수 있는 한 그것이 무효로 선언될 수 없다.'는 합헌적 법률해석론으로 발전시켰다.

3. 합헌적 법률해석의 근거

합헌적 법률해석은 헌법을 최고법규로 하는 '통일적인 법질서의 형성'을 위하여서 필요할 뿐 아니라, 입법부가 제정한 법률을 위헌이라고 하여 전면 폐기하기보다는 그 효력을 되도록 유지하는 것이 '권력분립의 정신'에 합치하고 '민주주의적 입법기능을 최대한 존중'하는 것이어서 헌법재판의 당연한 요청이기도 하다. 만일 법률에 일부 위헌요소가 있을 때에 합헌적 해석으로 문제를 수습하는 길이 없다면 일부 위헌요소 때문에 전면위헌을 선언하는 길 밖에 없을 것이며, 이는 합헌성이 있는 부분마저 폐기되는 충격일 것으로 헌법재판의 한계를 벗어날 뿐더러 '법적 안정성'의 견지에서 도저히 감내할 수 없다(헌재 1990. 6. 25. 90헌가11).

4. 합헌적 법률해석의 요건

(1) 다의적 개념

어떤 법률의 개념이 다의적이고 그 어의의 테두리 안에서 여러 가지 해석이 가능할 때 헌법을 그 최고법규로 하는 통일적인 법질서의 형성을 위하여 헌법에 합치되는 해석 즉 합헌적인 해석을 택하여야 하며, 이에 의하여 위헌적인 결과가 될 해석을 배제하면서 합헌적이고 긍정적인 면은 살려야 한다는 것이 헌법의 일반 법리이다(헌재 1990. 4. 2. 89헌가113).

(2) 유효한 법률

헌법정신에 맞도록 법률의 내용을 해석·보충하거나 정정하는 헌법 합치적 법률해석은 유효한 법률조항의 의미나 문구를 대상으로 하는 것이지, 이를 넘어 이미 실효된 법률조항을 대상으로 하여 헌법 합치적인 법률해석을 할 수는 없는 것이어서, 유효하지 않은 법률조항을 유효한 것으로 해석하는 결과에 이르는 것은 헌법 합치적 법률해석을 이유로도 정당화될 수 없다(헌재 2009. 3. 17. 2009헌바123).

5. 합헌적 법률해석의 유형

(1) 일부 위헌인 경우

법률이 일부무효인 경우 원칙적으로 '일부 위헌 결정'을 해야 한다. 다만 위헌인 조문을 폐지함으로 인해서 그 법률의 입법목적이나 취지가 달성될 수 없는 경우에는 예외적으로 '전부 위헌 결정'을 할 수 있다.

(2) 제한을 요하는 경우

법률의 내용이 일부 제한됨으로써 합헌으로 볼 수 있는 경우, 입법자의 입법취지나 목적이 본질적으로 침해되지 않는 범위 내에서 제한적 해석에 의해 당해 법률조항의 합헌성을 인정하는 것은 가능하다. 이 경우 헌법재판소는 '한정합헌결정', '한정위헌결정'의 형식을 활용하고 있다. 여기서 한정위헌이란 한정위헌 선고된 범위에 해당 법률조항의 규범력을 일체 적용시킬 수 없다는 의미의, 말하자면 어떠한 상황에서 어떠한 요건을 이유로도 그 범위 영역에 대하여는 기본권 제한을 가할 수 없다는 절대적인 면책영역을 선언하는 형태의 위헌결정이다(헌재 2011. 12. 29. 2007헌마1001).

(3) 보완을 요하는 경우

법률의 내용이 일부 보완되어야 합헌으로 볼 수 있는 경우, 해석에 의해 법률의 내용을 추가하는 것은 대부분 입법권을 침해하는 것이므로 당해 법률조항의 무효를 선언해야 한다. 다만 입법자에게 일정한 유예기간을 주고 법률의 내용을 합헌적으로 보완케 함으로써 그 효력을 지속시키는 것은 가능하다. 이 경우 헌법재판소는 '헌법불합치결정'의 형식을 활용하고 있다.

6. 합헌적 법률해석의 한계

합헌적 법률해석은 권력분립과 입법권을 존중하는 정신에 뿌리를 두고 있으므로 법의 문구와 목적에 따른 한계가 있다. 즉, 법률의 조항의 문구가 간직하고 있는 말의 뜻을 넘어서 말의 뜻이 완전히 다른 의미로 변질되지 아니하는 범위 내여야 한다는 '문의적 한계'와 입법권자가 그 법률의 제정으로써 추구하고자 하는 입법자의 명백한 의지와 입법의 목적을 헛되게 하는 내용으로 해석할 수 없다는 '법목적에 따른 한계'가 그것이다. 왜냐하면, 그러한 범위를 벗어난 합헌적 해석은 실질적 의미에서의 입법작용을 뜻하게 되어 입법권자의 입법권을 침해하는 것이 되기 때문이다(헌재 1989. 7. 14. 88헌가5).

🔨 **판례**

▶ **사회보호법 제5조 제1항의 합헌적 해석의 가능성**(소극) : 법 제5조 제1항은 재범의 위험성을 보호감호의 명문의 요건으로 하지 않는 보호감호를 규정하고 있고, 법 제20조 제1항 다만 이하 부분은 법원에게 법 제5조 제1항 각호의 요건에 해당하는 한 보호감호를 선고하도록 규정하고 있다. 이에 반하여, 법 제5조 제2항은 재범의 위험성을 보호감호의 법정요건으로 명문화하고 있고, 법 제20조 제1항 본문에서는 이유없다고 인정할 때에는 판결로써 청구기각을 선고하여야 한다고 규정하고 있을 뿐이다. 따라서 법 제5조 제1항의 요건에 해당되는 경우에는 법원으로 하여금 감호청구의 이유 유무 즉, 재범의 위험성의 유무를 불문하고 반드시 감호의 선고를 하도록 강제한 것임이 위 법률의 조항의 문의임은 물론 입법권자의 의지임을 알 수 있으므로 위 조항에 대한 합헌적 해석은 문의의 한계를 벗어난 것이라 할 것이다(헌재 1989. 7. 14. 88헌가5).

▶ **군인사법 제48조 제4항 후단의 '무죄의 선고를 받은 때'의 의미와 관련하여, 형식상 무죄판결뿐 아니라 공소기각 재판을 받았다 하더라도 그와 같은 공소기각의 사유가 없었더라면 무죄가 선고될 현저한 사유가 있는 내용상 무죄재판의 경우도 이에 포함된다고 확대해석함이 법률의 문의적 한계 내의 합헌적 법률해석에 부합하는지**(적극) : 원심은, 군인사법 제48조 제2항은 "장교·준사관 및 하사관이 형사사건으로 기소된 때에는 임용권자는 휴직을 명할 수 있다.", 제4항은 "… 제2항의 규정에 의한 휴직기간에는 봉급의 반액을 지급…한다. 다만, 제2항의 규정에 해당되어 휴직된 자가 무죄의 선고를 받은 때에는 그 봉급의 차액을 소급하여 지급한다."라고 규정함으로써, 형사사건으로 기소되어 휴직명령을 받아 봉급의 반액을 지급받은 자는 '무죄의 선고를 받은 때' 그 차액을 소급하여 수령할 수 있도록 규정하고 있는바, … 위 군인사법 제48조 제4항 후단의 '무죄의 선고를 받은 때'라 함은 헌법이념에 합치되게 해석하여, 형식상 무죄판결뿐 아니라 공소기각 재판을 받았다 하더라도 그와 같은 공소기각의 사유가 없었더라면 무죄가 선고될 현저한 사유가 있는 이른바 내용상 무죄재판의 경우까지로 확대 해석함이 상당하다고 판단하였는바, 원심의 판단은 법률의 문의적 한계 내의 합헌적 법률해석에 따른 정당한 것으로 수긍이 가고, 거기에 법률의 해석에 관한 법리오해 등의 위법이 있다고 할 수 없다(대판 2004. 8. 20. 2004다22377).

7. 합헌적 법률해석의 기속력

헌법재판소의 법률에 대한 위헌결정에는 단순위헌결정은 물론, 한정합헌, 한정위헌결정과 헌법불합치결정도 포함되고 이들은 모두 당연히 기속력을 가진다. 헌법재판소의 또 다른 변형결정의 하나인 헌법불합치결정의 경우에도 개정입법시까지 심판의 대상인 법률조항은 법률문언의 변화없이 계속 존속하나, 헌법재판소에 의한 위헌성 확인의 효력은 그 기속력을 가지는 것이다(헌재 1997. 12. 24. 96헌마172).

🔨 **판례**

▶ **한정위헌결정의 기속력 인정 여부**(소극) : 한정위헌결정의 경우에는 헌법재판소의 결정에 불구하고 법률이나 법률조항은 그 문언이 전혀 달라지지 않은 채 그냥 존속하고 있는 것이므로 한정위헌결정은 법률 또는 법률조항의 의미, 내용과 그 적용범위를 정하는 법률해석이라고 이해하지 않을 수 없다. 그런데 법령의 해석·적용 권한은 사법권의 본질적 내용을 이루는 것으로서, 전적으로 대법원을 최고법원으로 하는 법원에 전속한다. 그러므로 한정위헌결정에 표현되어 있는 헌법재판소의 법률해석에 관한 견해는 법률의 의미·내용과 그 적용범위에 관한 헌법재판소의 견해를 일응 표명한 데 불과하여 이와 같이 법원에 전속되어 있는 법령의 해석·적용 권한에 대하여 어떠한 영향을 미치거나 기속력도 가질 수 없다(대판 1996. 4. 9. 95누11405).

제3절   헌법의 제정과 변동

제1항 헌법의 제정

헌법의 제정이란 법규범으로서 효력을 가지는 헌법을 의식적으로 창조하는 헌법제정권력의 행사를 말하고, 헌법제정권력이란 헌법을 제정하고 헌법상의 국가기관에 권한을 부여하는 근원적인 권한 내지 권력을 말하는 것으로, 규범인 헌법에 선행하여 존재한다.

> **판례**
>
> ▶ **헌법제정권력과 헌법개정권력의 구별**: 우리나라의 헌법은 제헌헌법이 초대국회에 의하여 제정된 반면 그 후의 제5차, 제7차, 제8차 및 현행의 제9차 헌법 개정에 있어서는 국민투표를 거친 바 있고, 그간 각 헌법의 개정절차 조항 자체가 여러 번 개정된 적이 있으며, 형식적으로도 부분개정이 아니라 전문까지를 포함한 전면개정이 이루어졌던 점과 우리의 현행 헌법이 독일기본법 제79조 제3항과 같은 헌법개정의 한계에 관한 규정을 두고 있지 아니하고, 독일기본법 제79조 제1항 제1문과 같이 헌법의 개정을 법률의 형식으로 하도록 규정하고 있지도 아니한 점 등을 감안할 때, 우리 헌법의 각 개별규정 가운데 무엇이 헌법 제정 규정이고 무엇이 헌법 개정 규정인지를 구분하는 것이 가능하지 아니할 뿐 아니라, 각 개별규정에 그 효력상의 차이를 인정하여야 할 형식적인 이유를 찾을 수 없다(헌재 1995. 12. 28. 95헌바3).

제2항 헌법의 변동

I 헌법의 변천

의의	헌법 조항은 그대로 존재하면서 의미내용만 실질적으로 변화하는 것을 의미
계기	• 입법부가 헌법에 위반되는 입법을 하고 이것이 계속 집행되는 경우 • 국가기관이 위임을 받지 아니한 권한의 행사를 반복하는 경우 • 사법부가 헌법의 내용에 반하는 판결을 반복하는 경우 • 헌법에 위반되는 관행이나 선례가 누적되는 경우
요건	• 상당한 기간 헌법적 관례의 형성 • 형성된 관례에 대해 국민적 승인
예(例)	• 미국의 대통령선거를 직선제처럼 운용하는 것 • 미국의 연방대법원이 위헌법률심사권을 행사하는 것 • 일본이 평화 헌법 조항(9조)에도 불구하고 자위대를 보유하는 것 • 영국의 의원내각제도(불문헌법국가에서 변천이 가능한 예) • 노르웨이의 국왕 권한이 형식적·명목적으로 변질된 것 • 우리나라 제1공화국 당시 참의원을 두지 않고 단원제로 운영된 것

Ⅱ 헌법의 개정

1. 헌법개정의 의의

헌법개정이란 헌법에 규정된 절차에 따라 기존의 헌법과 기본적 동일성을 유지하면서 헌법의 특정조항을 의식적으로 수정 또는 삭제하거나 새로운 사항을 추가함으로써 헌법의 형식이나 내용에 변경을 가하는 행위를 말한다.

2. 헌법개정의 필요성

헌법개정은 헌법의 현실적응성과 실효성을 유지하고, 헌법파기 또는 폐지를 방지하며, 새로운 정치세력에 대한 기회 제공이라는 정책적 이유에서 불가피하다.

3. 헌법개정의 형식

헌법의 개정은 기존의 조항은 그대로 두고 개정조항만을 추가하는 '증보형식'(Amendment 미국헌법)과 기존의 조항을 수정·삭제하거나 새로운 조항을 추가하는 '수정형식'(Revision 현행헌법)이 있다.

4. 헌법개정의 한계

(1) 절차상 한계

헌법개정은 헌법이 규정하고 있는 헌법개정 절차에 따라야 한다.

(2) 내용상 한계

헌법개정의 내용상 한계로는 헌법이 명문의 규정으로 특정조항의 개정을 금지하는 '실정법적 한계', 헌법제정권자인 국민의 근본적 합의사항이나 헌법의 기본적 동일성 내지 헌법의 본질적 부분의 개정을 금지하는 '헌법 내재적 한계'(개념적 한계), 자연법 원리나 국제법상 일반원칙에 반하는 개정을 금지하는 '초헌법적 한계'가 있다. 미국 헌법은 연방주의, 독일기본법은 연방주의와 국민주권, 일본 헌법은 국민주권에 대해 개정 금지조항으로 규정하고 있다.

> **🏛 참고**
>
> ▶ **제2차 개정헌법**(1954년 헌법) : 제2차 개정헌법은 "제1조(민주공화국), 제2조(국민주권)와 제7조의 2(주권의 제약 또는 영토의 변경을 가져올 국가안위에 관한 중대사항에 대한 국민투표권)의 규정은 개폐할 수 없다."고 하여 (제98조 제6항), 헌법개정의 실정법적 한계를 명문으로 규정한 바 있다. 이 규정은 제5차 개정헌법(1962년 헌법)에서 삭제되었다.

(3) 헌법 제128조 제2항의 법적 성격

"대통령의 임기연장 또는 중임변경을 위한 헌법개정은 그 헌법개정 제안 당시의 대통령에 대하여는 효력이 없다."고 규정하고 있는 헌법 제128조 제2항의 법적 성격에 대해 헌법개정의 한계조항이 아니라 개정된 헌법 규정의 인적 효력 범위를 제한하는 규정으로 보는 것이 일반적 견해이다.

5. 헌법개정 절차

(1) 제안

> **헌법 제128조**
> ① 헌법개정은 국회 재적의원 과반수 또는 대통령의 발의로 제안된다.

> 🔺 **참고**
>
> ▶ **제2차 개정헌법**(1954년 헌법) : 헌법개정의 제안은 대통령, 민의원 또는 참의원의 재적의원 3분지 1 이상 또는 민의원의원 선거권자 50만인 이상의 찬성으로써 한다(제98조 제1항)고 규정하여 국민발안제를 도입하였다. 이 규정은 제5차 개정헌법에서는 국회의원 선거권자 50만인 이상으로 개정되었다가 제7차 개정헌법에서 삭제되었다.
>
> ▶ **제5차 개정헌법**(1962년 헌법) : 헌법개정의 제안은 국회의 재적의원 3분의 1 이상 또는 국회의원 선거권자 50만인 이상의 찬성으로써 한다(제119조 제1항)고 규정하여 대통령의 헌법 개정안 제안권을 삭제하였다. 대통령의 헌법 개정안 제안권은 제7차 개정헌법에서 다시 인정되었다.
>
> ▶ **제7차 개정헌법**(1972년 헌법) : 헌법의 개정은 대통령 또는 국회 재적의원 과반수의 발의로 제안된다(제124조①항)고 규정하여 헌법 개정안의 제안에 국회 재적의원 과반수의 발의를 요건으로 하였다.

(2) 공고

> **헌법 제129조**
> 　제안된 헌법 개정안은 대통령이 20일 이상의 기간 이를 공고하여야 한다.

대통령의 국법상 행위는 문서로써 하고, 국무총리와 관계 국무위원이 부서해야 하므로(헌법 제82조), 헌법 개정안 공고문에는 대통령 또는 국회 재적의원 과반수가 발의한 사실을 적고, 대통령이 서명한 후 대통령인을 찍고 그 공고일을 명기하여 국무총리와 각 국무위원이 부서한다.

(3) 국회의결

> **헌법 제130조**
> ① 국회는 헌법 개정안이 공고된 날로부터 60일 이내에 의결하여야 하며, 국회의 의결은 재적의원 3분의 2 이상의 찬성을 얻어야 한다.

국회의 헌법 개정안에 대한 표결방법은 기명투표이다(국회법 제112조④항).

(4) 국민투표

> **헌법 제130조**
> ② 헌법 개정안은 국회가 의결한 후 30일 이내에 국민투표에 붙여 국회의원 선거권자 과반수의 투표와 투표자 과반수의 찬성을 얻어야 한다.

> ## 참고
>
> ▶ **국민투표무효의 소** : 국민투표의 효력에 관하여 이의가 있는 투표인은 투표인 10만인 이상의 찬성을 얻어 중앙선거관리위원회 위원장을 피고로 하여 투표일로부터 20일 이내에 대법원에 제소할 수 있다(국민투표법 제92조).
>
> ▶ **제5차 개정헌법**(1962년 헌법) : 헌법 개정안은 국회가 의결한 후 60일 이내에 국민투표에 붙여 국회의원 선거권자 과반수의 투표와 투표자 과반수의 찬성을 얻어야 한다(제121조 제1항)고 규정하여 헌법 개정안에 대한 필수적 국민투표제가 도입되었다.
>
> ▶ **제7차 개정헌법**(1972년 헌법) : 대통령이 제안한 헌법 개정안은 국민투표로 확정되며, 국회의원이 제안한 헌법 개정안은 국회의 의결을 거쳐 통일주체국민회의의 의결로 확정된다(제124조 제2항)고 규정하여 헌법개정 절차를 이원화하였다.

(5) 공포

> **헌법 제130조**
> ③ 헌법 개정안이 제2항의 찬성을 얻은 때에는 헌법개정은 확정되며, 대통령은 즉시 이를 공포하여야 한다.

제4절　헌법의 수호

제1항　헌법수호의 의의와 수호자

Ⅰ 헌법수호의 의의

헌법수호란 헌법이 확립해 놓은 헌정생활의 법적·정치적 기초가 흔들리거나 무너지는 것을 막음으로써 헌법적 가치질서를 지키는 것을 말한다. 즉 국가의 특정한 존재형식을 보호하는 것이 헌법수호이다.

Ⅱ 헌법수호자

헌법의 제1차적 수호자는 공무원이다. 현행 헌법은 공무원의 헌법 준수 의무를 명문으로 규정하고 있지 않지만, 미국 헌법(6조)과 일본 헌법(99조)은 공무원의 헌법 준수 의무를 명문으로 규정하고 있다. 헌법의 최종적 수호는 헌법을 유지하고 수호하려는 국민의 확고한 '헌법에의 의지'에 기대할 수밖에 없다. 그러한 의미에서 국민은 최후의 헌법수호자이다.

제2항 국가긴급권

Ⅰ 국가긴급권의 의의

1. 국가긴급권의 개념

국가긴급권이란 국가의 존립과 안전을 위태롭게 하는 비상사태가 발생한 경우에 국가원수가 헌법에 규정된 통상적인 절차와 제한을 무시하고 국가의 존립과 안전을 확보하기 위하여 필요한 긴급조치를 강구할 수 있는 비상적 권한을 말한다.

2. 국가긴급권의 필요성과 한계

국가긴급권의 인정은 국가권력에 대한 헌법상의 제약을 해제하여 주는 것이 되므로 국가긴급권의 인정은 일면 국가의 위기를 극복하여야 한다는 필요성 때문이기는 하지만 그것은 동시에 권력의 집중과 입헌주의의 일시적 정지로 말미암아 입헌주의 그 자체를 파괴할 위험을 초래하게 된다. 따라서 헌법에서 국가긴급권의 발동기준과 내용 그리고 그 한계에 관해서 상세히 규정함으로써 그 남용 또는 악용의 소지를 줄이고 심지어는 국가긴급권의 과잉행사 때는 저항권을 인정하는 등 필요한 제동장치도 함께 마련해 두는 것이 현대의 민주적인 헌법국가의 일반적인 태도이다(헌재 1994. 6. 30. 92헌가18).

> ✦ 판례
>
> ▶ **국가긴급권의 한계**: 국가긴급권의 행사는 헌법질서에 대한 중대한 위기상황의 극복을 위한 것이기 때문에, 본질적으로 위기상황의 직접적인 원인을 제거하는데 필수불가결한 최소한도 내에서만 행사되어야 한다는 <u>목적상 한계</u>가 있다. 또한 국가긴급권은 비상적인 위기상황을 극복하고 헌법질서를 수호하기 위해 헌법질서에 대한 예외를 허용하는 것이기 때문에 그 본질상 일시적·잠정적으로만 행사되어야 한다는 <u>시간적 한계</u>가 있다(헌재 2015. 3. 26. 2014헌가5).

Ⅱ 국가긴급권의 유형

1. 합헌적 국가긴급권

(1) 현행 헌법상 국가긴급권

헌법은 대통령이 긴급재정경제처분·명령권 또는 긴급명령권을 발동한 경우에는 지체 없이 국회에 보고하여 그 승인을 얻어야 하되 만약 그 승인을 얻지 못하면 그 처분 또는 명령이 그때부터 효력을 상실한다고 규정하고(제76조 제3항, 제4항), 대통령이 계엄을 선포한 경우에도 지체 없이 국회에 통고하되 만약 국회가 재적의원 과반수의 찬성으로 계엄의 해제를 요구하면 계엄을 해제하여야 한다고 규정함으로써(제77조 제4항, 제5항), 엄격한 사후통제 절차를 마련하고 있다.

(2) 국가긴급권에 관한 헌정사

제1공화국 헌법	계엄선포권과 긴급명령권 및 긴급재정처분권
제2공화국 헌법	• 대통령의 계엄선포권과 긴급재정처분권 • 국무총리의 긴급재정명령권
제3공화국 헌법	계엄선포권과 긴급재정·경제처분권, 긴급재정·경제명령권, 긴급명령권
제4공화국 헌법	계엄선포권과 긴급조치권
제5공화국 헌법	계엄선포권과 비상조치권
제6공화국 헌법	계엄선포권과 긴급재정·경제처분권, 긴급재정·경제명령권, 긴급명령권

2. 초헌법적 국가긴급권

초헌법적 국가긴급권이란 극도의 국가적 비상사태하에서 헌법상의 제한을 무시하고 독재적 조치를 강구할 수 있는 국가긴급권을 말한다(초헌법적 독재, 주권적 독재). 헌법재판소는 "국가보위에 관한 특별조치법은 초헌법적인 국가긴급권을 대통령에게 부여하고 있다는 점에서 이는 헌법을 부정하고 파괴하는 반입헌주의, 반법치주의의 위헌법률이다."라고 판시하였다(헌재 1994. 6. 30. 92헌가18).

제3항 저항권

Ⅰ 저항권의 의의

1. 저항권의 개념

저항권이란 국가권력에 의하여 헌법의 기본원리에 대한 중대한 침해가 행하여지고 그 침해가 헌법의 존재 자체를 부인하는 것으로서 다른 합법적인 구제수단으로는 목적을 달성할 수 없을 때에 국민이 자기의 권리·자유를 지키기 위하여 실력으로 저항하는 권리를 말한다(헌재 1997. 9. 25. 97헌가4).

2. 저항권과 구별 개념

시민불복종권이란 전체법질서의 정당성은 긍정하면서 정의에 반하는 개별법령이나 정책에 비폭력적·의도적으로 위반하는 정치적 항의행위를 말한다. 시민불복종권은 정의에 반하는 내용의 개별법령이나 정책이 시행되는 경우에도 행사할 수 있다는 점, 비폭력적 방법으로 행사되어야 한다는 점, 다른 법적 구제수단이 있더라도 행사할 수 있다는 점에서 저항권과 구별된다.

> **판례**
>
> ▶**시민단체의 특정 후보자에 대한 낙선운동이 시민불복종운동으로서 헌법상 정당행위이거나 형법상 정당행위 또는 긴급피난으로서 정당화될 수 있는지**(소극) : 특정 후보자에 대한 낙선운동을 함으로써 공직선거및선거부정방지법에 의한 선거운동제한 규정을 위반한 피고인들의 행위는 위법한 행위로서 허용될 수 없는 것이고, 피고인들의 위 행위가 시민불복종운동으로서 헌법상의 기본권 행사 범위 내에 속하는 정당행위이거나 형법상 사회상규에 위반되지 아니하는 정당행위 또는 긴급피난의 요건을 갖춘 행위로 볼 수는 없다(대판 2004. 4. 27. 2002도315).

Ⅱ 우리나라에서의 저항권

1. 인정 여부

우리 헌법은 저항권을 명문으로 규정하고 있지 아니하나, 저항권은 국가권력에 의하여 헌법의 기본원리에 대한 중대한 침해가 행하여지고 그 침해가 헌법의 존재 자체를 부인하는 것으로서 다른 합법적인 구제수단으로는 목적을 달성할 수 없을 때에 국민이 자기의 권리·자유를 지키기 위하여 실력으로 저항하는 권리로서 헌법의 본질과 헌법이 정하고 있는 기본권의 보장 및 국가의 본질과 역할에서 자연적으로 도출된다(헌재 2014. 12. 19. 2013헌다1).

2. 인정 요건

저항권은 공권력의 행사자가 민주적 기본질서를 침해하거나 파괴하려는 경우 이를 회복하기 위하여 국민이 공권력에 대하여 폭력·비폭력, 적극적·소극적으로 저항할 수 있다는 국민의 권리이자 헌법수호제도를 의미한다. 하지만 저항권은 공권력의 행사에 대한 '실력적' 저항이어서 그 본질상 질서교란의 위험이 수반되므로, 저항권의 행사에는 개별 헌법조항에 대한 단순한 위반이 아닌 민주적 기본질서라는 전체적 질서에 대한 중대한 침해가 있거나 이를 파괴하려는 시도가 있어야 하고, 이미 유효한 구제수단이 남아 있지 않아야 한다는 보충성의 요건이 적용된다. 또한 그 행사는 민주적 기본질서의 유지, 회복이라는 소극적인 목적에 그쳐야 하고 정치적, 사회적, 경제적 체제를 개혁하기 위한 수단으로 이용될 수 없다(헌재 2014. 12. 19. 2013헌다1).

판례

▶ **국회법 소정의 협의 없는 개의시간의 변경과 회의일시를 통지하지 아니한 입법과정의 하자가 저항권행사의 대상이 되는지**(소극) : 저항권은 국가권력에 의하여 헌법의 기본원리에 대한 중대한 침해가 행하여지고 그 침해가 헌법의 존재 자체를 부인하는 것으로서 다른 합법적인 구제 수단으로는 목적을 달성할 수 없을 때에 국민이 자기의 권리·자유를 지키기 위하여 실력으로 저항하는 권리이므로, 국회법 소정의 협의 없는 개의시간의 변경과 회의일시를 통지하지 아니한 입법과정의 하자는 저항권 행사의 대상이 되지 아니한다(헌재 1997. 9. 25. 97헌가4).

▶ **저항권을 재판규범으로 원용할 수 있는지**(소극) : 현대 입헌 자유민주주의 국가의 헌법이론상 자연법에서 우러나온 자연권으로서의 소위 저항권이 헌법 기타 실정법에 규정되어 있든 없든 간에 엄존하는 권리로 인정되어야 한다는 논지가 시인된다 하더라도 그 저항권이 실정법에 근거를 두지 못하고 오직 자연법에만 근거하고 있는 한 법관은 이를 재판규범으로 원용할 수 없다고 할 것인바, 헌법 및 법률에 저항권에 관하여 아무런 규정이 없는 우리나라의 현 단계에서는 저항권이론을 재판의 근거규범으로 채용, 적용할 수 없다(대판 1980. 5. 20. 80도306).

▶ **입법절차의 하자를 이유로 한 저항권 행사가 가능한지**(소극) : 저항권이란 초실정법적 자연법질서 내의 권리주장으로서 실정법을 근거로 국가사회의 법질서 위반 여부를 판단하는 재판권 행사에 있어 이를 주장하는 것은 허용되지 아니한다는 것이 당원의 견해이고, 저항권은 국가권력에 의하여 헌법의 기본원리에 대한 중대한 침해가 행하여지고 그 침해가 헌법의 존재 자체를 부인하는 것으로서 다른 합법적인 구제 수단으로서는 목적을 달성할 수 없는 때에 국민이 자기의 권리, 자유를 지키기 위하여 실력으로 저항하는 권리이므로, 국회가 법률을 제정·개폐함에 있어 입법절차를 무시한 하자가 있다고 하더라도 이는 저항권 행사의 대상이 되지 않는다(대판 2000. 9. 5. 99도3865).

02 대한민국 헌법 총설

제1절 대한민국 헌법의 제정과 개정

제1항 헌법의 제정(1948. 7. 17.)

I 제정 경과

1948년 2월 26일 UN 소총회는 한국의 가능한 지역 내에서 UN 임시한국위원단의 감시하에 총선거를 실시하고 정부를 수립할 것을 결정하였고, 임시한국위원단의 결정에 따라 1948년 5월 10일에 국회의원 선출을 위한 총선거가 실시되어 북한지역에 할당된 100명을 제외한 198명으로 제헌국회가 구성되었다. 제헌국회는 1948년 6월 3일 헌법기초위원회를 구성하였고, 헌법기초위원회는 전문위원 유진오의 초안을 원안으로 하고 전문위원 권승렬의 안을 참고안으로 하여 심의하였다. 유진오 원안과 권승렬 참고안은 모두 정부형태를 의원내각제로 하였으나 국회의장 이승만의 반대 등으로 인하여 초안은 단원제 국회, 대통령중심제, 위헌법률심사권을 헌법위원회에 부여하는 것으로 변경되었다. 1948년 6월 23일 헌법초안이 국회본회의에 상정되었고, 7월 12일에 국회에서 의결되었으며, 7월 17일 국회의장에 의해 헌법이 공포되고 즉시 시행되었다.

> **판례**
>
> ▶ **교육부장관이 교육부 고시를 통해 '대한민국이 유엔에서 승인한 한국의 유일한 합법정부'라는 내용을 명시하여야 할 헌법상 작위의무가 인정되는지**(소극) : 헌법 제31조 제6항 및 이를 구체화하는 교육기본법과 초·중등교육법은 '대한민국이 유엔에서 승인한 한국의 유일한 합법정부'라는 내용을 교육과정에 포함시키도록 명시적으로 위임하고 있지 않다. 또한 사회의 구성원으로서 기본적인 품성과 보편적인 자질을 배양하고자 하는 초·중등교육의 목적에 비추어보면, 위와 같은 내용을 교육과정에 명시할 구체적 작위의무가 대한민국의 발전과정을 이해하고 역사적 판단력과 문제해결능력, 비판적 사고력의 기초를 형성하는데 불가결한 것으로서 관련 법률의 해석상 발생한다고 보기도 어렵다(헌재 2021. 5. 27. 2018헌마1108).

II 주요 내용

1. 헌법총론
- 영토조항(4조)
- 헌법개정 : 국회의 의결(98조④)
- 지방자치제도(96조, 97조)
- 통제경제를 주축으로 한 자연자원의 원칙적 국유화(85조)

2. 기본권

- **개별적 법률유보**: 양심의 자유, 종교의 자유, 학문과 예술의 자유 이외의 자유권
- 근로3권(18조①)
- 근로자의 이익분배균점권(18조②, 제5차 개정에서 삭제)
- 생활무능력자의 보호, 가족의 건강보호(19조, 20조)

3. 통치구조

(1) 국회

- 단원제 국회
- 가부동수일 때 의장의 결정권(제5차 개정에서 삭제)
- 가예산제도(94조)

 참고

▶ **가예산제도**: 국회는 회계연도가 개시되기까지에 예산을 의결하여야 한다. 부득이한 사유로 인하여 예산이 의결되지 못한 때에는 국회는 1개월 이내에 가예산을 의결하고 그 기간 내에 예산을 의결하여야 한다(94조).

(2) 대통령과 부통령

- 선거: 국회 간선제(53조①)
- 임기 및 중임: 임기 4년, 1차에 한하여 중임 허용(55조①)
- 대통령의 권한대행: 1순위 부통령, 2순위 국무총리(52조)

(3) 정부

- 국무총리 임명: 대통령이 임명하고 국회가 승인(69조①)
- 의결기관으로서의 국무원(72조)

(4) 법원

- 대법원장: 대통령이 임명하고 국회가 승인(78조)
- 명령규칙심사권(81조①)

(5) 헌법위원회

- 부통령이 위원장, 대법관 5인과 국회의원 5인으로 구성(81조③)
- 위헌법률심사권(81조②)

(6) 탄핵재판소

- 부통령이 재판장, 대법관 5인과 국회의원 5인으로 구성(47조②)
- 대통령과 부통령을 심판할 때는 대법원장이 재판장 직무대행(47조②)

제2항 헌법의 개정

I 제1차 헌법개정

1. 개정 경과

이승만과 한국민주당이 서로 대립함에 따라 한국민주당은 의원내각제를 주요 내용으로 하는 개헌안을 제출하였으나(제1차 개헌안) 1950년 3월 13일 부결되었고, 1950년 5월 30일 제2대 국회의원 총선 결과 무소속이 전체의석의 60%인 126석을 차지하여 이승만 정부를 위협하게 되자 국회 의결로는 대통령 재선이 어렵다고 판단한 이승만은 대통령 직선제를 골자로 하는 개헌안을 제출하였으나(제2차 개헌안) 1952년 1월 18일 국회에서 부결되었다. 이후 야당이 1952년 4월 17일에 내각책임제 개헌안을 제출하자, 이승만은 5월 14일 다시 대통령 직선제를 핵심으로 하는 개헌안을 제출하였고, 국회의원들을 강제 연행하여 의사당에 연금하는 등의 공포 분위기를 조성한 뒤 7월 4일 정부의 직선제 개헌안과 야당의 국무원 불신임제가 절충된 발췌 개헌안을 통과시켰다(1952. 7. 7. 공포, 발췌개헌).

2. 주요 내용

(1) 국회
- 양원제 국회(민의원과 참의원 31조②)
- 민의원의원 4년, 참의원의원 6년(33조)

(2) 대통령과 부통령
- 직선제(53조①)
- 국무총리와 국회의원 겸직금지(53조⑦)

(3) 정부
- 국무총리 임명 : 대통령이 임명하고 국회가 승인(69조①)
- 국회에 대한 책임 : 일반국무는 연대책임, 각자의 행위는 개별책임(70조③)
- 민의원의 국무원 불신임권(70조의2)

(4) 헌법위원회
부통령이 위원장, 대법관 5인, 민의원의원 3인, 참의원의원 2인으로 구성(81조③)

(5) 탄핵재판소
부통령이 재판장, 대법관 5인과 참의원의원 5인으로 구성(47조②)

3. 문제점
- 발췌 개헌안에 대한 공고절차 없이 국회에서 의결
- 비상계엄령하에서 야당의원들에 대한 폭력적 위협이 가해지는 가운데 기립, 공개표결
- 대통령을 직선으로 선출하면서 의원내각제의 본질인 국무원 불신임제 규정

Ⅱ 제2차 헌법개정

1. 개정 경과

1954년 1월 23일 정부는 자유시장경제를 내용으로 하는 개정안을 제출하였다가 3월 9일 철회하였다. 이후 1954년 5월 20일의 국회의원 총선에서 이승만의 자유당이 다수의석을 차지하자 이승만은 1954년 9월 8일 자신에 한하여 대통령 중임제한을 적용하지 않는 개헌안을 제출하였고, 1954년 11월 27일 민의원에서 표결한 결과 1표가 부족하여 부결 선포되었다(재적 203명 중 135명 찬성으로 개헌에 필요한 재적의원 3분의 2에 1표 부족). 그러나 이틀 후인 11월 29일 국회는 야당의원들이 퇴장하고 여당인 자유당 의원들만 참석한 가운데 부결 선포를 취소하고 개헌안 가결을 선포하였다. 이는 재적 203의 3분의 2는 135.33...이므로 사사오입(四捨五入)에 의해 135명 찬성은 개헌의결 정족수인 재적의원 3분의 2를 충족시킨다는 주장에 따른 것이었다(1954. 11. 29. 공포, 사사오입 개헌).

2. 주요 내용

(1) **헌법총론**
- 필수적 국민투표: 주권의 제약, 영토의 변경을 가져올 국가 안위에 관한 중대 사항(7조의2)
- 국민발안제: 헌법 개정안, 민의원선거권자 50만 이상(98조①)
- 헌법개정의 실정법적 한계: 국가형태, 국민주권, 필수적 국민투표(98조⑥)
- 자유시장경제체제로 전환(88조 등)

(2) **통치구조**
- 초대 대통령에 대한 중임제한 철폐(부칙④)
- **부통령의 당연승계**: 대통령이 궐위된 때(55조②)
- 국무총리제도 폐지(순수한 미국식 대통령제로 변경, 44조 등)
- 민의원의 국무위원에 대한 개별적 불신임제도(70조의2①)
- 군법회의 신설(83조의2①)

3. 문제점
- 절차적 측면에서 정족수에 미달한 위헌적 개정
- 내용적 측면에서 초대 대통령에 한하여 중임제한 철폐

Ⅲ 제3차 헌법개정

1. 개정 경과

1960년 3·15 부정 선거(제4대 대통령 선거)에 대하여 학생을 중심으로 국민적 저항운동이 일어나자 이승만은 4월 27일 대통령직을 사임하였고, 5월 2일 허정(許政)을 대통령 직무대행으로 하는 과도정부가 수립되었다. 6월 11일 개헌안이 국회에 제출되고 6월 15일 可 208, 否 3의 압도적 다수로 통과되었다(1960. 6. 15. 공포, 제2공화국의 성립). 이는 최초의 여야합의에 의한 개헌이었으며, 개헌 후 국회는 자진해산하였고, 신헌법에 따라 총선거가 실시되고 신정부가 구성되었다.

2. 주요 내용

(1) 헌법총론

- 정당 조항 및 위헌정당해산제도 도입(13조②)
- 공무원의 정치적 중립성 및 신분보장(27조②)
- 경찰의 중립 보장(75조②)

(2) 기본권

- 일반적 법률유보 조항(28조②)
- 기본권의 본질적 내용 침해금지 조항 신설(28조②)
- 언론출판에 대한 허가 및 검열과 집회결사에 대한 허가제 금지(28조②)

(3) 통치구조

1) 국회

- 양원제
- 준예산제도(94조)

> 🏠 **참고**
>
> ▶ **준예산제도**: 국회가 회계연도 개시되기까지 예산을 의결하지 아니한 때에는 정부는 국회에서 예산이 의결될 때까지 다음 각호의 경비를 전년도 예산에 준하여 세입의 범위 내에서 지출할 수 있다(제94조②항).

2) 대통령

- 대통령 간선제: 국회 양원 합동회의(53조①)
- 임기 5년, 1차에 한하여 중임(55조)
- 권한대행 순서: 참의원 의장, 민의원 의장, 국무총리의 순(52조)

3) 정부

- 행정권의 국무원 귀속(68조①)
- **국무원의 구성**: 국무총리와 국무위원(68조②)
- 국무원의 민의원에 대한 연대책임(68조③)
- **국무총리 임명**: 대통령이 지명하고 민의원의 동의(69조①)
- 민의원의 국무원 불신임권 및 국무원의 민의원 해산권(71조①)

4) 중앙선거위원회

- 중앙선거위원회 신설(75조의2①)
- 대법관 중에서 호선한 3인, 정당에서 추천한 6인의 위원으로 구성
- 위원장은 대법관 위원 중에서 호선(75조의2②)

5) 법원

대법원장과 대법관을 법관 자격이 있는 선거인단에서 선거하고 대통령이 확인(78조①)

6) 헌법재판소

- 헌법재판소 신설(83조의3)
- 위헌법률심판권, 헌법에 관한 최종적 해석권, 국가기관 간의 권한쟁의, 정당의 해산심판, 탄핵재판, 대통령, 대법원장과 대법관의 선거소송(83조의3)
- 대통령, 대법원, 참의원이 각 3인씩 선임(83조의4②)

Ⅳ 제4차 헌법개정

1. 개정 경과

민주당 정권이 들어선 후 3·15 부정 선거의 책임자들에 대한 처벌이 미약하다는 비판이 고조되고 이에 항의하는 시위자들이 국회의사당을 일시 점거하는 사태가 발생하자 국회는 11월 29일 반민주행위자 처벌 등을 위한 소급입법의 근거를 위한 헌법 개정안을 의결하였다(1960. 11. 29. 공포).

2. 주요 내용

- 3·15 부정선거에 관여한 반민주행위자의 처벌과 공민권 제한을 위한 특별법
- 부정축재자 처리를 위한 특별법
- 형사사건 처리를 위한 특별재판소와 특별검찰부

3. 문제점

소급입법에 의한 참정권과 재산권 제한

Ⅴ 제5차 헌법개정

1. 개정 경과

1961년 5·16 쿠데타에 의해 정권을 잡은 군부는 국가재건최고회의(군사혁명위원회)를 설치하고, 6월 6일 "국가재건최고회의는 국가권력을 통합한 최고의 통치기관의 지위를 갖는다. 제2공화국 헌법은 비상조치법에 저촉되지 않는 범위 내에서만 그 효력을 갖는다."는 등을 내용으로 하는 국가재건비상조치법을 제정·공포하였다. 이후 민정이양을 위한 새로운 헌법의 제정이 문제되자 국가재건최고회의는 1962년 7월 11일 헌법심의위원회를 구성하였고, 11월 5일 헌법 개정안이 공고되고 12월 6일 국가재건최고회의의 의결을 거쳐 12월 17일 국민투표로 확정되었다(1962. 12. 26. 공포, 제3공화국의 성립).

> ⚖️ 판례
>
> ▶ **국가재건비상조치법의 법적 성질**: 국가재건비상조치법 제3조에 의하면 "헌법에 규정된 국민의 기본적 권리는 혁명과업 수행에 저촉되지 아니하는 범위 내에서 보장된다."라고 규정하였고 같은 법 제24조에 의하면 "헌법의 규정 중 이 비상조치법에서 저촉되는 규정은 이 비상조치법에 의한다."라고 규정하였고 같은 법 제9조에 의하면 "헌법에 규정된 국회의 권한은 국가재건최고회의가 이를 행한다."라고 규정하였으므로 위의 국가재건비상조치법이 헌법과 같은 효력이 있는 기본법임을 알 수 있다(대판 1963. 11. 7. 63초8).

2. 주요 내용

(1) 헌법총론

- 헌법 전문 개정(헌법 전문은 5차, 7차, 8차, 9차 헌법에서 개정됨.)
- 극단적 정당국가: 국회의원이나 대통령 후보가 되려는 자는 소속 정당의 추천을 받아야 하고(36조③, 64조③), 국회의원이 합당 또는 제명으로 소속이 달라지는 경우를 제외하고는 임기 중 당적을 이탈하거나 변경한 때 또는 소속 정당이 해산된 때에는 자격 상실(38조)
- 헌법개정에 대한 필수적 국민투표제(121조①)

(2) **기본권**
- 인간의 존엄과 가치조항 신설(8조)
- 인간다운 생활을 할 권리 신설(30조①)

(3) **통치구조**
1) 국회
- 단원제 국회
- **국회의원의 수**: 150인 이상 200인 이하(36조②)
- **국회의원의 겸직 제한**: 대통령, 국무총리, 국무위원, 지방의회의원, 기타 법률이 정하는 공사의 직(39조)
- 국무총리, 국무위원에 대한 해임건의권(59조)

2) 대통령
- 대통령제로 환원(63조)
- 직선제(64조①)
- 임기 4년, 1차에 한하여 중임(69조①, ③)
- 권한대행 순서: 국무총리, 법률이 정하는 국무위원 순(70조)

3) 정부
- **국무회의의 지위**: 심의기관(83조①)
- **국무총리 임명**: 대통령이 임명(84조①)
- **국가안전보장회의 신설**: 국무회의 심의에 앞선 대통령의 자문기구(87조①)
- 감사원 신설(92조 이하)

4) 법원
- **대법원장**: 법관추천회의의 제청에 의하여 대통령이 국회의 동의를 얻어 임명(99조①)
- 위헌법률심판권(102조①)
- 정당해산심판권(7조③)

5) 선거관리위원회
- **중앙선거관리위원회**: 대통령이 임명하는 2인, 국회에서 선출하는 2인, 대법원판사회의에서 선출하는 5인의 위원으로 구성, 위원장은 위원 중에서 호선(107조②)
- 각급선거관리위원회의 헌법적 근거 마련(107조⑦)

6) 탄핵심판위원회
- 탄핵심판위원회 신설(62조①)
- 대법원장이 위원장, 대법원판사 3인과 국회의원 5인의 위원으로 구성, 단 대법원장을 심판할 경우 국회의장이 위원장(62조②)

Ⅵ 제6차 헌법개정

1. 개정 경과

여당은 박정희 대통령의 연임 횟수의 연장을 주요 내용으로 하는 헌법 개정안을 1969년 8월 7일 국회에 제출하였고, 동 개정안은 9월 14일 국회를 통과하고 10월 17일 국민투표로써 확정되었다 (1969. 10. 21. 공포, 3선 개헌).

2. 주요 내용

- 국회의원의 정수 상향: 150인 이상 250인 이하(36조②)
- 국회의원의 겸직 제한 완화: 법률로 정하는 공사의 직(39조)
- 대통령의 계속 재임을 3기로 연장(69조③)

3. 문제점

- 개헌안의 국회 표결과 국민투표법안 의결을 여당 의원만이 참석한 가운데 강행
- 국민투표 과정에서도 공무원의 관여 등 절차적 하자 중대

4. 국가보위에 관한 특별조치법의 제정

3선에 성공한 박정희는 1971년 12월 6일 북한의 남침 위협 증대를 내세워 국가비상사태를 선포하였고, 12월 27일 국회에서는 야당 의원들이 없는 가운데 '국가보위에 관한 특별조치법'이 의결되었다.

Ⅶ 제7차 헌법개정

1. 개정 경과

1972년 10월 17일 박정희는 새로운 남북관계에 대응하기 위한 명문으로 전국에 비상계엄을 선포하고, 약 2개월간 헌법의 일부 조항의 효력을 중지시키는 비상조치를 선언하였다. 이 조치의 주요 내용은 국회를 해산하고 정당 및 정치활동을 중지시키며, 국회의 기능은 비상국무회의가 수행하고, 비상국무회의의 기능은 국무회의가 수행하며, 비상국무회의는 평화통일을 지향하는 헌법 개정안을 공고하여 국민투표를 통해 확정한다는 것이었다. 개헌안은 11월 21일에 실시된 국민투표를 통해 확정되었고, 부칙에 근거하여 새 헌법의 시행 전에 통일주체국민회의 대의원 선거를 하고 통일주체국민회의에서 대통령선거가 행하여졌으며, 12월 27일 대통령이 취임하고 헌법이 공포·시행되었다(1972. 12. 27. 공포 제4공화국의 성립).

2. 주요 내용

(1) 헌법총론
- 평화통일 조항 신설(전문)
- 헌법개정절차의 이원화: 대통령이 제안한 경우에는 국민투표로써, 국회의원이 제안한 경우에는 국회의 의결을 거쳐 통일주체국민회의의 의결로 확정(124조②)

(2) 기본권

- 구속적부심사제 폐지
- 임의성 없는 자백의 증거능력 부인 조항 삭제
- 군인 등의 국가배상청구권 제한(26조②)
- 근로3권의 범위 제한 : 법률이 정하는 범위 안에서 보장(29조①)
- 기본권 제한의 목적으로 국가안전보장 추가(32조②)

(3) 통치구조

1) 통일주체국민회의

- 통일주체국민회의 신설(35조 이하)
- 대통령 선출권(39조①)
- **국회의원 선출권** : 국회의원 정수의 3분의 1(40조①)
- **헌법 개정안 확정권** : 국회가 발의·의결한 헌법 개정안(41조①)

2) 대통령과 정부

- 간선제
- 임기는 6년(47조), 중임제한 규정 없음.
- 긴급조치권(53조①)
- 국회해산권(59조①)
- 통일주체국민회의에서 선출하는 국회의원 정수의 3분의 1에 해당하는 국회의원 후보자 추천 권(40조②)
- 국무총리는 국회의 동의를 얻어 대통령이 임명(64조①)

3) 국회

- **국회의원 정수** : 법률로 유보(76조②)
- 국회의원의 임기는 6년, 통일주체국민회의에서 선출한 국회의원의 임기는 3년(77조)
- 국회의 국정감사권 삭제
- 국무총리, 국무위원에 대한 해임의결권(97조①)

4) 법원

- **대법원장** : 대통령이 국회의 동의를 얻어 임명(103조①)
- **대법원장이 아닌 법관의 임명** : 대법원장이 제청하고 대통령이 임명(103조②)
- 징계처분에 의한 법관 파면 허용(104조①)

5) 헌법위원회

위헌법률심판, 탄핵심판, 정당해산심판(109조①)

6) 선거관리위원회

- **중앙선거관리위원회의 구성** : 9인의 위원으로 구성하며 위원은 대통령이 임명하되 3인은 국회가 선출하는 자를, 3인은 대법원장이 지명하는 자를 임명(112조②, ③)
- **중앙선거관리위원회의 위원장** : 위원 중에서 대통령이 임명(112조④)

Ⅷ 제8차 개정헌법

1. 제정 경과

1979년 10월 26일 박정희 대통령이 급서(10·26 사태) 후 12·12 군사 반란(12·12 사태)에 성공한 군부세력이 학생시위를 빌미로 계엄을 전국으로 확대하는 5·17 사태가 일어나 헌정이 중단되었다. 이후 1980년 8월 16일 최규하 대통령이 사임하고 전두환이 8월 27일 통일주체국민회의에서 보선되고, 3월에 구성된 헌법심의위원회의 헌법 개정안이 9월 29일 공고되고 10월 22일 국민투표를 통해 확정되었고 10월 27일 공포하여 즉일 시행되었다(1980. 10. 27. 공포, 제5공화국의 성립). 이로써 국회의원의 임기는 종료되고(부칙 5조), 정당이 해산되었다(부칙 7조). 10월 28일 국가보위비상대책위원회는 국가보위입법회의법을 제정·공포하였고 동법에 의해 구성된 국가보위입법회의가 새로운 헌법에 의해 국회가 구성될 때까지 국회의 권한을 대행하였다.

> **판례**
>
> ▶**국가보위입법회의에서 제정된 법률을 제정절차의 하자를 이유로 다툴 수 있는지**(소극): 1980. 10. 27. 공포된 구 헌법 부칙 제6조 제1항은 "국가보위입법회의는 이 헌법 시행일로부터 이 헌법에 의한 국회의 최초의 집회일 전일까지 국회의 권한을 대행한다."고 규정함으로써 국가보위입법회의에 한시적으로 입법권을 부여하는 헌법상의 근거규정을 두었고, 같은 조 제3항은 "국가보위입법회의가 제정한 법률 등은 그 효력을 지속하며, 이 헌법 기타의 이유로 제소하거나 이의를 할 수 없다."고 규정함으로써 구 헌법하에서 그 제정 절차를 다툴 수 없는 유효한 법률임을 명백히 하였으며, 한편 1987. 10. 29. 공포된 현행 헌법 부칙 제5조는 "이 헌법 시행 당시의 법령과 조약은 이 헌법에 위배되지 아니하는 한 그 효력을 지속한다."고 규정함으로써 법령의 지속효에 관한 규정을 두고 있다. 그렇다면 국가보위입법회의에서 제정된 법률은 "그 내용"이 현행 헌법에 저촉된다고 하여 이를 다투는 것은 별론으로 하고 "그 제정절차"에 하자가 있다는 것을 이유로 하여 이를 다툴 수는 없다고 보아야 할 것이다(헌재 1997. 1. 16. 89헌마240).

2. 주요 내용

(1) 헌법총론

- 전문에서 4·19 의거와 5·16 혁명 이념 삭제
- 재외국민보호 조항 신설(2조②)
- 정당의 국고보조금 조항 신설(7조③)
- 전통문화의 창달 규정 신설(8조)
- 경제질서에 대한 공법적 규제 확대(120조③ 이하)

(2) 기본권

- 행복추구권 신설(9조)
- 구속적부심사제 부활(11조⑤)
- 연좌제 금지 신설(12조③)
- 사생활의 비밀과 자유 신설(16조)
- 언론·출판의 자유의 사회적 책임 규정(20조②)
- 형사피고인의 무죄추정의 원칙 규정(26조④)
- 적정임금 조항 신설(30조①)
- 환경권 조항 신설(33조)

(3) 통치구조

1) 대통령
   - 대통령선거인단에 의한 간선제(39조①)
   - 임기 7년, 중임금지(45조)
   - 비상조치권(51조①)
   - 국회해산권(57조①)

2) 국회
   - **국회의원 수: 200인 이상(77조②)**
   - 비례대표제의 근거 조항 신설(77조③)
   - **국회의원의 임기: 4년(78조)**
   - **국회의 동의를 요하는 조약 변경:** 어업조약이 빠지고, 주권의 제약에 관한 조약과 외국군대의 지위에 관한 조약 추가(96조①)
   - 국정조사권 신설(97조)
   - 국무총리, 국무위원에 대한 해임의결권(99조①)

3) 법원
   - 대법원에 대법원판사 아닌 법관을 둘 수 있도록 함(103조③).
   - 대법원장은 국회의 동의를 얻어 대통령이 임명(105조①)
   - **법관의 신분보장:** 탄핵과 형벌에 의하지 아니한 파면금지(107조①)
   - **법률에 대한 전심권:** 법원은 법률이 헌법에 위반되는 것으로 인정할 때 헌법위원회에 제청(108조①)
   - 행정심판의 헌법적 근거 명시(108조③)

4) 헌법위원회
   위헌법률심판, 탄핵심판, 정당해산심판(112조①)

5) 선거관리위원회
   중앙선거관리위원회는 대통령이 임명하는 3인, 국회에서 선출하는 3인, 대법원장이 지명하는 3인의 위원으로 구성하고, 위원장은 위원 중에서 호선(115조②)

Ⅸ 제9차 개정헌법

1. 개정 경과

1987년 박종철군 고문살인 사건으로 촉발된 6월 시민항쟁의 승리로 전두환 정권이 종말을 맞게 되자 여당은 6·29 선언을 통해 직선제개헌을 수용하고, 9월 18일 여야 합의로 대통령 직선제 헌법 개정안이 국회에 발의되고 10월 12일 국회의 의결을 거쳐 10월 27일 국민투표로써 확정되어 10월 29일 공포된 후 1988년 2월 25일부터 시행되었다(1987. 10. 29. 공포, 제6공화국의 성립).

2. 주요 내용

(1) 헌법총론

- 대한민국임시정부의 법통과 불의에 항거한 4 · 19 민주이념의 계승(전문)
- 조국의 민주개혁 사명 명시(전문)
- 재외국민에 대한 국가의 보호의무 조항 신설(2조②)
- 자유민주적 기본질서에 입각한 평화적 통일정책의 수립 · 추진 규정 신설(4조)
- 국군의 정치적 중립성 준수 명시(5조②)
- 정당의 조직 · 활동뿐 아니라 목적까지도 민주적일 것을 추가적으로 요구(8조②)
- 지방의회의 구성에 관한 유보조항 삭제(부칙)

(2) 기본권

- 적법절차 조항 신설(12조①, ③)
- 구속이유 고지 및 통지의무 규정 신설(12조⑤)
- 표현의 자유에 대한 허가제와 검열제 금지(21조②)
- 과학기술자의 권리보호 신설(22조②)
- 민간인의 군사법원의 재판관할에서 군사시설에 관한 죄 삭제(27조②)
- 형사피해자의 재판절차진술권 신설(27조⑤)
- 형사보상청구권의 주체를 피의자에게까지 확대(28조)
- 범죄피해자에 대한 국가구조제도 신설(30조)
- 최저임금제 신설(32조①)
- 쾌적한 주거생활권 보장(35조③)
- 모성보호규정 신설(36조②)

(3) 통치구조

1) 국회

- 연중 회기일 수 제한 규정 삭제
- 국회의 동의를 요하는 조약에 외국군대의 지위에 관한 조약 삭제(60조①)
- 국정감사권 및 국정조사권(61조①)
- 국무총리 · 국무위원에 대한 해임건의권(63조①)

2) 대통령

- 직선제(67조①)
- 임기는 5년, 중임금지(70조)
- 대통령의 비상조치권과 국회해산권 삭제

3) 법원

- 대법원장의 임기는 6년, 중임금지(105조①)
- 탄핵 또는 금고 이상의 형의 선고에 의하지 아니한 파면 금지(106조①)

4) 헌법재판소

법률의 위헌 여부 심판, 탄핵의 심판, 정당의 해산심판, 국가기관 상호 간, 국가기관과 지방자치단체 간 및 지방자치단체 상호 간의 권한쟁의에 관한 심판, 법률이 정하는 헌법소원에 관한 심판(111조①)

| 제2절 | 대한민국의 국가형태와 구성요소 |

제1항 대한민국의 국가형태

Ⅰ 국가의 의의와 구성요소

국가란 일정한 영토와 거기에 사는 사람들로 구성되고, 주권(主權)에 의한 하나의 통치 조직을 가지고 있는 사회 집단을 말하고, 국가는 공동체에 항구적으로 정주하는 '국민', 지표상 일정한 범위를 차지하는 지역적 공간을 의미하는 '영토', 국민과 영토에 대한 본원적이고 무제한적인 지배력을 의미하는 '국가권력'으로 구성된다.

Ⅱ 국가의 형태

1. 군주국과 공화국

국민주권이 확립된 오늘날 군주국이란 군주제도를 가진 나라를, 공화국이란 군주제도가 없는 나라를 의미한다. 즉 오늘날 공화국은 군주국이 아닌 국가, 즉 주권이 국민에게 있고 국민이 선출한 대표자가 국민의 권리와 이익을 위하여 국정을 운영하며, 국가의 원수가 국민의 직접 또는 간접 선거에 의하여 선출되며 일정한 임기에 의해 교체되는 국가를 말한다.

2. 민주공화국과 전제공화국

민주공화국	• 자유민주주의를 정치적 이념으로 하는 국가 • 국민주권의 원리 • 권력분립주의 · 의회주의 · 법치주의에 의한 정치과정의 통제 • 상대주의적 세계관 • 국가와 사회의 이원주의
전제공화국	• 전제주의(또는 전체주의)를 정치적 이념으로 하는 국가 • 파시스트의 이탈리아, 나치스의 독일, 동유럽의 인민민주주의 • 절대주의적 세계관 • 단일정당에 의한 권력 독점 • 국가와 사회의 구별 모호 • 철저한 중앙집권 • 국민총합의 수단으로 경찰기구나 테러 등의 방법 사용

3. 대한민국의 국가형태

대한민국은 민주공화국이다(헌법 제1조 제1항). 헌법 제1조의 민주공화국의 규범적 의미는 비군주국가, 자유국가, 국민국가, 반독재국가이다.

제2항 대한민국의 구성요소

Ⅰ 국가권력

> **헌법 제1조**
> ② 대한민국의 주권은 국민에게 있고, 모든 권력은 국민으로부터 나온다.

국가권력에는 주권과 통치권이 있다. 여기서 주권이란 국가의사나 국가정책을 전반적·최종적으로 결정할 수 있는 최고의 권력으로서, 대내적으로는 최고의 권력이고 대외적으로는 독립의 권력을 의미한다. 통치권이란 현실적으로 국가조직을 유지하고 국가목적을 실현하기 위한 구체적 권력으로서 그 실질적 내용에 따라 자주조직권·영토고권·대인고권으로 나뉘며, 그 형식적 내용에 따라 입법권·행정권·사법권으로 나뉜다. 헌법 제1조 제2항 전단의 주권은 본래의 '주권'을, 후단의 모든 권력은 '통치권'을 의미한다.

Ⅱ 국민

> **헌법 제2조**
> ① 대한민국의 국민이 되는 요건은 법률로 정한다.

1. 국민과 국적

(1) 국민

국민이란 국가의 인적 요소로서 국가의 통치권에 복종할 의무를 가진 개개인의 전체집합을 의미한다. 국민은 영토, 주권과 더불어 국가의 3대 구성요소 중의 하나로, 그 나라의 국적을 가진 사람을 말한다. 국민은 국가의 항구적 소속원이므로 어느 곳에 있던지 그가 속하는 국가의 통치권에 복종할 의무를 부담하고, 국외에 있을 때에는 예외적으로 거주국의 통치권에 복종하여야 한다(헌재 2000. 8. 31. 97헌가12).

(2) 국적

국적은 국가와 구성원 간의 법적유대이고 보호와 복종관계를 뜻하므로 국가와 분리하여 생각할 수 없다. 즉 국적은 국가의 생성과 더불어 발생하고 국가의 소멸은 국적의 상실사유가 된다. 국적은 성문의 법령을 통해서가 아니라 국가의 생성과 더불어 존재하는 것이므로, 헌법의 위임에 따라 국적법이 제정되나 그 내용은 국가의 구성요소인 국민의 범위를 구체화, 현실화하는 '헌법사항'을 규율하고 있는 것이다(헌재 2000. 8. 31. 97헌가12).
국적에 관한 사항은 국가의 주권자의 범위를 확정하는 고도의 정치적 속성을 가지고 있어서 당해 국가가 역사적 전통과 정치·경제·사회·문화 등 제반사정을 고려하여 결정할 문제이다. 헌법 제2조 제1항은 "대한민국의 국민이 되는 요건은 법률로 정한다."고 하여 기본권의 주체인 국민에 관한 내용을 입법자가 형성하도록 하고 있다. 이는 대한민국 국적의 '취득'뿐만 아니라 국적의 유지, 상실을 둘러싼 전반적인 법률관계를 법률에 규정하도록 위임하고 있는 것으로 풀이할 수 있다(헌재 2014. 6. 26. 2011헌마502).

> ##### 🔎 판례
>
> ▶ **외국인의 국적선택권**(소극) : 천부인권 사상은 국민주권을 기반으로 하는 자유민주주의 헌법을 낳았고 이 헌법은 인간의 존엄과 가치를 존중하므로, 개인은 자신의 운명에 지대한 영향을 미치는 정치적 공동체인 국가를 선택할 수 있는 권리, 즉 국적선택권을 기본권으로 인식하기에 이르렀다. 그러나 개인의 국적선택에 대하여는 나라마다 그들의 국내법에서 많은 제약을 두고 있는 것이 현실이므로, 국적은 아직도 자유롭게 선택할 수 있는 권리에는 이르지 못하였다. 그러므로 "이중국적자의 국적선택"이라는 개념은 별론으로 하더라도, 일반적으로 외국인인 개인이 특정한 국가의 국적을 선택할 권리가 자연권으로서 또는 우리 헌법상 당연히 인정된다고는 할 수 없다(헌재 2006. 3. 30. 2003헌마806).

2. 국적의 취득

(1) 국적 취득의 유형

국적의 취득에는 선천적 취득(출생에 의한 취득)과 후천적 취득이 있다. 선천적 취득에 관한 입법주의로는 출생지를 불문하고 부모의 국적에 따라 국적을 부여하는 속인주의(혈통주의 : 독일, 스위스, 일본, 한국)와 출생지의 국적을 부여하는 속지주의(출생지주의 : 미국, 영국 등)가 있다.

(2) 선천적 취득

출생 당시에 부 또는 모가 대한민국의 국민인 자, 출생하기 전에 부가 사망한 경우에는 그 사망 당시에 부가 대한민국의 국민이었던 자, 부모가 모두 분명하지 아니하거나 국적이 없는 경우에 대한민국에서 출생한 자는 출생과 동시에 대한민국 국적을 취득한다(국적법 제2조 제1항). 대한민국에서 발견된 기아는 대한민국에서 출생한 것으로 추정한다(국적법 제2조 제2항).

> ##### 🔎 판례
>
> ▶ **출생에 의한 국적취득에 있어 부계혈통주의를 규정한 구 국적법 제2조 제1항 제1호가 평등의 원칙에 위배되는지** (적극) : 부계혈통주의 원칙을 채택한 구법조항은 출생한 당시의 자녀의 국적을 부의 국적에만 맞추고 모의 국적은 단지 보충적인 의미만을 부여하는 차별을 하고 있다. 이렇게 한국인 부와 외국인 모 사이의 자녀와 한국인 모와 외국인 부 사이의 자녀를 차별취급하는 것은, 모가 한국인인 자녀와 그 모에게 불리한 영향을 끼치므로 헌법 제11조 제1항의 남녀평등원칙에 어긋난다(헌재 2000. 8. 31. 97헌가12).

(3) 후천적 취득

1) 인지

대한민국의 국민이 아닌 자로서 대한민국의 국민인 부 또는 모에 의하여 인지된 자가 대한민국의 민법상 미성년이고, 출생 당시에 부 또는 모가 대한민국의 국민이었을 경우 법무부장관에게 신고함으로써 대한민국 국적을 취득할 수 있다(국적법 제3조 제1항). 신고한 자는 그 신고를 한 때에 대한민국 국적을 취득한다(국적법 제3조 제2항).

2) 귀화

① 대상 및 시기

대한민국 국적을 취득한 사실이 없는 외국인은 법무부장관의 귀화허가를 받아 대한민국 국적을 취득할 수 있다(국적법 제4조 제1항). 귀화허가를 받은 사람은 법무부장관 앞에서 국민선서를 하고 귀화증서를 수여받은 때에 대한민국 국적을 취득한다(국적법 제4조 제3항).

> **판례**
>
> ▶ **법무부장관이 법률에서 정한 귀화 요건을 갖춘 귀화신청인에게 귀화를 허가할 것인지 여부에 관하여 재량권을 가지는지**(적극) : 국적은 국민의 자격을 결정짓는 것이고, 이를 취득한 사람은 국가의 주권자가 되는 동시에 국가의 속인적 통치권의 대상이 되므로, 귀화허가는 외국인에게 대한민국 국적을 부여함으로써 국민으로서의 법적 지위를 포괄적으로 설정하는 행위에 해당한다. 한편, 국적법 등 관계 법령 어디에도 외국인에게 대한민국의 국적을 취득할 권리를 부여하였다고 볼 만한 규정이 없다. 이와 같은 귀화허가의 근거 규정의 형식과 문언, 귀화허가의 내용과 특성 등을 고려해 보면, 법무부장관은 귀화신청인이 귀화 요건을 갖추었다 하더라도 귀화를 허가할 것인지 여부에 관하여 재량권을 가진다고 보는 것이 타당하다(대판 2015. 9. 24. 2010두6496).

② 일반귀화

외국인이 귀화허가를 받기 위해서는 5년 이상 계속하여 대한민국에 주소가 있을 것, 대한민국에서 영주할 수 있는 체류자격을 가지고 있을 것, 대한민국의 민법상 성년일 것, 법령을 준수하는 등 법무부령으로 정하는 품행 단정의 요건을 갖출 것, 자신의 자산이나 기능에 의하거나 생계를 같이하는 가족에 의존하여 생계를 유지할 능력이 있을 것, 국어능력과 대한민국의 풍습에 대한 이해 등 대한민국 국민으로서의 기본 소양을 갖추고 있을 것, 귀화를 허가하는 것이 국가안전보장 · 질서유지 또는 공공복리를 해치지 아니한다고 법무부장관이 인정할 것의 요건을 갖추어야 한다(국적법 제5조).

> **판례**
>
> ▶ **외국인이 귀화허가를 받기 위해서는 '품행이 단정할 것'의 요건을 갖추도록 한 국적법 제5조 제3호가 명확성 원칙에 위배되는지**(소극) : 심판대상조항은 외국인에게 대한민국 국적을 부여하는 '귀화'의 요건을 정한 것인데, '품행', '단정' 등 용어의 사전적 의미가 명백하고, 심판대상조항의 입법취지와 용어의 사전적 의미 및 법원의 일반적인 해석 등을 종합해 보면, '품행이 단정할 것'은 '귀화신청자를 대한민국의 새로운 구성원으로서 받아들이는 데 지장이 없을 만한 품성과 행실을 갖춘 것'을 의미하고, 구체적으로 이는 귀화신청자의 성별, 연령, 직업, 가족, 경력, 전과관계 등 여러 사정을 종합적으로 고려하여 판단될 것임을 예측할 수 있다. 따라서 심판대상조항은 명확성 원칙에 위배되지 아니한다(헌재 2016. 7. 28. 2014헌바421).

③ 간이귀화

3년 이상 주소 (6조①)	• 부 또는 모가 대한민국의 국민이었던 사람 • 대한민국에서 출생한 사람으로서 부 또는 모가 대한민국에서 출생한 사람 • 대한민국 국민의 양자로서 입양 당시 대한민국의 민법상 성년이었던 사람
1년 또는 2년 이상 주소 (6조②)	• 배우자와 혼인한 상태로 대한민국에 2년 이상 계속하여 주소가 있는 사람 • 배우자와 혼인한 후 3년이 지나고 혼인한 상태로 대한민국에 1년 이상 계속하여 주소가 있는 사람 • 배우자와 혼인한 상태로 대한민국에 주소를 두고 있던 중 그 배우자의 사망이나 실종 또는 그 밖에 자신에게 책임이 없는 사유로 정상적인 혼인 생활을 할 수 없었던 사람으로서 잔여기간을 채웠고 법무부장관이 상당하다고 인정하는 사람 • 배우자와의 혼인에 따라 출생한 미성년의 자(子)를 양육하고 있거나 양육하여야 할 사람으로서 잔여기간을 채웠고 법무부장관이 상당하다고 인정하는 사람

④ 특별귀화

주소 (7조①)	• 부 또는 모가 대한민국의 국민인 사람(양자로서 대한민국의 민법상 성년이 된 후에 입양된 사람 제외) • 대한민국에 특별한 공로가 있는 사람 • 과학·경제·문화·체육 등 특정 분야에서 매우 우수한 능력을 보유한 사람으로서 대한민국의 국익에 기여할 것으로 인정되는 사람

3) 수반 취득

외국인의 자로서 대한민국의 민법상 미성년인 사람은 부 또는 모가 귀화허가를 신청할 때 함께 국적 취득을 신청할 수 있다(국적법 제8조 제1항). 국적 취득을 신청한 사람은 부 또는 모가 대한민국 국적을 취득한 때에 함께 대한민국 국적을 취득한다(국적법 제8조 제2항).

4) 국적회복

대한민국의 국민이었던 외국인은 법무부장관의 국적회복허가를 받아 대한민국 국적을 취득할 수 있다(국적법 제9조 제1항). 다만 국가나 사회에 위해를 끼친 사실이 있는 사람, 품행이 단정하지 못한 사람, 병역을 기피할 목적으로 대한민국 국적을 상실하였거나 이탈하였던 사람, 국가안전보장·질서유지 또는 공공복리를 위하여 법무부장관이 국적회복을 허가하는 것이 적당하지 아니하다고 인정하는 사람에게는 국적회복을 허가하지 아니한다(국적법 제9조 제2항). 국적회복허가를 받은 사람은 법무부장관 앞에서 국민선서를 하고 국적회복증서를 수여받은 때에 대한민국 국적을 취득한다(국적법 제9조 제3항).

> 🔧 **판례**
>
> ▶**국적회복과 귀화의 차이**: 국적회복과 귀화는 모두 외국인이 후천적으로 법무부장관의 허가라는 주권적 행정절차를 통하여 대한민국 국적을 취득하는 제도라는 점에서 동일하나, 귀화는 대한민국 국적을 취득한 사실이 없는 순수한 외국인이 법무부장관의 허가를 받아 대한민국 국적을 취득할 수 있도록 하는 절차인데 비해(국적법 제4조 내지 제7조), 국적회복허가는 한 때 대한민국 국민이었던 자를 대상으로 한다는 점, 귀화는 일정한 요건을 갖춘 사람에게만 허가할 수 있는 반면(국적법 제5조 내지 제7조), 국적회복허가는 일정한 사유에 해당하는 사람에 대해서만 국적회복을 허가하지 아니한다는 점(국적법 제9조 제2항)에서 차이가 있다. 국적법이 이처럼 귀화제도와 국적회복제도를 구분하고 있는 것은 과거 대한민국 국민이었던 자의 국적취득절차를 간소화함으로써 국적취득상의 편의를 증진시키고자 하는 것이다(헌재 2020. 2. 27. 2017헌바434).

(4) 외국 국적 포기 의무와 재취득

1) 외국 국적 포기 의무

대한민국 국적을 취득한 외국인으로서 외국 국적을 가지고 있는 자는 대한민국 국적을 취득한 날부터 1년 내에 그 외국 국적을 포기하여야 한다(국적법 제10조 제1항). 외국 국적 포기 의무를 이행하지 아니한 자는 그 기간이 지난 때에 대한민국 국적을 상실한다(국적법 제10조 제3항).

> 🔧 **판례**
>
> ▶**외국인이 대한민국 국적을 취득한 경우 일정 기간 내에 그 외국 국적을 포기하도록 한 국적법 제10조 제1항이 외국인인 청구인들의 참정권 등의 기본권 침해 가능성이 있는지**(소극): 참정권과 입국의 자유에 대한 외국인의 기본권주체성이 인정되지 않고, 외국인이 대한민국 국적을 취득하면서 자신의 외국 국적을 포기한다 하더라도 이로 인하여 재산권 행사가 직접 제한되지 않으며, 외국인이 복수국적을 누릴 자유가 우리 헌법상 행복추구권에 의하여 보호되는 기본권이라고 보기 어려우므로, 외국인의 기본권 주체성 내지 기본권 침해 가능성을 인정할 수 없다(헌재 2014. 6. 26. 2011헌마502).

2) 재취득

외국 국적 포기 의무를 이행하지 아니하여 대한민국 국적을 상실한 자가 그 후 1년 내에 그 외국 국적을 포기하면 법무부장관에게 신고함으로써 대한민국 국적을 재취득할 수 있다(국적법 제11조 제1항). 신고한 자는 그 신고를 한 때에 대한민국 국적을 취득한다(국적법 제11조 제2항).

3. 복수국적

(1) 복수국적자의 법적 지위

출생이나 그 밖에 국적법에 따라 대한민국 국적과 외국 국적을 함께 가지게 된 사람으로서 대통령령으로 정하는 사람(복수국적자)은 대한민국의 법령 적용에서 대한민국 국민으로만 처우한다(국적법 제11조의2 제1항).

(2) 복수국적자의 국적 선택 의무

1) 국적 선택 기간

① 원칙적 기간

만 20세가 되기 전에 복수국적자가 된 자는 만 22세가 되기 전까지, 만 20세가 된 후에 복수국적자가 된 자는 그 때부터 2년 내에 하나의 국적을 선택하여야 한다(국적법 제12조 제1항).

② 병역준비역에 편입된 자

병역법 제8조에 따라 병역준비역에 편입된 자는 편입된 때부터 3개월 이내에 하나의 국적을 선택하여야 한다(국적법 제12조 제2항). 다만 외국에서 출생한 사람으로서 출생 이후 계속하여 외국에 주된 생활의 근거를 두고 있는 사람이나 6세 미만의 아동일 때 외국으로 이주한 이후 계속하여 외국에 주된 생활의 근거를 두고 있는 사람으로서 병역준비역에 편입된 때부터 3개월 이내에 국적 이탈을 신고하지 못한 정당한 사유가 있는 경우에는 법무부장관에게 대한민국 국적의 이탈 허가를 신청할 수 있다(국적법 제14조의2 제1항).

> **판례**
>
> ▶ **병역준비역에 편입된 자의 국적이탈을 제한하고 있는 국적법 제12조 제2항 본문 등이 청구인의 국적이탈의 자유를 침해하는지**(적극) : 병역준비역에 편입된 복수국적자의 국적선택 기간이 지났다고 하더라도, 그 기간 내에 국적이탈 신고를 하지 못한 데 대하여 사회통념상 그에게 책임을 묻기 어려운 사정 즉, 정당한 사유가 존재하고, 병역의무 이행의 공평성 확보라는 입법목적을 훼손하지 않음이 객관적으로 인정되는 경우라면, 병역준비역에 편입된 복수국적자에게 국적선택 기간이 경과하였다고 하여 일률적으로 국적이탈을 할 수 없다고 할 것이 아니라, 예외적으로 국적이탈을 허가하는 방안을 마련할 여지가 있다. 심판대상 법률조항의 존재로 인하여 복수국적을 유지하게 됨으로써 대상자가 겪어야 하는 실질적 불이익은 구체적 사정에 따라 상당히 클 수 있다. 국가에 따라서는 복수국적자가 공직 또는 국가안보와 직결되는 업무나 다른 국적국과 이익충돌 여지가 있는 업무를 담당하는 것이 제한될 가능성이 있다. 현실적으로 이러한 제한이 존재하는 경우, 특정 직업의 선택이나 업무 담당이 제한되는 데 따르는 사익 침해를 가볍게 볼 수 없다. 심판대상 법률조항은 과잉금지원칙에 위배되어 청구인의 국적이탈의 자유를 침해한다(헌재 2020. 9. 24. 2016헌마889 헌법불합치).

③ 이른바 원정출산자

직계존속이 외국에서 영주할 목적 없이 체류한 상태에서 출생한 자는 현역·상근예비역·보충역 또는 대체역으로 복무를 마치거나 마친 것으로 보게 되는 경우, 전시근로역에 편입된 경우, 병역 면제처분을 받은 경우에는 그때부터 2년 이내에 하나의 국적을 선택하여야 한다(국적법 제12조 제3항).

판례

▶ **직계존속이 외국에서 영주 목적 없이 체류한 상태에서 출생한 자는 병역의무를 해소한 경우에만 국적이탈을 신고할 수 있도록 하는 구 국적법 제12조 제3항이 국적이탈의 자유를 침해하는지**(소극) : 심판대상조항은 공평한 병역의무 분담에 관한 국민적 신뢰를 확보하려는 것으로, 장차 대한민국과 유대관계가 형성되기 어려울 것으로 예상되는 사람에 대해서는 병역의무 해소 없는 국적이탈을 허용함으로써 국적이탈의 자유에 대한 제한을 조화롭게 최소화하고 있는 점, 병역기피 목적의 국적이탈에 대하여 사후적 제재를 가하거나 생활근거에 따라 국적이탈을 제한하는 방법으로는 입법목적을 충분히 달성할 수 있다고 보기 어려운 점, 심판대상조항으로 제한받는 사익은 그에 해당하는 사람이 국적이탈을 하려는 경우 모든 대한민국 남성에게 두루 부여된 병역의무를 해소하도록 요구받는 것에 지나지 않는 반면 심판대상조항으로 달성하려는 공익은 대한민국이 국가공동체로서 존립하기 위해 공평한 병역분담에 대한 국민적 신뢰를 보호하여 국방역량이 훼손되지 않도록 하려는 것으로 매우 중요한 국익인 점 등을 감안할 때 심판대상조항은 과잉금지원칙에 위배되어 국적이탈의 자유를 침해하지 아니한다(헌재 2023. 2. 23. 2019헌바462).

2) 국적의 선택 절차

① 대한민국 국적의 선택 절차

복수국적자로서 국적 선택 기간 내에 대한민국 국적을 선택하려는 자는 외국 국적을 포기하거나 법무부장관이 정하는 바에 따라 대한민국에서 외국 국적을 행사하지 아니하겠다는 뜻을 서약하고 법무부장관에게 대한민국 국적을 선택한다는 뜻을 신고할 수 있다(국적법 제13조 제1항). 복수국적자로서 국적 선택 기간 후에 대한민국 국적을 선택하려는 자는 외국 국적을 포기한 경우에만 법무부장관에게 대한민국 국적을 선택한다는 뜻을 신고할 수 있다(국적법 제13조 제2항). 출생 당시에 모가 자녀에게 외국 국적을 취득하게 할 목적으로 외국에서 체류 중이었던 사실이 인정되는 자는 외국 국적을 포기한 경우에만 대한민국 국적을 선택한다는 뜻을 신고할 수 있다(국적법 제13조 제3항).

② 대한민국 국적의 이탈 요건 및 절차

복수국적자로서 외국 국적을 선택하려는 자는 외국에 주소가 있는 경우에만 주소지 관할 재외공관의 장을 거쳐 법무부장관에게 대한민국 국적을 이탈한다는 뜻을 신고할 수 있다(국적법 제14조 제1항 본문). 국적 이탈의 신고를 한 자는 법무부장관이 신고를 수리한 때에 대한민국 국적을 상실한다(국적법 제14조 제2항).

판례

▶ **복수국적자가 외국에 주소가 있는 경우에만 국적이탈을 신고할 수 있도록 하는 국적법 제14조 제1항 본문이 국적이탈의 자유를 침해하는지**(소극) : 심판대상조항은 국가 공동체의 운영원리를 보호하고자 복수국적자의 기회주의적 국적이탈을 방지하기 위한 것으로, 더 완화된 대안을 찾아보기 어려운 점, 외국에 생활근거 없이 주로 국내에서 생활하며 대한민국과 유대관계를 형성한 자가 단지 법률상 외국 국적을 지니고 있다는 사정을 빌미로 국적을 이탈하려는 행위를 제한한다고 하여 과도한 불이익이 발생한다고 보기도 어려운 점 등을 고려할 때 심판대상조항은 과잉금지원칙에 위배되어 국적이탈의 자유를 침해하지 아니한다(헌재 2023. 2. 23. 2020헌바603).

4. 국적의 상실

(1) 외국 국적 취득에 따른 국적 상실

1) 국적 상실 시기

① 자진하여 외국 국적을 취득한 자

대한민국의 국민으로서 자진하여 외국 국적을 취득한 자는 그 외국 국적을 취득한 때에 대한민국 국적을 상실한다(국적법 제15조 제1항).

② 혼인 등으로 외국 국적을 취득한 자

대한민국의 국민으로서 외국인과의 혼인으로 그 배우자의 국적을 취득하게 된 자, 외국인에게 입양되어 그 양부 또는 양모의 국적을 취득하게 된 자, 외국인인 부 또는 모에게 인지되어 그 부 또는 모의 국적을 취득하게 된 자, 외국 국적을 취득하여 대한민국 국적을 상실하게 된 자의 배우자나 미성년의 자(子)로서 그 외국의 법률에 따라 함께 그 외국 국적을 취득하게 된 자는 그 외국 국적을 취득한 때부터 6개월 내에 법무부장관에게 대한민국 국적을 보유할 의사가 있다는 뜻을 신고하지 아니하면 그 외국 국적을 취득한 때로 소급하여 대한민국 국적을 상실한 것으로 본다(국적법 제15조 제2항).

> **판례**
>
> ▶ **대한민국 국민이 자진하여 외국 국적을 취득한 경우 대한민국 국적을 상실하도록 한 국적법 제15조 제1항이 청구인의 거주·이전의 자유 및 행복추구권을 침해하는지**(소극) : 자발적으로 외국 국적을 취득한 자에게 대한민국 국적도 함께 보유할 수 있게 허용한다면, 출입국·체류관리가 어려워질 수 있고, 각 나라에서 권리만 행사하고 병역·납세와 같은 의무는 기피하는 등 복수국적을 악용할 우려가 있으며, 복수국적자로 인하여 외교적 보호권이 중첩되는 등의 문제가 발생할 여지도 있다. 한편, 국적법은 예외적으로 복수국적을 허용함과 동시에, 대한민국 국민이었던 외국인에 대해서는 국적회복허가라는 별도의 용이한 절차를 통해 국적을 회복시켜주는 조항들을 두고 있다. 따라서 국적법 제15조 제1항이 대한민국 국민인 청구인의 거주·이전의 자유 및 행복추구권을 침해한다고 볼 수 없다(헌재 2014. 6. 26. 2011헌마502).

2) 국적상실자의 권리 변동

대한민국 국적을 상실한 자는 국적을 상실한 때부터 대한민국의 국민만이 누릴 수 있는 권리를 누릴 수 없으며(국적법 제18조 제1항), 대한민국의 국민만이 누릴 수 있는 권리 중 대한민국의 국민이었을 때 취득한 것으로서 양도할 수 있는 것은 그 권리와 관련된 법령에서 따로 정한 바가 없으면 3년 내에 대한민국의 국민에게 양도하여야 한다(국적법 제18조 제2항).

(2) 귀화허가 등의 취소

법무부장관은 거짓이나 그 밖의 부정한 방법으로 귀화허가나 국적회복 허가 또는 국적 보유 판정을 받은 자에 대하여 그 허가 또는 판정을 취소할 수 있다(국적법 제21조 제1항).

> **판례**
>
> ▶ **법무부장관으로 하여금 거짓이나 그 밖의 부정한 방법으로 귀화허가를 받은 자에 대하여 그 허가를 취소할 수 있도록 규정하면서도 그 취소권의 행사기간을 따로 정하고 있지 아니한 국적법 제21조 부분이 거주·이전의 자유 및 행복추구권을 침해하는지**(소극) : 부정한 방법으로 귀화허가를 받았음에도 상당기간이 경과하였다고 하여 귀화허가의 효력을 그대로 둔 채 행정형벌이나 행정질서벌 등으로 제재를 가하는 것은 부정한 방법에 의한 국적취득을 용인하는 결과가 된다. 이 사건 법률조항의 위임을 받은 시행령은 귀화허가취소사유를 구체적이고 한정적으로 규정하고 있을 뿐 아니라, 귀화허가가 취소된다고 하더라도 외국인으로서 체류허가를 받아 계속 체류하거나 종전의 하자를 치유하여 다시 귀화허가를 받을 수 있으므로, 이 사건 법률조항이 귀화허가취소권의 행사기간을 제한하지 않았다고 하더라도 침해의 최소성원칙에 위배되지 아니한다. 한편, 귀화허가가 취소되는 경우 국적을 상실하게 됨에 따른 불이익을 받을 수 있으나, 국적 관련 행정의 적법성 확보라는 공익이 훨씬 더 크므로 법익균형성의 원칙에도 위배되지 아니한다. 따라서 이 사건 법률조항은 거주·이전의 자유 및 행복추구권을 침해하지 아니한다(헌재 2015. 9. 24. 2015헌바26).
>
> ▶ **국적법 제21조 제1항 중 '국적회복허가취소'에 관한 부분이 거주·이전의 자유 및 행복추구권을 침해하는지**(소극) : 심판대상조항은 국적 취득에 있어 진실성을 담보하고 사회구성원 사이의 신뢰를 확보하며 나아가 국가질서를 유지하기 위한 것으로 입법목적의 정당성이 인정되며, 하자 있는 국적회복허가를 취소하도록 하는 것은 위와 같은 입법목적을 달성하기 위한 적합한 방법이다. 또한 법무부장관은 국적회복허가의 취소 여부를 결정하면서 개입된 위법성의 정도, 위법한 행위가 발생한 시점부터 국적회복허가에 대한 취소권을 행사하는 시점까지 경과된 시간, 국적회복 후 형성된 생활관계나 국적회복허가취소 시 당사자가 받게 될 불이익 등을 충분히 고려하여 국적회복허가취소 여부를 결정할 수 있으므로 심판대상조항은 침해의 최소성에도 반하지 아니한다. 나아가 국적취득에 있어서 적법성 확보가 사회구성원들 사이의 신뢰를 확보하고 국가질서를 유지하는 근간이 됨을 고려할 때 심판대상조항을 통하여 달성하고자 하는 공익이 제한되는 사익에 비해 훨씬 크다고 할 것이므로 심판대상조항은 법익의 균형성도 갖추었다. 따라서 심판대상조항은 과잉금지원칙에 위배하여 거주·이전의 자유 및 행복추구권을 침해하지 아니한다(헌재 2020. 2. 27. 2017헌바434).

5. 재외국민의 보호

> **헌법 제2조**
> ② 국가는 법률이 정하는 바에 의하여 재외국민을 보호할 의무를 진다.

(1) 재외국민

재외동포란 대한민국의 국민으로서 외국의 영주권을 취득한 자 또는 영주할 목적으로 외국에 거주하고 있는 자(재외국민), 대한민국의 국적을 보유하였던 자(대한민국정부 수립 전에 국외로 이주한 동포 포함) 또는 그 직계비속으로서 외국국적을 취득한 자 중 대통령령으로 정하는 자(외국국적동포)를 말한다(재외동포법 제2조).

> **판례**
>
> ▶ **재외동포법의 적용대상에서 정부 수립 이전 이주동포를 제외한 것이 평등원칙에 위반되는지**(적극) : 정부 수립 이후 이주동포와 정부 수립 이전 이주동포는 이미 대한민국을 떠나 그들이 거주하고 있는 외국의 국적을 취득한 우리의 동포라는 점에서 같고, 국외로 이주한 시기가 대한민국 정부수립 이전인가 이후인가는 결정적인 기준이 될 수 없는데도, 정부수립이후이주동포(주로 재미동포, 그 중에서도 시민권을 취득한 재미동포 1세)의 요망사항은 재외동포법에 의하여 거의 완전히 해결된 반면, 정부수립이전이주동포(주로 중국동포 및 구 소련동포)는 재외동포법의 적용대상에서 제외됨으로써 그들이 절실히 필요로 하는 출입국기회와 대한민국 내에서의 취업기회를 차단당하였고, … 요컨대, 이 사건 심판대상규정이 청구인들과 같은 정부수립이전이주동포를 재외동포법의 적용대상에서 제외한 것은 합리적 이유없이 정부수립이전이주동포를 차별하는 자의적인 입법이어서 헌법 제11조의 평등원칙에 위배된다(헌재 2001. 11. 29. 99헌마494 헌법불합치).

(2) 재외국민보호 의무

재외국민을 보호할 국가의 의무에 의하여 재외국민이 거류국에 있는 동안 받는 보호는 조약 기타 일반적으로 승인된 국제법규와 당해 거류국의 법령에 의하여 누릴 수 있는 모든 분야에서의 정당한 대우를 받도록 거류국과의 관계에서 국가가 하는 '외교적 보호'와 국외거주 국민에 대하여 정치적인 고려에서 '특별히 법률로써 정하여 베푸는 법률·문화·교육 기타 제반영역에서의 지원'을 뜻한다(헌재 1993. 12. 23. 89헌마189).

Ⅲ 대한민국의 영역

> **헌법 제3조**
> 대한민국의 영토는 한반도와 그 부속도서로 한다.

> 🏠 **참고**
> ▶ **헌정사** : 영토조항은 제헌헌법 제4조에서 규정한 이래 현행 헌법에 이르기까지 규정

1. 영토

(1) 대한민국의 영토

우리 헌법 제3조에서 영토조항을 두고 있는 이상 대한민국의 헌법은 북한지역을 포함한 한반도 전체에 효력이 미치고 따라서 북한지역은 당연히 대한민국의 영토가 된다(헌재 2005. 6. 30. 2003헌바114).

> 🔍 **판례**
> ▶ **영토권을 헌법소원의 대상인 기본권의 하나로 간주하는 것이 가능한지**(적극) : 헌법 제3조는 "대한민국의 영토는 한반도와 그 부속도서로 한다."고 규정하여 대한민국의 주권이 미치는 공간적 범위를 명백히 선언하고 있다. 이 같은 영토조항은 우리나라의 공간적인 존립기반을 선언하는 것인바, 영토변경은 우리나라의 공간적인 존립기반에 변동을 가져오고, 또한 국가의 법질서에도 변화를 가져옴으로써, 필연적으로 국민의 주관적 기본권에도 영향을 미치지 않을 수 없다. 이러한 관점에서 살펴본다면, 국민의 개별적 기본권이 아니라 할지라도 기본권 보장의 실질화를 위하여서는, 영토조항만을 근거로 하여 독자적으로는 헌법소원을 청구할 수 없다 할지라도, 모든 국가권능의 정당성의 근원인 국민의 기본권 침해에 대한 권리구제를 위하여 그 전제조건으로서 영토에 관한 권리를, 이를테면 영토권이라 구성하여 이를 헌법소원의 대상인 기본권의 하나로 간주하는 것은 가능하다(헌재 2001. 3. 21. 99헌마139).

(2) 영토의 변경

영토는 자연적 조건이나 사실행위(무주지 선점, 자연적 영토형성, 화산이나 해일 등에 의한 영토의 멸실) 또는 조약(병합, 영토의 교환이나 매매, 전쟁 후 강화조약)에 의해서 제한 또는 변경될 수 있다.

> 🏠 **참고**
> ▶ **1954년 헌법 제7조의2** ① 대한민국의 주권의 제약 또는 영토의 변경을 가져올 국가안위에 관한 중대사항은 국회의 가결을 거친 후에 국민투표에 부하여 민의원의원선거권자 3분지 2 이상의 투표와 유효투표 3분지 2 이상의 찬성을 얻어야 한다.

(3) 영토조항과 평화통일조항의 관계

1) 북한의 지위

북한은 여전히 우리나라와 대치하면서 우리나라의 자유민주주의 체제를 전복하고자 하는 적화통일정책을 완전히 포기하였다는 명백한 징후를 보이지 않고 있고, 그들 내부에 뚜렷한 민주적변화도 보이지 않고 있는 이상, 북한은 조국의 평화적 통일을 위한 대화와 협력의 동반자임과동시에 적화통일노선을 고수하면서 우리의 자유민주주의 체제를 전복하고자 획책하는 반국가단체라는 성격도 아울러 가지고 있다(헌재 1993. 7. 29. 92헌바48).

> 🔧 **판례**
>
> ▶**개별 법률의 적용 내지 준용에 있어서 북한을 외국에 준하는 지역으로 규정할 수 있는지**(적극) : 우리 헌법이 "대한민국의 영토는 한반도와 그 부속도서로 한다"는 영토조항을 두고 있는 이상 대한민국의 헌법은 북한지역을 포함한 한반도 전체에 효력이 미치고 따라서 북한지역은 당연히 대한민국의 영토가 되므로, 북한을 "외국"으로, 북한의 주민 또는 법인 등을 "비거주자"로 바로 인정하기는 어렵지만, 개별 법률의 적용 내지 준용에 있어서는 남북한의 특수관계적 성격을 고려하여 <u>북한지역을 외국에 준하는 지역으로, 북한주민 등을 외국인에 준하는 지위에 있는 자로 규정할 수 있다</u>(헌재 2005. 6. 30. 2003헌바114).

2) 북한주민의 지위

조선인을 부친으로 하여 출생한 자는 남조선과도정부법률 제11호 국적에 관한 임시조례의 규정에 따라 조선국적을 취득하였다가 제헌헌법의 공포와 동시에 대한민국 국적을 취득하였다 할것이고, 설사 그가 북한법의 규정에 따라 북한국적을 취득하여 중국 주재 북한대사관으로부터북한의 해외공민증을 발급받은 자라 하더라도 북한지역 역시 대한민국의 영토에 속하는 한반도의 일부를 이루는 것이어서 대한민국의 주권이 미칠 뿐이고, 대한민국의 주권과 부딪치는 어떠한 국가단체나 주권을 법리상 인정할 수 없는 점에 비추어 볼 때, 그러한 사정은 그가 대한민국국적을 취득하고 유지함에 있어 아무런 영향을 끼칠 수 없다(대판 1996. 11. 12. 96누1221).

> 🔧 **판례**
>
> ▶**북한주민이 '강제동원조사법'상 위로금 지급 제외대상인 '대한민국 국적을 갖지 아니한 사람'에 해당하는지**(소극) : 우리 헌법이 대한민국의 영토는 한반도와 그 부속도서로 한다는 영토조항을 두고 있는 이상 대한민국 헌법은 북한 지역을 포함한 한반도 전체에 효력이 미치므로 <u>북한 지역도 당연히 대한민국의 영토가 되고, 북한주민 역시 일반적으로 대한민국 국민에 포함되는 점</u>, 일제에 의한 강제동원으로 피해를 입은 사람 등의 고통을 치유하고자 하는 위 법의 입법 목적에 비추어 적용 범위를 남북 분단과 6·25 등으로 의사와 무관하게 북한정권의 사실상 지배 아래 놓이게 된 군사분계선 이북 지역의 주민 또는 그의 유족을 배제하는 방향으로 축소해석할 이유가 없는 점 등을 종합하면, <u>북한주민은 강제동원조사법상 위로금 지급 제외대상인 '대한민국 국적을 갖지 아니한 사람'에 해당하지 않는다</u>(대판 2016. 1. 28. 2011두24675).
>
> ▶**북한의 주민이나 단체가 외국환거래법 제15조 제3항에서 말하는 "거주자"나 "비거주자"에 해당하는지에 관한 판단이 헌법 제3조의 영토조항과 관련이 있는 헌법적 문제인지**(소극) : 당해사건에서 아태위원회가 외국환거래법 제15조 제3항에서 말하는 '거주자'나 '비거주자'에 해당하는지 또는 남북교류법상 '북한의 주민'에 해당하는지 여부는 <u>법률해석의 문제에 불과한 것이고, 헌법 제3조의 영토조항과는 관련이 없다</u>(헌재 2005. 6. 30. 2003헌바114).

> ▶ **탈북의료인에게 국내 의료면허를 부여하는 입법을 하지 아니한 부작위의 위헌확인을 구하는 헌법소원심판청구가 적법한지**(소극) : 의료법 제5조는 의사면허 등 의료면허의 취득에 관하여 규정하면서 국내대학 졸업자와 외국대학 졸업자를 구별하여 그 요건을 달리 정하고 있는데, 북한의 의과대학이 헌법 제3조의 영토조항에도 불구하고 국내대학으로 인정될 수 없고 또한 보건복지부장관이 인정하는 외국의 대학에도 해당하지 아니하므로, 북한의 의과대학 등을 졸업한 탈북의료인의 경우 국내 의료면허취득은 북한이탈주민의 보호 및 정착지원에 관한 법률 제14조에 의할 수밖에 없다. … 따라서 탈북의료인에게 국내 의료면허를 부여할 것인지 여부는 입법자가 그의 입법형성권의 범위 내에서 규율한 사항이지, 헌법조문이나 헌법해석에 의하여 바로 입법자에게 국내 의료면허를 부여할 입법의무가 발생한다고 볼 수는 없다(헌재 2006. 11. 30. 2006헌마679).

2. 영해

(1) 영해의 범위

대한민국의 영해는 기선으로부터 측정하여 그 바깥쪽 12해리의 선까지에 이르는 수역으로 한다. 다만, 대통령령으로 정하는 바에 따라 일정수역의 경우에는 12해리 이내에서 영해의 범위를 따로 정할 수 있다(영해법 제1조).

(2) 배타적 경제수역

대한민국의 배타적 경제수역은 협약에 따라 영해 및 접속수역법 제2조에 따른 기선으로부터 그 바깥쪽 200해리의 선까지에 이르는 수역 중 대한민국의 영해를 제외한 수역으로 한다(배타적 경제수역법 제2조 제1항).

> 🔨 **판례**
>
> ▶ **독도 등을 중간수역으로 정한 한일어업협정이 영토권을 침해하는지**(소극) : 이 사건 협정은 배타적 경제수역을 직접 규정한 것이 아닐 뿐만 아니라 배타적 경제수역이 설정된다 하더라도 영해를 제외한 수역을 의미하며, 이러한 점들은 이 사건 협정에서의 이른바 중간수역에 대해서도 동일하다고 할 것이므로 독도가 중간수역에 속해 있다 할지라도 독도의 영유권문제나 영해문제와는 직접적인 관련을 가지지 아니한 것임은 명백하다(헌재 2001. 3. 21. 99헌마139).

3. 영공

영공이란 영토와 영해의 수직상공을 말한다. 영공의 범위에 관해 실효적 지배설이 일반적인 견해이다.

제3절　대한민국 헌법의 기본원리

제1항　헌법의 기본원리

Ⅰ 의의

헌법의 기본원리란 헌법의 이념적 기초로서 헌법을 총체적으로 지배하는 지도원리를 말한다. 대한민국의 주권을 가진 우리 국민들은 헌법을 제정하면서 국민적 합의로 대한민국의 정치적 존재형태와 기본적 가치질서에 관한 이념적 기초로서 헌법의 지도원리를 설정하였다(헌재 2001. 9. 27. 2000헌마238).

Ⅱ 규범적 성격

헌법의 기본원리는 헌법의 이념적 기초인 동시에 헌법을 지배하는 지도원리로서 입법이나 정책결정의 방향을 제시하며 공무원을 비롯한 모든 국민·국가기관이 헌법을 존중하고 수호하도록 하는 지침이 되며, 구체적 기본권을 도출하는 근거로 될 수는 없으나 기본권의 해석 및 기본권 제한 입법의 합헌성 심사에 있어 해석기준의 하나로서 작용한다(헌재 1996. 4. 25. 92헌바47).

🔨 판례

▶ **헌법의 기본원리의 기능** : 헌법의 지도원리는 국가기관 및 국민이 준수하여야 할 최고의 가치규범이고, 헌법의 각 조항을 비롯한 모든 법령의 해석기준이며, 입법권의 범위와 한계 그리고 국가정책결정의 방향을 제시한다(헌재 2001. 9. 27. 2000헌마238).

▶ **우리 헌법에 담겨있는 최고 이념** : 우리 헌법의 전문과 본문의 전체에 담겨있는 최고 이념은 국민주권주의와 자유민주주의에 입각한 입헌민주헌법의 본질적 기본원리에 기초하고 있다. 기타 헌법상의 제원칙도 여기에서 연유되는 것이므로 이는 헌법전을 비롯한 모든 법령해석의 기준이 되고, 입법형성권 행사의 한계와 정책결정의 방향을 제시하며, 나아가 모든 국가기관과 국민이 존중하고 지켜가야 하는 최고의 가치규범이다(헌재 1989. 9. 8. 88헌가6).

▶ **헌법의 기본원리 침해로 인한 헌법소원심판청구가 허용되는지**(소극) : 공권력의 행사 또는 불행사가 위헌인지 여부를 판단함에 있어서 국민주권주의, 법치주의, 적법절차의 원리 등 헌법의 기본원리 위배 여부를 그 기준으로 적용할 수는 있으나, 공권력의 행사 또는 불행사로 헌법의 기본원리가 훼손되었다고 하여 그 점만으로 국민의 기본권이 직접 현실적으로 침해된 것이라고 할 수는 없고 또한 공권력행사가 헌법의 기본원리에 위반된다는 주장만으로 헌법상 보장된 기본권의 주체가 아닌 자가 헌법소원을 청구할 수도 없는 것이므로, 설사 국회의장의 불법적인 의안처리행위로 헌법의 기본원리가 훼손되었다고 하더라도 그로 인하여 헌법상 보장된 구체적 기본권을 침해당한 바 없는 국회의원들에게 헌법소원심판청구가 허용된다고 할 수는 없다(헌재 1995. 2. 23. 90헌마125).

▶ **정부의 대한민국 건국 60년 기념사업위원회의 설치·운영이 헌법전문, 통일정신, 국민주권 원리에 반하는지 여부가 청구인들의 기본권과 관련되는지**(소극) : 공권력의 행사 또는 불행사로 헌법의 기본원리 혹은 헌법상 보장된 제도의 본질이 훼손되었다고 하여 그 점만으로 바로 국민의 기본권이 현실적으로 침해된 것이라고 할 수는 없다. 통일정신, 국민주권원리 등은 우리나라 헌법의 연혁적·이념적 기초로서 헌법이나 법률해석에서의 해석기준으로 작용한다고 할 수 있지만, 그에 기하여 곧바로 국민의 개별적 기본권성을 도출해 내기는 어렵다. 한편, 헌법전문에 기재된 대한민국임시정부의 법통을 계승하는 부분이 침해되었다는 부분은 청구인들의 법적 지위에 현실적이고 구체적인 영향을 미친다고 볼 수 없으므로 기본권침해의 가능성이 인정되지 않는다. 따라서 이 사건 위원회의 설치 및 운영, 기념사업 추진행위가 역사정신을 왜곡하여 헌법전문 및 헌법에 규정된 헌법정신을 훼손한다는 점만으로는 청구인들의 기본권이 현실적으로 침해된 것이라고 할 수 없다(헌재 2008. 11. 27. 2008헌마517).

제2항 헌법의 전문

Ⅰ 헌법 전문의 의의

헌법 전문은 헌법의 이념 내지 가치를 제시하고 있는 헌법규범의 일부로서 헌법으로서의 규범적 효력을 나타내기 때문에 구체적으로는 헌법소송에서의 재판규범인 동시에 헌법이나 법률해석에서의 해석기준이 되고, 입법형성권 행사의 한계와 정책결정의 방향을 제시하며, 모든 국가기관과 국민이 존중하고 지켜가야 하는 최고의 가치규범이다(헌재 2006. 3. 30. 2003헌마806).

Ⅱ 헌법 전문의 내용

전문

유구한 역사와 전통에 빛나는 우리 대한국민은 3·1운동으로 건립된 대한민국임시정부의 법통과 불의에 항거한 4·19민주이념을 계승하고, 조국의 민주개혁과 평화적 통일의 사명에 입각하여 정의·인도와 동포 애로써 민족의 단결을 공고히 하고, 모든 사회적 폐습과 불의를 타파하며, 자율과 조화를 바탕으로 자유민 주적 기본질서를 더욱 확고히 하여 정치·경제·사회·문화의 모든 영역에 있어서 각인의 기회를 균등히 하고, 능력을 최고도로 발휘하게 하며, 자유와 권리에 따르는 책임과 의무를 완수하게 하여, 안으로는 국민 생활의 균등한 향상을 기하고 밖으로는 항구적인 세계평화와 인류공영에 이바지함으로써 우리들과 우리들 의 자손의 안전과 자유와 행복을 영원히 확보할 것을 다짐하면서 1948년 7월 12일에 제정되고 8차에 걸쳐 개정된 헌법을 이제 국회의 의결을 거쳐 국민투표에 의하여 개정한다.

1987년 10월 29일

판례

▶**헌법 전문에 기재된 3·1정신이 헌법상 보장된 기본권에 해당하는지**(소극): 헌법 전문에 기재된 3·1정신은 우리나라 헌법의 연혁적·이념적 기초로서 헌법이나 법률해석에서의 해석기준으로 작용한다고 할 수 있지만, 그에 기하여 곧바로 국민의 개별적 기본권성을 도출해낼 수는 없다고 할 것이므로, 헌법소원의 대상인 헌법상 보장된 기본권에 해당하지 아니한다(헌재 2001. 3. 21. 99헌마139).

▶**국가에게 독립유공자와 그 유족에 대한 예우를 해 줄 헌법상 의무가 있는지**(적극): 헌법은 전문에서 3·1운동으로 건립된 대한민국 임시정부의 법통을 계승한다고 선언하고 있다. 이는 대한민국이 일제에 항거한 독립운동가의 공헌과 희생을 바탕으로 이룩된 것임을 선언한 것이므로 국가는 일제로부터 조국의 자주독립을 위하여 공헌한 독립유공자와 유족에 대하여는 응분의 예우를 하여야 할 헌법적 의무를 진다. 다만 이 의무는 국가가 독립유공자의 인정절차를 합리적으로 마련하고 독립유공자에 대한 기본적 예우를 해주어야 한다는 것을 뜻할 뿐이며, 당사자가 주장하는 특정인을 반드시 독립유공자로 인정하여야 하는 것을 뜻할 수는 없다(헌재 2005. 6. 30. 2004헌마859).

▶**일제강점기에 친일반민족행위자들의 친일행위에 대한 진상을 규명하고 친일행위의 대가로 취득한 재산을 공적으로 회수할 의무가 인정되는지**(적극): 현행 헌법 전문은 '유구한 역사와 전통에 빛나는 우리 대한국민은 3·1운동으로 건립된 대한민국 임시정부의 법통을 계승'할 것을 규정하고 있는데, 여기서 '3·1운동'의 정신은 우리나라 헌법의 연혁적·이념적 기초로서 헌법이나 법률해석에서의 해석기준으로 작용하는 것이고, '대한민국이 3·1운동으로 건립된 대한민국 임시정부의 법통을 계승'한다고 선언한 헌법 전문의 의미는, 오늘날의 대한민국이 일제에 항거한 독립운동가의 공헌과 희생을 바탕으로 이룩된 것이라는 점 및 나아가 현행 헌법은 일본제국주의의 식민통치를 배격하고 우리 민족의 자주독립을 추구한 대한민국 임시정부의 정신을 헌법의 근간으로 하고 있다는 점을 뜻한다고 볼 수 있다. 그렇다면 일제강점기에 우리 민족을 부정한 친일반민족행위자들의 친일행위에 대하여 그 진상을 규명하고 그러한 친일행위의 대가로 취득한 재산을 공적으로 회수하는 등 일본제국주의의 식민지로서 겪었던 잘못된 과거사를 청산함으로써 민족의 정기를 바로세우고 사회정의를 실현하며 진정한 사회통합을 추구해야 하는 것은 헌법적으로 부여된 임무라고 보아야 한다(헌재 2011. 3. 31. 2008헌바141).

▶**친일재산을 그 취득·증여 등 원인행위시에 국가의 소유로 하도록 규정한 친일재산귀속법 제3조 제1항 본문이 재산권을 침해하는지**(소극): 이 사건 귀속조항은 민족의 정기를 바로 세우고 일본제국주의에 저항한 3·1운동의 헌법이념을 구현하기 위한 것이므로 입법목적이 정당하고, 민법 등 기존의 재산법 체계에 의존하는 방법만으로는 친일재산의 처리에 난항을 겪지 않을 수 없으므로 이 사건 귀속조항은 위 입법목적을 달성하기 위한 적절한 수단이 된다. 위 조항은 반민규명법이 정한 여러 유형의 친일반민족행위 중에서 사안이 중대하고 범위가 명백한 네 가지 행위를 한 자의 친일재산으로 귀속대상을 한정하고 있고, 이에 해당하는 자라 하더라도 후에 독립운동에 적극 참여한 자 등은 예외로 인정될 수 있도록 규정해 두었으며, 친일반민족행위자측은 그 재산이 친일행위의 대가로 취득한 것이 아니라는 점을 입증하여 얼마든지 국가귀속을 막을 수 있고, 선의의 제3자에 대한 보호 규정도 마련되어 있으므로 이 사건 귀속조항은 피해의 최소성원칙에 반하지 않고, 과거사 청산의 정당성과 진정한 사회통합의 가치 등을 고려할 때 법익의 균형성 원칙에도 부합한다. 따라서 이 사건 귀속조항은 재산권을 침해하지 않는다(헌재 2011. 3. 31. 2008헌바141).

▶ **일제강점기에 일본군위안부로 강제 동원되어 장기간 비극적인 삶을 영위하였던 피해자들의 훼손된 인간의 존엄과 가치를 회복시켜야 할 의무가 인정되는지**(적극) : 우리 헌법은 전문에서 3·1운동으로 건립된 대한민국 임시정부의 법통의 계승을 천명하고 있는바, 비록 우리 헌법이 제정되기 전의 일이라 할지라도 국가가 국민의 안전과 생명을 보호하여야 할 가장 기본적인 의무를 수행하지 못한 일제강점기에 일본군위안부로 강제 동원되어 인간의 존엄과 가치가 말살된 상태에서 장기간 비극적인 삶을 영위하였던 피해자들의 훼손된 인간의 존엄과 가치를 회복시켜야 할 의무는 대한민국임시정부의 법통을 계승한 지금의 정부가 국민에 대하여 부담하는 가장 근본적인 보호의무에 속한다(헌재 2011. 8. 30. 2006헌마788).

▶ **일본국에 대하여 가지는 일본군위안부로서의 배상청구권이 '청구권 협정' 제2조 제1항에 의하여 소멸되었는지 여부에 관한 한·일 양국 간 해석상 분쟁을 '청구권 협정' 제3조가 정한 절차에 따라 해결하지 아니하고 있는 외교통상부장관의 부작위가 위헌인지**(적극) : 일본국에 의하여 광범위하게 자행된 반인도적 범죄행위에 대하여 일본군위안부 피해자들이 일본에 대하여 가지는 배상청구권은 헌법상 보장되는 재산권일 뿐만 아니라, 그 배상청구권의 실현은 무자비하고 지속적으로 침해된 인간으로서의 존엄과 가치 및 신체의 자유를 사후적으로 회복한다는 의미를 가지는 것이므로 외교통상부장관의 부작위로 인하여 침해되는 기본권이 매우 중대하다. 또한, 일본군위안부 피해자는 모두 고령으로서, 더 이상 시간을 지체할 경우 일본군위안부 피해자의 배상청구권을 실현함으로써 역사적 정의를 바로세우고 침해된 인간의 존엄과 가치를 회복하는 것은 영원히 불가능해질 수 있으므로, 기본권 침해 구제의 절박성이 인정되며, 이 사건 협정의 체결 경위 및 그 전후의 상황, 일련의 국내외적인 움직임을 종합해 볼 때 구제가능성이 결코 작다고 할 수 없다. 국제정세에 대한 이해를 바탕으로 한 전략적 선택이 요구되는 외교행위의 특성을 고려한다고 하더라도, 외교통상부장관이 부작위의 이유로 내세우는 '소모적인 법적 논쟁으로의 발전가능성'이나 '외교관계의 불편'이라는 매우 불분명하고 추상적인 사유를 들어, 기본권 침해의 중대한 위험에 직면한 청구인들에 대한 구제를 외면하는 타당한 사유라거나 진지하게 고려되어야 할 국익이라고 보기는 힘들다. 결국 이 사건 협정 제3조에 의한 분쟁해결절차로 나아가는 것만이 국가기관의 기본권 기속성에 합당한 재량권 행사라 할 것이고, 외교통상부장관의 부작위로 인하여 청구인들에게 중대한 기본권의 침해를 초래하였다 할 것이므로, 이는 헌법에 위반된다(헌재 2011. 8. 30. 2006헌마788).

▶ **일제강점기에 강제 동원되어 강제노동에 처해졌던 피해자들에 대한 훼손된 인간의 존엄과 가치를 회복시켜야 할 의무가 인정되는지**(적극) : 우리 헌법은 전문에서 "3·1운동으로 건립된 대한민국 임시정부의 법통"의 계승을 천명하고 있는바, 비록 우리 헌법이 제정되기 전의 일이라 할지라도 국가가 국민의 안전과 생명을 보호해야 할 가장 기본적인 의무를 수행하지 못한 일제강점기에 강제 동원되어 강제노동에 처해졌고 그 노동의 대가까지 잃었던 자들의 훼손된 인간의 존엄과 가치를 회복시켜야 할 의무는 대한민국 임시정부의 법통을 계승한 지금의 정부가 국민에 대하여 부담하는 가장 근본적인 보호의무에 속한다(헌재 2019. 12. 27. 2012헌마939).

▶ **일제강점기에 강제 동원되어 강제노동에 처해졌던 청구인들의 대일청구권이 '청구권 협정' 제2조 제1항에 의하여 소멸하였는지 여부에 관한 한·일 양국 간 해석상 분쟁을 '청구권 협정' 제3조가 정한 절차에 의하여 해결할 외교부장관의 작위의무가 인정되는지**(적극) : 외교부장관이 제3조에 따라 분쟁해결의 절차로 나아갈 의무는 일본국에 의해 자행된 조직적이고 지속적인 불법행위에 의하여 인간의 존엄과 가치를 심각하게 훼손당한 자국민들이 아직 돌려받지 못한 재산과 불법행위로 인한 손해에 대한 청구권을 실현할 수 있도록 협력하고 보호하여야 할 헌법적 요청에 의한 것으로서, 그 의무의 이행이 없으면 청구인들의 기본권이 중대하게 침해될 가능성이 있으므로, 외교부장관의 작위의무는 헌법에서 유래하는 작위의무로서 그것이 법령에 구체적으로 규정되어 있는 경우라고 할 것이다(헌재 2019. 12. 27. 2012헌마939).

▶태평양전쟁 전후 강제동원된 자 중 국외 강제동원자에 대해서만 위로금을 지급하도록 규정하고 있는 구 국외강제동원자지원법 조항이 청구인의 기본권을 침해하거나 헌법에 위반되는지(소극) : 우리 헌법은 대한민국 임시정부의 법통 계승을 천명하기는 하였으나 대한민국이 사실상 조선인을 보호해 줄 조국이 없던 상황 하에서 발생한 피해에 대해서 경제적 지원을 해야 하는지 여부, 나아가 지원을 한다면 그 범위와 수준은 어떻게 설정할 것인지 등의 문제는 기본적으로 국가의 재정부담 능력이나 전체적인 사회보장 수준 등에 따라 결정하여야 할 광범위한 입법형성의 영역에 속하는 것이다. 국가가 국가의 재정부담능력 등을 고려하여 일반적으로 강제동원으로 인한 정신적 고통이 더욱 크다고 볼 수 있는 국외 강제동원자 집단을 우선적으로 처우하는 것이 객관적으로 정의와 형평에 반한다거나 자의적인 차별이라고 보기는 어렵고, 달리 이 사건 법률조항이 청구인의 기본권을 침해하거나 헌법에 위반된다고 볼 수 없다(헌재 2012. 7. 26. 2011헌바352).

▶대한민국 국적을 가지지 아니한 사람을 위로금 지급대상에서 제외한 국외강제동원자지원법 제7조 제4호 부분이 평등원칙에 위배되는지(소극) : 국가가 개인에게 특정한 이유로 시혜적 급부를 하는 경우, 이러한 급부는 국민이 낸 세금 등을 재원으로 하는 것이므로 특별한 사정이 없는 한 그 나라의 국민을 급부의 대상으로 하는 것이 원칙이고, 외국인이 그러한 급부에 필요한 재원을 충당하는 데 기여하였다는 등으로 외국인에게 급부를 하여야 할 특별한 사정이 있지 않는 한 외국인을 그 대상으로 하지 않는다고 하여 평등원칙에 위배된다고 보기는 어렵다. 국외강제동원자지원법은 국민이 부담하는 세금을 재원으로 하여 국외강제동원 희생자와 그 유족에게 위로금 등을 지급함으로써 그들의 고통과 희생을 위로해 주기 위한 법으로서 국가가 유족에게 일방적인 시혜를 베푸는 것이므로, 그 수혜 범위에서 외국인인 유족을 배제하고 대한민국 국민인 유족만을 대상으로 한 것이다. 따라서 청구인과 같이 자발적으로 외국 국적을 취득하여 결과적으로 대한민국 국민으로서의 법적 지위와 권리·의무를 스스로 포기한 유족을 위로금 지급 대상에서 제외하였다고 하여 이를 현저히 자의적이거나 불합리한 것으로서 평등원칙에 위배된다고 볼 수 없다(헌재 2015. 12. 23. 2011헌바139).

▶한국인 BC급 전범들의 대일청구권이 '청구권 협정' 제2조 제1항에 의하여 소멸하였는지 여부에 관한 한·일 양국 간 해석상 분쟁을 '청구권 협정' 제3조가 정한 절차에 의하여 해결할 외교부장관의 작위의무가 인정되는지(소극) : 일본군위안부 피해자나 원폭피해자의 경우와는 달리, 한국인 BC급 전범들에게는 국제전범재판소의 재판을 통하여 BC급 전범으로 인정되어 처벌을 받은 특별한 피해가 존재한다. 그리고 이러한 국제전범재판소의 판결은 국제법적으로 유효하며 외교부장관을 비롯한 국내의 국가기관이 존중하여야 한다. 따라서 한국인 BC급 전범들이 국제전범재판에 따른 처벌로 입은 피해와 관련하여 외교부장관에게 이 사건 협정 제3조에 따른 분쟁해결절차에 나아가야 할 구체적 작위의무가 인정된다고 보기 어렵다(헌재 2021. 8. 31. 2014헌마888).

제3항 국민주권의 원리

Ⅰ 국민주권의 의의

> **헌법 제1조**
> ② 대한민국의 주권은 국민에게 있고, 모든 권력은 국민으로부터 나온다.

1. 국민주권의 개념

헌법 제1조 제2항은 "대한민국의 주권은 국민에게 있고 모든 권력은 국민으로부터 나온다."고 규정하여 국민주권주의를 천명하고 있다. 이러한 국민주권의 원리는 일반적으로 어떤 실천적인 의미보다는 국가권력의 정당성이 국민에게 있고 모든 통치권력의 행사를 최후적으로 국민의 의사에 귀착시킬 수 있어야 한다는 등 국가권력 내지 통치권을 정당화하는 원리로 이해되고 있다(헌재 2009. 3. 26. 2007헌마843).

> ### ⚖️ 판례
>
> ▶ **실질적 국민주권**: 국민에게 주권의 보유만을 인정하고 그 행사를 부정하는 형식적인 정치용 국민주권론은 이념적 통일체로서의 추상적 전체국민을 주권자로 보려는 자연법적 이념성을 가지고 있다는 장점이 있기는 하지만, 그 이념만을 명분상 주장하는 것은 허구적 이데올로기 내지 환상으로 이용되는데 그칠 수 있다. 그러므로 가능한 한 주권의 보유와 행사를 일치시키는 방향으로 국민주권을 구체적이고 실질적인 것이 되도록 권력과 인권, 주권과 자유의 필연적 상관관계에 대한 종합적인 결론에 부합하는 타당한 헌법해석을 하여야 하는 것이 불가피하다 (헌재 1989. 9. 8. 88헌가6).

2. 국민주권론과 인민주권론

구분	주권의 주체	실현 방법	권력구조
국민주권 (nation)	• 전체 국민 • 관념적 존재 • 주권의 행사능력 ×	• 대의제민주주의 • 대의기관: 정책결정권 • 자유위임(무기속위임) • 제한선거 가능	권력 분리
인민주권 (peuple)	• 유권적 시민의 총체 • 구체적 존재 • 주권의 행사능력 ○	• 직접민주주의 • 국가기관: 정책집행권 • 기속위임 • 제한선거 불가	권력 통합

Ⅱ 국민주권의 실현 방법

1. 대의제 원칙과 직접민주제의 가미

국민주권주의를 구현하기 위하여 헌법은 국가의 의사결정 방식으로 대의제를 채택하고, 이를 가능하게 하는 선거제도를 규정함과 아울러 선거권, 피선거권을 기본권으로 보장하며, 대의제를 보완하기 위한 방법으로 직접민주제 방식의 하나인 국민투표제도를 두고 있다(제72조, 제130조 제2항). 이러한 국민주권주의는 국가권력의 민주적 정당성을 의미하는 것이기는 하나, 그렇다고 하여 국민전체가 직접 국가기관으로서 통치권을 행사하여야 한다는 것은 아니므로 주권의 소재와 통치권의 담당자가 언제나 같을 것을 요구하는 것이 아니고, 예외적으로 국민이 주권을 직접 행사하는 경우 이외에는 국민의 의사에 따라 통치권의 담당자가 정해짐으로써 국가권력의 행사도 궁극적으로 국민의 의사에 의하여 정당화될 것을 요구하는 것이다(헌재 2009. 3. 26. 2007헌마843).

> ### ⚖️ 판례
>
> ▶ **대의제의 기본적 요소와 본질**: 대의제는 국민주권의 이념을 존중하면서도 현대국가가 지니는 민주정치에 대한 현실적인 장애요인들을 극복하기 위하여 마련된 통치구조의 구성원리로서, 기관구성권과 정책결정권의 분리, 정책결정권의 자유위임을 기본적 요소로 하고, 특히 국민이 선출한 대의기관은 일단 국민에 의하여 선출된 후에는 법적으로 국민의 의사와 관계없이 독자적인 양식과 판단에 따라 정책 결정에 임하기 때문에 자유위임 관계에 있게 된다는 것을 본질로 하고 있다(헌재 2009. 3. 26. 2007헌마843).
>
> ▶ **국회의원 선거권의 내용**: 헌법의 기본원리인 대의제 민주주의하에서 국회의원 선거권이란 국회의원을 보통 · 평등 · 직접 · 비밀선거에 의하여 국민의 대표자인 국회의원을 선출하는 권리에 그치고, 개별 유권자 혹은 집단으로서의 국민의 의사를 선출된 국회의원이 그대로 대리하여 줄 것을 요구할 수 있는 권리까지 포함하는 것은 아니다 (헌재 1998. 10. 29. 96헌마186).

▶ **직접민주제의 도입과 한계** : 대의제는 국가의사를 간접적으로, 직접민주제는 직접적으로 결정하는 방식으로서, 상호 본질적으로 성격을 달리하므로 이들을 근본적으로 결합하기에는 어려움이 있다 할 것이나, 그렇다고 하더라도 어느 한 원리를 원칙으로 하면서 그 본질적인 요소를 훼손하지 않는 범위 내에서 이를 보완하기 위하여 다른 원리에서 유래된 제도를 일부 도입할 수는 있다 할 것이다. 근대국가가 대부분 대의제를 채택하고도 후에 이르러 직접민주제적인 요소를 일부 도입한 역사적인 사정에 비추어 볼 때, 직접민주제는 대의제가 안고 있는 문제점과 한계를 극복하기 위하여 예외적으로 도입된 제도라 할 것이므로, 헌법적인 차원에서 직접민주제를 직접 헌법에 규정하는 것은 별론으로 하더라도 법률에 의하여 직접민주제를 도입하는 경우에는 기본적으로 대의제와 조화를 이루어야 하고, 대의제의 본질적인 요소나 근본적인 취지를 부정하여서는 아니된다는 내재적인 한계를 지닌다(헌재 2009. 3. 26. 2007헌마843).

2. 선거제도와 국민투표

민주국가에서 국민주권의 원리는 대의기관의 선출을 의미하는 선거와 일정사항에 대한 국민의 직접적 결정을 의미하는 국민투표에 의하여 실현된다. 선거는 오늘날의 대의민주주의에서 국민이 주권을 행사할 수 있는 가장 중요한 방법으로서, 선거를 통하여 국민은 선출된 국가기관과 그의 국가권력의 행사에 대하여 민주적 정당성을 부여한다. 민주주의는 참정권의 주체와 국가권력의 지배를 받는 국민이 되도록 일치할 것을 요청한다. 국민의 참정권에 대한 이러한 민주주의적 요청의 결과가 바로 보통선거의 원칙이다. 즉, 원칙적으로 모든 국민이 균등하게 선거에 참여할 것을 요청하는 보통·평등선거원칙은 국민의 자기지배를 의미하는 국민주권의 원리에 입각한 민주국가를 실현하기 위한 필수적 요건이다(헌재 1999. 5. 27. 98헌마214).

3. 기본권 보장

우리 헌법이 규정하고 있는 선거권(제24조), 공무담임권(제25조), 언론·출판·집회·결사의 자유(제21조), 청원권(제26조) 등은 국민주권의 원리를 실현하는 수단이다.

판례

▶ **유신헌법을 부정·반대·왜곡 또는 비방하거나, 유신헌법의 개정 또는 폐지를 주장·발의·제안 또는 청원하는 일체의 행위, 유언비어를 날조·유포하는 행위 등을 전면적으로 금지하고 이를 위반하면 처벌하도록 하는 것을 주된 내용으로 한 유신헌법 제53조에 근거하여 발령된 대통령긴급조치 제1호 및 제2호의 입법목적이 정당한지**(소극) : 우리 헌법의 전문과 본문 전체에 담겨 있는 최고 이념은 국민주권주의와 자유민주주의에 입각한 입헌민주헌법의 본질적 기본원리에 기초하고 있다. 기타 헌법상의 여러 원칙도 여기에서 연유되는 것이므로 이는 헌법전을 비롯한 모든 법령해석의 기준이 되고, 입법형성권 행사의 한계와 정책결정의 방향을 제시하며, 나아가 모든 국가기관과 국민이 존중하고 지켜가야 하는 최고의 가치규범이다. 헌법을 개정하거나 폐지하고 다른 내용의 헌법을 모색하는 것은 주권자인 국민이 보유하는 가장 기본적인 권리로서, 가장 강력하게 보호되어야 할 권리 중의 권리에 해당한다. 무릇 집권세력의 정책과 도덕성, 혹은 정당성에 대하여 정치적인 반대의사를 표시하는 것은 헌법이 보장하는 정치적 자유의 가장 핵심적인 부분이기 때문이다. 국민이 시행 중인 헌법에 대한 자신의 의견을 표하면서 그 헌법의 개선책을 모색하여 진일보한 국가공동체의 미래상을 지향하는 태도를 부정적으로 볼 수 없으며, 오히려 책임 있는 국민의 자세로 마땅히 상찬받아야 할 것이다. 자신의 정치적 생각을 합법적인 집회와 시위를 통해 설파하거나 서명운동 등을 통해 자신과 의견이 같은 세력을 규합해 나가는 것은 국가의 안전에 대한 위협이 아니라 우리 헌법의 근본이념인 '자유민주적 기본질서'의 핵심적인 보장 영역에 속하는 것이다. 정부에 대한 비판에 대하여 합리적인 홍보와 설득으로 대처하는 것이 아니라, 비판 자체를 원천적으로 배제하려는 공권력의 행사나 규범의 제정은 대한민국 헌법이 예정하고 있는 자유민주적 기본질서에 부합하지 아니하므로 그 정당성을 부여할 수 없다(헌재 2013. 3. 21. 2010헌바132).

4. 지방자치제도

지방자치제도는 민주정치의 요체이며 현대의 다원적 복합사회가 요구하는 정치적 다원주의를 실현시키기 위한 제도적 장치로서 지방의 공동관심사를 자율적으로 처결함과 동시에 주민의 자치역량을 배양하여 국민주권주의와 자유민주주의 이념구현에 이바지함을 목적으로 하는 제도이다 (헌재 1991. 3. 11. 91헌마21).

> 🔨 **판례**
>
> ▶ **지방교육자치에 있어서 국민주권원리의 구현 방법**: 국민주권의 원리는 공권력의 구성·행사·통제를 지배하는 우리 통치질서의 기본원리이므로, 공권력의 일종인 지방자치권과 국가교육권도 이 원리에 따른 국민적 정당성 기반을 갖추어야만 한다. 그런데 국민주권·민주주의 원리는 그 작용영역, 즉 공권력의 종류와 내용에 따라 구현 방법이 상이할 수 있다. 국회·대통령과 같은 정치적 권력기관은 헌법 규정에 따라 국민으로부터 직선된다. 그러나 지방자치기관은 그것도 정치적 권력기관이긴 하지만, 중앙·지방간 권력의 수직적 분배라고 하는 지방자치제의 권력분립적 속성상 중앙정치기관의 구성과는 다소 상이한 방법으로 국민주권·민주주의원리가 구현될 수도 있다. 또한 교육부문에 있어서의 국민주권·민주주의의 요청도, 문화적 권력이라고 하는 국가교육권의 특수성으로 말미암아, 정치부문과는 다른 모습으로 구현될 수 있다(헌재 2000. 3. 30. 99헌바113).

5. 직업공무원제도

헌법이 제7조에서 "공무원은 국민전체에 대한 봉사자이며, 국민에 대하여 책임을 진다. 공무원의 신분과 정치적 중립성은 법률이 정하는 바에 의하여 보장된다."라고 명문으로 규정하고 있는 것은 바로 직업공무원제도가 국민주권원리에 바탕을 둔 민주적이고 법치주의적인 공직제도임을 천명하고 정권담당자에 따라 영향받지 않는 것은 물론 같은 정권하에서도 정당한 이유없이 해임당하지 않는 것을 불가결의 요건으로 하는 직업공무원제도의 확립을 내용으로 하는 입법의 원리를 지시하고 있는 것이라 할 것이다(헌재 1989. 12. 18. 89헌마32).

제4항 민주주의 원리

Ⅰ 민주주의의 의의

1. 민주주의의 개념

민주주의란 국가권력의 창설과 행사가 국민의 의사에 근거하여 이루어져야 한다는 통치원리를 말한다. 민주주의(democracy)라는 말은 고대 희랍어에서 유래된 것으로서, '평범한 시민'을 의미하는 데모스(dēmos)와 '권력, 지배'를 의미하는 크라토스(kratos)의 결합으로 이루어진 말이다. 이것은 '평범한 시민들의 지배'를 의미하는데, 고대 희랍의 정치철학에서는 군주에 의한 '1인의 지배'나 귀족 등에 의한 '소수의 지배'에 대비되는 맥락에서 '다수의 지배'를 의미하는 것으로 이해되기도 하였다 (헌재 2014. 12. 19. 2013헌다1).

2. 민주주의의 본질

실질적 민주주의란 국민의 정치 참여에 의해서 자유·평등·정의라는 인류사회의 보편적 가치를 실현시키려는 국민의 통치형태를 의미한다. 즉 국민의 통치형태가 단지 국민의 자기지배를 의미하는 것이 아니라 국가권력의 창설은 물론 국가 내에서 행사되는 모든 권력의 최후적 정당성이 자유·평등·정의라는 인류의 보편적 가치를 실현시키려는 일정한 세계관 내지 가치관적 통치형태를 의미한다.

Ⅱ 다수결 원리

1. 다수결 원리의 의의

다수결의 원리란 구성원 중 다수가 찬성한 의사를 전체 구성원을 구속하는 집단의사로 간주하는 의사결정 방식을 말한다.

2. 다수결 원리의 전제와 한계

(1) 다수결 원리의 전제

다수결이 정당화되기 위해서는 결정 참여자 사이에 평등한 지위가 보장되어야 하고, 다수결에 의해 의사를 결정한다는 의사결정 방식에 대한 합의가 있어야 하며, 참여자에게 자유로운 발언권이 보장되어야 하고, 고정된 다수가 없어야 하며(다수관계의 가변성), 구성원 사이에 일정한 법적 유대 내지 동질성이 존재하여야 하며, 표결에 이르기까지의 절차가 합리적이어야 한다.

(2) 다수결 원리의 한계

다수결의 원리는 민주주의의 실질적 내용을 실현시키기 위한 하나의 형식원리에 지나지 않기 때문에 다수결의 원리에 의해 국민주권·자유·평등·정의 등 민주주의의 실질적 내용을 배제하는 것은 다수결 원리의 한계를 일탈한 것이다. 다수결 원리에 절대적 힘을 부여해서 다수의 결정에 의하면 무엇이든지 가능하다고 믿는 이른바 상대적 민주주의와 일정한 세계관 내지 가치관에 입각한 실질적 민주주의가 이념적으로 구별되는 이유도 여기에 있다.

Ⅲ 방어적 민주주의

1. 의의

민주주의가 그 자체를 폐지하기 위한 수단으로 악용되는 것을 막고 헌법적 자유에 의해서 오히려 자유권 그 자체가 말살되는 것을 방지하기 위한 방어적 또는 전투적 민주주의를 말한다.

2. 전개

(1) 등장

민주주의를 부정하는 극단주의 세력인 나치에 의해 합법적 절차를 거쳐 민주주의가 파괴된 역사적 경험에 대한 반성으로 1930년대 말부터 칼 뢰벤쉬타인(K. Löwenstein) 등에 의해 방어적 민주주의 또는 전투적 민주주의론이 주창되었다. 즉 방어적 민주주의는 민주주의의 상대주의적 가치중립성에 대한 자제론 내지 한계 이론으로 등장한 것이다.

(2) 입법례 및 판례

제2차 세계대전 이후 독일연방공화국은 방어적 민주주의를 위한 제도로 기본법에 기본권 상실제도와 위헌정당해산제도를 도입하였고, 독일연방헌법재판소는 1952년 10월 23일 사회주의국가당(SRP)에 대한 위헌판결에서 SRP의 목적이 자유민주주의의 본질적 내용을 이루는 복수정당제를 부인한다는 점, 당내조직과 그 운영이 자유민주주의에 반하는 지도자원리에 기초하고 있다는 점, 당원의 활동이 인간의 존엄과 가치를 비롯하여 그 밖의 기본권을 경시하고 있다는 점 등을 이유로 강제해산을 선고하였다.

3. 현행 헌법상 방어적 민주주의

> **헌법 제8조**
> ④ 정당의 목적이나 활동이 민주적 기본질서에 위배될 때에는 정부는 헌법재판소에 그 해산을 제소할 수 있고, 정당은 헌법재판소의 심판에 의하여 해산된다.

우리 헌법은 정당에 대하여 민주적 기본질서를 해하지 않는 범위 내에서의 정당활동을 보장하고 있다. 따라서 어떠한 정당이 외형상 민주적 기본질서를 추구한다고 하더라도 그 구체적인 강령 및 활동이 폭력적 지배를 추구함으로써 자유민주적 기본질서를 위반하는 경우 우리 헌법 질서에서는 용인될 수 없는 것이다. 따라서 우리 헌법은 폭력적, 자의적인 지배 즉 일인 내지 일당독재를 지지하거나, 국민들의 기본적 인권을 말살하는 어떠한 지배원리도 용인하지 않는다. 형식적으로는 권력분립·의회제도·복수정당제도·선거제도를 유지하면서 실질적으로는 권력집중을 획책하여 비판과 견제기능을 무력화하고, 자유·비밀선거의 외형만을 갖춰 구성된 일당독재를 통하여 의회제도를 형해화하거나, 또는 헌법상 보장된 기본권을 인정하지 아니함으로써 사유재산 및 시장경제질서를 부정하는 공산주의를 신봉하는 정당이나 집단은 우리 헌법의 이념과 배치되고, 이러한 이념을 추구한 정당 또는 단체와 그 구성원들의 활동도 헌법과 법률에 의하여 보호되지 아니한다(헌재 2001. 9. 27. 2000헌마238).

🔨 **판례**

▶ **헌법 제8조 제4항의 민주적 기본질서의 의미** : 헌법 제8조 제4항이 의미하는 '민주적 기본질서'는, 개인의 자율적 이성을 신뢰하고 모든 정치적 견해들이 각각 상대적 진리성과 합리성을 지닌다고 전제하는 다원적 세계관에 입각한 것으로서, 모든 폭력적·자의적 지배를 배제하고, 다수를 존중하면서도 소수를 배려하는 민주적 의사결정과 자유·평등을 기본원리로 하여 구성되고 운영되는 정치적 질서를 말하며, 구체적으로는 국민주권의 원리, 기본적 인권의 존중, 권력분립제도, 복수정당제도 등이 현행 헌법상 주요한 요소라고 볼 수 있다(헌재 2014. 12. 19. 2013헌다1).

Ⅳ 현행 헌법상 민주주의 원리

> **헌법 제4조**
> 대한민국은 통일을 지향하며, 자유민주적 기본질서에 입각한 평화적 통일정책을 수립하고 이를 추진한다.

헌법은 전문에 "자율과 조화를 바탕으로 자유민주적 기본질서를 더욱 확고히 하여"라고 선언하고, 제4조에 "자유민주적 기본질서에 입각한 평화적 통일정책을 수립하고 이를 추진한다."라고 규정함으로써 자유민주주의 실현을 헌법의 지향이념으로 삼고 있다. 즉 국가권력의 간섭을 배제하고, 개인의 자유와 창의를 존중하며 다양성을 포용하는 자유주의와 국가권력이 국민에게 귀속되고, 국민에 의한 지배가 이루어지는 것을 내용적 특징으로 하는 민주주의가 결합된 개념인 자유민주주의를 헌법질서의 최고 기본가치로 파악하고, 이러한 헌법질서의 근간을 이루는 기본적 가치를 기본질서로 선언한 것이다(헌재 2001. 9. 27. 2000헌마238).

제5항 법치국가원리

Ⅰ 법치국가원리의 의의

1. 법치국가원리의 개념

법치국가원리란 모든 국가적 활동과 국가공동체적 생활은 국민의 대표기관인 의회가 제정한 법률에 근거를 두고 법률에 따라 이루어져야 한다는 헌법원리를 말한다. 즉, 법 우선의 원칙에 따라 국가 공동생활에서 지켜야 할 법규범을 마련하고 국가작용을 이에 따르게 함으로써 인간생활의 기초가 되는 자유·평등·정의를 실현하려는 국가의 구조적 원리를 말한다.

2. 법치국가원리의 종류

오늘날의 법치주의는 국민의 권리·의무에 관한 사항은 법률로써 정해야 한다는 형식적 법치주의에 그치는 것이 아니라 법률의 목적과 내용 또한 기본권 보장의 헌법이념에 부합되어야 한다는 실질적 법치주의를 의미한다(헌재 2000. 1. 27. 98헌바6).

🔨 **판례**

▶ **우리 헌법상 법치주의** : 우리 헌법은 국가권력의 남용으로부터 국민의 기본권을 보호하려는 법치국가의 실현을 기본이념으로 하고 있고 그 법치국가의 개념에는 헌법이나 법률에 의하여 명시된 죄형법정주의와 소급효의 금지 및 이에 유래하는 유추해석금지의 원칙 등이 적용되는 일반적인 형식적 법치국가의 이념뿐만 아니라 법정형벌은 행위의 무거움과 행위자의 부책에 상응하는 정당한 비례성이 지켜져야 하며, 적법절차를 무시한 가혹한 형벌을 배제하여야 한다는 자의금지 및 과잉금지의 원칙이 도출되는 실질적 법치국가의 실현이라는 이념도 포함되는 것이다(헌재 1992. 4. 28. 90헌바24).

Ⅱ 법치국가원리의 실현원리

1. 명확성의 원칙

(1) 명확성 원칙의 의의

명확성 원칙이란 법령을 명확한 용어로 규정함으로써 적용대상자, 즉 수범자에게 그 규제내용을 미리 알 수 있도록 공정한 고지를 하여 장래의 행동지침을 제공하고, 동시에 법 집행자에게 객관적 판단지침을 주어 차별적이거나 자의적인 법 해석 및 집행을 예방하기 위한 원칙을 의미한다(헌재 2021. 4. 29. 2020헌바328).

(2) 명확성 원칙의 취지

명확성의 원칙은 법치국가원리의 한 표현으로서 기본적으로 모든 기본권 제한 입법에 요구된다. 규범의 의미 내용으로부터 무엇이 금지되는 행위이고 무엇이 허용되는 행위인지를 수범자가 알 수 없다면 법적 안정성과 예측 가능성은 확보될 수 없게 될 것이고, 법 집행 당국에 의한 자의적 집행을 가능하게 할 것이기 때문이다(헌재 2005. 6. 30. 2005헌가1).

(3) 명확성 원칙의 적용 범위

모든 법률은 법치국가적 법적 안정성의 관점에서 행정과 사법에 의한 법 적용의 기준으로서 명확해야 한다(헌재 2007. 10. 4. 2006헌바91).

(4) 명확성 원칙의 요청 정도

1) 최소한의 명확성

법규범의 문언은 어느 정도 일반적·규범적 개념을 사용하지 않을 수 없기 때문에 기본적으로 최대한이 아닌 최소한의 명확성을 요구하는 것으로서, 법 문언이 법관의 보충적인 가치판단을 통해서 그 의미 내용을 확인할 수 있고, 그러한 보충적 해석이 해석자의 개인적인 취향에 따라 좌우될 가능성이 없다면 명확성 원칙에 반한다고 할 수 없다(헌재 2013. 5. 30. 2011헌바201).

2) 명확성 원칙이 요구되는 정도

명확성의 원칙은 모든 법률에 있어서 동일한 정도로 요구되는 것은 아니고 개개의 법률이나 법 조항의 성격에 따라 요구되는 정도에 차이가 있을 수 있으며 각각의 구성요건의 특수성과 법률이 제정되게 된 배경이나 상황에 따라 달라질 수 있다. 일반론으로는 어떠한 규정이 부담적 성격을 가지는 경우에는 수익적 성격을 가지는 경우에 비하여 명확성의 원칙이 더욱 엄격하게 요구되고, 죄형법정주의가 지배하는 형사 관련 법률에서는 명확성의 정도가 강화되어 더 엄격한 기준이 적용되지만, 일반적인 법률에서는 명확성의 정도가 그리 강하게 요구되지 않기 때문에 상대적으로 완화된 기준이 적용된다(헌재 2005. 6. 30. 2005헌가1).

> 판례
>
> ▶규율대상이 지극히 다양하거나 수시로 변화하는 경우 : 기본권 제한 입법이라 하더라도 규율대상이 지극히 다양하거나 수시로 변화하는 성질의 것이어서 입법기술상 일의적으로 규정할 수 없는 경우에는 명확성의 요건이 완화되어야 할 것이다(헌재 1999. 9. 16. 97헌바73).

(5) 명확성 원칙의 판단기준과 판단대상

1) 판단기준

법규범이 명확한지 여부는 그 법규범이 수범자에게 법규의 의미 내용을 알 수 있도록 공정한 고지를 하여 예측 가능성을 주고 있는지 여부 및 그 법규범이 법을 해석·집행하는 기관에게 충분한 의미 내용을 규율하여 자의적인 법 해석이나 법 집행이 배제되는지 여부, 다시 말하면 예측 가능성 및 자의적 법 집행 배제가 확보되는지 여부에 따라 이를 판단할 수 있다(헌재 2021. 4. 29. 2020헌바328).

2) 판단대상

법규범의 의미 내용은 그 문언뿐만 아니라 입법목적이나 입법 취지, 입법 연혁, 그리고 법규범의 체계적 구조 등을 종합적으로 고려하는 해석 방법에 의하여 구체화하게 되므로, 결국 법규범이 명확성 원칙에 위반되는지 여부는 위와 같은 해석방법에 의하여 그 의미 내용을 합리적으로 파악할 수 있는 해석기준을 얻을 수 있는지 여부에 달려 있다(헌재 2021. 4. 29. 2020헌바328).

✎ 판례

▶ **명확성 원칙의 판단대상** : 당해 규정이 명확한지 여부는 그 규정의 문언만으로 판단할 것이 아니라 관련 조항을 유기적·체계적으로 종합하여 판단하여야 할 것이다(헌재 1999. 9. 16. 97헌바73).

▶ **일반적, 규범적 개념을 사용한 경우** : 모든 법규범의 문언을 순수하게 기술적 개념만으로 구성하는 것은 입법기술적으로 불가능하고 바람직하지도 않기 때문에 어느 정도 가치개념을 포함한 일반적, 규범적 개념을 사용하지 않을 수 없다. 또한 당해 법률조항의 입법목적, 당해 법률의 체계 및 다른 규정들과의 상호관계를 고려하거나 이미 확립된 판례를 통한 해석방법을 통하여 규정의 해석 및 적용에 대한 신뢰성이 있는 원칙을 도출할 수 있어서 법률조항의 취지를 예측할 수 있는 정도의 내용이라면 명확성의 원칙은 유지되고 있다고 보아야 할 것이고, 법관의 보충적인 가치판단을 통한 법문의 해석으로 그 의미 내용을 확인해낼 수 있다면 명확성의 원칙에 반한다고 할 수 없다(헌재 2004. 2. 26. 2003헌바4).

▶ **'선량한 풍속 기타 사회질서'에 위반한 사항을 내용으로 하는 법률행위를 무효로 하는 민법 제103조가 명확성 원칙에 위반되는지**(소극) : 심판대상조항의 '선량한 풍속'은 사회의 일반적 도덕관념 또는 건전한 도덕관념으로 모든 국민에게 지킬 것이 요구되는 최소한의 도덕률로 해석할 수 있고, '사회질서'란 사회를 구성하는 여러 요소와 집단이 조화롭게 균형을 이룬 상태로 해석할 수 있다. 법률에서 선량한 풍속 기타 사회질서에 위반한 내용으로서 그 효력을 부인해야 하는 법률행위를 빠짐없이 규율하는 것은 입법기술상 매우 어렵고, 심판대상조항의 입법목적과 기능에 비추어 적절하지도 않다. 또한, 문제되는 법률행위의 내용이 선량한 풍속 기타 사회질서에 위반한 것인지는 헌법을 최고규범으로 하는 전체 법질서, 그 법질서가 추구하는 가치 및 이미 구체화된 개별입법 등을 종합적으로 고려하여 판단되어야 하고, 개별 사례들에 관한 학설과 판례 등의 집적을 통해 그 판단에 대한 예측 가능성을 높일 수 있다. 이로써 문제되는 법률행위가 선량한 풍속 기타 사회질서에 위반한 것인지에 대한 판단은 법관의 주관적·자의적 신념이 아닌 헌법을 최고규범으로 하는 법 공동체의 객관적 관점에 의하여 이루어질 수 있다. 따라서 심판대상조항은 명확성 원칙에 위반된다고 볼 수 없다(헌재 2023. 9. 26. 2020헌바552).

▶ **'전시·사변 등 국가비상상태'에 있어서 전투에 종사하는 자에 대하여 각령(閣令)이 정하는 바에 의하여 전투근무수당을 지급하도록 한 구 군인보수법 제17조 부분이 명확성 원칙에 위반되는지**(소극) : 심판대상조항의 '전시', '사변'은 그 문언 자체로도 그 의미가 명확하고, '전시·사변 등'이라는 예시가 있는 점, 그리고 심판대상조항이 전투근무수당의 지급대상으로 '전투에 종사한 자'를 규정하고 있는 점에 비추어 '국가비상상태'는 위 전시, 사변과 같이 전투가 발생하였거나 발생할 수 있는 수준의 대한민국의 국가적인 비상상태를 의미함을 쉽게 알 수 있다. 심판대상조항 중 '전시·사변 등 국가비상상태' 부분은 명확성 원칙에 위반되지 않는다(헌재 2023. 8. 31. 2020헌바594).

▶ 청원주로 하여금 청원경찰이 '품위를 손상하는 행위'를 한 때에는 대통령령으로 정하는 징계절차를 거쳐 징계처분을 하도록 규정한 청원경찰법 제5조의2 제1항 제2호가 명확성 원칙에 위배되는지(소극) : 이 사건 품위손상조항에서 규정하고 있는 품위손상행위란, 청원경찰직에 대한 국민의 신뢰를 제고하고 성실하고 공정한 직무수행을 담보하고자 하는 입법취지, 용어의 사전적 의미 등을 종합하면, '청원경찰이 경찰관에 준하여 경비 및 공안업무를 하는 주체로서 직책을 맡아 수행해 나가기에 손색이 없는 인품에 어울리지 않는 행위를 함으로써 국민이 가지는 청원경찰에 대한 정직성, 공정성, 도덕성에 대한 믿음을 떨어뜨릴 우려가 있는 행위'라고 해석할 수 있으므로 명확성 원칙에 위배되지 않는다(헌재 2022. 5. 26. 2019헌바530).

▶ 검사징계법 제2조 제3호가 검사에 대한 징계사유로서 "검사로서의 체면이나 위신을 손상하는 행위를 하였을 때"를 규정하고 있는 것이 명확성 원칙에 위배되는지(소극) : 구 검사징계법 제2조 제3호의 "검사로서의 체면이나 위신을 손상하는 행위"의 의미는, 공직자로서의 검사의 구체적 언행과 그에 대한 검찰 내부의 평가 및 사회 일반의 여론, 그리고 검사의 언행이 사회에 미친 파장 등을 종합적으로 고려하여 구체적인 상황에 따라 건전한 사회통념에 의하여 판단할 수 있으므로 명확성 원칙에 위배되지 아니한다(헌재 2011. 12. 29. 2009헌바282).

▶ 취소소송 등의 제기 시 집행정지의 요건을 규정한 행정소송법 제23조 제2항이 명확성 원칙에 위반되는지(소극) : 이 사건 집행정지 요건 조항에서 집행정지 요건으로 규정한 '회복하기 어려운 손해'는 대법원 판례에 의하여 '특별한 사정이 없는 한 금전으로 보상할 수 없는 손해로서 이는 금전보상이 불능인 경우 내지는 금전보상으로는 사회관념상 행정처분을 받은 당사자가 참고 견딜 수 없거나 또는 참고 견디기가 현저히 곤란한 경우의 유형, 무형의 손해'를 의미한 것으로 해석할 수 있고, '긴급한 필요'란 손해의 발생이 시간상 임박하여 손해를 방지하기 위해서 본안판결까지 기다릴 여유가 없는 경우를 의미하는 것으로, 이는 집행정지가 임시적 권리구제제도로서 잠정성, 긴급성, 본안소송에의 부종성의 특징을 지니는 것이라는 점에서 그 의미를 쉽게 예측할 수 있다. 이와 같이 심판대상조항은 법관의 법 보충작용을 통한 판례에 의하여 합리적으로 해석할 수 있고, 자의적인 법해석의 위험이 있다고 보기 어려우므로 명확성 원칙에 위배되지 않는다(헌재 2018. 1. 25. 2016헌바208).

▶ 어린이집이 시·도지사가 정한 수납한도액의 범위를 넘어 필요경비를 수납한 경우 '시정 또는 변경'을 명할 수 있도록 한 영유아보육법 제44조 제5호 부분이 명확성 원칙에 위배되는지(소극) : 심판대상조항은 영유아보육법 제38조 위반에 대한 제재규정이라는 점, 영유아보육법 제38조 위반 행위의 대표적인 모습은 어린이집이 보호자로부터 관할 시·도지사가 정한 한도액을 초과하여 보호자로부터 필요경비를 수납하는 것이라는 점을 종합적으로 고려하면, 심판대상조항이 규정하고 있는 '시정 또는 변경' 명령은 '영유아보육법 제38조 위반행위에 대하여 그 위법사실을 시정하도록 함으로써 정상적인 법질서를 회복하는 것을 목적으로 행해지는 행정작용'으로, 여기에는 과거의 위반행위로 인하여 취득한 필요경비 한도 초과액에 대한 환불명령도 포함됨을 어렵지 않게 예측할 수 있다. 따라서 심판대상조항은 명확성 원칙에 위배되지 않는다(헌재 2017. 12. 28. 2016헌바249).

▶ 재직기간 합산제도를 규정한 공무원연금법 제23조 제2항이 명확성 원칙에 위배되는지(소극) : 재직기간 합산제도는 재직기간이 단절된 경우 그 재직기간을 합하여 연금을 받을 수 있도록 하는 제도이나, 연금재정이 제한되어 있어 이를 무한정 인정하기는 어려운 점, 재직기간 합산신청 기한에 관한 입법연혁을 살펴보면 공무원연금법은 재직 중인 공무원만 재직기간 합산신청을 할 수 있는 것을 원칙으로 하고, 특별히 구제의 필요성이 있는 경우에 한하여 예외적으로 퇴직한 공무원에게도 재직기간 합산신청을 할 수 있도록 한 점, 공무원의 재직기간은 공무원연금 급여의 종류·금액을 정하는 데 필요한 요소이자 기준이 되므로, 공무원이 퇴직하는 때까지는 확정되어야 하는 점 등을 종합하면, 이 사건 합산 조항은 재직 중인 공무원만이 재직기간 합산 신청을 할 수 있다는 뜻으로 해석된다. 따라서 이 사건 합산 조항은 명확성 원칙에 위배되지 않는다(헌재 2016. 3. 31. 2015헌바18).

▶ **지방공무원의 집단행위를 금지하고 있는 구 지방공무원법 제82조 중 제58조 제1항의 '공무 외의 일을 위한 집단행위' 부분이 헌법상 명확성 원칙에 위배되는지**(소극) : 이 사건 심판대상조항의 '공무 외의 일을 위한 집단행위'는 언론·출판·집회·결사의 자유를 보장하고 있는 헌법 제21조 제1항과 국가공무원법의 입법 취지, 국가공무원법상의 성실의무와 직무전념의무 등을 종합적으로 고려할 때, '공익에 반하는 목적을 위하여 직무전념의무를 해태하는 등의 영향을 가져오거나 공무에 대한 국민의 신뢰에 손상을 가져올 수 있는 공무원 다수의 결집된 행위'를 말하는 것으로 한정 해석되므로 명확성 원칙에 위반된다고 볼 수 없다(헌재 2014. 8. 28. 2011헌바50).

▶ **사실상 노무에 종사하는 공무원을 제외한 나머지 공무원의 노동운동과 공무 이외의 일을 위한 집단행위를 금지하는 지방공무원법 제58조 제1항이 명확성의 원칙에 위반되는지**(소극) : 지방공무원법 제58조 제1항에서 규정하고 있는 '노동운동'의 개념은 그 근거가 되는 헌법 제33조 제2항의 취지에 비추어 근로자의 근로조건의 향상을 위한 단결권·단체교섭권·단체행동권 등 근로3권을 기초로 하여 이에 직접 관련된 행위를 의미하는 것으로 좁게 해석하여야 하고, '공무 이외의 일을 위한 집단행위'의 개념도 헌법상의 집회·결사의 자유와 관련시켜 살펴보면 모든 집단행위를 의미하는 것이 아니라 공무 이외의 일을 위한 집단행위 중 공익에 반하는 행위로 축소하여 해석하여야 하며, 법원도 위 개념들을 해석·적용함에 있어서 위와 유사한 뜻으로 명백히 한정해석하고 있다. 아울러 '사실상 노무에 종사하는 공무원'의 개념은 공무원의 주된 직무를 정신활동으로 보고 이에 대비되는 신체활동에 종사하는 공무원으로 명확하게 해석된다. 그렇다면, 위 개념들은 집행당국에 의한 자의적 해석의 여지를 주거나 수범자의 예견가능성을 해할 정도로 불명확하다고 볼 여지가 없다(헌재 2005. 10. 27. 2003헌바50).

▶ **국가 또는 지방자치단체의 정책결정에 관한 사항이나 기관의 관리·운영에 관한 사항으로서 '근무조건과 직접 관련되지 아니하는 사항'을 공무원노동조합의 단체교섭대상에서 제외하고 있는 공무원노조법 제8조 제1항 단서 부분이 명확성 원칙에 위반되는지**(소극) : 국가 또는 지방자치단체의 정책결정에 관한 사항은 일정한 목적 실현을 위해 국가 또는 지방자치단체가 법령 등에 근거하여 자신의 권한과 책임으로 행하여야 할 사항을 의미하고, 기관의 관리·운영에 관한 사항은 법령 등에 근거하여 설치, 조직된 기관이 그 목적 달성을 위하여 해당 기관의 판단과 책임에 따라 업무를 처리하도록 정해져 있는 사항을 의미하며, 이 사항들 중 근무조건과 '직접' 관련되어 교섭대상이 되는 사항은 공무원이 공무를 제공하는 조건이 되는 사항 그 자체를 의미하는 것이므로, 이 사건 규정에서 말하는 공무원노조의 비교섭대상은 정책결정에 관한 사항과 기관의 관리·운영에 관한 사항 중 그 자체가 공무를 제공하는 조건이 되는 사항을 제외한 사항이 될 것이다. 따라서 이 사건 규정 상의 '직접'의 의미가 법 집행기관의 자의적인 법 집행을 초래할 정도로 불명확하다고 볼 수 없으므로 명확성 원칙에 위반된다고 볼 수 없다(헌재 2013. 6. 27. 2012헌바169).

▶ **근로기준법 제56조 중 '통상임금' 부분이 명확성 원칙에 위반되는지**(소극) : 사용자는 근로자의 연장·야간·휴일 근로에 대하여는 통상임금의 50% 이상을 가산하여 지급해야 한다는 심판대상조항들의 입법취지, 법정근로시간 내에서 소정근로시간을 근로계약을 통해 미리 정하도록 하고 근로의 대가로 지급하는 금품은 명칭과 관계없이 임금에 해당한다고 정한 근로기준법 제2조 등을 종합적으로 고려할 때, 통상임금은 근로자가 소정근로시간에 통상적으로 제공하기로 정한 근로에 대하여 사용자가 지급하기로 예정한 일체의 금품을 의미하며, 근로자가 사용자에게 소정근로 외에 추가적인 근로를 제공하지 않고도 정기적이고 일률적으로 지급받을 수 있는 것을 의미함을 알 수 있으므로, 심판대상조항은 명확성원칙에 위반되지 않는다(헌재 2014. 8. 28. 2013헌바172).

2. 신뢰보호의 원칙

⑴ 신뢰보호원칙의 의의

신뢰보호의 원칙이란 법률의 제정이나 개정 시 구법 질서에 대한 당사자의 신뢰가 합리적이고도 정당하며 법률의 제정이나 개정으로 야기되는 당사자의 손해가 극심하여 새로운 입법으로 달성하고자 하는 공익적 목적이 당사자의 신뢰의 파괴를 정당화할 수 없다면, 그러한 새 입법은 허용될 수 없다는 원칙을 말한다(헌재 2003. 9. 25. 2001헌마93).

⑵ 신뢰보호원칙의 취지 및 근거

1) 신뢰보호원칙의 취지

신뢰보호원칙은 법치국가원리에 근거를 두고 있는 헌법상 원칙으로서, 특정한 법률에 의하여 발생한 법률관계는 그 법에 따라 파악되고 판단되어야 하고 과거의 사실관계가 그 뒤에 생긴 새로운 법률의 기준에 따라 판단되지 않는다는 국민의 신뢰를 보호하기 위한 것이다(헌재 2015. 2. 26. 2012헌마400).

2) 신뢰보호원칙의 근거

신뢰보호원칙은 우리 헌법상 법치국가원리로부터 파생되는 것이다. 즉 법치국가원리의 한 측면인 법적 안정성은 객관적 요소로서 법질서의 신뢰성·항구성·법적 투명성과 법적 평화를 의미하고, 이와 내적인 상호연관관계에 있는 법적 안정성의 주관적 측면은 한번 제정된 법규범은 원칙적으로 존속력을 갖고 자신의 행위기준으로 작용하리라는 개인의 신뢰보호원칙이다(헌재 1996. 2. 16. 96헌가2).

⑶ 신뢰보호원칙의 심사기준

신뢰보호원칙의 위반 여부를 판단함에 있어서는, 한편으로는 침해받은 신뢰이익의 보호가치, 침해의 중한 정도, 신뢰가 손상된 정도, 신뢰침해의 방법 등과 다른 한편으로는 새로운 입법을 통해 실현하고자 하는 공익적 목적을 종합적으로 비교·형량하여야 한다(헌재 2012. 11. 29. 2011헌마786).

⑷ 헌법상 보호되는 신뢰

사회 환경이나 경제여건의 변화에 따른 필요성에 의하여 법률은 신축적으로 변할 수밖에 없고, 변경된 새로운 법질서와 기존의 법질서 사이에는 이해관계의 상충이 불가피하다. 따라서 국민이 가지는 모든 기대 내지 신뢰가 헌법상 권리로서 보호될 것은 아니고, 신뢰의 근거 및 종류, 상실된 이익의 중요성, 침해의 방법 등에 비추어 종전 법규·제도의 존속에 대한 개인의 신뢰가 합리적이어서 권리로서 보호될 필요성이 있다고 인정되어야 한다(헌재 2003. 6. 26. 2000헌바82).

> **판례**
>
> ▶ **법률의 존속에 대한 신뢰** : 입법자는 새로운 인식을 수용하고 변화한 현실에 적절하게 대처해야 하기 때문에, 국민은 현재의 법적 상태가 항상 지속되리라는 것을 원칙적으로 신뢰할 수 없다. 법률의 존속에 대한 개인의 신뢰는 법적 상태의 변화를 예측할 수 있는 정도에 따라서 달라지므로, 신뢰보호가치의 정도는 개인이 어느 정도로 법률개정을 예측할 수 있었는가에 따라서 결정된다(헌재 2003. 10. 30. 2001헌마700).

▶ **법적 상태의 존속에 대한 신뢰**: 법적 상태의 존속에 대한 개인의 신뢰는 그가 어느 정도로 법적 상태의 변화를 예측할 수 있는지, 혹은 예측하였어야 하는지 여부에 따라 상이한 강도를 가진다. 그런데, 일반적으로 법률은 현실상황의 변화나 입법정책의 변경 등으로 언제라도 개정될 수 있는 것이기 때문에, 원칙적으로 법률의 개정은 예측할 수 있다고 보아야 한다(헌재 2002. 11. 28. 2002헌바45).

▶ **조세법의 영역에서 국민의 신뢰**: 조세법의 영역에 있어서는 국가가 조세·재정정책을 탄력적·합리적으로 운용할 필요성이 매우 큰 만큼, 조세에 대한 법규·제도는 신축적으로 변할 수밖에 없다는 점에서 납세의무자로서는 구법질서에 의거한 신뢰를 바탕으로 적극적으로 새로운 법률관계를 형성하였다든지 하는 특별한 사정이 없는 한 원칙적으로 세율 등 현재의 세법이 변함없이 유지되리라고 기대하거나 신뢰할 수는 없다(헌재 2002. 2. 28. 99헌바4).

▶ **개인의 신뢰에 대한 보호가치**: 개인의 신뢰이익에 대한 보호가치는 법령에 따른 개인의 행위가 '국가에 의하여 일정방향으로 유인된 신뢰의 행사인지', 아니면 단지 '법률이 부여한 기회를 활용한 것으로서 원칙적으로 사적 위험부담의 범위에 속하는 것인지' 여부에 따라 달라진다. 만일 법률에 따른 개인의 행위가 단지 법률이 반사적으로 부여하는 기회의 활용을 넘어서 국가에 의하여 일정 방향으로 유인된 것이라면 특별히 보호가치가 있는 신뢰이익이 인정될 수 있고, 원칙적으로 개인의 신뢰보호가 국가의 법률개정이익에 우선된다고 볼 여지가 있다(헌재 2002. 11. 28. 2002헌바45).

▶ **공소시효에 대한 이익이 단순한 반사적 이익인지**(소극): 공소시효제도는 범인이 범죄 후 일정한 기간 기소되지 아니함으로써 형성된 사실상의 상태를 존중하여 법적 안정을 도모하고 형벌권의 적정을 기하기 위한 제도이다. 이에 따라 형사소송법은 공소시효의 완성을 면소사유로 규정하고, 면소의 사유에 관한 명백한 증거가 새로 발견된 경우 재심을 인정하고 있다. 이처럼 공소시효제도는 공소시효가 완성된 경우 피의자에 대한 형사소추를 할 수 없도록 하여 피의자를 보호하는 제도이다. 따라서 공소시효에 대한 이익을 단순히 반사적 이익으로 볼 수는 없다(헌재 2021. 6. 24. 2018헌바457).

(5) 신뢰보호의 방법

일반적으로 신뢰보호의 구체적 실현수단으로 사용되는 경과규정에는 기존 법률이 적용되던 사람들에게 신법 대신 구법을 적용하도록 하는 방식과 적응보조규정을 두는 방식이 있다(헌재 2002. 11. 28. 2002헌바45).

판례

▶ 헌법재판소가 성인대상 성범죄자에 대하여 10년 동안 일률적으로 의료기관에의 취업제한 등을 하는 규정에 대하여 위헌결정을 한 뒤, 개정법 시행일 전까지 성인대상 성범죄로 형을 선고받아 그 형이 확정된 사람에 대해서 형의 종류 또는 형량에 따라 기간에 차등을 두어 의료기관에의 취업 등을 제한하는 아동·청소년의 성보호에 관한 법률 부칙 제5조 제1호가 신뢰보호원칙에 위배되는지(소극): 성인대상 성범죄자에게 일률적으로 10년 동안 의료기관에의 취업제한을 하도록 한 조항에 대한 헌법재판소의 2016. 3. 31. 2013헌마585 등 위헌결정에 따르더라도 재범의 위험성 및 필요성에 상응하는 취업제한 기간을 정하여 부과하는 의료기관 취업제한이 가능함은 예상할 수 있었다고 보아야 하고, 취업제한은 장래의 위험을 방지하기 위한 것으로서, 향후 성인대상 성범죄자에게 의료기관 취업제한이 없을 것이라는 기대는 정당한 신뢰 또는 헌법상 보호가치 있는 신뢰로 보기 어렵다. 헌법재판소의 위헌결정 뒤 법원이 취업제한 기간을 정하도록 하는 법률안을 정부가 입법예고하는 등의 절차를 거쳐 국회에서 이 사건 부칙조항의 입법이 이루어졌고, 개정법 시행 후 취업제한대상자나 그 법정대리인이 제1심판결을 한 법원에 취업제한기간의 변경이나 취업제한의 면제를 신청할 수 있도록 불이익을 최소화하고 있는 사정을 종합하면 이 사건 부칙조항은 신뢰보호원칙에 위배되지 아니한다(헌재 2023. 5. 25. 2020헌바45).

▶ 개성공단 전면중단 조치가 신뢰보호원칙을 위반하여 청구인들의 영업의 자유와 재산권을 침해하는지(소극): '개성공단의 정상화를 위한 합의서'에는 국내법과 동일한 법적 구속력을 인정하기 어렵고, 과거 사례 등에 비추어 개성공단의 중단 가능성은 충분히 예상할 수 있었으므로, 개성공단 전면중단 조치는 신뢰보호원칙을 위반하여 개성공단 투자기업인 청구인들의 영업의 자유와 재산권을 침해하지 아니한다(헌재 2022. 1. 27. 2016헌마364).

▶ 임차인의 계약갱신요구권 행사 기간을 10년으로 규정한 '상가건물 임대차보호법' 제10조 제2항을 개정법 시행 후 갱신되는 임대차에 대하여도 적용하도록 규정한 '상가건물 임대차보호법' 부칙 제2조 부분이 신뢰보호원칙에 위배되어 임대인의 재산권을 침해하는지(소극) : 개정법 조항은 상가건물 임차인의 계약갱신요구권 행사 기간을 연장함으로써 상가건물에 대한 임차인의 시설투자비, 권리금 등 비용을 회수할 수 있는 기간을 충실히 보장하기 위한 것인데, 개정법 조항을 개정법 시행 후 새로이 체결되는 임대차에만 적용할 경우 임대인들이 새로운 임대차계약에 이를 미리 반영하여 임대료가 한꺼번에 급등할 수 있고 이는 결과적으로 개정법 조항의 입법 취지에도 반하는 것이다. 이에 이 사건 부칙조항은 이러한 부작용을 막고 개정법 조항의 실효성을 확보하기 위해서 개정법 조항 시행 이전에 체결되었더라도 개정법 시행 이후 갱신되는 임대차인 경우 개정법 조항의 연장된 기간을 적용하도록 정한 것이므로, 이와 같은 공익은 긴급하고도 중대하다. 따라서 이 사건 부칙조항은 신뢰보호원칙에 위배되어 임대인의 재산권을 침해한다고 볼 수 없다(헌재 2021. 10. 28. 2019헌마106).

▶ 2012. 12. 18. 전부 개정된 '성폭력처벌법' 시행 전 행하여진 성폭력범죄로 아직 공소시효가 완성되지 아니한 것에 대하여도 공소시효에 관한 특례의 개정규정을 적용하도록 한 '성폭력처벌법' 부칙 제3조 중 형법 제298조에 관한 부분이 신뢰보호의 원칙에 반하는지(소극) : 심판대상조항은 진행 중인 공소시효를 정지·배제하는 법률로서 부진정소급효를 갖는다. 심판대상조항에 따라 침해받은 신뢰이익은 공소시효가 완성됨으로써 처벌을 받지 아니할 수 있는 이익이다. 그러나 이는 형사소추에 대한 국가의 이익, 즉 범인필벌의 실체적 정의의 요청과 필연적으로 충돌된다. 국가의 형벌권 행사가 갖는 의미 및 공소시효제도의 취지를 고려했을 때 이미 공소시효가 진행되고 있는 범죄에 대하여 공소시효의 정지·연장·배제가 이루어질 가능성은 존재한다. 심판대상조항은 대처능력이 현저히 미약하여 범행대상이 되기 쉽고 범행에 따른 피해의 정도도 더 큰 13세 미만의 사람에 대한 강제추행 등 죄질이 매우 나쁜 성폭력범죄에 대해서는 가해자가 살아있는 한 처벌할 수 있도록 하고, 미성년자에 대한 성폭력범죄에 대해서도 그 특수성을 고려하여 피해자인 미성년자가 성년이 되었을 때부터 공소시효를 진행하게 하는 조항을 그 시행 전에 이루어진 사건에도 적용하여 형사처벌의 가능성을 연장함으로써, 그 범죄로 인해 훼손된 불법적인 상태를 바로잡아 실체적 정의를 실현하는 것을 그 목적으로 한다. 심판대상조항이 형사소송법의 공소시효에 관한 조항의 적용을 배제하고 새롭게 규정된 조항을 적용하도록 하였다고 하더라도, 이로 인하여 제한되는 성폭력 가해자의 신뢰이익이 공익에 우선하여 특별히 헌법적으로 보호해야 할 가치나 필요성이 있다고 보기 어렵다. 따라서 심판대상조항은 신뢰보호원칙에 반한다고 할 수 없다(헌재 2021. 6. 24. 2018헌바457).

▶ 유골 500구 이상을 안치할 수 있는 사설봉안시설을 설치·관리하려는 자는 민법에 따라 봉안시설의 설치·관리를 목적으로 하는 재단법인을 설립하도록 하는 구 '장사 등에 관한 법률' 제15조 제3항 본문 부분이 신뢰보호원칙에 위반되는지(소극) : 구 매장법이 장사법으로 전부개정되면서 그 부칙 제3조에서 종전의 법령에 따라 설치된 봉안시설을 장사법에 의하여 설치된 봉안시설로 보도록 함으로써 구 매장법에 따라 설치허가를 받은 봉안시설 설치·관리인의 기존의 법상태에 대한 신뢰는 이미 보호되었다. 더 나아가 장사법 시행 후 추가로 설치되는 부분에 대해서까지 기존의 법상태에 대한 보호가치 있는 신뢰가 있다고 보기 어렵다. 따라서 심판대상조항은 신뢰보호원칙에 위반되지 아니한다(헌재 2021. 8. 31. 2019헌바453).

▶ 공무원연금법상 퇴직연금수급자가 지방의회의원에 취임한 경우 그 재직기간 중 퇴직연금 전부의 지급을 정지하도록 규정한 공무원연금법 제47조 제1항 제2호 부분이 신뢰보호원칙에 반하여 청구인들의 재산권을 침해하는지(소극) : 지방의회의원에 대하여 2006. 1.부터 월정수당이 지급됨에 따라 지방의회의원이 받는 금원은 보수로서의 성격을 보다 강하게 가지게 되었고, 이러한 보수의 현실화로 과거의 법 상태에 대한 신뢰는 보호의 필요성이 적어졌다. 따라서 청구인들이 '지방의회의원에 취임할 당시의 연금제도가 그대로 유지되어 그 임기동안 퇴직연금을 계속 지급받을 수 있을 것'이라고 신뢰하였다 하더라도 이러한 신뢰는 보호가치가 크다고 보기 어렵다. 또한 선출직 공무원에 대한 연금 지급정지제도는 종전에도 몇 차례에 걸쳐 시행된 바 있으므로 청구인들의 신뢰는 그다지 확고한 법질서에 기반한 것이었다고 보기도 어렵다. 반면, 연금재정의 안정성과 건전성을 확보하는 것은 공무원연금제도의 장기적 운영과 지속가능성을 위하여 반드시 필요한 요소이므로, 심판대상조항이 추구하는 공익적 가치는 매우 중대하다. 이러한 점들을 종합하면, 심판대상조항은 신뢰보호원칙에 반하여 청구인들의 재산권을 침해한다고 볼 수 없다(헌재 2017. 7. 27. 2015헌마1052).

▶ 선출직 공무원으로서 받게 되는 보수가 기존의 연금에 미치지 못하는 경우에도 연금 전액의 지급을 정지하도록 정한 공무원연금법 제47조 제1항 제2호 부분이 과잉금지원칙에 위배되어 재산권을 침해하는지(적극) : 심판대상조항은 악화된 연금재정을 개선하여 공무원연금제도의 건실한 유지·존속을 도모하고 연금과 보수의 이중수혜를 방지하기 위한 것이다. 퇴직공무원의 적정한 생계 보장이라는 공무원연금제도의 취지에 비추어, 연금 지급을 정지하기 위해서는 '연금을 대체할 만한 소득'이 전제되어야 한다. 지방의회의원이 받는 의정비 중 의정활동비는 의정활동 경비 보전을 위한 것이므로, 연금을 대체할 만한 소득이 있는지 여부는 월정수당을 기준으로 판단하여야 하는데, 월정수당은 지방자치단체에 따라 편차가 크고 안정성이 낮음에도 불구하고 심판대상조항은 연금을 대체할 만한 적정한 소득이 있다고 할 수 없는 경우에도 일률적으로 연금전액의 지급을 정지하여 지급정지제도의 본질 및 취지와 어긋나는 결과를 초래한다. 연금과 보수 중 일부를 감액하는 방식으로 선출직에 취임하여 보수를 받는 것이 생활보장에 더 유리하도록 하는 등 기본권을 덜 제한하면서 입법목적을 달성할 수 있는 다양한 방법이 있다. 따라서 심판대상조항은 과잉금지원칙에 위배되어 재산권을 침해한다(헌재 2022. 1. 27. 2019헌바161 헌법불합치).

▶ 실종기간이 구법 시행기간 중에 만료되는 때에도 그 실종이 개정민법 시행일 후에 선고된 때에는 상속에 관하여 개정민법의 규정을 적용하도록 한 민법 부칙 제12조 제2항이 신뢰보호원칙에 위배되어 재산권을 침해하는지(소극) : 상속제도나 상속권의 내용은 입법 정책적으로 결정하여야 할 사항으로서 원칙적으로 입법형성의 영역에 속하고, 부재자의 참여 없이 진행되는 실종선고 심판절차에서 법원으로서는 실종 여부나 실종이 된 시기 등에 대하여 청구인의 주장과 청구인이 제출한 소명자료를 기초로 실종 여부나 실종기간의 기산일을 판단하게 되는 측면이 있는바, 이로 인하여 발생할 수 있는 상속인의 범위나 상속분 등의 변경에 따른 법률관계의 불안정을 제거하여 법적 안정성을 추구하고, 실질적으로 남녀 간 공평한 상속이 가능하도록 개정된 민법상의 상속규정을 개정민법 시행 후 실종이 선고되는 부재자에게까지 확대 적용함으로써 얻는 공익이 매우 크므로, 심판대상조항은 신뢰보호원칙에 위배하여 재산권을 침해하지 아니한다(헌재 2016. 10. 27. 2015헌바203).

▶ 공무원이 '직무와 관련 없는 과실로 인한 경우' 및 '소속상관의 정당한 직무상의 명령에 따르다가 과실로 인한 경우'를 제외하고 재직 중의 사유로 금고 이상의 형을 받은 경우, 퇴직급여 등을 감액하도록 규정한 구 공무원연금법 제64조 제1항 제1호를 2010. 1. 1.부터 적용하도록 규정한 공무원연금법 부칙 제1조 본문이 신뢰보호원칙에 위배되는지(소극) : 헌법재판소에서 구법조항에 대하여 공무원의 신분이나 직무상 의무와 관련이 없는 범죄의 경우에도 퇴직급여 등을 제한하는 것은 공무원범죄를 예방하고 공무원이 재직 중 성실히 근무하도록 유도하는 입법목적을 달성하는 데에 적합한 수단이라고 볼 수 없다는 이유로 헌법불합치결정을 하고 입법개선을 명함에 따라, 그 취지대로 개선입법이 이루어질 것을 충분히 예상할 수 있었으므로, 국회의 개선입법 지연으로 인하여 한시적인 입법의 공백상태가 발생함으로써 1년간 퇴직급여 전액을 지급받을 수 있었다고 하여, 향후 개선입법이 이루어진 이후에도 그 이전에 급여지급사유가 발생한 퇴직 공무원들에 대하여 개선입법 이후 비로소 이행기가 도래하는 퇴직연금 수급권에 대해서까지 급여제한처분이 없으리라는 청구인들의 신뢰가 정당한 것이라고 보기는 어려우므로, 이 사건 부칙조항은 신뢰보호원칙에 위반하지 않는다(헌재 2016. 6. 30. 2014헌바365).

▶ 법 시행일 이후에 이행기가 도래하는 퇴직연금에 대하여 소득과 연계하여 그 일부의 지급을 정지할 수 있도록 한 구 사립학교교직원 연금법 조항이 신뢰보호의 원칙에 위반되는지(소극) : 이 사건 심판대상조항에 의해 달성하려는 공익은 사학 연금 재정의 악화에 대비하여 사학연금제도의 유지·존속을 도모하려는 것으로 그 공익적 가치는 매우 큰 데 반하여, 퇴직연금 수급권의 성격상 급여의 구체적인 내용은 가변적인 것일 수 있고, 제반 사정을 고려하면 연금수급자들의 신뢰는 퇴직 후에도 현 제도 그대로 연금액을 받을 것이라는 것이 아니며, 그러한 신뢰에 기하여 투자 등의 조치를 취하는 것은 아닐뿐더러, 이 사건 심판대상조항은 퇴직연금 중의 일부의 지급을 정지할 뿐이므로, 퇴직연금 수급자들이 입는 불이익은 그다지 크지 않다. 따라서 보호하려는 퇴직연금 수급자의 신뢰의 가치에 비하여 유지하려는 공익적 가치가 더욱 긴급하고 중요하므로, 이 사건 심판대상조항이 헌법상 신뢰보호의 원칙에 위반된다고 할 수 없다(헌재 2009. 7. 30. 2007헌바113).

▶ 2000. 7. 1.부터 시행되는 최고보상제도를 2000. 7. 1. 전에 장해사유가 발생하여 장해보상연금을 수령하고 있던 수급권자에게도 2년 6월의 유예기간 후 2003. 1. 1.부터 적용하는 산재법 부칙 부분이 신뢰보호원칙에 위배하여 재산권을 침해하는지(적극) : 심판대상조항이 달성하려는 공익은 한정된 재원으로 보다 많은 재해근로자와 그 유족들에게 적정한 사회보장적 급여를 실시하고 재해근로자 사이에 보험급여의 형평성을 제고하여 소득재분배의 기능을 수행하는 데 있는 것으로 보인다. 장해급여제도는 본질적으로 소득재분배를 위한 제도가 아니고, 손해배상 내지 손실보상적 급부인 점에 그 본질이 있는 것으로, 산업재해보상보험이 갖는 두 가지 성격 중 사회보장적 급부로서의 성격은 상대적으로 약하고 재산권적인 보호의 필요성은 보다 강하다고 볼 수 있어 다른 사회보험수급권에 비하여 보다 엄격한 보호가 필요하다. 장해급여제도에 사회보장 수급권으로서의 성격도 있는 이상 소득재분배의 도모나 새로운 산재보상사업의 확대를 위한 자금마련의 목적으로 최고보상제를 도입하는 것 자체는 입법자의 결단으로서 형성적 재량권의 범위 내에 있다고 보더라도, 그러한 입법자의 결단은 최고보상제도 시행 이후에 산재를 입는 근로자들부터 적용될 수 있을 뿐, 제도 시행 이전에 이미 재해를 입고 산재보상수급권이 확정적으로 발생한 청구인들에 대하여 그 수급권의 내용을 일시에 급격히 변경하여 가면서까지 적용할 수 있는 것은 아니라고 보아야 할 것이다. 따라서, 심판대상조항은 신뢰보호의 원칙에 위배하여 청구인들의 재산권을 침해하는 것으로서 헌법에 위반된다(헌재 2009. 5. 28. 2005헌바20).

▶ 2013. 1. 1.부터 판사임용자격에 일정 기간 법조경력을 요구하는 법원조직법 부칙 제1조 단서 등이 신뢰보호원칙에 반하여 청구인들의 공무담임권을 침해하는지(적극) : 판사임용자격에 관한 법원조직법 규정이 지난 40여 년 동안 유지되어 오면서, 국가는 입법행위를 통하여 사법시험에 합격한 후 사법연수원을 수료한 즉시 판사임용자격을 취득할 수 있다는 신뢰의 근거를 제공하였다고 보아야 하며, 수년간 상당한 노력과 시간을 들인 끝에 사법시험에 합격한 후 사법연수원에 입소하여 사법연수생의 지위까지 획득한 청구인들의 경우 사법연수원 수료로써 판사임용자격을 취득할 수 있으리라는 신뢰이익은 보호가치가 있다고 할 것이다. 이 사건에서 청구인들의 신뢰이익에 대비되는 공익이 중대하고 장기적 관점에서 필요한 것이라 하더라도, 이 사건 심판대상조항을 법원조직법 개정 당시 이미 사법연수원에 입소한 사람들에게도 반드시 시급히 적용해야 할 정도로 긴요하다고는 보기 어렵고, 종전 규정의 적용을 받게 된 사법연수원 2년차들과 개정 규정의 적용을 받게 된 사법연수원 1년차들인 청구인들 사이에 위 공익의 실현 관점에서 이들을 달리 볼 만한 합리적인 이유를 찾기도 어려우므로, 이 사건 심판대상조항이 개정법 제42조 제2항을 법 개정 당시 이미 사법연수원에 입소한 사람들에게 적용되도록 한 것은 신뢰보호원칙에 반한다고 할 것이다(헌재 2012. 11. 29. 2011헌마786).

▶ 2013. 1. 1.부터 판사임용자격에 일정기간 법조경력을 요구하는 법원조직법 부칙 제1조 단서 등이 신뢰보호원칙에 반하여 법원조직법 개정 당시 사법시험에 합격하였으나 아직 사법연수원에 입소하지 않은 청구인들의 공무담임권을 침해하는지(소극) : 청구인들이 신뢰한 개정 이전의 구 법원조직법 제42조 제2항에 의하더라도 판사임용자격을 가지는 자는 '사법시험에 합격하여 사법연수원의 소정 과정을 마친 자'로 되어 있었고, 청구인들이 사법시험에 합격하여 사법연수원에 입소하기 이전인 2011. 7. 18. 이미 법원조직법이 개정되어 판사임용자격에 일정기간의 법조경력을 요구함에 따라 구 법원조직법이 제공한 신뢰가 변경 또는 소멸되었다. 그렇다면, 청구인들의 신뢰에 대한 보호가치가 크다고 볼 수 없고, 반면 충분한 사회적 경험과 연륜을 갖춘 판사로부터 재판을 받도록 하여 국민의 기본권을 보장하고 사법에 대한 국민의 신뢰를 보호하려는 공익은 매우 중대하다. 따라서 이 사건 심판대상조항이 신뢰보호원칙에 위반하여 청구인들의 공무담임권을 침해한다고 볼 수 없다(헌재 2014. 5. 29. 2013헌마127).

▶ **사법시험법을 폐지하도록 한 변호사시험법 부칙 제2조가 청구인들의 직업선택의 자유를 침해하는지**(소극) : 사법시험법을 폐지한다는 심판대상조항이 제정된 이후로는 사법시험을 준비하려고 한 사람들에게 사법시험이 존치할 것이라는 신뢰이익은 변경 또는 소멸되었고, 사법시험법을 폐지하고 법학전문대학원을 도입하는 과정에서 입법자는 사법시험 준비자들의 신뢰를 보호하기 위하여 8년간의 유예기간을 두었다. 또한, 심판대상조항으로 인하여 청구인들이 받게 되는 불이익보다는, 사법시험법의 폐지와 법학전문대학원의 도입을 전제로 하여 교육을 통한 법조인을 양성하려는 심판대상조항이 추구하는 공익이 더 크므로 법익의 균형성도 갖추었다. 따라서 심판대상조항은 청구인들의 직업선택의 자유를 침해하지 아니한다(헌재 2016. 9. 29. 2012헌마1002).

▶위법건축물에 대하여 이행강제금을 부과하도록 하면서 이행강제금제도 도입 전의 위법건축물에 대하여도 이행강제금제도 적용의 예외를 두지 아니한 건축법 부칙 제9조가 신뢰보호원칙에 위배되는지(소극) : 위법건축물에 대하여 종전처럼 과태료만이 부과될 것이라고 기대한 신뢰는 제도상의 공백에 따른 반사적인 이익에 불과하여 그 보호가치가 그리 크지 않은데다가, 이미 이행강제금 도입으로 인한 국민의 혼란이나 부담도 많이 줄어든 상태인 반면, 이행강제금제도 도입 전의 위법건축물이라 하더라도 이행강제금을 부과함으로써 위법상태를 치유하여 건축물의 안전, 기능, 미관을 증진하여야 한다는 공익적 필요는 중대하다 할 것이다. 따라서 이 사건 부칙조항은 신뢰보호원칙에 위배된다고 볼 수 없다(헌재 2015. 10. 21. 2013헌바248).

▶취업지원 실시기관 채용시험의 가점 적용대상에서 보국수훈자의 자녀를 제외하는 법 개정을 하면서, 가까운 장래에 보국수훈자의 자녀가 되어 채용시험의 가점을 받게 될 것이라는 신뢰를 장기간 형성해 온 사람에 대하여 경과조치를 두지 않은 국가유공자예우법 부칙 제16조가 신뢰보호원칙에 위배되어 청구인의 직업선택의 자유, 공무담임권을 침해하는지(소극) : 채용시험의 가점에 관한 국가유공자법 개정이 예측가능하고, 채용시험의 가점은 단지 법률이 부여한 기회를 활용한 것으로서 원칙적으로 사적 위험부담의 범위에 속하는 점, 국가유공자의 가족, 특히 자녀의 합격률 증가로 심화되는 일반 응시자들의 평등권 및 공무담임권 침해를 방지할 공익적 필요성은 상당히 큰 점, 심판대상조항의 적용시점을 정하는 것은 입법재량의 영역에 속하는 것인 점 등을 종합하면, 개정 국가유공자법 시행 직후에 국가유공자로 등록된 사람의 가족에 대하여 경과규정을 두지 않았다는 이유만으로 심판대상조항이 헌법상의 신뢰보호원칙에 위배되어 직업선택의 자유, 공무담임권을 침해하였다고 볼 수 없다(헌재 2015. 2. 26. 2012헌마400).

▶동일 지역 교육대학 출신 응시자에게 제1차시험 만점의 6% 내지 8%의 지역가산점을 부여하는 임용시험 시행공고가 신뢰보호원칙에 위배되어 공무담임권을 침해하는지(소극) : 관계법령에서 구체적인 배점비율은 당해 임용시험 모집정원 등을 감안하여 교육감이 변경할 수 있는 가능성을 예정하고 있어서, 지역가산점 배점배율이 4%로 계속 유지될 것이라는 신뢰는 합리적인 신뢰라고 보기 어려우므로, 이 사건 공고가 신뢰보호원칙에 위배되어 공무담임권을 침해한다고 할 수 없다(헌재 2014. 4. 24. 2010헌마747).

▶교육공무원의 복수전공 가산점 적용시한을 규정하고 있는 교육공무원법 부칙조항이 신뢰보호원칙을 위배하는지(소극) : 복수전공에 대한 가산점 부여는 정책적 판단 및 사정 변경에 따라 그 부여 여부나 구체적 요건 등이 언제든지 변경될 수 있으므로 이 사건 부칙조항이 신설되기 전 복수전공자들이 가졌을 신뢰의 보호가치가 크다고 보기는 어렵다. … 그렇다면 응시자의 신뢰이익을 보호하기 위하여 가산점을 부여하되, 혜택을 받지 못하는 응시자들의 기본권을 보호하기 위하여 그 적용시한을 규정하고 있는 이 사건 부칙조항이 헌법상의 신뢰보호원칙을 위배하였다고 볼 수 없다(헌재 2009. 10. 29. 2008헌바77).

▶무기징역의 집행 중에 있는 자의 가석방 요건을 종전의 '10년 이상'에서 '20년 이상' 형 집행 경과로 강화한 개정 형법 제72조 제1항을 형법 개정 당시에 이미 수용 중인 사람에게도 적용하는 형법 부칙 제2항이 신뢰보호원칙에 위배되어 신체의 자유를 침해하는지(소극) : 수형자가 형법에 규정된 형 집행경과기간 요건을 갖춘 것만으로 가석방을 요구할 권리를 취득하는 것은 아니므로, 10년간 수용되어 있으면 가석방 적격심사 대상자로 선정될 수 있었던 구 형법 제72조 제1항에 대한 청구인의 신뢰를 헌법상 권리로 보호할 필요성이 있다고 할 수 없다. 가석방제도의 실제 운용에 있어서도 구 형법 제72조 제1항이 정한 10년보다 장기간의 형 집행 이후에 가석방을 해 왔고, 무기징역형을 선고받은 수형자에 대하여 가석방을 한 예가 많지 않으며, 2002년 이후에는 20년 미만의 집행기간을 경과한 무기징역형 수형자가 가석방된 사례가 없으므로, 청구인의 신뢰가 손상된 정도도 크지 아니하다. 그렇다면 죄질이 더 무거운 무기징역형을 선고받은 수형자를 가석방할 수 있는 형 집행 경과기간이 개정 형법 시행 후에 유기징역형을 선고받은 수형자의 경우와 같거나 오히려 더 짧게 되는 불합리한 결과를 방지하고, 사회를 방위하기 위한 이 사건 부칙조항이 신뢰보호원칙에 위배되어 청구인의 신체의 자유를 침해한다고 볼 수 없다(헌재 2013. 8. 29. 2011헌마408).

▶ PC방 전체를 금연구역으로 지정하도록 한 국민건강증진법 제9조 제4항 제23호 부분이 신뢰보호원칙에 위배되어 청구인들의 직업수행의 자유를 침해하는지(소극) : 청구인들은 현재 시행되고 있는 금연·흡연구역의 분리가 지속적으로 유지되지 아니하고 언젠가는 전면금연구역으로 전환되리라는 것을 예측할 수 있었다고 보이고, PC방이 전면금연구역으로 전환되더라도 기존시설을 그대로 사용하거나 보수 또는 구조 변경을 통해 일부 활용할 수도 있으므로, 구법에 기초한 청구인들의 신뢰이익은 절대적으로 보호받아야 할 성질의 것이 아니며 이에 대한 침해도 그리 크지 않다고 인정된다. 그리고 이 사건 부칙조항이 이 사건 금연구역조항의 시행을 유예한 2년의 기간은 법 개정으로 인해 변화된 상황에 적절히 대처하는 데 있어 지나치게 짧은 기간이라 볼 수 없으므로, 이 사건 금연구역조항과 부칙조항은 신뢰보호원칙에 위배되지 않는다(헌재 2013. 6. 27. 2011헌마315).

▶ 광명시를 교육감이 추첨에 의하여 고등학교를 배정하는 지역에 포함시킨 '경기도교육감이 고등학교의 입학전형을 실시하는 지역에 관한 조례' 제2조 제9호가 신뢰보호의 원칙에 위반하여 청구인들의 학교선택권을 침해하는지(소극) : 한 지역의 고교평준화 여부는 그 지역의 실정과 주민의 의사에 따라 탄력적으로 운용할 필요성이 있어 광명시가 비평준화 지역으로 남아 있을 것이라는 청구인들의 신뢰는 헌법상 보호하여야 할 가치나 필요성이 있다고 보기 어렵고, 고등학교 지원을 시·도 단위로 하도록 하고 광명시 등 일부 도시를 비평준화 지역으로 유지시킬 경우 경기도 내에서 중학교 교육의 정상화나 학교 간 격차 해소 등 고교평준화정책의 목적을 실질적으로 달성하기가 어려운 점을 감안하면 청구인들의 신뢰가 공익보다 크다고 볼 수도 없으므로, 이 사건 조례조항은 신뢰보호의 원칙에 위반되지 아니하며 청구인들의 학교선택권을 침해한다고 할 수 없다(헌재 2012. 11. 29. 2011헌마827).

3. 소급입법금지원칙

(1) 소급입법금지원칙의 의의

소급입법금지의 원칙이란 이미 종결된 사실관계 또는 법률관계를 규율하는 내용의 새로운 법률의 제정이나 개정은 원칙적으로 금지된다는 원칙을 말한다. 기존의 법에 따라 형성되어 이미 굳어진 개인의 법적 지위를 사후입법을 통하여 박탈하는 것 등을 내용으로 하는 소급입법은 개인의 신뢰보호와 법적 안정성을 내용으로 하는 법치국가원리에 의하여 특단의 사정이 없는 한 헌법적으로 허용되지 아니하는 것이 원칙이다(헌재 1999. 7. 22. 97헌바76).

⚖ 판례

▶ 신뢰보호와 소급효의 구별 : 일정한 법적 상태를 새로이 규율하는 규정이 장래에 발생하는 사실관계뿐만 아니라 이미 과거에 시작하였으나 아직 완성되지 아니한 채 진행과정에 있는 사실관계에도 적용되는 예는 법률개정의 경우 흔히 찾아 볼 수 있는 현상이며, 여기서 발생하는 문제는 소급효의 문제가 아니라 종래의 법적 상태에서 새로운 법적 상태로 이행하는 과정에서 불가피하게 발생하는 법치국가적 문제, 구체적으로 입법자에 대한 신뢰보호의 문제이다(헌재 1999. 4. 29. 94헌바37).

(2) 소급입법금지원칙의 취지

소급입법이 금지되는 주된 이유는 문제된 사안이 발생하기 전에 그 사안을 일반적으로 규율할 수 있는 입법을 통하여 행위시법으로 충분히 처리할 수 있었음에도, 권력자에 의해 사후에 제정된 법을 통해 과거의 일들이 자의적으로 규율됨으로써 법적 신뢰가 깨뜨려지고 국민의 권리가 침해되는 것을 방지하기 위함이다(헌재 2011. 3. 31. 2008헌바141).

(3) 소급입법의 종류

소급입법은 신법이 이미 종료된 사실관계에 작용하는지(과거에 완성된 사실 또는 법률관계를 규율대상으로 하는지), 아니면 과거에 시작되었으나 아직 완성되지 아니하고 현재 진행 중에 있는 사실관계에 작용하는지에 따라 진정소급입법과 부진정소급입법으로 구분된다(헌재 1995. 10. 26. 94헌바12).

(4) 소급입법의 허용 여부

1) 진정소급입법

기존의 법에 의하여 형성되어 이미 굳어진 개인의 법적 지위를 사후입법을 통하여 박탈하는 것 등을 내용으로 하는 진정소급입법은 개인의 신뢰보호와 법적 안정성을 내용으로 하는 법치국가원리에 의하여 특단의 사정이 없는 한 헌법적으로 허용되지 아니하는 것이 원칙이며, 진정소급입법이 허용되는 예외적인 경우로는 ① 국민이 소급입법을 예상할 수 있었거나 법적상태가 불확실하고 혼란스러웠거나 하여 보호할 만한 신뢰의 이익이 적은 경우, ② 소급입법에 의한 당사자의 손실이 없거나 아주 경미한 경우, ③ 신뢰보호의 요청에 우선하는 심히 중대한 공익상의 사유가 소급입법을 정당화하는 경우 등을 들 수 있다(헌재 1998. 9. 30. 97헌바38).

판례

▶ 친일재산을 그 취득·증여 등 원인행위시에 국가의 소유로 하도록 규정한 친일재산귀속법 제3조 제1항 본문이 진정소급입법으로서 헌법 제13조 제2항에 반하는지(소극) : 이 사건 귀속조항은 진정소급입법에 해당하지만, 진정소급입법이라 할지라도 예외적으로 국민이 소급입법을 예상할 수 있었던 경우와 같이 소급입법이 정당화되는 경우에는 허용될 수 있다. 친일재산의 취득 경위에 내포된 민족배반적 성격, 대한민국임시정부의 법통 계승을 선언한 헌법 전문 등에 비추어 친일반민족행위자측으로서는 친일재산의 소급적 박탈을 충분히 예상할 수 있었고, 친일재산 환수 문제는 그 시대적 배경에 비추어 역사적으로 매우 이례적인 공동체적 과업이므로 이러한 소급입법의 합헌성을 인정한다고 하더라도 이를 계기로 진정소급입법이 빈번하게 발생할 것이라는 우려는 충분히 불식될 수 있다. 따라서 이 사건 귀속조항은 진정소급입법에 해당하나 헌법 제13조 제2항에 반하지 않는다(헌재 2011. 3. 31. 2008헌바141).

▶ 2009. 12. 31. 개정된 공무원연금법 제64조 제1항 제1호를 2009. 1. 1.까지 소급하여 적용하도록 규정한 공무원연금법 부칙 제1조 단서 등이 소급입법금지원칙에 위배되는지(적극) : 헌법재판소의 헌법불합치결정이 내려진 2007. 3. 29.부터 잠정적용시한인 2008. 12. 31.까지 상당한 시간적 여유가 있었는데도 국회에서 개선입법이 이루어지지 아니하였다. 그에 따라 청구인들이 2009. 1. 1.부터 2009. 12. 31.까지 퇴직연금을 전부 지급받았는데 이는 전적으로 또는 상당 부분 국회가 개선입법을 하지 않은 것에 기인한 것이다. 그럼에도 이미 받은 퇴직연금 등을 환수하는 것은 국가기관의 잘못으로 인한 법 집행의 책임을 퇴직공무원들에게 전가시키는 것이며, 퇴직급여를 소급적으로 환수당하지 않을 것에 대한 청구인들의 신뢰이익이 적다고 할 수도 없다. … 이 사건 부칙조항으로 보전되는 공무원연금의 재정규모도 그리 크지 않을 것으로 보이는 반면, 헌법불합치결정에 대한 입법자의 입법개선의무의 준수, 신속한 입법절차를 통한 법률관계의 안정 등은 중요한 공익상의 사유라고 볼 수 있다. 따라서 이 사건 부칙조항은 헌법 제13조 제2항에서 금지하는 소급입법에 해당하며 예외적으로 소급입법이 허용되는 경우에도 해당하지 아니하므로, 소급입법금지원칙에 위반하여 청구인들의 재산권을 침해한다(헌재 2013. 8. 29. 2011헌바391).

▶ 부당환급받은 세액을 징수하는 근거규정인 개정조항을 개정된 법 시행 후 최초로 환급세액을 징수하는 분부터 적용하도록 규정한 법인세법 부칙 제9조가 진정소급입법으로서 재산권을 침해하는지(적극) : 심판대상조항은 개정조항이 시행되기 전 환급세액을 수령한 부분까지 사후적으로 소급하여 개정된 징수조항을 적용하는 것으로서 헌법 제13조 제2항에 따라 원칙적으로 금지되는 이미 완성된 사실·법률관계를 규율하는 진정소급입법에 해당한다. 법인세를 부당 환급받은 법인은 소급입법을 통하여 이자상당액을 포함한 조세채무를 부담할 것이라고 예상할 수 없었고, 환급세액과 이자상당액을 법인세로서 납부하지 않을 것이라는 신뢰는 보호할 필요가 있다. 나아가 개정 전 법인세법 아래에서도 환급세액을 부당이득 반환청구를 통하여 환수할 수 있었으므로, 신뢰보호의 요청에 우선하여 진정소급입법을 하여야 할 매우 중대한 공익상 이유가 있다고 볼 수도 없다(헌재 2014. 7. 24. 2012헌바105).

2) 부진정소급입법

부진정소급입법은 원칙적으로 허용된다. 다만 소급효를 요구하는 공익상의 사유와 신뢰보호의 요청 사이의 교량과정에서 신뢰보호의 관점이 입법자의 형성권에 제한을 가하게 된다(헌재 1996. 2. 16. 96헌가2). 헌법재판소는 신뢰보호원칙의 판단은 신뢰보호의 필요성과 개정법률로 달성하려는 공익을 비교형량하여 종합적으로 판단하여야 한다고 하였는바, 이러한 판시는 부진정소급입법의 경우에도 당연히 적용되어야 한다(헌재 1995. 10. 26. 94헌바12).

> 📖 **판례**
>
> ▶ **공무원의 퇴직연금 지급 개시 연령을 제한한 공무원연금법 제46조 제1항 제1호 등이 소급입법에 해당되거나 신뢰보호원칙에 위배되어 재산권을 침해하는지**(소극) : 이 사건 법률조항들은 현재 공무원으로 재직 중인 자가 퇴직하는 경우 장차 받게 될 퇴직연금의 지급시기를 변경한 것으로, 아직 완성되지 아니한 사실 또는 법률관계를 규율대상으로 하는 부진정소급입법에 해당되는 것이어서 원칙적으로 허용되고, 입법목적으로 달성하고자 하는 연금 재정 안정 등의 공익이 손상되는 신뢰에 비하여 우월하다고 할 것이어서 신뢰보호원칙에 위배된다고 볼 수 없다. 따라서 이 사건 법률조항들은 공무원의 재산권을 침해하지 아니한다(헌재 2015. 12. 23. 2013헌바259).

3) 시혜적 소급입법

신법이 피적용자에게 유리한 경우에 이른바 시혜적인 소급입법을 하여야 한다는 입법자의 의무가 죄형법정주의나 법치주의로부터 도출되는 법적 안정성 및 신뢰보호의 원칙들로부터 도출되지는 아니한다. 따라서 시혜적 소급입법을 할 것인지는 입법재량의 문제로서 그 판단은 일차적으로 입법기관에 맡겨져 있는 것이므로 시혜적 조치를 할 것인가를 결정함에 있어서는 국민의 권리를 제한하거나 새로운 의무를 부과하는 경우와는 달리 입법자에게 보다 광범위한 입법형성의 자유가 인정된다(헌재 1995. 12. 28. 95헌마196).

> 📖 **판례**
>
> ▶ **순직공무원의 적용 범위를 확대한 개정 공무원연금법 제3조 제1항 제2호 라목 규정을 소급하여 적용하지 아니하도록 한 개정 법률 부칙 제14조 제2항이 평등원칙에 위배되는지**(소극) : 신법이 피적용자에게 유리한 경우에는 이른바 시혜적인 소급입법이 가능하지만, 그러한 소급입법을 할 것인지 여부는 그 일차적인 판단이 입법기관에 맡겨져 있으므로 입법자는 입법목적, 사회실정, 법률의 개정이유나 경위 등을 참작하여 결정할 수 있고, 그 판단이 합리적 재량의 범위를 벗어나 현저하게 불합리하고 불공정한 것이 아닌 한 헌법에 위반된다고 할 수는 없다. 소방공무원이 재난·재해 현장에서 화재진압이나 인명구조작업 중 입은 위해뿐만 아니라 그 업무 수행을 위한 긴급한 출동·복귀 및 부수 활동 중 위해에 의하여 사망한 경우까지 그 유족에게 순직공무원 보상을 하여 주는 제도를 도입하면서 이 사건 부칙조항이 신법을 소급하는 경과규정을 두지 않았다고 하더라도 소급 적용에 따른 국가의 재정부담, 법적 안정성 측면 등을 종합적으로 고려하여 입법정책적으로 정한 것이므로 입법재량의 범위를 벗어나 불합리한 차별이라고 할 수 없다(헌재 2012. 8. 23. 2011헌바169).

4. 의회유보원칙

(1) 의회유보원칙의 의의

헌법은 법치주의를 기본원리의 하나로 하고 있으며, 법치주의는 행정작용에 국회가 제정한 형식적 법률의 근거가 요청된다는 법률유보를 핵심적 내용의 하나로 하고 있다. 그런데 오늘날 법률유보원칙은 단순히 행정작용이 법률에 근거를 두기만 하면 충분한 것이 아니라, 국가공동체와 구성원에게 기본적이고도 중요한 의미를 갖는 영역, 특히 국민의 기본권 실현에 관련된 영역에 있어서는 행정에 맡길 것이 아니라 국민의 대표자인 입법자 스스로 그 본질적 사항에 대하여 결정하여야 한다는 요구까지 내포하고 있다(의회유보원칙, 헌재 1999. 5. 27. 98헌바70).

(2) 의회유보사항

입법자가 형식적 법률로 스스로 규율하여야 하는 그러한 사항이 어떤 것인가는 일률적으로 획정할 수 없고, 구체적 사례에서 관련된 이익 내지 가치의 중요성, 규제 내지 침해의 정도와 방법 등을 고려하여 개별적으로 결정할 수 있을 뿐이나, 적어도 헌법상 보장된 국민의 자유나 권리를 제한할 때에는 그 제한의 본질적인 사항에 관한 한 입법자가 법률로써 스스로 규율하여야 할 것이다. 헌법 제37조 제2항은 "국민의 모든 자유와 권리는 국가안전보장·질서유지 또는 공공복리를 위하여 필요한 경우에 한하여 법률로써 제한할 수 있다."고 규정하고 있는바, 여기서 "법률로써"라고 한 것은 국민의 자유나 권리를 제한하는 행정작용의 경우 적어도 그 제한의 본질적인 사항에 관한 한 국회가 제정하는 법률에 근거를 두는 것만으로 충분한 것이 아니라 국회가 직접 결정함으로써 실질에 있어서도 법률에 의한 규율이 되도록 요구하고 있는 것으로 이해하여야 한다(헌재 1999. 5. 27. 98헌바70).

> ⚖ **판례**
>
> ▶ **텔레비전방송수신료의 금액에 대하여 국회가 스스로 결정하거나 결정에 관여함이 없이 한국방송공사로 하여금 결정하도록 한 한국방송공사법 제36조 제1항이 법률유보원칙에 위반되는지**(적극) : 텔레비전방송수신료는 대다수 국민의 재산권 보장의 측면이나 한국방송공사에게 보장된 방송자유의 측면에서 국민의 기본권실현에 관련된 영역에 속하고, 수신료금액의 결정은 납부의무자의 범위 등과 함께 수신료에 관한 본질적인 중요한 사항이므로 국회가 스스로 행하여야 하는 사항에 속하는 것임에도 불구하고 한국방송공사법 제36조 제1항에서 국회의 결정이나 관여를 배제한 채 한국방송공사로 하여금 수신료금액을 결정해서 문화관광부장관의 승인을 얻도록 한 것은 법률유보원칙에 위반된다(헌재 1999. 5. 27. 98헌바70 헌법불합치).

5. 포괄위임금지원칙

(1) 포괄위임금지원칙의 의의

포괄위임금지원칙이란 행정부에 입법을 위임하는 '수권법률의 명확성원칙'으로서 헌법 제75조가 규정하고 있는 "법률에서 구체적으로 범위를 정하여 위임받은 사항"이라 함은 법률에 이미 대통령령으로 규정될 내용 및 범위의 기본사항이 구체적으로 규정되어 있어서 누구라도 당해 법률로부터 대통령령에 규정될 내용의 대강을 예측할 수 있어야 함을 의미한다(헌재 1999. 7. 22. 99헌마480).

> ⚖ **판례**
>
> ▶ **위임입법의 범위와 한계** : 헌법 제75조는 위임입법의 근거를 마련하는 한편 대통령령으로 입법할 수 있는 사항을 법률에서 구체적으로 범위를 정하여 위임받은 사항으로 한정함으로써 위임입법의 범위와 한계를 제시하고 있다. 그리고 헌법 제95조는 부령에의 위임근거를 마련하면서 '구체적으로 범위를 정하여'라는 문구를 사용하고 있지는 않지만, 법률의 위임에 의한 대통령령에 가해지는 헌법상의 제한은 당연히 법률의 위임에 의한 부령의 경우에도 적용된다. 따라서 법률로 부령에 위임을 하는 경우라도 적어도 법률의 규정에 의하여 부령으로 규정될 내용 및 범위의 기본사항을 구체적으로 규정함으로써 누구라도 당해 법률로부터 부령에 규정될 내용의 대강을 예측할 수 있도록 하여야 한다. 이러한 예측가능성의 유무는 당해 특정조항 하나만을 가지고 판단할 것은 아니고 관련 법 조항 전체를 유기적·체계적으로 종합판단하여야 하며, 각 대상법률의 성질에 따라 구체적·개별적으로 검토하여야 한다(헌재 2023. 7. 20. 2020헌바330).

(2) 위임의 구체성과 명확성 요구 정도

위임의 구체성과 명확성의 요구 정도는 규제 대상의 종류와 성격에 따라 달라지는바, 기본권 침해 영역에서는 급부영역에서보다 구체성의 요구가 강화되고, 특히 표현의 자유를 내용에 의하여 규제하고 이에 불응할 경우에는 형사처벌이 가해지는 경우에는 구체성의 요구가 더욱 강화된다(헌재 1999. 7. 22. 99헌마480).

(3) 위임의 구체성과 명확성 판단 대상

위임의 구체성·명확성(예측가능성)은 당해 특정 조항 하나만을 가지고 판단할 것이 아니라 관련 법 조항 전체를 유기적·체계적으로 종합판단하여야 하며 각 대상 법률의 성질에 따라 구체적, 개별적으로 검토하여야 할 것이다(헌재 2000. 1. 27. 99헌바23).

(4) 위임범위를 벗어난 하위법령

기본권 제한에 관한 법률유보원칙은 '법률에 근거한 규율'을 요청하는 것이므로, 그 형식이 반드시 법률일 필요는 없다 하더라도 법률상의 근거는 있어야 한다 할 것이다. 따라서 모법의 위임범위를 벗어난 하위법령은 법률의 근거가 없는 것으로 법률유보원칙에 위반된다(헌재 2010. 4. 29. 2007헌마910).

6. 개별사건법률금지의 원칙

(1) 개별법률금지원칙의 의의

우리 헌법은 개별사건법률에 대한 정의를 하고 있지 않음은 물론 개별사건법률의 입법을 금하는 명문의 규정도 없다. 개별사건법률금지의 원칙은 "법률은 일반적으로 적용되어야지 어떤 개별사건에만 적용되어서는 아니 된다."는 법 원칙으로서 헌법상의 평등원칙에 근거하고 있는 것으로 풀이되고, 그 기본정신은 입법자에 대하여 기본권을 침해하는 법률은 일반적 성격을 가져야 한다는 형식을 요구함으로써 평등원칙위반의 위험성을 입법과정에서 미리 제거하려는 데 있다(헌재 1996. 2. 16. 96헌가2).

(2) 개별사건법률의 허용 여부

개별사건법률금지의 원칙이 법률제정에 있어서 입법자가 평등원칙을 준수할 것을 요구하는 것이기 때문에, 특정 규범이 개별사건법률에 해당한다 하여 곧바로 위헌을 뜻하는 것은 아니다. 비록 특정 법률 또는 법률조항이 단지 하나의 사건만을 규율하려고 한다 하더라도 이러한 차별적 규율이 합리적인 이유로 정당화될 수 있는 경우에는 합헌적일 수 있다. 따라서 개별사건법률의 위헌 여부는 그 형식만으로 가려지는 것이 아니라 평등의 원칙이 추구하는 실질적 내용이 정당한지 아닌지를 따져야 비로소 가려진다(헌재 1996. 2. 16. 96헌가2).

> 🔎 판례
>
> **▶친일재산을 그 취득·증여 등 원인행위 시에 국가의 소유로 하도록 규정한 친일재산귀속법 제3조 제1항 본문이 처분적 법률에 해당하는지**(소극) : 우리 헌법은 처분적 법률로서 개인 대상 법률 또는 개별사건법률의 정의를 따로 두고 있지 않음은 물론, 이러한 처분적 법률의 제정을 금하는 명문의 규정도 두고 있지 않은바, 특정 규범이 개인 대상 또는 개별사건법률에 해당한다고 하여 그것만으로 바로 헌법에 위반되는 것은 아니라고 할 것이다. 따라서 처분적 법률이므로 위헌이라는 청구인들의 주장은 주장 자체로 이유 없고, 나아가 이 사건 법률조항들은 친일반민족행위자의 친일재산에 일반적으로 적용되는 것이므로 위 법률조항들을 처분적 법률로 보기도 어렵다(헌재 2011. 3. 31. 2008헌바141).
>
> **▶보안관찰처분대상자에게 출소 후 신고의무를 부과하는 보안관찰법 조항이 처분적 법률로써 권력분립의 원리에 위반되는지**(소극) : 보안관찰법 제6조 제1항 전문 후단이 보안관찰처분대상자에게 출소 후 신고의무를 법 집행기관의 구체적 처분(신고의무부과처분)이 아닌 법률로 직접 부과하고 있기는 하나 위 조항은 보안관찰처분대상자 중에서 일부 특정 대상자에게만 적용되는 것이 아니라 보안관찰대상자 모두에게 적용되는 일반적이고 추상적인 법률규정이다. 일반적으로 특정법률이 일반 국민에게 특정한 행위를 하지 못하도록 금지하거나 특정한 의무를 부과할 필요가 있는 경우에는 법률 자체에서 직접 규율하고 있는데 이러한 입법형식은 여러 법 영역에서 광범위하게 찾아볼 수 있고, 또한 널리 인정되고 있다. 따라서 이 사건 조항은 보안관찰처분대상자 모두에게 적용되는 일반적·추상적인 법률규정으로서 법률이 직접 출소 후 신고의무를 부과하고 있다고 하더라도 처분적 법률 내지 개인적 법률에 해당된다고 볼 수 없으므로 권력분립원칙에 위반되지 아니한다(헌재 2003. 6. 26. 2001헌가17).

▶ **주식회사 연합뉴스를 국가기간뉴스통신사로 지정하고 이에 대한 재정지원 등을 규정한 뉴스통신 진흥에 관한 법률 조항이 개인대상법률로서 헌법에 위반되는지**(소극) : 심판대상조항은 주식회사에 불과한 연합뉴스를 주무관청인 문화관광부장관의 지정절차도 거치지 아니하고 바로 법률로써 국가기간뉴스통신사로 지정하고, 법이 정하는 계약조건으로 정부와 뉴스정보 구독계약을 체결하게 하며, 정부가 위탁하는 공익업무와 관련하여 정부의 예산으로 재정지원을 할 수 있는 법적 근거를 법률로써 창설하고 있는바, 이는 특정인에 대해서만 적용되는 '개인대상법률'로서 처분적 법률에 해당한다. 헌법은 처분적 법률로서 개인대상법률 또는 개별사건법률의 정의를 따로 두고 있지 않음은 물론, 처분적 법률의 제정을 금하는 명문의 규정도 두고 있지 않은바, 특정 규범이 개인대상 또는 개별사건 법률에 해당한다고 하여 그것만으로 바로 헌법에 위반되는 것은 아니다. 따라서 연합뉴스사를 위한 심판대상조항의 차별적 규율이 합리적인 이유로 정당화되는 경우에는 이러한 처분적 법률도 허용된다(헌재 2005. 6. 30. 2003헌마841).

▶ **세무대학설치법폐지법률이 세무대학의 폐지를 목적으로 하며 별도의 집행행위를 필요로 하지 않는 처분적 법률에 해당하여 입법권의 한계를 일탈했는지**(소극) : 이 사건 폐지법은 세무대학설치의 법적 근거로 제정된 기존의 세무대학설치법을 폐지함으로써 세무대학을 폐교하는 법적 효과를 발생하는 것이므로, 동법은 세무대학과 그 폐지만을 규율목적으로 삼는 '처분법률의 형식'을 띤다. 그러나 이와 같은 처분법률의 형식은 폐지대상인 세무대학설치법 자체가 이미 처분법률에 해당하는 것이므로, 이를 폐지하는 법률도 당연히 그에 상응하여 처분법률의 형식을 띨 수밖에 없는 필연적 현상이다. 한편 어떤 법률이 개별사건법률 또는 처분법률의 성격을 띠고 있다고 해서 그것만으로 헌법에 위반되는 것은 아니고, 정부의 조직 및 기능 조정을 위해 세무대학을 폐지해야 할 합리적 이유가 있는 것이므로 이 사건 폐지법은 그 처분법률의 성격에도 불구하고 헌법적으로 정당하다(헌재 2001. 2. 22. 99헌마613).

7. 체계 정당성 원리

(1) 체계 정당성 원리의 의의

체계 정당성의 원리란 동일 규범 내에서 또는 상이한 규범 간에(수평적 관계이건 수직적 관계이건) 그 규범의 구조나 내용 또는 규범의 근거가 되는 원칙면에서 상호 배치되거나 모순되어서는 안 된다는 하나의 헌법적 요청이다(헌재 2004. 11. 25. 2002헌바66).

(2) 체계 정당성 원리의 근거

규범 상호 간의 체계 정당성을 요구하는 이유는 입법자의 자의를 금지하여 규범의 명확성, 예측가능성 및 규범에 대한 신뢰와 법적 안정성을 확보하기 위한 것이고 이는 국가공권력에 대한 통제와 이를 통한 국민의 자유와 권리의 보장을 이념으로 하는 법치주의 원리로부터 도출된다(헌재 2004. 11. 25. 2002헌바66).

(3) 체계 정당성 원리 위반과 위헌성

일반적으로 일정한 공권력 작용이 체계 정당성에 위반한다고 해서 곧 위헌이 되는 것은 아니다. 즉 체계 정당성 위반 자체가 바로 위헌이 되는 것은 아니고 이는 비례의 원칙이나 평등의 원칙 위반 내지 입법의 자의금지 위반 등의 위헌성을 시사하는 하나의 징후일 뿐이다. 그러므로 체계 정당성 위반이 위헌이 되기 위해서는 결과적으로 비례의 원칙이나 평등의 원칙 등 일정한 헌법의 규정이나 원칙을 위반하여야 한다(헌재 2004. 11. 25. 2002헌바66).

제6항 사회국가원리

I 사회국가원리의 의의

1. 사회국가의 개념

사회국가란 사회정의의 이념을 헌법에 수용한 국가, 사회현상에 대하여 방관적인 국가가 아니라 경제·사회·문화의 모든 영역에서 정의로운 사회질서의 형성을 위하여 사회현상에 관여하고 간섭하고 분배하고 조정하는 국가이며, 궁극적으로는 국민 각자가 실제로 자유를 행사할 수 있는 그 실질적 조건을 마련해 줄 의무가 있는 국가이다(헌재 2002. 12. 18. 2002헌마52).

> 🔖 판례
>
> ▶**사회국가원리의 수용** : 우리 헌법은 사회국가원리를 명문으로 규정하지 않고, 헌법 전문, 인간다운 생활을 할 권리를 비롯한 사회적 기본권의 보장, 경제 영역에서 적극적으로 계획하고 유도하고 재분배하여야 할 국가의 의무를 규정하는 경제에 관한 조항 등을 통하여 <u>간접적으로</u> 사회국가원리를 수용하고 있다(헌재 2004. 10. 28. 2002헌마328).
>
> ▶**헌법이 사회적 약자의 보호를 명시적으로 규정한 이유** : 헌법이 제34조에서 여자(제3항), 노인·청소년(제4항), 신체장애자(제5항) 등 특정 사회적 약자의 보호를 명시적으로 규정한 것은 장애인과 같은 사회적 약자의 경우에는 개인 스스로가 자유행사의 실질적 조건을 갖추는 데 어려움이 많으므로, <u>국가가 특히 이들에 대하여 자유를 실질적으로 행사할 수 있는 조건을 형성하고 유지해야 한다는 점을 강조하고자 하는 것이다</u>(헌재 2002. 12. 18. 2002헌마52).

2. 사회국가의 등장

자본주의경제의 발달과정에 있어서 빈곤은 더 이상 개인적인 물질적 결핍의 문제가 아니라 사회의 안정을 위협하는 사회 전체의 문제이고, 경제의 성장에 의하여 자연적으로 해결될 수 있는 것도 아니라는 인식이 자리잡아 가면서, 빈곤 문제는 국가의 과제로 인식되었다. 이러한 인식으로부터 현대의 여러 국가는 모든 국민에게 생활의 기본적 수요를 충족시켜 줌으로써 건강하고 문화적인 생활을 보장하는 것이 국가의 책무라고 하는 사회국가원리를 헌법에 규정하게 되었다(헌재 1997. 5. 29. 94헌마33).

II 사회국가원리의 내용과 한계

1. 사회국가원리의 내용

사회국가원리의 가장 핵심적인 내용은 실질적인 자유와 평등의 실현이라고 할 수 있다. 이러한 사회국가원리는 '사회적 기본권', '재산권의 사회적 구속성', '사회적 시장경제질서' 등을 통해 실현된다.

2. 사회국가원리의 한계

사회국가원리에는 혁명적 방법이 아닌 개량적인 방법에 그쳐야 한다는 '개념 본질상의 한계', 사회에 대한 국가적 개입은 법치국가의 원리에 따라야 한다는 '법치국가 원리상의 한계', 자유와 권리의 본질적 내용을 침해할 수 없다는 '기본권 제한 상의 한계', 사회국가원리를 실현하기 위한 재원은 국가의 재정 능력과 경제 능력에 의존할 수밖에 없다는 '재정상의 한계', 국가의 개입은 개인적 차원에서의 해결이 불가능한 경우만 가능하다는 '보충성의 원리에 의한 한계' 등이 있다.

> **판례**
>
> ▶ **사회국가원리의 한계** : 사회국가의 원리는 자유민주적 기본질서의 범위 내에서 이루어져야 하고, 국민 개인의 자유와 창의를 보완하는 범위 내에서 이루어지는 내재적 한계를 지니고 있다. 우리 재판소도 "우리 헌법은 자유민주적 기본질서 및 시장경제질서를 기본으로 하면서 위 질서들에 수반되는 모순을 제거하기 위하여 사회국가원리를 수용하여 실질적인 자유와 평등을 아울러 달성하려는 근본이념을 가지고 있다"라고 판시한 것은 이러한 맥락에서 이루어진 것이다(헌재 2001. 9. 27. 2000헌마238).

Ⅲ 사회적 시장경제질서

1. 현행 헌법상 경제질서의 유형

> **헌법 제119조**
> ① 대한민국의 경제질서는 개인과 기업의 경제상의 자유와 창의를 존중함을 기본으로 한다.
> ② 국가는 균형 있는 국민경제의 성장 및 안정과 적정한 소득의 분배를 유지하고, 시장의 지배와 경제력의 남용을 방지하며, 경제주체 간의 조화를 통한 경제의 민주화를 위하여 경제에 관한 규제와 조정을 할 수 있다.

우리나라 헌법상의 경제질서는 사유재산제를 바탕으로 하고 자유경쟁을 존중하는 자유시장경제질서를 기본으로 하면서도 이에 수반되는 갖가지 모순을 제거하고 사회복지·사회정의를 실현하기 위하여 국가적 규제와 조정을 용인하는 '사회적 시장경제질서'로서의 성격을 띠고 있다(헌재 1996. 4. 25. 92헌바47).

> **판례**
>
> ▶ **헌법 제119조의 이념** : 헌법 제119조는 제1항에서 "대한민국의 경제질서는 개인과 기업의 경제상의 자유와 창의를 존중함을 기본으로 한다."라고 규정하여 자유시장경제질서를 기본으로 하고 있음을 선언하고 있으나, 한편 그 제2항에서 "국가는 균형 있는 국민경제의 성장 및 안정과 적정한 소득의 분배를 유지하고, 시장의 지배와 경제력의 남용을 방지하며 경제주체 간의 조화를 통한 경제의 민주화를 위하여 경제에 관한 규제와 조정을 할 수 있다."라고 규정하여, 우리 헌법이 자유시장경제질서를 기본으로 하면서 사회국가원리를 수용하여 실질적인 자유와 평등을 아울러 달성하려는 것을 근본이념으로 하고 있음을 밝히고 있다(헌재 2003. 2. 27. 2002헌바4).
>
> ▶ **헌법 제119조의 법적 성질** : 헌법은 제119조에서 개인의 경제적 자유를 보장하면서 사회정의를 실현하기 위한 경제질서를 선언하고 있다. 이 규정은 헌법상 경제질서에 관한 일반조항으로서 국가의 경제정책에 대한 하나의 헌법적 지침이고, 동 조항이 언급하는 '경제적 자유와 창의'는 직업의 자유, 재산권의 보장, 근로3권과 같은 경제에 관한 기본권 및 비례의 원칙과 같은 법치국가원리에 의하여 비로소 헌법적으로 구체화된다(헌재 2002. 10. 31. 99헌바76).
>
> ▶ **헌법 제119조의 법적 성질** : 헌법 제119조는 헌법상 경제질서에 관한 일반조항으로서 국가의 경제정책에 대한 하나의 헌법적 지침일 뿐 그 자체가 기본권의 성질을 가진다거나 독자적인 위헌심사의 기준이 된다고 할 수 없다(헌재 2017. 7. 27. 2015헌바278).
>
> ▶ **승객이 사망하거나 부상한 경우에는 운행자에게 무과실책임을 지우고 있는 자동차손해배상보장법 제3조 단서 제2호가 자유시장경제질서에 위반되는지**(소극) : 자유시장경제질서를 기본으로 하면서도 사회국가원리를 수용하고 있는 우리 헌법의 이념에 비추어 일반불법행위책임에 관하여는 과실책임의 원리를 기본원칙으로 하면서 이 사건 법률조항과 같은 특수한 불법행위책임에 관하여 위험책임의 원리를 수용하는 것은 입법정책에 관한 사항으로서 입법자의 재량에 속한다고 할 것이다. 따라서 이 사건 법률조항이 아래에서 보는 바와 같이 운행자의 재산권을 본질적으로 제한하거나 평등의 원칙에 위반되지 아니하는 이상 위험책임의 원리에 기하여 무과실책임을 지운 것만으로 헌법 제119조 제1항의 자유시장경제질서에 위반된다고 할 수 없다(헌재 1998. 5. 28. 96헌가4).

2. 사회적 시장경제질서의 내용

(1) 경제상의 자유

> **헌법 제119조**
> ① 대한민국의 경제질서는 개인과 기업의 경제상의 자유와 창의를 존중함을 기본으로 한다.

헌법 제119조 제1항은 시장경제의 원리에 입각한 경제체제임을 천명하였는바, 이는 기업의 생성·발전·소멸은 어디까지나 기업의 자율에 맡긴다는 기업자유의 표현이며 국가의 공권력은 특단의 사정이 없는 한 이에 대한 불개입을 원칙으로 한다는 뜻이다(헌재 1993. 7. 29. 89헌마31).

(2) 경제민주화·적정한 소득의 분배 및 독과점 규제

1) 경제민주화

> **헌법 제119조**
> ② 국가는 균형 있는 국민경제의 성장 및 안정과 적정한 소득의 분배를 유지하고, 시장의 지배와 경제력의 남용을 방지하며, 경제주체 간의 조화를 통한 경제의 민주화를 위하여 경제에 관한 규제와 조정을 할 수 있다.

헌법 제119조 제2항에 규정된 '경제주체 간의 조화를 통한 경제민주화'의 이념은 경제 영역에서 정의로운 사회질서를 형성하기 위하여 추구할 수 있는 국가목표로서 개인의 기본권을 제한하는 국가행위를 정당화하는 헌법 규범이다(헌재 2003. 11. 27. 2001헌바35).

2) 적정한 소득의 분배

헌법 제119조 제2항은 국가가 경제영역에서 실현하여야 할 목표의 하나로서 "적정한 소득의 분배"를 들고 있지만, 이로부터 반드시 소득에 대하여 누진세율에 따른 종합과세를 시행하여야 할 구체적인 헌법적 의무가 조세입법자에게 부과되는 것이라고 할 수 없다. 오히려 입법자는 사회·경제정책을 시행함에 있어서 소득의 재분배라는 관점만이 아니라 서로 경쟁하고 충돌하는 여러 목표, 예컨대 "균형 있는 국민경제의 성장 및 안정", "고용의 안정" 등을 함께 고려하여 서로 조화시키려고 시도하여야 하고, 끊임없이 변화하는 사회·경제상황에 적응하기 위하여 정책의 우선순위를 정할 수도 있다. 그러므로 "적정한 소득의 분배"를 무조건적으로 실현할 것을 요구한다거나 정책적으로 항상 최우선적인 배려를 하도록 요구하는 것은 아니다(헌재 1999. 11. 25. 98헌마55).

3) 독과점 규제

헌법 제119조 제2항은 독과점 규제라는 경제정책적 목표를 개인의 경제적 자유를 제한할 수 있는 정당한 공익의 하나로 명문화하고 있다. 독과점 규제의 목적이 경쟁의 회복에 있다면 이 목적을 실현하는 수단 또한 자유롭고 공정한 경쟁을 가능하게 하는 방법이어야 한다(헌재 1996. 12. 26. 96헌가18).

(3) 경자유전의 원칙

> **헌법 제121조**
> ① 국가는 농지에 관하여 경자유전의 원칙이 달성될 수 있도록 노력하여야 하며, 농지의 소작제도는 금지된다.
> ② 농업생산성의 제고와 농지의 합리적인 이용을 위하거나 불가피한 사정으로 발생하는 농지의 임대차와 위탁경영은 법률이 정하는 바에 의하여 인정된다.

헌법 제121조 제1항은 전근대적인 법률관계인 소작제도의 청산을 의미하며 나아가 헌법은 부재지주로 인하여 야기되는 농지이용의 비효율성을 제거하기 위하여 경자유전의 원칙을 국가의 의무로서 천명하고 있다(헌재 2003. 11. 27. 2003헌바2).

> ✎ **판례**
>
> ▶ **농지소유자에게 원칙적으로 그 소유 농지를 위탁경영할 수 없도록 한 농지법 제9조가 재산권을 침해하는지**(소극) : 위탁경영 금지조항에 따라 농지는 소유와 경영이 원칙적으로 일치하게 되고, 이로써 경자유전의 원칙을 실현할 수 있게 되므로 입법목적의 정당성과 수단의 적합성도 인정된다. 농지에 대한 위탁경영을 널리 허용할 경우 농지가 투기 수단으로 전락할 수 있고, 식량 생산의 기반으로서 농지의 공익적 기능이 저해될 가능성을 배제하기 어렵다. 한편 위탁경영 금지조항에서는 예외적으로 농지의 위탁경영이 허용되는 사유를 규정함으로써 그 농지를 합리적으로 사용·수익할 수 있도록 하고 있으므로 위탁경영 금지조항은 침해의 최소성도 인정된다. 위탁경영 금지조항으로 농지의 공익적 기능을 유지할 수 있고 궁극적으로 건전한 국민경제의 발전을 도모할 수 있게 된다. 이러한 공익은 위탁경영 금지조항으로 인하여 제한되는 청구인의 재산권보다 현저히 크다고 할 것이므로, 위탁경영 금지조항은 법익의 균형성도 인정된다. 그러므로 위탁경영 금지조항은 청구인의 재산권을 침해하지 않는다(헌재 2020. 5. 27. 2018헌마362).
>
> ▶ **자경농지의 양도소득세 면제대상자를 "대통령령이 정하는 바에 따라 농지소재지에 거주하는 거주자"라고 위임한 조세특례제한법 조항이 경자유전의 원칙에 위반되는지**(소극) : 위 규정의 입법목적이 외지인의 농지투기를 방지하고 조세부담을 덜어주어 농업·농촌을 활성화하는 데 있음을 고려하면 위 규정은 경자유전의 원칙을 실현하기 위한 것으로 볼 것이지 경자유전의 원칙에 위배된다고 볼 것은 아니다(헌재 2003. 11. 27. 2003헌바2).

(4) 지역경제 육성

> **헌법 제123조**
> ② 국가는 지역 간의 균형 있는 발전을 위하여 지역경제를 육성할 의무를 진다.

헌법 제123조가 규정하는 지역경제 육성의 목적은 일차적으로 지역 간의 경제적 불균형의 축소에 있다. 입법자가 개인의 기본권 침해를 정당화하는 입법목적으로서의 지역경제를 주장하기 위하여는 문제되는 지역의 현존하는 경제적 낙후성이라든지 아니면 특정 입법조치를 취하지 않을 경우 발생할 지역 간의 심한 경제적 불균형과 같은 납득할 수 있는 구체적이고 합리적인 이유가 있어야 한다(헌재 1996. 12. 26. 96헌가18).

(5) 중소기업 보호

> **헌법 제123조**
> ③ 국가는 중소기업을 보호·육성하여야 한다.

우리 헌법은 제123조 제3항에서 중소기업이 국민경제에서 차지하는 중요성 때문에 "중소기업의 보호"를 국가 경제정책적 목표로 명문화하고, 대기업과의 경쟁에서 불리한 위치에 있는 중소기업의 지원을 통하여 경쟁에서의 불리함을 조정하고, 가능하면 균등한 경쟁 조건을 형성함으로써 대기업과의 경쟁을 가능하게 해야 할 국가의 과제를 담고 있다. 중소기업의 보호는 넓은 의미의 경쟁정책의 한 측면을 의미하므로 중소기업의 보호는 원칙적으로 경쟁 질서의 범주 내에서 경쟁 질서의 확립을 통하여 이루어져야 한다(헌재 1996. 12. 26. 96헌가18).

✒ 판례

▶ **의약품 도매상 허가를 받기 위해 필요한 창고면적의 최소기준을 규정하고 있는 약사법 조항이 헌법상 중소기업 보호·육성 의무를 위반하는지**(소극) : 이 사건 법률조항들의 입법 취지는 중소기업을 대상으로 하여 그 영업을 규제하려는 것이 아니며, 그 내용도 의약품 도매상 허가를 받기 위해서는 일정 면적의 창고를 보유해야 한다는 것일 뿐 중소기업을 특정하여 이에 대해 제한을 가하는 규정이 아니므로 헌법 제123조 제3항에 규정된 국가의 중소기업 보호·육성 의무를 위반하였다고 보기 어렵다(헌재 2014. 4. 24. 2012헌마811).

(6) 자조조직의 육성

> **헌법 제123조**
> ⑤ 국가는 농·어민과 중소기업의 자조조직을 육성하여야 하며, 그 자율적 활동과 발전을 보장한다.

헌법 제123조 제5항은 국가에게 농·어민의 자조조직을 육성할 의무와 자조조직의 자율적 활동과 발전을 보장할 의무를 아울러 규정하고 있는데, 이러한 국가의 의무는, 자조조직이 제대로 활동하고 기능하는 시기에는 그 조직의 자율성을 침해하지 않도록 하는 후자의 소극적 의무를 다하면 된다고 할 수 있지만, 만약 어떠한 이유에서든 그 조직이 제대로 기능하지 못하고 향후의 전망도 불확실하다면, 국가는 단순히 그 조직의 자율성을 보장하는 것에 그쳐서는 아니되고, 적극적으로 이를 육성하여야 할 전자의 의무까지도 수행하여야 한다(헌재 2000. 6. 1. 99헌마553).

(7) 소비자보호운동의 보장

> **헌법 제124조**
> 국가는 건전한 소비행위를 계도하고 생산품의 품질향상을 촉구하기 위한 소비자보호운동을 법률이 정하는 바에 의하여 보장한다.

1) 소비자보호운동

소비자보호운동이란 공정한 가격으로 양질의 상품 또는 용역을 적절한 유통구조를 통해 적절한 시기에 안전하게 구입하거나 사용할 소비자의 제반 권익을 증진할 목적으로 이루어지는 구체적 활동을 의미하고, 단체를 조직하고 이를 통하여 활동하는 형태, 즉 근로자의 단결권이나 단체행동권에 유사한 활동뿐만 아니라, 하나 또는 그 이상의 소비자가 동일한 목표로 함께 의사를 합치하여 벌이는 운동이면 모두 이에 포함된다(헌재 2011. 12. 29. 2010헌바54).

✒ 판례

▶ **헌법 제124조의 규정 취지** : 헌법 제124조에서 소비자보호운동을 보장하는 것은 소비자의 권익을 옹호하고 시장의 지배와 경제력의 남용을 방지하며 경제주체 간의 조화를 통해 균형있는 국민경제의 성장을 도모할 수 있도록 소비자의 권익에 관한 헌법적 보호를 창설한 것이다(헌재 2011. 12. 29. 2010헌바54).

2) 소비자불매운동

소비자불매운동이란 하나 또는 그 이상의 운동주도세력이 소비자의 권익을 향상시킬 목적으로 개별 소비자들로 하여금 시장에서 특정 상품의 구매를 억지하거나 제3자로 하여금 그렇게 하도록 설득하는 조직화된 행위를 의미한다(헌재 2011. 12. 29. 2010헌바54).

> **판례**
>
> ▶ **소비자불매운동 성립요건**: 개별소비자나 소비자단체가 '운동의 주체'인데, 2인 이상이 의사를 합치하여 조직적 활동을 벌인 것이라면 소비자보호법상 등록된 소비자단체에 한정되지 않으며, 잠재적으로 소비자가 될 가능성이 있다면 누구나 운동의 주체가 될 수 있다. 불매운동의 목표로서의 '소비자의 권익'이란 원칙적으로 사업자가 제공하는 물품이나 용역의 소비생활과 관련된 것으로서 상품의 질이나 가격, 유통구조, 안전성 등 시장적 이익에 국한된다. 또한, '소비자불매운동의 대상'은 물품등을 공급하는 사업자나 공급자를 직접 상대방으로 하는 경우가 대부분이지만, 해당 물품등의 사업자를 고립시키기 위하여 그 사업자의 거래상대방인 제3자에 대하여 사업자와의 거래를 단절하도록 요구하고 이를 관철하기 위하여 사업자의 거래상대방을 대상으로 불매운동을 실행하는 경우도 예상할 수 있다. 한편, 불매운동이 예정하고 있는 '불매행위'에는, 단순히 불매운동을 검토하고 있다는 취지의 의견을 표현하는 행위뿐만 아니라, 다른 소비자들에게 불매운동을 촉구하는 행위, 불매운동 실행을 위한 조직행위, 직접적으로 불매를 실행하는 행위 등이 모두 포괄될 수 있다(헌재 2011. 12. 29. 2010헌바54).
>
> ▶ **소비자불매운동의 한계**: 소비자불매운동은 모든 경우에 있어서 그 정당성이 인정될 수는 없고, 헌법이나 법률의 규정에 비추어 정당하다고 평가되는 범위에 해당하는 경우에만 형사책임이나 민사책임이 면제된다고 할 수 있다. 즉, 헌법상 보호되는 소비자불매운동에는 정당하게 보호될 수 있는 영역이 존재하고 넘지 말아야 할 한계가 내재되어 있다. 구체적으로 살펴보면 ① 객관적으로 진실한 사실을 기초로 행해져야 하고, ② 소비자불매운동에 참여하는 소비자의 의사결정의 자유가 보장되어야 하며, ③ 불매운동을 하는 과정에서 폭행, 협박, 기물파손 등 위법한 수단이 동원되지 않아야 하고, ④ 특히 물품 등의 공급자나 사업자 이외의 제3자를 상대로 불매운동을 벌일 경우 그 경위나 과정에서 제3자의 영업의 자유 등 권리를 부당하게 침해하지 않을 것이 요구된다(헌재 2011. 12. 29. 2010헌바54).

⑻ 경영권에 대한 불간섭의 원칙

> **헌법 제126조**
>
> 국방상 또는 국민경제상 긴절한 필요로 인하여 법률이 정하는 경우를 제외하고는, 사영기업을 국유 또는 공유로 이전하거나 그 경영을 통제 또는 관리할 수 없다.

헌법 제126조는 사영기업의 경영권에 대한 불간섭의 원칙을 보다 구체적으로 밝히고 있다. 따라서 국가의 공권력이 부실기업의 처분정리를 위하여 그 경영권에 개입코자 한다면 적어도 긴절한 필요 때문에 정한 법률상의 규정이 없이는 불가능한 일이고, 다만 근거법률은 없지만 부실기업의 정리에 개입하는 예외적인 길은 부실기업 때문에 국가가 중대한 재정·경제상의 위기에 처하게 된 경우 공공의 안녕질서의 유지상 부득이하다하여 요건에 맞추어 긴급명령(제5공화국 헌법하에서는 비상조치)을 발하여 이를 근거로 할 것이고, 그렇게 하는 것만이 합헌적인 조치가 될 수 있다(헌재 1993. 7. 29. 89헌마31).

⑼ 기타

> **헌법 제120조**
> ① 광물 기타 중요한 지하자원·수산자원·수력과 경제상 이용할 수 있는 자연력은 법률이 정하는 바에 의하여 일정한 기간 그 채취·개발 또는 이용을 특허할 수 있다.
> ② 국토와 자원은 국가의 보호를 받으며, 국가는 그 균형있는 개발과 이용을 위하여 필요한 계획을 수립한다.
>
> **헌법 제122조**
> 국가는 국민 모두의 생산 및 생활의 기반이 되는 국토의 효율적이고 균형있는 이용·개발과 보전을 위하여 법률이 정하는 바에 의하여 그에 관한 필요한 제한과 의무를 과할 수 있다.
>
> **헌법 제123조**
> ① 국가는 농업 및 어업을 보호·육성하기 위하여 농·어촌종합개발과 그 지원등 필요한 계획을 수립·시행하여야 한다.
> ④ 국가는 농수산물의 수급균형과 유통구조의 개선에 노력하여 가격안정을 도모함으로써 농·어민의 이익을 보호한다.
>
> **헌법 제125조**
> 국가는 대외무역을 육성하며, 이를 규제·조정할 수 있다.
>
> **헌법 제127조**
> ① 국가는 과학기술의 혁신과 정보 및 인력의 개발을 통하여 국민경제의 발전에 노력하여야 한다.
> ② 국가는 국가표준제도를 확립한다.
> ③ 대통령은 제1항의 목적을 달성하기 위하여 필요한 자문기구를 둘 수 있다.

3. 국가적 규제와 통제의 한계

우리 헌법 제23조 제1항, 제119조 제1항에서 추구하고 있는 경제질서는 개인과 기업의 경제상의 자유와 창의를 최대한도로 존중·보장하는 자본주의에 바탕을 둔 시장경제질서이므로 국가적인 규제와 통제를 가하는 것도 '보충의 원칙'에 입각하여 어디까지나 자본주의 내지 시장경제질서의 기초라고 할 수 있는 사유재산제도와 아울러 경제행위에 대한 사적 자치의 원칙이 존중되는 범위 내에서만 허용된다(헌재 1989. 12. 22. 88헌가13).

제7항 문화국가원리

I 문화국가와 문화정책

1. 문화국가

문화국가란 문화의 자율성을 존중하면서 건전한 문화 육성이라는 적극적 과제의 수행을 통하여 실질적인 문화적 평등을 실현하려는 국가를 말한다. 우리나라는 제헌헌법 이래 문화국가의 원리를 헌법의 기본원리로 채택하고 있다(헌재 2020. 12. 23. 2017헌마416).

2. 문화정책

문화국가원리는 국가의 문화국가실현에 관한 과제 또는 책임을 통하여 실현되는바, 국가의 문화정책과 밀접 불가분의 관계를 맺고 있다. 과거 국가절대주의사상의 국가관이 지배하던 시대에는 국가의 적극적인 문화간섭정책이 당연한 것으로 여겨졌다. 그러나 오늘날에 와서는 국가가 어떤 문화현상에 대하여도 이를 선호하거나, 우대하는 경향을 보이지 않는 불편부당의 원칙이 가장 바람직한 정책으로 평가받고 있다(헌재 2004. 5. 27. 2003헌가1).

> **판례**
>
> ▶ **국가의 문화육성의 대상**: 오늘날 문화국가에서의 문화정책은 그 초점이 문화 그 자체에 있는 것이 아니라 문화가 생겨날 수 있는 문화풍토를 조성하는 데 두어야 한다. 문화국가원리의 이러한 특성은 문화의 개방성 내지 다원성의 표지와 연결되는데, 국가의 문화육성의 대상에는 원칙적으로 모든 사람에게 문화 창조의 기회를 부여한다는 의미에서 모든 문화가 포함된다. 따라서 엘리트문화뿐만 아니라 서민문화, 대중문화도 그 가치를 인정하고 정책적인 배려의 대상으로 하여야 한다(헌재 2004. 5. 27. 2003헌가1).
>
> ▶ **대통령의 지시로 대통령 비서실장 등이 야당 소속 후보를 지지하였거나 정부에 비판적 활동을 한 문화예술인이나 단체를 정부의 문화예술 지원사업에서 배제할 목적으로 한국문화예술위원회 등의 소속 직원들로 하여금 특정 개인이나 단체를 문화예술인 지원사업에서 배제하도록 한 일련의 지시 행위가 청구인들의 평등권을 침해하는지**(적극): 우리 헌법상 문화국가원리는 견해와 사상의 다양성을 그 본질로 하며, 이를 실현하는 국가의 문화정책은 불편부당의 원칙에 따라야 하는바, 모든 국민은 정치적 견해 등에 관계없이 문화 표현과 활동에서 차별을 받지 않아야 한다. 특히 아직까지 국가지원에의 의존도가 높은 우리나라 문화예술계 환경을 고려할 때, 정부는 문화국가실현에 관한 과제를 수행함에 있어 과거 문화간섭정책에서 벗어나 문화의 다양성, 자율성, 창조성이 조화롭게 실현될 수 있도록 중립성을 지키면서 문화에 대한 지원 및 육성을 하도록 유의하여야 한다. 그럼에도 불구하고 피청구인들이 이러한 중립성을 보장하기 위하여 법률에서 정하고 있는 제도적 장치를 무시하고 정치적 견해를 기준으로 청구인들을 문화예술계 정부지원사업에서 배제되도록 차별취급한 것은 헌법상 문화국가원리와 법률유보원칙에 반하는 자의적인 것으로 정당화될 수 없다. 따라서 이 사건 지원배제 지시는 청구인들의 평등권을 침해한다(헌재 2020. 12. 23. 2017헌마416).

Ⅱ 현행 헌법상 문화국가원리

1. 문화국가를 위한 제도와 기본권

혼인과 가족의 보호는 헌법이 지향하는 자유민주적 문화국가의 필수적인 전제조건이다. 개별성·고유성·다양성으로 표현되는 문화는 사회의 자율영역을 바탕으로 하고, 사회의 자율영역은 무엇보다도 바로 가정으로부터 출발하기 때문이다. 헌법은 가족제도를 특별히 보장함으로써, 양심의 자유, 종교의 자유, 언론의 자유, 학문과 예술의 자유와 같이 문화국가의 성립을 위하여 불가결한 기본권의 보장과 함께, 견해와 사상의 다양성을 그 본질로 하는 문화국가를 실현하기 위한 필수적인 조건을 규정한 것이다(헌재 2000. 4. 27. 98헌가16).

> 📌 **판례**
>
> ▶ **공연을 관람하는 사람들에게 특별부담금으로서의 문예진흥기금을 납입하게 하는 것이 특별부담금의 헌법적 허용한계를 일탈하여 헌법에 위반되는지**(적극) : 문예진흥기금의 모금대상인 시설을 이용하는 자를 공연 등을 관람한다는 이유만으로, 역사적·사회적으로 나아가 법적으로, 다른 사람들과 구분할만한 동질성 있는 특별한 집단으로 인정하기 어렵고, 문예진흥기금의 납입금의무를 지는 사람들이, 똑같은 일반 국민인데도, 우연히 관람기회를 갖는다고 하여 이로써 여타의 다른 국민 또는 일반 납세자보다 문화예술진흥의 목적을 달성하는 데 대하여 객관적으로 더 근접한 위치에 있다고 볼 수는 없다. 또한 문예진흥기금이 공연관람자 등의 집단적 이익을 위해서 사용되는 것도 아니며, 공연 등을 보는 국민이 예술적 감상의 기회를 가진다고 하여 이것을 집단적 효용성으로 평가하는 것도 무리이다. 특히 공연관람자 등이 예술감상에 의한 정신적 풍요를 느낀다면 그것은 헌법상의 문화국가원리에 따라 국가가 적극 장려할 일이지, 이것을 일정한 집단에 의한 수익으로 인정하여 그들에게 경제적 부담을 지우는 것은 헌법의 문화국가이념에 역행하는 것이다. 따라서 이 사건 문예진흥기금의 납입금 자체가 특별부담금의 헌법적 허용한계를 벗어나서 국민의 재산권을 침해하므로 위헌이다(헌재 2003. 12. 18. 2002헌가2).

2. 전통문화의 계승·발전과 민족문화의 창달

헌법 제9조
 국가는 전통문화의 계승·발전과 민족문화의 창달에 노력하여야 한다.

(1) 전통문화의 계승·발전

헌법 전문과 헌법 제9조에서 말하는 전통, 전통문화란 역사성과 시대성을 띤 개념으로 이해하여야 한다. 과거의 어느 일정 시점에서 역사적으로 존재하였다는 사실만으로 모두 헌법의 보호를 받는 전통이 되는 것은 아니다. 전통이란 과거와 현재를 다 포함하고 있는 문화적 개념이다. 만약 전통의 근거를 과거에만 두는 복고주의적 전통개념을 취한다면 시대적으로 특수한 정치적·사회적 이해관계를 전통이라는 이름하에 보편적인 문화양식으로 은폐·강요하는 부작용을 낳기 쉬우며, 현재의 사회구조에 걸맞는 규범 정립이나 미래지향적 사회발전을 가로막는 장애요소로 기능하기 쉽다. 따라서 우리 헌법에서 말하는 전통, 전통문화란 오늘날의 의미로 재해석된 것이 되지 않으면 안 된다. 그리고 오늘날의 의미를 포착함에 있어서는 헌법이념과 헌법의 가치질서가 가장 중요한 척도의 하나가 되어야 할 것임은 두 말할 나위가 없고 여기에 인류의 보편가치, 정의와 인도의 정신 같은 것이 아울러 고려되어야 할 것이다(헌재 2005. 2. 3. 2001헌가9).

> ## 판례
>
> ▶ **우리가 진정으로 계승·발전시켜야 할 전통문화**: 헌법 제9조의 정신에 따라 우리가 진정으로 계승·발전시켜야 할 전통문화는 이 시대의 제반 사회·경제적 환경에 맞고 또 오늘날에 있어서도 보편타당한 전통윤리 내지 도덕관념이라 할 것이다(헌재 1997. 7. 16. 95헌가6).
>
> ▶ **가족제도에 관한 전통·전통문화**: 가족제도에 관한 전통·전통문화란 적어도 그것이 가족제도에 관한 헌법이념인 개인의 존엄과 양성의 평등에 반하는 것이어서는 안 된다는 자명한 한계가 도출된다. 역사적 전승으로서 오늘의 헌법이념에 반하는 것은 헌법 전문에서 타파의 대상으로 선언한 사회적 폐습이 될 수 있을지언정 헌법 제9조가 계승·발전시키라고 한 전통문화에는 해당하지 않는다고 보는 것이 우리 헌법의 자유민주주의원리, 전문, 제9조, 제36조 제1항을 아우르는 조화적 헌법해석이라 할 것이다. 결론적으로 전래의 어떤 가족제도가 헌법 제36조 제1항이 요구하는 개인의 존엄과 양성평등에 반한다면 헌법 제9조를 근거로 그 헌법적 정당성을 주장할 수는 없다(헌재 2005. 2. 3. 2001헌가9).

(2) 민족문화유산의 보호

헌법 제9조의 규정취지와 민족문화유산의 본질에 비추어 볼 때, 국가가 민족문화유산을 보호하고자 하는 경우 이에 관한 헌법적 보호법익은 민족문화유산의 존속 자체를 보장하는 것이고, 원칙적으로 민족문화유산의 훼손 등에 관한 가치보상이 있는지 여부는 이러한 헌법적 보호법익과 직접적인 관련이 없다(헌재 2003. 1. 30. 2001헌바64).

> ## 판례
>
> ▶ **전통사찰의 경내지 등에 대한 모든 유형의 소유권변동이 전통사찰을 훼손할 수 있음에도 불구하고, 다른 소유권변동원인과 달리 '공용수용'으로 인한 소유권변동에 대해서는 아무런 규제를 하지 아니한 것이 평등원칙에 위반되는 것인지**(적극): 헌법상 명령에 근거하여 엄격한 보존방법이 규정된 전통사찰보존법을 제정함으로써 민족문화유산으로 지정된 전통사찰을 철저하게 보존하겠다는 입법자의 의사가 분명하게 표명된 이상, 그 경내지 등의 소유권변동으로 인한 전통사찰의 훼손이 불가피한 것인지 여부와 이러한 보존 및 훼손에 관한 판단·결정이 헌법 등에 근거하여 정당한 권한을 행사할 수 있는 관할 국가기관에 의하여 이루어지는 것인지 여부 등이 가장 본질적인 문제이고, 전통사찰을 훼손할 수 있는 경내지 등에 대한 소유권변동을 시도한 주체가 사인(私人)인지 아니면 건설부장관과 같은 제3자적 국가기관인지 여부, 또는 그 형식이 양도(혹은 강제집행)인지 아니면 공용수용인지 여부는 본질적인 문제가 될 수 없다. 이 사건 법률조항의 경우, 전통사찰을 훼손하고자 시도하는 주체가 제3자적 국가기관이고 그 형식이 공용수용이라는 우연한 사정의 유무에 따라서 전통사찰을 훼손하는 것이 불가피한 것인지 여부를 관할 국가기관이 실효성 있게 판단·결정할 수 있는 기회를 실질적으로 배제하는 사안과 그렇지 아니한 사안을 구별하는 중요한 차별을 행하는 것이 되어 불합리하고, 헌법 제23조를 이유로 하여 헌법 제9조의 규정을 실질적으로 무력화시키는 결과를 초래하므로, 평등의 원칙에 어긋나는 위헌적인 법률이다(헌재 2003. 1. 30. 2001헌바64 헌법불합치).

제8항 평화국가원리

Ⅰ 평화국가원리의 의의

평화국가원리란 국제적 차원에서 평화공존, 국제적 분쟁의 평화적 해결, 각 민족국가의 자결권 존중, 국내문제불간섭 등을 핵심내용으로 하는 국제평화주의를 국가목적으로 하는 원리를 말한다.

Ⅱ 평화국가원리의 내용

1. 국제평화주의

> **헌법 제5조**
> ① 대한민국은 국제평화의 유지에 노력하고 침략적 전쟁을 부인한다.

(1) 국제평화주의의 유형

국제평화주의 유형에는 '침략적 전쟁의 금지', '군비의 포기와 제한'(독일, 일본), '영세중립국의 선언'(스위스, 오스트리아), '통치권의 제한 또는 국제기구에의 이양'(독일, 이탈리아), '평화교란행위의 처벌'(독일), '양심적 반전권의 인정'(독일) 등이 있다.

(2) 침략적 전쟁의 부인

헌법은 전문에서 "항구적인 세계평화와 인류공영에 이바지함으로써"라고 규정하고, 제5조 제1항에서 "대한민국은 국제평화의 유지에 노력하고 침략적 전쟁을 부인한다."라고 규정하여 국제평화주의를 선언하고 있다. 침략적 전쟁은 자위전쟁에 대응하는 개념으로 국제분쟁을 해결하는 수단으로서의 전쟁, 즉 영토의 확장이나 채권의 확보 등 국가목적을 위한 전쟁을 말한다.

2. 국제법질서 존중

> **헌법 제6조**
> ① 헌법에 의하여 체결·공포된 조약과 일반적으로 승인된 국제법규는 국내법과 같은 효력을 가진다.

(1) 국제법과 국내법의 관계

헌법 제6조 제1항의 국제법 존중주의는 우리나라가 가입한 조약과 일반적으로 승인된 국제법규가 국내법과 같은 효력을 가진다는 것으로서 조약이나 국제법규가 국내법에 우선한다는 것은 아니다(헌재 2001. 4. 26. 99헌가13).

(2) 조약

1) 조약의 의의

조약이란 국가·국제기구 등 국제법 주체 사이에 권리의무관계를 창출하기 위하여 서면 형식으로 체결되고 국제법에 의하여 규율되는 합의를 말한다(헌재 2008. 3. 27. 2006헌라4).

> ⚖ **판례**
>
> ▶ **구두합의도 조약의 성격을 가질 수 있는지**(적극) : 조약의 개념에 관하여 우리 헌법상 명문의 규정은 없다. 국제법적으로, 조약은 국제법 주체들이 일정한 법률효과를 발생시키기 위하여 체결한 국제법의 규율을 받는 국제적 합의를 말하며 서면에 의한 경우가 대부분이지만 예외적으로 구두 합의도 조약의 성격을 가질 수 있다(헌재 2019. 12. 27. 2016헌마253).

2) 조약과 비구속적 합의의 구분

조약과 비구속적 합의를 구분함에 있어서는 합의의 명칭, 합의가 서면으로 이루어졌는지, 국내법상 요구되는 절차를 거쳤는지와 같은 형식적 측면 외에도 합의의 과정과 내용·표현에 비추어 법적 구속력을 부여하려는 당사자의 의도가 인정되는지 여부, 법적 효력을 부여할 수 있는 구체적인 권리·의무를 창설하는지 여부 등 실체적 측면을 종합적으로 고려하여야 한다. 이에 따라 비구속적 합의로 인정되는 때에는 그로 인하여 국민의 법적 지위가 영향을 받지 않는다고 할 것이므로, 이를 대상으로 한 헌법소원 심판청구는 허용되지 않는다(헌재 2019. 12. 27. 2016헌마253).

> **판례**
>
> ▶ **대한민국 외교부장관과 일본국 외무부대신이 2015. 12. 28. 공동발표한 일본군 위안부 피해자 문제 관련 합의가 헌법소원심판 청구의 대상이 되는지**(소극) : 이 사건 합의는 양국 외교장관의 공동발표와 정상의 추인을 거친 공식적인 약속이지만, 서면으로 이루어지지 않았고, 통상적으로 조약에 부여되는 명칭이나 주로 쓰이는 조문 형식을 사용하지 않았으며, 헌법이 규정한 조약체결 절차를 거치지 않았다. 또한 합의 내용상 합의의 효력에 관한 양 당사자의 의사가 표시되어 있지 않을 뿐만 아니라, 구체적인 법적 권리·의무를 창설하는 내용을 포함하고 있지도 않다. 이 사건 합의를 통해 일본군 '위안부' 피해자들의 권리가 처분되었다거나 대한민국 정부의 외교적 보호권한이 소멸하였다고 볼 수 없는 이상 이 사건 합의가 일본군 '위안부' 피해자들의 법적 지위에 영향을 미친다고 볼 수 없으므로 위 피해자들의 배상청구권 등 기본권을 침해할 가능성이 있다고 보기 어렵고, 따라서 이 사건 합의를 대상으로 한 헌법소원심판청구는 허용되지 않는다(헌재 2019. 12. 27. 2016헌마253).
>
> ▶ **대한민국과 아메리카합중국 간의 상호방위조약 제4조에 의한 시설과 구역 및 대한민국에서의 합중국군대의 지위에 관한 협정의 성격**(조약) : 이 사건 조약은 그 명칭이 "협정"으로 되어 있어 국회의 관여없이 체결되는 행정협정처럼 보이기도 하나 우리나라의 입장에서 볼 때에는 외국군대의 지위에 관한 것이고, 국가에게 재정적 부담을 지우는 내용과 입법사항을 포함하고 있으므로 국회의 동의를 요하는 조약으로 취급되어야 한다(헌재 1999. 4. 29. 97헌가14).
>
> ▶ **외교통상부장관이 2006. 1. 19.경 워싱턴에서 미합중국 국무장관과 발표한 '동맹 동반자 관계를 위한 전략대화 출범에 관한 공동성명'이 조약에 해당하는지**(소극) : 이 사건 공동성명은 한국과 미합중국이 상대방의 입장을 존중한다는 내용만 담고 있을 뿐, 구체적인 법적 권리·의무를 창설하는 내용을 전혀 포함하고 있지 아니하므로, 조약에 해당된다고 볼 수 없으므로 그 내용이 헌법 제60조 제1항의 조약에 해당되는지 여부를 따질 필요도 없이 이 사건 공동성명에 대하여 국회가 동의권을 가진다거나 국회의원인 청구인이 심의표결권을 가진다고 볼 수 없다(헌재 2008. 3. 27. 2006헌라4).
>
> ▶ **남북기본합의서가 조약인지**(소극) : 1992. 2. 19. 발효된 남북사이의 화해와 불가침 및 교류협력에 관한 합의서는 일종의 공동성명 또는 신사협정에 준하는 성격을 가짐에 불과하여 법률이 아님은 물론 국내법과 동일한 효력이 있는 조약이나 이에 준하는 것으로 볼 수 없다(헌재 2000. 7. 20. 98헌바63).

3) 조약의 종류

> **헌법 제60조**
> ① 국회는 상호원조 또는 안전보장에 관한 조약, 중요한 국제조직에 관한 조약, 우호통상항해조약, 주권의 제약에 관한 조약, 강화조약, 국가나 국민에게 중대한 재정적 부담을 지우는 조약 또는 입법사항에 관한 조약의 체결·비준에 대한 동의권을 가진다.

조약은 헌법 제60조 제1항에 의하여 조약의 체결·비준에 '국회의 동의를 요하는 조약'과 '국회를 요하지 않는 조약'으로 구분할 수 있다. 헌법재판소는 "국회는 헌법 제60조 제1항에 규정된 일정한 조약에 대해서만 체결·비준에 대한 동의권을 가진다."고 판시하였다(헌재 2008. 3. 27. 2006헌라4).

4) 조약의 체결과 비준

> **헌법 제73조**
> 대통령은 조약을 체결·비준하고, 외교사절을 신임·접수 또는 파견하며, 선전포고와 강화를 한다.

> **헌법 제89조**
> 다음 사항은 국무회의의 심의를 거쳐야 한다.
> 3. 헌법개정안·국민투표안·조약안·법률안 및 대통령령안

조약의 체결이란 당사국 간의 합의를 형성하기 위한 '교섭과정 전체'를 의미하고, 비준이란 전권위원이 서명한 조약을 '조약체결권자가 확인하는 행위'를 말한다. 조약의 체결·비준에 관하여 헌법은 대통령에게 전속적인 권한을 부여하면서(헌법 제73조), 조약을 체결·비준함에 앞서 국무회의의 심의를 거쳐야 한다(헌법 제89조3호).

5) 조약의 효력

우리 헌법 제6조 제1항은 "헌법에 의하여 체결·공포된 조약과 일반적으로 승인된 국제법규는 국내법과 같은 효력을 가진다."고 규정하고, 헌법 부칙 제5조는 "이 헌법 시행 당시의 법령과 조약은 이 헌법에 위배되지 않는 한 그 효력을 지속한다."고 규정하는바, 우리 헌법은 조약에 대한 헌법의 우위를 전제하고 있으며, 헌법과 동일한 효력을 가지는 이른바 헌법적 조약을 인정하지 아니한다고 볼 것이다(헌재 2013. 11. 28. 2012헌마166).

판례

▶ **한미무역협정으로 인하여 헌법 제130조 제2항의 국민투표권이 침해될 가능성이 인정되는지**(소극) : 성문헌법의 개정은 헌법의 조문이나 문구의 명시적이고 직접적인 변경을 내용으로 하는 헌법개정안의 제출에 의하여야 하고, 하위규범인 법률의 형식으로 일반적인 입법절차에 의하여 개정될 수는 없다. 한미무역협정의 경우, 국회의 동의를 필요로 하는 조약의 하나로서 법률적 효력이 인정되므로, 그에 의하여 성문헌법이 개정될 수는 없으며, 따라서 한미무역협정으로 인하여 청구인의 헌법 제130조 제2항에 따른 헌법개정절차에서의 국민투표권이 침해될 가능성은 인정되지 아니한다(헌재 2013. 11. 28. 2012헌마166).

▶ **자유권규약 및 선택의정서에 국내법적 효력을 인정할 수 있는지**(적극) : 헌법 제6조 제1항은 "헌법에 의하여 체결·공포된 조약과 일반적으로 승인된 국제법규는 국내법과 같은 효력을 가진다."라고 규정하고 있다. 자유권규약 및 선택의정서는 헌법에 의하여 체결·공포된 조약이므로 국내법과 같은 효력을 가진다(헌재 2018. 7. 26. 2011헌마306).

▶ **개인통보에 대한 자유권규약위원회의 견해**(Views)**에 법적 구속력을 인정할 수 있는지**(소극) : 자유권규약위원회는 자유권규약의 이행을 위해 만들어진 조약상의 기구이므로, 자유권규약위원회의 견해는 규약을 해석함에 있어 중요한 참고기준이 된다고 할 수 있고, 규약의 당사국은 그 견해를 존중하여야 한다. 특히 우리나라는 자유권규약을 비준함과 동시에, 개인통보를 접수·심리하는 자유권규약위원회의 권한을 인정하는 것을 내용으로 하는 선택의정서에 가입하였으므로, 대한민국 국민이 제기한 개인통보에 대한 자유권규약위원회의 견해(Views)를 존중하고, 그 이행을 위하여 가능한 범위에서 충분한 노력을 기울여야 한다. 다만, 자유권규약이나 선택의정서가 개인통보에 대한 자유권규약위원회의 견해(Views)의 법적 효력에 관하여 명시적으로 밝히고 있지 않고, 개인통보에 대한 자유권규약위원회의 심리는 서면심리로 이루어져 증인신문 등을 하지 않으며 심리가 비공개로 진행되는 점 등을 고려하면, 개인통보에 대한 자유권규약위원회의 견해(Views)에 사법적인 판결이나 결정과 같은 법적 구속력이 인정된다고 단정하기는 어렵다(헌재 2018. 7. 26. 2011헌마306).

> **▶ 한일어업협정의 국내법적 효력**(법률) : 헌법 제6조 제1항은 "헌법에 의하여 체결·공포된 조약과 일반적으로 승인된 국제법규는 국내법과 같은 효력을 가진다."라고 규정하고 있는바, 이 사건 협정은 우리나라와 일본 간의 어업에 관해 '헌법에 의하여 체결·공포된 조약'으로서 국내적으로 '법률'과 같은 효력을 가진다(헌재 2001. 3. 21. 99헌마139).
>
> **▶ 아시아·태평양지역에서의 고등교육의 수학, 졸업증서 및 학위인정에 관한 지역협약이 위헌성 심사의 척도가 되는지**(소극) : 아시아·태평양지역에서의 고등교육의 수학, 졸업증서 및 학위인정에 관한 지역협약은 우리나라도 가입하고 있으나(조약 990호), 그 법적 지위가 헌법적인 것은 아니며 법률적 효력을 갖는 것이라 할 것이므로 예비시험 조항의 유무효에 대한 심사척도가 될 수는 없다(헌재 2003. 4. 24. 2002헌마611).
>
> **▶ 관세법이나 특정범죄가중처벌 등에 관한 법률의 개정 없이 조약에 의하여 관세범에 대한 처벌을 가중하는 것이 죄형법정주의원칙에 위배되는지**(소극) : 마라케쉬협정도 적법하게 체결되어 공포된 조약이므로 국내법과 같은 효력을 갖는 것이어서 그로 인하여 새로운 범죄를 구성하거나 범죄자에 대한 처벌이 가중된다고 하더라도 이것은 국내법에 의하여 형사처벌을 가중한 것과 같은 효력을 갖게 되는 것이다. 따라서 마라케쉬협정에 의하여 관세법위반자의 처벌이 가중된다고 하더라도 이를 들어 법률에 의하지 아니한 형사처벌이라거나 행위시의 법률에 의하지 아니한 형사처벌이라고 할 수 없다(헌재 1998. 11. 26. 97헌바65).

6) 조약에 대한 통제

명령과 같은 효력을 갖는 조약은 헌법 제107조 제2항에 따라 법원에 의한 통제를 받고, 법률과 같은 효력을 갖는 조약은 원칙적으로 헌법재판소를 통해 위헌심사의 대상이 될 수 있다.

> **🔎 판례**
>
> **▶ 조약이 위헌법률심판의 대상이 되는지**(적극) : 헌법재판소법 제68조 제2항은 심판대상을 "법률"로 규정하고 있으나, 여기서의 "법률"에는 "조약"이 포함된다. 국제통화기금협정 제9조(지위, 면제 및 특권) 제3항(사법절차의 면제) 및 제8항(직원 및 피용자의 면제와 특권), 전문기구의 특권과 면제에 관한 협약 제4절, 제19절(a)은 각 국회의 동의를 얻어 체결된 것으로서, 헌법 제6조 제1항에 따라 국내법적, 법률적 효력을 가지는 바, 가입국의 재판권 면제에 관한 것이므로 성질상 국내에 바로 적용될 수 있는 법규범으로서 위헌법률심판의 대상이 된다(헌재 2001. 9. 27. 2000헌바20).

(3) 일반적으로 승인된 국제법규

일반적으로 승인된 국제법규란 세계 대다수의 국가가 승인하여 국제사회에서 보편적 효력을 갖는 규범을 말한다. 일반적으로 승인된 국제법규에는 '국제조약'과 '국제관습법'이 있다. 헌법재판소도 "우리나라가 가입하지 않았지만 일반성을 지닌 국제조약과 국제관습법에서 양심적 병역거부권을 인정한다면 우리나라에서도 일반적으로 승인된 국제법규로서 양심적 병역거부의 근거가 될 수 있다."고 판시하였다(헌재 2011. 8. 30. 2008헌가22). 한편 일반적으로 승인된 국제법규는 국내법과 같은 효력이 있다(헌법 제6조①항).

판례

▶현역입영 또는 소집 통지서를 받은 사람이 정당한 사유 없이 입영일이나 소집일부터 3일이 지나도 입영하지 아니하거나 소집에 응하지 아니한 경우를 처벌하는 병역법 제88조 제1항 제1호(처벌조항)가 국제법 존중의 원칙을 선언하고 있는 헌법 제6조 제1항에 위반되는지(소극) : 우리나라가 1990. 4. 10. 가입한 시민적·정치적 권리에 관한 국제규약에 따라 바로 양심적 병역거부권이 인정되거나 양심적 병역거부에 관한 법적인 구속력이 발생한다고 보기 곤란하고, 양심적 병역거부권을 명문으로 인정한 국제인권조약은 아직까지 존재하지 않으며, 유럽 등의 일부 국가에서 양심적 병역거부권이 보장된다고 하더라도 전 세계적으로 양심적 병역거부권의 보장에 관한 국제관습법이 형성되었다고 할 수 없어 양심적 병역거부가 일반적으로 승인된 국제법규로서 우리나라에 수용될 수는 없으므로, 이 사건 법률조항에 의하여 양심적 병역거부자를 형사처벌한다고 하더라도 국제법 존중의 원칙을 선언하고 있는 헌법 제6조 제1항에 위반된다고 할 수 없다(헌재 2011. 8. 30. 2008헌가22).

▶국제노동기구의 제87호 협약 등이 법률에 대한 위헌심사의 척도가 될 수 있는지(소극) : 국제노동기구의 제87호 협약(결사의 자유 및 단결권 보장에 관한 협약), 제98호 협약(단결권 및 단체교섭권에 대한 원칙의 적용에 관한 협약), 제151호 협약(공공부문에서의 단결권 보호 및 고용조건의 결정을 위한 절차에 관한 협약)은 우리나라가 비준한 바가 없고, 헌법 제6조 제1항에서 말하는 일반적으로 승인된 국제법규로서 헌법적 효력을 갖는 것이라고 볼 만한 근거도 없으므로, 이 사건 심판대상규정에 대한 위헌심사의 척도가 될 수 없다(헌재 2007. 8. 30. 2003헌바51).

▶우리나라가 비준한 바 없는 강제노동의 폐지에 관한 국제노동기구(ILO)의 제105호 조약이 위헌성 심사의 척도가 되는지(소극) : 강제노동의 폐지에 관한 국제노동기구(ILO)의 제105호 조약은 우리나라가 비준한 바가 없고, 헌법 제6조 제1항에서 말하는 일반적으로 승인된 국제법규로서 헌법적 효력을 갖는 것이라고 볼 만한 근거도 없으므로 이 사건 심판대상 규정의 위헌성 심사의 척도가 될 수 없다(헌재 1998. 7. 16. 97헌바23).

3. 외국인의 법적 지위 보장

헌법 제6조
② 외국인은 국제법과 조약이 정하는 바에 의하여 그 지위가 보장된다.

헌법은 제6조 제2항에서 '외국인은 국제법과 조약이 정하는 바에 의하여 그 지위가 보장된다.'고 규정하고 있으므로 현행 헌법상 외국인의 법적 지위에 관한 태도는 상호주의원칙이라 하겠다.

4. 평화통일의 원칙

헌법 제4조
대한민국은 통일을 지향하며, 자유민주적 기본질서에 입각한 평화적 통일정책을 수립하고 이를 추진한다.

헌법상 통일관련 규정들은 통일의 달성이 우리의 국민적·국가적 과제요 사명임을 밝힘과 동시에 자유민주적 기본질서에 입각한 평화적 통일 원칙을 천명하고 있다. 따라서 우리 헌법에서 지향하는 통일은 대한민국의 존립과 안전을 부정하는 것이 아니고, 또 자유민주적 기본질서에 위해를 주는 것이 아니라 그것에 바탕을 둔 통일이다(헌재 1990. 4. 2. 89헌가113).

판례

▶통일에 관한 기본권을 인정할 수 있는지(소극) : 헌법상의 통일관련 조항들은 국가의 통일의무를 선언한 것이기는 하지만, 그로부터 국민 개개인의 통일에 대한 기본권, 특히 국가기관에 대하여 통일과 관련된 구체적인 행동을 요구하거나 일정한 행동을 할 수 있는 권리가 도출된다고 볼 수 없다(헌재 2000. 7. 20. 98헌바63).

제4절   대한민국 헌법의 기본제도

제1항   헌법과 제도적 보장

제도적 보장은 객관적 제도를 헌법에 규정하여 당해 제도의 본질을 유지하려는 것으로서 헌법제 정권자가 특히 중요하고도 가치가 있다고 인정되고 헌법적으로도 보장할 필요가 있다고 생각하는 국가제도를 헌법에 규정함으로써 장래의 법발전, 법형성의 방침과 범주를 미리 규율하려는데 있다. 이러한 제도적 보장은 주관적 권리가 아닌 객관적 범규범이라는 점에서 기본권과 구별되기는 하지만 헌법에 의하여 일정한 제도가 보장되면 입법자는 그 제도를 설정하고 유지할 입법의무를 지게될 뿐만 아니라 헌법에 규정되어 있기 때문에 법률로써 이를 폐지할 수 없고, 비록 내용을 제한하더라도 그 본질적 내용을 침해할 수 없다. 그러나 기본권 보장은 "최대한 보장의 원칙"이 적용됨에 반하여, 제도적 보장은 그 본질적 내용을 침해하지 아니하는 범위 안에서 입법자에게 제도의 구체적 내용과 형태의 형성권을 폭넓게 인정한다는 의미에서 "최소한 보장의 원칙"이 적용될 뿐이다(헌재 1997. 4. 24. 95헌바48).

제2항   정당제도

Ⅰ   정당

1. 정당의 의의

정당이라 함은 국민의 이익을 위하여 책임 있는 정치적 주장이나 정책을 추진하고 공직선거의 후보자를 추천 또는 지지함으로써 국민의 정치적 의사 형성에 참여함을 목적으로 하는 국민의 자발적 조직을 말한다(정당법 제2조).

> 🔖 **판례**
>
> ▶ **정당의 개념**: 헌법 제8조에 의하여 보장되는 정당제도에 있어서 정당이라 함은 국민의 이익을 위하여 책임 있는 정치적 주장이나 정책을 추진하고 공직선거의 후보자를 추천 또는 지지함으로써 국민의 정치적 의사형성에 참여함을 목적으로 하는 국민의 자발적 조직을 의미한다(헌재 1991. 3. 11. 91헌마21).

2. 정당의 기능

정당은 국민과 국가의 중개자로서의 기능을 수행한다. 정당은 국민의 다양한 정치적 의사들을 대표하고 형성하며, 통상 국민들은 정당에 대한 지지 혹은 선거에서의 투표를 통해서 국가정책의 결정에 참여하거나 그에 대한 영향을 끼칠 수 있게 된다. 국민의 정치의사형성을 매개하는 정당은 오늘날 민주주의에 있어서 필수불가결한 요소이기 때문에, 정당의 자유로운 설립과 활동은 민주주의 실현의 전제조건이라고 할 수 있다(헌재 2004. 3. 25. 2001헌마710).

▶**정당의 기능** : 정당은 정치적 결사로서 국민의 정치적 의사를 적극적으로 형성하고 각계각층의 이익을 대변하며, 정부를 비판하고 정책적 대안을 제시할 뿐만 아니라, 국민 일반이 정치나 국가작용에 영향력을 행사하는 매개체의 역할을 수행하는 등 현대의 대의제 민주주의에 없어서는 안 될 중요한 공적 기능을 수행하고 있다(헌재 1996. 8. 29. 96헌마99).

▶**정당의 기능** : 정당은 국민과 국가의 중개자로서 정치적 도관(導管)의 기능을 수행하여 주체적 · 능동적으로 국민의 다원적 정치의사를 유도 · 통합함으로써 국가정책의 결정에 직접 영향을 미칠 수 있는 규모의 정치적 의사를 형성하고 있다(헌재 2003. 10. 30. 2002헌라1).

3. 정당의 헌법에의 편입

우리나라는 제2공화국 헌법에서 처음으로 정당에 관한 규정을 두었고, 제3공화국 헌법은 정당국가적 경향을 강화하는 규정을 두었다. 이후 제4공화국 헌법은 정당국가적 조항을 삭제하여 정당의 지위를 약화시켰으나, 제5공화국 헌법은 국고보조금조항을 추가하여 정당의 지위를 강화하였다. 현행 헌법은 정당의 조직과 활동뿐만 아니라 그 목적도 민주적일 것을 규정하고 있다.

4. 정당의 법적 성격

정당의 법적 지위는 적어도 소유재산의 귀속 관계에 있어서는 법인격 없는 사단으로 보아야 하고, 중앙당과 지구당과의 복합적 구조에 비추어 정당의 지구당은 단순한 중앙당의 하부조직이 아니라 어느 정도의 독자성을 가진 단체로서 법인격 없는 사단에 해당한다(헌재 1993. 7. 29. 92헌마262).

▶**정당이 공권력 행사 주체인지**(소극) : 정당의 법적 성격은 일반적으로 사적 · 정치적 결사 내지는 법인격 없는 사단으로 파악되고 있고, 정당의 법률관계에 대하여는 정당법의 관계 조문 이외에 일반 사법 규정이 적용되므로, 정당은 공권력 행사의 주체가 될 수 없다(헌재 2007. 10. 30. 2007헌마1128).

Ⅱ 정당제 민주주의

1. 정당제 민주주의의 등장

오늘날 대의제 민주주의는 국민의 정치적 의사형성을 위한 매개체로서의 정당의 역할이 증대됨에 따라 정당국가적 민주주의로 변화하여, 국회는 국민의 대표인 의원들의 의사에 따라 운영되는 것이 아니라 정당의 구성원인 의원들이 정당을 통하여 그리고 정당 속에서 결합하여 운영되고 있고, 정당의 국회 내에서의 활동도 교섭단체를 중심으로 이루어짐에 따라 국민의 정치적 의사를 형성하여 국가기관의 의사결정에 영향을 미치는 정당의 공적 기능을 수행하는데 국회에 진출한 정당과 진출하지 못한 정당 사이, 그리고 국회에 진출하여 교섭단체를 구성한 정당과 이를 구성하지 못한 정당 사이에 상당한 차이가 있다(헌재 2006. 7. 27. 2004헌마655).

2. 자유위임과 정당기속성의 관계

국회의원의 원내 활동을 기본적으로 각자에 맡기는 자유위임은 자유로운 토론과 의사 형성을 가능하게 함으로써 당내민주주의를 구현하고 정당의 독재화 또는 과두화를 막아주는 순기능을 갖는다. 그러나 자유위임은 의회 내에서의 정치적 의사형성에 정당의 협력을 배척하는 것이 아니며, 의원이 정당과 교섭단체의 지시에 기속되는 것을 배제하는 근거가 되는 것도 아니다. 또한 국회의원의 국민대표성을 중시하는 입장에서도 특정 정당에 소속된 국회의원이 정당기속 내지는 교섭단체의 결정(당론)에 위반하는 정치활동을 한 이유로 제재를 받는 경우, 국회의원 신분을 상실하게 할 수는 없으나 "정당 내부의 사실상의 강제" 또는 소속 "정당으로부터의 제명"은 가능하다고 보고 있다. 그렇다면, 당론과 다른 견해를 가진 소속 국회의원을 당해 교섭단체의 필요에 따라 다른 상임위원회로 전임(사·보임)하는 조치는 특별한 사정이 없는 한 헌법상 용인될 수 있는 "정당 내부의 사실상 강제"의 범위 내에 해당한다(헌재 2003. 10. 30. 2002헌라1).

3. 국회의원의 탈당 및 당적 변경과 의원직 상실

국회의원의 법적 지위 특히 전국구의원이 그를 공천한 정당을 탈당할 때 의원직을 상실하는 여부는 그 나라의 헌법과 법률이 국회의원을 이른바 자유위임(무기속위임)하에 두었는가, 명령적 위임(기속위임)하에 두었는가, 양 제도를 병존하게 하였는가에 달려있다. 헌법 제7조 제1항의 "공무원은 국민전체에 대한 봉사자이며, 국민에 대해 책임을 진다."라는 규정, 제45조의 "국회의원은 국회에서 직무상 행한 발언과 표결에 관하여 국회 외에서 책임을 지지 아니한다."라는 규정 및 제46조 제2항의 "국회의원은 국가이익을 우선하여 양심에 따라 직무를 행한다."라는 규정들을 종합하여 볼 때, 헌법은 국회의원을 자유위임의 원칙하에 두었다고 할 것이다. 따라서 별도의 법률규정이 있는 경우는 별론으로 하고, 전국구의원이 그를 공천한 소속정당을 탈당하였다 하여 의원직을 상실하지는 않는다(헌재 1994. 4. 28. 92헌마153).

> 🏠 참고
>
> ▶ **공직선거법 제192조 제4항**: 비례대표국회의원 또는 비례대표지방의회의원이 소속정당의 합당·해산 또는 제명 외의 사유로 당적을 이탈·변경하거나 2 이상의 당적을 가지고 있는 때에는 국회법 제136조(퇴직) 또는 지방자치법 제78조(의원의 퇴직)의 규정에 불구하고 퇴직된다. 다만, 비례대표국회의원이 국회의장으로 당선되어 국회법 규정에 의하여 당적을 이탈한 경우에는 그러하지 아니하다.

Ⅲ 정당 조항의 규범적 의미

1. 헌법 제8조 제1항

헌법 제8조
① 정당의 설립은 자유이며, 복수정당제는 보장된다.

(1) 보장 내용

헌법 제8조 제1항은 국민 누구나가 원칙적으로 국가의 간섭을 받지 아니하고 '정당을 설립할 권리'를 국민의 기본권으로서 보장하면서, 정당설립의 자유를 보장한 것의 당연한 법적 산물인 '복수정당제'를 제도적으로 보장하고 있다(헌재 1999. 12. 23. 99헌마135).

(2) 정당의 자유

1) 주체

정당의 자유는 국민이 개인적으로 갖는 기본권일 뿐만 아니라, 단체로서의 정당이 가지는 기본권이다(헌재 2004. 12. 16. 2004헌마456). 한편 정당설립의 자유는 등록된 정당에게만 인정되는 기본권이 아니라 등록정당은 아니지만 권리능력 없는 사단의 실체를 가지고 있는 정당에게도 인정되는 기본권이다(헌재 2006. 3. 30. 2004헌마246).

> 📎 **판례**
>
> ▶ **등록이 취소된 정당**: 정당설립의 자유는 헌법 제8조 제1항 전단에 규정되어 있지만, 국민 개인과 정당 그리고 '권리능력 없는 사단'의 실체를 가지고 있는 등록 취소된 정당에게 인정되는 '기본권'이다(헌재 2014. 1. 28. 2012헌마431).

2) 내용

헌법 제8조 제1항 전단의 정당설립의 자유는 '정당설립의 자유'만이 아니라 '정당활동의 자유'를 포함한다. 즉, 헌법 제8조 제1항은 정당설립의 자유만이 아니라 누구나 국가의 간섭을 받지 아니하고 자유롭게 정당에 가입하고 정당으로부터 탈퇴할 수 있는 자유를 함께 보장한다. 따라서 정당설립의 자유는 당연히 정당의 존속과 정당활동의 자유도 보장하는 것이다. 구체적으로 정당의 자유는 개개인의 자유로운 정당설립 및 정당가입의 자유, 조직형식 내지 법형식 선택의 자유를 포함한다. 또한 정당설립의 자유는 설립에 대응하는 정당해산의 자유, 합당의 자유, 분당의 자유도 포함한다. 뿐만 아니라 정당설립의 자유는 개인이 정당 일반 또는 특정 정당에 가입하지 아니할 자유, 가입했던 정당으로부터 탈퇴할 자유 등 소극적 자유도 포함한다(헌재 2006. 3. 30. 2004헌마246).

> 📎 **판례**
>
> ▶ **정당의 자유**: 헌법 제8조 제1항이 명시하는 정당설립의 자유는 설립할 정당의 조직형태를 어떠한 내용으로 할 것인가에 관한 정당조직 선택의 자유 및 그와 같이 선택된 조직을 결성할 자유를 포함한다. 또한 헌법 제8조 제1항은 정당활동의 자유도 보장한다. 이와 같이 헌법 제8조 제1항은 정당설립의 자유, 정당조직의 자유, 정당활동의 자유 등을 포괄하는 정당의 자유를 보장하고 있다(헌재 2016. 3. 31. 2013헌가22).
>
> ▶ **정당의 명칭 사용**: 정당의 명칭은 그 정당의 정책과 정치적 신념을 나타내는 대표적인 표지에 해당하므로, 정당설립의 자유는 자신들이 원하는 명칭을 사용하여 정당을 설립하거나 정당활동을 할 자유도 포함한다(헌재 2014. 1. 28. 2012헌마431).

3) 위헌성 심사기준

헌법 제8조 제1항은 국민 누구나가 원칙적으로 국가의 간섭을 받지 아니하고 정당을 설립할 권리를 기본권으로 보장함과 아울러 복수정당제를 제도적으로 보장하고 있다. 따라서 입법자는 정당설립의 자유를 최대한 보장하는 방향으로 입법하여야 하고, 헌법재판소는 정당설립의 자유를 제한하는 법률의 합헌성을 심사할 때에 헌법 제37조 제2항에 따라 엄격한 비례심사를 하여야 한다(헌재 2014. 1. 28. 2012헌마431).

> **판례**

▶ **정당설립의 자유에 대한 국가의 간섭이나 침해의 원칙적 금지**: 헌법 제8조 제1항의 정당설립의 자유와 헌법 제8조 제4항의 입법취지를 고려하여 볼 때, 입법자가 정당으로 하여금 헌법상 부여된 기능을 이행하도록 하기 위하여 그에 필요한 절차적·형식적 요건을 규정함으로써 정당설립의 자유를 구체적으로 형성하고 동시에 제한하는 경우를 제외한다면 정당설립에 대한 국가의 간섭이나 침해는 원칙적으로 허용되지 않는다. 따라서 단지 국민으로부터 일정 수준의 정치적 지지를 얻지 못한 군소정당이라는 이유만으로 정당을 국민의 정치적 의사형성과정에서 배제하기 위한 입법은 헌법상 허용될 수 없다(헌재 2014. 1. 28. 2012헌마431).

▶ **정당의 설립 및 가입을 금지하는 법률조항을 정당화하는 사유의 중대성**: 민주적 의사형성과정의 개방성을 보장하기 위하여 정당설립의 자유를 최대한으로 보호하려는 헌법 제8조의 정신에 비추어, 정당의 설립 및 가입을 금지하는 법률조항은 이를 정당화하는 사유의 중대성에 있어서 적어도 '민주적 기본질서에 대한 위반'에 버금가는 것이어야 한다고 판단된다. 다시 말하면, 오늘날의 의회민주주의가 정당의 존재없이는 기능할 수 없다는 점에서 심지어 '위헌적인 정당을 금지해야 할 공익'도 정당설립의 자유에 대한 입법적 제한을 정당화하지 못하도록 규정한 것이 헌법의 객관적인 의사라면, 입법자가 그외의 공익적 고려에 의하여 정당설립금지조항을 도입하는 것은 원칙적으로 헌법에 위반된다(헌재 1999. 12. 23. 99헌마135).

▶ **허가절차의 금지**: 입법자가 정당으로 하여금 헌법상 부여된 기능을 이행하도록 하기 위하여 그에 필요한 절차적·형식적 요건을 규정함으로써 정당의 자유를 구체적으로 형성하고 동시에 제한하는 경우를 제외한다면, 정당설립에 대한 국가의 간섭이나 침해는 원칙적으로 허용되지 아니한다. 이는 곧 입법자가 정당설립과 관련하여 형식적 요건을 설정할 수는 있으나, 일정한 내용적 요건을 구비해야만 정당을 설립할 수 있다는 소위 '허가절차'는 헌법적으로 허용되지 아니한다는 것을 뜻한다(헌재 1999. 12. 23. 99헌마135).

▶ **발기인 및 당원 자격 제한의 최소화**: 특정 집단에 대하여 정당설립 및 가입을 금지하는 것은 원칙적으로 정당이 헌법상 부여받은 기능을 이행하기 위하여 필요하다고 판단되는 최소한의 조건에 대한 규율에 그쳐야 한다(헌재 1999. 12. 23. 99헌마135).

2. 헌법 제8조 제2항

헌법 제8조
② 정당은 그 목적·조직과 활동이 민주적이어야 하며, 국민의 정치적 의사형성에 참여하는데 필요한 조직을 가져야 한다.

헌법 제8조 제2항은 헌법 제8조 제1항에 의하여 정당의 자유가 보장됨을 전제로 하여, 그러한 자유를 누리는 정당의 목적·조직·활동이 민주적이어야 한다는 요청, 그리고 그 조직이 국민의 정치적 의사형성에 참여하는데 필요한 조직이어야 한다는 요청을 내용으로 하는 것으로서, 정당에 대하여 정당의 자유의 한계를 부과하는 것임과 동시에 입법자에 대하여 그에 필요한 입법을 해야 할 의무를 부과하고 있다. 그러나 이에 나아가 정당의 자유의 헌법적 근거를 제공하는 근거규범으로서 기능한다고는 할 수 없다(헌재 2004. 12. 16. 2004헌마456).

3. 헌법 제8조 제3항

헌법 제8조
③ 정당은 법률이 정하는 바에 의하여 국가의 보호를 받으며, 국가는 법률이 정하는 바에 의하여 정당 운영에 필요한 자금을 보조할 수 있다.

보조금제도는 정당이 정당으로서의 역할을 수행하는 데 소요되는 정치자금을 마련함에 있어 정치자금의 기부인인 각종 이익집단으로부터의 부당한 영향력을 배제함으로써 정치부패를 방지하고, 정당 간의 자금조달의 격차를 줄여 공평한 경쟁을 유도하며, 선거비용과 정당의 경비지출의 증가 추세에 따른 재정압박을 완화하여 정당의 원만한 기능을 보장하고 유능한 후보자의 당선가능성을 높이는 데에 그 입법목적이 있다(헌재 2006. 7. 27. 2004헌마655).

> 📖 **판례**
>
> ▶ **보조금을 배분받을 권리의 법적 성격**: 헌법 제8조 제3항의 규정에 의하여 정당에게 주어지는 보조금을 배분받을 권리는 보조금의 액수, 지급기준 및 대상, 용도 등에 관한 <u>구체적 사항이 법률에 규정됨으로써 비로소 구체적인 법적 권리로 형성되므로</u>, 입법자는 정당에 대한 보조금의 배분기준을 정함에 있어 입법정책적인 재량권을 가지나 합리적인 이유 없이 정당을 불평등하게 취급해서는 안 될 것이다(헌재 2006. 7. 27. 2004헌마655).

4. 헌법 제8조 제4항

> **헌법 제8조**
> ④ 정당의 목적이나 활동이 민주적 기본질서에 위배될 때에는 정부는 헌법재판소에 그 해산을 제소할 수 있고, 정당은 헌법재판소의 심판에 의하여 해산된다.

정당의 해산에 관한 헌법 제8조 제4항은 민주주의를 파괴하려는 세력으로부터 민주주의를 보호하려는 소위 '방어적 민주주의'의 한 요소이고, 다른 한편으로는 헌법 스스로가 정당의 정치적 성격을 이유로 하는 정당금지의 요건을 엄격하게 정함으로써 되도록 '민주적 정치과정의 개방성을 최대한으로 보장'하려는 것이다. 이에 따라 자유민주적 기본질서를 부정하고 이를 적극적으로 제거하려는 조직도, 국민의 정치적 의사형성에 참여하는 한, 정당의 자유의 보호를 받는 정당에 해당하며 오로지 헌법재판소가 그의 위헌성을 확인한 경우에만 정당은 정치생활의 영역으로부터 축출될 수 있다(헌재 1999. 12. 23. 99헌마135).

> 📖 **판례**
>
> ▶ **우리 헌법이 정당에 대하여 취하고 있는 규범적 태도**: 모든 정당의 존립과 활동은 최대한 보장되며, 설령 어떤 정당이 민주적 기본질서를 부정하고 이를 적극적으로 공격하는 것으로 보인다 하더라도 국민의 정치적 의사형성에 참여하는 정당으로서 존재하는 한 우리 헌법에 의해 최대한 두텁게 보호되므로, <u>단순히 행정부의 통상적인 처분에 의해서는 해산될 수 없고, 오직 헌법재판소가 그 정당의 위헌성을 확인하고 해산의 필요성을 인정한 경우에만 정당정치의 영역에서 배제된다</u>(헌재 1999. 12. 23. 99헌마135).

Ⅳ 정당의 성립

1. 정당의 구성

정당은 수도에 소재하는 중앙당과 특별시·광역시·도에 각각 소재하는 시·도당으로 구성한다(정당법 제3조).

2. 정당의 창당

정당의 창당활동은 발기인으로 구성하는 창당준비위원회가 하며(정당법 제5조), 창당준비위원회는 중앙당의 경우에는 200명 이상의, 시·도당의 경우에는 100명 이상의 발기인으로 구성한다(정당법 제6조).

3. 정당의 성립

정당은 중앙당이 중앙선거관리위원회에 등록함으로써 성립한다(정당법 제4조 제1항). 정당은 5 이상의 시·도당을 가져야 하며(정당법 제17조), 시·도당은 1천인 이상의 당원을 가져야 한다(정당법 제18조 제1항).

> **⚖️ 판례**
>
> ▶ **등록을 정당의 설립요건으로 정한 정당법 제4조 제1항이 청구인들의 정당의 자유를 침해하는지**(소극) : 정당등록 제도는 어떤 정치적 결사가 정당법상 정당임을 법적으로 확인하여 줌으로써 법적 안정성과 확실성에 기여하고, 창당준비위원회가 형식적 요건을 구비하여 등록을 신청하면 중앙선거관리위원회는 이를 반드시 수리하여야 하므로, 정당등록제도가 정당의 이념 등을 이유로 등록 여부를 결정하는 것이라고 볼 수는 없다. 따라서 정당등록조항이 과잉금지원칙을 위반하여 정당의 자유를 침해한다고 볼 수 없다(헌재 2023. 9. 26. 2021헌가23).
>
> ▶ **정당은 수도에 소재하는 중앙당과 5 이상의 특별시·광역시·도에 각각 소재하는 시·도당을 갖추어야 한다고 정한 정당법 제3조, 제4조 제2항 중 제17조에 관한 부분이 청구인들의 정당의 자유를 침해하는지**(소극) : 전국정당조항은 정당이 특정 지역에 편중되지 않고 전국적인 규모의 구성과 조직을 갖추어 국민의 정치적 의사를 균형 있게 집약, 결집하여 국가정책의 결정에 영향을 미칠 수 있도록 함으로써, 헌법 제8조 제2항 후단에 따라 정당에게 부여된 기능인 '국민의 정치적 의사형성에의 참여'를 실현하고자 하는 것이다. 지역적 연고에 지나치게 의존하는 정당정치 풍토가 다른 나라와 달리 우리의 정치현실에서는 특히 문제시되고 있고, 지역정당을 허용할 경우 지역주의를 심화시키고 지역 간 이익갈등이 커지는 부작용을 야기할 수도 있다는 점에서, 정당의 구성과 조직의 요건을 정함에 있어 전국적인 규모를 확보할 필요성이 인정된다. 이러한 정치현실과 우리나라에 현존하는 정당의 수에 비추어 보면, 전국정당조항이 과잉금지원칙에 반하여 정당의 자유를 침해한다고 볼 수 없다(헌재 2023. 9. 26. 2021헌가23).
>
> ▶ **정당의 시·도당은 1천인 이상의 당원을 가져야 한다고 규정한 정당법 제18조 제1항이 과잉금지원칙을 위반하여 청구인들의 정당의 자유를 침해하는지**(소극) : 법정당원수 조항은 국민의 정치적 의사형성에의 참여를 실현하기 위한 지속적이고 공고한 조직의 최소한을 갖추도록 하는 것이다. 우리나라에 현존하는 정당의 수, 각 시·도의 인구 및 유권자수, 인구수 또는 선거인수 대비 당원의 비율, 당원의 자격 등을 종합하여 보면, 각 시·도당에 1천인 이상의 당원을 요구하는 법정당원수 조항이 신생정당의 창당을 현저히 어렵게 하여 과도한 부담을 지운 것으로 보기는 어렵다. 따라서 법정당원수 조항이 과잉금지원칙을 위반하여 정당의 자유를 침해한다고 볼 수 없다(헌재 2023. 9. 26. 2021헌가23).

4. 정당의 합당

정당이 새로운 당명으로 합당(신설합당)하거나 다른 정당에 합당(흡수합당)될 때에는 합당을 하는 정당들의 대의기관이나 그 수임기관의 합동회의의 결의로써 합당할 수 있다(정당법 제19조 제1항). 합당으로 신설 또는 존속하는 정당은 합당 전 정당의 권리·의무를 승계한다(정당법 제19조 제5항).

> **⚖️ 판례**
>
> ▶ **정당법 제4조의2에 의한 합당의 경우, 합당으로 인한 권리의무의 승계에 관하여 정당의 결의로써 제한할 수 있는지**(소극) : 정당법 제4조의2 제5항에 의하면, 합당으로 신설 또는 존속하는 정당은 합당 전 정당의 권리의무를 승계하는 것으로 규정되어 있는바, 위 정당법 조항에 의한 합당의 경우에 합당으로 인한 권리의무의 승계조항은 강행규정으로서 합당 전 정당들의 해당 기관의 결의나 합동회의의 결의로써 달리 정하였더라도 그 결의는 효력이 없다(대판 2002. 2. 8. 2001다68969).

5. 발기인 및 당원자격

16세 이상의 국민은 공무원 그 밖에 그 신분을 이유로 정당가입이나 정치활동을 금지하는 다른 법령의 규정에 불구하고 누구든지 정당의 발기인 및 당원이 될 수 있다. 다만, 국가공무원법 또는 지방공무원법에 규정된 공무원(대통령, 국무총리, 국무위원, 국회의원, 지방의회의원, 선거에 의하여 취임하는 지방자치단체의 장, 국회 부의장의 수석비서관·비서관·비서·행정보조요원, 국회 상임위원회·예산결산특별위원회·윤리특별위원회 위원장의 행정보조요원, 국회의원의 보좌관·비서관·비서, 국회 교섭단체대표의원의 행정비서관, 국회 교섭단체의 정책연구위원·행정보조요원과 고등교육법에 따른 교원은 제외), 고등교육법에 따른 교원을 제외한 사립학교의 교원, 법령의 규정에 의하여 공무원의 신분을 가진 자, 공직선거법에 따른 선거권이 없는 사람은 정당의 발기인 및 당원이 될 수 없다(정당법 제22조 제1항). 한편 대한민국 국민이 아닌 자는 당원이 될 수 없다(정당법 제22조 제2항).

🔎 판례

▶ **국회의원 선거권이 있는 자만 정당의 발기인 및 당원이 될 수 있도록 규정하고 있는 정당법 제22조 제1항 부분이 19세 미만인 사람의 정당의 자유를 침해하는지**(소극) : 정당원 등 자격조항이 19세 미만인 사람에 대해 정당의 발기인 및 당원이 될 수 없도록 하는 것은 정치적 판단능력이 미약한 사람들이 정당의 발기인 및 당원이 되는 것을 제한하여 정당의 헌법상 기능을 보호하기 위한 것으로 입법목적의 정당성 및 방법의 적절성이 인정된다. 정당의 중요 공적 기능을 고려하면 정당설립의 자유만을 제한하거나 일정한 형태의 정당 활동의 자유만을 제한하는 것으로는 입법목적을 달성하기 어렵고, 정당 외에 일반적 결사체 설립을 제한하는 것은 아니며, 19세가 될 때까지의 기간만 이를 유예하는 취지라는 점, 미성년자는 정신적·신체적 자율성이 불충분하고 가치중립적인 교육을 받아야 한다는 점 등을 고려하면 침해최소성 원칙에 반하지 않고, 이 조항으로 인하여 19세 미만인 사람들이 정당의 자유를 제한받는 것보다 정치적 판단능력이 미약한 사람이 정당을 설립하고 가입함으로 인하여 정당의 기능이 침해될 위험성은 크다고 할 것이므로 법익균형성도 충족된다(헌재 2014. 4. 24. 2012헌마287).

▶ **공무원의 정당가입을 금지하는 구 정당법 조항이 공무원인 청구인들의 정당가입의 자유를 침해하고, 정당가입이 허용되는 대학교원과 비교할 때 평등원칙에 어긋나는지**(소극) : 정당가입 금지조항은 공무원의 정치적 중립성을 보장하고 초·중등학교 교육의 중립성을 확보한다는 점에서 입법목적의 정당성이 인정되고, 정당에의 가입을 금지하는 것은 입법목적 달성을 위한 적합한 수단이다. 공무원은 정당의 당원이 될 수 없을 뿐, 정당에 대한 지지를 선거와 무관하게 개인적인 자리에서 밝히거나 투표권을 행사하는 등의 활동은 허용되므로 침해의 최소성 원칙에 반하지 않는다. 정치적 중립성, 초·중등학교 학생들에 대한 교육기본권 보장이라는 공익은 공무원이 제한받는 불이익에 비하여 크므로 법익균형성도 인정된다. 또한 초·중등학교 교원에 대하여는 정당가입을 금지하면서 대학교원에게는 허용하는 것은, 기초적인 지식전달, 연구기능 등 직무의 본질이 서로 다른 점을 고려한 합리적 차별이므로 평등원칙에 반하지 아니한다(헌재 2014. 3. 27. 2011헌바42).

▶ **초·중등학교의 교육공무원이 정당의 발기인 및 당원이 될 수 없도록 규정한 정당법 조항이 청구인들의 정당가입의 자유 등을 침해하는지**(소극) : 이 사건 정당가입 금지조항은 국가공무원이 정당에 가입하는 것을 금지함으로써 공무원이 국민 전체에 대한 봉사자로서 그 임무를 충실히 수행할 수 있도록 정치적 중립성을 보장하고, 초·중등학교 교원이 당파적 이해관계의 영향을 받지 않도록 교육의 중립성을 확보하기 위한 것이므로, 목적의 정당성 및 수단의 적합성이 인정된다. 공무원의 정치적 행위가 직무 내의 것인지 직무 외의 것인지 구분하기 어려운 경우가 많고, 공무원의 행위는 근무시간 내외를 불문하고 국민에게 중대한 영향을 미치므로, 직무 내의 정당 활동에 대한 규제만으로는 입법목적을 달성하기 어렵다. 또한 정당에 대한 지지를 선거와 무관하게 개인적인 자리에서 밝히거나 선거에서 투표를 하는 등 일정한 범위 내의 정당관련 활동은 공무원에게도 허용되므로 이 사건 정당가입 금지조항은 침해의 최소성 원칙에 반하지 않는다. 정치적 중립성, 초·중등학교 학생들에 대한 교육기본권 보장이라는 공익은 공무원들이 제한받는 사익에 비해 중대하므로 법익의 균형성 또한 인정된다. 따라서 이 사건 정당가입 금지조항은 과잉금지원칙에 위배되지 않는다. 이 사건 정당가입 금지조항이 초·중등학교 교원에 대해서는 정당가입의 자유를 금지하면서 대학의 교원에게 이를 허용한다 하더라도, 이는 기초적인 지식전달, 연구기능 등 양자 간 직무의 본질과 내용, 근무 태양이 다른 점을 고려한 합리적인 차별이므로 평등원칙에 위배되지 않는다(헌재 2020. 4. 23. 2018헌마551).

▶ **사회복무요원이 정당 가입을 할 수 없도록 규정한 병역법 제33조 제2항 본문 제2호 부분이 사회복무요원인 청구인의 정치적 표현의 자유 및 결사의 자유를 침해하는지**(소극): 이 사건 법률조항 중 '정당'에 관한 부분은 사회복무요원의 정치적 중립성을 유지하고 업무전념성을 보장하기 위한 것으로, 정당은 개인적 정치활동과 달리 국민의 정치적 의사형성에 미치는 영향력이 크므로 사회복무요원의 정당 가입을 금지하는 것은 입법목적을 달성하기 위한 적합한 수단이다. 정당에 관련된 표현행위는 직무 내외를 구분하기 어려우므로 '직무와 관련된 표현행위만을 규제'하는 등 기본권을 최소한도로 제한하는 대안을 상정하기 어려우며, 위 입법목적이 사회복무요원이 제한받는 사익에 비해 중대하므로 이 사건 법률조항 중 '정당'에 관한 부분은 청구인의 정치적 표현의 자유 및 결사의 자유를 침해하지 않는다(헌재 2021. 11. 25. 2019헌마534).

▶ **검찰총장은 퇴직 후 2년 이내에 정당의 발기인이나 당원이 될 수 없도록 하는 검찰청법 제12조 제5항 등이 정치적 결사의 자유와 참정권을 침해하는지**(적극): 이 규정은 과거의 특정신분만을 이유로 한 개별적 기본권 제한으로서 그 차별의 합리성을 인정하기 어렵고, 검찰권 행사의 정치적 중립이라는 입법목적을 얼마나 달성할 수 있을지 그 효과에 있어서도 의심스러우므로, 결국 검찰총장에서 퇴직한지 2년이 지나지 아니한 자의 정치적 결사의 자유와 참정권(선거권과 피선거권) 등 우월적 지위를 갖는 기본권을 과잉금지원칙에 위반되어 침해하고 있다고 아니할 수 없다(헌재 1997. 7. 16. 97헌마26).

▶ **경찰청장으로 하여금 퇴직 후 2년 이내에 정당의 설립과 가입을 금지하고 있는 경찰청법 제11조 제4항이 정당설립 및 가입의 자유를 침해하는지**(적극): 선거직이 아닌 다른 공직에 취임하거나 공기업의 임원 등이 될 수 있는 그외의 다양한 가능성을 그대로 개방한 채 단지 정당의 공천만을 금지한 점, 경찰청장의 경우에는 검찰총장과 달리 임기를 보장하는 조항이나 중임금지조항 등 재임중의 정치적 중립성을 확보하기 위하여 전제되어야 하는 기본적인 규정이 없는 점, 본질적으로 경찰청장의 정치적 중립성은 그의 직무의 정치적 중립을 존중하려는 집권세력이나 정치권의 노력이 선행되지 않고서는 결코 실현될 수 없다는 사실 등에 비추어 볼 때, 경찰청장이 퇴임 후 공직선거에 입후보하는 경우 당적취득금지의 형태로써 정당의 추천을 배제하고자 하는 이 사건 법률조항이 어느 정도로 입법목적인 '경찰청장 직무의 정치적 중립성'을 확보할 수 있을지 그 실효성이 의문시된다. 따라서 이 사건 법률조항은 정당의 자유를 제한함에 있어서 갖추어야 할 적합성의 엄격한 요건을 충족시키지 못한 것으로 판단되므로 이 사건 법률조항은 정당설립 및 가입의 자유를 침해하는 조항이다(헌재 1999. 12. 23. 99헌마135).

▶ **"누구든지 2 이상의 정당의 당원이 되지 못한다."라고 규정하고 있는 정당법 제42조 제2항이 정당의 당원인 청구인들의 정당 가입·활동의 자유를 침해하는지**(소극): 심판대상조항은 정당의 정체성을 보존하고 정당 간의 위법·부당한 간섭을 방지함으로써 정당정치를 보호·육성하기 위한 것으로 이러한 입법목적은 정당하고, 입법목적 달성을 위한 적합한 수단에 해당한다. 복수 당적 보유가 허용될 경우 정당 간의 부당한 간섭이 발생하거나 정당의 정체성이 약화될 수 있고, 그 결과 정당이 국민의 정치적 의사형성에 참여하고 필요한 조직을 갖추어야 한다는 헌법적 과제를 효과적으로 수행하지 못하게 될 우려가 있다. … 정당의 당원인 청구인들로 하여금 다른 정당의 당원이 될 수 없도록 하는 정당 가입·활동 자유 제한의 정도가 정당정치를 보호·육성하고자 하는 공익에 비하여 중하다고 볼 수 없다. 따라서 심판대상조항이 정당의 당원인 청구인들의 정당 가입·활동의 자유를 침해한다고 할 수 없다(헌재 2022. 3. 31. 2020헌마1729).

V 정당의 조직과 운영

1. 조직

정당은 민주적인 내부질서를 유지하기 위하여 당원의 총의를 반영할 수 있는 대의기관 및 집행기관과 소속 국회의원이 있는 경우에는 의원총회를 가져야 한다(정당법 제29조 제1항).

2. 운영

(1) 활동의 자유

정당은 헌법과 법률에 의하여 활동의 자유를 가진다(정당법 제37조 제1항).

(2) 정당명칭 사용금지

정당법에 의하여 등록된 정당이 아니면 그 명칭에 정당임을 표시하는 문자를 사용하지 못한다(정당법 제41조 제1항). 등록취소된 정당의 명칭과 같은 명칭은 등록취소된 날부터 최초로 실시하는 임기만료에 의한 국회의원선거의 선거일까지 정당의 명칭으로 사용할 수 없다(정당법 제44조 제4항).

> 🔖 **판례**
>
> ▶ **정당법상 등록된 정당이 아니면 정당이라는 명칭을 사용하지 못하게 하는 정당법 제41조 제1항이 정당의 자유를 침해하는지**(소극) : 정당명칭사용금지조항은 정당법에 따른 등록요건을 갖추지 못한 단체들이 임의로 정당이라는 명칭을 사용하는 것을 금지하여 정당등록제도 및 등록요건의 실효성을 담보하고, 국민의 정치적 의사형성 참여과정에 혼란이 초래되는 것을 방지하기 위한 것이다. 정당의 명칭사용과 관련하여 국민의 정치적 의사형성 참여과정에 위협이 되는 행위만 일일이 선별하여 금지하는 것은 현실적으로 어렵고, 1년 이하의 징역 또는 100만 원 이하의 벌금이라는 법정형이 과도하다고 보기도 어렵다. 따라서 정당명칭사용금지조항이 과잉금지원칙을 위반하여 정당의 자유를 침해한다고 볼 수 없다(헌재 2023. 9. 26. 2021헌가23).
>
> ▶ **정당등록취소조항에 의하여 등록취소된 정당의 명칭과 같은 명칭을 등록취소된 날부터 최초로 실시하는 임기만료에 의한 국회의원선거의 선거일까지 정당의 명칭으로 사용할 수 없도록 한 정당법 제41조 제4항 중 제44조 제1항 제3호에 관한 부분이 정당설립의 자유를 침해하는지**(적극) : 정당명칭사용금지조항은 정당등록취소조항에 의하여 등록이 취소된 정당의 명칭을 등록취소된 날부터 최초로 실시하는 임기만료에 의한 국회의원선거의 선거일까지 정당의 명칭으로 사용할 수 없게 하는 조항인바, 이는 정당등록취소조항을 전제로 하고 있으므로 같은 이유에서 정당설립의 자유를 침해한다(헌재 2014. 1. 28. 2012헌마431).

(3) 서면결의의 금지

대의기관의 결의와 소속 국회의원의 제명에 관한 결의는 서면이나 대리인에 의하여 의결할 수 없다(정당법 제32조 제1항).

(4) 정당소속 국회의원의 제명

정당이 그 소속 국회의원을 제명하기 위해서는 당헌이 정하는 절차를 거치는 외에 그 소속 국회의원 전원의 2분의 1 이상의 찬성이 있어야 한다(정당법 제33조).

(5) 비례대표국회의원선거의 후보자추천

정당이 공직선거법에 따라 비례대표국회의원선거의 후보자를 추천하는 경우에는 당헌·당규 또는 그 밖의 내부규약 등으로 정하는 바에 따라 민주적 절차를 거쳐 추천할 후보자를 결정한다(정당법 제36조의2).

Ⅵ 정당의 소멸

1. 소멸 사유

(1) 등록의 취소

정당이 법정시·도당수 및 시·도당의 법정당원수의 요건을 구비하지 못하게 된 때, 최근 4년간 임기만료에 의한 국회의원선거 또는 임기만료에 의한 지방자치단체의 장선거나 시·도의회의원 선거에 참여하지 아니한 때, 임기만료에 의한 국회의원선거에 참여하여 의석을 얻지 못하고 유효 투표총수의 100분의 2 이상을 득표하지 못한 때에는 당해 선거관리위원회는 그 등록을 취소한다 (정당법 제44조 제1항).

> **⚖ 판례**
>
> ▶ **국회의원선거에 참여하여 의석을 얻지 못하고 유효투표총수의 100분의 2 이상을 득표하지 못한 정당에 대해 그 등록을 취소하도록 한 정당법 제44조 제1항 제3호가 정당설립의 자유를 침해하는지**(적극) : 정당등록의 취소는 정당의 존속 자체를 박탈하여 모든 형태의 정당활동을 불가능하게 하므로, 그에 대한 입법은 필요최소한의 범위에서 엄격한 기준에 따라 이루어져야 한다. 그런데 일정기간 동안 공직선거에 참여할 기회를 수 회 부여하고 그 결과에 따라 등록취소 여부를 결정하는 등 덜 기본권 제한적인 방법을 상정할 수 있고, 정당법에서 법정의 등록요건을 갖추지 못하게 된 정당이나 일정 기간 국회의원선거 등에 참여하지 아니한 정당의 등록을 취소하도록 하는 등 현재의 법체계 아래에서도 입법목적을 실현할 수 있는 다른 장치가 마련되어 있으므로, 정당등록취소조항은 침해의 최소성 요건을 갖추지 못하였다. 나아가, 정당등록취소조항은 어느 정당이 대통령선거나 지방자치선거에서 아무리 좋은 성과를 올리더라도 국회의원선거에서 일정 수준의 지지를 얻는 데 실패하면 등록이 취소될 수밖에 없어 불합리하고, 신생·군소정당으로 하여금 국회의원선거에의 참여 자체를 포기하게 할 우려도 있어 법익의 균형성 요건도 갖추지 못하였다. 따라서 정당등록취소조항은 과잉금지원칙에 위반되어 청구인들의 정당설립의 자유를 침해한다(헌재 2014. 1. 28. 2012헌마431).

(2) 자진해산

정당은 그 대의기관의 결의로써 해산할 수 있다(정당법 제45조 제1항).

2. 잔여재산의 처분

정당이 등록이 취소되거나 자진해산한 때에는 그 잔여재산은 당헌이 정하는 바에 따라 처분하며 (정당법 제48조 제1항), 처분되지 아니한 정당의 잔여재산 및 헌법재판소의 해산결정에 의하여 해산된 정당의 잔여재산은 국고에 귀속한다(정당법 제48조 제2항).

Ⅶ 위헌정당해산제도

> **헌법 제8조**
> ④ 정당의 목적이나 활동이 민주적 기본질서에 위배될 때에는 정부는 헌법재판소에 그 해산을 제소할 수 있고, 정당은 헌법재판소의 심판에 의하여 해산된다.

1. 위헌정당해산제도의 의의

(1) 위헌정당해산제도의 개념

위헌정당해산제도란 민주적 기본질서를 침해하려는 비민주적 정당의 활동으로부터 헌법 질서와 민주주의를 지키기 위한 헌법 보장 제도를 말한다. 위헌정당해산제도는 방어적 민주주의에 기반을 둔 제도로서 자유의 이름으로 자유를 파괴하거나, 민주주의의 이름으로 민주주의를 파괴하려는 것을 막기 위한 것이다.

🔨 판례

▶ **정당해산심판제도의 필요성** : 파시즘과 전체주의에 경도된 정당이 민주적 지지를 얻고 집권한 후 숭고한 인간성을 말살하고 인류의 보편적 가치를 훼손했던 지난 세기의 경험과 그러한 비정상적인 지배로부터 벗어나 다시금 민주주의 체제를 건설하기까지 오랜 시간과 노력, 사회적 희생이 있었다는 역사적 교훈을 쉽게 잊어서는 안 될 것이다. 따라서 그들이 이 민주주의 체제를 공격함으로써 이를 폐지하거나 혹은 심각하게 훼손시켜 그것이 유명무실해지도록 만드는 것을 사전에 방지할 제도적 장치로서 정당해산심판제도의 필요성 역시 인정된다(헌재 2014. 12. 19. 2013헌다1).

(2) 위헌정당해산제도의 연혁

1958년 진보당이 정부의 등록취소라는 행정처분으로 해산된 이후 정당의 지위를 헌법적으로 보장하기 위해 제2공화국 헌법은 처음으로 위헌정당해산제도를 도입하여 헌법재판소의 해산결정에 의해서만 정당을 해산시킬 수 있도록 규정하였다. 이후 제3공화국 헌법에서는 대법원에 의한 정당해산조항을, 제4·5공화국 헌법에서는 헌법위원회에 의한 정당해산조항을 두었고, 현행헌법은 다시 헌법재판소에 의한 정당해산제도를 규정하고 있다.

🔨 판례

▶ **정당해산심판제도의 이중적 의미** : 정당해산심판제도는 정부의 일방적인 행정처분에 의해 진보적 야당이 등록취소되어 사라지고 말았던 우리 현대사에 대한 반성의 산물로서 제3차 헌법 개정을 통해 헌법에 도입된 것이다. 우리나라의 경우 이 제도는 발생사적 측면에서 정당을 보호하기 위한 절차로서의 성격이 부각된다. 따라서 모든 정당의 존립과 활동은 최대한 보장되며, 설령 어떤 정당이 민주적 기본질서를 부정하고 이를 적극적으로 공격하는 것으로 보인다 하더라도 국민의 정치적 의사형성에 참여하는 정당으로서 존재하는 한 헌법에 의해 최대한 두텁게 보호되므로, 단순히 행정부의 통상적인 처분에 의해서는 해산될 수 없고, 오직 헌법재판소가 그 정당의 위헌성을 확인하고 해산의 필요성을 인정한 경우에만 정당정치의 영역에서 배제된다. 그러나 한편 이 제도로 인해서, 정당활동의 자유가 인정된다 하더라도 민주적 기본질서를 침해해서는 안 된다는 헌법적 한계 역시 설정된다(헌재 2014. 12. 19. 2013헌다1).

2. 위헌정당해산의 실질적 요건

(1) 정당

위헌정당해산제도에 의해 해산의 대상이 되는 정당은 중앙선거관리위원회에 등록을 필한 기성정당을 말한다. 따라서 정당의 방계조직이나 위장조직 그리고 대체 정당은 일반결사에 불과하므로 행정처분으로 해산될 수 있다.

(2) 목적과 활동

1) 정당의 목적

정당의 목적이란, 어떤 정당이 추구하는 정치적 방향이나 지향점 혹은 현실 속에서 구현하고자 하는 정치적 계획 등을 통칭한다(헌재 2014. 12. 19. 2013헌다1).

> **⚖ 판례**
>
> ▶ **정당의 목적**: 정당의 목적은 주로 정당의 공식적인 강령이나 당헌의 내용을 통해 드러나겠지만, 그밖에 정당대표나 주요 당직자 및 정당관계자(국회의원 등)의 공식적 발언, 정당의 기관지나 선전자료와 같은 간행물, 정당의 의사결정과정에서 일정한 영향력을 가지거나 정당의 이념으로부터 영향을 받은 당원들의 행위 등도 정당의 목적을 파악하는 데에 도움이 될 수 있다. 만약 정당의 진정한 목적이 숨겨진 상태라면 공식 강령은 이른바 허울이나 장식에 불과할 것이고, 이 경우에는 강령 이외의 자료를 통해 진정한 목적을 파악해야 한다 (헌재 2014. 12. 19. 2013헌다1).

2) 정당의 활동

정당의 활동이란 정당 기관의 행위나 주요 정당관계자, 당원 등의 행위로서 그 정당에게 귀속시킬 수 있는 활동 일반을 의미한다(헌재 2014. 12. 19. 2013헌다1).

> **⚖ 판례**
>
> ▶ **정당의 활동**: 당대표의 활동, 대의기구인 당대회와 중앙위원회의 활동, 집행기구인 최고위원회의 활동, 원내기구인 원내의원총회와 원내대표의 활동 등 정당 기관의 활동은 정당 자신의 활동이므로 원칙적으로 정당의 활동으로 볼 수 있고, 정당의 최고위원 등 주요 당직자의 공개된 정치 활동은 일반적으로 그 지위에 기하여 한 것으로 볼 수 있으므로 원칙적으로 정당에 귀속시킬 수 있을 것으로 보인다. 정당 소속의 국회의원 등은 비록 정당과 밀접한 관련성을 가지지만 헌법상으로는 정당의 대표자가 아닌 국민 전체의 대표자이므로 그들의 행위를 곧바로 정당의 활동으로 귀속시킬 수는 없겠으나, 가령 그들의 활동 중에서도 국민의 대표자의 지위가 아니라 그 정당에 속한 유력한 정치인의 지위에서 행한 활동으로서 정당과 밀접하게 관련되어 있는 행위들은 정당의 활동이 될 수도 있을 것이다. 그 밖의 정당에 속한 개인이나 단체의 활동은 그러한 활동이 이루어진 구체적인 경위를 살펴서 그것을 정당의 활동으로 볼 수 있는 사정이 있는지를 판단해야 한다. 예컨대, 활동을 한 개인이나 단체의 지위 등에 비추어 볼 때 정당이 그러한 활동을 할 권한을 부여하거나 그 활동을 독려하였는지 여부, 설령 그러한 권한의 부여 등이 없었다 하더라도 사후에 그 활동을 적극적으로 옹호하는 등 그 활동을 사실상 정당의 활동으로 추인한 것과 같다고 볼 수 있는 사정이 있는지 여부, 혹은 사전에 그 정당이 그러한 활동의 계획을 알았더라도 이를 정당 차원에서 지원하고 지지했을 것이라고 가정적으로 판단할 수 있는 사정이 있는지 여부 등을 구체적으로 살펴 전체적이고 종합적으로 판단해야 한다. 반면, 정당대표나 주요 관계자의 행위라 하더라도 개인적 차원의 행위에 불과한 것이라면 이러한 행위에 대해서까지 정당해산심판의 심판대상이 되는 활동으로 보기는 어렵다(헌재 2014. 12. 19. 2013헌다1).

(3) 민주적 기본질서 위배

1) 민주적 기본질서의 의미

정당해산심판제도가 수호하고자 하는 민주적 기본질서는 우리가 오늘날의 입헌적 민주주의 체제를 구성하고 운영하는 데에 필요한 가장 핵심적인 내용이나 요소를 의미하는 것으로서, 민주적이고 자율적인 정치적 절차를 통해 국민적 의사를 형성·실현하기 위한 요소, 즉 민주주의 원리에 입각한 요소들과 이러한 정치적 절차를 운영하고 보호하는 데에 필요한 기본적인 요소, 즉 법치주의 원리에 입각한 요소들 중에서 필요불가결한 부분이 중심이 되어야 한다. 이는 이것이 보장되지 않으면 우리의 입헌적 민주주의 체제가 유지될 수 없다고 평가되는 최소한의 내용이라 하겠다.

결국 우리 헌법 제8조 제4항이 의미하는 민주적 기본질서는, 개인의 자율적 이성을 신뢰하고 모든 정치적 견해들이 각각 상대적 진리성과 합리성을 지닌다고 전제하는 다원적 세계관에 입각한 것으로서, 모든 폭력적·자의적 지배를 배제하고, 다수를 존중하면서도 소수를 배려하는 민주적 의사결정과 자유·평등을 기본원리로 하여 구성되고 운영되는 정치적 질서를 말하며, 구체적으로는 국민주권의 원리, 기본적 인권의 존중, 권력분립제도, 복수정당제도 등이 현행 헌법상 주요한 요소라고 볼 수 있다(헌재 2014. 12. 19. 2013헌다1).

> ✎ **판례**
>
> ▶ **헌법 제8조 제4항의 민주적 기본질서의 개념을 최대한 엄격하고 협소한 의미로 이해해야 하는 이유** : 헌법 제8조 제4항의 민주적 기본질서 개념은 정당해산결정의 가능성과 긴밀히 결부되어 있다. 이 민주적 기본질서의 외연이 확장될수록 정당해산결정의 가능성은 확대되고, 이와 동시에 정당 활동의 자유는 축소될 것이다. 민주 사회에서 정당의 자유가 지니는 중대한 함의나 정당해산심판제도의 남용가능성 등을 감안한다면, 헌법 제8조 제4항의 민주적 기본질서는 최대한 엄격하고 협소한 의미로 이해해야 한다. 따라서 민주적 기본질서를 현행 헌법이 채택한 민주주의의 구체적 모습과 동일하게 보아서는 안 된다. 정당이 민주적 기본질서, 즉 민주적 의사결정을 위해서 필요한 불가결한 요소들과 이를 운영하고 보호하는 데 필요한 최소한의 요소들을 수용한다면, 현행 헌법이 규정한 민주주의 제도의 세부적 내용에 관해서는 얼마든지 그와 상이한 주장을 개진할 수 있는 것이다. 마찬가지로, 민주적 기본질서를 부정하지 않는 한 정당은 각자가 옳다고 믿는 다양한 스펙트럼의 이념적인 지향을 자유롭게 추구할 수 있다. 오늘날 정당은 자유민주주의 이념을 추구하는 정당에서부터 공산주의 이념을 추구하는 정당에 이르기까지 그 이념적 지향점이 매우 다양하므로, 어떤 정당이 특정 이념을 표방한다 하더라도 그 정당의 목적이나 활동이 민주적 기본질서의 내용들을 침해하는 것이 아닌 한 그 특정 이념의 표방 그 자체만으로 곧바로 위헌적인 정당으로 볼 수는 없다. 정당해산 여부를 결정하는 문제는 결국 그 정당이 표방하는 정치적 이념이 무엇인지가 아니라 그 정당의 목적이나 활동이 민주적 기본질서에 위배되는지 여부에 달려있기 때문이다(헌재 2014. 12. 19. 2013헌다1).

2) 위배될 때의 의미

헌법 제8조 제4항에서 말하는 민주적 기본질서의 위배란, 민주적 기본질서에 대한 단순한 위반이나 저촉을 의미하는 것이 아니라, 민주 사회의 불가결한 요소인 정당의 존립을 제약해야 할 만큼 그 정당의 목적이나 활동이 우리 사회의 민주적 기본질서에 대하여 실질적인 해악을 끼칠 수 있는 구체적 위험성을 초래하는 경우를 가리킨다(헌재 2014. 12. 19. 2013헌다1).

⑷ **비례의 원칙**

정당해산심판제도에서 헌법재판소의 정당해산결정이 정당의 자유를 침해할 수 있는 국가권력에 해당하므로 헌법재판소가 정당해산결정을 내리기 위해서는 그 해산결정이 비례원칙에 부합하는지를 숙고해야 하는바, 이 경우의 비례원칙 준수 여부는 그것이 통상적으로 기능하는 위헌심사의 척도가 아니라 헌법재판소의 정당해산결정이 충족해야 할 일종의 헌법적 요건 혹은 헌법적 정당화 사유에 해당한다.

헌법 제37조 제2항의 내용, 침익적 국가권력의 행사에 수반되는 법치국가적 한계, 나아가 정당해산심판제도의 최후수단적 성격이나 보충적 성격을 감안한다면, 헌법 제8조 제4항의 명문규정상 요건이 구비된 경우에도 해당 정당의 위헌적 문제성을 해결할 수 있는 다른 대안적 수단이 없고, 정당해산결정을 통하여 얻을 수 있는 사회적 이익이 정당해산결정으로 인해 초래되는 정당의 정당활동 자유 제한으로 인한 불이익과 민주주의 사회에 대한 중대한 제약이라는 사회적 불이익을 초과할 수 있을 정도로 큰 경우에 한하여 정당해산결정이 헌법적으로 정당화될 수 있다(헌재 2014. 12. 19. 2013헌다1).

3. 위헌정당해산의 절차적 요건

(1) 정부의 해산 제소

정당의 목적이나 활동이 민주적 기본질서에 위배될 때 정부는 헌법재판소에 해산을 제소할 수 있다. 정부가 해산제소를 하기 전에 국무회의의 심의를 거쳐야 한다(헌법 제89조 14호).

> **판례**
>
> ▶ **대통령의 해외 순방 중 국무총리가 주재한 국무회의에서 이루어진 정당해산심판청구서 제출안에 대한 의결이 위법한지**(소극) : 대통령은 국무회의의 의장으로서 회의를 소집하고 이를 주재하지만 대통령이 사고로 직무를 수행할 수 없는 경우에는 국무총리가 그 직무를 대행할 수 있고, 대통령이 해외 순방 중인 경우는 '사고'에 해당되므로, 대통령의 직무상 해외 순방 중 국무총리가 주재한 국무회의에서 이루어진 정당해산심판청구서 제출안에 대한 의결은 위법하지 아니하다(헌재 2014. 12. 19. 2013헌다1).

(2) 헌법재판소의 심판

1) 정족수 및 심리방식

위헌정당해산심판을 심리함에 있어 헌법재판소는 재판관 7인 이상의 출석으로 사건을 심리하고(헌법재판소법 제23조 제1항), 심리방식은 구두변론에 의하며, 심판의 변론과 결정의 선고는 공개한다(헌법재판소법 제30조 제1항, 제34조 제1항).

2) 가처분 결정

헌법재판소는 정당해산심판의 청구를 받은 때에 청구인의 신청 또는 직권으로 종국결정의 선고 시까지 피청구인의 활동을 정지하는 결정을 할 수 있다(헌법재판소법 제57조).

> **판례**
>
> ▶ **정당해산심판에 가처분을 허용하는 헌법재판소법 제57조가 청구인의 정당활동의 자유를 침해하는지**(소극) : 가처분조항은 정당해산심판이 갖는 헌법보호라는 측면에 비추어 그 필요성이 인정되므로 입법목적의 정당성 및 수단의 적절성이 인정된다. 또한 가처분 결정이 인용되려면 인용요건이 충족되어야 하고, 그 인용범위도 종국결정의 실효성을 확보하고 헌법질서를 보호하기 위해 필요한 범위 내로 한정되며, 인용 시 종국결정 선고 시까지만 정당의 활동을 정지시키므로 기본권 제한 범위가 광범위하다고 볼 수 없다. 나아가 가처분과 동등하거나 유사한 효과가 있는 보다 덜 침해적인 사후적 수단이 존재한다고 볼 수도 없으므로 침해최소성의 요건도 충족한다. 아울러 정당해산심판의 실효성 확보 및 헌법질서의 유지 및 수호라는 공익은 정당해산심판의 종국결정 시까지 잠정적으로 제한되는 정당활동의 자유에 비하여 결코 작다고 볼 수 없으므로 법익균형성요건도 충족하였다. 따라서 가처분조항은 정당활동의 자유를 침해한다고 볼 수 없다(헌재 2014. 2. 27. 2014헌마7).

3) 결정 및 집행

정당해산의 결정은 재판관 6인 이상의 찬성이 있어야 하고(헌법재판소법 제23조 제2항), 정당의 해산을 명하는 헌법재판소의 결정은 중앙선거관리위원회가 정당법의 규정에 의하여 이를 집행한다(헌법재판소법 제60조).

4) 통지

헌법재판소장은 정당해산심판의 청구가 있는 때, 가처분결정을 한 때 및 그 심판이 종료한 때에는 그 사실을 국회와 중앙선거관리위원회에 통지하여야 한다(헌법재판소법 제58조 제1항).

5) 준용규정

정당해산심판에 관하여는 헌법재판소법에 특별한 규정이 있는 경우를 제외하고는 헌법재판의 성질에 반하지 아니하는 한도 내에서 민사소송에 관한 법령을 준용한다(헌법재판소법 제40조 제1항). 헌법재판소는 "증거조사와 사실인정에 관한 민사소송법의 규정을 적용함으로써 실체적 진실과 다른 사실관계가 인정될 수 있는 규정은 헌법과 정당을 동시에 보호하는 정당해산심판의 성질에 반하는 것으로 준용될 수 없을 것이다. 또 민사소송에 관한 법령의 준용이 배제되어 법률의 공백이 생기는 부분에 대하여는 헌법재판소가 정당해산심판의 성질에 맞는 절차를 창설하여 이를 메울 수밖에 없다. 이와 같이 법률의 공백이 있는 경우 정당해산심판제도의 목적과 취지에 맞는 절차를 창설하여 실체적 진실을 발견하고 이에 근거하여 헌법정신에 맞는 결론을 도출해 내는 것은 헌법이 헌법재판소에 부여한 고유한 권한이자 의무이다."라고 판시하였다(헌재 2014. 2. 27. 2014헌마7).

> 🔖 판례
>
> ▶ **정당해산심판절차에 민사소송에 관한 법령을 준용할 수 있도록 규정한 헌법재판소법 제40조 제1항이 청구인의 공정한 재판을 받을 권리를 침해하는지**(소극) : 준용조항은 헌법재판에서의 불충분한 절차진행규정을 보완하고, 원활한 심판절차진행을 도모하기 위한 조항으로, 그 절차보완적 기능에 비추어 볼 때, 소송절차 일반에 준용되는 절차법으로서의 민사소송에 관한 법령을 준용하도록 한 것이 현저히 불합리하다고 볼 수 없다. 또한 '헌법재판의 성질에 반하지 아니하는 한도'에서 민사소송에 관한 법령을 준용하도록 규정하여 정당해산심판의 고유한 성질에 반하지 않도록 적용범위를 한정하고 있는바, 여기서 '헌법재판의 성질에 반하지 않는' 경우란, 다른 절차법의 준용이 헌법재판의 고유한 성질을 훼손하지 않는 경우로 해석할 수 있고, 이는 헌법재판소가 당해 헌법재판이 갖는 고유의 성질·헌법재판과 일반재판의 목적 및 성격의 차이·준용 절차와 대상의 성격 등을 종합적으로 고려하여 구체적·개별적으로 판단할 수 있다. 따라서 준용조항은 청구인의 공정한 재판을 받을 권리를 침해한다고 볼 수 없다(헌재 2014. 2. 27. 2014헌마7).

4. 위헌정당해산결정의 효력

(1) 정당의 해산 등

헌법재판소가 정당의 해산을 명하는 결정을 한 경우, '해산결정이 선고된 때'에 정당은 해산되고(헌법재판소법 제59조), 헌법재판소의 결정으로 해산된 정당의 강령 또는 기본정책과 동일하거나 유사한 정당을 창당하지 못하며(정당법 제40조), 헌법재판소의 결정에 의하여 해산된 정당의 명칭과 같은 명칭은 정당의 명칭으로 사용하지 못하며(정당법 제41조 제2항), 헌법재판소에 의해 해산된 정당의 잔여재산은 국고에 귀속한다(정당법 제48조 제2항). 또한 누구든지 헌법재판소의 결정에 따라 해산된 정당의 목적을 달성하기 위한 집회 또는 시위를 주최하여서는 아니 되고, 이러한 목적을 달성하기 위한 집회 또는 시위를 할 것을 선전하거나 선동하여서도 아니 된다(집시법 제5조 제1항, 제2항).

(2) 의원직 상실

헌법재판소의 해산결정으로 정당이 해산되는 경우에 그 정당 소속 국회의원이 의원직을 상실하는지에 대하여 명문의 규정은 없으나, 정당해산심판제도의 본질은 민주적 기본질서에 위배되는 정당을 정치적 의사형성과정에서 배제함으로써 국민을 보호하는 데에 있는데 해산정당 소속 국회의원의 의원직을 상실시키지 않는 경우 정당해산결정의 실효성을 확보할 수 없게 되므로, 이러한 정당해산제도의 취지 등에 비추어 볼 때 헌법재판소의 정당해산결정이 있는 경우 그 정당 소속 국회의원의 의원직은 당선 방식을 불문하고 모두 상실되어야 한다(헌재 2014. 12. 19. 2013헌다1).

(3) 재심

정당해산심판은 원칙적으로 해당 정당에게만 그 효력이 미치며, 정당해산결정은 대체정당이나 유사정당의 설립까지 금지하는 효력을 가지므로 오류가 드러난 결정을 바로잡지 못한다면 장래 세대의 정치적 의사결정에까지 부당한 제약을 초래할 수 있다. 따라서 정당해산심판절차에서는 재심을 허용하지 아니함으로써 얻을 수 있는 법적 안정성의 이익보다 재심을 허용함으로써 얻을 수 있는 구체적 타당성의 이익이 더 크므로 재심을 허용하여야 한다(헌재 2016. 5. 26. 2015헌아20).

Ⅷ 정치자금

1. 정치자금의 의의

정치자금이란 당비, 후원금, 기탁금, 보조금과 정당의 당헌·당규 등에서 정한 부대수입 그 밖에 정치활동을 위하여 정당, 공직선거에 의하여 당선된 자, 공직선거후보자 등에게 제공되는 금전 등을 말한다(정치자금법 제3조).

> **판례**
>
> ▶ **수수한 금품이 '정치자금'에 해당하는지 여부의 판단 기준 및 당내 경선과 관련하여 제공되거나 사용한 금품이 정치자금에 해당하는 범위** : 수수한 금품이 '정치자금'에 해당하는지 여부는 그 금품이 '정치활동'을 위해서 제공되었는지 여부에 달려 있는 것인데, 대통령선거에 출마할 정당의 후보자를 선출하거나 정당 대표를 선출하는 당내 경선은 그 성격상 정치활동에 해당한다고 봄이 상당하므로, 정당의 당내 경선에 관한 선거운동을 위하여 후보자에게 제공된 금품은 정치자금이라고 보아야 하고, 위 후보자가 정당의 대표로 선출된 이후에 사용한 대외활동비도 정치활동을 위한 정치자금에 해당한다고 할 것이다(대판 2006. 12. 22. 2006도1623).

2. 공개의 원칙

정당의 정치적 의사결정은 정당에게 정치자금을 제공하는 개인이나 단체에 의하여 현저하게 영향을 받을 수 있으므로, 사인이 정당에 정치자금을 기부하는 것 그 자체를 막을 필요는 없으나, 누가 정당에 대하여 영향력을 행사하려고 하는지, 즉 정치적 이익과 경제적 이익의 연계는 원칙적으로 공개되어야 한다(헌재 1999. 11. 25. 95헌마154).

> **판례**
>
> ▶ **정치자금법에 따라 회계보고된 자료의 열람기간을 3월간으로 제한한 정치자금법 제42조 제2항 본문 중 '3월간' 부분이 과잉금지원칙에 위배되어 청구인의 알권리를 침해하는지**(적극) : 국민의 정치자금 자료에 대한 접근 제한은 필요 최소한으로 이루어져야 한다. 영수증, 예금통장은 현행법령하에서 사본교부가 되지 않아 열람을 통해 확인할 수밖에 없음에도 열람 중 필사가 허용되지 않고 열람기간마저 3월간으로 짧아 그 내용을 파악하고 분석하기 쉽지 않다. 또한 열람기간이 공직선거법상의 단기 공소시효조차 완성되지 아니한, 공고일부터 3개월 후에 만료된다는 점에서도 지나치게 짧게 설정되어 있다. 이를 종합하면 정치자금을 둘러싼 분쟁 등의 장기화 방지 및 행정부담의 경감을 위해 열람기간의 제한 자체는 둘 수 있다고 하더라도, 현행 기간이 지나치게 짧다는 점은 명확하다. 짧은 열람기간으로 인해 청구인은 회계보고된 자료를 충분히 살펴 분석하거나, 문제를 발견할 실질적 기회를 갖지 못하게 되는바, 달성되는 공익과 비교할 때 이러한 사익의 제한은 정치자금의 투명한 공개가 민주주의 발전에 가지는 의미에 비추어 중대하다. 그렇다면 이 사건 열람기간제한 조항은 과잉금지원칙에 위배되어 청구인의 알권리를 침해한다(헌재 2021. 5. 27. 2018헌마1168).

3. 정치자금원

(1) 당비

1) 당비의 의의

당비라 함은 명목여하에 불구하고 정당의 당헌·당규 등에 의하여 정당의 당원이 부담하는 금전이나 유가증권 그 밖의 물건을 말한다(정치자금법 제3조 3호).

2) 당비의 납부

정당의 당원은 같은 정당의 타인의 당비를 부담할 수 없으며, 타인의 당비를 부담한 자와 타인으로 하여금 자신의 당비를 부담하게 한 자는 당비를 낸 것이 확인된 날부터 1년간 당해 정당의 당원자격이 정지되고(정치자금법 제31조 제2항), 정당의 회계책임자는 타인의 명의나 가명으로 납부된 당비는 국고에 귀속시켜야 한다(정치자금법 제4조 제2항).

(2) 후원금

1) 후원금의 의의

후원금이라 함은 이 법의 규정에 의하여 후원회에 기부하는 금전이나 유가증권 그 밖의 물건을 말한다(정치자금법 제3조 4호).

2) 후원회

후원회라 함은 이 법의 규정에 의하여 정치자금의 기부를 목적으로 설립·운영되는 단체로서 관할 선거관리위원회에 등록된 단체를 말한다(정치자금법 제3조 7호).

3) 후원회지정권자

- 중앙당(중앙당창당준비위원회 포함)
- 국회의원(국회의원선거의 당선인 포함)
- 대통령선거의 후보자 및 예비후보자(대통령후보자 등)
- 정당의 대통령선거후보자 선출을 위한 당내경선후보자(대통령선거경선후보자)
- 지역선거구국회의원선거의 후보자 및 예비후보자(국회의원후보자 등, 후원회를 둔 국회의원의 경우에는 제외)
- 중앙당 대표자 및 중앙당 최고 집행기관의 구성원을 선출하기 위한 당내경선후보자(당대표경선후보자 등)
- 지역구지방의회의원선거의 후보자 및 예비후보자(지방의회의원후보자 등)
- 지방자치단체의 장선거의 후보자 및 예비후보자(지방자치단체장후보자 등)

> **판례**
>
> ▶ **특별시장·광역시장·특별자치시장·도지사·특별자치도지사 선거의 예비후보자를 후원회지정권자에서 제외하고 있는 정치자금법 제6조 제6호 부분이 청구인들의 평등권을 침해하는지**(적극) : 광역자치단체장선거의 경우 국회의원선거보다 지출하는 선거비용의 규모가 크고, 후원회를 통해 선거자금을 마련할 필요성 역시 매우 크다. 그럼에도 광역자치단체장선거의 경우 후보자가 후원금을 모금할 수 있는 기간이 불과 20일 미만으로 제한되고 있다. 또한 군소정당이나 신생정당, 무소속 예비후보자의 경우에는 선거비용의 보전을 받기 어려운 경우가 많은 현실을 고려할 때 후원회 제도를 활용하여 선거자금을 마련할 필요성이 더욱 절실하고, 이들이 후원회 제도를 활용하는 것을 제한하는 것은 다양한 신진 정치세력의 진입을 막고 자유로운 경쟁을 통한 정치 발전을 가로막을 우려가 있다. 국회의원선거의 예비후보자 및 그 예비후보자에게 후원금을 기부하고자 하는 자와 광역자치단체장선거의 예비후보자 및 이들 예비후보자에게 후원금을 기부하고자 하는 자를 계속하여 달리 취급하는 것은, 불합리한 차별에 해당하고 입법재량을 현저히 남용하거나 한계를 일탈한 것이다. 따라서 심판대상조항 중 광역자치단체장선거의 예비후보자에 관한 부분은 청구인들 중 광역자치단체장선거의 예비후보자 및 이들 예비후보자에게 후원금을 기부하고자 하는 자의 평등권을 침해한다(헌재 2019. 12. 27. 2018헌마301 헌법불합치).

▶ **국회의원을 후원회지정권자로 정하면서 지방자치법 제2조 제1항의 '도'의회의원과 '시'의회의원(지방의회의원)을 후원회지정권자에서 제외하고 있는 정치자금법 제6조 제2호가 청구인들의 평등권을 침해하는지**(적극) : 지방의회 의원은 주민의 대표자이자 지방의회의 구성원으로서 주민들의 다양한 의사와 이해관계를 통합하여 지방자치단체 의 의사를 형성하는 역할을 하므로, 지방의회의원의 전문성을 확보하고 원활한 의정활동을 지원하기 위해서는 지방의회의원들에게도 후원회를 허용하여 정치자금을 합법적으로 확보할 수 있는 방안을 마련해 줄 필요가 있다. … 현재 지방의회의원에게 지급되는 의정활동비 등은 의정활동에 전념하기에 충분하지 않고, 지방의회는 유능한 신인정치인의 유입 통로가 되므로, 지방의회의원에게 후원회를 지정할 수 없도록 하는 것은 경제력을 갖추지 못 한 사람의 정치입문을 저해할 수도 있다. 따라서 심판대상조항이 국회의원과 달리 지방의회의원을 후원회지정권 자에서 제외하고 있는 것은 불합리한 차별로서 청구인들의 평등권을 침해한다(헌재 2022. 11. 24. 2019헌마528 헌법불합치).

▶ **정당에 대한 재정적 후원을 금지하고 위반 시 형사처벌하는 구 정치자금법 제6조 등이 정당의 정당활동의 자유와 국민의 정치적 표현의 자유를 침해하는지**(적극) : 이 사건 법률조항은 정당 후원회를 금지함으로써 불법 정치자금 수수로 인한 정경유착을 막고 정당의 정치자금 조달의 투명성을 확보하여 정당 운영의 투명성과 도덕성을 제고하 기 위한 것으로 입법목적의 정당성은 인정된다. 그러나 정경유착의 문제는 일부 재벌기업과 부패한 정치세력에 국한된 것이고 대다수 유권자들과는 직접적인 관련이 없으므로 일반 국민의 정당에 대한 정치자금 기부를 원천적 으로 봉쇄할 필요는 없고, 기부 및 모금한도액의 제한, 기부내역 공개 등의 방법으로 정치자금의 투명성을 충분히 확보할 수 있다. … 나아가 정당제 민주주의 하에서 정당에 대한 재정적 후원이 전면적으로 금지됨으로써 정당이 스스로 재정을 충당하고자 하는 정당활동의 자유와 국민의 정치적 표현의 자유에 대한 제한이 매우 크다고 할 것이므로, 이 사건 법률조항은 정당의 정당활동의 자유와 국민의 정치적 표현의 자유를 침해한다(헌재 2015. 12. 23. 2013헌바168 헌법불합치).

▶ **국회의원에 대해서는 상시 후원회를 통하여 정치자금을 모금할 수 있도록 한 반면, 국회의원이 아닌 원외 당협위 원장 또는 국회의원선거를 준비하는 자 등을 후원회지정권자에서 제외하여 정치자금을 모금할 수 없도록 하고 이를 위반하면 처벌하는 것이 평등원칙에 위배되는지**(소극) : 심판대상조항이 원외 당협위원장을 후원회지정권자에서 제외하여 정치자금을 모금할 수 없도록 한 것은 지역구국회의원과의 지위, 정치활동의 대상 및 범위에 있어서의 차이, 후원회의 효과적인 통제 등을 고려한 것이다. 또한 지역구국회의원 선거를 준비하는 자를 후원회지정권자 에서 제외한 것은 어느 시점을 기준으로 정치활동을 위한 경비의 지출이 객관적으로 예상되는 위치에 있다고 볼 것인지 명확하지 아니하기 때문이다. 이처럼 원외 당협위원장이나 지역구국회의원 선거를 준비하는 자를 지역 구국회의원과 달리 취급하는 것은 합리적인 이유가 인정되므로 심판대상조항은 평등원칙에 위배되지 않는다(헌 재 2023. 10. 26. 2020헌바402).

▶ **자치구의 지역구의회의원 선거의 예비후보자를 후원회지정권자에서 제외하고 있는 정치자금법 제6조 제6호 부분 이 청구인들의 평등권을 침해하는지**(소극) : 자치구의회의원의 경우 선거비용 이외에 정치자금의 필요성이 크지 않으며 선거비용 측면에서도 대통령선거나 국회의원선거에 비하여 선거운동 기간이 비교적 단기여서 상대적으로 선거비용이 적게 드는 점 등에 비추어 보면, 국회의원선거의 예비후보자와 달리 자치구의회의원선거의 예비후보 자에게 후원회를 통한 정치자금의 조달을 불허하는 것에는 합리적인 이유가 있다. 따라서 심판대상조항 중 자치 구의회의원선거의 예비후보자에 관한 부분은 청구인들 중 자치구의회의원선거의 예비후보자 및 이들 예비후보자 에게 후원금을 기부하고자 하는 자의 평등권을 침해한다고 볼 수 없다(헌재 2019. 12. 27. 2018헌마301).

4) 후원회가 해산한 경우의 잔여재산 처분

대통령선거경선후보자·당대표경선후보자등·대통령예비후보자·국회의원예비후보자·지방의 회의원예비후보자 또는 지방자치단체장예비후보자가 후원회를 둘 수 있는 자격을 상실한 때(정당 의 공직선거 후보자선출을 위한 당내경선 또는 당대표경선에 참여하여 당선 또는 낙선한 때 제외)에는 그 후원회와 후원회지정권자는 잔여재산을 회계보고 전까지 국고에 귀속시켜야 한다(정치자금법 제21조 제3항).

> ⚖️ **판례**
>
> ▶ **대통령선거 경선후보자가 당내 경선 과정에서 탈퇴함으로써 후원회를 둘 수 있는 자격을 상실한 때에는 후원회로부터 받은 후원금 전액을 국고에 귀속하도록 하고 있는 정치자금법 제21조 제3항 제2호가 예비후보자의 선거운동의 자유 등을 침해하는지**(적극): 대통령선거 경선후보자는 입후보에 대비하여 선거운동을 하다가 당선가능성이 적다고 판단하거나, 정치적·경제적 사유, 건강 등 일신상의 상황변화를 이유로 하여 대통령선거 경선후보자로서의 지위를 사퇴할 자유를 가진다. 그런데 대통령선거 경선후보자로서 선거과정에 참여한 이들은 이 사건 법률조항으로 인하여 대통령선거 경선후보자로서의 자격을 중도에서 포기할 자유에 중대한 제약을 받게 된다. 대통령선거 경선후보자의 정치적 의사결정에 이와 같은 제약을 가하는 것은 법상의 대통령선거경선후보자 제도 및 후원회 제도의 목적과도 조화되기 어려운 제약으로서, 자유로운 민주정치의 건전한 발전을 방해하는 것이라고 할 것이다. 결국, 이 사건 법률조항은 정당한 사유도 없이 후원금을 선거운동비용으로 사용하는 것을 제한하는 것이고, 그로 인하여 선거운동의 자유 및 선거과정에서 탈퇴할 자유 등 국민의 참정권을 침해하는 것이다(헌재 2009. 12. 29. 2007헌마1412).

(3) 기탁금

기탁금이라 함은 정치자금을 정당에 기부하고자 하는 개인이 이 법의 규정에 의하여 선거관리위원회에 기탁하는 금전이나 유가증권 그 밖의 물건을 말한다(정치자금법 제3조 5호). 중앙선거관리위원회는 기탁금의 모금에 직접 소요된 경비를 공제하고 지급 당시 제27조(보조금의 배분)의 규정에 의한 국고보조금 배분율에 따라 기탁금을 배분·지급한다(정치자금법 제23조 제1항).

(4) 보조금

1) 의의

보조금이라 함은 정당의 보호·육성을 위하여 국가가 정당에 지급하는 금전이나 유가증권을 말한다(정치자금법 제3조 6호).

2) 보조금제도의 도입 이유

정치자금법에 의하면 정당은 당비, 기탁금 외에 국가로부터 국고보조금까지 받을 수 있는 혜택을 누리게 되는데, 이는 정당이 정치적 결사로서 국민의 정치적 의사를 적극적으로 형성하고, 각계 각층의 이익을 대변하며 정부를 비판하고 정책적 대안을 제시할 뿐만 아니라, 국민 일반이 정치나 국가작용에 영향력을 행사하는 매개체의 역할을 수행하는 등 현대의 대의민주주의에 없어서는 안 될 중요한 공적 기능을 수행하고 있기 때문이다(헌재 1996. 8. 29. 96헌마99).

> ⚖️ **판례**
>
> ▶ **국가보조금 지급 등에 있어서 정당추천 후보자에 비하여 무소속 후보자를 현저히 불리하게 차별하는 것은 헌법상 평등의 원칙에 위배되는지**(소극): 정치자금법이 제11조 제1항에서 정당으로 하여금 개인·법인 또는 단체로부터 기탁금을 받을 수 있도록 하고 또 제17조에서 정당에 대한 보조금을 예산에 계상하여 지급하도록 규정함으로써 정당이나 정당소속 입후보자가 보호를 받고 상대적으로 무소속 입후보자가 불리한 차별을 받게 된다 하더라도 이는 우리 헌법이 정당제민주주의를 채택하고 정당에 대하여 특별한 보호를 하도록 한 헌법정신에 따른 것으로 합리적 차별로서 허용되는 것이므로 이를 두고 헌법상 평등원칙에 위배되는 것이라 할 수 없다(헌재 1997. 5. 29. 96헌마85).

▶ **교섭단체의 구성 여부에 따라 보조금을 배분함에 차등을 두는 정치자금법 조항이 평등원칙에 위반되는지**(소극) : 오늘날 대의제민주주의는 국민의 정치적 의사형성을 위한 매개체로서의 정당의 역할이 증대됨에 따라 정당국가적 민주주의로 변화하여, 국회는 국민의 대표인 의원들의 의사에 따라 운영되는 것이 아니라 정당의 구성원인 의원들이 정당을 통하여 그리고 정당 속에서 결합하여 운영되고 있고, 정당의 국회 내에서의 활동도 교섭단체를 중심으로 이루어짐에 따라 국민의 정치적 의사를 형성하여 국가기관의 의사결정에 영향을 미치는 정당의 공적기능을 수행하는데 국회에 진출한 정당과 진출하지 못한 정당 사이, 그리고 국회에 진출하여 교섭단체를 구성한 정당과 이를 구성하지 못한 정당 사이에 상당한 차이가 나타날 수밖에 없다. 그리고 이 사건 법률조항은 교섭단체의 구성 여부만을 보조금 배분의 유일한 기준으로 삼은 것이 아니라 정당의 의석수비율이나 득표수비율도 고려하여 정당에 대한 국민의 지지도를 반영하고 있다. 또한 이 사건 법률조항에 의한 현행의 보조금 배분비율과 의석수비율 또는 득표수비율을 비교하면 현행의 보조금 배분비율은 의석수비율보다는 오히려 소수 정당에 유리하고, 득표수비율과는 큰 차이가 나지 않아 결과적으로 교섭단체 구성 여부에 따른 차이가 크게 나타나지 않고 있다. 위와 같은 사정들을 종합해 볼 때, 교섭단체의 구성 여부에 따라 보조금의 배분규모에 차이가 있더라도 그러한 차등 정도는 각 정당 간의 경쟁상태를 현저하게 변경시킬 정도로 합리성을 결여한 차별이라고 보기 어렵다(헌재 2006. 7. 27. 2004헌마655).

4. 정치자금 기부의 제한

외국인, 국내·외의 법인 또는 단체는 정치자금을 기부할 수 없고(정치자금법 제31조 제1항), 누구든지 국내·외의 법인 또는 단체와 관련된 자금으로 정치자금을 기부할 수 없다(정치자금법 제31조 제2항).

판례

▶ **누구든지 단체와 관련된 자금으로 정치자금을 기부할 수 없도록 한 구 정치자금에 관한 법률 제12조 제2항이 정치활동의 자유 등을 침해하는지**(소극) : 이 사건 기부금지 조항은 단체의 정치자금 기부금지 규정에 관한 탈법행위를 방지하기 위한 것으로서, 단체의 정치자금 기부를 통한 정치활동이 민주적 의사형성과정을 왜곡하거나, 선거의 공정을 해하는 것을 방지하고, 단체 구성원의 의사에 반하는 정치자금 기부로 인하여 단체 구성원의 정치적 의사표현의 자유가 침해되는 것을 방지하는 것인바, 정당한 입법목적 달성을 위한 적합한 수단에 해당한다. 한편 단체의 정치적 의사표현은 그 방법에 따라 정당·정치인이나 유권자의 선거권 행사에 심대한 영향을 미친다는 점에서 그 방법적 제한의 필요성이 매우 크고, 이 사건 기부금지 조항은 단체의 정치적 의사표현 자체를 금지하거나 그 내용에 따라 규제하도록 한 것이 아니라, 개인과의 관계에서 불균형적으로 주어지기 쉬운 '자금'을 사용한 방법과 관련하여 규제를 하는 것인바, 정치적 표현의 자유의 본질을 침해하는 것이라고 볼 수 없다(헌재 2010. 12. 28. 2008헌바89).

제3항 선거제도

I 선거

선거란 주권자인 국민이 그들을 대표할 국가기관을 선임하는 행위를 말한다. 헌법 제1조는 국민주권의 원리를 천명하고 있다. 그 중요한 의미는 국민의 합의로 국가권력을 조직한다는 것이다. 이를 위해서는 주권자인 국민이 정치과정에 참여하는 기회가 되도록 폭넓게 보장될 것이 요구된다. 대의민주주의를 원칙으로 하는 오늘날의 민주정치 아래에서 국민의 참여는 기본적으로 선거를 통하여 이루어진다. 따라서, 선거는 주권자인 국민이 그 주권을 행사하는 통로이다(헌재 2001. 7. 19. 2000헌마91).

▶ **선거의 기능** : 국민의 선거권 행사는 국민주권의 현실적 행사수단으로서 한편으로는 국민의 의사를 국정에 반영할 수 있는 중요한 통로로서 기능하며, 다른 한편으로는 주기적 선거를 통하여 국가권력을 통제하는 수단으로서의 기능도 수행한다(헌재 2007. 6. 28. 2004헌마644).

▶ **국민주권의 원리에 부합하는 선거제도** : 선거는 주권자인 국민이 그 주권을 행사하는 통로이므로 선거제도는 첫째, 국민의 의사를 제대로 반영하고, 둘째, 국민의 자유로운 선택을 보장하여야 하고, 셋째, 정당의 공직선거 후보자의 결정과정이 민주적이어야 하며, 그렇지 않으면 민주주의 원리 나아가 국민주권의 원리에 부합한다고 볼 수 없다(헌재 2001. 7. 19. 2000헌마91).

Ⅱ 선거구제와 대표제

> **헌법 제41조**
> ③ 국회의원의 선거구와 비례대표제 기타 선거에 관한 사항은 법률로 정한다.

1. 선거구제

의의		선거인단을 분할하는 방식
유형	소	한 선거구에서 1명의 대표자를 선출하는 선거구제
	중	한 선거구에서 두 명에서 네 명의 대표자를 선출하는 선거구제
	대	한 선거구에서 5명 이상의 대표자를 선출하는 선거구제

▶ **소선거구 다수대표제의 장단점과 평가** : 소선거구 다수대표제는 하나의 지역구에서 1인의 국회의원을 선출하도록 하는 것으로서 선거권자가 후보자를 직접 검증하여 선택할 수 있고, 양대 정당 중심으로 득표가 집중되어 의원내각제에서는 단일정당에 의해 행정부를 구성할 수 있으며 대통령제에서는 그 정당에 의해 정책이 뒷받침될 수 있어 정치의 책임성과 안정성에 유리하다. 또한 소선거구 다수대표제에서는 의회 내 통합적 야당을 구성할 수 있어 행정부를 견제하는 데 있어서도 효율적일 수 있다. 그리고 소선거구 다수대표제 하에서 차순위 후보자에 대한 득표가 사표로 됨으로써 정당에 대한 지지비율과의 괴리가 생길 수 있음이 지적되지만, 지역구국회의원선거는 정당에 대한 지지여부 외에도 후보자인 인물에 대한 평가의 의미도 지니므로 이러한 결과가 반드시 불합리한 것이라고 할 수 없다. 또한 대안이 될 수 있는 중선거구제 또는 대선거구제는 특정 후보자를 선출하고자 하는 다수의 의사에 반하여 후순위 득표자도 모두 당선되는 결과를 가져옴으로써 오히려 선거권자의 의사에 반하게 될 수도 있다. 이와 같이 소선거구 다수대표제는 다수의 사표를 발생시킬 수 있는 문제점이 제기됨에도 불구하고 정치의 책임성과 안정성을 강화하고 인물 검증을 통해 당선자를 선출하는 등 장점을 가진다고 할 것이며, 선거의 대표성이나 평등선거의 원칙 측면에서도 대체가능한 다른 선거제도와 비교하여 반드시 열등하다고 단정할 수 없다(헌재 2016. 5. 26. 2012헌마374).

2. 대표제

의의		선거구에서 대표를 결정하는 방식 또는 의원 정수를 배분하는 방식
유형	다수	• 선거인으로부터 다수의 표를 득표한 후보자를 당선자로 결정하는 방식 • 유효투표 중 다수표를 얻으면 대표로 선출(상대다수대표제, 영국, 미국) • 유효투표 중 과반수 이상을 얻어야 대표로 선출(절대다수대표제, 프랑스)
	소수	• 한 선거구에서 두 명 이상의 대표를 선출하는 대표제 • 제2공화국 헌법에서 참의원 선거를 대선거구·소수대표제로 실시
	비례	• 각 정당이 득표한 득표율에 따라서 의석을 배분하는 대표제 • 소수 보호와 정치세력의 지지도에 상응한 대의제 실현 • 독일 바이마르 공화국에서 처음 실시 • 우리나라는 제3공화국에서 처음 실시

판례

▶ **비례대표제**: 비례대표선거제란 정당이나 후보자에 대한 선거권자의 지지에 비례하여 의석을 배분하는 선거제도를 말한다. 비례대표제는 거대정당에게 일방적으로 유리하고, 다양해진 국민의 목소리를 제대로 대표하지 못하며 사표를 양산하는 다수대표제의 문제점에 대한 보완책으로 고안·시행되는 것이다. 비례대표제는 그것이 적절히 운용될 경우 사회세력에 상응한 대표를 형성하고, 정당정치를 활성화하며, 정당 간의 경쟁을 촉진하여 정치적 독점을 배제하는 장점을 가질 수 있다(헌재 2001. 7. 19. 2000헌마91).

▶ **병립형과 연동형**: 병립형 비례대표제는 지역구의석과 비례대표의석을 구분한 가운데 지역구선거와 비례대표를 위한 정당선거를 각기 치르는 방식이다. 반면, 연동형 비례대표제는 정당의 전체 의석을 비례대표선거에서 얻은 정당 투표를 통해 결정하되, 지역구선거를 통해 획득한 의석을 우선 배정하는 방식으로 지역구선거와 비례대표선거를 연동시키는 제도이다. 연동형 비례대표제는 각 정당의 전체 의석수를 비례대표선거에서 각 정당이 획득한 득표율에 따라 결정하고, 정당의 지역구의석수가 정당득표율에 미치지 못할 경우 그 부족분을 비례대표의석으로 보정함으로써 정당의 득표율과 총 의석 사이의 비례성을 높이는 방법이다. 이러한 방법은 지역구선거에서 승리한 후보자에게 의석을 우선 배분하여 지역대표성을 살리면서도 정당의 전체 의석을 정당의 득표율에 따라 배분하도록 하여 의석 배분의 비례성을 확보할 수 있다는 장점이 있다(헌재 2023. 7. 20. 2019헌마1443).

▶ **저지조항**(봉쇄조항): 득표율이나 직선의석수 등을 기준으로 비례대표의석배분에 일정한 제한을 가하는 조항을 저지조항이라 한다. 저지조항에 관하여는 비례대표의석배분에서 정당을 차별하고, 저지선을 넘지 못한 정당에 대한 투표의 성과가치를 차별하게 되므로 평등선거의 원칙에 대한 위반여부가 문제되나 저지조항의 인정여부 및 정당성여부는 각 나라의 전체 헌정상황에 비추어 의석배분에서의 정당간 차별이 불가피한가에 따라 판단된다(헌재 2001. 7. 19. 2000헌마91).

▶ **정당명부의 유형**: 정당명부에는 각 정당의 명부상 후보자와 순위가 미리 고정적으로 결정되어 있는 고정명부제, 선거권자가 명부상 후보자의 순위를 변경할 수 있는 가변명부제, 선거권자가 여러 명부 중에서 자유롭게 후보자를 선택하여 자신만의 독자적인 명부를 작성할 수 있는 자유명부제가 있다.

▶ **독일의 정당명부제**: 독일의 정당명부제는 정당득표율에 따라 총 의석이 배분된다는 점이 특징이다. 예를 들어 선거구 총의석이 100석인 경우, 정당투표에서 A당 지지율은 30%, B당은 10%로 나타났다면 A당은 30석, B당은 10석을 배분받는다. 이 경우 A당의 지역구 당선자가 20명이면 이들은 자동으로 당선이 확정되며 나머지 10명은 비례대표 후보 순서에 따라 당선된다. 또 B당의 지역구 당선자가 한 명도 없다면 10명 모두 비례대표 후보 순서에 따라 당선자가 결정된다. 반면 지역구 당선자가 정당득표율에 따른 총 의석수보다 많은 경우 잔출의원을 인정해 전체 의석수는 300석보다 늘어날 수 있다.

Ⅲ 선거제도의 기본원칙

> **헌법 제41조**
> ① 국회는 국민의 보통·평등·직접·비밀선거에 의하여 선출된 국회의원으로 구성한다.
>
> **헌법 제67조**
> ① 대통령은 국민의 보통·평등·직접·비밀선거에 의하여 선출한다.

1. 보통선거원칙

보통선거의 원칙이란 개인의 납세액이나 소유하는 재산을 선거권의 요건으로 하는 제한선거에 대응하는 것으로 이러한 요건뿐만 아니라 사회적 신분·인종·성별·종교·교육 등을 요건으로 하지 않고 일정한 연령에 달한 모든 국민에게 선거권을 인정하는 제도를 말한다. 다만 보통선거제도 하에서도 연령에 의한 선거권의 제한은 가능한데 이는 국정 참여수단으로서의 선거권행사에는 일정한 수준의 정치적인 판단능력이 전제되어야 하기 때문이다(헌재 1997. 6. 26. 96헌마89).

> ✎ **판례**
>
> ▶ **국민주권의 원리와 보통선거원칙**: 헌법은 제1조 제2항에서 "대한민국의 주권은 국민에게 있고, 모든 권력은 국민으로부터 나온다."고 규정함으로써 국민주권의 원리를 천명하고 있다. 민주국가에서의 국민주권의 원리는 무엇보다도 대의기관의 선출을 의미하는 선거와 일정사항에 대한 국민의 직접적 결정을 의미하는 국민투표에 의하여 실현된다. 선거는 오늘날의 대의민주주의에서 국민이 주권을 행사할 수 있는 가장 중요한 방법으로서, 선거를 통하여 국민은 선출된 국가기관과 그의 국가권력의 행사에 대하여 민주적 정당성을 부여한다. 민주주의는 참정권의 주체와 국가권력의 지배를 받는 국민이 되도록 일치할 것을 요청한다. 국민의 참정권에 대한 이러한 민주주의적 요청의 결과가 바로 보통선거의 원칙이다. 즉, 원칙적으로 모든 국민이 균등하게 선거에 참여할 것을 요청하는 보통·평등선거원칙은 국민의 자기지배를 의미하는 국민주권의 원리에 입각한 민주국가를 실현하기 위한 필수적 요건이다. 원칙적으로 모든 국민이 선거권과 피선거권을 가진다는 것은 바로 국민의 자기지배를 의미하는 민주국가에의 최대한의 접근을 의미하기 때문이다. 그러므로 보통선거의 원칙에 따라 원칙적으로 모든 국민에게 선거권과 피선거권이 인정되어야 하며, 특정한 국민을 정치적·경제적 또는 사회적인 이유로 선거권과 피선거권을 행사할 수 없도록 하여서는 아니된다. 물론 보통선거의 원칙은 선거권 및 피선거권에 대한 모든 제한을 금지하는 것은 아니지만, 보통선거원칙에 대한 예외는 원칙적으로 부득이한 경우에 한하여 제한적으로 허용되어야 하며, 제한한다 하더라도 불가피한 최소한의 정도에 그쳐야 한다(헌재 1999. 5. 27. 98헌마214).

2. 평등선거원칙

(I) 평등선거원칙의 의의

평등선거의 원칙은 차등선거에 대응하는 개념으로 평등의 원칙이 선거제도에 적용된 것으로서 투표의 수적 평등, 즉 1인 1표의 원칙(one person, one vote)과 투표의 성과가치의 평등, 즉 1표의 투표가치가 대표자선정이라는 선거의 결과에 대하여 기여한 정도에 있어서도 평등하여야 한다는 원칙(one vote, one value)을 그 내용으로 할 뿐만 아니라, 일정한 집단의 의사가 정치과정에서 반영될 수 없도록 차별적으로 선거구를 획정하는 게리맨더링에 대한 부정을 의미한다(헌재 2001. 10. 25. 2000헌마92).

> ✎ **판례**
>
> ▶ **게리맨더링에 대한 입법형성권의 한계**: 선거구의 획정은 사회적·지리적·역사적·경제적·행정적 연관성 및 생활권 등을 고려하여 특단의 불가피한 사정이 없는 한 인접지역이 1개의 선거구를 구성하도록 함이 상당하며, 이 또한 선거구획정에 관한 국회의 재량권의 한계라고 할 것이다(헌재 1995. 12. 27. 95헌마224).

(2) 인구편차 비교기준

국회의원 선거구의 인구편차의 허용기준에 있어서, 최소선거구의 인구수를 기준으로 할 것인가 아니면 전국 선거구의 평균인구수를 기준으로 할 것인가에 관하여, 선거구 간의 인구불균형의 문제를 엄격한 평등원칙의 측면 즉 차별 여부의 문제로서만 파악하는 한 최소선거구의 인구수와 대비검토가 되어야 할 것이지만, 각 선거구의 선거인에 관하여 그 투표가치가 이상에서 어느 정도 떨어져 있는가를 검토하여 그 편차가 매우 큰 경우에 투표가치평등의 요구에 반하고 위헌의 하자를 띠게 된다고 생각할 수 있으며, 또 선거권개념의 내포로서 평균적인 투표가치가 포함되어 있고 이러한 선거권이 침해된 경우에 비로소 선거권이 침해되었다고 볼 여지도 있으므로, 전국 선거구의 평균인구수를 기준으로 하여 인구편차의 허용기준을 검토함이 상당하다(헌재 1995. 12. 27. 95헌마224).

(3) 인구편차 허용한계

1) 국회의원 지역선거구

인구편차의 허용기준을 완화하면 할수록 과대대표되는 지역과 과소대표되는 지역이 생길 가능성 또한 높아지는데, 이는 지역정당구조를 심화시키는 부작용을 야기할 수 있다. 나아가, 인구편차의 허용기준을 점차로 엄격하게 하는 것이 외국의 판례와 입법추세임을 고려할 때, 우리도 인구편차의 허용기준을 엄격하게 하는 일을 더 이상 미룰 수 없다. 이러한 사정들을 고려할 때, 현재의 시점에서 헌법이 허용하는 인구편차의 기준을 인구편차 상하 $33\frac{1}{3}$%를 넘어서지 않는 것으로 봄이 타당하다(헌재 2014. 10. 30. 2012헌마192).

2) 시·도의원 지역선거구

종전 헌법재판소는 인구편차 상하 60%의 기준을 시·도의원지역구 획정에서 허용되는 인구편차 기준으로 보았다. 그런데 위 기준에 의하면 투표가치의 불평등이 지나치고, 현시점에서 인구편차의 허용한계를 보다 엄격하게 설정할 필요가 있다. 다만 시·도의원은 주로 지역적 사안을 다루는 지방의회의 특성상 지역대표성도 겸하고 있으므로, 시·도의원지역구 획정에 있어서는 행정구역 내지 지역대표성 등 2차적 요소도 인구비례의 원칙에 못지않게 함께 고려해야 할 필요성이 크다. 인구편차 상하 60%의 기준에서 곧바로 인구편차 상하 $33\frac{1}{3}$%의 기준을 채택하는 경우 시·도의원지역구를 조정함에 있어 예기치 않은 어려움에 봉착할 가능성이 매우 크므로, 현시점에서는 시·도의원지역구 획정에서 허용되는 인구편차 기준을 인구편차 상하 50%(인구비례 3 : 1)로 변경하는 것이 타당하다(헌재 2018. 6. 28. 2014헌마189).

3) 구·시·군의원 지역선거구

종전 헌법재판소는 인구편차 상하 60%의 기준을 자치구·시·군의원 선거구 획정에서 허용되는 인구편차 기준으로 보았다. 그런데 위 기준에 의하면 투표가치의 불평등이 지나치고, 현시점에서 인구편차의 허용한계를 보다 엄격하게 설정할 필요가 있다. 자치구·시·군의원은 주로 지역적 사안을 다루는 지방의회의 특성상 지역대표성도 겸하고 있으므로, 자치구·시·군의원 선거구 획정에 있어서는 행정구역, 지역대표성 등 2차적 요소도 인구비례의 원칙 못지않게 함께 고려해야 할 필요성이 크다. 인구편차 상하 60%의 기준에서 곧바로 인구편차 상하 $33\frac{1}{3}$%의 기준을 채택하는 경우 선거구를 조정하는 과정에서 예기치 않은 어려움에 봉착할 가능성이 크므로, 현재의 시점에서 자치구·시·군의원 선거구 획정과 관련하여 헌법이 허용하는 인구편차의 기준을 인구편차 상하 50%(인구비례 3 : 1)로 변경하는 것이 타당하다(헌재 2018. 6. 28. 2014헌마166).

(4) 위헌선언의 범위

선거구구역표는 각 선거구가 서로 유기적으로 관련을 가짐으로써 한 부분에서의 변동은 다른 부분에도 연쇄적으로 영향을 미치는 성질을 가지며, 이러한 의미에서 선거구구역표는 전체가 "불가분의 일체"를 이루는 것으로서 어느 한 부분에 위헌적인 요소가 있다면 선거구구역표 전체가 위헌의 하자를 띠는 것이라고 보아야 할 뿐만 아니라, 제소된 당해 선거구에 대하여만 인구과다를 이유로 위헌선언을 할 경우에는 헌법소원 제소기간의 적용 때문에 제소된 선거구보다 인구의 불균형이 더 심한 선거구의 선거구획정이 그대로 효력을 유지하게 되는 불공평한 결과를 초래할 수도 있으므로, 일부 선거구의 선거구획정에 위헌성이 있다면 선거구구역표의 전부에 관하여 위헌선언을 하는 것이 상당하다(헌재 1995. 12. 27. 95헌마224).

3. 직접선거원칙

직접선거의 원칙은 선거결과가 선거권자의 투표에 의하여 직접 결정될 것을 요구하는 원칙이다. 국회의원선거와 관련하여 보면, 국회의원의 선출이나 정당의 의석획득이 중간선거인이나 정당 등에 의하여 이루어지지 않고 선거권자의 의사에 따라 직접 이루어져야 함을 의미한다. 역사적으로 직접선거의 원칙은 중간선거인의 부정을 의미하였고, 다수대표제하에서는 이러한 의미만으로도 충분하다고 할 수 있다. 그러나 비례대표제를 채택하는 한 직접선거의 원칙은 의원의 선출뿐만 아니라 정당의 비례적인 의석확보도 선거권자의 투표에 의하여 직접 결정될 것을 요구한다(헌재 2001. 7. 19. 2000헌마91).

> 판례

▶**1인 1표제가 직접선거원칙에 위배되는지**(적극) : 비례대표제를 채택하는 경우 직접선거의 원칙은 의원의 선출뿐만 아니라 정당의 비례적인 의석확보도 선거권자의 투표에 의하여 직접 결정될 것을 요구하는바, 비례대표의원의 선거는 지역구의원의 선거와는 별도의 선거이므로 이에 관한 유권자의 별도의 의사표시, 즉 정당명부에 대한 별도의 투표가 있어야 함에도 현행제도는 정당명부에 대한 투표가 따로 없으므로 결국 비례대표의원의 선출에 있어서는 정당의 명부작성행위가 최종적·결정적인 의의를 지니게 되고, 선거권자들의 투표행위로써 비례대표의원의 선출을 직접·결정적으로 좌우할 수 없으므로 직접선거의 원칙에 위배된다(헌재 2001. 7. 19. 2000헌마91).

▶**고정명부식제도 자체가 직접선거원칙에 위반되는지**(소극) : 비례대표후보자명단과 그 순위, 의석배분방식은 선거시에 이미 확정되어 있고, 투표 후 후보자명부의 순위를 변경하는 것과 같은 사후개입은 허용되지 않는다. 그러므로 비록 후보자 각자에 대한 것은 아니지만 선거권자가 종국적인 결정권을 가지고 있으며, 선거결과가 선거행위로 표출된 선거권자의 의사표시에만 달려 있다고 할 수 있다. 따라서 고정명부식을 채택한 것 자체가 직접선거원칙에 위반된다고는 할 수 없다(헌재 2001. 7. 19. 2000헌마91).

4. 비밀선거원칙

비밀선거의 원칙이란 선거인의 투표내용을 공개하는 공개선거에 대립되는 말로, 선거인이 어느 후보자를 선출하는지 알 수 없게 하는 선거제도를 말한다. 공개선거는 투표의 책임을 명백히 한다는 뜻에서 채용되기도 하지만, 자유로운 의사표시를 방해할 위험이 크기 때문에 선거의 공정성이나 자유로운 분위기를 보장할 수 없다는 단점이 있다. 따라서 대부분의 현대 민주국가는 무기명투표·투표용지관급주의 등에 의하여 선거인의 비밀선거를 보장하고 있다.

5. 자유선거원칙

(1) 자유선거원칙의 의의

자유선거원칙이란 유권자의 투표행위가 국가나 사회로부터의 강제나 부당한 압력의 행사 없이 이루어져야 한다는 것뿐만 아니라, 유권자가 자유롭고 공개적인 의사형성과정에서 자신의 판단과 결정을 내릴 수 있어야 한다는 것을 의미한다(헌재 2004. 5. 14. 2004헌나1).

(2) 자유선거원칙의 인정 여부

자유선거의 원칙은 비록 우리 헌법에 명문으로 규정되지는 아니하였지만 민주국가의 선거제도에 내재하는 법 원리로서, 국민주권의 원리, 의회민주주의의 원리 및 참정권에 관한 규정에서 그 근거를 찾을 수 있다(헌재 2001. 8. 30. 99헌바92).

(3) 자유선거원칙의 내용

자유선거의 원칙은 선거의 전과정에 요구되는 선거권자의 의사형성의 자유와 의사실현의 자유를 말하고, 구체적으로는 투표의 자유, 입후보의 자유 나아가 선거운동의 자유를 뜻한다. 선거운동의 자유는 널리 선거과정에서 자유로이 의사를 표현할 자유의 일환이므로 표현의 자유의 한 태양이기도 하므로 선거운동의 자유는 헌법에 정한 언론·출판·집회·결사의 자유 보장 규정에 의한 보호를 받는다(헌재 2001. 8. 30. 99헌바92).

ⅠⅤ 선거제도의 기본내용

1. 선거공영제와 선거부정방지

> **헌법 제116조**
> ② 선거에 관한 경비는 법률이 정하는 경우를 제외하고는 정당 또는 후보자에게 부담시킬 수 없다.

(1) 선거공영제

선거공영제는 선거 자체가 국가의 공적 업무를 수행할 국민의 대표자를 선출하는 행위이므로 이에 소요되는 비용은 원칙적으로 국가가 부담하는 것이 바람직하다는 점과 선거경비를 개인에게 모두 부담시키는 것은 경제적으로 넉넉하지 못한 자의 입후보를 어렵거나 불가능하게 하여 국민의 공무담임권을 부당하게 제한하는 결과를 초래할 수 있다는 점을 고려하여, 선거의 관리·운영에 필요한 비용을 후보자 개인에게 부담시키지 않고 국민 모두의 공평부담으로 하고자 하는 원칙이다. 한편 선거공영제의 내용은 우리의 선거문화와 풍토, 정치문화 및 국가의 재정상황과 국민의 법감정 등 여러 가지 요소를 종합적으로 고려하여 입법자가 정책적으로 결정할 사항으로서 넓은 입법형성권이 인정되는 영역이라고 할 것이다(헌재 2010. 5. 27. 2008헌마491).

> **⚖ 판례**
>
> ▶ 선거범죄로 당선이 무효로 된 자에게 이미 반환받은 기탁금과 보전받은 선거비용을 다시 반환하도록 한 구 공직선거법 제265조의2 제1항 전문 부분이 선거공영제에 반하는지(소극): 이 사건 법률조항의 제재는 이미 선거의 공정을 저해한 자들에 대한 것이고, 선거범죄 유무를 불문하고 일률적으로 득표율에 따라 선거비용 보전을 해 준다면 선거범죄를 저질러서라도 득표율을 높이려고 할 수도 있다는 점 및 재선거를 치르는 경우에는 국가가 이중으로 선거비용을 지출하게 되므로 국가의 재정부담을 줄이는 조치를 해야 할 필요성도 있는 점을 고려한 것이므로, 선거공영제에 대한 입법형성권을 넘어선 것이라고 볼 수 없다(헌재 2011. 4. 28. 2010헌바232).

(2) 공무원의 중립의무

공무원 기타 정치적 중립을 지켜야 하는 자(기관·단체 포함)는 선거에 대한 부당한 영향력의 행사 기타 선거결과에 영향을 미치는 행위를 하여서는 아니된다(공직선거법 제9조 제1항). 선거에서의 공무원의 정치적 중립의무는 국민 전체에 대한 봉사자로서의 공무원의 지위를 규정하는 헌법 제7조 제1항, 자유선거원칙을 규정하는 헌법 제41조 제1항 및 제67조 제1항 및 정당의 기회균등을 보장하는 헌법 제116조 제1항으로부터 나오는 헌법적 요청이다(헌재 2004. 5. 14. 2004헌나1).

> **판례**
>
> ▶ **대통령이 공직선거법 제9조의 '공무원'에 해당하는지**(적극) : 공직선거법 제9조의 '공무원'이란, 위 헌법적 요청을 실현하기 위하여 선거에서의 중립의무가 부과되어야 하는 모든 공무원 즉, 구체적으로 '자유선거원칙'과 '선거에서의 정당의 기회균등'을 위협할 수 있는 모든 공무원을 의미한다. 그런데 사실상 모든 공무원이 그 직무의 행사를 통하여 선거에 부당한 영향력을 행사할 수 있는 지위에 있으므로, 여기서의 공무원이란 원칙적으로 국가와 지방자치단체의 모든 공무원 즉, 좁은 의미의 직업공무원은 물론이고, 적극적인 정치활동을 통하여 국가에 봉사하는 정치적 공무원을 포함한다. 다만, 국회의원과 지방의회의원은 정당의 대표자이자 선거운동의 주체로서의 지위로 말미암아 선거에서의 정치적 중립성이 요구될 수 없으므로, 공직선거법 제9조의 '공무원'에 해당하지 않는다. 따라서 선거에 있어서의 정치적 중립성은 행정부와 사법부의 모든 공직자에게 해당하는 공무원의 기본적 의무이다. 더욱이, 대통령은 행정부의 수반으로서 공정한 선거가 실시될 수 있도록 총괄·감독해야 할 의무가 있으므로, 당연히 선거에서의 중립의무를 지는 공직자에 해당하는 것이고, 이로써 공직선거법 제9조의 '공무원'에 포함된다(헌재 2004. 5. 14. 2004헌나1).
>
> ▶ **기자회견에서 특정정당을 지지한 대통령의 발언이 공무원의 정치적 중립의무에 위반되는지**(적극) : 대통령의 발언은 그 직무집행에 있어서 반복하여 특정 정당에 대한 자신의 지지를 적극적으로 표명하고, 나아가 국민들에게 직접 그 정당에 대한 지지를 호소하는 내용이라 할 수 있다. 따라서 선거에 임박한 시기이기 때문에 공무원의 정치적 중립성이 어느 때보다도 요청되는 때에, 공정한 선거관리의 궁극적 책임을 지는 대통령이 기자회견에서 전 국민을 상대로, 대통령직의 정치적 비중과 영향력을 이용하여 특정 정당을 지지하는 발언을 한 것은, 대통령의 지위를 이용하여 선거에 대한 부당한 영향력을 행사하고 이로써 선거의 결과에 영향을 미치는 행위를 한 것이므로, 선거에서의 중립의무를 위반하였다(헌재 2004. 5. 14. 2004헌나1).

2. 선거구획정

> **헌법 제41조**
> ③ 국회의원의 선거구와 비례대표제 기타 선거에 관한 사항은 법률로 정한다.

(1) 입법형성권

헌법 제41조 제3항은 "국회의원의 선거구와 비례대표제 기타 선거에 관한 사항은 법률로 정한다."고 규정하여 선거제도의 내용에 관한 구체적인 결정을 국회의 입법에 맡기고 있다. 입법자가 대·중·소선거구제 중 어느 것을 채택할 것인지, 당선인을 결정하는 방식으로 다수대표제·비례대표제·혼합형선거제 중에서 어느 것을 택할 것인지, 다수대표제의 경우 선거권자 전체의 일정비율 이상 득표를 하여야 한다고 법률로 정할 것인지 또는 그러한 제도를 도입할 때 어느 정도의 수치로 지정할 것인지, 비례대표제의 경우 그 형태 및 저지조항을 둘 것인지 또는 저지조항을 둘 경우 그 비율을 어떻게 정할 것인지, 혼합형선거제의 경우 지역구 국회의원과 비례대표 국회의원의 비율을 어떻게 정할 것인지에 대한 구체적인 헌법적 기준은 없다.

이와 같이 국회의원선거제도는 법률이 정하는 바에 의하여 구체적으로 결정되는 것이므로, 입법형성권을 갖고 있는 입법자는 우리나라 선거제도와 정당의 역사성, 우리나라 선거 및 정치문화의 특수성, 정치적·경제적·사회적 환경, 선거와 관련된 국민의식의 정도와 법 감정을 종합하여 국회의원 선거 관련 선거구 등 선거제도를 합리적으로 입법할 수 있으며, 입법자가 국회의원 선거제도를 형성함에 있어 헌법 제41조 제1항에 명시된 보통·평등·직접·비밀선거의 원칙과 자유선거 등 국민의 선거권이 부당하게 제한되지 않는 한 헌법에 위반된다고 할 수 없다(헌재 2016. 5. 26. 2012헌마374).

(2) 선거구(공직선거법 제20조)

대통령 및 비례대표 국회의원	전국
비례대표 시·도의원	당해 시·도
비례대표자치구·시·군의원	당해 자치구·시·군
지역구 국회의원, 지역구 지방의회의원	당해 의원의 선거구
지방자치단체의 장	당해 지방자치단체의 관할구역

(3) 국회의원 지역구

1) 국회의원 지역구의 획정

국회의원 지역구는 시·도의 관할구역 안에서 인구·행정구역·지리적 여건·교통·생활문화권 등을 고려하여 획정한다(공직선거법 제25조 제1항).

> 🔧 **판례**
>
> ▶ **선거구획정에 관한 입법재량의 한계**: 선거구획정에 관하여 국회의 광범한 재량이 인정되지만 그 재량에는 평등선거의 실현이라는 헌법적 요청에 의하여 일정한 한계가 있을 수밖에 없는바, 첫째로, 선거구획정에 있어서 인구비례원칙에 의한 투표가치의 평등은 헌법적 요청으로서 다른 요소에 비하여 기본적이고 일차적인 기준이기 때문에, 합리적 이유없이 투표가치의 평등을 침해하는 선거구획정은 자의적인 것으로서 헌법에 위반된다는 것이고, 둘째로, 특정 지역의 선거인들이 자의적인 선거구획정으로 인하여 정치과정에 참여할 기회를 잃게 되었거나, 그들이 지지하는 후보가 당선될 가능성을 의도적으로 박탈당하고 있음이 입증되어 특정 지역의 선거인들에 대하여 차별하고자 하는 국가권력의 의도와 그 집단에 대한 실질적인 차별효과가 명백히 드러난 경우, 즉 게리맨더링에 해당하는 경우에는, 그 선거구획정은 입법재량의 한계를 벗어난 것으로서 헌법에 위반된다(헌재 2001. 10. 25. 2000헌마92).

2) 국회의원 선거구획정위원회

국회의원 선거구획정위원회는 중앙선거관리위원회에 두되, 직무에 관하여 독립의 지위를 가진다(공직선거법 제24조 제2항). 국회의원 선거구획정위원회는 중앙선거관리위원회 위원장이 위촉하는 9명의 위원으로 구성하되, 위원장은 위원 중에서 호선한다(공직선거법 제24조 제3항). 국회의원 및 정당의 당원(국회의원 선거구획정위원회의 설치일부터 과거 1년 동안 정당의 당원이었던 사람 포함)은 위원이 될 수 없다(공직선거법 제24조 제7항). 국회의원 선거구획정위원회는 제25조 제1항에 규정된 기준에 따라 작성되고 재적위원 3분의 2 이상의 찬성으로 의결한 선거구획정안과 그 이유 및 그 밖에 필요한 사항을 기재한 보고서를 임기만료에 따른 국회의원 선거의 선거일 전 13개월까지 국회의장에게 제출하여야 한다(공직선거법 제24조 제11항).

3) 국회의원 지역구 확정
국회는 국회의원 지역구를 선거일 전 1년까지 확정하여야 한다(공직선거법 제24조의2 제1항).

> 🔍 **판례**
>
> ▶ **헌법재판소가 입법개선시한을 정하여 헌법불합치결정을 하였음에도 국회가 입법개선시한까지 개선입법을 하지 아니하여 국회의원의 선거구에 관한 법률이 존재하지 아니하게 된 경우 국회에 국회의원의 선거구를 입법할 헌법상 의무가 존재하는지**(적극) : 헌법 제41조 제3항은 국회의원선거에 있어 필수적인 요소라고 할 수 있는 선거구에 관하여 직접 법률로 정하도록 규정하고 있으므로, 피청구인에게는 국회의원의 선거구를 입법할 명시적인 헌법상 입법의무가 존재한다. 나아가 헌법이 국민주권의 실현 방법으로 대의민주주의를 채택하고 있고 선거구는 이를 구현하기 위한 기초가 된다는 점에 비추어 보면, 헌법 해석상으로도 피청구인에게 국회의원의 선거구를 입법할 의무가 인정된다. 따라서 헌법재판소가 입법개선시한을 정하여 헌법불합치결정을 하였음에도 국회가 입법개선시한까지 개선입법을 하지 아니하여 국회의원의 선거구에 관한 법률이 존재하지 아니하게 된 경우, 국회는 이를 입법하여야 할 헌법상 의무가 있다(헌재 2016. 4. 28. 2015헌마1177).

(4) 지방의회의원 선거구

1) 시·도의회의원 지역선거구
시·도의회의원 지역선거구는 인구·행정구역·지세·교통 그 밖의 조건을 고려하여 자치구·시·군을 구역으로 하거나 분할하여 이를 획정하되, 하나의 시·도의원지역구에서 선출할 지역구시·도의원정수는 1명으로 한다(공직선거법 제26조 제1항).

2) 자치구·시·군의원 지역구
자치구·시·군의원 지역구는 인구·행정구역·지세·교통 그 밖의 조건을 고려하여 획정하되, 하나의 자치구·시·군의원지역구에서 선출할 지역구자치구·시·군의원정수는 2인 이상 4인 이하로 한다(공직선거법 제26조 제2항).

> 🔍 **판례**
>
> ▶ **시·도의회가 기초의원지역구에 관한 조례를 개정 또는 제정할 때에 선거구획정위원회의 선거구획정안에 기속되는지**(소극) : 공직선거법 제24조 제10항이 시·도의회가 기초의원지역구에 관한 조례를 개정하는 때에는 선거구획정위원회의 선거구획정안을 존중하여야 한다고 규정하고 있더라도 강원도의회가 공직선거법 제26조 제2항의 위임에 따라 기초의원지역구의 구역과 의원정수를 정하는 조례를 제정하면서 강원도 선거구 획정위원회의 선거구확정안보다 의원 1인당 인구수의 편차가 더 적은 다른 조례안을 채택한 것이 위법하다고 볼 수 없고, 합리적인 이유도 없이 강원도선거구획정위원회의 선거구획정안을 존중하지 않은 것이라고 보기 어렵다(헌재 2009. 3. 26. 2006헌마203).

3. 국회의 의원정수

> **헌법 제41조**
> ② 국회의원의 수는 법률로 정하되, 200인 이상으로 한다.

국회의 의원정수는 지역구 국회의원 254명과 비례대표 국회의원 46명을 합하여 300명으로 하며(공직선거법 제21조 제1항), 하나의 국회의원 지역선거구에서 선출할 국회의원의 정수는 1인으로 한다(공직선거법 제21조 제2항).

4. 비례대표제와 의석 할당 정당

> **헌법 제41조**
> ③ 국회의원의 선거구와 비례대표제 기타 선거에 관한 사항은 법률로 정한다.

(1) 입법형성권

헌법 제41조 제3항은 "국회의원의 선거구와 비례대표제 기타 선거에 관한 사항은 법률로 정한다."고 규정하고 있으므로 비례대표제를 실시할 경우 구체적으로 어떤 형태로 구현할지는 일차적으로 입법자의 형성에 맡겨져 있다고 할 것이다. 그러나 비례대표제는 국회를 구성하는 방식에 관한 문제이므로 통치구조의 헌법원리인 민주주의원리에 저촉되지 않아야 함은 물론이고, "국회는 국민의 보통·평등·직접·비밀선거에 의하여 선출된 국회의원으로 구성한다."고 규정하고 있는 헌법 제41조 제1항을 준수하여야 한다(헌재 2001. 7. 19. 2000헌마91).

(2) 의석 할당 정당

1) 비례대표 국회의원

① 의석 할당 정당

중앙선거관리위원회는 a) 임기 만료에 따른 비례대표 국회의원 선거에서 전국 유효투표 총수의 100분의 3 이상을 득표한 정당과 b) 임기 만료에 따른 지역구 국회의원 선거에서 5 이상의 의석을 차지한 정당에 대하여 비례대표 국회의원 의석을 배분한다(공직선거법 제189조 제1항).

② 연동배분의석수

> [(국회의원 정수 − 의석할당정당이 추천하지 않은 지역구국회의원 당선인 수)×해당 정당의 비례대표 국회의원선거 득표비율 − 해당 정당의 지역구국회의원 당선인 수] ÷ 2

> ⚖ **판례**
>
> ▶ **준연동형 비례대표제를 규정한 공직선거법 제189조 제2항**(의석배분조항)**이 직접선거원칙에 위배되는지**(소극) : 이 사건 의석배분조항은 선거권자의 정당투표결과가 비례대표의원의 의석으로 전환되는 방법을 확정하고 있고, 선거권자의 투표 이후에 의석배분방법을 변경하는 것과 같은 사후개입을 허용하고 있지 않다. 따라서 이 사건 의석배분조항은 직접선거원칙에 위배되지 않는다(헌재 2023. 7. 20. 2019헌마1443).
>
> ▶ **준연동형 비례대표제를 규정한 공직선거법 제189조 제2항**(의석배분조항)**이 평등선거원칙에 위배되는지**(소극) : 의석배분조항은 지역구의석과 비례대표의석을 연동하여 정당의 득표율에 비례한 의석배분이 이루어지도록 하고 있다. 다만, 지역구의석과 비례대표의석의 연동률을 50%로 제한하고, 초과의석이 발생한 정당에게도 잔여의석이 배분될 수 있도록 하고 있으나, 이는 우리나라의 정치·사회적 상황을 고려하여 국회의원정수를 늘리거나 지역구의석을 줄이지 않는 범위 내에서 기존의 병립형 제도보다 선거의 비례성을 향상시키기 위한 것이다. 또한 이 사건 의석배분조항은 위성정당 창당과 같은 지역구의석과 비례대표의석의 연동을 차단시키기 위한 선거전략을 통제하는 제도를 마련하고 있지 않으나, 이 사건 의석배분조항이 개정 전 공직선거법상의 병립형 선거제도보다 선거의 비례성을 향상시키고 있고, 이러한 방법이 헌법상 선거원칙에 명백히 위반된다는 사정이 발견되지 않으므로, 정당의 투표전략으로 인하여 실제 선거에서 양당체제를 고착화시키는 결과를 초래하였다는 이유만으로, 이 사건 의석배분조항이 투표가치를 왜곡하거나 선거의 대표성의 본질을 침해할 정도로 현저히 비합리적인 입법이라고 보기는 어렵다. 따라서 이 사건 의석배분조항은 평등선거원칙에 위배되지 않는다(헌재 2023. 7. 20. 2019헌마1443).

▶**위성정당의 문제** : 지역구선거에서 정당득표율보다 더 많은 의석을 확보할 수 있는 정당은 비례대표선거에만 참여하는 이른바 위성정당을 창당하는 방법으로 지역구의석수와 상관없이 추가로 비례대표의석을 얻을 수 있다. 이러한 이유로 지역기반의 거대 정당의 경우 지역구의석과 비례대표의석의 연동을 차단시키는 선거전략을 택할 유인이 강하게 발생한다. 따라서 의석배분조항이 무력화되지 않고 선거의 비례성을 확보하기 위해서는 연동을 차단시키는 거대 정당의 선거전략을 효과적으로 통제할 수 있는 제도를 마련하는 것이 필요하다. 그러나 그러한 제도가 마련되어 있지 않다는 점만으로 의석배분조항 자체가 투표의 성과가치를 왜곡하여 평등선거원칙에 위배된다고 보기는 어렵다(헌재 2023. 7. 20. 2019헌마1443).

2) 비례대표 지방의회의원

비례대표 지방의회의원선거에 있어서는 당해 선거구 선거관리위원회가 유효투표 총수의 100분의 5 이상을 득표한 각 정당에 대하여 당해 선거에서 얻은 득표비율에 비례대표 지방의회의원 정수를 곱하여 산출된 수의 정수의 의석을 그 정당에 먼저 배분하고 잔여의석은 단수가 큰 순으로 각 의석 할당 정당에 1석씩 배분하되, 같은 단수가 있는 때에는 그 득표수가 많은 정당에 배분하고 그 득표수가 같은 때에는 당해 정당 사이의 추첨에 의한다(공직선거법 제190조의2 제1항).

5. 선거권과 피선거권

헌법 제24조
모든 국민은 법률이 정하는 바에 의하여 선거권을 가진다.

헌법 제25조
모든 국민은 법률이 정하는 바에 의하여 공무담임권을 가진다.

(1) 선거권

1) 선거권의 의의

헌법 제24조의 선거권이란 국민이 공무원을 선거하는 권리를 말하고, 이는 주권자인 국민이 자신의 정치적 의사를 자유로이 결정하고 표명하여 선거에 참여함으로써 민주사회를 구성하고 움직이게 하는 작동원리로 작용한다(헌재 2002. 3. 28. 2000헌마283).

🔨 판례

▶**선거권의 규범적 의미** : 헌법 제1조가 천명하고 있는 국민주권의 원리는 국민의 합의로 국가권력을 조직한다는 것이다. 이를 위해서는 주권자인 국민이 정치과정에 참여하는 기회가 되도록 폭넓게 보장될 것이 요구된다. 대의민주주의를 원칙으로 하는 오늘날의 민주정치 아래에서 국민의 참여는 기본적으로 선거를 통하여 이루어지므로 선거는 주권자인 국민이 그 주권을 행사하는 통로라고 할 수 있다. 이러한 국민주권의 원리와 선거를 통한 국민의 참여를 위하여 헌법 제24조는 모든 국민에게 법률이 정하는 바에 의하여 선거권을 보장하고 있고, 헌법 제11조는 정치적 생활영역에서의 평등권을 규정하고 있으며, 또한 헌법 제41조 제1항 및 67조 제1항은 국회의원선거와 대통령선거에 있어서 보통·평등·직접·비밀선거의 원칙을 보장하고 있다. 헌법이 선거권과 선거원칙을 이같이 명문으로 보장하고 있는 것은 국민주권주의와 대의제 민주주의 하에서는 국민의 선거권 행사를 통해서만 국가와 국가권력의 구성과 창설이 비로소 가능해지고 국가와 국가권력의 민주적 정당성이 마련되기 때문이다(헌재 2018. 1. 25. 2015헌마821).

▶ **선거권과 기본적 의무의 관계** : 헌법 제1조 제2항은 '대한민국의 주권은 국민에게 있고, 모든 권력은 국민으로부터 나온다.'라고 규정할 뿐 주권자인 국민의 지위를 국민의 의무를 전제로 인정하고 있지는 않다. 현행 헌법의 다른 규정들도 국민의 기본권행사를 납세나 국방의 의무 이행에 대한 반대급부로 예정하고 있지 않다. 특히 재외국민들은 '이중과세 방지협정'에서 정한 바에 따라 납세의무가 면제되는 것일 뿐이므로 재외국민이 국가에 대한 납세의무를 다하지 않고 있다고 볼 수도 없으며, 병역의무의 경우에도 재외국민에게 병역의무 이행의 길이 열려 있는 점, 재외국민들 중에는 이미 국내에서 병역의무를 필한 사람도 있는 점, 오늘날 넓은 의미의 국방은 재외국민의 애국심과 협력에 의존하는 바도 적지 않다는 점, 현재 병역의무가 남자에게만 부여되고 있다는 점 등을 감안하면 선거권과 병역의무 간에 필연적 견련관계를 인정하기 어렵다(헌재 2007. 6. 28. 2004헌마644).

▶ **지방자치단체의 장 선거권이 헌법상 보장되는 기본권인지**(적극) : 헌법에서 지방자치제를 제도적으로 보장하고 있고, 지방자치는 지방자치단체가 독자적인 자치기구를 설치해서 그 자치단체의 고유사무를 국가기관의 간섭 없이 스스로의 책임 아래 처리하는 것이라는 점에서 지방자치단체의 대표인 단체장은 지방의회의원과 마찬가지로 주민의 자발적 지지에 기초를 둔 선거를 통해 선출되어야 한다. 공직선거 관련 법상 지방자치단체의 장 선임방법은 '선거'로 규정되어 왔고, 지방자치단체의 장을 선거로 선출하여 온 우리 지방자치제의 역사에 비추어 볼 때, 지방자치단체의 장에 대한 주민직선제 이외의 다른 선출방법을 허용할 수 없다는 관행과 이에 대한 국민적 인식이 광범위하게 존재한다고 볼 수 있다. 주민자치제를 본질로 하는 민주적 지방자치제도가 안정적으로 뿌리내린 현 시점에서 지방자치단체의 장 선거권을 지방의회의원 선거권, 나아가 국회의원 선거권 및 대통령 선거권과 구별하여 하나는 법률상의 권리로, 나머지는 헌법상의 권리로 이원화하는 것은 허용될 수 없다. 그러므로 지방자치단체의 장 선거권 역시 다른 선거권과 마찬가지로 헌법 제24조에 의해 보호되는 기본권으로 인정하여야 한다(헌재 2016. 10. 27. 2014헌마797).

▶ **농협의 조합장선거에서 조합장을 선출하거나 조합장으로 선출될 권리, 조합장선거에서 선거운동을 하는 것은 헌법에 의하여 보호되는 선거권의 범위에 포함되는지**(소극) : 지역농협은 조합원의 경제적·사회적·문화적 지위의 향상을 목적으로 하는 농업인의 자주적 협동조직으로, 조합원 자격을 가진 20인 이상이 발기인이 되어 설립하고(제15조), 조합원의 출자로 자금을 조달하며(제21조), 지역농협의 결성이나 가입이 강제되지 아니하고, 조합원의 임의탈퇴 및 해산이 허용되며(제28조, 제29조), 조합장은 조합원들이 직접 선출하거나 총회에서 선출하도록 하고 있으므로(제45조), 기본적으로 사법인적 성격을 지니고 있다 할 것이다. 이처럼 사법적인 성격을 지니는 농협의 조합장선거에서 조합장을 선출하거나 조합장으로 선출될 권리, 조합장선거에서 선거운동을 하는 것은 헌법에 의하여 보호되는 선거권의 범위에 포함되지 않는다(헌재 2012. 2. 23. 2011헌바154).

2) 선거권에 관한 법률유보의 의미

헌법 제24조는 모든 국민은 '법률이 정하는 바에 의하여' 선거권을 가진다고 규정함으로써 법률 유보의 형식을 취하고 있지만, 이것은 국민의 선거권이 '법률이 정하는 바에 따라서만 인정될 수 있다'는 포괄적인 입법권의 유보하에 있음을 의미하는 것이 아니다. 국민의 기본권을 법률에 의하여 구체화하라는 뜻이며 선거권을 법률을 통해 구체적으로 실현하라는 의미이다. 이러한 법률유보는 선거권을 실현하고 보장하기 위한 것이지 제한하기 위한 것이 아니므로, 선거권의 내용과 절차를 법률로 규정하는 경우에도 국민주권을 선언하고 있는 헌법 제1조, 평등권에 관한 헌법 제11조, 국회의원선거와 대통령선거에 있어서 보통·평등·직접·비밀선거를 보장하는 헌법 제41조 및 제67조의 취지에 부합하도록 하여야 한다(헌재 2007. 6. 28. 2004헌마644).

> **⚖️ 판례**
>
> ▶**선거권 제한의 한계**: 민주주의 국가에서 국민주권과 대의제 민주주의의 실현수단으로서 선거권이 갖는 중요성으로 인해 한편으로 입법자는 선거권을 최대한 보장하는 방향으로 입법을 하여야 하며, 또 다른 한편에서 선거권을 제한하는 법률의 합헌성을 심사하는 경우에는 그 심사의 강도도 엄격하여야 하는 것이다. 따라서 선거권을 제한하는 입법은 헌법 제24조에 의해서 곧바로 정당화될 수는 없고, 헌법 제37조 제2항의 규정에 따라 국가안전보장·질서유지 또는 공공복리를 위하여 필요하고 불가피한 예외적인 경우에만 그 제한이 정당화될 수 있으며, 그 경우에도 선거권의 본질적인 내용을 침해할 수 없다. 더욱이 보통선거의 원칙은 선거권자의 능력, 재산, 사회적 지위 등의 실질적인 요소를 배제하고 성년자이면 누구라도 당연히 선거권을 갖는 것을 요구하므로 보통선거의 원칙에 반하는 선거권 제한의 입법을 하기 위해서는 헌법 제37조 제2항의 규정에 따른 한계가 한층 엄격히 지켜져야 한다(헌재 2007. 6. 28. 2004헌마644).

3) 선거권자(공직선거법 제15조)

대통령	18세 이상의 국민
비례대표 국회의원	
지역구 국회의원	선거구 안에 주민등록이 되어 있는 18세 이상의 국민
지방자치단체의 장	• 관할구역에 주민등록이 되어 있는 18세 이상의 국민
지방의회의원	• 해당 지자체의 외국인등록대장에 올라 있는 18세 이상의 외국인

> **⚖️ 판례**
>
> ▶**선거권자의 연령을 선거일 현재를 기준으로 산정하도록 규정한 공직선거법 제17조 부분이 구 공직선거법에 따라 선거권이 있는 만 19세 생일이 선거일 이틀 뒤에 있었던 청구인의 선거권이나 평등권을 침해하는지**(소극): 심판대상조항은 보통선거원칙을 구현하기 위한 선거권연령이 공직선거법 제15조 제2항에 별도로 구체적으로 정해져 있음을 전제로 하여, 그 연령을 산정하는 기준일을 규정한다. 따라서 심판대상조항의 합리성 유무는 심판대상조항에 따라 선거권이 있는 사람과 없는 사람을 명확하게 가를 수 있는지 여부에 좌우된다. 선거일은 공직선거법 제34조 내지 제36조에 명확하게 규정되어 있고 심판대상조항은 선거일 현재를 선거권연령 산정 기준일로 규정하고 있으므로, 국민 각자의 생일을 기준으로 선거권의 유무를 명확하게 판단할 수 있다. 심판대상조항과 달리 선거권연령 산정 기준일을 선거일 이전이나 이후의 특정한 날로 정할 경우, 이를 구체적으로 언제로 할지에 관해 자의적인 판단이 개입될 여지가 있고, 공직선거법 제15조 제2항이 개정되어 선거권연령 자체가 18세로 하향 조정된 점까지 아울러 고려하면, 심판대상조항은 입법형성권의 한계를 벗어나 청구인의 선거권이나 평등권을 침해하지 않는다(헌재 2021. 9. 30. 2018헌마300).
>
> ▶**주민등록이 되어 있지 않고 국내거소신고도 하지 않은 재외국민에게 임기만료 지역구 국회의원선거권을 인정하지 않은 공직선거법 제15조 제1항 단서 부분 및 공직선거법 제218조의5 제1항 중 '임기만료에 따른 비례대표 국회의원선거를 실시하는 때마다 재외선거인 등록신청을 하여야 한다' 부분이 재외선거인의 선거권을 침해하거나 보통선거원칙에 위배되는지**(소극): 지역구국회의원은 국민의 대표임과 동시에 소속지역구의 이해관계를 대변하는 역할을 하고 있다. 전국을 단위로 선거를 실시하는 대통령선거와 비례대표 국회의원선거에 투표하기 위해서는 국민이라는 자격만으로 충분한 데 반해, 특정한 지역구의 국회의원선거에 투표하기 위해서는 '해당 지역과의 관련성'이 인정되어야 한다. 주민등록과 국내거소신고를 기준으로 지역구국회의원선거권을 인정하는 것은 해당 국민의 지역적 관련성을 확인하는 합리적인 방법이다. 따라서 선거권조항과 재외선거인 등록신청조항이 재외선거인의 임기만료지역구국회의원선거권을 인정하지 않은 것이 재외선거인의 선거권을 침해하거나 보통선거원칙에 위배된다고 볼 수 없다(헌재 2014. 7. 24. 2009헌마256).

4) 선거권이 없는 자(공직선거법 제18조)

금치산선고를 받은 자		
일반형사범	• 1년 이상의 징역 또는 금고의 형의 선고를 받고 그 집행이 종료되지 아니하거나 그 집행을 받지 아니하기로 확정되지 아니한 사람 • 형의 집행유예를 선고받고 유예기간 중에 있는 사람은 제외	
선거범 등	100만원 이상의 벌금형	확정 후 5년
	형의 집행유예	확정 후 10년
	징역형	집행종료나 면제된 후 10년
법원의 판결 또는 다른 법률에 의하여 선거권이 정지 또는 상실된 자		

> 📌 **판례**

▶ **범죄자의 선거권을 제한하는 법률의 위헌성 심사기준**: 범죄자에 대한 선거권 제한은 고대 그리스와 로마시대의 소위 '시민으로서의 지위 박탈'의 일종으로서 그 역사적 뿌리가 깊다. 그러나 보통선거의 원칙이 확립된 이후 더 이상 '시민으로서의 지위 박탈'은 현대의 시민권 개념과 조화되기 어렵게 되었다. 따라서 범죄자에 대해 형벌의 내용으로 선거권을 제한하는 경우에도 선거권 제한 여부 및 적용범위의 타당성에 관하여 보통선거의 원칙에 입각한 선거권 보장과 그 제한의 관점에서 헌법 제37조 제2항에 따라 엄격한 비례심사를 하여야 한다(헌재 2018. 1. 25. 2015헌마821).

▶ **1년 이상의 징역의 형의 선고를 받고 그 집행이 종료되지 아니한 사람의 선거권을 제한하는 공직선거법 제18조 제1항 제2호 본문 부분이 청구인들의 선거권을 침해하는지**(소극): 심판대상조항에 따른 선거권 제한 기간은 각 수형자의 형의 집행이 종료될 때까지이므로, 형사책임의 경중과 선거권 제한 기간은 비례하게 된다. 심판대상조항이 과실범, 고의범 등 범죄의 종류를 불문하고, 침해된 법익의 내용을 불문하며, 형 집행 중에 이뤄지는 재량적 행정처분인 가석방 여부를 고려하지 않고 선거권을 제한한다고 하여 불필요한 제한을 부과한다고 할 수 없다. 1년 이상의 징역형을 선고받은 사람의 선거권을 제한함으로써 형사적·사회적 제재를 부과하고 준법의식을 강화한다는 공익이, 형 집행기간 동안 선거권을 행사하지 못하는 수형자 개인의 불이익보다 작다고 할 수 없다. 따라서 심판대상조항은 과잉금지원칙을 위반하여 청구인의 선거권을 침해하지 아니한다(헌재 2017. 5. 25. 2016헌마292).

▶ **집행유예기간 중인 자와 수형자의 선거권을 제한하고 있는 공직선거법 제18조 제1항 제2호 등이 청구인들의 선거권을 침해하고, 보통선거원칙에 위반하여 평등원칙에도 어긋나는지**(적극): 심판대상조항은 집행유예자와 수형자에 대하여 전면적·획일적으로 선거권을 제한하고 있다. 심판대상조항의 입법목적에 비추어 보더라도, 구체적인 범죄의 종류나 내용 및 불법성의 정도 등과 관계없이 일률적으로 선거권을 제한하여야 할 필요성이 있다고 보기는 어렵다. 범죄자가 저지른 범죄의 경중을 전혀 고려하지 않고 수형자와 집행유예자 모두의 선거권을 제한하는 것은 침해의 최소성원칙에 어긋난다. 특히 집행유예자는 집행유예 선고가 실효되거나 취소되지 않는 한 교정시설에 구금되지 않고 일반인과 동일한 사회생활을 하고 있으므로, 그들의 선거권을 제한해야 할 필요성이 크지 않다. 따라서 심판대상조항은 청구인들의 선거권을 침해하고, 보통선거원칙에 위반하여 집행유예자와 수형자를 차별취급하는 것이므로 평등원칙에도 어긋난다(헌재 2014. 1. 28. 2012헌마409 헌법불합치).

▶ '선거범으로서 100만 원 이상의 벌금형의 선고를 받고 그 형이 확정된 후 5년을 경과하지 아니한 자 또는 형의 집행유예의 선고를 받고 그 형이 확정된 후 10년을 경과하지 아니한 자'의 선거권을 제한하는 공직선거법 제18조 제1항 제3호 부분이 청구인들의 선거권을 침해하는지(소극) : 선거권제한조항은 선거의 공정성을 확보하기 위한 것으로서, 선거권 제한의 대상과 요건, 기간이 제한적인 점, 선거의 공정성을 해친 바 있는 선거범으로부터 부정선거의 소지를 차단하여 공정한 선거가 이루어지도록 하기 위하여는 선거권을 제한하는 것이 효과적인 방법인 점, 법원이 선거범에 대한 형량을 결정함에 있어서 양형의 조건뿐만 아니라 선거권의 제한 여부에 대하여도 합리적 평가를 하게 되는 점, 선거권의 제한 기간이 공직선거마다 벌금형의 경우는 1회 정도, 징역형의 집행유예의 경우에는 2~3회 정도 제한하는 것에 불과한 점 등을 종합하면, 선거권 제한조항은 청구인들의 선거권을 침해한다고 볼 수 없다(헌재 2018. 1. 25. 2015헌마821).

▶ '선거범 등의 죄'와 '다른 죄'의 경합범에 대하여 분리 선고하도록 규정한 공직선거법 제18조 제3항 부분이 평등원칙에 위반되는지(소극) : 현행 분리선고조항은, '선거범죄 등'이 '다른 죄'와 경합범으로 동시에 재판을 받게 되었다는 우연한 사정에 의하여 형법 제38조에 따라 경합범 가중을 받아 100만 원 이상의 벌금형 등을 선고받게 됨으로써 선거권 및 공무담임권이 제한되는 불합리한 상황을 극복하기 위하여, '선거범죄 등'과 '다른 죄'를 분리 선고하도록 규정하게 된 것임을 알 수 있다. 한편 법원으로서는 청구인의 경우와 같이 '당선무효범죄와 정치자금법 제45조 위반죄가 경합범이 되는 경우' 또는 '공무담임제한범죄와 당내경선과 관련된 죄가 경합범이 되는 경우'로 인해 공무담임권이 제한되는 사정을 종합적으로 고려하여 구체적 타당성에 부합하는 선고형을 정할 수 있는 점 등을 고려하면, 입법자가 '선거범죄, 정치자금법 제45조, 제49조에 규정된 죄, 대통령·국회의원·지방의회의원·지방자치단체장의 재임 중 직무에 관한 뇌물죄 및 알선수재죄'와 '다른 죄'를 분리 선고하도록 규정하면서 그 '선거범죄 등'에 해당하는 범죄들의 경합범에 대하여는 분리 선고를 정하지 않은 것에 합리적 이유가 있다 할 것이다(헌재 2021. 8. 31. 2018헌바149).

(2) 피선거권

헌법 제25조
   모든 국민은 법률이 정하는 바에 의하여 공무담임권을 가진다.

헌법 제67조
④ 대통령으로 선거될 수 있는 자는 국회의원의 피선거권이 있고 선거일 현재 40세에 달하여야 한다.

1) 피선거권의 의의

피선거권이란 공직선거에 입후보하여 당선될 수 있는 자격 또는 권리를 의미한다. 헌법 제25조는 "모든 국민은 법률이 정하는 바에 의하여 공무담임권을 가진다."고 규정하여 모든 국민에게 선거직공무원을 비롯한 모든 국가기관 및 지방자치단체의 공직에 취임할 수 있는 권리를 내용으로 하는 공무담임권을 보장하고 있다. 그러므로 공무담임권은 여러 가지 선거에 입후보하여 당선될 수 있는 피선거권과 모든 공직에 임명될 수 있는 공직취임권을 포괄하고 있다(헌재 1996. 6. 26. 96헌마200).

2) 피선거권자(공직선거법 제16조)

대통령	선거일 현재 5년 이상 국내에 거주하고 있는 40세 이상의 국민
국회의원	18세 이상의 국민
지방선거	선거일 현재 계속하여 60일 이상 해당 지방자치단체의 관할구역에 주민등록이 되어 있는 18세 이상의 국민

> **판례**
>
> ▶ **지방자치단체 장의 피선거권 자격요건으로서 60일 이상 당해 지방자치단체의 관할구역 내에 주민등록이 되어 있을 것을 요구하는 공직선거 및 선거부정방지법 제16조 제3항이 공무담임권을 침해하는지**(소극): 이 사건 법률조항은 헌법이 보장한 주민자치를 원리로 하는 지방자치제도에 있어서 지연적 관계를 고려하여 당해 지역사정을 잘 알거나 지역과 사회적·지리적 이해관계가 있어 당해 지역행정에 대한 관심과 애향심이 많은 사람에게 피선거권을 부여함으로써 지방자치행정의 민주성과 능률성을 도모함과 아울러 우리나라 지방자치제도의 정착을 위한 규정으로서 과잉금지원칙에 위배하여 청구인의 공무담임권을 제한하고 있다고 볼 수 없다(헌재 2004. 12. 16. 2004헌마376).

3) 피선거권이 없는 자(공직선거법 제19조)

선거권 없는 자	• 금치산선고를 받은 자 • 선거범 등 • 법원의 판결 또는 다른 법률에 의하여 선거권이 정지 또는 상실된 자
일반형사범	금고 이상의 형의 선고를 받고 그 형이 실효되지 아니한 자
법원의 판결 또는 다른 법률에 의하여 피선거권이 정지되거나 상실된 자	

> **판례**
>
> ▶ **선거범으로서 100만 원 이상의 벌금형을 선고 받아 확정되면 5년 동안 피선거권이 제한되는 공직선거법 제19조 제1호 중 해당 부분이 공무담임권을 침해하는지**(소극): 선거의 공정성을 해친 바 있는 선거범으로부터 부정선거의 소지를 차단하여 공정한 선거가 이루어지도록 하기 위하여는 피선거권을 제한하는 것이 효과적인 방법이 될 수 있는 점, 법원이 선거범에 대한 형량을 결정함에 있어서 양형의 조건뿐만 아니라 피선거권의 제한 여부에 대한 합리적 평가도 하게 되는 점, 피선거권의 제한기간이 공직선거의 참여를 1회 정도 제한하게 되는 점 및 입법자가 이 사건 법률조항에서 피선거권의 제한기준으로 채택한 수단이 지나친 것이어서 입법형성권의 범위를 벗어난 것이라고 단정하기 어려운 점 등을 종합하여 보면, 이 사건 법률조항은 과잉금지원칙에 위배하여 공무담임권을 제한하고 있다고 할 수 없다(헌재 2008. 1. 17. 2004헌마41).

6. 선거기간과 선거일

(1) 선거기간(공직선거법 제33조)

대통령선거	• 후보자등록 마감일의 다음날부터 선거일까지 • 23일
국회의원 선거 등	• 후보자등록 마감일 후 6일부터 선거일까지 • 14일

> **판례**
>
> ▶ **국회의원 선거의 선거기간을 14일로 정하고 있는 공직선거법 제33조 제1항 제2호가 청구인의 정치적 기본권을 침해하거나 평등의 원칙에 위배되는지**(소극): 선거일 전 120일부터 예비후보자로 등록할 수 있는 예비후보자 및 후보자등록기간 중의 후보자에 대한 공직선거법 제60조의3에 의한 선거운동의 허용, 후보자 및 후보자가 되려는 자의 인터넷을 통한 선거운동의 허용 등 선거운동 기간의 제한을 받지 않는 선거운동 방법이 다양화된 점을 고려한다면, 위 기간이 유권자인 선거구민으로서 각 후보자의 인물, 정견, 신념 등을 파악하기에 부족한 기간이라고 단정할 수 없다. 그렇다면 이 사건 심판대상인 공직선거법 제33조 제1항 제2호에서 정하는 선거운동 기간은 제한의 입법목적, 제한의 내용, 우리나라에서의 선거의 태양, 현실적 필요성 등을 고려할 때 필요하고도 합리적인 제한이며, 선거운동의 자유를 형해화할 정도로 과도하게 제한하는 것으로 볼 수 없다 할 것이므로 헌법에 위반되지 않는다(헌재 2005. 2. 3. 2004헌마216).

(2) 선거일

> **헌법 제68조**
> ① 대통령의 임기가 만료되는 때에는 임기 만료 70일 내지 40일 전에 후임자를 선거한다.
> ② 대통령이 궐위된 때 또는 대통령 당선자가 사망하거나 판결 기타의 사유로 그 자격을 상실한 때에는 60일 이내에 후임자를 선거한다.

임기 만료 (34조)	대통령	임기 만료일 전 70일 이후 첫 번째 수요일
	국회의원	임기 만료일 전 50일 이후 첫 번째 수요일
	지방선거	임기 만료일 전 30일 이후 첫 번째 수요일
보궐선거 등 (35조)	대통령	실시사유가 확정된 때부터 60일 이내
	국회의원	• 4월 첫 번째 수요일 • 3월 1일 이후 실시사유가 확정된 선거는 그 다음 연도의 4월 첫 번째 수요일
	지방의회의원	
	지방자치단체의 장	• 전년도 9월 1일부터 2월 말일까지 실시사유가 확정된 선거는 4월 첫 번째 수요일 • 3월 1일부터 8월 31일까지 실시사유가 확정된 선거는 10월 첫 번째 수요일

7. 후보자

(1) 정당의 후보자추천

1) 당내경선의 실시

정당은 공직선거후보자를 추천하기 위하여 경선(당내경선)을 실시할 수 있다(공직선거법 제57조의2 제1항). 정당이 당내경선을 실시하는 경우 경선후보자로서 당해 정당의 후보자로 선출되지 아니한 자는 당해 선거의 같은 선거구에서는 후보자로 등록될 수 없다. 다만, 후보자로 선출된 자가 사퇴·사망·피선거권 상실 또는 당적의 이탈·변경 등으로 그 자격을 상실한 때에는 그러하지 아니하다(공직선거법 제57조의2 제2항). 정당법의 규정에 따라 당원이 될 수 없는 자는 당내경선의 선거인이 될 수 없다(공직선거법 제57조의2 제3항).

> 🔍 **판례**
> ▶ 정당이 공직선거 후보자를 추천하기 위하여 당내경선을 실시할 수 있다고 규정한 공직선거법 제57조의2 제1항이 당내경선에 참여하고자 하는 청구인의 공무담임권과 평등권을 침해할 가능성이 있는지(소극) : 헌법 제25조가 보장하는 공무담임권은 입법부, 행정부, 사법부는 물론 지방자치단체 등 국가, 공공단체의 구성원으로서 그 직무를 담당할 수 있는 권리를 말한다. 그런데 정당은 정치적 주장이나 정책을 추진하고 공직선거의 후보자를 추천 또는 지지함으로써 국민의 정치적 의사형성에 참여함을 목적으로 하는 국민의 자발적 조직으로서, 정당의 공직선거 후보자 선출은 자발적 조직 내부의 의사결정에 지나지 아니한다. 따라서 <u>청구인이 정당의 내부경선에 참여할 권리는 헌법이 보장하는 공무담임권의 내용에 포함된다고 보기 어렵고, 청구인의 소속 정당이 당내경선을 실시하지 않는다고 하여 청구인이 공직선거의 후보자로 출마할 수 없는 것이 아니므로, 심판대상조항으로 인하여 청구인의 공무담임권이 침해될 여지는 없다.</u> 한편 당내경선 실시 여부를 정당 스스로 정할 수 있도록 하였다는 사정만으로 기성 정치인과 정치 신인을 차별하는 것으로 볼 수 없으므로, 심판대상조항으로 말미암아 청구인의 평등권이 침해될 가능성이 있다고 보기도 어렵다(헌재 2014. 11. 27. 2013헌마814).

2) 당내경선운동

경선운동이란 정당이 공직선거에 추천할 후보자를 선출하기 위해 실시하는 선거에서 특정인을 당선되게 하거나 되지 못하게 하기 위해 힘쓰는 일 또는 그런 활동을 말한다(헌재 2021. 8. 31. 2018 헌바149).

> **⚖ 판례**
>
> ▶ **경선운동이 선거운동에 해당하는지**(소극) : 당내경선은 공직선거 자체와는 구별되는 정당 내부의 자발적인 의사결정에 해당하고, 경선운동은 원칙적으로 공직선거에서의 당선 또는 낙선을 위한 행위인 선거운동에 해당하지 않는다(대판 2012. 4. 13. 선고 2011도17437). 따라서 당내경선의 형평성과 공정성을 담보하기 위해서 국가가 개입하여야 하는 정도가 공직선거와 동등하다고 보기 어려우므로, 심판대상조항이 과잉금지원칙에 반하는지 여부를 판단할 때에는 엄격한 심사기준이 적용되어야 한다(헌재 2021. 4. 29. 2019헌가11).
>
> ▶ **당내경선에도 일반적인 선거원칙이 적용되는지**(적극) : 국회의원 비례대표 후보자 명단을 확정하기 위한 당내경선은 정당의 대표자나 대의원을 선출하는 절차와 달리 국회의원 당선으로 연결될 수 있는 중요한 절차로서 직접투표의 원칙이 그러한 경선절차의 민주성을 확보하기 위한 최소한의 기준이 된다고 할 수 있는 점, 정당법 제32조는 대의기관의 결의 등에서 대리인에 의한 의결이 금지됨을 분명히 하고 있는데, 이러한 정신은 그보다 가치가 낮다고 할 수 없는 비례대표 후보자 선출을 위한 당내경선에도 유추될 수 있는 점, 선거권자가 특정 후보자에 대한 투표를 위임하는 대리투표에서도 선거권자의 진정한 의사를 왜곡할 위험성은 여전히 존재하는 점 등을 종합하여 보면, 국회의원 비례대표 후보자 명단을 확정하기 위한 당내경선에도 선거권을 가진 당원들의 직접·평등·비밀투표 등 일반적인 선거의 원칙이 그대로 적용되고, 대리투표는 허용되지 않는다(대판 2013. 11. 28. 2013도5117).
>
> ▶ **지방공사의 상근직원이 당원이 아닌 자에게도 투표권을 부여하는 당내경선에서 경선운동을 할 수 없도록 금지·처벌하는 공직선거법 제57조의6 제1항 본문 등이 정치적 표현의 자유를 침해하는지**(적극) : 심판대상조항은 당내경선의 형평성과 공정성을 확보하기 위한 것으로 목적의 정당성과 수단의 적합성이 인정된다. 그러나 ○○공사의 상근직원은 ○○공사의 경영에 관여하거나 실질적인 영향력을 미칠 수 있는 권한을 가지고 있지 아니하므로, 경선운동을 한다고 하여 그로 인한 부작용과 폐해가 크다고 보기 어렵다. 또한 ○○공사의 상근직원이 그 지위를 이용하여 경선운동을 하는 행위를 금지·처벌하는 규정을 두는 것은 별론으로 하고, 경선운동을 일률적으로 금지·처벌하는 것은 정치적 표현의 자유를 과도하게 제한하는 것이다. 정치적 표현의 자유의 중대한 제한에 비하여, ○○공사의 상근직원이 당내경선에서 공무원에 준하는 영향력이 있다고 볼 수 없는 점 등을 고려하면 심판대상조항이 당내경선의 형평성과 공정성의 확보라는 공익에 기여하는 바가 크다고 보기 어렵다. 따라서 심판대상조항은 과잉금지원칙에 반하여 정치적 표현의 자유를 침해한다(헌재 2022. 6. 30. 2021헌가24).

3) 당내경선사무의 위탁

정치자금법의 규정에 따라 보조금의 배분대상이 되는 정당은 당내경선사무 중 경선운동, 투표 및 개표에 관한 사무의 관리를 당해 선거의 관할선거구선거관리위원회에 위탁할 수 있다(공직선거법 제57조의4 제1항). 관할선거구선거관리위원회가 당내경선의 투표 및 개표에 관한 사무를 수탁관리하는 경우에는 그 비용은 국가가 부담한다. 다만, 투표 및 개표참관인의 수당은 당해 정당이 부담한다(공직선거법 제57조의4 제2항).

4) 정당의 후보자추천

정당은 선거에 있어 선거구별로 선거할 정수 범위안에서 그 소속당원을 후보자로 추천할 수 있다. 다만, 비례대표자치구·시·군의원의 경우에는 그 정수 범위를 초과하여 추천할 수 있다(공직선거법 제47조 제1항). 정당이 후보자를 추천하는 때에는 민주적인 절차에 따라야 한다(공직선거법 제47조 제2항). 정당이 비례대표 국회의원선거 및 비례대표 지방의회의원선거에 후보자를 추천하는 때에는 그 후보자 중 100분의 50 이상을 여성으로 추천하되, 그 후보자명부의 순위의 매 홀수에는 여성을 추천하여야 한다(공직선거법 제47조 제3항). 정당이 임기 만료에 따른 지역구 국회의원선거 및 지역구 지방의회의원선거에 후보자를 추천하는 때에는 각각 전국지역구총수의 100분의 30 이상을 여성으로 추천하도록 노력하여야 한다(공직선거법 제47조 제4항). 정당이 임기만료에 따른 지역구지방의회의원선거에 후보자를 추천하는 때에는 지역구시·도의원선거 또는 지역구자치구·시·군의원선거 중 어느 하나의 선거에 국회의원지역구(군지역 제외)마다 1명 이상을 여성으로 추천하여야 한다(공직선거법 제47조 제5항).

(2) 후보자등록

1) 예비후보자등록(공직선거법 제60조의2 제1항)

대통령선거	선거일 전 240일
지역구국회의원선거 및 시·도지사선거	선거일 전 120일
지역구 시·도의회의원선거	선거기간 개시일 전 90일
자치구·시의 지역구의회의원 및 장의 선거	
군의 지역구 의회의원 및 장의 선거	선거기간 개시일 전 60일

예비후보자등록을 신청하는 사람은 해당 선거 기탁금의 100분의 20에 해당하는 금액을 중앙선거관리위원회규칙으로 정하는 바에 따라 관할선거구선거관리위원회에 기탁금으로 납부하여야 한다(공직선거법 제60조의2 제2항).

> 📖 **판례**
>
> ▶ **군의 장의 선거의 예비후보자가 되려는 사람은 그 선거기간 개시일 전 60일부터 예비후보자등록 신청을 할 수 있다고 규정한 공직선거법 제60조의2 제1항 제4호 부분이 청구인의 선거운동의 자유와 평등권을 침해하는지**(소극) : ① 예비후보자의 선거운동기간을 제한하지 않으면 예비후보자 간의 경쟁이 격화될 수 있고 예비후보자 간 경제력 차이 등에 따른 폐해가 두드러질 우려가 있다. 군의 평균 선거인수는 시·자치구에 비해서도 적다는 점, 오늘날 대중정보매체가 광범위하게 보급되어 있다는 점, 과거에 비해 교통수단이 발달하였다는 점 등에 비추어보면, 군의 장의 선거에서 예비후보자로서 선거운동을 할 수 있는 기간이 최대 60일이라고 하더라도 그 기간이 지나치게 짧다고 보기 어렵다. 군의 장의 선거에 입후보하고자 하는 사람은 문자메시지, 인터넷 홈페이지 등을 이용하여 상시 선거운동을 할 수도 있다. 따라서 심판대상조항은 청구인의 선거운동의 자유를 침해하지 않는다. ② 군은 주로 농촌 지역에 위치하고 있어 도시 지역인 자치구·시보다 대체로 인구가 적다. 또한, 군의 평균 선거인수는 자치구·시의 평균 선거인수에 비하여 적다. 심판대상조항은 이러한 차이를 고려하여 자치구·시의 장의 선거에서보다 군의 장의 선거에서 예비후보자의 선거운동기간을 단기간으로 정한 것인바, 이러한 차별취급은 자의적인 것이라 할 수 없다. 따라서 이 조항은 청구인의 평등권을 침해하지 않는다(헌재 2020. 11. 26. 2018헌마260).

> ▶ 대통령선거의 예비후보자등록을 신청하는 사람에게 대통령선거 기탁금의 100분의 20에 해당하는 금액인 6,000만 원을 기탁금으로 납부하도록 정한 공직선거법 제60조의2 제2항 부분이 공무담임권을 침해하는지(소극) : 예비후보자 기탁금제도는 예비후보자의 무분별한 난립을 막고 책임성과 성실성을 담보하기 위한 것인데, 선거권자 추천제도 역시 상당한 숫자의 선거권자로부터 추천을 받는 데에 적지 않은 노력과 비용이 소요될 것이므로 예비후보자의 수를 적정한 범위로 제한하는 방법으로서 덜 침해적인 것이라고 단정할 수 없다. 대통령선거는 가장 중요한 국가권력담당자를 선출하는 선거로서 후보난립의 유인이 다른 선거에 비해 훨씬 더 많으며, 본선거의 후보자로 등록하고자 하는 예비후보자에게 예비후보자 기탁금은 본선거 기탁금의 일부를 미리 납부하는 것에 불과하다는 점 등을 고려하면 기탁금 액수가 과다하다고도 할 수 없으므로 심판대상조항이 과잉금지원칙에 위배되어 공무담임권을 침해한다고 볼 수 없다(헌재 2015. 7. 30. 2012헌마402).

2) 후보자등록

후보자의 등록은 대통령선거에서는 선거일 전 24일, 국회의원선거와 지방자치단체의 의회의원 및 장의 선거에서는 선거일 전 20일부터 2일간 관할선거구선거관리위원회에 서면으로 신청하여야 한다(공직선거법 제49조 제1항).

🖋 판례

> ▶ 공직선거에 후보자로 등록하고자 하는 자가 제출하여야 하는 금고 이상의 형의 범죄경력에 실효된 형을 포함시키고 있는 공직선거법 제49조 제4항 제5호가 사생활의 비밀과 자유를 침해하는지(소극) : 후보자의 실효된 형까지 포함한 금고 이상의 형의 범죄경력을 공개함으로써 국민의 알권리를 충족하고 공정하고 정당한 선거권 행사를 보장하고자 하는 이 사건 법률조항의 입법목적은 정당하며, 이러한 입법목적을 달성하기 위하여는 선거권자가 후보자의 모든 범죄경력을 인지한 후 그 공직적합성을 판단하는 것이 효과적이다. 또한 <u>금고 이상의 범죄경력에 실효된 형을 포함시키는 이유는 선거권자가 공직후보자의 자질과 적격성을 판단할 수 있도록 하기 위한 점, 전과기록은 통상 공개재판에서 이루어진 국가의 사법작용의 결과라는 점, 전과기록의 범위와 공개시기 등이 한정되어 있는 점</u> 등을 종합하면, 이 사건 법률조항은 피해최소성의 원칙에 반한다고 볼 수 없고, 공익적 목적을 위하여 공직선거 후보의 사생활의 비밀과 자유를 한정적으로 제한하는 것이어서 법익균형성의 원칙도 충족한다. 따라서 이 사건 법률조항은 청구인들의 사생활의 비밀과 자유를 침해한다고 볼 수 없다(헌재 2008. 4. 24. 2006헌마402).

(3) 공무원 등의 입후보

정당의 당원이 될 수 있는 공무원을 제외한 국가공무원과 지방공무원으로서 후보자가 되려는 사람은 선거일 전 90일까지 그 직을 그만두어야 한다. 다만, 대통령선거와 국회의원선거에 있어서 국회의원이 그 직을 가지고 입후보하는 경우와 지방의회의원선거와 지방자치단체의 장의 선거에 있어서 당해 지방자치단체의 의회의원이나 장이 그 직을 가지고 입후보하는 경우에는 그러하지 아니하다(공직선거법 제53조 제1항). 지방자치단체의 장은 선거구역이 당해 지방자치단체의 관할구역과 같거나 겹치는 지역구국회의원선거에 입후보하고자 하는 때에는 당해 선거의 선거일 전 120일까지 그 직을 그만두어야 한다. 다만, 그 지방자치단체의 장이 임기가 만료된 후에 그 임기만료일부터 90일 후에 실시되는 지역구국회의원선거에 입후보하려는 경우에는 그러하지 아니하다(공직선거법 제53조 제5항).

> ⚖ **판례**

> ▶ **공직선거 및 교육감선거 입후보 시 선거일 전 90일까지 교원직을 그만두도록 하는 공직선거법 제53조 제1항 제1호 본문 부분이 공무담임권을 침해하는지**(소극) : 입후보자 사직조항은 교원이 그 신분을 지니는 한 계속적으로 직무에 전념할 수 있도록 하기 위해 선거에 입후보하고자 하는 경우 선거일 전 90일까지 그 직을 그만두도록 하는 것이므로, 입법목적의 정당성과 수단의 적합성이 인정된다. … 선거운동기간과 예비후보자등록일 등을 종합적으로 고려할 때 선거일 전 90일을 사직 시점으로 둔 것이 불합리하다고 볼 수 없는 점, 학생들의 수학권이 침해될 우려가 있다는 점에서 교육감선거 역시 공직선거와 달리 볼 수 없는 점 등에 비추어 보면, 침해의 최소성에 반하지 않는다. 교원의 직을 그만두어야 하는 사익 제한의 정도는 교원의 직무전념성 확보라는 공익에 비하여 현저히 크다고 볼 수 없으므로 법익의 균형성도 갖추었으므로 과잉금지원칙에 위배하여 공무담임권을 침해한다고 볼 수 없다(헌재 2019. 11. 28. 2018헌마222).

> ▶ **지방자치단체의 장이 당해 지방자치단체의 관할구역과 같거나 겹치는 선거구역에서 실시되는 지역구 국회의원선거에 입후보하고자 하는 경우 당해 선거의 '선거일 전 120일까지' 그 직을 사퇴하도록 규정한 공직선거 및 선거부정방지법 제53조 제3항이 단체장의 평등권을 침해하는지**(소극) : 이 사건 조항은 일반 공무원이 공직선거에 출마하려는 경우 '선거일 전 60일까지' 사퇴하도록 하는 것과 달리 단체장을 '120일 전까지' 사퇴하도록 하고 있으나, 단체장은 지방자치단체의 행정기능을 총괄하며, 직원의 인사권과 주민의 복리에 관한 각종 사업의 기획·시행, 예산의 집행 등 지방자치단체의 운영에 있어서 막중한 지위와 권한을 가지므로 자신의 관할구역 국회의원선거에 입후보할 것에 대비하여 전시성 사업으로 예산을 낭비하거나 불공정한 선심행정을 행할 개연성이 다른 공무원에 비하여 상대적으로 더 높다. 단체장의 그러한 지위와 권한의 특수성을 감안할 때 이 사건 조항은 합리성을 벗어난 것이라 볼 수 없다. 또한 이 사건 조항이 국회의원과 달리 단체장에게 그러한 공직사퇴시한을 두고 있는 것은 국회의원직의 사퇴로 인한 심각한 국정공백을 우려한 것이므로 합리적 이유가 있다. 그러므로 이 사건 조항은 단체장의 평등권을 침해하지 않는다(헌재 2006. 7. 27. 2003헌마758).

⑷ 기탁금

1) 기탁금의 허용 여부

헌법 제116조 제2항이 선거에 관한 경비는 원칙으로 후보자에게 부담시킬 수 없다고 정하고 있으나 위 헌법규정 자체에서도 법률이 정하는 경우에는 선거경비의 일부를 후보자에게 부담시킬 수 있도록 하고 있을 뿐 아니라 선거에 소요되는 막대한 비용일체를 국고에서 부담하는 것은 국가의 재정형편 등에 비추어 적절하다고 할 수 없고 선거결과 낙선한 후보자로부터 선거비용을 사후에 징수하는 것은 효율적이지 못하므로, 선거에서 후보난립을 방지하고 선거비용 중 일부를 예납하도록 하기 위한 기탁금제도는 그 기탁금액이 과다하지 않는 한 헌법상 허용된다(헌재 1995. 5. 25. 92헌마269).

2) 기탁금

후보자등록을 신청하는 자는 등록신청 시에 후보자 1명마다 대통령선거는 3억 원, 지역구 국회의원선거는 1천 500만 원, 비례대표 국회의원선거는 500만 원, 시·도의회의원선거는 300만 원, 시·도지사선거는 5천만 원, 자치구·시·군의 장 선거는 1천만 원, 자치구·시·군의원선거는 200만 원의 기탁금을 중앙선거관리위원회규칙으로 정하는 바에 따라 관할선거구선거관리위원회에 납부하여야 한다(공직선거법 제56조 제1항).

🔨 **판례**

▶ **비례대표국회의원에 입후보하기 위하여 기탁금으로 1,500만원을 납부하도록 한 공직선거법 제56조 제1항 제2호 부분이 정당활동의 자유 등을 침해하는지**(적극) : 정당에 대한 선거로서의 성격을 가지는 비례대표국회의원선거는 인물에 대한 선거로서의 성격을 가지는 지역구국회의원선거와 근본적으로 그 성격이 다르고, 공직선거법 상 허용된 선거운동을 통하여 선거의 혼탁이나 과열을 초래할 여지가 지역구국회의원선거보다 훨씬 적다고 볼 수 있다. 또한 비례대표국회의원선거에서 실제 정당에게 부과된 전체 과태료 및 행정대집행비용의 액수는 후보자 1명에 대한 기탁금액인 1,500만 원에도 현저히 미치지 못하는데, 후보자 수에 비례하여 기탁금을 증액하는 것은 지나치게 과다한 기탁금을 요구하는 것이다. 나아가 이러한 고액의 기탁금은 거대정당에게 일방적으로 유리하고, 다양해진 국민의 목소리를 제대로 대표하지 못하여 사표를 양산하는 다수대표제의 단점을 보완하기 위하여 도입된 비례대표제의 취지에도 반하는 것이다. 따라서 비례대표 기탁금조항은 침해의 최소성 원칙에 위반되며, 위 조항을 통해 달성하고자 하는 공익보다 제한되는 정당활동의 자유 등의 불이익이 크므로 법익의 균형성 원칙에도 위반된다. 그러므로 비례대표 기탁금조항은 과잉금지원칙을 위반하여 정당활동의 자유 등을 침해한다(헌재 2016. 12. 29. 2015헌마509 헌법불합치).

▶ **대통령선거 후보자로 등록할 때 5억원의 기탁금을 납부하도록 한 공직선거법 제56조 제1항 제1호가 공무담임권을 침해하는지**(적극) : 대통령선거에서 진지하지 못한 불성실한 후보자들이 난립할 경우 불법선거운동의 감시와 투개표 등 선거관리에 지장이 초래되며, 선거에 관한 국가비용이 증가하게 되고 후보자들에게 불법선거에 대한 과태료나 불법시설물 등에 대한 대집행비용이 발생하는 경우를 대비하여 기탁금을 예납하게 할 필요성도 있다. 그러나 후보자난립 방지를 위하여 기탁금제도를 두더라도 후보예정자의 참정권과 정치적 의사표현의 자유를 과도하게 제약하지 않는 한도 내에서 입법자의 정책적 재량이 행사되어야 한다. 그 금액이 현저하게 과다하거나 불합리하게 책정된 것이라면 허용될 수 없다. 그런데 이 사건 조항이 설정한 5억원의 기탁금은 대통령선거에서 후보자난립을 방지하기 위한 입법목적의 달성수단으로서는 개인에게 현저하게 과다한 부담을 초래하며, 이는 고액 재산의 다과에 의하여 공무담임권 행사기회를 비합리적으로 차별하므로, 입법자에게 허용된 재량의 범위를 넘어선 것이다. 이 사건 조항은 청구인의 공무담임권을 침해한다(헌재 2008. 11. 27. 2007헌마1024).

▶ **시 · 도지사 후보자로 등록하려는 사람에게 5천만원의 기탁금을 납부하도록 한 공직선거법 제56조 제1항 제4호가 공무담임권을 침해하는지**(소극) : 헌법재판소는 과거 시 · 도지사 후보자 기탁금 5천만 원에 대하여 공무담임권이나 평등권을 침해하지 않는다고 판단하였는데, 위 결정이 있은 이후의 화폐가치의 변화를 고려하면 시 · 도지사 후보자가 부담하여야 할 기탁금액의 실질적인 가치는 오히려 감소한 점 등을 종합하면, 이 사건 기탁금조항은 피해의 최소성 원칙에 위배되지 않는다. 그리고 이 사건 기탁금조항은 공무담임권을 영구히 박탈하는 것이 아니라 단지 후보자의 성실성 등을 담보하기 위하여 금전적 부담을 지우는 것일 뿐이고, 시 · 도지사 후보자는 자신이 선거에서 얻은 유효투표총수에 따라 기탁금액을 전액 또는 일부 반환받을 수 있으므로, 이 사건 기탁금조항으로 제한되는 사익의 정도가 이 사건 기탁금조항이 달성하고자 하는 공익의 정도보다 더 크다고 보기 어렵다. 이 사건 기탁금조항은 법익의 균형성 원칙에도 위배되지 않는다. 그렇다면 이 사건 기탁금조항은 과잉금지원칙에 위배되어 공무담임권을 침해하지 않는다(헌재 2019. 9. 26. 2018헌마128).

3) 기탁금의 반환(공직선거법 제57조 제1항)

• 대통령 • 지역구 국회의원 • 지역구 지방의회의원 • 지방자치단체의 장	• 후보자가 당선되거나 사망한 경우와 유효투표총수의 100분의 15 이상 (후보자가 장애인복지법에 따라 등록한 장애인이거나 선거일 현재 39세 이하인 경우에는 유효투표총수의 100분의 10 이상)을 득표한 경우에는 기탁금 전액 • 후보자가 유효투표총수의 100분의 10 이상 100분의 15 미만(후보자가 장애인복지법에 따라 등록한 장애인이거나 선거일 현재 39세 이하인 경우에는 유효투표총수의 100분의 5 이상 100분의 10 미만)을 득표한 경우에는 기탁금의 100분의 50에 해당하는 금액
• 비례대표 국회의원 • 비례대표 지방의회의원	당해 후보자명부에 올라 있는 후보자 중 당선인이 있는 때에는 기탁금 전액(당선인의 결정 전에 사퇴하거나 등록이 무효로 된 후보자의 기탁금은 제외)

⚖ 판례

▶ **지역구국회의원선거의 기탁금반환기준을 유효투표총수의 100분의 15 이상으로 정한 것이 청구인들의 공무담임권 등을 침해하는지**(소극) : 기탁금제도가 실효성을 유지하기 위해서는 일정한 반환기준에 미달하는 경우 기탁금을 국고에 귀속시키는 것이 반드시 필요하지만, 진지하게 입후보를 고려하는 자가 입후보를 포기할 정도로 반환기준이 높아서는 안될 헌법적 한계가 있다. 그러므로 보건대, 기탁금제도의 대안으로서 유권자추천제도를 실시할 경우에 후보자난립을 방지할 정도에 이르는 유권자의 추천수, 역대 선거에서의 기탁금반환비율의 추이, 기탁금반환제도와 국고귀속제도의 입법취지 등을 감안하면, 유효투표총수를 후보자수로 나눈 수 또는 유효투표총수의 100분의 15 이상으로 정한 기탁금반환기준은 입법자의 기술적이고 정책적 판단에 근거한 것으로서 현저히 불합리하거나 자의적인 기준이라고 할 수 없다(헌재 2003. 8. 21. 2001헌마687).

▶ **득표율에 따라 기탁금 반환 금액을 차등적으로 정한 공직선거법 제57조 제1항 제1호 부분이 '유효투표총수의 100분의 10'에 미치지 못하는 득표율을 얻은 청구인의 평등권을 침해하는지**(소극) : 기탁금제도는 후보자로 하여금 일정액의 금원을 기탁하게 하고 후보자가 선거에서 일정 수준의 득표를 하지 못할 때 기탁금의 전부 또는 일부를 국고에 귀속시키는 방법으로 금전적 제재를 가함으로써, 후보자의 무분별한 난립을 방지하고 당선인에게 가급적 다수표를 몰아줌으로써 정국의 안정을 기하며 아울러 후보자의 성실성을 담보하려는 취지에서 만들어진 것이다. 기탁금제도의 실효성을 확보하기 위해서는 기탁금 반환에 대하여 일정한 요건을 정하여야 하는데, 유권자의 의사가 반영된 유효투표총수를 기준으로 하는 것은 합리적인 방법이며, 유효투표총수의 100분의 10 또는 15 이상을 득표하도록 하는 것이 지나치게 높은 기준이라고 보기 어려우므로, 기탁금 반환조항은 청구인의 평등권을 침해하지 아니한다(헌재 2021. 9. 30. 2020헌마899).

▶ **지역구 국회의원선거에서 유효투표총수의 100분의 15 이상인 때에는 후보자가 지출한 선거비용의 전액을, 100분의 10 이상 100분의 15 미만인 때에는 후보자가 지출한 선거비용의 반액을 보전하도록 규정하고 있는 공직선거법 제122조의2 제1항 제1호 부분이 청구인의 평등권을 침해하는지**(소극) : 국가예산의 효율적 집행을 도모하고 후보자 난립 등으로 인한 부작용을 방지하기 위하여 일정 득표율을 기준으로 일정 선거비용만을 보전하여 주도록 하는 것은 그 목적이 정당하고 수단 역시 적정하다고 할 것이다. 또한, 득표율을 기준으로 보전 여부를 결정하는 것이 가장 합리적이고, 득표율이 10% 미만인 자는 당선가능성이 거의 없는 자이며, 지난 18대 지역구국회의원 선거에서 절반에 이르는 후보자가 선거비용을 보전받았을 뿐 아니라 국가가 후보자들이 개인적으로 부담하는 선거비용 외에도 상당한 부분의 선거비용을 부담하고 있는 점 등을 고려하면, 이 사건 법률조항이 입법재량권의 한계를 일탈하여 자의적으로 청구인의 평등권을 침해한다고 할 수 없다(헌재 2010. 5. 27. 2008헌마491).

▶**예비후보자의 기탁금 반환 사유를 예비후보자의 사망, 당내경선 탈락으로 한정하고 질병을 이유로 한 경우에는 기탁금 반환을 허용하지 아니하고 있는 공직선거법 제57조 제1항 제1호 다목 부분이 청구인의 재산권을 침해하는 지**(소극) : 예비후보자제도 자체가 선거운동의 자유를 좀 더 보장하고자 도입된 것으로서 본선거의 후보자로 등록할 것을 전제로 한 제도라는 점, 이후 예비후보자가 본선거의 후보자로 등록을 하면 해당 선거의 득표율에 따라 납부한 기탁금의 전부 또는 일부가 반환될 여지가 있는 점 등을 감안하여 보면, 이 사건 법률조항이 사망 내지 당내경선 탈락 등 객관적인 사유로 기탁금 반환 요건을 한정하고 질병을 이유로 한 경우에는 기탁금 반환을 허용하지 아니한 것은, 예비후보자의 무분별한 난립을 방지하고 예비후보자의 진지성과 책임성을 담보하기 위한 최소한의 제한으로 입법형성권의 범위와 한계 내에서 그 반환 요건을 규정한 것으로서, 과잉금지원칙에 반하여 청구인의 재산권을 침해한다고 볼 수 없다(헌재 2013. 11. 28. 2012헌마568).

▶**지역구 국회의원선거 예비후보자의 기탁금 반환 사유로 예비후보자가 당의 공천심사에서 탈락하고 후보자등록을 하지 않았을 경우를 규정하지 않은 공직선거법 제57조 제1항 제1호 다목 부분이 청구인의 재산권을 침해하는 지**(적극) : 정당의 추천을 받고자 공천신청을 하였음에도 정당의 후보자로 추천받지 못한 예비후보자는 소속 정당에 대한 신뢰·소속감 또는 당선가능성 때문에 본선거의 후보자로 등록을 하지 아니할 수 있다. 이를 두고 예비후보자가 처음부터 진정성이 없이 예비후보자 등록을 하였다거나 예비후보자로서 선거운동에서 불성실하다고 단정할 수 없다. 예비후보자가 본선거에서 정당후보자로 등록하려 하였으나 자신의 의사와 관계없이 정당 공천관리위원회의 심사에서 탈락하여 본선거의 후보자로 등록하지 아니한 것은 후보자등록을 하지 못할 정도에 이르는 객관적이고 예외적인 사유에 해당한다. 따라서 이러한 사정이 있는 예비후보자가 납부한 기탁금은 반환되어야 함에도 불구하고, 심판대상조항이 이에 관한 규정을 두지 아니한 것은 입법형성권의 범위를 벗어난 과도한 제한이라고 할 수 있다. 이러한 예비후보자에게 그가 납부한 기탁금을 반환한다고 하여 예비후보자의 성실성과 책임성을 담보하는 공익이 크게 훼손된다고 할 수 없으므로, 그 공익은 심판대상조항이 이러한 예비후보자에게 기탁금을 반환하지 아니하도록 함으로써 그가 입게 되는 기본권 침해의 불이익보다 크다고 단정할 수 없다. 그러므로 심판대상조항은 과잉금지원칙에 반하여 청구인의 재산권을 침해한다(헌재 2018. 1. 25. 2016헌마541 헌법불합치).

▶**예비후보자의 선거비용을 보전대상에서 제외하고 있는 공직선거법 제122조의2 제2항 제1호 부분이 청구인들의 선거운동의 자유를 침해하는지**(소극) : 우리나라 선거제도상 후보자로서는 예비후보자 기간 동안의 선거운동보다, 집중적인 선거운동이 이루어지는 선거일 전 14일 동안의 선거운동에 선거비용을 더 투입할 것으로 예상할 수 있다. 또한 선거비용의 상당 부분을 공적으로 부담하고 있거나 선거비용액의 상한을 제한하여 전체적으로 후보자의 부담을 경감시켜주고 있는 점을 고려한다면 예비후보자 선거비용을 후보자가 부담한다고 하더라도 그것이 지나치게 다액이라서 선거공영제의 취지에 반하는 정도에 이른다고 할 수는 없다. 그러므로 선거비용 보전 제한조항은 침해의 최소성 원칙에 반하지 않는다. 예비후보자 선거비용을 보전해줄 경우 선거가 조기에 과열되어 예비후보자 제도의 취지를 넘어서 악용될 수 있고, 탈법적인 선거운동 등을 단속하기 위한 행정력의 낭비도 증가할 수 있는 반면, 선거비용 보전 제한조항으로 인하여 후보자가 받는 불이익은 일부 경제적 부담을 지는 것인데, 후원금을 기부받아 선거비용을 지출할 수 있으므로 그 부담이 경감될 수 있다. 따라서 선거비용 보전 제한조항은 법익균형성원칙에도 반하지 않는다(헌재 2018. 7. 26. 2016헌마524).

Ⅴ 선거운동

> **헌법 제116조**
> ① 선거운동은 각급 선거관리위원회의 관리하에 법률이 정하는 범위 안에서 하되, 균등한 기회가 보장되어야 한다.

1. 선거운동의 의의

공직선거법에서 "선거운동"이라 함은 당선되거나 되게 하거나 되지 못하게 하기 위한 행위를 말한다. 다만, 선거에 관한 단순한 의견개진 및 의사표시, 입후보와 선거운동을 위한 준비행위, 정당의 후보자 추천에 관한 단순한 지지·반대의 의견개진 및 의사표시, 통상적인 정당활동, 설날·추석 등 명절 및 석가탄신일·기독탄신일 등에 하는 의례적인 인사말을 문자메시지(그림말·음성·화상·동영상 등 포함)로 전송하는 행위는 선거운동으로 보지 아니한다(공직선거법 제58조 제1항).

🔖 판례

▶**선거운동의 의의**: 선거운동이라 함은 특정 후보자의 당선 내지 이를 위한 득표에 필요한 모든 행위 또는 특정 후보자의 낙선에 필요한 모든 행위 중 당선 또는 낙선을 위한 것이라는 목적의사가 객관적으로 인정될 수 있는 능동적, 계획적 행위를 말하는 것으로 풀이할 수 있다. 즉, 단순한 의견개진 등과 구별되는 가벌적 행위로서의 선거운동의 표지로 당선 내지 득표(반대후보자의 낙선)에의 목적성, 그 목적성의 객관적 인식가능성, 능동성 및 계획성이 요구된다(헌재 2001. 8. 30. 2000헌마121).

▶**선거운동을 정의한 공직선거법 제58조 제1항 본문 및 단서 제1호가 죄형법정주의 명확성 원칙에 위배되는지** (소극): 선거운동 정의조항에 따른 선거운동은 특정 후보자의 당선 내지 이를 위한 득표에 필요한 모든 행위 또는 특정 후보자의 낙선에 필요한 모든 행위 중 당선 또는 낙선을 위한 것이라는 목적의사가 객관적으로 인정될 수 있는 능동적, 계획적 행위를 말하는 것으로 풀이할 수 있다. 위와 같이 풀이한다면 법집행자의 자의를 허용할 소지를 제거할 수 있고, 건전한 상식과 통상적인 법감정을 가진 사람이면 누구나 그러한 표지를 갖춘 선거운동과 단순한 의견개진을 구분할 수 있으므로, 선거운동 정의조항은 죄형법정주의 명확성 원칙에 위배되지 아니한다 (헌재 2022. 11. 24. 2021헌바301).

▶**기자회견에서 특정정당을 지지한 대통령의 발언이 공무원의 선거운동금지를 규정하는 공직선거법 제60조에 위반 되는지**(소극): 공직선거법 제58조 제1항은 '당선'의 기준을 사용하여 '선거운동'의 개념을 정의함으로써, '후보자를 특정할 수 있는지의 여부'를 선거운동의 요건으로 삼고 있다. 그러나 이 사건의 발언이 이루어진 시기인 2004. 2. 18.과 2004. 2. 24.에는 아직 정당의 후보자가 결정되지 아니하였으므로, 후보자의 특정이 이루어지지 않은 상태에서 특정 정당에 대한 지지발언을 한 것은 선거운동에 해당한다고 볼 수 없다. 뿐만 아니라, 여기서 문제되는 대통령의 발언들은 기자회견에서 기자의 질문에 대한 답변의 형식으로 수동적이고 비계획적으로 행해진 점을 감안한다면, 대통령의 발언에 선거운동을 향한 능동적 요소와 계획적 요소를 인정할 수 없고, 이에 따라 선거운동의 성격을 인정할 정도로 상당한 목적의사가 있다고 볼 수 없다. 그렇다면 피청구인의 발언이 특정 후보자나 특정 가능한 후보자들을 당선 또는 낙선시킬 의도로 능동적·계획적으로 선거운동을 한 것으로는 보기 어렵다(헌재 2004. 5. 14. 2004헌나1).

▶**제3자편의 낙선운동을 규제하는 것이 정치적 표현의 자유를 침해하는지**(소극): 제3자편의 낙선운동이 실제로 선택하는 운동의 방법이나 형식은 후보자편의 낙선운동이 취하는 운동의 방법, 형식과 다를 것이 없고, 제3자편의 낙선운동의 효과는 경쟁하는 다른 후보자의 당선에 크건 작건 영향을 미치게 되고 경우에 따라서는 제3자편의 낙선운동이 그 명분 때문에 후보자편의 낙선운동보다도 훨씬 더 큰 영향을 미칠 수도 있다는 점들을 생각할 때에, 특정후보자를 당선시킬 목적의 유무에 관계없이, 당선되지 못하게 하기 위한 행위 일체를 선거운동으로 규정하여 이를 규제하는 것은 불가피한 조치로서 그 목적의 정당성과 방법의 적정성이 인정된다(헌재 2001. 8. 30. 2000헌마121).

2. 선거운동의 방법

(1) 선거운동의 자유와 제한의 필요성

1) 선거운동의 자유

선거운동의 자유는 자유선거원칙으로부터 도출된다. 자유선거원칙은 선거 전 과정에서 요구되는 선거권자의 의사 형성 및 실현의 자유를 의미하며, 민주국가 선거제도에 내재하는 법원리로서 국민주권 원리, 의회민주주의 원리 및 참정권에 관한 규정에 근거를 두고 있다. 선거운동의 자유는 표현의 자유의 한 모습이기도 하며, 헌법상 언론·출판·집회·결사의 자유 보장 규정에 의하여 보호된다. 또한, 헌법은 참정권의 내용으로 모든 국민에게 법률이 정하는 바에 따른 선거권을 부여하는데, 선거권이 제대로 행사되려면 후보자에 대한 정보를 자유롭게 교환할 수 있어야 하므로, 선거운동의 자유는 선거권 행사의 전제 또는 선거권의 중요한 내용을 이룬다. 따라서 선거운동의 제한은 참정권의 제한으로도 귀결된다(헌재 2018. 4. 26. 2016헌마611).

2) 선거운동 제한의 필요성

선거운동의 자유는 무제한 인정될 수는 없다. 선거 부정을 방지하고 선거운동의 과열로 인한 사회경제적 손실과 부작용을 방지하며 실질적인 선거운동의 기회균등을 보장하기 위하여 선거의 공정성 확보가 중요하며, 이를 위해서는 선거운동의 주체, 기간, 방법 등에 대한 규제가 불가피하다. 선거운동을 어느 범위에서 허용할 것인지는 국가의 정치·사회·경제적 사정, 선거문화의 수준, 민주시민의식의 성숙 정도 등 구체적 사정에 따라 달라질 것이다. 우리나라는 과거 여러 차례의 부정선거와 이로 인한 민의 왜곡을 경험하였고 이를 바로잡아야 한다는 국민적 열망이 크다는 점도 고려되어야 한다(헌재 2018. 4. 26. 2016헌마611).

> 🔨 **판례**
>
> ▶ **선거의 목적과 선거의 공정성** : 국민이 선거와 관련하여 정당 또는 후보자에 대한 지지·반대의 의사를 표시하는 것은 정치적 표현의 자유의 한 형태로서 국민주권 행사의 일환이자 민주사회를 구성하고 움직이게 하는 중요한 요소이다. 선거의 궁극적인 목적은 국민의 정치적 의사를 대의기관의 구성에 정확하게 반영하는 데에 있고, 이를 위해서는 자유롭게 의견과 정보를 주고받는 과정에서 비판과 토론을 통해 정치적 의사를 형성해 나가는 것이 필수적이다. 선거에서 정치적 표현의 자유를 과도하게 제한하여 한정된 의견과 정보만이 소통되도록 한다면 진정으로 선거인에게 자유로운 선택권을 보장한다고 할 수 없다. 선거의 공정성은 국민의 정치적 의사를 정확하게 반영하는 선거를 실현하기 위한 수단적 가치이고, 그 자체가 헌법적 목표는 아니다. 그러므로 선거의 공정성은 정치적 표현의 자유에 대한 전면적·포괄적 제한을 정당화할 수 있는 공익이라고 볼 수 없고, 선거의 공정성이 정치적 표현의 자유를 보장하는 전제 조건이 되는 것도 아니므로 이를 이유로 선거에서 표현의 자유가 과도하게 제한되어서는 안 된다(헌재 2022. 7. 21. 2017헌가4).
>
> ▶ **선거운동 제한 입법의 심사기준** : 선거운동의 자유를 제한하는 경우에도 기본권 제한의 요건과 한계를 지켜야 하므로, 헌법 제37조 제2항에 따라 국가안전보장·질서유지·공공복리를 위하여 필요한 경우에 한하여 법률로 제한할 수 있으나, 선거운동의 자유에 대한 본질적 내용은 침해할 수 없다. 헌법 제116조 제1항은 "선거운동은 각급 선거관리위원회의 관리하에 법률이 정하는 범위 안에서 하되, 균등한 기회가 보장되어야 한다."라고 규정하는바, 이를 선거운동의 허용범위를 아무런 제약 없이 입법자의 재량에만 맡기는 것으로 해석하여서는 안 된다. 선거운동은 국민주권 행사의 일환일 뿐만 아니라, 정치적 표현의 자유의 영역에 속하는 것으로 민주사회를 구성하고 작동하는 요소이므로 제한 입법에 대해서는 엄격한 심사기준이 적용된다(헌재 2018. 4. 26. 2016헌마611).

(2) 선거운동의 제한 방법

1) 시간상 제한

선거운동은 선거기간 개시일부터 선거일 전일까지에 한하여 할 수 있다(공직선거법 제59조).

> 🔨 **판례**
>
> ▶**선거운동기간 전에 공직선거법에 의하지 않은 선전시설물·용구를 이용한 선거운동을 금지하고, 이에 위반한 경우 처벌하도록 한 공직선거법 제254조 제2항**(사전선거운동 금지조항)**이 선거운동 등 정치적 표현의 자유를 침해하는지**(소극) : 사전선거운동 금지조항은 선거에 관한 정치적 표현행위 가운데 특정후보자의 당선 또는 낙선을 도모한다는 목적의사가 뚜렷하게 인정되는 선거운동, 그중에서도 선전시설물·용구를 이용한 선거운동을 선거운동기간 전에 한정하여 금지하고 있다. 이는 선거의 과열경쟁으로 인한 사회·경제적 손실의 발생을 방지하고 후보자 간의 실질적인 기회균등을 보장하기 위한 것으로서, 선거운동 등 정치적 표현의 자유를 침해하지 아니한다(헌재 2022. 11. 24. 2021헌바301).
>
> ▶**구 공직선거법 제59조 중 '선거운동기간 전에 개별적으로 대면하여 말로 하는 선거운동에 관한 부분' 및 처벌조항이 과잉금지원칙에 반하여 선거운동 등 정치적 표현의 자유를 침해하는지**(적극) : 오늘날, 일부 미흡한 측면이 있더라도 공정한 선거제도가 확립되고 국민의 정치의식이 높아지고 있으며, 입법자도 선거운동의 자유를 최대한 보장할 필요가 있다는 반성적 고려 하에 2020. 12. 29. 공직선거법 개정을 통해 선거과열 등 부작용을 초래할 위험성이 적은 선거운동 방법에 대한 선거운동기간 규제를 완화한 상황이다. 그럼에도 심판대상조항은 입법목적을 달성하는 데 지장이 없는 선거운동방법, 즉 돈이 들지 않는 방법으로서 '후보자 간 경제력 차이에 따른 불균형 문제'나 '사회·경제적 손실을 초래할 위험성'이 낮은, 개별적으로 대면하여 말로 지지를 호소하는 선거운동까지 금지하고 처벌함으로써, 과잉금지원칙에 반하여 선거운동 등 정치적 표현의 자유를 과도하게 제한하고 있다. 결국 이 사건 선거운동기간조항 중 선거운동기간 전에 개별적으로 대면하여 말로 하는 선거운동에 관한 부분, 이 사건 처벌조항 중 '그 밖의 방법'에 관한 부분 가운데 개별적으로 대면하여 말로 하는 선거운동을 한 자에 관한 부분은 과잉금지원칙에 반하여 선거운동 등 정치적 표현의 자유를 침해한다. 종전에 헌법재판소가 이 결정과 견해를 달리하여 공직선거법 제59조 본문이 헌법에 위반되지 않는다고 판시하였던 헌재 2016. 6. 30. 2014헌바253 결정 등은 이 결정과 저촉되는 범위 안에서 이를 변경하기로 한다(헌재 2022. 2. 24. 2018헌바146).
>
> ▶**선거운동기간 전의 선거운동을 원칙적으로 금지하면서, 후보자와 후보자가 되고자 하는 자가 자신이 개설한 인터넷 홈페이지를 이용한 선거운동을 할 경우에는 그 예외를 인정하는 공직선거법 제59조 제3호가 일반 유권자의 선거운동의 자유를 침해하는지**(소극) : 모든 국민에게 선거운동기간 전에 인터넷 홈페이지를 이용한 선거운동을 허용하게 되면 과열되고 불공정한 선거가 자행될 우려가 크고, 이것이 후보자의 당선여부에 큰 영향을 미칠 수 있는바, 이러한 부작용을 막으면서 현실적인 선거관리의 한계를 고려한다면 일반 유권자에 대하여 선거운동기간 전에는 다른 선거운동과 마찬가지로 이를 금지하는 외에 선거운동의 자유와 선거의 공정을 조화하기 위한 달리 효과적인 수단을 상정하기 어렵다고 할 것이다. 온라인 공간의 빠른 전파 가능성 및 익명성에 비추어 볼 때, 허위사실 공표의 처벌이나 후보자 등의 반론 허용 등 단순한 사후적 규제만으로 혼탁선거 및 선거의 불공정성 문제가 해소되기는 어렵고, 선거 관리에 막대한 비용과 시간을 필요로 하여 사실상 선거관리를 불가능하게 한다는 측면에서 보면, 최소침해성 원칙에 반한다고 볼 수 없고, 선거의 공정과 평온에 비추어 일반 유권자가 선거운동기간 전에 한정하여 선거운동을 할 수 없다는 제한의 정도가 수인이 불가능할 정도로 큰 것은 아니므로, 법익의 균형성 원칙에도 반하지 아니하므로, 이 사건 법률조항이 과잉금지원칙에 위배되어 일반 유권자의 선거운동의 자유를 침해한다고 볼 수 없다(헌재 2010. 6. 24. 2008헌바169).

2) 인적 제한
① 선거운동을 할 수 없는 자

대한민국 국민이 아닌 자(지방선거에서 외국인이 해당 선거에서 선거운동을 하는 경우는 제외), 미성년자(18세 미만의 자), 공직선거법 규정에 의하여 선거권이 없는 자, 국가공무원과 지방공무원 등은 선거운동을 할 수 없다(공직선거법 제60조 제1항).

판례

▶ 지방자치단체의 장의 선거운동을 금지하는 공직선거법 제60조 제1항 제4호 부분이 선거운동의 자유를 침해하는지(소극) : 심판대상조항은, 지방자치단체의 장의 업무전념성, 지방자치단체의 장과 해당 지방자치단체 소속 공무원의 정치적 중립성, 선거의 공정성을 확보하기 위한 것으로 정당한 목적달성을 위한 적합한 수단에 해당한다. 지방자치단체의 장은 지방자치단체의 대표로서 그 사무를 총괄하고, 공직선거법상 일정한 선거사무를 맡고 있으며, 지역 내 광범위한 권한 행사와 관련하여 사인으로서의 활동과 직무상 활동이 구분되기 어려운 점 등을 고려할 때 심판대상조항이 입법목적 달성을 위하여 필요한 범위를 벗어난 제한이라 보기 어렵고, 심판대상조항에 의하여 보호되는 선거의 공정성 등 공익과 제한되는 사익 사이에 불균형이 있다고 보기도 어렵다. 따라서 심판대상조항은 과잉금지원칙에 위배하여 선거운동의 자유를 침해한다고 볼 수 없다(헌재 2020. 3. 26. 2018헌바90).

▶ 병역의무를 이행하는 병에 대하여 정치적 중립 의무를 부과하면서 선거운동을 할 수 없도록 하는 국가공무원법 제65조 제2항, 공직선거법 제60조 제1항 제4호 등이 청구인의 선거운동의 자유를 침해하는지(소극) : 심판대상조항이 병의 선거운동의 자유를 제한하는 것은, 의무복무하는 병이 본연의 업무에 전념하도록 하는 한편, 헌법이 요구하는 공무원의 정치적 중립성, 국군의 정치적 중립성을 확보하려는 것이며, 또한 선거의 공정성과 형평성을 확보하려는 것이다. 병은 군인의 다수를 차지하므로, 만약 병이 선거운동을 통하여 선거에서 특정 후보나 정당을 지지하는 경향을 드러내는 경우, 그것이 국군 전체의 의사로 오도될 가능성이 있고 국군의 정치적 중립성이 크게 흔들릴 수 있다. 또한, 병은 원칙적으로 다른 병과 함께 집단생활을 하므로 생활 전반에 걸쳐 병 사이의 밀착 정도가 매우 높아, 어느 병의 선거운동은 다른 병의 선거와 관련한 의사 형성이나 고유의 직무 수행에 부당한 영향을 미칠 수 있다. … 심판대상조항이 병의 선거운동의 자유를 전면적으로 제한하고 있으나, 위와 같은 사정을 고려하면 병이 국토방위라는 본연의 업무에 전념할 수 있도록 하고, 헌법이 요구하는 공무원과 국군의 정치적 중립성을 확보하며, 선거의 공정성과 형평성을 확보하기 위하여 반드시 필요한 제한이라 할 수 있다. 따라서 심판대상조항은 과잉금지원칙에 위배되어 청구인의 선거운동의 자유를 침해하지 않는다(헌재 2018. 4. 26. 2016헌마611).

▶ 한국철도공사의 상근직원에 대하여 선거운동을 금지하고 이를 위반한 경우 처벌하도록 규정한 공직선거법 제60조 제1항 제5호 및 같은 법 제255조 제1항 제2호가 선거운동의 자유를 침해하는지(적극) : 한국철도공사 상근직원의 지위와 권한에 비추어볼 때, 특정 개인이나 정당을 위한 선거운동을 한다고 하여 그로 인한 부작용과 폐해가 일반 사기업 직원의 경우보다 크다고 보기 어려우므로, 직급이나 직무의 성격에 대한 검토 없이 일률적으로 모든 상근직원에게 선거운동을 전면적으로 금지하고 이에 위반한 경우 처벌하는 것은 선거운동의 자유를 지나치게 제한하는 것이다. 또한, 한국철도공사의 상근직원은 공직선거법의 다른 조항에 의하여 직무상 행위를 이용하여 선거운동을 하거나 하도록 하는 행위를 할 수 없고, 선거에 영향을 미치는 전형적인 행위도 할 수 없다. 더욱이 그 직을 유지한 채 공직선거에 입후보할 수 없는 상근임원과 달리, 한국철도공사의 상근직원은 그 직을 유지한 채 공직선거에 입후보하여 자신을 위한 선거운동을 할 수 있음에도 타인을 위한 선거운동을 전면적으로 금지하는 것은 과도한 제한이다. 따라서 심판대상조항은 선거운동의 자유를 침해한다(헌재 2018. 2. 22. 2015헌바124).

▶ **언론인의 선거운동을 금지한 구 공직선거법 제60조 제1항 제5호가 포괄위임금지원칙을 위반하는지 여부**(적극) **및 그 위반 시 처벌하도록 규정한 구 공직선거법 제255조 제1항 제2호 부분이 선거운동의 자유를 침해하는 지 여부**(적극) : 언론인의 선거 개입으로 인한 문제는 언론매체를 통한 활동의 측면에서 즉, 언론인으로서의 지위를 이용하거나 그 지위에 기초한 활동으로 인해 발생 가능한 것이므로, 언론매체를 이용하지 아니한 언론인 개인의 선거운동까지 전면적으로 금지할 필요는 없다. 심판대상조항들의 입법목적은, 일정 범위의 언론인을 대상으로 언론매체를 통한 활동의 측면에서 발생 가능한 문제점을 규제하는 것으로 충분히 달성될 수 있다. 그런데 인터넷신문을 포함한 언론매체가 대폭 증가하고, 시민이 언론에 적극 참여하는 것이 보편화된 오늘날 심판대상조항들에 해당하는 언론인의 범위는 지나치게 광범위하다. 또한, 구 공직선거법은 언론기관에 대하여 공정보도의무를 부과하고, 언론매체를 통한 활동의 측면에서 선거의 공정성을 해할 수 있는 행위에 대하여 는 언론매체를 이용한 보도·논평, 언론 내부 구성원에 대한 행위, 외부의 특정후보자에 대한 행위 등 다양한 관점에서 이미 충분히 규제하고 있다. 따라서 심판대상조항들은 선거운동의 자유를 침해한다(헌재 2016. 6. 30. 2013헌가1).

▶ **교원의 선거운동을 금지하고 있는 구 공직선거법 제60조 제1항 제4호 부분 등이 과잉금지원칙을 위배하여 선거운동의 자유를 침해하는지**(소극) : 이 사건 교육공무원 선거운동 금지조항은 교육의 정치적 중립성을 보장하여 인간의 내면적 가치증진에 관련되는 교육 분야에 당파적인 정치적 관념이나 이해관계가 그대로 적용되는 것을 지양하고, 나아가 선거의 형평성, 공정성을 기하기 위한 것으로서 그 입법목적의 정당성이 인정될 뿐만 아니라 목적달성에 적합한 수단임이 인정되며, 교육공무원의 활동은 근무시간 내외를 불문하고 학생들의 인격 및 기본생활습관 형성 등에 중요한 영향을 끼치는 잠재적 교육과정의 일부분인 점 등 교원의 특성에 비추어 보아 교육공무원의 선거운동을 기간과 태양, 방법을 불문하고 일체 금지시키는 방법 외에 달리 덜 제한적인 방법으로 목적달성이 가능할 것인지 불분명하고, 법익균형성도 갖추었다고 할 것이므로, 과잉금지 원칙을 위배하여 선거운동의 자유를 침해한다고 볼 수 없다(헌재 2012. 7. 26. 2009헌바298).

② 공무원 등의 선거 관여 금지

공무원 등 법령에 따라 정치적 중립을 지켜야 하는 자는 직무와 관련하여 또는 지위를 이용하여 선거에 부당한 영향력을 행사하는 등 선거에 영향을 미치는 행위를 할 수 없다(공직선거법 제85조 제1항).

🔎 **판례**

▶ **공무원의 지위를 이용하여 선거에 영향을 미치는 행위를 금지하는 공직선거법 제85조 제1항 중 "공무원이 지위를 이용하여 선거에 영향을 미치는 행위" 부분이 죄형법정주의의 명확성 원칙에 위배되는지**(소극) : 이 사건 금지조항의 문언해석과 입법목적 및 공직선거법상 다른 유사조항의 해석례 등에 비추어 보면, "선거에 영향을 미치는 행위"란 공직선거법이 적용되는 선거에 있어 선거과정 및 선거결과에 변화를 주거나 그러한 영향을 미칠 우려가 있는 일체의 행동으로 해석할 수 있고, 구체적인 사건에서 그 행위가 이루어진 시기, 동기, 방법 등 제반 사정을 종합하여 그 내용을 판단할 수 있으므로, 이 사건 금지조항은 죄형법정주의의 명확성 원칙에 위배되지 아니한다(헌재 2016. 7. 28. 2015헌바6).

▶ **모든 공무원에 대해 '선거운동의 기획에 참여하거나 그 기획의 실시에 관여하는 행위'를 금지하는 공직선거법 조항이 정치적 표현의 자유를 침해하는지**(적극) : 선거의 공정성을 확보하기 위하여 선거에 대한 부당한 영향력의 행사 기타 선거결과에 영향을 미치는 행위를 금지하여 선거에서의 공무원의 중립의무를 실현하고자 한다면, 공무원이 '그 지위를 이용하여' 하는 선거운동의 기획행위를 막는 것으로도 충분하다. 이러한 점에서 이 사건 법률조항은 수단의 적정성과 피해의 최소성 원칙에 반한다. 따라서 이 사건 법률조항은 공무원의 정치적 표현의 자유를 침해하나, 다만 위와 같은 위헌성은 공무원이 '그 지위를 이용하여' 하는 선거운동의 기획행위 외에 사적인 지위에서 하는 선거운동의 기획행위까지 포괄적으로 금지하는 것에서 비롯된 것이므로, 이 사건 법률조항은 공무원의 지위를 이용하지 아니한 행위에까지 적용하는 한 헌법에 위반된다(헌재 2008. 5. 29. 2006헌마1096 헌법불합치).

③ 단체의 선거운동금지

국가·지방자치단체, 향우회·종친회·동창회, 산악회 등 동호인회, 계모임 등 개인 간의 사적 모임 등은 그 기관·단체의 명의 또는 그 대표의 명의로 선거운동을 할 수 없다(공직선거법 제87조 제1항).

3) 방법상 제한

① 예비후보자 등의 선거운동

예비후보자는 a) 선거사무소를 설치하거나 그 선거사무소에 간판·현판 또는 현수막을 설치·게시하는 행위, b) 자신의 성명·사진·전화번호·학력·경력, 그 밖에 홍보에 필요한 사항을 게재한 길이 9센티미터 너비 5센티미터 이내의 명함을 직접 주거나 지지를 호소하는 행위, c) 선거구 안에 있는 세대수의 100분의 10에 해당하는 수 이내에서 자신의 사진·성명·전화번호·학력·경력, 그 밖에 홍보에 필요한 사항을 게재한 인쇄물을 작성하여 관할 선거관리위원회로부터 발송대상·매수 등을 확인받은 후 선거기간 개시일 전 3일까지 중앙선거관리위원회 규칙이 정하는 바에 따라 우편발송하는 행위, d) 선거운동을 위하여 어깨띠 또는 예비후보자임을 나타내는 표지물을 착용하거나 소지하여 내보이는 행위에 해당하는 방법으로 선거운동을 할 수 있다(공직선거법 제60조의3 제1항).

> **🔖 판례**
>
> ▶ 예비후보자의 선거운동에서 예비후보자 외에 독자적으로 명함을 교부하거나 지지를 호소할 수 있는 주체를 예비후보자의 배우자와 직계존·비속으로 제한한 공직선거법 조항이 배우자나 직계존·비속이 없는 청구인들의 평등권을 침해하는지(소극) : 이 사건 법률조항이 배우자나 직계존·비속이 있는 예비후보자와 그렇지 않은 예비후보자를 달리 취급하고 있다고 할 수 있으나, 이 사건 법률조항에서 예비후보자의 정치력, 경제력과는 무관하게 존재가능하고 예비후보자와 동일시할 수 있는 배우자나 직계존·비속에 한정하여 명함을 교부하거나 지지를 호소할 수 있도록 한 것에는 합리적 이유가 있다 할 것이고, 숫자만을 한정하여 예비후보자가 명함교부, 지지호소를 할 수 있는 사람을 지정하도록 하거나, 배우자나 직계존·비속이 없는 경우 이를 대체할 사람을 지정할 수 있도록 하는 방안은 오히려 예비후보자 간의 기회불균등을 심화시킬 가능성이 있어 쉽게 채택하기 어려운 면이 있으므로, 선거운동을 할 배우자나 직계존·비속이 없는 예외적인 경우까지 고려하지 않았다고 하여 청구인들의 평등권을 침해한 것이라고 볼 수는 없다(헌재 2011. 8. 30. 2010헌마259).
>
> ▶ 예비후보자의 배우자가 함께 다니는 사람 중에서 지정한 자도 선거운동을 위하여 명함교부 및 지지호소를 할 수 있도록 한 공직선거법 조항이 배우자가 없는 청구인의 평등권을 침해하는지(적극) : 이 사건 3호 법률조항은, 명함 고유의 특성이나 가족관계의 특수성을 반영하여 단독으로 명함교부 및 지지호소를 할 수 있는 주체를 예비후보자의 배우자나 직계존·비속 본인에게 한정하고 있는 이 사건 1호 법률조항에 더하여, 배우자가 그와 함께 다니는 사람 중에서 지정한 1명까지 보태어 명함교부 및 지지호소를 할 수 있도록 하여 배우자 유무에 따른 차별효과를 크게 한다. 더욱이 배우자가 그와 함께 다니는 1명을 지정함에 있어 아무런 범위의 제한을 두지 아니하여, 배우자가 있는 예비후보자는 독자적으로 선거운동을 할 수 있는 선거운동원 1명을 추가로 지정하는 효과를 누릴 수 있게 된다. 이것은 명함 본래의 기능에 부합하지 아니할 뿐만 아니라, 선거운동 기회균등의 원칙에 반하고, 예비후보자의 선거운동의 강화에만 치우친 나머지, 배우자의 유무라는 우연적인 사정에 근거하여 합리적 이유 없이 배우자 없는 예비후보자를 차별 취급하는 것이므로, 이 사건 3호 법률조항은 청구인의 평등권을 침해한다(헌재 2013. 11. 28. 2011헌마267).

② 선전벽보

선거운동에 사용하는 선전벽보에는 후보자의 사진·성명·기호·정당추천후보자의 소속정당 명·경력(정규학력과 이에 준하는 외국의 교육과정을 이수한 학력)·정견 및 소속정당의 정강·정책 그 밖의 홍보에 필요한 사항을 게재하여 동에 있어서는 인구 500명에 1매, 읍에 있어서는 인구 250명에 1매, 면에 있어서는 인구 100명에 1매의 비율을 한도로 작성·첩부한다. 다만, 인구밀집상태 및 첩부장소 등을 감안하여 중앙선거관리위원회규칙으로 정하는 바에 따라 인구 1천명에 1매의 비율까지 조정할 수 있다(공직선거법 제64조 제1항).

> **판례**
>
> ▶**선거운동의 선전벽보에 비정규학력의 게재를 금지하는 공직선거법 제64조 제1항이 선거운동의 자유를 침해하는지 여부**(소극) : 선전벽보에 비정규학력을 게재할 경우 유권자들이 후보자의 학력을 과대평가하여 공정한 판단을 흐릴 수 있으므로 이를 방지함으로써 선거의 공정성을 확보하려는 입법목적은 정당하고, 위 법률조항이 이러한 입법목적에 기여할 수 있음은 물론, 비정규학력의 게재는 유권자들에게 후보자의 실적과 능력 등을 실제 이상으로 강하게 인상지우는 효과를 가지고 있다는 점, 우리 법제가 학교교육과 기타의 교육을 다르게 규율하고 있는 점 등을 종합하면 피해의 최소성 요건을 갖추고 있고, 선거과정의 공정성을 확보하기 위한 공익과 제한되는 사익 사이에 법익의 균형성도 인정되므로 과잉금지원칙에 위반되지 아니한다(헌재 1999. 9. 16. 99헌바5).

③ 선거공보

후보자는 선거운동을 위하여 책자형 선거공보 1종을 작성할 수 있다. 이 경우 비례대표 국회의원 선거 및 비례대표 지방의회의원 선거에서는 중앙선거관리위원회규칙으로 정하는 바에 따라 해당 정당이 추천한 후보자 모두의 사진·성명·학력·경력을 게재하여야 한다(공직선거법 제65조 제1항).

> **판례**
>
> ▶**후보자가 시각장애선거인을 위한 점자형 선거공보 1종을 책자형 선거공보 면수 이내에서 임의로 작성할 수 있도록 한 공직선거법 제65조 제4항이 청구인의 선거권과 평등권을 침해하는지**(소극) : 시각장애인은 의무적으로 시행되는 여러 선거방송을 통하여 선거에 관한 정보를 충분히 얻을 수 있다. 인터넷을 이용한 음성정보전송 방식의 선거운동이 특별한 제한 없이 허용되고 있고, 음성을 이용한 인터넷 정보 검색이 가능하며, 인터넷상의 문자정보를 음성으로 전환하는 기술이 빠르게 발전하고 있는 현실에 비추어 보면, 선거공보는 다양한 선거정보제공 수단 중 하나에 불과하다. 시각장애인 중 상당수는 점자를 해독하지 못한다는 사정까지 감안하면 책자형 선거공보와 달리 점자형 선거공보의 작성을 의무사항으로 하는 것은 후보자의 선거운동의 자유에 대한 지나친 간섭이 될 수 있다. 따라서 심판대상조항이 점자형 선거공보의 작성 여부를 후보자의 임의사항으로 규정하고 그 면수를 책자형 선거공보의 면수 이내로 한정하고 있더라도, 시각장애인의 선거권과 평등권을 침해한다고 볼 수 없다(헌재 2014. 5. 29. 2012헌마913).

④ 어깨띠 등 소품

후보자와 그 배우자(배우자 대신 후보자가 그의 직계존비속 중에서 신고한 1인 포함), 선거사무장, 선거연락소장, 선거사무원, 후보자와 함께 다니는 활동보조인 및 회계책임자는 선거운동기간 중 후보자의 사진·성명·기호 및 소속 정당명, 그 밖의 홍보에 필요한 사항을 게재한 어깨띠나 중앙선거관리위원회규칙으로 정하는 규격 또는 금액 범위의 윗옷·표찰·수기·마스코트, 그 밖의 소품(소품 등)을 붙이거나 입거나 지니고 선거운동을 할 수 있다(공직선거법 제68조 제1항). 선거운동을 할 수 있는 사람은 선거운동기간 중 중앙선거관리위원회규칙으로 정하는 규격 범위의 소형의 소품 등을 본인의 부담으로 제작 또는 구입하여 몸에 붙이거나 지니고 선거운동을 할 수 있다(공직선거법 제68조 제2항).

판례

▶ **선거운동기간 중 어깨띠 등 표시물을 사용한 선거운동을 금지한 공직선거법 제68조 제2항 등이 정치적 표현의 자유를 침해하는지**(적극): 심판대상조항은 선거에서의 균등한 기회를 보장하고 선거의 공정성을 확보하기 위한 것으로서 정당한 목적 달성을 위한 적합한 수단에 해당한다. 그러나 공직선거법상 선거비용 제한 규정이나 표시물의 가액, 종류, 사용방법 등에 대한 제한 수단 마련을 통해 선거에서의 기회 균등이라는 목적 달성이 가능하며, 그 밖에 공직선거법상 후보자 비방 금지 규정 등에 비추어 심판대상조항이 무분별한 흑색선전 방지 등을 위한 불가피한 수단이라고 보기도 어려우므로, 심판대상조항은 필요한 범위를 넘어 표시물을 사용한 선거운동을 포괄적으로 금지·처벌하는 것으로서 침해의 최소성에 반한다. 또한 심판대상조항으로 인하여 일반 유권자나 후보자가 받는 정치적 표현의 자유에 대한 제약이 달성되는 공익보다 중대하므로 심판대상조항은 법익의 균형성에도 위배된다. 따라서 심판대상조항은 과잉금지원칙에 반하여 정치적 표현의 자유를 침해한다(헌재 2022. 7. 21. 2017헌가4 헌법불합치).

⑤ 방송광고

선거운동을 위한 방송광고는 후보자(대통령선거에 있어서 정당추천후보자와 비례대표 국회의원선거의 경우에는 후보자를 추천한 정당)가 선거운동기간 중 소속정당의 정강·정책이나 후보자의 정견 그 밖의 홍보에 필요한 사항을 텔레비전 및 라디오 방송시설을 이용하여 실시할 수 있되, 광고시간은 1회 1분을 초과할 수 없다. 이 경우 광고회수의 계산에 있어서는 재방송을 포함하되, 하나의 텔레비전 또는 라디오 방송시설을 선정하여 당해 방송망을 동시에 이용하는 것은 1회로 본다(공직선거법 제70조 제1항).

판례

▶ **방송광고, 후보자 등의 방송연설, 방송시설주관 후보자연설의 방송, 선거방송토론위원회 주관 대담·토론회의 방송**(선거방송)**에서 한국수화언어 또는 자막의 방영을 재량사항으로 규정한 공직선거법 제70조 제6항 등이 청구인들의 선거권을 침해하는지**(소극): 지상파방송사업자, 위성방송사업자, 종합편성·보도전문편성의 방송채널사용사업자, 그리고 종합유선방송사업자·방송채널사용사업자로서 해당 사업자의 매출액, 시청점유율 등을 고려하여 방송통신위원회가 고시하는 사업자는 방송법령에 따라 이 사건 선거방송에서 한국수어·폐쇄자막·화면해설 등을 이용한 방송을 할 의무를 부담한다. 지상파방송사업자, 종합편성·보도전문편성의 방송채널사용사업자는 장애인방송고시에 따라 이 사건 선거방송 중 후보자 등의 방송연설, 방송시설주관 후보자연설의 방송, 선거방송토론위원회 주관 대담·토론회에서 반드시 폐쇄자막방송을 하여야 한다. … 적어도 최근 전국단위 주요 선거에서 선거방송토론위원회 주관 대담·토론회 방송은 100% 한국수어방송을 하고 있다는 점도 고려되어야 한다. 이에 더하여 청각장애인이 선거정보를 획득할 수 있는 다양한 수단들이 존재하는 점 등을 종합적으로 고려하면, 이 사건 한국수어·자막조항이 청구인들의 선거권을 침해한다고 보기 어렵다(헌재 2020. 8. 28. 2017헌마813).

⑥ 공개장소에서의 연설·대담

후보자(비례대표 국회의원후보자 및 비례대표 지방의회의원후보자는 제외)는 선거운동기간 중에 소속 정당의 정강·정책이나 후보자의 정견, 그 밖에 필요한 사항을 홍보하기 위하여 공개장소에서의 연설·대담을 할 수 있다(공직선거법 제79조 제1항).

> **판례**

▶ **선거운동기간 중 공개장소에서 비례대표 국회의원후보자의 연설·대담을 금지하는 공직선거법 조항이 비례대표 국회의원후보자의 선거운동의 자유 및 정당활동의 자유를 침해하는지**(소극) : 이 사건 법률조항은 전국을 하나의 선거구로 하는 정당선거로서의 성격을 가지는 비례대표국회의원선거의 취지를 살리고, 선거에 소요되는 사회적 비용을 절감하고 효율적인 선거관리를 도모하여 선거의 공정성을 달성하고자 함에 그 목적이 있는바 그 입법목적은 정당하고, … 연설·대담에 소요되는 비용과 노력으로 인한 경제적 부담이 가중되어 정당의 재정적 능력의 차이에 따라 선거운동기회가 차별적으로 부여되는 결과가 야기될 수 있는 점 등을 종합하여 보면, 이 사건 법률조항과 동일한 효과를 가지면서도 덜 침익적인 수단을 발견할 수 없으므로, 이 사건 법률조항은 침해의 최소성원칙에 위배되지 아니한다. 또한 이 사건 법률조항을 통하여 달성하려는 선거의 공정성 확보 등의 공익은 매우 중대한 반면, 비례대표국회의원후보자로 하여금 공개장소에서 연설·대담을 하게 할 필요성이나 이를 금지함으로써 제한되는 비례대표국회의원후보자의 이익 내지 정당활동의 자유가 결코 크다고 볼 수 없어, 이 사건 법률조항은 법익의 균형성도 갖추었다(헌재 2013. 10. 24. 2012헌마311).

▶ **선거운동 시 확성장치를 사용할 수 있도록 허용하면서도 그 사용에 따른 소음의 규제기준을 두지 아니하는 공직선거법 제79조 제3항 제2호 등이 청구인의 건강하고 쾌적한 환경에서 생활할 권리를 침해하여 위헌인지**(적극) : 국가가 국민의 건강하고 쾌적한 환경에서 생활할 권리에 대한 보호의무를 다하지 않았는지 여부를 헌법재판소가 심사할 때에는 국가가 이를 보호하기 위하여 적어도 적절하고 효율적인 최소한의 보호조치를 취하였는가 하는 이른바 '과소보호금지원칙'의 위반 여부를 기준으로 삼아야 한다. … 심판대상조항이 선거운동의 자유를 감안하여 선거운동을 위한 확성장치를 허용할 공익적 필요성이 인정된다고 하더라도 정온한 생활환경이 보장되어야 할 주거지역에서 출근 또는 등교 이전 및 퇴근 또는 하교 이후 시간대에 확성장치의 최고출력 내지 소음을 제한하는 등 사용시간과 사용지역에 따른 수인한도 내에서 확성장치의 최고출력 내지 소음 규제기준에 관한 규정을 두지 아니한 것은, 국민이 건강하고 쾌적하게 생활할 수 있는 양호한 주거환경을 위하여 노력하여야 할 국가의 의무를 부과한 헌법 제35조 제3항에 비추어 보면, 적절하고 효율적인 최소한의 보호조치를 취하지 아니하여 국가의 기본권 보호의무를 과소하게 이행한 것으로서, 청구인의 건강하고 쾌적한 환경에서 생활할 권리를 침해하므로 헌법에 위반된다(헌재 2019. 12. 27. 2018헌마730 헌법불합치).

⑦ 대담·토론회

각급선거방송토론위원회는 대통령령선거의 대담·토론회를 개최하는 때에는 국회에 5인 이상의 소속의원을 가진 정당이 추천한 후보자, 직전 대통령선거, 비례대표 국회의원선거, 비례대표 시·도의원선거 또는 비례대표 자치구·시·군의원선거에서 전국 유효투표총수의 100분의 3 이상을 득표한 정당이 추천한 후보자, 중앙선거관리위원회규칙이 정하는 바에 따라 언론기관이 선거기간 개시일 전 30일부터 선거기간 개시일 전일까지의 사이에 실시하여 공표한 여론조사결과를 평균한 지지율이 100분의 5 이상인 후보자를 대상으로 개최한다. 이 경우 각급선거방송토론위원회로부터 초청받은 후보자는 정당한 사유가 없는 한 그 대담·토론회에 참석하여야 한다(공직선거법 제82조의2 제4항).

> **⚖ 판례**
>
> ▶ **선거방송 대담·토론회의 참가기준으로 여론조사 평균지지율 100분의 5를 요구하고 있는 공직선거법 제82조 의2 제4항 제1호 다목 등이 여론조사 평균지지율 100분의 5 미만 후보자의 평등권 내지 선거운동의 기회균등을 침해하는지**(소극) : 방송토론회의 초청자격을 제한하지 않아 토론자가 너무 많을 경우 시간상 제약 등으로 실질적인 토론과 공방이 이루어지지 않고 후보자에 대한 정책검증이 어려운 점, 대다수의 국민이나 선거구민들이 여론조사에서 높은 지지율을 얻은 후보자에 대하여 관심을 가지고 있다고 보아야 하는 점, 선거방송토론위원회는 위 토론회에 초청받지 못한 후보자들을 대상으로 다른 대담·토론회를 개최할 수 있는 점 등에 비추어보면, 이 사건 법률조항에 의한 위와 같은 차별에는 이를 정당화할 수 있는 합리적인 이유가 있다고 할 것이다. 따라서 이 사건 법률조항이 청구인들의 평등권이나 선거운동의 기회균등을 침해하는 것으로 보기 어렵다 (헌재 2009. 3. 26. 2007헌마1327).
>
> ▶ **지방자치단체장선거에서 각급선거방송토론위원회가 필수적으로 개최하는 대담·토론회 등의 초청 자격을 제한하고 있는 공직선거법 제82조의2 제4항 제3호 부분이 평등권을 침해하는지**(소극) : 이 사건 토론회조항은 지방자치단체장선거에서 각급선거방송토론위원회가 초청대상 후보자 대담·토론회를 개최할 때의 그 초청자격을 제한하고 있는데, 이러한 제한을 두지 않는다면 대담·토론회는 후보자들의 정견발표회 수준에 그치게 되고 실질적인 정책의 비교나 심층적인 정책의 토론이 이루어진다거나 후보자들 간의 자질과 정치적인 능력의 비교가 불가능해질 수 있으므로, 대담·토론회의 장점을 극대화하여 실질적인 정책 비교 및 후보의 자질 검증의 기회를 마련할 필요가 있다. 그리고 공직선거법 제82조의2 제5항은 각급선거방송토론위원회로 하여금 이 사건 토론회조항이 정한 요건을 갖추지 못한 다른 후보자들을 대상으로 한 별개의 대담·토론회를 개최할 수 있도록 하고 있다. 그렇다면 이 사건 토론회조항이 일정한 요건을 갖춘 후보자에게만 대담·토론회의 참여기회를 부여한다고 하더라도 이를 가리켜 현저하게 자의적인 것이라고 보기 어렵다(헌재 2019. 9. 26. 2018헌마128).

⑧ 인터넷언론사 게시판·대화방 등의 실명확인

인터넷언론사는 선거운동기간 중 당해 인터넷홈페이지의 게시판·대화방 등에 정당·후보자에 대한 지지·반대의 문자·음성·화상 또는 동영상 등의 정보를 게시할 수 있도록 하는 경우에는 행정안전부장관 또는 신용정보법 제2조 제5호 가목에 따른 개인신용평가회사가 제공하는 실명인증방법으로 실명을 확인받도록 하는 기술적 조치를 하여야 한다. 다만, 인터넷언론사가 정보통신망법 제44조의5에 따른 본인확인조치를 한 경우에는 그 실명을 확인받도록 하는 기술적 조치를 한 것으로 본다(공직선거법 제82조의6 제1항).

> **⚖ 판례**
>
> ▶ **인터넷언론사는 선거운동기간 중 당해 홈페이지 게시판 등에 정당·후보자에 대한 지지·반대 등의 정보를 게시하는 경우 실명을 확인받는 기술적 조치를 하도록 정한 공직선거법 조항이 게시판 등 이용자의 익명표현의 자유 및 개인정보자기결정권과 인터넷언론사의 언론의 자유를 침해하는지**(적극) : 모든 익명표현을 사전적·포괄적으로 규율하는 것은 표현의 자유보다 행정편의와 단속편의를 우선함으로써 익명표현의 자유와 개인정보자기결정권 등을 지나치게 제한한다. 실명확인제가 표방하고 있는 선거의 공정성이라는 목적은 인터넷 이용자의 표현의 자유나 개인정보자기결정권을 제약하지 않는 다른 수단에 의해서도 충분히 달성할 수 있다. … 심판대상조항은 정치적 의사표현이 가장 긴요한 선거운동기간 중에 인터넷언론사 홈페이지 게시판 등 이용자로 하여금 실명확인을 하도록 강제함으로써 익명표현의 자유와 언론의 자유를 제한하고, 모든 익명표현을 규제함으로써 대다수 국민의 개인정보자기결정권도 광범위하게 제한하고 있다는 점에서 이와 같은 불이익은 선거의 공정성 유지라는 공익보다 결코 과소평가될 수 없다. 그러므로 심판대상조항은 과잉금지원칙에 반하여 인터넷언론사 홈페이지 게시판 등 이용자의 익명표현의 자유와 개인정보자기결정권, 인터넷언론사의 언론의 자유를 침해한다(헌재 2021. 1. 28. 2018헌마456).

PART 01

▶ 인터넷언론사에 대하여 선거일 전 90일부터 선거일까지 후보자 명의의 칼럼이나 저술을 게재하는 보도를 제한하는 구 '인터넷선거보도 심의기준 등에 관한 규정' 제8조 제2항 본문 등이 청구인의 표현의 자유를 침해하는지(적극) : 이 사건 조항은 선거일 전 90일부터 선거일까지 후보자 명의의 칼럼 등을 게재하는 인터넷 선거보도가 불공정하다고 볼 수 있는지에 대해 구체적으로 판단하지 않고 이를 불공정한 선거보도로 간주하여 선거의 공정성을 해치지 않는 보도까지 광범위하게 제한한다. 공직선거법상 인터넷 선거보도 심의의 대상이 되는 인터넷언론사의 개념은 매우 광범위한데, 이 사건 시기제한조항이 정하고 있는 일률적인 규제와 결합될 경우 이로 인해 발생할 수 있는 표현의 자유 제한이 작다고 할 수 없다. 인터넷언론의 특성과 그에 따른 언론시장에서의 영향력 확대에 비추어 볼 때, 인터넷언론에 대하여는 자율성을 최대한 보장하고 언론의 자유에 대한 제한을 최소화하는 것이 바람직하고, 계속 변화하는 이 분야에서 규제 수단 또한 헌법의 틀 안에서 다채롭고 새롭게 강구되어야 한다. 이 사건 시기제한조항의 입법목적을 달성할 수 있는 덜 제약적인 다른 방법들이 이 사건 심의기준 규정과 공직선거법에 이미 충분히 존재한다. 따라서 이 사건 시기제한조항은 과잉금지원칙에 반하여 청구인의 표현의 자유를 침해한다(헌재 2019. 11. 28. 2016헌마90).

⑨ 시설물 설치 등의 금지

누구든지 선거일 전 120일(보궐선거등에서는 그 선거의 실시사유가 확정된 때)부터 선거일까지 선거에 영향을 미치게 하기 위하여 공직선거법의 규정에 의한 것을 제외하고는 화환·풍선·간판·현수막·애드벌룬·기구류 또는 선전탑, 그 밖의 광고물이나 광고시설을 설치·진열·게시·배부하는 행위, 표찰이나 그 밖의 표시물을 착용 또는 배부하는 행위, 후보자를 상징하는 인형·마스코트 등 상징물을 제작·판매하는 행위를 할 수 없다. 이 경우 정당(창당준비위원회 포함)의 명칭이나 후보자(후보자가 되려는 사람 포함)의 성명·사진 또는 그 명칭·성명을 유추할 수 있는 내용을 명시한 것은 선거에 영향을 미치게 하기 위한 것으로 본다(공직선거법 제90조 제1항).

📖 판례

▶ 선거일 전 180일부터 선거일까지 선거에 영향을 미치게 하기 위한 '현수막, 그 밖의 광고물의 설치·게시'나 '표시물의 착용'을 금지하는 공직선거법 제90조 제1항 제1호 및 제2호 등(시설물 설치 등 금지조항)이 정치적 표현의 자유를 침해하는지(적극) : 시설물설치 등 금지조항은 선거에서의 균등한 기회를 보장하고 선거의 공정성을 확보하기 위한 것으로서 입법목적의 정당성 및 수단의 적합성이 인정된다. 그러나 선거비용을 제한·보전하거나 일반 유권자가 과도한 비용을 들여 현수막, 그 밖의 광고물을 설치·게시하거나 그 밖의 표시물을 착용하는 행위를 제한하는 수단을 통해서 선거에서의 기회 균등이라는 심판대상조항의 입법목적의 달성이 가능하고, 공직선거법상 후보자 비방 금지 규정 등을 통해 무분별한 흑색선전 등의 방지도 가능한 점을 종합하면, 시설물설치 등 금지조항은 목적 달성에 필요한 범위를 넘어 장기간 동안 선거에 영향을 미치게 하기 위한 현수막, 그 밖의 광고물의 설치·게시나 그 밖의 표시물의 착용을 금지·처벌하는 것으로서 침해의 최소성에 반한다. 또한 시설물설치 등 금지조항으로 인하여 일반 유권자나 후보자가 받는 정치적 표현의 자유에 대한 제약이 위 조항을 통해 달성되는 공익보다 중대하므로 시설물설치 등 금지조항은 법익의 균형성에도 위배된다. 따라서 시설물설치 등 금지조항은 과잉금지원칙에 반하여 정치적 표현의 자유를 침해한다(헌재 2022. 7. 21. 2017헌바100 헌법불합치).

▶ 공직선거법 제90조 제1항 제1호 중 '화환 설치'에 관한 부분 등이 정치적 표현의 자유를 침해하는지(적극) : 심판대상조항은 선거일 전 180일부터 선거일까지라는 장기간 동안 선거와 관련한 정치적 표현의 자유를 광범위하게 제한하고 있다. 화환의 설치는 경제적 차이로 인한 선거 기회 불균형을 야기할 수 있으나, 그러한 우려가 있다고 하더라도 공직선거법상 선거비용 규제 등을 통해서 해결할 수 있다. 또한 공직선거법상 후보자 비방 금지 규정 등을 통해 무분별한 흑색선전 등의 방지도 가능하다. 이러한 점들을 종합하면, 심판대상조항은 목적 달성에 필요한 범위를 넘어 장기간 동안 선거에 영향을 미치게 하기 위한 화환의 설치를 금지하는 것으로, 과잉금지원칙에 위반되어 정치적 표현의 자유를 침해한다(헌재 2023. 6. 29. 2023헌가12 헌법불합치).

⑩ 확성장치와 자동차 등의 사용제한

누구든지 공직선거법의 규정에 의한 공개장소에서의 연설·대담장소 또는 대담·토론회장에서 연설·대담·토론용으로 사용하는 경우를 제외하고는 선거운동을 위하여 확성장치를 사용할 수 없다(공직선거법 제91조 제1항). 누구든지 자동차를 사용하여 선거운동을 할 수 없다. 다만, 제79조에 따른 연설·대담장소에서 자동차에 승차하여 선거운동을 하는 경우와 같은 조 제6항에 따른 선거벽보 등을 자동차에 부착하여 사용하는 경우에는 그러하지 아니하다(공직선거법 제91조 제3항).

> **🔍 판례**
>
> ▶ 공개장소에서의 연설·대담장소 또는 대담·토론회장에서 연설·대담·토론용으로 사용하는 경우를 제외하고는 선거운동을 위하여 확성장치를 사용할 수 없도록 한 공직선거법 제91조 제1항 등(확성장치사용 금지조항)이 정치적 표현의 자유를 침해하는지(소극) : 확성장치사용 금지조항은 선거운동 과정에서 확성장치 사용으로 인한 소음을 규제하여 국민의 건강하고 쾌적한 환경에서 생활할 권리를 보장하고자 한 것으로, 목적의 정당성 및 수단의 적합성이 인정된다. 확성장치에 의해 기계적으로 유발되는 소음은 자연적으로 발생하는 생활소음에 비하여 상대적으로 큰 피해를 유발할 가능성이 높고, 또한 일반 국민의 생업에 지장을 초래할 수도 있는 점, 모든 종류의 공직선거 때마다 확성장치로 인한 소음을 감내할 것을 요구하기 어려운 점, 선거운동에서 다소 전통적인 수단이라고 할 수 있는 확성장치의 사용을 규제한다고 하더라도 후보자로서는 보다 접근이 용이한 다른 선거운동방법을 활용할 수 있는 점, 확성장치의 출력수나 사용시간을 규제하는 입법이 확성장치 사용 자체를 제한하는 방안과 동등하거나 유사한 효과를 불러온다고 보기 어려운 점 등을 종합하면, 확성장치 사용 금지조항은 침해의 최소성에 어긋나지 않는다. 나아가 확성장치사용 금지조항이 달성하고자 하는 공익이 그로써 제한되는 정치적 표현의 자유보다 작다고 할 수 없으므로, 위 조항은 법익의 균형성에도 어긋나지 않는다. 따라서 확성장치사용 금지조항은 과잉금지원칙에 반하여 정치적 표현의 자유를 침해하지 않는다(헌재 2022. 7. 21. 2017헌바100).

⑪ 탈법방법에 의한 문서·도화의 배부·게시 등 금지

누구든지 선거일 전 120일(보궐선거 등에 있어서는 그 선거의 실시사유가 확정된 때)부터 선거일까지 선거에 영향을 미치게 하기 위하여 공직선거법의 규정에 의하지 아니하고는 정당(창당준비위원회와 정당의 정강·정책 포함) 또는 후보자(후보자가 되고자 하는 자 포함)를 지지·추천하거나 반대하는 내용이 포함되어 있거나 정당의 명칭 또는 후보자의 성명을 나타내는 광고, 인사장, 벽보, 사진, 문서·도화, 인쇄물이나 녹음·녹화테이프 그 밖에 이와 유사한 것을 배부·첩부·살포·상영 또는 게시할 수 없다(공직선거법 제93조 제1항 본문).

> **🔍 판례**
>
> ▶ 탈법방법에 의한 '광고의 배부'를 금지하고 이를 위반한 경우 처벌하는 공직선거법 제93조 제1항 본문 부분이 청구인의 선거운동의 자유 내지 정치적 표현의 자유를 침해하는지(소극) : 광고는 일방적으로 배부되고 불특정 다수의 사람들이 그들의 의도와 상관없이 광고에 노출된다는 점에서는 문서, 인쇄물 등 다른 방식과 마찬가지이지만, 대중매체를 이용할 경우 광범위한 표현의 상대방을 두기 때문에 그 파급효과가 문서, 인쇄물 등 다른 방식에 비하여 훨씬 크다. 또한 광고는 표현 방법을 금전적으로 구매하는 것이기 때문에 문서, 인쇄물 등 다른 방식에 비하여 후보자 본인의 특별한 노력은 필요로 하지 않으면서 비용은 많이 드는 매체이므로, 경제력에 따라 그 이용 가능성에 큰 차이가 있을 수 있다. 이와 같은 사정 등을 종합하여 볼 때, 광고는 문서, 인쇄물 등 다른 방식에 비하여 선거의 공정성을 훼손할 우려가 더 크다고 할 것이므로, 탈법방법에 의한 광고의 배부를 금지하는 것은 과잉금지원칙에 위배되어 선거운동의 자유 및 정치적 표현의 자유를 침해한다고 볼 수 없다(헌재 2016. 3. 31. 2013헌바26).

▶ 선거일 전 180일부터 선거일까지 선거에 영향을 미치게 하기 위한 '광고, 문서·도화의 첩부·게시'를 금지하는 공직선거법 제93조 제1항 본문 등(문서·도화 게시 등 금지조항)이 정치적 표현의 자유를 침해하는지(적극): 문서·도화 게시 등 금지조항은 선거에서의 균등한 기회보장과 선거의 공정성 확보를 위한 것이다. 그러나 광고, 문서·도화는 시설물 등과 비교하여 보더라도 투입되는 비용이 상대적으로 적어 경제력 차이로 인한 선거 기회 불균형의 문제가 크지 않고, 선거 기회의 불균형에 대한 우려는 공직선거법상 선거비용 제한·보전 제도나 광고, 문서·도화의 종류나 금액 등을 제한하는 수단을 마련하여 방지할 수 있으며, 무분별한 흑색선전, 허위사실유포 등에 대한 규제도 공직선거법에 이미 도입되어 있다. 광고, 문서·도화에 담긴 정보가 반드시 일방적·수동적으로 전달되거나 수용되는 것은 아니므로 매체의 특성만을 이유로 광범위한 규제를 정당화할 수 없는바, 문서·도화 게시 등 금지조항은 입법목적 달성을 위하여 필요한 범위를 넘어 광고, 문서·도화의 첩부·게시를 통한 정치적 표현을 장기간 동안 포괄적으로 금지·처벌하고 있으므로 침해의 최소성에 반한다. 또한 문서·도화 게시 등 금지조항으로 인하여 유권자나 후보자가 받는 정치적 표현의 자유에 대한 제약이 달성되는 공익보다 중대하므로 법익의 균형성에도 위배된다. 따라서 문서·도화 게시 등 금지조항은 과잉금지원칙에 반하여 정치적 표현의 자유를 침해한다(헌재 2022. 7. 21. 2018헌바357 헌법불합치).

▶ 선거일 전 180일부터 선거일까지 선거에 영향을 미치게 하기 위한 '벽보·인쇄물'의 배부·게시를 금지하는 공직선거법 제93조 제1항 본문 등(인쇄물배부 등 금지조항)이 정치적 표현의 자유를 침해하는지(적극, 선례 변경): 인쇄물배부 등 금지조항은 선거에서의 균등한 기회를 보장하고 선거의 공정성을 확보하기 위한 것으로서 입법목적의 정당성 및 수단의 적합성이 인정된다. 그러나 벽보·인쇄물은 시설물 등과 비교하여 보더라도 투입되는 비용이 상대적으로 적어 경제력 차이로 인한 선거 기회 불균형의 문제가 크지 않고, 그러한 우려도 선거비용을 규제하거나 벽보·인쇄물의 종류나 금액 등을 제한하는 수단을 통해서 방지할 수 있다. 또한 공직선거법상 후보자 비방 금지 규정 등을 통해 무분별한 흑색선전 등의 방지도 가능한 점을 종합하면, 인쇄물배부 등 금지조항은 목적 달성에 필요한 범위를 넘어 장기간 동안 벽보 게시, 인쇄물 배부·게시를 금지·처벌하는 것으로서 침해의 최소성에 반한다. 또한 인쇄물배부 등 금지조항으로 인하여 일반 유권자나 후보자가 받는 정치적 표현의 자유에 대한 제약이 위 조항을 통하여 달성되는 공익보다 중대하므로 인쇄물배부 등 금지조항은 법익의 균형성에도 위배된다. 따라서 인쇄물배부 등 금지조항은 과잉금지원칙에 반하여 정치적 표현의 자유를 침해한다(헌재 2022. 7. 21. 2017헌바100 헌법불합치).

▶ 선거일 전 180일부터 선거일까지 선거에 영향을 미치게 하기 위한 벽보 게시, 인쇄물 배부·게시를 금지하는 공직선거법 제93조 제1항 본문 중 '인쇄물 살포'에 관한 부분 등이 정치적 표현의 자유를 침해하는지(적극): 심판대상조항은 선거에서의 균등한 기회를 보장하고 선거의 공정성을 확보하기 위한 것으로서 입법목적의 정당성 및 수단의 적합성이 인정된다. 그러나 인쇄물은 시설물 등과 비교하여 보더라도 투입되는 비용이 상대적으로 적어 경제력 차이로 인한 선거 기회 불균형의 문제가 크지 않고, 그러한 우려도 공직선거법상 선거비용 규제나 인쇄물의 종류 또는 금액을 제한하는 수단을 통해서 방지할 수 있다. 또한 공직선거법상 후보자 비방 금지 규정이나 허위사실공표 금지 규정 등을 통해 무분별한 흑색선전 등의 방지도 가능한 점을 종합하면, 심판대상조항은 목적 달성에 필요한 범위를 넘어 장기간 동안 인쇄물 살포를 금지·처벌하는 것으로서 침해의 최소성에 반한다. 또한 심판대상조항으로 인하여 일반 유권자나 후보자가 받는 정치적 표현의 자유에 대한 제약이 위 조항을 통하여 달성되는 공익보다 중대하므로 심판대상조항은 법익의 균형성에도 위배된다. 따라서 심판대상조항은 과잉금지원칙에 반하여 정치적 표현의 자유를 침해한다(헌재 2023. 3. 23. 2023헌가4 헌법불합치).

▶ 선거일 전 180일부터 선거일까지 선거에 영향을 미치게 하기 위하여 정당 또는 후보자를 지지·추천하거나 반대하는 내용이 포함되어 있거나 정당의 명칭 또는 후보자의 성명을 나타내는 문서·도화의 배부·게시 등을 금지하고 처벌하는 공직선거법 제93조 제1항 중 '기타 이와 유사한 것' 부분에 인터넷 홈페이지 또는 그 게시판·대화방 등에 글이나 동영상 등 정보를 게시하거나 전자우편을 전송하는 방법(인터넷)이 포함된다고 해석한다면 정치적 표현의 자유 내지 선거운동의 자유를 침해하는지(적극): 인터넷은 누구나 손쉽게 접근 가능한 매체이고, 이를 이용하는 비용이 거의 발생하지 아니하거나 또는 적어도 상대적으로 매우 저렴하여 선거운동비용을 획기적으로 낮출 수 있는 정치공간으로 평가받고 있고, 오히려 매체의 특성 자체가 '기회의 균형성·투명성·저비용성의 제고'라는 공직선거법의 목적에 부합하는 것이라고도 볼 수 있는 점 등을 고려하면, 이 사건 법률조항에서 선거일 전 180일부터 선거일까지 인터넷상 선거와 관련한 정치적 표현 및 선거운동을 금지하고 처벌하는 것은 후보자 간 경제력 차이에 따른 불균형 및 흑색선전을 통한 부당한 경쟁을 막고, 선거의 평온과 공정을 해하는 결과를 방지한다는 입법목적 달성을 위하여 적합한 수단이라고 할 수 없다(헌재 2011. 12. 29. 2007헌마1001 한정위헌).

⑫ 각종 집회 등의 제한

누구든지 선거기간 중 선거운동을 위하여 공직선거법에 규정된 것을 제외하고는 명칭 여하를 불문하고 집회나 모임을 개최할 수 없다(공직선거법 제103조 제1항). 누구든지 선거기간 중 선거에 영향을 미치게 하기 위하여 향우회·종친회·동창회·단합대회·야유회 또는 참가 인원이 25명을 초과하는 그 밖의 집회나 모임을 개최할 수 없다(공직선거법 제103조 제3항).

> ✎ **판례**
>
> ▶ **누구든지 선거기간 중 선거에 영향을 미치게 하기 위하여 그 밖의 집회나 모임을 개최할 수 없고, 이를 위반하는 자를 처벌하는 공직선거법 제103조 제3항 부분 등이 집회의 자유, 정치적 표현의 자유를 침해하는지**(적극): 집회개최 금지조항은 선거에서의 균등한 기회보장과 선거의 공정성 확보를 위한 것으로서 정당한 목적 달성을 위한 적합한 수단이나, 선거기간 중 선거에 영향을 미치게 하기 위한 집회나 모임이라면 선거의 공정과 평온에 대한 위험이 구체적으로 존재하지 않는 경우까지도 예외 없이 개최를 금지하고 있다. 선거의 평온이라는 입법목적은 '집회 및 시위에 관한 법률'의 다양한 규제수단들이나 형사법상의 처벌조항 등으로 달성할 수 있고, 선거에서의 기회 불균형 등의 문제는 선거비용 제한·보전 제도, 기부행위 금지 등 기존의 공직선거법상의 규제들이나 일정한 집회나 모임의 개최만을 한정적으로 금지하는 방법 등에 의해서도 방지할 수 있으며, 무분별한 흑색선전, 허위사실유포 등에 대한 규제도 공직선거법에 이미 도입되어 있는바, 집회개최 금지조항은 입법목적 달성을 위하여 필요한 범위를 넘어 선거기간 중 선거에 영향을 미치게 하기 위한 유권자의 집회나 모임을 일률적으로 금지·처벌하고 있으므로 침해의 최소성에 반한다. 또한 집회개최 금지조항으로 인하여 일반 유권자가 받는 집회의 자유, 정치적 표현의 자유에 대한 제약이 달성되는 공익보다 중대하므로 법익의 균형성에도 위배된다. 따라서 집회개최 금지조항은 과잉금지원칙에 반하여 집회의 자유, 정치적 표현의 자유를 침해한다(헌재 2022. 7. 21. 2018헌바164).

⑬ 연설회장에서의 소란행위 등의 금지

누구든지 공직선거법의 규정에 의한 공개장소에서의 연설·대담장소, 대담·토론회장 또는 정당의 집회장소에서 폭행·협박 기타 어떠한 방법으로도 연설·대담장소 등의 질서를 문란하게 하거나 그 진행을 방해할 수 없으며, 연설·대담 등의 주관자가 연단과 그 주변의 조명을 위하여 사용하는 경우를 제외하고는 횃불을 사용할 수 없다(공직선거법 제104조 제1항).

> ✎ **판례**
>
> ▶ **공직선거법 제104조 중 '누구든지 공직선거법의 규정에 의한 공개장소에서의 연설·대담장소에서 기타 어떠한 방법으로도 연설·대담장소 등의 질서를 문란하게 하거나'에 관한 부분 중 '기타 어떠한 방법으로도'가 죄형법정주의의 명확성 원칙에 위배되는지**(소극): 심판대상조항의 입법취지와 목적, 다른 공직선거법 규정과의 관계, 문언적 의미 등을 종합하면, '기타 어떠한 방법으로도'가 연설·대담을 방해할 정도에 이르지 않더라도 자유롭고 평온한 분위기를 깨뜨려 후보자 등과 선거인 사이에 원활한 소통을 저해하거나 사고가 발생할 우려가 있는 모든 행위태양을 의미한다는 것을 알 수 있다. 따라서 심판대상조항은 죄형법정주의의 명확성원칙에 위배되지 않는다(헌재 2023. 5. 25. 2019헌가13).

⑭ 여론조사의 결과공표금지

누구든지 선거일 전 6일부터 선거일의 투표마감시각까지 선거에 관하여 정당에 대한 지지도나 당선인을 예상하게 하는 여론조사(모의투표나 인기투표에 의한 경우 포함)의 경위와 그 결과를 공표하거나 인용하여 보도할 수 없다(공직선거법 제108조 제1항).

4) 비용상의 제한

① 선거비용제한액의 공고

선거구선거관리위원회는 선거별로 제121조(선거비용제한액의 산정)의 규정에 의하여 산정한 선거비용제한액을 중앙선거관리위원회규칙이 정하는 바에 따라 공고하여야 한다(공직선거법 제122조).

② 선거비용의 보전(공직선거법 제122조의2 제1항)

• 대통령 • 지역구 국회의원 • 지역구 지방의회의원 • 지방자치단체의 장	• 후보자가 당선되거나 사망한 경우 또는 후보자의 득표수가 유효투표총수의 100분의 15 이상인 경우 : 후보자가 지출한 선거비용의 전액 • 후보자의 득표수가 유효투표총수의 100분의 10 이상 100분의 15 미만인 경우 : 후보자가 지출한 선거비용의 100분의 50에 해당하는 금액
• 비례대표 국회의원 • 비례대표 지방의회의원	후보자명부에 올라 있는 후보자 중 당선인이 있는 경우에 당해 정당이 지출한 선거비용의 전액

3. 선거사범의 처벌과 당선무효

(1) 선거사범의 처벌

1) 공소시효

공직선거법에 규정한 죄의 공소시효는 당해 선거일 후 6개월(선거일 후에 행하여진 범죄는 그 행위가 있는 날부터 6개월)을 경과함으로써 완성한다. 다만, 범인이 도피한 때나 범인이 공범 또는 범죄의 증명에 필요한 참고인을 도피시킨 때에는 그 기간은 3년으로 한다(공직선거법 제268조 제1항).

> **⚖ 판례**
>
> ▶ **선거일 이전에 행하여진 선거범죄의 공소시효 기산점을 당해 선거일 후로 규정한 공직선거법 제268조 제1항 본문 부분이 평등원칙에 위반되는지**(소극) : 심판대상조항의 의미와 목적 등을 고려할 때 '선거일 이전에 행하여진 선거범죄' 가운데 '선거일 이전에 후보자격을 상실한 자'와 '선거일 이전에 후보자격을 상실하지 아니한 자'는 본질적으로 동일한 집단이라 할 것이므로 심판대상이 양자의 공소시효 기산점을 '당해 선거일 후'로 같게 적용하더라도, 이는 본질적으로 같은 것을 같게 취급한 것이므로 차별이 발생한다고 보기 어렵다. 심판대상조항은 '선거일 이전에 행하여진 선거범죄'의 공소시효 기산점을 '당해 선거일 후'로 정하여, 공직선거법 제268조 제1항에서 '선거일 후에 행하여진 선거범죄'의 공소시효 기산점을 '그 행위가 있는 날부터'로 정하고, 형사소송법 제252조 제1항에서 '다른 일반범죄'에 관한 공소시효의 기산점을 '범죄행위의 종료된 때로부터'로 정한 것과 달리 취급하고 있다. 그러나 이는 선거로 인한 법적 불안정 상태를 신속히 해소하면서도 선거의 공정성을 보장함과 동시에 선거로 야기된 정국의 불안을 특정한 시기에 일률적으로 종료시키기 위한 입법자의 형사정책적 결단 등에서 비롯된 것이므로, 그 합리성을 인정할 수 있다. 따라서 심판대상조항은 평등원칙에 위반되지 않는다(헌재 2020. 3. 26. 2019헌바71).
>
> ▶ **공무원이 지위를 이용하여 범한 공직선거법위반죄의 경우 일반인이 범한 공직선거법위반죄와 달리 공소시효를 10년으로 정한 공직선거법 제268조 제3항 부분이 평등원칙에 위배되는지**(소극) : 공무원이 지위를 이용하여 범한 공직선거법위반죄의 경우 선거의 공정성을 중대하게 저해하고 공권력에 의하여 조직적으로 은폐되어 단기간에 밝혀지기 어려울 수도 있어 단기 공소시효에 의할 경우 처벌규정의 실효성을 확보하지 못할 수 있다. 이러한 취지에서 공무원이 지위를 이용하여 범한 공직선거법위반죄의 경우 해당 선거일 후 10년으로 공소시효를 정한 입법자의 판단은 합리적인 이유가 인정되므로 평등원칙에 위반되지 않는다(헌재 2022. 8. 31. 2018헌바440).

2) 선거범의 재판기간

선거범과 그 공범에 관한 재판은 다른 재판에 우선하여 신속히 하여야 하며, 그 판결의 선고는 제1심에서는 공소가 제기된 날부터 6월 이내에, 제2심 및 제3심에서는 전심의 판결의 선고가 있은 날부터 각각 3월 이내에 반드시 하여야 한다(공직선거법 제270조).

(2) 당선무효

1) 당선무효 사유

① 당선인의 선거범죄로 인한 당선무효

당선인이 당해 선거에 있어 이 법에 규정된 죄 또는 정치자금법 제49조의 죄를 범함으로 인하여 징역 또는 100만 원 이상의 벌금형의 선고를 받은 때에는 그 당선은 무효로 한다(공직선거법 제264조).

② 선거비용의 초과지출로 인한 당선무효

공고된 선거비용제한액의 200분의 1 이상을 초과지출한 이유로 선거사무장, 선거사무소의 회계책임자가 징역형 또는 300만 원 이상의 벌금형의 선고를 받은 때에는 그 후보자의 당선은 무효로 한다. 다만, 다른 사람의 유도 또는 도발에 의하여 당해 후보자의 당선을 무효로 되게 하기 위하여 지출한 때에는 그러하지 아니하다(공직선거법 제263조 제1항).

③ 선거사무장 등의 선거범죄로 인한 당선무효

선거사무장·선거사무소의 회계책임자 또는 후보자(후보자가 되려는 사람 포함)의 직계존비속 및 배우자가 해당 선거에 있어서 제230조(매수 및 이해유도죄)부터 제234조(당선무효유도죄)까지, 제257조 제1항 중 기부행위를 한 죄 또는 정치자금법 제45조 제1항의 정치자금 부정수수죄를 범함으로 인하여 징역형 또는 300만 원 이상의 벌금형의 선고를 받은 때에는 그 선거구 후보자(대통령후보자, 비례대표국회의원후보자 및 비례대표지방의회의원후보자 제외)의 당선은 무효로 한다. 다만, 다른 사람의 유도 또는 도발에 의하여 당해 후보자의 당선을 무효로 되게 하기 위하여 죄를 범한 때에는 그러하지 아니하다(공직선거법 제265조).

2) 당선무효된 자 등의 비용반환

당선이 무효로 된 사람(기소 후 확정판결 전에 사직한 사람 포함)과 당선되지 아니한 사람으로서 자신 또는 선거사무장 등의 죄로 당선무효에 해당하는 형이 확정된 사람은 제57조와 제122조의2에 따라 반환·보전받은 금액을 반환하여야 한다. 이 경우 대통령선거의 정당추천후보자는 그 추천 정당이 반환하며, 비례대표국회의원선거 및 비례대표지방의회의원선거의 경우 후보자의 당선이 모두 무효로 된 때에 그 추천 정당이 반환한다(공직선거법 제265조의2 제1항).

판례

▶ **선거범죄로 당선이 무효로 된 자에게 이미 반환받은 기탁금과 보전받은 선거비용을 다시 반환하도록 한 구 공직선거법 제265조의2 제1항 전문 부분이 공무담임권을 제한하는지**(소극) : 공무담임권은 국민이 공무담임에 관한 평등한 기회를 보장받는 권리로서 공직취임 기회의 자의적인 배제와 공무원 신분의 부당한 박탈을 금지하는 것을 그 보호영역으로 한다. 이 사건 법률조항에서 규정한 제재는 이미 선거에 입후보하여 당선된 사람 즉, 공직취임의 기회를 이미 보장받았던 사람을 대상으로 하는 것이라서 공직취임의 기회를 배제하는 내용이라고 볼 수 없고, 그 제재의 내용도 금전적 불이익의 부과뿐이라서 공무원 신분의 부당한 박탈에 관한 규정이라고 할 수 없으므로 공무담임권의 보호영역에 속하는 사항을 규정한 것이 아니다. 그리고 이 사건 법률조항은 선거범죄를 저질러 벌금 100만 원 이상의 형을 선고받은 당선자만을 제재대상으로 하고 있어 선거범죄를 저지르지 않고 선거를 치르려는 대부분의 후보자는 제재대상에 포함될 여지가 없으므로 청구인의 주장과 같이 자력이 충분하지 못한 국민의 입후보를 곤란하게 하는 효과를 갖는다고 할 수도 없다. 따라서 이 사건 법률조항에 의하여 공무담임권이 제한된다고 할 수 없다(헌재 2011. 4. 28. 2010헌바232).

Ⅵ 투표

1. 투표구 및 투표소

(1) 투표구

읍·면·동에 투표구를 둔다(공직선거법 제31조 제1항). 구·시·군선거관리위원회는 하나의 읍·면·동에 2 이상의 투표구를 둘 수 있다. 이 경우 읍·면의 리의 일부를 분할하여 다른 투표구에 속하게 할 수 없다(공직선거법 제31조 제2항).

(2) 투표소

읍·면·동선거관리위원회는 선거일 전일까지 관할 구역 안의 투표구마다 투표소를 설치하여야 한다(공직선거법 제147조 제1항).

(3) 사전투표소의 설치

구·시·군선거관리위원회는 선거일 전 5일부터 2일 동안(사전투표기간) 관할구역의 읍·면·동마다 1개소씩 사전투표소를 설치·운영하여야 한다. 다만, 읍·면·동 관할구역에 감염병의 예방 및 관리에 관한 법률에 따른 감염병관리시설 또는 감염병의심자 격리시설이 있는 경우 등에는 해당 지역에 사전투표소를 추가로 설치·운영할 수 있다(공직선거법 제148조 제1항).

2. 선거방법

선거는 기표방법에 의한 투표로 한다(공직선거법 제146조 제1항). 투표는 직접 또는 우편으로 하되, 1인 1표로 한다. 다만, 국회의원선거, 시·도의원선거 및 자치구·시·군의원선거에 있어서는 지역구의원선거 및 비례대표 의원선거마다 1인 1표로 한다(공직선거법 제146조 제2항).

★ 판례

▶ **공직선거에서 투표용지에 후보자들에 대한 '전부 거부' 표시방법을 마련하지 않은 공직선거법 제150조 등이 선거권 및 표현의 자유를 제한하는지**(소극) : 이 사건 조항이 '전부 거부'를 규정하고 있지 않은 것은 국민의 선거권 행사 자체와는 무관하고 선거권 행사를 제약하는 것도 아니다. '전부 거부'와 같은 투표제도를 추가적으로 마련할 것인지 여부는 입법자가 정책적 재량으로 결정할 수 있는 사항일 뿐이며, 이를 마련하지 않고 있는 것을 두고 입법자가 선거권 보장을 위한 입법의무를 제대로 하지 않았다고 볼 수 없다. 결국 이 사건 조항이 '전부 거부'를 배제하고 있는 것이 청구인들의 선거권을 제한한다고 볼 수 없다. 이 사건 조항이 선거권자로 하여금 '전부 거부' 방식에 의한 정치적 의사표시를 제공하지 않고 있는 것은, 선거권자인 청구인들의 그러한 의사표현을 금지하거나 제한하고자 하는 것이 아니라 국가가 선거제도에서 투표방식을 일정하게 규정한 결과일 뿐이다. 이 사건의 경우 표현의 자유의 보호범위에 "국가가 공직후보자들에 대한 유권자의 '전부 거부' 의사표시를 할 방법을 보장해 줄 것"까지 포함된다고 볼 수 없으므로 이 사건 조항이 표현의 자유를 제한하는 것이라 할 수 없다(헌재 2007. 8. 30. 2005헌마975).

---

3. 투표시간(공직선거법 제155조)

임기 만료에 의한 선거	일반인	오전 6시~오후 6시
	격리자	오후 6시 30분~오후 7시 30분
보궐선거 등	일반인	오전 6시~오후 8시
	격리자	오후 8시 30분~오후 9시 30분
사전투표	일반인	• 오전 6시~오후 6시 • 격리시설에 사전투표소가 설치된 경우도 동일
	격리자	오후 6시 30분~오후 8시(둘째 날)

판례

▶ **투표소를 선거일 오후 6시에 닫도록 한 공직선거법 제155조 제1항 중 '오후 6시에' 부분이 과잉금지원칙에 반하여 선거권을 침해하는지**(소극) : 심판대상 법률조항은 선거결과의 확정 및 선거권의 행사를 보장하면서도 투표·개표 관리에 소요되는 행정자원의 배분을 적정한 수준으로 유지하기 위한 것으로서 정당한 목적 달성을 위한 적합한 수단에 해당한다. 또 심판대상 법률조항은 투표일 오전 6시에 투표소를 열도록 하여 일과 시작 전 투표를 할 수 있도록 하고 있고, 근로기준법 제10조는 근로자가 근로시간 중에 투표를 위하여 필요한 시간을 청구할 수 있도록 규정하고 있으며, 통합선거인명부제도가 시행됨에 따라 사전신고를 하지 않고도 부재자투표가 가능해진 점 등을 고려하면 위 조항은 선거권 행사의 보장과 투표시간 한정의 필요성을 조화시키는 하나의 방안이 될 수 있다고 할 것이므로, 침해최소성 및 법익균형성에 반한다고 보기 어렵다. 따라서 심판대상 법률조항은 과잉금지원칙에 반하여 선거권을 침해한다고 볼 수 없다(헌재 2013. 7. 25. 2012헌마815).

▶ **부재자투표시간을 오전 10시부터 오후 4시까지로 정하고 있는 공직선거법 제155조 제2항 본문 중 투표종료시간 부분이 청구인의 선거권과 평등권을 침해하는지**(소극) : 이 사건 투표시간조항이 투표종료시간을 오후 4시까지로 정한 것은 투표당일 부재자투표의 인계·발송 절차를 밟을 수 있도록 함으로써 부재자투표의 인계·발송절차가 지연되는 것을 막고 투표관리의 효율성을 제고하고 투표함의 관리위험을 경감하기 위한 것이고, 이 사건 투표시간조항이 투표종료시간을 오후 4시까지로 정한다고 하더라도 투표개시시간을 일과시간 이전으로 변경한다면, 부재자투표의 인계·발송절차가 지연될 위험 등이 발생하지 않으면서도 일과시간에 학업·직장업무를 하여야 하는 부재자투표자가 현실적으로 선거권을 행사하는 데 큰 어려움이 발생하지 않을 것이다. 따라서 이 사건 투표시간조항 중 투표종료시간 부분은 수단의 적정성, 법익균형성을 갖추고 있으므로 청구인의 선거권이나 평등권을 침해하지 않는다(헌재 2012. 2. 23. 2010헌마601).

▶ **부재자투표시간을 오전 10시부터 오후 4시까지로 정하고 있는 공직선거법 제155조 제2항 본문 중 투표개시시간 부분이 청구인의 선거권과 평등권을 침해하는지**(적극) : 이 사건 투표시간조항이 투표개시시간을 일과시간 이내인 오전 10시부터로 정한 것은 투표시간을 줄인 만큼 투표관리의 효율성을 도모하고 행정부담을 줄이는 데 있고, 그 밖에 부재자투표의 인계·발송절차의 지연위험 등과는 관련이 없다. 이에 반해 일과시간에 학업이나 직장업무를 하여야 하는 부재자투표자는 이 사건 투표시간조항 중 투표개시시간 부분으로 인하여 일과시간 이전에 투표소에 가서 투표할 수 없게 되어 사실상 선거권을 행사할 수 없게 되는 중대한 제한을 받는다. 따라서 이 사건 투표시간조항 중 투표개시시간부분은 수단의 적정성, 법익균형성을 갖추지 못하므로 과잉금지원칙에 위배하여 청구인의 선거권과 평등권을 침해하는 것이다(헌재 2012. 2. 23. 2010헌마601).

4. 사전투표

선거인(거소투표자와 선상투표자 제외)은 누구든지 사전투표기간 중에 사전투표소에 가서 투표할 수 있다(공직선거법 제158조).

> 📌 **판례**
>
> ▶ **사전투표관리관이 투표용지의 일련번호를 떼지 아니하고 선거인에게 교부하도록 정한 공직선거법 제158조 제3항 부분이 선거권을 침해하는지**(소극): 2014년 공직선거법이 개정되어 사전투표제도를 도입하게 되면서 디지털 기기를 이용한 위조·복사 등의 위험성을 최소화하기 위하여 위험용지 식별이 보다 정확하고 용이한 바코드 방식 일련번호제도를 채택하게 되었다. 위조용지 식별을 용이하게 하기 위해서는 일련번호를 투표용지로부터 분리하지 않는 게 유리한데, <u>바코드 방식의 일련번호는 육안으로는 식별이 어렵기에 더 이상 숫자식 일련번호 방식에서와 같은 이유에서 비밀투표 침해를 막기 위한 목적으로 반드시 이를 떼어낼 필요는 없게 되었다.</u> 게다가 바코드 방식의 일련번호는 육안으로 식별이 어려워 누군가가 바코드를 기억하는 방법으로 비밀투표 원칙에 위배되는 상황을 상정하기 어렵고, 공직선거법은 바코드에 선거인을 식별할 수 있는 개인정보가 들어가지 않도록 관리하므로, 바코드를 투표용지로부터 분리하지 않았다는 이유만으로 비밀투표원칙에 위배된다고 할 수 없다. 따라서 공선법 조항은 청구인들의 선거권을 침해하지 아니한다(헌재 2023. 10. 26. 2022헌마231).
>
> ▶ **사전투표관리관이 투표용지에 자신의 도장을 찍는 경우 도장의 날인을 인쇄날인으로 갈음할 수 있도록 한 공직선거관리규칙 제84조 제3항 부분이 입법형성권의 한계를 일탈하여 선거권을 침해하는지**(소극): 사전투표의 경우 투표용지 발급기가 봉함·봉인된 상태에서 사전투표관리관에게 인계되고, 사전투표관리관은 사전투표소에서 투표용지 발급기를 이용하여 선거인에게 교부할 투표용지를 작성하며, 사전투표참관인이 사전투표 상황을 참관하고 관할 우체국장에게 투표지를 인계하기까지 일련의 과정에 동행하는 점, 사전투표관리관은 사전투표기간 각 일자별 투표가 마감되면 '사전투표록'에 투표용지 발급기에 의한 발급수, 투표용지 교부수를 기록하며, 실물 투표지 역시 존재하므로, 사전투표용지의 발급·교부수와 실제 투표수를 비교하여 사후적으로 선거부정 여부를 검증하는 것도 가능한 점 등에 비추어, <u>심판대상조항으로 인하여 사전투표관리관이 자신의 도장을 직접 찍을 때에 비하여 위조된 투표지의 유입가능성이 있다고 보기 어렵다.</u> 이를 종합해 보면, 심판대상조항이 현저히 불합리하거나 불공정하여 청구인들의 선거권을 침해한다고 볼 수 없다(헌재 2023. 10. 26. 2022헌마232).

5. 투표의 비밀보장

투표의 비밀은 보장되어야 한다(공직선거법 제167조 제1항). 선거인은 투표한 후보자의 성명이나 정당명을 누구에게도 또한 어떠한 경우에도 진술할 의무가 없으며, 누구든지 선거일의 투표마감시각까지 이를 질문하거나 그 진술을 요구할 수 없다. 다만, 텔레비전방송국·라디오방송국·신문 등의 진흥에 관한 법률에 따른 일간신문사가 선거의 결과를 예상하기 위하여 선거일에 투표소로부터 50미터 밖에서 투표의 비밀이 침해되지 않는 방법으로 질문하는 경우에는 그러하지 아니하며 이 경우 투표마감시각까지 그 경위와 결과를 공표할 수 없다(공직선거법 제167조 제2항). 선거인은 자신이 기표한 투표지를 공개할 수 없으며, 공개된 투표지는 무효로 한다(공직선거법 제167조 제3항).

6. 재외선거에 관한 특례

(1) 재외선거관리위원회 설치·운영

중앙선거관리위원회는 대통령선거와 임기만료에 따른 국회의원선거를 실시하는 때마다 선거일 전 180일부터 선거일 후 30일까지 대한민국재외공관 설치법 제2조에 따른 공관마다 재외선거의 공정한 관리를 위하여 재외선거관리위원회를 설치·운영하여야 한다. 다만, 대통령의 궐위로 인한 선거 또는 재선거는 그 선거의 실시사유가 확정된 날부터 10일 이내에 재외선거관리위원회를 설치하여야 한다(공직선거법 제218조 제1항).

(2) 국외부재자 신고

주민등록이 되어 있는 사람으로서 사전투표기간 개시일 전 출국하여 선거일 후에 귀국이 예정된 사람과 외국에 머물거나 거주하여 선거일까지 귀국하지 아니할 사람으로서 외국에서 투표하려는 선거권자(지역구 국회의원선거에서는 주민등록법에 따라 재외국민이거나 재외국민으로 등록·관리되는 사람은 제외) 는 대통령선거와 임기만료에 따른 국회의원선거를 실시하는 때마다 선거일 전 150일부터 선거일 전 60일까지(국외부재자 신고기간) 서면·전자우편 또는 중앙선거관리위원회 홈페이지를 통하여 관할 구·시·군의 장에게 국외부재자 신고를 하여야 한다. 이 경우 외국에 머물거나 거주하는 사람은 공관을 경유하여 신고하여야 한다(공직선거법 제218조의4 제1항).

판례

▶ **재외선거인에게 국회의원 재·보궐선거의 선거권을 인정하지 않은 재외선거인 등록신청조항이 재외선거인의 선 거권을 침해하거나 보통선거원칙에 위배되는지**(소극) : 입법자는 재외선거제도를 형성하면서, 잦은 재·보궐선거 는 재외국민으로 하여금 상시적인 선거체제에 직면하게 하는 점, 재외 재·보궐선거의 투표율이 높지 않을 것으 로 예상되는 점, 재·보궐선거 사유가 확정될 때마다 전 세계 해외 공관을 가동하여야 하는 등 많은 비용과 시간 이 소요된다는 점을 종합적으로 고려하여 재외선거인에게 국회의원의 재·보궐선거권을 부여하지 않았다고 할 것이고, 이와 같은 선거제도의 형성이 현저히 불합리하거나 불공정하다고 볼 수 없다. 따라서 재외선거인 등록신 청조항은 재외선거인의 선거권을 침해하거나 보통선거원칙에 위배된다고 볼 수 없다(헌재 2014. 7. 24. 2009헌 마256).

(3) 재외선거인 등록신청

주민등록이 되어 있지 아니하고 재외선거인명부에 올라 있지 아니한 사람으로서 외국에서 투표하 려는 선거권자는 대통령선거와 임기만료에 따른 비례대표국회의원선거를 실시하는 때마다 해당 선거의 선거일 전 60일까지(재외선거인 등록신청기간) 중앙선거관리위원회에 재외선거인 등록신청을 하여야 한다(공직선거법 제218조의5 제1항).

판례

▶ **재외선거인 등록신청 시 여권을 제시하도록 한 구 공직선거법 제218조의5 제2항 부분이 청구인의 선거권을 침해 하는지**(소극) : 심판대상조항이 재외선거인 등록신청 시 여권을 제시하도록 한 것은, 국외에서 이루어지는 재외선 거의 특성상 선거권 없는 자의 선거참여를 방지하여 선거의 공정성을 확보하기 위한 것으로서, 목적의 정당성과 수단의 적합성이 인정되고, 선거권이 있는 대한민국 국민인지 여부를 확인함에 있어 여권과 동일한 정도의 신뢰 성 있는 다른 공신력 있는 방법을 찾기 어려우므로 침해 최소성 원칙에 위배되지 아니한다. 또한 대통령선거 및 국회의원선거에서 선거의 공정성을 유지하여 선거의 본질적 기능을 보전하는 공익은 매우 중대한 것으로서, 재외 선거권자의 선거권 제한의 정도가 심판대상조항에 의하여 추구되는 공익에 비하여 결코 중하다고 볼 수 없으므 로, 심판대상조항은 청구인의 선거권을 침해하지 아니한다(헌재 2014. 4. 24. 2011헌마567).

▶ **주민등록이 되어 있지 않고 국내거소신고도 하지 않은 재외국민에게 임기 만료 지역구 국회의원선거권을 인정하 지 않은 공직선거법 제15조 제1항 단서 등이 재외선거인의 선거권을 침해하거나 보통선거원칙에 위배되는지**(소극) : 지역구국회의원은 국민의 대표임과 동시에 소속지역구의 이해관계를 대변하는 역할을 하고 있다. 전국을 단위로 선거를 실시하는 대통령선거와 비례대표국회의원선거에 투표하기 위해서는 국민이라는 자격만으로 충분한 데 반 해, 특정한 지역구의 국회의원선거에 투표하기 위해서는 '해당 지역과의 관련성'이 인정되어야 한다. 주민등록과 국내거소신고를 기준으로 지역구국회의원선거권을 인정하는 것은 해당 국민의 지역적 관련성을 확인하는 합리적 인 방법이다. 따라서 선거권조항 등이 재외선거인의 임기만료 지역구국회의원선거권을 인정하지 않은 것이 재외 선거인의 선거권을 침해하거나 보통선거원칙에 위배된다고 볼 수 없다(헌재 2014. 7. 24. 2009헌마256).

▶ **재외선거인으로 하여금 선거를 실시할 때마다 재외선거인 등록신청을 하도록 한 재외선거인 등록신청조항이 재외선거인의 선거권을 침해하는지**(소극) : 재외선거인의 등록신청서에 따라 재외선거인명부를 작성하는 방법은 해당 선거에서 투표할 권리가 있는지 확인함으로써 투표의 혼란을 막고, 선거권이 있는 재외선거인을 재외선거인명부에 등록하기 위한 합리적인 방법이다. 따라서 재외선거인 등록신청조항이 재외선거권자로 하여금 선거를 실시할 때마다 재외선거인 등록신청을 하도록 규정한 것이 재외선거인의 선거권을 침해한다고 볼 수 없다(헌재 2014. 7. 24. 2009헌마256).

⑷ 재외투표소의 설치·운영

재외선거관리위원회는 선거일 전 14일부터 선거일 전 9일까지의 기간 중 6일 이내의 기간(재외투표기간)을 정하여 공관에 재외투표소를 설치·운영하여야 한다. 이 경우 공관의 협소 등의 사유로 부득이 공관에 재외투표소를 설치할 수 없는 경우에는 공관의 대체시설에 재외투표소를 설치할 수 있다(공직선거법 제218조의17 제1항).

⑸ 재외선거의 투표방법

재외투표는 선거일 오후 6시(대통령의 궐위로 인한 선거 또는 재선거는 오후 8시)까지 관할 구·시·군선거관리위원회에 도착되어야 한다(공직선거법 제218조의16 제2항). 재외선거인명부 등에 등재된 사람이 재외투표소에서 투표를 하지 아니하고 귀국한 때에는 선거일 전 8일부터 선거일까지 주소지 또는 최종 주소지(최종 주소지가 없는 사람은 등록기준지)를 관할하는 구·시·군선거관리위원회에 신고한 후 선거일에 해당 선거관리위원회가 지정하는 투표소에서 투표할 수 있다(공직선거법 제218조의16 제3항).

> 판례

▶ **인터넷투표방법이나 우편투표방법을 채택하지 아니하고 원칙적으로 공관에 설치된 재외투표소에 직접 방문하여 투표하는 방법을 채택한 공직선거법 제218조의19 제1항 및 제2항 부분이 재외선거인의 선거권을 침해하는지**(소극) : 입법자가 선거 공정성 확보의 측면, 투표용지 배송 등 선거기술적인 측면, 비용 대비 효율성의 측면을 종합적으로 고려하여, 인터넷투표방법이나 우편투표방법을 채택하지 아니하고 원칙적으로 공관에 설치된 재외투표소에 직접 방문하여 투표하는 방법을 채택한 것이 현저히 불공정하고 불합리하다고 볼 수는 없으므로, 재외선거 투표절차조항은 재외선거인의 선거권을 침해하지 아니한다(헌재 2014. 7. 24. 2009헌마256).

▶ **재외투표기간 개시일에 임박하여 또는 재외투표기간 중에 재외선거사무 중지결정이 있었고 그에 대한 재개결정이 없었던 예외적인 상황에서 재외투표기간 개시일 이후에 귀국한 재외선거인 및 국외부재자신고인이 국내에서 선거일에 투표할 수 있도록 하는 절차를 마련하지 아니한 것이 청구인의 선거권을 침해하는지**(적극) : 심판대상조항과 달리 재외투표기간이 종료된 후 선거일이 도래하기 전까지의 기간 내에 재외투표관리관이 재외선거인들 중 실제로 재외투표를 한 사람들의 명단을 중앙선거관리위원회에 보내거나 중앙선거관리위원회를 경유하여 관할 구·시·군선거관리위원회에 보내어 선거일 전까지 투표 여부에 관한 정보를 확인하는 방법을 상정할 수 있으며, 현재의 기술 수준으로도 이와 같은 방법이 충분히 실현가능한 것으로 보인다. 이로 인해 관계 공무원 등의 업무부담이 가중될 수 있을 것이나, 이는 인력 확충 및 효율적인 관리 등 국가의 노력으로 극복할 수 있는 어려움에 해당한다. 심판대상조항을 통해 달성하고자 하는 선거의 공정성은 매우 중요한 가치이다. 그러나 선거의 공정성도 결국에는 선거인의 선거권이 실질적으로 보장될 때 비로소 의미를 가진다. 심판대상조항의 불충분·불완전한 입법으로 인한 청구인의 선거권 제한을 결코 가볍다고 볼 수 없으며, 이는 심판대상조항으로 인해 달성되는 공익에 비해 작지 않다. 따라서 심판대상조항은 과잉금지원칙에 위배되어 청구인의 선거권을 침해한다(헌재 2022. 1. 27. 2020헌마895 헌법불합치).

Ⅶ 당선인 결정과 재·보궐선거

1. 당선인 결정

(1) 대통령 당선인 결정

> **헌법 제67조**
> ① 대통령은 국민의 보통·평등·직접·비밀선거에 의하여 선출한다.
> ② 제1항의 선거에 있어서 최고득표자가 2인 이상인 때에는 국회의 재적의원 과반수가 출석한 공개회의에서 다수표를 얻은 자를 당선자로 한다.
> ③ 대통령후보자가 1인일 때에는 그 득표수가 선거권자 총수의 3분의 1 이상이 아니면 대통령으로 당선될 수 없다.

대통령선거에 있어서는 중앙선거관리위원회가 유효투표의 다수를 얻은 자를 당선인으로 결정하고, 이를 국회의장에게 통지하여야 한다(공직선거법 제187조 제1항 본문).

(2) 지역구국회의원 당선인 결정

지역구국회의원선거에 있어서는 선거구선거관리위원회가 당해 국회의원지역구에서 유효투표의 다수를 얻은 자를 당선인으로 결정한다. 다만, 최고득표자가 2인 이상인 때에는 연장자를 당선인으로 결정한다(공직선거법 제188조 제1항).

> **판례**
>
> ▶ **지역구국회의원선거에 있어서 선거구선거관리위원회가 당해 국회의원지역구에서 유효투표의 다수를 얻은 자를 당선인으로 결정하도록 한 공직선거법 조항이 청구인의 평등권과 선거권을 침해하는지**(소극): 소선거구 다수대표제는 다수의 사표가 발생할 수 있다는 문제점이 제기됨에도 불구하고 정치의 책임성과 안정성을 강화하고 인물검증을 통해 당선자를 선출하는 등 장점을 가지며, 선거의 대표성이나 평등선거의 원칙 측면에서도 다른 선거제도와 비교하여 반드시 열등하다고 단정할 수 없다. 또한 비례대표선거제도를 통하여 소선거구 다수대표제를 채택함에 따라 발생하는 정당의 득표비율과 의석비율 간의 차이를 보완하고 있다. 그리고 유권자들의 후보들에 대한 각기 다른 지지는 자연스러운 것이고, 선거제도상 모든 후보자들을 당선시키는 것은 불가능하므로 사표의 발생은 불가피한 측면이 있다. 이러한 점들을 고려하면, 선거권자들에게 성별, 재산 등에 의한 제한 없이 모두 투표참여의 기회를 부여하고(보통선거), 선거권자 1인의 투표를 1표로 계산하며(평등선거), 선거결과가 선거권자에 의해 직접 결정되고(직접선거), 투표의 비밀이 보장되며(비밀선거), 자유로운 투표를 보장함으로써(자유선거) 헌법상의 선거원칙은 모두 구현되는 것이므로, 이에 더하여 국회의원선거에서 사표를 줄이기 위해 소선거구 다수대표제를 배제하고 다른 선거제도를 채택할 것까지 요구할 수는 없다. 따라서 심판대상조항이 청구인의 평등권과 선거권을 침해한다고 할 수 없다(헌재 2016. 5. 26. 2012헌마374).
>
> ▶ **지방자치단체의 장 선거에서 후보자 등록 마감시간까지 후보자 1인만이 등록한 경우 투표를 실시하지 않고 그 후보자를 당선인으로 결정하도록 하는 공직선거법 제191조 제3항이 청구인의 선거권을 침해하는지**(소극): 당선자의 결정방식은 사회적, 경제적, 기술적 여건 등 여러 가지 요건을 종합적으로 고려하여 입법자가 결정할 사항으로 입법형성의 자유가 인정되는 부분이며, 당선인이 반드시 일정비율 이상의 득표를 해야 민주적 정당성이나 대표성을 획득한다고 볼 수도 없다. 후보자가 1인일 경우에도 투표를 실시하도록 하면 당선자가 없어 재선거를 하게 되는 경우도 발생할 수 있는데 이 경우 재선거 실시에 따르는 새로운 후보자 확보 가능성의 문제, 행정적인 번거로움과 시간·비용의 낭비는 물론이고 지방자치단체의 장 업무의 공백 역시 필연적으로 뒤따르게 된다. 입법자가 위와 같은 사정을 고려하여 후보자가 1인일 경우 투표를 실시하지 않고 해당 후보자를 지방자치단체의 장 당선자로 정하도록 결단한 것은 입법목적 달성에 필요한 범위를 넘은 과도한 제한이라 할 수 없으므로 심판대상조항은 청구인의 선거권을 침해하지 않는다(헌재 2016. 10. 27. 2014헌마797).

2. 피선거권상실로 인한 당선무효 등

선거일에 피선거권이 없는 자는 당선인이 될 수 없다(공직선거법 제192조 제1항). 당선인이 임기개시 전에 피선거권이 없게 된 때에는 당선의 효력이 상실된다(공직선거법 제192조 제2항).

3. 재·보궐선거와 의석 승계

(1) 재·보궐선거

보궐선거란 대통령이나 국회의원 또는 기초·광역단체장 등이 궐위로 인해 공석이 되었을 때 이를 충당하기 위해 실시하는 선거를 말하고, 재선거란 어떤 선거구의 후보자나 당선인이 없을 때 또는 선거무효 등의 사유로 선거의 목적이 이루어지지 않았을 때 이를 보충하기 위해 다시 하는 선거를 말한다.

(2) 의석 승계

비례대표 국회의원 및 비례대표 지방의회의원에 궐원이 생긴 때에는 선거구선거관리위원회는 궐원통지를 받은 후 10일 이내에 그 궐원된 의원이 그 선거 당시에 소속한 정당의 비례대표 국회의원후보자명부 및 비례대표지방의회의원후보자명부에 기재된 순위에 따라 궐원된 국회의원 및 지방의회의원의 의석을 승계할 자를 결정하여야 한다(공직선거법 제200조 제2항). 다만 의석을 승계할 후보자를 추천한 정당이 해산되거나 임기만료일 전 120일 이내에 궐원이 생긴 때에는 의석을 승계할 사람을 결정하지 아니한다(공직선거법 제200조 제3항).

> ⚖ **판례**
>
> ▶ **비례대표 국회의원에 궐원이 생기는 경우 별도의 보궐선거 없이, 궐원된 의원이 그 선거 당시에 소속되어 있던 정당의 비례대표 국회의원 후보자명부에 기재된 순서대로 의석이 승계되도록 정한 공직선거법 제200조 제2항 부분이 선거권자인 청구인의 기본권을 침해할 가능성이 인정되는지**(소극) : 현행 비례대표국회의원선거제도 하에서 선거권자들의 정치적 의사표명에 의하여 직접 결정되는 것은, 어떠한 비례대표국회의원후보자가 비례대표국회의원으로 선출되느냐의 문제라기보다는 비례대표국회의원의석을 할당받을 정당에 배분되는 비례대표국회의원의 의석수라고 할 수 있다. 즉 주기적으로 실시되는 국회의원선거에서 각 정당에 배분되는 비례대표국회의원의 의석수가 결정되면, 청구인을 비롯한 선거권자들의 비례대표국회의원 선거권 행사는 완료된 것으로 볼 수 있다. 심판대상조항은 선거권 행사에 의하여 이미 형성된 의석 분포에 기초하여, 임기 중 비례대표국회의원에 궐원이 생기는 경우 위 분포를 변화시키지 않는 범위 내에서 궐원된 의석을 어떻게 승계할지의 문제만을 규정하고 있으므로, 선거권을 제한하거나 선거권에 영향을 미치는 조항이라고 볼 수 없다. 그러므로 심판대상조항이 선거권자인 청구인의 기본권을 침해할 가능성은 인정되지 아니한다(헌재 2023. 9. 26. 2021헌마260).
>
> ▶ **임기만료일 전 180일 이내에 비례대표 국회의원에 궐원이 생긴 때를 비례대표국회의원 의석승계 제한사유로 규정한 공직선거법 제200조 제2항 단서 부분이 대의제민주주의 원리에 위배되는지**(적극) : 현행 비례대표선거제 하에서 선거에 참여한 선거권자들의 정치적 의사표명에 의하여 직접 결정되는 것은, 어떠한 비례대표국회의원후보자가 비례대표국회의원으로 선출되느냐의 문제라기보다는 비례대표국회의원의석을 할당받을 정당에 배분되는 비례대표국회의원의 의석수라고 할 수 있다. 그런데 심판대상조항은 임기만료일 전 180일 이내에 비례대표국회의원에 궐원이 생긴 때에는 정당의 비례대표국회의원 후보자명부에 의한 의석 승계를 인정하지 아니함으로써 결과적으로 그 정당에 비례대표국회의원의석을 할당받도록 한 선거권자들의 정치적 의사표명을 무시하고 왜곡하는 결과가 된다. 또한, 비례대표국회의원에 궐원이 생긴 때에는 지역구국회의원에 궐원이 생긴 때와는 달리 원칙적으로 상당한 비용이나 시간이 소요되는 보궐선거나 재선거가 요구되지 아니하고 정당이 제출한 후보자명부에 기재된 순위에 따라서 간명하게 승계 여부가 결정되는 점 등을 종합해 볼 때, '임기만료일 전 180일 이내에 비례대표국회의원에 궐원이 생긴 때'를 일반적인 경우와 달리 취급하여야 할 합리적인 이유가 있는 것으로 보기도 어렵다. 따라서 심판대상조항은 선거권자의 의사를 무시하고 왜곡하는 결과를 낳을 수 있고, 의회의 정상적인 기능 수행에 장애가 될 수 있다는 점에서 헌법의 기본원리인 대의제 민주주의 원리에 부합되지 않는다(헌재 2009. 6. 25. 2008헌마413 헌법불합치).

▶ **선거범죄로 인하여 당선이 무효로 된 때를 비례대표 지방의회의원의 의석 승계 제한사유로 규정한 공직선거법 제200조 제2항 단서 부분이 대의제민주주의 원리에 위배되는지**(적극) : 현행 비례대표선거제 하에서 선거에 참여한 선거권자들의 정치적 의사표명에 의하여 직접 결정되는 것은, 어떠한 비례대표지방의회의원후보자가 비례대표지방의회의원으로 선출되느냐의 문제라기보다는 비례대표지방의회의원의석을 할당받을 정당에 배분되는 비례대표지방의회의원의 의석수라고 할 수 있다. 그런데 심판대상조항은 선거범죄를 범한 비례대표지방의회의원 당선인 본인의 의원직 박탈로 그치지 아니하고 그로 인하여 궐원된 의석의 승계를 인정하지 아니함으로써 결과적으로 그 정당에 비례대표지방의회의원의석을 할당받도록 한 선거권자들의 정치적 의사표명을 무시하고 왜곡하는 결과가 된다. 또한, 당선인이 선거범죄로 당선이 무효로 된 경우를 일반적 궐원 사유인 당선인의 사직 또는 퇴직 등의 경우와 달리 취급하여야 할 합리적인 이유가 있는 것으로 보기도 어렵다. 따라서 심판대상조항은 선거권자의 의사를 무시하고 왜곡하는 결과를 초래할 수 있다는 점에서 헌법의 기본원리인 대의제 민주주의 원리에 부합되지 않는다(헌재 2009. 6. 25. 2007헌마40).

Ⅷ 선거 및 당선쟁송

1. 선거 및 당선쟁송의 관할

구분		소청	소송
대통령 · 국회의원		×	대법원
시 · 도지사		중앙선거관리위원회	대법원
시 · 도의원	비례대표	중앙선거관리위원회	대법원
	지역구	시 · 도선거관리위원회	고등법원
시 · 군 · 구의 장 및 의원		시 · 도선거관리위원회	고등법원

2. 선거쟁송의 당사자

구분		원고(소청인)	피고(피소청인)
대통령 · 국회의원		• 선거인 • 정당 • 후보자	• 선거구선거관리위원회위원장 • 궐위시 선거관리위원회위원 전원
시 · 도지사			
시 · 도의원	비례대표		
	지역구		
시 · 군 · 구의 장 및 의원			

3. 당선쟁송의 당사자

구분		원고(소청인)	피고(피소청인)
대통령 · 국회의원		• 정당 • 후보자	• 당선인 자격의 하자 : 당선인 • 당선인 결정의 하자 : 당선인 결정기관의 장
시 · 도지사			
시 · 도의원	비례대표		
	지역구		
시 · 군 · 구의 장 및 의원			

4. 선거무효의 판결 등

소청이나 소장을 접수한 선거관리위원회 또는 대법원이나 고등법원은 선거쟁송에 있어 선거에 관한 규정에 위반된 사실이 있는 때라도 선거의 결과에 영향을 미쳤다고 인정하는 때에 한하여 선거의 전부나 일부의 무효 또는 당선의 무효를 결정하거나 판결한다(공직선거법 제224조).

제4항 공무원제도

I 공무원

1. 공무원의 의의

공무원이란 직접 또는 간접적으로 국민에 의하여 선출되거나 임용권자에 의하여 임용되어 국가 또는 공공단체와 공법상의 근무관계를 맺고 공공적 업무를 담당하고 있는 자를 말한다(헌재 1992. 4. 28. 90헌바27).

2. 공무원의 구분

(1) 경력직 공무원

1) 경력직 공무원의 의의

경력직 공무원이란 실적과 자격에 따라 임용되고 그 신분이 보장되며 평생 동안(근무기간을 정하여 임용하는 공무원의 경우에는 그 기간 동안) 공무원으로 근무할 것이 예정되는 공무원을 말한다(국가공무원법 제2조 제2항).

2) 경력직 공무원의 종류

일반직공무원	기술·연구 또는 행정 일반에 대한 업무를 담당하는 공무원
특정직공무원	법관, 검사, 외무공무원, 경찰공무원, 소방공무원, 교육공무원, 군인, 군무원, 헌법재판소 헌법연구관, 국가정보원의 직원, 경호공무원과 특수 분야의 업무를 담당하는 공무원으로서 다른 법률에서 특정직공무원으로 지정하는 공무원

(2) 특수경력직 공무원

1) 특수경력직 공무원의 의의

특수경력직 공무원이란 경력직 공무원 외의 공무원을 말한다(국가공무원법 제2조 제3항).

2) 특수경력직 공무원의 종류

정무직공무원	선거로 취임하거나 임명할 때 국회의 동의가 필요한 공무원, 고도의 정책결정 업무를 담당하거나 이러한 업무를 보조하는 공무원으로서 법률이나 대통령령(대통령비서실 및 국가안보실의 조직에 관한 대통령령만 해당)에서 정무직으로 지정하는 공무원
별정직공무원	비서관·비서 등 보좌업무 등을 수행하거나 특정한 업무 수행을 위하여 법령에서 별정직으로 지정하는 공무원

판례

▶ **지방자치단체의 장은 다른 지방자치단체의 장의 동의를 얻어 그 소속 공무원을 전입할 수 있다고 규정하고 있는 지방공무원법 제29조의3이 위헌인지**(소극) : 지방공무원법 제29조의3을 해당 지방공무원의 동의 없이도 지방자치단체의 장 사이의 동의만으로 지방공무원에 대한 전출 및 전입명령이 가능하다고 풀이하는 것은 헌법적으로 용인되지 아니하며, 헌법 제7조에 규정된 공무원의 신분보장 및 헌법 제15조에서 보장하는 직업선택의 자유의 의미와 효력에 비추어 볼 때 위 법률조항은 해당 지방공무원의 동의가 있을 것을 당연한 전제로 하여 그 공무원이 소속된 지방자치단체의 장의 동의를 얻어서만 그 공무원을 전입할 수 있음을 규정하고 있는 것으로 해석하는 것이 타당하고, 이렇게 본다면 인사교류를 통한 행정의 능률성이라는 입법목적도 적절히 달성할 수 있을 뿐만 아니라 지방공무원의 신분보장이라는 헌법적 요청도 충족할 수 있게 된다. 따라서 위 법률조항은 헌법에 위반되지 아니한다(헌재 2002. 11. 28. 98헌바101).

Ⅱ 현행 헌법상의 공무원제도

1. 공무원의 지위

헌법 제7조
① 공무원은 국민 전체에 대한 봉사자이며, 국민에 대하여 책임을 진다.

국민 전체에 대한 봉사자란 공무원은 특정인이나 특정의 당파 등 부분 이익만을 대표하여서는 안되고 국민 전체의 이익을 위해 봉사해야 한다는 것을 말한다. 국민 전체에 대한 봉사자로서의 공무원은 공무수탁사인까지도 포함하는 가장 넓은 의미의 공무원이다.

2. 직업공무원제도

헌법 제7조
② 공무원의 신분과 정치적 중립성은 법률이 정하는 바에 의하여 보장된다.

(1) 직업공무원제도의 의의

직업공무원제도란 공무원이 집권 세력의 논공행상의 제물이 되는 엽관제도를 지양하고 정권교체에 따른 국가작용의 중단과 혼란을 예방하고 일관성 있는 공무수행의 독자성을 유지하기 위하여 헌법과 법률에 의하여 공무원의 신분이 보장되는 공직제도를 말한다(헌재 1989. 12. 18. 89헌마32).

판례

▶ **직업공무원제도에서 말하는 공무원** : 직업공무원제도에서 말하는 공무원은 국가 또는 공공단체와 근로관계를 맺고 이른바 공법상 특별권력관계 내지 특별행정법관계 아래 공무를 담당하는 것을 직업으로 하는 협의의 공무원을 말하며 정치적 공무원이라든가 임시적 공무원은 포함되지 않는다(헌재 1989. 12. 18. 89헌마32).

(2) 직업공무원제도의 법적 성격

직업공무원제도는 지방자치제도, 복수정당제도, 혼인제도 등과 함께 "제도보장"의 하나로서 이는 일반적인 법에 의한 폐지나 제도본질의 침해를 금지한다는 의미의 최소보장의 원칙이 적용되는바, 이는 기본권의 경우 헌법 제37조 제2항의 과잉금지의 원칙에 따라 필요한 경우에 한하여 "최소한으로 제한"되는 것과 대조되는 것이다(헌재 1994. 4. 28. 91헌바15).

판례

▶ **사회국가원리에 입각한 공직제도** : 현대민주주의 국가에 이르러서는 사회국가원리에 입각한 공직제도의 중요성이 특히 강조되고 있는바, 이는 사회적 법치국가이념을 추구하는 자유민주국가에서 공직제도란 사회국가의 실현수단일 뿐 아니라, 그 자체가 사회국가의 대상이며 과제라는 점을 이념적인 기초로 한다. 이는 모든 공무원들에게 보호가치 있는 이익과 권리를 인정해 주고, 공무원에게 자유의 영역이 확대될 수 있도록 공직자의 직무의무를 가능한 선까지 완화하며, 공직자들의 직무환경을 최대한으로 개선해 주고, 공직수행에 상응하는 생활부양을 해 주고, 퇴직 후나 재난, 질병에 대처한 사회보장의 혜택을 마련하는 것 등을 그 내용으로 한다. 그런데, 공무원의 생활보장의 가장 일차적이며 기본적인 수단은 '그 일자리의 보장'이라는 점에서 오늘날 사회국가원리에 입각한 공직제도에서 개개 공무원의 공무담임권 보장의 중요성은 더욱 큰 의미를 가지고 있다(헌재 2002. 8. 29. 2001헌마788).

(3) 정치적 중립성

> 국가공무원법 제65조(정치 운동의 금지)
> ① 공무원은 정당이나 그 밖의 정치단체의 결성에 관여하거나 이에 가입할 수 없다.

1) 정치적 중립성의 필요성

공무원은 국민 전체에 대한 봉사자이므로 중립적 위치에서 공익을 추구하고(국민 전체의 봉사자설), 행정에 대한 정치의 개입을 방지함으로써 행정의 전문성과 민주성을 제고하고 정책적 계속성과 안정성을 유지하며(정치와 행정의 분리설), 정권의 변동에도 불구하고 공무원의 신분적 안정을 기하고 엽관제로 인한 부패·비능률 등의 폐해를 방지하며(공무원의 이익보호설), 자본주의의 발달에 따르는 사회경제적 대립의 중재자·조정자의 기능을 적극적으로 담당하기 위하여 요구되는 것(공적 중재자설)이라고 일반적으로 설명하고 있는바, 공무원의 정치적 중립성 요청은 결국 위 각 근거를 종합적으로 고려하여 공무원의 직무의 성질상 그 직무집행의 중립성을 유지하기 위하여 필요한 것이다(헌재 1995. 5. 25. 91헌마67).

2) 정치적 중립성의 한계

공무원은 공직자인 동시에 국민의 한 사람이기도 하므로, 공무원은 공인의 지위와 사인의 지위, 국민 전체에 대한 봉사자의 지위와 기본권을 누리는 기본권 주체의 지위라는 이중적 지위를 가진다. 따라서 공무원이라고 하여 기본권이 무시되거나 경시되어서도 아니 되지만, 공무원의 신분과 지위의 특수성에 비추어 공무원에 대해서는 일반 국민보다 더욱 넓고 강한 기본권 제한이 가능하게 된다(헌재 2014. 3. 27. 2011헌바42).

판례

▶ **헌법 제7조 제2항에서 지방자치단체장을 위한 퇴직급여제도를 마련할 입법 의무가 도출되는지**(소극) : 지방자치단체장은 특정 정당을 정치적 기반으로 하여 선거에 입후보할 수 있고 주민의 선거에 의하여 선출되는 공무원이라는 점에서, 헌법 제7조 제2항에 따라 신분보장이 필요하고 정치적 중립성이 요구되는 공무원에 해당한다고 보기 어렵다. 따라서 헌법 제7조의 해석상, 지방자치단체장을 위한 퇴직급여제도를 마련하여야 할 입법적 의무가 도출된다고 볼 수는 없다(헌재 2014. 6. 26. 2012헌마459).

▶ **초·중등학교의 교육공무원이 정치단체의 결성에 관여하거나 이에 가입하는 행위를 금지한 국가공무원법 제65조 제1항 중 '그 밖의 정치단체 결성에 관여하거나 이에 가입할 수 없다.' 부분이 청구인들의 정치적 표현의 자유 및 결사의 자유를 침해하는지**(적극) : 국가공무원법 조항 중 '그 밖의 정치단체'에 관한 부분은 형벌의 구성요건을 규정하는 법률조항이고, 나머지 청구인들의 정치적 표현의 자유 및 결사의 자유를 제한하므로, 엄격한 기준의 명확성 원칙에 부합하여야 한다. 민주주의 국가에서 국가 구성원의 모든 사회적 활동은 '정치'와 관련된다. 특히 단체는 국가 정책에 찬성·반대하거나, 특정 정당이나 후보자의 주장과 우연히 일치하기만 하여도 정치적인 성격을 가진다고 볼 여지가 있다. 국가공무원법 조항은 가입 등이 금지되는 대상을 '정당이나 그 밖의 정치단체'로 규정하고 있으므로, 문언상 '정당'에 준하는 정치단체만을 의미하는 것이라고 해석하기도 어렵다. 단체의 목적이나 활동에 관한 어떠한 제한도 없는 상태에서는 '정치단체'와 '비정치단체'를 구별할 수 있는 기준을 도출할 수 없다. 공무원의 정치적 중립성 및 교육의 정치적 중립성의 보장이라는 위 조항의 입법목적을 고려하더라도, '정치적 중립성' 자체가 다원적인 해석이 가능한 추상적인 개념이기 때문에, 이에 대하여 우리 사회의 구성원들이 일치된 이해를 가지고 있다고 보기 어렵다. 이는 판단주체가 법전문가라 하여도 마찬가지이다. 그렇다면 위 조항은 명확성 원칙에 위배되어 청구인들의 정치적 표현의 자유 및 결사의 자유를 침해한다(헌재 2020. 4. 23. 2018헌마551).

▶ **사회복무요원의 정치적 행위를 금지하는 국가공무원법 제65조 제1항 중 '그 밖의 정치단체에 가입하는 등 정치적 목적을 지닌 행위'에 관한 부분이 청구인의 정치적 표현의 자유 및 결사의 자유를 침해하는지**(적극) : 이 사건 법률조항은 형벌의 구성요건을 규정한 것이고 청구인의 정치적 표현의 자유 및 결사의 자유를 제한하므로, 엄격한 기준의 명확성원칙에 부합하여야 한다. 민주주의 국가에서 국가 구성원의 모든 사회적 활동은 '정치'와 관련되고, 단체는 국가 정책에 찬성·반대하거나, 특정 정당이나 후보자의 주장과 우연히 일치하기만 하여도 정치적인 성격을 가진다고 볼 여지가 있다. '그 밖의 정치단체'는 문언상 '정당'에 준하는 정치단체만을 의미하는 것이 아니고, 단체의 목적이나 활동에 관한 어떠한 제한도 규정하고 있지 않으며, '정치적 중립성'이라는 입법목적 자체가 매우 추상적인 개념이어서, 이로부터 '정치단체'와 '비정치단체'를 구별할 수 있는 기준을 도출할 수 없다. 이 사건 법률조항은 '정치적 목적을 지닌 행위'의 의미를 개별화·유형화 하지 않으며, '그 밖의 정치단체'의 의미가 불명확하므로 이를 예시로 규정하여도 '정치적 목적을 지닌 행위'의 불명확성은 해소되지 않는다. 따라서 위 부분은 명확성원칙에 위배된다(헌재 2021. 11. 25. 2019헌마534).

▶ **선거관리위원회 공무원에 대해 특정 정당이나 후보자를 지지·반대하는 단체에의 가입·활동 등을 금지하는 것이 선관위 공무원의 정치적 표현의 자유 등을 침해하는지**(소극) : 선거관리위원회는 민주주의의 근간이 되는 선거와 투표, 정당 사무에 대한 관리업무를 행하는 기관이라는 점에서 선관위 공무원은 다른 어떤 공무원보다도 정치적으로 중립적인 입장에 서서 공정하고 객관적으로 직무를 수행할 의무를 지닌다. 이 사건 규정들은 선관위 공무원에 대하여 특정 정당이나 후보자를 지지·반대하는 단체에의 가입·활동 등을 금지함으로써 선관위 공무원의 정치적 표현의 자유 등을 제한하고 있으나, 선관위 공무원에게 요청되는 엄격한 정치적 중립성에 비추어 볼 때 선관위 공무원이 특정한 정치적 성향을 표방하는 단체에 가입·활동한다는 사실 자체만으로 그 정치적 중립성과 직무의 공정성, 객관성이 의심될 수 있으므로 이 사건 규정들은 선관위 공무원의 정치적 표현의 자유 등을 침해한다고 할 수 없다(헌재 2012. 3. 29. 2010헌마97).

▶ **공무원에 대하여 국가 또는 지방자치단체의 정책에 대한 반대·방해 행위를 금지한 구 '국가공무원 복무규정' 제3조 제2항 등이 공무원의 정치적 표현의 자유를 침해하는지**(소극) : 위 규정들은 국가 또는 지방자치단체의 정책에 대한 공무원의 집단적인 반대·방해 행위를 금지함으로써 공무원의 근무기강을 확립하고 공무원의 정치적 중립성을 확보하려는 입법목적을 가진 것으로서, 위 규정들은 그러한 입법목적 달성을 위한 적합한 수단이 된다. 한편, 위 규정들은 공무원의 정치적 의사표현이 집단적인 행위가 아닌 개인적·개별적인 행위인 경우에는 허용하고 있고, 공무원의 행위는 그것이 직무 내의 것인지 직무 외의 것인지 구분하기 어려운 경우가 많으며, 설사 공무원이 직무 외에서 집단적인 정치적 표현 행위를 한다 하더라도 공무원의 정치적 중립성에 대한 국민의 신뢰는 유지되기 어려우므로 직무 내외를 불문하고 금지한다 하더라도 침해의 최소성원칙에 위배되지 아니한다. 만약 국가 또는 지방자치단체의 정책에 대한 공무원의 집단적인 반대·방해 행위가 허용된다면 원활한 정책의 수립과 집행이 불가능하게 되고 공무원의 정치적 중립성이 훼손될 수 있는바, 위 규정들이 달성하려는 공익은 그로 말미암아 제한받는 공무원의 정치적 표현의 자유에 비해 작다고 할 수 없으므로 법익의 균형성 또한 인정된다(헌재 2012. 5. 31. 2009헌마705).

> ▶ 공무원에 대하여 직무수행 중 정치적 주장을 표시·상징하는 복장 등 착용행위를 금지한 '국가공무원 복무규정' 제8조의2 제2항 등이 공무원의 정치적 표현의 자유를 침해하는지(소극) : 위 규정들은 공무원의 근무기강을 확립하고 공무원의 정치적 중립성을 확보하려는 입법목적을 가진 것으로서, 공무원이 직무 수행 중 정치적 주장을 표시·상징하는 복장 등을 착용하는 행위는 그 주장의 당부를 떠나 국민으로 하여금 공무집행의 공정성과 정치적 중립성을 의심하게 할 수 있으므로 공무원이 직무수행 중인 경우에는 그 활동과 행위에 더 큰 제약이 가능하다고 하여야 할 것인바, 위 규정들은 오로지 공무원의 직무수행 중의 행위만을 금지하고 있으므로 침해의 최소성 원칙에 위배되지 아니한다. 따라서 위 규정들은 과잉금지원칙에 반하여 공무원의 정치적 표현의 자유를 침해한다고 할 수 없다(헌재 2012. 5. 31. 2009헌마705).

⑷ 신분보장

1) 신분보장의 의의

직업공무원은 국민 전체의 봉사자로서 의무를 다할 수 있도록 신분이 보장되어야 하고, 정당한 이유 없이 해임당하지 않아야 한다. 헌법 제7조 제2항의 공무원의 신분보장 규정은 공무원이 정당한 이유 없이 해임되지 아니하도록 신분을 보장하여 국민 전체에 대한 봉사자로서 성실히 근무할 수 있도록 하기 위한 것이며 동시에, 공무원의 신분은 무제한 보장되는 것이 아니라 공무의 특수성을 고려하여 헌법이 정한 신분보장의 원칙 아래 법률로 그 내용을 정할 수 있도록 한 것이다(헌재 1997. 11. 27. 95헌바14).

⚖ 판례

> ▶ 공무원이 정년까지 근무할 수 있는 권리 : 공무원이 정년까지 근무할 수 있는 권리는 헌법의 공무원 신분보장 규정에 의하여 보호되는 기득권으로서 그 침해 내지 제한은 신뢰보호의 원칙에 위배되지 않는 범위 내에서만 가능하다고 할 것인 즉 기존의 정년규정을 변경하여 임용 당시의 공무원법상의 정년까지 근무할 수 있다는 기대 내지 신뢰를 합리적 이유 없이 박탈하는 것은 위 공무원 신분보장 규정에 위배된다 할 것이나, 임용 당시의 공무원법상의 정년까지 근무할 수 있다는 기대와 신뢰는 절대적인 권리로서 보호되어야만 하는 것은 아니고 행정조직, 직제의 변경 또는 예산의 감소 등 강한 공익상의 정당한 근거에 의하여 좌우될 수 있는 상대적이고 가변적인 것이라 할 것이므로 입법자에게는 제반사정을 고려하여 합리적인 범위 내에서 정년을 조정할 입법형성권이 인정된다(헌재 2000. 12. 14. 99헌마112).

> ▶ 공무원의 신분보장과 보수청구권 : 공무원에 대한 특별한 신분보장은 직업공무원제도를 유지하기 위해 공무원에게 반사적으로 인정되는 제도상의 지위인바, 공무원은 공무수행상의 사유가 아니면 자신의 지위를 상실하거나 기타 불이익한 처분을 받지 아니하고, 공무 이외의 타 직을 겸하는 것이 금지되지만 법정 보수를 받고 각종 연금 내지 보상청구권을 갖는다. 다만, 공무원의 신분은 무제한 보장되는 것이 아니라 공무원의 지위 및 공무의 특수성을 고려하여 헌법이 정한 신분보장의 원칙 아래 법률로 그 내용이 정하여진다. 직업공무원제도를 유지하기 위해 공무원에게 보수청구권이 인정되지만, 공무담당자로서의 지위, 공무의 특수성, 국가재정적 상황 등 공무원법관계의 특성으로 인하여 그 보수청구권의 구체적 내용을 형성함에 있어서는 입법자에게 폭넓은 재량이 헌법상 허용된다. 한편 이러한 공무원의 보수청구권은 법률 및 법률의 위임을 받은 하위법령에서 보수의 구체적 수준이 형성되면 직업공무원제도의 한 내용으로서 재산권적 성격이 인정되는 공법상 권리가 된다. 즉 공무원의 보수청구권은, 법률 및 법률의 위임을 받은 하위법령에 의해 그 구체적 내용이 형성되면 재산적 가치가 있는 공법상의 권리가 되어 재산권의 내용에 포함되지만, 법령에 의하여 구체적 내용이 형성되기 전의 권리, 즉 공무원이 국가 또는 지방자치단체에 대하여 어느 수준의 보수를 청구할 수 있는 권리는 단순한 기대이익에 불과하여 재산권의 내용에 포함된다고 볼 수 없다(헌재 2008. 12. 26. 2007헌마444).

2) 공무원 관계의 발생

① 임용의 의의

임용이란 정부조직에서 사람을 선발해 쓰는 활동을 말한다. 임용에는 일반적으로 공무원의 신분 관계를 설정하는 임명과 이미 공무원의 신분을 취득한 자에게 일정한 직무를 부여하는 보직 행위가 포함된다.

② 임용 결격사유

a) 피성년후견인, b) 파산선고를 받고 복권되지 아니한 자, c) 금고 이상의 실형을 선고받고 그 집행이 끝나거나 집행이 면제된 날부터 5년이 지나지 아니한 자, d) 금고 이상의 형의 집행유예를 선고받고 그 유예기간이 끝난 날부터 2년이 지나지 아니한 자, e) 금고 이상의 형의 선고유예를 받은 경우에 그 선고유예 기간 중에 있는 자, f) 법원의 판결 또는 다른 법률에 따라 자격이 상실되거나 정지된 자, g) 공무원으로 재직기간 중 직무와 관련하여 형법 제355조(횡령, 배임) 및 제356조(업무상 횡령과 배임)에 규정된 죄를 범한 자로서 300만원 이상의 벌금형을 선고받고 그 형이 확정된 후 2년이 지나지 아니한 자, h) 다음 각 목의 어느 하나에 해당하는 죄를 범한 사람으로서 100만원 이상의 벌금형을 선고받고 그 형이 확정된 후 3년이 지나지 아니한 사람(성폭력범죄처벌법 제2조에 따른 성폭력범죄, 정보통신망법 제74조 제1항 제2호 및 제3호에 규정된 죄, 스토킹처벌법 제2조 제2호에 따른 스토킹범죄), i) 미성년자에 대한 다음 각 목의 어느 하나에 해당하는 죄를 저질러 파면·해임되거나 형 또는 치료감호를 선고받아 그 형 또는 치료감호가 확정된 사람(성폭력범죄처벌법 제2조에 따른 성폭력범죄, 청소년성보호법 제2조 제2호에 따른 아동·청소년대상 성범죄), j) 징계로 파면처분을 받은 때부터 5년이 지나지 아니한 자, k) 징계로 해임처분을 받은 때부터 3년이 지나지 아니한 자는 공무원으로 임용될 수 없다(국가공무원법 제33조).

> ✏ **판례**
>
> ▶ **금고 이상의 형의 선고유예를 받고 그 기간 중에 있는 자를 임용결격사유로 삼고 위 사유에 해당하는 자가 임용되더라도 이를 당연무효로 하는 국가공무원법 제33조 제1항 제5호가 공무담임권을 침해하는지**(소극): 이 사건 법률조항은 금고 이상의 형의 선고유예의 판결을 받아 그 기간 중에 있는 사람이 공무원으로 임용되는 것을 금지하고 이러한 사람이 공무원으로 임용되더라도 그 임용을 당연무효로 하는 것으로서, 공직에 대한 국민의 신뢰를 보장하고 공무원의 원활한 직무수행을 도모하기 위하여 마련된 조항이다. 청구인과 같이 임용 결격사유에도 불구하고 임용된 임용결격공무원은 상당한 기간 동안 근무한 경우라도 적법한 공무원의 신분을 취득하여 근무한 것이 아니라는 이유로 공무원연금법상 퇴직급여의 지급대상이 되지 못하는 등 일정한 불이익을 받기는 하지만, 재직기간 중 사실상 제공한 근로에 대하여는 그 대가에 상응하는 금액의 반환을 부당이득으로 청구하는 등의 민사적 구제수단이 있는 점을 고려하면, 공직에 대한 국민의 신뢰보장이라는 공익과 비교하여 임용결격공무원의 사익 침해가 현저하다고 보기 어렵다. 따라서 이 사건 법률조항은 입법자의 재량을 일탈하여 공무담임권을 침해한 것이라고 볼 수 없다(헌재 2016. 7. 28. 2014헌바437).
>
> ▶ **'아동에게 성적 수치심을 주는 성희롱 등의 성적 학대행위로 형을 선고받아 그 형이 확정된 사람은 국가공무원법 제2조 제2항 제1호의 일반직공무원으로 임용될 수 없도록 한' 국가공무원법 제33조 제6호의4 나목 중 아동복지법 제17조 제2호 등이 청구인의 공무담임권을 침해하는지**(적극): 심판대상조항은 아동과 관련이 없는 직무를 포함하여 모든 일반직공무원 및 부사관에 임용될 수 없도록 하므로, 제한의 범위가 지나치게 넓고 포괄적이다. 또한, 심판대상조항은 영구적으로 임용을 제한하고, 결격사유가 해소될 수 있는 어떠한 가능성도 인정하지 않는다. 아동에 대한 성희롱 등의 성적 학대행위로 형을 선고받은 경우라고 하여도 범죄의 종류, 죄질 등은 다양하므로, 개별 범죄의 비난가능성 및 재범 위험성 등을 고려하여 상당한 기간 동안 임용을 제한하는 덜 침해적인 방법으로도 입법목적을 충분히 달성할 수 있다. 따라서 심판대상조항은 과잉금지원칙에 위배되어 청구인의 공무담임권을 침해한다(헌재 2022. 11. 24. 2020헌마1181 헌법불합치).

▶ '아동·청소년이용음란물임을 알면서 이를 소지한 죄로 형을 선고받아 그 형이 확정된 사람은 국가공무원법 제2조 제2항 제1호의 일반직공무원으로 임용될 수 없도록 한' 국가공무원법 제33조 제6호의4 나목 중 구 '아동·청소년의 성보호에 관한 법률' 제11조 제5항 부분 등이 청구인들의 공무담임권을 침해하는지(적극) : 심판대상조항은 아동·청소년과 관련이 없는 직무를 포함하여 모든 일반직공무원에 임용될 수 없도록 하므로 제한의 범위가 지나치게 넓고 포괄적이다. 또한, 심판대상조항은 영구적으로 임용을 제한하고, 결격사유가 해소될 수 있는 어떠한 가능성도 인정하지 않는다. 그런데 아동·청소년이용음란물소지죄로 형을 선고받은 경우라고 하여도 범죄의 종류, 죄질 등은 다양하므로, 개별 범죄의 비난가능성 및 재범 위험성 등을 고려하여 상당한 기간 동안 임용을 제한하는 덜 침해적인 방법으로도 입법목적을 충분히 달성할 수 있다. 따라서 심판대상조항은 과잉금지원칙에 위배되어 청구인들의 공무담임권을 침해한다(헌재 2023. 6. 29. 2020헌마605 헌법불합치).

3) 공무원 관계의 변경

① 직위해제

직위해제란 공무원에게 그의 직위를 계속 유지시킬 수 없다고 인정되는 사유가 있는 경우에 이미 부여된 직위를 소멸시키는 것을 말한다. 임용권자는 a) 직무수행 능력이 부족하거나 근무성적이 극히 나쁜 자, b) 파면·해임·강등 또는 정직에 해당하는 징계 의결이 요구 중인 자, c) 형사사건으로 기소된 자(약식명령이 청구된 자 제외), d) 고위공무원단에 속하는 일반직공무원으로서 적격심사를 요구받은 자, e) 금품비위, 성범죄 등 대통령령으로 정하는 비위행위로 인하여 감사원 및 검찰·경찰 등 수사기관에서 조사나 수사 중인 자로서 비위의 정도가 중대하고 이로 인하여 정상적인 업무수행을 기대하기 현저히 어려운 자에게는 직위를 부여하지 아니할 수 있다 (국가공무원법 제73조의3 제1항).

> 판례

▶ 형사사건으로 기소되면 필요적으로 직위해제처분을 하도록 한 국가공무원법 규정이 위헌인지(적극) : 형사사건으로 기소되면 필요적으로 직위해제처분을 하도록 한 국가공무원법규정은 공무원이 국가공무원법 제33조 제1항 제3호 내지 제6호에 해당하는 유죄판결을 받을 고도의 개연성이 있는가의 여부에 무관하게 경우에 따라서는 벌금형이나 무죄가 선고될 가능성이 큰 사건인 경우에 대해서까지도 당해 공무원에게 일률적으로 직위해제처분을 하지 않을 수 없도록 한 것으로 헌법 제37조 제2항의 비례의 원칙에 위반되어 직업의 자유를 과도하게 침해하고, 헌법 제27조 제4항의 무죄추정의 원칙에도 위반된다(헌재 1998. 5. 28. 96헌가12).

▶ 형사사건으로 기소된 국가공무원을 직위해제할 수 있도록 규정한 구 국가공무원법 제73조의2 제1항 제4호 부분이 공무담임권을 침해하는지(소극) : 이 사건 법률조항이 임용권자로 하여금 구체적인 경우에 따라 개별성과 특수성을 판단하여 직위해제 여부를 결정하도록 한 것이지 직무와 전혀 관련이 없는 범죄나 지극히 경미한 범죄로 기소된 경우까지 임용권자의 자의적인 판단에 따라 직위해제를 할 수 있도록 허용하는 것은 아니고, 기소된 범죄의 법정형이나 범죄의 성질에 따라 그 요건을 보다 한정적, 제한적으로 규정하는 방법을 찾기 어렵다는 점에서 이 사건 법률조항이 필요최소한도를 넘어 공무담임권을 제한하였다고 보기 어렵다. 그리고 이 사건 법률조항에 의한 공무담임권의 제한은 잠정적이고 그 경우에도 공무원의 신분은 유지되고 있다는 점에서 공무원에게 가해지는 신분상 불이익과 보호하려는 공익을 비교할 때 공무집행의 공정성과 그에 대한 국민의 신뢰를 유지하고자 하는 공익이 더욱 크다. 따라서 이 사건 법률조항은 공무담임권을 침해하지 않는다(헌재 2006. 5. 25. 2004헌바12).

② 징계

징계란 조직구성원의 의무 위반에 대한 제재를 말한다. 공무원이 a) 국가공무원법 및 국가공무원법에 따른 명령을 위반한 경우, b) 직무상의 의무(다른 법령에서 공무원의 신분으로 인하여 부과된 의무를 포함)를 위반하거나 직무를 태만히 한 때, c) 직무의 내외를 불문하고 그 체면 또는 위신을 손상하는 행위를 한 때 징계 의결을 요구하여야 하고 그 징계 의결의 결과에 따라 징계처분을 하여야 한다(국가공무원법 제78조 제1항). 한편 본인의 의사에 반한 불리한 처분이나 부작위에 관한 행정소송은 소청심사위원회의 심사·결정을 거치지 아니하면 제기할 수 없다(국가공무원법 제16조 제1항).

🔨 **판례**

▶ **공무원에게 직무의 내외를 불문하고 품위유지의무를 부과하고 품위손상행위를 공무원에 대한 징계사유로 규정한 국가공무원법 조항이 명확성 원칙에 위배되는지**(소극): '품위' 등 용어의 사전적 의미가 명백하고, 대법원은 공무원이 유지하여야 할 품위에 관하여 '주권자인 국민의 수임자로서 직책을 맡아 수행해 나가기에 손색이 없는 인품'을 말한다고 판시하고 있는바, 위와 같은 입법취지, 용어의 사전적 의미 및 법원의 해석 등을 종합할 때 이 사건 법률조항이 공무원 징계사유로 규정한 품위손상행위는 '주권자인 국민으로부터 수임받은 공무를 수행함에 손색이 없는 인품에 어울리지 않는 행위를 함으로써 공무원 및 공직 전반에 대한 국민의 신뢰를 떨어뜨릴 우려가 있는 경우'를 일컫는 것으로 해석할 수 있고, 그 수범자인 평균적인 공무원은 이를 충분히 예측할 수 있다. 따라서 이 사건 법률조항은 명확성 원칙에 위배되지 아니한다(헌재 2016. 2. 25. 2013헌바435).

▶ **지방공무원이 면직처분에 대해 불복할 경우 행정소송 제기에 앞서 반드시 소청심사를 거치도록 한 지방공무원법 조항이 재판청구권을 침해하거나 평등원칙에 위반되는지**(소극): 직권면직처분을 받은 지방공무원이 그에 대해 불복할 경우 행정소송의 제기에 앞서 반드시 소청심사를 거치도록 규정한 것은 행정기관 내부의 인사행정에 관한 전문성 반영, 행정기관의 자율적 통제, 신속성 추구라는 행정심판의 목적에 부합한다. 소청심사제도에도 심사위원의 자격요건이 엄격히 정해져 있고, 임기와 신분이 보장되어 있는 등 독립성과 공정성이 확보되어 있으며, 증거조사절차나 결정절차 등 심리절차에 있어서도 사법절차가 상당 부분 준용되고 있다. 나아가 소청심사위원회의 결정기간은 엄격히 제한되어 있고, 행정심판전치주의에 대해 다양한 예외가 인정되고 있으며, 행정심판의 전치요건은 행정소송 제기 이전에 반드시 갖추어야 하는 것은 아니어서 전치요건을 구비하면서도 행정소송의 신속한 진행을 동시에 꾀할 수 있으므로, 이 사건 필요적 전치조항은 입법형성의 한계를 벗어나 재판청구권을 침해하거나 평등원칙에 위반된다고 볼 수 없다(헌재 2015. 3. 26. 2013헌바186).

▶ **지방공무원이 면직처분에 대해 불복할 경우 소청심사청구기간을 처분사유 설명서 교부일부터 30일 이내로 정한 구 소방공무원법 조항이 재판청구권을 침해하거나 평등원칙에 위반되는지**(소극): 지방공무원법은 임용권자가 직권으로 면직처분을 할 수 있는 사유를 구체적으로 규정하고 있고, 면직처분을 하는 경우 당해 공무원에게 그 처분사유를 적은 설명서를 교부하도록 하고 있으므로, 당해 처분의 당사자로서는 그 설명서를 받는 즉시 면직처분을 받은 이유를 상세히 알 수 있고, 30일이면 그 면직처분을 소청심사 등을 통해 다툴지 여부를 충분히 숙고할 수 있다고 할 것이다. 따라서 이 사건 청구기간 조항은 청구인의 재판청구권을 침해하거나 평등원칙에 위반된다고 볼 수 없다(헌재 2015. 3. 26. 2013헌바186).

4) 공무원 관계의 소멸

① 퇴직

㉠ 정년

공무원의 정년은 다른 법률에 특별한 규정이 있는 경우를 제외하고는 60세로 하며(국가공무원법 제74조 제1항), 공무원은 그 정년에 이른 날이 1월부터 6월 사이에 있으면 6월 30일에, 7월부터 12월 사이에 있으면 12월 31일에 각각 당연히 퇴직된다(국가공무원법 제74조 제1항).

> **판례**
>
> ▶**일반군무원으로 전환된 경우 정년의 단계적 연장을 규정한 군인사법 부칙 부분이 청구인들의 평등권을 침해하는지**(소극) : 일반군무원은 이미 그 정년이 60세인 데에 반하여, 이 사건 정년특례조항이 별정군무원에서 전환된 자들의 정년은 2020년이 되어야 60세가 되도록 한 것은, 국가재정상태, 인력수급 상황 등 여러 현실적인 사정을 감안하여 국가로 하여금 일반군무원으로의 전환에 필요한 준비를 할 수 있도록 하기 위하여 그 정년을 단계적으로 연장하도록 한 것이므로, 그 결과 청구인들에게 어떠한 차별이 발생한다 하더라도 이를 합리적 이유 없는 차별이라고 단정하기는 어렵다. 따라서 이 사건 정년특례조항은 청구인들의 평등권을 침해하지 않는다(헌재 2016. 3. 31. 2014헌마581).

㉡ 당연퇴직

당연퇴직 제도는 결격사유가 발생하는 것 자체에 의하여 임용권자의 의사표시 없이 결격사유에 해당하게 된 시점에 당연히 그 공무원으로서의 신분을 상실하게 하는 것이다. 따라서 결격사유가 발생하였음이 뒤늦게 밝혀진 경우에도 그 사유 발생일에 소급하여 국가공무원 신분이 상실된다(헌재 2022. 12. 22. 2020헌가8).

공무원이 a) 제33조 각 호의 어느 하나에 해당하는 경우[다만, 제33조 제2호는 파산선고를 받은 사람으로서 채무자회생법에 따라 신청기한 내에 면책신청을 하지 아니하였거나 면책 불허가 결정 또는 면책 취소가 확정된 경우만 해당하고, 제33조 제5호는 형법 제129조(수뢰)부터 제132조(알선수뢰)까지, 성폭력범죄처벌법 제2조, 정보통신망법 제74조 제1항 제2호·제3호, 스토킹처벌법 제2조 제2호, 청소년성보호법 제2조 제2호 및 직무와 관련하여 형법 제355조(횡령, 배임) 또는 제356조(업무상 횡령과 배임)에 규정된 죄를 범한 사람으로서 금고 이상의 형의 선고유예를 받은 경우만 해당], b) 임기제공무원의 근무기간이 만료된 경우에는 당연히 퇴직한다(국가공무원법 제69조).

이러한 당연퇴직 규정은 임용결격사유가 발생한 공무원을 직무로부터 배제함으로써 그 직무수행에 대한 국민의 신뢰 및 공무원직에 대한 신용을 유지하고, 그 직무의 정상적인 운영을 확보하며, 공무원범죄를 사전에 예방하여 공직사회의 질서를 유지하고자 함에 목적이 있다(헌재 2002. 8. 29. 2001헌마788).

판례

▶ **당연퇴직사유와 임용결격사유를 달리 취급할 이유 :** 현대민주주의 국가에 이르러서는 특히 사회국가원리에 입각한 공직제도의 중요성이 강조되면서 개개 공무원의 공무담임권 보장의 중요성이 더욱 큰 의미를 가지고 있다. 더욱이, 지방공무원의 당연퇴직사유를 공무원 채용시의 임용결격사유와 동일하게 규정하고 있는데, 일단 공무원으로 채용된 공무원을 퇴직시키는 것은 공무원이 장기간 쌓은 지위를 박탈해 버리는 것이므로 같은 입법목적을 위한 것이라고 하여도 당연퇴직사유를 임용결격사유와 동일하게 취급하는 것은 타당하다고 할 수 없다(헌재 2003. 10. 30. 2002헌마684).

▶ **피성년후견인인 국가공무원은 당연퇴직한다고 정한 구 국가공무원법 제69조 제1호 중 제33조 제1호 가운데 '피성년후견인'에 관한 부분이 공무담임권을 침해하는지**(적극) : 현행 국가공무원법은 정신상의 장애로 직무를 감당할 수 없는 국가공무원에 대하여 임용권자가 최대 2년(공무상 질병 또는 부상은 최대 3년)의 범위 내에서 휴직을 명하도록 하고, 휴직 기간이 끝났음에도 직무에 복귀하지 못하거나 직무를 감당할 수 없게 된 때에 비로소 직권면직 절차를 통하여 직을 박탈하도록 하고 있으므로, 이를 성년후견이 개시된 국가공무원에게 적용하더라도 심판대상조항의 입법목적을 달성할 수 있다. … 그런데 심판대상조항은 성년후견이 개시되지는 않았으나 동일한 정도의 정신적 장애가 발생한 국가공무원의 경우와 비교할 때 사익의 제한 정도가 과도하고, 성년후견이 개시되었어도 정신적 제약을 극복하여 후견이 종료될 수 있고, 이 경우 법원에서 성년후견 종료심판을 하고 있다는 사실에 비추어 보아도 사익의 제한 정도가 지나치게 가혹하다. 따라서 심판대상조항은 과잉금지원칙에 반하여 공무담임권을 침해한다(헌재 2022. 12. 22. 2020헌가8).

▶ **금고 이상의 형의 '집행유예'의 판결을 당연퇴직사유로 규정하고 있는 국가공무원법 조항이 위헌인지**(소극) : 공무원에 부과되는 신분상 불이익과 보호하려고 하는 공익이 합리적 균형을 이루는 한 법원이 범죄의 모든 정황을 고려한 나머지 금고 이상의 형에 대한 집행유예의 판결을 하였다면 그 범죄행위가 직무와 직접적 관련이 없거나 과실에 의한 것이라 하더라도 공무원의 품위를 손상하는 것으로 당해 공무원에 대한 사회적 비난가능성이 결코 적지 아니할 것이므로 이를 공무원 임용결격 및 당연퇴직사유로 규정한 것을 위헌의 법률조항이라고 볼 수 없다(헌재 1997.11.27. 95헌바14).

▶ **금고 이상의 형의 '선고유예'를 공무원직에서 당연히 퇴직하는 것으로 규정한 지방공무원법 조항이 헌법 제25조의 공무담임권을 침해하는지**(적극) : 공무원이 금고 이상의 형의 선고유예를 받은 경우에는 공무원직에서 당연히 퇴직하는 것으로 규정하고 있는 이 사건 법률조항은 금고 이상의 선고유예의 판결을 받은 모든 범죄를 포괄하여 규정하고 있을 뿐 아니라, 심지어 오늘날 누구에게나 위험이 상존하는 교통사고 관련 범죄 등 과실범의 경우마저 당연퇴직의 사유에서 제외하지 않고 있으므로 최소침해성의 원칙에 반한다. 일단 공무원으로 채용된 공무원을 퇴직시키는 것은 공무원이 장기간 쌓은 지위를 박탈해 버리는 것이므로 같은 입법목적을 위한 것이라고 하여도 당연퇴직사유를 임용결격사유와 동일하게 취급하는 것은 타당하다고 할 수 없다. 결국, 지방공무원법 제61조 중 제31조 제5호 부분은 헌법 제25조의 공무담임권을 침해하였다고 할 것이다(헌재 2002. 8. 29. 2001헌마788).

▶ **금고 이상의 형의 '선고유예'를 공무원직에서 당연히 퇴직하는 것으로 규정한 국가공무원법 조항이 헌법 제25조의 공무담임권을 침해하는지**(적극) : 같은 금고 이상의 형의 선고유예를 받은 경우라고 하여도 범죄의 종류, 내용이 지극히 다양한 것이므로 그에 따라 국민의 공직에 대한 신뢰 등에 미치는 영향도 큰 차이가 있는 것이다. 따라서 입법자로서는 국민의 공직에 대한 신뢰보호를 위하여 해당 공무원이 반드시 퇴직하여야 할 범죄의 유형, 내용 등으로 그 당연퇴직의 사유 및 범위를 가급적 한정하여 규정하였어야 할 것이다. 그런데 위 규정은 금고 이상의 선고유예의 판결을 받은 모든 범죄를 포괄하여 규정하고 있을 뿐 아니라, 심지어 오늘날 누구에게나 위험이 상존하는 교통사고 관련 범죄 등 과실범의 경우마저 당연퇴직의 사유에서 제외하지 않고 있으므로 최소침해성의 원칙에 반한다(헌재 2003. 10. 30. 2002헌마684).

▶ **수뢰죄를 범하여 금고 이상의 형의 선고유예를 받은 국가공무원은 당연퇴직하도록 규정한 국가공무원법 조항이 청구인의 공무담임권을 침해하는지**(소극) : 심판대상조항은 공무원 직무수행에 대한 국민의 신뢰 및 직무의 정상적 운영의 확보, 공무원범죄의 예방, 공직사회의 질서 유지를 위한 것으로서 목적이 정당하고, 형법 제129조 제1항의 수뢰죄를 범하여 금고 이상 형의 선고유예를 받은 국가공무원을 공직에서 배제하는 것은 적절한 수단에 해당한다. 수뢰죄는 수수액의 다과에 관계없이 공무원 직무의 불가매수성과 염결성을 치명적으로 손상시키고, 직무의 공정성을 해치며 국민의 불신을 초래하므로 일반 형법상 범죄와 달리 엄격하게 취급할 필요가 있다. 수뢰죄를 범하더라도 자격정지형의 선고유예를 받은 경우 당연퇴직하지 않을 수 있으며, 당연퇴직의 사유가 직무 관련 범죄로 한정되므로 심판대상조항은 침해의 최소성 원칙에 위반되지 않고, 이로써 달성되는 공익이 공무원 개인이 입는 불이익보다 훨씬 크므로 법익균형성원칙에도 반하지 아니한다. 따라서 심판대상조항은 과잉금지원칙에 반하여 청구인의 공무담임권을 침해하지 아니한다(헌재 2013. 7. 25. 2012헌바409).

▶ **자격정지 이상의 형의 '선고유예'를 공무원의 당연퇴직사유로 규정하고 있는 경찰공무원법 조항이 공무담임권을 침해하는지**(적극) : 경찰공무원이 자격정지 이상의 형의 선고유예를 받은 경우 공무원직에서 당연퇴직하도록 규정하고 있는 이 사건 법률조항은 자격정지 이상의 선고유예 판결을 받은 모든 범죄를 포괄하여 규정하고 있을 뿐만 아니라 심지어 오늘날 누구에게나 위험이 상존하는 교통사고 관련범죄 등 과실범의 경우마저 당연퇴직의 사유에서 제외하지 않고 있으므로 최소침해성의 원칙에 반한다. 따라서 이 사건 법률조항은 헌법 제25조의 공무담임권을 침해한 위헌 법률이다(헌재 2004. 9. 23. 2004헌가12).

▶ **법원의 판결에 의하여 자격이 정지된 자를 공무원직으로부터 당연퇴직하도록 규정하고 있는 지방공무원법 조항이 공무담임권을 침해하는지**(소극) : 형법은 자격정지의 효력으로 '공무원이 되는 자격'이 정지된다고 명시하고 있어 자격정지 형의 판결을 선고받은 자의 공무원 지위를 박탈하는 것은 당해 형벌의 본질적인 내용이라 할 수 있고 이 사건 법률조항은 이를 확인한 것에 불과하다. 또한 형법 기타 다른 법률에서 자격정지를 법정형으로 규정한 경우를 보면 선택형 또는 부가형으로 되어 있다. 법원이 자격정지를 선택하거나 부가하여 판결로서 선고하였다면 범행의 동기와 수단 및 결과, 범행 후의 정황 등을 고려할 때 당해 범죄인이 더 이상 공무원으로서 지위를 유지하지 못하도록 하는 것이 타당하다고 판단하였음을 의미한다. 따라서 비록 당연퇴직으로 인하여 장기간 쌓은 지위가 박탈된다는 점에서 당해 공무원이 받는 불이익이 크다고 하더라도 이 사건 법률조항이 지나치게 공익만을 우선한 입법이라거나 절차적으로 합리성이 보장되지 않는다고 할 수는 없다(헌재 2005. 9. 29. 2003헌마127).

② 면직

면직이란 공무원 자신의 의사와는 상관없이 국가의 일방적 의사에 따라 공무원을 그 직위나 직무에서 물러나게 하는 것을 말한다. 임용권자는 공무원이 직제와 정원의 개폐 또는 예산의 감소 등에 따라 폐직 또는 과원이 되었을 때 직권으로 면직시킬 수 있다(국가공무원법 제70조 제1항 제3호).

판례

▶ **지방자치단체의 직제가 폐지된 경우에 해당 공무원을 직권면직할 수 있도록 규정하고 있는 지방공무원법 조항이 직업공무원제도를 위반하는 것인지**(소극) : 지방공무원법 제62조 제1항 제3호에서 지방자치단체의 직제가 폐지된 경우에 행할 수 있도록 하고 있는 직권면직은 행정조직의 효율성을 높이기 위한 제도로서 행정수요가 소멸하거나 조직의 비대화로 효율성이 저하되는 경우 불가피하게 이루어지게 된다. 한편, 행정조직의 개폐에 관한 문제에 있어 입법자가 광범위한 입법형성권을 가진다 하더라도 행정조직의 개폐로 인해 행해지는 직권면직은 보다 직접적으로 해당 공무원들의 신분에 중대한 위협을 주게 되므로 직제 폐지 후 실시되는 면직절차에 있어서는 보다 엄격한 요건이 필요한데, 이와 관련하여 지방공무원법 제62조는 직제의 폐지로 인해 직권면직이 이루어지는 경우 임용권자는 인사위원회의 의견을 듣도록 하고 있고, 면직기준으로 임용형태 · 업무실적 · 직무수행능력 · 징계처분사실 등을 고려하도록 하고 있으며, 면직기준을 정하거나 면직대상을 결정함에 있어서 반드시 인사위원회의 의결을 거치도록 하고 있는바, 이는 합리적인 면직기준을 구체적으로 정함과 동시에 그 공정성을 담보할 수 있는 절차를 마련하고 있는 것이라 볼 수 있다. 그렇다면 이 사건 규정이 직제가 폐지된 경우 직권면직을 할 수 있도록 규정하고 있다고 하더라도 이것이 직업공무원제도를 위반하고 있다고는 볼 수 없다(헌재 2004. 11. 25. 2002헌바8).

(5) 실적주의

실적주의(능력주의)란 공무원 인사가 정치적 또는 정실적 요인에 의하지 아니하고 자격이나 능력을 기준으로 하여야 한다는 원칙을 말한다.

> **판례**
>
> ▶ **능력주의원칙에 대한 예외를 인정할 수 있는지**(적극) : 원칙적으로 공직자선발에 있어 해당 공직이 요구하는 직무수행능력과 무관한 요소인 성별·종교·사회적 신분·출신지역 등을 이유로 하는 어떠한 차별도 허용되지 않는다고 할 것이나, 헌법의 기본원리나 특정조항에 비추어 능력주의 원칙에 대한 예외를 인정할 수 있는 경우가 있다. 그러한 헌법규범 내지 헌법원리로는 우리 헌법의 기본원리인 사회국가원리를 들 수 있고, 헌법조항으로는 여자와 연소자의 근로의 특별보호를 규정한 헌법 제32조 제4항, 제5항, 국가유공자·상이군경 및 전몰군경의 유가족에 대한 우선적 근로기회의 보장을 규정한 헌법 제32조 제6항, 여자, 노인과 청소년, 신체장애자 등에 대한 사회보장의무를 규정한 헌법 제34조 제2항 내지 제5항 등을 들 수 있다. 이와 같은 헌법적 요청이 있는 경우에는 합리적 범위 안에서 능력주의가 제한될 수 있다(헌재 1999. 12. 23. 98헌마363).

3. 공무원의 기본권 제한

(1) 근로3권

공무원은 노동운동이나 그 밖에 공무 외의 일을 위한 집단 행위를 하여서는 아니 된다. 다만, 사실상 노무에 종사하는 공무원은 예외로 한다(국가공무원법 제66조 제1항).

> **판례**
>
> ▶ **공무원 근로관계의 특수성** : 공무원은 그 임용주체가 궁극에는 주권자인 국민 또는 주민이기 때문에 국민 전체에 대하여 봉사하고 책임을 져야 하는 특별한 지위에 있고, 그 업무의 공공적 성격으로 인하여 직무를 수행함에 있어서도 공공성·공정성·성실성 및 중립성 등이 요구된다. 이처럼 공무원은 일반근로자와는 다른 특별한 근로관계에 있다 할 것이므로 사용자인 국가 또는 지방자치단체(실질적인 사용자는 주권자인 전체국민)와 공무원은 바람직한 공무원제도의 승계·유지·향상 및 발전을 공동의 목적으로 하여 상호 협력 및 존중의 관계에 선다고 할 수 있고, 공무원의 근로관계는 근로자와 사용자의 이원적 구조 아래서 서로 투쟁과 타협에 의하여 발전되어 온 노동법관계에 의하여 규율하는 것보다는 공무원의 지위와 직무의 공공성에 적합하게 형성·발전되도록 하는 것이 보다 합리적이고 합목적적이다. 따라서 공무원의 근로조건을 정할 때에도 공무원의 국민 전체에 대한 봉사자로서의 지위 및 합리적인 직업공무원제도를 통한 전체 국민의 공공복리 등을 고려하여야 할 것이다(헌재 2022. 8. 31. 2020헌마1025).
>
> ▶ **공무원의 집단행위를 금지하고 있는 국가공무원법 제66조 제1항이 평등원칙에 위반되는지**(소극) : 국가공무원법 제66조 제1항이 근로3권이 보장되는 공무원의 범위를 사실상 노무에 종사하는 공무원에 한정하고 있는 것은 근로3권의 향유주체가 될 수 있는 공무원의 범위를 정하도록 하기 위하여 헌법 제33조 제2항이 입법권자에게 부여하고 있는 형성적 재량권의 범위를 벗어난 것이라고는 볼 수 없다. 위 법률조항이 사실상 노무에 종사하는 공무원에 대하여서만 근로3권을 보장하고 그 이외의 공무원들에 대하여는 근로3권의 행사를 제한함으로써 일반근로자 또는 사실상 노무에 종사하는 공무원의 경우와 달리 취급하는 것은 헌법 제33조 제2항에 그 근거를 두고 있을 뿐 아니라 합리적인 이유가 있다 할 것이므로 헌법상 평등의 원칙에 위반되는 것이 아니다(헌재 1992. 4. 28. 90헌바27).
>
> ▶ **서울특별시 등 지방자치단체들이 '사실상 노무에 종사하는 공무원'의 구체적 범위를 정하는 조례를 제정할 헌법상 의무를 부담하는지**(적극) : 지방공무원법 제58조 제2항을 '사실상 노무에 종사하는 공무원'의 구체적인 범위를 조례로 정하도록 하고 있기 때문에 그 범위를 정하는 조례가 제정되어야 비로소 지방공무원 중에서 단결권·단체교섭권 및 단체행동권을 보장받게 되는 공무원이 구체적으로 확정된다. 그러므로 지방자치단체는 소속 공무원 중에서 지방공무원법 제58조 제1항의 '사실상 노무에 종사하는 공무원'에 해당하는 지방공무원이 단결권·단체교섭권 및 단체행동권을 원만하게 행사할 수 있도록 보장하기 위하여 그 구체적인 범위를 조례로 제정할 헌법상 의무를 부담한다(헌재 2009. 7. 30. 2006헌마358).

(2) 직업의 자유

공무원은 국민에 대한 봉사자로서 직무전념의무와 성실의무를 부담하고 있는바, 공무원이 그 직을 유지한 채 다른 직을 겸하는 것은 겸직업무의 수행을 위하여 원래의 직무에 전념하거나 성실하지 못할 우려가 큰 만큼 공무원의 위와 같은 의무에 상치된다(헌재 1995. 5. 25. 91헌마67).

제5항 지방자치제도

I 지방자치제도의 의의

1. 지방자치제도의 개념

지방자치제도는 일정한 지역을 단위로 그 지역의 주민이 그 지방주민의 복지에 관한 사무·재산관리에 관한 사무·기타 법령이 정하는 사무를 그들의 책임하에 자신들이 선출한 기관을 통하여 직접 처리하게 함으로써 지방자치행정의 민주성과 능률성을 제고하고 지방의 균형있는 발전과 아울러 국가의 민주적 발전을 도모하는 데 있다. 지방자치는 국민자치를 지방적 범위 내에서 실현하는 것이므로 지방시정에 직접적인 관심과 이해관계가 있는 지방주민으로 하여금 스스로 다스리게 한다면 자연히 민주주의가 육성·발전될 수 있다는 소위 "풀뿌리 민주주의"를 그 이념적 배경으로 하고 있다(헌재 1999. 11. 25. 99헌바28).

2. 지방자치제도의 기능

지방자치제도는 현대 입헌민주국가의 통치원리인 권력분립 및 통제·법치주의·기본권 보장 등의 제원리를 주민의 직접적인 관심과 참여 속에서 구현시킬 수 있어 자유와 책임을 중시하는 자유민주주의 이념에 부합되므로 국민(주민)의 자치의식과 참여의식만 제고된다면 권력분립원리의 지방 차원에서의 실현(지방분권)을 가져다 줄 수 있을 뿐 아니라 지방의 개성 및 특징과 다양성을 국가전체의 발전으로 승화시킬 수 있고, 나아가 헌법상 보장되고 있는 선거권·공무담임권(피선거권) 등 국민의 기본권 신장에도 기여할 수 있게 된다(헌재 1991. 3. 11. 91헌마21).

3. 지방자치제도의 종류

지방자치에는 주민자치와 단체자치가 있다. 주민자치는 영국에서 비롯된 정치적 의미의 자치로서 주민의 의사와 책임 하에 행하는 지방자치를 말하고, 단체자치는 독일 등 유럽 대륙에서 발달한 법적 의미의 자치로서 국가로부터 독립된 법인격을 가지는 지방자치단체가 지방적 행정사무를 처리하는 지방자치를 말한다. 그런데 우리 헌법상 자치단체의 보장은 '단체자치'와 '주민자치'를 포괄하는 것이다. 다만 제도적 보장으로서 주민의 자치권은 원칙적으로 개별 주민들에게 인정된 권리라 볼 수 없다. 즉, 헌법상의 주민자치의 범위는 법률에 의하여 형성되고, 핵심영역이 아닌 한 법률에 의하여 제한될 수 있다(헌재 2006. 2. 23. 2005헌마403).

4. 지방자치제도에 관한 헌정사

제1공화국 헌법	제헌헌법에 지방자치 규정, 1952년에 지방의회 구성
제2공화국 헌법	• 군사정부에 의해 지방의회 해산 • 지방자치법에 관한 임시조치법 제정으로 지방자치법은 명목화
제3공화국 헌법	지방의회의 구성시기를 법률로 유보(지방자치 시행 안 됨.)
제4공화국 헌법	지방의회는 구성시기를 조국 통일시까지 유보(지방자치 시행 안 됨.)
제5공화국 헌법	• 지방의회는 지방자치단체의 재정자립도를 감안하여 순차적으로 구성 • 구성 시기는 법률로 유보(지방자치 시행 안 됨.)

Ⅱ 지방자치제도의 법적 성격과 본질

1. 지방자치제도의 법적 성격

지방자치제도는 '제도적 보장'의 하나로서, 제도적 보장은 객관적 제도를 헌법에 규정하여 당해 제도의 본질을 유지하려는 것으로서, 헌법제정권자가 특히 중요하고도 가치가 있다고 인정되고 헌법적으로 보장할 필요가 있다고 생각하는 국가제도를 헌법에 규정함으로써 장래의 법발전, 법형성의 방침과 범주를 미리 규율하려는 데 있다. 그러나 기본권의 보장은 '최대한 보장의 원칙'이 적용되는 것임에 반하여, 제도적 보장은 기본권 보장의 경우와는 달리 그 본질적 내용을 침해하지 아니하는 범위 안에서 입법자에게 제도의 구체적인 내용과 형태의 형성권을 폭넓게 인정한다는 의미에서 '최소한 보장의 원칙'이 적용된다(헌재 2006. 2. 23. 2005헌마403).

2. 지방자치제도의 본질

헌법 제117조 및 제118조가 보장하고 있는 본질적인 내용은 '자치단체의 보장', '자치기능의 보장' 및 '자치사무의 보장'으로 어디까지나 지방자치단체의 자치권으로 헌법은 지역 주민들이 자신들이 선출한 자치단체의 장과 지방의회를 통하여 자치사무를 처리할 수 있는 대의제 또는 대표제 지방자치를 보장하고 있다(헌재 2001. 6. 28. 2000헌마735).

> **판례**
>
> ▶ **지방자치제도의 본질적 내용 침해 금지**: 지방자치제도의 헌법적 보장은 한마디로 국민주권의 기본원리에서 출발하여 주권의 지역적 주체로서의 주민에 의한 자기통치의 실현으로 요약할 수 있고, 이러한 지방자치의 본질적 내용인 핵심영역(자치단체·자치기능·자치사무의 보장)은 어떠한 경우라도 입법 기타 중앙정부의 침해로부터 보호되어야 한다는 것을 의미한다(헌재 1998. 4. 30. 96헌바62).
>
> ▶ **영일군을 폐치하여 포항시에 병합시킨 것이 지방자치제도의 본질을 침해하는지**(소극): 지방자치제도의 보장은 지방자치단체에 의한 자치행정을 일반적으로 보장한다는 것뿐이고 특정자치단체의 존속을 보장한다는 것은 아니며 지방자치단체의 폐치·분합에 있어 지방자치권의 존중은 법정절차의 준수(의견개진의 기회부여)로 족한 것이다. 그러므로 군 및 도의회의 결의에 반하여 법률로 군을 폐지하고 타시에 병합하여 시를 설치한다 하여 주민들의 자치권을 침해하는 결과가 된다거나 헌법 제8장에서 보장하는 지방자치제도의 본질을 침해하는 것이라고 할 수 없다(헌재 1995. 3. 23. 94헌마175).
>
> ▶ **사무직원의 임용권의 귀속 및 운영 문제가 지방자치제도의 본질적인 내용인지**(소극): 지방의회는 지방의회의원 개인을 중심으로 한 구조이며, 사무직원은 지방의회의원을 보조하는 지위를 가진다. 이러한 인적 구조 아래서 지방의회 사무직원의 임용권의 귀속 및 운영 문제를 지방자치제도의 본질적인 내용이라고 볼 수는 없다(헌재 2014. 1. 28. 2012헌바216).

▶ **행정심판청구를 인용하는 재결이 행정청을 기속하도록 규정한 행정심판법 제49조 제1항이 지방자치제도의 본질적 부분을 침해하는지**(소극) : 행정심판제도가 행정통제기능을 수행하기 위해서는 중앙정부와 지방정부를 포함하여 행정청 내부에 어느 정도 그 판단기준의 통일성이 갖추어져야 하고, 행정청이 가진 전문성을 활용하고 신속하게 문제를 해결하여 분쟁해결의 효과성과 효율성을 높이기 위해 사안에 따라 국가단위로 행정심판이 이루어지는 것이 더욱 바람직할 수 있다. 이 사건 법률조항은 다층적·다면적으로 설계된 현행 행정심판제도 속에서 각 행정심판기관의 인용재결의 기속력을 인정한 것으로서, 이로 인하여 중앙행정기관이 지방행정기관을 통제하는 상황이 발생한다고 하여 그 자체로 지방자치제도의 본질적 부분을 훼손하는 정도에 이른다고 보기 어렵다(헌재 2014. 6. 26. 2013헌바122).

▶ **지방자치단체의 자치사무에 대한 합목적성 감사의 근거가 되는 감사원법 제24조 제1항 제2호 등이 지방자치권의 본질을 침해하는지**(소극) : 헌법이 감사원을 독립된 외부감사기관으로 정하고 있는 취지, 중앙정부와 지방자치단체는 서로 행정기능과 행정책임을 분담하면서 중앙행정의 효율성과 지방행정의 자주성을 조화시켜 국민과 주민의 복리증진이라는 공동목표를 추구하는 협력관계에 있다는 점을 고려하면 지방자치단체의 자치사무에 대한 합목적성 감사의 근거가 되는 이 사건 관련규정은 그 목적의 정당성과 합리성을 인정할 수 있다. 또한 감사원법에서 지방자치단체의 자치권을 존중할 수 있는 장치를 마련해두고 있는 점, 국가재정지원에 상당부분 의존하고 있는 우리 지방재정의 현실, 독립성이나 전문성이 보장되지 않은 지방자치단체 자체감사의 한계 등으로 인한 외부감사의 필요성까지 감안하면, 감사원법 제24조 제1항 제2호 등 관련규정이 지방자치단체의 고유한 권한을 유명무실하게 할 정도로 지나친 제한을 함으로써 지방자치권의 본질적 내용을 침해하였다고는 볼 수 없다(헌재 2008. 5. 29. 2005헌라3).

▶ **수도권지역에서 공장 신설 등의 총허용량을 정한 뒤 이를 초과하는 부분의 신설 등을 제한하는 공장총량제를 규정한 수도권정비계획법 제18조가 지방자치의 본질적 내용을 침해하는지**(소극) : 지방자치단체의 존재 자체를 부인하거나 각종 권한을 말살하는 것과 같이 그 본질적 내용을 침해하지 않는 한 법률에 의한 통제는 가능한 것인바, 이 사건 법률조항에 의하여 지방자치단체는 총량을 초과하는 경우의 허가권 행사가 제한될 뿐 그밖에는 여전히 주민의 복리에 관한 사무를 처리할 수 있는 것이므로, 이 사건 법률조항이 지방자치의 본질적 내용을 침해하여 지방자치에 관한 헌법 제117조 제1항에 위반된다고 할 수 없다(헌재 2001. 11. 29. 2000헌바78).

Ⅲ 지방자치단체

> **헌법 제117조**
> ② 지방자치단체의 종류는 법률로 정한다.

1. 지방자치단체의 의의

지방자치단체란 국가 아래서 국가영토의 일부를 구성요소로 하고 그 구역 내의 주민에 대하여 지배권을 행사하는 공법상의 법인을 말한다(헌재 2006. 8. 31. 2004헌라2).

✎ 판례

▶ **지방자치단체의 기본권 주체성**(소극) : 기본권의 보장에 관한 각 헌법규정의 해석상 국민만이 기본권의 주체라 할 것이고, 공권력의 행사자인 국가, 지방자치단체나 그 기관 또는 국가조직의 일부나 공법인은 기본권의 수범자이지 기본권의 주체가 아니고 오히려 국민의 기본권을 보호 내지 실현해야할 책임과 의무를 지니고 있을 뿐이다. 따라서 지방자치단체는 기본권의 주체가 될 수 없다(헌재 2006. 2. 23. 2004헌바50).

2. 지방자치단체의 종류

지방자치단체는 a) 특별시, 광역시, 특별자치시, 도, 특별자치도와 b) 시, 군, 구로 구분한다(지방자치법 제2조 제1항). 지방자치단체인 구(자치구)는 특별시와 광역시의 관할 구역 안의 구만을 말하며, 자치구의 자치권의 범위는 법령으로 정하는 바에 따라 시·군과 다르게 할 수 있다(지방자치법 제2조 제2항).

3. 지방자치단체의 명칭과 구역

(1) 명칭과 구역의 결정

지방자치단체의 명칭과 구역은 종전과 같이 하고, 명칭과 구역을 바꾸거나 지방자치단체를 폐지하거나 설치하거나 나누거나 합칠 때에는 법률로 정한다(지방자치법 제5조 제1항). 지방자치단체의 구역변경 중 관할구역 경계변경과 지방자치단체의 한자 명칭의 변경은 대통령령으로 정한다(지방자치법 제5조 제3항). 공유수면법에 따른 매립지의 지역이 속할 지방자치단체는 행정안전부장관이 결정하며(지방자치법 제5조 제4항 1호), 관계 지방자치단체의 장은 행정안전부장관의 결정에 이의가 있으면 그 결과를 통보받은 날부터 15일 이내에 대법원에 소송을 제기할 수 있다(지방자치법 제5조 제9항).

> 📖 **판례**
>
> ▶ **매립 전 공유수면에 대한 관할권을 가졌던 청구인들이 새로이 형성된 공유수면 매립지와 관련하여 청구한 권한쟁의심판에서 청구인들의 자치권한이 침해되거나 침해될 현저한 위험이 인정되는지**(소극) : 일반적으로 공유수면은 인근 어민의 어업활동에 이용되는 반면, 매립지는 주체와 목적이 명확하게 정해져 있어 매립지의 이용은 그 구체적인 내용에 있어서도 상당히 다르다. 개정 지방자치법의 취지와 공유수면과 매립지의 성질상 차이 등을 종합하여 볼 때, 신생 매립지는 행정안전부장관의 결정이 확정됨으로써 비로소 관할 지방자치단체가 정해지며, 그 전까지 해당 매립지는 어느 지방자치단체에도 속하지 않는다. 그렇다면 이 사건 매립지의 매립 전 공유수면에 대한 관할권을 가졌을 뿐인 청구인들이 그 후 새로이 형성된 이 사건 매립지에 대해서까지 어떠한 권한을 보유하고 있다고 볼 수 없으므로 이 사건에서 청구인들의 자치권한이 침해되거나 침해될 현저한 위험이 있다고 보기는 어렵다(헌재 2020. 7. 16. 2015헌라3).

(2) 관할구역

1) 관할구역의 의의

지방자치단체의 관할구역은 인적 요건으로서의 주민 및 자치를 위한 권능으로서 자치권한과 더불어 지방자치의 3요소를 이루는 것으로, 지방자치단체가 자치권한을 행사할 수 있는 장소적 범위를 뜻한다. 이것은 적극적으로는 그 구역 안에 주소를 가진 주민을 구성원으로 하여 이를 지방자치단체의 권한에 복종하게 하고, 소극적으로는 자치권한이 일반적으로 미치는 범위를 장소적으로 한정하는 효과를 가진다(헌재 2006. 8. 31. 2004헌라2).

> 📖 **판례**
>
> ▶ **헌법 또는 법률상 지방자치단체에 영토고권이라는 자치권이 부여되어 있는지**(소극) : 지방자치제도의 보장은 지방자치단체에 의한 자치행정을 일반적으로 보장한다는 것뿐이고 특정자치단체의 존속을 보장한다는 것은 아니므로, 마치 국가가 영토고권을 가지는 것과 마찬가지로, 지방자치단체에게 자신의 관할구역 내에 속하는 영토, 영해, 영공을 자유로이 관리하고 관할구역 내의 사람과 물건을 독점적, 배타적으로 지배할 수 있는 권리가 부여되어 있다고 할 수는 없다(헌재 2006. 3. 30. 2003헌라2).

2) 관할구역의 범위

지방자치법 제4조 제1항에 규정된 지방자치단체의 구역은 주민·자치권과 함께 자치단체의 구성요소이며, 자치권이 미치는 관할구역의 범위에는 육지는 물론 바다도 포함되므로, 공유수면에 대한 지방자치단체의 자치권한이 존재한다(헌재 2004. 9. 23. 2000헌라2).

3) 공유수면의 경계

지방자치법 제4조 제1항은 지방자치단체의 관할구역 경계를 결정함에 있어서 '종전'에 의하도록 하고 있고, 지방자치법의 개정연혁에 비추어 보면 위 '종전'이라는 기준은 최초로 제정된 법률조항까지 순차 거슬러 올라가게 되므로 1948. 8. 15. 당시 존재하던 관할구역의 경계가 원천적인 기준이 된다. 그런데 지금까지 우리 법체계에서는 공유수면의 행정구역 경계에 관한 명시적인 법령상의 규정이 존재한 바 없으므로, 공유수면에 대한 행정구역 경계가 불문법상으로 존재한다면 그에 따라야 한다. 그리고 만약 해상경계에 관한 불문법도 존재하지 않으면, 주민, 구역과 자치권을 구성요소로 하는 지방자치단체의 본질에 비추어 지방자치단체의 관할구역에 경계가 없는 부분이 있다는 것을 상정할 수 없으므로, 헌법재판소가 지리상의 자연적 조건, 관련 법령의 현황, 연혁적인 상황, 행정권한 행사 내용, 사무 처리의 실상, 주민의 사회·경제적 편익 등을 종합하여 형평의 원칙에 따라 합리적이고 공평하게 해상경계선을 획정할 수밖에 없다(헌재 2015. 7. 30. 2010헌라2).

4. 지방자치단체의 구조

헌법 제117조 제2항은 지방자치단체의 종류를 법률로 정하도록 규정하고 있을 뿐 지방자치단체의 종류 및 구조를 명시하고 있지 않으므로 이에 관한 사항은 기본적으로 입법자에게 위임된 것으로 볼 수 있다. 따라서 헌법상 지방자치제도의 보장은 특정 지방자치단체의 존속을 보장하는 것이 아니며 지방자치단체의 폐치·분합은 헌법적으로 허용될 수 있다. 이와 같이 헌법상 지방자치제도 보장의 핵심영역 내지 본질적 부분이 지방자치단체에 의한 자치행정을 일반적으로 보장하는 것이라면, 현행법에 따른 지방자치단체의 중층구조 또는 지방자치단체로서 특별시·광역시 및 도와 함께 시·군 및 구를 계속하여 존속하도록 할지 여부는 입법자의 입법형성권의 범위에 들어가는 것으로 보아야 한다(헌재 2006. 4. 27. 2005헌마1190).

> 판례
>
> ▶ **제주도의 시·군을 모두 폐지하여 지방자치단체의 중층구조를 단층화하는 제주도행정체제 등에 관한 특별법 조항이 참정권과 평등권을 침해하는지**(소극) : 비록 기초자치단체의 폐지로 말미암아 주민들의 자치단체구성에 대한 참여기회가 일부 상실되었다 하더라도 그에 대한 보완책으로 광역자치단체 수준의 참여권이 확대되었고, 제주도가 중앙정부의 규율로부터 벗어나 폭넓은 자치권을 가지게 됨에 따라 실질적으로 주민들이 지역행정에 참여하여 영향을 미칠 수 있는 범위가 확대되었으므로, 주민들의 민주적 요구를 수용하는 지방자치제의 기능이 예전에 비하여 축소되었다고 볼 수도 없다. 따라서 이 사건 법률조항에 의하여 청구인들의 참정권인 선거권과 공무담임권이 제한된다 하더라도 그것이 현저히 자의적이고 불합리하여 기본권 제한의 입법적 한계를 벗어난 것이라고 할 수 없다(헌재 2006. 4. 27. 2005헌마1190).

5. 지방자치단체의 기관

> **헌법 제118조**
> ① 지방자치단체에 의회를 둔다.
> ② 지방의회의 조직·권한·의원선거와 지방자치단체의 장의 선임방법 기타 지방자치단체의 조직과 운영에 관한 사항은 법률로 정한다.

(1) 지방의회

1) 지방의회의 설치

지방자치단체에 주민의 대의기관인 의회를 둔다(지방자치법 제37조).

2) 지방의회의원

① **지방의회의원의 선거 및 임기**

지방의회의원은 주민이 보통·평등·직접·비밀선거에 따라 선출하며(지방자치법 제38조), 지방의회의원의 임기는 4년으로 한다(지방자치법 제39조).

② **지방의회의원의 의정활동비 등**

지방의회의원에게는 a) 의정 자료를 수집하고 연구하거나 이를 위한 보조 활동에 사용되는 비용을 보전하기 위하여 매월 지급하는 '의정활동비', b) 지방의회의원의 직무활동에 대하여 지급하는 '월정수당', c) 본회의 의결, 위원회 의결 또는 지방의회의 의장의 명에 따라 공무로 여행할 때 지급하는 '여비'를 지급한다(지방자치법 제40조 제1항).

③ **지방의회의 사무직원**

지방의회의 의장은 지방의회 사무직원을 지휘·감독하고 법령과 조례·의회규칙으로 정하는 바에 따라 그 임면·교육·훈련·복무·징계 등에 관한 사항을 처리한다(지방자치법 제103조 제2항).

> **⚖ 판례**
>
> ▶ **지방의회 사무직원의 임용권을 지방자치단체의 장에게 부여하고 있는 구 지방자치법 제91조 제2항이 지방자치제도의 본질적 내용을 침해하는지**(소극) : 지방자치단체의 장과 지방의회는 정치적 권력기관이긴 하지만 지방자치제도가 본질적으로 훼손되지 않는다면, 중앙·지방간 권력의 수직적 분배라고 하는 지방자치제의 권력분립적 속성상 중앙정부와 국회 사이의 구성 및 관여와는 다른 방법으로 국민주권·민주주의원리가 구현될 수 있다. 지방자치단체의 장에게 지방의회 사무직원의 임용권을 부여하고 있는 심판대상조항은 지방자치법 제101조, 제105조 등에서 규정하고 있는 지방자치단체의 장의 일반적 권한의 구체화로서 우리 지방자치의 현황과 실상에 근거하여 지방의회 사무직원의 인력수급 및 운영 방법을 최대한 효율적으로 규율하고 있다고 할 것이다. 심판대상조항에 따른 지방의회 의장의 추천권이 적극적이고 실질적으로 발휘된다면 지방의회 사무직원의 임용권이 지방자치단체의 장에게 있다고 하더라도 그것이 곧바로 지방의회와 집행기관 사이의 상호 견제와 균형의 원리를 침해할 우려로 확대된다거나 또는 지방자치제도의 본질적 내용을 침해한다고 볼 수는 없다(헌재 2014. 1. 28. 2012헌바216).

(2) 지방자치단체의 장

1) 선거와 임기

지방자치단체의 장은 주민이 보통·평등·직접·비밀선거로 선출하고(지방자치법 107조), 지방자치단체의 장의 임기는 4년으로 하며, 3기 내에서만 계속 재임할 수 있다(지방자치법 제108조).

> **판례**
>
> ▶ **지방자치단체 장의 계속 재임을 3기로 제한한 지방자치법 조항이 공무담임권을 침해하는지**(소극) : 이 사건 법률조항은 장기집권으로 인한 지역발전 저해 방지와 유능한 인사의 자치단체장 진출 확대로 그 목적의 정당성이 인정되며, 지역 내 유력인사가 일단 자치단체장에 당선되면 지방자치단체 내 공무원 및 지역 지지세력을 장악 및 결집하여 장기간 연속당선을 기도할 가능성이 많은 점에 비추어 방법의 적절성을 갖추고 있으며, 이 사건 법률조항은 3기 초과 연임제한에 관한 것으로 자치단체장들에 대하여 처음부터 공무담임을 제한하지 않으며 연속으로 선출되지 아니하면 제한 없이 입후보할 수 있어 피해의 최소성 원칙을 충족시킨다고 할 것이며, 이런 점에서 기본권 제한의 정도는 비교적 미약한 반면에 이 사건 법률조항으로 달성하고자 하는 지역발전 저해 방지와 유능한 인사의 자치단체장 진출 확대는 실질적인 지방자치제도의 발전을 위하여 달성하여야 할 중요한 공익 중 하나이어서 법익의 균형성에도 어긋나지 않는다(헌재 2006. 2. 23. 2005헌마403).
>
> ▶ **공무원연금법상 연금수급권의 대상이 되는 공무원에서 제외되는 '선거에 의하여 취임하는 공무원'에 지방자치단체의 장을 포함시키는 것이 청구인들의 평등권을 침해하는지**(소극) : 지방자치단체장은 특정 정당을 정치적 기반으로 할 수 있는 선출직공무원으로 임기가 4년이고 계속 재임도 3기로 제한되어 있어, 장기근속을 전제로 하는 공무원을 주된 대상으로 하고 이들이 재직 기간 동안 납부하는 기여금을 일부 재원으로 하여 설계된 공무원연금법의 적용대상에서 지방자치단체장을 제외하는 것에는 합리적 이유가 있다. 선출직 공무원의 경우 선출 기반 및 재임 가능성이 모두 투표권자에게 달려 있고, 정해진 임기가 대체로 짧으며, 공무원연금의 전체 기금은 기본적으로 기여금 및 국가 또는 지방자치단체의 비용으로 운용되는 것이므로 공무원연금급여의 종류를 구별하여 기여금 납부를 전제로 하지 않는 급여의 경우 선출직 공무원에게 지급이 가능하다고 보기도 어렵다. 따라서 심판대상조항은 청구인들의 평등권을 침해하지 않는다(헌재 2014. 6. 26. 2012헌마459).
>
> ▶ **지방자치단체장을 위한 별도의 퇴직급여제도를 마련하지 않은 입법부작위가 헌법소원의 대상에 해당하는지**(소극) : 지방자치단체장을 위한 별도의 퇴직급여제도를 마련하지 않은 것은 진정입법부작위에 해당하는데, 헌법상 지방자치단체장을 위한 퇴직급여제도에 관한 사항을 법률로 정하도록 위임하고 있는 조항은 존재하지 않는다. 나아가 지방자치단체장은 특정 정당을 정치적 기반으로 하여 선거에 입후보할 수 있고 선거에 의하여 선출되는 공무원이라는 점에서 헌법 제7조 제2항에 따라 신분보장이 필요하고 정치적 중립성이 요구되는 공무원에 해당한다고 보기 어려우므로 헌법 제7조의 해석상 지방자치단체장을 위한 퇴직급여제도를 마련하여야 할 입법적 의무가 도출된다고 볼 수 없고, 그 외에 헌법 제34조나 공무담임권 보장에 관한 헌법 제25조로부터 위와 같은 입법의무가 도출되지 않는다(헌재 2014. 6. 26. 2012헌마459).

2) 권한대행

지방자치단체의 장이 a) 궐위된 경우, b) 공소 제기된 후 구금상태에 있는 경우, c) 의료법에 따른 의료기관에 60일 이상 계속하여 입원한 경우, 부지사·부시장·부군수·부구청장(부단체장)이 그 권한을 대행한다(지방자치법 제124조 제1항). 지방자치단체의 장이 그 직을 가지고 그 지방자치단체의 장 선거에 입후보하면 예비후보자 또는 후보자로 등록한 날부터 선거일까지 부단체장이 그 지방자치단체의 장의 권한을 대행한다(지방자치법 제124조 제2항).

> **판례**

> ▶ **지방자치단체의 장이 금고 이상의 형을 선고받고 그 형이 확정되지 아니한 경우 부단체장이 그 권한을 대행하도록 규정한 지방자치법 조항이 청구인의 공무담임권을 침해하는지**(적극) : 선거에 의하여 주권자인 국민으로부터 직접 공무담임권을 위임받는 자치단체장의 경우, 그와 같이 공무담임권을 위임한 선출의 정당성이 무너지거나 공무담임권 위임의 본지를 배반하는 직무상 범죄를 저질렀다면, 이러한 경우에도 계속 공무를 담당하게 하는 것은 공무담임권 위임의 본지에 부합된다고 보기 어렵다. 그러므로, 위 두 사유에 해당하는 범죄로 자치단체장이 금고 이상의 형을 선고받은 경우라면, 그 형이 확정되기 전에 해당 자치단체장의 직무를 정지시키더라도 무죄추정의 원칙에 직접적으로 위배된다고 보기 어렵고, 과잉금지의 원칙도 위반하였다고 볼 수 없으나, 위 두 가지 경우 이외에는 금고 이상의 형의 선고를 받았다는 이유로 형이 확정되기 전에 자치단체장의 직무를 정지시키는 것은 무죄추정의 원칙과 과잉금지의 원칙에 위배된다(헌재 2010. 9. 2. 2010헌마418 헌법불합치).

> ▶ **지방자치단체의 장이 '공소 제기된 후 구금상태에 있는 경우' 부단체장이 그 권한을 대행하도록 규정한 지방자치법 조항이 청구인의 공무담임권을 침해하는지**(소극) : 이 사건 법률조항의 입법목적은 주민의 복리와 자치단체행정의 원활하고 효율적인 운영에 초래될 것으로 예상되는 위험을 미연에 방지하려는 것으로, 자치단체장이 '공소 제기된 후 구금상태'에 있는 경우 자치단체행정의 계속성과 융통성을 보장하고 주민의 복리를 위한 최선의 정책집행을 도모하기 위해서는 해당 자치단체장을 직무에서 배제시키는 방법 외에는 달리 의미있는 대안을 찾을 수 없고, 범죄의 죄질이나 사안의 경중에 따라 직무정지의 필요성을 달리 판단할 여지가 없으며, 소명의 기회를 부여하는 등 직무정지라는 제재를 가함에 있어 추가적인 요건을 설정할 필요도 없다. 나아가 정식 형사재판절차를 앞두고 있는 '공소 제기된 후'부터 시작하여 '구금상태에 있는' 동안만 직무를 정지시키고 있어 그 침해가 최소한에 그치도록 하고 있고, 이 사건 법률조항이 달성하려는 공익은 매우 중대한 반면, 일시적·잠정적으로 직무를 정지당할 뿐 신분을 박탈당하지도 않는 자치단체장의 사익에 대한 침해는 가혹하다고 볼 수 없으므로 과잉금지원칙에 위반되지 않는다(헌재 2011. 4. 28. 2010헌마474).

Ⅳ 지방자치단체의 사무와 자치권

> **헌법 제117조**
> ① 지방자치단체는 주민의 복리에 관한 사무를 처리하고 재산을 관리하며 법령의 범위 안에서 자치에 관한 규정을 제정할 수 있다.

1. 지방자치단체의 사무

지방자치단체는 관할구역의 자치사무와 법령에 따라 지방자치단체에 속하는 사무를 처리한다(지방자치법 제13조 제1항). 여기서 자치사무(고유사무)란 주민의 복리증진에 관한 사무 등 지방자치단체의 존립 목적이 되는 사무를 말하고, 법령에 따라 지방자치단체에 속하는 사무란 법령에 의하여 국가 또는 상급지방자치단체로부터 해당 지방자치단체에 위임된 단체위임사무를 말한다. 한편 전국적으로 이해관계가 있는 사무로서 국가 또는 광역자치단체로부터 지방자치단체의 집행기관에 위임된 기관위임사무는 원칙적으로 지방자치단체의 사무에 해당하지 않는다.

> **판례**
>
> ▶ **자치사무와 위임사무** : 지방자치단체의 사무에는 자치사무와 위임사무가 있다. 위임사무는 지방자치단체가 위임받아 처리하는 국가사무임에 반하여, 자치사무는 지방자치단체가 주민의 복리를 위하여 처리하는 사무이며(헌법 제117조 제1항) 법령의 범위 안에서 그 처리 여부와 방법을 자기책임 아래 결정할 수 있는 사무로서 지방자치권의 최소한의 본질적 사항이므로 지방자치단체의 자치권을 보장한다고 한다면 최소한 이 같은 자치사무의 자율성만은 침해해서는 안 된다(헌재 2009. 5. 28. 2006헌라6).
>
> ▶ **기관위임사무 해당 여부의 판단기준** : 법령상 지방자치단체의 장이 처리하도록 규정하고 있는 사무가 기관위임사무에 해당하는지 여부를 판단함에 있어서는 그에 관한 법령의 규정 형식과 취지를 우선 고려하여야 할 것이지만, 그 외에도 그 사무의 성질이 전국적으로 통일적인 처리가 요구되는 사무인지 여부나 그에 관한 경비부담과 최종적인 책임귀속의 주체 등도 아울러 고려하여 판단하여야 할 것이다(대판 1999. 9. 17. 99추30).

2. 지방자치단체의 자치권

(1) 자치권의 의의

지방자치단체의 자치권이란 자치사무처리, 재산관리, 자치입법에 있어서 지방자치단체가 국가의 지시나 감독을 받지 않고 법이 정하는 바에 따라 독자적인 책임하에 처리할 수 있는 권한을 의미한다(헌재 2006. 8. 31. 2004헌라2). 따라서 지방자치단체 주민으로서의 자치권 또는 주민권은 헌법에 의하여 직접 보장된 개인의 주관적 공권이 아니다(헌재 2006. 3. 30. 2003헌마837).

(2) 자치권의 범위

헌법 제117조 제1항에서 규정하고 있는 법령에 법률 이외에 헌법 제75조 및 제95조 등에 의거한 대통령령, 총리령 및 부령과 같은 법규명령이 포함되는 것은 물론이지만, 헌법재판소의 "법령의 직접적인 위임에 따라 수임행정기관이 그 법령을 시행하는 데 필요한 구체적 사항을 정한 것이면, 그 제정형식은 비록 법규명령이 아닌 고시, 훈령, 예규 등과 같은 행정규칙이더라도, 그것이 상위법령의 위임한계를 벗어나지 아니하는 한 상위법령과 결합하여 대외적인 구속력을 갖는 법규명령으로서 기능하게 된다고 보아야 한다."고 판시한 바에 따라, 헌법 제117조 제1항에서 규정하는 법령에는 법규명령으로서 기능하는 행정규칙이 포함된다(헌재 2002. 10. 31. 2001헌라1).

3. 자치권의 종류

(1) 자치입법권

1) 조례제정권

지방자치단체는 법령의 범위에서 그 사무에 관하여 조례를 제정할 수 있다. 다만, 주민의 권리 제한 또는 의무 부과에 관한 사항이나 벌칙을 정할 때에는 법률의 위임이 있어야 한다(지방자치법 제28조 제1항).

2) 조례제정권의 한계

① 사항적 한계

지방의회는 '지방자치단체의 사무'에 대하여 조례를 제정할 수 있는데(지방자치법 28조), 지방자치단체는 관할 구역의 자치사무와 법령에 따라 지방자치단체에 속하는 사무를 처리한다(지방자치법 제13조 제1항).

> 🔨 **판례**
>
> ▶ **기관위임사무에 대하여 조례를 제정할 수 있는지**(한정적극) : 지방자치법 제15조, 제9조에 의하면, 지방자치단체가 자치조례를 제정할 수 있는 사항은 지방자치단체의 고유사무인 자치사무와 개별법령에 의하여 지방자치단체에 위임된 단체위임사무에 한하는 것이고, 국가사무가 지방자치단체의 장에게 위임된 기관위임사무는 원칙적으로 자치조례의 제정범위에 속하지 않는다. 다만 기관위임사무에 있어서도 그에 관한 '개별법령에서 일정한 사항을 조례로 정하도록 위임하고 있는 경우'에는 위임받은 사항에 관하여 개별법령의 취지에 부합하는 범위 내에서 이른바 위임조례를 정할 수 있다(대판 2000. 5. 30. 99추85).

② 법령우위에 따른 한계

지방자치법 제28조 본문은 "지방자치단체는 법령의 범위 안에서 그 사무에 관하여 조례를 제정할 수 있다."고 규정하는바, 여기서 말하는 '법령의 범위 안에서'란 법령에 위반되지 않는 범위 내에서를 가리키므로 지방자치단체가 제정한 조례가 법령에 위반되는 경우에는 효력이 없다(대판 2002. 4. 26. 2002추23).

③ 법률유보원칙에 따른 한계

지방자치단체가 주민의 권리 제한 또는 의무 부과에 관한 사항이나 벌칙을 정할 때에는 법률의 위임이 있어야 한다(지방자치법 제28조 단서).

> 🔨 **판례**
>
> ▶ **조례를 제정할 때 반드시 법률의 유보가 필요한지**(소극) : 지방자치단체는 그 내용이 주민의 권리의 제한 또는 의무의 부과에 관한 사항이거나 벌칙에 관한 사항이 아닌 한 법률의 위임이 없더라도 조례를 제정할 수 있다 할 것인데 청주시의회에서 의결한 청주시행정정보공개조례안은 행정에 대한 주민의 알 권리의 실현을 그 근본내용으로 하면서도 이로 인한 개인의 권익침해 가능성을 배제하고 있으므로 이를 들어 주민의 권리를 제한하거나 의무를 부과하는 조례라고는 단정할 수 없고 따라서 그 제정에 있어서 반드시 법률의 개별적 위임이 따로 필요한 것은 아니다(대판 1992. 6. 26. 92추17).
>
> ▶ **조례에 대한 법률의 위임 방식** : 조례의 제정권자인 지방의회는 선거를 통해서 그 지역적인 민주적 정당성을 지니고 있는 주민의 대표기관이고 헌법이 지방자치단체에 포괄적인 자치권을 보장하고 있는 취지로 볼 때, 조례에 대한 법률의 위임은 법규명령에 대한 법률의 위임과 같이 반드시 구체적으로 범위를 정하여 할 필요가 없으며 '포괄적인 것으로 족'하다(헌재 1995. 4. 20. 92헌마264).

3) 조례의 효력

헌법 제117조 제1항에 비추어 조례는 법률이나 명령보다는 하위에 있지만 당해 지방자치단체 안에서 법규로서의 효력이 있다. 지방자치단체는 조례를 위반한 행위에 대하여 조례로써 1천만원 이하의 과태료를 정할 수 있다(지방자치법 제34조 제1항).

> 🔨 **판례**
>
> ▶ **조례에 의한 규제가 지역에 따라 다른 것이 평등권을 침해하는 것인지**(소극) : 조례에 의한 규제가 지역의 여건이나 환경 등 그 특성에 따라 다르게 나타나는 것은 헌법이 지방자치단체의 자치입법권을 인정한 이상 당연히 예상되는 불가피한 결과이므로, 이 사건 심판대상규정으로 인하여 청구인들이 다른 지역의 주민들에 비하여 더한 규제를 받게 되었다 하더라도 이를 두고 헌법 제11조 제1항의 평등권이 침해되었다고 볼 수는 없다(헌재 1995. 4. 20. 92헌마264).

4) 조례에 대한 통제

① 명령·규칙심사

명령·규칙 또는 처분이 헌법이나 법률에 위반되는 여부가 재판의 전제가 된 경우에는 대법원은 이를 최종적으로 심사할 권한을 가진다(헌법 제107조 제2항). 따라서 조례의 위헌·위법 여부가 재판의 전제가 된 경우에 법원은 조례의 위헌·위법 여부를 심사할 수 있다.

② 헌법소원

조례는 지방자치단체가 그 자치입법권에 근거하여 자주적으로 지방의회의 의결을 거쳐 제정한 법규이기 때문에 조례 자체로 인하여 직접 그리고 현재 자기의 기본권을 침해받은 자는 그 권리구제의 수단으로서 조례에 대한 헌법소원을 제기할 수 있다(헌재 1995. 4. 20. 92헌마264).

③ 항고소송

조례가 집행행위의 개입 없이도 그 자체로서 직접 국민의 구체적인 권리·의무나 법적 이익에 영향을 미치는 등의 법률상 효과를 발생하는 경우 그 조례는 항고소송의 대상이 되는 행정처분에 해당한다(대판 1996. 9. 20. 95누8003).

> ⚒ 판례
>
> ▶ **조례가 항고소송의 대상이 되는 행정처분에 해당되는 경우 조례무효확인 소송의 피고적격 및 교육에 관한 조례 무효확인소송에 있어서 피고적격** : 조례에 대한 무효확인소송을 제기함에 있어서 피고적격이 있는 처분 등을 행한 행정청은 행정주체인 지방자치단체 또는 지방자치단체의 내부적 의결기관으로서 지방자치단체의 의사를 외부에 표시한 권한이 없는 지방의회가 아니라, 지방자치단체의 집행기관으로서 조례로서의 효력을 발생시키는 공포권이 있는 지방자치단체의 장이다. 한편 지방교육자치에 관한 법률에 의하면 시·도의 교육·학예에 관한 사무의 집행기관은 시·도 교육감이고 시·도 교육감에게 지방교육에 관한 조례안의 공포권이 있다고 규정되어 있으므로, 교육에 관한 조례의 무효확인소송을 제기함에 있어서는 그 집행기관인 시·도 교육감을 피고로 하여야 한다(대판 1996. 9. 20. 95누8003).

(2) 자치재정권

1) 예산에 관한 권한

지방자치단체의 장은 회계연도마다 예산안을 편성하여 시·도는 회계연도 시작 50일 전까지, 시·군 및 자치구는 회계연도 시작 40일 전까지 지방의회에 제출하여야 하고(지방자치법 제142조 제1항), 시·도의회는 예산안을 회계연도 시작 15일 전까지, 시·군 및 자치구의회는 회계연도 시작 10일 전까지 의결하여야 한다(지방자치법 제142조 제2항).

> ⚒ 판례
>
> ▶ **국회가 공직선거법을 개정하여 지방선거비용을 해당지방자치단체에게 부담시킨 행위가 지방자치단체인 청구인들의 지방자치권을 침해하는 것인지**(소극) : 지방의회의원과 지방자치단체장을 선출하는 지방선거는 지방자치단체의 기관을 구성하고 그 기관의 각종 행위에 정당성을 부여하는 행위라 할 것이므로 지방선거사무는 지방자치단체의 존립을 위한 자치사무에 해당하고, 따라서 법률을 통하여 예외적으로 다른 행정주체에게 위임되지 않는 한, 원칙적으로 지방자치단체가 처리하고 그에 따른 비용도 지방자치단체가 부담하여야 한다. 한편, 구 지방자치법이나 지방재정법에 비추어 보면, 지방자치단체의 사무를 다른 기관이 맡아 하고 있는 경우에도 그 비용은 원칙적으로 당해 지방자치단체가 부담하여야 할 것이므로 지방선거의 선거사무를 구·시·군 선거관리위원회가 담당하는 경우에도 그 비용은 지방자치단체가 부담하여야 하고, 이에 대한민국 국회가 지방선거의 선거비용을 지방자치단체가 부담하도록 공직선거법을 개정한 것은 지방자치단체의 자치권한을 침해한 것이라고 볼 수 없다(헌재 2008. 6. 26. 2005헌라7).

2) 과세권

지방자치법 제28조에서 "지방자치단체는 법령의 범위 안에서 그 사무에 관하여 조례를 제정할 수 있다."는 규정과 헌법 제117조 제1항을 아울러 살펴보면, 지방자치단체에 대하여 자치입법권을 인정하고 있다. 헌법상 국회에 법률을 제정할 권한을 준 것과 마찬가지로 주민자치를 구체화하는 자치입법권인 조례를 제정할 권한을 준 것이다. 지방자치단체의 자치입법권인 조례를 제정할 권한을 부여한 필연적인 결과로 지방자치단체에는 과세권이 있고, 이 과세권은 헌법이 보장하는 권리이므로 조세법률주의와 조세평등주의 원칙이 적용되는 것이다(헌재 1998. 4. 30. 96헌바62).

> 📎 **판례**
>
> ▶ **특별시의 관할구역 안에 있는 구의 재산세를 '특별시 및 구세'로 하여 특별시와 자치구가 100분의 50씩 공동과세하도록 하는 지방세법 조항을 제정한 국회의 행위가 지방자치권을 침해하는지**(소극) : 이 사건 법률조항들은 종래 구세였던 재산세를 구와 특별시의 공동세로 변경하였는데, 재산세를 반드시 기초자치단체에 귀속시켜야 할 헌법적 근거나 논리적 당위성이 있다고 할 수 없다. 그리고 이 사건 법률조항들로 인해 구의 재산세 수입이 종전보다 50% 감소하게 되지만 이 사건 법률조항들 및 서울특별시세조례에 의하여 특별시분 재산세가 각 자치구에 배분되므로 이를 감안하면 종전에 비하여 실질적으로 감소되는 청구인들의 재산세 수입 비율은 50% 미만이 될 것이다. 이 사건 법률조항들로 인하여 청구인들의 자치재정권이 유명무실하게 될 정도로 지나치게 침해되었다고는 할 수 없다. 따라서 피청구인 국회가 이 사건 법률조항들을 제정한 행위는 헌법상 보장된 청구인들의 지방자치권의 본질적 내용을 침해하였다고 할 수 없다(헌재 2010. 10. 28. 2007헌라4).

Ⅴ 지방자치단체의 주민

1. 주민의 자격

지방자치단체의 구역 안에 주소를 가진 자는 그 지방자치단체의 주민이 된다(지방자치법 제16조).

2. 주민의 권리

(Ⅰ) 주민투표권

1) 법적 근거

지방자치단체의 장은 주민에게 과도한 부담을 주거나 중대한 영향을 미치는 지방자치단체의 주요 결정사항 등에 대하여 주민투표에 부칠 수 있다(지방자치법 제18조 제1항).

2) 목적

주민투표제도는 지방자치단체의 정책결정과정에 주민들의 직접 참여를 보장함으로써 풀뿌리민주주의를 실현하며, 주민의 생활에 직접적인 영향을 미치는 주요 의사결정과정에 지역주민의 참여를 확보함으로써 지역주민의 의사에 반하는 잘못된 정책결정이 내려지는 것을 방지하는 것을 목적으로 한다(헌재 2007. 6. 28. 2004헌마643).

3) 법적 성격

우리 헌법은 간접적인 참정권으로 선거권과 공무담임권을, 직접적인 참정권으로 국민투표권을 규정하고 있을 뿐 주민투표권을 기본권으로 규정한 바가 없고, 지방자치를 제도적으로 보장하고 있으나 그 보장내용은 자치단체의 설치와 존속, 그 자치기능 및 자치사무로서 지방자치단체의 자치권의 본질적 사항에 관한 것이므로, 자치사무의 처리에 주민들이 직접 참여하는 것을 의미하는 주민투표권을 헌법상 보장되는 기본권이라고 하거나 헌법 제37조 제1항의 헌법에 열거되지 아니한 권리의 하나로 보기는 어렵다. 지방자치법은 주민에게 주민투표권, 조례의 제정 및 개폐청구권, 감사청구권 등을 부여하고 있으나 이러한 제도는 어디까지나 입법에 의하여 채택된 것일 뿐 헌법에 의하여 이러한 제도의 도입이 보장되고 있는 것은 아니다. 그렇다면 주민투표권은 '법률이 보장하는 권리'일 뿐이지 헌법이 보장하는 기본권 또는 헌법상 제도적으로 보장되는 주관적 공권으로 볼 수 없다(헌재 2005. 12. 22. 2004헌마530).

🔖 판례

▶ **주민투표권이 헌법이 보장하는 참정권에 포함되는지**(소극) : 우리 헌법은 법률이 정하는 바에 따른 '선거권'과 '공무담임권' 및 국가안위에 관한 중요정책과 헌법개정에 대한 '국민투표권'만을 헌법상의 참정권으로 보장하고 있으므로, 지방자치법 제13조의2에서 규정한 주민투표권은 그 성질상 선거권, 공무담임권, 국민투표권과 전혀 다른 것이어서 이를 법률이 보장하는 참정권이라고 할 수 있을지언정 헌법이 보장하는 참정권이라고 할 수는 없다(헌재 2001. 6. 28. 2000헌마735).

▶ **주민투표권이 헌법이 보장하는 지방자치제도에 포함되는지**(소극) : 헌법 제117조 및 제118조가 보장하고 있는 본질적인 내용은 자치단체의 보장, 자치기능의 보장 및 자치사무의 보장으로 어디까지나 지방자치단체의 자치권으로 헌법은 지역 주민들이 자신들이 선출한 자치단체의 장과 지방의회를 통하여 자치사무를 처리할 수 있는 대의제 또는 대표제 지방자치를 보장하고 있을 뿐이지 주민투표에 대하여는 어떠한 규정도 두고 있지 않다. 따라서 우리의 지방자치법이 비록 주민에게 주민투표권(제13조의2)과 조례의 제정 및 개폐청구권(제13조의3) 및 감사청구권(제13조의4)을 부여함으로써 주민이 지방자치사무에 직접 참여할 수 있는 길을 열어 놓고 있다 하더라도 이러한 제도는 어디까지나 입법자의 결단에 의하여 채택된 것일 뿐, 헌법이 이러한 제도의 도입을 보장하고 있는 것은 아니다(헌재 2001. 6. 28. 2000헌마735).

▶ **국가정책에 대한 주민투표가 헌법이 보장하는 참정권인지**(소극) : 주민투표법 제8조에 따른 국가정책에 대한 주민투표는 주민의 의견을 묻는 의견수렴으로서의 성격을 갖는 것이고, 주민투표권의 일반적 성격을 보더라도 이는 법률이 보장하는 참정권이라고 할 수 있을지언정 헌법이 보장하는 참정권이라고 할 수는 없다(헌재 2008. 12. 26. 2005헌마158).

▶ **지방의회가 조례로 정한 특정한 사항에 관하여 지방자치단체의 장이 일정한 기간 내에 반드시 주민투표를 실시하도록 규정한 조례안이 지방자치단체의 장의 고유권한을 침해하는 것으로서 법령에 위반되는지**(적극) : 지방자치법은 지방의회와 지방자치단체의 장에게 독자적 권한을 부여하고 상호 견제와 균형을 이루도록 하고 있으므로, 법률에 특별한 규정이 없는 한 조례로써 견제의 범위를 넘어서 고유권한을 침해하는 규정을 둘 수 없다 할 것인바, 위 지방자치법 제13조의2 제1항에 의하면, 주민투표의 대상이 되는 사항이라 하더라도 주민투표의 시행 여부는 지방자치단체의 장의 임의적 재량에 맡겨져 있음이 분명하므로, 지방자치단체의 장의 재량으로서 투표실시 여부를 결정할 수 있도록 한 법규정에 반하여 지방의회가 조례로 정한 특정한 사항에 관하여는 일정한 기간 내에 반드시 투표를 실시하도록 규정한 조례안은 지방자치단체의 장의 고유권한을 침해하는 규정이다(대판 2002. 4. 26. 2002추23).

▶ **지방자치단체의 장에게 국가정책에 대한 주민투표의 실시를 요구할 권한이 인정되는지**(소극) : 중앙행정기관의 장으로부터 실시요구를 받은 지방자치단체 내지 지방자치단체장으로서는 주민투표 발의에 관한 결정권한, 의회의 의견표명을 비롯하여 투표시행에 관련되는 권한을 가지게 된다고 하더라도, 지방자치단체가 중앙행정기관장으로부터 제8조의 주민투표 실시요구를 받지 않은 상태에서 일정한 경우 중앙행정기관에게 실시요구를 해 줄 것을 요구할 수 있는 권한까지 가지고 있다고 보기는 어렵다(헌재 2005. 12. 22. 2005헌라5).

▶ **지방자치단체의 결정사항에 대한 주민투표의 효력**: 지방자치단체의 결정사항에 대한 주민투표의 경우, 지방자치단체의 장 및 지방의회는 주민투표결과에 구속되고, 주민투표결과에 의하여 확정된 내용대로 행정·재정상의 필요한 조치를 하여야 할 법적인 의무를 부담하며, 주민투표로 확정된 사항에 대하여 2년 이내에는 이를 변경하거나 새로운 결정을 할 수 없다. 따라서 현행의 주민투표는 단순한 주민질의나 주민청문과 같은 자문적인 주민의견 수렴절차에 그치지 않고 '주민투표를 통한 주민결정권을 인정'하는 입장이다(헌재 2007. 6. 28. 2004헌마643).

▶ **국가정책에 관한 주민투표의 효력**: 국가정책에 관한 주민투표의 경우에 중앙행정기관의 장은 주민투표의 결과에 구속되지 않는다(주민투표법 제8조 제4항). 따라서 국가정책에 관한 주민투표는 지방자치단체의 결정사항에 대한 주민투표와는 달리 투표결과의 법적 구속력이 인정되지 않는 단순한 '자문적인 주민의견 수렴절차'에 해당한다(헌재 2007. 6. 28. 2004헌마643).

(2) 조례의 제정과 개정·폐지 청구권

주민은 지방자치단체의 조례를 제정하거나 개정하거나 폐지할 것을 청구할 수 있다(지방자치법 제19조 제1항).

판례

▶ **조례제정·개폐청구권의 법적 성격**: 헌법은 지역 주민들이 자신들이 선출한 자치단체의 장과 지방의회를 통하여 자치사무를 처리할 수 있는 대의제 또는 대표제 지방자치를 보장하고 있을 뿐이지 주민발안에 대하여는 어떠한 규정도 두고 있지 않다. 물론 이러한 대표제 지방자치제도를 보완하기 위하여 주민발안, 주민투표, 주민소환 등의 제도가 도입될 수도 있고, 실제로 구 지방자치법은 주민에게 주민투표권과 조례의 제정 및 개폐청구권 및 감사청구권을 부여함으로써 주민이 지방자치사무에 직접 참여할 수 있는 길을 열어 놓고 있다. 그렇지만 이러한 제도는 어디까지나 입법에 의하여 채택된 것일 뿐, 헌법이 이러한 제도의 도입을 보장하고 있는 것은 아니고, 조례제정·개폐청구권을 주민들의 지역에 관한 의사결정에 참여에 관한 권리 내지 주민발안권으로 이해하더라도 이러한 권리를 헌법이 보장하는 기본권인 참정권이라고 할 수는 없으며, 입법자에게는 지방자치제도의 본질적 내용을 침해하지 않는 한도에서 제도의 구체적인 내용과 형태의 형성권이 폭넓게 인정된다(헌재 2009. 7. 30. 2007헌바75).

(3) 주민소환권

1) 의의

주민소환제란 지방자치단체의 특정한 공직에 있는 자가 주민의 신뢰에 반하는 행위를 하고 있다고 생각될 때 임기 종료 전에 주민이 직접 그 해직을 청구하는 제도로서, 주민에 의한 지방행정 통제의 가장 강력한 수단이며, 주민의 참정기회를 확대하고 주민대표의 정책이나 행정처리가 주민의사에 반하지 않도록 주민대표나 행정기관에 대한 통제와 주민에 대한 책임성을 확보하는 데 그 제도적 의의가 있다(헌재 2011. 12. 29. 2010헌바368).

2) 법적 근거

주민은 그 지방자치단체의 장 및 지방의회의원(비례대표 지방의회의원은 제외)을 소환할 권리를 가진다(지방자치법 제25조 제1항).

3) 법적 성격

주민소환제 자체는 지방자치의 본질적인 내용이라고 할 수 없으므로 이를 보장하지 않는 것이 위헌이라거나 어떤 특정한 내용의 주민소환제를 반드시 보장해야 한다는 헌법적인 요구가 있다고 볼 수는 없다. 다만 주민소환제는 주민의 참여를 적극 보장하고, 이로써 주민자치를 실현하여 지방자치에도 부합하므로, 이 점에서는 위헌의 문제가 발생할 소지가 없고, 제도적인 형성에 있어서도 입법자에게 광범위한 입법재량이 인정된다 할 것이나, 원칙으로서의 대의제의 본질적인 부분을 침해하여서는 아니된다는 점이 그 입법형성권의 한계로 작용한다(헌재 2009. 3. 26. 2007헌마843).

> **🔨 판례**
>
> ▶**주민소환법 제7조 제1항이 주민소환의 청구사유에 관하여 아무런 규정을 두지 아니한 것이 청구인의 공무담임권을 침해하는지**(소극) : 주민소환제는 대표자에 대한 신임을 묻는 것으로 그 속성이 재선거와 같아 그 사유를 묻지 않는 것이 제도의 취지에도 부합하며, 비민주적, 독선적인 정책추진 등을 광범위하게 통제한다는 주민소환제의 필요성에 비추어 청구사유에 제한을 둘 필요가 없고, … 청구사유를 제한하지 않음으로써 주민소환이 남용되어 공직자가 소환될 위험성과 이로 인하여 주민들이 공직자를 통제하고 직접참여를 고양시킬 수 있는 공익을 비교하여 볼 때, 법익의 형량에 있어서도 균형을 이루었으므로, 위 조항이 과잉금지의 원칙을 위반하여 청구인의 공무담임권을 침해하는 것으로 볼 수 없다(헌재 2009. 3. 26. 2007헌마843).
>
> ▶**주민소환투표권자 총수의 3분의 1 이상의 투표와 유효투표 총수 과반수의 찬성만으로 주민소환이 확정되도록 한 법 제22조 제1항이 청구인의 공무담임권을 침해하는지**(소극) : 주민소환투표권자 총수의 3분의 1 이상의 투표와 유효투표 총수 과반수의 찬성으로 주민소환이 확정되도록 한 법 제22조 제1항이 객관적으로 볼 때 그 요건이 너무 낮아 주민소환이 아주 쉽게 이루어질 수 있는 정도라고 보기 어려운 점, 일반선거와 달리 주민소환투표에 최소한 3분의 1 이상의 투표율을 요구하여 상대적으로 엄격한 요건을 설정하고 있는 점, 요즈음 지방선거의 투표율이 저조하고, 주민소환투표가 평일에, 다른 선거 등과 연계되지 아니한 채 독자적으로 실시될 가능성이 많은 점 등을 감안해 볼 때 위 요건이 너무 낮다고 볼 수 없고, 근본적으로 이는 입법재량 사항에 속하므로, 이 조항이 과잉금지원칙을 위반하여 청구인의 공무담임권을 침해한다고 볼 수 없다(헌재 2009. 3. 26. 2007헌마843).

3. 주민의 의무

주민은 법령으로 정하는 바에 따라 소속 지방자치단체의 비용을 분담하여야 하는 의무를 진다(지방자치법 제27조).

Ⅵ 지방자치단체에 대한 국가의 지도·감독

1. 위법·부당한 명령·처분의 시정

지방자치단체의 사무에 관한 지방자치단체의 장의 명령이나 처분이 법령에 위반되거나 현저히 부당하여 공익을 해친다고 인정되면 시·도에 대해서는 주무부장관이, 시·군 및 자치구에 대해서는 시·도지사가 기간을 정하여 서면으로 시정할 것을 명하고, 그 기간에 이행하지 아니하면 이를 취소하거나 정지할 수 있다(지방자치법 제188조 제1항). 다만 자치사무에 관한 명령이나 처분에 대한 주무부장관 또는 시·도지사의 시정명령, 취소 또는 정지는 법령을 위반한 것에 한정한다(지방자치법 제188조 제5항). 지방자치단체의 장은 자치사무에 관한 명령이나 처분의 취소 또는 정지에 대하여 이의가 있으면 그 취소처분 또는 정지처분을 통보받은 날부터 15일 이내에 대법원에 소를 제기할 수 있다(지방자치법 제188조 제6항).

2. 지방자치단체의 장에 대한 직무이행명령

지방자치단체의 장이 법령에 따라 그 의무에 속하는 국가위임사무나 시·도위임사무의 관리와 집행을 명백히 게을리하고 있다고 인정되면 시·도에 대해서는 주무부장관이, 시·군 및 자치구에 대해서는 시·도지사가 기간을 정하여 서면으로 이행할 사항을 명령할 수 있다(지방자치법 제189조 제1항). 주무부장관이나 시·도지사는 해당 지방자치단체의 장이 그 기간에 이행명령을 이행하지 아니하면 그 지방자치단체의 비용부담으로 대집행 또는 행정상·재정상 필요한 조치를 할 수 있다(지방자치법 제189조 제2항). 지방자치단체의 장은 이행명령에 이의가 있으면 이행명령서를 접수한 날부터 15일 이내에 대법원에 소를 제기할 수 있다. 이 경우 지방자치단체의 장은 이행명령의 집행을 정지하게 하는 집행정지결정을 신청할 수 있다(지방자치법 제189조 제6항).

3. 지방자치단체의 자치사무에 대한 감사

행정안전부장관이나 시·도지사는 지방자치단체의 자치사무에 관하여 보고를 받거나 서류·장부 또는 회계를 감사할 수 있다. 이 경우 감사는 법령 위반사항에 대해서만 한다(지방자치법 제190조 제1항). 행정안전부장관 또는 시·도지사는 감사를 하기 전에 해당 사무의 처리가 법령에 위반되는지 등을 확인하여야 한다(지방자치법 제190조 제1항).

✎ 판례

▶ **중앙행정기관의 지방자치단체의 자치사무에 대한 감사를 법령위반사항으로 한정하는 지방자치법 제158조 단서 규정이 사전적·일반적인 포괄감사권인지**(소극) : 지방자치제 실시를 유보하던 개정전 헌법 부칙 제10조를 삭제한 현행헌법 및 이에 따라 자치사무에 관한 감사규정은 존치하되 '위법성 감사'라는 단서를 추가하여 자치사무에 대한 감사를 축소한 구 지방자치법 제158조 신설경위, 자치사무에 관한 한 중앙행정기관과 지방자치단체의 관계가 상하의 감독관계에서 상호보완적 지도·지원의 관계로 변화된 지방자치법의 취지, 중앙행정기관의 감독권 발동은 지방자치단체의 구체적 법위반을 전제로 하여 작동되도록 제한되어 있는 점, 그리고 국가감독권 행사로서 지방자치단체의 자치사무에 대한 감사원의 사전적·포괄적 합목적성 감사가 인정되므로 국가의 중복감사의 필요성이 없는 점 등을 종합하여 보면, 중앙행정기관의 지방자치단체의 자치사무에 대한 구 지방자치법 제158조 단서 규정의 감사권은 사전적·일반적인 포괄감사권이 아니라 그 대상과 범위가 한정적인 제한된 감사권이라 해석함이 마땅하다(헌재 2009. 5. 28. 2006헌라6).

▶ **지방자치법 제158조 단서 규정이 중앙행정기관의 지방자치단체의 자치사무에 대한 감사개시요건을 규정한 것인지**(적극) : 중앙행정기관이 구 지방자치법 제158조 단서 규정상의 감사에 착수하기 위해서는 자치사무에 관하여 특정한 법령위반행위가 확인되었거나 위법행위가 있었으리라는 합리적 의심이 가능한 경우이어야 하고, 또한 그 감사대상을 특정해야 한다. 따라서 전반기 또는 후반기 감사와 같은 포괄적·사전적 일반감사나 위법사항을 특정하지 않고 개시하는 감사 또는 법령위반사항을 적발하기 위한 감사는 모두 허용될 수 없다(헌재 2009. 5. 28. 2006헌라6).

▶ **광역지방자치단체가 기초지방자치단체의 자치사무에 대한 감사의 개시요건** : 광역지방자치단체가 기초지방자치단체의 자치사무에 대한 감사에 착수하기 위해서는 자치사무에 관하여 특정한 법령위반행위가 확인되었거나 위법행위가 있었으리라는 합리적 의심이 가능한 경우이어야 하고 그 감사대상을 특정하여야 하며, 위법사항을 특정하지 않고 개시하는 감사 또는 법령위반사항을 적발하기 위한 감사는 허용될 수 없다. 다만 광역지방자치단체가 자치사무에 대한 감사에 착수하기 위해서는 감사대상을 특정하여야 하나, 특정된 감사대상을 사전에 통보할 것까지 요구된다고 볼 수는 없다(헌재 2023. 3. 23. 2020헌라5).

▶ **감사진행 중에 감사대상의 확장·추가가 허용되는지**(적극) : 지방자치단체의 자치사무에 대한 무분별한 감사권의 행사는 헌법상 보장된 지방자치권을 침해할 가능성이 크므로, 원칙적으로 감사 과정에서 사전에 감사대상으로 특정되지 아니한 사항에 관하여 위법사실이 발견되었다고 하더라도 감사대상을 확장하거나 추가하는 것은 허용되지 않는다. 다만, 자치사무의 합법성 통제라는 감사의 목적이나 감사의 효율성 측면을 고려할 때, 당초 특정된 감사대상과 관련성이 인정되는 것으로서 당해 절차에서 함께 감사를 진행하더라도 감사대상 지방자치단체가 절차적인 불이익을 받을 우려가 없고, 해당 감사대상을 적발하기 위한 목적으로 감사가 진행된 것으로 볼 수 없는 사항에 대하여는 감사대상의 확장 내지 추가가 허용된다(헌재 2023. 3. 23. 2020헌라5).

▶ **감사를 개시하기 위하여 요구되는 위법성 확인의 방법과 확인의 정도** : 시·도지사 등이 제보나 언론보도 등을 통해 감사대상 지방자치단체의 자치사무의 위법성에 관한 정보를 수집하고, 객관적인 자료에 근거하여 해당 정보가 믿을만하다고 판단함으로써 위법행위가 있었으리라는 합리적 의심이 가능한 경우라면, 의혹이 제기된 사실관계가 존재하지 않거나 위법성이 문제되지 않는다는 점이 명백하지 아니한 이상 감사를 개시할 수 있을 정도의 위법성 확인은 있었다고 봄이 타당하다(헌재 2023. 3. 23. 2020헌라5).

4. 지방의회 의결의 재의와 제소

지방의회의 의결이 법령에 위반되거나 공익을 현저히 해친다고 판단되면 시·도에 대해서는 주무부장관이, 시·군 및 자치구에 대해서는 시·도지사가 해당 지방자치단체의 장에게 재의를 요구하게 할 수 있고, 재의 요구 지시를 받은 지방자치단체의 장은 의결사항을 이송받은 날부터 20일 이내에 지방의회에 이유를 붙여 재의를 요구하여야 한다(지방자치법 제192조 제1항). 지방자치단체의 장은 재의결된 사항이 법령에 위반된다고 판단되면 재의결된 날부터 20일 이내에 대법원에 소를 제기할 수 있다. 이 경우 필요하다고 인정되면 그 의결의 집행을 정지하게 하는 집행정지결정을 신청할 수 있다(지방자치법 제192조 제4항). 주무부장관이나 시·도지사는 재의결된 사항이 법령에 위반된다고 판단됨에도 불구하고 해당 지방자치단체의 장이 소를 제기하지 아니하면 시·도에 대해서는 주무부장관이, 시·군 및 자치구에 대해서는 시·도지사(주무부장관이 직접 재의 요구 지시를 한 경우에는 주무부장관)가 그 지방자치단체의 장에게 제소를 지시하거나 직접 제소 및 집행정지결정을 신청할 수 있다(지방자치법 제192조 제5항).

판례

▶ **교육·학예에 관한 시·도의회의 의결사항에 대하여 서울특별시교육감이 재의요구를 하였다가 철회한 것이, 교육부장관의 재의요구 요청 권한을 침해하는지**(소극) : 지방교육자치에 관한 법률 제28조 제1항 제1문이 규정한 교육·학예에 관한 시·도의회의 의결사항에 대한 교육감의 재의요구 권한과 같은 항 제2문이 규정한 교육부장관의 재의요구 요청 권한은 중복하여 행사될 수 있는 별개의 독립된 권한이다. 지방의회의 조례안 의결에 대하여 재의요구를 한 교육감은 지방의회가 재의결을 하기 전까지 재의요구를 철회할 수 있다. 그렇다면, 서울특별시교육감의 재의요구 철회가 교육부장관의 재의요구 요청권한을 침해하지 아니한다(헌재 2013. 9. 26. 2012헌라1).

▶ **지방의회 의결(조례안)의 일부에 대한 소 제기가 허용되는지**(소극) : 의결의 일부에 대한 효력의 배제는 결과적으로 전체적인 의결의 내용을 변경하는 것에 다름 아니어서 의결기관인 지방의회의 고유권한을 침해하는 것이 될 뿐 아니라, 그 일부만의 효력배제는 자칫 전체적인 의결내용을 지방의회의 당초의 의도와는 다른 내용으로 변질시킬 우려가 있으며, 또한 재의 요구가 있는 때에는 재의 요구에서 지적한 이의사항이 의결의 일부에 관한 것이라고 하여도 의결 전체가 실효되고 재의결만이 의결로서 효력을 발생하는 것이어서 의결의 일부에 대한 재의 요구나 수정재의 요구가 허용되지 않는 점에 비추어 보면, 재의결의 내용 전부가 아니라 그 일부만이 위법한 경우에도 그 재의결 전부의 효력을 부인하여야 한다(대판 1994. 5. 10. 93추144).

▶ **지방의회 재의결에 대하여 제소를 지시하거나 직접 제소할 수 있는 주체로 규정된 주무부장관이나 시·도지사가 시·도에 대하여는 주무부장관을, 시·군 및 자치구에 대하여는 시·도지사를 의미하는지**(적극): 지방자치법 제172조 제4항, 제6항에서 지방의회 재의결에 대하여 제소를 지시하거나 직접 제소할 수 있는 주체로 규정된 '주무부장관이나 시·도지사'는 시·도에 대하여는 주무부장관을, 시·군 및 자치구에 대하여는 시·도지사를 각 의미한다. 지방의회의 재의결에 대한 주무부장관이나 시·도지사의 제소 지시 또는 직접 제소는 지방자치단체의 장의 재의요구에 대하여 지방의회가 전과 같은 내용으로 재의결을 한 경우 비로소 할 수 있으므로, 지방의회의 재의결에 대한 제소 지시 또는 직접 제소 권한은 관련 의결에 관하여 지방자치단체의 장을 상대로 재의요구를 지시할 권한이 있는 기관에만 있다고 해석하는 것이 지방자치법 제172조의 체계에 부합한다(대판 2016. 9. 22. 2014추521).

제6항 혼인과 가족제도

I 혼인과 가족제도의 법적 성격

헌법 제36조
① 혼인과 가족생활은 개인의 존엄과 양성의 평등을 기초로 성립되고 유지되어야 하며, 국가는 이를 보장한다.

헌법 제36조 제1항은 혼인과 가족생활을 스스로 결정하고 형성할 수 있는 자유를 기본권으로서 보장하고, 혼인과 가족에 대한 제도를 보장한다. 그리고 헌법 제36조 제1항은 혼인과 가족에 관련되는 공법 및 사법의 모든 영역에 영향을 미치는 '헌법원리 내지 원칙규범'으로서의 성격도 가지는데, 이는 적극적으로는 적절한 조치를 통해서 혼인과 가족을 지원하고 제삼자에 의한 침해 앞에서 혼인과 가족을 보호해야 할 국가의 과제를 포함하며, 소극적으로는 불이익을 야기하는 제한조치를 통해서 혼인과 가족을 차별하는 것을 금지해야 할 국가의 의무를 포함한다(헌재 2002. 8. 29. 2001헌바82).

📖 **판례**

▶ **혼인과 가족제도의 보장 취지**: 혼인과 가족의 보호는 헌법이 지향하는 자유민주적 문화국가의 필수적인 전제조건이다. 개별성·고유성·다양성으로 표현되는 문화는 사회의 자율영역을 바탕으로 하고, 사회의 자율영역은 무엇보다도 바로 가정으로부터 출발하기 때문이다. 헌법은 가족제도를 특별히 보장함으로써, 양심의 자유, 종교의 자유, 언론의 자유, 학문과 예술의 자유와 같이 문화국가의 성립을 위하여 불가결한 기본권의 보장과 함께, 견해와 사상의 다양성을 그 본질로 하는 문화국가를 실현하기 위한 필수적인 조건을 규정한 것이다. 따라서 헌법은 제36조 제1항에서 혼인과 가정생활을 보장함으로써 가족의 자율영역이 국가의 간섭에 의하여 획일화·평준화되고 이념화되는 것으로부터 보호하고자 하는 것이다(헌재 2000. 4. 27. 98헌가16).

II 혼인과 가족제도의 내용

1. 혼인의 자유

헌법 제10조는 모든 기본권의 종국적 목적(기본이념)이라 할 수 있고 인간의 본질이며 고유한 가치인 개인의 인격권과 행복추구권을 보장하고 있다. 개인의 인격권·행복추구권은 개인의 자기운명결정권을 그 전제로 하고 있으며, 자기운명결정권에는 성적자기결정권 특히 혼인의 자유와 혼인에 있어서 상대방을 결정할 수 있는 자유가 포함되어 있다. 또 헌법 제36조 제1항은 혼인제도와 가족제도에 관한 헌법원리를 규정한 것으로서 혼인제도와 가족제도는 인간의 존엄성 존중과 민주주의의 원리에 따라 규정되어야 함을 천명한 것이라 볼 수 있다. 따라서 혼인에 있어서도 개인의 존엄과 양성의 본질적 평등의 바탕위에서 모든 국민은 스스로 혼인을 할 것인가 하지 않을 것인가를 결정할 수 있고 혼인을 함에 있어서도 그 시기는 물론 상대방을 자유로이 선택할 수 있는 것이며, 이러한 결정에 따라 혼인과 가족생활을 유지할 수 있고, 국가는 이를 보장해야 하는 것이다(헌재 1997. 7. 16. 95헌가6).

판례

▶ **동성동본금혼제도가 혼인의 자유를 침해하는지**(적극) : 동성동본금혼을 규정한 민법 제809조 제1항은 이제 사회적 타당성 내지 합리성을 상실하고 있음과 아울러 인간으로서의 존엄과 가치 및 행복추구권을 규정한 헌법이념 및 개인의 존엄과 양성의 평등에 기초한 혼인과 가족생활의 성립·유지라는 헌법규정에 정면으로 배치될 뿐 아니라 남계혈족에만 한정하여 성별에 의한 차별을 함으로써 헌법상의 평등의 원칙에도 위반되며, 또한 그 입법목적이 이제는 혼인에 관한 국민의 자유와 권리를 제한할 사회질서나 공공복리에 해당될 수 없다는 점에서 헌법 제37조 제2항에도 위반된다(헌재 1997. 7. 16. 95헌가6 헌법불합치).

▶ **사실혼 배우자에게 상속권을 인정하지 않는 민법 제1003조 제1항이 헌법 제36조 제1항에 위반되는지**(소극) : 헌법 제36조 제1항에서 규정하는 '혼인'이란 양성이 평등하고 존엄한 개인으로서 자유로운 의사의 합치에 의하여 생활공동체를 이루는 것으로서 법적으로 승인받은 것을 말하므로, 법적으로 승인되지 아니한 사실혼은 헌법 제36조 제1항의 보호범위에 포함된다고 보기 어렵다. 따라서 이 사건 법률조항은 헌법 제36조 제1항에 위반되지 않는다(헌재 2014. 8. 28. 2013헌바119).

▶ **8촌 이내의 혈족 사이에서는 혼인할 수 없도록 하는 민법 제809조 제1항(금혼조항)이 혼인의 자유를 침해하는지** (소극) : 이 사건 금혼조항은, 촌수를 불문하고 부계혈족 간의 혼인을 금지한 구 민법상 동성동본금혼 조항에 대한 헌법재판소의 헌법불합치 결정의 취지를 존중하는 한편, 우리 사회에서 통용되는 친족의 범위 및 양성평등에 기초한 가족관계 형성에 관한 인식과 합의에 기초하여 혼인이 금지되는 근친의 범위를 한정한 것이므로 그 합리성이 인정되며, 입법목적 달성에 불필요하거나 과도한 제한을 가하는 것이라고는 볼 수 없으므로 침해의 최소성에 반한다고 할 수 없다. 나아가 이 사건 금혼조항으로 인하여 법률상의 배우자 선택이 제한되는 범위는 친족관계 내에서도 8촌 이내의 혈족으로, 넓다고 보기 어렵다. 그에 비하여 8촌 이내 혈족 사이의 혼인을 금지함으로써 가족질서를 보호하고 유지한다는 공익은 매우 중요하므로 이 사건 금혼조항은 법익균형성에 위반되지 아니한다. 그렇다면 이 사건 금혼조항은 과잉금지원칙에 위배하여 혼인의 자유를 침해하지 않는다(헌재 2022. 10. 27. 2018헌바115).

▶ **8촌 이내의 혈족 사이에서는 혼인할 수 없도록 하는 민법 제809조 제1항(금혼조항)을 위반한 혼인을 무효로 하는 민법 제815조 제2호가 혼인의 자유를 침해하는지**(적극) : 이 사건 무효조항의 입법목적은 근친혼이 가까운 혈족 사이의 신분관계 등에 현저한 혼란을 초래하고 가족제도의 기능을 심각하게 훼손하는 경우에 한정하여 무효로 하더라도 충분히 달성 가능하고, 위와 같은 경우에 해당하는지 여부가 명백하지 않다면 혼인의 취소를 통해 장래를 향하여 혼인을 해소할 수 있도록 규정함으로써 가족의 기능을 보호하는 것이 가능하므로, 이 사건 무효조항은 입법목적 달성에 필요한 범위를 넘는 과도한 제한으로서 침해의 최소성을 충족하지 못한다. 나아가 이 사건 무효조항을 통하여 달성되는 공익은 결코 적지 아니하나, 이 사건 무효조항으로 인하여 제한되는 사익 역시 중대함을 고려하면, 이 사건 무효조항은 법익균형성을 충족하지 못한다. 그렇다면, 이 사건 무효조항은 과잉금지원칙에 위배하여 혼인의 자유를 침해한다(헌재 2022. 10. 27. 2018헌바115 헌법불합치).

2. 가족제도

(1) 개인의 존엄과 양성의 평등을 기초로 하는 부부관계

1) 호주제도

호주제도는 가족 관계를 호주와 그의 가족으로 구성된 가를 기준으로 정리하던 2007년 12월 31일 이전의 민법의 가(家) 제도 또는 호적 제도를 말한다. 이는 호주를 중심으로 호적에 가족집단을 구성하고 이를 아버지에서 아들로 이어지는 남계혈통을 통해 대대로 영속시키는 제도였다.

> **판례**
>
> ▶ **호주제가 헌법 제36조 제1항에 부합하는지**(소극): 호주제는 당사자의 의사나 복리와 무관하게 남계혈통 중심의 가의 유지와 계승이라는 관념에 뿌리박은 특정한 가족관계의 형태를 일방적으로 규정·강요함으로써 개인을 가족 내에서 존엄한 인격체로 존중하는 것이 아니라 가의 유지와 계승을 위한 도구적 존재로 취급하고 있는데, 이는 혼인·가족생활을 어떻게 꾸려나갈 것인지에 관한 개인과 가족의 자율적 결정권을 존중하라는 헌법 제36조 제1항에 부합하지 않는다(헌재 2005. 2. 3. 2001헌가9 헌법불합치).

2) 부성주의

부성주의란 자녀가 태어나는 경우 아버지의 성을 따르도록 하는 제도를 말한다.

> **판례**
>
> ▶ **민법 제781조 제1항 본문 중 "자(子)는 부(父)의 성(姓)과 본(本)을 따르고" 부분이 개인의 인격권을 침해하는지**(적극): 양계 혈통을 모두 성으로 반영하기 곤란한 점, 부성의 사용에 관한 사회 일반의 의식, 성의 사용이 개인의 구체적인 권리의무에 영향을 미치지 않는 점 등을 고려할 때 민법 제781조 제1항 본문 중 "자는 부의 성과 본을 따르고" 부분이 성의 사용 기준에 대해 부성주의를 원칙으로 규정한 것은 입법형성의 한계를 벗어난 것으로 볼 수 없다. 다만 출생 직후의 자에게 성을 부여할 당시 부가 이미 사망하였거나 부모가 이혼하여 모가 단독으로 친권을 행사하고 양육할 것이 예상되는 경우, 혼인 외의 자를 부가 인지하였으나 여전히 모가 단독으로 양육하는 경우 등과 같은 사례에 있어서도 일방적으로 부의 성을 사용할 것을 강제하면서 모의 성의 사용을 허용하지 않고 있는 것은 개인의 존엄과 양성의 평등을 침해한다. 그리고 입양이나 재혼 등과 같이 가족관계의 변동과 새로운 가족관계의 형성에 있어서 구체적인 사정들에 따라서는 양부 또는 계부 성으로의 변경이 개인의 인격적 이익과 매우 밀접한 관계를 가짐에도 부성의 사용만을 강요하여 성의 변경을 허용하지 않는 것은 개인의 인격권을 침해한다(헌재 2005. 12. 22. 2003헌가5 헌법불합치).

(2) 개인의 존엄과 양성의 평등을 기초로 하는 친자관계

1) 태어난 즉시 출생등록될 권리

태어난 즉시 '출생등록될 권리'는 '출생 후 아동이 보호를 받을 수 있을 최대한 빠른 시점'에 아동의 출생과 관련된 기본적인 정보를 국가가 관리할 수 있도록 등록할 권리로서, 아동이 사람으로서 인격을 자유로이 발현하고, 부모와 가족 등의 보호하에 건강한 성장과 발달을 할 수 있도록 최소한의 보호장치를 마련하도록 요구할 수 있는 권리이다. 이는 헌법에 명시되지 아니한 독자적 기본권으로서, 자유로운 인격실현을 보장하는 자유권적 성격과 아동의 건강한 성장과 발달을 보장하는 사회적 기본권의 성격을 함께 지닌다(헌재 2023. 3. 23. 2021헌마975).

> **판례**
>
> ▶ **혼인 중 여자와 남편 아닌 남자 사이에서 출생한 자녀에 대한 생부의 출생신고를 허용하도록 규정하지 아니한 가족관계등록법 제46조 제2항 등이 혼인 외 출생자인 청구인들의 태어난 즉시 '출생등록될 권리'를 침해하는지**(적극): 현행 출생신고제도는 혼인 중 여자와 남편 아닌 남자 사이에서 출생한 자녀인 청구인들과 같은 경우 출생신고가 실효적으로 이루어질 수 있도록 보장하지 못하고 있다. 신고기간 내에 모나 그 남편이 출생신고를 하지 않는 경우 생부가 생래적 혈연관계를 소명하여 인지의 효력이 없는 출생신고를 할 수 있도록 하거나, 출산을 담당한 의료기관 등이 의무적으로 모와 자녀에 관한 정보 등을 포함한 출생신고의 기재사항을 미리 수집하고, 그 정보를 출생신고를 담당하는 기관에 송부하여 출생신고가 이루어지도록 한다면, 민법상 신분관계와 모순되는 내용이 가족관계등록부에 기재되는 것을 방지하면서도 출생신고가 이루어질 수 있다. 따라서 심판대상조항들은 입법형성권의 한계를 넘어서서 실효적으로 출생등록될 권리를 보장하고 있다고 볼 수 없으므로, 혼인 중 여자와 남편 아닌 남자 사이에서 출생한 자녀에 해당하는 혼인 외 출생자인 청구인들의 태어난 즉시 '출생등록될 권리'를 침해한다(헌재 2023. 3. 23. 2021헌마975 헌법불합치).

2) 부모의 자녀 양육권

부모는 자녀의 양육에 관하여 전반적인 계획을 세우고 자신의 인생관·사회관·교육관에 따라 자녀의 양육을 자유롭게 형성할 권리를 가진다. 자녀에 대한 부모의 양육권은 비록 헌법에 명문으로 규정되어 있지는 아니하지만, 이는 모든 인간이 누리는 불가침의 인권으로서 혼인과 가족생활을 보장하는 헌법 제36조 제1항, 행복추구권을 보장하는 헌법 제10조 및 '국민의 자유와 권리는 헌법에 열거되지 아니한 이유로 경시되지 아니한다.'고 규정한 헌법 제37조 제1항에서 나오는 중요한 기본권이다(헌재 2008. 10. 30. 2005헌마1156).

🔨 판례

▶ **양육권의 법적 성격** : 양육권은 공권력으로부터 자녀의 양육을 방해받지 않을 권리라는 점에서는 자유권적 기본권으로서의 성격을, 자녀의 양육에 관하여 국가의 지원을 요구할 수 있는 권리라는 점에서는 사회권적 기본권으로서의 성격을 아울러 가지고 있다(헌재 2008. 10. 30. 2005헌마1156).

▶ **육아휴직신청권의 법적 성격** : 육아휴직신청권은 헌법 제36조 제1항 등으로부터 개인에게 직접 주어지는 헌법적 차원의 권리라고 볼 수는 없고, 입법자가 입법의 목적, 수혜자의 상황, 국가예산, 전체적인 사회보장수준, 국민정서 등 여러 요소를 고려하여 제정하는 입법에 적용요건, 적용대상, 기간 등 구체적인 사항이 규정될 때 비로소 형성되는 법률상의 권리에 불과하다(헌재 2008. 10. 30. 2005헌마1156).

▶ **남성 단기복무장교를 육아휴직 허용 대상에서 제외하고 있는 군인사법 조항이 남성 단기복무장교의 양육권을 침해하는지**(소극) : 이 사건 법률조항은 입법자가 육아휴직신청권이 가지는 근로자로서의 권리성, 육아휴직의 허용 대상을 확대할 경우 예산과 인력이 추가로 소요되는 점, 다른 의무복무군인과의 형평성 등을 고려하여 육아휴직의 허용 대상을 정한 것이므로, 국가가 헌법상 용인될 수 있는 재량의 범위를 명백히 일탈함으로써 사회적 기본권으로서의 양육권을 최소한 보장하여야 할 의무를 불이행한 것으로 볼 수 없다(헌재 2008. 10. 30. 2005헌마1156).

▶ **부모가 자녀의 이름을 지을 자유가 헌법상 보호를 받는지**(적극) : 비록 헌법에 명문으로 규정되어 있지는 않지만, '부모의 자녀의 이름을 지을 자유'는 혼인과 가족생활을 보장하는 헌법 제36조 제1항과 행복추구권을 보장하는 헌법 제10조에 의하여 보호받는다(헌재 2016. 7. 28. 2015헌마964).

▶ **출생신고시 자녀의 이름에 사용할 수 있는 한자의 범위를 '통상 사용되는 한자'로 제한하고 있는 '가족관계의 등록 등에 관한 법률' 조항이 '부모가 자녀의 이름을 지을 자유'를 침해하는지**(소극) : 심판대상조항은 자녀의 이름에 사용할 수 있는 한자를 정함에 있어 총 8,142자를 '인명용 한자'로 지정하고 있는데 이는 결코 적지 아니하고, '인명용 한자'의 범위를 일정한 절차를 거쳐 계속 확대함으로써 이름에 한자를 사용함에 있어 불편함이 없도록 하는 보완장치를 강구하고 있다. 또한 '인명용 한자'가 아닌 한자를 사용하였다고 하더라도, 출생신고나 출생자 이름 자체가 불수리되는 것은 아니고, 가족관계등록부에 해당 이름이 한글로만 기재되어 종국적으로 해당 한자가 함께 기재되지 않는 제한을 받을 뿐이며, 가족관계등록부나 그와 연계된 공적 장부 이외에 사적 생활의 영역에서 해당 한자 이름을 사용하는 것을 금지하는 것도 아니다. 따라서 심판대상조항은 자녀의 이름을 지을 자유를 침해하지 않는다(헌재 2016. 7. 28. 2015헌마964).

3) 부모의 자녀 교육권

부모의 자녀에 대한 교육권은 비록 헌법에 명문으로 규정되어 있지는 아니하지만, 이는 모든 인간이 누리는 불가침의 인권으로서 혼인과 가족생활을 보장하는 '헌법 제36조 제1항', 행복추구권을 보장하는 '헌법 제10조' 및 "국민의 자유와 권리는 헌법에 열거되지 아니한 이유로 경시되지 아니한다."고 규정하는 헌법 '제37조 제1항'에서 나오는 중요한 기본권이다. 부모는 자녀의 교육에 관하여 전반적인 계획을 세우고 자신의 인생관·사회관·교육관에 따라 자녀의 교육을 자유롭게 형성할 권리를 가지며, 부모의 교육권은 다른 교육의 주체와의 관계에서 원칙적인 우위를 가진다(헌재 2000. 4. 27. 98헌가16).

판례

▶ **부모의 자녀 교육권의 특징**: 부모의 자녀교육권은 다른 기본권과는 달리, 기본권의 주체인 부모의 자기결정권이라는 의미에서 보장되는 자유가 아니라, '자녀의 보호와 인격발현'을 위하여 부여되는 기본권이다. 다시 말하면, 부모의 자녀교육권은 자녀의 행복이란 관점에서 보장되는 것이며, 자녀의 행복이 부모의 교육에 있어서 그 방향을 결정하는 지침이 된다(헌재 2000. 4. 27. 98헌가16).

▶ **국가의 교육책임과의 관계**: 자녀의 양육과 교육에 있어서 부모의 교육권은 교육의 모든 영역에서 존중되어야 한다. 다만 학교교육에 관한 한 국가는 헌법 제31조에 의하여 부모의 교육권으로부터 원칙적으로 독립된 독자적인 교육권한을 부여받음으로써 부모의 교육권과 함께 자녀의 교육을 담당하지만 학교 밖의 교육영역에서는 원칙적으로 부모의 교육권이 우위에 있다(헌재 2000. 4. 27. 98헌가16).

▶ **학교교과교습학원 및 교습소의 심야교습을 제한하고 있는 서울특별시 조례가 학생의 인격의 자유로운 발현권, 학부모의 자녀교육권, 학원운영자의 직업수행의 자유를 침해하는지**(소극): 학원조례조항에 의한 교습시간 제한은 학원교습 자체를 금지하거나 학생들이 교습을 받는 것을 금지하는 것이 아니라, 원칙적으로 교습은 보장하면서 심야에 한하여 학원교습만 제한하고 있을 뿐이므로 학원조례조항에 의하여 청구인들이 받는 기본권 제한이 그 입법목적 달성을 위하여 필요한 정도를 넘어 과도하다고 할 수 없다. 그리고 학원조례조항으로 인하여 제한되는 사익은 22:00 또는 23:00부터 다음 날 05:00까지 학원 등에서 교습이 금지되는 불이익에 불과한 반면, 학원조례조항이 추구하는 공익은 학생들의 건강과 안전, 자습능력의 향상, 학교교육 충실화, 사교육비 절감 등으로 학원조례조항으로 인하여 제한되는 사익이 공익보다 중대한 것이라고 보기 어렵다(헌재 2016. 5. 26. 2014헌마374).

▶ **혼인 종료 후 300일 이내에 출생한 자를 전남편의 친생자로 추정하는 민법 제844조 제2항이 모가 가정생활과 신분관계에서 누려야 할 인격권, 혼인과 가족생활에 관한 기본권을 침해하는지**(적극): 심판대상조항에 따르면, 혼인 종료 후 300일 내에 출생한 자녀가 전남편의 친생자가 아님이 명백하고, 전남편이 친생추정을 원하지도 않으며, 생부가 그 자를 인지하려는 경우에도, 그 자녀는 전남편의 친생자로 추정되어 가족관계등록부에 전남편의 친생자로 등록되고, 이는 엄격한 친생부인의 소를 통해서만 번복될 수 있다. 그 결과 심판대상조항은 이혼한 모와 전남편이 새로운 가정을 꾸리는 데 부담이 되고, 자녀와 생부가 진실한 혈연관계를 회복하는 데 장애가 되고 있다. 이와 같이 민법 제정 이후의 사회적·법률적·의학적 사정변경을 전혀 반영하지 아니한 채, 이미 혼인관계가 해소된 이후에 자가 출생하고 생부가 출생한 자를 인지하려는 경우마저도, 아무런 예외 없이 그 자를 전남편의 친생자로 추정함으로써 친생부인의 소를 거치도록 하는 심판대상조항은 입법형성의 한계를 벗어나 모가 가정생활과 신분관계에서 누려야 할 인격권, 혼인과 가족생활에 관한 기본권을 침해한다(헌재 2015. 4. 30. 2013헌마623 헌법불합치).

▶ **친생부인의 소 제소기간을 '그 출생을 안 날로부터 1년 내'라고 규정하고 있는 민법조항이 부의 가정생활과 신분관계에서 누려야 할 인격권 등을 침해하는지**(적극) : 민법 제847조 제1항은 친생부인의 소의 제척기간과 그 기산점에 관하여 '그 출생을 안 날로부터 1년 내'라고 규정하고 있으나, 일반적으로 친자관계의 존부는 특별한 사정이나 어떤 계기가 없으면 이를 의심하지 아니하는 것이 통례임에 비추어 볼 때, 친생부인의 소의 제척기간의 기산점을 단지 그 '출생을 안 날로부터'라고 규정한 것은 부에게 매우 불리한 규정일 뿐만 아니라, '1년'이라는 제척기간 그 자체도 그 동안에 변화된 사회현실여건과 혈통을 중시하는 전통관습 등 여러 사정을 고려하면 현저히 짧은 것이어서, 결과적으로 친자관계를 부인하고자 하는 부로부터 이를 부인할 수 있는 기회를 극단적으로 제한함으로써 자유로운 의사에 따라 친자관계를 부인하고자 하는 부의 가정생활과 신분관계에서 누려야 할 인격권, 행복추구권 및 개인의 존엄과 양성의 평등에 기초한 혼인과 가족생활에 관한 기본권을 침해하는 것이다(헌재 1997. 3. 27. 95헌가14 헌법불합치).

▶ **친생부인의 소의 제척기간을 규정한 민법 제847조 제1항 중 "부(夫)가 그 사유가 있음을 안 날부터 2년 내" 부분이 헌법에 위반되는지**(소극) : 헌법재판소 1997. 3. 27. 95헌가14등 결정의 취지에 따라 2005. 3. 31. 법률 제7427호로 개정된 민법 제847조 제1항은 '친생부인의 사유가 있음을 안 날'을 제척기간의 기산점으로 삼음으로써 부(夫)가 혈연관계의 진실을 인식할 때까지 기간의 진행을 유보하고, '그로부터 2년'을 제척기간으로 삼음으로써 부(夫)의 친생부인의 기회를 실질적으로 보장하고 있다. 또한 2년이란 기간은 자녀의 불안정한 지위를 장기간 방치하지 않기 위한 것으로서 지나치게 짧다고 볼 수 없다. 따라서 민법 제847조 제1항 중 "부(夫)가 그 사유가 있음을 안 날부터 2년 내" 부분은 친생부인의 소의 제척기간에 관한 입법재량의 한계를 일탈하지 않은 것으로서 헌법에 위반되지 아니한다(헌재 2015. 3. 26. 2012헌바357).

▶ **친양자 입양을 청구하기 위해서는 친생부모의 친권상실, 사망 기타 동의할 수 없는 사유가 없는 한 친생부모의 동의를 반드시 요하도록 한 구 민법 제908조의2 제1항 제3호가 친양자가 될 자의 가족생활에 관한 기본권 등을 침해하는지**(소극) : 이 사건 법률조항은 친생부모의 친권이 상실되거나 사망 그 밖의 사유로 동의할 수 없는 경우를 제외하고는 친생부모의 동의가 있어야 친양자 입양을 청구할 수 있도록 규정하여 친양자가 될 자의 가족생활에 관한 기본권 등을 제한하고 있는바, 친양자 입양은 친생부모와 그 자녀 사이의 친족관계를 완전히 단절시키는 등 친생부모의 지위에 중대한 영향을 미치는 점, 친생부모 역시 헌법 제10조 및 제36조 제1항에 근거한 가족생활에 관한 기본권을 보유하고 있다는 점에 비추어 볼 때 그 입법목적은 정당하고, 나아가 이 사건 법률조항은 친양자 입양에 있어 무조건 친생부모의 동의를 요하도록 하고 있는 것이 아니라, '친생부모의 친권이 상실되거나 사망 기타 그 밖의 사유로 동의할 수 없는 경우'에는 그 동의 없이도 친양자 입양이 가능하도록 예외규정을 두어 기본권 제한의 비례성을 준수하고 있으므로 헌법에 위반되지 아니한다(헌재 2012. 5. 31. 2010헌바87).

▶ **원칙적으로 3년 이상 혼인 중인 부부만이 친양자 입양을 할 수 있도록 규정하여 독신자는 친양자 입양을 할 수 없도록 한 구 민법 제908조의2 제1항 제1호가 독신자가 가족생활을 스스로 결정하고 형성할 수 있는 자유(가족생활의 자유)를 침해하는지**(소극) : 심판대상조항은 친양자가 안정된 양육환경을 제공할 수 있는 가정에 입양되도록 하여 양자의 복리를 증진하는 것을 목적으로 한다. 독신자 가정은 기혼자 가정에 비하여 양자의 양육에 있어 불리할 가능성이 높으므로, 독신자를 친양자의 양친에서 제외하는 것은 위 입법목적을 달성하기 위한 적절한 수단이다. 아울러 성년의 독신자는 비록 친양자 입양을 할 수는 없지만 일반입양에 의하여 가족을 형성할 수 있고, 민법 제781조에 따라 법원의 허가를 얻어 양자의 성·본을 양친의 것과 동일하게 변경할 수 있을 뿐만 아니라, 일반입양 사실은 가족관계증명서만으로는 외부에 드러나지 않는다. 심판대상조항으로 인하여 양자가 혼인관계를 바탕으로 한 안정된 가정에 입양되어 더 나은 양육조건에서 성장할 수 있게 되므로 양자의 복리가 증진되는 반면, 독신자는 친양자 입양을 할 수 없게 되어 가족생활의 자유가 다소 제한되지만 여전히 일반입양은 할 수 있으므로 제한되는 사익이 위 공익보다 결코 크다고 할 수 없다. 결국 심판대상조항은 과잉금지원칙에 위반하여 독신자의 가족생활의 자유를 침해한다고 볼 수 없다(헌재 2013. 9. 26. 2011헌가42).

▶ **직계존속에 대한 상해치사죄의 가중처벌을 규정하고 있는 헌법 제36조 제1항에 위배되는지**(소극) : 가중처벌에 의하여 가족 개인의 존엄성 및 양성의 평등이 훼손되거나 인간다운 생활을 보장받지 못하게 되리라는 사정은 찾아볼 수 없고, 오히려 패륜적·반도덕적 행위의 가중처벌을 통하여 친족 내지 가족에 있어서의 자연적·보편적 윤리를 형법상 보호함으로써 개인의 존엄과 가치를 더욱 보장하고 이를 통하여 올바른 사회질서가 형성될 수 있다고 보아야 할 것이므로, 이 사건 법률조항은 혼인제도와 가족제도에 관한 헌법 제36조 제1항에 위배되거나 인간으로서의 존엄과 가치 또는 행복추구권도 침해하지 아니한다(헌재 2002. 3. 28. 2000헌바53).

▶ **자기의 직계존속을 살해한 자를 일반 살인죄를 저지른 자에 비하여 가중처벌하는 형법 제250조 제2항이 평등원칙에 위배되는지**(소극) : 조선시대 이래 현재에 이르기까지 존속살해죄에 대한 가중처벌은 계속되어 왔고, 그러한 입법의 배경에는 우리 사회의 효를 강조하는 유교적 관념 내지 전통사상이 자리 잡고 있는 점, 존속살해는 그 패륜성에 비추어 일반 살인죄에 비하여 고도의 사회적 비난을 받아야 할 이유가 충분한 점, 이 사건 법률조항의 법정형이 종래의 '사형 또는 무기징역'에서 '사형, 무기 또는 7년 이상의 징역'으로 개정되어 기존에 제기되었던 양형에 있어서의 구체적 불균형의 문제도 해소된 점을 고려할 때 이 사건 법률조항이 형벌체계상 균형을 잃은 자의적 입법으로서 평등원칙에 위반된다고 볼 수 없다(헌재 2013. 7. 25. 2011헌바267 존속살해 가중처벌 사건).

▶ **중혼의 취소청구권자를 규정하면서 직계비속을 제외한 민법 제818조가 평등원칙에 반하는지**(적극) : 중혼의 취소청구권자를 규정한 이 사건 법률조항은 그 취소청구권자로 직계존속과 4촌 이내의 방계혈족을 규정하면서도 직계비속을 제외하였는바, 직계비속을 제외하면서 직계존속만을 취소청구권자로 규정한 것은 가부장적·종법적인 사고에 바탕을 두고 있고, 직계비속이 상속권 등과 관련하여 중혼의 취소청구를 구할 법률적인 이해관계가 직계존속과 4촌 이내의 방계혈족 못지않게 크며, 그 취소청구권자의 하나로 규정된 검사에게 취소청구를 구한다고 하여도 검사로 하여금 직권발동을 촉구하는 것에 지나지 않은 점 등을 고려할 때, 합리적인 이유 없이 직계비속을 차별하고 있어, 평등원칙에 위반된다(헌재 2010. 7. 29. 2009헌가8 헌법불합치).

(3) 혼인한 자와 혼인하지 않은 자와의 차별금지

헌법 제36조 제1항은 혼인과 가족에 관련되는 공법 및 사법의 모든 영역에 영향을 미치는 헌법원리 내지 원칙규범으로서의 성격도 가지는데, 이러한 헌법원리로부터 도출되는 차별금지명령은 헌법 제11조 제1항에서 보장되는 평등원칙을 혼인과 가족생활영역에서 더욱 더 구체화함으로써 혼인과 가족을 부당한 차별로부터 특별히 더 보호하려는 목적을 가진다. 이때 특정한 법률조항이 혼인한 자를 불리하게 하는 차별취급은 중대한 합리적 근거가 존재하여 헌법상 정당화되는 경우에만 제36조 제1항에 위배되지 아니한다(헌재 2002. 8. 29. 2001헌바82).

▶ **부부자산합산과세제도가 헌법 제36조 제1항에 위배되는지**(적극) : 자산소득이 있는 모든 납세의무자 중에서 혼인한 부부가 혼인하였다는 이유만으로 혼인하지 않은 자산소득자보다 더 많은 조세부담을 하여 소득을 재분배하도록 강요받는 것은 부당하며, 부부자산소득합산과세를 통해서 혼인한 부부에게 가하는 조세부담의 증가라는 불이익이 자산소득합산과세를 통하여 달성하는 사회적 공익보다 크다고 할 것이므로, 소득세법 제61조 제1항이 자산소득합산과세의 대상이 되는 혼인한 부부를 혼인하지 않은 부부나 독신자에 비하여 차별취급하는 것은 헌법 제36조 제1항에 위반된다(헌재 2002. 8. 29. 2001헌바82).

▶ **종합부동산세의 과세방법을 '인별합산'이 아니라 '세대별 합산'으로 규정한 종합부동산세법 조항이 헌법 제36조 제1항에 위반되는지**(적극) : 이 사건 세대별 합산규정은 생활실태에 부합하는 과세를 실현하고 조세회피를 방지하고자 하는 것으로 그 입법목적의 정당성은 수긍할 수 있으나, 가족 간의 증여를 통하여 재산의 소유 형태를 형성하였다고 하여 모두 조세회피의 의도가 있었다고 단정할 수 없고, 정당한 증여의 의사에 따라 가족 간에 소유권을 이전하는 것도 국민의 권리에 속하는 것이며, 우리 민법은 부부별산제를 채택하고 있고 배우자를 제외한 가족의 재산까지 공유로 추정할 근거규정이 없고, 공유재산이라고 하여 세대별로 합산하여 과세할 당위성도 없으며, 부동산 가격의 앙등은 여러 가지 요인이 복합적으로 작용하여 발생하는 것으로서 오로지 세제의 불비 때문에 발생하는 것만이 아니며, 이미 헌법재판소는 자산소득에 대하여 부부간 합산과세에 대하여 위헌 선언한바 있으므로 적절한 차별취급이라 할 수 없다. … 따라서 이 사건 세대별 합산규정은 혼인한 자 또는 가족과 함께 세대를 구성한 자를 비례의 원칙에 반하여 개인별로 과세되는 독신자, 사실혼 관계의 부부, 세대원이 아닌 주택 등의 소유자 등에 비하여 불리하게 차별하여 취급하고 있으므로, 헌법 제36조 제1항에 위반된다(헌재 2008. 11. 13. 2006헌바 112 헌법불합치).

▶ **1세대 3주택 이상에 해당하는 주택에 대하여 양도소득세 중과세를 규정하고 있는 구 소득세법 조항이 과잉금지원칙에 위배되어 헌법 제36조 제1항에 위배되는지**(적극) : 이 사건 법률조항이 정하고 있는 '1세대'를 기준으로 하여 3주택 이상 보유자에 대해 중과세하는 방법은 보유 주택수를 억제하여 주거생활의 안정을 꾀하고자 하는 이 사건 법률조항의 입법목적을 위하여 일응 합리적인 방법이라 할 수 있다. 그러나 혼인으로 새로이 1세대를 이루는 자를 위하여 상당한 기간 내에 보유 주택수를 줄일 수 있도록 하고 그러한 경과규정이 정하는 기간 내에 양도하는 주택에 대해서는 혼인 전의 보유 주택수에 따라 양도소득세를 정하는 등의 완화규정을 두는 것과 같은 손쉬운 방법이 있음에도 이러한 완화규정을 두지 아니한 것은 최소침해성원칙에 위배된다고 할 것이고, 이 사건 법률조항으로 인하여 침해되는 것은 헌법이 강도 높게 보호하고자 하는 헌법 제36조 제1항에 근거하는 혼인에 따른 차별금지 또는 혼인의 자유라는 헌법적 가치라 할 것이므로 이 사건 법률조항이 달성하고자 하는 공익과 침해되는 사익 사이에 적절한 균형관계를 인정할 수 없어 법익균형성원칙에도 반한다. 결국 이 사건 법률조항은 과잉금지원칙에 반하여 헌법 제36조 제1항이 정하고 있는 혼인에 따른 차별금지원칙에 위배되고, 혼인의 자유를 침해한다(헌재 2011. 11. 24. 2009헌바146 헌법불합치).

박충신
경찰헌법
기본 이론서

기본권론

Chapter 01 기본권 일반론

제1절 기본권의 의의

제1항 기본권의 개념

인권이란 인간이 인간이기 때문에 당연히 누리는 천부적 권리를 말하는 것으로 버지니아 권리장전과 프랑스 인권선언은 이를 최초로 선언한 헌법이다. 한편 기본권이란 헌법이 보장하는 국민의 기본적 권리를 말한다. 따라서 기본권과 인권은 엄밀한 의미에서 구별되나 양자의 상호보완적 관계를 고려할 때 동일한 것으로 보아도 무방하다. 국가인권위원회법은 "인권이란 대한민국헌법 및 법률에서 보장하거나 대한민국이 가입·비준한 국제인권조약 및 국제관습법에서 인정하는 인간으로서의 존엄과 가치 및 자유와 권리를 말한다."고 정의하고 있다(동법 제2조 1호).

제2항 기본권의 분류와 체계

I 기본권의 분류

1. 기본권의 주체를 기준으로 한 분류

인간의 권리	모든 인간에게 인정되는 기본권(초국가적·자연법적 권리)
국민의 권리	국민에게만 인정되고 외국인에게는 인정되지 않는 기본권

2. 기본권의 성질을 기준으로 한 분류

(1) 초국가적 권리와 실정법상의 권리

초국가적 권리	자연법상의 권리 또는 천부적 인권
실정법상의 권리	국가에 의해 인정된 기본권

(2) 절대적 권리와 상대적 권리

절대적 권리	제한할 수 없는 기본권
상대적 권리	제한이 가능한 기본권

3. 기본권의 효력을 기준으로 한 분류

구체적 권리	입법이 없어도 행사할 수 있는 기본권
추상적 권리	입법에 있어야 행사할 수 있는 기본권

Ⅱ 기본권의 보장체계

1. 기본권의 이념적 전제와 목적으로서의 인간의 존엄성

> **헌법 제10조**
> 　모든 국민은 인간으로서의 존엄과 가치를 가지며, 행복을 추구할 권리를 가진다. 국가는 개인이 가지는 불가침의 기본적 인권을 확인하고 이를 보장할 의무를 진다.

헌법 제10조는 "모든 국민은 인간으로서의 존엄과 가치를 가지며, 행복을 추구할 권리를 가진다. 국가는 개인이 가지는 불가침의 기본적 인권을 확인하고 이를 보장할 의무를 진다."라고 하여 모든 기본권의 종국적 목적이자 기본이념이라 할 수 있는 인간의 존엄과 가치를 규정하고 있다. 이러한 인간의 존엄과 가치 조항은 헌법이념의 핵심으로 국가는 헌법에 규정된 개별적 기본권을 비롯하여 헌법에 열거되지 아니한 자유와 권리까지도 이를 보장하여야 하고, 이를 통하여 개별 국민이 가지는 인간으로서의 존엄과 가치를 존중하고 확보하여야 한다는 헌법의 기본원리를 선언한 것이라 할 것이다(헌재 2001. 7. 19. 2000헌마546).

2. 인간의 존엄성 보장을 위한 수단으로서의 기본권

(1) 헌법에 열거된 기본권

포괄적 기본권	인간의 존엄과 가치	인격권, 생명권
	행복추구권	일반적 행동의 자유
	평등권	
자유권적 기본권	신체의 자유	
	사생활의 자유	사생활의 비밀과 자유
		주거의 자유
		거주·이전의 자유
		통신의 자유
	정신적 자유	양심의 자유
		종교의 자유
		언론·출판의 자유
		집회·결사의 자유
		학문과 예술의 자유
경제적 기본권	재산권	
	직업의 자유	
정치적 기본권	참정권	국민투표권
		공무담임권

	청원권	
청구권적 기본권	재판청구권	
	국가배상청구권	
	형사보상청구권	
	범죄피해자구조청구권	
사회적 기본권	인간다운 생활을 할 권리	
	사회보장수급권	
	교육을 받을 권리	
	근로의 권리	
	근로3권	
	환경권과 보건권	

(2) 헌법에 열거되지 않은 자유와 권리

헌법 제37조
① 국민의 자유와 권리는 헌법에 열거되지 아니한 이유로 경시되지 아니한다.

1) 취지

헌법 제37조 제1항은 헌법에 명시적으로 규정되지 아니한 자유와 권리라도 헌법 제10조에서 규정한 인간의 존엄과 가치를 위하여 필요한 것일 때에는 이를 모두 보장함을 천명하는 것이다. 이러한 기본권으로서 일반적 행동자유권과 명예권 등을 들 수 있다(헌재 2002. 1. 31. 2001헌바43).

2) 요건

헌법에 열거되지 아니한 기본권을 새롭게 인정하려면, 그 필요성이 특별히 인정되고, 그 권리내용(보호영역)이 비교적 명확하여 구체적 기본권으로서의 실체, 즉 권리내용을 규범 상대방에게 요구할 힘이 있고 그 실현이 방해되는 경우 재판에 의하여 그 실현을 보장받을 수 있는 구체적 권리로서의 실질에 부합하여야 할 것이다(헌재 2009. 5. 28. 2007헌마369).

> 📌 **판례**
>
> ▶ **평화적 생존권**(소극) : 평화란 헌법의 이념 내지 목적으로서 추상적인 개념에 지나지 아니하고, 평화적 생존권은 이를 헌법에 열거되지 아니한 기본권으로서 특별히 새롭게 인정할 필요성이 있다거나 그 권리내용이 비교적 명확하여 구체적 권리로서의 실질에 부합한다고 보기 어려워 헌법상 보장된 기본권이라고 할 수 없다(헌재 2009. 5. 28. 2007헌마369).
>
> ▶ **국가인권위원회의 공정한 조사를 받을 권리**(소극) : 국가인권위원회의 공정한 조사를 받을 권리는 헌법상 인정되는 기본권이라고 하기 어렵다(헌재 2012. 8. 23. 2008헌마430).

▶**재정지출에 대한 국민의 직접적 감시권**(소극) : 헌법상 조세의 효율성과 타당한 사용에 대한 감시는 국회의 주요책무이자 권한으로 규정되어 있어 재정지출의 효율성 또는 타당성과 관련된 문제에 대한 국민의 관여는 선거를 통한 간접적이고 보충적인 것에 한정되며, 재정지출의 합리성과 타당성 판단은 재정분야의 전문성을 필요로 하는 정책판단의 영역으로서 사법적으로 심사하는 데에 어려움이 있을 수 있다. 게다가 재정지출에 대한 국민의 직접적 감시권을 기본권으로 인정하게 되면 재정지출을 수반하는 정부의 모든 행위를 개별 국민이 헌법소원으로 다툴 수 있게 되는 문제가 발생할 수 있다. 납세의무자로서 청구인들의 재산권이란 결국 재정사용의 합법성과 타당성을 감시하는 납세자의 권리에 다름 아닌바, 이와 같은 권리를 헌법상 보장된 기본권으로 볼 수 없다(헌재 2008. 11. 27. 2008헌마517).

제3항 기본권의 법적 성격

국민의 기본권은 국가권력에 의하여 침해되어서는 안 된다는 의미에서 소극적 방어권으로서의 의미를 가지고 있을 뿐만 아니라, 국가는 적극적으로 국민의 기본권을 보호할 의무를 부담하고 있다는 의미에서 기본권은 국가권력에 대한 객관적 규범 내지 가치질서로서의 의미를 함께 갖는다. 객관적 가치질서로서의 기본권은 입법·사법·행정의 모든 국가기능의 방향을 제시하는 지침으로서 작용하므로, 국가기관에게 기본권의 객관적 내용을 실현할 의무를 부여한다(헌재 1995. 6. 29. 93헌바45).

> 🔎 판례

▶**기본권의 이중적 성질** : 헌법상의 기본권은 제1차적으로 개인의 자유로운 영역을 공권력의 침해로부터 보호하기 위한 방어적 권리이지만 다른 한편으로 헌법의 기본적인 결단인 객관적인 가치질서를 구체화한 것으로서, 사법을 포함한 모든 법 영역에 그 영향을 미치는 것이므로 사인간의 사적인 법률관계도 헌법상의 기본권 규정에 적합하게 규율되어야 한다(대판 2010. 4. 22. 2008다38288).

제2절 기본권의 주체

제1항 자연인

I 국민

1. 국민의 기본권 주체성

헌법 제2장은 「국민의 권리와 의무」라고 제목을 붙이고 각 조항에서 '국민'이 기본권의 주체임을 명시하고 있을 뿐만 아니라, 제2조 제1항은 "대한민국의 국민이 되는 요건은 법률로 정한다."고 하여 기본권의 주체인 국민에 관한 내용을 입법자가 형성하도록 하였다(헌재 2000. 8. 31. 97헌가12).

2. 배아

(1) 배아의 의의

배아란 수정이 일어나 정자와 난자가 합쳐진 접합체가 '첫 번째 세포분열을 하기 시작한 시기부터 태아가 되기 전'까지를 말하는데, 사람의 경우에는 임신 8주 이전까지를 말한다.

(2) 초기 배아의 기본권 주체성

초기 배아는 수정이 된 배아라는 점에서 형성 중인 생명의 첫걸음을 떼었다고 볼 여지가 있기는 하나 아직 모체에 착상되거나 원시선이 나타나지 않은 이상 현재의 자연과학적 인식 수준에서 독립된 인간과 배아 간의 개체적 연속성을 확정하기 어렵다고 봄이 일반적이라는 점, 수정 후 착상 전의 배아가 인간으로 인식된다거나 그와 같이 취급하여야 할 필요성이 있다는 사회적 승인이 존재한다고 보기 어려운 점 등을 종합적으로 고려할 때, 기본권 주체성을 인정하기 어렵다(헌재 2010. 5. 27. 2005헌마346).

3. 태아

(1) 태아의 의의

태아란 임신 초기부터 출생 시까지의 임신된 개체를 의미한다. 수정 후 8주까지는 배아, 수정 후 8주 이후, 즉 인체의 모습이 뚜렷해지는 시기부터 출생 때까지를 태아라 한다.

(2) 태아의 생명권 주체성

생명권은 비록 헌법에 명문의 규정이 없다 하더라도 인간의 생존본능과 존재목적에 바탕을 둔 선험적이고 자연법적인 권리로서 헌법에 규정된 모든 기본권의 전제로서 기능하는 기본권 중의 기본권이다. 모든 인간은 헌법상 생명권의 주체가 되며, 형성 중의 생명인 태아에게도 생명에 대한 권리가 인정되어야 한다. 따라서 태아도 헌법상 생명권의 주체가 되며, 국가는 헌법 제10조에 따라 태아의 생명을 보호할 의무가 있다(헌재 2008. 7. 31. 2004헌바81).

4. 공무원

국가기관의 직무를 담당하는 자연인이 제기한 헌법소원이 언제나 부적법하다고 볼 수는 없다. 만일 심판대상 조항이나 공권력 작용이 넓은 의미의 국가조직영역 내에서 공적 과제를 수행하는 주체의 권한 내지 직무영역을 제약하는 성격이 강한 경우에는 그 기본권 주체성이 부정될 것이지만, 그것이 '일반 국민으로서 국가에 대하여 가지는 헌법상의 기본권을 제약하는 성격이 강한 경우'에는 기본권 주체성을 인정할 수 있다. 그러므로 대통령도 국민의 한 사람으로서 제한적으로나마 기본권의 주체가 될 수 있는바, 대통령은 소속 정당을 위하여 정당활동을 할 수 있는 사인으로서의 지위와 국민 모두에 대한 봉사자로서 공익실현의 의무가 있는 헌법기관으로서의 지위를 동시에 갖는데 최소한 전자의 지위와 관련하여는 기본권 주체성을 갖는다(헌재 2008. 1. 17. 2007헌마700).

PART 02

판례

▶ **국가기관이나 그 구성원의 지위에 있는 자가 그 직무상 권한을 침해당했다는 이유로 헌법소원을 청구할 수 있는지** (소극) : 헌법 제68조 제1항의 규정에 의한 헌법소원은, 헌법이 보장하는 기본권의 주체가 국가기관의 공권력의 행사 또는 불행사로 인하여 그 기본권을 침해받았을 경우 이를 구제하기 위한 수단으로 인정된 것이므로, 헌법소원을 청구할 수 있는 자는 원칙으로 기본권의 주체로서의 국민에 한정되며 국민의 기본권을 보호 내지 실현할 책임과 의무를 지는 국가기관이나 그 일부는 헌법소원을 청구할 수 없다(헌재 1995. 2. 23. 90헌마125).

▶ **지방자치단체장의 기본권 주체성을 인정할 수 있는지**(한정 적극) : 국가 및 그 기관 또는 조직의 일부나 공법인은 원칙적으로는 기본권의 '수범자'로서 기본권의 주체가 되지 못하고, 다만 국민의 기본권을 보호 내지 실현하여야 할 책임과 의무를 지니는 데 그칠 뿐이므로, 공직자가 국가기관의 지위에서 순수한 직무상의 권한행사와 관련하여 기본권 침해를 주장하는 경우에는 기본권의 주체성을 인정하기 어렵다 할 것이나, 그 외의 사적인 영역에 있어서는 기본권의 주체가 될 수 있는 것이다. 청구인은 선출직 공무원인 하남시장으로서 주민소환에 관한 법률 조항으로 인하여 공무담임권 등이 침해된다고 주장하여, 순수하게 직무상의 권한행사와 관련된 것이라기보다는 공직의 상실이라는 개인적인 불이익과 연관된 공무담임권을 다투고 있으므로, 이 사건에서 청구인에게는 기본권의 주체성이 인정된다(헌재 2009. 3. 26. 2007헌마843).

▶ **검사가 발부한 형집행장에 의하여 검거된 벌금미납자의 신병에 관한 업무와 관련하여 경찰공무원인 청구인에게 헌법소원을 제기할 청구인적격이 인정되는지**(소극) : 일반적으로 청구인과 같은 경찰공무원은 기본권의 주체가 아니라 국민 모두에 대한 봉사자로서 공공의 안전 및 질서유지라는 공익을 실현할 의무가 인정되는 기본권의 수범자라 할 것인바, 검사가 발부한 형집행장에 의하여 검거된 벌금미납자의 신병에 관한 업무는 국가 조직영역 내에서 수행되는 공적 과제 내지 직무영역에 대한 것으로 이와 관련해서 청구인은 국가기관의 일부 또는 그 구성원으로서 공법상의 권한을 행사하는 공권력행사의 주체일 뿐, 기본권의 주체라 할 수 없으므로 이 사건에서 청구인에게 헌법소원을 제기할 청구인적격을 인정할 수 없다(헌재 2009. 3. 24. 2009헌마118).

Ⅱ 외국인

1. 외국인의 기본권 주체성

국민 또는 국민과 유사한 지위에 있는 외국인은 헌법재판소법 제68조 제1항의 헌법소원을 청구할 수 있는 기본권 주체로서, 인간의 존엄과 가치 및 행복추구권 등과 같이 단순히 국민의 권리가 아닌 인간의 권리로 볼 수 있는 기본권에 대해서는 외국인도 기본권 주체가 될 수 있다(헌재 2011. 9. 29. 2007헌마1083).

판례

▶ **불법체류 외국인의 기본권 주체성**(적극) : 단순히 국민의 권리가 아니라 인간의 권리로 볼 수 있는 기본권에 대해서는 외국인도 기본권의 주체가 될 수 있다. 청구인들이 불법체류 중인 외국인들이라 하더라도, 불법체류라는 것은 관련 법령에 의하여 체류자격이 인정되지 않는다는 것일 뿐이므로, 인간의 권리로서 외국인에게도 주체성이 인정되는 일정한 기본권에 관하여 불법체류 여부에 따라 그 인정 여부가 달라지는 것은 아니다(헌재 2012. 8. 23. 2008헌마430).

---

2. 외국인에게 인정되는 기본권의 범위

(1) 인간으로서의 존엄과 가치 · 행복추구권 · 평등권

인간의 존엄과 가치, 행복추구권은 대체로 인간의 권리로서 외국인도 주체가 될 수 있다고 보아야 하고, 평등권도 인간의 권리로서 참정권 등에 대한 성질상의 제한 및 상호주의에 따른 제한이 있을 수 있을 뿐이다(헌재 2001. 11. 29. 99헌마494).

(2) 자유권적 기본권

자유권적 기본권은 인간의 권리이므로 외국인에게 원칙적으로 인정된다. 그러나 입국의 허가 여부는 당해 국가의 재량사항이므로 입국의 자유는 인정되지 않는다.

> ⚖ **판례**
>
> ▶ **신체의 자유, 주거의 자유, 변호인의 조력을 받을 권리, 재판청구권**(적극) : 신체의 자유, 주거의 자유, 변호인의 조력을 받을 권리, 재판청구권 등은 성질상 인간의 권리에 해당한다고 볼 수 있으므로, 위 기본권들에 관하여는 청구인들의 기본권 주체성이 인정된다(헌재 2012. 8. 23. 2008헌마430).
>
> ▶ **참정권, 입국의 자유**(소극) : 참정권과 입국의 자유에 대한 외국인의 기본권 주체성이 인정되지 않고, 외국인이 복수국적을 누릴 자유가 우리 헌법상 행복추구권에 의하여 보호되는 기본권이라고 보기 어렵다(헌재 2014. 6. 26. 2011헌마502 복수국적 원칙적 불허 사건).

(3) 경제적 기본권

경제적 기본권 중 재산권은 외국인에게 인정되지만 직업의 자유는 원칙적으로 인정되지 않는다.

> ⚖ **판례**
>
> ▶ **직업의 자유**(한정 적극) : 직업의 자유는 원칙적으로 대한민국 국민에게 인정되는 기본권이지, 외국인에게 인정되는 기본권은 아니다. 국가정책에 따라 정부의 허가를 받은 외국인은 정부가 허가한 범위 내에서 소득활동을 할 수 있는 것이므로, 외국인이 국내에서 누리는 직업의 자유는 법률 이전에 헌법에 의해서 부여된 기본권이라고 할 수는 없고, 법률에 따른 정부의 허가에 의해 비로소 발생하는 권리이다. 헌법재판소의 결정례 중에는 외국인이 대한민국 법률에 따른 허가를 받아 국내에서 일정한 직업을 수행함으로써 근로관계가 형성된 경우, 그 직업은 그 외국인의 생활의 기본적 수요를 충족시키는 방편이 되고 또한 개성신장의 바탕이 된다는 점에서 외국인은 그 근로관계를 계속 유지함에 있어서 국가의 방해를 받지 않고 자유로운 선택과 결정을 할 자유가 있고 그러한 범위에서 제한적으로 직업의 자유에 대한 기본권 주체성을 인정할 수 있다고 하였다(헌재 2011. 9. 29. 2007헌마1083). 하지만 이는 이미 근로관계가 형성되어 있는 예외적인 경우에 제한적으로 인정한 것에 불과하다. 그러한 근로관계가 형성되기 전단계인 특정한 직업을 선택할 수 있는 권리는 국가정책에 따라 법률로써 외국인에게 제한적으로 허용되는 것이지 헌법상 기본권에서 유래되는 것은 아니다(헌재 2014. 8. 28. 2013헌마359).
>
> ▶ **직장선택의 자유와 일할 환경에 관한 권리**(적극) : 근로의 권리 중 인간의 존엄성 보장에 필요한 최소한의 근로조건을 요구할 수 있는 '일할 환경에 관한 권리' 역시 외국인에게 보장되고, 고용허가를 받아 우리 사회에서 정당한 노동인력으로서 지위를 부여받은 외국인들의 직장선택의 자유도 인간의 권리로서 보장된다(헌재 2016. 3. 31. 2014헌마367).
>
> ▶ **외국인에게 인정되는 직장선택의 자유의 수준** : 기본권 주체성의 인정문제와 기본권 제한의 정도는 별개의 문제이므로, 외국인에게 직장 선택의 자유에 대한 기본권 주체성을 인정한다는 것이 곧바로 이들에게 우리 국민과 동일한 수준의 직장선택의 자유가 보장된다는 것을 의미하는 것은 아니다(헌재 2011. 9. 29. 2007헌마1083).

(4) 정치적 기본권

정치적 기본권은 국민의 권리이므로 외국인에게 인정되지 않는다. 다만 공직선거법에서는 일정한 요건을 갖춘 외국인에게 지방선거의 선거권을 인정하고 있고, 주민투표법에서도 일정한 요건을 갖춘 외국인에게 주민투표권을 인정하고 있다.

(5) 청구권적 기본권

외국인에게 보장된 기본권과 관련된 청구권적 기본권은 외국인에게도 인정된다. 다만 국가배상법 제7조는 "국가배상법은 외국인이 피해자인 경우에는 해당 국가와 상호 보증이 있을 때에만 적용한다."고 규정하고, 범죄피해자구조법 제23조는 "범죄피해자구조법은 외국인이 구조피해자이거나 유족인 경우에는 해당 국가의 상호 보증이 있는 경우에만 적용한다."고 규정하여 국가배상청구권과 범죄피해자구조청구권에 대해 상호보증주의를 규정하고 있다.

(6) 사회적 기본권

사회적 기본권은 국민의 권리이므로 원칙적으로 외국인에게는 인정되지 않는다. 다만 환경권과 건강권은 인간의 권리로서의 성질도 있으므로 제한된 범위 내에서 외국인에게도 인정된다.

> **판례**
>
> ▶ **근로의 권리**(한정 적극) : 근로의 권리의 구체적인 내용에 따라, 국가에 대하여 고용증진을 위한 사회적·경제적 정책을 요구할 수 있는 권리는 사회권적 기본권으로서 국민에 대하여만 인정해야 하지만, 자본주의 경제질서 하에서 근로자가 기본적 생활수단을 확보하고 인간의 존엄성을 보장받기 위하여 최소한의 근로조건을 요구할 수 있는 권리는 자유권적 기본권의 성격도 아울러 가지므로 이러한 경우 외국인 근로자에게도 그 기본권 주체성을 인정함이 타당하다(헌재 2008. 1. 17. 2004헌마670).
>
> ▶ **출국만기보험금**(적극) : 헌법 제32조는 근로의 권리를 보장하고 있고, 근로의 권리는 '일할 자리에 관한 권리'만이 아니라 '일할 환경에 관한 권리'도 보장되어야 한다. '일할 환경에 관한 권리'는 인간의 존엄성에 대한 침해를 방어하기 위한 권리로서 외국인에게도 인정되며, 건강한 작업환경, 일에 대한 정당한 보수, 합리적인 근로조건의 보장 등을 요구할 수 있는 권리 등을 포함한다. 여기서의 근로조건은 임금과 그 지불방법, 취업시간과 휴식시간 등 근로계약에 의하여 근로자가 근로를 제공하고 임금을 수령하는 데 관한 조건들이고, 이 사건 출국만기보험금은 퇴직금의 성질을 가지고 있어서 그 지급시기에 관한 것은 근로조건의 문제이므로 외국인인 청구인들에게도 기본권 주체성이 인정된다(헌재 2016. 3. 31. 2014헌마367).

제2항 법인

Ⅰ 법인의 기본권 주체성

우리 헌법은 법인의 기본권 향유능력을 인정하는 명문의 규정을 두고 있지 않지만, 본래 자연인에게 적용되는 기본권 규정이라도 언론·출판의 자유, 재산권의 보장 등과 같이 성질상 법인이 누릴 수 있는 기본권을 당연히 법인에게도 적용하여야 한 것으로 본다. 따라서 법인도 사단법인·재단법인 또는 영리법인·비영리법인을 가리지 아니하고 위 한계 내에서는 헌법상 보장된 기본권이 침해되었음을 이유로 헌법소원심판을 청구할 수 있다(헌재 1991. 6. 3. 90헌마56).

Ⅱ 기본권 주체성이 인정되는 법인의 범위

1. 사법인

기본권의 보장에 관한 각 헌법규정의 해석상 국민 또는 국민과 유사한 지위에 있는 외국인과 사법인만이 기본권의 주체라 할 것이다(헌재 1994. 12. 29. 93헌마120).

2. 공법인

(1) 원칙적 부정

국가나 국가기관 또는 국가조직의 일부나 공법인은 기본권의 수범자이지 기본권의 주체로서 그 소지자가 아니고 오히려 국민의 기본권을 보호 내지 실현해야 할 책임과 의무를 지니고 있는 지위에 있을 뿐이다(헌재 1994. 12. 29. 93헌마120).

> **판례**
>
> ▶ **국회 노동위원회**(소극) : 청구인은 국회의 노동위원회로 국회의 일부조직인 상임위원회 가운데 하나에 해당하는 것으로 국가기관인 국회의 일부조직이므로 기본권의 주체가 될 수 없다(헌재 1994. 12. 29. 93헌마120).
>
> ▶ **지방자치단체**(소극) : 기본권의 보장에 관한 각 헌법규정의 해석상 국민만이 기본권의 주체라 할 것이고, 공권력의 행사자인 국가, 지방자치단체나 그 기관 또는 국가조직의 일부나 공법인은 기본권의 수범자이지 기본권의 주체가 아니고 오히려 국민의 기본권을 보호내지 실현해야 할 책임과 의무를 지니고 있을 뿐이다. 따라서 지방자치단체는 기본권의 주체가 될 수 없다(헌재 2006. 2. 23. 2004헌바50).
>
> ▶ **변호사 등록에 관한 대한변호사협회**(소극) : 국가가 행정상 필요로 인해 변호사 등록사무에 대한 감독과 통제를 실시하면서, 변호사법 제7조 제1항에 근거하여 변협에 변호사 등록과 관련한 권한을 이관한 것이다. … 따라서 변호사 등록이 단순히 변협과 그 소속 변호사 사이의 내부 법률문제라거나, 변협의 고유사무라고 할 수 없다. 이와 같은 점을 고려할 때, 변협은 변호사 등록에 관한 한 공법인으로서 공권력 행사의 주체라고 할 것이다(헌재 2019. 11. 28. 2017헌마759).
>
> ▶ **직장의료보험조합**(소극) : 법 부칙 제6조 및 제7조의 직접적인 수규자는 법인이나, 직장의료보험조합은 공법인으로서 기본권의 주체가 될 수 없다(헌재 2000. 6. 29. 99헌마289).
>
> ▶ **농지개량조합**(소극) : 농지개량조합은 농지소유자의 조합가입이 강제되는 점, 조합원의 출자에 의하여 조합재산이 형성되는 것이 아니라 국가 등이 설치한 농업생산기반시설을 그대로 인수하는 점 등 농지개량조합의 조직, 재산의 형성·유지 및 그 목적과 활동전반에 나타나는 매우 짙은 공적인 성격을 고려하건대, 이를 공법인이라고 봄이 상당하므로 헌법소원의 청구인적격을 인정할 수 없다(헌재 2000. 11. 30. 99헌마190).
>
> ▶ **주택재개발정비사업조합**(소극) : 재개발조합의 공공성과 '도시 및 주거환경정비법'에서 위 조합에 행정처분을 할 수 있는 권한을 부여한 취지 등을 종합하여 볼 때, 재개발조합이 공법인의 지위에서 행정처분의 주체가 되는 경우에 있어서는 위 조합은 재개발사업에 관한 국가의 기능을 대신하여 수행하는 공권력 행사자 내지 기본권 수범자의 지위에 있다. 따라서 재개발조합이 기본권의 수범자로 기능하면서 행정심판의 피청구인이 된 경우에 적용되는 심판대상조항의 위헌성을 다투는 이 사건에 있어, 재개발조합인 청구인은 기본권의 주체가 된다고 볼 수 없다(헌재 2022. 7. 21. 2019헌바543).
>
> ▶ **국립대학법인 서울대학교**(소극) : 국립대학법인 서울대학교가 정보공개의무를 부담하는 경우에 있어서는 국민의 알 권리를 보호해야 할 의무를 부담하는 기본권 수범자의 지위에 있다고 할 것이다. 그렇다면, 서울대학교가 기본권의 수범자로 기능하면서 행정심판의 피청구인이 된 경우에 적용되는 심판대상조항의 위헌성을 다투는 이 사건에서 서울대학교는 기본권의 주체가 된다고 할 수 없으므로 재판청구권 침해 주장은 이유 없다(헌재 2023. 3. 23. 2018헌바385 재판관 4인의 의견).

(2) 예외적 인정

공법인이나 이에 준하는 지위를 가진 자라 하더라도 공무를 수행하거나 고권적 행위를 하는 경우가 아닌 사경제 주체로서 활동하는 경우나 조직법상 국가로부터 독립한 고유 업무를 수행하는 경우, 그리고 다른 공권력 주체와의 관계에서 지배복종관계가 성립되어 일반 사인처럼 그 지배하에 있는 경우 등에는 기본권 주체가 될 수 있다. 이러한 경우에는 이들이 기본권을 보호해야 하는 국가적 기능을 담당하고 있다고 볼 수 없기 때문이다(헌재 2022. 7. 21. 2019헌바543).

> **판례**
>
> ▶ **국립대학인 서울대학교**(적극) : 교육의 자주성이나 대학의 자율성은 헌법 제22조 제1항이 보장하고 있는 학문의 자유의 확실한 보장수단으로 꼭 필요한 것으로서 이는 대학에게 부여된 헌법상의 기본권이다. 따라서 국립대학인 서울대학교는 다른 국가기관 내지 행정기관과는 달리 공권력의 행사자의 지위와 함께 기본권의 주체라는 점도 중요하게 다루어져야 한다(헌재 1992. 10. 1. 92헌마68).
>
> ▶ **국립대학인 세무대학교**(적극) : 헌법 제31조 제4항이 보장하는 대학의 자율성이란 대학의 운영에 관한 모든 사항을 외부의 간섭 없이 자율적으로 결정할 수 있는 자유를 말한다. 국립대학인 세무대학은 공법인으로서 사립대학과 마찬가지로 대학의 자율권이라는 기본권의 보호를 받으므로, 세무대학은 국가의 간섭 없이 인사·학사·시설·재정 등 대학과 관련된 사항들을 자주적으로 결정하고 운영할 자유를 갖는다(헌재 2001. 2. 22. 99헌마613).
>
> ▶ **방송사업자**(적극) : 청구인은 공법상 재단법인인 방송문화진흥회가 최다출자자인 방송사업자로서 방송법 등 관련 규정에 의하여 공법상의 의무를 부담하고 있지만, 그 설립목적이 언론의 자유의 핵심영역인 방송사업이므로 이러한 업무수행과 관련해서는 기본권 주체가 될 수 있고, 그 운영을 광고수익에 전적으로 의존하고 있는 만큼 이를 위해 사경제 주체로서 활동하는 경우에도 기본권 주체가 될 수 있다. 이 사건 심판청구는 청구인이 그 운영을 위한 영업활동의 일환으로 방송광고를 판매하는 지위에서 그 제한과 관련하여 이루어진 것이므로 그 기본권 주체성이 인정된다(헌재 2013. 9. 26. 2012헌마271).
>
> ▶ **학교안전공제회**(적극) : 공제회는 공법인적 성격과 사법인적 성격을 겸유하고 있는데, 공제회가 일부 공법인적 성격을 갖고 있다고 하더라도 공무를 수행하거나 고권적 행위를 하는 경우가 아닌 사경제주체로서 활동하는 경우나 조직법상 국가로부터 독립한 고유 업무를 수행하는 경우, 그리고 다른 공권력 주체와의 관계에서 지배복종관계가 성립되어 일반 사인처럼 그 지배하에 있는 경우 등에는 기본권 주체가 될 수 있다(헌재 2015. 7. 30. 2014헌가7).
>
> ▶ **축협중앙회**(적극) : 축협중앙회는 지역별·업종별 축협과 비교할 때, 회원의 임의탈퇴나 임의해산이 불가능한 점 등 그 공법인성이 상대적으로 크다고 할 것이지만, 이로써 공법인이라고 단정할 수는 없을 것이고, 이 역시 그 존립목적 및 설립형식에서의 자주적 성격에 비추어 사법인적 성격을 부인할 수 없으므로, 축협중앙회는 공법인성과 사법인성을 겸유한 특수한 법인으로서 기본권의 주체가 될 수 있다(헌재 2000. 6. 1. 99헌마553).

3. 권리능력 없는 사단이나 재단

(1) 한국신문편집인협회

한국신문편집인협회는 언론인들의 협동단체로서 법인격은 없으나, 대표자와 총회가 있고, 단체의 명칭, 대표의 방법, 총회 운영, 재산의 관리 기타 단체의 중요한 사항이 회칙으로 규정되어 있는 등 사단으로서의 실체를 가지고 있으므로 권리능력 없는 사단이라고 할 것이고, 따라서 기본권의 성질상 자연인에게만 인정될 수 있는 기본권이 아닌 한 기본권의 주체가 될 수 있다(헌재 1995. 7. 21. 92헌마177).

(2) 한국영화인협회

법인 아닌 사단·재단이라고 하더라도 대표자의 정함이 있고 독립된 사회적 조직체로서 활동하는 때에는 성질상 법인이 누릴 수 있는 기본권을 침해당하게 되면 그의 이름으로 헌법소원심판을 청구할 수 있다(헌재 1991. 6. 3. 90헌마56).

> ⚖️ **판례**
>
> ▶ **한국영화인협회 감독위원회**(소극) : 청구인 한국영화인협회 감독위원회는 한국영화인협회로부터 독립된 별개의 단체가 아니고, 영화인협회의 내부에 설치된 8개의 분과위원회 가운데 하나에 지나지 아니하며, 달리 단체로서의 실체를 갖추어 당사자능력이 인정되는 법인 아닌 사단으로 볼 자료가 없으므로 헌법소원심판청구능력이 있다고 할 수 없다(헌재 1991. 6. 3. 90헌마56).

(3) 진보신당

정당(진보신당)은 국민의 정치적 의사형성에 참여하기 위한 조직으로 성격상 권리능력 없는 단체에 속하지만, 구성원과는 독립하여 그 자체로서 기본권의 주체가 될 수 있다(헌재 2008. 12. 26. 2008헌마419).

Ⅲ 법인에게 인정되는 기본권의 범위

1. 인간으로서의 존엄과 가치, 행복추구권

헌법 제10조의 인간으로서의 존엄과 가치, 행복을 추구할 권리는 성질상 자연인에게 인정되는 기본권이라고 할 것이어서 법인에게는 적용되지 않는다(헌재 2006. 12. 28. 2004헌바67).

2. 인격권

법인도 법인의 목적과 사회적 기능에 비추어 볼 때 그 성질에 반하지 않는 범위 내에서 인격권의 한 내용인 사회적 신용이나 명예 등의 주체가 될 수 있고 법인이 이러한 사회적 신용이나 명예 유지 내지 법인격의 자유로운 발현을 위하여 의사결정이나 행동을 어떻게 할 것인지를 자율적으로 결정하는 것도 법인의 인격권의 한 내용을 이룬다고 할 것이다(헌재 2012. 8. 23. 2009헌가27).

> ⚖️ **판례**
>
> ▶ **선거기사심의위원회가 불공정한 선거기사를 보도하였다고 인정한 언론사에 대하여 언론중재위원회를 통하여 사과문을 게재할 것을 명하도록 하는 공직선거법 제8조의3 제3항에 의해 제한되는 기본권**(인격권) : 이 사건 법률조항들은 선거기사심의위원회로 하여금 언론사에 대하여 그 의사에 반하여 사과문을 게재할 것을 결정할 수 있도록 하고, 해당 언론사가 사과문 게재 명령을 지체 없이 이행하지 않을 경우 그 발행인 등에 대한 형사처벌을 통하여 그 실효성을 담보하고 있다. 사과의 여부 및 사과문의 구체적인 내용은 선거기사심의위원회라는 행정기관에 의해 결정되는 것이지만, 이 사건 법률조항들은 그 사과문이 마치 언론사 스스로의 결정에 의해 작성된 것처럼 해당 언론사의 이름으로 대외적으로 표명되도록 하며, 그 결과 독자들로 하여금 해당 언론사가 선거와 관련하여 객관성과 공정성을 저버린 보도를 했다는 점을 스스로 인정한 것으로 생각하게 만듦으로써, 언론에 대한 신뢰가 무엇보다 중요한 언론사의 사회적 신용이나 명예를 저하시키고 인격의 자유로운 발현을 저해한다(헌재 2015. 7. 30. 2013헌가8).

3. 평등권

평등권 및 평등선거의 원칙으로부터 나오는 선거에 있어서 기회균등의 원칙은 후보자에 대하여서는 물론 정당에 대하여서도 보장되는 것이며, 따라서 정당추천의 후보자가 선거에서 차등대우를 받는 것은 바로 정당이 선거에서 차등대우를 받는 것과 같은 결과가 되는 것이다(헌재 1991. 3. 11. 91헌마21).

4. 생명권

이 사건에서 침해된다고 하여 주장되는 기본권은 생명·신체의 안전에 관한 것으로서 성질상 자연인에게만 인정되는 것이므로, 청구인 진보신당과 같은 권리능력 없는 단체는 위와 같은 기본권의 행사에 있어 그 주체가 될 수 없다(헌재 2008. 12. 26. 2008헌마419).

5. 거주·이전의 자유

법인의 설립이나 지점 등의 설치, 활동거점의 이전 등은 법인이 그 존립이나 통상적인 활동을 위하여 필연적으로 요구되는 기본적인 행위유형들이라고 할 것이므로 이를 제한하는 것은 헌법상 법인에게 보장된 직업수행의 자유와 거주·이전의 자유를 제한하는 것인가의 문제로 귀결된다(헌재 1996. 3. 28. 94헌바42).

6. 양심의 자유

사죄광고의 강제는 양심도 아닌 것이 양심인 것처럼 표현할 것의 강제로 인간양심의 왜곡·굴절이고 겉과 속이 다른 이중인격형성의 강요인 것으로서 침묵의 자유의 파생인 양심에 반하는 행위의 강제금지에 저촉되는 것이며 따라서 우리 헌법이 보호하고자 하는 정신적 기본권의 하나인 양심의 자유의 제약(법인의 경우라면 그 대표자에게 양심표명의 강제를 요구하는 결과가 된다)이라고 보지 않을 수 없다(헌재 1991. 4. 1. 89헌마160).

7. 종교의 자유

종립학교의 학교법인이 국·공립학교의 경우와는 달리 종교교육을 할 자유와 운영의 자유를 가진다고 하더라도, 그 종립학교가 공교육체계에 편입되어 있는 이상 원칙적으로 학생의 종교의 자유, 교육을 받을 권리를 고려한 대책을 마련하는 등의 조치를 취하는 속에서 그러한 자유를 누린다고 해석하여야 한다(대판 2010. 4. 22. 2008다38288).

8. 언론·출판의 자유와 재산권

본래 자연인에게 적용되는 기본권 규정이라도 언론·출판의 자유, 재산권의 보장 등과 같이 성질상 법인이 누릴 수 있는 기본권은 당연히 법인에게도 적용하여야 한다(헌재 1991. 6. 3. 90헌마56).

9. 결사의 자유

헌법 제21조가 규정하는 결사의 자유라 함은 다수의 자연인 또는 법인이 공동의 목적을 위하여 단체를 결성할 수 있는 자유를 말하는 것으로 적극적으로는 단체결성의 자유, 단체존속의 자유, 단체활동의 자유, 결사에의 가입·잔류의 자유를, 소극적으로는 기존의 단체로부터 탈퇴할 자유와 결사에 가입하지 아니할 자유를 내용으로 한다(헌재 2006. 12. 28. 2004헌바67).

10. 직업선택의 자유

직업선택의 자유는 헌법상 법인에게도 인정되는 기본권이며, 또한 법인의 설립은 그 자체가 간접적인 직업선택의 한 방법이기도 하다(헌재 2002. 9. 19. 2000헌바84).

제3절   기본권의 효력

제1항   기본권의 효력 범위

Ⅰ 대국가적 효력

객관적 가치질서로서의 기본권은 입법·사법·행정의 모든 국가기능의 방향을 제시하는 지침으로서 작용하므로, 국가기관에게 기본권의 객관적 내용을 실현할 의무를 부여한다(헌재 1995. 6. 29. 93헌바45).

> ✎ 판례
>
> ▶ **국유재산은 시효취득의 대상이 되지 아니한다고 규정하고 있는 국유재산법 조항이 헌법에 위반되는지**(적극) : 국유재산 중 잡종재산에 대하여까지 시효취득의 대상이 되지 아니한다고 규정한 것은 사권을 규율하는 법률관계에 있어서는 그가 누구냐에 따라 차별대우가 있어서는 아니되며 비록 국가라 할지라도 국고작용으로 인한 민사관계에 있어서는 사경제적 주체로서 사인과 대등하게 다루어져야 한다는 헌법의 기본원리에 반한다(헌재 1991. 5. 13. 89헌가97).

Ⅱ 대사인적 효력

기본권 규정은 그 성질상 사법관계에 직접 적용될 수 있는 예외적인 것을 제외하고는 사법상의 일반원칙을 규정한 민법 제2조, 제103조 등의 내용을 형성하고 그 해석기준이 되어 '간접적으로' 사법관계에 효력을 미치게 된다. 종교의 자유라는 기본권의 침해와 관련한 불법행위의 성립 여부도 위와 같은 일반규정을 통하여 사법상으로 보호되는 종교에 관한 인격적 법익침해 등의 형태로 구체화되어 논하여져야 한다(대판 2010. 4. 22. 2008다38288).

제2항   기본권의 갈등

Ⅰ 기본권의 경합

1. 기본권 경합의 의의

기본권의 경합이란 하나의 규제로 인해 동일한 기본권 주체의 여러 기본권이 동시에 제약을 받는 경우를 말한다(헌재 1998. 4. 30. 95헌가16).

2. 기본권 경합시 해결이론

(1) 직접 관련 기본권 우선 적용

기본권 경합의 경우 기본권 침해를 주장하는 제청신청인과 제청법원의 의도 및 기본권을 제한하는 입법자의 객관적 동기 등을 참작하여 '사안과 가장 밀접한 관계에 있고 침해의 정도가 큰 주된 기본권'을 중심으로 해서 제한의 한계를 따져 보아야 한다(헌재 1998. 4. 30. 95헌가16).

> **판례**

▶**개별 교원이 어떤 교원단체나 노동조합에 가입해 있는지에 대한 정보공개를 제한하고 있는 교육관련기관의 정보공개에 관한 특례법 제3조 제2항 등에 의해 제한되는 기본권과 심사의 방법**: 개별 교원이 어떤 교원단체나 노동조합에 가입해 있는지에 대한 정보공개를 제한하고 있는 이 사건 법률조항 등은 학부모인 청구인들의 알 권리를 제한하는 것이며, 학부모는 그런 알 권리를 통해 자녀교육을 행하게 되므로 위 조항들은 동시에 교육권에 대한 제약도 발생시킨다고 할 수 있다. 그런데, 하나의 규제로 인해 여러 기본권이 동시에 제약을 받는 경우에는 사안과 가장 밀접한 관계에 있고 또 침해의 정도가 큰 주된 기본권을 중심으로 해서 그 제한의 한계를 따져 보아야 하는바, 학부모의 교육권은 위 정보에 대한 알 권리의 충족 여부에 따라 간접적으로 영향받는 것이라 할 수 있으므로, 사안과 가장 밀접한 관계에 있고 또 침해의 정도가 큰 알 권리를 중심으로 살펴보기로 한다(헌재 2011. 12. 29. 2010헌마293).

(2) 특별기본권 우선 적용

1) 공무담임권과 직업의 자유

국민이 선택하고 수행하고자 하는 직업이 공직인 경우에는 공무담임권과 결부되고 그것을 통하여 실현되므로 공직의 경우 공무담임권은 직업선택의 자유에 대한 '특별기본권'이어서 후자의 적용을 배제한다. 따라서 청구인들이 직업의 자유 침해를 주장하더라도 헌법재판소는 그 주장에 구애됨이 없이 공무담임권 침해 여부를 판단할 수 있다(헌재 2004. 11. 25. 2002헌바8).

> **판례**

▶**공무담임권과 직업의 자유**: 가산점제도가 국가기관의 공무원 채용시험과 관련하여 공무담임권을 침해하는지 여부를 심사한 이상 이와 별도로 직업선택의 자유의 침해 여부를 심사할 필요는 없을 것이다(헌재 2001. 2. 22. 2000헌마25).

2) 표현의 자유와 행복추구권

표현의 자유 및 선거권과 일반적 행동자유권으로서의 행복추구권은 서로 특별관계에 있어 기본권의 내용상 특별성을 갖는 표현의 자유 및 선거권이 우선 적용된다고 할 것이므로, 행복추구권 침해 여부에 관하여 따로 판단하지 아니한다(헌재 2004. 4. 29. 2002헌마467).

3) 직업의 자유와 행복추구권

어떠한 법률규정이 직업의 자유와 행복추구권의 양자를 제한하는 외관을 띠는 경우 두 기본권의 경합 문제가 발생한다. 보호영역으로서 '직업'이 문제되는 경우 직업의 자유와 행복추구권은 서로 특별관계에 있어 기본권의 내용상 특별성을 갖는 직업의 자유 침해 여부가 우선하므로, 행복추구권 관련 위헌 여부의 심사는 배제된다(헌재 2003. 9. 25. 2002헌마519).

(3) 포괄적 기본권 우선 적용

헌법 제20조 제1항은 종교의 자유를 따로 보장하고 있으므로 양심적 병역거부가 종교의 교리나 종교적 신념에 따라 이루어진 것이라면, 이 사건 법률조항에 의하여 양심적 병역거부자의 종교의 자유도 함께 제한된다. 그러나 양심의 자유는 종교적 신념에 기초한 양심뿐만 아니라 비종교적인 양심도 포함하는 포괄적인 기본권이므로, 이하에서는 양심의 자유를 중심으로 살펴보기로 한다(헌재 2004. 8. 26. 2002헌가1).

⚖ 판례

▶ **국가 또는 지방자치단체외의 자가 양로시설을 설치하고자 하는 경우 신고하도록 규정하고 이를 위반한 경우 처벌하는 노인복지법 조항에 의해 제한되는 기본권**(종교의 자유) : 심판대상조항에 의하여 신고의 대상이 되는 양로시설에 종교단체가 운영하는 양로시설을 제외하지 않는 것은 자유로운 양로시설 운영을 통한 선교의 자유, 즉 종교의 자유 제한의 문제를 불러온다. 그러나 심판대상조항은 종교단체에서 운영하는 양로시설도 일정규모 이상의 경우 신고하도록 한 규정일 뿐, 거주이전의 자유나 인간다운 생활을 할 권리의 제한을 불러온다고 볼 수 없다. 또한 종교단체의 복지시설 운영은 종교의 자유의 영역이므로 종교의 자유를 침해하는지 여부에 대한 문제로 귀결된다(헌재 2016. 6. 30. 2015헌바46).

▶ **고등교육법에서 규율하는 대학교원들의 단결권을 인정하지 않는 교원노조법 제2조 본문에 의해 제한되는 기본권**(단결권) : 이 사건의 쟁점은 근로기본권의 핵심적인 권리인 단결권조차 인정되지 아니하는 대학교원에 대한 기본권의 제한이 헌법적으로 정당화될 수 있는지 여부이다. 평등원칙 위배에 관한 제청이유는 초·중등교원과 달리 대학 교원의 단결권 등을 인정하지 않는 것의 위헌성에 관한 주장으로서, 단결권 침해의 위헌성에 대한 주장과 실질적으로 같다고 할 것이므로 별도로 살펴보지 아니한다(헌재 2018. 8. 30. 2015헌가38).

▶ **수용자가 작성한 집필문의 외부반출을 금지할 수 있다고 규정한 '형의 집행 및 수용자의 처우에 관한 법률' 제49조 제3항 등에 의해 제한되는 기본권**(통신의 자유) : 심판대상조항은 집필문을 창작하거나 표현하는 것을 금지하거나 이에 대한 허가를 요구하는 조항이 아니라 이미 표현된 집필문을 외부의 특정한 상대방에게 발송할 수 있는지 여부에 대해 규율하는 것이므로, 제한되는 기본권은 헌법 제18조에서 정하고 있는 통신의 자유로 봄이 상당하다(헌재 2016. 5. 26. 2013헌바98).

▶ **일반음식점영업소를 금연구역으로 지정하여 운영하도록 한 국민건강증진법 제9조 제4항 등에 의해 제한되는 기본권**(직업수행의 자유) : 심판대상조항은 청구인이 선택한 직업을 영위하는 방식과 조건을 규율하고 있으므로 청구인의 직업수행의 자유를 제한한다. 한편, 심판대상조항은 청구인으로 하여금 음식점 시설과 그 내부 장비 등을 철거하거나 변경하도록 강제하는 내용이 아니므로, 이로 인하여 청구인의 음식점 시설 등에 대한 권리가 제한되어 재산권이 침해되는 것은 아니다. 일반적으로 영업권이란 오랜 기간에 걸쳐 확고하게 형성되거나 획득된 고객관계, 입지조건, 영업상 비결, 신용, 영업능력, 사업연락망 등을 포함하는 영업재산이나 영업조직으로서 경제적으로 유용하면서 처분에 의한 환가가 가능한 재산적 가치를 말한다. 그런데 심판대상조항으로 인하여 개업 시점부터 현재까지 음식점을 흡연 가능 시설로 운영하지 못하고 있는 청구인에게는 영업권이 문제될 여지가 없다(헌재 2016. 6. 30. 2015헌마813).

▶ **형제자매에게 가족관계등록부 등의 기록사항에 관한 증명서 교부청구권을 부여하는 '가족관계의 등록 등에 관한 법률' 제14조 제1항 본문에 의해 제한되는 기본권**(개인정보자기결정권) : 개인의 출생, 인지, 입양, 파양, 혼인, 이혼, 사망 등의 신고를 통해 작성되고 보관·관리되는 개인정보가 수록된 각종 증명서를 본인의 동의 없이도 형제자매가 발급받을 수 있도록 하는 것은 개인정보자기결정권을 제한하는 것이다. 청구인은 이 사건 법률조항에 의하여 인간의 존엄과 가치 및 행복추구권, 사생활의 비밀과 자유가 침해된다고 주장하나, 위 기본권들은 모두 개인정보자기결정권의 헌법적 근거로 거론되는 것으로서 청구인의 개인정보에 대한 공개와 이용이 문제되는 이 사건에서 개인정보자기결정권 침해 여부를 판단하는 이상 별도로 판단하지 않는다(헌재 2016. 6. 30. 2015헌마924).

▶ **경찰청장이 2009. 6. 3. 경찰버스들로 서울특별시 서울광장을 둘러싸 통행을 제지한 행위에 의해 제한되는 기본권**(일반적 행동의 자유) : 거주·이전의 자유는 거주지나 체류지라고 볼 만한 정도로 생활과 밀접한 연관을 갖는 장소를 선택하고 변경하는 행위를 보호하는 기본권인바, 이 사건에서 서울광장이 청구인들의 생활형성의 중심지인 거주지나 체류지에 해당한다고 할 수 없고, 서울광장에 출입하고 통행하는 행위가 그 장소를 중심으로 생활을 형성해 나가는 행위에 속한다고 볼 수도 없으므로 청구인들의 거주·이전의 자유가 제한되었다고 할 수 없다. 한편 일반 공중의 사용에 제공된 공공용물을 그 제공 목적대로 이용하는 것은 일반사용 내지 보통사용에 해당하는 것으로 따로 행정주체의 허가를 받을 필요가 없는 행위이고, 이처럼 일반 공중에게 개방된 장소인 서울광장을 개별적으로 통행하거나 서울광장에서 여가활동이나 문화활동을 하는 것은 일반적 행동자유권의 내용으로 보장된다(헌재 2011. 6. 30. 2009헌마406).

▶ **구치소장의 미결수용자에 대한 종교집회 참석 제한 처우에 의해 제한되는 기본권**(종교의 자유) : 종교적 집회·결사의 자유는 종교적 목적으로 같은 신자들이 집회하거나 종교단체를 결성할 자유를 말하는데, 이 사건 종교집회 참석 제한 처우는 청구인이 종교집회에 참석하는 것을 제한한 행위이므로 청구인의 종교의 자유, 특히 종교적 집회·결사의 자유를 제한한다. 청구인은 이 사건 종교집회 참석 제한 처우가 청구인의 평등권, 행복추구권 등도 침해하였다고 주장하나, 위 주장은 결국 청구인의 종교적 집회·결사의 자유가 침해되었다는 주장과 같은 내용이어서, 이하에서는 종교의 자유에 대한 침해 여부에 관하여 판단하고, 나머지 기본권의 침해 여부에 관하여는 따로 판단하지 아니하기로 한다(헌재 2014. 6. 26. 2012헌마782).

▶ **성폭력범죄를 저지른 성도착증 환자로서 재범의 위험성이 인정되는 19세 이상의 사람에 대해 법원이 15년의 범위에서 치료명령을 선고할 수 있도록 한 성충동약물치료법 제4조 제1항 등에 의하여 제한되는 기본권**(신체의 자유, 사생활의 자유, 자기운명결정권, 인격권) : 심판대상조항들은 피치료자의 정신적 욕구와 신체기능에 대한 통제를 그 내용으로 하는 것으로서, 신체의 완전성이 훼손당하지 아니할 자유를 포함하는 헌법 제12조의 신체의 자유를 제한하고, 사회공동체의 일반적인 생활규범의 범위 내에서 사생활을 자유롭게 형성해 나가고 그 설계 및 내용에 대해서 외부로부터의 간섭을 받지 아니할 권리인 헌법 제17조의 사생활의 자유를 제한한다. 또한 심판대상조항들은 피치료자의 동의를 요건으로 하지 않으므로, 환자가 질병의 치료 여부 및 방법 등을 결정할 수 있는 신체에 관한 자기결정권 내지 성행위 여부 등에 관한 성적자기결정권 등 헌법 제10조에서 유래하는 개인의 자기운명결정권을 제한한다. 그 밖에 강제적인 성적 욕구·기능의 통제 자체로 대상자로 하여금 물적(物的) 취급을 받는 느낌, 모욕감과 수치심을 가지게 할 수 있으므로 헌법 제10조로부터 유래하는 인격권 역시 제한한다(헌재 2015. 12. 23. 2013헌가9).

▶ **폭력범죄를 2회 이상 범하여 그 습벽이 인정된 때에 해당하고 성폭력범죄를 다시 범할 위험성이 인정되는 자에 대해 검사의 청구와 법원의 판결로 3년 이상 20년 이하의 기간동안 전자장치 부착을 명할 수 있도록 한 구 전자장치 부착법 제9조 제1항 제2호 등에 의해 제한되는 기본권**(사생활의 비밀과 자유, 개인정보자기결정권, 인격권) : 이 사건 전자장치 부착 조항은 피부착자의 위치와 이동경로를 실시간으로 파악하여 피부착자를 24시간 감시할 수 있도록 하고 있으므로 피부착자의 사생활의 비밀과 자유를 제한하며, 피부착자의 위치와 이동경로 등 '위치 정보'를 수집, 보관, 이용한다는 측면에서 개인정보자기결정권도 제한한다. 한편 전자장치를 강제로 착용하게 함으로써 피부착자는 옷차림이나 신체활동의 자유가 제한되고, 24시간 전자장치 부착에 의한 위치 감시 그 자체로 모욕감과 수치심을 느낄 수 있으므로 헌법 제10조로부터 유래하는 인격권을 제한한다(헌재 2012. 12. 27. 2011헌바89)

▶ **식품이나 식품의 용기·포장에 "음주전후" 또는 "숙취해소"라는 표시를 금지하고 있는 식품등의 표시기준 제7조 『별지1』에 의해 제한되는 기본권**(영업의 자유, 표현의 자유, 특허권) : 식품제조업자 등이 숙취해소용 식품을 제조·판매함에 있어서 그 식품의 효능에 관하여 표시·광고하는 것은 영업활동의 중요한 한 부분을 이루므로 이 사건 규정에 의하여 식품제조업자 등의 직업행사의 자유(영업의 자유)가 제한된다. 뿐만 아니라 "음주전후" 또는 "숙취해소"라는 표시는 식품판매를 위한 상업적 광고표현에 해당한다고 할 것인데, 상업적 광고표현 또한 표현의 자유의 보호를 받는 대상이 되므로 이 사건 규정은 표현의 자유를 제한하는 것이기도 하다. 나아가 특허권자가 특허발명의 방법에 의하여 생산한 물건에 발명의 명칭과 내용을 표시하는 것은 특허실시권에 내재된 요소라고 할 것이므로 발명의 명칭에 해당하는 "숙취해소"라는 표시를 제한하는 내용의 이 사건 규정은 청구인들의 특허권(재산권) 또한 제한하는 것이 된다(헌재 2000. 3. 30. 99헌마143).

Ⅱ 기본권의 충돌

1. 기본권 충돌의 의의

기본권의 충돌이란 상이한 복수의 기본권 주체가 서로의 권익을 실현하기 위해 하나의 동일한 사건에서 국가에 대하여 서로 대립되는 기본권의 적용을 주장하는 경우를 말하는데, 한 기본권 주체의 기본권 행사가 다른 기본권 주체의 기본권 행사를 제한 또는 희생시킨다는 데 그 특징이 있다(헌재 2005. 11. 24. 2002헌바95).

2. 기본권 충돌 시 해결 방법

(1) 일반원칙

두 기본권이 충돌하는 경우 그 해법으로는 기본권의 서열이론, 법익형량의 원리, 실제적 조화의 원리(규범조화적 해석) 등을 들 수 있다. 헌법재판소는 기본권 충돌의 문제에 관하여 충돌하는 기본권의 성격과 태양에 따라 그때그때마다 적절한 해결방법을 선택, 종합하여 이를 해결하여 왔다(헌재 2005. 11. 24. 2002헌바95).

(2) 위계질서가 있는 기본권 간의 충돌

흡연자와 비흡연자가 함께 생활하는 공간에서의 흡연행위는 필연적으로 흡연자의 기본권과 비흡연자의 기본권이 충돌하는 상황이 초래된다. 그런데 흡연권은 사생활의 자유를 실질적 핵으로 하는 것이고 혐연권은 사생활의 자유뿐만 아니라 생명권에까지 연결되는 것이므로 혐연권이 흡연권보다 상위의 기본권이라 할 수 있다. 이처럼 상하의 위계질서가 있는 기본권끼리 충돌하는 경우에는 '상위기본권 우선의 원칙'에 따라 하위기본권이 제한될 수 있으므로, 결국 흡연권은 혐연권을 침해하지 않는 한에서 인정되어야 한다(헌재 2004. 8. 26. 2003헌마457).

> **🔖 판례**
>
> ▶ **금연구역을 지정할 수 있도록 규정하고 있는 국민건강증진법 시행규칙 제7조가 흡연권을 침해하는지**(소극) : 이 사건 조문은 국민의 건강을 보호하기 위한 것으로서 목적의 정당성을 인정할 수 있고, 흡연자와 비흡연자가 생활을 공유하는 곳에서 일정한 내용의 금연구역을 설정하는 것은 위 목적의 달성을 위하여 효과적이고 적절하여 방법의 적정성도 인정할 수 있다. 또한 이 사건 조문으로 달성하려고 하는 공익(국민의 건강)이 제한되는 사익(흡연권)보다 크기 때문에 법익균형성도 인정된다. 그렇다면 이 사건 조문은 과잉금지원칙에 위반되지 아니한다(헌재 2004. 8. 26. 2003헌마457).

(3) 위계질서가 없는 기본권 간의 충돌

두 기본권이 서로 충돌하는 경우에는 헌법의 통일성을 유지하기 위하여 상충하는 기본권 모두가 최대한으로 그 기능과 효력을 나타낼 수 있도록 하는 조화로운 방법이 모색되어야 할 것이고, 결국은 이 법에 규정한 정정보도청구제도가 과잉금지의 원칙에 따라 그 목적이 정당한 것인가 그러한 목적을 달성하기 위하여 마련된 수단 또한 언론의 자유를 제한하는 정도가 인격권과의 사이에 적정한 비례를 유지하는 것인가의 여부가 문제된다(헌재 1991. 9. 16. 89헌마165).

PART 02

판례

▶ **학부모들의 알 권리와 교원의 개인정보자기결정권**: 이 사건은 교원의 교원단체 및 노동조합 가입에 관한 정보의 공개를 요구하는 학부모들의 알 권리 및 그것을 통한 교육권과 그 정보의 비공개를 요청하는 정보주체인 교원의 사생활의 비밀과 자유 및 이를 구체화한 개인정보자기결정권이 충돌하는 문제상황이다. 두 기본권이 충돌하는 경우에는 헌법의 통일성을 유지하기 위하여 상충하는 기본권 모두 최대한으로 그 기능과 효력을 발휘할 수 있도록 조화로운 방법이 모색되어야 한다. 따라서 이 사건 법률조항 및 이 사건 시행령조항이 알 권리를 제한하는 목적이 정당한 것인가, 그러한 목적을 달성하기 위하여 마련된 수단이 알 권리를 제한하는 정도와 개인정보자기결정권을 보호하는 정도 사이에 적정한 비례를 유지하고 있는가의 관점에서 이 사건을 심사하기로 한다(헌재 2011. 12. 29. 2010헌마293).

▶ **개인적 단결권과 집단적 단결권**: 개인적 단결권이든 집단적 단결권이든 기본권의 서열이나 법익의 형량을 통하여 어느 쪽을 우선시키고 다른 쪽을 후퇴시킬 수는 없다고 할 것이다. 따라서 이러한 경우 헌법의 통일성을 유지하기 위하여 상충하는 기본권 모두가 최대한으로 그 기능과 효력을 발휘할 수 있도록 '조화로운 방법'을 모색하되, 법익형량의 원리, 입법에 의한 선택적 재량 등을 종합적으로 참작하여 심사하여야 한다(헌재 2005. 11. 24. 2002헌바95).

▶ **친양자가 될 자의 기본권과 친생부모의 기본권**: 친양자가 될 자의 기본권과 친생부모의 기본권은 공히 가족생활에 대한 기본권으로서 그 서열이나 법익의 형량을 통하여 어느 한쪽의 기본권을 일방적으로 우선시키고 다른 쪽을 후퇴시키는 것은 부적절하다. 이와 같이 기본권이 서로 충돌하는 경우에는 헌법의 통일성을 유지하기 위하여 상충하는 기본권 모두가 최대한 그 기능과 효력을 나타낼 수 있도록 하는 조화로운 방법이 모색되어야 할 것이므로, 이 사건 법률조항이 헌법에 합치하는지 여부는 결국 입법 당시의 환경을 고려한 다음 과잉금지의 원칙에 따라 그 동의를 요하도록 한 입법목적이 정당한 것인가, 그로 인한 친양자로 될 자의 기본권 제한의 정도에 있어 적정한 비례관계가 유지되고 있는가를 종합하여 판단되어야 할 것이다(헌재 2012. 5. 31. 2010헌바87).

제4절 기본권의 한계

헌법 제10조는 "모든 국민은 인간으로서의 존엄과 가치를 가지며, 행복을 추구할 권리를 가진다. 국가는 개인이 가지는 불가침의 기본적 인권을 확인하고 이를 보장할 의무를 진다."라고 규정하여 모든 기본권을 보장의 종국적 목적(기본이념)이라 할 수 있는 인간의 본질이며 고유한 가치인 개인의 인격권과 행복추구권을 보장하고 있다. 그리고 개인의 인격권·행복추구권에는 개인의 자기운명결정권이 전제되는 것이고, 이 자기운명결정권에는 성행위여부 및 그 상대방을 결정할 수 있는 성적자기결정권이 또한 포함되어 있으며 간통죄의 규정이 개인의 성적자기결정권을 제한하는 것임은 틀림없다. 그러나 개인의 성적자기결정권도 국가적·사회적·공공복리 등의 존중에 의한 내재적 한계가 있는 것이며, 따라서 절대적으로 보장되는 것은 아닐 뿐만 아니라 헌법 제37조 제2항이 명시하고 있듯이 질서유지(사회적 안녕질서), 공공복리(국민공동의 행복과 이익) 등 공동체 목적을 위하여 그 제한이 불가피한 경우에는 성적자기결정권의 본질적 내용을 침해하지 않는 한도에서 법률로써 제한할 수 있는 것이다(헌재 1990. 9. 10. 89헌마82).

제5절 　기본권의 제한

제1항 　기본권 제한의 유형

Ⅰ 　헌법유보

헌법유보란 헌법이 직접 기본권의 제한사유를 규정하여 기본권을 제한하기 위해 새로운 입법이 필요하지 않은 경우를 의미한다. 이러한 헌법유보에는 헌법이 모든 기본권에 적용되는 제한사유를 직접 규정하는 '일반적 헌법유보'와 헌법이 특정의 기본권에 한하여 제한사유를 규정하는 경우 '개별적 헌법유보'가 있다. 현행 헌법상 일반적 헌법유보조항은 없고, 개별적 헌법유보조항은 있다.

> 🔺 참고
>
> ▶ **개별적 헌법유보조항**: 재산권 행사의 공공복리 적합의무(제23조 제2항), 군인 등의 국가배상청구권 제한(제29조 제2항), 공무원과 주요 방위산업체에 종사하는 근로자의 근로3권 제한(제33조 제2항, 제3항), 정당의 민주적 기본질서 위배금지(제8조 제4항)

Ⅱ 　법률유보

1. 법률유보의 의의

헌법에서 기본권을 제한하는 권한을 법률로 위임하고 입법자가 법률로써 기본권을 제한하는 경우를 의미한다. 이러한 기본권 제한적 법률유보는 행복추구권·평등권·자유권적 기본권 등 구체적 입법이 없이 직접 행사할 수 있는 기본권을 대상으로 한다.

> 🔺 참고
>
> ▶ **법률유보의 유형**: 법률유보는 입법자에게 기본권을 제한하는 권한이 부여된 '기본권 제한적 법률유보', 입법자에게 추상적인 기본권의 구체적인 내용을 형성하는 권한이 부여된 '기본권 형성적 법률유보', 입법자에게 구체적 기본권의 내용을 보다 자세하게 규정하거나 기본권의 행사 절차를 규정하는 권한이 부여된 '기본권 구체화적 법률유보'로 나눌 수 있다. 이러한 분류는 대상으로 하는 기본권(기본권 제한적 법률유보는 자유권적 기본권, 기본권 형성적 법률유보는 사회적 기본권, 기본권 구체화적 법률유보는 재산권, 참정권, 청구권적 기본권, 절차적 기본권을 대상으로 한다), 위헌성 심사기준(과잉금지원칙은 기본권 제한적 법률의 위헌성 심사기준이다) 등에서 구별 실익이 있다.

2. 기본권 제한적 법률유보의 유형

(1) 일반적 법률유보와 개별적 법률유보

법률유보에는 모든 기본권을 적용대상으로 하는 '일반적 법률유보'와 개별적 기본권만을 적용대상으로 하는 '개별적 법률유보'가 있다. 현행 헌법은 헌법 제37조 제2항에서 일반적 법률유보조항을 두고 있고, 신체의 자유(제12조 제1항 2문)와 재산권(제23조 제3항)에서 개별적 법률유보조항을 두고 있다.

(2) 단순법률유보와 가중법률유보

단순법률유보는 입법자가 일정한 요건의 제약 없이 기본권을 제한할 수 있는 법률유보이고, 가중법률유보는 입법자가 헌법에 규정된 일정한 요건 안에서 기본권을 제한할 수 있는 법률유보이다. 헌법 제37조 제2항은 가중법률유보에 해당한다.

제2항 일반적 법률유보

헌법 제37조
② 국민의 모든 자유와 권리는 국가안전보장·질서유지 또는 공공복리를 위하여 필요한 경우에 한하여 법률로써 제한할 수 있으며, 제한하는 경우에도 자유와 권리의 본질적인 내용을 침해할 수 없다.

참고

▶**헌정사** : 일반적 법률유보조항과 본질적 내용 침해금지는 1960년 6월 헌법(제3차 개정헌법)에서, 기본권 제한의 목적으로 국가안전보장은 1972년 헌법(제7차 개정헌법)에서 도입.

Ⅰ 헌법 제37조 제2항의 규범적 의미

헌법 제37조 제2항의 규정은 기본권 제한입법의 수권규정이지만, 그것은 동시에 기본권 제한입법의 한계규정이기도 하기 때문에, 입법부도 수권의 범위를 넘어 자의적인 입법을 할 수 있는 것은 아니며, 기본권을 제한하는 입법을 함에 있어서도 그 본질적인 내용의 침해가 있거나 과잉금지의 원칙에 위배되는 입법을 할 수 없다(헌재 1990. 9. 3. 89헌가95).

Ⅱ 기본권 제한의 목적

1. 국가의 안전보장

헌법 제37조 제2항의 국가의 안전보장의 개념은 국가의 존립·헌법의 기본질서의 유지 등을 포함하는 개념으로서 결국 국가의 독립, 영토의 보전, 헌법과 법률의 기능, 헌법에 의하여 설치된 국가기관의 유지 등의 의미로 이해될 수 있다(헌재 1992. 2. 25. 89헌가104).

2. 질서유지

질서유지란 사회의 평온을 유지하고, 그 평온에 대한 위해를 사전에 방지하는 일을 말한다.

3. 공공복리

공공복리란 사회 구성원 전체에 공통되는 이익으로 공공복지라고도 한다. 개인의 개별적 이익과는 달리 다수인 개개의 이익이 잘 조화될 때 성립하는 전체의 이익을 의미한다.

Ⅲ 법률에 의한 제한

1. 법률유보의 원칙

국민의 기본권은 헌법 제37조 제2항에 의하여 국가안전보장, 질서유지 또는 공공복리를 위하여 필요한 경우에 한하여 이를 제한할 수 있으나, 그 제한은 원칙적으로 법률로써만 가능하다. 이러한 법률유보의 원칙은 '법률에 의한' 규율만을 뜻하는 것이 아니라 '법률에 근거한' 규율을 요청하는 것이므로 기본권 제한의 형식이 반드시 법률의 형식일 필요는 없고 법률에 근거를 두면서 헌법 제75조가 요구하는 위임의 구체성과 명확성을 구비하기만 하면 위임입법에 의하여도 기본권 제한은 가능하다(헌재 2005. 2. 24. 2003헌마289).

⚖ 판례

▶ **고시 등 행정규칙에의 위임 가능성**(적극) : 국회가 입법으로 행정기관에게 구체적인 범위를 정하여 위임한 사항에 관하여는 당해 행정기관이 법 정립의 권한을 갖게 되고, 이때 입법자가 그 규율의 형식도 선택할 수 있다고 보아야 하므로, 헌법이 인정하고 있는 위임입법의 형식은 예시적인 것으로 보아야 한다. 따라서 법률이 일정한 사항을 행정규칙에 위임하더라도 그 행정규칙은 위임된 사항만을 규율할 수 있으므로, 국회입법의 원칙과 상치되지 않는다. 다만, 행정규칙은 법규명령과 같은 엄격한 제정 및 개정절차를 필요로 하지 아니하므로, 기본권을 제한하는 내용의 입법을 위임할 때에는 법규명령에 위임하는 것이 원칙이고, 고시와 같은 형식으로 입법위임을 할 때에는 법령이 전문적·기술적 사항이나 경미한 사항으로서 업무의 성질상 위임이 불가피한 사항에 한정된다(헌재 2019. 11. 28. 2017헌바449).

▶ **대한변호사협회의 변호사 광고에 관한 규정 제4조 제14호 중 '협회의 유권해석에 반하는 내용의 광고' 부분 등**(유권해석위반 광고금지규정)**이 법률유보원칙에 위반되어 청구인들의 표현의 자유, 직업의 자유를 침해하는지**(적극) : 유권해석위반 광고금지규정 위반이 징계사유가 될 수 있음을 고려하면 적어도 수범자인 변호사는 유권해석을 통해 금지될 수 있는 내용들의 대강을 알 수 있어야 함에도, 규율의 예측가능성이 현저히 떨어지고 법집행기관의 자의적인 해석을 배제할 수 없는 문제가 있다. 따라서 위 규정은 수권법률로부터 위임된 범위 내에서 명확하게 규율 범위를 정하고 있다고 보기 어려우므로, 법률유보원칙에 위반되어 청구인들의 표현의 자유, 직업의 자유를 침해한다(헌재 2022. 5. 26. 2021헌마619).

▶ **고졸검정고시 또는 '고등학교 입학자격 검정고시'에 합격했던 자는 해당 검정고시에 다시 응시할 수 없도록 응시자격을 제한한 전라남도 교육청 공고가 법률유보원칙을 위반하여 청구인들의 교육을 받을 권리를 침해하는지**(적극) : 이 사건 응시제한이 검정고시 응시자에게 미치는 영향은 응시자격의 영구적인 박탈인 만큼 중대하다고 할 수 있는 점 등에 비추어 보다 엄격한 기준으로 법률유보원칙의 준수 여부를 심사하여야 할 것인바, 고졸검정고시규칙과 고입검정고시규칙은 이미 응시자격이 제한되는 자를 특정적으로 열거하고 있으면서 달리 일반적인 제한 사유를 두지 않고 또 그 제한에 관하여 명시적으로 위임한 바가 없으며, 단지 고시시행에 관한 기술적·절차적인 사항만을 위임하였을 뿐, 특히 '검정고시에 합격한 자'에 대하여만 응시자격 제한을 공고에 위임했다고 볼 근거도 없으므로, 이 사건 응시제한은 위임받은 바 없는 응시자격의 제한을 새로이 설정한 것으로서 기본권 제한의 법률유보원칙에 위배하여 청구인의 교육을 받을 권리 등을 침해한다(헌재 2012. 5. 31. 2010헌마139).

▶ **미결수용자의 면회횟수를 매주 2회로 제한하고 있는 군행형법시행령 조항이 법률유보원칙에 위배되는지**(적극) : 군행형법 제15조는 면회의 횟수를 제한하지 않는 자유로운 면회를 전제로 하면서, 면회에의 참여에 관한 사항만을 대통령령으로 정하도록 위임하고 있고 면회의 횟수에 관하여는 전혀 위임한 바가 없다. 따라서 이 사건 시행령 규정이 미결수용자의 면회횟수를 매주 2회로 제한하고 있는 것은 법률의 위임 없이 접견교통권을 제한하는 것으로서, 헌법 제37조 제2항 및 제75조에 위반된다(헌재 2003. 11. 27. 2002헌마193).

▶ **집회 또는 시위를 하기 위하여 인천애(愛)뜰 중 잔디마당과 그 경계 내 부지에 대한 사용허가 신청을 한 경우 인천광역시장이 이를 허가할 수 없도록 제한하는 인천애(愛)뜰의 사용 및 관리에 관한 조례 제7조 제1항 제5호 가목이 법률유보원칙에 위배되어 청구인들의 집회의 자유를 침해하는지**(소극) : 조례에 대한 법률의 위임은 법규명령에 대한 법률의 위임과 같이 반드시 구체적으로 범위를 정할 필요가 없으며, 포괄적으로도 할 수 있다. 이 사건 조례는 지방자치법 제13조 제2항 제1호 자목 및 제5호 나목 등에 근거하여 인천광역시가 소유한 공유재산이자 공공시설인 인천애뜰의 사용 및 관리에 필요한 사항을 규율하기 위하여 제정되었고, 심판대상조항은 잔디마당과 그 경계 내 부지의 사용 기준을 정하고 있다. 그렇다면 심판대상조항은 법률의 위임 내지는 법률에 근거하여 규정된 것이라고 할 수 있으므로 법률유보원칙에 위배되지 않는다(헌재 2023. 9. 26. 2019헌마417).

▶ **운전면허를 받은 사람이 자동차 등을 이용하여 살인 또는 강간 등 행정안전부령이 정하는 범죄행위를 한 때 운전면허를 취소하도록 하는 도로교통법 제93조 제1항 제11호가 법률유보원칙에 위배되는지**(소극) : 도로교통법 조항에 의하면 자동차 등의 운전으로 인적·물적 침해를 야기하여 도로에서의 안전한 운행을 방해할 가능성이 있는 범죄행위를 한 경우 운전 적성이 흠결된 것으로 볼 수 있다는 점에서 운전면허의 필요적 취소사유에 대한 일응의 일반적 기준이 제시되어 있고, 심판대상조항은 자동차등을 이용한 범죄행위의 예시로 살인, 강간을 규정하여 보다 더 구체적인 기준을 마련하고 있다. … 이처럼 운전면허의 필요적 취소사유인 자동차등을 이용한 범죄행위의 구체적인 유형을 반드시 법률로써 정하여야만 하는 사항으로 볼 수 없고 법률에서 운전면허의 필요적 취소사유인 살인, 강간 등 자동차등을 이용한 범죄행위에 대한 예측가능한 기준을 제시한 이상, 심판대상조항은 법률유보원칙에 위배되지 아니한다(헌재 2015. 5. 28. 2013헌가6).

▶ **구치소장이 변호인접견실에 CCTV를 설치하여 미결수용자와 변호인 간의 접견을 관찰한 행위**(CCTV 관찰행위)**가 법률유보원칙에 위배되는지**(소극) : 형집행법 제94조는 자살·자해·도주·폭행·손괴, 그 밖에 수용자의 생명·신체를 해하거나 시설의 안전 또는 질서를 해하는 행위를 방지하기 위하여 필요한 범위에서 교도관이 전자장비를 이용하여 수용자 또는 시설을 계호할 수 있도록 하고(제1항), 전자장비의 종류·설치장소·사용방법 및 녹화기록물의 관리 등에 관하여 필요한 사항은 법무부령으로 정하도록 하고 있다(제4항). 이에 따라 형집행법 시행규칙 제160조 제1호 및 제162조 제1항은 영상정보처리기기인 CCTV를 변호인접견실에 설치할 수 있도록 하였다. 이와 같이 이 사건 CCTV 관찰행위는 형집행법 제94조 제1항과 제4항에 근거를 두고 이루어진 것이므로 법률유보원칙에 위배되지 않는다(헌재 2016. 4. 28. 2015헌마243).

▶ **교도소 내 엄중격리 대상자의 수용거실에 CCTV를 설치하여 24시간 감시하는 행위가 법률유보원칙에 위배되는지**(소극) : 교도소 내 엄중격리 대상자의 수용거실에 CCTV를 설치하여 24시간 감시하는 행위는 행형법 및 교도관직무규칙 등에 규정된 교도관의 계호활동 중 육안에 의한 시선계호를 CCTV 장비에 의한 시선계호로 대체한 것에 불과하므로, CCTV 설치행위에 대한 특별한 법적 근거가 없더라도 일반적인 계호활동을 허용하는 법률규정에 의하여 허용된다(헌재 2008. 5. 29. 2005헌마137).

▶ **교도관이 미결수용자와 변호인 간에 주고받는 서류를 확인하고, 소송관계서류처리부에 그 제목을 기재하여 등재한 행위가 법률유보원칙에 위배되는지**(소극) : 형집행법 제43조는 소장이 수용자가 주고받는 서신에 법령에 따라 금지된 물품이 들어 있는지 확인할 수 있도록 하고(제3항), 서신발송의 횟수, 서신 내용물의 확인방법 및 서신 내용의 검열절차 등에 관하여 필요한 사항은 대통령령으로 정하도록 하고 있다(제8항). 이에 따라 형집행법 시행령 제71조는 교도관이 수용자의 접견, 서신수수, 전화통화 등의 과정에서 수용자의 처우에 특히 참고할 사항을 알게 된 경우에는 그 요지를 수용기록부에 기록하도록 규정하고 있다. 이와 같이 이 사건 서류 확인 및 등재행위는 형집행법 제43조 제3항과 제8항에 근거를 두고 이루어진 것이므로 법률유보원칙에 위배되지 않는다(헌재 2016. 4. 28. 2015헌마243).

▶ **○○교도소장, ○○구치소장이 청구인에 대한 규율위반사유와 징벌처분의 내용 등을 양형 참고자료로 관할법원에 통보한 행위가 법률유보원칙에 위배되어 청구인의 개인정보자기결정권을 침해하는지**(소극) : 교정시설의 장이 미결수용자에 대한 징벌에 관한 자료를 작성하는 것뿐만 아니라 이를 법원에 통지하는 행위 또한 교정시설의 안전과 질서유지라는 소관 업무를 위한 것이므로, 개인정보보호법 제17조 제1항 제2호에 근거하여 수집의 목적 범위에서 제3자에게 제공한 것으로 볼 수 있다. 설령 그렇지 않다 하더라도 이 사건 통보행위는 재판의 업무수행을 위하여 필요한 경우 개인정보를 수집목적 외의 용도로 제3자에게 제공할 수 있다고 규정한 개인정보보호법 제18조 제2항 제8호에 근거한 것으로 볼 수 있다. 따라서 이 사건 통보행위가 법률의 근거 없이 청구인의 개인정보자기결정권을 제한한 것이라고 보기 어렵다(헌재 2016. 4. 28. 2012헌마549).

2. 명확성의 원칙

명확성 원칙이란 법령을 명확한 용어로 규정함으로써 적용 대상자 즉 수범자에게 그 규제내용을 미리 알 수 있도록 공정한 고지를 하여 장래의 행동지침을 제공하고, 동시에 법 집행자에게 객관적 판단지침을 주어 차별적이거나 자의적인 법해석 및 집행을 예방하기 위한 원칙을 의미하는 것으로서, 민주주의와 법치주의의 원리에 기초하여 모든 기본권 제한입법에 요구되는 원칙이다(헌재 2002. 6. 27. 99헌마480).

> **판례**
>
> ▶ **표현의 자유를 규제하는 입법**: 표현의 자유를 규제하는 입법에 있어서 명확성의 원칙은 '특별히 중요한 의미'를 지닌다. 민주사회에서 표현의 자유가 수행하는 역할과 기능에 비추어 볼 때, 불명확한 규범에 의한 표현의 자유의 규제는 헌법상 보호받는 표현에 대한 위축적 효과를 수반하기 때문이다. 그렇기 때문에 표현의 자유를 규제하는 법률은 그 규제로 인해 보호되는 다른 표현에 대하여 위축적 효과가 미치지 않도록 규제되는 표현의 개념을 세밀하고 명확하게 규정할 것이 헌법적으로 요구된다(헌재 1998. 4. 30. 95헌가16).
>
> ▶ **명확성 원칙의 적용범위**: 명확성의 원칙은 민주주의 · 법치주의 원리의 표현으로서 '모든 기본권 제한 입법'에 요구되는 것이며, 죄형법정주의, 조세법률주의, 포괄위임금지와 같은 원칙들에도 명확성의 요청이 이미 내재되어 있다(헌재 2002. 6. 27. 99헌마480).

Ⅳ 본질적 내용 침해금지

기본권의 본질적 내용은 만약 이를 제한하는 경우에는 기본권 그 자체가 무의미하여지는 경우에 그 본질적인 요소를 말하는 것으로서, 기본권의 본질적 내용은 개별 기본권마다 다를 수 있다(헌재 1995. 4. 20. 92헌바29).

> **판례**
>
> ▶ **토지재산권의 본질적 내용**: 토지재산권의 본질적인 내용이라는 것은 토지재산권의 핵이 되는 실질적 요소 내지 근본요소를 뜻하며, 따라서 재산권의 본질적인 내용을 침해하는 경우라고 하는 것은 그 침해로 사유재산권이 유명무실해지고 사유재산제도가 형해화되어 헌법이 재산권을 보장하는 궁극적인 목적을 달성할 수 없게 되는 지경에 이르는 경우라고 할 것이다. 사유재산제도의 전면적인 부정, 재산권의 무상몰수, 소급입법에 의한 재산권 박탈 등이 본질적인 침해가 된다는 데 대하여서는 이론의 여지가 없으나 토지거래허가제는 헌법의 해석이나 국가, 사회공동체에 대한 철학과 가치관의 여하에 따라 결론이 달라질 수 있다(헌재 1989. 12. 23. 88헌가13).
>
> ▶ **국세우선징수권을 규정하면서 국세의 납부기한으로부터 1년 전에 전세권 · 질권 또는 저당권의 설정을 등기 또는 등록한 경우에만 예외로 인정하고 있는 국세기본법 제35조 제1항 3호가 재산권의 본질적 내용을 침해하는지**(적극): 먼저 성립하고 공시(公示)를 갖춘 담보물권이 후에 발생하고 공시를 전혀 갖추고 있지 않은 조세채권에 의하여 그 우선순위를 추월당함으로써, 합리적인 사유없이 저당권이 전혀 그 본래의 취지에 따른 담보기능을 발휘할 수 없게 된 사정을 엿볼 수 있다. 이는 자금대출 당시 믿고 의지하였던 근저당권이 유명무실하게 되어 결국 담보물권의 존재 의의가 상실되고 있음을 보여주는 사례로서, 담보물권이 합리적인 사유없이 담보기능을 수행하지 못하여 담보채권의 실현에 전혀 기여하지 못하고 있다면 그것은 담보물권은 물론, 나아가 사유재산제도의 본질적 내용의 침해가 있는 것이라고 보지 않을 수 없는 것이다(헌재 1990. 9. 3. 89헌가95).

▶ **국가 비상사태하에서 근로자의 단체교섭권 및 단체행동권을 제한한 구 '국가보위에 관한 특별조치법' 제11조 제2항 부분이 근로3권의 본질적인 내용을 침해하는지 여부**(적극) : 헌법 제37조 제2항 전단에 의하여 근로자의 근로3권에 대해 일부 제한이 가능하다 하더라도, '공무원 또는 주요 방위사업체 근로자'가 아닌 근로자의 근로3권을 전면적으로 부정하는 것은 헌법 제37조 제2항 후단의 본질적 내용 침해금지에 위반된다. 그런데 심판대상조항은 단체교섭권·단체행동권이 제한되는 근로자의 범위를 구체적으로 제한함이 없이, 단체교섭권·단체행동권의 행사요건 및 한계 등에 관한 기본적 사항조차 법률에서 정하지 아니한 채, 그 허용 여부를 주무관청의 조정결정에 포괄적으로 위임하고 이에 위반할 경우 형사처벌하도록 하고 있는바, 이는 모든 근로자의 단체교섭권·단체행동권을 사실상 전면적으로 부정하는 것으로서 헌법에 규정된 근로3권의 본질적 내용을 침해하는 것이다(헌재 2015. 3. 26. 2014헌가5).

▶ **생명권의 제한이 곧 생명권의 본질적 내용에 대한 침해인지 여부**(소극) : 헌법은 절대적 기본권을 명문으로 인정하고 있지 아니하며, 헌법 제37조 제2항에서는 국민의 모든 자유와 권리는 국가안전보장·질서유지 또는 공공복리를 위하여 필요한 경우에 한하여 법률로써 제한할 수 있도록 규정하고 있어, 비록 생명이 이념적으로 절대적 가치를 지닌 것이라 하더라도 생명에 대한 법적 평가가 예외적으로 허용될 수 있다고 할 것이므로, 생명권 역시 헌법 제37조 제2항에 의한 일반적 법률유보의 대상이 될 수밖에 없다. 나아가 생명권의 경우, 다른 일반적인 기본권 제한의 구조와는 달리, 생명의 일부 박탈이라는 것을 상정할 수 없기 때문에 생명권에 대한 제한은 필연적으로 생명권의 완전한 박탈을 의미하게 되는바, 생명권의 제한이 정당화될 수 있는 예외적인 경우에는 생명권의 박탈이 초래된다 하더라도 곧바로 기본권의 본질적인 내용을 침해하는 것이라 볼 수는 없다(헌재 2010. 2. 25. 2008헌가23).

Ⅴ 과잉금지의 원칙

1. 과잉금지원칙의 의의

헌법 제37조 제2항은 "국민의 모든 자유와 권리는 필요한 경우에 한하여 법률로써 제한할 수 있다."고 규정하고 있는데 이는 과잉금지의 원칙을 규정한 것이다. 즉 과잉금지원칙이란 국가가 국민의 기본권을 제한하는 내용의 입법활동을 함에 있어서 준수하여야 할 기본원칙 내지 입법활동의 한계를 의미하는 것으로서 국민의 기본권을 제한하려는 입법의 목적이 헌법 및 법률의 체제상 그 정당성이 인정되어야 하고(목적의 정당성), 그 목적의 달성을 위하여 그 방법이 효과적이고 적절하여야 하며(방법의 적절성), 입법권자가 선택한 기본권 제한의 조치가 입법목적 달성을 위하여 적절하다 할지라도 보다 완화된 형태나 방법을 모색함으로써 기본권의 제한은 필요한 최소한도에 그치도록 하여야 하며(피해의 최소성), 그 입법에 의하여 보호하려는 공익과 침해되는 사익을 비교형량할 때 보호되는 공익이 더 커야 한다(법익의 균형성)는 헌법상의 원칙이다(헌재 1990. 9. 3. 89헌가95).

2. 과잉금지원칙의 내용

(1) 목적의 정당성

목적의 정당성이란 국민의 기본권을 제한하려는 입법의 목적이 헌법 및 법률의 체제상 그 정당성이 인정되어야 한다는 것을 말한다(헌재 2008. 4. 24. 2007헌마1456).

(2) 방법의 적절성

방법의 적절성이란 정당한 입법목적을 달성하기 위한 방법이 '효과적이고 적절해야' 한다는 것을 말한다(헌재 2008. 4. 24. 2007헌마1456). 국가작용에 있어서 취해진 어떠한 조치나 선택된 수단은 그것이 달성하려는 사안의 목적에 적합하여야 함은 당연하지만 그 조치나 수단이 목적달성을 위하여 유일무이한 것일 필요는 없다(헌재 1989. 12. 22. 88헌가13).

> **판례**
>
> ▶ **방법의 적절성으로 심사하는 내용**: 헌법재판소가 방법의 적절성으로 심사하는 내용은 입법자가 선택한 방법이 최적의 것이었는가 하는 것이 아니고, 그 방법이 입법목적 달성에 유효한 수단인가 하는 점에 한정된다(헌재 2008. 4. 24. 2007헌마1456).
>
> ▶ **수단의 선택과 입법재량**: 입법목적을 달성하기 위하여 가능한 여러 수단들 가운데 구체적으로 어느 것을 선택할 것인가의 문제가 기본적으로 입법재량에 속하는 것이기는 하다. 그러나 위 입법재량이라는 것도 자유재량을 말하는 것은 아니므로 입법목적을 달성하기 위한 수단으로서 반드시 가장 합리적이며 효율적인 수단을 선택하여야 하는 것은 아니라고 할지라도 적어도 현저하게 불합리하고 불공정한 수단의 선택은 피하여야 할 것이다(헌재 1996. 4. 25. 92헌바47).
>
> ▶ **수단의 적합성과 침해의 최소성 심사**: 기본권 제한 법률은 그 합헌성과 관련, '수단의 적합성' 및 '침해의 최소성'이 요구된다. 그리고 그 여부는 입법자의 판단이 명백히 잘못되었다는 소극적 심사에 그치는 것이 아니라, 입법자로 하여금 법률이 공익의 달성이나 위험의 방지에 적합하고 최소한의 침해를 가져오는 수단이라는 것을 어느 정도 납득시킬 것이 요청된다(헌재 1999. 12. 23. 99헌마135).

(3) 침해의 최소성

1) 침해 최소성의 의의

침해의 최소성이란 입법권자가 선택한 기본권 제한의 조치가 입법목적 달성을 위하여 적절하다 할지라도 보다 완화된 형태나 방법을 모색함으로써 기본권의 제한은 필요한 최소한도에 그치도록 하여야 한다는 것을 말한다(헌재 2008. 4. 24. 2007헌마1456).

> **판례**
>
> ▶ **입법자가 택한 수단보다 국민의 기본권을 덜 침해하는 수단이 존재하는 경우**: 과잉금지원칙의 한 내용인 '최소침해의 원칙'이라는 것은 어디까지나 입법목적의 달성에 있어 동일한 효과를 나타내는 수단 중에서 되도록 당사자의 기본권을 덜 침해하는 수단을 채택하라는 헌법적 요구인바, 입법자가 택한 수단보다 국민의 기본권을 덜 침해하는 수단이 존재하더라도 그 다른 수단이 효과 측면에서 입법자가 선택한 수단과 동등하거나 유사하다고 단정할 만한 명백한 근거가 없는 이상, 그것이 과잉금지원칙에 반한다고 할 수는 없다(헌재 2012. 8. 23. 2010헌가65).
>
> ▶ **기본권을 제한당하는 국민이 그 기본권을 실현할 다른 수단이 있다고 하여 그것만으로 기본권의 제한이 정당화되는지**(소극): 국민의 자유와 권리를 제한함에 있어서는 규제하려는 쪽에서 국민의 기본권을 보다 덜 제한하는 다른 방법이 있는지를 모색하여야 할 것이지, 제한당하는 국민의 쪽에서 볼 때 그 기본권을 실현할 다른 수단이 있다고 하여 그와 같은 사유만으로 기본권의 제한이 정당화되는 것은 아니다(대판 1994. 3. 8. 92누1728).

2) 임의적 규정과 필요적 규정

입법자가 임의적 규정으로도 법의 목적을 실현할 수 있는 경우에 구체적 사안의 개별성과 특수성을 고려할 수 있는 가능성을 일체 배제하는 필요적 규정을 둔다면, 이는 비례의 원칙의 한 요소인 최소침해성의 원칙에 위배된다(헌재 1998. 5. 28. 96헌가12).

판례

▶ **운전면허를 받은 사람이 다른 사람의 자동차 등을 훔친 경우 운전면허를 필요적으로 취소하도록 한 구 도로교통법 제93조 제1항 제12호 부분이 운전면허 소지자의 직업의 자유 내지 일반적 행동의 자유를 침해하는지**(적극) : 자동차 등을 훔친 범죄행위에 대한 행정적 제재를 강화하더라도 불법의 정도에 상응하는 제재수단을 선택할 수 있도록 임의적 운전면허 취소 또는 정지사유로 규정하여도 충분히 그 목적을 달성하는 것이 가능함에도, 심판대상조항은 필요적으로 운전면허를 취소하도록 하여 구체적 사안의 개별성과 특수성을 고려할 수 있는 여지를 일절 배제하고 있다. 다른 사람의 자동차등을 훔친 모든 경우에 필요적으로 운전면허를 취소하는 것은, 그것이 달성하려는 공익의 비중에도 불구하고 운전면허 소지자의 직업의 자유 내지 일반적 행동의 자유를 과도하게 제한하는 것이다(헌재 2017. 5. 25. 2016헌가6).

▶ **거짓이나 그 밖의 부정한 수단으로 운전면허를 받은 경우 모든 범위의 운전면허를 필요적으로 취소하도록 한 구 도로교통법 제93조 제1항 단서 부분이 일반적 행동의 자유 또는 직업의 자유를 침해하는지**(일부 적극) : 심판대상조항이 '부정 취득하지 않은 운전면허'까지 필요적으로 취소하도록 한 것은, 임의적 취소·정지 사유로 함으로써 구체적 사안의 개별성과 특수성을 고려하여 불법의 정도에 상응하는 제재수단을 선택하도록 하는 등 완화된 수단에 의해서도 입법목적을 같은 정도로 달성하기에 충분하므로, 피해의 최소성 원칙에 위배된다. 나아가, 위법이나 비난의 정도가 미약한 사안을 포함한 모든 경우에 부정 취득하지 않은 운전면허까지 필요적으로 취소하고 이로 인해 2년 동안 해당 운전면허 역시 받을 수 없게 하는 것은, 공익의 중대성을 감안하더라도 지나치게 기본권을 제한하는 것이므로, 법익의 균형성 원칙에도 위배된다(헌재 2020. 6. 25. 2019헌가9).

▶ **부정한 방법으로 자동차대여사업 등록을 한 경우 필요적으로 등록을 취소하도록 규정한 여객자동차운수사업법 조항이 직업선택의 자유를 침해하는지**(소극) : 이 사건 법률조항은 자동차대여업 등록제도의 취지를 관철하고자 하는 것으로 그 목적의 정당성 및 방법의 적절성이 인정되고, 임의적 취소제도로는 입법목적을 효과적으로 달성할 수 없고, 등록기준을 사정에 따라 달리 적용함으로써 등록제도가 유명무실하게 될 뿐만 아니라, 등록이 취소된 후 2년이 경과하면 다시 등록을 할 수 있음을 고려하면 피해최소성원칙에도 부합하며, 등록 취소로 인해 자동차대여업자가 더 이상 자동차대여업을 영위하지 못하는 등 손해를 입는다고 해도 등록제를 통하여 자동차대여업의 건전한 발전과 국민의 안전을 도모하고자 하는 공익에 비하면 침해되는 사익이 더 중대하다고 할 수는 없으므로 이 사건 법률조항은 청구인의 직업선택의 자유를 침해하지 않는다(헌재 2006. 12. 28. 2005헌바87).

▶ **형사사건으로 기소되면 필요적으로 직위해제처분을 하도록 한 국가공무원법 규정의 위헌 여부**(적극) : 형사사건으로 기소되기만 하면 그가 국가공무원법 제33조 제1항 제3호 내지 제6호에 해당하는 유죄판결을 받을 고도의 개연성이 있는가의 여부에 무관하게 경우에 따라서는 벌금형이나 무죄가 선고될 가능성이 큰 사건인 경우에 대해서까지도 당해 공무원에게 일률적으로 직위해제처분을 하지 않을 수 없도록 한 이 사건 규정은 헌법 제37조 제2항의 비례의 원칙에 위반되어 직업의 자유를 과도하게 침해하고 헌법 제27조 제4항의 무죄추정의 원칙에도 위반된다(헌재 1998. 5. 28. 96헌가12).

3) 행사의 방법과 행사의 여부

침해의 최소성의 관점에서 입법자는 그가 의도하는 공익을 달성하기 위하여 우선 기본권을 보다 적게 제한하는 단계인 기본권 행사의 '방법'에 관한 규제로써 공익을 실현할 수 있는가를 시도하고 이러한 방법으로는 공익달성이 어렵다고 판단되는 경우에 그 다음 단계인 기본권 행사의 '여부'에 관한 규제를 선택해야 한다(헌재 1998. 5. 28. 96헌가5).

4) 의무부과와 불이행에 대한 제재

어떤 법률의 입법목적이 정당하고 그 목적을 달성하기 위해 국민에게 의무를 부과하고 그 불이행에 대해 제재를 가하는 것이 적합하다고 하더라도 입법자가 국민에게 의무를 부과하지 아니하고도 그 목적을 실현할 수 있음에도 불구하고 국민에게 의무를 부과하고 그 의무를 강제하기 위하여 그 불이행에 대해 제재를 가한다면 이는 최소침해성의 원칙에 위배된다(헌재 2006. 6. 29. 2002헌바80).

> **판례**
>
> ▶ **상업광고의 규제**: 상업광고는 표현의 자유의 보호영역에 속하지만 사상이나 지식에 관한 정치적, 시민적 표현행위와는 차이가 있고, 직업수행의 자유의 보호영역에 속하지만 인격발현과 개성신장에 미치는 효과가 중대한 것은 아니다. 그러므로 상업광고 규제에 관한 비례의 원칙 심사에 있어서 피해의 최소성 원칙은 같은 목적을 달성하기 위하여 달리 덜 제약적인 수단이 없을 것인지 혹은 입법목적을 달성하기 위하여 필요한 최소한의 제한인지를 심사하기보다는 '입법목적을 달성하기 위하여 필요한 범위 내의 것인지'를 심사하는 정도로 완화되는 것이 상당하다(헌재 2005. 10. 27. 2003헌가3).
>
> ▶ **전문직 자격제도**: 전문직 자격제도에 관하여는 입법자에게 폭넓은 형성의 자유가 인정되므로, 심판대상조항이 직업선택의 자유를 최소한 침해하고 있는지 여부를 판단함에 있어서도 가장 덜 제약적인 방법인지가 아니라 입법목적을 달성하기 위해 필요한 범위 내의 것인지를 심사하는 방법에 따라야 한다(헌재 2016. 9. 29. 2012헌마1002).

(4) 법익의 균형성

법익의 균형성이란 입법에 의하여 보호하려는 공익과 침해되는 사익을 비교형량할 때 보호되는 공익이 더 커야 한다는 것을 말한다(헌재 2008. 4. 24. 2007헌마1456).

3. 과잉금지원칙 심사의 강도

(1) 인격의 내적 핵심을 이루는 요소에 대한 제한

사람의 육체적 · 정신적 상태나 건강에 대한 정보, 성생활에 대한 정보와 같은 것은 인간의 존엄성이나 인격의 내적 핵심을 이루는 요소이다. 인간이 아무리 공동체에서 어울려 살아가는 사회적 존재라 할지라도 개인의 질병명은 외부세계와의 접촉을 통하여 생성 · 전달 · 공개 · 이용되는 것이 자연스럽거나 필요한 정보가 아니다. 오히려 특별한 사정이 없는 한 타인의 지득, 외부에 대한 공개로부터 차단되어 개인의 내밀한 영역 내에 유보되어야 하는 정보인 것이다. 따라서 이러한 성격의 개인정보를 공개함으로써 사생활의 비밀과 자유를 제한하는 국가적 조치는 '엄격한 기준과 방법'에 따라 섬세하게 행하여지지 않으면 안 된다(헌재 2007. 5. 31. 2005헌마1139).

(2) 경제적 활동을 규제하는 경제사회적 입법사항

전기간선시설의 설치비용을 누구에게, 어느 정도로 부담시킬 것인지의 문제는 개인의 본질적이고 핵심적 자유영역에 속하는 사항이라기보다는 사회적 연관관계에 놓여지는 경제적 활동을 규제하는 경제사회적인 입법사항에 해당하므로 비례의 원칙을 적용함에 있어서도 보다 '완화된 심사기준'이 적용된다(헌재 2005. 2. 24. 2001헌바71).

4. 과잉금지원칙에 대한 입증책임

법률이 개인의 핵심적 자유영역(생명권, 신체의 자유, 직업선택의 자유 등)을 침해하는 경우 이러한 자유에 대한 보호는 더욱 강화되어야 하므로, 입법자는 입법의 동기가 된 구체적 위험이나 공익의 존재 및 법률에 의하여 입법목적이 달성될 수 있다는 구체적 인과관계를 헌법재판소가 납득하게끔 소명·입증해야 할 책임을 진다(헌재 2002. 10. 31. 99헌바76).

5. 과잉금지원칙의 적용범위

(1) 기본권이 제한되는 경우

헌법은 제33조 제2항은 "공무원인 근로자는 법률이 정하는 자에 한하여 단결권·단체교섭권 및 단체행동권을 가진다."고 규정하여 공무원인 근로자에 대하여는 일정한 범위의 공무원에 한하여서만 노동3권을 향유할 수 있도록 함으로써 기본권의 주체에 관한 제한을 두고 있다. 헌법 제33조 제2항이 직접 '법률이 정하는 자'만이 노동3권을 향유할 수 있다고 규정하고 있어서 '법률이 정하는 자' 이외의 공무원은 노동3권의 주체가 되지 못하므로, 노동3권이 인정됨을 전제로 하는 헌법 제37조 제2항의 과잉금지원칙은 적용이 없는 것으로 보아야 할 것이다(헌재 2007. 8. 30. 2003헌바51).

(2) 모든 국가작용의 한계

헌법 제37조 제2항의 비례원칙은, 단순히 기본권 제한의 일반원칙에 그치지 않고, 모든 국가작용은 정당한 목적을 달성하기 위하여 필요한 범위 내에서만 행사되어야 한다는 국가작용의 한계를 선언한 것이므로, 비록 병역법 제5조가 헌법 제39조에 규정된 국방의 의무를 형성하는 입법이라 할지라도 그에 대한 심사는 헌법상 비례원칙에 의하여야 한다(헌재 2018. 6. 28. 2011헌바379).

제3항 특별권력관계

I 고전적 특별권력관계론

19세기 독일 공법이론의 산물인 특별권력관계이론에 따르면, 국민은 일반국민과 특별권력관계에 있는 국민으로 구분되고 후자에게는 기본권이 적용되지 않는다고 한다. 즉 기본권이란 국가의 침해로부터 사회의 구성원을 보호하고자 하는 것인데, 공무원관계와 같이 개인이 사회에서 이탈하여 국가와의 특별한 권리·의무관계에 들어가는 경우 개인은 기본권의 주체인 '사회의 구성원'이 아니라 '국가조직의 일부분'으로 간주된다. 그 결과 특별권력관계에 있는 국민은 기본권의 보호를 받지 못하게 되어 그에 대한 규율은 기본권의 제한에 해당하지 아니하며 법률유보의 원칙 등이 적용되지 아니한다(헌재 2016. 11. 24. 2012헌마854).

> 🏛 참고
>
> ▶ **특별권력관계의 종류**: 공무원의 근무관계, 군복무관계, 국공립학교 재학관계, 재소자관계, 국공립병원 입원관계 등

II 현대적 특별권력관계론

1. 고전적 특별권력관계론의 인정 여부

현대법치국가에서는 국가와 특수한 관계에 있는 국민에 대하여 기본권 보호의 사각지대를 인정한 특별권력관계이론은 더 이상 용인될 수 없는 이론이다. 모든 국가기관이 기본권의 구속을 받는 헌법국가에서 기본권의 구속으로부터 자유로운 국가행위의 영역은 원칙적으로 인정되지 않는다(헌재 2016. 11. 24. 2012헌마854).

2. 기본권의 보장

(1) 기본권의 보장

기본권의 예외 없는 보장을 핵심으로 하는 오늘날의 법치주의 헌법 아래에서 군인이라고 하여 기본권보장의 예외가 될 수는 없다(헌재 2010. 10. 28. 2008헌마638).

(2) 제한되는 기본권

수형자라 하여 모든 기본권을 제한하는 것은 허용되지 아니하며, 제한되는 기본권은 형의 집행과 도망의 방지라는 구금의 목적과 관련된 기본권(신체의 자유, 거주이전의 자유, 통신의 자유 등)에 한정되어야 하고, 그 역시 형벌의 집행을 위하여 필요한 한도를 벗어날 수 없다(헌재 2008. 5. 29. 2005헌마137).

(3) 제한의 한계

수형자의 기본권 제한에 대한 구체적인 한계는 헌법 제37조 제2항에 따라 법률에 의하여, 구체적인 자유·권리의 내용과 성질, 그 제한의 태양과 정도 등을 교량하여 설정하게 되며, 수용시설 내의 안전과 질서를 유지하기 위하여 이들 기본권의 일부 제한이 불가피하다 하더라도 그 본질적인 내용을 침해하거나, 과잉금지의 원칙에 위배되어서는 안 된다(헌재 2004. 12. 16. 2002헌마478).

3. 특별권력관계에서의 사법심사

경찰공무원을 비롯한 공무원의 근무관계인 이른바 특별권력관계에 있어서도 일반행정법관계에 있어서와 마찬가지로 행정청의 위법한 처분 또는 공권력의 행사·불행사 등으로 인하여 권리 또는 법적 이익을 침해당한 자는 행정소송 등에 의하여 그 위법한 처분 등의 취소를 구할 수 있다(헌재 1995. 12. 28. 91헌마80).

> **판례**
>
> ▶육군3사관학교 사관생도인 갑이 4회에 걸쳐 학교 밖에서 음주를 하여 '사관생도 행정예규' 제12조에서 정한 품위유지의무를 위반하였다는 이유로 육군3사관학교장이 교육운영위원회의 의결에 따라 갑에게 내린 퇴학처분이 적법한지(소극): 사관생도의 모든 사적 생활에서까지 예외 없이 금주의무를 이행할 것을 요구하면서 사관생도의 음주가 교육 및 훈련 중에 이루어졌는지 여부나 음주량, 음주 장소, 음주 행위에 이르게 된 경위 등을 묻지 않고 일률적으로 2회 위반 시 원칙으로 퇴학 조치하도록 정한 것은 사관학교가 금주제도를 시행하는 취지에 비추어 보더라도 사관생도의 기본권을 지나치게 침해하는 것이므로, 위 금주조항은 사관생도의 일반적 행동자유권, 사생활의 비밀과 자유 등 기본권을 과도하게 제한하는 것으로서 무효이다(대판 2018. 8. 30. 2016두60591).
>
> ▶미결수용자 특히 유치인의 기본권 제한의 한계: 무죄가 추정되는 미결수용자의 자유와 권리에 대한 제한은 구금의 목적인 도망·증거인멸의 방지와 시설 내의 규율 및 안전 유지를 위한 필요최소한의 합리적인 범위를 벗어나서는 아니 된다. 현행범으로 체포되었으나 아직 구속영장이 발부·집행되지 않은, 즉 구속 여부에 관한 종국적 판단조차 받지 않은 잠정적 지위에 있는 이 사건 청구인들에 대한 기본권 제한은 구속영장이 발부·집행된 미결수용자들의 경우와는 달리 더 완화되어야 할 것이며, 이들의 권리는 가능한 한 더욱 보호됨이 바람직하다(헌재 2001. 7. 19. 2000헌마546).

▶ 접견횟수 초과를 이유로 수형자인 청구인에 대하여 변호사와의 접견을 불허한 처분이 수형자의 재판청구권 등을 **침해하는지 여부**(소극) : 형이 확정되어 자유형의 집행을 위하여 수용되어 있는 수형자는 미결수용자의 지위와 구별되므로 접견의 빈도 등이 상당 정도 제한될 수밖에 없고, 수형자와 변호사와의 접견을 일반접견에 포함시켜 제한하더라도 접견횟수에 대한 탄력적 운용, 서신 및 집필문서 발송, 전화통화에 의하여 소송준비 또는 소송수행을 할 수 있으므로 피청구인의 접견 불허처분이 헌법 제27조의 재판청구권 등 청구인의 헌법상 보장된 권리를 침해하는 것이라고 보기는 어렵다(헌재 2004. 12. 16. 2002헌마478).

▶ 교도소 내 엄중격리 대상자에 대하여 이동 시 계구를 사용하고 교도관이 동행계호하는 행위 및 1인 운동장을 사용하게 하는 처우가 신체의 자유를 과도하게 제한하는지(소극) : 청구인들은 상습적으로 교정질서를 문란케 하는 등 교정사고의 위험성이 높은 엄중격리 대상자들인바, 이들에 대한 계구사용행위, 동행계호행위 및 1인 운동장을 사용하게 하는 처우는 그 목적의 정당성 및 수단의 적정성이 인정되며, 필요한 경우에 한하여 부득이한 범위 내에서 실시되고 있다고 할 것이고, 이로 인하여 수형자가 입게 되는 자유 제한에 비하여 교정사고를 예방하고 교도소 내의 안전과 질서를 확보하는 공익이 더 크다고 할 것이다(헌재 2008. 5. 29. 2005헌마137).

▶ 금치처분을 받은 수형자에 대하여 금치 기간 중 운동을 금지하는 행형법 시행령 조항이 수형자의 신체의 자유 **등을 침해하는지 여부**(적극) : 금치 수형자에 대하여 일체의 운동을 금지하는 것은 수형자의 신체적 건강뿐만 아니라 정신적 건강을 해칠 위험성이 현저히 높다. 따라서 금치처분을 받은 수형자에 대한 절대적인 운동의 금지는 징벌의 목적을 고려하더라도 그 수단과 방법에 있어서 필요한 최소한도의 범위를 벗어난 것으로서, 수형자의 헌법 제10조의 인간의 존엄과 가치 및 신체의 안전성이 훼손당하지 아니할 자유를 포함하는 제12조의 신체의 자유를 침해하는 정도에 이르렀다고 판단된다(헌재 2004. 12. 16. 2002헌마478).

▶ 금치기간 중 실외운동을 원칙적으로 제한하는 형집행법 제112조 제3항 부분이 청구인의 신체의 자유를 침해하는 **지 여부**(적극) : 이 사건 법률조항은 금치처분을 받은 사람에 대하여 실외운동을 원칙적으로 금지하고, 다만 소장의 재량에 의하여 이를 예외적으로 허용하고 있다. 그러나 소란, 난동을 피우거나 다른 사람을 해할 위험이 있어 실외운동을 허용할 경우 금치처분의 목적 달성이 어려운 예외적인 경우에 한하여 실외운동을 제한하는 덜 침해적인 수단이 있음에도 불구하고, 위 조항은 금치처분을 받은 사람에게 원칙적으로 실외운동을 금지한다. 나아가 위 조항은 예외적으로 실외운동을 허용하는 경우에도, 실외운동의 기회가 부여되어야 하는 최저기준을 법령에서 명시하고 있지 않으므로, 침해의 최소성 원칙에 위배된다. 위 조항은 수용자의 정신적·신체적 건강에 필요 이상의 불이익을 가하고 있고, 이는 공익에 비하여 큰 것이므로 위 조항은 법익의 균형성 요건도 갖추지 못하였다. 따라서 위 조항은 청구인의 신체의 자유를 침해한다(헌재 2016. 5. 26. 2014헌마45).

▶ 행형법상 금치처분을 받은 자에 대하여 금치기간 중 집필을 전면 금지한 행형법 시행령 제145조 제2항 본문 중 **"집필" 부분이 과잉금지원칙에 위반하여 청구인의 표현의 자유를 침해하는지**(적극) : 기본권을 제한하는 입법에 있어 입법자는 침해 최소성의 관점에서 기본권을 보다 적게 제한하는 단계인 기본권행사의 '방법'에 관한 규제로써 의도하는 목적을 달성할 수 있는가를 시도하고 이러한 방법으로는 목적 달성이 어렵다고 판단되는 경우에 비로소 그 다음 단계인 기본권행사의 '여부'에 관한 규제를 선택해야 한다. 그런데 이 사건 시행령조항이 규율 위반자에 대해 불이익을 가한다는 면만을 강조하여 금치처분을 받은 자에 대하여 집필의 목적과 내용 등을 묻지 않고, 또 대상자에 대한 교화 또는 처우상 필요한 경우까지도 예외 없이 일체의 집필행위를 금지하고 있음은 입법목적 달성을 위한 필요최소한의 제한이라는 한계를 벗어난 것이라고 할 것이다(헌재 2005. 2. 24. 2003헌마289).

▶ 교정시설 내에서 규율위반행위 등을 이유로 금치처분을 받은 미결수용자가 금치기간 중 서신수수, 접견, 전화통화를 제한하는 형집행법 조항이 청구인의 통신의 자유를 침해하는지(소극) : 금치처분을 받은 미결수용자에 대하여 금치기간 중 서신수수, 접견, 전화통화를 제한하는 것은 대상자를 구속감과 외로움 속에 반성에 전념하게 함으로써 수용시설 내 안전과 질서를 유지하기 위한 것이다. 접견이나 서신수수의 경우에는 교정시설의 장이 수용자의 권리구제 등을 위해 필요하다고 인정한 때에는 예외적으로 허용할 수 있도록 하여 기본권 제한을 최소화하고 있다. 나아가 금치처분을 받은 자는 수용시설의 안전과 질서유지에 위반되는 행위, 그 중에서도 가장 중하다고 평가된 행위를 한 자이므로 이에 대하여 금치기간 중 일률적으로 전화통화를 금지한다 하더라도 과도하다고 보기 어렵다(헌재 2016. 4. 28. 2012헌마549).

▶ **금치기간 중 공동행사 참가를 정지하는 형집행법 조항이 청구인의 통신의 자유, 종교의 자유를 침해하는지**(소극) : 형집행법 제112조 제3항 본문 중 제108조 제4호에 관한 부분은 금치의 징벌을 받은 사람에 대해 금치기간 동안 공동행사 참가 정지라는 불이익을 가함으로써, 규율의 준수를 강제하여 수용시설 내의 안전과 질서를 유지하기 위한 것으로서, 목적의 정당성 및 수단의 적합성이 인정된다. 금치처분을 받은 사람은 최장 30일 이내의 기간 동안 공동행사에 참가할 수 없으나, 서신수수, 접견을 통해 외부와 통신할 수 있고, 종교상담을 통해 종교활동을 할 수 있다. 또한, 위와 같은 불이익은 규율 준수를 통하여 수용질서를 유지한다는 공익에 비하여 크다고 할 수 없다(헌재 2016. 5. 26. 2014헌마45).

▶ **금치기간 중 텔레비전 시청을 제한하는 형집행법 제112조 제3항 본문 부분이 청구인의 알 권리를 침해하는지**(소극) : 금치처분은 금치처분을 받은 사람을 징벌거실 속에 구금하여 반성에 전념하게 하려는 목적을 가지고 있으므로 그에 대하여 일반수용자와 같은 수준으로 텔레비전 시청이 이뤄지도록 하는 것은 교정실무상 어려움이 있고, 금치처분을 받은 사람은 텔레비전을 시청하는 대신 수용시설에 보관된 도서를 열람함으로써 다른 정보원에 접근할 수 있다. 또한, 위와 같은 불이익은 규율 준수를 통하여 수용질서를 유지한다는 공익에 비하여 크다고 할 수 없다. 따라서 위 조항은 청구인의 알 권리를 침해하지 아니한다(헌재 2016. 5. 26. 2014헌마45).

▶ **금치기간 중 신문·도서·잡지 외 자비구매물품의 사용을 제한하는 형집행법 제112조 제3항 본문 부분이 청구인의 일반적 행동의 자유를 침해하는지 여부**(소극) : 이 사건 법률조항은 금치의 징벌을 받은 사람에 대해 금치기간 동안 자비로 구매한 음식물, 의약품 및 의료용품 등 자비구매물품을 사용할 수 없는 불이익을 가함으로써, 규율의 준수를 강제하여 수용시설 내의 안전과 질서를 유지하기 위한 것으로서 목적의 정당성 및 수단의 적합성이 인정된다. 금치처분을 받은 사람은 소장이 지급하는 음식물, 의류·침구, 그 밖의 생활용품을 통하여 건강을 유지하기 위한 필요최소한의 생활을 영위할 수 있고, 의사가 치료를 위하여 처방한 의약품은 여전히 사용할 수 있다. 또한, 위와 같은 불이익은 규율 준수를 통하여 수용질서를 유지한다는 공익에 비하여 크다고 할 수 없다. 따라서 위 조항은 청구인의 일반적 행동의 자유를 침해하지 아니한다(헌재 2016. 5. 26. 2014헌마45).

▶ **동장이 구청장의 처분에 대해 취소소송을 청구할 수 있는지**(적극) : 동장과 구청장과의 관계는 이른바 행정상의 특별권력관계에 해당되며 이러한 특별권력관계에 있어서도 위법 부당한 특별권력의 발동으로 말미암아 권리를 침해당한 자는 행정소송법 제1조의 규정에 따라 그 위법 또는 부당한 처분의 취소를 구할 수 있다(대판 1982. 7. 27. 80누86).

제6절 기본권의 확인과 보장

제1항 국가의 기본권 확인과 기본권 보장의무

헌법 제10조
국가는 개인이 가지는 불가침의 기본적 인권을 확인하고 이를 보장할 의무를 진다.

Ⅰ 국가의 기본권 보장의무

헌법 제10조 제2문은 "국가는 개인이 가지는 불가침의 기본적 인권을 확인하고 이를 보장할 의무를 진다."고 규정하고 있는데, 국가는 국민의 기본권을 침해하지 않고 이를 최대한 보호해야 할 의무를 지며 만약 국가가 불법적으로 국민의 기본권을 침해하는 경우 그러한 기본권을 보호해 주어야 할 행위의무를 진다(헌재 2003. 5. 15. 2000헌마192).

Ⅱ 기본권 보호의무

1. 기본권 보호의무의 의의

기본권 보호의무란 기본권적 법익을 기본권 주체인 사인에 의한 위법한 침해 또는 침해의 위험으로부터 보호하여야 하는 국가의 의무를 말하며, 주로 사인인 제3자에 의한 개인의 생명이나 신체의 훼손에서 문제되는데, 이는 타인에 의하여 개인의 신체나 생명 등 법익이 국가의 보호의무 없이는 무력화될 정도의 상황에서만 적용될 수 있다(헌재 2009. 2. 26. 2005헌마764).

> 📌 **판례**
>
> ▶ **생명·신체의 안전을 보호할 국가의 의무**: 인간의 존엄과 가치의 근간을 이루는 국민의 생명·신체의 안전이 위협받거나 받게 될 우려가 있는 경우, 국가로서는 그 위험의 원인과 정도에 따라 사회·경제적인 여건 및 재정사정 등을 감안하여 국민의 생명·신체의 안전을 보호하기에 필요한 적절하고 효율적인 입법·행정상의 조치를 취하여 그 침해의 위험을 방지하고 이를 유지할 포괄적인 의무를 진다(헌재 2016. 10. 27. 2012헌마121).

2. 기본권 보호의무의 인정근거

우리 헌법은 제10조에서 국가는 개인이 가지는 불가침의 기본적 인권을 확인하고 이를 보장할 의무를 진다고 규정함으로써, 소극적으로 국가권력이 국민의 기본권을 침해하는 것을 금지하는 데 그치지 아니하고 나아가 적극적으로 국민의 기본권을 타인의 침해로부터 보호할 의무를 부과하고 있다(헌재 1997. 1. 16. 90헌마110).

3. 기본권 보호의무와 기본권과의 관계

국민의 기본권에 대한 국가의 적극적 보호의무는 입법자의 입법행위를 매개로 하지 아니하고 단순히 기본권이 존재한다는 것만으로 헌법상 광범위한 방어적 기능을 갖게 되는 기본권의 소극적 방어권으로서의 측면과 근본적인 차이가 있다. 즉 기본권에 대한 보호의무자로서의 국가는 국민의 기본권에 대한 침해자로서의 지위에 서는 것이 아니라 국민과 동반자로서의 지위에 서는 점에서 서로 다르다(헌재 1997. 1. 16. 90헌마110).

4. 기본권 보호의무의 실현책임

(1) 입법자

국가의 보호의무를 입법자가 어떻게 실현하여야 할 것인가 하는 문제는 원칙적으로 권력분립 원칙과 민주주의 원칙에 따라 국민에 의해 직접 민주적 정당성을 부여받고 자신의 결정에 대해 정치적 책임을 지는 입법자의 책임범위에 속한다(헌재 1997. 1. 16. 90헌마110).

(2) 입법재량

국가의 기본권 보호의무의 이행은 입법자의 입법을 통하여 비로소 구체화되는 것이고, 국가가 그 보호의무를 어떻게 어느 정도로 이행할 것인지는 원칙적으로 한 나라의 정치·경제·사회·문화적인 제반여건과 재정사정 등을 감안하여 입법정책적으로 판단하여야 하는 입법재량의 범위에 속하는 것이다(헌재 1997. 1. 16. 90헌마110).

> **✖ 판례**
>
> ▶ **국가가 국민의 기본권 보호의무를 이행함에 있어 그 행위의 형식에 관하여도 폭넓은 형성의 자유가 인정되는지**(적극) :
> 국가가 국민의 기본권 보호의무를 이행함에 있어 그 행위의 형식에 관하여도 폭넓은 형성의 자유가 인정되고,
> 그것도 반드시 법령에 의하여 이행하여야 하는 것은 아니며, 이 사건 고시와 같이 국가가 쇠고기 소비자의 생명·
> 신체의 안전에 관한 보호의무를 이행하기 위하여 취한 행위의 경우 법령의 위임이 없거나 그 위임의 범위를 벗어
> 난 것이라는 사유만으로는 보호의무를 위반하거나 그로 인하여 소비자의 기본권을 침해한 것으로 볼 수 없다(헌재
> 2008. 12. 26. 2008헌마419).

5. 기본권보호의무에 대한 심사기준

(1) 과소보호금지원칙

입법자가 보호의무를 최대한으로 실현하려고 노력하는 것이 이상적이기는 하나, 그것이 헌법재판
소에 의한 심사기준을 의미하지는 않는다. 만일 헌법재판소에 의한 심사기준을 입법자에 대한 헌
법의 요구와 일치시킨다면, 이는 바로 공동체의 모든 것이 헌법재판소의 판단에 의하여 결정되는
것을 의미하며, 결과적으로 헌법재판소가 입법자를 물리치고 정치적 형성의 최종적 주체가 됨으로
써 우리 헌법이 설정한 권력분립적 기능질서에 반하게 된다. 그러므로 헌법재판소는 권력분립의
관점에서 소위 "과소보호금지원칙", 즉 국가가 국민의 법익보호를 위하여 적어도 적절하고 효율적
인 최소한의 보호조치를 취했는가를 기준으로 심사하게 된다(헌재 1997. 1. 16. 90헌마110).

> **✖ 판례**
>
> ▶ **국가의 기본권보호의무 위반인 경우** : 입법부작위나 불완전한 입법에 의한 기본권의 침해는 입법자의 보호의무에
> 대한 명백한 위반이 있는 경우에만 인정될 수 있다. 다시 말하면 국가가 국민의 법익을 보호하기 위하여 전혀 아무
> 런 보호조치를 취하지 않았든지 아니면 취한 조치가 법익을 보호하기에 명백하게 전적으로 부적합하거나 불충분한
> 경우에 한하여 헌법재판소는 국가의 보호의무의 위반을 확인할 수 있을 뿐이다(헌재 1997. 1. 16. 90헌마110).

(2) 특정조치를 취할 국가의 의무

헌법재판소는 원칙적으로 국가의 보호의무에서 특정조치를 취해야 할 또는 특정법률을 제정해야
할 구체적인 국가의 의무를 이끌어 낼 수 없다. 단지 국가가 특정조치를 취해야만 당해 법익을
효율적으로 보호할 수 있는 유일한 수단일 경우에만 입법자의 광범위한 형성권은 국가의 구체적
인 보호의무로 축소되며, 이 경우 국가가 보호의무 이행의 유일한 수단인 특정조치를 취하지 않은
때에는 헌법재판소는 보호의무의 위반을 확인하게 된다(헌재 1997. 1. 16. 90헌마110).

> **✖ 판례**
>
> ▶ **공직선거 선거운동 시 확성장치 사용에 따른 소음 규제기준 규정을 두지 않은 공직선거법 제79조 제3항 제2호
> 등이 청구인의 건강하고 쾌적한 환경에서 생활할 권리를 침해하여 위헌인지**(적극) : 심판대상조항이 선거운동의 자
> 유를 감안하여 선거운동을 위한 확성장치를 허용할 공익적 필요성이 인정된다고 하더라도 정온한 생활환경이 보
> 장되어야 할 주거지역에서 출근 또는 등교 이전 및 퇴근 또는 하교 이후 시간대에 확성장치의 최고출력 내지 소음
> 을 제한하는 등 사용시간과 사용지역에 따른 수인한도 내에서 확성장치의 최고출력 내지 소음 규제기준에 관한
> 규정을 두지 아니한 것은, 국민이 건강하고 쾌적하게 생활할 수 있는 양호한 주거환경을 위하여 노력하여야 할
> 국가의 의무를 부과한 헌법 제35조 제3항에 비추어 보면, 적절하고 효율적인 최소한의 보호조치를 취하지 아니하
> 여 국가의 기본권 보호의무를 과소하게 이행한 것으로서, 청구인의 건강하고 쾌적한 환경에서 생활할 권리를 침
> 해하므로 헌법에 위반된다(헌재 2019. 12. 27. 2018헌마730).

▶ 일정한 한약서에 수재된 품목에 대해 안전성·유효성 심사를 면제할 수 있도록 규정하고 있는 '한약(생약)제제 등의 품목허가·신고에 관한 규정'(식품의약품안전처고시) 제24조 제1항 제4호, 제5호가 국가의 기본권 보호의무를 위반함으로써 청구인들의 보건권을 침해하는지(소극): 심판대상조항에 의하여 일정한 한약서에 수재된 품목으로서 품목허가·신고를 할 때 안전성·유효성 심사가 면제되는 품목은, 사용경험이 풍부하여 안전성·유효성이 확인되고, 위험성이 상대적으로 낮은 제제에 한정되어 있으며, 한약서에 수재된 품목이더라도 안전성을 저해할 우려가 있는 경우에는 안전성·유효성 심사대상에 다시 포함됨으로써 국민의 건강을 보호하기 위한 규제방안이 마련되어 있다. 이러한 사정들을 종합하여 보면, 심판대상조항이 일정한 한약서에 수재된 처방에 해당하는 품목의 한약제제를 안전성·유효성 심사대상에서 제외하였더라도, 국가가 국민의 보건권을 보호하는 데 적절하고 효율적인 최소한의 조치를 취하지 아니하였다고는 볼 수 없다. 따라서 심판대상조항은 국민의 보건권에 관한 국가의 보호의무를 위반하지 아니하고, 청구인들의 보건권을 침해하지 아니한다(헌재 2018. 5. 31. 2015헌마1181).

▶ 원자력발전소(원전) 건설을 내용으로 하는 전원개발사업 실시계획에 대한 승인권한을 산업통상자원부장관에게 부여하고 있는 전원개발촉진법 제5조 제1항 본문(승인조항)이 국가의 기본권 보호의무를 위반하는지(소극): 전원개발사업을 실시할 때에는 우리나라 전체의 전력수급상황이나 장기적인 에너지 정책에 부합하는지 여부 등을 고려하여 그 필요성을 따져보아야 하므로, 이를 종합적으로 검토하기 위하여 전원개발사업 실시 단계에서 일률적으로 산업통상자원부장관의 승인을 받도록 한 것은 그 타당성이 있다. 다만 원전 사고로 인한 피해의 심각성을 고려할 때 원자력의 특성을 도외시하고 다른 전원 개발과 동일한 절차만으로 원전을 건설·운영할 수 있도록 한다면, 이는 국민의 생명·신체의 안전에 상당한 위협이 될 수 있다. 그런데 국가는 원전의 건설·운영을 산업통상자원부장관의 전원개발사업 실시계획 승인만으로 가능하도록 한 것이 아니라, '원자력안전법'에서 규정하고 있는 건설허가 및 운영허가 등의 절차를 거치도록 하고 있다. 원전 사고로 인한 방사능 피해는 전원개발사업 실시계획 승인 단계에서가 아니라 원전의 건설·운영과정에서 발생하므로 원전 건설·운영의 허가 단계에서 보다 엄격한 기준을 마련하여 원전으로 인한 피해가 발생하지 않도록 조치들을 강구하고 있다. 따라서 이 사건 승인조항에서 원전 건설을 내용으로 하는 전원개발사업 실시계획에 대한 승인권한을 다른 전원개발과 마찬가지로 산업통상자원부장관에게 부여하고 있다 하더라도, 국가가 국민의 생명·신체의 안전을 보호하기 위하여 필요한 최소한의 보호조치를 취하지 아니한 것이라고 보기는 어렵다(헌재 2016. 10. 27. 2015헌바358).

▶ 발전용 원자로 및 관계시설의 건설허가 신청시 필요한 방사선 환경영향평가서 및 그 초안을 작성하는 데 있어 '중대사고'에 대한 평가를 제외하고 있는 원자력이용시설 방사선 환경영향평가서 작성 등에 관한 규정 제5조 제1항 부분이 국가의 기본권 보호의무를 위반하여 청구인들의 생명·신체의 안전에 대한 권리를 침해하는지(소극): 국가는 원자력 안전규제 체계를 갖추고 원자력발전소의 건설·운영 전반에 걸쳐 원전의 안전관리를 위한 규제장치들을 두면서, 예상 가능한 '자연재해'와 '인위적 사건'을 고려하여 이를 초과하는 여분의 설계를 하도록 함으로써 원전 사고의 위험에 대비하는 한편, 이러한 설계기준을 벗어나 노심의 손상을 가져오는 '중대사고'에 대하여는 원자력안전위원회의 정책 등 행정적 조치를 통하여 관리해 오다가, 2015. 6. 22. 원자력안전법을 개정하면서 법령 차원에서 이를 관리하고 있다. '중대사고'를 비롯한 원전 사고가 본격적으로 문제되는 것은 원전이 운영허가를 받고 실질적으로 운영되기 시작한 이후라는 점과 그 밖에 원전의 안전 관련 조치 등을 종합적으로 고려하면, 이 사건 각 고시조항에서 평가서 초안 및 평가서 작성시 '중대사고'에 대한 평가를 제외하도록 하였다고 하여, 국가가 국민의 생명·신체의 안전을 보호하는 데 적절하고 효율적인 최소한의 조치조차 취하지 아니한 것이라고 보기는 어렵다(헌재 2016. 10. 27. 2012헌마121).

▶ 일반인의 방사선 피폭선량 한도를 정한 '원자력안전법 시행령' 제2조 제4호 별표 1 부분이 국가의 기본권 보호의무를 위반하였는지(소극): 이 사건 시행령 별표는 국제방사선방호위원회 권고와 동일한 수준의 선량한도를 정하고 있으며, 위 권고가 정하지 아니한 손·발의 등가선량한도도 별도로 정하고 있다. 나아가 국가는 국내 유통 식품의 검사 및 수입식품의 검역, 방사능 위험지역 생산 식품에 대한 수입제한, 방사선원의 안전관리, 환경방사능 감시 등을 통하여 국민의 방사선 노출을 줄이기 위한 다양한 조치를 시행하고 있다. 이러한 점들을 종합하면, 이 사건 시행령 별표는 그 기준이 지나치게 낮다거나 자의적이라고 볼 수 없으므로, 방사능으로부터 국민을 보호하기 위하여 필요한 최소한의 보호조치를 취하지 않은 것이라고 보기 어렵다(헌재 2015. 10. 21. 2012헌마89).

▶ **식품의 방사능 기준을 정한 '식품의 기준 및 규격' 부분이 국가의 기본권 보호의무를 위반하였는지**(소극) : 이 사건 고시는 1년 동안 섭취하는 식품의 10%가 이 사건 고시가 정한 기준치의 방사성물질에 오염될 경우를 가정하여 연간 1밀리시버트의 방사선에 노출되지 않도록 설정된 것이다. 성인의 연간 식품섭취량 통계에 따르면, 총 섭취 식품 중 10%가 이 사건 고시가 정한 기준치의 방사성 요오드 또는 방사성 세슘에 오염된 경우라고 하더라도 이로 인한 방사선 노출량은 연간 기준치(1밀리시버트) 미만으로 평가된다. 반면 영·유아는 영·유아의 연간 식품섭취량 통계에 따라 영아(1세 이하)는 우유 섭취량의 100%가, 유아(1-6세)는 우유 섭취량의 100% 및 기타 식품섭취량의 10%가 방사성 요오드 또는 방사성 세슘에 오염된 경우라고 하더라도, 이로 인한 방사선 노출량은 방사능에 민감한 영·유아를 고려한 일반인에 대한 연간 기준치(1밀리시버트)에 현저히 미달한다. 그렇다면 이 사건 고시의 기준이 지나치게 낮다거나 불합리하다고 볼 수 없으므로 국민의 생명·신체의 안전을 보호하기 위하여 필요한 최소한의 조치를 취하지 않은 것이라고 보기 어렵다(헌재 2015. 10. 21. 2012헌마89).

▶ **담배의 제조 및 판매에 관하여 규율하고 있는 구 담배사업법이 국가의 보호의무를 위반하여 청구인의 생명·신체의 안전에 관한 권리를 침해하는지**(소극) : 담배사업법은 담배의 제조 및 판매 자체는 금지하고 있지 않지만, 현재로서는 흡연과 폐암 등의 질병 사이에 필연적인 관계가 있다거나 흡연자 스스로 흡연 여부를 결정할 수 없을 정도로 의존성이 높아서 국가가 개입하여 담배의 제조 및 판매 자체를 금지하여야만 한다고 보기는 어렵다. 또한, 담배사업법은 담배성분의 표시나 경고문구의 표시, 담배광고의 제한 등 여러 규제들을 통하여 직접흡연으로부터 국민의 생명·신체의 안전을 보호하려고 노력하고 있다. 따라서 담배사업법이 국가의 보호의무에 관한 과소보호금지 원칙을 위반하여 청구인의 생명·신체의 안전에 관한 권리를 침해하였다고 볼 수 없다(헌재 2015. 4. 30. 2012헌마38).

▶ **교통사고처리특례법 제4조 제1항 본문 중 업무상과실 또는 중대한 과실로 인한 교통사고로 말미암아 피해자로 하여금 상해에 이르게 한 경우 공소를 제기할 수 없도록 한 부분이 교통사고 피해자에 대한 국가의 기본권보호의무에 위반하는지**(소극) : 국가의 신체와 생명에 대한 보호의무는 교통과실범의 경우 발생한 침해에 대한 사후처벌뿐 아니라, 무엇보다도 우선적으로 운전면허취득에 관한 법규 등 전반적인 교통관련법규의 정비, 운전자와 일반국민에 대한 지속적인 계몽과 교육, 교통안전에 관한 시설의 유지 및 확충, 교통사고 피해자에 대한 보상제도 등 여러 가지 사전적·사후적 조치를 함께 취함으로써 이행된다 할 것이므로, 형벌은 국가가 취할 수 있는 유효적절한 수많은 수단 중의 하나일 뿐이지, 결코 형벌까지 동원해야만 보호법익을 유효적절하게 보호할 수 있다는 의미의 최종적인 유일한 수단이 될 수는 없다 할 것이다. 따라서 이 사건 법률조항은 국가의 기본권 보호의무의 위반 여부에 관한 심사기준인 과소보호금지의 원칙에 위반한 것이라고 볼 수 없다(헌재 2009. 2. 26. 2005헌마764).

▶ **2008. 6. 26. 농림수산식품부 고시 제2008-15호 '미국산 쇠고기 수입위생조건'이 청구인들의 생명·신체의 안전을 보호할 국가의 의무를 명백히 위반하였는지**(소극) : 이 사건 고시가 개정 전 고시에 비하여 완화된 수입위생조건을 정한 측면이 있다 하더라도, 미국산 쇠고기의 수입과 관련한 위험상황 등과 관련하여 개정 전 고시 이후에 달라진 여러 요인들을 고려하고 지금까지의 관련 과학기술 지식과 OIE 국제기준 등에 근거하여 보호조치를 취한 것이라면, 이 사건 고시상의 보호조치가 체계적으로 완벽한 것은 아니라 할지라도, 위 기준과 그 내용에 비추어 쇠고기 소비자인 국민의 생명·신체의 안전을 보호하기에 전적으로 부적합하거나 매우 부족하여 그 보호의무를 명백히 위반한 것이라고 단정하기는 어렵다 할 것이다(헌재 2008. 12. 26. 2008헌마419 2008헌마419).

▶ **민법 제3조(권리능력) 및 제762조(손해배상청구권)가 태아의 생명권을 보호하는 데 미흡하여 국가의 기본권 보호의무를 위반하는지**(소극) : 생명의 연속적 발전과정에 대해 동일한 생명이라는 이유만으로 언제나 동일한 법적 효과를 부여하여야 하는 것은 아니다. 동일한 생명이라 할지라도 법질서가 생명의 발전과정을 일정한 단계들로 구분하고 그 각 단계에 상이한 법적 효과를 부여하는 것이 불가능하지 않다. 이 사건 법률조항들의 경우에도 '살아서 출생한 태아'와는 달리 '살아서 출생하지 못한 태아'에 대해서는 손해배상청구권을 부정함으로써 후자에게 불리한 결과를 초래하고 있으나 이러한 결과는 사법(私法)관계에서 요구되는 법적 안정성의 요청이라는 법치국가 이념에 의한 것으로 헌법적으로 정당화된다. 그렇다면 이 사건 법률조항들이 권리능력의 존재 여부를 출생시를 기준으로 확정하고 태아에 대해서는 살아서 출생할 것을 조건으로 손해배상청구권을 인정한다 할지라도 이러한 입법적 태도가 입법형성권의 한계를 명백히 일탈한 것으로 보기는 어려우므로 이 사건 법률조항들이 국가의 생명권 보호의무를 위반한 것이라 볼 수 없다(헌재 2008. 7. 31. 2004헌바81).

제2항 국가인권위원회에 의한 기본권 구제

I 인권과 평등권 침해의 차별행위

1. 인권

인권이란 대한민국헌법 및 법률에서 보장하거나 대한민국이 가입·비준한 국제인권조약 및 국제 관습법에서 인정하는 인간으로서의 존엄과 가치 및 자유와 권리를 말한다(국가인권위원회법 제2조 1호).

2. 평등권 침해의 차별행위

평등권 침해의 차별행위란 합리적인 이유 없이 성별, 종교, 장애, 나이, 사회적 신분, 출신 지역, 출신 국가, 출신 민족, 용모 등 신체 조건, 기혼·미혼·별거·이혼·사별·재혼·사실혼 등 혼인 여부, 임신 또는 출산, 가족 형태 또는 가족 상황, 인종, 피부색, 사상 또는 정치적 의견, 형의 효력 이 실효된 전과, 성적 지향, 학력, 병력(病歷) 등을 이유로 한 a) 고용과 관련하여 특정한 사람을 우대·배제·구별하거나 불리하게 대우하는 행위, b) 재화·용역·교통수단·상업시설·토지· 주거시설의 공급이나 이용과 관련하여 특정한 사람을 우대·배제·구별하거나 불리하게 대우하는 행위, c) 교육시설이나 직업훈련기관에서의 교육·훈련이나 그 이용과 관련하여 특정한 사람을 우대·배제·구별하거나 불리하게 대우하는 행위, d) 성희롱 행위를 말한다. 다만, 현존하는 차별 을 없애기 위하여 특정한 사람(특정한 사람들의 집단을 포함)을 잠정적으로 우대하는 행위와 이를 내용 으로 하는 법령의 제정·개정 및 정책의 수립·집행은 평등권 침해의 차별행위로 보지 아니한다(국가인권위원회법 제2조 3호).

II 적용범위

국가인권위원회법은 대한민국 국민과 대한민국의 영역에 있는 외국인에 대하여 적용한다(국가인권위원회법 제4조).

III 국가인권위원회

1. 설립

국가인원위원회법에서 정하는 인권의 보호와 향상을 위한 업무를 수행하기 위하여 국가인권위원회를 둔다(국가인권위원회법 제3조 제1항). 위원회는 그 권한에 속하는 업무를 독립하여 수행한다(국가인권위원회법 제3조 제2항).

> 🔖 판례
>
> ▶**국가인권위원회에게 권한쟁의심판의 당사자능력이 인정되는지**(소극) : 헌법상 국가에게 부여된 임무 또는 의무를 수행하고 그 독립성이 보장된 국가기관이라고 하더라도 오로지 법률에 설치근거를 둔 국가기관이라면 국회의 입법행위에 의하여 존폐 및 권한범위가 결정될 수 있으므로 이러한 국가기관은 '헌법에 의하여 설치되고 헌법과 법률에 의하여 독자적인 권한을 부여받은 국가기관'이라고 할 수 없다. 결국, 권한쟁의심판의 당사자능력은 헌법에 의하여 설치된 국가기관에 한정하여 인정하는 것이 타당하므로, 법률에 의하여 설치된 청구인에게는 권한쟁의심판의 당사자능력이 인정되지 아니한다(헌재 2010. 10. 28. 2009헌라6).

2. 구성과 조직

(1) 위원 수

위원회는 위원장 1명과 상임위원 3명을 포함한 11명의 인권위원으로 구성한다(국가인권위원회법 제5조 제1항).

(2) 위원의 임명

위원은 국회가 선출하는 4명(상임위원 2명을 포함), 대통령이 지명하는 4명(상임위원 1명을 포함), 대법원장이 지명하는 3명을 대통령이 임명한다(국가인권위원회법 제5조 제2항).

(3) 위원의 임기

위원장과 위원의 임기는 3년으로 하고, 한 번만 연임할 수 있다(국가인권위원회법 제7조 제1항).

(4) 위원의 결격사유

대한민국 국민이 아닌 사람, 국가공무원법 제33조의 어느 하나에 해당하는 사람, 정당의 당원, 공직선거법에 따라 실시하는 선거에 후보자로 등록한 사람은 위원이 될 수 없고(국가인권위원회법 제9조 제1항), 위원이 결격사유 중 어느 하나에 해당하게 되면 당연히 퇴직한다(국가인권위원회법 제9조 제2항).

> **판례**
>
> ▶ 국가인권위원회의 인권위원은 퇴직 후 2년간 교육공무원이 아닌 공무원으로 임명되거나 공직선거 및 선거부정방지법에 의한 선거에 출마할 수 없도록 규정한 국가인권위원회법 제11조가 인권위원의 참정권등 기본권을 제한함에 있어서 준수하여야 할 과잉금지의 원칙에 위배되는지(적극): 퇴직한 인권위원이 국회의원등 선거직 공직뿐만 아니라 행정 각부의 장·차관등 정무직 공직으로부터 각 부처에 설치되어 있는 각종 연구직 공직에 이르기까지 교육공무원직을 제외한 모든 영역에서 공직활동을 하는 것을 일정기간 동안 포괄적으로 봉쇄함으로써 퇴직 위원이 취임하고자 하는 공직이 인권보장 업무와 전혀 관련성이 없거나 관련성이 있더라도 밀접하지 아니한 경우에도 모두 그 취임을 제한하고 있으며 구체적 경우에 퇴직하는 당해 위원의 상황을 고려한 판단의 가능성도 전혀 인정하지 아니하고 있다. 그렇다면 이 사건 법률조항은 위원의 직무상의 공정성과 염결성을 확보하기 위한 입법목적을 가진 것이지만 그 효과와 입법목적 사이의 연관성이 객관적으로 명확하지 아니하여 국민생활에 기초가 되는 중요한 기본권인 참정권과 직업선택의 자유를 제한함에 있어서 갖추어야 할 수단의 적합성이 결여되었고, 위 기본권 제한으로 인한 피해가 최소화되지 못하였으며, 동 피해가 중대한 데 반하여 이 사건 법률조항을 통하여 달성하려는 공익적 효과는 상당히 불확실한 것으로서 과잉금지의 원칙에 위배된다(헌재 2004. 1. 29. 2002헌마788).

3. 인권침해 및 차별행위의 조사와 구제

(1) 위원회의 조사대상

1) 진정에 의한 조사

국가기관, 지방자치단체, 초·중등교육법 제2조, 고등교육법 제2조와 그 밖의 다른 법률에 따라 설치된 각급 학교, 공직자윤리법 제3조의 2 제1항에 따른 공직유관단체 또는 구금·보호시설의 업무 수행(국회의 입법 및 법원·헌법재판소의 재판은 제외)과 관련하여 대한민국헌법 제10조부터 제22조까지의 규정에서 보장된 인권을 침해당하거나 차별행위를 당한 경우와 법인, 단체 또는 사인(私人)으로부터 차별행위를 당한 경우에 인권침해나 차별행위를 당한 사람(피해자) 또는 그 사실을 알고 있는 사람이나 단체는 위원회에 그 내용을 진정할 수 있다(국가인권위원회법 제30조 제1항).

2) 직권에 의한 조사

위원회는 제1항의 진정이 없는 경우에도 인권침해나 차별행위가 있다고 믿을 만한 상당한 근거가 있고 그 내용이 중대하다고 인정할 때에는 직권으로 조사할 수 있다(국가인권위원회법 제30조 제3항).

> ⚖ **판례**
>
> ▶ **법원의 재판을 국가인권위원회에 진정할 수 있는 대상에서 제외하는 것이 국민의 기본권을 과도하게 침해하는지**(소극) : 국가인권위원회는 제대로 운영되고 있는 기존의 국가기관들과 경합하는 것이 아니라 보충하는 방법으로 설립되고 운영되는 것이 바람직하며, 법원의 재판을 포함하여 모든 인권침해에 관한 진정을 빠짐없이 국가인권위원회의 조사대상으로 삼아야만 국가인권기구의 본질에 부합하는 것은 아니다. 구두심리 절차와 엄격한 증거방법을 모두 채택하기 어려운 국가인권위원회가 법원의 재판의 당부를 판단하는 것도 곤란한 측면이 있으며, 국가인권위원회가 법원의 재판을 진정대상으로 삼는다면, 분쟁 또는 인권침해의 해결과정이 무한정 반복되고 지연될 가능성마저 있게 된다. 이러한 사정을 종합하면 입법자가 법원의 재판을 국가인권위원회의 조사대상에 포함시키지 않은 것이 국민의 기본적 인권보장을 다하지 못한 것이라고 단언할 수는 없다(헌재 2004. 8. 26. 2002헌마302).

(2) 진정의 각하

위원회는 진정의 내용이 위원회의 조사대상에 해당하지 아니하는 경우, 명백히 거짓이거나 이유없다고 인정되는 경우 등에는 그 진정을 각하(却下)한다(국가인권위원회법 제32조 제1항).

(3) 진정의 기각

위원회는 진정을 조사한 결과 진정의 내용이 사실이 아님이 명백하거나 사실이라고 인정할 만한 객관적인 증거가 없는 경우, 인권침해나 차별행위에 해당하지 아니하는 경우 등에는 그 진정을 기각한다(국가인권위원회법 제39조 제1항).

> ⚖ **판례**
>
> ▶ **행정심판이나 행정소송 등의 사전구제절차를 거치지 아니하고 청구한 국가인권위원회의 진정에 대한 각하 또는 기각결정의 취소를 구하는 헌법소원심판이 보충성 요건을 충족하는지**(소극) : 진정에 대한 국가인권위원회의 각하 및 기각결정은 피해자인 진정인의 권리행사에 중대한 지장을 초래하는 것으로서 항고소송의 대상이 되는 행정처분에 해당하므로, 그에 대한 다툼은 우선 행정심판이나 행정소송에 의하여야 할 것이다(헌재 2015. 3. 26. 2013헌마214).

(4) 구제조치 등의 권고

위원회가 진정을 조사한 결과 인권침해나 차별행위가 일어났다고 판단할 때에는 피진정인, 그 소속기관·단체 또는 감독기관(소속기관 등)의 장에게 구제조치의 이행, 법령·제도·정책·관행의 시정 또는 개선을 권고할 수 있다(국가인권위원회법 제44조 제1항).

(5) 고발

위원회는 진정을 조사한 결과 진정의 내용이 범죄행위에 해당하고 이에 대하여 형사 처벌이 필요하다고 인정하면 검찰총장에게 그 내용을 고발할 수 있다. 다만, 피고발인이 군인등인 경우에는 소속 군 참모총장 또는 국방부장관에게 고발할 수 있다(국가인권위원회법 제45조 제1항).

(6) 징계 권고

위원회가 진정을 조사한 결과 인권침해 및 차별행위가 있다고 인정하면 피진정인 또는 인권침해에 책임이 있는 사람을 징계할 것을 소속기관등의 장에게 권고할 수 있다(국가인권위원회법 제45조 제2항).

⑺ 법률구조 요청

위원회는 진정에 관한 위원회의 조사, 증거의 확보 또는 피해자의 권리 구제를 위하여 필요하다고 인정하면 피해자를 위하여 대한법률구조공단 또는 그 밖의 기관에 법률구조를 요청할 수 있다(국가인권위원회법 제47조 제1항). 법률구조 요청은 피해자의 명시한 의사에 반하여 할 수 없다(국가인권위원회법 제47조 제2항).

⑻ 조사와 조정 등의 비공개

위원회의 진정에 대한 조사·조정 및 심의는 비공개로 한다. 다만, 위원회의 의결이 있을 때에는 공개할 수 있다(국가인권위원회법 제49조).

⑼ 처리 결과 등의 공개

위원회는 진정의 조사 및 조정의 내용과 처리 결과, 관계기관 등에 대한 권고와 관계기관 등이 한 조치 등을 공표할 수 있다. 다만, 다른 법률에 따라 공표가 제한되거나 사생활의 비밀이 침해될 우려가 있는 경우에는 그러하지 아니하다(국가인권위원회법 제50조).

Chapter

02 포괄적 기본권

PART 02

제1절　인간의 존엄과 가치

> **헌법 제10조**
> 모든 국민은 <u>인간으로서의 존엄과 가치를 가지며</u>, 행복을 추구할 권리를 가진다. 국가는 개인이 가지는 불가침의 기본적 인권을 확인하고 이를 보장할 의무를 진다.

🏛 **참고**

▶ **헌정사** : 인간으로서의 존엄과 가치조항은 1962년 헌법(제5차 개정헌법)에서 도입

제1항　인간의 존엄과 가치의 의의

헌법 제10조에서는 "모든 국민은 인간으로서의 존엄과 가치를 가지며, 행복을 추구할 권리를 가진다."라고 하여 모든 기본권의 종국적 목적이자 기본이념이라 할 수 있는 인간의 존엄과 가치를 규정하고 있는바, 이는 인간의 본질적이고도 고유한 가치로서 모든 경우에 최대한 존중되어야 한다(헌재 2001. 7. 19. 2000헌마546).

⚖ **판례**

▶ **인간의 존엄과 가치의 규범적 의미** : 인간의 존엄과 가치는 모든 인간을 그 자체로서 목적으로 존중할 것을 요구하고, 인간을 다른 목적을 위한 단순한 수단으로 취급하는 것을 허용하지 아니한다(헌재 2016. 12. 29. 2013헌마142).

▶ **우리 헌법질서가 예정하는 인간상** : 우리 헌법질서가 예정하는 인간상은 "자신이 스스로 선택한 인생관·사회관을 바탕으로 사회공동체 안에서 각자의 생활을 자신의 책임 아래 스스로 결정하고 형성하는 성숙한 민주시민"인바, 이는 사회와 고립된 주관적 개인이나 공동체의 단순한 구성분자가 아니라, 공동체에 관련되고 공동체에 구속되어 있기는 하지만 그로 인하여 자신의 고유가치를 훼손당하지 아니하고 개인과 공동체의 상호연관 속에서 균형을 잡고 있는 인격체라 할 것이다(헌재 2003. 10. 30. 2002헌마518).

제2장 포괄적 기본권　**239**

제2항 인간의 존엄과 가치의 법적 성격

헌법 제10조는 모든 기본권의 종국적 목적이자 기본이념이라 할 수 있는 인간의 존엄과 가치를 규정하고 있다. 이러한 인간의 존엄과 가치 조항은 헌법 이념의 핵심으로 국가는 헌법에 규정된 개별적 기본권을 비롯하여 헌법에 열거되지 아니한 자유와 권리까지도 이를 보장하여야 하고, 이를 통하여 개별 국민이 가지는 인간으로서의 존엄과 가치를 존중하고 확보하여야 한다는 헌법의 기본원리를 선언한 것이다(헌재 2010. 2. 25. 2008헌가23).

> **⚖ 판례**
>
> ▶ **인간의 존엄성의 법적 성격**: 인간의 존엄성은 최고의 헌법적 가치이자 국가목표규범으로서 모든 국가기관을 구속하며, 그리하여 국가는 인간존엄성을 실현해야 할 의무와 과제를 안게 됨을 의미한다. 따라서 인간의 존엄성은 '국가권력의 한계'로서 국가에 의한 침해로부터 보호받을 개인의 방어권일 뿐 아니라, '국가권력의 과제'로서 국민이 제3자에 의하여 인간존엄성을 위협받을 때 국가는 이를 보호할 의무를 부담한다(헌재 2019. 12. 27. 2012헌마939).

제3항 인간의 존엄과 가치의 주체

인간으로서의 존엄과 가치는 인간의 권리이므로 외국인에게도 인정되고 법인에게는 인정되지 않는다. 태아도 인간으로서의 존엄과 가치를 갖는다.

> **⚖ 판례**
>
> ▶ **피의자 · 피고인 · 수형자**(적극): 인간의 존엄과 가치는 국가가 형벌권을 행사함에 있어서 피의자 · 피고인 · 수형자를 다른 모든 사람과 마찬가지로 존엄과 가치를 가지는 인간으로 대우할 것을 요구한다. 그러므로 인간의 존엄과 가치는 국가가 형벌권을 행사함에 있어 사람을 국가행위의 단순한 객체로 취급하거나 비인간적이고 잔혹한 형벌을 부과하는 것을 금지하고, 행형(行刑)에 있어 인간 생존의 기본조건이 박탈된 시설에 사람을 수용하는 것을 금지한다. 특히 수형자의 경우 형벌의 집행을 위하여 교정시설에 격리된 채 강제적인 공동생활을 하게 되는 바, 그 과정에서 구금의 목적 달성을 위하여 필요최소한의 범위 내에서는 수형자의 기본권에 대한 제한이 불가피하다 하더라도, 국가는 인간의 존엄과 가치에서 비롯되는 위와 같은 국가형벌권 행사의 한계를 준수하여야 하고, 어떠한 경우에도 수형자가 인간으로서 가지는 존엄과 가치를 훼손할 수 없다(헌재 2016. 12. 29. 2013헌마142).

제4항 인간의 존엄과 가치의 내용

Ⅰ 인격권

1. 인격권의 의의

인격권이란 일반적으로 자신과 분리될 수 없는 인격적 이익의 향유를 내용으로 하는 권리 내지 인격의 자유로운 발현에 관한 권리로서 인격을 형성 · 유지하고 보호받을 수 있는 권리를 말하며, 구체적으로는 생명 · 신체 · 명예 · 초상 · 성명 · 사생활의 비밀 등의 보호를 내용으로 한다.

2. 인격권의 법적 성격

인격권은 국가나 제3자로부터 인격권에 대한 침해가 있을 때 그 침해행위의 배제를 청구할 수 있는 소극적 권리이지, 자신의 인격을 자유로이 발현하기 위해 국가에 대하여 일정한 행위를 요구할 수 있는 적극적 권리는 아니다.

3. 인격권의 주체

인격권은 인간의 권리이므로 국민뿐만 아니라 외국인에게도 인정된다.

> **판례**
>
> ▶**아동과 청소년이 인격권의 주체가 되는지**(적극) : 학습자로서의 아동과 청소년은 되도록 국가의 방해를 받지 아니하고 자신의 인격, 특히 성향이나 능력을 자유롭게 발현할 수 있는 권리가 있다. 아동과 청소년은 인격의 발전을 위하여 어느 정도 부모와 학교의 교사 등 타인에 의한 결정을 필요로 하는 아직 성숙하지 못한 인격체이지만, 부모와 국가에 의한 교육의 단순한 대상이 아닌 독자적인 인격체이며, 그의 인격권은 성인과 마찬가지로 인간의 존엄성 및 행복추구권을 보장하는 헌법 제10조에 의하여 보호된다(헌재 2004. 5. 27. 2003헌가1).
>
> ▶**법인이 인격권의 주체가 되는지**(적극) : 법인도 법인의 목적과 사회적 기능에 비추어 볼 때 그 성질에 반하지 않는 범위 내에서 인격권의 한 내용인 사회적 신용이나 명예 등의 주체가 될 수 있고 법인이 이러한 사회적 신용이나 명예 유지 내지 법인격의 자유로운 발현을 위하여 의사결정이나 행동을 어떻게 할 것인지를 자율적으로 결정하는 것도 법인의 인격권의 한 내용을 이룬다고 할 것이다(헌재 2012. 8. 23. 2009헌가27).

4. 인격권의 내용

(1) 자기결정권

1) 자기결정권의 의의

자기결정권은 인간의 존엄성을 실현하기 위한 수단으로서 인간이 자신의 생활영역에서 인격의 발현과 삶의 방식에 관한 근본적인 결정을 자율적으로 내릴 수 있는 권리다(헌재 2019. 4. 11. 2017헌바127).

> **판례**
>
> ▶**미군기지의 이전이 자기결정권의 보호범위에 포함되는지**(소극) : 인간은 누구나 자기 운명을 스스로 결정할 수 있는 자기결정권을 가진다. 그런데 미군기지의 평택 이전은 개인의 인격이나 운명에 관한 사항은 아니며 또한 각자의 개성에 따른 개인적 선택에 직접적인 제한을 가하는 것도 아니다. 따라서 위와 같은 사항은 헌법상 자기결정권의 보호범위에 포함된다고 볼 수 없다(헌재 2006. 2. 23. 2005헌마268).

2) 자기결정권의 근거

헌법 제10조 제1문이 보호하는 인간의 존엄성으로부터 개인의 일반적 인격권이 보장된다. 일반적 인격권은 인간의 존엄성과 밀접한 연관관계를 보이는 자유로운 인격발현의 기본조건을 포괄적으로 보호하는데, 개인의 자기결정권은 일반적 인격권에서 파생된다. 모든 국민은 그의 존엄한 인격권을 바탕으로 하여 자율적으로 자신의 생활영역을 형성해 나갈 수 있는 권리를 가진다(헌재 2019. 4. 11. 2017헌바127).

3) 자기결정권의 내용

① 생명 · 신체에 관한 자기결정권

환자가 장차 죽음에 임박한 상태에 이를 경우에 대비하여 미리 의료인 등에게 연명치료 거부 또는 중단에 관한 의사를 밝히는 등의 방법으로 죽음에 임박한 상태에서 인간으로서의 존엄과 가치를 지키기 위하여 연명치료의 거부 또는 중단을 결정할 수 있다 할 것이고, 위 결정은 헌법 상 기본권인 자기결정권의 한 내용으로서 보장된다(헌재 2009. 11. 26. 2008헌마385).

> 판례
>
> ▶ 인수자가 없는 시체를 생전의 본인의 의사와는 무관하게 해부용 시체로 제공될 수 있도록 규정한 '시체 해부 및 보존에 관한 법률' 제12조 제1항 본문이 청구인의 시체처분에 대한 자기결정권을 침해하는지(적극) : 이 사건 법률조항은 본인이 해부용 시체로 제공되는 것에 대해 반대하는 의사표시를 명시적으로 표시할 수 있는 절차 도 마련하지 않고 본인의 의사와는 무관하게 해부용 시체로 제공될 수 있도록 규정하고 있다는 점에서 침해의 최소성 원칙을 충족했다고 보기 어렵고, 실제로 해부용 시체로 제공된 사례가 거의 없는 상황에서 이 사건 법률조항이 추구하는 공익이 사후 자신의 시체가 자신의 의사와는 무관하게 해부용 시체로 제공됨으로써 침해 되는 사익보다 크다고 할 수 없으므로 이 사건 법률조항은 청구인의 시체처분에 대한 자기결정권을 침해한다 (헌재 2015. 11. 26. 2012헌마940).

② 임신과 출산에 관한 자기결정권

인간은 그 자체로서 궁극적 목적이자 최고의 가치로서 대우받아야 하며, 어떠한 경우에도 인간 이 다른 가치나 목적, 법익을 위한 수단으로 취급되어서는 안 된다. 특히 여성은 남성과 달리 임신, 출산을 할 수 있는데 이에 관한 결정은 여성의 삶에 중대한 영향을 미친다. 따라서 자기 결정권에는 여성이 그의 존엄한 인격권을 바탕으로 하여 자율적으로 자신의 생활영역을 형성 해 나갈 수 있는 권리가 포함되고, 여기에는 임신한 여성이 자신의 신체를 임신상태로 유지하 여 출산할 것인지 여부에 대하여 결정할 수 있는 권리가 포함되어 있다(헌재 2019. 4. 11. 2017헌바 127).

> 판례
>
> ▶ 임신과 출산에 관한 자기결정권 : 개인의 인격권 · 행복추구권에는 개인의 자기운명결정권이 전제되는 것이 고, 이 자기운명결정권에는 임신과 출산에 관한 결정, 즉 임신과 출산의 과정에 내재하는 특별한 희생을 강요 당하지 않을 자유가 포함되어 있다(헌재 2012. 8. 23. 2010헌바402).

③ 성적 자기결정권

헌법 제10조에서 보장하는 인격권 및 행복추구권, 헌법 제17조에서 보장하는 사생활의 비밀과 자유는 타인의 간섭을 받지 아니하고 누구나 자기운명을 스스로 결정할 수 있는 권리를 전제로 하는 것이다. 이러한 권리내용 중에 성적 자기결정권이 포함되는 것은 물론이다. 성적 자기결 정권은 각인 스스로 선택한 인생관 등을 바탕으로 사회공동체 안에서 각자가 독자적으로 성적 관(觀)을 확립하고, 이에 따라 사생활의 영역에서 자기 스스로 내린 성적 결정에 따라 자기책임 하에 상대방을 선택하고 성관계를 가질 권리를 의미한다(헌재 2002. 10. 31. 99헌바40).

PART 02

판례

▶ '성폭력범죄의 처벌 등에 관한 특례법' 제6조 제4항 중 '정신적인 장애로 항거불능 또는 항거곤란 상태에 있음을 이용하여 사람을 간음한 사람을 무기징역 또는 7년 이상의 징역에 처하도록 규정한 부분'이 정신적 장애인의 성적 자기결정권을 침해하거나 평등원칙에 위반되는지(소극) : 심판대상조항은 정신적 장애인과 성관계를 한 모든 사람을 처벌하는 것이 아니라, 정신적 장애를 원인으로 한 항거불능 혹은 항거곤란 상태를 이용하여, 즉 성적 자기결정권을 행사할 수 없는 장애인을 간음한 사람을 처벌하는 조항이다. 성적 자기결정권을 행사할 능력이 있는 19세 이상의 정신적 장애인과 정상적인 합의하에 성관계를 한 사람은 심판대상조항에 의하여 처벌되지 아니하므로, 심판대상조항이 정신적 장애인의 성적 자기결정권을 침해하거나 장애인과 비장애인을 차별하지 아니한다(헌재 2016. 11. 24. 2015헌바136).

▶ 성매매를 한 자를 형사처벌하도록 규정한 '성매매알선 등 행위의 처벌에 관한 법률' 제21조 제1항이 개인의 성적 자기결정권, 사생활의 비밀과 자유, 성판매자의 직업선택의 자유를 침해하는지(소극) : 성매매는 그 자체로 폭력적, 착취적 성격을 가진 것으로 경제적 대가를 매개로 하여 경제적 약자인 성판매자의 신체와 인격을 지배하는 형태를 띠므로 대등한 당사자 사이의 자유로운 거래행위로 볼 수 없고, 인간의 성을 상품화하여 성범죄가 발생하기 쉬운 환경을 만드는 등 사회 전반의 성풍속과 성도덕을 허물어뜨린다. 성매매를 형사처벌함으로써 사회 전반의 건전한 성풍속 및 성도덕을 확립하려는 심판대상조항의 입법목적은 정당하고 수단의 적절성도 인정된다. 한편, 성매매 공급이 확대되거나 쉽게 접근할 수 있는 길을 열어줄 위험과 불법적인 조건으로 성매매를 유도할 가능성이 있는 점 등을 고려할 때 성판매자도 형사처벌의 대상에 포함시킬 필요성이 인정된다. 또한 나라별로 다양하게 시행되는 성매매에 대하여 정책의 효율성을 판단하는 것도 쉽지 않으므로, 전면적 금지정책에 기초하여 성매매 당사자 모두를 형사처벌하도록 한 입법을 침해최소성에 어긋난다고 볼 수 없다. 자신의 성뿐만 아니라 타인의 성을 고귀한 것으로 여기고 이를 수단화하지 않는 것은 모든 인간의 존엄과 평등이 전제된 공동체의 발전을 위한 기본전제가 되는 가치관이므로, 사회 전반의 건전한 성풍속과 성도덕이라는 공익적 가치는 개인의 성적 자기결정권 등 기본권 제한의 정도에 비해 결코 작다고 볼 수 없어 법익균형성 원칙에도 위배되지 아니한다. 따라서 심판대상조항은 개인의 성적 자기결정권, 사생활의 비밀과 자유, 직업선택의 자유를 침해하지 아니한다(헌재 2016. 3. 31. 2013헌가2).

▶ 배우자 있는 자의 간통행위 및 그와의 상간행위를 2년 이하의 징역에 처하도록 규정한 형법 제241조가 성적 자기결정권 및 사생활의 비밀과 자유를 침해하여 헌법에 위반되는지(적극) : 사회 구조 및 결혼과 성에 관한 국민의 의식이 변화되고, 성적 자기결정권을 보다 중요시하는 인식이 확산됨에 따라 간통행위를 국가가 형벌로 다스리는 것이 적정한지에 대해서는 이제 더 이상 국민의 인식이 일치한다고 보기 어렵고, 비록 비도덕적인 행위라 할지라도 본질적으로 개인의 사생활에 속하고 사회에 끼치는 해악이 그다지 크지 않거나 구체적 법익에 대한 명백한 침해가 없는 경우에는 국가권력이 개입해서는 안 된다는 것이 현대 형법의 추세여서 전세계적으로 간통죄는 폐지되고 있다. 또한 간통죄의 보호법익인 혼인과 가정의 유지는 당사자의 자유로운 의지와 애정에 맡겨져야지, 형벌을 통하여 타율적으로 강제될 수 없는 것이며, 현재 간통으로 처벌되는 비율이 매우 낮고, 간통행위에 대한 사회적 비난 역시 상당한 수준으로 낮아져 간통죄는 행위규제규범으로서 기능을 잃어가고, 형사정책상 일반예방 및 특별예방의 효과를 거두기도 어렵게 되었다. 부부간 정조의무 및 여성 배우자의 보호는 간통한 배우자를 상대로 한 재판상 이혼청구, 손해배상청구 등 민사상의 제도에 의해 보다 효과적으로 달성될 수 있고, 오히려 간통죄가 유책의 정도가 훨씬 큰 배우자의 이혼수단으로 이용되거나 일시 탈선한 가정주부 등을 공갈하는 수단으로 악용되고 있기도 하다. 결국 심판대상조항은 과잉금지원칙에 위배하여 국민의 성적 자기결정권 및 사생활의 비밀과 자유를 침해하는 것으로서 헌법에 위반된다(헌재 2015. 2. 26. 2009헌바17).

> ▶혼인을 빙자하여 음행의 상습없는 부녀를 기망하여 간음한 자를 처벌하고 있는 형법 제304조가 남성의 성적 자기결정권 및 사생활의 비밀과 자유를 침해하는지(적극) : 이 사건 법률조항의 경우 입법목적에 정당성이 인정되지 않는다. 첫째, 남성이 위력이나 폭력 등 해악적 방법을 수반하지 않고서 여성을 애정행위의 상대방으로 선택하는 문제는 그 행위의 성질상 국가의 개입이 자제되어야 할 사적인 내밀한 영역인데다 또 그 속성상 과장이 수반되게 마련이어서 우리 형법이 혼전 성관계를 처벌대상으로 하지 않고 있으므로 혼전 성관계의 과정에서 이루어지는 통상적 유도행위 또한 처벌해야 할 이유가 없다. 다음 여성이 혼전 성관계를 요구하는 상대방 남자와 성관계를 가질 것인가의 여부를 스스로 결정한 후 자신의 결정이 착오에 의한 것이라고 주장하면서 상대방 남성의 처벌을 요구하는 것은 여성 스스로가 자신의 성적 자기결정권을 부인하는 행위이다. 결국 이 사건 법률조항은 남녀 평등의 사회를 지향하고 실현해야 할 국가의 헌법적 의무에 반하는 것이자, 여성을 유아시함으로써 여성을 보호한다는 미명 아래 사실상 국가 스스로가 여성의 성적 자기결정권을 부인하는 것이 되므로, 이 사건 법률조항이 보호하고자 하는 여성의 성적 자기결정권은 여성의 존엄과 가치에 역행하는 것이다. 결국 이 사건 법률조항은 헌법 제37조 제2항의 과잉금지원칙을 위반하여 남성의 성적 자기결정권 및 사생활의 비밀과 자유를 과잉제한하는 것으로 헌법에 위반된다(헌재 2009. 11. 26. 2008헌바58).

(2) 성명권

헌법은 제10조는 모든 국민이 자신의 존엄한 인격권을 바탕으로 자율적으로 자신의 생활영역을 형성해 나갈 수 있는 권리를 보장하고 있는데 성명은 개인의 정체성과 개별성을 나타내는 인격의 상징으로서 개인이 사회 속에서 자신의 생활영역을 형성하고 발현하는 기초가 되는 것이라 할 것이므로 자유로운 성(姓)의 사용 역시 헌법상 인격권으로부터 보호된다(헌재 2005. 12. 22. 2003헌가5).

> 🔨 **판례**
>
> ▶모의 성과 본을 따르던 사람이 부의 성과 본으로 변경할 권리를 제한 없이 인정하여야 할 입법의무가 인정되는지 (소극) : 헌법 제10조에 의해 보장되는 인격권과 행복추구권의 내용으로서 개인의 성명권과 성명의 자유로운 관리 처분에 관한 권리가 인정되나, 이미 사용 중인 성과 본을 변경하고자 하는 권리는 일정한 제약하에서만 허용된다. 또한 헌법 제36조 제1항은 혼인과 가족생활에서의 양성의 평등을 명하고 있고, 민법상 가족제도에서 개인의 구체적인 권리의무를 규정함에 있어 어떤 성을 사용하느냐에 따라 가족법상의 권리의무나 법적 지위에 차이를 두고 있지 아니한바, 모의 성이 아닌 부의 성만이 진정한 성이라고 할 수 없으며, 모의 성이 아닌 부의 성을 사용할 권리가 헌법상 기본권으로 도출된다고 볼 수도 없다. 따라서 헌법해석상으로도 청구인들이 구하는 바와 같이 모의 성과 본을 따르던 사람이 부계혈족을 확인하여 부의 성과 본으로 변경할 권리를 제한없이 인정하여야 할 입법의무가 도출되지는 않는다(헌재 2013. 11. 5. 2013헌마667).

(3) 초상권

사람은 자신의 의사에 반하여 얼굴을 비롯하여 일반적으로 특정인임을 식별할 수 있는 신체적 특징에 관하여 함부로 촬영당하지 아니할 권리를 가지고 있으므로, 촬영 허용행위는 헌법 제10조로부터 도출되는 초상권을 포함한 일반적 인격권을 제한한다(헌재 2014. 3. 27. 2012헌마652).

> 🔨 **판례**
>
> ▶초상권 또는 사생활의 비밀과 자유의 침해행위의 위법성 판단기준 : 초상권이나 사생활의 비밀과 자유를 침해하는 행위를 둘러싸고 서로 다른 두 방향의 이익이 충돌하는 경우에는 구체적 사안에서의 사정을 종합적으로 고려한 이익형량을 통하여 침해행위의 최종적인 위법성이 가려지는바, 이러한 이익형량과정에서, 첫째 침해행위의 영역에 속하는 고려요소로는 침해행위로 달성하려는 이익의 내용 및 그 중대성, 침해행위의 필요성과 효과성, 침해행위의 보충성과 긴급성, 침해방법의 상당성 등이 있고, 둘째 피해이익의 영역에 속하는 고려요소로는 피해법익의 내용과 중대성 및 침해행위로 인하여 피해자가 입는 피해의 정도, 피해이익의 보호가치 등이 있다(대판 2006. 10. 13. 2004다16280).

⑷ 명예권·신용권

헌법 제10조로부터 도출되는 일반적 인격권에는 개인의 명예에 관한 권리도 포함될 수 있으나, 명예는 사람이나 그 인격에 대한 사회적 평가, 즉 객관적·외부적 가치평가를 말하는 것이지 단순히 주관적·내면적인 명예감정은 포함되지 않는다. 그와 같은 주관적·내면적·정신적 사항은 객관성과 구체성이 미약한 것이므로 법적인 개념이나 이익으로 파악하는 데는 대단히 신중을 기하지 않을 수 없기 때문이다(헌재 2005. 10. 27. 2002헌마425).

> ⚖️ 판례

▶ **사죄광고와 인격권의 제한** : 원래 깊이 "사과한다"는 행위는 윤리적인 판단·감정 내지 의사의 발로인 것이므로 본질적으로 마음으로부터 우러나오는 자발적인 것이라야 할 것이며 그때 비로소 사회적 미덕이 될 것이고, 이는 결코 외부로부터 강제하기에 적합치 않은 것으로 이의 강제는 사회적으로는 사죄자 본인에 대하여 굴욕이 되는 것에 틀림없다. 더구나 사죄광고란 양심의 자유에 반하는 굴욕적인 의사표시를 자기의 이름으로 신문·잡지 등 대중매체에 게재하여 일반 세인에게 널리 광포하는 것이다. 이러한 굴욕적인 내용을 온 세상에 광포하면서도 그 구체적 내용이 국가기관에 의하여 결정되는 것이며 그럼에도 불구하고 마치 본인의 자발적 의사형성인 것 같이 되는 것이 사죄광고이며 또 본인의 의사와는 무관한 데도 본인의 이름으로 이를 대외적으로 표명되게 되는 것이 그 제도의 특질이다. 따라서 사죄광고 과정에서는 자연인이든 법인이든 인격의 자유로운 발현을 위해 보호받아야 할 인격권이 무시되고 국가에 의한 인격의 외형적 변형이 초래되어 인격형성에 분열이 필연적으로 수반되게 된다. 이러한 의미에서 사죄광고제도는 헌법에서 보장된 인격의 존엄과 가치 및 그를 바탕으로 하는 인격권에 큰 위해도 된다고 볼 것이다(헌재 1991. 4. 1. 89헌마160).

▶ **타인의 명예를 훼손한 자에 대하여 법원이 손해배상에 갈음하거나 손해배상과 함께 명예회복에 적당한 처분을 명할 수 있다고 규정하고 있는 민법 제764조가 인격권을 침해하는지**(적극) : 민법 제764조에 기하여 명하는 처분이라 함은 피해자에 대하여 일단 생긴 사회로부터의 부정적 평가를 가능한 한 정정시키려는 처분 곧 부정적 평가의 자료가 되었던 정보의 정정의 효과가 있는 처분을 뜻한다 한다면 사죄광고 아닌 다른 방법도 민법 제764조의 소기의 목적을 달하기에 필요하고 충분한 방법이 된다. 따라서 민법 제764조가 사죄광고제도를 포함하는 취지라면 그에 의한 기본권 제한에 있어서 그 선택된 수단이 목적에 적합하지 않을 뿐 아니라 그 정도 또한 과잉하여 비례의 원칙이 정한 한계를 벗어난 것으로 헌법 제37조 제2항에 의하여 정당화될 수 없어 헌법 제19조에 위반되는 동시에 헌법상 보장되는 인격권의 침해에 이르게 된다(헌재 1991. 4. 1. 89헌마160 한정위헌).

▶ **방송사업자에게 사과방송을 명할 수 있도록 한 구 방송법 제100조 제1항 제1호 등이 방송사업자의 인격권을 침해하는지**(적극) : 심의규정을 위반한 방송사업자에게 '주의 또는 경고'만으로도 반성을 촉구하고 언론사로서의 공적 책무에 대한 인식을 제고시킬 수 있고, 위 조치만으로도 심의규정에 위반하여 '주의 또는 경고'의 제재조치를 받은 사실을 공표하게 되어 이를 다른 방송사업자나 일반 국민에게 알리게 됨으로써 여론의 왜곡 형성 등을 방지하는 한편, 해당 방송사업자에게는 해당 프로그램의 신뢰도 하락에 따른 시청률 하락 등의 불이익을 줄 수 있다. 또한, '시청자에 대한 사과'에 대하여는 '명령'이 아닌 '권고'의 형태를 취할 수도 있다. 이와 같이 기본권을 보다 덜 제한하는 다른 수단에 의하더라도 이 사건 심판대상조항이 추구하는 목적을 달성할 수 있으므로 이 사건 심판대상조항은 침해의 최소성 원칙에 위배된다. 또한 이 사건 심판대상조항은 시청자 등 국민들로 하여금 방송사업자가 객관성이나 공정성 등 저버린 방송을 했다는 점을 스스로 인정한 것으로 생각하게 만듦으로써 방송에 대한 신뢰가 무엇보다 중요한 방송사업자에 대하여 그 사회적 신용이나 명예를 저하시키고 법인격의 자유로운 발현을 저해하는 것인바, 방송사업자의 인격권에 대한 제한의 정도가 이 사건 심판대상조항이 추구하는 공익에 비해 결코 작다고 할 수 없으므로 이 사건 심판대상조항은 법익의 균형성 원칙에도 위배된다(헌재 2012. 8. 23. 2009헌가27).

> ▶ **가해학생에 대한 조치로 피해학생에 대한 서면사과를 규정한 구 학교폭력예방법 제17조 제1항 제1호가 가해학생의 양심의 자유와 인격권을 침해하는지**(소극) : 서면사과 조치는 내용에 대한 강제 없이 자신의 행동에 대한 반성과 사과의 기회를 제공하는 교육적 조치로 마련된 것이고, 가해학생에게 의견진술 등 적정한 절차적 기회를 제공한 뒤에 학교폭력 사실이 인정되는 것을 전제로 내려지는 조치이며, 이를 불이행하더라도 추가적인 조치나 불이익이 없다. 또한 이러한 서면사과의 교육적 효과는 가해학생에 대한 주의나 경고 또는 권고적인 조치만으로는 달성하기 어렵다. 따라서 이 사건 서면사과조항이 가해학생의 양심의 자유와 인격권을 과도하게 침해한다고 보기 어렵다(헌재 2023. 2. 23. 2019헌바93).

(5) 태아의 성별정보에 대한 접근권

헌법 제10조로부터 도출되는 일반적 인격권에는 각 개인이 그 삶을 사적으로 형성할 수 있는 자율영역에 대한 보장이 포함되어 있음을 감안할 때, 장래 가족의 구성원이 될 태아의 성별 정보에 대한 접근을 국가로부터 방해받지 않을 부모의 권리는 이와 같은 '일반적 인격권'에 의하여 보호된다(헌재 2008. 7. 31. 2004헌마1010).

> ✎ 판례
>
> ▶ **태아의 성별에 대하여 이를 고지하는 것을 금지하는 구 의료법 조항이 부모의 태아 성별 정보에 대한 접근을 방해받지 않을 권리를 침해하는 것인지**(적극) : 임신 기간이 통상 40주라고 할 때, 낙태가 비교적 자유롭게 행해질 수 있는 시기가 있는 반면, 낙태를 할 경우 태아는 물론, 산모의 생명이나 건강에 중대한 위험을 초래하여 낙태가 거의 불가능하게 되는 시기도 있는데, 성별을 이유로 하는 낙태가 임신 기간의 전 기간에 걸쳐 이루어질 것이라는 전제 하에, 이 사건 규정이 낙태가 사실상 불가능하게 되는 임신 후반기에 이르러서도 태아에 대한 성별 정보를 태아의 부모에게 알려주지 못하게 하는 것은 최소침해성 원칙을 위반하는 것이고, 이와 같이 임신 후반기 공익에 대한 보호의 필요성이 거의 제기되지 않는 낙태 불가능 시기 이후에도 의사가 자유롭게 직업수행을 하는 자유를 제한하고, 임부나 그 가족의 태아 성별 정보에 대한 접근을 방해하는 것은 기본권 제한의 법익 균형성 요건도 갖추지 못한 것이다. 따라서 이 사건 규정은 헌법에 위반된다(헌재 2008. 7. 31. 2004헌마1010).

(6) 배아생성자의 배아에 대한 결정권

배아생성자는 배아가 모체에 성공적으로 착상하여 인간으로 출생할 경우 생물학적 부모로서의 지위를 갖게 되므로, 배아의 관리 또는 처분에 대한 결정권을 가진다. 이러한 배아생성자의 배아에 대한 결정권은 헌법상 명문으로 규정되어 있지는 아니하지만, 헌법 제10조로부터 도출되는 '일반적 인격권'의 한 유형으로서의 헌법상 권리라 할 것이다(헌재 2010. 5. 27. 2005헌마346).

> ✎ 판례
>
> ▶ **잔여배아를 5년간 보존하고 이후 폐기하도록 한 생명윤리법 조항이 배아생성자의 배아에 대한 결정권을 침해하는지**(소극) : 심판대상조항이 배아에 대한 5년의 보존기간 및 보존기관 경과 후 폐기의무를 규정한 것은 잔여배아를 보관하기 위한 사회적 비용과 잔여배아를 정당하지 않은 방법으로 사용하는 것을 막기 위한 것으로 그 입법목적의 정당성과 방법의 적절성이 인정되며, 입법목적을 실현하면서 기본권을 덜 침해하는 수단이 명백히 존재한다고 할 수 없는 점, 5년 동안의 보존기간이 임신을 원하는 사람들에게 배아를 이용할 기회를 부여하기에 명백히 불합리한 기간이라고 볼 수 없는 점, 배아 수의 지나친 증가와 그로 인한 사회적 비용의 증가 및 부적절한 연구목적의 이용가능성을 방지하여야 할 공익적 필요성의 정도가 배아생성자의 자기결정권이 제한됨으로 인한 불이익의 정도에 비해 작다고 볼 수 없는 점 등을 고려하면, 이 사건 심판대상조항이 피해의 최소성에 반하거나 법익의 균형성을 잃었다고 보기 어렵다(헌재 2010. 5. 27. 2005헌마346).

5. 인격권의 제한

인격권도 헌법 제37조 제2항에 따라 제한이 가능하므로, 국가안전보장·질서유지 또는 공공복리를 위하여 필요한 경우에 한하여 법률로써 제한할 수 있으나, 이 경우에도 자유와 권리의 본질적인 내용을 침해할 수 없다(헌재 2014. 3. 27. 2012헌마652).

PART 02

> **판례**
>
> ▶ **변호사에 대한 징계결정정보를 인터넷 홈페이지에 공개하도록 한 변호사법 제98조의5 제3항과 징계결정정보의 공개범위와 시행방법을 정한 변호사법 시행령 제23조의2가 청구인의 인격권을 침해하는지**(소극) : 징계결정 공개조항은 전문적인 법률지식, 윤리적 소양, 공정성 및 신뢰성을 갖추어야 할 변호사가 징계를 받은 경우 국민이 이러한 사정을 쉽게 알 수 있도록 하여 변호사를 선택할 권리를 보장하고, 변호사의 윤리의식을 고취시킴으로써 법률사무에 대한 전문성, 공정성 및 신뢰성을 확보하여 국민의 기본권을 보호하며 사회정의를 실현하기 위한 것으로서 입법목적의 정당성이 인정된다. 또 대한변호사협회 홈페이지에 변호사에 대한 징계정보를 공개하여 국민으로 하여금 징계정보를 검색할 수 있도록 하는 것은 그 입법목적을 달성하는데 있어서 유효·적절한 수단이다. 또한 징계정보 공개조항은 공개되는 정보의 범위, 공개기간, 공개영역, 공개방식 등을 필요한 범위로 제한하고 있고, 입법목적의 달성에 동일한 효과가 있으면서 덜 침해적인 다른 대체수단이 존재하지 아니하므로, 침해 최소성의 원칙에 위배되지 않는다. 나아가 징계결정 공개조항으로 인하여 징계대상 변호사가 입게 되는 불이익이 공익에 비하여 크다고 할 수 없으므로, 법익의 균형성에 위배되지도 아니한다. 따라서 징계결정 공개조항은 과잉금지원칙에 위배되지 아니하므로 청구인의 인격권을 침해하지 아니한다(헌재 2018. 7. 26. 2016헌마1029).
>
> ▶ **국가항공보안계획 제8장 승객·휴대물품·위탁수하물 등 보안대책 중 체약국의 요구가 있는 경우 항공운송사업자의 추가 보안검색 실시에 관한 부분이 청구인의 인격권 등을 침해하는지**(소극) : 이 사건 국가항공보안계획은, 이 사건 국가항공보안계획은 민간항공 보안에 관한 국제협약의 준수 및 항공기 안전과 보안을 위한 것으로 입법목적의 정당성 및 수단의 적합성이 인정되고, 항공운송사업자가 다른 체약국의 추가 보안검색 요구에 응하지 않을 경우 항공기의 취항 자체가 거부될 수 있으므로 이 사건 국가항공보안계획에 따른 추가 보안검색 실시는 불가피하며, 관련 법령에서 보안검색의 구체적 기준 및 방법 등을 마련하여 기본권 침해를 최소화하고 있으므로 침해의 최소성도 인정된다. 또한 국내외적으로 항공기 안전사고와 테러 위협이 커지는 상황에서, 민간항공의 보안 확보라는 공익은 매우 중대한 반면, 추가 보안검색 실시로 인해 승객의 기본권이 제한되는 정도는 그리 크지 아니하므로 법익의 균형성도 인정된다. 따라서 이 사건 국제항공보안계획은 헌법상 과잉금지원칙에 위반되지 않으므로, 청구인의 기본권을 침해하지 아니한다(헌재 2018. 2. 22. 2016헌마780).
>
> ▶ **러·일 전쟁 개전시부터 1945년 8월 15일까지 조선총독부 중추원 참의로 활동한 행위를 친일반민족행위로 규정한 반민규명법 제2조 제9호 부분이 조사대상자 또는 그 유족의 인격권을 침해하는지**(소극) : 이 사건 법률조항의 입법목적은 러·일 전쟁 개전시부터 1945년 8월 15일까지 일본제국주의를 위하여 행한 친일반민족행위의 진상을 규명하여 역사의 진실과 민족의 정통성을 확인하고 사회정의 구현에 이바지함에 있는바 그 정당성이 인정되고, 이 사건 법률조항은 위 입법목적 달성에 기여하는 적합한 수단이 된다. 조선총독부 중추원 참의로 활동한 행위라고 하더라도 예외 없이 친일반민족행위결정을 받는 것도 아닌 점, 조사대상자가 국내외에서 일제의 국권침탈을 반대하거나 독립운동에 참여 또는 지원한 사실이 있는 때에는 이러한 사실을 함께 조사하도록 하는 등 조사대상자 등의 불이익을 최소화하기 위한 장치를 마련하고 있는 점 등에 비추어 피해의 최소성 원칙에도 위배되지 않으며, 친일반민족행위의 진상을 규명하여 정의로운 사회가 실현될 수 있도록 공동체의 윤리를 정립하고자 하는 공익의 중대성은 막대한 반면, 이 사건 법률조항으로 인해 제한되는 조사대상자 등의 인격권은 친일반민족행위에 관한 조사보고서와 사료가 공개됨으로 인한 것에 불과하므로, 법익 균형성의 원칙에도 반하지 않는다(헌재 2010. 10. 28. 2007헌가23).

▶ 혼인 종료 후 300일 이내에 출생한 자를 전남편의 친생자로 추정하는 민법 제844조 제2항 부분이 모가 가정생활과 신분관계에서 누려야 할 인격권, 혼인과 가족생활에 관한 기본권을 침해하는지(적극) : 이혼 숙려기간 및 조정전치주의가 도입됨에 따라 혼인 파탄으로부터 법률상 이혼까지의 시간간격이 크게 늘어나게 됨에 따라, 여성이 전남편 아닌 생부의 자를 포태하여 혼인 종료일로부터 300일 이내에 그 자를 출산할 가능성이 과거에 비하여 크게 증가하게 되었으며, 유전자검사 기술의 발달로 부자관계를 의학적으로 확인하는 것이 쉽게 되었다. 그런데 심판대상조항에 따르면, 혼인 종료 후 300일 내에 출생한 자녀가 전남편의 친생자가 아님이 명백하고, 전남편이 친생추정을 원하지도 않으며, 생부가 그 자를 인지하려는 경우에도, 그 자녀는 전남편의 친생자로 추정되어 가족관계등록부에 전남편의 친생자로 등록되고, 이는 엄격한 친생부인의 소를 통해서만 번복될 수 있다. 그 결과 심판대상조항은 이혼한 모와 전남편이 새로운 가정을 꾸리는 데 부담이 되고, 자녀와 생부가 진실한 혈연관계를 회복하는 데 장애가 되고 있다. 따라서 심판대상조항은 입법형성의 한계를 벗어나 모가 가정생활과 신분관계에서 누려야 할 인격권, 혼인과 가족생활에 관한 기본권을 침해한다(헌재 2015. 4. 30. 2013헌마623 헌법불합치).

▶ 중혼을 혼인취소의 사유로 정하면서 그 취소청구권의 제척기간 또는 소멸사유를 규정하지 않은 민법 제816조 제1호 부분이 후혼배우자의 인격권 및 행복추구권을 침해하는지(소극) : 이 사건 법률조항은 우리 사회의 중대한 공익이며 헌법 제36조 제1항으로부터 도출되는 일부일처제를 실현하기 위한 것이다. 이 사건 법률조항은 중혼을 혼인무효사유가 아니라 혼인취소사유로 정하고 있는데, 혼인 취소의 효력은 기왕에 소급하지 아니하므로 중혼이라 하더라도 법원의 취소판결이 확정되기 전까지는 유효한 법률혼으로 보호받는다. 후혼의 취소가 가혹한 결과가 발생하는 경우에는 구체적 사건에서 법원이 권리남용의 법리 등으로 해결하고 있다. 따라서 중혼 취소청구권의 소멸에 관하여 아무런 규정을 두지 않았다 하더라도, 이 사건 법률조항이 현저히 입법재량의 범위를 일탈하여 후혼배우자의 인격권 및 행복추구권을 침해하지 아니한다(헌재 2014. 7. 24. 2011헌바275).

▶ 집회에 참가한 청구인들을 촬영한 행위가 과잉금지원칙을 위반하여 청구인들의 일반적 인격권, 개인정보자기결정권, 집회의 자유를 침해하는지(소극) : 미신고 옥외집회·시위 또는 신고범위를 벗어난 옥외집회·시위가 적법한 경찰의 해산명령에 불응하는 집회·시위로 이어질 수 있으므로, 이에 대비하여 경찰은 미신고 옥외집회·시위 또는 신고범위를 벗어난 집회·시위를 촬영함으로써, 적법한 경찰의 해산명령에 불응하는 집회·시위의 경위나 전후 사정에 관한 자료를 수집할 수 있다. 한편 근접촬영과 달리 먼 거리에서 집회·시위 현장을 전체적으로 촬영하는 소위 조망촬영이 기본권을 덜 침해하는 방법이라는 주장도 있으나, 최근 기술의 발달로 조망촬영과 근접촬영 사이에 기본권 침해라는 결과에 있어서 차이가 있다고 보기 어려우므로, 경찰이 이러한 집회·시위에 대해 조망촬영이 아닌 근접촬영을 하였다는 이유만으로 헌법에 위반되는 것은 아니다. 옥외집회·시위에 대한 경찰의 촬영행위에 의해 취득한 자료는 '개인정보'의 보호에 관한 일반법인 '개인정보보호법'이 적용될 수 있다. 이 사건에서 피청구인이 신고범위를 벗어난 동안에만 집회참가자들을 촬영한 행위가 과잉금지원칙을 위반하여 집회참가자인 청구인들의 일반적 인격권, 개인정보자기결정권 및 집회의 자유를 침해한다고 볼 수 없다(헌재 2018. 8. 30. 2014헌마843).

▶ 보도자료 배포 직후 기자들의 취재 요청에 응하여 청구인이 경찰서 조사실에서 양손에 수갑을 찬 채 조사받는 모습을 촬영할 수 있도록 허용한 행위가 청구인의 인격권을 침해하는지(적극) : 피청구인은 기자들에게 청구인이 경찰서 내에서 수갑을 차고 얼굴을 드러낸 상태에서 조사받는 모습을 촬영할 수 있도록 허용하였는데, 청구인에 대한 이러한 수사 장면을 공개 및 촬영하게 할 어떠한 공익 목적도 인정하기 어려우므로 촬영 허용행위는 목적의 정당성이 인정되지 아니한다. 피의자의 얼굴을 공개하더라도 그로 인한 피해의 심각성을 고려하여 모자, 마스크 등으로 피의자의 얼굴을 가리는 등 피의자의 신원이 노출되지 않도록 침해를 최소화하기 위한 조치를 취하여야 하는데, 피청구인은 그러한 조치를 전혀 취하지 아니하였으므로 침해의 최소성 원칙도 충족하였다고 볼 수 없다. 또한 촬영 허용행위는 언론 보도를 보다 실감나게 하기 위한 목적 외에 어떠한 공익도 인정할 수 없는 반면, 청구인은 피의자로서 얼굴이 공개되어 초상권을 비롯한 인격권에 대한 중대한 제한을 받았고, 촬영한 것이 언론에 보도될 경우 범인으로서의 낙인 효과와 그 파급효는 매우 가혹하여 법익균형성도 인정되지 아니하므로, 촬영 허용행위는 과잉금지원칙에 위반되어 청구인의 인격권을 침해하였다(헌재 2014. 3. 27. 2012헌마652).

▶ **청소년 성매수자에 대한 신상공개를 규정한 청소년의 성보호에 관한 법률 제20조 제2항 제1호가 인격권과 사생활의 비밀의 자유를 침해하는지**(소극) : 신상공개제도를 통하여 달성하고자 하는 '청소년의 성보호'라는 목적은 우리 사회에 있어서 가장 중요한 공익의 하나라고 할 것이다. 이에 비하여 법 제20조 제2항은 "성명, 연령, 직업 등의 신상과 범죄사실의 요지"를 공개하도록 규정하고 있는바, 이는 이미 공개된 형사재판에서 유죄가 확정된 형사판결이라는 공적 기록의 내용 중 일부를 국가가 공익 목적으로 공개하는 것으로 공개된 형사재판에서 밝혀진 범죄인들의 신상과 전과를 일반인이 알게 된다고 하여 그들의 인격권 내지 사생활의 비밀을 침해하는 것이라고 단정하기는 어렵다. 또한, 신상과 범죄사실이 공개되는 범죄인들은 이미 국가의 형벌권 행사로 인하여 해당 기본권의 제한 여지를 일반인보다는 더 넓게 받고 있다. 청소년 성매수 범죄자들이 자신의 신상과 범죄사실이 공개됨으로써 수치심을 느끼고 명예가 훼손된다고 하더라도 그 보장 정도에 있어서 일반인과는 차이를 둘 수밖에 없어, 그들의 인격권과 사생활의 비밀의 자유도 그것이 본질적인 부분이 아닌 한 넓게 제한될 여지가 있다. 그렇다면 청소년 성매수자의 일반적 인격권과 사생활의 비밀의 자유가 제한되는 정도가 청소년 성보호라는 공익적 요청에 비해 크다고 할 수 없으므로 결국 법 제20조 제2항 제1호의 신상공개는 해당 범죄인들의 일반적 인격권, 사생활의 비밀의 자유를 과잉금지의 원칙에 위배하여 침해한 것이라 할 수 없다(헌재 2003. 6. 26. 2002헌가14).

▶ **신상정보 공개·고지명령을 소급적용하는 성폭력처벌법 부칙 제7조 제1항 부분이 과잉금지원칙에 위배되어 청구인들의 인격권 및 개인정보자기결정권을 침해하는지**(소극) : 그동안 성폭력범죄의 재범을 막기 위한 일련의 보안처분 제도들은 모두 수사기관 등 관련기관들에게만 성범죄자의 신상정보를 제공할 뿐이어서, 일반 국민들이 성범죄자의 신상정보를 제공받을 수 있는 방법이 없었다. 따라서 성폭력범죄자로부터 잠재적인 피해자와 지역사회를 보호하기 위해서는 신상정보 공개·고지명령 제도가 시행되기 전 형이 확정된 자들 중에서도 재범의 위험성이 높은 자들에 대하여는 신상정보를 소급하여 공개할 필요성이 인정된다. 심판대상조항은 모든 성인 대상 성범죄자를 신상정보 공개·고지명령 대상자로 정한 것이 아니라, 성폭력처벌법 제2조 제1항 제3호, 성폭력처벌법 제3조 제1항, 제8조 제1항에 해당하는 죄를 범한 비교적 중한 성폭력범죄자들 중에서 2008. 4. 16.부터 2011. 4. 15. 사이에 유죄판결이 확정된 사람만으로 그 대상자를 한정하고 있고, 법원은 그 중에서도 재범의 위험성이 큰 사람으로 그 적용 대상자를 제한하고 있다. 따라서 심판대상조항은 청구인들의 인격권 및 개인정보자기결정권을 침해하지 아니한다(헌재 2016. 12. 29. 2015헌바196).

▶ **범죄행위 당시에 없었던 위치추적 전자장치 부착명령을 출소예정자에게 소급 적용할 수 있도록 한 전자장치부착법 부칙 제2조 제1항이 과잉금지원칙에 반하여 피부착자의 인격권 등을 침해하는지**(소극) : 전자장치 부착명령의 소급적용은 성폭력범죄의 재범 방지 및 사회 보호에 있어 실질적인 효과를 나타내고 있는 점, 장래의 재범 위험성으로 인한 보안처분의 판단시기는 범죄의 행위시가 아닌 재판시가 될 수밖에 없으므로 부착명령 청구 당시 형 집행 종료일까지 6개월 이상 남은 출소예정자가 자신이 부착명령 대상자가 아니라는 기대를 가졌더라도 그 신뢰의 보호가치는 크지 아니한 점, 피부착자의 기본권 제한을 최소화하기 위하여 법률은 피부착자에 대한 수신자료의 열람·조회를 엄격히 제한하고 부착명령의 탄력적 집행을 위한 가해제 제도를 운영하고 있는 점 등을 고려할 때, 부칙경과조항은 과잉금지원칙에 반하여 피부착자의 인격권 등을 침해하지 아니한다(헌재 2015. 9. 24. 2015헌바35).

▶ **교도소장이 민사법정 내에서 청구인으로 하여금 양손수갑 2개를 앞으로 사용하고 상체승을 한 상태에서 변론을 하도록 한 행위가 과잉금지원칙에 위반되어 청구인의 인격권과 신체의 자유를 침해하는지**(소극) : 민사법정 내 보호장비 사용행위는 출정 기회를 이용한 도주 등 교정사고를 예방하고 법정질서 유지에 협력하기 위한 적합한 수단이다. 민사법정에서는 구금기능이 취약해질 수 있는데 청구인이 무기징역형을 선고받고 관심대상수용자로 관리되어 엄중한 계호가 요구되는 사람임을 감안하면 포승, 양손수갑 중 어느 하나의 보호장비만으로는 계호에 불충분하다. 이에 피청구인은 양손수갑 2개와 포승을 사용할 것을 신청하였고 재판장은 선고형, 전과, 징벌처분 등을 고려하여 그 사용을 허가하였다. 또한 교도관만으로 충분한 계호가 이루어진다고 볼 수 없으므로 여러 명의 교도관이 계호하는 방법으로 보호장비 사용을 대체할 수도 없다. 출정 시 수용자 의류를 입고 교도관과 동행하였으며 재판 시작 전까지 보호장비를 사용하였던 청구인이 민사법정 내에서 보호장비를 사용하게 되어 영향을 받는 인격권, 신체의 자유 정도는 제한적인 반면, 민사법정 내 교정사고를 예방하고 법정질서 유지에 협력하고자 하는 공익은 매우 중요하다. 따라서 민사법정 내 보호장비 사용행위는 과잉금지원칙에 위반되어 청구인의 인격권과 신체의 자유를 침해하지 아니한다(헌재 2018. 6. 28. 2017헌마181).

▶ 청구인이 민사재판에 출정하여 법정 대기실 내 쇠창살 격리시설에 유치되어 있는 동안 ○○교도소장이 청구인에게 양손수갑 1개를 앞으로 사용한 행위가 과잉금지원칙을 위반하여 청구인의 신체의 자유 및 인격권을 침해하는지(소극): 이 사건 보호장비 사용행위는 수형자가 도주나 자해, 다른 사람에 대한 위해와 같은 교정사고를 저지르는 것을 예방하고, 법원 내 질서 유지에 협력하기 위한 것으로, 그 목적의 정당성 및 수단의 적합성이 인정된다. 법정 대기실 내 쇠창살 격리시설은 수시로 출입문이 여닫히고, 법원 외부나 법정과 연결된 구조로 되는 반면, 법정 대기실을 담당하는 교정 인원은 소수에 그쳐 교정시설에 비해 구금기능이 취약하다. 수갑은 청구인의 신체를 비교적 적게 억압하면서 외부로의 노출 정도 또한 크지 않은 보호장비에 해당하고, 여러 명의 교도관이 계호하는 방법으로 보호장비 사용을 대체할 수도 없으므로 침해의 최소성이 인정된다. 구금 기능이 취약해질 수밖에 없는 법정 대기실 내 쇠창살 격리시설에서 수형자의 도주를 예방하고 법정 내 질서 유지에 협력하고자 하는 공익은 매우 중요한 반면, 이 사건 보호장비 사용행위로 인해 영향을 받은 신체의 자유와 인격권은 그 목적 달성을 위한 범위 내에서 제한적이므로 법익의 균형성도 인정된다. 따라서 이 사건 보호장비 사용행위는 과잉금지원칙을 위반하여 청구인의 신체의 자유 및 인격권을 침해하지 않는다(헌재 2023. 6. 29. 2018헌마1215).

▶ 공주교도소장이 2011. 7. 13. 청구인을 경북북부제1교도소로 이송함에 있어 4시간 정도에 걸쳐 포승과 수갑 2개를 채운 행위가 청구인의 신체의 자유 및 인격권을 침해하는지(소극): 피청구인은 청구인에 대하여 이동 시간에 해당하는 시간 동안에만 보호장비를 사용하였고, 수형자를 장거리 호송하는 경우에는 도주 등 교정사고 발생 가능성이 높아지는 만큼 포승이나 수갑 등 어느 하나의 보호장비만으로는 계호에 불충분하며, 장시간 호송하는 경우에 수형자가 수갑을 끊거나 푸는 것을 최대한 늦추거나 어렵게 하기 위하여 수갑 2개를 채운 행위가 과하다고 보기 어렵고, 청구인과 같이 강력범죄를 범하고 중한 형을 선고받았으며 선고형량에 비하여 형집행이 얼마 안 된 수형자의 경우에는 좀 더 엄중한 계호가 요구된다고 보이므로, 최소한의 범위 내에서 보호장비가 사용되었다고 할 수 있다. 또한 이 사건 보호장비 사용행위로 인하여 제한되는 신체의 자유 등에 비하여 도주 등의 교정사고를 예방함으로써 수형자를 이송함에 있어 안전과 질서를 보호할 수 있는 공익이 더 크다 할 것이므로 법익의 균형성도 갖추었다(헌재 2012. 7. 26. 2011헌마426 수형자에 대한 보호장비 사용에 관한 사건).

▶ 행정법정 방청석에서 청구인의 변론 순서가 될 때까지 대기하는 동안 수갑 1개를 착용하도록 한 행위가 청구인의 인격권과 신체의 자유를 침해하는지(소극): 이 사건 보호장비 사용행위는 수형자가 출정 기회를 이용하여 도주 등 교정사고를 저지르는 것을 예방하기 위한 것으로 그 목적은 정당하고, 위와 같은 보호장비 사용행위는 이러한 목적 달성을 위한 적합한 수단이다. 수형자가 행정법정에 출정하는 경우 교도관의 수, 교정설비의 한계 등으로 인해 구금기능이 취약해질 수 있으므로 방청석에서 대기하는 동안 보호장비를 사용함으로써 도주 등 교정사고를 실효적으로 예방하는 것은 불가피한 측면이 있다. 피청구인은 청구인으로 하여금 방청석에서 수갑 1개만을 착용한 상태로 대기하게 하였고, 교도관들은 청구인의 변론 순서가 되자 위 수갑을 해제하여 청구인으로 하여금 보호장비를 착용하지 않은 상태에서 변론을 진행할 수 있도록 하였다. 이러한 사정을 종합하면 이 사건 보호장비 사용행위는 침해의 최소성 원칙을 준수하였다. 출정시 교도관과 동행하면서 재판 시작 전까지 보호장비를 착용하였던 청구인이 행정법정 방청석에서 보호장비를 사용함으로써 영향을 받은 신체의 자유나 인격권의 정도는 제한적인 반면, 행정법정 내 교정사고를 예방하기 위한 공익은 매우 중요하므로 이 사건 보호장비 사용행위는 법익의 균형성 원칙도 준수하였다(헌재 2018. 7. 26. 2017헌마1238).

▶ 미결수용자가 수감되어 있는 동안 구치소 등 수용시설 안에서 사복을 입지 못하게 하고 재소자용 의류를 입게 한 행위가 청구인의 기본권을 침해하는지(소극): 구치소 등 수용시설 안에서는 재소자용 의류를 입더라도 일반인의 눈에 띄지 않고, 수사 또는 재판에서 변해(辯解)·방어권을 행사하는 데 지장을 주는 것도 아닌 반면에, 미결수용자에게 사복을 입도록 하면 의복의 수선이나 세탁 및 계절에 따라 의복을 바꾸는 과정에서 증거인멸 또는 도주를 기도하거나 흉기, 담배, 약품 등 소지금지품이 반입될 염려 등이 있으므로 미결수용자에게 시설 안에서 재소자용 의류를 입게 하는 것은 구금 목적의 달성, 시설의 규율과 안전유지를 위한 필요최소한의 제한으로서 정당성·합리성을 갖춘 재량의 범위 내의 조치이다(헌재 1999. 5. 27. 97헌마137).

▶ **미결수용자가 수감되어 있는 동안 수사 또는 재판을 받을 때에도 사복을 입지 못하게 하고 재소자용 의류를 입게한 행위가 청구인의 기본권을 침해하는지**(적극): 수사 및 재판단계에서 유죄가 확정되지 아니한 미결수용자에게 재소자용 의류를 입게 하는 것은 미결수용자로 하여금 모욕감이나 수치심을 느끼게 하고, 심리적인 위축으로 방어권을 제대로 행사할 수 없게 하여 실체적 진실의 발견을 저해할 우려가 있으므로, 도주 방지 등 어떠한 이유를 내세우더라도 그 제한은 정당화될 수 없어 헌법 제37조 제2항의 기본권 제한에서의 비례원칙에 위반되는 것으로서, 무죄추정의 원칙에 반하고 인간으로서의 존엄과 가치에서 유래하는 인격권과 행복추구권, 공정한 재판을 받을 권리를 침해하는 것이다(헌재 1999. 5. 27. 97헌마137).

▶ **형집행법 제88조가 형사재판의 피고인으로 출석하는 수형자에 대하여, 사복착용을 허용하는 형집행법 제82조를 준용하지 아니한 것이 공정한 재판을 받을 권리, 인격권, 행복추구권을 침해하는지**(적극): 수형자라 하더라도 확정되지 않은 별도의 형사재판에서만큼은 미결수용자와 같은 지위에 있으므로, 이러한 수형자로 하여금 형사재판 출석 시 아무런 예외 없이 사복착용을 금지하고 재소자용 의류를 입도록 하여 인격적인 모욕감과 수치심 속에서 재판을 받도록 하는 것은 재판부나 검사 등 소송관계자들에게 유죄의 선입견을 줄 수 있고, 이미 수형자의 지위로 인해 크게 위축된 피고인의 방어권을 필요 이상으로 제약하는 것이다. 또한 형사재판에 피고인으로 출석하는 수형자의 사복착용을 추가로 허용함으로써 통상의 미결수용자와 구별되는 별도의 계호상 문제점이 발생된다고 보기 어렵다. 따라서 심판대상조항이 형사재판의 피고인으로 출석하는 수형자에 대하여 사복착용을 허용하지 아니한 것은 청구인의 공정한 재판을 받을 권리, 인격권, 행복추구권을 침해한다(헌재 2015. 12. 23. 2013헌마712 헌법불합치).

▶ **형집행법 제88조가 민사재판의 당사자로 출석하는 수형자에 대하여, 사복착용을 허용하는 형집행법 제82조를 준용하지 아니한 것이 공정한 재판을 받을 권리, 인격권, 행복추구권을 침해하는지**(소극): 민사재판에서 법관이 당사자의 복장에 따라 불리한 심증을 갖거나 불공정한 재판 진행을 하게 되는 것은 아니므로, 심판대상조항이 민사재판의 당사자로 출석하는 수형자에 대하여 사복착용을 불허하는 것으로 공정한 재판을 받을 권리가 침해되는 것은 아니다. 수형자가 민사법정에 출석하기까지 교도관이 반드시 동행하여야 하므로 수용자의 신분이 드러나게 되어 있어 재소자용 의류를 입었다는 이유로 인격권과 행복추구권이 제한되는 정도는 제한적이고, 형사법정 이외의 법정 출입방식은 미결수용자와 교도관 전용통로 및 시설이 존재하는 형사재판과 다르며, 계호의 방식과 정도도 확연히 다르다. 따라서 심판대상조항이 민사재판에 출석하는 수형자에 대하여 사복착용을 허용하지 아니한 것은 청구인의 인격권과 행복추구권을 침해하지 아니한다(헌재 2015. 12. 23. 2013헌마712).

▶ **외부 재판에 출정할 때 운동화를 착용하게 해달라는 청구인의 신청을 불허한 경기북부제2교도소장의 행위가 청구인의 인격권과 행복추구권을 침해하는지**(소극): 이 사건 운동화착용불허행위는 시설 바깥으로의 외출이라는 기회를 이용한 도주를 예방하기 위한 것으로서 그 목적이 정당하고, 위와 같은 목적을 달성하기 위한 적합한 수단이라 할 것이다. 또한 신발의 종류를 제한하는 것에 불과하여 법익침해의 최소성과 균형성도 갖추었다 할 것이므로, 이 사건 운동화착용불허행위가 기본권 제한에 있어서의 과잉금지원칙에 반하여 청구인의 인격권과 행복추구권을 침해하였다고 볼 수 없다(헌재 2011. 2. 24. 2009헌마209 법정출석 수형자의 운동화착용불허 사건 기각).

▶ **차폐시설이 불충분하여 사용 과정에서 신체부위가 다른 유치인들 및 경찰관들에게 관찰될 수 있고 냄새가 유출되는 유치실 내 화장실을 사용하도록 강제한 행위가 청구인들의 인격권을 침해하는지**(적극): 보통의 평범한 성인인 청구인들로서는 내밀한 신체부위가 노출될 수 있고 역겨운 냄새, 소리 등이 흘러나오는 가운데 용변을 보지 않을 수 없는 상황에 있었으므로 그때마다 수치심과 당혹감, 굴욕감을 느꼈을 것이고 나아가 생리적 욕구까지도 억제해야만 했을 것임을 어렵지 않게 알 수 있다. 이 사건 청구인들로 하여금 유치기간 동안 위와 같은 구조의 화장실을 사용하도록 강제한 피청구인의 행위는 인간으로서의 기본적 품위를 유지할 수 없도록 하는 것으로서, 수인하기 어려운 정도라고 보여지므로 전체적으로 볼 때 비인도적·굴욕적일 뿐만 아니라 동시에 비록 건강을 침해할 정도는 아니라고 할지라도 헌법 제10조의 인간의 존엄과 가치로부터 유래하는 인격권을 침해하는 정도에 이르렀다고 판단된다(헌재 2001. 7. 19. 2000헌마546).

▶ **경찰관에게 등을 보인 채 상의를 속옷과 함께 겨드랑이까지 올리고 하의를 속옷과 함께 무릎까지 내린 상태에서 3회에 걸쳐 앉았다 일어서게 하는 방법으로 실시한 정밀 신체수색이 청구인들의 인격권을 침해하는지**(적극): 청구인들은 공직선거법 위반의 현행범으로 체포된 여자들로서 체포될 당시 흉기 등 위험물을 소지·은닉하고 있었을 가능성이 거의 없었고, 처음 유치장에 수용될 당시 신체검사를 통하여 위험물 및 반입금지물품의 소지·은닉 여부를 조사하여 그러한 물품이 없다는 사실을 이미 확인하였으며, 특히 청구인들의 옷을 전부 벗긴 상태에서 청구인들에 대하여 실시한 이 사건 신체수색은 그 수단과 방법에 있어서 필요 최소한의 범위를 명백하게 벗어난 조치로서 청구인들에게 심한 모욕감과 수치심만을 안겨주었다고 인정하기에 충분하다. 따라서 이 사건 신체수색은 청구인들로 하여금 인간으로서의 기본적 품위를 유지할 수 없도록 하는 것으로서 수인하기 어려운 정도라고 보여지므로 헌법 제10조의 인간의 존엄과 가치로부터 유래하는 인격권 및 제12조의 신체의 자유를 침해하는 정도에 이르렀다고 판단된다(헌재 2002. 7. 18. 2000헌마327).

▶ **교도관이 마약류 사범에게 검사의 취지와 방법을 설명하고 반입금지품을 제출하도록 안내한 후 외부와 차단된 검사실에서 같은 성별의 교도관 앞에 돌아서서 하의 속옷을 내린 채 상체를 숙이고 양손으로 둔부를 벌려 항문을 보이는 방법으로 실시한 정밀신체검사가 마약류 사범인 청구인의 기본권을 침해하였는지**(소극): 이 사건 정밀신체검사는 수용자에 대한 생명·신체에 대한 위해를 방지하고 구치소 내의 안전과 질서를 유지하기 위한 것이고(목적의 정당성), 청구인은 메스암페타민(일명 필로폰)을 음용한 전과가 있고 이번에 수감된 사유도 마약류 음용이며, 마약류 등이 항문에 은닉될 경우 촉수검사, 속옷을 벗고 가운을 입은 채 쪼그려 앉았다 서기를 반복하는 방법 등에 의하여는 은닉물을 찾아내기 어려우며(수단의 적절성), 다른 사람이 볼 수 없는 차단막이 쳐진 공간에서 같은 성별의 교도관과 1 대 1의 상황에서 짧은 시간 내에 손가락이나 도구를 사용하지 않고 시각적으로 항문의 내부를 보이게 한 후 검사를 마쳤고, 그 검사 전에는 검사를 하는 취지와 방법 등을 설명하면서 미리 소지한 반입금지품을 자진 제출하도록 하였으며(최소침해성), 청구인이 수인하여야 할 모욕감이나 수치심에 비하여 반입금지품을 차단함으로써 얻을 수 있는 수용자들의 생명과 신체의 안전, 구치소 내의 질서유지 등의 공익이 보다 크므로(법익균형성), 과잉금지의 원칙에 위배되었다고 할 수 없다(헌재 2006. 6. 29. 2004헌마826).

▶ **수용자를 교정시설에 수용할 때마다 전자영상 검사기를 이용하여 수용자의 항문 부위에 대한 신체검사를 하는 것이 수용자의 인격권 등을 침해하는지**(소극): 이 사건 신체검사는 교정시설의 안전과 질서를 유지하기 위한 것으로 그 목적이 정당하고, 항문 부위에 대한 금지물품의 은닉 여부를 효과적으로 확인할 수 있는 적합한 검사방법으로 그 수단이 적절하다. 교정시설을 이감·수용할 때마다 전자영상 신체검사를 실시하는 것은, 수용자가 금지물품을 취득하여 소지·은닉하고 있을 가능성을 배제할 수 없고, 외부관찰 등의 방법으로는 쉽게 확인할 수 없기 때문이다. 이 사건 신체검사는 사전에 검사의 목적과 방법을 고지한 후, 다른 사람이 볼 수 없는 차단된 장소에서 실시하는 등 검사받는 사람의 모욕감 내지 수치심 유발을 최소화하는 방법으로 실시하였는바, 기본권 침해의 최소성 요건을 충족하였다. 또한 이 사건 신체검사로 인하여 수용자가 느끼는 모욕감이나 수치심이 결코 작다고 할 수는 없지만, 흉기 기타 위험물이나 금지물품을 교정시설 내로 반입하는 것을 차단함으로써 수용자 및 교정시설 종사자들의 생명·신체의 안전과 교정시설 내의 질서를 유지한다는 공적인 이익이 훨씬 크다 할 것이므로, 법익의 균형성 요건 또한 충족된다(헌재 2011. 5. 26. 2010헌마775).

▶ **인원점검을 하면서 청구인을 비롯한 수형자들을 정렬시킨 후 차례로 번호를 외치도록 한 행위가 청구인의 인격권 및 일반적 행동의 자유를 침해하는지**(소극): 이 사건 점호행위는 혼거실 수형자들을 정렬하여 앉게 한 뒤 번호를 외치도록 하는 것 외에 달리 물리력을 행사하지 아니하고, 소요되는 시간 또한 2~3분 정도에 불과하고, 7인 이상이 수용되어 있는 혼거실 수용자에 대하여만 하고 있으며, 인원점검시 이 사건 점호행위에 응하지 못할 사정이 있는 경우에는 예외가 인정될 뿐만 아니라, 다수의 수형자가 공동으로 생활하는 혼거실의 경우에는 인원점검의 효율적인 운영과 기초질서의 함양을 위해서는 이 사건 점호행위와 같은 방법이 효과적이며, 점검관이 목산(目算)하는 방법은 인원점검의 정확성·신속성 측면에서 다수의 수형자가 생활하는 혼거실에 대한 인원점검 방법으로는 부적절할 뿐만 아니라 효과적인 방법이 될 수 없다. 따라서 이 사건 점호행위는 과잉금지원칙에 위배되어 청구인의 인격권 및 일반적 행동의 자유를 침해한다 할 수 없다(헌재 2012. 7. 26. 2011헌마332).

▶**교도소 수용거실에 조명을 켜 둔 행위가 청구인의 인간으로서의 존엄과 가치 등 기본권을 침해하는지**(소극) : 교정시설의 안전과 질서유지를 위해서는 수용거실 안에 일정한 수준의 조명을 유지할 필요가 있다. 수용자의 도주나 자해 등을 막기 위해서는 취침시간에도 최소한의 조명은 유지할 수밖에 없다. 조명점등행위는 법무시설 기준규칙이 규정하는 조도 기준의 범위 안에서 이루어지고 있는데, 이보다 더 어두운 조명으로도 교정시설의 안전과 질서유지라는 목적을 같은 정도로 달성할 수 있다고 볼 수 있는 자료가 없다. 또 조명점등행위로 인한 청구인의 권익 침해가 교정시설 안전과 질서유지라는 공익 보호보다 더 크다고 보기도 어렵다. 그렇다면 조명점등행위가 과잉금지원칙에 위배하여 청구인의 기본권을 침해한다고 볼 수 없다(헌재 2018. 8. 30. 2017헌마440).

▶**거짓이나 그 밖의 부정한 방법으로 보조금을 교부받거나 보조금을 유용하여 어린이집 운영정지, 폐쇄명령 또는 과징금 처분을 받은 어린이집에 대하여 그 위반사실을 공표하도록 한 구 영유아보육법 제49조의3 제1항 제1호가 과잉금지원칙을 위반하여 인격권 및 개인정보자기결정권을 침해하는지**(소극) : 영유아보육법에 따라 어린이집 설치·운영자에게 지급되는 보조금을 부정수급하거나 유용하는 부패행위는 영유아보육의 질과 직결되어 그로 인한 불이익이 고스란히 영유아들에게 전가되므로 이를 근절할 필요가 크다. 어린이집의 투명한 운영을 담보하고 영유아 보호자의 보육기관 선택권을 실질적으로 보장하기 위해서는 보조금을 부정수급하거나 유용한 어린이집의 명단 등을 공표하여야 할 필요성이 있으며, 심판대상조항은 공표대상이나 공표정보, 공표기간 등을 제한적으로 규정하고 공표 전에 의견진술의 기회를 부여하여 공표대상자의 절차적 권리도 보장하고 있다. 나아가 심판대상조항을 통하여 추구하는 영유아의 건강한 성장 도모 및 영유아 보호자들의 보육기관 선택권 보장이라는 공익이 공표대상자의 법 위반사실이 일정기간 외부에 공표되는 불이익보다 크다. 따라서 심판대상조항은 과잉금지원칙을 위반하여 인격권 및 개인정보자기결정권을 침해하지 아니한다(헌재 2022. 3. 31. 2019헌바520).

▶**사업자단체의 독점규제 및 공정거래법 위반행위가 있을 때 공정거래위원회가 당해 사업자단체에 대하여 "법위반사실의 공표"를 명할 수 있도록 한 동법 제27조 부분이 당해 행위자의 일반적 행동의 자유 및 명예권을 침해하는지**(적극) : 공정거래법 위반행위의 내용 및 형태에 따라서는 일반공중이나 관련 사업자들이 그 위반여부에 대한 정보와 인식의 부족으로 말미암아 공정거래위원회의 시정조치에도 불구하고 위법사실의 효과가 지속되는 사례가 발생할 수 있고, 이러한 경우 조속히 법위반에 관한 중요 정보를 공개하는 등의 방법으로 일반공중이나 관련 사업자들에게 널리 경고함으로써 계속되는 공공의 손해를 종식시키고 위법행위가 재발하는 것을 방지하는 조치를 할 필요가 있다. 그런데 소비자보호를 위한 이러한 보호적, 경고적, 예방적 형태의 공표조치를 넘어서 형사재판이 개시되기도 전에 공정거래위원회의 행정처분에 의하여 무조건적으로 법위반을 단정, 그 피의사실을 널리 공표토록 한다면 이는 지나치게 광범위한 조치로서 앞서 본 입법목적에 반드시 부합하는 적합한 수단이라고 하기 어렵다. 나아가 '법위반으로 인한 시정명령을 받은 사실의 공표'에 의할 경우, 입법목적을 달성하면서도 행위자에 대한 기본권 침해의 정도를 현저히 감소시키고 재판 후 발생 가능한 무죄로 인한 혼란과 같은 부정적 효과를 최소화할 수 있는 것이므로, 법위반사실을 인정케 하고 이를 공표시키는 이 사건과 같은 명령형태는 기본권을 과도하게 제한하는 것이 된다(헌재 2002. 1. 31. 2001헌바43).

Ⅱ ▶ 생명권

1. 생명권의 의의

생명권이란 인간의 인격적, 육체적 존재 형태인 생존에 관한 권리를 말한다. 생존권은 모든 인권보장의 대전제가 되는 생명이라는 최고의 가치를 보장하는 권리이다.

2. 생명권의 법적 성격

(1) 주관적 공권

인간의 생명은 고귀하고, 이 세상에서 무엇과도 바꿀 수 없는 존엄한 인간 존재의 근원이다. 이러한 생명에 대한 권리는 비록 헌법에 명문의 규정이 없다 하더라도 인간의 생존본능과 존재목적에 바탕을 둔 선험적이고 자연법적인 권리로서 헌법에 규정된 모든 기본권의 전제로서 기능하는 기본권 중의 기본권이라 할 것이다(헌재 1996. 11. 28. 95헌바1).

(2) 객관적 질서

인간의 생명권은 최대한 존중되어야 하고, 국가는 헌법상 용인될 수 있는 정당한 사유 없이 생명권을 박탈하는 내용의 입법 등을 하여서는 아니될 뿐만 아니라, 한편으로는 사인의 범죄행위로 인해 일반국민의 생명권이 박탈되는 것을 방지할 수 있는 입법 등을 함으로써 일반국민의 생명권을 최대한 보호할 의무가 있다(헌재 2010. 2. 25. 2008헌가23).

3. 생명권의 주체

모든 인간은 헌법상 생명권의 주체가 되며, 형성 중의 생명인 태아에게도 생명에 대한 권리가 인정되어야 한다. 태아가 비록 그 생명의 유지를 위하여 모(母)에게 의존해야 하지만, 그 자체로 모(母)와 별개의 생명체이고, 특별한 사정이 없는 한, 인간으로 성장할 가능성이 크기 때문이다. 따라서 태아도 헌법상 생명권의 주체가 되며, 국가는 헌법 제10조 제2문에 따라 태아의 생명을 보호할 의무가 있다(헌재 2019. 4. 11. 2017헌바127).

> **판례**
>
> ▶ **사람의 시기** : 태아는 형성 중의 인간으로서 생명을 보유하고 있으므로 국가는 태아를 위하여 각종 보호조치들을 마련해야 할 의무가 있다. 하지만 그와 같은 국가의 기본권 보호의무로부터 태아의 출생 전에, 또한 태아가 살아서 출생할 것인가와는 무관하게, 태아를 위하여 민법상 일반적 권리능력까지도 인정하여야 한다는 헌법적 요청이 도출되지는 않는다. 법치국가원리로부터 나오는 법적 안정성의 요청은 인간의 권리능력이 언제부터 시작되는가에 관하여 가능한 한 명확하게 그 시점을 확정할 것을 요구한다. 따라서 인간이라는 생명체의 형성이 출생이전의 그 어느 시점에서 시작됨을 인정하더라도, 법적으로 사람의 시기를 출생의 시점에서 시작되는 것으로 보는 것이 헌법적으로 금지된다고 할 수 없다(헌재 2008. 7. 31. 2004헌바81).

4. 생명권의 제한과 한계

(1) 사형제도

1) 생명권이 일반적 법률유보의 대상이 되는지

우리 헌법은 절대적 기본권을 명문으로 인정하고 있지 아니하며, 헌법 제37조 제2항에서는 국민의 모든 자유와 권리는 국가안전보장·질서유지 또는 공공복리를 위하여 필요한 경우에 한하여 법률로써 제한할 수 있도록 규정하고 있는바, 어느 개인의 생명권에 대한 보호가 곧바로 다른 개인의 생명권에 대한 제한이 될 수밖에 없거나, 특정한 인간에 대한 생명권의 제한이 일반국민의 생명보호나 이에 준하는 매우 중대한 공익을 지키기 위하여 불가피한 경우에는 비록 생명이 이념적으로 절대적 가치를 지닌 것이라 하더라도 생명에 대한 법적 평가가 예외적으로 허용될 수 있다고 할 것이므로, 생명권 역시 헌법 제37조 제2항에 의한 일반적 법률유보의 대상이 될 수밖에 없다(헌재 2010. 2. 25. 2008헌가23).

2) 생명권의 제한이 생명권의 본질적 내용을 침해하는지

생명권의 경우, 다른 일반적인 기본권 제한의 구조와는 달리 생명의 일부 박탈이라는 것은 상정할 수 없기 때문에 생명권에 대한 제한은 필연적으로 생명권의 완전한 박탈을 의미하게 되는바, 이를 이유로 생명권의 제한은 어떠한 상황에서든 곧바로 개인의 생명권의 본질적인 내용을 침해하는 것으로서 기본권 제한의 한계를 넘는 것으로 본다면, 이는 생명권을 제한이 불가능한 절대적 기본권으로 인정하는 것과 동일한 결과를 가져오게 된다. 그러나 생명권 제한이 정당화될 수 있는 예외적인 경우에는 생명권의 박탈이 초래된다 하더라도 곧바로 기본권의 본질적인 내용을 침해하는 것이라 볼 수는 없다. 따라서 사형이 비례의 원칙에 따라 최소한 동등한 가치가 있는 다른 생명 또는 그에 못지 아니한 공공의 이익을 보호하기 위한 불가피성이 충족되는 예외적인 경우에만 적용됨으로써 생명권의 제한이 정당화될 수 있는 경우에는, 그것이 비록 생명권의 박탈을 초래하는 형벌이라 하더라도 이를 두고 곧바로 생명권이라는 기본권의 본질적인 내용을 침해하는 것이라 볼 수는 없다(헌재 2010. 2. 25. 2008헌가23).

🔨 판례

▶**사형제도의 헌법적 근거**: 헌법 제110조 제4항은 법률에 의하여 사형이 형벌로서 규정되고 그 형벌조항의 적용으로 사형이 선고될 수 있음을 전제로 하여, 사형을 선고한 경우에는 비상계엄하의 군사재판이라도 단심으로 할 수 없고 사법절차를 통한 불복이 보장되어야 한다는 취지의 규정으로, 우리 헌법은 문언의 해석상 사형제도를 간접적으로나마 인정하고 있다(헌재 2010. 2. 25. 2008헌가23).

▶**사형제도에 대한 위헌심사의 범위**: 사형제도가 위헌인지 여부의 문제는 성문헌법을 비롯한 헌법의 법원을 토대로 헌법규범의 내용을 밝혀 사형제도가 그러한 헌법규범에 위반하는지 여부를 판단하는 것으로서 헌법재판소에 최종적인 결정권한이 있는 반면, 사형제도를 법률상 존치시킬 것인지 또는 폐지할 것인지의 문제는 사형제도의 존치가 필요하거나 유용한지 또는 바람직한지에 관한 평가를 통하여 민주적 정당성을 가진 입법부가 결정할 입법정책적 문제이지 헌법재판소가 심사할 대상은 아니다(헌재 2010. 2. 25. 2008헌가23).

▶**상관을 살해한 경우 사형만을 유일한 법정형으로 규정하고 있는 군형법 제53조 제1항이 형벌과 책임 간의 비례원칙에 위배되는지**(적극): 법정형의 종류와 범위를 정하는 것이 기본적으로 입법자의 권한에 속하는 것이라고 하더라도, 형벌은 죄질과 책임에 상응하도록 적절한 비례성이 지켜져야 하는바, 군대 내 명령체계 유지 및 국가방위라는 이유만으로 가해자와 상관 사이에 명령복종관계가 있는지 여부를 불문하고 전시와 평시를 구분하지 아니한 채 다양한 동기와 행위태양의 범죄를 동일하게 평가하여 사형만을 유일한 법정형으로 규정하고 있는 이 사건 법률조항은, 범죄의 중대성 정도에 비하여 심각하게 불균형적인 과중한 형벌을 규정함으로써 죄질과 그에 따른 행위자의 책임 사이에 비례관계가 준수되지 않아 인간의 존엄과 가치를 존중하고 보호하려는 실질적 법치국가의 이념에 어긋나고, 형벌체계상 정당성을 상실한 것이다(헌재 2007. 11. 29. 2006헌가13).

(2) 인공임신중절

종전 형법은 낙태를 처벌하는 규정을 두었고(동법 제269조 제1항), 모자보건법은 본인이나 배우자가 대통령령으로 정하는 우생학적 또는 유전학적 정신장애나 신체질환이 있는 경우, 본인이나 배우자가 대통령령으로 정하는 전염성 질환이 있는 경우, 강간 또는 준강간에 의하여 임신된 경우, 법률상 혼인할 수 없는 혈족 또는 인척 간에 임신된 경우, 임신의 지속이 보건의학적 이유로 모체의 건강을 심각하게 해치고 있거나 해칠 우려가 있는 경우에 한하여 인공임신중절을 허용하였다(동법 제14조).

> **판례**
>
> ▶ **생명의 발달단계와 임신한 여성의 자기결정권 행사를 고려한 법적 보호 수단 및 정도**: 국가에게 태아의 생명을 보호할 의무가 있다고 하더라도 생명의 연속적 발전과정에 대하여 생명이라는 공통요소만을 이유로 하여 언제나 동일한 법적 효과를 부여하여야 하는 것은 아니다. 국가가 생명을 보호하는 입법적 조치를 취함에 있어 인간생명의 발달단계에 따라 그 보호정도나 보호수단을 달리하는 것은 불가능하지 않다. … 한편 임신한 여성의 자기결정권이 보장되려면 임신한 여성이 임신 유지와 출산 여부에 관하여 전인적 결정을 하고 그 결정을 실행함에 있어서 충분한 시간이 확보되어야 한다. … 이러한 점들을 모두 고려한다면, 태아가 모체를 떠난 상태에서 독자적으로 생존할 수 있는 시점인 임신 22주 내외에 도달하기 전이면서 동시에 임신 유지와 출산 여부에 관한 자기결정권을 행사하기에 충분한 시간이 보장되는 시기(결정가능기간)까지의 낙태에 대해서는 국가가 생명보호의 수단 및 정도를 달리 정할 수 있다고 봄이 타당하다(헌재 2019. 4. 11. 2017헌바127).
>
> ▶ **임신한 여성의 자기낙태를 처벌하는 형법 제269조 제1항 등에 대한 심사기준**: 이 사안은 국가가 태아의 생명 보호를 위해 확정적으로 만들어 놓은 자기낙태죄 조항이 임신한 여성의 자기결정권을 제한하고 있는 것이 과잉금지원칙에 위배되어 위헌인지 여부에 대한 것이다. 자기낙태죄 조항의 존재와 역할을 간과한 채 임신한 여성의 자기결정권과 태아의 생명권의 직접적인 충돌을 해결해야 하는 사안으로 보는 것은 적절하지 않다(헌재 2019. 4. 11. 2017헌바127).
>
> ▶ **임신한 여성의 자기낙태를 처벌하는 형법 제269조 제1항과 의사가 임신한 여성의 촉탁 또는 승낙을 받아 낙태하게 한 경우를 처벌하는 같은 법 제270조 제1항 부분이 각각 임신한 여성의 자기결정권을 침해하는지**(적극): 자기낙태죄 조항은 태아의 생명을 보호하기 위한 것으로서, 정당한 입법목적을 달성하기 위한 적합한 수단이다. 낙태갈등 상황에 처한 여성은 형벌의 위하로 말미암아 임신의 유지 여부와 관련하여 필요한 사회적 소통을 하지 못하고, 정신적 지지와 충분한 정보를 제공받지 못한 상태에서 안전하지 않은 방법으로 낙태를 실행하게 된다. 모자보건법상의 정당화 사유에는 다양하고 광범위한 사회적·경제적 사유에 의한 낙태갈등 상황이 전혀 포섭되지 않는다. 자기낙태죄 조항은 모자보건법에서 정한 사유에 해당하지 않는다면 결정가능기간 중에 다양하고 광범위한 사회적·경제적 사유를 이유로 낙태갈등 상황을 겪고 있는 경우까지도 예외 없이 전면적·일률적으로 임신의 유지 및 출산을 강제하고, 이를 위반한 경우 형사처벌하고 있다. 따라서, 자기낙태죄 조항은 입법목적을 달성하기 위하여 필요한 최소한의 정도를 넘어 임신한 여성의 자기결정권을 제한하고 있어 침해의 최소성을 갖추지 못하였고, 태아의 생명 보호라는 공익에 대하여만 일방적이고 절대적인 우위를 부여함으로써 법익균형성의 원칙도 위반하였으므로, 과잉금지원칙을 위반하여 임신한 여성의 자기결정권을 침해한다(헌재 2019. 4. 11. 2017헌바127 헌법불합치).

(3) 안락사

1) 의의

안락사란 불치(不治)의 질병 등으로 극심한 고통을 겪고 있는 병자 본인 또는 그 가족의 요청에 따라 그 고통을 덜어주기 위하여 인위적으로 죽음을 앞당기거나 생명 유지에 필수적인 영양 공급이나 약물 투여 등을 중단함으로써 생명을 단축하는 행위를 말한다.

2) 연명치료의 중단

죽음에 임박한 환자에 대한 연명치료는 의학적인 의미에서 치료의 목적을 상실한 신체침해 행위가 계속적으로 이루어지는 것이라 할 수 있고, 죽음의 과정이 시작되는 것을 막는 것이 아니라 자연적으로는 이미 시작된 죽음의 과정에서의 종기를 인위적으로 연장시키는 것으로 볼 수 있어, 비록 연명치료 중단에 관한 결정 및 그 실행이 환자의 생명단축을 초래한다 하더라도 이를 생명에 대한 임의적 처분으로서 자살이라고 평가할 수 없고, 오히려 인위적인 신체침해 행위에서 벗어나서 자신의 생명을 자연적인 상태에 맡기고자 하는 것으로서 인간의 존엄과 가치에 부합한다. 그렇다면 환자가 장차 죽음에 임박한 상태에 이를 경우에 대비하여 미리 의료인 등에게 연명치료 거부 또는 중단에 관한 의사를 밝히는 등의 방법으로 죽음에 임박한 상태에서 인간으로서의 존엄과 가치를 지키기 위하여 연명치료의 거부 또는 중단을 결정할 수 있다 할 것이고, 위 결정은 헌법상 기본권인 자기결정권의 한 내용으로서 보장된다(헌재 2009. 11. 26. 2008헌마385).

> **판례**
>
> ▶**죽음에 임박한 환자의 의미**: 연명치료 중단에 관한 자기결정권의 인정 여부가 문제되는 '죽음에 임박한 환자'란 '의학적으로 환자가 의식의 회복 가능성이 없고 생명과 관련된 중요한 생체기능의 상실을 회복할 수 없으며 환자의 신체상태에 비추어 짧은 시간 내에 사망에 이를 수 있음이 명백한 경우', 즉 '회복 불가능한 사망의 단계'에 이른 경우를 의미한다(헌재 2009. 11. 26. 2008헌마385).
>
> ▶**사전의료지시가 없는 경우**: 환자의 평소 가치관이나 신념 등에 비추어 연명치료를 중단하는 것이 객관적으로 환자의 최선의 이익에 부합한다고 인정되어 환자에게 자기결정권을 행사할 수 있는 기회가 주어지더라도 연명치료의 중단을 선택하였을 것이라고 볼 수 있는 경우에는, 그 연명치료 중단에 관한 환자의 의사를 추정할 수 있다고 인정하는 것이 합리적이고 사회상규에 부합된다. 이러한 환자의 의사 추정은 객관적으로 이루어져야 한다(대판 2009. 5. 21. 2009다17417).

제5항 인간의 존엄과 가치의 제한

헌법 제10조에서 규정한 인간의 존엄과 가치는 '헌법이념의 핵심'으로 국가는 헌법에 규정된 개별적 기본권을 비롯하여 헌법에 열거되지 아니한 자유와 권리까지도 이를 보장하여야 하며, 이를 통하여 개별 국민이 가지는 인간으로서의 존엄과 가치를 존중하고 확보하여야 한다는 헌법의 기본원리를 선언한 조항이다. 따라서 자유와 권리의 보장은 1차적으로 헌법상 개별적 기본권 규정을 매개로 이루어지지만, 기본권 제한에 있어서 인간의 존엄과 가치를 침해한다거나 기본권 형성에 있어서 최소한의 필요한 보장조차 규정하지 않음으로써 결과적으로 인간으로서의 존엄과 가치를 훼손한다면 헌법 제10조에서 규정한 인간의 존엄과 가치에 위반된다고 할 것이다(헌재 2004. 10. 28. 2002헌마328).

⚖ 판례

▶ **구치소 내 과밀수용행위가 수형자인 청구인의 인간의 존엄과 가치를 침해하는지**(적극) : 교정시설의 1인당 수용면적이 수형자의 인간으로서의 기본욕구에 따른 생활조차 어렵게 할 만큼 지나치게 협소하다면, 이는 그 자체로 국가형벌권 행사의 한계를 넘어 수형자의 인간의 존엄과 가치를 침해하는 것이다. 이 사건의 경우, 성인 남성인 청구인이 이 사건 방실에 수용된 기간 동안 1인당 실제 개인사용 가능면적은, 2일 16시간 동안에는 1.06㎡, 6일 5시간 동안에는 1.27㎡였다. 이러한 1인당 수용면적은 우리나라 성인 남성의 평균 신장인 사람이 팔다리를 마음껏 뻗기 어렵고, 모로 누워 '칼잠'을 자야 할 정도로 매우 협소한 것이다. 그렇다면 청구인은 이 사건 방실에서 신체적·정신적 건강이 악화되거나 인격체로서의 기본 활동에 필요한 조건을 박탈당하는 등 극심한 고통을 경험하였을 가능성이 크다. 따라서 청구인이 인간으로서 최소한의 품위를 유지할 수 없을 정도로 과밀한 공간에서 이루어진 이 사건 수용행위는 청구인의 인간으로서의 존엄과 가치를 침해한다(헌재 2016. 12. 29. 2013헌마142).

제2절　행복추구권

헌법 제10조
　모든 국민은 인간으로서의 존엄과 가치를 가지며, 행복을 추구할 권리를 가진다.

🏠 참고

▶ **헌정사** : 행복추구권은 1980년 헌법(제8차 개정헌법)에서 도입

제1항　행복추구권의 의의

행복추구권이란 소극적으로는 고통과 불쾌감이 없는 상태를 추구할 권리, 적극적으로는 만족감을 느끼는 상태를 추구할 수 있는 권리라고 일반적으로 해석되고 있으나, 행복이라는 개념 자체가 역사적 조건이나 때와 장소에 따라 그 개념이 달라질 수 있으며, 행복을 느끼는 정신적 상태는 생활환경이나 생활조건, 인생관, 가치관에 따라 각기 다른 것이므로 일률적으로 정의하기가 어려운 개념일 수 밖에 없다(헌재 1997. 7. 16. 95헌가6).

제2항　행복추구권의 법적 성격

Ⅰ 자연권적 기본권

행복추구권의 법적 성격에 관하여 자연권적 권리이고 인간으로서의 존엄과 가치의 존중 규정과 밀접 불가분의 관계가 있고, 헌법에 규정하고 있는 모든 개별적, 구체적 기본권은 물론 그 이외에 헌법에 열거되지 아니하는 모든 자유와 권리까지도 그 내용으로 하는 포괄적 기본권으로 해석되고 있다(헌재 1997. 7. 16. 95헌가6).

Ⅱ 포괄적 자유권

헌법 제10조의 행복추구권은 국민이 행복을 추구하기 위하여 필요한 급부를 국가에게 적극적으로 요구할 수 있는 것을 내용으로 하는 것이 아니라, 국민이 행복을 추구하기 위한 활동을 국가권력의 간섭 없이 자유롭게 할 수 있다는 포괄적인 의미의 자유권으로서의 성격을 가진다(헌재 1995. 7. 21. 93헌가14).

> ⚖ 판례
>
> ▶ **국가유공자 예우 등에 관한 법률에 의하여 보상을 받을 권리는 등록신청을 한 날이 속하는 달로부터 발생한다고 규정하고 있는 국가유공자예우법 제9조가 청구인의 행복추구권을 침해하는지**(소극) : 헌법 제10조의 행복추구권은 국민이 행복을 추구하기 위하여 필요한 급부를 국가에게 적극적으로 요구할 수 있는 것을 내용으로 하는 것이 아니라, 국민이 행복을 추구하기 위한 활동을 국가권력의 간섭 없이 자유롭게 할 수 있다는 포괄적인 의미의 자유권으로서의 성격을 가지므로 국민에 대한 일정한 보상금의 수급기준을 정하고 있는 이 사건 규정이 행복추구권을 침해한다고 할 수 없다(헌재 1995. 7. 21. 93헌가14).
>
> ▶ **공물이용권이 행복추구권에 포함되는지**(소극) : 헌법 제10조의 행복추구권은 국민이 행복을 추구하기 위한 활동을 국가권력의 간섭 없이 자유롭게 할 수 있다는 포괄적인 의미의 자유권으로서의 성격을 갖는 것인바, 청구인들이 주장하는 공물을 사용·이용하게 해달라고 청구할 수 있는 권리는 청구권의 영역에 속하는 것이므로 이러한 권리가 포괄적인 자유권인 행복추구권에 포함된다고 할 수 없다(헌재 2011. 6. 30. 2009헌마406).

Ⅲ 보충적 기본권

행복추구권은 다른 기본권에 대한 보충적 기본권으로서의 성격을 지니므로, 공무담임권이라는 우선적으로 적용되는 기본권이 존재하여 그 침해 여부를 판단하는 이상, 행복추구권 침해 여부를 독자적으로 판단할 필요가 없다(헌재 2000. 12. 14. 99헌마112).

제3항 행복추구권의 주체

행복추구권은 인간의 권리이므로 외국인에게도 인정되나 법인에게는 원칙적으로 인정되지 않는다. 다만 행복추구의 향유는 정신적·신체적 상황과는 무관하기 때문에 신체적·정신적 장애나 성년 여부 등에 관계없이 모든 인간에게 인정된다.

제4항 행복추구권의 내용

Ⅰ 일반원칙

1. 사적 자치의 원칙

(1) 사적 자치 원칙의 의의

사적 자치의 원칙이란 인간의 자기결정 및 자기책임의 원칙에서 유래된 기본원칙으로서, 법률관계의 형성은 고권적인 명령에 의해서가 아니라 법인격자 자신들의 의사나 행위를 통해서 이루어진다는 원칙이다(헌재 2001. 5. 31. 99헌가18).

(2) 사적 자치 원칙의 내용

사적 자치는 계약의 자유, 소유권의 자유, 결사의 자유, 유언의 자유 및 영업의 자유를 그 구성요소로 하고 있으며, 그중 계약의 자유는 사적 자치가 실현되는 가장 중요한 수단으로서, 이는 계약체결의 자유, 상대방선택의 자유, 방식의 자유, 계약의 변경 또는 해소의 자유를 포함한다(헌재 2001. 5. 31. 99헌가18).

2. 자기책임의 원리

(1) 자기책임의 원리의 의의

자기책임의 원리는 자기결정권의 한계논리로서 책임부담의 근거로 기능하는 동시에 자기가 결정하지 않은 것이나 결정할 수 없는 것에 대하여는 책임을 지지 않고 책임부담의 범위도 스스로 결정한 결과 내지 그와 상관관계가 있는 부분에 국한됨을 의미하는 책임의 한정원리로 기능한다(헌재 2011. 9. 29. 2010헌마68).

(2) 자기책임 원리의 근거

자기책임의 원리는 인간의 자유와 유책성, 그리고 인간의 존엄성을 진지하게 반영한 원리로서 그것이 비단 민사법이나 형사법에 국한된 원리라기보다는 근대법의 기본이념으로서 법치주의에 당연히 내재하는 원리로 볼 것이고, 헌법 제13조 제3항은 그 한 표현에 해당하는 것으로서 자기책임의 원리에 반하는 제재는 그 자체로서 헌법 위반을 구성한다(헌재 2011. 9. 29. 2010헌마68).

> **☭ 판례**
>
> ▶당해 전문학원을 졸업하고 운전면허를 받은 사람 중 교통사고를 일으킨 사람의 비율이 대통령령이 정하는 비율을 초과하는 때 운전전문학원에 대한 운영정지나 등록취소를 할 수 있도록 규정하고 있는 도로교통법 조항이 자기책임의 원리에 위반되는지(적극) : 이 사건 조항에 의한 법적 책임의 부과는 운전전문학원이 주체적으로 행해야 하는 자기책임의 범위를 벗어난 것이고, 원인과 상관없이 결과만 발생하면 책임을 묻겠다는 방식이어서 지나치게 행정편의적인 것이다. 교통사고율이 높아 운전교육이 좀더 충실히 행해져야 하며 오늘날 사회적 위험의 관리를 위한 위험책임제도가 필요하다는 사정이 있더라도, 그러한 이유만으로 위와 같은 입법이 정당화되기 어렵다. 무릇 형벌을 포함한 법적 제재는 기본적으로 행위자의 의사결정과 책임의 범위에 상응하는 것이어야 하고, 자신의 의사결정이나 행위책임과 무관한 제재는 '책임원칙'에 반하거나, 타인에 해악을 주지 않는 한 자유롭게 행동할 수 있고 자신과 무관한 사유로 인한 법적 제재로부터 자유로울 것을 내포하는 헌법 제10조의 행복추구권의 취지에 어긋난다(헌재 2005. 7. 21. 2004헌가30).

II **기본권**

1. 일반적 내용

헌법 제10조 전문은 행복추구권을 보장하고 있는데 행복추구권에는 그 구체적인 표현으로서 일반적 행동자유권과 개성의 자유로운 발현권이 포함된다(헌재 1998. 10. 29. 97헌마345).

> 🔨 **판례**
>
> ▶ **한자를 의사소통의 수단으로 사용하는 권리** : 언어와 그 언어를 표기하는 방식인 글자는 정신생활의 필수적인 도구이며 타인과의 소통을 위한 가장 기본적인 수단인바, 한자를 의사소통의 수단으로 사용하는 것은 행복추구권에서 파생되는 일반적 행동의 자유 내지 개성의 자유로운 발현의 한 내용이다(헌재 2009. 5. 28. 2006헌마618).
>
> ▶ **지역 방언을 자신의 언어로 선택하여 공적 또는 사적인 의사소통과 교육의 수단으로 사용하는 권리** : 지역 방언을 자신의 언어로 선택하여 공적 또는 사적인 의사소통과 교육의 수단으로 사용하는 것은 행복추구권에서 파생되는 일반적 행동의 자유 내지 개성의 자유로운 발현의 한 내용이 된다(헌재 2009. 5. 28. 2006헌마618).
>
> ▶ **공문서의 한글전용을 규정한 국어기본법 제14조 제1항 등이 청구인들의 행복추구권을 침해하는지**(소극) : 국민들은 공문서를 통하여 공적 생활에 관한 정보를 습득하고 자신의 권리 의무와 관련된 사항을 알게 되므로 우리 국민 대부분이 읽고 이해할 수 있는 한글로 작성할 필요가 있다. 한자어를 굳이 한자로 쓰지 않더라도 앞뒤 문맥으로 그 뜻을 이해할 수 있는 경우가 대부분이고, 뜻을 정확히 전달하기 위하여 필요한 경우에는 괄호 안에 한자를 병기할 수 있으므로 한자혼용방식에 비하여 특별히 한자어의 의미 전달력이나 가독성이 낮아진다고 보기 어렵다. 따라서 이 사건 공문서 조항은 청구인들의 행복추구권을 침해하지 아니한다(헌재 2016. 11. 24. 2012헌마854).

2. 일반적 행동의 자유권

(1) 일반적 행동의 자유의 의의

일반적 행동자유권은 개인이 행위를 할 것인가의 여부에 대하여 자유롭게 결단하는 것을 전제로 하여 이성적이고 책임감 있는 사람이라면 자기에 관한 사항은 스스로 처리할 수 있을 것이라는 생각에서 인정되는 것이다. 일반적 행동자유권에는 적극적으로 자유롭게 행동을 하는 것은 물론 소극적으로 행동을 하지 않을 자유, 즉 부작위의 자유도 포함되며, 포괄적인 의미의 자유권으로서 일반조항적인 성격을 가진다(헌재 2003. 10. 30. 2002헌마518).

(2) 일반적 행동의 자유의 보호영역

일반적 행동자유권은 '모든 행위를 할 자유와 행위를 하지 않을 자유'로 가치 있는 행동만 그 보호영역으로 하는 것은 아닌 것으로, 그 보호영역에는 개인의 생활방식과 취미에 관한 사항도 포함되며, 여기에는 위험한 스포츠를 즐길 권리와 같은 위험한 생활방식으로 살아갈 권리도 포함된다(헌재 2003. 10. 30. 2002헌마518).

> 🔨 **판례**
>
> ▶ **개인이 대마를 자유롭게 수수하고 흡연할 자유**(적극) : 일반적 행동자유권은 적극적으로 자유롭게 행동을 하는 것은 물론 소극적으로 행동을 하지 않을 자유도 포함되고, 가치있는 행동만 보호영역으로 하는 것은 아닌 것인바, 개인이 대마를 자유롭게 수수하고 흡연할 자유도 헌법 제10조의 행복추구권에서 나오는 일반적 행동자유권의 보호영역에 속한다(헌재 2005. 11. 24. 2005헌바46).

▶ 대마의 흡연행위를 마약류 관리에 관한 법률 제2조 제4호 가목의 향정신성의약품의 원료식물의 흡연행위와 같은 법정형으로 처벌하는 법 제61조 제1항이 과잉금지의 원칙을 위반하여 행복추구권을 침해하는지(소극) : 대마의 사용자가 흡연행위를 한 후 그에 그치지 않고 환각상태에서 다른 강력한 범죄로 나아갈 경우와 같은 사회적인 위험성의 측면에서 보면 대마의 흡연행위가 법 제2조 제4호 가목 소정의 향정신성의약품 원료식물의 흡연 등의 행위보다 사회적 위험성 면에서 결코 약하다고 만은 할 수 없고, 법 제61조 제1항이 위 두 경우를 같은 법정형으로 처벌하도록 규정하고 있으면서도 5년 이하의 징역이나 5천만 원 이하의 벌금에 처하도록 법정형의 상한만을 정하여 그 죄질에 따라 법원이 적절한 선고형을 정하는 것이 가능하도록 하고 있으므로, 과잉금지의 원칙에 반하여 행복추구권을 침해하는 것이라고 할 수 없다(헌재 2005. 11. 24. 2005헌바46).

▶ 운전 중 휴대전화를 사용할 자유(적극) : 헌법 제10조 전문의 행복추구권에는 그 구체적인 표현으로서 일반적 행동자유권이 포함된다. 일반적 행동자유권의 보호영역에는 가치 있는 행동뿐만 아니라 개인의 생활방식과 취미에 관한 사항도 포함되며, 여기에는 위험한 스포츠를 즐길 권리와 같은 위험한 생활방식으로 살아갈 권리도 포함된다. 따라서 운전 중 휴대용 전화를 사용할 자유는 헌법 제10조의 행복추구권에서 나오는 일반적 행동자유권의 보호영역에 속한다(헌재 2021. 6. 24. 2019헌바5).

▶ 운전 중 휴대전화 사용을 금지하고 이를 위반한 경우 20만 원 이하의 벌금이나 구류 또는 과료에 처할 수 있다고 규정하고 있는 도로교통법 조항이 자동차 등 운전자의 일반적 행동자유권을 침해하는지(소극) : 이 사건 법률조항의 입법목적은 운전 중 휴대용 전화의 사용으로 인한 교통사고 발생의 위험을 줄여 국민의 생명과 안전, 재산을 보호하고자 하는 것으로서 그 입법목적의 정당성이 인정되고, 수단의 적합성도 인정된다. 자동차 운전 중 휴대용 전화 사용 금지에 실질적 강제력을 부여하기 위해 그 위반행위에 대하여 형벌을 부과하도록 규정한 입법자의 판단이 잘못되었다고 보기도 어려우므로 침해의 최소성 원칙에 위반된다고 할 수 없다. 한편 이 사건 법률조항으로 인하여 청구인은 운전 중 휴대용 전화 사용의 편익을 누리지 못하고 그 의무에 위반할 경우 20만 원 이하의 벌금이나 구류 또는 과료에 처해질 수 있으나 이러한 부담은 크다고 보기 어렵다. 이에 비하여 운전 중 휴대용 전화 사용 금지로 교통사고의 발생을 줄이면 국민의 생명·신체·재산을 보호할 수 있으므로 이로 인해 달성되는 공익은 중대하다. 따라서 이 사건 법률조항은 법익의 균형성도 갖추었다(헌재 2021. 6. 24. 2019헌바5).

▶ '누구든지 응급의료종사자의 응급환자에 대한 진료를 폭행, 협박, 위계, 위력, 그 밖의 방법으로 방해하여서는 아니된다'는 응급의료에 관한 법률 제12조 중 부분 등이 응급환자의 자기결정권 내지 일반적 행동자유권을 제한하는지(소극) : 먼저 응급환자 본인의 행위가 위법성이 인정되지 않는 범위 내에 있다면 심판대상조항에 의한 규율의 대상이 되지 아니하므로 자기결정권 내지 일반적 행동의 자유의 제한 문제가 발생하지 않는다. 한편 응급환자 본인의 모든 행위가 응급의료에 대한 거부 내지 항의를 위한 행위라는 이유로 허용되는 것은 아니며, 그 행위의 태양, 내용, 방법 및 그 결과에 비추어 사회통념상 용인될 수 없는 정도로 타인에게 심각한 피해를 발생시킨 경우 이는 정당한 자기결정권 내지 일반적 행동의 자유 행사의 범위를 벗어나는 것으로 허용될 수 없다. 즉, 응급환자 본인의 행위가 응급환자의 생명과 건강에 중대한 위해를 가할 우려가 있어 사회통념상 용인될 수 없는 정도의 것으로 '응급진료 방해 행위'로 평가되는 경우 이는 정당한 자기결정권 내지 일반적 행동의 자유의 한계를 벗어난 것이므로, 이를 다른 응급진료 방해 행위와 마찬가지로 금지하고 형사처벌의 대상으로 한다고 하여 자기결정권 내지 일반적 행동의 자유의 제한의 문제가 발생하는 것은 아니다(헌재 2019. 6. 28. 2018헌바128).

(3) 일반적 행동의 자유의 보호대상

일반적 행동자유권은 모든 행위를 하거나 하지 않을 자유를 내용으로 하나, 그 보호대상으로서의 행동이란 국가가 간섭하지 않으면 자유롭게 할 수 있는 행위 내지 활동을 의미하고, 이를 국가권력이 가로막거나 강제하는 경우 자유권의 침해로서 논의될 수 있다(헌재 2010. 12. 28. 2008헌마527).

> **판례**
>
> ▶ **현역병으로 복무할 권리**(소극) : 일반적 행동자유권은 모든 행위를 하거나 하지 않을 자유를 내용으로 하나, 그 보호대상으로서의 행동이란 국가가 간섭하지 않으면 자유롭게 할 수 있는 행위 내지 활동을 의미하고, 이를 국가권력이 가로막거나 강제하는 경우 자유권의 침해로서 논의될 수 있다 할 것인데, <u>병역의무의 이행으로서의 현역병 복무는 국가가 간섭하지 않으면 자유롭게 할 수 있는 행위에 속하지 않으므로,</u> 현역병으로 복무할 권리가 일반적 행동자유권에 포함된다고 할 수 없다(헌재 2010. 12. 28. 2008헌마527).

(4) 일반적 행동의 자유의 내용

1) 계약자유

계약자유의 원칙이란 계약을 체결할 것인가의 여부, 체결한다면 어떠한 내용의, 어떠한 상대방과의 관계에서, 어떠한 방식으로 계약을 체결하느냐 하는 것도 당사자 자신이 자기의사로 결정하는 자유뿐만 아니라, 원치 않으면 계약을 체결하지 않을 자유를 말하며, 이는 헌법상의 행복추구권 속에 함축된 일반적 행동자유권으로부터 파생되는 것이라 할 것이다. 이는 곧 헌법 제119조 제1항의 개인의 경제상의 자유의 일종이기도 하다(헌재 1991. 6. 3. 89헌마204).

2) 흡연권

흡연자들이 자유롭게 흡연할 권리를 흡연권이라고 한다면, 이러한 흡연권은 인간의 존엄과 행복추구권을 규정한 헌법 제10조와 사생활의 자유를 규정한 헌법 제17조에 의하여 뒷받침된다. 인간으로서의 존엄과 가치를 실현하고 행복을 추구하기 위하여서는 누구나 자유로이 의사를 결정하고 그에 기하여 자율적인 생활을 형성할 수 있어야 하므로, 자유로운 흡연에의 결정 및 흡연행위를 포함하는 흡연권은 헌법 제10조에서도 그 근거를 찾을 수 있다(헌재 2004. 8. 26. 2003헌마457).

> **판례**
>
> ▶ **공중이용시설의 소유자 등은 해당시설의 전체를 금연구역으로 지정하여야 한다고 규정한 국민건강증진법 제9조 제4항이 흡연자의 일반적 행동자유권을 침해하는지**(소극) : 금연구역조항은 금연구역 지정에 관한 선례인 헌재 2004. 8. 26. 2003헌마457 결정이 선고될 당시보다 금연구역을 확대하여 흡연자의 일반적 행동자유권을 더 강하게 제한하고는 있지만, <u>금연구역조항이 기존의 금연·흡연구역의 분리운영만으로는 담배연기를 완전히 차단하기 어렵다는 점을 고려하여 공공장소에서 전면금연을 실시함으로써 국민 건강을 증진시키기 위하여 만들어진 것인 점,</u> 흡연실을 별도로 설치할 수 있는 점, 우리나라 흡연율은 여전히 높은 점 등을 고려할 때, 금연구역조항이 흡연자의 일반적 행동자유권을 침해한다고 볼 수 없다(헌재 2014. 9. 25. 2013헌마411).

3) 휴식권

휴식권은 헌법상 명문의 규정은 없으나 포괄적 기본권인 행복추구권의 한 내용으로 볼 수 있다(헌재 2001. 9. 27. 2000헌마159).

4) 자신이 마실 물을 선택할 자유

자신이 마실 물을 선택할 자유, 수돗물 대신 먹는샘물을 음용수로 이용할 자유는 헌법 제10조에 규정된 행복추구권의 내용을 이룬다(헌재 1998. 12. 24. 98헌가1).

5) 하객들에게 주류와 음식물을 접대하는 행위

결혼식 등의 당사자가 자신을 축하하러 온 하객들에게 주류와 음식물을 접대하는 행위는 인류의 오래된 보편적인 사회생활의 한 모습으로서 개인의 일반적인 행동의 자유 영역에 속하는 행위이므로 이는 헌법 제37조 제1항에 의하여 경시되지 아니하는 기본권이며 헌법 제10조가 정하고 있는 행복추구권에 포함되는 일반적 행동자유권으로서 보호되어야 할 기본권이다(헌재 1998. 10. 15. 98헌마168).

6) 미결수용자의 접견교통권

헌법재판소는 헌법 제10조의 행복추구권에 포함되는 기본권의 하나로서 일반적 행동자유권을 인정하고 있는데 미결수용자의 접견교통권은 이러한 일반적 행동자유권으로부터 나온다고 보아야 할 것이고 다른 한편으로는 무죄추정의 원칙을 규정한 헌법 제27조 제4항도 미결수용자의 접견교통권 보장의 한 근거가 된다(헌재 2003. 11. 27. 2002헌마193).

7) 미결수용자 가족의 접견교통권

미결수용자의 가족이 미결수용자와 접견하는 것은 헌법 제10조가 보장하고 있는 인간으로서의 존엄과 가치 및 행복추구권 가운데 포함되는 헌법상의 기본권이라고 보아야 한다(헌재 2003. 11. 27. 2002헌마193).

8) 무상으로 가르치는 행위

무상 또는 일회적·일시적으로 가르치는 행위는 일반적 행동의 자유에 속하는 것으로서 헌법 제10조의 행복추구권에 의하여 보호된다(헌재 2000. 4. 27. 98헌가16).

9) 무상의 의료행위

이 사건 법률조항은 청구인이 의료행위를 지속적인 소득활동이 아니라 취미, 일시적 활동 또는 무상의 봉사활동으로 삼는 경우에는 헌법 제10조의 행복추구권에서 파생하는 일반적 행동의 자유를 제한하는 규정이다(헌재 2002. 12. 18. 2001헌마370).

10) 기부금품 모집행위

기부금품의 모집행위는 행복추구권에서 파생하는 일반적인 행동자유권에 의하여 기본권으로 보장되기 때문에, 법의 허가가 기본권의 본질과 부합하려면, 그 허가절차는 기본권에 의하여 보장된 자유를 행사할 권리 그 자체를 제거해서는 아니되고 허가절차에 규정된 법률요건을 충족시킨 경우에는 기본권의 주체에게 기본권 행사의 형식적 제한을 다시 해제할 것을 요구할 수 있는 법적 권리를 부여하여야 한다(헌재 1998. 5. 28. 96헌가5).

11) 소비자의 자기결정권

자도소주구입명령제도는 비록 직접적으로는 소주판매업자에게만 구입의무를 부과하고 있으나 실질적으로는 구입명령제도가 능력경쟁을 통한 시장의 점유를 억제함으로써 소주제조업자의 기업의 자유 및 경쟁의 자유를 제한하고, 소비자가 자신의 의사에 따라 자유롭게 상품을 선택하는 것을 제약함으로써 소비자의 행복추구권에서 파생되는 자기결정권도 제한하고 있다(헌재 1996. 12. 26. 96헌가18).

(5) 일반적 행동의 자유의 제한

일반적 행동의 자유는 개인의 인격발현과 밀접히 관련되어 있으므로 최대한 존중되어야 하는 것이지만, 헌법 제37조 제2항에 따라 국가안전보장, 질서유지 또는 공공복리를 위하여 법률로 제한될 수 있다. 다만 제한하는 경우에도 기본권 제한입법의 한계를 준수하여야 할 것이다(헌재 2003. 10. 30. 2002헌마518).

> ⚖ 판례

▶ 누구든지 금융회사 등에 종사하는 자에게 타인의 금융거래의 내용에 관한 정보 또는 자료를 요구하는 것을 금지하고, 이를 위반 시 형사처벌하는 구 '금융실명거래 및 비밀보장에 관한 법률' 제4조 제1항 본문 등이 과잉금지원칙을 위반하여 일반적 행동자유권을 침해하는지(적극): 심판대상조항은 금융거래정보의 제공요구행위 자체만으로 형사처벌의 대상으로 삼고 있으나, 제공요구행위에 사회적으로 비난받을 행위가 수반되지 않거나, 금융거래의 비밀보장에 실질적인 위협이 되지 않는 행위도 충분히 있을 수 있고, 명의인의 동의를 받을 수 없는 상황에서 타인의 금융거래정보가 필요하여 금융기관 종사자에게 그 제공을 요구하는 경우가 있을 수 있는 등 금융거래정보 제공요구행위는 구체적인 사안에 따라 죄질과 책임을 달리한다고 할 것임에도, 심판대상조항은 정보제공요구의 사유나 경위, 행위 태양, 요구한 거래정보의 내용 등을 전혀 고려하지 아니하고 일률적으로 금지하고, 그 위반 시 형사처벌을 하도록 하고 있다. 나아가, 금융거래의 비밀보장이 중요한 공익이라는 점은 인정할 수 있으나, 심판대상조항이 정보제공요구를 하게 된 사유나 행위의 태양, 요구한 거래정보의 내용을 고려하지 아니하고 일률적으로 일반 국민들이 거래정보의 제공을 요구하는 것을 금지하고 그 위반 시 형사처벌을 하는 것은 그 공익에 비하여 지나치게 일반 국민의 일반적 행동자유권을 제한하는 것이다. 따라서 심판대상조항은 과잉금지원칙에 반하여 일반적 행동자유권을 침해한다(헌재 2022. 2. 24. 2020헌가5).

▶ 이동통신사업자가 제공하는 전기통신역무를 타인의 통신용으로 제공하는 것을 원칙적으로 금지하고, 위반 시 형사처벌하는 전기통신사업법 제30조 본문 등이 이동통신서비스 이용자의 일반적 행동자유권을 침해하는지(소극): 이동통신서비스를 타인의 통신용으로 제공한 사람들은 이동통신시장에 대포폰이 다량 공급되는 원인으로 작용하고 있으므로, 대포폰을 이용한 보이스피싱 등 신종범죄로부터 통신의 수신자 등을 보호하기 위해서는 이동통신서비스를 타인의 통신용으로 제공하는 것을 금지하고 위반 시 처벌할 필요성이 크다. 나아가 이동통신서비스를 타인의 통신용으로 제공하는 행위로 인한 피해를 더 효과적으로 방지할 수 있는 수단이 마련되어 있다고 보기 어렵고, 달리 입법목적을 달성할 수 있는 효과적인 수단을 상정하기도 어렵다. 이동통신서비스 이용자는 심판대상조항으로 인해 이동통신서비스 이용계약 체결에 필요한 증서 등을 타인에게 제공하거나 자기 명의로 이동통신서비스 이용계약을 체결한 후 실제 이용자에게 휴대전화를 양도할 수 없는 불이익을 입을 뿐이므로, 이동통신서비스 이용자가 제한받는 사익의 정도가 공익에 비하여 과다하다고 보기도 어렵다. 따라서 심판대상조항은 이동통신서비스 이용자의 일반적 행동자유권을 침해하지 아니한다(헌재 2022. 6. 30. 2019헌가14).

▶ 못된 장난 등으로 다른 사람, 단체 또는 공무수행중인 자의 업무를 방해한 사람을 20만 원 이하의 벌금, 구류 또는 과료로 처벌하는 '경범죄 처벌법' 제3조 제2항 제3호가 죄형법정주의의 명확성원칙을 위반하여 청구인의 일반적 행동자유권을 침해하는지(소극): 심판대상조항의 '못된 장난 등'은 타인의 업무에 방해가 될 수 있을 만큼 남을 괴롭고 귀찮게 하는 행동으로 일반적인 수인한도를 넘어 비난가능성이 있으나 형법상 업무방해죄, 공무집행방해죄에 이르지 않을 정도의 불법성을 가진 행위를 의미한다고 할 것이다. 형법상 업무방해죄, 공무집행방해죄에 이르지 아니하나 업무나 공무를 방해하거나 그러한 위험이 있는 행위의 유형은 매우 다양하므로 심판대상조항에서는 '못된 장난 등'이라는 다소 포괄적인 규정으로 개별 사안에서 법관이 그 적용여부를 판단할 수 있도록 하고 있으나, '경범죄 처벌법'은 제2조에서 남용금지 규정을 둠으로써 심판대상조항이 광범위하게 자의적으로 적용될 수 있는 가능성을 차단하고 있다. 따라서 심판대상조항은 죄형법정주의의 명확성원칙을 위반하여 청구인의 일반적 행동자유권을 침해하지 않는다(헌재 2022. 11. 24. 2021헌마426).

▶ 어린이 보호구역에서 제한속도 준수의무 또는 '안전운전의무'를 위반하여 어린이를 상해에 이르게 한 경우 1년 이상 15년 이하의 징역 또는 500만 원 이상 3천만 원 이하의 벌금에, 사망에 이르게 한 경우 무기 또는 3년 이상의 징역에 처하도록 규정한 '특정범죄 가중처벌 등에 관한 법률' 제5조의 13이 과잉금지원칙에 위반되어 청구인들의 일반적 행동자유권을 침해하는지(소극) : 어린이의 통행이 빈번한 초등학교 인근 등 제한된 구역을 중심으로 어린이 보호구역을 설치하고 엄격한 주의의무를 부과하여 위반자를 엄하게 처벌하는 것은 어린이에 대한 교통사고 예방과 보호를 위해 불가피한 조치이다. 운전자의 주의의무 위반의 내용 및 정도와 어린이가 입은 피해의 정도가 다양하여 불법성 및 비난가능성에 차이가 있다고 하더라도, 이는 법관의 양형으로 충분히 극복될 수 있는 범위 내에 있다. 운전자가 어린이 보호구역에서 높은 주의를 기울여야 하고 운행의 방식을 제한받는 데 따른 불이익보다, 주의의무를 위반한 운전자를 가중처벌하여 어린이가 교통사고의 위험으로부터 벗어나 안전하고 건강한 생활을 영위하도록 함으로써 얻게 되는 공익이 더 크다. 따라서 심판대상조항은 과잉금지원칙에 위반되어 청구인들의 일반적 행동자유권을 침해한다고 볼 수 없다(헌재 2023. 2. 23. 2020헌마460).

▶ 교통사고 발생 시 사상자 구호 등 필요한 조치를 하지 않은 자에 대한 형사처벌을 정하는 구 도로교통법 제148조가 과잉금지원칙에 위반하여 일반적 행동자유권을 침해하는지(소극) : 교통사고 발생 시 조치의무를 형사처벌로 강제하는 심판대상조항은, 교통사고로 인한 사상자의 신속한 구호 및 교통상의 위험과 장해의 방지·제거를 통하여 안전하고 원활한 교통을 확보하기 위한 것으로, 입법목적의 정당성 및 수단의 적합성을 인정할 수 있다. 교통사고 관련 운전자등이 조치의무를 이행하지 않고 그대로 현장을 벗어날 유인이 많은 점을 고려할 때, 과태료와 같은 행정적 제재만으로는 조치의무의 실효성을 담보할 수 없으므로 최소침해성의 원칙에 위배되지 않으며, 심판대상조항이 운전자등의 시간적, 경제적 손해를 유발할 가능성이 있는 것은 사실이나 이미 발생한 피해자의 생명·신체에 대한 피해 구호와 안전한 교통의 회복이라는 공익은 운전자등이 제한당하는 사익보다 크므로, 심판대상조항은 법익균형성을 갖추었다. 따라서 심판대상조항은 청구인의 일반적 행동자유권을 침해하지 않는다(헌재 2019. 4. 11. 2017헌가28).

▶ 육군 장교가 민간법원에서 약식명령을 받아 확정되면 자진신고할 의무를 규정한 '2020년도 장교 진급 지시' 등이 과잉금지원칙에 반하여 일반적 행동의 자유를 침해하는지(소극) : 청구인들이 자진신고의무를 부담하는 것은 수사 및 재판 단계에서 의도적으로 신분을 밝히지 않은 행위에서 비롯된 것으로서 이미 예상가능한 불이익인 반면, '군사법원에서 약식명령을 받아 확정된 경우'와 그 신분을 밝히지 않아 '민간법원에서 약식명령을 받아 확정된 경우' 사이에 발생하는 인사상 불균형을 방지함으로써 군 조직의 내부 기강 및 질서를 유지하고자 하는 공익은 매우 중대하다. 20년도 육군지시 자진신고조항 및 21년도 육군지시 자진신고조항은 과잉금지원칙에 반하여 일반적 행동의 자유를 침해하지 않는다(헌재 2021. 8. 31. 2020헌마12).

▶ 의료분쟁 조정신청의 대상인 의료사고가 사망에 해당하는 경우 한국의료분쟁조정중재원의 원장은 지체 없이 조정절차를 개시해야 한다고 규정한 '의료사고 피해구제 및 의료분쟁 조정 등에 관한 법률' 제27조 제9항 전문 부분이 청구인의 일반적 행동의 자유를 침해하는지(소극) : 환자의 사망이라는 중한 결과가 발생한 경우 환자측으로서는 피해를 신속·공정하게 구제하기 위해 조정절차를 적극적으로 활용할 필요가 있고, 보건의료인의 입장에서도 이러한 경우 분쟁으로 비화될 가능성이 높아 원만하게 분쟁을 해결할 수 있는 절차가 마련될 필요가 있으므로, 의료분쟁 조정절차를 자동으로 개시할 필요성이 인정된다. 조정절차가 자동으로 개시되더라도 피신청인은 이의신청을 통해 조정절차에 참여하지 않을 수 있고, 조정의 성립까지 강제되는 것은 아니므로 합의나 조정결정의 수용 여부에 대해서는 자유롭게 선택할 수 있으며, 채무부존재확인의 소 등을 제기하여 소송절차에 따라 분쟁을 해결할 수도 있다. 따라서 의료사고로 사망의 결과가 발생한 경우 의료분쟁 조정절차를 자동으로 개시하도록 한 심판대상조항이 청구인의 일반적 행동의 자유를 침해한다고 할 수 없다(헌재 2021. 5. 27. 2019헌마321).

▶비어업인이 잠수용 스쿠버장비를 사용하여 수산자원을 포획·채취하는 것을 금지하는 수산자원관리법 시행규칙 제6조 부분이 청구인의 일반적 행동의 자유를 침해하는지(소극): 이 사건 규칙조항은 수산자원을 유지·보존하고 어업인들의 재산을 보호함으로써, 단기적으로는 어업인의 생계를 보장하고 장기적으로는 수산업의 생산성을 향상시키고자 함에 그 목적이 있는바 이러한 입법목적에는 정당성이 인정되며, 비어업인이 잠수용 스쿠버장비를 사용하여 수산자원을 포획·채취하는 것을 금지하는 것은 이러한 입법목적을 달성하기 위한 적절한 수단이다. 잠수용 스쿠버장비를 사용하여 잠수하는 경우에는 해수면 상에서 잠수여부를 쉽게 확인할 수 없고, 잠수시간이 길어 단속을 쉽게 피할 수 있으므로, 잠수용 스쿠버장비의 사용을 허용하면서 구체적인 행위태양이나 포획·채취한 수산자원의 종류와 양, 포획·채취가 이루어진 지역 등을 통제하는 것은 현실적으로 거의 불가능하다. 그리고 여가생활 또는 오락으로 잠수용 스쿠버다이빙을 즐기면서 수산자원을 포획하거나 채취하지 못함으로 인하여 청구인이 입는 불이익에 비해 수산자원을 보호해야 할 공익은 현저히 크다고 할 것이므로, 이 사건 규칙조항은 침해의 최소성과 법익의 균형성도 갖추었다(헌재 2016. 10. 27. 2013헌마450).

▶대가성 여부를 불문하고 직무와 관련하여 금품등을 수수하는 것을 금지할 뿐만 아니라, 직무관련성이나 대가성이 없더라도 동일인으로부터 일정 금액을 초과하는 금품등의 수수를 금지하는 청탁금지법 제8조 제1항과 제2항 중 사립학교 관계자와 언론인에 관한 부분이 언론인과 사립학교 관계자의 일반적 행동자유권을 침해하는지(소극): 금품수수금지조항은 직무관련성이나 대가성이 없더라도 동일인으로부터 1회 100만 원 또는 매 회계연도 300만 원을 초과하는 금품등을 수수한 경우 처벌하도록 하고 있다. 이는 사립학교 관계자나 언론인에게 적지 않은 금품을 주는 행위가 순수한 동기에서 비롯될 수 없고 일정한 대가관계를 추정할 수 있다는 데 근거한 것으로 볼 수 있다. 우리 사회에서 경제적 약자가 아닌 사립학교 관계자와 언론인에게 아무런 이유 없이 이러한 금품을 줄 이유가 없기 때문이다. 또한 사립학교 관계자와 언론인이 직무와 관련하여 아무리 적은 금액이라도 정당한 이유 없이 금품 등을 받는 것을 금지하는 것이 부당하다고 할 수 없다. 이런 사정을 모두 종합하여 보면 부정청탁금지조항과 금품수수금지조항이 침해의 최소성 원칙에 반한다고 보기 어렵다. 사립학교 관계자나 언론인은 금품수수금지조항에 따라 종래 받아오던 일정한 금액 이상의 금품이나 향응 등을 받지 못하게 되는 불이익이 발생할 수는 있으나, 이런 불이익이 법적으로 보호받아야 하는 권익의 침해라 보기 어렵다. 반면 부정청탁금지조항과 금품수수금지조항이 추구하는 공익은 매우 중대하므로 법익의 균형성도 충족한다. 따라서 부정청탁금지조항과 금품수수금지조항이 과잉금지원칙을 위반하여 청구인들의 일반적 행동자유권을 침해한다고 보기 어렵다[헌재 2016. 7. 28. 2015헌마236 청탁금지법(일명 김영란법) 사건].

▶협의상 이혼을 하고자 하는 사람은 부부가 함께 관할 가정법원에 출석하여 협의이혼의사확인신청서를 제출하여야 한다고 규정한 '가족관계의 등록에 관한 규칙' 제73조 제1항 전단 부분이 청구인의 일반적 행동자유권을 침해하는지(소극): 이 사건 규칙조항에서 협의이혼의사확인신청을 할 때 부부 쌍방으로 하여금 직접 법원에 출석하여 신청서를 제출하도록 한 것은, 일시적 감정이나 강압에 의한 이혼을 방지하고 협의상 이혼이 그 절차가 시작될 때부터 당사자 본인의 의사로 진지하고 신중하게 이루어지도록 하기 위한 것이므로, 목적의 정당성 및 수단의 적합성이 인정된다. 당사자의 진정한 이혼의사를 확인하기 위하여는 양 당사자로 하여금 이혼의사확인신청서를 직접 제출하도록 하는 것이 보다 확실한 방법이고, 일정한 경우에는 부부 한쪽만 출석할 수 있도록 예외가 인정되고 있으며, 법원 출석이 곤란하거나 불편한 경우 재판상 이혼 절차를 이용할 수도 있으므로, 침해의 최소성도 인정된다. 한편, 이 사건 규칙조항은 협의상 이혼의 사유 자체를 제한하거나 당사자에게 과도한 부담이 되는 절차를 요구하는 것이 아닌 반면에, 이 사건 규칙조항을 통해 협의상 이혼이 당사자의 자유롭고 진지한 의사에 기하도록 함으로써 달성될 수 있는 공익은 결코 작지 않으므로, 법익의 균형성도 인정된다(헌재 2016. 6. 30. 2015헌마894).

▶ 성폭력처벌법 제16조 제2항 중 같은 법 제14조 제2항(카메라 등을 이용한 촬영)의 범죄를 범한 사람에 대하여 유죄판결을 선고하는 경우 성폭력 치료프로그램의 이수명령을 병과하도록 한 부분이 일반적 행동자유권을 침해하는 지(소극) : 이수명령 조항은 교육, 훈련 및 상담 등을 통하여 카메라등 이용 촬영죄를 범한 성폭력범죄자의 재범을 방지하고 건전한 사회 복귀를 도모하며 사회 안전을 확보하기 위한 것으로서 그 입법목적의 정당성과 수단의 적절성이 인정된다. 성폭력 치료프로그램은 재범의 방지를 위한 근본적인 해결책 중 하나이다. 카메라등 이용 촬영죄도 왜곡된 성 의식과 피해자에 대한 공감능력의 부족, 성충동 조절의 실패 등에서 비롯되는 경우가 많으므로, 카메라등 이용 촬영죄를 범한 사람에 대하여 이수명령을 부과하도록 한 것이 불합리하다고 볼 수 없다. 선고유예의 경우나 특별한 사정이 있는 경우 이수명령을 병과하지 아니할 수 있고, 교육시간의 상한이 500시간으로 제한되어 있으며, 법원은 그 범위 내에서 범죄의 경중과 재범의 위험성 등을 고려하여 교육시간을 탄력적으로 결정할 수 있다. 이수명령 조항이 달성하고자 하는 공익의 중요성을 고려하면 일정 기간 동안 일정 장소에 참석하여 성폭력 치료프로그램을 이수하여야 하는 불이익은 그다지 큰 불이익이라고 볼 수 없다. 따라서 이수명령 조항은 일반적 행동자유권을 침해한다고 볼 수 없다(헌재 2016. 12. 29. 2016헌바153).

▶ 관할경찰관서의 장은 등록기간 중 반기 1회 등록대상자와 직접 대면 등의 방법으로 등록정보의 진위 및 변경 여부를 확인하여야 한다고 규정한 성폭력특례법 제45조 제4항이 청구인의 일반적 행동자유권, 개인정보 자기결정권을 침해하는지(소극) : 대면확인조항은 범죄 수사 및 예방을 위하여 등록대상자들이 관할경찰관서의 장과 정기적으로 직접 대면하여 신상정보의 진위 및 변경 여부를 확인받도록 하는 것인데, 연 1회 등록정보의 변경 여부만을 확인하도록 한 구 성폭력특례법 제35조 제3항과 제출조항만으로는 신상정보의 최신성을 확보하는 데 한계가 있고, 등록대상자가 대면확인을 거부하더라도 처벌받지 않으므로 등록대상자는 국가의 신상정보 등록제도 운영에 협력하는 정도의 부담만을 지게 되는 것이어서 그로 인하여 등록대상자가 입는 불이익이 크다고 할 수 없다. 따라서 대면확인조항은 청구인의 일반적 행동자유권 및 개인정보 자기결정권을 침해하지 않는다(헌재 2016. 3. 31. 2014헌마457).

▶ 아동 · 청소년 대상 성범죄자에게 1년마다 정기적으로 새로 촬영한 사진을 제출하도록 한 구 '아동 · 청소년의 성보호에 관한 법률' 제34조 제2항 단서와 정당한 사유 없이 사진제출의무를 위반한 경우 형사처벌을 하도록 한 같은 법 제52조 제5항 제2호가 일반적 행동의 자유를 침해하는지(소극) : 아동 · 청소년 대상 성범죄자의 신상정보를 등록하게 하고, 그중 사진의 경우에는 1년마다 새로 촬영하여 제출하게 하고 이를 보존하는 것은 신상정보 등록대상자의 재범을 억제하고, 재범한 경우에는 범인을 신속하게 검거하기 위한 것이므로 그 입법목적이 정당하고, 사진이 징표하는 신상정보인 외모는 쉽게 변하고, 그 변경 유무를 객관적으로 판단하기 어려우므로 1년마다 사진 제출의무를 부과하는 것은 그러한 입법목적 달성을 위한 적합한 수단이다. 외모라는 신상정보의 특성에 비추어 보면 변경되는 정보의 보관을 위하여 정기적으로 사진을 제출하게 하는 방법 외에는 다른 대체수단을 찾기 어렵고, 등록의무자에게 매년 새로 촬영된 사진을 제출하게 하는 것이 그리 큰 부담은 아닐 뿐만 아니라, 의무위반 시 제재방법은 입법자에게 재량이 있으며 형벌 부과는 입법재량의 범위 내에 있고 또한 명백히 잘못 되었다고 할 수는 없으며, 법정형 또한 비교적 경미하므로 침해의 최소성 원칙 및 법익균형성 원칙에도 위배되지 아니한다(헌재 2015. 7. 30. 2014헌바257).

▶ 가해학생이 특별교육을 이수할 경우 그 보호자도 함께 특별교육을 이수하도록 하는 학교폭력예방법 제17조 제9항이 가해학생 보호자의 일반적 행동자유권을 침해하는지(소극) : 학교폭력예방법에서 가해학생과 함께 그 보호자도 특별교육을 이수하도록 의무화한 것은 교육의 주체인 보호자의 참여를 통해 학교폭력 문제를 보다 근본적으로 해결하기 위한 것이다. 가해학생이 학교폭력에 이르게 된 원인을 발견하여 이를 근본적으로 치유하기 위해서는 가족 공동체의 일원으로서 가해학생과 밀접 불가분의 유기적 관계를 형성하고 있는 보호자의 교육 참여가 요구된다. 따라서 특별교육이수규정이 가해학생 보호자의 일반적 행동자유권을 침해한다고 볼 수 없다(헌재 2013. 10. 24. 2012헌마832).

▶ 형의 집행을 유예하면서 사회봉사를 명할 수 있도록 한 형법 제62조의 제1항이 범죄인의 일반적 행동의 자유를 과도하게 제한하여 과잉금지원칙에 위배되는지(소극) : 이 사건 법률조항은, 범죄인에게 근로를 강제하여 형사제재적 기능을 함과 동시에 사회에 유용한 봉사활동을 통하여 사회와 통합하여 재범방지 및 사회복귀를 용이하게 하려는 것으로서, 이에 근거하여 부과되는 사회봉사명령이 자유형 집행의 대체수단으로서 자유형의 집행으로 인한 범죄인의 자유의 제한을 완화하여 주기 위한 수단인 점, 기간이 500시간 이내로 제한되어 있는 점 등을 종합하여 보면 과잉금지원칙에 위배되지 아니한다(헌재 2012. 3. 29. 2010헌바100).

▶**피치료감호자에 대한 치료감호가 가종료되었을 때 필요적으로 3년간의 보호관찰이 시작되도록 규정하고 있는 치료감호법 조항이 청구인의 일반적 행동의 자유를 침해하는지**(소극): 이 사건 법률조항은 피보호관찰자에 대한 체계적인 지도와 보살핌으로 건전한 사회복귀를 촉진하고 효율적인 재범방지를 위한 활동을 통하여 사회를 보호하기 위한 것으로 그 목적의 정당성 및 수단의 적절성이 인정된다. 정신질병의 특성상 증상의 정도를 세분화하여 그 기준을 만든다는 것이 쉽지 않고, 질병의 증상은 언제라도 호전과 악화를 반복할 수 있으므로 가종료 결정 당시의 증상만을 기준으로 보호관찰기간을 정하는 것은 적절한 관리가 되지 않을 수 있으며, 보호관찰을 부과하지 아니할 정도로 치료가 된 상태라면 가종료가 아닌 치료감호 종료사유에 해당된다는 점 등을 고려할 때, 침해의 최소성 원칙에 위배되지 아니하고, 법익의 균형성도 갖추고 있으므로, 청구인의 일반적 행동의 자유를 침해하지 않는다(헌재 2012. 12. 27. 2011헌마285).

▶**경찰청장이 2009. 6. 3. 경찰버스들로 서울특별시 서울광장을 둘러싸 통행을 제지한 행위가 청구인들의 일반적 행동자유권을 침해한 것인지**(적극): 이 사건 통행제지행위는 서울광장에서 개최될 여지가 있는 일체의 집회를 금지하고 일반시민들의 통행조차 금지하는 전면적이고 광범위하며 극단적인 조치이므로 집회의 조건부 허용이나 개별적 집회의 금지나 해산으로는 방지할 수 없는 급박하고 명백하며 중대한 위험이 있는 경우에 한하여 비로소 취할 수 있는 거의 마지막 수단에 해당한다. 서울광장 주변에 노무현 전 대통령을 추모하는 사람들이 많이 모여 있었다거나 일부 시민들이 서울광장 인근에서 불법적인 폭력행위를 저지른 바 있다고 하더라도 그것만으로 폭력행위일로부터 4일 후까지 이러한 조치를 그대로 유지해야 할 급박하고 명백한 불법·폭력집회나 시위의 위험성이 있었다고 할 수 없으므로 이 사건 통행제지행위는 당시 상황에 비추어 필요최소한의 조치였다고 보기 어렵고, 가사 전면적이고 광범위한 집회방지조치를 취할 필요성이 있었다고 하더라도, 서울광장에의 출입을 완전히 통제하는 경우 일반시민들의 통행이나 여가·문화활동 등의 이용까지 제한되므로 서울광장의 몇 군데라도 통로를 개설하여 통제하에 출입하게 하거나 대규모의 불법·폭력집회가 행해질 가능성이 적은 시간대라든지 서울광장 인근 건물에의 출근이나 왕래가 많은 오전 시간대에는 일부 통제를 푸는 등 시민들의 통행이나 여가·문화활동에 과도한 제한을 초래하지 않으면서도 목적을 상당 부분 달성할 수 있는 수단이나 방법을 고려하였어야 함에도 불구하고 모든 시민의 통행을 전면적으로 제지한 것은 침해의 최소성을 충족한다고 할 수 없다(헌재 2011. 6. 30. 2009헌마406).

▶**긴급자동차를 제외한 이륜자동차의 자동차 전용도로 통행을 금지하고 이를 위반한 경우 처벌하는 도로교통법 제63조 부분 등이 통행의 자유(일반적 행동의 자유)를 침해하는지**(소극): 이륜자동차의 자동차전용도로 통행을 허용할 경우 이륜자동차의 구조적 특수성, 일부 그 이륜자동차 운전자들의 낮은 교통질서 의식과 나쁜 운전습관 등으로 인하여, 이륜자동차 운전자의 안전은 물론 일반자동차 운전자의 안전까지 저해할 우려가 있고, 차량의 능률적인 운행과 원활한 교통소통을 방해할 가능성이 크다. 한편 자동차전용도로는 당해 구간을 연결하는 일반교통용의 다른 도로가 있는 경우에 지정되고, 자동차전용도로로서 적합하지 않은 구간은 지정해제 등을 통해 그 문제를 해결할 수 있다. 따라서 이 사건 법률조항이 과잉금지원칙에 반하여 이륜자동차 운전자의 통행의 자유(일반적 행동의 자유)를 침해한다고 볼 수 없다(헌재 2015. 9. 24. 2014헌바291).

▶**부근에 통행할 다른 도로가 없는 경우에도 민간자본으로 건설된 도로에 관하여는 사업시행자가 도로사용료를 징수할 수 있도록 규정한 사회간접자본시설에 대한 민간투자법 조항이 일반적 행동자유권을 제한하는지**(소극): 이 사건 도로는 영종도에서 육지로 통행할 수 있는 유일한 도로이기는 하나 이전부터 이용되던 뱃길이 지금도 존재하므로 유일한 통행방법은 아니다. 청구인들이 굳이 이 사건 도로를 이용하는 것은 뱃길을 이용하는 것보다 경로가 단축되고 이에 따라 시간 및 경비가 절약되는 등의 이익을 얻게 되기 때문이다. 이는 이 사건 도로의 이용이 청구인들 자신의 자유로운 판단에 의한 것일 뿐 강제된 것이 아님을 의미한다. 그렇다면 심판대상조항으로 인하여 일반적 행동자유권이 제한된 것으로 볼 수 없다(헌재 2005. 12. 22. 2004헌바64).

▶ 음주측정거부자에 대하여 필요적으로 운전면허를 취소하도록 규정한 구 도로교통법 제78조 제1항 단서 중 제8호 부분이 직업의 자유 내지 일반적 행동의 자유를 침해하는지(소극): 음주측정거부자에 대하여 임의적 면허취소를 규정하는 데 그친다면 음주운전단속에 대한 실효성을 확보할 수 없게 될 뿐 아니라 음주운전을 방지함으로써 도로교통상의 안전과 위험방지를 기하려는 이 사건 법률조항의 행정목적을 달성할 수 없는 결과가 초래될 수 있는 점, 이 사건 법률조항에 해당하여 운전면허가 취소되더라도 그 면허취소 후 결격기간이 법이 정한 운전면허 결격기간 중 가장 단기간인 1년에 불과하여 다른 면허취소에 비하여 상대적으로 불이익이 가볍다고 보이는 점 등에 비추어 보면, 이 사건 법률조항이 음주측정거부자에 대하여 반드시 면허를 취소하도록 규정하고 있다고 하여 피해최소성의 원칙에 반한다고 볼 수는 없다. 또한 음주측정거부자가 운전면허를 필요적으로 취소당하여 입는 불이익의 정도는 이 사건 법률조항이 추구하고 있는 공익에 비하여 결코 과중하다고 볼 수 없으므로 법익균형성의 원칙에 반하지 않는다. 따라서 이 사건 법률조항은 기본권 제한의 입법한계인 과잉금지의 원칙을 준수하였다고 할 것이므로, 직업의 자유를 본질적으로 침해하거나 일반적 행동의 자유를 침해한다고 볼 수 없다(헌재 2007. 12. 27. 2005헌바95).

▶ 음주운전의 경우 운전의 개념에 '도로 외의 곳'을 포함하도록 한 도로교통법 제2조 제26호 부분이 일반적 행동의 자유를 침해하는지(소극): 음주운전의 경우 운전조작능력과 상황대처능력이 저하되어 일반교통에 제공되지 않는 장소에 진입하거나 그 장소에서 주행할 가능성이 음주운전이 아닌 경우에 비하여 상대적으로 높다. 따라서 구체적 장소를 열거하거나 일부 장소만으로 한정하여서는 음주운전으로 인한 교통사고를 강력히 억제하려는 입법목적을 달성하기 어렵다. 음주운전은 사고의 위험성이 높고 그로 인한 피해도 심각하며 반복의 위험성도 높다는 점에서 음주운전으로 인한 교통사고의 위험을 방지할 필요성은 절실한 반면, 그로 인하여 제한되는 사익은 도로 외의 곳에서 음주운전을 할 수 있는 자유로서 인격과 관련성이 있다거나 사회적 가치가 높은 이익이라 할 수 없으므로 법익의 균형성 또한 인정된다(헌재 2016. 2. 25. 2015헌가11).

▶ 의무보험에 가입되어 있지 아니한 자동차는 도로에서 운행할 수 없도록 하고 이를 위반하여 자동차를 운행한 자동차 보유자를 형사처벌하도록 정한 '자동차손해배상 보장법' 제8조 본문 등이 청구인의 일반적 행동자유권, 계약의 자유, 재산권을 침해하는지 여부(소극): 자동차 운행으로 인한 사고에 대해서는 자동차 소유자뿐만 아니라 소유자가 아니더라도 자기를 위하여 자동차를 운행하는 자 또한 손해배상책임을 지므로, 자동차 소유자 외에 자동차를 사용할 권리가 있는 자로서 자기를 위하여 자동차를 운행하는 자에게도 의무보험에 가입할 의무를 부과하는 것은 입법목적 달성을 위해 불가피하다고 할 수 있다. 자동차사고에 대한 손해배상을 보장하는 제도를 확립하여 피해자를 보호하고, 자동차사고로 인한 위험을 사회적으로 분산시킬 수 있으므로 심판대상조항들로 달성되는 공익은 중대하다. 반면 가입하여야 하는 보험의 내용과 금액의 한도가 정해져 있고, 의무보험 미가입자동차를 운행하지 않거나 도로 이외의 곳에서 운행하는 경우 심판대상조항들에 의해 처벌되지 않는다는 점 등을 고려하면, 자동차 보유자가 받는 불이익이 감수할 수 없을 정도로 크다고 볼 수 없다. 심판대상조항들은 법익의 균형성 원칙도 충족한다(헌재 2019. 11. 28. 2018헌바134).

▶ 운전면허를 받은 사람이 자동차등을 이용하여 살인 또는 강간 등 행정안전부령이 정하는 범죄행위를 한 때 운전면허를 취소하도록 하는 구 도로교통법 제93조 제1항 제11호가 직업의 자유 및 일반적 행동의 자유를 침해하는지(적극): 자동차등을 이용한 범죄를 근절하기 위하여 그에 대한 행정적 제재를 강화할 필요가 있다 하더라도 이를 임의적 운전면허 취소 또는 정지사유로 규정함으로써 불법의 정도에 상응하는 제재수단을 선택할 수 있도록 하여도 충분히 그 목적을 달성하는 것이 가능함에도, 심판대상조항은 이에 그치지 아니하고 필요적으로 운전면허를 취소하도록 하여 구체적 사안의 개별성과 특수성을 고려할 수 있는 여지를 일체 배제하고 있다. 나아가 심판대상조항 중 '자동차등을 이용하여' 부분은 포섭될 수 있는 행위 태양이 지나치게 넓을 뿐만 아니라, 하위법령에서 규정될 대상범죄에 심판대상조항의 입법목적을 달성하기 위해 반드시 규제할 필요가 있는 범죄행위가 아닌 경우까지 포함될 우려가 있어 침해의 최소성 원칙에 위배된다. 심판대상조항은 운전을 생업으로 하는 자에 대하여는 생계에 지장을 초래할 만큼 중대한 직업의 자유의 제약을 초래하고, 운전을 업으로 하지 않는 자에 대하여도 일상생활에 심대한 불편을 초래하여 일반적 행동의 자유를 제약하므로 법익의 균형성 원칙에도 위배된다(헌재 2015. 5. 28. 2013헌가6).

▶ 도로교통법 제44조 제1항(음주운전 금지규정)을 위반하여 자동차를 운전한 사람이 다시 음주운전 금지규정을 위반하여 자동차를 운전해서 운전면허 정지사유에 해당된 경우 필요적으로 그의 운전면허를 취소하도록 하는 구 도로교통법 제93조 제1항 단서 제2호 등이 직업의 자유 및 일반적 행동자유권을 침해하는지(소극) : 헌법재판소는 2021. 11. 26. 2019헌바446등 사건에서 음주운전 금지규정을 2회 이상 위반한 사람을 형사 처벌하는 구 도로교통법 제148조 제1항 중 관련 부분이 과거 위반 전력과 재범 사이에 시간적 제한을 두지 않고 과거 위반 전력, 혈중알코올농도 등을 고려할 때 위험성이 비교적 낮은 재범 음주운전행위에도 동일한 법정형을 적용하여 책임과 형벌 간의 비례원칙에 위반된다고 판단하였다. 그런데 이 사건에서 문제되는 운전면허 취소는 주취 중 운전금지라는 행정상 의무 이행을 확보하기 위한 행정제재로 형벌과 구별되는 목적을 가지고 있다. 형벌과 행정제재를 부과하는 목적과 그 절차상 차이를 고려하면, 심판대상조항이 운전면허를 필요적으로 취소하더라도 침해의 최소성에 반한다고 할 수 없다. 운전면허가 취소되더라도 적용받는 결격기간이 상대적으로 짧고, 경우에 따라 결격기간이 배제되기도 하는 점을 고려하면, 심판대상조항으로 제한되는 사익이 교통질서를 확립하고 국민의 생명, 신체 및 재산을 보호하려는 공익에 비하여 중요하다고 할 수 없으므로, 심판대상조항은 법익의 균형성에 반하지 아니한다. 그렇다면 심판대상조항은 과잉금지원칙에 위반된다고 할 수 없다(헌재 2023. 6. 29. 2020헌바182).

▶ 자동차 운전자에게 좌석안전띠를 매도록 하고, 이를 위반했을 때 범칙금을 납부하도록 통고하는 것이 일반적 행동자유권을 침해하는지(소극) : 자동차 운전자에게 좌석안전띠를 매도록 하고 이를 위반했을 때 범칙금을 납부하도록 통고하는 것은, 교통사고로부터 국민의 생명 또는 신체에 대한 위험과 장애를 방지·제거하고 사회적 부담을 줄여 교통질서를 유지하고 사회공동체의 상호이익을 보호하는 공공복리를 위한 것으로 그 입법목적이 정당하고, 운전자의 불이익은 약간의 답답함이라는 경미한 부담이고 좌석안전띠 미착용으로 부담하는 범칙금이 소액인 데 비하여 좌석안전띠 착용으로 달성하려는 공익은 동승자를 비롯한 국민의 생명과 신체를 보호하고 교통사고로 인한 사회적인 비용을 줄여 사회공동체의 이익을 증진하는 것이므로 달성하고자 하는 공익이 침해되는 청구인의 좌석안전띠를 매지 않을 자유라는 사익보다 크며, 제도의 연혁과 현황을 종합하여 볼 때 청구인의 일반적 행동자유권을 비례의 원칙에 위반되게 과도하게 침해하는 것이 아니다(헌재 2003. 10. 30. 2002헌마518).

▶ 교도소장이 청구인을 비롯한 ○○교도소 수용자의 동절기 취침시간을 21 : 00로 정한 행위가 청구인의 일반적 행동자유권을 침해하는지(소극) : 교도소는 수용자가 공동생활을 영위하는 장소이므로 질서유지를 위하여 취침시간의 일괄처우가 불가피한 바, 피청구인은 취침시간을 21 : 00로 정하되 기상시간을 06 : 20으로 정함으로써 동절기 일조시간의 특성을 수면시간에 반영하였고, 이에 따른 수면시간은 9시간 20분으로 성인의 적정 수면시간 이상을 보장하고 있다. 나아가 21 : 00 취침은 전국 교도소의 보편적 기준에도 부합하고, 특별한 사정이 있거나 수용자가 부상·질병으로 적절한 치료를 받아야 할 경우에는 관련규정에 따라 21 : 00 취침의 예외가 인정될 수 있으므로, 이 사건 취침시간은 청구인의 일반적 행동자유권을 침해하지 아니한다(헌재 2016. 6. 30. 2015헌마36).

▶ 마약류 사범인 청구인에게 마약류 반응검사를 위하여 소변을 받아 제출하게 한 것이 청구인의 일반적인 행동자유권, 신체의 자유를 침해하였는지(소극) : 마약류는 중독성 등으로 교정시설로 반입되어 수용자가 복용할 위험성이 상존하고, 수용자가 마약류를 복용할 경우 그 수용자의 수용목적이 근본적으로 훼멸될 뿐만 아니라 다른 수용자들에 대한 위해로 인한 사고로 이어질 수 있으므로, 소변채취를 통한 마약류 반응검사가 월 1회씩 정기적으로 행하여진다 하여도 이는 마약류의 반입 및 복용사실을 조기에 발견하고 마약류의 반입시도를 사전에 차단함으로써 교정시설 내의 안전과 질서유지를 위하여 필요하고, 마약의 복용 여부는 외부관찰 등에 의해서는 발견될 수 없으며, 징벌 등 제재처분 없이 자발적으로 소변을 받아 제출하도록 한 후 3분 내의 짧은 시간에 시약을 떨어뜨리는 간단한 방법으로 실시되므로, 대상자가 소변을 받아 제출하는 하기 싫은 일을 하여야 하고 자신의 신체의 배출물에 대한 자기결정권이 다소 제한된다고 하여도, 그것만으로는 소변채위의 목적 및 검사방법 등에 비추어 과잉금지의 원칙에 반한다고 할 수 없다(헌재 2006. 7. 27. 2005헌마277).

제5항 행복추구권의 제한

행복추구권도 헌법 제37조 제2항에 의해 국가안전보장, 질서유지 또는 공공복리를 위하여 필요한 경우에 한하여 법률로써 제한할 수 있다. 다만 이 경우에도 행복추구권의 본질적인 내용은 침해할 수 없다.

> **판례**
>
> ▶ **학교정화구역 내의 극장 시설 및 영업을 금지하고 있는 학교보건법 제6조 제1항 제2호가 학생들의 행복추구권을 침해하는지**(적극): 오늘날 영화 및 공연을 중심으로 하는 문화산업은 높은 부가가치를 실현하는 첨단산업으로서의 의미를 가지고 있다. 따라서 직업교육이 날로 강조되는 대학교육에 있어서 문화에의 손쉬운 접근가능성은 중요한 기본권으로서의 의미를 갖게 된다. 이 사건 법률조항은 대학생의 자유로운 문화향유에 관한 권리 등 행복추구권을 침해하고 있다. 아동과 청소년은 부모와 국가에 의한 단순한 보호의 대상이 아닌 독자적인 인격체이며, 그의 인격권은 성인과 마찬가지로 인간의 존엄성 및 행복추구권을 보장하는 헌법 제10조에 의하여 보호된다. 따라서 헌법이 보장하는 인간의 존엄성 및 행복추구권은 국가의 교육권한과 부모의 교육권의 범주 내에서 아동에게도 자신의 교육환경에 관하여 스스로 결정할 권리, 그리고 자유롭게 문화를 향유할 권리를 부여한다고 할 것이다. 이 사건 법률조항은 아동·청소년의 문화향유에 관한 권리 등 인격의 자유로운 발현과 형성을 충분히 고려하고 있지 아니하므로 아동·청소년의 자유로운 문화향유에 관한 권리 등 행복추구권을 침해하고 있다(헌재 2004. 5. 27. 2003헌가1).

제3절 평등권

제1항 평등

평등의 원칙은 입법자에게 본질적으로 같은 것을 자의적으로 다르게, 본질적으로 다른 것을 자의적으로 같게 취급하는 것을 금지하는 것이다(헌재 1996. 12. 26. 96헌가18).

제2항 평등권

Ⅰ 평등권의 의의

헌법 제11조가 규정하고 있는 평등권이란 정당한 이유나 합리적 근거가 없는 자의적 차별을 당하지 아니할 권리를 의미하는 것이다(헌재 1993. 5. 13. 91헌바17).

Ⅱ 평등권의 법적 성격

1. 이중적 성질

평등의 원칙은 국민의 기본권 보장에 관한 우리 헌법의 최고원리로서 국가가 입법을 하거나 법을 해석 및 집행함에 있어 따라야 할 기준인 동시에, 국가에 대하여 합리적 이유 없이 불평등한 대우를 하지 말 것과 평등한 대우를 요구할 수 있는 모든 국민의 권리로서, 국민의 기본권 중의 기본권이다(헌재 1989. 1. 25. 88헌가7).

2. 행위규범과 통제규범

평등원칙은 '행위규범'으로서 입법자에게 객관적으로 같은 것은 같게, 다른 것은 다르게 규범의 대상을 실질적으로 평등하게 규율할 것을 요구하나, 헌법재판소의 심사기준이 되는 '통제규범'으로서의 평등원칙은 단지 자의적인 입법의 금지기준만을 의미하게 되므로 헌법재판소는 입법자의 결정에서 차별을 정당화할 수 있는 합리적인 이유를 찾아볼 수 없는 경우에만 평등원칙의 위반을 선언하게 된다(헌재 1997. 1. 16. 90헌마110).

> ✍ 판례
>
> ▶ **평등원칙에 근거하여 입법의무가 발생하는지**(소극) : 평등원칙은 원칙적으로 입법자에게 헌법적으로 아무런 구체적인 입법의무를 부과하지 않고, 다만, 입법자가 평등원칙에 반하는 일정 내용의 입법을 하게 되면, 이로써 피해를 입게 된 자는 직접 당해 법률조항을 대상으로 하여 평등원칙의 위반여부를 다툴 수 있을 뿐이다(헌재 2003. 1. 30. 2002헌마358).

Ⅲ 법 앞에 평등의 의미

헌법 제11조
① 모든 국민은 법 앞에 평등하다. 누구든지 성별·종교 또는 사회적 신분에 의하여 정치적·경제적·사회적·문화적 생활의 모든 영역에 있어서 차별을 받지 아니한다.

1. '법 앞에'의 의미

우리 헌법이 선언하고 있는 '법 앞에 평등'은 행정부나 사법부에 의한 법적용상의 평등만을 의미하는 것이 아니고, 입법권자에게 정의와 형평의 원칙에 합당하게 합헌적으로 법률을 제정하도록 하는 것을 명하는 '법내용상의 평등'을 의미하고 있기 때문에 그 입법내용이 정의와 형평에 반하거나 자의적으로 이루어진 경우에는 평등권 등의 기본권을 본질적으로 침해한 입법권의 행사로서 위헌성을 면하기 어렵다(헌재 1992. 4. 28. 90헌바24).

2. '평등'의 의미

헌법 제11조 제1항의 평등의 원칙은 일체의 차별적 대우를 부정하는 절대적 평등을 의미하는 것이 아니라 입법과 법의 적용에 있어서 합리적 근거 없는 차별을 하여서는 아니된다는 상대적 평등을 뜻하고 따라서 합리적 근거 있는 차별 내지 불평등은 평등의 원칙에 반하는 것이 아니다(헌재 2002. 12. 18. 2001헌마546).

3. 평등원칙 위반의 특수성

평등원칙 위반의 특수성은 대상 법률이 정하는 '법률효과' 자체가 위헌이 아니라, 그 법률효과가 수범자의 한 집단에만 귀속하여 '다른 집단과 사이에 차별'이 발생한다는 점에 있기 때문에, 평등원칙의 위반을 인정하기 위해서는 우선 법적용에 관련하여 상호 배타적인 '두 개의 비교집단'을 일정한 기준에 따라서 구분할 수 있어야 한다(헌재 2003. 12. 18. 2002헌마593).

> 🔨 **판례**
>
> ▶ **비교집단의 동일성 판단기준** : 평등의 원칙은 입법자에게 본질적으로 같은 것을 자의적(恣意的)으로 다르게, 본질적으로 다른 것을 자의적으로 같게 취급하는 것을 금하고 있다. 그러므로 비교의 대상을 이루는 두 개의 사실관계 사이에 서로 상이한 취급을 정당화할 수 있을 정도의 차이가 없음에도 불구하고 두 사실관계를 서로 다르게 취급한다면, 입법자는 이로써 평등권을 침해하게 된다. 그런데 서로 비교될 수 있는 사실관계가 모든 관점에서 완전히 동일한 것이 아니라 단지 일정 요소에 있어서만 동일한 경우에, 두 개의 사실관계가 본질적으로 동일한가의 판단은 일반적으로 '당해 법률조항의 의미와 목적'에 달려 있다(헌재 2001. 11. 29. 99헌마494).
>
> ▶ **공무원보수규정의 봉급액 책정에 있어서 경찰공무원과 군인을 평등권 침해 여부의 판단에 있어서 의미 있는 비교 집단으로 볼 수 있는지**(적극) : 경찰공무원은 국민의 생명 · 신체 및 재산의 보호와 범죄의 예방 · 진압 및 수사, 치안정보의 수집, 교통의 단속 기타 공공의 안녕과 질서유지를 그 임무로 하고, 군인은 전시와 평시를 막론하고 국방의 의무를 수행하기 위한 군에 복무하면서 대한민국의 자유와 독립을 보전하고 국토를 방위하며 국민의 생명과 재산을 보호하고 나아가 국제평화의 유지에 이바지함을 그 사명으로 하므로, 경찰공무원과 군인은 주된 임무가 다르지만, 양자 모두 국민의 생명 · 신체 및 재산에 대한 구체적이고 직접적인 위험을 예방하고 보호하는 업무를 수행하면서 그 과정에서 생명과 신체에 대한 상당한 위험을 부담한다. 이를 고려하여 볼 때, 직무의 곤란성과 책임의 정도에 따라 결정되는 공무원보수의 책정에 있어서, 경찰공무원과 군인은 본질적으로 동일 · 유사한 집단이라고 할 것이다(헌재 2008. 12. 26. 2007헌마444).
>
> ▶ **국회의원의 경우 지방공사 직원의 겸직이 허용되는 반면 지방의회의원의 경우 지방공사 직원의 직을 겸할 수 없도록 규정하고 있는 지방자치법 조항이 지방의회의원인 청구인의 평등권을 침해하는지**(소극) : 지방공사와 지방자치단체, 지방의회의 관계에 비추어 볼 때, 지방공사 직원의 직을 겸할 수 없도록 함에 있어 지방의회의원과 국회의원은 본질적으로 동일한 비교집단이라고 볼 수 없으므로, 양자를 달리 취급하였다고 할지라도 이것이 지방의회의원인 청구인의 평등권을 침해한 것이라고 할 수는 없다(헌재 2012. 4. 24. 2010헌마605).

Ⅳ 합리적 차별의 기준

1. 일반적 기준

헌법상 평등의 원칙은 일반적으로 입법자에게 본질적으로 같은 것을 자의적으로 다르게, 본질적으로 다른 것을 자의적으로 같게 취급하는 것을 금지하고 있는 것으로 해석되고, 평등원칙 위반 여부를 심사함에 있어 엄격한 심사척도에 의할 것인지, 완화된 심사척도에 의할 것인지는 입법자에게 허용되는 '입법형성권의 정도'에 따라서 달라지는데, 특별한 사정이 없는 한 법률의 평등원칙 위반 여부는 입법자의 '자의성이 있는지 여부'만을 심사하게 된다(헌재 2003. 12. 18. 2002헌마593).

> 🔨 **판례**
>
> ▶ **평등권 침해 여부에 대한 심사기준** : 일반적인 평등원칙의 위반 내지 평등권의 침해 여부에 대한 헌법재판소의 통상의 심사기준은 입법과 법의 적용에 있어서 합리적인 근거가 없는 자의적 차별이 있는지 여부이다. 그런데 입법자가 설정한 차별이 국민들 간에 단순한 이해관계의 차별을 넘어서서 '기본권에 관련된 차별'을 가져온다면 헌법재판소는 그러한 차별에 대해서는 자의금지 내지 합리성 심사를 넘어서 목적과 수단 간의 엄격한 비례성이 준수되었는지를 심사하여야 한다. 나아가 사람이나 사항에 대한 불평등대우가 기본권으로 보호된 '자유의 행사에 불리한 영향을 미칠 수 있는 정도가 크면 클수록', 입법자의 형성의 여지에 대해서는 그만큼 더 좁은 한계가 설정되므로, 헌법재판소는 보다 엄격한 심사척도를 적용함이 타당하다(헌재 2003. 9. 25. 2003헌마30).

PART 02

2. 자의심사

(1) 의의

자의심사의 경우에는 차별을 정당화하는 합리적인 이유가 있는지만을 심사하기 때문에 그에 해당하는 비교 대상 간의 사실상의 차이나 입법목적(차별목적)을 발견·확인하는 데 그친다(헌재 2011. 2. 24. 2008헌바56).

(2) 적용 범위

헌법에서 특별히 평등을 요구하고 있는 경우나 차별적 취급으로 인하여 관련 기본권에 중대한 제한을 초래하는 경우 이외에는 완화된 심사척도인 자의금지원칙에 의하여 심사하면 족하다(헌재 2011. 10. 25. 2010헌마661).

> **판례**
>
> ▶ **경찰공무원의 봉급월액을 군인 및 일반직공무원에 비하여 낮은 수준으로 규정하고 있는 공무원보수규정이 경찰공무원의 평등권을 침해하는지 여부에 대한 심사기준**(자의금지원칙) : 이 사건 법령조항으로 인한 차별취급은 헌법에서 특별히 평등을 요구하는 경우에 해당한다고 볼 수 없는 점과 공무원 보수청구권의 구체적 내용에 대하여는 광범위한 재량이 부여된다는 점을 고려하면, 이에 대한 평등심사는 완화된 심사기준인 자의금지원칙을 적용함이 상당하다(헌재 2008. 12. 26. 2007헌마444).
>
> ▶ **국가유공자 등 예우 및 지원에 관한 법률에 의한 보상의 대상과 그 범위를 정하는 법률조항이 평등권을 침해하였는지 여부에 대한 심사기준**(자의금지원칙) : 국가가 국가유공자에게 예우할 구체적인 의무의 내용이나 범위, 그 방법·시기 등은 국가의 재정부담능력과 전체적인 사회보장의 수준, 국가유공자에 대한 평가기준 등에 따라 정하여지는 입법자의 광범위한 입법형성의 영역에 속하는 것으로 기본적으로는 '자의금지원칙'에 입각하여 그 평등원칙의 위배 여부를 판단한다(헌재 2005. 10. 27. 2004헌바37).
>
> ▶ **대한민국 국민인 남자에 한하여 병역의무를 부과한 구 병역법 제3조 제1항 전문이 청구인의 평등권을 침해하는지 여부의 심사기준**(완화된 심사기준) : 위 법률조항은 헌법이 특별히 양성평등을 요구하는 경우나 관련 기본권에 중대한 제한을 초래하는 경우의 차별취급을 그 내용으로 하고 있다고 보기 어려우며, 징집대상자의 범위 결정에 관하여는 입법자의 광범위한 입법형성권이 인정된다는 점에 비추어 위 법률조항이 평등권을 침해하는지 여부는 '완화된 심사기준'에 따라 판단하여야 한다(헌재 2010. 11. 25. 2006헌마328).
>
> ▶ **직업군인에게만 육아휴직을 허용하는 것이 의무복무군인인 남성 단기복무장교의 평등권을 침해하는지 여부에 대한 심사기준**(자의금지원칙) : 이 사건 법률조항은 입법자에게 광범위한 재량이 부여되는 육아휴직제도에 관한 것으로 여성군인이나 남성 직업군인에 대하여만 육아휴직을 허용한다 하여 그로부터 배제된 남성 단기복무장교의 양육권이 새삼스레 중대한 제한을 받게 되는 것은 아니라 할 것이고, 병역의무이행의 일환으로 복무하는 남성 단기복무장교와 장기복무장교, 장기복무부사관 및 준사관 등 직업군인을 차별하는 것이 헌법에서 특별히 평등을 요구하고 있는 영역에서의 차별도 아니므로, 이를 심사함에 있어서는 자의금지원칙 위반 여부를 판단함으로써 족하다고 할 것이다. 다만 남성 단기복무장교와 여성 단기복무장교의 차별에 관하여는, 만일 이것이 헌법이 금지하고 있는 성별에 의한 차별에 해당한다면 적용되는 심사기준도 달라질 수 있다(헌재 2008. 10. 30. 2005헌마1156).

3. 비례심사

(1) 의의

비례심사는 단순히 합리적인 이유의 존부문제가 아니라 차별을 정당화하는 이유와 차별 간의 상관관계에 대한 심사, 즉 비교대상 간의 사실상의 차이의 성질과 비중 또는 입법목적(차별목적)의 비중과 차별의 정도에 적정한 균형관계가 이루어져 있는가를 심사한다(헌재 1999. 12. 23. 98헌마363). 즉 엄격한 심사를 한다는 것은 자의금지원칙에 따른 심사, 즉 합리적 이유의 유무를 심사하는 것에 그치지 아니하고 비례성 원칙에 따른 심사, 즉 차별취급의 목적과 수단 간에 엄격한 비례관계가 성립하는지를 기준으로 한 심사를 행함을 의미한다(헌재 2002. 9. 19. 2000헌바84).

(2) 적용 범위

비례의 원칙에 따른 심사를 하여야 할 경우로서 첫째, '헌법에서 특별히 평등을 요구하고 있는 경우', 즉 헌법이 차별의 근거로 삼아서는 아니되는 기준 또는 차별을 금지하고 있는 영역을 제시하고 있음에도 그러한 기준을 근거로 한 차별이나 그러한 영역에서의 차별의 경우, 둘째 '차별적 취급으로 인하여 관련 기본권에 대한 중대한 제한을 초래하게 되는 경우'이다(헌재 1999. 12. 23. 98헌마363).

> **판례**
>
> ▶**자사고를 지원한 학생에게 평준화지역 후기학교에 중복지원하는 것을 금지한 초·중등교육법 시행령 제81조 제5항의 평등권 침해 여부에 대한 심사기준**(비례원칙) : 헌법은 제31조 제1항에서 "능력에 따라 균등하게"라고 하여 교육영역에서 평등원칙을 구체화하고 있다. 헌법 제31조 제1항은 헌법 제11조의 일반적 평등조항에 대한 특별규정으로서 교육의 영역에서 평등원칙을 실현하고자 하는 것이다. 평등권으로서 교육을 받을 권리는 '취학·진학의 기회균등', 즉 각자의 능력에 상응하는 교육을 받을 수 있도록 학교 입학에 있어서 자의적 차별이 금지되어야 한다는 차별금지원칙을 의미한다. 헌법 제31조 제1항은 취학·진학의 기회에 있어서 고려될 수 있는 차별기준으로 '능력'을 제시함으로써, 능력 이외의 다른 요소에 의한 차별을 원칙적으로 제한하고 있다. 여기서 '능력'이란 '수학능력'을 의미하고 교육제도에서 수학능력은 개인의 인격발현과 밀접한 관계에 있는 인격적 요소이며, 학교 입학에 있어서 고려될 수 있는 합리적인 차별기준을 의미한다. 따라서 고등학교 진학 기회의 제한은 대학 등 고등교육기관에 비하여 당사자에게 미치는 제한의 효과가 더욱 크므로 보다 더 엄격히 심사하여야 한다. 따라서 이 사건 중복지원금지 조항의 차별 목적과 차별의 정도가 비례원칙을 준수하는지 살펴본다(헌재 2019. 4. 11. 2018헌마221).
>
> ▶**제대군인이 공무원 채용시험 등에 응시한 때에 과목별 득점에 과목별 만점의 5% 또는 3%를 가산하는 제대군인 가산점제도의 평등원칙 위반 여부를 심사함에 있어 적용되는 심사척도**(엄격한 심사척도) : 헌법에서 특별히 평등을 요구하고 있는 경우와 차별적 취급으로 인하여 관련 기본권에 대한 중대한 제한을 초래하게 된다면 입법형성권은 축소되어 보다 엄격한 심사척도가 적용되어야 할 것인바, 가산점제도는 헌법 제32조 제4항이 특별히 남녀평등을 요구하고 있는 "근로" 내지 "고용"의 영역에서 남성과 여성을 달리 취급하는 제도이고, 또한 헌법 제25조에 의하여 보장된 공무담임권이라는 기본권의 행사에 중대한 제약을 초래하는 것이기 때문에 엄격한 심사척도가 적용된다(헌재 1999. 12. 23. 98헌마363).

▶ **국가유공자와 그 유족 등 취업보호대상자가 국가기관이 실시하는 채용시험에 응시하는 경우에 10%의 가점을 주도록 한 국가유공자예우법 조항이 평등권을 침해하는지 여부를 심사함에 있어 적용되는 심사의 기준**(완화된 비례심사) : 국가유공자와 그 유족 등 취업보호대상자가 국가기관이 실시하는 채용시험에 응시하는 경우에 10%의 가점을 주도록 하고 있는 이 사건 법률조항은 비교집단이 일정한 생활영역에서 경쟁관계에 있는 경우로서 국가유공자와 그 유족 등에게 가산점의 혜택을 부여하는 것은 그 이외의 자들에게는 공무담임권 또는 직업선택의 자유에 대한 중대한 침해를 의미하게 되므로, 헌법재판소가 1999. 12. 23. 선고한 98헌마363 사건의 결정에서 비례의 원칙에 따른 심사를 하여야 할 경우의 하나로 들고 있는 차별적 취급으로 인하여 관련 기본권에 대한 중대한 제한을 초래하게 되는 경우에 해당하여 원칙적으로 비례심사를 하여야 할 것이나, 구체적인 비례심사의 과정에서는 헌법 제32조 제6항이 근로의 기회에 있어서 국가유공자 등을 우대할 것을 명령하고 있는 점을 고려하여 보다 완화된 기준을 적용하여야 할 것이다(헌재 2001. 2. 22. 2000헌마25).

▶ **국가유공자와 그 유족 등 취업보호대상자가 국가기관이 실시하는 채용시험에 응시하는 경우에 10%의 가점을 주도록 한 국가유공자예우법 조항이 평등권을 침해하는지**(소극) : 이 사건 가산점제도는 국가유공자와 그 유족 등에게 가산점의 부여를 통해 헌법 제32조 제6항이 규정하고 있는 우선적 근로의 기회를 제공함으로써 이들의 생활안정을 도모하기 위한 것으로서 그 목적의 정당성이 인정되고, 이 사건 가산점제도는 위와 같은 입법목적을 달성함에 있어 정책수단으로서의 적합성을 가지고 있으며, 헌법 제32조 제6항에서 국가유공자 등의 근로의 기회를 우선적으로 보호한다고 규정함으로써 그 이외의 자의 근로의 기회는 그러한 범위 내에서 제한될 것이 헌법적으로 예정되어 있는 이상 차별대우의 필요성의 요건을 엄격하게 볼 것은 아니므로, 차별대우의 필요성의 요건도 충족되었고, 공무원 채용시험에 있어 전체 합격자 중 취업보호대상자가 차지하는 비율 등에 비추어 볼 때 전체적으로 입법목적의 비중과 차별대우의 정도가 균형을 이루고 있다(헌재 2001. 2. 22. 2000헌마25).

▶ **국가유공자 가족에 대한 가산점의 법적 근거 문제** : 종전 결정에서 헌법재판소는 헌법 제32조 제6항이 국가유공자 본인뿐만 아니라 가족들에 대한 취업보호제도(가산점)의 근거가 될 수 있다고 보았다. 그러나 오늘날 가산점의 대상이 되는 국가유공자와 그 가족의 수가 과거에 비하여 비약적으로 증가하고 있는 현실과, 취업보호대상자에서 가족이 차지하는 비율, 공무원시험의 경쟁이 갈수록 치열해지는 상황을 고려할 때, 위 조항의 폭넓은 해석은 필연적으로 일반 응시자의 공무담임의 기회를 제약하게 되는 결과가 될 수 있다. 이러한 관점에서 위 조항의 대상자는 조문의 문리해석대로 "국가유공자", "상이군경", 그리고 "전몰군경의 유가족"이라고 봄이 상당하다. 이러한 해석에 의할 때 전몰군경의 유가족을 제외한 국가유공자의 가족이 헌법적 근거를 지닌 보호대상에서 제외되지만, 입법자는 위 조항 및 헌법 전문(前文)에 나타난 대한민국의 건국이념 등을 고려하여 취업보호대상자를 국가유공자 등의 가족에까지 넓힐 수 있는 입법정책적 재량을 지니며, 이 사건 조항 역시 그러한 입법재량의 행사에 해당하는 것이다. 그러나 그러한 보호대상의 확대는 어디까지나 법률 차원의 입법정책에 해당하며 명시적 헌법적 근거를 갖는 것은 아니다(헌재 2006. 2. 23. 2004헌마675).

▶ **국가유공자 등과 그 가족 누구나에게 국가기관 등의 채용시험에서 필기·실기·면접시험마다 만점의 10%의 가산점을 주도록 하고 있는 국가유공자예우법 조항이 평등권을 침해하는지 여부를 심사함에 있어 적용되는 심사의 기준**(엄격한 심사) : 이 사건 조항은 일반 응시자들의 공직취임의 기회를 차별하는 것이며, 이러한 기본권 행사에 있어서의 차별은 차별목적과 수단 간에 비례성을 갖추어야만 헌법적으로 정당화될 수 있다. 종전 결정은 국가유공자와 그 가족에 대한 가산점제도는 모두 헌법 제32조 제6항에 근거를 두고 있으므로 평등권 침해 여부에 관하여 보다 완화된 기준을 적용한 비례심사를 하였으나, 국가유공자 본인의 경우는 별론으로 하고, 그 가족의 경우는 헌법 제32조 제6항이 가산점제도의 근거라고 볼 수 없으므로 그러한 완화된 심사는 부적절한 것이다(헌재 2006. 2. 23. 2004헌마675).

▶ 7급 혹은 9급 국가공무원시험 등에서 국가유공자와 그 가족이 응시하는 경우 모든 만점의 10퍼센트를 가산하도록 규정하고 있는 국가유공자예우 및 지원에 관한 법률조항이 평등권을 침해하는지(적극) : 이 사건 조항은 명시적인 헌법적 근거 없이 국가유공자의 가족들에게 만점의 10%라는 높은 가산점을 부여하고 있는바, 그러한 가산점 부여 대상자의 광범위성과 가산점 10%의 심각한 영향력과 차별효과를 고려할 때, 그러한 입법정책만으로 헌법상의 공정경쟁의 원리와 기회균등의 원칙을 훼손하는 것은 부적절하며, 국가유공자의 가족의 공직 취업기회를 위하여 매년 많은 일반응시자들에게 불합격이라는 심각한 불이익을 입게 하는 것은 정당화될 수 없다. 이 사건 조항의 차별로 인한 불평등 효과는 입법목적과 그 달성수단 간의 비례성을 현저히 초과하는 것이므로, 이 사건 조항은 청구인들과 같은 일반 공직시험 응시자들의 평등권을 침해한다(헌재 2006. 2. 23. 2004헌마675).

4. 제도의 단계적 개선

헌법이 보장하는 평등의 원칙은 개인의 기본권 신장이나 제도의 개혁에 있어 법적 가치의 상향적 실현을 보편화하기 위한 것이지, 불균등의 제거만을 목적으로 한 나머지 하향적 균등까지 수용하고자 하는 것은 결코 아니다. 헌법이 규정한 평등의 원칙은 국가가 언제 어디에서 어떤 계층을 대상으로 하여 기본권에 관한 상황이나 제도의 개선을 시작할 것인지를 선택하는 것을 방해하지는 않는다. 말하자면 국가는 합리적인 기준에 따라 능력이 허용하는 범위 내에서 법적 가치의 상향적 구현을 위한 제도의 단계적 개선을 추진할 수 있는 길을 선택할 수 있어야 한다(헌재 1990. 6. 25. 89헌마107).

5. 적극적 평등실현조치

(1) 의의

적극적 평등실현조치(Affirmative Action)는 대체로 '일정한 혜택을 통하여 종래 차별을 받아온 소수집단에게 사회의 각 영역에서 보다 많은 참여의 기회를 부여하려는 제반 조치'를 의미한다. 미국에서 인종차별의 관행을 철폐하기 위하여 시행되어 온 소수인종집단에 대한 우대정책 등이 그 대표적인 예이다(헌재 2014. 8. 28. 2013헌마553).

(2) 근거 및 문제점

적극적 평등실현조치는 과거부터 가해진 차별의 결과로 현재 불리한 처지에 있는 집단을 다른 집단과 동등한 처지에까지 끌어 올려 실질적 평등을 달성하고자 한다는 점에서 그 정당성의 근거를 찾을 수 있다. 즉, 역사적으로 소외된 일정한 집단의 불평등한 상황을 바로 잡거나 완화될 수 있도록 공권력이 더 유리한 특별취급을 하는 것은 헌법적으로 금지되는 것이 아니며, 차별취급에 해당하지 아니한다. 그런데 적극적 평등실현조치의 혜택을 받는 집단에 속하지 않는 사람들은 그 조치로 인하여 상대적으로 불이익을 받게 되므로, 실질적 평등을 실현하기 위한 위 조치가 오히려 평등원칙에 위배되는 차별(역차별)이 아닌지 문제된다(헌재 2014. 8. 28. 2013헌마553).

Ⅴ 평등권의 내용

1. 차별금지사유

헌법 제11조 제1항은 "모든 국민은 법 앞에 평등하다."고 선언하면서, 이어서 "누구든지 성별·종교 또는 사회적 신분에 의하여 정치적·경제적·사회적·문화적 생활의 모든 영역에 있어서 차별을 받지 아니한다."고 규정하고 있다. 헌법 제11조 제1항 후문의 규정은 불합리한 차별의 금지에 초점이 있고, 예시한 사유가 있는 경우에 절대적으로 차별을 금지할 것을 요구함으로써 입법자에게 인정되는 입법형성권을 제한하는 것은 아니다. '성별'의 경우를 살펴보면, 이와 같은 헌법규정이 남성과 여성의 차이, 예컨대 임신이나 출산과 관련된 신체적 차이 등을 이유로 한 차별취급까지 금지하는 것은 아니며, 성별에 의한 차별취급이 곧바로 위헌의 강한 의심을 일으키는 사례군으로서 언제나 엄격한 심사를 요구하는 것이라고 단정짓기는 어렵다(헌재 2010. 11. 25. 2006헌마328).

> **판례**
>
> ▶ **사회적 신분** : 헌법 제11조 제1항에서의 사회적 신분이란 사회에서 장기간 점하는 지위로서 일정한 사회적 평가를 수반하는 것을 의미한다 할 것이므로 전과자도 사회적 신분에 해당된다(헌재 1995. 2. 23. 93헌바43).
>
> ▶ **단기복무군인 중 여성에게만 육아휴직을 허용하는 것이 성별에 의한 차별인지**(소극) : 병역의무를 이행하고 있는 남성 단기복무군인과 달리 장교를 포함한 여성 단기복무군인은 지원에 의하여 직업으로서 군인을 선택한 것이므로, 이 사건 법률조항이 육아휴직과 관련하여 단기복무군인 중 남성과 여성을 차별하는 것은 성별에 근거한 차별이 아니라 의무복무군인과 직업군인이라는 복무형태에 따른 차별로 봄이 타당하다(헌재 2008. 10. 30. 2005헌마1156).
>
> ▶ **직업군인에게만 육아휴직을 허용하는 것이 의무복무군인인 남성 단기복무장교의 평등권을 침해하는지**(소극) : 장교를 포함한 남성 단기복무군인은 병역법상의 병역의무 이행을 위하여 한정된 기간 동안만 복무하는 데 반하여 직업군인은 군인을 직업으로 선택하여 상대적으로 장기간 복무한다는 점에서 중요한 차이가 있으므로, 입법자가 육아휴직의 적용대상으로부터 의무복무 중인 단기장교를 제외한 것이 입법재량의 범위를 벗어났다거나 의무복무군인인 남성 단기복무장교의 평등권을 침해한다고 볼 수 없다(헌재 2008. 10. 30. 2005헌마1156).
>
> ▶ **대한민국 국민인 남자에 한하여 병역의무를 부과한 구 병역법 제3조 제1항 전문이 평등권을 침해하는지**(소극) : 집단으로서의 남자는 집단으로서의 여자에 비하여 보다 전투에 적합한 신체적 능력을 갖추고 있으며, 개개인의 신체적 능력에 기초한 전투적합성을 객관화하여 비교하는 검사체계를 갖추는 것이 현실적으로 어려운 점, 신체적 능력이 뛰어난 여자의 경우에도 월경이나 임신, 출산 등으로 인한 신체적 특성상 병력자원으로 투입하기에 부담이 큰 점 등에 비추어 남자만을 징병검사의 대상이 되는 병역의무자로 정한 것이 현저히 자의적인 차별취급이라 보기 어렵다. 결국 이 사건 법률조항이 성별을 기준으로 병역의무자의 범위를 정한 것은 자의금지원칙에 위배하여 평등권을 침해하지 않는다(헌재 2010. 11. 25. 2006헌마328).

2. 차별금지영역

(1) 정치적 생활영역

정치적 생활영역에서의 차별금지는 정치적 기본권의 행사에 있어 그 의미가 크다. 특히 가산점제도에 의한 공직취임권의 제한 등이 차별금지와 관련하여 문제된다.

> ⚖ 판례

▶ 혼인한 등록의무자 모두 배우자가 아닌 본인의 직계존·비속의 재산을 등록하도록 공직자윤리법 제4조 제1항 제3호가 개정되었음에도 개정 전 공직자윤리법 조항에 따라 이미 배우자의 직계존·비속의 재산을 등록한 혼인한 여성 등록의무자는 종전과 동일하게 계속해서 배우자의 직계존·비속의 재산을 등록하도록 규정한 공직자윤리법 부칙 제2조가 평등원칙에 위배되는지(적극) : 이 사건 부칙조항은 일부 혼인한 여성 등록의무자에게 이미 개정 전 공직자윤리법 조항에 따라 재산등록을 하였다는 이유만으로 남녀차별적인 인식에 기인하였던 종전의 규정을 따를 것을 요구하고 있다. 그런데 혼인한 남성 등록의무자와 달리 혼인한 여성 등록의무자의 경우에만 본인이 아닌 배우자의 직계존·비속의 재산을 등록하도록 하는 것은 여성의 사회적 지위에 대한 그릇된 인식을 양산하고, 가족관계에 있어 시가와 친정이라는 이분법적 차별구조를 정착시킬 수 있으며, 이것이 사회적 관계로 확장될 경우에는 남성우위·여성비하의 사회적 풍토를 조성하게 될 우려가 있다. 이는 성별에 의한 차별금지 및 혼인과 가족생활에서의 양성의 평등을 천명하고 있는 헌법에 정면으로 위배되는 것으로 그 목적의 정당성을 인정할 수 없다. 따라서 이 사건 부칙조항은 평등원칙에 위배된다(헌재 2021. 9. 30. 2019헌가3 위헌).

▶ 제대군인이 공무원 채용시험 등에 응시한 때에 과목별 득점에 과목별 만점의 5% 또는 3%를 가산하는 제대군인 가산점제도가 평등권을 침해하는지(적극) : 제대군인에 대한 가산점제도는 여성과 장애인 등 이른바 사회적 약자들의 희생을 초래하고 있으며, 사회적 법치국가를 표방하고 있는 우리 헌법과 이를 구체화하고 있는 전체 법체계 등에 비추어 우리 법체계 내에 확고히 정립된 기본질서라고 할 '여성과 장애인에 대한 차별금지와 보호'에도 저촉되므로 정책수단으로서의 적합성과 합리성을 상실한 것이고, 가산점제도는 가산점을 받지 못하는 사람들을 6급 이하의 공무원 채용에 있어서 실질적으로 거의 배제하는 것과 마찬가지의 결과를 초래하고 있고, 제대군인에 대한 이러한 혜택을 몇 번이고 아무런 제한없이 부여함으로써 한 사람의 제대군인을 위하여 몇 사람의 비제대군인의 기회가 박탈당할 수 있게 하는 등 차별취급을 통하여 달성하려는 입법목적의 비중에 비하여 차별로 인한 불평등의 효과가 극심하므로 가산점제도는 차별취급의 비례성을 상실하고 있다(헌재 1999. 12. 23. 98헌마363).

▶ 공무원의 근무연수 및 계급에 따라 행정사 자격시험의 제1차시험을 면제하거나 제1차시험의 전과목과 제2차시험의 일부과목을 면제하는 행정사법 제9조 제1항 제1호 등이 일반응시자인 청구인들의 평등권 및 직업선택의 자유를 침해하는지(소극) : 경력공무원에 대하여 행정사 자격시험 중 일부를 면제하는 것은 상당 기간 행정의 실무경험을 갖춘 공무원의 경우 행정에 관련된 전문지식이나 능력을 이미 갖춘 것으로 볼 수 있기 때문이다. 국·공립학교 교사나 직업군인을 비롯하여 대부분의 공무원들은 직렬이나 담당업무를 불문하고 일정한 행정업무를 담당하고 있고, 그와 같은 행정경험이 행정사 업무수행에 기여할 것이라는 입법자의 판단이 현저하게 잘못되었다고 보기 어렵다. 따라서 시험면제조항은 일반응시자인 청구인들의 평등권이나 직업선택의 자유를 침해하지 아니한다(헌재 2016. 2. 25. 2013헌마626).

▶ '고용노동 및 직업상담 직류를 채용하는 경우 직업상담사 자격증 보유자에게 만점의 3% 또는 5%의 가산점을 부여한다'고 명시한 공무원 임용시험령 제31조 제2항 등이 공무담임권과 평등권을 침해하는지(소극) : 심판대상조항은 2003년과 2007년경부터 규정된 것이어서 해당 직류의 채용시험을 진지하게 준비 중이었다면 누구라도 직업상담사 자격증이 가산대상 자격증임을 알 수 있었다고 보이며, 자격증소지를 시험의 응시자격으로 한 것이 아니라 각 과목 만점의 최대 5% 이내에서 가산점을 부여하는 점, 자격증 소지자도 다른 수험생들과 마찬가지로 합격의 최저 기준인 각 과목 만점의 40% 이상을 취득하여야 한다는 점, 그 가산점 비율은 3% 또는 5%로서 다른 직렬과 자격증 가산점 비율에 비하여 과도한 수준이라고 볼 수 없다는 점을 종합하면 이 조항이 피해최소성 원칙에 위배된다고 볼 수 없고, 법익의 균형성도 갖추었다. 따라서 심판대상조항이 청구인들의 공무담임권과 평등권을 침해하였다고 볼 수 없다(헌재 2018. 8. 30. 2018헌마46).

PART 02

▶ **복수전공 및 부전공 교원자격증 소지자에게 가산점을 부여하고 있는 교육공무원법 제11조의2 [별표 2] 제3호와 제4호가 제청신청인의 공무담임권이나 평등권을 침해하는지**(소극) : 이 사건 복수·부전공 가산점 규정은 필기시험에만 의존해서는 교원선발에 있어서 능력주의를 관철하는 데 한계가 있음에 따라 이러한 한계를 극복하고 필기시험으로 검정되지 않는 교원의 능력을 고려한다는 정책적 판단하에, 제7차 교육과정의 선택과목 확대에 따른 다양한 교과영역의 교사에 대한 필요 증대에 대응하기 위한 것으로서 그 합리성을 인정할 수 있고, 가산점 비율도 다른 가산점 비율과 비교하여 형성의 범위를 일탈하였다고 보기 어려우며, 이 사건 복수·가산점 규정의 혜택을 받지 못하는 응시자들에 대한 차별의 효과가 크지 않다. 그리고 이 사건 복수·부전공 가산점 규정은 복수·부전공 기이수자들과 이수예정자들의 신뢰를 보호하기 위해 한시적으로 적용하는 것이라는 점에서 비례의 원칙에 반하여 청구인의 공무담임권이나 평등권을 침해하지 않으므로 헌법에 위반되지 아니한다(헌재 2006. 6. 29. 2005 헌가13).

▶ **동일 지역 교육대학 출신 응시자에게 제1차시험 만점의 6% 내지 8%의 지역가산점을 부여하는 이 사건 임용시험 시행공고 등이 과잉금지원칙에 위배되어 공무담임권, 평등권을 침해하는지**(소극) : 구 교육공무원법 제11조의2 [별표2]에서 인정되는 각종 가산점은 제1차 시험성적의 10% 범위에서만 부여할 수 있고, 임용권자로서는 다른 가산점을 고려하여 지역가산점을 부여해야 하므로 지역가산점을 제한된 범위 내에서 부여할 수밖에 없는 점, 이 사건 지역가산점을 받지 못하는 불이익은 그런 점을 알고도 다른 지역 교대에 입학한 것에서 기인하는 점, 노력 여하에 따라서는 가산점의 불이익을 감수하고라도 수도권 지역에 합격할 길이 열려 있는 점 등에 비추어, 이 사건 지역가산점 규정이 과잉금지원칙에 위배되어 다른 지역 교대출신 응시자들의 공무담임권, 평등권을 침해한다고 볼 수 없다(헌재 2014. 4. 24. 2010헌마747).

▶ **일반군무원으로 전환된 경우 정년의 단계적 연장을 규정한 법 부칙 제3조 부분**(정년특례조항)**이 청구인들의 평등권을 침해하는지**(소극) : 일반군무원은 이미 그 정년이 60세인 데에 반하여, 이 사건 정년특례조항이 별정군무원에서 전환된 자들의 정년은 2020년이 되어야 60세가 되도록 한 것은, 국가재정상태, 인력수급 상황 등 여러 현실적인 사정을 감안하여 국가로 하여금 일반군무원으로의 전환에 필요한 준비를 할 수 있도록 하기 위하여 그 정년을 단계적으로 연장하도록 한 것이므로, 그 결과 청구인들에게 어떠한 차별이 발생한다 하더라도 이를 합리적 이유 없는 차별이라고 단정하기는 어렵다. 따라서 이 사건 정년특례조항은 청구인들의 평등권을 침해하지 않는다(헌재 2016. 3. 31. 2014헌마581).

▶ **구 국가공무원법 제83조의2 제1항 중 공무원에 대한 징계시효를 '금품수수의 경우에는 3년'으로 정한 부분이 평등권을 침해하는지**(소극) : 이 사건 법률조항에서 공무원이 '금품수수'를 한 경우 직무관련성 유무 등과 상관없이 징계시효 기간을 일률적으로 3년으로 정한 것은 징계가 가능한 기간을 늘려 징계의 실효성을 제고하고 이를 통해 금품수수 관련 비위의 발생을 억제함으로써 공무원의 청렴의무 강화와 공직기강의 확립에 기여하려는 것으로서 여기에는 합리적 이유가 있다고 할 것이다. 따라서 이 사건 법률조항은 평등권을 침해하지 아니한다(헌재 2012. 6. 27. 2011헌바226).

(2) 경제적 생활영역

고용에 있어서 동일자격·동일취업의 원칙, 임금에 있어 동일노동·동일임금의 원칙, 담세에 있어서 담세평등의 원칙이 준수되어야 한다.

⚖ **판례**

▶ **부담평등의 원칙** : 헌법상의 평등원칙에서 파생하는 부담평등의 원칙은 조세뿐만 아니라, 보험료를 부과하는 경우에도 준수되어야 한다. 조세를 비롯한 공과금의 부과에서의 평등원칙은 공과금 납부의무자가 법률에 의하여 법적 및 사실적으로 평등하게 부담을 받을 것을 요청한다. 즉 납부의무자의 균등부담의 원칙은 공과금 납부의무의 규범적 평등과 공과금의 징수를 통한 납부의무의 관철에 있어서의 평등이라는 두 가지 요소로 이루어진다. 따라서 납부의무를 부과하는 실체적 법률은 '사실적 결과에 있어서도 부담의 평등'을 원칙적으로 보장할 수 있는 절차적 규범이나 제도적 조치와 결합되어서 납부의무자 간의 균등부담을 보장해야 한다(헌재 2016. 12. 29. 2015 헌바199).

▶ 내국인 등과 달리 보험료를 체납한 경우에는 다음 달부터 곧바로 보험급여를 제한하는 국민건강보험법 제109조 제10항이 외국인인 청구인들의 평등권을 침해하는지(적극) : 보험급여제한 조항은 외국인의 경우 보험료의 1회 체납만으로도 별도의 공단 처분 없이 곧바로 그 다음 달부터 보험급여를 제한하도록 규정하고 있으므로, 보험료가 체납되었다는 통지도 실시되지 않는다. 그러나 절차적으로 보험료 체납을 통지하는 것은 당사자로 하여금 착오를 시정할 수 있도록 하거나 잘못된 보험료 부과 또는 보험급여제한처분에 불복할 기회를 부여하는 것이기 때문에, 이를 통지하지 않는 것은 정당화될 수 없는 차별이다. … 외국인도 국민건강보험에 당연가입하도록 하고, 국내에 체류하는 한 탈퇴를 불허하는 것은, 단지 내국인과의 형평성 제고뿐 아니라, 이들에게 사회연대원리가 적용되는 공보험의 혜택을 제공한다는 정책적 효과도 가지게 되는 것임을 고려하면, 보험료 체납에도 불구하고 보험급여를 실시할 수 있는 예외를 전혀 인정하지 않는 것은 합리적인 이유 없이 외국인을 내국인등과 달리 취급한 것이다. 따라서 보험급여제한 조항은 청구인들의 평등권을 침해한다(헌재 2023. 9. 26. 2019헌마1165 헌법불합치).

▶ 근로자가 사망할 당시 그 근로자와 생계를 같이 하고 있던 유족 중 '대한민국 국민인 유족' 및 '국내거주 외국인유족'은 퇴직공제금을 지급받을 유족의 범위에 포함하면서 '외국거주 외국인유족'을 그 범위에서 제외하는 구 건설근로자의 고용개선 등에 관한 법률 제14조 제2항 부분이 평등원칙에 위반되는지(적극) : 외국거주 외국인유족에게 퇴직공제금을 지급하더라도 국가 및 사업주의 재정에 영향을 미치거나 건설근로자공제회의 재원 확보 및 퇴직공제금 지급 업무에 특별한 어려움이 초래될 일도 없으므로 외국거주 외국인유족을 퇴직공제금을 지급받을 유족의 범위에서 제외할 이유가 없다는 점, 외국거주 외국인유족은 자신이 거주하는 국가에서 발행하는 공신력 있는 문서로서 퇴직공제금을 지급받을 유족의 자격을 충분히 입증할 수 있으므로 그가 '외국인'이라는 사정 또는 '외국에 거주'한다는 사정이 대한민국 국민인 유족 혹은 국내거주 외국인유족과 달리 취급받을 합리적인 이유가 될 수 없다는 점 등을 종합하면, 심판대상조항은 합리적 이유 없이 외국거주 외국인유족을 대한민국 국민인 유족 및 국내거주 외국인유족과 차별하는 것이므로 평등원칙에 위반된다(헌재 2023. 3. 23. 2020헌바471).

▶ 공무원과 이혼한 배우자의 분할연금 수급요건을 정한 공무원연금법 제45조 제1항을 2016. 1. 1. 이후 이혼한 사람부터 적용하도록 한 공무원연금법 부칙 제4조 제1항 전문 부분이 평등원칙에 위반되는지(소극) : 분할연금제도를 도입하면서 그 시행 전에 이혼한 사람들도 소급하여 분할연금수급권자가 될 수 있도록 한다면, 분할연금 수급권자에게 지급하여야 할 분할연금을 포함하여 이미 퇴직연금을 지급한 경우나 퇴직연금수급자가 이미 사망하여 퇴직연금이 소멸된 경우 등 과거에 이미 형성된 법률관계에 중대한 영향을 미쳐 법적 안정성이 훼손될 우려가 크다는 점 등을 종합하면, 심판대상조항이 분할연금제도의 적용대상을 그 제도가 도입된 2016. 1. 1. 이후에 이혼한 사람으로 한 것은 입법재량의 범위를 벗어나 현저히 불합리한 차별이라고 보기 어렵다. 심판대상조항은 평등원칙에 위반되지 않는다(헌재 2023. 3. 23. 2022헌바108).

▶ 국군포로로서 억류기간 동안의 보수를 지급받을 권리를 국내로 귀환하여 등록절차를 거친 자에게만 인정하는 '국군포로의 송환 및 대우 등에 관한 법률' 제9조 제1항이 귀환하지 않은 국군포로를 합리적 이유 없이 차별하여 평등원칙에 위배되는지(소극) : 북한을 이탈하여 대한민국에 입국한 억류지출신 포로가족이 국군포로 본인의 등록을 신청하는 경우를 상정할 수는 있겠으나, 국군포로 본인이 귀환하지 않은 상태에서는 등록 거부 혹은 등급 부여를 위해 대상자의 신원, 포로가 된 경위, 억류기간 중의 행적 등을 파악하는 데에는 한계가 있을 수밖에 없고, 등록을 인정한다고 하여도 국군포로송환법에 따른 대우와 지원을 받을 대상자가 현재 대한민국에 존재하지 않는다면 그 실효성이 인정되기 어렵다. 심판대상조항을 비롯하여 등록포로에게 각종 대우와 지원을 규정하고 있는 국군포로송환법의 취지는 본인의 의사와 달리 북한에 억류되어 고초를 겪었을 국군포로 본인의 희생을 위로하고 안정적 정착을 지원하고자 하는 것이기 때문이다. 위와 같은 점들을 고려하면 심판대상조항이 국군포로가 귀환하여 등록절차를 거친 경우에 억류기간에 대한 보수를 지급하도록 하고 귀환하지 못한 국군포로에 대하여 이를 인정하지 않는 것에는 합리적인 이유가 있다. 따라서 심판대상조항은 평등원칙에 위배되지 않는다(헌재 2022. 12. 22. 2020헌바39).

▶국가를 상대로 하는 당사자소송의 경우에는 가집행선고를 할 수 없다고 규정한 행정소송법 제43조가 평등원칙에 위배되는지(적극) : 동일한 성격인 공법상 금전지급청구소송임에도 피고가 누구인지에 따라 가집행선고를 할 수 있는지 여부가 달라진다면 상대방 소송 당사자인 원고로 하여금 불합리한 차별을 받도록 하는 결과가 된다. 재산권의 청구가 공법상 법률관계를 전제로 한다는 점만으로 국가를 상대로 하는 당사자소송에서 국가를 우대할 합리적인 이유가 있다고 할 수 없고, 집행가능성 여부에 있어서도 국가와 지방자치단체 등이 실질적인 차이가 있다고 보기 어렵다는 점에서, 심판대상조항은 국가가 당사자소송의 피고인 경우 가집행의 선고를 제한하여, 국가가 아닌 공공단체 그 밖의 권리주체가 피고인 경우에 비하여 합리적인 이유 없이 차별하고 있으므로 평등원칙에 반한다(헌재 2022. 2. 24. 2020헌가12).

▶국가에 대한 금전채권의 소멸시효기간을 5년으로 정하고 있는 국가재정법 제96조 제2항이 평등원칙에 위배되는지(소극) : 국가의 채권·채무관계를 조기에 확정하고 예산 수립의 불안정성을 제거하여 국가재정을 합리적으로 운용할 필요성이 있는 점, 국가의 채무는 법률에 의하여 엄격하게 관리되므로 채무이행에 대한 신용도가 매우 높은 반면, 법률상태가 조속히 확정되지 않을 경우 국가예산 편성의 불안정성이 커지게 되는 점, 특히 손해배상청구권과 같이 예측가능성이 낮고 불안정성이 높은 채무의 경우 단기간에 법률관계를 안정시켜야 할 필요성이 큰 점, 일반사항에 관한 예산·회계 관련 기록물들의 보존기간이 5년인 점 등에 비추어 보면, 차별취급에 합리적인 사유가 존재한다고 할 것이다. 따라서 심판대상조항은 평등원칙에 위배되지 아니한다(헌재 2018. 2. 22. 2016헌바470).

▶5억 원 이상의 국세징수권의 소멸시효기간을 10년으로 규정하는 구 국세기본법 제27조 제1항 제1호가 평등원칙에 위반되는지(소극) : 심판대상조항은 고액체납자의 조세회피를 방지하고 세금 징수를 확보하기 위하여, 5억 원 이상의 국세징수권에 대하여 장기의 소멸시효기간을 적용한 것이다. 10년의 소멸시효기간은 민법상 일반채권의 소멸시효기간에 비추어 볼 때 과도하게 긴 기간이라고 보기 어렵고, 5억 원 이상의 납세의무를 지는 고액체납자는 상당한 규모의 경제활동을 하였음에도 그 세액을 납부하지 않은 것이므로 10년의 소멸시효기간이 적용된다고 하여 지나치게 가혹한 것이라고 보기도 어렵다. 조세채권은 국가 재정의 기초로서 특히 그 징수가 중요하다는 점에서 국가의 다른 금전채권과 구별되는 것으로서, 고액체납자들에게 납세의무 회피에 대한 경각심을 심어주고 일반 납세자들에게 공평과세에 대한 신뢰를 유지할 필요가 있다. 그러므로 심판대상조항은 평등원칙에 위반되지 않는다(헌재 2023. 6. 29. 2019헌가27).

▶국공립어린이집 등과 달리 민간어린이집에는 보육교직원 인건비를 지원하지 않는 '2020년도 보육사업안내' 본문 부분이 민간어린이집을 운영하는 청구인의 평등권을 침해하는지(소극) : 민간어린이집, 가정어린이집은 인건비 지원을 받지 않지만 만 3세 미만의 영유아를 보육하는 등 일정한 요건을 충족하면 보육교직원 인건비 등에 대한 조사를 바탕으로 산정된 기관보육료를 지원받는다. 보건복지부장관이 민간어린이집, 가정어린이집에 대하여 국공립어린이집 등과 같은 기준으로 인건비 지원을 하는 대신 기관보육료를 지원하는 것은 전체 어린이집 수, 어린이집 이용 아동수를 기준으로 할 때 민간어린이집, 가정어린이집의 비율이 여전히 높고 보육예산이 한정되어 있는 상황에서 이들에 대한 지원을 국공립어린이집 등과 같은 수준으로 당장 확대하기 어렵기 때문이다. 이와 같은 어린이집에 대한 이원적 지원 체계는 기존의 민간어린이집을 공적 보육체계에 포섭하면서도 나머지 민간어린이집은 기관보육료를 지원하여 보육의 공공성을 확대하는 방향으로 단계적 개선을 이루어나가고 있다. 이상을 종합하여 보면, 심판대상조항이 합리적 근거 없이 민간어린이집을 운영하는 청구인을 차별하여 청구인의 평등권을 침해하였다고 볼 수 없다(헌재 2022. 2. 24. 2020헌마177).

▶임대의무기간이 10년인 공공건설임대주택의 분양전환가격을 임대의무기간이 5년인 공공건설임대주택의 분양전환가격과 다른 기준에 따라 산정하도록 하는 구 임대주택법 시행규칙 제14조 부분이 10년 임대주택에 거주하는 임차인의 평등권을 침해하는지(소극) : 구 임대주택법령상 10년 임대주택의 임차인은 5년 임대주택의 임차인보다 장기간 동안 주변 시세에 비하여 저렴한 임대보증금과 임대료를 지불하면서 거주하고 위 기간 동안 재산을 형성하여 당해 공공건설임대주택을 분양전환을 통하여 취득할 기회를 부여받게 되므로, 10년 임대주택과 5년 임대주택은 임차인의 주거의 안정성을 보장한다는 면에서 차이가 있다. 위 차이는 장기간 임대사업의 불확실성을 감당하게 되는 임대사업자의 수익성과 연결된다. 10년 임대주택과 5년 임대주택에 동일한 분양전환가격 산정기준을 적용하면 전자의 공급이 감소되는 결과로 이어진다. 분양전환제도의 목적은 임차인이 일정 기간 거주한 이후 우선 분양전환을 통하여 당해 임대주택을 소유할 권리를 부여하는 것이지 당해 임대주택의 소유를 보장하기 위한 것은 아니다. 이를 고려하면, 5년 임대주택과 동일한 분양전환가격 산정기준을 적용받지 않는다고 하여 10년 임대주택의 임차인이 합리적 이유 없이 차별 취급되고 있다고 보기 어렵다(헌재 2021. 4. 29. 2019헌마202).

▶ 사회복무요원에게 현역병의 봉급에 해당하는 보수를 지급하도록 한 병역법 시행령 제62조 제1항 본문이 현역병에 비하여 사회복무요원을 합리적 근거 없이 차별하여 평등권을 침해하는지(소극): 현역병과 달리 사회복무요원에게 보수 외에 중식비, 교통비, 제복 등을 제외한 다른 의식주 비용을 지급하지 않는 것은 해당 비용과 직무수행 간의 밀접한 관련성 유무를 고려한 것이다. 현역병은 엄격한 규율이 적용되는 내무생활을 하면서 총기·폭발물 사고 등 위험에 노출되어 있는데, 병역의무 이행에 대한 보상의 정도를 결정할 때 위와 같은 현역병 복무의 특수성을 반영할 수 있으며, 사회복무요원은 생계유지를 위하여 필요한 경우 복무기관의 장의 허가를 얻어 겸직할 수 있는 점 등을 고려하면, 심판대상조항이 사회복무요원에게 현역병의 봉급과 동일한 보수를 지급하면서 중식비, 교통비, 제복 등을 제외한 다른 의식주 비용을 추가로 지급하지 않는다 하더라도, 사회복무요원을 현역병에 비하여 합리적 이유 없이 자의적으로 차별한 것이라고 볼 수 없다(헌재 2019. 2. 28. 2017헌마374).

▶ 공무상 질병 또는 부상으로 '퇴직 이후에 폐질상태가 확정된 군인'에 대해서 상이연금 지급에 관한 규정을 두지 아니한 군인연금법 제23조 제1항이 평등의 원칙에 위배되는지(적극): 공무상 질병 또는 부상으로 '퇴직 이후에 폐질상태가 확정된 군인'에 대해서 상이연금 지급에 관한 규정을 두지 아니한 이 사건 법률조항은, 군인과 본질적인 차이가 없는 일반공무원의 경우에는 퇴직 이후에 폐질상태가 확정된 경우에도 장해급여수급권이 인정되고 있는 것과 달리, 군인과 일반공무원을 차별취급하고 있고, 또 폐질상태의 확정이 퇴직 이전에 이루어진 군인과 그 이후에 이루어진 군인을 차별취급하고 있는데, 군인이나 일반공무원이 공직수행 중 얻은 질병으로 퇴직 이후 폐질상태가 확정된 것이라면 그 질병이 퇴직 이후의 생활에 미치는 정도나 사회보장의 필요성 등의 측면에서 차이가 없을 뿐만 아니라 폐질상태가 확정되는 시기는 근무환경이나 질병의 특수성 등 우연한 사정에 의해 좌우될 수 있다는 점에서 볼 때, 위와 같은 차별취급은 합리적인 이유가 없어 정당화되기 어려우므로 평등의 원칙을 규정한 헌법 제11조 제1항에 위반된다(헌재 2010. 6. 24. 2008헌바128 헌법불합치).

▶ 공무상 질병 또는 부상으로 인하여 퇴직 후 장애 상태가 확정된 군인에게 상이연금을 지급하도록 한 개정된 군인연금법 제23조 제1항을 개정법 시행일 이후부터 적용하도록 한 군인연금법 부칙 부분이 평등원칙에 위반되는지(적극): 장애의 정도나 위험성, 생계곤란의 정도 등을 고려하지 않은 채 장애의 확정시기라는 우연한 형식적 사정을 기준으로 상이연금의 지급 여부를 달리하는 것은 불합리하다. 퇴직 후 신법 조항 시행일 전에 장애 상태로 된 군인에게 장애 상태가 확정된 때부터 상이연금을 지급하는 것이 국가의 재정형편상 어렵다면, 신법 조항 시행일 이후부터 상이연금을 지급하도록 하거나, 수급자의 생활수준에 따라 지급범위와 지급액을 달리 하는 등 국가의 재정능력을 감안하면서도 차별적 요소를 완화하는 입법을 할 수 있다. 그럼에도 불구하고, 퇴직 후 신법 조항 시행일 전에 장애 상태가 확정된 군인을 보호하기 위한 최소한의 조치도 하지 않은 것은 그 차별이 군인연금기금의 재정 상황 등 실무적 여건이나 경제상황 등을 고려한 것이라고 하더라도 그 차별을 정당화할 만한 합리적인 이유가 있는 것으로 보기 어렵다. 따라서 심판대상조항은 헌법상 평등원칙에 위반된다(헌재 2016. 12. 29. 2015헌바208 헌법불합치).

▶ '수사가 진행 중이거나 형사재판이 계속 중이었다가 그 사유가 소멸한 경우'에는 잔여 퇴직급여 등에 대해 이자를 가산하는 규정을 두면서, '형이 확정되었다가 그 사유가 소멸한 경우'에는 이자 가산 규정을 두지 않은 군인연금법 제33조 제2항이 평등원칙을 위반하는지(적극): '금고 이상의 형을 받았다가 재심으로 무죄판결을 받은 사람'은 군 복무 중 급여제한사유에 해당함이 없이 직무상 의무를 다한 성실한 군인이라는 점에서 '수사 중이거나 형사재판 계속 중이었다가 불기소처분 등을 받은 사람'과 차이가 없다. 금고 이상의 형이 확정되었다가 재심에서 무죄판결을 받은 사람은 처음부터 유죄판결이 없었던 것과 같은 상태가 되었으므로 '유죄판결을 받지 않았다면 본래 퇴직급여 등을 받을 수 있었던 날'에 퇴직급여를 지급받을 수 있었던 사람들이다. 따라서 미지급기간동안 잔여 퇴직급여에 발생하였을 경제적 가치의 증가를 전혀 반영하지 않고 잔여 퇴직급여 원금만을 지급하는 것은 제대로 된 권리 회복이라고 볼 수 없다. 이러한 점들을 종합하면, 잔여 퇴직급여에 대한 이자 지급 여부에 있어 양자를 달리 취급하는 것은 합리적 이유 없는 차별로서 평등원칙을 위반한다(헌재 2016. 7. 28. 2015헌바20 헌법불합치).

▶경찰공무원의 봉급월액을 군인 및 일반직공무원에 비하여 낮은 수준으로 규정하고 있는 공무원보수규정이 경찰공무원인 청구인(경장)의 평등권을 침해하는지(소극) : 경찰공무원과 군인은 업무를 수행하는 과정에서 생명과 신체에 대한 상당한 위험을 부담한다는 점에서 유사한 측면이 존재하지만, 법률에 의하여 부여된 고유업무는 서로 다르고, 그에 따라 업무수행 중에 노출되는 위험상황의 성격과 정도에 있어서도 서로 일치한다고는 볼 수 없다. 또한 경찰공무원과 군인은 직종 간 특성에 따라 다른 계급체계 및 인사운영체계를 가지고 있고, 이에 따라 봉급월액을 다르게 정하고 있다. 따라서 경찰공무원 중 경장의 봉급월액이 이에 대응하는 군인계급인 중사의 봉급월액보다 적게 규정되었다고 하여 이를 합리적 이유 없는 차별에 해당한다고 볼 수 없다(헌재 2008. 12. 26. 2007헌마444).

▶계속근로기간 1년 미만인 근로자를 퇴직급여 지급대상에서 제외하는 근로자퇴직급여 보장법 제4조 제1항 단서부분이 청구인의 평등권을 침해하는지(소극) : 이 사건 법률조항에서 '계속근로기간이 1년 미만인 근로자'를 퇴직급여 대상에서 제외하여 '계속근로기간이 1년 이상인 근로자'와 차별취급하는 것은, 퇴직급여가 1년 이상 장기간 근속한 근로자의 공로를 보상하고 업무의 효율성과 생산성의 증대 등을 위해 장기간 근무를 장려하기 위한 것으로 볼 수 있으며, 입법자가 퇴직급여법의 확대적용을 위한 지속적인 노력을 기울이는 과정에서 한편으로 사용자의 재정적 부담능력 등의 현실적인 측면을 고려하고, 다른 한편으로 퇴직급여제도 이외에 국민연금제도나 실업급여제도 등 퇴직근로자의 생활을 보장하기 위한 다른 사회보장적 제도도 함께 고려하였다고 할 것이다. 따라서, 그 차별에 합리적 이유가 있으므로 청구인의 평등권이 침해되었다고 보기 어렵다(헌재 2011. 7. 28. 2009헌마408).

▶실업급여에 관한 고용보험법의 적용에 있어 '65세 이후에 새로이 고용된 자'를 그 적용대상에서 배제한 고용보험법 제10조 제1호 부분이 65세 이후 고용된 사람의 평등권을 침해하는지(소극) : 근로의 의사와 능력이 있는지를 일정한 연령을 기준으로 하는 것이 특별히 불합리하다고 단정할 수는 없다. 우리 사회보장체계는 65세 이후에는 소득상실이라는 사회적 위험이 보편적으로 발생한다고 보고, 고용에 대한 지원이나 보장보다 노령연금이나 기초연금과 같은 사회보장급여체계를 통하여 노후생활이 안정될 수 있도록 설계되었다. 실업급여의 지급목적, 경제활동인구의 연령별 비율, 보험재정상태 등을 모두 고려하여 '65세 이후 고용된 자'의 경우 고용보험법상 고용안정·직업능력개발사업의 지원대상에는 포함되지만, 실업급여를 적용하지 않도록 한 데에는 합리적 이유가 있다. 따라서 그러한 적용제외 조항이 65세 이후 고용된 후 이직한 청구인의 평등권을 침해하지 아니한다(헌재 2018. 6. 28. 2017헌마238)

▶법관의 명예퇴직수당 정년잔여기간 산정에 있어 정년퇴직일 전에 임기만료일이 먼저 도래하는 경우 임기만료일을 정년퇴직일로 보도록 정한 구 '법관 및 법원공무원 명예퇴직수당 등 지급규칙' 제3조 제5항 본문이 퇴직법관인 청구인의 평등권을 침해하는지(소극) : 법적으로 확보된 근속가능기간 측면에서 10년마다 연임절차를 거쳐야 정년까지 근무할 수 있는 법관과 그러한 절차 없이도 정년까지 근무할 수 있는 다른 경력직공무원은 동일하다고 보기 어려운 점 등을 고려할 때, 심판대상조항이 임기만료일을 법관 명예퇴직수당 정년잔여기간 산정의 기준 중 하나로 정한 것은 그 합리성을 인정할 수 있다(헌재 2020. 4. 23. 2017헌마321).

▶공무원 퇴직연금의 수급요건을 재직기간 20년에서 10년으로 완화한 개정 공무원연금법 제46조 제1항의 적용대상을 법 시행일 당시 재직 중인 공무원으로 한정한 공무원연금법 부칙 제6조 중 제46조 제1항에 관한 부분이 청구인의 평등권을 침해하는지(소극) : 2015. 6. 22. 공무원연금법이 개정되면서 퇴직연금의 수급요건인 재직기간이 20년에서 10년으로 완화되었는바, 이와 같은 개정을 하면서 그 적용대상을 제한하지 아니하고 이미 법률관계가 확정된 자들에게까지 소급한다면 그로 인하여 법적 안정성 문제를 야기하게 되고 상당한 규모의 재정부담도 발생하게 될 것이므로, 일정한 기준을 두어 적용대상을 제한한 것은 충분히 납득할 만한 이유가 있다. 따라서 개정 법률을 그 시행일 전으로 소급적용하는 경과규정을 두지 않았다고 하여 이를 현저히 불합리한 차별이라고 볼 수 없으므로, 심판대상조항은 청구인의 평등권을 침해하지 아니한다(헌재 2017. 5. 25. 2015헌마933).

▶ 주거환경개선사업 및 주택재개발사업의 시행으로 철거되는 주택의 소유자에 대해서는 임시수용시설의 설치 등을 사업시행자의 의무로 규정한 반면, 도시환경정비사업의 경우에는 이와 같은 규정을 두지 아니한 도시 및 주거환경정비법 제36조 제1항 본문 부분이 평등원칙에 위반되는지(소극) : 주거환경개선사업 및 주택재개발사업은 정비기반시설이 열악하고 노후·불량건축물이 밀집한 지역에서 주거환경을 개선하기 위하여 시행하는 사업으로서 다수 주민의 이주대책이나 주거대책이 필수적으로 수반되어야 한다. 반면, 도시환경정비사업은 상공업지역에서 도시기능의 회복 등을 목적으로 도시환경을 개선하기 위한 사업이라는 점에서 위와 같은 대책이 반드시 수반되어야 하는 것은 아니다. 주민들의 대규모 이주대책이 명백하게 요구되는 주거환경개선사업 등의 경우 임시수용시설의 설치 등을 사업시행자의 의무로 규정하면서도, 도시환경정비사업의 경우에는 위와 같은 의무를 부과하는 입법을 하지 않은 것은 각 정비사업의 시행지역과 성격 내지 목적 등을 반영한 합리적인 차별이다. 따라서 이 사건 법률조항은 평등원칙에 위반되지 아니한다(헌재 2014. 3. 27. 2011헌바396).

(3) 사회적 생활영역

주거·여행·공공시설이용 등에서의 차별, 적자와 서자의 차별, 혼인과 가족생활에서의 차별은 허용되지 않는다.

판례

▶ 고용보험법 제70조 제2항 본문 중 '육아휴직이 끝난 날 이후 12개월 이내에 신청하여야 한다' 부분이 평등원칙에 위반되는지(소극) : 육아휴직을 신청한 공무원은 별도의 신청 없이도 육아휴직수당을 지급받는 반면, 민간 근로자의 경우에는 육아휴직 신청과는 별도로 심판대상조항에서 정한 기간 내에 육아휴직 급여를 신청할 것을 급여요건으로 하고 있으므로, 차별취급이 존재한다. 공무원은 육아휴직의 신청 상대방과 육아휴직수당의 지급주체가 국가 또는 지방자치단체 등으로 동일하므로, 육아휴직수당의 지급에 관한 별도의 신청이 필요하지 아니한 것이다. 한편, 민간 근로자의 경우 육아휴직은 남녀고용평등법 제19조 제1항에 따라 사업주에게 신청한다. 그런데 법률상 인정된 권리인 육아휴직 급여를 지급받기 위해서는 관할 직업안정기관의 장에게 신청을 하여야 하고, 그 지급도 직업안정기관의 장이 고용보험기금에서 지출하게 된다. 이러한 구조적인 차이에 따라, 국가가 민간 근로자에게 육아휴직 급여를 지급하기 위해서는 당사자가 육아휴직 급여수급권을 가지는지 확인이 필요한데, 국가의 이러한 확인행위를 발동시키기 위해서는 당사자의 신청이 필수적으로 선행되어야 한다. 그렇다면, 육아휴직수당의 지급에 관한 별도의 신청이 요구되지 않는 공무원과 달리, 심판대상조항이 육아휴직 급여를 지급받으려는 민간 근로자에게 육아휴직이 끝난 날 이후 12개월 이내 신청할 것을 요구하는 데에는 합리적인 이유가 있다고 할 것이다. 그러므로 심판대상조항은 평등원칙에 위반되지 아니한다(헌재 2023. 2. 23. 2018헌바240).

▶ 특별교통수단에 있어 표준휠체어만을 기준으로 휠체어 고정설비의 안전기준을 정하고 있는 '교통약자의 이동편의 증진법 시행규칙' 조항이 표준휠체어를 이용할 수 없는 장애인의 평등권을 침해하는지(적극) : 심판대상조항은 교통약자의 이동편의를 위한 특별교통수단에 표준휠체어만을 기준으로 휠체어 고정설비의 안전기준을 정하고 있어 표준휠체어를 사용할 수 없는 장애인은 안전기준에 따른 특별교통수단을 이용할 수 없게 된다. 그런데 표준휠체어를 이용할 수 없는 장애인은 장애의 정도가 심하여 특수한 설비가 갖춰진 차량이 아니고서는 사실상 이동이 불가능하다. 그럼에도 불구하고 표준휠체어를 이용할 수 없는 장애인에 대한 고려 없이 표준휠체어만을 기준으로 고정설비의 안전기준을 정하는 것은 불합리하고, 특별교통수단에 장착되는 휠체어 탑승설비 연구·개발사업 등을 추진할 국가의 의무를 제대로 이행한 것이라 보기도 어렵다. 따라서 심판대상조항은 합리적 이유 없이 표준휠체어를 이용할 수 있는 장애인과 표준휠체어를 이용할 수 없는 장애인을 달리 취급하여 청구인의 평등권을 침해한다(헌재 2023. 5. 25. 2019헌마1234 헌법불합치).

▶ **국립묘지 안장 대상자의 사망 당시의 배우자가 재혼한 경우에는 국립묘지에 안장된 안장 대상자와 합장할 수 없도록 규정한 '국립묘지의 설치 및 운영에 관한 법률' 제5조 제3항 본문 제1호 단서 부분이 평등원칙에 위배되는지**(소극) : 안장 대상자가 사망한 뒤 그 배우자가 재혼을 통해 새로운 혼인관계를 형성하고 안장 대상자를 매개로 한 인척관계를 종료하였다면, 그가 국립묘지에 합장될 자격이 있는지는 사망 당시의 배우자를 기준으로 하는 것이 사회통념에 부합한다. 안장 대상자의 사망 후 재혼하지 않은 배우자나 배우자 사망 후 안장 대상자가 재혼한 경우의 종전 배우자는 자신이 사망할 때까지 안장 대상자의 배우자로서의 실체를 유지하였다는 점에서 합장을 허용하는 것이 국가와 사회를 위하여 헌신하고 희생한 안장 대상자의 충의와 위훈의 정신을 기리고자 하는 국립묘지 안장의 취지에 부합하고, 안장 대상자의 사망 후 그 배우자가 재혼을 통하여 새로운 가족관계를 형성한 경우에 그를 안장 대상자와의 합장 대상에서 제외하는 것은 합리적인 이유가 있다. 따라서 심판대상조항은 평등원칙에 위배되지 않는다(헌재 2022. 11. 24. 2020헌바463).

▶ **1993. 12. 31. 이전에 출생한 사람들에 대한 예외를 두지 않고 재외국민 2세의 지위를 상실할 수 있도록 규정한 병역법 시행령 조항**(본인이 18세 이후 통틀어 3년을 초과하여 국내에 체재한 경우)**가 청구인들의 평등권을 침해하는지**(소극) : 심판대상조항에 의해 재외국민 2세의 지위를 상실할 경우 청구인들은 일반 국외이주자에 해당하여 1년의 기간 내에 통틀어 6개월 이상 국내에 체재하면 국외여행허가가 취소됨으로써 병역의무가 부과될 수 있다. 그런데 1993. 12. 31. 이전에 출생한 재외국민 2세와 1994. 1. 1. 이후 출생한 재외국민 2세는 병역의무의 이행을 연기하고 있다는 점에서 차이가 없고, 3년을 초과하여 국내에 체재한 경우 실질적인 생활의 근거지가 대한민국에 있다고 볼 수 있어 더 이상 특례를 인정해야 할 필요가 없다는 점에서도 동일하다. 1993. 12. 31. 이전에 출생한 재외국민 2세 중에는 기존 제도가 유지될 것으로 믿고 국내에 생활의 기반을 형성한 경우가 있을 수 있으나, 출생년도를 기준으로 한 특례가 앞으로도 지속될 것이라는 신뢰에 대하여 보호가치가 인정된다고 볼 수 없고, 병역의무의 평등한 이행을 확보하기 위하여 출생년도와 상관없이 모든 재외국민 2세를 동일하게 취급하는 것은 합리적인 이유가 있으므로, 심판대상조항은 청구인들의 평등권을 침해하지 아니한다(헌재 2021. 5. 27. 2019헌마177).

▶ **우편을 이용한 접근금지를 피해자보호명령에 포함시키지 아니한 구 '가정폭력범죄의 처벌 등에 관한 특례법' 제55조의2 제1항이 평등원칙에 위배되는지**(소극) : 피해자보호명령제도는 가정폭력행위자가 피해자와 시간적·공간적으로 매우 밀접하게 관련되어 즉시 조치를 취하지 않으면 피해자에게 회복할 수 없는 피해를 입힐 가능성이 있을 때에 법원의 신속한 권리보호명령이 이루어질 수 있도록 하는 것이 입법의 주요한 목적 중 하나이다. 그런데 전기통신을 이용한 접근행위의 피해자와 우편을 이용한 접근행위의 피해자는 피해의 긴급성, 광범성, 신속한 조치의 필요성 등의 측면에서 차이가 있다. … 이러한 피해자보호명령제도의 특성, 우편을 이용한 접근행위의 성질과 그 피해의 정도 등을 고려할 때, 입법자가 심판대상조항에서 우편을 이용한 접근금지를 피해자보호명령의 종류로 정하지 아니하였다고 하더라도 이것이 입법자의 재량을 벗어난 자의적인 입법으로서 평등원칙에 위반된다고 보기 어렵다(헌재 2023. 2. 23. 2019헌바43).

▶ **고위공직자나 그 가족 등에 한하여 수사처의 수사나 기소의 대상으로 하고 그 대상이 되는 범죄를 한정하여 규정하고 있는 구 공수처법 제2조 등이 청구인들의 평등권을 침해하는지**(소극) : 고위공직자는 권력형 부정 사건을 범할 가능성이 비고위공직자에 비하여 높고 그 범죄로 인한 부정적인 파급효과가 크며 높은 수준의 청렴성이 요구되고, 그 가족의 경우 고위공직자와 생활공동체를 형성하는 밀접·긴밀한 관계에 있으므로, 고위공직자나 그 가족 등에 한하여 수사처의 수사나 기소의 대상으로 하고 그 대상이 되는 범죄를 한정하여 규정한 것에는 합리적인 이유가 있다. 수사처에 의한 수사 등에 적용되는 절차나 내용, 방법 등은 일반 형사소송절차와 같으므로, 수사처의 수사 등의 대상이 된다고 하여 대상자에게 실질적인 불이익이 발생한다거나 대상자의 법적 지위가 불안정해진다고 볼 수 없다. 따라서 구 공수처법 제2조 및 공수처법 제3조 제1항이 청구인들을 합리적 이유 없이 차별하여 청구인들의 평등권을 침해한다고 할 수 없다(헌재 2021. 1. 28. 2020헌마264).

▶피해자의 의사에 반하여 처벌할 수 없는 죄에 있어서 피해자에게 자복한 때에는 그 형을 감경 또는 면제할 수 있도록 정한 형법 제52조 제2항이 평등원칙에 위반되는지(소극) : 통상의 경우 자복 그 자체만으로는, 자수와 같이 범죄자가 형사법절차 속으로 스스로 들어왔다거나 국가형벌권의 적정한 행사에 기여하였다고 단정하기 어려우므로, 이 사건 법률조항에서 통상의 자복에 관하여 자수와 동일한 법적 효과를 부여하지 않았다고 하여 자의적이라 볼 수는 없다. 반의사불벌죄에서의 자복은, 형사소추권의 행사 여부를 좌우할 수 있는 자에게 자신의 범죄를 알리는 행위란 점에서 자수와 그 구조 및 성격이 유사하므로, 이 사건 법률조항이 청구인과 같이 반의사불벌죄 이외의 죄를 범하고 피해자에게 자복한 사람에 대하여 반의사불벌죄를 범하고 피해자에게 자복한 사람과 달리 임의적 감면의 혜택을 부여하지 않고 있다 하더라도 이를 자의적인 차별이라고 보기 어렵다. 따라서 이 사건 법률조항은 평등원칙에 위반되지 아니한다(헌재 2018. 3. 29. 2016헌바270).

▶친고죄에 있어서 고소 취소가 가능한 시기를 제1심 판결선고 전까지로 제한한 형사소송법조항이 평등권을 침해하는지(소극) : 이 사건 법률조항은 고소인과 피고소인 사이에 자율적인 화해가 이루어질 수 있도록 어느 정도의 시간을 보장함으로써 국가형벌권의 남용을 방지하는 동시에 국가형벌권의 행사가 전적으로 고소인의 의사에 의해 좌우되는 것 또한 방지하는 한편, 가급적 고소 취소가 제1심 판결선고 전에 이루어지도록 유도함으로써 남상소를 막고, 사법자원이 효율적으로 분배될 수 있도록 하는 역할을 한다. 또한, 경찰·검찰의 수사단계에서부터 제1심 판결선고 전까지의 기간이 고소인과 피고소인 상호간에 숙고된 합의를 이루어낼 수 없을 만큼 부당하게 짧은 기간이라고 하기 어렵고, 현행 형사소송법상 제1심과 제2심이 모두 사실심이기는 하나 제2심은 제1심에 대한 항소심인 이상 두 심급이 근본적으로 동일하다고 볼 수는 없다. 따라서 이 사건 법률조항이 항소심 단계에서 고소 취소된 사람을 자의적으로 차별하는 것이라고 할 수는 없다(헌재 2011. 2. 24. 2008헌바40).

▶자기 또는 배우자의 직계존속을 고소하지 못하도록 규정한 형사소송법 제224조가 비속을 차별 취급하여 평등권을 침해하는지(소극) : 범죄피해자의 고소권은 형사절차상의 법적인 권리에 불과하므로 원칙적으로 입법자가 그 나라의 고유한 사법문화와 윤리관, 문화전통을 고려하여 합목적적으로 결정할 수 있는 넓은 입법형성권을 갖는다. 가정의 영역에서는 법률의 역할보다 전통적 윤리의 역할이 더 강조되고, 그 윤리에는 인류 공통의 보편적인 윤리와 더불어 그 나라와 사회가 선택하고 축적해 온 고유한 문화전통과 윤리의식이 강하게 작용할 수밖에 없다. 우리는 오랜 세월동안 유교적 전통을 받아들이고 체화시켜 이는 현재에 이르기까지 일정한 부분 엄연히 우리의 고유한 의식으로 남아 있다. 이러한 측면에서 '효'라는 우리 고유의 전통규범을 수호하기 위하여 비속이 존속을 고소하는 행위의 반윤리성을 억제하고자 이를 제한하는 것은 합리적인 근거가 있는 차별이라고 할 수 있다. 따라서, 이 사건 법률조항은 헌법 제11조 제1항의 평등원칙에 위반되지 아니한다(헌재 2011. 2. 24. 2008헌바56 직계비속 고소금지 규정 사건).

▶부정청탁금지조항과 금품수수금지조항 및 신고조항과 제재조항은 전체 민간부문을 대상으로 하지 않고 사립학교 관계자와 언론인만 '공직자등'에 포함시켜 공직자와 같은 의무를 부담시키고 있는 청탁금지법 제9조 제1항 제2호 등이 언론인과 사립학교 관계자의 평등권을 침해하는지(소극) : 부정청탁금지조항과 금품수수금지조항 및 신고조항과 제재조항은 전체 민간부문을 대상으로 하지 않고 사립학교 관계자와 언론인만 '공직자등'에 포함시켜 공직자와 같은 의무를 부담시키고 있는데, 이들 조항이 청구인들의 일반적 행동자유권 등을 침해하지 않는 이상, 민간부문 중 우선 이들만 '공직자등'에 포함시킨 입법자의 결단이 자의적 차별이라 보기는 어렵다. 교육과 언론은 공공성이 강한 영역으로 공공부문과 민간부문이 함께 참여하고 있고, 참여 주체의 신분에 따른 차별을 두기 어려운 분야이다. 따라서 사립학교 관계자와 언론인 못지않게 공공성이 큰 민간분야 종사자에 대해서 청탁금지법이 적용되지 않는다는 이유만으로 부정청탁금지조항과 금품수수금지조항 및 신고조항과 제재조항이 청구인들의 평등권을 침해한다고 볼 수 없다(헌재 2016. 7. 28. 2015헌마236).

▶형법상의 범죄와 똑같은 구성요건을 규정하면서 법정형만 상향조정한 '특정범죄 가중처벌 등에 관한 법률' 제5조의4 제1항 중 형법 제329조에 관한 부분 등이 헌법에 위반되는지(적극) : 심판대상조항은 별도의 가중적 구성요건 표지를 규정하지 않은 채 형법 조항과 똑같은 구성요건을 규정하면서 법정형만 상향조정하여 어느 조항으로 기소하는지에 따라 벌금형의 선고 여부가 결정되고, 선고형에 있어서도 심각한 형의 불균형을 초래하게 함으로써 형사특별법으로서 갖추어야 할 형벌체계상의 정당성과 균형을 잃어 인간의 존엄성과 가치를 보장하는 헌법의 기본원리에 위배될 뿐만 아니라 그 내용에 있어서도 평등원칙에 위반되어 위헌이다(헌재 2015. 2. 26. 2014헌가16).

▶ **소년범 중 형의 집행이 종료되거나 면제된 자에 한하여 자격에 관한 법령의 적용에 있어 장래에 향하여 형의 선고를 받지 아니한 것으로 본다고 규정한 구 소년법 제67조가 평등원칙에 위반되는지**(적극) : 집행유예는 실형보다 죄질이나 범정이 더 가벼운 범죄에 관하여 선고하는 것이 보통인데, 이 사건 구법 조항은 집행유예보다 중한 실형을 선고받고 집행이 종료되거나 면제된 경우에는 자격에 관한 법령의 적용에 있어 형의 선고를 받지 아니한 것으로 본다고 하여 공무원 임용 등에 자격제한을 두지 않으면서 집행유예를 선고받은 경우에 대해서는 이와 같은 특례조항을 두지 아니하여 불합리한 차별을 야기하고 있다. 더욱이 집행유예기간을 경과한 자의 경우에는 원칙적으로 형의 선고에 의한 법적 효과가 장래를 향하여 소멸하고 향후 자격제한 등의 불이익을 받지 아니함에도, 이 사건 구법 조항에 따르면 집행유예를 선고받은 자의 자격제한을 완화하지 아니하여 집행유예기간이 경과한 경우에도 그 후 일정 기간 자격제한을 받게 되었으므로, 명백히 자의적인 차별에 해당하여 평등원칙에 위반된다(헌재 2018. 1. 25. 2017헌가7 헌법불합치).

▶ **수사경력자료의 보존 및 보존기간을 정하면서 범죄경력자료의 삭제에 대해 규정하지 않은 '형의 실효 등에 관한 법률' 제8조의2가 청구인의 평등권을 침해하는지**(소극) : 형실효법 제8조의2에 의해 일정 기간 보존된 뒤 삭제되거나 즉시 삭제되는 수사경력자료는 검사의 불기소처분이 있거나 법원의 무죄·면소 또는 공소기각의 판결, 공소기각의 결정이 확정된 경우로서, 그 법적 효과가 유죄판결에 대한 기록인 범죄경력자료와 다르다. 수사경력자료와 범죄경력자료의 보존 필요성을 달리하는 데 있어 중요한 것은 수사대상 또는 심판대상이 된 범죄의 종류나 법정형의 경중이 아니라, 수사절차나 재판절차에서 어떠한 처분으로 종결되어 어떠한 법적 효과를 가지게 되었는지 여부이다. 결국 수사경력자료와 범죄경력자료는 어떤 범죄의 혐의를 받았느냐를 불문하고 그 처리 결과를 달리하는 경우로서 자료 보존의 목적과 필요성을 달리하여, 그러한 차이를 이유로 자료의 삭제가능성에 대해 달리 규정하는 데에는 차별의 합리적인 이유가 있으므로, 이 사건 수사경력자료 정리조항은 청구인의 평등권을 침해하지 않는다(헌재 2012. 7. 26. 2010헌마446).

▶ **보호처분에 대한 항고권을 사건 본인·보호자·보조인 또는 그 법정대리인으로 규정하고 검사나 피해자에게 인정하고 있지 않은 소년법 제43조 제1항 부분이 평등권을 침해하는지**(소극) : 소년심판절차의 전 단계에서 검사가 관여하고 있고, 소년심판절차의 제1심에서 피해자 등의 진술권이 보장되고 있다. 또한 소년심판은 형사소송절차와는 달리 소년에 대한 후견적 입장에서 소년의 환경조정과 품행교정을 위한 보호처분을 하기 위한 심문절차이며, 보호처분을 함에 있어 범행의 내용도 참작하지만 주로 소년의 환경과 개인적 특성을 근거로 소년의 개선과 교화에 부합하는 처분을 부과하게 되므로 일반 형벌의 부과와는 차이가 있다. 그리고 소년심판은 심리의 객체로 취급되는 소년에 대한 후견적 입장에서 법원의 직권에 의해 진행되므로 검사의 관여가 반드시 필요한 것이 아니고 이에 따라 소년심판의 당사자가 아닌 검사가 상소 여부에 관여하는 것이 배제된 것이다. 위와 같은 소년심판절차의 특수성을 감안하면, 차별대우를 정당화하는 객관적이고 합리적인 이유가 존재한다고 할 것이어서 이 사건 법률조항은 청구인의 평등권을 침해하지 않는다(헌재 2012. 7. 26. 2011헌마232).

▶ **검사의 불기소처분에 대해 고소인·고발인만을 검찰청법상 항고권자로 규정하고 있는 검찰청법 제10조 제1항 제1문이 피의자를 합리적 이유 없이 차별하고 있는지**(소극) : 고소인과 고발인은 수사기관에 대하여 범죄사실을 신고하여 소추를 구하는 의사표시를 한 자로, 피의자에 대한 공소가 제기되어 유죄판결이 나오기를 희망하는 입장에서 기소유예처분에 불복할 이익이 있다. 반면 피의자는 수사기관이 수사단서를 근거로 구체적인 범죄의 혐의를 두고 있는 자로서, 실체적 진실의 발견이나 명예회복, 체포·구속된 경우 형사보상청구권의 행사 등을 위하여 기소유예처분에 불복할 이익이 있다. 이와 같이 고소인·고발인과 피의자는 기본적으로 대립적인 이해관계에서 기소유예처분에 대하여 불복할 이익을 가지고 있다. 본래 항고제도는 고소인 또는 고발인이 검사의 자의적인 불기소처분으로 인하여 재판에 접근할 수 있는 기회가 차단되는 것을 막기 위하여 검찰 내부의 자체적 시정수단으로 도입된 것이다. 검찰청법상 항고제도의 성격과 취지 및 한정된 인적·물적 사법자원의 측면, 그리고 이 사건 법률조항이 헌법소원심판청구 등 피의자의 다른 불복수단까지 원천적으로 봉쇄하는 것은 아닌 점 등을 종합하면, 이 사건 법률조항이 피의자를 고소인·고발인에 비하여 합리적 이유 없이 차별하는 것이라 할 수 없다(헌재 2012. 7. 26. 2010헌마642).

▶ 국민참여재판 배심원의 자격을 만 20세 이상으로 정한 '국민의 형사재판 참여에 관한 법률' 제16조 부분이 평등원칙에 위배되는지(소극) : 국민참여재판법상 배심원의 최저연령 제한은 배심원의 역할을 수행하기 위한 최소한의 자격으로, 배심원에게 요구되는 역할과 책임을 감당할 수 있는 능력을 갖춘 시기를 전제로 한다. 배심원의 역할은 형사재판에서 직접 공무를 담당하는 직책이라는 점을 고려하면, 배심원의 자격을 갖추는 데 요구되는 최저한의 연령을 설정함에 있어서는 법적 행위능력을 갖추고 중등교육을 마칠 정도의 최소한의 지적 이해능력과 판단능력을 갖춘 연령을 기초로 하되, 중죄를 다루는 형사재판에서 평결 및 양형의견 개진 등의 책임과 의무를 이해하고 이를 합리적으로 수행하기 위하여 필요한 직접 또는 간접적인 경험을 쌓는 데 소요되는 최소한의 기간 등도 충분히 요청될 수 있다. 따라서 심판대상조항이 우리나라 국민참여재판제도의 취지와 배심원의 권한 및 의무 등 여러 사정을 종합적으로 고려하여 만 20세에 이르기까지 교육 및 경험을 쌓은 자로 하여금 배심원의 책무를 담당하도록 정한 것은 입법형성권의 한계 내의 것으로 자의적인 차별이라고 볼 수 없다(헌재 2021. 5. 27. 2019헌가19).

▶ 국민참여재판의 대상사건을 형사사건 중 합의부 관할사건으로 한정한 '국민의 형사재판 참여에 관한 법률'(국민참여재판법) 제5조 제1항 제1호가 평등권을 침해하는지(소극) : 형사사건의 다수를 차지하는 단독판사 관할사건까지 국민참여재판의 대상사건으로 할 경우, 한정된 인적·물적 자원만으로는 현실적으로 제도 운영에 어려움이 있는 점, 합의부 관할사건이 일반적으로 단독판사 관할사건보다 사회적 파급력이 큰 점 등에 비추어 보면, 이 사건 법률조항이 단독판사 관할사건으로 재판받는 피고인과 합의부 관할사건으로 재판받는 피고인을 다르게 취급하고 있는 것은 합리적인 이유가 있으므로 이 사건 법률조항은 평등권을 침해하지 않는다(헌재 2015. 7. 30. 2014헌바447).

▶ 근로자의 날을 관공서의 공휴일에 포함시키지 않은 '관공서의 공휴일에 관한 규정' 제2조 본문이 공무원인 청구인들의 평등권을 침해하는지(소극) : 역사적으로 볼 때 근로자의 날은, 사용자에 대항하는 개념으로서의 근로자가 근로조건의 향상을 위해 투쟁하였던 노동운동의 산물이라 할 것인데 공무원의 근로관계는 그 직무의 특수성으로 말미암아 일반근로자처럼 근로자와 사용자의 이원적 구조를 전제로 투쟁과 타협에 의하여 발전되어 왔다고 보기 어렵다. 따라서 근로자의 날이 갖는 역사적 의의도 일반근로자와 공무원이 서로 같다고 볼 수는 없다. 이처럼 공무원과 일반근로자는 그 직무 성격의 차이로 인하여 근로조건을 정함에 있어서 그 방식이나 내용에 있어서 차이가 있을 뿐만 아니라 근로자의 날을 법정유급휴일로 정할 필요성에 있어서도 차이가 있다. 따라서 심판대상조항이 근로자의 날을 공무원의 법정유급휴일에 해당하는 관공서 공휴일로 규정하지 않은 데에는 합리적인 이유가 있다 할 것이므로, 심판대상조항이 청구인들의 평등권을 침해한다고 볼 수 없다(헌재 2022. 8. 31. 2020헌마1025).

▶ 대한민국 국적을 가지고 있는 영유아 중에서 재외국민인 영유아를 보육료·양육수당의 지원대상에서 제외함으로써, 청구인들과 같이 국내에 거주하면서 재외국민인 영유아를 양육하는 부모를 차별하는 보건복지부 지침이 청구인들의 평등권을 침해하는지(적극) : 보육료·양육수당은 영유아가 국내에 거주하면서 국내에 소재한 어린이집을 이용하거나 가정에서 양육되는 경우에 지원이 되는 것으로 제도가 마련되어 있다. 단순한 단기체류가 아니라 국내에 거주하는 재외국민, 특히 외국의 영주권을 보유하고 있으나 상당한 기간 국내에서 계속 거주하고 있는 자들은 주민등록법상 재외국민으로 등록·관리될 뿐 '국민인 주민'이라는 점에서는 다른 일반국민과 실질적으로 동일하므로, 단지 외국의 영주권을 취득한 재외국민이라는 이유로 달리 취급할 아무런 이유가 없어 위와 같은 차별은 청구인들의 평등권을 침해한다(헌재 2018. 1. 25. 2015헌마1047).

▶ 입양기관이 '기본생활지원을 위한 미혼모자가족복지시설'을 함께 운영할 수 없도록 한 한부모가족지원법 제20조 제4항 및 부칙 제2조 제3항이 사회복지법인의 평등권을 침해하는지(소극) : 사회복지법인 입양기관을 운영하는 자가 출산 전후의 미혼모와 그 자녀들의 '기본생활지원을 위한 미혼모자가족복지시설'을 함께 설치하여 운영할 경우 미혼모에게 경제적·사회적 부담이 큰 자녀 양육보다는 손쉬운 입양을 권유할 가능성이 높고, 실제로 입양기관을 운영하는 자가 설치한 미혼모자가족복지시설에서 출산한 미혼모들이 그렇지 않은 미혼모들보다 입양을 더 많이 선택하고 있다. 이러한 사정을 고려할 때, 미혼모가 스스로 자녀를 양육할 수 있도록 하고 이를 통해 입양 특히 국외입양을 최소화하기 위하여, 입양기관을 운영하는 자로 하여금 일정한 유예기간을 거쳐 '기본생활지원을 위한 미혼모자가족복지시설'을 설치·운영할 수 없게 하는 것에는 합리적 이유가 있다고 할 것이므로, 이 사건 법률조항들은 청구인들의 평등권을 침해하지 아니한다(헌재 2014. 5. 29. 2011헌마363).

▶ **택시운송사업자가 운송비용을 택시운수종사자에게 전가할 수 없도록 정한 택시발전법 제12조 제1항이 평등원칙에 위반하는지**(소극) : 이 사건 금지조항은 택시업종만을 규제하고 화물자동차나 대중버스 등 다른 운송수단에는 적용되지 않으나, 화물차운수사업은 여객이 아닌 화물을 운송하는 것을 목적으로 하고 있으며, 대중버스의 경우 운송비용 전가 문제가 발생하고 있지 않다. 따라서, 택시운송사업에 한하여 운송비용 전가 문제를 규제할 필요성이 인정되므로 다른 운송수단에 대하여 동일한 규제를 하지 않는다고 하더라도 평등원칙에 위반되지 아니한다(헌재 2018. 6. 28. 2016헌마1153).

▶ **계속근로기간 1년에 대하여 30일분 이상의 평균임금을 퇴직금으로 지급하도록 하는 퇴직금제도를 모든 사업장에 동일하게 적용하는 구 근로자퇴직급여 보장법 제8조 제1항이 근로자 10인 미만의 영세사업장에 대하여 특별한 배려를 하지 않아 평등원칙에 위배되는지**(소극) : 이 사건 법률조항은 영세사업장 퇴직근로자일수록 생계보장 필요성이 더 높음에도 불구하고 그동안 퇴직금 적용대상에서 제외됨으로 인한 문제를 해결하기 위하여 2010년부터 모든 사업장에 동일한 퇴직금제도를 확대적용한 것으로서 합리적 이유가 있고, 기타 관련 규정들을 통하여 영세사업장이 지급할 퇴직금액을 한시적으로 50% 경감하였으며 퇴직연금제도 선택에 따라 갑작스런 목돈마련의 부담을 줄일 수 있도록 하여 사용자 부담을 완화하는 제도적 장치를 도입하였음을 고려할 때, 이 사건 법률조항은 평등원칙에 위반되지 아니한다(헌재 2013. 9. 26. 2012헌바186).

▶ **물리치료사가 의사, 치과의사의 지도하에 업무를 할 수 있도록 정한 구 의료기사법 제1조 부분이 한의사를 의사 및 치과의사에 비하여 합리적 이유 없이 차별하여 한의사의 평등권을 침해하는지**(소극) : 의료행위와 한방의료행위를 구분하고 있는 이원적 의료체계하에서 의사의 의료행위를 지원하는 행위 중 전문적 지식 및 기술을 요하는 부분에 대하여 별도의 자격제도를 마련한 의료기사제도의 입법취지, 물리치료사 양성을 위한 교육과정 및 그 업무영역 등을 고려할 때, 물리치료사의 업무가 한방의료행위와도 밀접한 연관성이 있다고 보기 어렵고, 물리치료사 업무영역에 대한 의사와 한의사의 지도능력에도 차이가 있으므로, 의사에 대해서만 물리치료사 지도권한을 인정하고 한의사에게는 이를 배제하고 있는 데에 합리적 이유가 있다. 따라서 이 사건 조항은 한의사의 평등권을 침해하지 않는다(헌재 2014. 5. 29. 2011헌마552).

▶ **변호인선임서 등을 공공기관에 제출할 때 소속 지방변호사회를 경유하도록 하는 변호사법 제29조가 다른 전문직과 비교하여 변호사의 평등권을 침해하는지 여부**(소극) : 다른 전문직에 비하여 변호사는 포괄적인 직무영역과 그에 따른 더 엄격한 직무의무를 부담하고 있는바, 이는 변호사 직무의 공공성 및 그 포괄적 직무범위에 따른 사회적 책임성을 고려한 것으로서, 다른 전문직과 비교하여 차별취급의 합리적 이유가 있다고 할 것이므로, 변호사법 제29조는 변호사의 평등권을 침해하지 아니한다(헌재 2013. 5. 30. 2011헌마131).

▶ **음주운전자와 도주차량운전자에 대하여는 임의적 면허취소를 규정하고 있으면서 음주측정거부자에 대하여 필요적으로 운전면허를 취소하도록 규정한 구 도로교통법 제78조 제1항 단서 중 제8호 부분이 평등권을 침해하는지**(소극) : 술에 취한 상태에서 운전한 자에 대한 행정제재의 경우 그 음주정도와 경위, 교통사고 유무 등 구체적·개별적 사정에 비추어 면허의 정지 또는 취소 여부를 결정할 필요가 상당하고, 또한 이미 교통사고로 사람을 사상한 도주차량운전자의 경우 그 불법에 상응하는 정도의 제재를 가할 필요성 못지않게 피해자에 대한 실질적 구제가 중요하므로 탄력적인 행정제재를 통하여 사고운전자의 자진신고를 유도하여 원활한 피해배상이 이루어지도록 행정제재에 재량의 여지를 둘 필요가 적지 않은 점 등에 비추어 보면, 이 사건 법률조항이 법상 면허취소·정지 사유 간의 체계를 파괴할 만큼 형평성에서 벗어나 평등권을 침해한다고 볼 수도 없다(헌재 2007. 12. 27. 2005헌바95).

⑷ 문화적 생활영역

교육에 있어서 기회균등이 보장되고, 문화적 활동·이용·접근 등에서의 차별은 금지된다.

> **판례**
>
> ▶ **자사고를 지원한 학생에게 평준화지역 후기학교에 중복지원하는 것을 금지한 초·중등교육법시행령 제81조 제5항이 청구인 학생 및 학부모의 평등권을 침해하는지**(적극) : 자사고에 지원하였다가 불합격된 평준화지역 소재 학생들은 지역별 해당 교육감의 재량에 따라 배정·추가배정 여부가 달라진다. 이에 따라 일부 지역의 경우 평준화지역 자사고 불합격자들에 대하여 일반고 배정절차를 마련하지 아니하여 자신의 학교군에서 일반고에 진학할 수 없고, 통학이 힘든 먼 거리의 비평준화지역의 학교에 진학하거나 학교의 장이 입학전형을 실시하는 고등학교에 정원미달이 발생할 경우 추가선발에 지원하여야 하고 그조차 곤란한 경우 고등학교 재수를 하여야 하는 등 고등학교 진학 자체가 불투명하게 되기도 한다. 이 사건 중복지원금지 조항은 중복지원금지 원칙만을 규정하고 자사고 불합격자에 대하여 아무런 고등학교 진학 대책을 마련하지 않았다. 결국 이 사건 중복지원금지 조항은 고등학교 진학 기회에 있어서 자사고 지원자들에 대한 차별을 정당화할 수 있을 정도로 차별 목적과 차별 정도 간에 비례성을 갖춘 것이라고 볼 수 없다(헌재 2019. 4. 11. 2018헌마221).

3. 사회적 특수계급제도의 부인

사회적 특수계급의 제도는 인정되지 아니하며, 어떠한 형태로도 이를 창설할 수 없다(헌법 제11조 제2항). 훈장 등의 영전은 이를 받은 자에게만 효력이 있고, 어떠한 특권도 이에 따르지 아니한다(헌법 제11조 제3항).

4. 교육의 기회균등

모든 국민은 능력에 따라 균등하게 교육을 받을 권리를 가진다(헌법 제31조 제1항).

5. 근로관계에 있어서 여성차별금지

여자의 근로는 특별한 보호를 받으며, 고용·임금 및 근로조건에 있어서 부당한 차별을 받지 아니한다(헌법 제32조 제4항).

6. 혼인과 가족생활에 있어서 양성의 평등

혼인과 가족생활은 개인의 존엄과 양성의 평등을 기초로 성립되고 유지되어야 하며, 국가는 이를 보장한다(헌법 제36조 제1항).

7. 국가유공자 등의 근로 기회 우선 보장

헌법 제32조 제6항은 "국가유공자·상이군경 및 전몰군경의 유가족은 법률이 정하는 바에 의하여 우선적으로 근로의 기회를 부여받는다."고 규정하여 국가유공자 등에게 우선적으로 근로의 기회를 제공할 국가의 의무를 명시하고 있지만, 이는 헌법이 국가유공자 등이 조국광복과 국가민족에 기여한 공로에 대한 보훈의 한 방법을 구체적으로 예시한 것일 뿐이며, 위 규정과 헌법전문에 담긴 헌법정신에 따르면 국가는 사회적 특수계급을 창설하지 않는 범위 내에서(헌법 제11조 제2항) 국가유공자 등을 예우할 포괄적인 의무를 지고 있다고 해석된다(헌재 2016. 10. 27. 2014헌마254).

03 자유권적 기본권

제1절　신체의 자유

제1항　신체의 자유의 의의

> **헌법 제12조**
> ① 모든 국민은 신체의 자유를 가진다. 누구든지 법률에 의하지 아니하고는 체포·구속·압수·수색 또는 심문을 받지 아니하며, 법률과 적법한 절차에 의하지 아니하고는 처벌·보안처분 또는 강제노역을 받지 아니한다.

헌법 제12조 제1항 전문은 "모든 국민은 신체의 자유를 가진다."라고 규정하여 신체의 자유를 보장하고 있는데, 신체의 자유는 신체의 안전성이 외부로부터의 물리적인 힘이나 정신적인 위험으로부터 침해당하지 아니할 자유와 신체활동을 임의적이고 자율적으로 할 수 있는 자유를 말한다(헌재 1992. 12. 24. 92헌가8).

제2항　신체의 자유의 내용

Ⅰ　불법한 체포·구속, 압수·수색, 심문을 받지 않을 권리

1. 체포·구속

체포란 실력으로 일정기간 동안 신체의 자유를 구속하여 일정한 장소에 인치(引致)하는 행위를 말하며, 구속이란 실력으로 일정한 장소에 유치하고 그 장소 밖으로 나가는 것을 금지함을 말한다. 구속은 구인과 구금을 포함하는 개념이다.

2. 압수·수색

압수란 물건의 점유를 강제로 취득하는 행위를 말하고, 수색이란 사람이나 물건을 발견하기 위하여 신체, 물건 또는 장소에 대하여 행하는 강제처분을 말한다. 주택에 대한 압수·수색은 헌법 제16조의 적용을 받는다.

> 🔨 **판례**
>
> ▶ **인터넷회선 감청이 압수·수색에 해당하는지**(소극) : 인터넷회선 감청은 검사가 법원의 허가를 받으면, 피의자 및 피내사자에 해당하는 감청대상자나 해당 인터넷회선의 가입자의 동의나 승낙을 얻지 아니하고도, 전기통신사업자의 협조를 통해 해당 인터넷회선을 통해 송·수신되는 전기통신에 대해 감청을 집행함으로써 정보주체의 기본권을 제한할 수 있으므로, 법이 정한 강제처분에 해당한다. 또한 인터넷회선 감청은 서버에 저장된 정보가 아니라, 인터넷상에서 발신되어 수신되기까지의 과정 중에 수집되는 정보, 즉 전송 중인 정보의 수집을 위한 수사이므로, 압수·수색과 구별된다(헌재 2018. 8. 30. 2016헌마263).

3. 심문

신문(訊問)은 어떤 사건에 대해 법원 등이 당사자에게 말로 물어 조사하는 것을 말하고, 심문(審問)은 법원 등이 이해 관계자에게 서면이나 말로 하고 싶은 말이 있는지 묻는 것으로 진술 기회를 주는 행위를 말한다. 다만 여기서는 자세히 따져 묻는다는 의미로, 구두 또는 서면에 의해 사실에 대한 진술의 강요를 말한다.

Ⅱ 불법한 처벌·보안처분·강제노역을 받지 않을 권리

1. 처벌

처벌이란 본인에게 불이익 또는 고통을 주는 일체의 제재를 말한다. 따라서 처벌에는 형사벌 외에 질서벌(과태료)과 집행벌(이행강제금)도 포함된다.

2. 보안처분

(1) 보안처분의 의의

보안처분이란 사회적으로 위험한 행위를 할 우려가 있는 자를 사회로부터 격리하여 그 위험성을 교정하는 것을 목적으로 하는 범죄예방처분을 말한다.

(2) 형벌과 보안처분

1) 형벌과 보안처분의 본질적 차이

형벌은 본질적으로 행위자가 저지른 과거의 불법에 대한 책임을 전제로 부과되는 제재를 뜻함에 반하여, 보안처분은 행위자의 장래 위험성에 근거하여 범죄자의 개선을 통해 범죄를 예방하고 장래의 위험을 방지하여 사회를 보호하기 위해서 형벌에 대신하여 또는 형벌을 보충하여 부과되는 자유의 박탈과 제한 등의 처분을 뜻하는 것으로서 양자는 그 근거와 목적을 달리하는 형사제재이다. 즉, 형벌과 보안처분은 다 같이 형사제재에 해당하지만, 형벌은 책임의 한계 안에서 과거 불법에 대한 응보를 주된 목적으로 하는 제재이고, 보안처분은 장래 재범 위험성을 전제로 범죄를 예방하기 위한 제재이다(헌재 2012. 12. 27. 2011헌바89).

2) 형벌과 보안처분의 구별기준

오늘날에는 형벌과 보안처분의 형태가 다양해지고 형벌 집행에 있어서 범죄자에 대한 특별예방적·형사정책적 관심과 배려를 강조하는 새로운 형사제재수단들, 예를 들어 보호관찰, 사회봉사명령이나 수강명령 등이 등장하면서 형벌과 보안처분의 경계가 모호해지고 있다. 따라서 동일한 형태의 형사제재에 있어서도 그 목적, 요건, 운영방식에 따라 법적 성격을 달리 할 수 있으므로 관련 제도의 목적, 요건 등을 고려하여 그 법적 성격을 구분해야 한다(헌재 2012. 12. 27. 2011헌바89).

> 🔎 판례
>
> ▶ **보호감호의 법적 성격**(보안처분) : 보안처분은 행위자의 사회적 위험성에 근거하여 부과되는 것으로써 행위자의 책임에 근거하여 부과되는 형벌과 구별되는 것이기는 하지만, 상습범에 대한 보안처분인 보호감호처분은 그 처분이 행위자의 범죄행위를 요건으로 하여 형사소송절차에 따라 비로소 과해질 수 있는 것이고, 신체에 대한 자유의 박탈을 그 본질적 내용으로 하고 있는 점에서 역시 형사적 제재의 한 태양이라고 볼 수밖에 없다 (헌재 1989. 7. 14. 88헌가5).

▶ **성충동 약물치료의 법적 성격**(보안처분) : 성충동 약물치료가 행위자의 불법에 대한 책임과 무관하게 이루어지도록 하고 있다. 즉 범죄자의 책임이 아니라 행위에서 제시된 위험성이 치료명령 여부, 기간 등을 결정하고, 치료명령은 장래를 향한 조치로서 기능하는바, 성충동 약물치료는 본질적으로 '보안처분'에 해당한다(헌재 2015. 12. 23. 2013헌가9).

▶ **위치추적 전자장치**(전자감시제도)**의 법적 성격**(보안처분) : 특정 범죄자에 대한 위치추적 전자장치 부착 등에 관한 법률에 의한 성폭력범죄자에 대한 전자감시제도는, 성폭력범죄자의 재범방지와 성행교정을 통한 재사회화를 위하여 그의 행적을 추적하여 위치를 확인할 수 있는 전자장치를 신체에 부착하게 하는 부가적인 조치를 취함으로써 성폭력범죄로부터 국민을 보호함을 목적으로 하는 일종의 보안처분이다(대판 2011. 7. 28. 2011도5813).

▶ **아동·청소년의 성보호에 관한 법률에서 정한 공개명령제도의 법적 성격**(보안처분) : 아동·청소년의 성보호에 관한 법률이 정한 공개명령 및 고지명령 제도는 아동·청소년대상 성폭력범죄 등을 효과적으로 예방하고 그 범죄로부터 아동·청소년을 보호함을 목적으로 하는 일종의 보안처분으로서, 그 목적과 성격, 운영에 관한 법률의 규정 내용 및 취지 등을 종합해 보면, 공개명령 및 고지명령 제도는 범죄행위를 한 자에 대한 응보 등을 목적으로 그 책임을 추궁하는 사후적 처분인 형벌과 구별되어 그 본질을 달리한다(대판 2012. 5. 24. 2012도2763).

(3) 보안처분의 요건

행위자에 재범의 위험성은 보안처분의 핵심이며, 헌법 제12조 제1항이 규정한 "누구든지 법률과 적법한 절차에 의하지 아니하고는 처벌·보안처분 또는 강제노역을 받지 아니한다."라는 조항에서 구현된 죄형법정주의의 보안처분적 요청은 "재범의 위험성이 없으면 보안처분은 없다."는 뜻을 내포한다(헌재 1989. 7. 14. 88헌가5). 여기서 보안처분의 본질인 재범의 위험성은 보안처분으로 인한 신체의 자유박탈이라는 인권 제한과의 비례(균형)원칙상 단순한 재범의 가능성만으로는 부족하고 상당한 개연성을 요구한다(헌재 1989. 7. 14. 88헌가5).

🔖 **판례**

▶ **전과나 감호처분을 선고받은 사실 등 법정의 요건에 해당되면 재범의 위험성 유무에도 불구하고 반드시 그에 정한 보호감호를 선고하여야 할 의무를 법관에게 부과하고 있는 구 사회보호법 제5조 제1항이 위헌인지**(적극) : 법 제5조 제1항에 정한 전과나 감호처분을 선고받은 사실 등 법정의 요건에 해당되면 재범의 위험성 유무에도 불구하고 반드시 그에 정한 보호감호를 선고하여야 할 의무를 법관에게 부과하여 법관의 판단재량을 박탈하고 있는 것으로 볼 수 밖에 없다. 결국 법 제5조 제1항은 헌법 제12조 제1항 후문에 정한 적법절차에 위반됨은 물론 헌법 제37조 제2항에 정한 과잉금지원칙에 위반된다고 할 것이며, 나아가 법원의 판단재량의 기능을 형해화시켜 헌법 제27조 제1항에 정한 국민의 법관에 의한 정당한 재판을 받을 권리를 침해하였다(헌재 1989. 7. 14. 88헌가5).

(4) 보안처분의 한계

1) 비례의 원칙

형벌은 책임주의에 의하여 제한을 받지만 보안처분은 책임에 따른 제재가 아니어서 책임주의의 제한을 받지 않는다. 그러므로 보안처분에 있어서는 형벌에 대해 책임주의가 기능하는 바와 같은 역할을 하는 것이 바로 비례의 원칙이다. 목적과 수단 사이에 상당한 비례관계가 유지되어야 한다는 비례의 원칙을 우리의 헌법과 법률은 명문화하고 있지는 않지만 이를 인정하는 것은 법치국가의 원리상 당연하다. 비례의 원칙은 보안처분의 선고 여부를 결정할 때뿐만 아니라 보안처분을 종료할 것인지 여부를 판단할 때에도 적용된다(헌재 2005. 2. 3. 2003헌바1).

▶ 성폭력범죄를 2회 이상 범하여 그 습벽이 인정된 때에 해당하고 성폭력범죄를 다시 범할 위험성이 인정되는 자에 대해 검사의 청구와 법원의 판결로 3년 이상 20년 이하의 기간 동안 전자장치 부착을 명할 수 있도록 한 구 전자장치부착법 제9조 제1항 제2호 등이 청구인의 사생활의 비밀과 자유 등 기본권을 침해하는지(소극) : 성폭력범죄는 대부분 습벽에 의한 것이고 그 습벽은 단기간에 교정되지 않고 장기간 계속될 가능성이 크다는 점에서 일반적으로는 부착기간의 상한을 높게 확보해 둘 필요가 있는 점, 날로 증가하는 성폭력범죄와 그 피해의 심각성을 고려할 때 범죄예방 효과의 측면에서 위치추적을 통한 전자감시제도보다 덜 기본권 제한적인 수단을 쉽게 마련하기 어려운 점 등을 종합적으로 고려하면, 이 사건 전자장치부착조항에 의한 전자감시제도가 침해의 최소성 원칙에 반한다고 할 수 없다. 또한 이 사건 전자장치부착조항이 보호하고자 하는 이익에 비해 재범의 위험성이 있는 성폭력범죄자가 입는 불이익이 결코 크다고 할 수 없어 법익의 균형성원칙에 반하지 아니하므로, 이 사건 전자장치부착조항이 과잉금지원칙에 위배하여 피부착자의 사생활의 비밀과 자유, 개인정보자기결정권, 인격권을 침해한다고 볼 수 없다(헌재 2012. 12. 27. 2011헌바89).

▶ 전자장치부착법에 의한 전자장치 부착기간 동안 다른 범죄를 저질러 구금된 경우, 그 구금기간이 부착기간에 포함되지 않는 것으로 규정한 법 제13조 제4항 제1호 등이 피부착자의 사생활의 비밀과 자유, 개인정보자기결정권 및 인격권을 침해하는지(소극) : 심판대상 법률조항은 전자장치 부착명령을 집행할 수 없는 기간 동안 집행을 정지하고 다시 집행이 가능해졌을 때 잔여기간을 집행함으로써 재범방지 및 재사회화라는 전자장치부착의 목적을 달성하기 위한 것으로서 입법목적의 정당성 및 수단의 적절성이 인정되며, 부착명령 집행이 불가능한 기간 동안 집행을 정지하는 것 이외에 덜 침해적인 수단이 있다고 보기도 어렵다. 또한 특정범죄자의 재범방지 및 재사회화라는 공익을 고려하면, 침해되는 사익이 더 크다고 볼 수 없어 법익균형성도 인정되므로, 심판대상 법률조항은 과잉금지원칙에 위배되지 아니한다(헌재 2013. 7. 25. 2011헌마781).

▶ 법원이 부착기간 중 기간을 정하여 야간 외출제한 및 아동시설 출입금지 등의 준수사항을 명할 수 있도록 한 구 전자장치부착법 제9조의2 제1항 제1호 등이 청구인의 일반적 행동의 자유를 침해하는지(소극) : 피부착자에게 출입이 금지되는 구역과 외출이 금지되는 시간을 지정하거나 치료 프로그램의 이수 등을 의무화함으로써 다양한 형태로 전자감시제도를 시행하는 것은 재범을 방지하고 피부착자의 재사회화를 위한 것으로서 이보다 덜 침해적인 수단을 찾기 어렵다. 전자장치부착법에서는 준수사항의 부과가 개별 피부착자의 재범 방지 및 재사회화를 위해 탄력적으로 이루어질 수 있도록 하고 있으며, 전자장치 부착과 더불어 준수사항 이행의무를 지게 됨으로써 피부착자가 받게 되는 기본권 제한이 적다고 볼 수 없으나, 성범죄의 습벽이 강하고 특히 재범의 위험성이 높아 형벌로는 특별예방이나 사회방위 효과를 거두기 힘든 성폭력범죄자의 재범을 예방하여 성폭력범죄로부터 국민을 보호한다고 하는 공익이 훨씬 크다(헌재 2012. 12. 27. 2011헌바89).

▶ 사회보호법 폐지 전에 이미 판결이 확정된 보호감호를 종전의 사회보호법에 따라 집행하도록 한 사회보호법 부칙 제2조가 신체의 자유 등을 침해하여 헌법에 위반되는지(소극) : 입법자가 종전 사회보호법을 폐지하면서 적지 않은 수의 보호감호 대상자가 일시에 석방될 경우 초래될 사회적 혼란의 방지, 법원의 양형실무 및 확정판결에 대한 존중 등을 고려하여 법률 폐지 이전에 이미 보호감호 판결이 확정된 자에 대하여는 보호감호를 집행하도록 한 것이므로, 이중처벌에 해당하거나 비례원칙을 위반하여 신체의 자유를 과도하게 침해한다고 볼 수 없다(헌재 2015. 9. 24. 2014헌바222).

▶ 성폭력범죄를 저지른 성도착증 환자로서 재범의 위험성이 인정되는 19세 이상의 사람에 대해 법원이 15년의 범위에서 치료명령을 선고할 수 있도록 한 성충동약물치료법 제4조 제1항(청구조항) 및 성충동약물치료법 제8조 제1항(명령조항)이 치료명령 피청구인의 신체의 자유 등 기본권을 침해하는지(일부 적극) : 성충동 약물치료는 전문의의 감정을 거쳐 성도착증 환자로 인정되는 사람을 대상으로 청구되고, 한정된 기간 동안 의사의 진단과 처방에 의하여 이루어지며, 부작용 검사 및 치료가 함께 이루어지고, 치료가 불필요한 경우의 가해제제도가 있으며, 치료 중단시 남성호르몬의 생성과 작용의 회복이 가능하다는 점을 고려할 때, 심판대상조항들은 원칙적으로 침해의 최소성 및 법익균형성이 충족된다. 다만 장기형이 선고되는 경우 치료명령의 선고시점과 집행시점 사이에 상당한 시간적 간극이 있어 집행시점에서 발생할 수 있는 불필요한 치료와 관련한 부분에 대해서는 침해의 최소성과 법익균형성을 인정하기 어렵다. 따라서 이 사건 청구조항은 과잉금지원칙에 위배되지 아니하나, 이 사건 명령조항은 집행 시점에서 불필요한 치료를 막을 수 있는 절차가 마련되어 있지 않은 점으로 인하여 과잉금지원칙에 위배되어 치료명령 피청구인의 신체의 자유 등 기본권을 침해한다(헌재 2015. 12. 23. 2013헌가9 헌법불합치).

2) 소급입법금지원칙

보안처분은 형벌과는 달리 행위자의 장래 재범위험성에 근거하는 것으로서, 행위시가 아닌 재판시의 재범위험성 여부에 대한 판단에 따라 보안처분 선고를 결정하므로 원칙적으로 재판 당시 현행법을 소급적용할 수 있다고 보는 것이 타당하고 합리적이다. 그러나 보안처분의 범주가 넓고 그 모습이 다양한 이상, 보안처분에 속한다는 이유만으로 일률적으로 소급입법금지원칙이 적용된다거나 그렇지 않다고 단정해서는 안 되고, 보안처분이라는 우회적인 방법으로 형벌불소급의 원칙을 유명무실하게 하는 것을 허용해서도 안 된다. 따라서 보안처분이라 하더라도 형벌적 성격이 강하여 신체의 자유를 박탈하거나 박탈에 준하는 정도로 신체의 자유를 제한하는 경우에는 소급입법금지원칙을 적용하는 것이 법치주의 및 죄형법정주의에 부합한다(헌재 2012. 12. 27. 2010헌가82).

판례

▶ 신상정보 공개 · 고지명령을 소급적용하는 성폭력처벌법 부칙 제7조 제1항이 소급처벌금지원칙에 위배되는지(소극) : 신상정보 공개 · 고지명령은 형벌과는 구분되는 비형벌적 보안처분으로서 어떠한 형벌적 효과나 신체의 자유를 박탈하는 효과를 가져오지 아니하므로 소급처벌금지원칙이 적용되지 아니한다. 따라서 심판대상조항은 소급처벌금지원칙에 위배되지 않는다(헌재 2016. 12. 29. 2015헌바196).

▶ 개정 형법 시행 이전에 죄를 범한 자에 대하여 개정 형법에 따라 보호관찰을 명할 수 있는지(적극) : 보호관찰은 형벌이 아니라 보안처분의 성격을 갖는 것으로서, 과거의 불법에 대한 책임에 기초하고 있는 제재가 아니라 장래의 위험성으로부터 행위자를 보호하고 사회를 방위하기 위한 합목적적인 조치이므로, 그에 관하여 반드시 행위 이전에 규정되어 있어야 하는 것은 아니며, 재판시의 규정에 의하여 보호관찰을 받을 것을 명할 수 있다고 보아야 할 것이고, 이와 같은 해석이 형벌불소급의 원칙 내지 죄형법정주의에 위배되는 것이라고 볼 수 없다(대판 1997. 6. 23. 97도703).

▶ 범죄행위 당시에 없었던 위치추적 전자장치 부착명령을 출소예정자에게 소급 적용할 수 있도록 한 전자장치부착법 부칙 제2조 제1항이 소급처벌금지원칙에 위배되는지(소극) : 전자장치 부착은 전통적 의미의 형벌이 아니며, 이를 통하여 피부착자의 위치만 국가에 노출될 뿐 그 행동 자체를 통제하지 않는다는 점에서 비형벌적 보안처분에 해당되므로, 이를 소급적용하도록 한 부칙경과조항은 헌법 제13조 제1항 전단의 소급처벌금지원칙에 위배되지 아니한다(헌재 2015. 9. 24. 2015헌바35).

> ▶ 디엔에이법 시행 당시 디엔에이감식시료 채취 대상범죄로 이미 징역이나 금고 이상의 실형을 선고받아 그 형이
> 확정되어 수용 중인 사람에게 디엔에이감식시료 채취 및 디엔에이확인정보의 수집·이용 등 이 사건 법률을 적용
> 할 수 있도록 규정한 디엔에이법 부칙 제2조 제1항 부분이 소급입법금지원칙에 위배되는지(소극): 디엔에이신
> 원확인정보의 수집·이용이 범죄의 예방효과를 가지는 보안처분으로서의 성격을 일부 지닌다고 하더라도 이
> 는 형벌과는 구별되는 비형벌적 보안처분으로서 소급입법금지원칙이 적용되지 아니하고, 소급적용으로 발생
> 하는 당사자의 손실에 비하여 소급적용으로 인한 공익적 목적이 더 크다고 할 것이므로, 이 사건 법률 시행
> 당시 디엔에이감식시료 채취 대상범죄로 이미 징역이나 금고 이상의 실형을 선고받아 그 형이 확정되어 수용
> 중인 사람들까지 이 사건 법률을 적용한다고 하여 소급입법금지원칙에 위배되는 것은 아니다(헌재 2014. 8.
> 28. 2011헌마28).

3. 강제노역

강제노역이란 본인의 의사에 반하는 강제적인 노동력의 제공을 말한다. 헌법에서 국방의 의무를
규정하고 있으므로 징병제도는 강제노역이 아니다.

제3항 신체의 자유를 보장하기 위한 헌법원리

Ⅰ 죄형법정주의

> **헌법 제13조**
> ① 모든 국민은 행위시의 법률에 의하여 범죄를 구성하지 아니하는 행위로 소추되지 아니한다.

1. 죄형법정주의의 의의

죄형법정주의는 자유주의, 권력분립, 법치주의 및 국민주권의 원리에 입각한 것으로서 무엇이 범
죄이며 그에 대한 형벌이 어떠한 것인가는 반드시 국민의 대표로 구성된 입법부가 제정한 법률로
써 정하여야 한다는 원칙이다(헌재 1991. 7. 8. 91헌가4).

> ✖ **판례**
>
> ▶ **죄형법정주의의 기능 및 근거**: "법률이 없으면 범죄도 없고 형벌도 없다."라는 말로 표현되는 죄형법정주의는
> 이미 제정된 정의로운 법률에 의하지 아니하고는 처벌되지 아니한다는 원칙으로서 이는 무엇이 처벌될 행위인가
> 를 국민이 예측가능한 형식으로 정하도록하여 개인의 법적 안정성을 보호하고 성문의 형벌법규에 의한 실정법질
> 서를 확립하여 국가형벌권의 자의적 행사로부터 개인의 자유와 권리를 보장하려는 법치국가 헌법의 기본원칙이
> 며, 우리 헌법도 제12조 제1항 후단에 "법률과 적법한 절차에 의하지 아니하고는 처벌·보안처분 또는 강제노역을
> 받지 아니한다."라고 규정하고, 제13조 제1항 전단에 "모든 국민은 행위시의 법률에 의하여 범죄를 구성하지 아니
> 하는 행위로 소추되지 아니하며"라고 규정하여 죄형법정주의를 천명하였다(헌재 1991. 7. 8. 91헌가4).

2. 죄형법정주의의 내용

(1) 법률주의

1) 법률주의의 의의

죄형법정주의를 천명한 헌법 제12조 제1항 후단이나 제13조 제1항 전단에서 말하는 법률은 입법부에서 제정한 형식적 의미의 법률을 의미한다(헌재 1991. 7. 8. 91헌가4).

> **판례**
>
> ▶**부동산소유권이전등기신청을 의무화하고 그 의무위반에 대하여 과태료에 처할 수 있도록 규정하고 있는 부동산등기특별조치법 제11조 제1항 본문이 죄형법정주의의 규율대상에 해당하는지**(소극) : 부동산등기특별조치법 제11조 제1항 본문 중 제2조 제1항에 관한 부분이 정하고 있는 과태료는 행정상의 질서유지를 위한 행정질서벌에 해당할 뿐 형벌이라고 할 수 없어 죄형법정주의의 규율대상에 해당하지 아니한다(헌재 1998. 5. 28. 96헌바83).
>
> ▶**단체협약에 위반한 자를 1,000만원 이하의 벌금에 처하도록 규정한 노동조합법 제46조의3 부분이 죄형법정주의에 위배되는지**(적극) : 구 노동조합법 제46조의3은 그 구성요건을 "단체협약에……위반한 자"라고만 규정함으로써 범죄구성요건의 외피(外皮)만 설정하였을 뿐 구성요건의 실질적 내용을 직접 규정하지 아니하고 모두 단체협약에 위임하고 있어 죄형법정주의의 기본적 요청인 "법률"주의에 위배되고, 그 구성요건도 지나치게 애매하고 광범위하여 죄형법정주의의 명확성의 원칙에 위배된다(헌재 1998. 3. 26. 96헌가20).
>
> ▶**정관 위반행위에 대해서 형사처벌을 하도록 규정하고 있는 새마을금고법 조항이 죄형법정주의 원칙에 위반되는지**(적극) : 형벌 구성요건의 실질적 내용을 법률에서 직접 규정하지 아니하고 금고의 정관에 위임한 것은 범죄와 형벌에 관하여는 입법부가 제정한 형식적 의미의 "법률"로써 정하여야 한다는 죄형법정주의 원칙에 위반된다. '정관에 위반하여'라는 구성요건에 '5년 이하의 징역 또는 500만원 이하의 벌금에 처한다'고 규정한 것은 구성요건을 '정관에 위반하여'라는 외피만 설정한 것일 뿐, 구성요건의 실질적 내용에 관하여는 아무 것도 정하지 아니한 것이다. 이것은 금지의 실질을 법인의 조직과 활동에 관한 근본규칙인 정관에 맡긴 것인데, 결과적으로 금고의 발기인들에게 처벌법규의 내용을 형성할 권한을 준 것에 다름 아니다(헌재 2001. 1. 18. 99헌바112).
>
> ▶**임원의 선거운동 기간 및 선거운동에 필요한 사항을 정관에서 정할 수 있도록 규정한 신용협동조합법 제27조의2 제2항 등이 죄형법정주의에 위반되는지**(적극) : 신용협동조합법 제27조의2 제2항 내지 제4항은 구체적으로 허용되는 선거운동의 기간 및 방법을 시행령이나 시행규칙이 아닌 정관에 맡기고 있어 정관으로 정하기만 하면 임원 선거운동의 기간 및 방법에 관한 추가적인 규제를 설정할 수 있도록 열어 두고 있다. 이는 범죄와 형벌은 입법부가 제정한 형식적 의미의 법률로 정하여야 한다는 죄형법정주의를 위반한 것이므로 헌법에 위반된다(헌재 2020. 6. 25. 2018헌바278).

2) 처벌법규의 위임

① 처벌법규의 위임 가능성

권력분립이나 법치주의가 민주정치의 원리라 하더라도 현대국가의 사회적 기능증대와 사회현상의 복잡화에 따라 국민의 권리·의무에 관한 사항이라 하여 모두 입법부에서 제정한 법률만으로 다 정할 수는 없는 것이기 때문에 예외적으로 행정부에서 제정한 명령에 위임하는 것을 허용하지 않을 수 없다. 위임입법에 관한 헌법 제75조는 처벌법규에도 적용되는 것이지만 법률에 의한 처벌법규의 위임은, 헌법이 특히 인권을 최대한으로 보장하기 위하여 죄형법정주의와 적법절차를 규정하고, 법률(형식적 의미)에 의한 처벌을 특별히 강조하고 있는 기본권 보장 우위 사상에 비추어 바람직스럽지 못한 일이므로, 그 요건과 범위가 보다 엄격하게 제한적으로 적용되어야 한다(헌재 1991. 7. 8. 91헌가4).

② 처벌법규 위임의 요건

법률에 의한 처벌법규의 위임은 죄형법정주의와 적법절차, 기본권 보장 우위사상에 비추어 바람직하지 못한 일이므로, 그 요건과 범위가 보다 엄격하게 제한적으로 적용되어야 한다. 따라서 처벌법규의 위임은 첫째, 특히 긴급한 필요가 있거나 미리 법률로써 자세히 정할 수 없는 부득이한 사정이 있는 경우에 한정되어야 하고, 둘째, 이러한 경우에도 법률에서 범죄의 구성요건은 처벌대상인 행위가 어떠한 것일 거라고 이를 예측할 수 있을 정도로 구체적으로 정하고, 셋째, 형벌의 종류 및 상한과 폭을 명백히 규정하여야 한다(헌재 2008. 4. 24. 2005헌마373).

(2) 명확성의 원칙

1) 명확성 원칙의 의의

죄형법정주의에서 파생되는 명확성의 원칙은 누구나 법률이 처벌하고자 하는 행위가 무엇이며 그에 대한 형벌이 어떠한 것인지를 예견할 수 있고, 그에 따라 자신의 행위를 결정할 수 있도록 구성요건이 명확할 것을 의미한다(헌재 2000. 6. 29. 98헌가10). 여기서 형벌규정에 대한 예측가능성의 유무는 당해 특정조항 하나만을 가지고 판단할 것이 아니고, 관련 법조항 전체를 유기적·체계적으로 종합 판단하여야 하며, 각 대상법률의 성질에 따라 구체적·개별적으로 검토하여야 한다(헌재 2019. 11. 28. 2017헌바182).

2) 명확성의 요청 정도

처벌법규의 구성요건이 어느 정도 명확하여야 하는가는 일률적으로 정할 수 없고, 각 구성요건의 특수성과 그러한 법적 규제의 원인이 된 여건이나 처벌의 정도 등을 고려하여 종합적으로 판단하여야 한다(헌재 2005. 10. 27. 2003헌바50). 처벌법규의 구성요건이 명확하여야 한다고 하여 모든 구성요건을 단순한 서술적 개념으로 규정하여야 하는 것은 아니고, 다소 광범위하여 법관의 보충적인 해석을 필요로 하는 개념을 사용하였다고 하더라도 통상의 해석방법에 의하여 건전한 상식과 통상적인 법감정을 가진 사람이면 당해 처벌법규의 보호법익과 금지된 행위 및 처벌의 종류와 정도를 알 수 있도록 규정하였다면 헌법이 요구하는 처벌법규의 명확성에 배치되는 것이 아니다(헌재 2004. 11. 25. 2004헌바35).

🔨 **판례**

▶ **준용규정의 방식**: 준용규정은 일반적으로 다음과 같은 2가지 방식을 취하고 있다. 하나는 유사한 사안에 대하여 준용되는 다른 법률의 규정을 일일이 열거하는 열거적 준용 방식이고, 다른 하나는 심판대상조항과 같이 준용되는 다른 법률의 규정을 일일이 열거하지 않고 포괄하여 하나의 조문으로 준용된다고 규정하는 포괄적 준용 방식이다. 전자는 준용되는 규정이 무엇인지 법문 그 자체로 명확하다는 장점이 있는 반면, 다른 법률의 대다수 규정을 준용하는 경우 이를 일일이 규정함으로써 법문의 간결성과 표현의 경제성을 살릴 수 없다는 단점이 있다. 이에 반하여 후자의 방식은 준용되는 규정이 무엇인지 법문 그 자체로는 바로 알 수 없고 피준용 법률의 규정내용을 일일이 확인하여야 비로소 알 수 있다는 단점이 있으나, 준용하고자 하는 규정을 구체적으로 열거하지 않고도 간결하고 효율적으로 규율할 수 있다는 장점이 있다(헌재 2022. 6. 30. 2020헌바15).

▶ **형벌규정을 준용하는 경우 포괄적 준용방식이 금지되는지**(소극) : 형벌규정을 준용하는 경우에는 죄형법정주의의 원칙상 준용규정에 의하여 금지되는 행위 또는 의무가 무엇이고, 그 위반에 대한 처벌의 종류 및 정도를 수범자가 쉽게 예측할 수 있어야 한다는 점에서 형벌 외의 규정에 비하여 보다 명확하게 규정될 것이 요구된다. 따라서 형벌에 관한 준용규정이 죄형법정주의 명확성원칙에 위배되는지 여부는 구성요건 및 벌칙규정의 준용 여부가 준용규정에 의하여 명확한지에 달린 것이지 형벌규정이라고 해서 포괄적 준용 방식은 금지되고 반드시 열거적 준용 방식을 택하여만 하는 것은 아니다(헌재 2022. 6. 30. 2020헌바15).

▶ **처벌을 규정하고 있는 법률조항이 구성요건이 되는 행위를 직접 규정하지 않고 다른 법률조항을 원용하거나 그 내용 중 일부를 괄호 안에 규정한 것만으로 명확성 원칙에 위반되는지**(소극) : 형벌을 규정함에 있어 구성요건 조항과 처벌 조항을 별개의 법률조항으로 나누어 규정하는 것은 통상적인 입법기술의 하나로서, 동일한 내용의 사항을 서로 다른 조항에서 반복해서 규정하는 경우에는 그 내용을 이미 규정하고 있는 조항을 원용하여 규정하는 것이 보편적인 방식이며, 처벌을 규정하고 있는 법률조항이 구성요건이 되는 행위를 같은 법률조항에서 직접 규정하지 않고 다른 법률조항에서 이미 규정한 내용을 원용하였다고 해서 그 법률조항의 내용이 불명확해진다고 볼 수는 없다. 또한 법률조항이 규율하고자 하는 내용 중 일부를 괄호 안에 규정하는 것 역시 단순한 입법기술상의 문제에 불과할 뿐, 괄호 안에 규정되어 있다는 사실만으로 그 내용이 중요한 의미를 가지는 것이 아니라고 볼 아무런 근거가 없다(헌재 2010. 3. 25. 2009헌바121).

▶ **범죄행위의 유형을 정하는 구성요건 규정과 제재 규정인 처벌규정을 별도의 조항에서 정하고 있는 새마을금고법 조항이 처벌규정에서 범죄 구성요건에 해당하는 당해 법률 규정을 명시하지 아니하고 단지 '이 법과 이 법에 의한 명령에 위반하여'라고만 한 것이 죄형법정주의의 명확성 원칙에 위반되는지**(적극) : 범죄행위의 유형을 정하는 구성요건규정과 제재규정인 처벌규정을 별도의 조항에서 정하고 있는 법규인 경우, 처벌규정에서 범죄 구성요건에 해당하는 당해 법률규정을 명시하는 것이 통상의 예이고, 법규 수범자는 처벌규정에서 정한 당해 법조에 의해 자신의 어떠한 행위가 처벌받는지를 예측할 수 있게 되지만, 이 규정의 경우는 '이 법과 이 법에 의한 명령'이라고만 되어 있을 뿐 처벌규정에서 범죄구성요건에 해당하는 규정을 특정하지 아니하였을 뿐만 아니라 처벌규정 자체에서도 범죄구성요건을 정하고 있지 아니하여 금지하고자 하는 행위 유형의 실질을 파악할 수 없도록 하고 있으므로 죄형법정주의의 명확성 원칙에 위반된다(헌재 2001. 1. 18. 99헌바112).

▶ **집단급식소에 근무하는 영양사의 직무를 규정한 조항인 식품위생법 제52조 제2항을 위반한 자를 처벌하는 식품위생법 제96조 부분이 헌법에 위반되는지**(적극) : ① 재판관 5인: 처벌조항에 관해 광범성 및 불명확성 문제가 발생한 근본적인 이유는, 입법자가 질적 차이가 현저한 두 가지 입법기능을 하나의 조항으로 규율하고자 하였기 때문이다. 직무수행조항은 집단급식소에 근무하는 영양사와 조리사의 직무범위를 구분하는 기능을 함과 동시에 처벌조항을 통해 구성요건이 된다. 전자는 포괄적 규정의 필요성이 인정될 수 있지만, 후자는 죄형법정주의 등을 고려하여 제한된 범위 내에서 구체적으로 범죄행위를 규정할 것이 요청된다. 그러나 처벌조항에 규정된 '위반'이라는 문언은 집단급식소에 근무하는 영양사가 직무를 수행하지 아니한 경우 처벌한다는 의미만을 전달할 뿐, 그 판단 기준에 관해서는 구체적이고 유용한 지침을 제공하지 않는다. 이상과 같은 점을 고려할 때 처벌조항은 죄형법정주의의 명확성원칙에 위반된다. ② 재판관 2인: 처벌조항은 아무런 제한 없이 직무수행조항을 위반하면 형사처벌을 하도록 함으로써 형사제재의 필요성이 인정된다고 보기 어려운 행위에 대해서까지 처벌의 대상으로 삼을 수 있도록 하고 있다. 처벌조항으로 인해 집단급식소에 근무하는 영양사는 그 경중 또는 실질적인 사회적 해악의 유무에 상관없이 직무수행조항에서 규정하고 있는 직무를 단 하나라도 불이행한 경우 상시적인 형사처벌의 위험에 노출된다. 이는 범죄의 설정에 관한 입법재량의 한계를 현저히 일탈하여 과도하다고 하지 않을 수 없다. 그러므로 처벌조항은 과잉금지원칙에 위반된다(헌재 2023. 3. 23. 2019헌바141).

▶ **건강보험심사평가원 직원을 형법상 뇌물죄를 적용함에 있어 공무원으로 의제하는 구 국민건강보험법 제61조 부분이 죄형법정주의의 명확성 원칙에 위배되는지**(소극) : 건강보험심사평가원의 직원은 직위, 직종 및 역할을 가릴 것 없이 모두 직무 수행의 청렴성과 공정성이 담보되어야 할 필요가 있고, 이 사건 법률조항은 공무원으로 의제되어 형법상 뇌물죄로 처벌되는 직원의 범위를 제한하지 않고 있는 점 등에 비추어 보면, 이 사건 법률조항에 의하여 진료심사평가위원회 상근심사위원을 포함한 건강보험심사평가원의 직원이 형법상 뇌물죄의 적용에 있어 공무원으로 의제된다는 점은 어렵지 않게 알 수 있으므로, 이 사건 법률조항은 죄형법정주의의 명확성 원칙에 위배되지 않는다(헌재 2019. 8. 29. 2017헌바262 합헌)

▶ 소방시설공사업법 제39조 중 '제36조 제3호에 해당하는 위반행위(거짓 등으로 감리한 경우)를 하면 그 행위자를 벌한다'에 관한 부분(양벌규정)이 죄형법정주의의 명확성 원칙에 위배되는지(소극): 당해 법률조항의 입법목적, 당해 법률의 체계 및 다른 규정들과의 상호관계를 고려하거나 이미 확립된 판례를 통한 해석방법에 의해 그 규정의 해석 및 적용에 대한 신뢰성 있는 원칙을 도출할 수 있고, 그에 따라 그 법률조항의 취지를 예측할 수 있는 정도의 내용이라면 그 범위 내에서 명확성원칙은 유지되고 있다고 보아야 할 것이고, 법관의 보충적인 가치판단을 통한 법문의 해석으로 그 의미내용을 확인해낼 수 있다면 명확성원칙에 반한다고 할 수 없다. 이 사건 양벌규정의 문언과 관련 규정의 내용, 입법목적 및 확립된 판례를 통한 해석방법 등을 종합하여 보면, 위 조항이 처벌대상으로 규정하고 있는 '행위자'에는 감리업자 이외에 실제 감리업무를 수행한 감리원도 포함된다는 점을 충분히 알 수 있으므로, 이 사건 양벌규정은 죄형법정주의 명확성 원칙에 위배된다고 볼 수 없다(헌재 2023. 2. 23. 2020헌바314).

▶ 비방할 목적으로 정보통신망을 이용하여 공공연하게 사실을 드러내어 다른 사람의 명예를 훼손한 자를 처벌하고 있는 구 정보통신망법 제70조 제1항이 명확성 원칙에 위배되는지(소극): 심판대상조항의 '비방할 목적'은 고의 외에 추가로 요구되는 주관적 구성요건요소로서 사람의 명예에 대한 가해의 의사나 목적을 의미한다. '비방'이나 '목적'이라는 용어는, 일반인이 일상적으로 사용하거나 다른 법령들에서도 사용되는 일반적인 용어로서, 특별한 경우를 제외하고는 법관의 보충적 해석 작용 없이도 일반인들이 그 대강의 의미를 이해할 수 있는 표현이다. 심판대상조항에서 사용되는 의미 또한 일반적으로 사용되는 의미범위를 넘지 않고 있으므로, '비방할 목적'이 불명확하다고 보기 어렵다. 따라서 심판대상조항은 명확성원칙에 위배되지 아니한다(헌재 2016. 2. 25. 2013헌바105).

▶ 정보통신망을 통하여 음란한 화상 또는 영상을 공공연하게 전시하여 유통하는 것을 금지하고 이를 위반하는 자를 처벌하도록 정한 '정보통신망 이용촉진 및 정보보호 등에 관한 법률' 제44조의7 제1항 제1호 부분이 죄형법정주의의 명확성 원칙에 위배되는지(소극): 헌법재판소와 대법원은 음란의 개념에 대하여, 단순히 저속하거나 문란하다는 정도를 넘어 사람의 존엄성과 가치를 심각하게 훼손·왜곡하였다고 할 수 있을 정도로 노골적인 방법에 의하여 성적 부위나 행위를 적나라하게 표현한 것으로서, 사회통념에 비추어 전적으로 또는 지배적으로 성적 흥미에만 호소하고 하등의 문학적·예술적·사상적·과학적·의학적·교육적 가치를 지니지 아니하는 것이라고 판시함으로써 그 해석 기준을 제시해 왔고, 이에 따라 자의적인 법해석이나 법집행을 배제할 수 있으므로, 심판대상조항은 죄형법정주의의 명확성원칙에 위배되지 않는다(헌재 2023. 2. 23. 2019헌바305).

▶ 성폭력처벌법 제13조 제1항 중 카메라나 그 밖에 이와 유사한 기능을 갖춘 기계장치를 이용하여 '성적 욕망 또는 수치심'을 유발할 수 있는 다른 사람의 신체를 그 의사에 반하여 촬영한 자에 관한 부분이 죄형법정주의의 명확성 원칙에 위배되는지(소극): '성적 욕망 또는 수치심을 유발할 수 있는 다른 사람의 신체'는 구체적, 개별적, 상대적으로 판단할 수밖에 없는 개념이고, 사회와 시대의 문화, 풍속 및 가치관의 변화에 따라 수시로 변화하는 개념이므로, 심판대상조항이 다소 개방적이거나 추상적인 표현을 사용하면서 그 의미를 법관의 보충적 해석에 맡긴 것은 어느 정도 불가피하다. 법원은 이에 대해 합리적인 해석기준을 제시하고 그 기준에 따라 심판대상조항의 해당 여부를 판단하고 있으므로, 법 집행기관이 심판대상조항을 자의적으로 해석할 염려가 있다고 보기도 어렵다. 따라서 심판대상조항은 죄형법정주의의 명확성 원칙에 위배되지 아니한다(헌재 2017. 6. 29. 2015헌바243).

▶ 통신매체를 이용한 음란행위를 처벌하는 성폭력처벌법 제13조 중 '성적 수치심이나 혐오감' 부분이 명확성 원칙에 위배되는지(소극): '성적 수치심' 혹은 '혐오감'이라는 용어는 다양한 법률에서 이미 사용되고 있고, 헌법재판소는 그 중 구 '아동·청소년의 성보호에 관한 법률' 제2조 제5호 등 위헌제청 사건에서 위 법률 제2조 제4호 다목의 '성적 수치심이나 혐오감을 일으키는 행위'는 규범적으로 음란한 행위의 의미와 별다른 차이가 없다고 판시한 바 있다. 또한 심판대상조항의 조문명이 '통신매체를 이용한 음란행위'이고, '성적 수치심이나 혐오감을 일으키는 말, 음향, 글, 그림, 영상 또는 물건을 상대방에게 도달하게 하는 행위'를 음란행위라고 규정하고 있는 점을 아울러 고려하면, 수범자로서는 심판대상조항이 금지하고 있는 성적 수치심이나 혐오감을 일으키는 표현의 판단기준 또는 해석기준이 음란이라는 개념으로부터 도출되어야 함을 문언상 알 수 있다. 이러한 음란의 개념에 대하여는 헌법재판소에서 이미 여러 차례 합헌판단을 하였으므로 이러한 기준에 따라 어떤 표현이 상대방에게 성적 수치심 또는 혐오감을 일으키는 음란행위에 해당하는지 알 수 있다. 따라서 심판대상조항 중 '성적 수치심 또는 혐오감' 부분은 명확성 원칙에 위배되지 아니한다(헌재 2016. 3. 31. 2014헌바397).

▶ 대중교통수단, 공연·집회 장소, 그 밖에 공중이 밀집하는 장소에서 사람을 추행한 사람을 처벌하는 구 성폭력처벌법 제11조 중 '추행' 부분이 죄형법정주의의 명확성 원칙에 위반되는지(소극): 심판대상조항의 '추행'이란 강제추행죄의 '추행'과 마찬가지로, 객관적으로 일반인에게 성적 수치심이나 혐오감을 일으키게 하고 선량한 성적 도덕관념에 반하는 행위로서 피해자의 성적 자기결정권을 침해하는 것을 뜻한다. 공중밀집장소의 특성을 이용하여 유형력을 행사하는 것 이외의 방법으로 이루어지는 추행행위를 처벌하기 위한 심판대상조항의 입법목적 및 추행의 개념에 비추어 볼 때, 건전한 상식과 통상적인 법감정을 가진 사람이라면 심판대상조항에 따라 처벌되는 행위가 무엇인지 파악할 수 있으므로, 심판대상조항 중 '추행' 부분은 죄형법정주의의 명확성 원칙에 위반되지 아니한다(헌재 2021. 3. 25. 2019헌바413).

▶ '여러 사람의 눈에 뜨이는 곳에서 공공연하게 알몸을 지나치게 내놓거나 가려야 할 곳을 내놓아 다른 사람에게 부끄러운 느낌이나 불쾌감을 준 사람'을 처벌하는 경범죄처벌법 조항이 죄형법정주의의 명확성 원칙에 위배되는지(적극): 심판대상조항은 알몸을 '지나치게 내놓는' 것이 무엇인지 그 판단 기준을 제시하지 않아 무엇이 지나친 알몸노출행위인지 판단하기 쉽지 않고, '가려야 할 곳'의 의미도 알기 어렵다. 심판대상조항 중 '부끄러운 느낌이나 불쾌감'은 사람마다 달리 평가될 수밖에 없고, 노출되었을 때 부끄러운 느낌이나 불쾌감을 주는 신체부위도 사람마다 달라 '부끄러운 느낌이나 불쾌감'을 통하여 '지나치게'와 '가려야 할 곳' 의미를 확정하기도 곤란하다. 심판대상조항은 '선량한 성도덕과 성풍속'을 보호하기 위한 규정인데, 이러한 성도덕과 성풍속이 무엇인지 대단히 불분명하므로, 심판대상조항의 의미를 그 입법목적을 고려하여 밝히는 것에도 한계가 있다. 심판대상조항의 불명확성을 해소하기 위해 노출이 허용되지 않는 신체부위를 예시적으로 열거하거나 구체적으로 특정하여 분명하게 규정하는 것이 입법기술상 불가능하거나 현저히 곤란하지도 않다. 예컨대 이른바 '바바리맨'의 성기노출행위를 규제할 필요가 있다면 노출이 금지되는 신체부위를 '성기'로 명확히 특정하면 될 것이다. 따라서 심판대상조항은 죄형법정주의의 명확성 원칙에 위배된다(헌재 2016. 11. 24. 2016헌가3).

▶ '공중도덕상 유해한 업무'에 취업시킬 목적으로 근로자를 파견한 사람을 형사처벌하도록 규정한 파견근로자보호 등에 관한 법률 제42조 제1항 부분이 죄형법정주의의 명확성 원칙에 위배되는지(적극): 공중도덕은 시대상황, 사회가 추구하는 가치 및 관습 등 시간적·공간적 배경에 따라 그 내용이 얼마든지 변할 수 있는 규범적 개념이므로, 그것만으로는 구체적으로 무엇을 의미하는지 설명하기 어렵다. 파견법은 '공중도덕상 유해한 업무'에 관한 정의조항은 물론 그 의미를 해석할 수 있는 수식어를 두지 않았으므로, 심판대상조항이 규율하는 사항을 바로 알아내기도 어렵다. 파견법 전반에 걸쳐 심판대상조항과 유의미한 상호관계에 있는 다른 조항을 발견할 수 없고, 파견법 제5조, 제16조 등 일부 관련성이 인정되는 규정은 심판대상조항 해석기준으로 활용하기 어렵다. 결국, 심판대상조항의 입법목적, 파견법의 체계, 관련조항 등을 모두 종합하여 보더라도 '공중도덕상 유해한 업무'의 내용을 명확히 알 수 없다. 심판대상조항은 건전한 상식과 통상적 법감정을 가진 사람으로 하여금 자신의 행위를 결정해 나가기에 충분한 기준이 될 정도의 의미내용을 가지고 있다고 볼 수 없으므로 죄형법정주의의 명확성 원칙에 위배된다(헌재 2016. 11. 24. 2015헌가23).

▶ 성범죄 의료인의 취업을 제한하고 있는 구 청소년성보호법 제44조 제1항 제13호 부분에서 "성인대상 성범죄" 부분이 명확성 원칙에 위배되는지(소극): "성인대상 성범죄"는 그 문언에 비추어 성인 피해자를 범죄대상으로 한 성에 관련된 범죄로서 타인의 성적 자기결정권을 침해하여 가해지는 위법행위 혹은 성인이 연루되어 있는 사회의 건전한 성풍속을 침해하는 위법행위를 일컫는 것으로 보이고, 이러한 범죄들 중에서도 의료기관 취업을 제한할 필요가 있는 범죄로 해석된다. … 이상의 내용을 종합하면 "성인대상 성범죄" 부분은 불명확하다고 볼 수 없어 헌법상 명확성 원칙에 위배되지 않는다(헌재 2016. 3. 31. 2013헌마585).

▶ 모의총포의 기준을 구체적으로 정한 총포화약법 시행령 조항이 명확성 원칙에 위반되는지(소극): 이 사건 시행령 조항에서 '범죄에 악용될 소지가 현저한 것'은 진정한 총포로 오인·혼동되어 위협 수단으로 사용될 정도로 총포와 모양이 유사한 것을 의미하고, '인명·신체상 위해를 가할 우려가 있는 것'은 사람에게 상해나 사망의 결과를 가할 우려가 있을 정도로 진정한 총포의 기능과 유사한 것을 의미한다. 따라서 이 사건 시행령 조항은 문언상 그 의미가 명확하므로, 죄형법정주의의 명확성 원칙에 위반되지 않는다(헌재 2018. 5. 31. 2017헌마167).

▶ 어린이 보호구역에서 제한속도 준수의무 또는 '안전운전의무'를 위반하여 어린이를 상해에 이르게 한 경우 1년 이상 15년 이하의 징역 또는 500만 원 이상 3천만 원 이하의 벌금에, 사망에 이르게 한 경우 무기 또는 3년 이상의 징역에 처하도록 규정한 '특정범죄 가중처벌 등에 관한 법률' 제5조의 13이 죄형법정주의의 명확성 원칙에 위반되는 지(소극) : 차량의 통행에 관하여 운전자에게 자세하게 규율된 의무를 부여하고 있는 도로교통법의 개정 연혁과 개정 취지, 그리고 특별한 보호가 필요한 보행자에 관한 구역을 별도로 지정할 수 있도록 도로교통법이 근거조항을 두게 된 경위와 연혁을 종합하면, 건전한 상식과 통상적 법 감정을 가진 운전자의 경우 어린이 보호구역에서 도로의 유형과 형태, 횡단보도 및 신호기 설치 여부, 주요 표지 및 어린이의 존부 등을 살핌으로써 해당 보호구역에서 운전자에게 부여되는 안전운전의무의 구체적 의미 내용이 무엇인지 충분히 파악할 수 있을 것으로 보이고, 달리 심판대상조항이 법 해석·적용기관에 의한 자의적 법 집행 여지를 두고 있다고 보기 어렵다. 따라서 심판대상조항은 죄형법정주의의 명확성 원칙에 위반되지 아니한다(헌재 2023. 2. 23. 2020헌마460 이른바 '민식이법' 사건).

▶ 음주단속의 요건을 규정하고 있는 구 도로교통법 제44조 제2항 중 '교통의 안전과 위험방지를 위하여 필요하다고 인정하는 경우'에 관한 부분이 죄형법정주의의 명확성 원칙에 위반되는지(소극) : 심판대상조항의 문언과 입법취지, 도로교통법의 입법목적, 도로교통법 관련 규정, 음주운전이 초래하는 위험성과 폐해 등을 종합적으로 고려하면, 심판대상조항의 '교통의 안전과 위험방지를 위하여 필요하다고 인정하는 경우'란 음주운전을 제지하지 않고 방치할 때 초래될 도로교통상 안전에 대한 침해 또는 위험을 미리 방지하기 위해 필요한 경우를 의미함을 충분히 알 수 있다. 심판대상조항은 건전한 상식과 통상적인 법 감정을 가진 사람이라면 그 내용을 예측할 수 있으므로 불명확하다고 할 수 없고, 법을 해석하고 집행하는 기관이 이를 자의적으로 해석하거나 집행할 우려도 크지 않다. 따라서 심판대상조항은 죄형법정주의의 명확성 원칙에 위배되지 않는다(헌재 2023. 10. 26. 2019헌바91).

▶ 음주운전의 경우 운전의 개념에 '도로 외의 곳'을 포함하도록 한 도로교통법 조항이 명확성 원칙에 위배되는지(소극) : 심판대상조항에 규정된 '도로 외의 곳'이란 '도로 외의 모든 곳 가운데 자동차 등을 그 본래의 사용방법에 따라 사용할 수 있는 공간'으로 해석할 수 있다. 따라서 심판대상조항이 죄형법정주의의 명확성 원칙에 위배된다고 할 수 없다(헌재 2016. 2. 25. 2015헌가11).

▶ 구 도로교통법 제60조 제1항 본문 중 '자동차의 운전자는 고속도로 등에서 자동차의 고장 등 '부득이한 사정'이 있는 경우를 제외하고는 갓길로 통행하여서는 아니 된다.' 부분이 죄형법정주의의 명확성 원칙에 위배되는지 여부 (소극) : 금지조항이 규정한 '부득이한 사정'이란 사회통념상 차로로의 통행을 기대하기 어려운 특별한 사정을 의미한다고 해석된다. 건전한 상식과 통상적인 법감정을 가진 수범자는 금지조항이 규정한 부득이한 사정이 어떠한 것인지 충분히 알 수 있고, 법관의 보충적인 해석을 통하여 그 의미가 확정될 수 있다. 그러므로 금지조항 중 '부득이한 사정' 부분은 죄형법정주의의 명확성 원칙에 위배되지 않는다(헌재 2021. 8. 31. 2020헌바100).

▶ 의료인 등이 거짓이나 과장된 내용의 의료광고를 하지 못하도록 하고 이를 위반한 자를 처벌하는 의료법 제56조 제3항 등이 명확성 원칙에 위배되는지(소극) : 이 사건 법률조항들의 문언, 입법취지, 입법연혁 등을 종합하면, '거짓이나 과장된 내용'의 의료광고(거짓·과장광고)는 사실이 아니거나 사실보다 지나치게 부풀려진 내용을 담고 있어 일반 의료소비자에게 오인이나 혼동을 불러일으킬 염려가 있어 국민건강 및 건전한 의료경쟁질서를 해할 위험이 있는 의료광고로 해석할 수 있고, '의료광고'란 의료업무 또는 의료인의 경력 등에 한정되지 않는 모든 내용의 의료광고를 의미하므로, 이 사건 법률조항들은 명확성원칙에 위배되지 아니한다(헌재 2015. 12. 23. 2012 헌마685).

▶ 의료법인·의료기관 또는 의료인이 '치료효과를 보장하는 등 소비자를 현혹할 우려가 있는 내용의 광고'를 한 경우 형사처벌하는 의료법 제89조 부분이 죄형법정주의의 명확성 원칙에 위배되는지(소극) : '현혹(眩惑)', '우려(憂慮)'의 의미, 관련 조항 등을 종합하면, '소비자를 현혹할 우려가 있는 내용의 광고'란 '광고 내용의 진실성·객관성을 불문하고, 오로지 의료서비스의 긍정적인 측면만을 강조하는 취지의 표현을 사용함으로써 의료소비자를 혼란스럽게 하고 합리적인 선택을 방해할 것으로 걱정되는 광고'를 의미하는 것으로 충분히 해석할 수 있으므로, 심판대상조항은 죄형법정주의의 명확성 원칙에 위배되지 아니한다(헌재 2014. 9. 25. 2013헌바28).

▶**미성년자에게 음란성 또는 잔인성을 조장할 우려가 있는 만화의 배포금지가 명확성 원칙에 위배되는지**(적극) : 음란성은 법관의 보충적인 해석을 통하여 그 규범내용이 확정될 수 있는 개념이라고 할 수 있으나, 한편 잔인성에 대하여는 아직 판례상 개념규정이 확립되지 않은 상태이고, 여기에 조장 및 우려까지 덧붙여지면 사회통념상 정당한 것으로 볼 여지가 많은 것까지 처벌의 대상으로 할 수 있게 되는바, 이와 같은 경우를 모두 처벌하게 되면 그 처벌범위가 너무 광범위해지고, 일정한 경우에만 처벌하게 된다면 어느 경우가 그에 해당하는지 명확하게 알 수 없다(헌재 2002. 2. 28. 99헌가8).

▶**국가 또는 지방자치단체 외의 자가 '양로시설'을 설치하고자 하는 경우 신고하도록 규정하고 이를 위반한 경우 처벌하는 노인복지법 제33조 제2항 부분이 죄형법정주의의 명확성 원칙에 위배되는지**(소극) : 심판대상조항에 의하여 신고의무를 부담하는 양로시설은, 양로시설의 설치주체나 목적에 상관없이 법에서 요구하는 일정 규모의 시설을 갖춘 시설로서, 노인들이 편안하고 안정된 생활을 도모할 수 있도록 식사, 주거와 같은 일상생활에 필요한 각종 편의를 제공하는 시설을 의미한다고 할 것이다. 따라서 심판대상조항이 죄형법정주의의 명확성 원칙에 반한다고 볼 수 없다(헌재 2016. 6. 30. 2015헌바46).

▶**법률사건의 수임에 관하여 '알선'의 대가로 금품을 제공하거나 이를 약속한 변호사를 형사처벌하는 구 변호사법 제109조 제2호 부분이 죄형법정주의의 명확성 원칙에 위반되는지**(소극) : 이 사건 법률조항이 규정하는 '법률사건'이란 '법률상의 권리·의무의 발생·변경·소멸에 관한 다툼 또는 의문에 관한 사건'을 의미하고, '알선'이란 법률사건의 당사자와 그 사건에 관하여 대리 등의 법률사무를 취급하는 상대방(변호사 포함) 사이에서 양자 간에 법률사건이나 법률사무에 관한 위임계약 등의 체결을 중개하거나 그 편의를 도모하는 행위를 말하는바, 이 사건 법률조항에 의하여 금지되고, 처벌되는 행위의 의미가 문언상 불분명하다고 할 수 없으므로 이 사건 법률조항은 죄형법정주의의 명확성 원칙에 위배되지 않는다(헌재 2013. 2. 28. 2012헌바62).

3) 예시적 입법의 경우 명확성 원칙

예시적 입법형식의 경우 구성요건의 대전제인 일반조항의 내용이 지나치게 포괄적이어서 법관의 자의적인 해석을 통하여 그 적용범위를 확장할 가능성이 있다면 죄형법정주의의 원칙에 위배될 수 있다. 따라서 예시적 입법형식이 명확성 원칙에 위배되지 않으려면, 예시한 개별적인 구성요건이 그 자체로 '일반조항의 해석을 위한 판단지침을 내포'하고 있어야 할 뿐만 아니라, 그 일반조항 자체가 그러한 '구체적인 예시를 포괄할 수 있는 의미를 담고 있는 개념'이 되어야 한다(헌재 2011. 3. 31. 2008헌가21).

(3) 형벌불소급원칙

1) 형벌불소급원칙의 의의

형벌불소급원칙이란 형벌법규는 시행된 이후의 행위에 대해서만 적용되고 시행 이전의 행위에 대해서는 소급하여 불리하게 적용되어서는 안 된다는 원칙을 말한다(헌재 2015. 2. 26. 2012헌바268).

> **✎ 판례**
>
> ▶**시혜적 소급입법의무가 인정되는지**(소극) : 신법이 피적용자에게 유리한 경우에는 이른바 시혜적인 소급입법이 가능하지만 이를 입법자의 의무라고는 할 수 없고, 그러한 소급입법을 할 것인지의 여부는 입법재량의 문제로서 그 판단은 일차적으로 입법기관에 맡겨져 있다. 입법자는 입법목적, 사회실정, 법률의 개정이유나 경위 등을 참작하여 시혜적 소급입법을 할 것인가 여부를 결정할 수 있고, 그 판단은 존중되어야 하며, 그 결정이 합리적 재량의 범위를 벗어나 현저하게 불합리하고 불공정한 것이 아닌 한 헌법에 위반된다고 할 수 없다(헌재 1999. 7. 22. 98헌바14).

2) 형벌불소급원칙의 적용대상

헌법 제13조 제1항 전단은 "모든 국민은 행위시의 법률에 의하여 범죄를 구성하지 않는 행위로 소추되지 아니하며"라고 하여 죄형법정주의 원칙과 형벌불소급원칙을 규정하고 있다. 헌법은 범죄구성요건만을 언급하고 있으나, 범죄구성요건과 형벌은 불가분의 내적인 연관관계에 있기 때문에, 죄형법정주의는 이 두 가지 요소로 구성되는 "가벌성"을 그 내용으로 하는 것이다. 즉 가벌성의 조건을 사후적으로 변경할 것을 요구하는 공익의 요청도 개인의 신뢰보호와 법적 안정성에 우선할 수 없다는 것을 명백히 규정함으로써, 위 헌법조항은 소급적인 범죄구성요건의 제정과 소급적인 형벌의 가중을 엄격히 금하고 있다(헌재 1996. 2. 16. 96헌가2).

> ⚖️ **판례**
>
> ▶ 피고인이 정식재판을 청구한 사건에 대하여 약식명령의 형보다 '중한 형'을 선고하지 못하도록 하던 구 형사소송법 불이익변경금지조항을 '중한 종류의 형'을 선고하지 못하도록 규정하는 형종상향금지조항으로 개정하면서, 형종상향금지조항의 시행 전에 정식재판을 청구한 사건에 대해서는 종전의 불이익변경금지조항에 따르도록 규정한 형사소송법 부칙 제2조가 형벌불소급원칙에 위배되는지(소극) : 불이익변경금지조항이나 형종상향금지조항은 약식명령을 받은 피고인에 대하여 정식재판청구권의 행사를 절차적으로 보장하면서, 그 남용을 방지하거나 사법자원을 적정하게 분배한다는 등의 정책적인 고려를 통하여 선고형의 상한에 조건을 설정하거나 조정하는 규정들로, 행위의 불법과 행위자의 책임을 기초로 하는 실체적인 가벌성에는 영향을 미치지 아니한다. 따라서 형종상향금지조항으로의 개정 전후에 이루어진 정식재판청구에 대하여 적용될 규범의 시적 적용범위를 정하고 있는 심판대상조항은 행위자가 범죄행위 당시 예측가능성을 확보해야 하는 범죄구성요건의 제정이나 형벌의 가중에 해당한다고 볼 수 없으므로 형벌불소급원칙에 위배되지 아니한다(헌재 2023. 2. 23. 2018헌바513).

3) 형벌불소급원칙에서 처벌의 범위

형벌불소급원칙에서 의미하는 '처벌'은 단지 형법에 규정되어 있는 형식적 의미의 형벌 유형에 국한되지 않는다. 범죄행위에 따른 제재의 내용이나 실제적 효과가 가중되거나 부수효과가 불이익하게 변경되는 경우에는 행위시법을 적용함이 바람직하다. 특히 범죄행위에 따른 제재의 내용이나 실제적 효과가 형벌적 성격이 강하여, 신체의 자유를 박탈하거나 이에 준하는 정도로 신체의 자유를 제한하는 경우에는 법적 안정성, 예측 가능성 및 국민의 신뢰를 보호하기 위하여 형벌불소급원칙이 적용되어야 한다(헌재 2017. 10. 26. 2015헌바239).

> ⚖️ **판례**
>
> ▶ 헌법재판소와 대법원이 보안처분에 형벌불소급원칙을 적용한 사례 : 헌법재판소는 일찍이 보안처분인 구 사회보호법상 '보호감호'에 대하여 '상습범 등에 대한 보안처분의 하나로서 신체에 대한 자유의 박탈을 그 내용으로 하는 보호감호처분은 형벌과 같은 차원에서의 적법한 절차와 헌법 제13조 제1항에 정한 죄형법정주의의 원칙에 따라 비로소 과해질 수 있는 것이라 할 수 있고, 따라서 그 요건이 되는 범죄에 관한 한 소급입법에 의한 보호감호처분은 허용될 수 없다.'고 판시하여 '형법이 규정한 형벌' 외의 제재에 대해서도 형벌불소급원칙이 적용될 수 있음을 밝힌 바 있다(헌재 1989. 7. 14. 88헌가5). 대법원도 구 사회보호법상의 '보호감호'에 관하여 사회보호법 시행 이후에 저지른 범죄에 대하여만 보호감호 청구의 대상이 된다고 판시하였고(대판 1982. 2. 9. 81도2897), '가정폭력범죄의 처벌 등에 관한 특례법'이 정한 보호처분 중하나인 '사회봉사명령'에 대하여도, 보안처분의 성격을 가지는 것이나 실질적으로는 신체적 자유를 제한하게 되므로 형벌불소급원칙에 따라 행위시법을 적용하여야 한다는 취지로 판결하였다(대판 2008. 7. 24. 2008어4).

▶ **노역장유치에 형벌불소급원칙이 적용되는지**(적극) : 노역장유치의 집행에는 형의 집행에 관한 규정이 준용되고, 노역장유치의 명령을 받은 자는 징역형이 선고된 수형자와 함께 교도소에 수감되어 정역에 복무하는 등, 노역장유치는 집행방법이 징역형과 동일하다. 따라서 노역장유치는 벌금형에 부수적으로 부과되는 환형처분으로서, 그 실질은 신체의 자유를 박탈하여 징역형과 유사한 형벌적 성격을 가지고 있으므로, 형벌불소급원칙의 적용대상이 된다(헌재 2017. 10. 26. 2015헌바239).

▶ **1억 원 이상의 벌금형을 선고하는 경우 노역장유치기간의 하한을 정한 형법 제70조 제2항을 시행일 이후 최초로 공소제기되는 경우부터 적용하도록 한 형법 부칙 제2조 제1항이 형벌불소급원칙에 위반되는지**(적극) : 노역장유치조항은 1억 원 이상의 벌금형을 선고받는 자에 대하여 유치기간의 하한을 중하게 변경시킨 것이므로, 이 조항 시행 전에 행한 범죄행위에 대해서는 범죄행위 당시에 존재하였던 법률을 적용하여야 한다. 그런데 부칙조항은 노역장유치조항의 시행 전에 행해진 범죄행위에 대해서도 공소제기의 시기가 노역장유치조항의 시행 이후이면 이를 적용하도록 하고 있으므로, 이는 범죄행위 당시 보다 불이익한 법률을 소급 적용하도록 하는 것으로서 헌법상 형벌불소급원칙에 위반된다(헌재 2017. 10. 26. 2015헌바239).

4) 형벌불소급원칙의 적용범위

① 공소시효 규정

형벌불소급의 원칙은 형사소추가 "언제부터 어떠한 조건하에서" 가능한가의 문제에 관한 것이고, "얼마동안" 가능한가의 문제에 관한 것은 아니다. 다시 말하면 헌법의 규정은 "행위의 가벌성"에 관한 것이기 때문에 소추가능성에만 연관될 뿐, 가벌성에는 영향을 미치지 않는 공소시효에 관한 규정은 원칙적으로 그 효력범위에 포함되지 않는다. 행위의 가벌성은 행위에 대한 소추가능성의 전제조건이지만 소추가능성은 가벌성의 조건이 아니므로 공소시효의 정지규정을 과거에 이미 행한 범죄에 대하여 적용하도록 하는 법률이라 하더라도 그 사유만으로 헌법 제12조 제1항 및 제13조 제1항에 규정한 죄형법정주의의 파생원칙인 형벌불소급의 원칙에 언제나 위배되는 것으로 단정할 수는 없다(헌재 1996. 2. 16. 96헌가2).

② 폐지된 행위시법의 적용

형벌불소급원칙이란 형벌법규는 시행된 이후의 행위에 대해서만 적용되고 시행 이전의 행위에 대해서는 소급하여 불리하게 적용되어서는 안 된다는 원칙인바, 개정된 법률 이전의 행위를 소급하여 형사처벌하도록 규정하고 있는 것이 아니라 형사처벌을 규정하고 있던 행위시법이 사후 폐지되었음에도 신법이 아닌 행위시법에 의하여 형사처벌하도록 규정한 것은 헌법 제13조 제1항의 형벌불소급원칙 보호영역에 포섭되지 아니한다(헌재 2015. 2. 26. 2012헌바268).

📝 **판례**

▶ **형을 가볍게 개정하면서 부칙에서 개정 전 범죄에 대하여는 종전의 법을 적용하도록 규정하는 것이 형벌불소급원칙이나 신법우선원칙에 반하는지**(소극) : 형법 제1조 제2항 및 제8조에 의하면 범죄 후 법률의 변경에 의하여 형이 구법보다 가벼운 때에는 원칙적으로 신법에 따라야 하지만, 신법에 경과규정을 두어 이러한 신법의 적용을 배제하는 것도 허용되는 것으로서, 형을 종전보다 가볍게 형벌법규를 개정하면서 그 부칙에서 개정된 법의 시행 전의 범죄에 대하여는 종전의 형벌법규를 적용하도록 규정한다 하여 형벌불소급의 원칙이나 신법 우선의 원칙에 반한다고 할 수 없다(대판 2011. 7. 14. 2011도1303).

③ 판례의 변경

형사처벌의 근거가 되는 것은 법률이지 판례가 아니고, 형법 조항에 관한 판례의 변경은 그 법률조항의 내용을 확인하는 것에 지나지 아니하여 이로써 그 법률조항 자체가 변경된 것으로 볼 수 없으므로, 행위 당시의 판례에 의하면 처벌대상이 되지 아니하는 것으로 해석되었던 행위를 판례의 변경에 따라 확인된 내용의 형법 조항에 근거하여 처벌한다고 하여 그것이 형벌불소급원칙에 위반된다고 할 수 없다(헌재 2014. 5. 29. 2012헌바390).

(4) 유추해석금지원칙

1) 유추해석의 의의

유추해석이란 법률에 규정이 없는 사항에 대하여 그것과 유사한 성질을 가지는 사항에 관한 법률을 적용하는 것을 뜻한다(대판 1997. 3. 20. 96도1167).

2) 유추해석금지원칙의 근거

죄형법정주의 원칙에서 누구나 법률이 처벌하고자 하는 행위가 무엇이며 그에 대한 형벌이 어떠한 것인지를 예견할 수 있고 그에 따라 자신의 행위를 결정지을 수 있도록 구성요건이 명확할 것을 요구하는 '명확성의 원칙'과 범죄와 형벌에 대한 규정이 없음에도 해석을 통하여 유사한 성질을 가지는 사항에 대하여 범죄와 형벌을 인정하는 것을 금지하는 '유추해석금지의 원칙'이 도출된다(헌재 2015. 11. 26. 2013헌바343).

> **판례**
>
> ▶**체계적 해석의 허용성**: 법 해석의 목표는 어디까지나 법적 안정성을 저해하지 않는 범위 내에서 구체적 타당성을 찾는 데에 두어야 한다. 그리고 그 과정에서 가능한 한 법률에 사용된 문언의 통상적인 의미에 충실하게 해석하는 것을 원칙으로 하고, 나아가 법률의 입법 취지와 목적, 제·개정 연혁, 법질서 전체와의 조화, 다른 법령과의 관계 등을 고려하는 체계적·논리적 해석방법을 추가적으로 동원함으로써, 법 해석의 요청에 부응하는 타당한 해석이 되도록 하여야 할 것이다. 형벌법규는 문언에 따라 엄격하게 해석·적용하여야 하고 피고인에게 불리한 방향으로 확장해석하거나 유추해석을 하여서는 안 되는 것이지만, 문언이 가지는 가능한 의미의 범위 안에서 규정의 입법 취지와 목적 등을 고려하여 문언의 논리적 의미를 분명히 밝히는 체계적 해석을 하는 것은 죄형법정주의의 원칙에 어긋나지 않는다(대판 2020. 8. 27. 2019도11294).

3) 유추해석금지원칙의 내용

형벌법규는 헌법상 규정된 죄형법정주의 원칙상 입법목적이나 입법자의 의도를 감안한 유추해석이 일체 금지되고, 법률조항의 문언의 의미를 엄격하게 해석하여야 하는바, 유추해석을 통하여 형벌법규의 적용범위를 확대하는 것은 법관에 의한 범죄구성요건의 창설에 해당하여 죄형법정주의 원칙에 위배된다(헌재 2012. 12. 27. 2011헌바117).

> **판례**
>
> ▶**형법 제129조 제1항**(수뢰죄) **중 공무원에 구 제주특별법 제299조 제2항의 제주특별자치도 통합영향평가심의위원회 심의위원 중 위촉위원이 포함되는 것으로 해석하는 것이 죄형법정주의 원칙에 위배되는지**(적극): 국가공무원법·지방공무원법에 따른 공무원이 아님에도 법령에 기하여 공무에 종사한다는 이유로 공무원 의제규정이 없는 사인(私人)을 이 사건 법률조항의 '공무원'에 포함된다고 해석하는 것은 처벌의 필요성만을 지나치게 강조하여 범죄와 형벌에 대한 규정이 없음에도 구성요건을 확대한 것으로서 죄형법정주의와 조화될 수 없다. 따라서 이 사건 법률조항의 '공무원'에 국가공무원법·지방공무원법에 따른 공무원이 아니고 공무원으로 간주되는 사람도 아닌 제주자치도 위촉위원이 포함된다고 해석하는 것은 법률해석의 한계를 넘은 것으로서 죄형법정주의에 위배된다(헌재 2012. 12. 27. 2011헌바117).

(5) 적정성의 원칙

1) 적정성 원칙의 의의

적정성의 원칙이란 범죄와 형벌을 규정하는 형벌법규의 내용은 인간의 존엄과 가치를 실질적으로 보장할 수 있도록 처벌의 필요성과 합리성이 인정되어야 한다는 것을 말한다.

2) 법정형에 대한 입법형성권

① 입법형성권의 범위

법정형의 종류와 범위의 선택은 그 범죄의 죄질과 보호법익에 대한 고려뿐만 아니라 우리의 역사와 문화, 입법당시의 시대적 상황, 국민일반의 가치관 내지 법감정 그리고 범죄예방을 위한 형사정책적 측면 등을 종합적으로 고려하여 입법자가 결정할 사항으로서 광범위한 입법재량 내지 형성의 자유가 인정되어야 할 분야이다(헌재 1995. 4. 20. 93헌바40).

② 입법형성권의 한계

형벌은 인간의 존엄과 가치를 해하지 아니하고 죄질과 책임에 상응하도록 비례성을 갖추어야 하고(책임과 형벌 사이의 비례성), 전체 형벌체계상 지나치게 가혹하지 아니할 것이 요구되며(형벌체계상의 균형성과 평등원칙), 이에 위반되는 법정형을 규정한 조항은 형벌법규의 법정형에 대한 입법형성권의 한계를 일탈한 것으로서 헌법에 위반된다(헌재 2019. 2. 28. 2016헌가13).

> **판례**
>
> ▶ **형벌체계상의 균형과 법정형의 설정** : 형벌체계상의 균형의 상실은 가혹한 법정형의 설정뿐 아니라 지나치게 폭넓은 법정형의 설정에 의하여도 초래될 수 있을 것이다. 법정형의 폭이 지나치게 넓게 되면 자의적인 형벌권의 행사가 가능하게 되어 피고인으로서는 구체적인 형의 예측이 현저하게 곤란해질 뿐만 아니라, 죄질에 비하여 무거운 형에 처해질 위험성에 직면하게 된다고 할 수 있다. 따라서 법정형의 폭이 지나치게 넓어서는 아니된다는 것은 죄형법정주의의 한 내포라고도 할 수 있다. 반면에 법정형의 폭이 지나치게 좁게 되면 법관들이 구체적인 양형에 있어서 형벌개별화의 원칙에 따라 그 책임에 알맞는 형벌을 선고할 수 없게 되는 측면도 있다. 따라서 법정형의 폭을 정함에 있어서는 피고인의 법적 안정성과 구체적인 양형의 타당성의 확보가 적절히 조화를 이루어야 할 것이나, 구성요건을 세분화하지 아니하고 지나치게 포괄적인 구성요건을 설정함으로써 법정형의 폭이 넓어지고 이로 인하여 다른 구성요건과 비교해 볼 때 명백히 형벌체계상의 균형을 상실하여서는 아니됨은 물론이다(헌재 1997. 9. 25. 96헌가16).

3) 책임주의

① 책임원칙의 의미

형벌에 관한 형사법의 기본원리인 책임원칙은 두 가지 의미를 포함한다. 하나는 형벌의 부과 자체를 정당화하는 것으로, 범죄에 대한 귀책사유, 즉 책임이 인정되어야만 형벌을 부과할 수 있다는 것이고(책임 없으면 형벌 없다), 다른 하나는 책임의 정도를 초과하는 형벌을 과할 수 없다는 것이다(책임과 형벌 간의 비례원칙). 귀책사유로서의 책임이 인정되는 자에 대해서만 형벌을 부과할 수 있다는 것은 법치국가의 원리에 내재하는 원리인 동시에 인간의 존엄과 가치 및 자유로운 행동을 보장하는 헌법 제10조로부터 도출되고, 책임의 정도에 비례하는 법정형을 요구하는 것은 과잉금지원칙을 규정하고 있는 헌법 제37조 제2항으로부터 도출된다. 따라서 일정한 범죄에 대해 형벌을 부과하는 법률조항이 정당화되기 위해서는 범죄에 대한 귀책사유를 의미하는 책임이 인정되어야 하고, 그 법정형 또한 책임의 정도에 비례하도록 규정되어야 한다(헌재 2019. 4. 11. 2015헌바443).

② '책임 없으면 형벌없다'

'책임 없는 자에게 형벌을 부과할 수 없다.'는 형벌에 관한 책임주의는 형사법의 기본원리로서, 헌법상 법치국가의 원리에 내재하는 원리인 동시에, 헌법 제10조의 취지로부터 도출되는 원리이고, 법인의 경우도 자연인과 마찬가지로 책임주의원칙이 적용된다(헌재 2012. 2. 23. 2012헌가2).

✕ 판례

▶ 법인의 대표자 등이 법인의 재산을 국외로 도피한 경우 행위자를 벌하는 외에 그 법인에도 도피액의 2배 이상 10배 이하에 상당하는 벌금형을 과하는 특정경제범죄 가중처벌 등에 관한 법률 조항이 책임주의에 위반되어 위헌인지(소극) : ① 법인 대표자의 법규위반행위에 대한 법인의 책임은 법인 자신의 법규위반행위로 평가될 수 있는 행위에 대한 법인의 직접책임이므로, 심판대상조항 중 법인의 대표자 관련 부분은 법인의 직접책임을 근거로 하여 법인을 처벌하므로 책임주의원칙에 반하지 아니한다. ② 종업원 등이 재산국외도피행위를 함에 있어 법인이 그 위반행위를 방지하기 위하여 해당 업무에 관하여 상당한 주의와 감독을 게을리 한 경우라면, 법인이 설령 종업원등이 범한 횡령행위의 피해자의 지위에 있다 하더라도, 종업원등의 범죄행위에 대한 관리감독 책임을 물어 법인에도 형벌을 부과할 수 있다. 따라서 심판대상조항 중 법인의 종업원등 관련 부분은 법인의 과실책임에 기초하여 법인을 처벌하므로 책임주의원칙에 반하지 아니한다(헌재 2019. 4. 11. 2015헌바443).

▶ 법인의 대리인·사용인 기타의 종업원이 그 법인의 업무에 관하여 근로자가 노동조합을 조직 또는 운영하는 것을 지배하거나 이에 개입하는 행위를 한 때에 그 법인에 대하여도 벌금형을 과하도록 한 노동조합법 제94조 부분이 책임주의 원칙에 위반되는지(적극) : 심판대상조항은 종업원 등의 범죄행위에 관하여 비난할 근거가 되는 법인의 의사결정 및 행위구조, 즉 종업원 등이 저지른 행위의 결과에 대한 법인의 독자적인 책임에 관하여 전혀 규정하지 않은 채, 단순히 법인이 고용한 종업원 등이 업무에 관하여 범죄행위를 하였다는 이유만으로 법인에 대하여 형벌을 부과하도록 정하고 있는바, 이는 다른 사람의 범죄에 대하여 그 책임 유무를 묻지 않고 형사처벌하는 것이므로 헌법상 법치국가원리로부터 도출되는 책임주의원칙에 위배된다(헌재 2019. 4. 11. 2017헌가30).

▶ 법인의 대리인·사용인 기타의 종업원이 그 법인의 업무에 관하여 노동조합 및 노동관계조정법을 위반하여 부당노동행위를 한 때에는 그 법인에 대하여도 벌금형을 과하도록 한 '노동조합 및 노동관계조정법' 제94조 부분이 책임주의원칙에 위배되는지 여부(적극) : 심판대상조항 중 법인의 종업원 관련 부분은 종업원 등의 범죄행위에 관하여 비난할 근거가 되는 법인의 의사결정 및 행위구조, 즉 종업원 등이 저지른 행위의 결과에 대한 법인의 독자적인 책임에 관하여 전혀 규정하지 않은 채, 단순히 법인이 고용한 종업원 등이 업무에 관하여 범죄행위를 하였다는 이유만으로 법인에 대하여 형벌을 부과하도록 정하고 있는바, 이는 다른 사람의 범죄에 대하여 그 책임 유무를 묻지 않고 형사처벌하는 것이므로 헌법상 법치국가원리로부터 도출되는 책임주의원칙에 위배된다(헌재 2020. 4. 23. 2019헌가25).

▶ 법인의 대표자나 법인 또는 개인의 대리인·사용인 기타의 종업원이 그 법인 또는 개인의 업무에 관하여 제81조 등 규정에 의한 위반행위를 한 때에는 그 행위자를 벌하는 외에 그 법인 또는 개인에 대하여도 각 해당 조의 벌금형을 과한다.'고 규정하고 있는 구 도로법 제86조 부분이 책임주의원칙에 위배되는지(적극) : 심판대상조항은 법인의 대리인·사용인 기타의 종업원(종업원 등)이 법인의 업무에 관하여 위반행위를 한 사실이 인정되면 곧바로 그 법인에게도 종업원 등에 대한 처벌 조항에 규정된 형을 과하도록 규정하고 있다. 즉, 종업원 등의 범죄행위에 대한 법인의 가담 여부나 이를 감독할 주의의무 위반 여부를 법인에 대한 처벌요건으로 규정하지 아니하고, 달리 법인이 면책될 가능성에 대해서도 정하지 아니한 채, 곧바로 법인을 종업원 등과 같이 처벌하는 것이다. 그 결과, 법인은 선임·감독상의 주의의무를 다하여 아무런 잘못이 없는 경우에도 심판대상조항에 따라 종업원 등의 범죄행위에 대한 형벌을 부과받게 된다. 이처럼 심판대상조항은 종업원 등의 범죄행위에 관하여 비난할 근거가 되는 법인의 독자적인 책임에 관하여 전혀 규정하지 않은 채, 단순히 법인이 고용한 종업원 등이 업무에 관하여 범죄행위를 하였다는 이유만으로 법인에 대하여 형벌을 부과하도록 정하고 있는바, 이는 헌법상 법치국가원리로부터 도출되는 책임주의원칙에 위배된다(헌재 2020. 6. 25. 2020헌가7).

▶ **종업원이 고정조치의무를 위반하여 화물을 적재하고 운전한 경우 그를 고용한 법인을 면책사유 없이 형사처벌하도록 규정한 구 도로교통법 제116조 부분이 헌법을 위반하는지**(적극) : 심판대상조항은, 종업원이 법인의 업무에 관하여 운전 중 실은 화물이 떨어지지 아니하도록 덮개를 씌우거나 묶는 등 확실하게 고정될 수 있도록 필요한 조치를 하지 아니한 채 운전한 사실이 인정되면, 곧바로 법인에 대해서도 형벌을 부과하도록 정하고 있다. 그 결과 종업원의 고정조치의무 위반행위와 관련하여 선임·감독상 주의의무를 다하여 아무런 잘못이 없는 법인도 형사처벌되게 되었는바, 이는 다른 사람의 범죄에 대하여 그 책임 유무를 묻지 않고 형사처벌하는 것이므로 헌법상 법치국가원리 및 죄형법정주의로부터 도출되는 책임주의원칙에 위배된다. 따라서 심판대상조항은 헌법을 위반한다(헌재 2016. 10. 27. 2016헌가10).

▶ **선박소유자가 고용한 선장이 선박소유자의 업무에 관하여 범죄행위를 하면 그 선박소유자에게도 동일한 벌금형을 과하도록 규정하고 있는 구 선박안전법 제84조 제2항 부분이 책임주의원칙에 위배되는지**(적극) : 이 사건 법률조항은 선장의 범죄행위에 관하여 비난할 근거가 되는 선박소유자의 의사결정 및 행위구조, 즉 선장이 저지른 행위의 결과에 대한 선박소유자의 독자적인 책임에 관하여 전혀 규정하지 않은 채, 단순히 선박소유자가 고용한 선장이 업무에 관하여 범죄행위를 하였다는 이유만으로 선박소유자에 대하여 형사처벌을 과하고 있는바, 이는 다른 사람의 범죄에 대하여 그 책임 유무를 묻지 않고 형벌을 부과하는 것으로서, 법치국가의 원리 및 죄형법정주의로부터 도출되는 책임주의원칙에 반한다(헌재 2013. 9. 26. 2013헌가15).

▶ **법인의 대리인·사용인 기타 종업원이 그 법인의 업무에 관하여 무허가 사행행위영업을 한 때에는 그 법인에 대하여도 벌금형을 과하도록 규정하고 있는 사행행위규제법 조항이 책임주의에 반하는지**(적극) : 오늘날 법인의 반사회적 법익침해활동에 대하여 법인 자체에 직접적인 제재를 가할 필요성이 강하다 하더라도, 입법자가 일단 "형벌"을 선택한 이상, 형벌에 관한 헌법상 원칙, 즉 법치주의와 죄형법정주의로부터 도출되는 책임주의 원칙이 준수되어야 한다. 그런데 이 사건 법률조항에 의할 경우 법인이 종업원 등의 위반행위와 관련하여 선임·감독상의 주의의무를 다하여 아무런 잘못이 없는 경우까지도 법인에게 형벌을 부과될 수밖에 없게 되어 법치국가의 원리 및 죄형법정주의로부터 도출되는 책임주의원칙에 반하므로 헌법에 위반된다(헌재 2009. 7. 30. 2008헌가14).

▶ **개인이 고용한 종업원 등의 일정한 범죄행위 사실이 인정되면 곧바로 영업주인 개인을 종업원 등과 같이 처벌하도록 규정하고 있는 수산업법 조항이 형벌에 관한 책임주의에 반하는지**(적극) : 이 사건 심판대상법률조항은 개인이 고용한 종업원 등의 일정한 범죄행위 사실이 인정되면 종업원 등의 범죄행위에 대한 영업주의 가담여부나 종업원 등의 행위를 감독할 주의의무의 위반 여부 등을 전혀 묻지 않고 곧바로 영업주인 개인을 종업원 등과 같이 처벌하도록 규정하고 있는바, 이는 아무런 비난받을 만한 행위를 한 바 없는 자에 대해서까지 다른 사람의 범죄행위를 이유로 처벌하는 것으로서 형벌에 관한 책임주의에 반하므로 헌법에 위반된다(헌재 2010. 9. 2. 2009헌가11).

▶ **종업원의 위반행위에 대하여 개인인 영업주에게도 동일하게 무기 또는 2년 이상의 징역형의 법정형으로 처벌하도록 규정하고 있는 '보건범죄단속에 관한 특별조치법' 조항이 형사법상 책임원칙에 반하는지**(적극) : 이 사건 법률조항이 종업원의 업무 관련 무면허의료행위가 있으면 이에 대해 영업주가 비난받을 만한 행위가 있었는지 여부와는 관계없이 자동적으로 영업주도 처벌하도록 규정하고 있고, 그 문언상 명백한 의미와 달리 "종업원의 범죄행위에 대해 영업주의 선임감독상의 과실(기타 영업주의 귀책사유)이 인정되는 경우"라는 요건을 추가하여 해석하는 것은 문리해석의 범위를 넘어서는 것으로서 허용될 수 없으므로, 결국 위 법률조항은 다른 사람의 범죄에 대해 그 책임 유무를 묻지 않고 형벌을 부과함으로써, 법정형에 나아가 판단할 것 없이, 형사법의 기본원리인 '책임없는 자에게 형벌을 부과할 수 없다'는 책임주의에 반한다(헌재 2007. 11. 29. 2005헌가10).

③ 책임과 형벌간의 비례의 원칙

　　기본권의 최고이념인 인간의 존엄과 가치에 근거한 책임주의는 형벌은 범행의 경중과 행위자의 책임(형벌) 사이에 비례성을 갖추어야 함을 의미한다(헌재 2004. 12. 16. 2003헌가12). 즉 형사법상 책임원칙은 형벌은 범행의 경중과 행위자의 책임 사이에 비례성을 갖추어야 하고, 특별한 이유로 형을 가중하는 경우에도 형벌의 양은 행위자의 책임의 정도를 초과해서는 안 된다는 것을 의미한다. 형사법상 범죄행위의 유형이 다양한 경우 그 중에서 특히 죄질이 흉악한 범죄를 무겁게 처벌해야 한다는 것은 책임주의의 원칙상 당연히 요청되지만, 다양한 행위 유형을 하나의 구성요건으로 포섭하면서 법정형의 하한을 무겁게 책정하여 죄질이 가벼운 행위까지 모두 엄히 처벌하는 것은 책임주의에 반한다(헌재 2023. 2. 23. 2021헌가9).

> 🔖 **판례**
>
> ▶ 주거침입강제추행죄 및 주거침입준강제추행죄에 대하여 무기징역 또는 7년 이상의 징역에 처하도록 한 성폭력처벌법 제3조 제1항 부분이 책임과 형벌 간의 비례원칙에 위배되는지(적극) : 주거침입죄와 강제추행 · 준강제추행죄는 모두 행위 유형이 매우 다양한바, 이들이 결합된다고 하여 행위 태양의 다양성이 사라지는 것은 아니므로, 그 법정형의 폭은 개별적으로 각 행위의 불법성에 맞는 처벌을 할 수 있는 범위로 정할 필요가 있다. 심판대상조항은 법정형의 하한을 '징역 7년'으로 정함으로써, 주거침입의 기회에 행해진 강제추행 및 준강제추행의 경우에는 다른 법률상 감경사유가 없는 한 법관이 정상참작감경을 하더라도 집행유예를 선고할 수 없도록 하였다. … 심판대상조항은 그 법정형이 형벌 본래의 목적과 기능을 달성함에 있어 필요한 정도를 일탈하였고, 각 행위의 개별성에 맞추어 그 책임에 알맞은 형을 선고할 수 없을 정도로 과중하므로, 책임과 형벌 간의 비례원칙에 위배된다(헌재 2023. 2. 23. 2021헌가9).
>
> ▶ 음주운전 금지규정 위반 또는 음주측정거부 전력이 1회 이상 있는 사람이 다시 음주운전 금지규정 위반행위를 한 경우 2년 이상 5년 이하의 징역이나 1천만 원 이상 2천만 원 이하의 벌금에 처하도록 규정한 도로교통법 제148조의2 제1항 부분이 책임과 형벌 간의 비례원칙에 위반되는지(적극) : 심판대상조항은 가중요건이 되는 과거의 위반행위와 처벌대상이 되는 재범 음주운전 금지규정 위반행위 사이에 아무런 시간적 제한을 두지 않고 있다. 그런데 과거의 위반행위가 상당히 오래 전에 이루어져 그 이후 행해진 음주운전 금지규정 위반행위를 '교통법규에 대한 준법정신이나 안전의식이 현저히 부족한 상태에서 이루어진 반규범적 행위' 또는 '반복적으로 사회구성원에 대한 생명 · 신체 등을 위협하는 행위'라고 평가하기 어렵다면, 이를 가중처벌할 필요성이 인정된다고 보기 어렵다. 그리고 범죄 전력이 있음에도 다시 범행한 경우 가중된 행위책임을 인정할 수 있다고 하더라도, 전범을 이유로 아무런 시간적 제한 없이 후범을 가중처벌하는 예는 발견하기 어렵고, 공소시효나 형의 실효를 인정하는 취지에도 부합하지 않는다. 또한 심판대상조항은 과거 위반 전력의 시기 및 내용이나 음주운전 당시의 혈중알코올농도 수준과 발생한 위험 등을 고려할 때 비난가능성이 상대적으로 낮은 재범행위까지도 법정형의 하한인 2년 이상의 징역 또는 1천만 원 이상의 벌금을 기준으로 처벌하도록 하고 있어, 책임과 형벌 사이의 비례성을 인정하기 어렵다. 따라서 심판대상조항은 책임과 형벌 간의 비례원칙에 위반된다(헌재 2022. 5. 26. 2021헌가30 이른바 '윤창호법' 사건).
>
> ▶ 아동 · 청소년이 등장하는 아동 · 청소년성착취물을 배포한 자를 3년 이상의 징역에 처하도록 한 '아동 · 청소년의 성보호에 관한 법률' 제11조 제3항 부분이 책임과 형벌 간의 비례원칙에 위반되는지(소극) : 아동 · 청소년성착취물을 배포하는 행위는 그 피해를 광범위하게 확대시킬 수 있고 그러한 피해는 쉽사리 해결할 수 없으며, 경우에 따라서는 성착취물에 관여된 피해 아동 · 청소년에게 회복할 수 없는 상처를 남길 수 있으므로 아동 · 청소년성착취물 배포행위는 인간의 존엄과 가치에 정면으로 반하는 범죄로서 죄질과 법정이 매우 무겁고 비난가능성 또한 대단히 높다. 심판대상조항은 법정형의 하한이 징역 3년으로 법관이 법률상 감경이나 작량감경을 하지 않더라도 집행유예 선고가 가능하며, 죄질이 경미하고 비난가능성이 적은 경우 법관이 작량감경 등을 통해 양형 단계에서 피고인의 책임에 상응하는 형을 선고할 수 있다. 따라서 심판대상조항은 책임과 형벌 간의 비례원칙에 위반되지 않는다(헌재 2022. 11. 24. 2021헌바144).

▶ **아동학대 신고의무자인 초·중등학교 교원이 보호하는 아동에 대하여 아동학대범죄를 범한 때에는 그 죄에 정한 형의 2분의 1까지 가중하도록 한 '아동학대범죄의 처벌 등에 관한 특례법' 제7조 부분이 책임과 형벌 간의 비례원칙에 위배되는지**(소극) : 아동학대범죄를 발견하고 신고하여야 할 법적 의무를 지고 있는 초·중등교육법상 교원이 오히려 자신이 보호하는 아동에 대하여 아동학대범죄를 저지르는 행위에 대해서는 높은 비난가능성과 불법성이 인정되는 점, 심판대상조항이 각 죄에 정한 형의 2분의 1을 가중하도록 하고 있다고 하더라도 이는 법정형의 범위를 넓히는 것일 뿐이어서, 법관은 구체적인 행위의 태양, 죄질의 정도와 수법 등을 고려하여 법정형의 범위 내에서 행위자의 책임에 따른 적절한 형벌을 과하는 것이 가능한 점 등을 종합하여 보면, 심판대상조항이 책임과 형벌 간의 비례원칙에 어긋나는 과잉형벌을 규정하였다고 볼 수 없다(헌재 2021. 3. 25. 2018헌바388).

▶ **예비군대원 본인의 부재시 예비군훈련 소집통지서를 수령한 같은 세대 내의 가족 중 성년자가 정당한 사유없이 소집통지서를 본인에게 전달하지 아니한 경우 형사처벌을 하는 예비군법 제15조 제10항 전문 부분이 책임과 형벌 간의 비례원칙에 위반되는지 여부**(적극) : 심판대상조항은 국가안보 등에 관한 현실의 변화를 외면한 채 여전히 예비군대원 본인과 세대를 같이 하는 가족 중 성년자에 대하여 단지 소집통지서를 본인에게 전달하지 아니하였다는 이유로 형사처벌을 하고 있는데, 그 필요성과 타당성에 깊은 의문이 들지 않을 수 없다. 심판대상조항은 행정절차적 협력의무에 불과한 소집통지서 전달의무의 위반에 대하여 과태료 등의 행정적 제재가 아닌 형사처벌을 부과하고 있는데, 이는 형벌의 보충성에 반하고, 책임에 비하여 처벌이 지나치게 과도하여 비례원칙에도 위반된다. 위와 같은 사정들에 비추어 보면, 심판대상조항은 책임과 형벌 간의 비례원칙에 위반된다(헌재 2022. 5. 26. 2019헌가12).

▶ **특정범죄가중법상 밀수입 예비행위를 본죄에 준하여 처벌하는 특정법죄가중법 제6조 제7항 부분이 책임과 형벌 사이의 비례성 원칙에 위반되는지**(적극) : 예비행위란 아직 실행의 착수조차 이르지 아니한 준비단계로서, 실질적인 법익에 대한 침해 또는 위험한 상태의 초래라는 결과가 발생한 기수와는 그 행위태양이 다르고, 법익침해가능성과 위험성도 다르므로, 이에 따른 불법성과 책임의 정도 역시 다르게 평가되어야 한다. 그럼에도 예비행위를 본죄에 준하여 처벌하도록 하고 있는 심판대상조항은 그 불법성과 책임의 정도에 비추어 지나치게 과중한 형벌을 규정하고 있는 것이다. 또한 예비행위의 위험성은 구체적인 사건에 따라 다름에도 심판대상조항에 의하면 위험성이 미약한 예비행위까지도 본죄에 준하여 처벌하도록 하고 있어 행위자의 책임을 넘어서는 형벌이 부과되는 결과가 발생한다. 따라서 심판대상조항은 구체적 행위의 개별성과 고유성을 고려한 양형판단의 가능성을 배제하는 가혹한 형벌로서 책임과 형벌 사이의 비례성의 원칙에 위배된다(헌재 2019. 2. 28. 2016헌가13).

▶ **형법 제129조 제1항의 수뢰죄를 범한 사람에게 수뢰액의 2배 이상 5배 이하의 벌금을 병과하도록 규정한 '특정범죄 가중처벌 등에 관한 법률' 제2조 제2항 부분이 책임과 형벌의 비례원칙에 위배되는지**(소극) : 벌금형을 수뢰액의 2배 이상 5배 이하 사이에서 정하도록 한 것은, 수뢰액에 따라 수뢰행위의 가벌성의 정도를 달리 평가하고 그에 상응하도록 벌금형의 액수에 차이를 두고자 한 것이며, 구체적 사건에서는 작량 감경을 통한 벌금형의 감액이나, 벌금형만의 선고유예도 가능하고, 징역형 등의 양형과정에서 병과되는 벌금형을 참작하여 구체적 형평을 기할 수 있으므로, 책임에 상응하는 형벌의 선고가 불가능한 것도 아니다. 벌금형의 필요적 병과는 수뢰액의 다과를 불문하고 수뢰행위의 반사회성, 반윤리성에 터잡아 수뢰범에 대하여 경제적인 불이익을 가함으로써 공무원 등의 청렴성, 공직 등의 불가매수성 및 순수성을 확보하고, 이에 대한 사회적 신뢰를 회복하기 위한 입법목적에서 비롯되었으므로 심판대상조항이 특가법 적용을 받는 수뢰죄뿐 아니라 형법 적용을 받는 수뢰죄에도 벌금형을 필요적으로 병과하도록 하였다 하더라도 형벌과 책임 사이의 비례관계를 벗어난 것이라고 할 수 없다(헌재 2017. 7. 27. 2016헌바42).

▶ 가석방이 불가능한 이른바 '절대적 종신형'이 아니라 가석방이 가능한 이른바 '상대적 종신형'만을 규정한 현행 무기징역형제도가 평등원칙이나 책임원칙에 위반되는지(소극): 절대적 종신형제도는 사형제도와는 또 다른 위헌성 문제를 야기할 수 있고, 현행 형사법령하에서도 가석방제도의 운영 여하에 따라 사회로부터의 영구적 격리가 가능한 절대적 종신형과 상대적 종신형의 각 취지를 살릴 수 있다는 점 등을 고려하면, 현행 무기징역형제도가 상대적 종신형 외에 절대적 종신형을 따로 두고 있지 않은 것이 형벌체계상 정당성과 균형을 상실하여 헌법 제11조의 평등원칙에 반한다거나 형벌이 죄질과 책임에 상응하도록 비례성을 갖추어야 한다는 책임원칙에 반한다고 단정하기 어렵다(헌재 2010. 2. 25. 2008헌가23).

▶ 상관을 폭행한 사람을 5년 이하의 징역으로 처벌하도록 한 군형법 제48조 제2호 중 '폭행'에 관한 부분이 책임과 형벌 간의 비례원칙에 위배되는지(소극): 군조직의 특성상 상관을 폭행하는 행위는 상관 개인의 신체적 법익에 대한 침해를 넘어 군기를 문란케 하는 행위로서 그로 인하여 군조직의 위계질서와 통수체계가 파괴될 위험이 있기 때문에, 형법상의 폭행죄를 저지른 사람보다 엄하게 처벌할 필요성이 있다. 심판대상조항은 벌금형을 법정형으로 정하지 않았지만, 징역형의 하한에 제한을 두지 않아 징역 1월까지 선고하는 것이 가능하며, 작량감경을 하지 않더라도 징역형의 집행유예나 선고유예를 선고할 수 있다. 폭행의 대상이 된 상관이 순정상관인지, 준상관인지 여부, 폭행이 사적인 자리에서 발생한 것인지, 직무 수행 중에 발생한 것인지 등의 사정은 모두 법원의 재판과정에서 반영될 수 있어 죄질과 행위자의 책임에 따른 형벌을 과하는 것이 가능해 보이므로, 심판대상조항은 책임과 형벌 간의 비례원칙에 위배된다고 볼 수 없다(헌재 2016. 6. 30. 2015헌바132).

▶ 제1종 운전면허를 받은 사람이 정기적성검사 기간 내에 적성검사를 받지 아니한 경우에 행정형벌을 과하도록 규정한 구 도로교통법 제156조 제8호 부분이 책임과 형벌 간의 비례원칙에 위반되는지(소극): 운전자가 운전면허를 취득한 후 운전에 필요한 신체적·정신적 능력을 상실하게 된다면 교통사고로 연결되어 인적·물적 피해를 발생시킬 수 있으므로, 제1종 운전면허 소지자에 대해 운전면허 취득 후 일정기간이 지나면 운전적성 적합여부를 검사받도록 하고 합격자에 대해서만 운전면허를 계속 유지하도록 할 필요성이 있다. 그러므로 입법자가 교통사고 발생의 위험을 방지하고 교통질서유지 및 안전을 도모하기 위하여 제1종 운전면허 소지자에게 정기적성검사 의무를 부과하고, 이를 위반할 경우 행정질서벌의 부과만으로는 입법목적을 달성할 수 없다고 판단하여 행정형벌이란 수단을 선택한 것이 명백히 잘못되었다고 보기 어렵다. 따라서 정기적성검사를 받지 아니한 제1종 운전면허 소지자에 대하여 행정질서벌이 아닌 행정형벌을 과하도록 규정한 심판대상조항이 책임과 형벌 사이의 비례원칙에 위반된다고 보기 어렵다(헌재 2015. 2. 26. 2012헌바268).

4) 형벌체계상 균형성

형벌체계상의 균형성 및 평등원칙이란, 죄질과 보호법익 등이 유사한 범죄는 합리적인 범위 내에서 비슷한 법정형으로 처벌되어야 하고, 반대로 행위불법과 결과불법이 다른 범죄에 대해서는 동일하게 평가하여서는 아니 된다는 것을 말한다. 따라서 법정형의 종류와 범위를 정함에 있어서 고려해야 할 사항 중 가장 중요한 것은 당해 범죄의 보호법익과 죄질로서 보호법익이 다르면 법정형의 내용이 다를 수 있고, 보호법익이 같다고 하더라도 죄질이 다르면 또 그에 따라 법정형의 내용이 달라질 수밖에 없다(헌재 2019. 2. 28. 2016헌가13).

PART 02

🔖 판례

▶**살인죄의 법정형을 기준으로 수뢰죄 소정형의 경중을 논단할 수 있는지**(소극) : 살인죄는 강학상의 이른바 개인적 법익을 침해하는 죄로서 그 보호법익은 사람의 생명이고 형법상의 수뢰죄는 이른바 국가적 법익을 침해하는 죄로서 그 보호법익은 국가기능의 공정성이며 더 구체적으로는 공무원의 직무 순수성 내지 그 직무행위의 불가매수성이므로 양자는 그 보호법익과 죄질이 다르다. 따라서 살인죄의 법정형을 기준으로 하여 수뢰죄 소정형의 경중을 논단할 수는 없다 할 것이고 이 점은 사람의 생명이 가장 존귀한 형벌법규의 보호법익이라 하더라도 결론을 달리할 수 없다(헌재 1995. 4. 20. 93헌바40).

▶**군사기지 · 군사시설에서 군인 상호간의 폭행죄에 반의사불벌에 관한 형법조항의 적용을 배제하고 있는 군형법 조항이 형벌체계상 균형을 상실하여 평등원칙에 위반되는지**(소극) : '일반 폭행죄'와 '군사기지 · 군사시설에서 군인 상호간의 폭행죄'는 타인의 신체에 대한 유형력 행사로 성립되는 죄라는 공통점이 있다. 그러나 전자는 '신체의 안전'을 주된 보호법익으로 함에 반하여, 후자는 '군 조직의 기강과 전투력 유지'를 주된 보호법익으로 한다는 점에서 차이가 있다. 또한 엄격한 위계질서와 집단생활을 하는 군 조직의 특수성으로 인하여 피해자가 가해자에 대한 처벌을 희망할 경우 다른 구성원에 의해 피해를 당할 우려가 있고, 상급자가 가해자 · 피해자 사이의 합의에 관여할 경우 피해자가 처벌불원의사를 거부하기 어려운 경우가 발생할 수 있다. 특히 병역의무자는 헌법상 국방의 의무의 일환으로서 병역의무를 이행하는 대신, 국가는 병영생활을 하는 병역의무자의 신체 · 안전을 보호할 책임이 있음을 고려할 때, 궁극적으로는 군사기지 · 군사시설에서의 폭행으로부터 병역의무자를 보호해야 한다는 입법자의 판단이 헌법이 부여한 광범위한 형성의 자유를 일탈한다고 보기 어렵다. 따라서 심판대상조항이 형벌체계상 균형을 상실하였다고 보기 어려우므로 평등원칙에 위반되지 아니한다(헌재 2022. 3. 31. 2021헌바62).

▶**흉기 기타 위험한 물건을 휴대하여 형법상 폭행죄를 범한 사람을 가중처벌하는 폭력행위처벌법 제3조 제1항 부분이 형벌체계상의 균형을 상실하여 평등원칙에 위배되는지**(적극) : 폭처법상 폭행죄 조항의 구성요건인 '흉기 기타 위험한 물건을 휴대하여'와 형법 제261조의 구성요건인 '위험한 물건을 휴대하여'는 그 의미가 동일하다. 그런데 폭처법상 폭행죄 조항은 형법 제261조와 똑같은 내용의 구성요건을 규정하면서 징역형의 하한을 1년으로 올리고, 벌금형을 제외하고 있다. 폭처법상 폭행죄 조항은 가중적 구성요건의 표지가 전혀 없이 법적용을 오로지 검사의 기소재량에만 맡기고 있으므로, 법집행기관 스스로도 법적용에 대한 혼란을 겪을 수 있고, 이는 결과적으로 국민의 불이익으로 돌아올 수밖에 없다. 따라서 폭처법상 폭행죄 조항은 형벌체계상의 정당성과 균형을 잃은 것이 명백하므로, 인간의 존엄성과 가치를 보장하는 헌법의 기본원리에 위배될 뿐만 아니라 그 내용에 있어서도 평등원칙에 위배된다(헌재 2015. 9. 24. 2015헌가17).

▶**야간에 흉기 기타 위험한 물건을 휴대하여 형법 제283조 제1항(협박)의 죄를 범한 자를 5년 이상의 유기징역에 처하도록 규정한 폭력행위처벌법 제3조 제2항 부분이 형벌의 체계정당성에 어긋나고 평등원칙에 위반되는지**(적극) : 형법 제259조 제1항의 상해치사의 경우 사람의 사망이라는 엄청난 결과를 초래한 범죄임에도 3년 이상의 유기징역형으로 그 법정형이 규정되어 있다. 그런데, 상해치사의 범죄를 야간에 흉기 기타 물건을 휴대하여 범한 경우에도 그 법정형은 여전히 3년 이상의 유기징역형임을 고려하면, 야간에 흉기 기타 위험한 물건을 휴대하여 형법 제283조 제1항의 협박죄를 범한 자를 5년 이상의 유기징역에 처하도록 규정하고 있는 이 사건 법률조항의 법정형은 형벌의 체계정당성에 어긋난다(헌재 2004. 12. 16. 2003헌가12).

▶**상관을 살해한 경우 사형만을 유일한 법정형으로 규정하고 있는 군형법조항이 형벌의 체계정당성을 상실한 것인지**(적극) : 군대 내 명령체계 유지 및 국가방위라는 이유만으로 가해자와 상관 사이에 명령복종관계가 있는지 여부를 불문하고 전시와 평시를 구분하지 아니한 채 다양한 동기와 행위태양의 범죄를 동일하게 평가하여 사형만을 유일한 법정형으로 규정하고 있는 이 사건 법률조항은, 범죄의 중대성 정도에 비하여 심각하게 불균형적인 과중한 형벌을 규정함으로써 죄질과 그에 따른 행위자의 책임 사이에 비례관계가 준수되지 않아 인간의 존엄과 가치를 존중하고 보호하려는 실질적 법치국가의 이념에 어긋나고, 형벌체계상 정당성을 상실한 것이다(헌재 2007. 11. 29. 2006헌가13).

Ⅱ 적법절차원칙

> **헌법 제12조**
> ① 누구든지 법률과 적법한 절차에 의하지 아니하고는 처벌·보안처분 또는 강제노역을 받지 아니한다.
> ③ 체포·구속·압수 또는 수색을 할 때에는 적법한 절차에 따라 검사의 신청에 의하여 법관이 발부한 영장을 제시하여야 한다.

1. 적법절차원칙의 의의

(1) 적법절차원칙의 개념

적법절차의 원칙(due process of law)은 공권력에 의한 국민의 생명·자유·재산의 침해는 반드시 합리적이고 정당한 법률에 의거해서 정당한 절차를 밟은 경우에만 유효하다는 원리로서, 그 의미는 누구든지 합리적이고 정당한 법률의 근거가 있고 적법한 절차에 의하지 아니하고는 체포·구속·압수·수색을 당하지 아니함은 물론, 형사처벌 및 행정벌과 보안처분, 강제노역 등을 받지 아니한다고 이해되는바, 이는 형사절차상의 제한된 범위 내에서만 적용되는 것이 아니라 국가작용으로서 기본권 제한과 관련되든 아니든 모든 입법작용 및 행정작용에도 광범위하게 적용된다고 해석하여야 한다(헌재 2018. 4. 26. 2016헌바453).

(2) 적법절차원칙의 연혁

현행헌법 제12조 제1항 후문과 제3항은 적법절차의 원칙을 헌법상 명문규정으로 두고 있는데, 이는 현행 헌법에서 처음으로 영미법계의 국가에서 국민의 인권을 보장하기 위한 기본원리의 하나로 발달되어 온 적법절차의 원칙을 도입하여 헌법에 명문화한 것이며, 이 적법절차의 원칙은 역사적으로 볼 때 영국의 마그나 카르타(대헌장) 제39조, 1335년의 에드워드 3세 제정법률, 1628년 권리청원 제4조를 거쳐 1791년 미국 수정헌법 제5조 제3문과 1868년 미국 수정헌법 제14조에 명문화되어 미국헌법의 기본원리의 하나로 자리잡고 모든 국가작용을 지배하는 일반원리로 해석·적용되는 중요한 원칙으로서, 오늘날에는 독일 등 대륙법계의 국가에서도 이에 상응하여 일반적인 법치국가원리 또는 기본권 제한의 법률유보원리로 정립되게 되었다(헌재 1992. 12. 24. 92헌가8).

2. 적법절차원칙의 수용

(1) 실체적 적법절차

헌법은 제12조 제1항과 제3항에서 적법절차원리를 규정하고 있는바, 여기에서 "적법한 절차"라 함은 이른바 적법절차주의를 채용하였음을 명시하는 것으로서 미국 연방헌법수정 제5조 및 제14조에 규정된 적법절차(due process of law)의 보장을 받아들인 것이라 할 것이다. 적법절차의 원칙은 영미법계의 국가에서 국민의 인권을 보호하기 위한 기본원리의 하나로 발달되어 온 원칙으로, 미국헌법상 적법절차 법리의 전개는 절차적정성 내지 절차의 정의합치성을 뜻하는 절차적 적법절차에 그치지 아니하고, 입법내용의 적정성을 뜻하는 실체적 적법절차로 발전되어 왔다. 따라서 위 헌법조항의 적법한 절차라 함은 인신의 구속이나 처벌 등 형사절차만이 아니라 국가작용으로서의 모든 입법작용과 행정작용에도 광범위하게 적용되는 독자적인 헌법원리의 하나로, 절차가 형식적 법률로 정하여져야 할 뿐만 아니라 적용되는 법률의 내용에 있어서도 합리성과 정당성을 갖춘 적정한 것이어야 함을 요구하는 것이다(헌재 1997. 11. 27. 92헌바28).

> **판례**
>
> ▶**적법절차원칙의 실질적 의미** : 적법절차원칙은 법률이 정한 형식적 절차와 실체적 내용이 모두 합리성과 정당성을 갖춘 적정한 것이어야 한다는 실질적 의미를 지니고 있는 것으로서 특히 형사절차와 관련시켜 적용함에 있어서는 형사절차의 전반을 기본권 보장의 측면에서 규율하여야 한다는 기본원리를 천명하고 있는 것으로 이해된다(헌재 2021. 1. 28. 2020헌마264).
>
> ▶**헌법 제12조 제1항 후문과 제3항의 관계** : 우리 헌법 제12조 제1항 후문은 "누구든지 법률에 의하지 아니하고는 체포·구속·압수·수색 또는 심문을 받지 아니하며, 법률과 적법한 절차에 의하지 아니하고는 처벌·보안처분 또는 강제노역을 받지 아니한다."고 규정하여 적법절차원칙을 헌법원리의 하나로 수용하고 있다. 그리고 헌법 제12조 제3항의 적법절차원칙은 기본권 제한 정도가 가장 심한 형사상 강제처분의 영역에서 기본권을 더욱 강하게 보장하려는 의지를 담아 중복 규정된 것이라고 해석함이 상당하다(헌재 2012. 12. 27. 2011헌바225).

(2) 과잉금지원칙과의 관계

적법절차의 원칙을 법률이 정한 절차와 그 실체적인 내용이 합리성과 정당성을 갖춘 적정한 것이어야 한다는 것으로 이해한다면, 그 법률이 기본권의 제한입법에 해당하는 한 헌법 제37조 제2항의 일반적 법률유보조항의 해석상 요구되는 기본권 제한 법률의 정당성 요건과 개념상 중복되는 것으로 볼 수도 있을 것이나, 현행헌법이 명문화하고 있는 적법절차의 원칙은 단순히 입법권의 유보제한이라는 한정적인 의미에 그치는 것이 아니라 모든 국가작용을 지배하는 독자적인 헌법의 기본원리로서 해석되어야 할 원칙이라는 점에서 입법권의 유보적 한계를 선언하는 과잉입법금지의 원칙과는 구별된다(헌재 1992. 12. 24. 92헌가8).

3. 적법절차원칙의 내용

(1) 적절한 고지와 의견 제출의 기회

적법절차원칙에서 도출할 수 있는 중요한 절차적 요청으로는 당사자에게 적절한 고지를 행할 것, 당사자에게 의견 및 자료 제출의 기회를 부여할 것 등을 들 수 있겠으나, 이 원칙이 구체적으로 어떠한 절차를 어느 정도로 요구하는지는 일률적으로 말하기 어렵고, 규율되는 사항의 성질, 관련 당사자의 사익(私益), 절차의 이행으로 제고될 가치, 국가작용의 효율성, 절차에 소요되는 비용, 불복의 기회 등 다양한 요소들을 형량하여 개별적으로 판단할 수밖에 없다(헌재 2006. 5. 25. 2004헌바12).

> **판례**
>
> ▶**수사기관 등이 전기통신사업자에게 이용자의 성명 등 통신자료의 열람이나 제출을 요청할 수 있도록 한 전기통신사업법 제83조 제3항이 적법절차원칙에 위배되는지**(적극) : 이 사건 법률조항에 의한 통신자료 제공요청이 있는 경우 통신자료의 정보주체인 이용자에게는 통신자료 제공요청이 있었다는 점이 사전에 고지되지 아니하며, 전기통신사업자가 수사기관 등에게 통신자료를 제공한 경우에도 이러한 사실이 이용자에게 별도로 통지되지 않는다. 그런데 당사자에 대한 통지는 당사자가 기본권 제한 사실을 확인하고 그 정당성 여부를 다툴 수 있는 전제조건이 된다는 점에서 매우 중요하다. 효율적인 수사와 정보수집의 신속성, 밀행성 등의 필요성을 고려하여 사전에 정보주체인 이용자에게 그 내역을 통지하도록 하는 것이 적절하지 않다면 수사기관 등이 통신자료를 취득한 이후에 수사 등 정보수집의 목적에 방해가 되지 않는 범위 내에서 통신자료의 취득사실을 이용자에게 통지하는 것이 얼마든지 가능하다. 그럼에도 이 사건 법률조항은 통신자료 취득에 대한 사후통지절차를 두지 않아 적법절차원칙에 위배된다(헌재 2022. 7. 21. 2016헌마388 헌법불합치).

(2) 압수수색에 관한 통지와 참여권

우리 헌법은 제12조 제3항은 압수수색에 관한 통지절차 등을 따로 규정하고 있지 않으므로 압수수색의 사전통지나 집행 당시의 참여권의 보장은 압수수색에 있어 국민의 기본권을 보장하고 헌법상의 적법절차원칙의 실현을 위한 구체적인 방법의 하나일 뿐 헌법상 명문으로 규정된 권리는 아니다. 그러므로 압수수색에 관한 절차의 형성은 입법자의 입법형성권에 속하는 것으로서, 그러한 절차적 권리에 관한 법률이 합리성과 정당성을 상실하여 적법절차원칙 등 헌법상 포기할 수 없는 원리를 무시하거나, 헌법 제37조 제2항이 정하는 과잉금지원칙에 위배되는 내용의 절차를 형성하는 것이 아닌 한 헌법에 위반되는 것이라고 볼 수 없다(헌재 2012. 12. 27. 2011헌바225).

> **판례**
>
> ▶ **전자우편에 대한 압수수색 집행의 경우에도 급속을 요하는 때에는 사전통지를 생략할 수 있도록 한 형사소송법 제122조 단서가 적법절차원칙에 위배되는지**(소극) : 이 사건 법률조항에 의하여 피의자 등이 압수수색 사실을 사전 통지받을 권리 및 이를 전제로 한 참여권을 일정 정도 제한받게 되기는 하지만, 그 제한은 '사전통지에 의하여 압수수색의 목적을 달성할 수 없는 예외적인 경우'로 한정되어 있고, 전자우편의 경우에도 사용자가 그 계정에서 탈퇴하거나 메일 내용을 삭제·수정함으로써 증거를 은닉·멸실시킬 가능성을 배제할 수 없으며, 이와 같은 제한을 통해 압수수색 제도가 전자우편에 대하여도 실효적으로 기능하도록 함으로써 실체적 진실발견 및 범죄수사의 목적을 달성할 수 있도록 하여야 할 공익은 매우 크다고 할 수 있는 점 등을 종합해 보면, 이 사건 법률조항에 의하여 형성된 절차의 내용이 적법절차원칙에서 도출되는 절차적 요청을 무시하였다거나 비례의 원칙이나 과잉금지원칙을 위반하여 합리성과 정당성을 상실하였다고 볼 수 없다(헌재 2012. 12. 27. 2011헌바225).

4. 적법절차원칙의 적용대상과 범위

(1) 적법절차원칙의 적용대상

우리 현행 헌법에서는 제12조 제1항의 처벌, 보안처분, 강제노역 등 및 제12조 제3항의 영장주의와 관련하여 각각 적법절차의 원칙을 규정하고 있지만, 이는 그 대상을 한정적으로 열거하고 있는 것이 아니라 그 적용대상을 예시한 것에 불과하다고 해석하는 것이 우리의 통설적 견해이다(헌재 1992. 12. 24. 92헌가8).

(2) 적법절차원칙의 적용범위

적법절차의 원칙은 헌법조항에 규정된 형사절차상의 제한된 범위 내에서만 적용되는 것이 아니라 국가작용으로서 기본권 제한과 관련되든 관련되지 않든 모든 입법작용 및 행정작용에도 광범위하게 적용된다고 해석하여야 할 것이고, 나아가 형사소송절차와 관련시켜 적용함에 있어서는 형벌권의 실행절차인 형사소송의 전반을 규율하는 기본원리로 이해하여야 하는 것이다. 더구나 형사소송절차에 있어서 신체의 자유를 제한하는 법률과 관련시켜 적용함에 있어서는 법률에 따른 형벌권의 행사라고 할지라도 신체의 자유의 본질적인 내용을 침해하지 않아야 할 뿐 아니라 비례의 원칙이나 과잉입법금지의 원칙에 반하지 아니하는 한도 내에서만 그 적정성과 합헌성이 인정될 수 있음을 특히 강조하고 있는 것으로 해석하여야 할 것이다(헌재 1992. 12. 24. 92헌가8).

PART 02

> 🔍 **판례**

▶ **국회의 탄핵소추절차에 적법절차원칙을 직접 적용할 수 있는지**(소극) : 적법절차원칙이란, 국가공권력이 국민에 대하여 불이익한 결정을 하기에 앞서 국민은 자신의 견해를 진술할 기회를 가짐으로써 절차의 진행과 그 결과에 영향을 미칠 수 있어야 한다는 법원리를 말한다. 그런데 이 사건의 경우, 국회의 탄핵소추절차는 국회와 대통령이라는 헌법기관 사이의 문제이고, 국회의 탄핵소추의결에 의하여 사인으로서의 대통령의 기본권이 침해되는 것이 아니라, 국가기관으로서의 대통령의 권한행사가 정지되는 것이다. 따라서 국가기관이 국민과의 관계에서 공권력을 행사함에 있어서 준수해야 할 법원칙으로서 형성된 적법절차의 원칙을 국가기관에 대하여 헌법을 수호하고자 하는 탄핵소추절차에는 직접 적용할 수 없다(헌재 2004. 5. 14. 2004헌나1).

▶ **특정공무원범죄의 범인에 대한 추징판결을 범인 외의 자가 그 정황을 알면서 취득한 불법재산 및 그로부터 유래한 재산에 대하여 그 범인 외의 자를 상대로 집행할 수 있도록 규정한 '공무원범죄에 관한 몰수 특례법' 제9조의2가 적법절차원칙에 위반되는지**(소극) : 심판대상조항은 제3자에게 범죄가 인정됨을 전제로 제3자에 대하여 형사적 제재를 가하는 것이 아니라, 특정공무원범죄를 범한 범인에 대한 추징판결의 집행 대상을 제3자가 취득한 불법재산 등에까지 확대하여 제3자에게 물적 유한책임을 부과하는 것이다. 심판대상조항에 따른 추징판결의 집행은 그 성질상 신속성과 밀행성을 요구하는데, 제3자에게 추징판결의 집행사실을 사전에 통지하거나 의견 제출의 기회를 주게 되면 제3자가 또다시 불법재산 등을 처분하는 등으로 인하여 집행의 목적을 달성할 수 없게 될 가능성이 높다. 따라서 심판대상조항이 제3자에 대하여 특정공무원범죄를 범한 범인에 대한 추징판결을 집행하기에 앞서 제3자에게 통지하거나 의견을 진술할 기회를 부여하지 않은 데에는 합리적인 이유가 있다. 따라서 심판대상조항은 적법절차원칙에 위배된다고 볼 수 없다(헌재 2020. 2. 27. 2015헌가4).

▶ **교도소·구치소의 수용자가 교정시설 외부로 나갈 경우 도주 방지를 위하여 해당 수용자의 발목에 전자장치를 부착하도록 한 '수용자 도주방지를 위한 위치추적전자장치 운영방안'이 적법절차원칙에 위반되어 청구인들의 인격권과 신체의 자유를 침해하는지**(소극) : 이 사건 부착행위는 교정시설에서의 안전과 질서유지를 위해 형집행법에 따라 수용자들을 대상으로 이루어진 것이므로, 전자장치 부착에 앞서 법원의 명령이 필요한 것은 아니다. 또한 수용자에 대해서는 교정시설의 안전과 구금생활의 질서유지를 위하여 신체의 자유 등 기본권 제한이 어느 정도 불가피한 점, 행형 관계 법령에 따라 행하는 사항에 대하여는 의견청취·의견제출 등에 관한 행정절차법 조항이 적용되지 않는 점, 전자장치 부착은 도주 우려 등의 사유가 있어 관심대상수용자로 지정된 수용자를 대상으로 하는 점, 형집행법상 소장에 대한 면담 신청이나 법무부장관 등에 대한 청원 절차가 마련되어 있는 점을 종합해 보면, 이 사건 부착행위는 적법절차원칙에 위반되어 수용자인 청구인들의 인격권과 신체의 자유를 침해하지 아니한다(헌재 2018. 5. 31. 2016헌마191).

▶ **형사재판에 계속 중인 사람에 대하여 출국을 금지할 수 있다고 규정한 출입국관리법 제4조 제1항 제1호가 적법절차원칙에 위배되는지**(소극) : 심판대상조항에 따른 출국금지결정은 성질상 신속성과 밀행성을 요하므로, 출국금지 대상자에게 사전통지를 하거나 청문을 실시하도록 한다면 국가 형벌권 확보라는 출국금지제도의 목적을 달성하는 데 지장을 초래할 우려가 있다. 나아가 출국금지 후 즉시 서면으로 통지하도록 하고 있고, 이의신청이나 행정소송을 통하여 출국금지결정에 대해 사후적으로 다툴 수 있는 기회를 제공하여 절차적 참여를 보장해 주고 있으므로 적법절차원칙에 위배된다고 보기 어렵다(헌재 2015. 9. 24. 2012헌바302).

▶ **전투경찰순경에 대한 징계처분으로 영창을 규정하고 있는 구 전투경찰대 설치법 제5조 제1항, 제2항 중 각 '전투경찰순경에 대한 영창' 부분이 적법절차원칙에 위배되는지**(소극) : 전투경찰순경에 대한 영창처분은 그 사유가 제한되어 있고, 징계위원회의 심의절차를 거쳐야 하며, 징계 심의 및 집행에 있어 징계대상자의 출석권과 진술권이 보장되고 있다. 또한 소청과 행정소송 등 별도의 불복절차가 마련되어 있고 소청에서 당사자 의견진술 기회 부여를 소청결정의 효력에 영향을 주는 중요한 절차적 요건으로 규정하는바, 이 사건 영창조항이 헌법에서 요구하는 수준의 절차적 보장 기준을 충족하지 못했다고 볼 수 없으므로 헌법 제12조 제1항의 적법절차원칙에 위배되지 아니한다(헌재 2016. 3. 31. 2013헌바190).

▶**범칙금 통고처분을 받고도 납부기간 이내에 범칙금을 납부하지 아니한 사람에 대하여 행정청에 대한 이의제기나 의견진술 등의 기회를 주지 않고 경찰서장이 곧바로 즉결심판을 청구하도록 한 구 도로교통법 제165조 제1항 본문 제2호가 적법절차원칙에 위배되는지**(소극) : 도로교통법상 범칙금 납부통고는 위반행위에 대한 제재를 신속·간편하게 종결할 수 있게 하는 제도로서, 이에 불복하여 범칙금을 납부하지 아니한 자에게는 재판절차라는 완비된 절차적 보장이 주어진다. 도로교통법 위반사례가 격증하고 있는 현실에서 통고처분에 대한 이의제기 등 행정청 내부 절차를 추가로 둔다면 절차의 중복과 비효율을 초래하고 신속한 사건처리에 저해가 될 우려도 있다. 따라서 이 사건 즉결심판청구 조항에서 의견진술 등의 별도의 절차를 두지 않은 것이 현저히 불합리하여 적법절차원칙에 위배된다고 보기 어렵다(헌재 2014. 8. 28. 2012헌바433).

▶**법관 아닌 사회보호위원회가 치료감호의 종료 여부를 결정하도록 한 사회보호법 제9조 제2항 부분이 적법절차의 원칙에 위반되는지**(소극) : 사회보호위원회의 구성이나 심사, 의결 및 결정 절차에 비추어 보면 사회보호위원회는 독립성과 전문성을 갖춘 특별위원회로서 준사법적 성격을 겸유하는 점, 판사·검사 또는 변호사의 자격이 있는 자와 의사의 자격이 있는 자로 구성된 사회보호위원회로 하여금 재범의 위험성이 상존하는지 여부를 판단하도록 한 것은 정신의학적 평가와 법률적 평가의 불가결적 연계성에 기초한 합리적인 조치로서 그 정당성을 인정할 수 있는 점, 치료감호의 종료에 대한 피치료감호자 측의 신청권이 보장되어 있고 그 절차에의 참여권이 피치료감호자 측에게 어느 정도 보장되어 있으며, 피치료감호자 측이 신청한 치료감호의 종료청구가 기각될 경우 이에 대한 행정소송이 가능한 점 등을 고려할 때, 이 사건 법률조항이 사회보호위원회에 치료감호의 종료 여부를 결정할 권한을 부여한 것이 적법절차에 위배된다고 할 수 없다(헌재 2005. 2. 3. 2003헌바1).

▶**보호관찰처분심의위원회에 의한 보안관찰처분이 적법절차원칙에 위반되는지**(소극) : 적법절차의 원칙에 의하여 그 성질상 보안처분의 범주에 드는 모든 처분의 개시 내지 결정에 법관의 판단을 필요로 한다고 단정할 수 없고, 보안처분의 개시에 있어 그 결정기관 내지 절차와 당해 보안처분으로 인한 자유침해의 정도와의 사이에 비례의 원칙을 충족하면 적법절차의 원칙은 준수된다고 보아야 할 것이다. 그런데 이 법상 보안관찰처분의 심의·의결은 법무부내에 설치된 보호관찰처분심의위원회에서 하고, 그 위원장은 법무부차관이 되며, 위원은 학식과 덕망이 있는 자로 하되, 그 과반수는 변호사의 자격이 있는 자로 구성하도록 하고 있으므로, 위 위원회는 어느 정도 독립성이 보장된 준사법적기관이라고 할 수 있고, 이 법상의 보안관찰처분의 자유제한의 정도를 고려하면 위 위원회에서 보안관찰처분을 심의·의결하는 것은 적법절차의 원칙 내지 법관에 의한 정당한 재판을 받을 권리를 침해하는 것은 아니라 할 것이다(헌재 1997. 11. 27. 92헌바28).

▶**사법경찰관이 위험 발생의 염려가 없음에도 불구하고 사건종결 전에 압수물을 폐기한 행위가 적법절차의 원칙에 반하고, 공정한 재판을 받을 권리를 침해하는지**(적극) : 압수물은 검사의 이익을 위해서 뿐만 아니라 이에 대한 증거신청을 통하여 무죄를 입증하고자 하는 피고인의 이익을 위해서도 존재하므로 사건종결 시까지 이를 그대로 보존할 필요성이 있다. 따라서 사건종결 전 일반적 압수물의 폐기를 규정하고 있는 형사소송법 제130조 제2항에서 말하는 '위험발생의 염려가 있는 압수물'이란 사람의 생명, 신체, 건강, 재산에 위해를 줄 수 있는 물건으로서 보관 자체가 대단히 위험하여 종국판결이 선고될 때까지 보관하기 매우 곤란한 압수물을 의미하는 것으로 보아야 하고, 이러한 사유에 해당하지 아니하는 압수물에 대하여는 설사 피압수자의 소유권 포기가 있다 하더라도 폐기가 허용되지 아니한다고 해석하여야 한다. 피청구인은 이 사건 압수물을 보관하는 것 자체가 위험하다고 볼 수 없을 뿐만 아니라 이를 보관하는 데 아무런 불편이 없는 물건임이 명백함에도 압수물에 대하여 소유권포기가 있다는 이유로 이를 사건종결 전에 폐기하였는바, 위와 같은 피청구인의 행위는 적법절차의 원칙을 위반하고, 청구인의 공정한 재판을 받을 권리를 침해한 것이다(헌재 2012. 12. 27. 2011헌마351).

▶ **범죄의 피의자로 입건된 사람들로 하여금 경찰공무원이나 검사의 신문을 받으면서 자신의 신원을 밝히지 않고 지문채취에 불응하는 경우 벌금, 과료, 구류의 형사처벌을 받도록 하고 있는 경범죄처벌법 조항이 적법절차의 원칙에 위반되는지**(소극) : 이 사건 법률조항은 피의자의 신원확인을 원활하게 하고 수사활동에 지장이 없도록 하기 위한 것으로, 수사상 피의자의 신원확인은 피의자를 특정하고 범죄경력을 조회함으로써 타인의 인적 사항 도용과 범죄 및 전과사실의 은폐 등을 차단하고 형사사법제도를 적정하게 운영하기 위해 필수적이라는 점에서 그 목적은 정당하고, 지문채취는 신원확인을 위한 경제적이고 간편하면서도 확실성이 높은 적절한 방법이다. 또한 이 사건 법률조항은 형벌에 의한 불이익을 부과함으로써 심리적·간접적으로 지문채취를 강제하고 그것도 보충적으로만 적용하도록 하고 있어 피의자에 대한 피해를 최소화하기 위한 고려를 하고 있으며, 지문채취 그 자체가 피의자에게 주는 피해는 그리 크지 않은 반면 일단 채취된 지문은 피의자의 신원을 확인하는 효과적인 수단이 될 뿐 아니라 수사절차에서 범인을 검거하는 데에 중요한 역할을 한다. 한편, 이 사건 법률조항에 규정되어 있는 법정형은 형법상의 제재로서는 최소한에 해당되므로 지나치게 가혹하여 범죄에 대한 형벌 본래의 목적과 기능을 달성함에 필요한 정도를 일탈하였다고 볼 수도 없다(헌재 2004. 9. 23. 2002헌가17).

▶ **검사가 법원의 증인으로 채택된 수감자를 그 증언에 이르기까지 거의 매일 검사실로 하루 종일 소환하여 피고인측 변호인이 접근하는 것을 차단하고, 검찰에서의 진술을 번복하는 증언을 하지 않도록 회유·압박하는 한편, 때로는 검사실에서 그에게 편의를 제공하기도 한 행위가 적법절차의 원칙을 침해하는지**(적극) : 오늘날의 재판절차는 그 과정에서 상대방에게 예기치 못한 타격을 가하는 일이 없도록 하는 것을 중요한 목표 중의 하나로 하고 있다고 할 것인데, 만약 증인의 증언 전에 일방당사자만이 그와의 접촉을 독점하고 상대방의 접촉을 제한함으로써, 그 증인이 어떠한 내용의 증언을 할 것인지를 알지 못하여 그에 대한 방어를 준비할 수 없도록 한다면, 결국 그 당사자로 하여금 상대방이 가하는 예기치 못한 타격에 그대로 노출될 수밖에 없는 위험을 감수하라는 것이 되어, 헌법 제12조 제1항 후문이 규정하고 있는 적법절차의 원칙에 반한다(헌재 2001. 8. 30. 99헌마496).

Ⅲ 이중처벌금지원칙

헌법 제13조
① 모든 국민은 동일한 범죄에 대하여 거듭 처벌받지 아니한다.

1. 이중처벌금지원칙의 의의

이중처벌금지의 원칙은 한번 판결이 확정되면 동일한 사건에 대해서는 다시 심판할 수 없다는 일사부재리의 원칙이 국가형벌권의 기속원리로 헌법상 선언된 것으로서, 동일한 범죄행위에 대하여 국가가 형벌권을 거듭 행사할 수 없도록 함으로써 국민의 기본권 특히 신체의 자유를 보장하기 위한 것이다(헌재 1994. 6. 30. 92헌바38).

🔖 판례

▶ **외국에서 형의 전부 또는 일부의 집행을 받은 자에 대하여 형을 감경 또는 면제할 수 있도록 규정한 형법 제7조가 이중처벌금지원칙에 위배되는지**(소극) : 형사판결은 국가주권의 일부분인 형벌권 행사에 기초한 것으로서, 외국의 형사판결은 원칙적으로 우리 법원을 기속하지 않으므로 동일한 범죄행위에 관하여 다수의 국가에서 재판 또는 처벌을 받는 것이 배제되지 않는다. 따라서 이중처벌금지원칙은 동일한 범죄에 대하여 대한민국 내에서 거듭 형벌권이 행사되어서는 안 된다는 뜻으로 새겨야 할 것이므로 이 사건 법률조항은 헌법 제13조 제1항의 이중처벌금지원칙에 위배되지 아니한다(헌재 2015. 5. 28. 2013헌바129).

2. 이중처벌금지원칙의 요건

(1) 동일한 행위

이중처벌금지의 원칙은 처벌 또는 제재가 "동일한 행위"를 대상으로 행해질 때에 적용될 수 있는 것이고, 그 대상이 동일한 행위인지의 여부는 기본적 사실관계가 동일한지 여부에 의하여 가려야 한다(헌재 2011. 10. 25. 2009헌바140).

🔨 판례

▶ **동일한 거래에 관한 것인 경우에도 각 공급가액 등을 별도로 산정하여 합산하도록 하여 가중처벌하는 '특정범죄가중법' 제8조의 2 제1항 제1호 부분이 이중처벌금지원칙에 위배되는지**(소극) : 헌법 제13조 제1항에서 규정하고 있는 이중처벌금지원칙은 한번 판결이 확정되면 동일한 사건에 대해서는 다시 심판할 수 없다는 것으로서 신체의 자유 등 국민의 기본권을 보장하기 위한 것이다. 이러한 이중처벌의 문제는 처벌 또는 제재가 '동일한 행위'를 대상으로 거듭 행해질 때에 발생하는 것이다. 심판대상조항이 가중처벌의 대상으로 삼고 있는 허위 계산서 발급·수취 행위와 허위 계산서합계표 제출행위는 동일한 거래에 기초하여 이루어진 것이라 하더라도 각각 별개로 이루어지는 행위이다. 결국 심판대상조항이 동일한 거래에 기초한 허위 계산서 및 허위 매출·매입처별계산서합계표의 각 공급가액등을 별도로 산정하여 합산하도록 하는 것을 동일한 행위를 거듭 처벌하는 것이라고는 볼 수 없으므로 심판대상조항은 이중처벌금지원칙에 위배되지 아니한다(헌재 2022. 11. 24. 2019헌바350).

▶ **유사석유제품을 제조하여 조세를 포탈한 자를 처벌하도록 규정한 구 조세범 처벌법 제5조가 이중처벌금지원칙에 위배되는지**(소극) : 구 석유 및 석유대체연료 사업법에 의한 처벌은 유사석유제품을 제조하는 것으로써 구성요건을 충족하는 반면, 심판대상조항에 의한 처벌은 유사석유제품을 제조하여 그에 따른 세금을 포탈한 때 비로소 구성요건에 해당하는 것이므로, 양자는 처벌의 대상이 되는 행위를 달리한다. 따라서 심판대상조항은 이중처벌금지원칙에 위배되지 아니한다(헌재 2017. 7. 27. 2012헌바323).

▶ **국가보안법의 죄에 관하여 유기징역형을 선고할 때에 그 형의 장기 이하의 자격정지를 병과할 수 있도록 정한 국가보안법 제14조 부분이 이중처벌금지원칙에 위반되는지**(소극) : 이중처벌은 처벌 또는 제재가 동일한 행위를 대상으로 거듭 행해질 때 발생하는 문제로서, 심판대상조항과 같이 하나의 형사재판절차에서 다루어진 사건을 대상으로 동시에 징역형과 자격정지형을 병과하는 것은 이중처벌금지원칙에 위반되지 아니한다(헌재 2018. 3. 29. 2016헌바361).

▶ **"금고 이상의 형의 선고를 받아 그 판결이 확정된 때"를 집행유예의 실효사유를 정한 형법 제63조가 이중처벌금지원칙에 위배되는지**(소극) : 집행유예가 실효되는 경우에 부활되는 본형은 이미 판결이 확정된 동일한 사건에 대하여 다시 심판한 결과 새로이 부과되는 것이 아니라 집행유예에 본래부터 내재되어 있던 효과가 발생한 것에 불과하고 동일한 범죄행위에 대하여 국가가 형벌권을 거듭 행사하도록 하는 것이 아니므로 이중처벌금지원칙은 문제되지 않는다(헌재 2020. 6. 25. 2019헌마192).

---

(2) 처벌

헌법 제13조 제1항에서 말하는 처벌은 원칙으로 범죄에 대한 '국가의 형벌권 실행으로서의 과벌'을 의미하는 것이고, 국가가 행하는 일체의 제재나 불이익처분을 모두 그 처벌에 포함시킬 수는 없다(헌재 1994. 6. 30. 92헌바38).

> **판례**

▶ '선거법으로서 100만 원 이상의 벌금형의 선고를 받고 그 형이 확정된 후 5년을 경과하지 아니한 자 또는 형의 집행유예의 선고를 받고 그 형이 확정된 후 10년을 경과하지 아니한 자'에 대한 선거권을 제한하는 공직선거법 제18조 제1항 제3호 부분이 이중처벌금지원칙에 위배되는지(소극) : 헌법 제13조 제1항 후단에 규정된 이중처벌금지의 원칙에 있어 '처벌'이라 함은 원칙적으로 범죄에 대한 국가 형벌권 실행으로서의 형벌을 의미하는 것인데, 선거권 제한조항이 정하는 선거권의 제한은 범죄에 대한 국가 형벌권의 실행으로서의 형벌에 해당하지 않음이 명백하므로, 이 점에 대해서는 더 나아가 판단하지 않는다(헌재 2018. 1. 25. 2015헌마821).

▶ 건축법을 위반한 건축주 등이 건축 허가권자로부터 위반건축물의 철거 등 시정명령을 받고도 그 이행을 하지 않는 경우 건축법 위반자에 대하여 시정명령 이행시까지 반복적으로 이행강제금을 부과할 수 있도록 규정한 건축법 제80조 제1항 및 제4항이 이중처벌금지의 원칙에 위배되는지(소극) : 이 사건 법률조항에서 규정하고 있는 이행강제금은 일정한 기한까지 의무를 이행하지 않을 때에는 일정한 금전적 부담을 과할 뜻을 미리 계고함으로써 의무자에게 심리적 압박을 주어 장래에 그 의무를 이행하게 하려는 행정상 간접적인 강제집행 수단의 하나로서 과거의 일정한 법률위반 행위에 대한 제재로서의 형벌이 아니라 장래의 의무이행의 확보를 위한 강제수단일 뿐이어서 범죄에 대하여 국가가 형벌권을 실행한다고 하는 과벌에 해당하지 아니하므로 헌법 제13조 제1항이 금지하는 이중처벌금지의 원칙이 적용될 여지가 없다(헌재 2011. 10. 25. 2009헌바140).

▶ 주취 중 운전 금지규정을 2회 이상 위반한 사람이 다시 이를 위반한 때에는 운전면허를 필요적으로 취소하도록 규정하고 있는 도로교통법 제93조 제1항 단서 제2호 부분이 이중처벌금지원칙에 위배되는지(소극) : 운전면허 취소처분은 형법상에 규정된 형(刑)이 아니고, 그 절차도 일반 형사소송절차와는 다를 뿐만 아니라, 주취 중 운전금지라는 행정상 의무의 존재를 전제하면서 그 이행을 확보하기 위해 마련된 수단이라는 점에서 형벌과는 다른 목적과 기능을 가지고 있다고 할 것이므로, 운전면허 취소처분을 이중처벌금지원칙에서 말하는 "처벌"로 보기 어렵다. 따라서 이 사건 법률조항은 이중처벌금지원칙에 위반되지 아니한다(헌재 2010. 3. 25. 2009헌바83).

▶ 청소년 성매수자에 대한 신상공개를 규정한 청소년성보호법 제20조 제2항 제1호가 이중처벌금지원칙에 위배되는지(소극) : 공개되는 신상과 범죄사실은 이미 공개재판에서 확정된 유죄판결의 일부로서, 개인의 신상 내지 사생활에 관한 새로운 내용이 아니고, 공익목적을 위하여 이를 공개하는 과정에서 부수적으로 수치심 등이 발생된다고 하여 이것을 기존의 형벌 외에 또 다른 형벌로서 수치형이나 명예형에 해당한다고 볼 수는 없다. 그렇다면, 신상공개제도는 헌법 제13조의 이중처벌금지 원칙에 위배되지 않는다(헌재 2003. 6. 26. 2002헌가14).

▶ 신상정보 공개·고지명령을 소급적용하는 성폭력처벌법 부칙 제7조 제1항 부분이 이중처벌금지원칙에 위배되는지(소극) : 신상정보 공개·고지명령은 형벌과는 목적이나 심사대상 등을 달리하는 보안처분에 해당하므로 동일한 범죄행위에 대하여 형벌이 부과된 이후 다시 신상정보 공개·고지명령이 선고 및 집행된다고 하여 이중처벌금지의 원칙에 위반된다고 할 수 없다(헌재 2016. 12. 29. 2015헌바196).

▶ 성폭력처벌법 제16조 제2항 중 같은 법 제14조 제2항의 범죄를 범한 사람에 대하여 유죄판결을 선고하는 경우 성폭력 치료프로그램의 이수명령을 병과하도록 한 부분이 이중처벌금지원칙에 위배되는지(소극) : 이수명령은 그 목적이 과거의 범죄행위에 대한 제재가 아니라 대상자의 건전한 사회복귀의 촉진 및 범죄예방과 사회보호에 있다는 점에서, 형벌과 본질적 차이가 있는 보안처분에 해당한다. 따라서 동일한 범죄행위에 대하여 이수명령이 형벌과 병과된다고 하여 이중처벌금지원칙에 위반된다고 할 수 없다(헌재 2016. 12. 29. 2016헌바153).

▶ **누범에 대한 가중처벌이 일사부재리의 원칙에 위반되는지**(소극): 누범을 가중처벌하는 것은 전범에 대하여 형벌을 받았음에도 다시 범행을 하였다는 데 있는 것이지, 전범에 대하여 처벌을 받았음에도 다시 범행을 하는 경우에는 전범(前犯)도 후범과 일괄하여 다시 처벌한다는 것은 아님이 명백하므로, 헌법상의 일사부재리의 원칙에 위배하여 피고인의 기본권을 침해하는 것이라고는 볼 수 없다(헌재 1995. 2. 23. 93헌바43).

▶ **상습범에 대한 가중처벌을 규정하고 있는 특정범죄가중법 조항이 일사부재리의 원칙에 위반되는지**(소극): 이 사건 법률조항이 처벌대상으로 삼고 있는 것은 이미 처벌받은 전범이 아니며 후범이며 상습성의 위험성 때문에 일반범죄와 달리 가중처벌함에 목적을 두고 있으므로 헌법 제13조 제1항 소정의 일사부재리의 원칙에 위배되지 아니한다(헌재 1995. 3. 23. 93헌바59).

Ⅳ 연좌제의 금지

헌법 제13조
③ 모든 국민은 자기의 행위가 아닌 친족의 행위로 인하여 불이익한 처우를 받지 아니한다.

🏠 참고

▶ **헌정사**: 연좌제 금지는 제5공화국 헌법(제8차 개정헌법)에서 신설

연좌제의 금지란 친족의 행위와 본인 간에 실질적으로 의미 있는 아무런 관련성을 인정할 수 없음에도 불구하고 오로지 친족이라는 사유 그 자체만으로 불이익한 처우를 가하는 경우에만 적용된다(헌재 2005. 12. 22. 2005헌마19).

✏ 판례

▶ **배우자가 선거범죄로 300만 원 이상의 벌금형을 선고받은 경우 그 선거구 후보자의 당선을 무효로 하는 공직선거법 제265조 부분이 자기책임의 원리와 헌법 제13조 제3항의 연좌제금지원칙에 위반되는지**(소극): 이 사건 법률조항은 '친족인 배우자의 행위와 본인 간에 실질적으로 의미 있는 아무런 관련성을 인정할 수 없음에도 불구하고 오로지 배우자라는 사유 그 자체만으로' 불이익한 처우를 가하는 것이거나 배우자가 죄를 저질렀다는 이유만으로 후보자에게 불이익을 주는 것이 아니라, 후보자와 불가분의 선거운명공동체를 형성하여 활동하게 마련인 배우자의 실질적 지위와 역할을 근거로 후보자에게 연대책임을 부여한 것이므로, 이 사건 법률조항은 헌법 제13조 제3항에서 금지하고 있는 연좌제에 해당하지 아니하고, 자기책임의 원리에도 위배되지 아니한다(헌재 2011. 9. 29. 2010헌마68).

Ⅴ 무죄추정의 원칙

헌법 제27조
④ 형사피고인은 유죄의 판결이 확정될 때까지는 무죄로 추정된다.

1. 무죄추정원칙의 의의

무죄추정의 원칙이란 형사절차와 관련하여 아직 공소가 제기되지 아니한 피의자는 물론 공소가 제기된 피고인이라 할지라도 유죄의 판결이 확정될 때까지는 원칙적으로 죄가 없는 자로 다루어져야 하고 불이익은 필요최소한에 그쳐야 한다는 원칙을 말한다(헌재 1997. 5. 29. 96헌가17).

▶ **무죄추정원칙에서 불이익의 의미** : 무죄추정이란 유죄의 판결이 확정되기 전에 죄 있는 자에 준하여 취급함으로써 법률적, 사실적 측면에서 유형, 무형의 불이익을 주는 것을 말하고, 여기서 불이익이란 유죄를 근거로 그에 대하여 사회적 비난 내지 기타 응보적 의미의 차별 취급을 가하는 유죄 인정의 효과로서의 불이익을 뜻한다(헌재 2005. 5. 26. 2002헌마699).

▶ **무죄추정원칙의 적용범위** : 무죄추정의 원칙은 형사절차뿐만 아니라 기타 일반 법생활 영역에서의 기본권 제한과 같은 경우에도 적용된다(헌재 2005. 5. 26. 2002헌마699).

2. 무죄추정원칙의 법적 성격

무죄추정의 원칙은 증거법에 국한된 원칙이 아니라 수사절차에서 공판절차에 이르기까지 형사절차의 전과정을 지배하는 지도원리로서 인신의 구속 자체를 제한하는 원리로 작용한다(헌재 2003. 11. 27. 2002헌마193).

3. 무죄추정원칙의 주체

형사피고인뿐만 아니라 피의자에게도 무죄추정의 원칙이 적용된다(헌재 2005. 5. 26. 2001헌마728).

4. 무죄추정원칙의 내용

(1) 내용일반

무죄추정의 원칙은 인간의 존엄성을 기본권질서의 중심으로 보장하고 있는 헌법질서 내에서 형벌작용의 필연적인 기속원리가 될 수밖에 없고, 이러한 원칙이 제도적으로 표현된 것으로는, 공판절차의 입증단계에서 거증책임을 검사에게 부담시키는 제도, 보석 및 구속적부심 등 인신구속의 제한을 위한 제도, 그리고 피의자 및 피고인에 대한 부당한 대우 금지 등이 있다(헌재 2001. 11. 29. 2001헌바41).

(2) 불구속수사·불구속재판의 원칙

신체의 자유를 최대한으로 보장하려는 헌법정신, 특히 무죄추정의 원칙으로 인하여 수사와 재판은 불구속을 원칙으로 한다. 그러므로 구속은 예외적으로 구속 이외의 방법에 의하여서는 범죄에 대한 효과적인 투쟁이 불가능하여 형사소송의 목적을 달성할 수 없다고 인정되는 경우에 한하여 최후의 수단으로만 사용되어야 하며 구속수사 또는 구속재판이 허용될 경우라도 그 구속기간은 가능한 한 최소한에 그쳐야 한다(헌재 2003. 11. 27. 2002헌마193).

▶ **판결선고 전 구금일수의 산입을 규정한 형법 제57조 제1항 중 "또는 일부" 부분이 헌법상 무죄추정의 원칙 및 적법절차의 원칙 등을 위배하여 신체의 자유를 침해하는지**(적극) : 헌법상 무죄추정의 원칙에 따라 유죄판결이 확정되기 전에 피의자 또는 피고인을 죄 있는 자에 준하여 취급함으로써 법률적·사실적 측면에서 유형·무형의 불이익을 주어서는 아니되고, 특히 미결구금은 신체의 자유를 침해받는 피의자 또는 피고인의 입장에서 보면 실질적으로 자유형의 집행과 다를 바 없으므로, 인권보호 및 공평의 원칙상 형기에 전부 산입되어야 한다. 따라서 형법 제57조 제1항 중 "또는 일부 부분"은 헌법상 무죄추정의 원칙 및 적법절차의 원칙 등을 위배하여 합리성과 정당성 없이 신체의 자유를 침해한다(헌재 2009. 6. 25. 2007헌바25).

▶상소제기 후의 미결구금일수 산입을 규정하면서 상소제기 후 상소취하시까지 구금일수 통산에 관하여는 규정하지 아니함으로써 이를 본형 산입의 대상에서 제외되도록 한 형사소송법 제482조 제1항 등이 무죄추정의 원칙 등에 위반되는지(적극): 상소제기 후 상소취하시까지의 구금 역시 미결구금에 해당하는 이상 그 구금일수도 형기에 전부 산입되어야 한다. … 결국 상소제기 후 상소취하시까지의 미결구금을 형기에 산입하지 아니하는 것은 헌법상 무죄추정의 원칙 및 적법절차의 원칙, 평등원칙 등을 위배하여 합리성과 정당성 없이 신체의 자유를 지나치게 제한하는 것이다(헌재 2009. 12. 29. 2008헌가13 헌법불합치).

▶소년보호사건에 있어 제1심 결정에 의한 소년원 수용기간을 항고심 결정에 의한 보호기간에 산입하지 아니하는 소년법 제33조가 무죄추정원칙에 위배되는지(소극): 소년보호사건은 소년의 개선과 교화를 목적으로 하는 것으로서 통상의 형사사건과는 구별되어야 하고, 법원이 소년의 비행사실이 인정되고 보호의 필요성이 있다고 판단하여 소년원 송치처분을 함과 동시에 이를 집행하는 것은 무죄추정원칙과는 무관하다. 소년보호사건에서 소년은 피고인이 아닌 피보호자이며, 원 결정에 따라 소년원 송치처분을 집행하는 것은 비행을 저지른 소년에 대한 보호의 필요성이 시급하다고 판단하였기 때문에 즉시 보호를 하기 위한 것이지, 소년이 비행을 저질렀다는 전제하에 그에게 불이익을 주거나 처벌을 하기 위한 것이 아니다. 따라서 1심 결정에 의한 소년원 수용기간을 항고심 결정에 의한 보호기간에 산입하지 않더라도 이는 무죄추정원칙과는 관련이 없으므로 이 사건 법률조항은 무죄추정원칙에 위배되지 않는다(헌재 2015. 12. 23. 2014헌마768).

(3) 부당한 대우의 금지

무죄추정의 원칙상 공소의 제기가 있는 피고인이라도 유죄의 확정판결이 있기까지는 원칙적으로 죄가 없는 자에 준하여 취급하여야 하고, 불이익을 입혀서는 안 된다고 할 것으로 가사 그 불이익을 입힌다 하여도 필요한 최소한도에 그치도록 비례의 원칙이 존중되어야 한다(헌재 1990. 11. 19. 90헌가48).

판례

▶요양기관이 의료법 제33조 제2항을 위반하였다는 사실(사무장병원)을 수사기관의 수사 결과로 확인한 경우 공단으로 하여금 해당 요양기관이 청구한 요양급여비용의 지급을 보류할 수 있도록 규정한 구 국민건강보험법 제47조의2 제1항 등이 무죄추정의 원칙에 위반되는지(소극): 이 사건 지급보류조항은 수사기관의 수사결과를 기준으로 요양급여비용의 지급을 잠정적으로 보류할 수 있도록 함으로써 사후적인 부당이득 환수절차의 한계를 보완하고, 건강보험의 재정건전성이 악화될 위험을 방지하는 것일 뿐이다. 그렇다면 사무장병원일 가능성이 있는 요양기관이 일정기간 동안 요양급여비용을 지급받지 못하는 불이익을 받더라도 이를 두고 유죄의 판결이 확정되기 전에 죄 있는 자에 준하여 취급하는 것이라고 보기 어렵다. 따라서 이 사건 지급보류조항은 무죄추정의 원칙에 위반된다고 볼 수 없다(헌재 2023. 3. 23. 2018헌바433).

▶지방자치단체의 장이 '공소 제기된 후 구금상태에 있는 경우' 부단체장이 그 권한을 대행하도록 규정한 지방자치법 제111조 제1항 제2호가 자치단체장인 청구인의 공무담임권을 제한함에 있어 무죄추정의 원칙에 위반되는지(소극): 이 사건 법률조항은 공소 제기된 자로서 구금되었다는 사실 자체에 사회적 비난의 의미를 부여한다거나 그 유죄의 개연성에 근거하여 직무를 정지시키는 것이 아니라, 구금의 효과, 즉 구속되어 있는 자치단체장의 물리적 부재상태로 말미암아 자치단체행정의 원활하고 계속적인 운영에 위험이 발생할 것이 명백하여 이를 미연에 방지하기 위하여 직무를 정지시키는 것이므로, '범죄사실의 인정 또는 유죄의 인정에서 비롯되는 불이익'이라거나 '유죄를 근거로 하는 사회윤리적 비난'이라고 볼 수 없다. 따라서 무죄추정의 원칙에 위반되지 않는다(헌재 2011. 4. 28. 2010헌마474).

▶형사재판에 계속 중인 사람에 대하여 출국을 금지할 수 있다고 규정한 출입국관리법 제4조 제1항 제1호가 무죄추정의 원칙에 위배되는지(소극): 심판대상조항은 형사재판에 계속 중인 사람이 국가의 형벌권을 피하기 위하여 해외로 도피할 우려가 있는 경우 법무부장관으로 하여금 출국을 금지할 수 있도록 하는 것일 뿐으로, 무죄추정의 원칙에서 금지하는 유죄 인정의 효과로서의 불이익 즉, 유죄를 근거로 형사재판에 계속 중인 사람에게 사회적 비난 내지 응보적 의미의 제재를 가하려는 것이라고 보기 어렵다. 따라서 심판대상조항은 무죄추정의 원칙에 위배된다고 볼 수 없다(헌재 2015. 9. 24. 2012헌바302).

▶ **국민참여재판으로 진행하는 것이 적절하지 아니하다고 인정되는 경우 법원이 국민참여재판 배제 결정을 할 수 있도록 한 재판참여법 제9조 제1항 제3호가 무죄추정원칙에 위배되는지**(소극) : 이 사건 참여재판 배제조항은 국민참여재판의 특성에 비추어 그 절차로 진행함이 부적당한 사건에 대하여 법원의 재량으로 국민참여재판을 하지 아니하기로 하는 결정을 할 수 있도록 한 것일 뿐, 피고인에 대한 범죄사실 인정이나 유죄판결을 전제로 하여 불이익을 과하는 것이 아니므로 무죄추정원칙에 위배된다고 볼 수 없다(헌재 2014. 1. 28. 2012헌바298).

▶ **공정거래법 위반자에 대한 법위반사실공표명령제도가 무죄추정의 원칙에 위배되는지**(적극) : 공정거래위원회의 고발조치 등으로 장차 형사절차내에서 진술을 해야할 행위자에게 사전에 법위반사실의 공표를 하게 하는 것은 형사절차내에서 법위반사실을 부인하고자 하는 행위자의 입장을 모순에 빠뜨려 소송수행을 심리적으로 위축시키거나, 법원으로 하여금 공정거래위원회 조사결과의 신뢰성 여부에 대한 불합리한 예단을 촉발할 소지가 있고 이는 장차 진행될 형사절차에도 영향을 미칠 수 있다. 결국 법위반사실의 공표명령은 공소제기조차 되지 아니하고 단지 고발만 이루어진 수사의 초기단계에서 아직 법원의 유무죄에 대한 판단이 가려지지 아니하였는데도 관련 행위자를 유죄로 추정하는 불이익한 처분이 된다(헌재 2002. 1. 31. 2001헌바43).

▶ **검사조사실에서 포승과 수갑을 채운 상태에서 피의자조사를 받도록 한 것이 무죄추정의 원칙에 위반되는지 여부**(적극) : 피의자에 대한 계구사용은 도주 또는 증거인멸의 우려가 있거나 검사조사실 내의 안전과 질서를 유지하기 위하여 꼭 필요한 목적을 위하여만 허용될 수 있다. 당시 청구인은 도주·폭행·소요 또는 자해 등의 우려가 없었다고 판단되고, 수사검사도 이러한 사정 및 당시 검사조사실의 정황을 종합적으로 고려하여 청구인에 대한 계구의 해제를 요청하였음에도 소속 계호교도관이 이를 거절하고 청구인으로 하여금 수갑 및 포승을 계속 사용한 채 피의자조사를 받도록 하였는바, 이와 같은 계구의 사용은 무죄추정원칙의 근본취지에도 반한다(헌재 2005. 5. 26. 2001헌마728).

Ⅵ 영장주의

헌법 제12조
③ 체포·구속·압수 또는 수색을 할 때에는 적법한 절차에 따라 검사의 신청에 의하여 법관이 발부한 영장을 제시하여야 한다. 다만, 현행범인인 경우와 장기 3년 이상의 형에 해당하는 죄를 범하고 도피 또는 증거인멸의 염려가 있을 때에는 사후에 영장을 청구할 수 있다.

1. 영장주의의 의의

영장주의는 형사절차와 관련하여 체포·구속·압수·수색의 강제처분을 함에 있어서는 사법권 독립에 의하여 신분이 보장되는 법관이 발부한 영장에 의하지 않으면 아니 된다는 원칙이다. 따라서 헌법상 영장주의의 본질은 체포·구속·압수·수색 등 기본권을 제한하는 강제처분을 함에 있어서는 중립적인 법관의 구체적 판단을 거쳐야 한다는 데에 있다(헌재 2018. 6. 28. 2012헌마191). 이러한 영장주의는 체포·구속의 필요성 유무를 공정하고 독립적 지위를 가진 사법기관으로 하여금 판단하게 함으로써 수사기관에 의한 체포·구속의 남용을 방지하려는 데 그 의의가 있다(헌재 1997. 3. 27. 96헌바28).

2. 영장주의의 적용 범위

헌법상 신체의 자유는 헌법 제12조 제1항의 문언과 자연권적 속성에 비추어 볼 때 형사절차에 한정하여 보호되는 기본권이 아니다. 헌법 제12조 제3항의 영장주의가 수사기관에 의한 체포·구속을 전제하여 규정된 것은 형사절차의 경우 법관에 의한 사전적 통제의 필요성이 강하게 요청되기 때문이지, 형사절차 이외의 국가권력작용에 대해 영장주의를 배제하는 것이 아니고, 오히려 그 본질은 인신구속과 같이 중대한 기본권 침해를 야기할 때는 법관이 구체적 판단을 거쳐 발부한 영장에 의하여야 한다는 것이다. 따라서 형사절차가 아니라 하더라도 실질적으로 수사기관에 의한 인신구속과 동일한 효과를 발생시키는 인신구금은 영장주의의 본질상 그 적용대상이 되어야 한다(헌재 2020. 9. 24. 2017헌바157 영창사건 재판관 4인의 보충의견).

> ⚖ **판례**
>
> ▶ **행정상 즉시강제에 영장주의가 적용되는지**(소극) : 행정상 즉시강제는 상대방의 임의이행을 기다릴 시간적 여유가 없을 때 하명 없이 바로 실력을 행사하는 것으로서, 그 본질상 급박성을 요건으로 하고 있어 법관의 영장을 기다려서는 그 목적을 달성할 수 없다고 할 것이므로, 원칙적으로 영장주의가 적용되지 않는다고 보아야 할 것이다(헌재 2002. 10. 31. 2000헌가12).

3. 영장주의의 적용요건

(1) 강제처분

영장주의란 수사기관이 형사절차와 관련하여 체포·구속·압수·수색 등의 강제처분을 함에 있어 검사의 신청에 의하여 법관이 발부한 영장을 사전에 제시하여야 한다는 원칙을 말하는 것이므로 영장주의가 적용되기 위해서는 강제처분이라야 한다. 헌법재판소는 영장주의가 적용되는 강제처분을 물리적 강제력을 행사하는 경우로 제한하고 있다(헌재 2004. 9. 23. 2002헌가17).

> ⚖ **판례**
>
> ▶ **헌법 제12조 제3항의 '체포·구속·압수·수색'의 의미** : 헌법 제12조 제3항의 '체포·구속·압수·수색'에는 강제구금은 물론 강제구인, 강제동행 및 강제구류 등이 포함된다. 따라서 법률이 수사기관으로 하여금 법관에 의한 영장에 의하지 아니하고 참고인에 대하여 실질적으로 이와 동일한 행위를 하도록 허용한다면 이는 헌법상 영장주의원칙을 위반한 것이거나 적어도 위 헌법상 원칙을 잠탈하는 것이다(헌재 2008. 1. 10. 2007헌마1468).
>
> ▶ **수사기관 등이 전기통신사업자에게 이용자의 성명 등 통신자료의 열람이나 제출을 요청할 수 있도록 한 전기통신사업법 제83조 제3항이 영장주의의 적용을 받는지**(소극) : 헌법상 영장주의는 체포·구속·압수·수색 등 기본권을 제한하는 강제처분에 적용되므로, 강제력이 개입되지 않은 임의수사에 해당하는 수사기관 등의 통신자료 취득에는 영장주의가 적용되지 않는다(헌재 2022. 7. 21. 2016헌마388).
>
> ▶ **각급선거관리위원회 위원·직원의 선거범죄 조사에 있어서 피조사자에게 자료제출의무를 부과하고 허위자료를 제출하는 경우 형사처벌하는 공직선거법 조항이 영장주의에 위반되는지**(소극) : 심판대상조항에 의한 자료제출요구는 그 성질상 대상자의 자발적 협조를 전제로 할 뿐이고 물리적 강제력을 수반하지 아니한다. 심판대상조항은 피조사자로 하여금 자료제출요구에 응할 의무를 부과하고, 허위 자료를 제출한 경우 형사처벌하고 있으나, 이는 형벌에 의한 불이익이라는 심리적, 간접적 강제수단을 통하여 진실한 자료를 제출하도록 함으로써 조사권 행사의 실효성을 확보하기 위한 것이다. 이와 같이 심판대상조항에 의한 자료제출요구는 행정조사의 성격을 가지는 것으로 수사기관의 수사와 근본적으로 그 성격을 달리하며, 청구인에 대하여 직접적으로 어떠한 물리적 강제력을 행사하는 강제처분을 수반하는 것이 아니므로 영장주의의 적용대상이 아니다(헌재 2019. 9. 26. 2016헌바381).

▶ **형집행법 제41조 제2항 제1호 중 '미결수용자의 접견내용의 녹음·녹화'에 관한 부분이 영장주의에 위배되는지**(소극) : 이 사건 녹음조항에 따라 접견내용을 녹음·녹화하는 것은 직접적으로 물리적 강제력을 수반하는 강제처분이 아니므로 영장주의가 적용되지 않아 영장주의에 위배된다고 할 수 없다(헌재 2016. 11. 24. 2014헌바401).

▶ **형사재판에 계속 중인 사람에 대하여 출국을 금지할 수 있다고 규정한 출입국관리법 제4조 제1항 제1호가 영장주의에 위배되는지**(소극) : 심판대상조항에 따른 법무부장관의 출국금지결정은 형사재판에 계속 중인 국민의 출국의 자유를 제한하는 행정처분일 뿐이고, 영장주의가 적용되는 신체에 대하여 직접적으로 물리적 강제력을 수반하는 강제처분이라고 할 수는 없으므로 헌법 제12조 제3항의 영장주의에 위배된다고 볼 수 없다(헌재 2015. 9. 24. 2012헌바302).

▶ **채취대상자가 동의하는 경우에 영장 없이 디엔에이감식시료를 채취할 수 있도록 규정한 디엔에이법 제8조 제3항(채취동의조항)이 영장주의와 적법절차원칙에 위배되어 신체의 자유를 침해하는지**(소극) : 동의에 의하여 디엔에이감식시료를 채취하는 경우, 채취를 거부할 수 있음을 사전에 고지하고 서면으로 동의서를 받도록 하고 있으며, 동의가 없으면 반드시 법관이 발부한 영장에 의하여 채취하도록 하고 있으므로 동의에 의하여 디엔에이감식시료를 채취하도록 규정한 조항 자체가 영장주의를 회피하는 수단이 되어 영장주의와 적법절차원칙에 반한다고 보기는 어렵다. 따라서 이 사건 채취동의조항은 영장주의와 적법절차원칙에 위배되어 신체의 자유를 침해한다고 볼 수 없다(헌재 2014. 8. 28. 2011헌마28).

▶ **범죄의 피의자로 입건된 사람들에게 경찰공무원이나 검사의 신문을 받으면서 자신의 신원을 밝히지 않고 지문채취에 불응하는 경우 형사처벌을 통하여 지문채취를 강제하는 구 경범죄처벌법 제1조 제42호가 영장주의의 원칙에 위반되는지**(소극) : 이 사건 법률조항은 형벌에 의한 불이익을 부과함으로써 심리적·간접적으로 지문채취를 강요하고 있으므로 피의자가 본인의 판단에 따라 수용여부를 결정한다는 점에서 궁극적으로 당사자의 자발적 협조가 필수적임을 전제로 하므로 물리력을 동원하여 강제로 이루어지는 경우와는 질적으로 차이가 있다. 따라서 이 사건 법률조항에 의한 지문채취의 강요는 영장주의에 의하여야 할 강제처분이라 할 수 없다(헌재 2004. 9. 23. 2002헌가17).

▶ **마약류사범에 대한 소변채취가 강제처분인지**(소극) : 교도소에서 마약류사범에게 마약류반응검사를 위하여 월 1회씩 정기적으로 하는 소변채취는 교정시설의 안전과 질서유지를 위한 목적에서 행하는 것으로 수사에 필요한 처분이 아닐 뿐만 아니라 검사대상자에게 소변을 종이컵에 채취하여 제출하도록 한 것으로서 당사자의 협력이 불가피하므로 이를 두고 강제처분이라고 할 수도 없다(헌재 2006. 7. 27. 2005헌마277).

▶ **주취운전의 혐의자에게 음주측정에 응할 의무를 부과하는 것이 강제처분인지**(소극) : 음주측정은 성질상 강제될 수 있는 것이 아니며 궁극적으로 당사자의 자발적 협조가 필수적인 것이므로 이를 두고 법관의 영장을 필요로 하는 강제처분이라 할 수 없다(헌재 1997. 3. 27. 96헌가11).

(2) 검사의 청구

1) 연혁

헌법 제12조 제3항은 "구속을 할 때에는 검사의 신청에 의하여 법관이 발부한 영장"이라고 규정함으로써 마치 모든 구속영장의 발부에는 검사의 신청이 필요한 것처럼 규정하고 있다. 이와 같은 규정은 제헌헌법에는 구속영장의 발부에 관하여 "체포, 구금, 수색에는 법관의 영장이 있어야 한다."(9조)라고만 되어 있던 것이 1962. 12. 26. 제5차 개정헌법에서 처음으로 "구금에는 검찰관의 신청에 의하여 법관이 발부한 영장을 제시하여야 한다."(10조③항) 라는 규정에 의하여 처음 도입된 이래 현행헌법에 이르기까지 같은 내용으로 존속되어 온 것이다.

2) 취지

제5차 개정헌법이 영장의 발부에 관하여 "검찰관의 신청"이라는 요건을 규정한 취지는 검찰의 다른 수사기관에 대한 수사지휘권을 확립시켜 종래 빈번히 야기되었던 검사 아닌 다른 수사기관의 영장신청에서 오는 '인권유린의 폐해를 방지'하고자 함에 있다. 따라서 현행헌법 제12조 제3항 중 "검사의 신청"이라는 부분의 취지도 모든 영장의 발부에 검사의 신청이 필요하다는 것이 아니라 수사단계에서 영장의 발부를 신청할 수 있는 자를 검사로 한정한 것으로 해석함이 타당하다(헌재 1997. 3. 27. 96헌바28).

> ⚖ **판례**
>
> ▶ **헌법 제12조 제3항과 제16조의 영장신청권에 '헌법상 검사의 수사권'이 도출되는지**(소극) : 영장신청의 신속성·효율성 측면이 아니라, 법률전문가이자 인권옹호기관인 검사로 하여금 제3자의 입장에서 수사기관의 강제수사 남용을 통제하는 취지에서 영장신청권이 헌법에 도입된 것으로 해석되므로, 헌법상 검사의 영장신청권 조항에서 '헌법상 검사의 수사권'까지 도출된다고 보기 어렵다(헌재 2023. 3. 23. 2022헌라4).
>
> ▶ **피고인을 구속하는 경우 검사의 신청 없이도 법원이 영장을 발부할 수 있도록 규정하고 있는 형사소송법 조항이 영장주의에 반하는지**(소극) : 헌법 제12조 제3항이 "구속을 할 때에 검사의 신청에 의하여 법관이 발부한 영장"이라고 규정한 취지는 수사단계에서의 영장주의를 특히 강조함과 동시에 수사단계에서의 영장신청권자를 검사로 한정한 데 있다고 해석된다(공판단계에서의 영장발부에 관한 헌법적 근거는 헌법 제12조 제1항이다). 그렇지 아니하고 헌법 제12조 제3항의 규정 취지를 공판단계에서의 영장발부에도 검사의 신청이 필요한 것으로 해석하는 것은 신체의 자유를 보장하기 위한 사법적 억제의 대상인 수사기관이 사법적 억제의 주체인 법관을 통제하는 결과를 낳아 오히려 영장주의의 본질에 반한다. 따라서 공판단계에서 법원이 직권에 의하여 구속영장을 발부할 수 있음을 규정한 형사소송법 제70조 제1항 및 제73조는 헌법 제12조 제3항에 위반되지 아니한다(헌재 1997. 3. 27. 96헌바28).
>
> ▶ **'수사처검사는 직무를 수행함에 있어서 검찰청법 제4조에 따른 검사의 직무 및 군사법원법 제37조에 따른 군검사의 직무를 수행할 수 있다'고 규정하고 있는 공수처법 제8조 제4항이 영장주의원칙을 위반하여 청구인들의 신체의 자유 등을 침해하는지**(소극) : 헌법에 규정된 영장신청권자로서의 검사는 검찰권을 행사하는 국가기관인 검사로서 공익의 대표자이자 수사단계에서의 인권옹호기관으로서의 지위에서 그에 부합하는 직무를 수행하는 자를 의미하는 것이지, 검찰청법상 검사만을 지칭하는 것으로 보기 어렵다. 수사처검사는 변호사 자격을 일정 기간 보유한 사람 중에서 임명하도록 되어 있으므로, 법률전문가로서의 자격도 충분히 갖추었다. 따라서 공수처법 제8조 제4항은 영장주의원칙을 위반하여 청구인들의 신체의 자유 등을 침해하지 않는다(헌재 2021. 1. 28. 2020헌마264).

(3) 법관의 발부

영장주의의 본질은 신체의 자유를 침해하는 강제처분을 함에 있어서는 중립적인 법관이 구체적 판단을 거쳐 발부한 영장에 의하여야만 한다는 데에 있으므로 당연히 법관이 발부해야 한다. 다만 법원이 직권으로 발부하는 영장과 수사기관의 청구에 의하여 발부하는 구속영장의 법적 성격은 같지 않은데, 전자는 명령장으로서의 성질을 갖고 후자는 허가장으로서의 성질을 갖는다(헌재 1997. 3. 27. 96헌바28).

PART 02

🔍 판례

▶**국가보안법위반죄 등 일부 범죄혐의자를 법관의 영장 없이 구속, 압수, 수색할 수 있도록 규정하고 있던 구 인신구속 등에 관한 임시 특례법 제2조 제1항이 영장주의에 위배되는지**(적극) : 영장주의의 본질은 신체의 자유를 침해하는 강제처분을 함에 있어서는 인적·물적 독립을 보장받는 제3자인 법관이 구체적 판단을 거쳐 발부한 영장에 의하여야만 한다는 데에 있으므로, 우선 형식적으로 영장주의에 위배되는 법률은 곧바로 헌법에 위반되고, 형식적으로는 영장주의를 준수하였더라도 실질적인 측면에서 입법자가 합리적인 선택범위를 일탈하는 등 그 입법형성권을 남용하였다면 그러한 법률은 자의금지원칙에 위배되어 헌법에 위반된다고 보아야 한다. 이 사건 법률조항은 수사기관이 법관에 의하여 발부된 영장 없이 일부 범죄 혐의자에 대하여 구속 등 강제처분을 할 수 있도록 규정하고 있을 뿐만 아니라, 그와 같이 영장 없이 이루어진 강제처분에 대하여 일정한 기간 내에 법관에 의한 사후영장을 발부받도록 하는 규정도 마련하지 아니함으로써, 수사기관이 법관에 의한 구체적 판단을 전혀 거치지 않고서도 임의로 불특정한 기간 동안 피의자에 대한 구속 등 강제처분을 할 수 있도록 하고 있는바, 이는 이 사건 법률조항의 입법목적과 그에 따른 입법자의 정책적 선택이 자의적이었는지 여부를 따질 필요도 없이 형식적으로 영장주의의 본질을 침해한다고 하지 않을 수 없다(헌재 2012. 12. 27. 2011헌가5).

▶**긴급체포한 피의자를 구속하고자 할 때에는 48시간 이내에 구속영장을 청구하되, 그렇지 않은 경우 사후 영장청구 없이 피의자를 즉시 석방하도록 한 형사소송법 제200조의4 제1항 및 제2항이 헌법상 영장주의에 위반되는지**(소극) : 피의자를 긴급체포하여 조사한 결과 구금을 계속할 필요가 없다고 판단하여 48시간 이내에 석방하는 경우까지도 수사기관이 반드시 체포영장발부절차를 밟게 한다면, 이는 피의자, 수사기관 및 법원 모두에게 비효율을 초래할 가능성이 있고, 경우에 따라서는 오히려 인권침해적인 상황을 발생시킬 우려도 있다. 또한 이 사건 영장청구조항은 체포한 때로부터 48시간 이내라 하더라도 피의자를 구속할 필요가 있는 때에는 지체 없이 구속영장을 청구하도록 함으로써 사후영장청구의 시간적 요건을 강화하고 있다. 따라서 이 사건 영장청구조항은 헌법상 영장주의에 위반되지 아니한다(헌재 2021. 3. 25. 2018헌바212).

▶**특별검사가 참고인에게 지정된 장소까지 동행할 것을 명령할 수 있게 하고 참고인이 정당한 이유 없이 위 동행명령을 거부한 경우 천만 원 이하의 벌금형에 처하도록 규정한 '이명박특검법' 제6조 제6항 등이 영장주의 또는 과잉금지원칙에 위배하여 청구인들의 평등권과 신체의 자유를 침해하는지**(적극) : 참고인에 대한 동행명령제도는 참고인의 신체의 자유를 사실상 억압하여 일정 장소로 인치하는 것과 실질적으로 같으므로 헌법 제12조 제3항이 정한 영장주의원칙이 적용되어야 한다. 그럼에도 법관이 아닌 특별검사가 동행명령장을 발부하도록 하고 정당한 사유 없이 이를 거부한 경우 벌금형에 처하도록 함으로써, 실질적으로는 참고인의 신체의 자유를 침해하여 지정된 장소에 인치하는 것과 마찬가지의 결과가 나타나도록 규정한 이 사건 동행명령조항은 영장주의원칙을 규정한 헌법 제12조 제3항에 위반되거나 적어도 위 헌법상 원칙을 잠탈하는 것이다(헌재 2008. 1. 10. 2007헌마1468).

▶**지방자치법에 근거한 조례에 의하여 지방의회에서의 사무감사·조사를 위한 증인의 동행명령장을 지방의회 의장이 발부하는 것이 영장주의원칙에 위배되는지**(적극) : 지방의회에서의 사무감사·조사를 위한 증인의 동행명령장제도도 증인의 신체의 자유를 억압하여 일정 장소로 인치하는 것으로서 헌법 제12조 제3항의 "체포 또는 구속"에 준하는 사태로 보아야 하고, 거기에 현행범 체포와 같이 사후에 영장을 발부받지 아니하면 목적을 달성할 수 없는 긴박성이 있다고 인정할 수는 없으므로, 헌법 제12조 제3항에 의하여 법관이 발부한 영장의제시가 있어야 함에도 불구하고 동행명령장을 법관이 아닌 지방의회 의장이 발부하고 이에 기하여 증인의 신체의 자유를 침해하여 증인을 일정 장소에 인치하도록 규정된 조례안은 영장주의원칙을 규정한 헌법 제12조 제3항에 위반된 것이다(대판 1995. 6. 30. 93추83).

▶ 검사로부터 사형, 무기 또는 10년 이상의 징역이나 금고의 형에 해당한다는 취지의 의견진술이 있는 사건에 대하여는 무죄 등의 판결이 선고된 때에도 구속영장의 효력을 잃지 않도록 규정하고 있는 형사소송법 제331조 단서가 영장주의와 적법절차원리에 위반되는지(적극): 헌법 제12조 제3항 본문에서 "체포·구속·압수 또는 수색을 할 때에는 적법한 절차에 따라 검사의 신청에 의하여 법관이 발부한 영장을 제시하여야 한다."라고 하여 인신구속에 관한 영장주의의 대원칙을 규정하고 있는데, 헌법에 명문으로 규정된 영장주의는 구속의 개시시점에 한하지 않고 구속영장의 효력을 계속 유지할 것인지 아니면 취소 또는 실효시킬 것인지의 여부도 사법권 독립의 원칙에 의하여 신분이 보장되고 있는 법관의 판단에 의하여만 결정되어야 한다는 것을 의미하고 그 밖에 검사나 다른 국가기관의 의견에 의하여 좌우되도록 하는 것은 헌법상의 적법절차의 원칙에 위배된다(헌재 1992. 12. 24. 92헌가8).

▶ 법원의 보석허가결정에 대하여 검사가 즉시항고할 수 있도록 한 형사소송법 제97조 제3항 규정이 헌법상 영장주의원칙에 위배되는지(적극): 구속여부에 관한 전권을 갖는 법관 또는 법관으로 구성된 법원이 피의자나 피고인의 구속 또는 그 유지 여부의 필요성이 있는 유무에 관하여 한 재판의 효력이 검사나 그 밖의 어느 다른 기관의 이견이나 불복이 있다 하여 좌우된다거나 제한받는다면 이는 위 영장주의에 반하고 따라서 적법절차의 원칙에도 위배된다. 이 사건 규정은 법원이 이러한 영장주의의 구현으로 결정한 보석허가결정의 집행이 즉시항고의 제기기간인 3일 동안 그리고 검사의 즉시항고가 제기된 경우는 그 즉시항고에 대한 재판이 확정될 때까지 무조건 정지되어 피고인은 석방되지 못하고 신체의 자유를 계속 박탈당한 채 구속되어 있어야 하도록 규정하고 있다. 결과적으로 이 사건 규정은 당해 피고인에 대한 보석허가결정이 부당하다는 검사의 불복을 그 피고인에 대한 구속집행을 계속 할 필요가 없다는 법원의 판단보다 우선시킨 것이며, 구속의 여부와 구속을 계속시키는 여부에 대한 판단은 헌법 제103조에 의하여 독립이 보장된 법관의 결정에만 맡기려는 영장주의에 위반된다(헌재 1993. 12. 23. 93헌가2).

▶ 법원의 구속집행정지결정에 대하여 검사가 즉시항고할 수 있도록 한 형사소송법 제101조 제3항이 헌법상 영장주의에 위배되는지(적극): 법원이 피고인의 구속 또는 그 유지 여부의 필요성에 관하여 한 재판의 효력이 검사나 다른 기관의 이견이나 불복이 있다 하여 좌우되거나 제한받는다면 이는 영장주의에 위반된다고 할 것인바, 구속집행정지결정에 대한 검사의 즉시항고를 인정하는 이 사건 법률조항은 검사의 불복을 그 피고인에 대한 구속집행을 정지할 필요가 있다는 법원의 판단보다 우선시킬 뿐만 아니라, 사실상 법원의 구속집행정지결정을 무의미하게 할 수 있는 권한을 검사에게 부여한 것이라는 점에서 헌법 제12조 제3항의 영장주의원칙에 위배된다(헌재 2012. 6. 27. 2011헌가36).

Ⅶ 이유고지 및 통지제도

헌법 제12조
⑤ 누구든지 체포 또는 구속의 이유와 변호인의 조력을 받을 권리가 있음을 고지받지 아니하고는 체포 또는 구속을 당하지 아니한다. 체포 또는 구속을 당한 자의 가족 등 법률이 정하는 자에게는 그 이유와 일시·장소가 지체 없이 통지되어야 한다.

Ⅷ 자백의 증거능력 및 증명력 제한

헌법 제12조
⑦ 피고인의 자백이 고문·폭행·협박·구속의 부당한 장기화 또는 기망 기타의 방법에 의하여 자의로 진술된 것이 아니라고 인정될 때 또는 정식재판에 있어서 피고인의 자백이 그에게 불리한 유일한 증거일 때에는 이를 유죄의 증거로 삼거나 이를 이유로 처벌할 수 없다.

제4항 신체의 자유를 보장하기 위한 형사절차상의 권리

Ⅰ 체포·구속적부심을 받을 권리

> **헌법 제12조**
> ⑥ 누구든지 체포 또는 구속을 당한 때에는 적부의 심사를 법원에 청구할 권리를 가진다.

1. 체포·구속적부심을 받을 권리의 의의

체포·구속적부심사제도를 규정하고 있는 현행 헌법 제12조 제6항의 본질적 내용은 당사자가 체포·구속된 원인관계 등에 대한 최종적인 사법적 판단절차와는 별도로 체포·구속 자체에 대한 적부 여부를 법원에 심사 청구할 수 있는 절차를 헌법적 차원에서 보장하는 규정이다(헌재 2004. 3. 25. 2002헌바104).

2. 체포·구속적부심을 받을 권리의 법적 성격

헌법 제12조 소정의 신체의 자유는 대표적인 자유권적 기본권이지만, 신체의 자유를 보장하기 위한 방법의 하나로 같은 조 제6항에 규정된 체포·구속적부심사청구권의 경우 원칙적으로 국가기관 등에 대하여 특정한 행위를 요구하거나 국가의 보호를 요구하는 절차적 기본권(청구권적 기본권)이기 때문에, 본질적으로 제도적 보장의 성격을 강하게 띠고 있다(헌재 2004. 3. 25. 2002헌바104).

> **판례**
>
> ▶ **제도적 보장의 성격이 강한 절차적 기본권의 침해 여부에 대한 위헌성심사기준**(자의금지원칙) : 체포·구속적부심사청구권의 경우 헌법적 차원에서 독자적인 지위를 가지고 있기 때문에 입법자가 전반적인 법체계를 통하여 관련자에게 그 구체적인 절차적 권리를 제대로 행사할 수 있는 기회를 최소한 1회 이상 제공하여야 할 의무가 있다. 다만, 본질적으로 제도적 보장의 성격이 강한 절차적 기본권에 관하여는 상대적으로 광범위한 입법형성권이 인정되기 때문에 관련 법률에 대한 위헌성심사를 함에 있어서는 자의금지원칙이 적용되고 따라서 현저하게 불합리한 절차법규정이 아닌 이상 이를 헌법에 위반된다고 할 수 없다(헌재 2004. 3. 25. 2002헌바104).
>
> ▶ **구속된 피의자가 적부심사청구권을 행사한 다음 검사가 전격기소를 한 경우, 법원으로부터 구속의 헌법적 정당성에 대하여 실질적 심사를 받고자 하는 청구인의 절차적 기회를 제한하는 결과를 가져오는 형사소송법 제214조의2 제1항이 헌법에 합치되는지**(소극) : 구속된 피의자가 적부심사청구권을 행사한 경우 검사는 그 적부심사절차에서 피구속자와 대립하는 반대 당사자의 지위만을 가지게 됨에도 불구하고 헌법상 독립된 법관으로부터 심사를 받고자 하는 청구인의 '절차적 기회'가 반대 당사자의 '전격기소'라고 하는 일방적 행위에 의하여 제한되어야 할 합리적인 이유가 없고, 검사가 전격기소를 한 이후 청구인에게 '구속취소'라는 후속절차가 보장되어 있다고 하더라도 그에 따르는 적지 않은 시간적, 정신적, 경제적인 부담을 청구인에게 지워야 할 이유도 없으며, 기소이전단계에서 이미 행사된 적부심사청구권의 당부에 대하여 법원으로부터 실질적인 심사를 받을 수 있는 청구인의 절차적 기회를 완전히 박탈하여야 하는 합리적인 근거도 없기 때문에, 입법자는 그 한도 내에서 적부심사청구권의 본질적 내용을 제대로 구현하지 아니하였다고 보아야 한다(헌재 2004. 3. 25. 2002헌바104 헌법불합치).

Ⅱ 고문을 받지 않을 권리

> **헌법 제12조**
> ② 모든 국민은 고문을 받지 아니한다.

Ⅲ 진술거부권

> **헌법 제12조**
> ② 모든 국민은 형사상 자기에게 불리한 진술을 강요당하지 아니한다.

1. 진술거부권의 의의

진술거부권이란 피고인 또는 피의자가 수사절차나 공판절차에서 수사기관 또는 법원의 심문에 대하여 진술을 거부할 수 있는 권리를 말한다. 이러한 진술거부권은 고문 등 폭행에 의한 강요는 물론 법률로써도 진술을 강요당하지 아니함을 의미한다(헌재 1997. 3. 27. 96헌가11).

2. 진술거부권의 취지

우리 헌법이 진술거부권을 국민의 기본적 권리로 보장하는 것은 첫째, 피고인 또는 피의자의 인권을 실체적 진실발견이나 사회정의의 실현이라는 국가이익보다 우선적으로 보호함으로써 인간의 존엄성과 가치를 보장하고, 나아가 비인간적인 자백의 강요와 고문을 근절하려는 데 있고, 둘째, 피고인 또는 피의자와 검사 사이에 무기평등을 도모하여 공정한 재판의 이념을 실현하려는 데 있다(헌재 2005. 12. 22. 2004헌바25).

3. 진술거부권의 내용

(1) 진술거부권의 주체와 적용범위

진술거부권은 현재 피의자나 피고인으로서 수사 또는 공판절차에 계속중인 자뿐만 아니라 장차 피의자나 피고인이 될 자에게도 보장된다. 따라서 진술거부권은 형사절차뿐만 아니라 행정절차나 국회에서의 조사절차 등에서도 보장된다(헌재 2005. 12. 22. 2004헌바25).

(2) 진술거부권의 대상

1) 형사상 자기에게 불리

진술거부권에 있어서의 진술이란 형사상 자신에게 불이익이 될 수 있는 진술이므로 범죄의 성립과 양형에서의 불리한 사실 등을 말하는 것이고, 그 진술내용이 자기의 형사책임에 관련되는 것일 것을 전제로 한다(헌재 2014. 9. 25. 2013헌마11).

> **🔍 판례**
>
> ▶ **민사집행법상 재산명시의무를 위반한 채무자에 대하여 법원이 결정으로 20일 이내의 감치에 처하도록 규정한 민사집행법 제68조 제1항이 청구인의 진술거부권을 침해하는지**(소극) : 헌법상 진술거부권의 보호대상이 되는 '진술'이라 함은 언어적 표출 즉, 개인의 생각이나 지식, 경험사실을 정신작용의 일환인 언어를 통하여 표출하는 것을 의미한다. 채무자가 재산명시기일에 제출하는 재산목록에는 강제집행의 대상이 되는 재산과 일정한 범위 내의 유상양도 및 무상처분 등의 거래사항을 명시해야 하는바, 이는 채무자의 경험사실을 문자로 기재하도록 한 것이므로 '진술'의 범위에 포함된다. 진술거부권에 있어서의 진술이란 형사상 자신에게 불이익이 될 수 있는 진술이므로 범죄의 성립과 양형에서의 불리한 사실 등을 말하는 것이고, 그 진술내용이 자기의 형사책임에 관련되는 것일 것을 전제로 한다. 그런데 심판대상조항에 의한 감치는 형사적 제재가 아니라 재산명시의무를 간접강제하기 위한 민사적 성격의 제재이다. 그렇다면 채무자의 재산명시기일에서의 재산목록 작성·제출행위는 형사상 불이익한 진술에 해당한다고 볼 수 없다(헌재 2014. 9. 25. 2013헌마11).

PART 02

2) 진술

진술거부권의 보호대상이 되는 진술이란 언어적 표출, 즉 개인의 생각이나 지식, 경험사실을 정신작용의 일환인 언어를 통하여 표출하는 것을 의미한다(헌재 2005. 12. 22. 2004헌바25).

> **판례**
>
> ▶ **음주측정불응죄 처벌이 진술거부권을 침해하는지**(소극) : 도로교통법 제41조 제2항에 규정된 음주측정은 호흡측정기에 입을 대고 호흡을 불어 넣음으로써 신체의 물리적, 사실적 상태를 그대로 드러내는 행위에 불과하므로 이를 두고 "진술"이라 할 수 없다(헌재 1997. 3. 27. 96헌가11).
>
> ▶ **정치자금의 수입과 지출에 관한 내역을 '기재'하게 하는 것이 진술을 강요하는 것인지**(적극) : 정치자금을 받고 지출하는 행위는 당사자가 직접 경험한 사실로서 이를 문자로 기재하도록 하는 것은 당사자가 자신의 경험을 말로 표출한 것의 등가물로 평가할 수 있으므로, 위 조항들이 정하고 있는 기재행위 역시 "진술"의 범위에 포함된다(헌재 2005. 12. 22. 2004헌바25).

(3) 진술거부권의 효과

피의자의 진술거부권은 헌법이 보장하는 형사상 자기에 불리한 진술을 강요당하지 않는 자기부죄거부의 권리에 터 잡은 것이므로 수사기관이 피의자를 신문함에 있어서 피의자에게 미리 진술거부권을 고지하지 않은 때에는 그 피의자의 진술은 위법하게 수집된 증거로서 진술의 임의성이 인정되는 경우라도 증거능력이 부인되어야 한다(대판 1992. 6. 23. 92도682).

> **판례**
>
> ▶ **진술거부권이 보장되는 절차에서 진술거부권을 고지받을 권리가 헌법 제12조 제2항에 의하여 바로 도출되는지**(소극) : 진술거부권이 보장되는 절차에서 진술거부권을 고지받을 권리가 헌법 제12조 제2항에 의하여 바로 도출된다고 할 수는 없고, 이를 인정하기 위해서는 입법적 뒷받침이 필요하다(대판 2014. 1. 16. 2013도5441).

Ⅳ 변호인의 조력을 받을 권리

> **헌법 제12조**
> ④ 누구든지 체포 또는 구속을 당한 때에는 즉시 변호인의 조력을 받을 권리를 가진다. 다만, 형사피고인이 스스로 변호인을 구할 수 없을 때에는 법률이 정하는 바에 의하여 국가가 변호인을 붙인다.
> ⑤ 누구든지 체포 또는 구속의 이유와 변호인의 조력을 받을 권리가 있음을 고지받지 아니하고는 체포 또는 구속을 당하지 아니한다. 체포 또는 구속을 당한 자의 가족등 법률이 정하는 자에게는 그 이유와 일시·장소가 지체없이 통지되어야 한다.

1. 변호인의 조력을 받을 권리의 의의

변호인의 조력을 받을 권리란 국가권력의 일방적인 형벌권 행사에 대항하여 자신에게 부여된 헌법상·소송법상 권리를 효율적이고 독립적으로 행사하기 위하여 변호인의 도움을 얻을 피의자 및 피고인의 권리를 말한다(헌재 2016. 4. 28. 2015헌마243). 헌법 제12조 제4항에서 '변호인의 조력'은 '변호인의 충분한 조력'을 의미하는 것인바, 신체구속을 당한 사람에 대하여 변호인의 충분한 조력을 받게 하기 위하여서는 무엇보다도 먼저 신체구속을 당한 사람이 변호인과 충분한 상담을 할 수 있도록 해 주어야만 할 것이므로 변호인의 조력을 받을 권리의 필수적 내용은 신체구속을 당한 사람과 변호인과의 접견교통이다(헌재 2016. 4. 28. 2015헌마243).

⚖ 판례

▶ **변호인의 조력을 받을 권리의 취지**: 무죄추정을 받고 있는 피의자 등에 대하여 신체구속의 상황에서 생기는 여러 가지 폐해를 제거하고 구속이 그 본래의 목적에서 벗어나 부당하게 이용되지 않도록 보장하기 위하여 헌법 제12조 제4항 본문은 신체구속을 당한 사람에 대하여 변호인의 조력을 받을 권리를 기본권으로 보장하고 있는 것이다. 구속된 피의자 등의 변호인 조력을 받을 권리를 헌법상 기본권으로 인정하는 이유 및 그 필요성은 체포된 피의자 등의 경우에도 마찬가지이다(헌재 2019. 2. 28. 2015헌마1204).

2. 변호인의 조력을 받을 권리의 주체

(1) 피의자와 피고인

불구속 피의자의 경우에도 변호인의 조력을 받을 권리는 우리 헌법에 나타난 법치국가원리, 적법절차원칙에서 인정되는 당연한 내용이고, 헌법 제12조 제4항도 이를 전제로 특히 신체구속을 당한 사람에 대하여 변호인의 조력을 받을 권리의 중요성을 강조하기 위하여 별도로 명시하고 있다(헌재 2004. 9. 23. 2000헌마138).

(2) 수형자

변호인의 조력을 받을 권리는 형사절차에서 피의자 또는 피고인이 검사 등 수사·공소기관과 대립되는 당사자의 지위에서 변호인 또는 변호인이 되려는 자와 사이에 충분한 접견교통에 의하여 피의사실이나 공소사실에 대하여 충분하게 방어할 수 있도록 함으로써 피고인이나 피의자의 인권을 보장하려는 데 그 제도의 취지가 있는 점에 비추어 보면, 형사절차가 종료되어 교정시설에 수용 중인 수형자는 원칙적으로 변호인의 조력을 받을 권리의 주체가 될 수 없다. 다만, 수형자의 경우에도 재심절차 등에는 변호인 선임을 위한 일반적인 교통·통신이 보장될 수도 있다(헌재 1998. 8. 27. 96헌마398).

3. 변호인의 조력을 받을 권리의 인정 범위

(1) 구속

우리 헌법은 제헌헌법 이래 신체의 자유를 보장하는 규정을 두었는데, 원래 "구금"이라는 용어를 사용해 오다가 현행 헌법 개정시에 이를 "구속"이라는 용어로 바꾸었다. '국민의 신체와 생명에 대한 보호를 강화'하는 것이 현행헌법의 주요 개정이유임을 고려하면, 현행헌법이 종래의 "구금"을 "구속"으로 바꾼 것은 헌법 제12조에 규정된 신체의 자유의 보장 범위를 구금된 사람뿐 아니라 구인된 사람에게까지 넓히기 위한 것으로 해석하는 것이 타당하다(헌재 2018. 5. 31. 2014헌마346).

(2) 형사절차와 행정절차

헌법 제12조 제4항 본문에 규정된 "구속"은 사법절차에서 이루어진 구속뿐 아니라, 행정절차에서 이루어진 구속까지 포함하는 개념이다. 따라서 헌법 제12조 제4항 본문에 규정된 변호인의 조력을 받을 권리는 행정절차에서 구속을 당한 사람에게도 즉시 보장된다(헌재 2018. 5. 31. 2014헌마346).

판례

▶ **변호사와 접견하는 경우에도 수용자의 접견은 원칙적으로 접촉차단시설이 설치된 장소에서 하도록 규정하고 있는 형집행법 시행령 제58조 제4항이 변호인의 조력을 받을 권리를 제한하는지**(소극) : 변호인의 조력을 받을 권리에 대한 헌법과 법률의 규정 및 취지에 비추어 보면, '형사사건에서 변호인의 조력을 받을 권리'를 의미한다고 보아야 할 것이므로 형사절차가 종료되어 교정시설에 수용 중인 수형자나 미결수용자가 형사사건의 변호인이 아닌 민사 재판, 행정재판, 헌법재판 등에서 변호사와 접견할 경우에는 원칙적으로 헌법상 변호인의 조력을 받을 권리의 주체가 될 수 없다. 따라서 이 사건 접견조항에 의하여 헌법상 변호인의 조력을 받을 권리가 제한된다고 볼 수는 없다(헌재 2013. 8. 29. 2011헌마122).

▶ **변호사와 접견하는 경우에도 수용자의 접견은 원칙적으로 접촉차단시설이 설치된 장소에서 하도록 규정하고 있는 형집행법 시행령 제58조 제4항이 재판청구권을 침해하는지**(적극) : 이 사건 접견조항에 따르면 수용자는 효율적인 재판준비를 하는 것이 곤란하게 되고, 특히 교정시설 내에서의 처우에 대하여 국가 등을 상대로 소송을 하는 경우에는 소송의 상대방에게 소송자료를 그대로 노출하게 되어 무기대등의 원칙이 훼손될 수 있다. 따라서 이 사건 접견조항은 과잉금지원칙에 위배하여 청구인의 재판청구권을 지나치게 제한하고 있으므로, 헌법에 위반된다(헌재 2013. 8. 29. 2011헌마122 헌법불합치).

▶ **수형자인 청구인이 헌법소원 사건의 국선대리인인 변호사를 접견함에 있어서 그 접견내용을 녹음, 기록한 교도소장의 행위가 변호인의 조력을 받을 권리를 침해하는지**(소극) : 변호인의 조력을 받을 권리는 '형사사건'에서의 변호인의 조력을 받을 권리를 의미한다. 따라서 수형자가 형사사건의 변호인이 아닌 민사사건, 행정사건, 헌법소원사건 등에서 변호사와 접견할 경우에는 원칙적으로 헌법상 변호인의 조력을 받을 권리의 주체가 될 수 없다 할 것이므로, 이 사건 녹취행위에 의하여 청구인의 변호인의 조력을 받을 권리가 침해되었다고 할 수는 없다(헌재 2013. 9. 26. 2011헌마398).

▶ **수형자인 청구인이 헌법소원 사건의 국선대리인인 변호사를 접견함에 있어서 그 접견내용을 녹음, 기록한 교도소장의 행위가 청구인의 재판을 받을 권리를 침해하는지**(적극) : 수형자와 변호사와의 접견내용을 녹음, 녹화하게 되면 그로 인해 제3자인 교도소 측에 접견내용이 그대로 노출되므로 수형자와 변호사는 상담과정에서 상당히 위축될 수밖에 없고, 특히 소송의 상대방이 국가나 교도소 등의 구금시설로서 그 내용이 구금시설 등의 부당처우를 다투는 내용일 경우에 접견내용에 대한 녹음, 녹화는 실질적으로 당사자대등의 원칙에 따른 무기평등을 무력화시킬 수 있다. 변호사는 다른 전문직에 비하여도 더욱 엄격한 직무의 공공성 등이 강조되고 있는 지위에 있으므로, 소송사건의 변호사가 접견을 통하여 수형자와 모의하는 등으로 법령에 저촉되는 행위를 하거나 이에 가담하는 등의 행위를 할 우려는 거의 없다. 이 사건에 있어서 청구인과 헌법소원 사건의 국선대리인인 변호사의 접견내용에 대해서는 접견의 목적이나 접견의 상대방 등을 고려할 때 녹음, 기록이 허용되어서는 아니 될 것임에도, 이를 녹음, 기록한 행위는 청구인의 재판을 받을 권리를 침해한다(헌재 2013. 9. 26. 2011헌마398).

▶ **인천국제공항에서 난민인정신청을 하였으나 난민인정심사불회부결정을 받고 인천국제공항 송환대기실에 약 5개월째 수용된 청구인의 변호인 접견신청을 인천공항출입국 · 외국인청장이 거부한 행위가 청구인에게 보장되는 헌법 제12조 제4항 본문에 의한 변호인의 조력을 받을 권리를 침해한 것인지**(적극) : 헌법 제12조 제4항 본문에 규정된 기본권인 변호인의 조력을 받을 권리도 헌법 제37조 제2항에 규정된 요건에 따라 합헌적으로 제한할 수 있다. 헌법 제37조 제2항에 따르면 변호인의 조력을 받을 권리는 "법률로써" 제한할 수 있다. 난민법 제6조 제2항 내지 제4항에는 출입국항에서 난민인정신청서를 제출한 사람을 난민인정심사회부 여부가 결정될 때까지 최장 7일의 범위에서 출입국항에 있는 일정한 장소에 머무르도록 할 수 있는 근거규정이 마련되어 있다. 그러나 이 사건 변호인 접견신청 거부는 청구인이 난민인정심사 불회부 결정을 받은 후 5개월째 구속되어 있던 때에 이루어졌으므로 위 난민법 규정의 적용 대상이 아닐뿐더러, 위 규정에도 변호인 접견권의 제한에 관한 내용은 없다. 그 밖에 현행법상 청구인의 변호인조력권 제한의 근거 법률이 없다. 이 사건 변호인 접견신청 거부는 아무런 법률상 근거가 없다. 따라서 이 사건 변호인 접견신청 거부는 청구인의 변호인의 조력을 받을 권리를 침해하므로 헌법에 위반된다(헌재 2018. 5. 31. 2014헌마346).

4. 변호인의 조력을 받을 권리의 내용

(1) 변호인 선임권

헌법 제12조 제4항 본문은 체포 또는 구속을 당한 때에 "즉시" 변호인의 조력을 받을 권리를 가진다고 규정함으로써 변호인이 선임되기 이전에도 피의자 등에게 변호인의 조력을 받을 권리가 있음을 분명히 하고 있다. 아직 변호인을 선임하지 않은 피의자 등의 변호인 조력을 받을 권리는 변호인 선임을 통하여 구체화되는데, 피의자 등의 변호인 선임권은 변호인의 조력을 받을 권리의 출발점이자 가장 기초적인 구성부분으로서 법률로써도 제한할 수 없는 권리이다. 따라서 변호인 선임을 위하여 피의자 등이 가지는 '변호인이 되려는 자'와의 접견교통권 역시 헌법상 기본권으로 보호되어야 한다(헌재 2019. 2. 28. 2015헌마1204).

(2) 변호인과의 접견교통권

1) 접견교통권의 전제

변호인의 조력은 구속된 자와 변호인의 대화내용에 대하여 비밀이 완전히 보장되고 어떠한 제한, 영향, 압력 또는 부당한 간섭없이 자유롭게 대화할 수 있는 접견을 통하여서만 가능하고 이러한 자유로운 접견은 구속된 자와 변호인의 접견에 교도관이나 수사관 등 관계공무원의 참여가 없어야 가능할 것이다. 따라서 구속된 사람을 계호함에 있어서도 관계공무원은 구속된 자와 변호인의 대담내용을 들을 수 있거나 녹음이 가능한 거리에 있어서는 아니되며 계호나 그 밖의 구실아래 대화장면의 사진을 찍는 등 불안한 분위기를 조성하여 자유로운 접견에 지장을 주어서도 아니될 것이다(헌재 1992. 1. 28. 91헌마111).

2) 접견교통권의 내용

변호인 등은 구속된 자와의 접견교통에 의하여 그에게 피의사실이나 공소사실의 의미와 진술거부권 등의 중요성 및 행사방법을 인식시키며 자백강요나 고문 등에 대한 적절한 대응방법을 가르쳐 허위자백을 하지 않도록 권고하고 피의자로부터 수사기관의 부당한 조사 유무를 수시로 확인할 수 있다(헌재 1995. 7. 21. 92헌마144).

3) 접견교통권의 제한

변호인과의 자유로운 접견은 신체구속을 당한 사람에게 보장된 변호인의 조력을 받을 권리의 가장 중요한 내용이어서 국가안전보장·질서유지 또는 공공복리 등 어떠한 명분으로도 제한될 수 있는 성질의 것이 아니라고 할 것이나, 이는 구속된 자와 변호인 간의 접견이 실제로 이루어지는 경우에 있어서의 '자유로운 접견', 즉 '대화내용에 대하여 비밀이 완전히 보장되고 어떠한 제한, 영향, 압력 또는 부당한 간섭 없이 자유롭게 대화할 수 있는 접견'을 제한할 수 없다는 것이지, 변호인과의 접견 자체에 대해 아무런 제한도 가할 수 없다는 것을 의미하는 것은 아니다(헌재 2011. 5. 26. 2009헌마341).

즉, 변호인의 조력을 받을 권리 역시 다른 모든 헌법상 기본권과 마찬가지로 국가안전보장·질서유지 또는 공공복리를 위하여 필요한 경우에는 법률로써 제한할 수 있는 것이며, 변호인의 조력을 받을 권리의 내용 중 하나인 변호인과의 접견교통권 역시 국가안전보장·질서유지 또는 공공복리를 위해 필요한 경우에는 법률로써 제한될 수 있다(헌재 2016. 4. 28. 2015헌마243).

판례

▶ **미결수용자 또는 변호인이 원하는 특정한 시점의 접견 불허가 변호인의 조력을 받을 권리를 침해하는지**(소극) : 변호인의 조력을 받을 권리를 보장하는 목적은 피의자 또는 피고인의 방어권 행사를 보장하기 위한 것이므로, 미결수용자 또는 변호인이 원하는 특정한 시점에 접견이 이루어지지 못하였다 하더라도 그것만으로 곧바로 변호인의 조력을 받을 권리가 침해되었다고 단정할 수는 없는 것이고, 변호인의 조력을 받을 권리가 침해되었다고 하기 위해서는 접견이 불허된 특정한 시점을 전후한 수사 또는 재판의 진행 경과에 비추어 보아, 그 시점에 접견이 불허됨으로써 피의자 또는 피고인의 방어권 행사에 어느 정도는 불이익이 초래되었다고 인정할 수 있어야만 하며, 그 시점을 전후한 변호인 접견의 상황이나 수사 또는 재판의 진행 과정에 비추어 미결수용자가 방어권을 행사하기 위해 변호인의 조력을 받을 기회가 충분히 보장되었다고 인정될 수 있는 경우에는, 비록 미결수용자 또는 그 상대방인 변호인이 원하는 특정 시점에는 접견이 이루어지지 못하였다 하더라도 변호인의 조력을 받을 권리가 침해되었다고 할 수 없다(헌재 2011. 5. 26. 2009헌마341).

▶ **미결수용자와 변호인 사이의 서신을 검열한 행위가 헌법에 위반되는지**(적극) : 헌법 제12조 제4항 본문은 신체구속을 당한 사람에 대하여 변호인의 조력을 받을 권리를 규정하고 있는바, 이를 위하여서는 신체구속을 당한 사람에게 변호인과 사이의 충분한 접견교통을 허용함은 물론 교통내용에 대하여 비밀이 보장되고 부당한 간섭이 없어야 하는 것이며, 이러한 취지는 접견의 경우뿐만 아니라 변호인과 미결수용자 사이의 서신에도 적용되어 그 비밀이 보장되어야 할 것이다. 다만 미결수용자와 변호인 사이의 서신으로서 그 비밀을 보장받기 위하여는, 첫째, 교도소측에서 상대방이 변호인이라는 사실을 확인할 수 있어야 하고, 둘째, 서신을 통하여 마약 등 소지금지품의 반입을 도모한다든가 그 내용에 도주·증거인멸·수용시설의 규율과 질서의 파괴·기타 형벌법령에 저촉되는 내용이 기재되어 있다고 의심할 만한 합리적인 이유가 있는 경우가 아니어야 한다(헌재 1995. 7. 21. 92헌마144).

▶ **미결수용자와 변호인이 아닌 자 사이의 서신을 검열한 행위가 헌법에 위반되는지**(소극) : 질서유지 또는 공공복리를 위하여 구속제도가 헌법 및 법률상 이미 용인되어 있는 이상, 미결수용자는 구속제도 자체가 가지고 있는 일면의 작용인 사회적 격리의 점에 있어 외부와의 자유로운 교통과는 상반되는 성질을 가지고 있으므로, 증거인멸이나 도망을 예방하고 교도소 내의 질서를 유지하여 미결구금제도를 실효성 있게 운영하고 일반사회의 불안을 방지하기 위하여 미결수용자의 서신에 대한 검열은 그 필요성이 인정된다고 할 것이고, 이로 인하여 미결수용자의 통신의 비밀이 일부제한되는 것은 질서유지 또는 공공복리라는 정당한 목적을 위하여 불가피할 뿐만 아니라 유효적절한 방법에 의한 최소한의 제한으로서 헌법에 위반된다고 할 수 없다(헌재 1995. 7. 21. 92헌마144).

▶ **수형자의 서신을 검열하는 것이 수형자의 통신의 자유 등 기본권을 침해하는 것인지**(소극) : 수형자를 구금하는 목적은 자유형의 집행이고, 자유형의 본질상 수형자에게는 외부와의 자유로운 교통·통신에 대한 제한이 수반된다. 수형자의 교화·갱생을 위하여 서신수발의 자유를 허용하는 것이 필요하다고 하더라도, 구금시설은 다수의 수형자를 집단으로 관리하는 시설로서 규율과 질서유지가 필요하므로 수형자의 서신수발의 자유에는 내재적 한계가 있고, 구금의 목적을 달성하기 위하여 수형자의 서신에 대한 검열은 불가피하다. 현행법령과 제도하에서 수형자가 수발하는 서신에 대한 검열로 인하여 수형자의 통신의 비밀이 일부 제한되는 것은 국가안전보장·질서유지 또는 공공복리라는 정당한 목적을 위하여 부득이할 뿐만 아니라 유효적절한 방법에 의한 최소한의 제한이며 통신의 자유의 본질적 내용을 침해하는 것이 아니다(헌재 1998. 8. 27. 96헌마398).

▶구치소장이 변호인접견실에 CCTV를 설치하여 미결수용자와 변호인 간의 접견을 관찰한 행위가 변호인의 조력을 받을 권리를 침해하는지(소극) : 이 사건 CCTV 관찰행위는 금지물품의 수수나 교정사고를 방지하거나 이에 적절하게 대처하기 위한 것으로 교도관의 육안에 의한 시선계호를 CCTV 장비에 의한 시선계호로 대체한 것에 불과하므로 그 목적의 정당성과 수단의 적합성이 인정된다. 형집행법 및 형집행법 시행규칙은 수용자가 입게 되는 피해를 최소화하기 위하여 CCTV의 설치ㆍ운용에 관한 여러 가지 규정을 두고 있고, 이에 따라 변호인접견실에 설치된 CCTV는 교도관이 CCTV를 통해 미결수용자와 변호인 간의 접견을 관찰하더라도 접견내용의 비밀이 침해되거나 접견교통에 방해가 되지 않도록 조치를 취하고 있는 점, 금지물품의 수수를 적발하거나 교정사고를 효과적으로 방지하고 교정사고가 발생하였을 때 신속하게 대응하기 위하여는 CCTV를 통해 관찰하는 방법 외에 더 효과적인 다른 방법을 찾기 어려운 점 등에 비추어 보면, 이 사건 CCTV 관찰행위는 그 목적을 달성하기 위하여 필요한 범위 내의 제한으로 침해의 최소성을 갖추었다. CCTV 관찰행위로 침해되는 법익은 변호인접견 내용의 비밀이 폭로될 수 있다는 막연한 추측과 감시받고 있다는 심리적인 불안 내지 위축으로 법익의 침해가 현실적이고 구체화되어 있다고 보기 어려운 반면, 이를 통하여 구치소 내의 수용질서 및 규율을 유지하고 교정사고를 방지하고자 하는 것은 교정시설의 운영에 꼭 필요하고 중요한 공익이므로, 법익의 균형성도 갖추었다(헌재 2016. 4. 28. 2015헌마243).

▶교도관이 미결수용자와 변호인 간에 주고받는 서류를 확인하고, 소송관계서류처리부에 그 제목을 기재하여 등재한 행위가 변호인의 조력을 받을 권리를 침해하는지(소극) : 미결수용자와 변호인 간에 주고받는 서류를 확인하고 이를 소송관계서류처리부에 등재하는 행위는 미결수용자의 변호인 접견교통권을 제한하는 행위이다. 이 사건 서류 확인 및 등재행위는 구금시설의 안전과 질서를 유지하고, 금지물품이 외부로부터 반입 또는 외부로 반출되는 것을 차단하기 위한 것으로서 그 목적이 정당하고, 변호인 접견 시 수수된 서류에 소송서류 외에 제3자 앞으로 보내는 서신과 같은 서류가 포함되어 있는지 또는 금지물품이 서류 속에 숨겨져 있는지 여부를 확인하고 이를 기록하는 것은 위 목적 달성에 적절한 수단이다. 서류확인 및 등재는 변호인 접견이 종료된 뒤 이루어지고, 교도관은 변호인과 미결수용자가 지켜보는 가운데 서류를 확인하여 그 제목 등을 소송관계처리부에 기재하여 등재하므로 내용에 대한 검열이 이루어질 수도 없는 점에 비추어 보면 침해의 최소성 요건을 갖추었고, 달성하고자 하는 공익과 제한되는 청구인의 사익 간에 불균형이 발생한다고 볼 수 없으므로 법익의 균형성도 갖추었다(헌재 2016. 4. 28. 2015헌마243).

▶교도소장이 금지물품 동봉 여부를 확인하기 위하여 미결수용자와 같은 지위에 있는 수형자의 변호인이 위 수형자에게 보낸 서신을 개봉한 후 교부한 행위가 위 수형자가 변호인의 조력을 받을 권리를 침해하는지(소극) : 이 사건 서신개봉행위는 교정사고를 미연에 방지하고 교정시설의 안전과 질서유지를 위한 것이다. 수용자에게 변호인이 보낸 형사소송관련 서신이라는 이유만으로 금지물품 확인 과정 없이 서신이 무분별하게 교정시설 내에 들어오게 된다면, 이를 악용하여 마약ㆍ담배 등 금지물품의 반입 등이 이루어질 가능성을 배제하기 어렵다. 금지물품을 확인할 뿐 변호인이 보낸 서신 내용의 열람ㆍ지득 등 검열을 하는 것이 아니어서, 이 사건 서신개봉행위로 인하여 미결수용자와 같은 지위에 있는 수형자가 새로운 형사사건 및 형사재판에서 방어권행사에 불이익이 있었다거나 그 불이익이 예상된다고 보기도 어렵다. 이 사건 서신개봉행위와 같이 금지물품이 들어 있는지를 확인하기 위하여 서신을 개봉하는 것만으로는 미결수용자와 같은 지위에 있는 수형자가 변호인의 조력을 받을 권리를 침해하지 아니한다(헌재 2021. 10. 28. 2019헌마973).

(3) 변호인과 상담하고 조언을 구할 권리

피의자ㆍ피고인의 구속 여부를 불문하고 조언과 상담을 통하여 이루어지는 변호인의 조력자로서의 역할은 변호인 선임권과 마찬가지로 변호인의 조력을 받을 권리의 내용 중 가장 핵심적인 것이고, 변호인과 상담하고 조언을 구할 권리는 변호인의 조력을 받을 권리의 내용 중 구체적인 입법형성이 필요한 다른 절차적 권리의 필수적인 전제요건으로서 변호인의 조력을 받을 권리 그 자체에서 막바로 도출되는 것이다(헌재 2004. 9. 23. 2000헌마138).

(4) 피의자신문 시 변호인 참여 요구권

불구속 피의자나 피고인의 경우 형사소송법상 특별한 명문의 규정이 없더라도 스스로 선임한 변호인의 조력을 받기 위하여 변호인을 옆에 두고 조언과 상담을 구하는 것은 수사절차의 개시에서부터 재판절차의 종료에 이르기까지 언제나 가능하다. 따라서 불구속 피의자가 피의자신문시 변호인의 조언과 상담을 원한다면, 위법한 조력의 우려가 있어 이를 제한하는 다른 규정이 있고 그가 이에 해당한다고 하지 않는 한 수사기관은 피의자의 위 요구를 거절할 수 없다(헌재 2004. 9. 23. 2000헌마138).

> 🔨 **판례**
>
> ▶ 서울중앙검찰청 검사가 청구인들로부터 청구인들에 대한 피의자신문시 변호인들이 참여하여 조력할 수 있도록 해 달라는 요청을 받았음에도 불구하고 이를 거부한 행위가 청구인들의 변호인의 조력을 받을 권리를 침해한 것인지(적극) : 이 사건에서 피청구인은 청구인들이 조언과 상담을 구하기 위하여 한 피의자신문시 변호인참여 요구를 거부하면서 그 사유를 밝히지도 않았고, 그에 관한 자료도 제출하지도 않았다. 따라서 아무런 이유 없이 피의자신문시 청구인들의 변호인과의 조언과 상담요구를 제한한 이 사건 행위는 청구인들의 변호인의 조력을 받을 권리를 침해하였으므로 취소되어야 할 것이나, 그 행위로 인하여 초래된 위헌적 상태가 이미 종료되었으므로 이를 취소하는 대신 위 행위가 위헌임을 확인하는 것이다(헌재 2004. 9. 23. 2000헌마138).

(5) 수사기록 열람·등사신청권

변호인의 조력을 받을 권리는 변호인과의 자유로운 접견교통권에 그치지 아니하고 더 나아가 변호인을 통하여 수사서류를 포함한 소송관계 서류를 열람·등사하고 이에 대한 검토결과를 토대로 공격과 방어의 준비를 할 수 있는 권리도 포함된다고 보아야 할 것이므로 변호인의 수사기록 열람·등사에 대한 지나친 제한은 결국 피고인에게 보장된 변호인의 조력을 받을 권리를 침해하는 것이다(헌재 1997. 11. 27. 94헌마60).

> 🔨 **판례**
>
> ▶ 변호인의 수사서류 열람·등사권과 피고인의 신속·공정한 재판을 받을 권리 및 변호인의 조력을 받을 권리와의 관계 : 피고인의 신속·공정한 재판을 받을 권리 및 변호인의 조력을 받을 권리는 헌법이 보장하고 있는 기본권이고, 변호인의 수사서류 열람·등사권은 피고인의 신속·공정한 재판을 받을 권리 및 변호인의 조력을 받을 권리라는 헌법상 기본권의 중요한 내용이자 구성요소이며 이를 실현하는 구체적인 수단이 된다. 따라서 변호인의 수사서류 열람·등사를 제한함으로 인하여 결과적으로 피고인의 신속·공정한 재판을 받을 권리 또는 변호인의 충분한 조력을 받을 권리가 침해된다면 이는 헌법에 위반되는 것이다(헌재 2010. 6. 24. 2009헌마257).
>
> ▶ 법원의 수사서류 열람·등사 허용 결정에도 불구하고 검사가 해당 수사서류의 등사를 거부한 행위가 청구인들의 신속하고 공정한 재판을 받을 권리 및 변호인의 조력을 받을 권리를 침해하는지(적극) : 피청구인은 법원의 수사서류 열람·등사 허용 결정 이후 해당 수사서류에 대한 열람은 허용하고 등사만을 거부하였는데, 변호인이 수사서류를 열람은 하였지만 등사가 허용되지 않는다면, 변호인은 형사소송절차에서 청구인들에게 유리한 수사서류의 내용을 법원에 현출할 수 있는 방법이 없어 불리한 지위에 놓이게 되고, 그 결과 청구인들을 충분히 조력할 수 없음이 명백하므로, 피청구인이 수사서류에 대한 등사만을 거부하였다 하더라도 청구인들의 신속·공정한 재판을 받을 권리 및 변호인의 조력을 받을 권리가 침해되었다고 보아야 한다. 한편 검사의 열람·등사 거부처분에 대한 정당성 여부가 법원에 의하여 심사된 마당에 헌법재판소가 다시 열람·등사 제한의 정당성 여부를 심사하게 된다면 이는 법원의 결정에 대한 당부의 통제가 되는 측면이 있는 점 등을 고려하여 볼 때, 수사서류에 대한 법원의 열람·등사 허용 결정이 있음에도 검사가 열람·등사를 거부하는 경우 수사서류 각각에 대하여 검사가 열람·등사를 거부할 정당한 사유가 있는지를 심사할 필요 없이 그 거부행위 자체로써 청구인들의 기본권을 침해하는 것이 되고, 이는 법원의 수사서류에 대한 열람·등사 허용 결정이 있음에도 검사인 피청구인이 해당 서류에 대한 열람만을 허용하고 등사를 거부하는 경우에도 마찬가지이다(헌재 2017. 12. 28. 2015헌마632).

> ▶별건으로 공소제기 후 확정되어 검사가 보관하고 있는 서류에 대하여 법원의 열람·등사 허용 결정이 있었음에도 검사가 청구인에 대한 형사사건과의 관련성을 부정하면서 해당 서류의 열람·등사를 허용하지 아니한 행위가 청구인의 신속하고 공정한 재판을 받을 권리 및 변호인의 조력을 받을 권리를 침해하는지(적극): 형사소송법이 공소가 제기된 후의 피고인 또는 변호인의 수사서류 열람·등사권에 대하여 규정하면서 검사의 열람·등사 거부처분에 대하여 별도의 불복절차를 마련한 것은 신속하고 실효적인 권리구제를 통하여 피고인의 신속·공정한 재판을 받을 권리 및 변호인의 조력을 받을 권리를 보장하기 위함이다. 법원이 검사의 열람·등사 거부처분에 정당한 사유가 없다고 판단하고 그러한 거부처분이 피고인의 헌법상 기본권을 침해한다는 취지에서 수사서류의 열람·등사를 허용하도록 명한 이상, 법치국가와 권력분립의 원칙상 검사로서는 당연히 법원의 그러한 결정에 지체 없이 따라야 하며, 이는 별건으로 공소제기되어 확정된 관련 형사사건 기록에 관한 경우에도 마찬가지이다. 그렇다면 피청구인의 이 사건 거부행위는 청구인의 신속·공정한 재판을 받을 권리 및 변호인의 조력을 받을 권리를 침해한다(헌재 2022. 6. 30. 2019헌마356).

(6) 국선변호인의 조력을 받을 권리

형사피고인이 스스로 변호인을 구할 수 없을 때에는 법률이 정하는 바에 의하여 국가가 변호인을 붙인다(헌법 제12조 제4항 단서). 헌법 제12조 제4항 본문과 단서의 논리적 관계를 고려할 때 '국선변호인의 조력을 받을 권리'는 피의자가 아닌 피고인에게만 보장되는 기본권이다(헌재 2023. 2. 23. 2020헌마1030).

5. 변호인의 변호권

(1) 변호인의 변호권의 법적 성질

피의자 및 피고인을 조력할 변호인의 권리 중 그것이 보장되지 않으면 그들이 변호인의 조력을 받는다는 것이 유명무실하게 되는 핵심적인 부분은 헌법상 기본권인 피의자 및 피고인이 가지는 변호인의 조력을 받을 권리와 표리의 관계에 있다. 따라서 피의자 및 피고인이 가지는 변호인의 조력을 받을 권리가 실질적으로 확보되기 위해서는 피의자 및 피고인에 대한 변호인의 조력할 권리의 핵심적인 부분(변호인의 변호권)은 헌법상 기본권으로서 보호되어야 한다(헌재 2017. 11. 30. 2016헌마503).

(2) 변호인의 변호권의 내용

1) 변호인이 되려는 자의 접견교통권

변호인이 되려는 자의 접견교통권은 피의자 등이 변호인을 선임하여 그로부터 조력을 받을 권리를 공고히 하기 위한 것으로서, 그것이 보장되지 않으면 피의자 등이 변호인 선임을 통하여 변호인으로부터 충분한 조력을 받는다는 것이 유명무실하게 될 수밖에 없다. 따라서 변호인이 되려는 자의 접견교통권은 피의자 등을 조력하기 위한 핵심적인 권리로서, 피의자 등이 가지는 변호인이 되려는 자의 조력을 받을 권리가 실질적으로 확보되기 위하여 이 역시 헌법상 기본권으로서 보장되어야 한다(헌재 2019. 2. 28. 2015헌마1204).

> **판례**
>
> ▶청구인이 '변호인이 되려는 자'의 자격으로 피의자 접견 신청을 하였음에도 이를 허용하기 위한 조치를 취하지 않은 검사의 행위가 헌법상 기본권인 청구인의 접견교통권을 침해하였는지(적극): 변호인 등의 접견교통권은 헌법으로써는 물론 법률로써도 제한하는 것이 가능하나, 헌법이나 형사소송법은 피의자신문 중 변호인 등의 접견신청이 있는 경우 이를 제한하거나 거부할 수 있는 규정을 두고 있지 아니한 점, 접견시간 조항은 검사 또는 사법경찰관이 그 허가 여부를 결정하는 피의자신문 중 변호인 등의 접견신청의 경우에는 적용되지 않으므로, 위 조항을 근거로 변호인 등의 접견신청을 불허하거나 제한할 수는 없는 점 등을 종합해 볼 때, 청구인의 피의자에 대한 접견신청은 '변호인이 되려는 자'에게 보장된 접견교통권의 행사 범위 내에서 이루어진 것이고, 또한 이 사건 검사의 접견불허행위는 헌법이나 법률의 근거 없이 이를 제한한 것이므로 청구인의 접견교통권을 침해하였다고 할 것이다(헌재 2019. 2. 28. 2015헌마1204).

2) 고소장과 피의자신문조서에 대한 열람·등사권

고소로 시작된 형사피의사건의 구속적부심절차에서 피구속자의 변호를 맡은 변호인으로서는 피구속자에 대한 고소장과 경찰의 피의자신문조서를 열람하여 그 내용을 제대로 파악하지 못한다면 피구속자가 무슨 혐의로 고소인의 공격을 받고 있는 것인지 그리고 이와 관련하여 피구속자가 수사기관에서 무엇이라고 진술하였는지 그리고 어느 점에서 수사기관 등이 구속사유가 있다고 보았는지 등을 제대로 파악할 수 없게 되고 그 결과 구속적부심절차에서 피구속자를 충분히 조력할 수 없음이 사리상 명백하므로 위 서류들의 열람은 피구속자를 충분히 조력하기 위하여 변호인에게 반드시 보장되지 않으면 안 되는 핵심적 권리이다(헌재 2003. 3. 27. 2000헌마474).

3) 피의자신문에 자유롭게 참여할 권리

변호인이 피의자신문에 자유롭게 참여할 수 없다면, 변호인은 피의자가 조언과 상담을 요청할 때 이를 시의적절하게 제공할 수 없고, 나아가 스스로의 판단에 따라 의견을 진술하거나 수사기관의 부당한 신문방법 등에 대하여 이의를 제기할 수 없게 된다. 따라서 변호인이 피의자신문에 자유롭게 참여할 수 있는 권리는 피의자가 가지는 변호인의 조력을 받을 권리를 실현하는 수단이라고 할 수 있으므로 헌법상 기본권인 변호인의 변호권으로서 보호되어야 한다(헌재 2017. 11. 30. 2016헌마503).

> ✎ **판례**
>
> ▶ **변호인의 피의자신문참여권의 제한**: 변호인의 피의자신문참여에 대한 권리는 헌법상 기본권인 변호인의 변호권에 해당한다고 하더라도 무제한적인 것이 아니라, 다른 법치국가적 법익과의 비교형량을 통하여 보호된다. 피의자가 수사기관에서 조사받을 때에 변호인이 피의자의 옆에서 조력하는 것은 피의자에 대한 변호인의 충분한 조력을 위해서 보장되어야 하므로 변호인의 피의자신문참여에 관한 권리의 주요부분이 된다. 따라서 수사기관이 변호인에 대하여 피의자신문 시 후방착석을 요구하는 행위는 변호인의 피의자신문참여를 제한함으로써 헌법상 기본권인 변호인의 변호권을 제한할 수 있다. 이러한 후방착석요구행위는 기본권 제한의 일반적 법률유보조항인 헌법 제37조 제2항에 따라 국가안전보장·질서유지 또는 공공복리를 위하여 필요한 경우, 즉 수사방해나 수사기밀의 유출 등 관련 사건의 수사에 현저한 지장 등과 같은 폐해가 초래될 우려가 있는 때에 한하여 허용될 수 있다(헌재 2017. 11. 30. 2016헌마503).
>
> ▶ **검찰수사관이 피의자신문에 참여한 변호인인 청구인에게 피의자 후방에 앉으라고 요구한 행위가 변호인인 청구인의 변호권을 침해하는지**(적극): 피의자신문에 참여한 변호인이 피의자 옆에 앉는다고 하여 피의자 뒤에 앉는 경우보다 수사를 방해할 가능성이 높아진다거나 수사기밀을 유출할 가능성이 높아진다고 볼 수 없으므로, 이 사건 후방착석요구행위의 목적의 정당성과 수단의 적절성을 인정할 수 없다. 이 사건 후방착석요구행위로 인하여 위축된 피의자가 변호인에게 적극적으로 조언과 상담을 요청할 것을 기대하기 어렵고, 변호인이 피의자의 뒤에 앉게 되면 피의자의 상태를 즉각적으로 파악하거나 수사기관이 피의자에게 제시한 서류 등의 내용을 정확하게 파악하기 어려우므로, 이 사건 후방착석요구행위는 변호인인 청구인의 피의자신문참여권을 과도하게 제한한다. 그런데 이 사건에서 변호인의 수사방해나 수사기밀의 유출에 대한 우려가 없고, 조사실의 장소적 제약 등과 같이 이 사건 후방착석요구행위를 정당화할 그 외의 특별한 사정도 없으므로, 이 사건 후방착석요구행위는 침해의 최소성 요건을 충족하지 못한다. 이 사건 후방착석요구행위로 얻어질 공익보다는 변호인의 피의자신문참여권 제한에 따른 불이익의 정도가 크므로, 법익의 균형성 요건도 충족하지 못한다. 따라서 이 사건 후방착석요구행위는 변호인인 청구인의 변호권을 침해한다(헌재 2017. 11. 30. 2016헌마503).

제5항 신체의 자유의 제한

헌법 제37조 제2항은 기본권 제한에 관한 일반적 법률유보조항과 입법권의 한계를 설정하여 두고 있다. 따라서 법률에 의하여 신체의 자유를 제한하는 구속이 가능하다고 하더라도 이는 국가안전보장, 질서유지, 공공복리 등의 목적이 있는 경우에 한하며, 이때에도 신체의 자유의 본질적인 내용을 침해하면 안 될 뿐만 아니라 입법권자의 입법재량에 있어서 지켜야 할 비례의 원칙 내지는 과잉입법금지의 원칙에 위배되어서는 안 된다는 것을 명시하여 기본권의 제한 입법에는 그 한계가 있다는 것을 선언하고 있다(헌재 1992. 12. 24. 92헌가8).

판례

▶ 전투경찰순경에 대한 징계처분으로 영창을 규정하고 있는 구 전투경찰대 설치법 제5조 제1항, 제2항이 과잉금지원칙에 위배되어 전투경찰순경의 신체의 자유를 침해하는지(소극): 전투경찰순경 등 관리규칙에서는 복무규율 위반정도에 따라 현지훈계나 경고, 기율교육대 입교, 징계로 나누어 조치하도록 하고 있으며, 구체적인 징계사유를 제한하고 있어 책임에 상응한 징계가 이루어지도록 하고 있다. 나아가 '경찰공무원 징계령'과 '경찰공무원 징계양정 등에 관한 규칙'을 준용하도록 하여 의무위반 행위의 유형·정도, 과실의 경중, 평소의 행실, 근무성적, 공적, 뉘우치는 정도 또는 그 밖의 정상을 참작하도록 하므로, 복무규율 위반의 정도와 책임에 상응하는 징계처분을 할 수 있는 기준이 마련되어 있어 영창처분의 남용 가능성이 크다고 볼 수도 없으므로, 침해의 최소성 원칙에 위배된다고 볼 수 없다. 대간첩작전 또는 치안유지와 같이 전투경찰대가 수행하는 국가적 기능의 중요성과 일사불란한 지휘권 체제 확립의 필요성 등을 고려했을 때, 전투경찰순경의 복무기강을 엄정히 하고 단체적 전투력과 작전수행의 원활함 및 신속함을 달성하고자 하는 공익은 영창처분으로 인하여 전투경찰순경이 받게 되는 일정기간 동안의 신체의 자유 제한 정도에 비해 결코 작다고 볼 수 없으므로 법익의 균형성 원칙도 충족하였다(헌재 2016. 3. 31. 2013헌바190).

▶ 병(兵)에 대한 징계처분으로 일정기간 부대나 함정 내의 영창, 그 밖의 구금장소에 감금하는 영창처분이 가능하도록 규정한 구 군인사법 제57조 제2항 중 '영창'에 관한 부분이 과잉금지원칙에 반하여 신체의 자유를 침해하는지(적극): 심판대상조항에 의한 영창처분은 징계처분임에도 불구하고 신분상 불이익 외에 신체의 자유를 박탈하는 것까지 그 내용으로 삼고 있어 징계의 한계를 초과한 점, 심판대상조항에 의한 영창처분은 그 실질이 구류형의 집행과 유사하게 운영되므로 극히 제한된 범위에서 형사상 절차에 준하는 방식으로 이루어져야 하는데, 영창처분이 가능한 징계사유는 지나치게 포괄적이고 기준이 불명확하여 영창처분의 보충성이 담보되고 있지 아니한 점, 심판대상조항은 징계위원회의 심의·의결과 인권담당 군법무관의 적법성 심사를 거치지만, 모두 징계권자의 부대 또는 기관에 설치되거나 소속된 것으로 형사절차에 견줄만한 중립적이고 객관적인 절차라고 보기 어려운 점, 심판대상조항으로 달성하고자 하는 목적은 인신구금과 같이 징계를 중하게 하는 것으로 달성되는 데 한계가 있고, 병의 비위행위를 개선하고 행동을 교정할 수 있도록 적절한 교육과 훈련을 제공하는 것 등으로 가능한 점 등에 비추어 심판대상조항은 침해의 최소성 원칙에 어긋난다. 군대 내 지휘명령체계를 확립하고 전투력을 제고한다는 공익은 매우 중요한 공익이나, 심판대상조항으로 과도하게 제한되는 병의 신체의 자유가 위 공익에 비하여 결코 가볍다고 볼 수 없어, 심판대상조항은 법익의 균형성 요건도 충족하지 못한다(헌재 2020. 9. 24. 2017헌바157).

▶ **보호의무자 2인의 동의와 정신건강의학과 전문의 1인의 진단으로 정신질환자에 대한 보호입원이 가능하도록 한 정신보건법 제24조 제1항 및 제2항이 신체의 자유를 침해하는지**(적극) : 현행 보호입원 제도가 입원치료·요양을 받을 정도의 정신질환이 어떤 것인지에 대해서는 구체적인 기준을 제시하지 않고 있는 점, 보호의무자 2인의 동의를 보호입원의 요건으로 하면서 보호의무자와 정신질환자 사이의 이해충돌을 적절히 예방하지 못하고 있는 점, 입원의 필요성이 인정되는지 여부에 대한 판단권한을 정신과전문의 1인에게 전적으로 부여함으로써 그의 자의적 판단 또는 권한의 남용 가능성을 배제하지 못하고 있는 점, 보호의무자 2인이 정신과전문의와 공모하거나, 그로부터 방조·용인을 받는 경우 보호입원 제도가 남용될 위험성은 더욱 커지는 점 등을 종합하면, 심판대상조항은 침해의 최소성 원칙에 위배된다. 심판대상조항이 정신질환자를 신속·적정하게 치료하고, 정신질환자 본인과 사회의 안전을 도모한다는 공익을 위한 것임은 인정되나, 정신질환자의 신체의 자유 침해를 최소화할 수 있는 적절한 방안을 마련하지 아니함으로써 지나치게 기본권을 제한하고 있다. 따라서 심판대상조항은 법익의 균형성 요건도 충족하지 못한다(헌재 2016. 9. 29. 2014헌가9 헌법불합치).

▶ **강제퇴거명령을 받은 사람을 보호할 수 있도록 하면서 보호기간의 상한을 마련하지 아니한 출입국관리법 제63조 제1항이 과잉금지원칙 및 적법절차원칙에 위배되어 피보호자의 신체의 자유를 침해하는지**(적극, 선례변경) : 보호기간의 상한을 두지 아니함으로써 강제퇴거대상자를 무기한 보호하는 것을 가능하게 하는 것은 보호의 일시적·잠정적 강제조치로서의 한계를 벗어나는 것이라는 점, 보호기간의 상한을 법에 명시함으로써 보호기간의 비합리적인 장기화 내지 불확실성에서 야기되는 피해를 방지할 수 있어야 하는데, 단지 강제퇴거명령의 효율적 집행이라는 행정목적 때문에 기간의 제한이 없는 보호를 가능하게 하는 것은 행정의 편의성과 획일성만을 강조한 것으로 피보호자의 신체의 자유를 과도하게 제한하는 것인 점 등을 고려하면, 심판대상조항은 침해의 최소성과 법익의 균형성을 충족하지 못한다. 따라서 심판대상조항은 과잉금지원칙을 위반하여 피보호자의 신체의 자유를 침해한다. 또한 당사자에게 의견 및 자료 제출의 기회를 부여하는 것은 적법절차원칙에서 도출되는 중요한 절차적 요청이므로, 심판대상조항에 따라 보호를 하는 경우에도 피보호자에게 위와 같은 기회가 보장되어야 하나, 심판대상조항에 따른 보호명령을 발령하기 전에 당사자에게 의견을 제출할 수 있는 절차적 기회가 마련되어 있지 아니하다. 따라서 심판대상조항은 적법절차원칙에 위배되어 피보호자의 신체의 자유를 침해한다(헌재 2023. 3. 23. 2020헌가1 헌법불합치).

▶ **피보호감호자에 대하여 형집행법상 징벌 조항을 준용하는 사회보호법 제42조 부분이 과잉금지원칙에 위배되어 청구인의 신체의 자유 등을 침해하는지**(소극) : 이 사건 법률조항은 형사 법률에 저촉되는 행위 또는 규율 위반 행위를 한 피보호감호자에 대하여 징벌처분을 내릴 수 있도록 함으로써 수용시설의 안전과 공동생활의 질서를 유지하기 위한 것으로, 행위의 내용에 비하여 중한 징벌이 부과되지 않도록 하고, 징벌의 필요성을 고려하여 징벌을 감면할 수 있도록 한 점 등을 고려하면, 과잉금지원칙에 위배되어 청구인의 신체의 자유 등 기본권을 침해하지 않는다(헌재 2016. 5. 26. 2015헌바378).

▶ **외국에서 형의 전부 또는 일부의 집행을 받은 자에 대하여 형을 감경 또는 면제할 수 있도록 규정한 형법 제7조가 신체의 자유를 침해하는지**(적극) : 신체의 자유는 정신적 자유와 더불어 헌법이념의 핵심인 인간의 존엄과 가치를 구현하기 위한 가장 기본적인 자유로서 모든 기본권 보장의 전제조건이므로 최대한 보장되어야 하는바, 외국에서 실제로 형의 집행을 받았음에도 불구하고 우리 형법에 의한 처벌 시 이를 전혀 고려하지 않는다면 신체의 자유에 대한 과도한 제한이 될 수 있으므로 그와 같은 사정은 어느 범위에서든 반드시 반영되어야 하고, 이러한 점에서 입법형성권의 범위는 다소 축소될 수 있다. 입법자는 국가형벌권의 실현과 국민의 기본권 보장의 요구를 조화시키기 위하여 형을 필요적으로 감면하거나 외국에서 집행된 형의 전부 또는 일부를 필요적으로 산입하는 등의 방법을 선택하여 청구인의 신체의 자유를 덜 침해할 수 있음에도, 이 사건 법률조항과 같이 우리 형법에 의한 처벌 시 외국에서 받은 형의 집행을 전혀 반영하지 아니할 수도 있도록 한 것은 과잉금지원칙에 위배되어 신체의 자유를 침해한다(헌재 2015. 5. 28. 2013헌바129 헌법불합치).

▶**형의 선고를 받아 확정된 사람으로부터 디엔에이감식시료를 채취할 수 있도록 규정한 디엔에이법 제5조 제1항 제1호 등이 신체의 자유를 침해하는지**(소극) : 디엔에이감식시료 채취의 구체적인 방법은 구강점막 또는 모근을 포함한 모발을 채취하는 방법으로 하고, 위 방법들에 의한 채취가 불가능하거나 현저히 곤란한 경우에는 분비물, 체액을 채취하는 방법으로 한다. 이 사건 채취조항들은 범죄 수사 및 예방을 위하여 특정범죄의 수형자로부터 디엔에이감식시료를 채취할 수 있도록 하는 것이다. 디엔에이감식시료 채취 대상범죄는 재범의 위험성이 높아 디엔에이신원확인정보를 수록·관리할 필요성이 높으며, 이 사건 법률은 시료를 서면 동의 또는 영장에 의하여 채취하되, 채취 이유, 채취할 시료의 종류 및 방법을 고지하도록 하고 있고, 우선적으로 구강점막, 모발에서 채취하되 부득이한 경우만 그 외의 신체부분, 분비물, 체액을 채취하게 하는 등 채취대상자의 신체나 명예에 대한 침해를 최소화하도록 규정하고 있으므로 침해최소성 요건도 갖추었다. 제한되는 신체의 자유의 정도는 일상생활에서 경험할 수 있는 정도의 미약한 것으로서 범죄 수사 및 예방의 공익에 비하여 크다고 할 수 없어 법익의 균형성도 인정된다(헌재 2014. 8. 28. 2011헌마28).

▶**교도소 수감자에 대한 장기간의 계구사용행위가 신체의 자유를 침해하는지**(적극) : 청구인은 1년이 넘는 기간 동안 항상 이중금속수갑과 가죽수갑을 착용하여 두 팔이 몸에 고정된 상태에서 생활하였고 이와 같은 상태에서 식사, 용변, 취침을 함으로써 일상생활을 정상적으로 수행할 수 없었으므로 그로 인하여 신체적, 정신적으로 건강에 해를 입었을 가능성이 높고 인간으로서 최소한의 품위유지조차 어려운 생활을 장기간 강요당했다. 따라서 이 사건 계구사용행위는 기본권제한의 한계를 넘어 필요 이상으로 장기간, 그리고 과도하게 청구인의 신체거동의 자유를 제한하고 최소한의 인간적인 생활을 불가능하도록 하여 청구인의 신체의 자유를 침해하고, 나아가 인간의 존엄성을 침해한 것으로 판단된다(헌재 2003. 12. 18. 2001헌마163).

▶**치료감호기간의 상한을 정하지 아니한 사회보호법 조항이 신체의 자유를 침해하는지**(소극) : 치료감호의 기간을 미리 법정하지 않고 재범의 위험성이 제거될 정도에 이르기까지 피치료감호자를 계속 수용하여 치료할 수 있도록 하는 것은 정신장애자의 개선 및 재활과 사회의 안전에 모두 도움이 되고 이로서 달성되는 사회적 공익은 상당히 크다고 할 수 있다. 한편, 피치료감호자는 계속적인 치료감호를 통하여 정신장애로부터의 회복을 기대할 수 있는 이익도 있을 뿐만 아니라, 가종료, 치료위탁 등 법적 절차를 통하여 장기수용의 폐단으로부터 벗어날 수도 있으므로, 이 사건 법률조항이 치료감호에 기간을 정하지 아니함으로 말미암아 초래될 수 있는 사익의 침해는 그로써 얻게 되는 공익에 비하여 크다고 볼 수 없다(헌재 2005. 2. 3. 2003헌바1).

제2절　사생활의 자유

제1항　사생활의 비밀과 자유

헌법 제17조
　모든 국민은 사생활의 비밀과 자유를 침해받지 아니한다.

🔺 **참고**

▶ **헌정사** : 사생활의 자유는 제5공화국 헌법(1980년 헌법)에서 신설

Ⅰ 사생활의 비밀과 자유의 의의

1. 사생활의 비밀과 자유의 개념

사생활의 비밀은 국가가 사생활영역을 들여다보는 것에 대한 보호를 제공하는 기본권이며, 사생활의 자유는 국가가 사생활의 자유로운 형성을 방해하거나 금지하는 것에 대한 보호를 의미한다(헌재 2009. 10. 29. 2007헌마667).

2. 사생활의 비밀과 자유의 보호영역

사생활의 비밀과 자유가 보호하는 것은 개인의 내밀한 내용의 비밀을 유지할 권리, 개인이 자신의 사생활의 불가침을 보장받을 수 있는 권리, 개인의 양심영역이나 성적 영역과 같은 내밀한 영역에 대한 보호, 인격적인 감정세계의 존중을 받을 권리와 정신적인 내면생활이 침해받지 아니할 권리 등이다(헌재 2009. 10. 29. 2007헌마667).

> **판례**
>
> ▶**사생활의 비밀과 자유의 보호영역** : 헌법 제17조가 보호하고자 하는 기본권은 사생활영역의 자유로운 형성과 비밀유지라고 할 것이며, 공적인 영역의 활동은 다른 기본권에 의한 보호는 별론으로 하고 사생활의 비밀과 자유가 보호하는 것은 아니다(헌재 2003. 10. 30. 2002헌마518).
>
> ▶**인터넷언론사의 공개된 게시판·대화방에서 정당·후보자에 대한 지지·반대의 글을 게시하는 행위가 양심의 자유나 사생활 비밀의 자유에 의하여 보호되는 영역인지**(소극) : 인터넷언론사의 공개된 게시판·대화방에서 스스로의 의사에 의하여 정당·후보자에 대한 지지·반대의 글을 게시하는 행위는 정당·후보자에 대한 단순한 의견 등의 표현행위에 불과하여 양심의 자유나 사생활 비밀의 자유에 의하여 보호되는 영역이라고 할 수 없다(헌재 2010. 2. 25. 2008헌마324).

Ⅱ 사생활의 비밀과 자유의 법적 성격

헌법 제17조는 사생활의 비밀과 자유를 규정하고 있는바, 이는 개인의 사생활 활동이 타인으로부터 침해되거나 사생활이 함부로 공개되지 아니할 '소극적인 권리'는 물론, 오늘날 고도로 정보화된 현대사회에서 자신에 대한 정보를 자율적으로 통제할 수 있는 '적극적인 권리'까지도 보장하려는 데에 그 취지가 있는 것으로 해석된다(대판 1998. 7. 24. 96다42789).

Ⅲ 사생활의 비밀과 자유의 내용

1. 사생활의 자유의 불가침

사생활의 자유란 사회공동체의 일반적인 생활규범의 범위 내에서 사생활을 자유롭게 형성해 나가고 그 설계 및 내용에 대해서 외부로부터의 간섭을 받지 아니할 권리를 말한다(헌재 2001. 8. 30. 99헌바92).

2. 사생활의 비밀의 불가침

사생활의 비밀이란 사생활과 관련된 사사로운 자신만의 영역이 본인의 의사에 반해서 타인에게 알려지지 않도록 할 수 있는 권리를 말한다(헌재 2001. 8. 30. 99헌바92).

> **판례**

▶ **청소년 성매수자에 대한 신상공개를 규정한 청소년성보호법 제20조 제2항 제1호가 해당 범죄인들의 일반적 인격권, 사생활의 비밀의 자유를 침해하는지**(소극) : 법 제20조 제2항은 "성명, 연령, 직업 등의 신상과 범죄사실의 요지"를 공개하도록 규정하고 있는바, 이는 이미 공개된 형사재판에서 유죄가 확정된 형사판결이라는 공적 기록의 내용 중 일부를 국가가 공익 목적으로 공개하는 것으로 공개된 형사재판에서 밝혀진 범죄인들의 신상과 전과를 일반인이 알게 된다고 하여 그들의 인격권 내지 사생활의 비밀을 침해하는 것이라고 단정하기는 어렵다. 그렇다면 청소년 성매수자의 일반적 인격권과 사생활의 비밀의 자유가 제한되는 정도가 청소년 성보호라는 공익적 요청에 비해 크다고 할 수 없으므로 결국 법 제20조 제2항 제1호의 신상공개는 해당 범죄인들의 일반적 인격권, 사생활의 비밀의 자유를 과잉금지의 원칙에 위배하여 침해한 것이라 할 수 없다(헌재 2003. 6. 26. 2002헌가14).

▶ **금융감독원의 4급 이상 직원에 대하여 공직자윤리법상 재산등록의무를 부과하는 공직자윤리법 제3조 제1항 제13호 부분이 청구인들의 사생활의 비밀과 자유를 침해하는지**(소극) : 이 사건 재산등록 조항은 금융감독원 직원의 비리유혹을 억제하고 업무 집행의 투명성 및 청렴성을 확보하기 위한 것으로 입법목적이 정당하고, 금융기관의 업무 및 재산상황에 대한 검사 및 감독과 그에 따른 제재를 업무로 하는 금융감독원의 특성상 소속 직원의 금융기관에 대한 실질적인 영향력 및 비리 개연성이 클 수 있다는 점을 고려할 때 일정 직급 이상의 금융감독원 직원에게 재산등록의무를 부과하는 것은 적절한 수단이다. 재산등록제도는 재산공개제도와 구별되는 것이고, 재산등록사항의 누설 및 목적 외 사용금지 등 재산등록사항이 외부에 알려지지 않도록 보호하는 조치가 마련되어 있다. 이 사건 재산등록 조항에 의하여 제한되는 사생활 영역은 재산관계에 한정됨에 비하여 이를 통해 달성할 수 있는 공익은 금융감독원 업무의 투명성 및 책임성 확보 등으로 중대하므로 법익균형성도 충족하고 있다. 따라서 이 사건 재산등록 조항은 청구인들의 사생활의 비밀과 자유를 침해하지 아니한다(헌재 2014. 6. 26. 2012헌마331).

▶ **변호사에게 전년도에 처리한 수임사건의 건수 및 수임액을 소속 지방변호사회에 보고하도록 규정하고 있는 구 변호사법 제28조의2가 청구인들의 사생활의 비밀을 침해하는지**(소극) : 일반적으로 경제적 내지 직업적 활동은 복합적인 사회적 관계를 전제로 하여 다수 주체 간의 상호작용을 통하여 이루어지는 것이고, 특히 변호사의 업무는 다른 어느 직업적 활동보다도 강한 공공성을 내포한다는 점 등을 감안하여 볼 때, 변호사의 업무와 관련된 수임사건의 건수 및 수임액이 변호사의 내밀한 개인적 영역에 속하는 것이라고 보기 어렵고, 따라서 이 사건 법률조항이 청구인들의 사생활의 비밀과 자유를 침해하는 것이라 할 수 없다(헌재 2009. 10. 29. 2007헌마667).

▶ **어린이집에 폐쇄회로 텔레비전(CCTV)을 원칙적으로 설치하도록 정한 영유아보육법 제15조의4 제1항 제1호 등이 어린이집 보육교사의 사생활의 비밀과 자유 등을 침해하는지**(소극) : 어린이집 보육대상은 0세부터 6세 미만의 영유아로 어린이집에서의 아동학대 방지 및 적발을 위해서 CCTV 설치를 대체할 만한 수단은 상정하기 어렵다. 법은 CCTV 외에 네트워크 카메라 설치는 원칙적으로 금지하고, 녹음기능 사용금지 등으로 관련 기본권 침해를 최소화하기 위한 조치를 마련하고 있으며, 보호자 전원이 CCTV 설치에 반대하는 경우에는 CCTV를 설치하지 않을 수 있는 가능성을 열어두고 있으므로 이 조항은 침해의 최소성에 반하지 아니한다. 영유아 보육을 위탁받아 행하는 어린이집에서의 아동학대근절과 보육환경의 안전성 확보는 단순히 보호자의 불안을 해소하는 차원을 넘어 사회적·국가적 차원에서도 보호할 필요가 있는 중대한 공익이다. 이 조항으로 보육교사 등의 기본권에 가해지는 제약이 위와 같은 공익에 비하여 크다고 보기 어려우므로 법익의 균형성도 인정된다(헌재 2017. 12. 28. 2015헌마994).

▶ **구치소장이 CCTV를 이용하여 청구인을 계호한 행위가 청구인의 사생활의 비밀과 자유를 침해하는지**(소극) : 교정시설 내 수용자를 상시적으로 시선계호할 인력 확보가 불가능한 현실에서 응급상황이 발생하는 경우 신속하게 이를 파악하고 응급조치를 실행하기 위하여는 CCTV를 이용한 계호 외에 다른 효과적인 방법을 찾기 어렵다. 나아가 교정시설 내 자살·자해 등의 사고는 수용자 본인 및 다른 수용자들에게 중대한 부정적 영향을 끼칠 수 있고, 교정정책 전반에 대한 불신을 야기할 수도 있다는 점에서 이를 방지할 필요성이 매우 크다. 따라서 이 사건 CCTV 계호가 청구인의 사생활의 비밀과 자유를 과도하게 제한하는 것으로 볼 수 없다(헌재 2016. 4. 28. 2012헌마549).

▶**구치소장이 청구인과 배우자의 접견을 녹음한 행위가 청구인의 사생활의 비밀과 자유를 침해하는지**(소극) : 이 사건 녹음행위는 교정시설 내의 안전과 질서유지에 기여하기 위한 것으로서 그 목적이 정당할 뿐 아니라 수단이 적절하다. 또한, 소장은 미리 접견내용의 녹음 사실 등을 고지하며, 접견기록물의 엄격한 관리를 위한 제도적 장치도 마련되어 있는 점 등을 고려할 때 침해의 최소성 요건도 갖추었고, 이 사건 녹음행위는 미리 고지되어 청구인의 접견내용은 사생활의 비밀로서의 보호가치가 그리 크지 않다고 할 것이므로 법익의 불균형을 인정하기도 어려워, 과잉금지원칙에 위반하여 청구인의 사생활의 비밀과 자유를 침해하였다고 볼 수 없다(헌재 2012. 12. 27. 2010헌마153).

▶**징벌혐의의 조사를 받고 있는 청구인이 변호인 아닌 자와 접견할 당시 교도관이 참여하여 대화내용을 기록하게 한 행위가 청구인의 사생활의 비밀과 자유를 침해하는지**(소극) : 접견내용을 녹음·녹화하는 경우 수용자 및 그 상대방에게 그 사실을 말이나 서면 등으로 알려주어야 하고 취득된 접견기록물은 법령에 의해 보호·관리되고 있으므로 사생활의 비밀과 자유에 대한 침해를 최소화하는 수단이 마련되어 있다는 점, 청구인이 나눈 접견내용에 대한 사생활의 비밀로서의 보호가치에 비해 증거인멸의 위험을 방지하고 교정시설 내의 안전과 질서유지에 기여하려는 공익이 크고 중요하다는 점에 비추어 볼 때, 이 사건 접견참여·기록이 청구인의 사생활의 비밀과 자유를 침해하였다고 볼 수 없다(헌재 2014. 9. 25. 2012헌마523).

▶**형집행법 제41조 제2항 제1호, 제3호 중 '미결수용자의 접견내용의 녹음·녹화'에 관한 부분이 과잉금지원칙에 위배되어 청구인의 사생활의 비밀과 자유 등을 침해하는지**(소극) : 미결수용자는 접견 시 지인 등을 통해 자신의 범죄에 대한 증거를 인멸할 가능성이 있고, 마약류사범의 경우 그 중독성으로 인하여 교정시설 내부로 마약을 반입하여 복용할 위험성도 있으므로 교정시설 내의 안전과 질서를 유지할 필요성은 매우 크다. 또한, 교정시설의 장은 미리 접견내용의 녹음 사실 등을 고지하며, 접견기록물의 엄격한 관리를 위한 제도적 장치도 마련되어 있는 점 등을 고려할 때 침해의 최소성 요건도 갖추고 있다. 나아가 청구인의 접견내용을 녹음·녹화함으로써 증거인멸이나 형사 법령 저촉 행위의 위험을 방지하고, 교정시설 내의 안전과 질서유지에 기여하려는 공익은 미결수용자가 받게 되는 사익의 제한보다 훨씬 크고 중요하므로 법익의 균형성도 인정된다(헌재 2016. 11. 24. 2014헌바401).

▶**교도소장이 수용자가 없는 상태에서 실시한 거실 및 작업장 검사행위가 수용자의 사생활의 비밀 및 자유를 침해하는지**(소극) : 이 사건 검사행위는 교도소의 안전과 질서를 유지하고, 수형자의 교화·개선에 지장을 초래할 수 있는 물품을 차단하기 위한 것으로서 그 목적이 정당하고, 수단도 적절하며, 검사의 실효성을 확보하기 위한 최소한의 조치로 보이고, 달리 덜 제한적인 대체수단을 찾기 어려운 점 등에 비추어 보면 이 사건 검사행위가 과잉금지원칙에 위배하여 사생활의 비밀 및 자유를 침해하였다고 할 수 없다(헌재 2011. 10. 25. 2009헌마691).

3. 개인정보자기결정권

(1) 개인정보자기결정권의 의의

개인정보자기결정권은 자신에 관한 정보가 언제 누구에게 어느 범위까지 알려지고 또 이용되도록 할 것인지를 그 정보주체가 스스로 결정할 수 있는 권리이다. 즉 정보주체가 개인정보의 공개와 이용에 관하여 스스로 결정할 권리를 말한다(헌재 2005. 5. 26. 99헌마513). 한편 개인정보보호법상의 개인정보란 살아 있는 개인에 관한 정보를 말한다(개인정보보호법 제2조 1호).

(2) 개인정보자기결정권의 근거

개인정보자기결정권은 자신에 관한 정보가 언제 누구에게 어느 범위까지 알려지고 또 이용되도록 할 것인지를 그 정보주체가 스스로 결정할 수 있는 권리로서, 헌법 제10조 제1문에서 도출되는 일반적 인격권 및 헌법 제17조의 사생활의 비밀과 자유에 의하여 보장된다(헌재 2016. 6. 30. 2015헌마924).

> **판례**
>
> ▶ **개인정보자기결정권의 근거**: 개인정보자기결정권의 헌법상 근거로는 헌법 제17조의 사생활의 비밀과 자유, 헌법 제10조 제1문의 인간의 존엄과 가치 및 행복추구권에 근거를 둔 일반적 인격권 또는 위 조문들과 동시에 우리 헌법의 자유민주적 기본질서 규정 또는 국민주권원리와 민주주의원리 등을 고려할 수 있으나, 개인정보자기결정권으로 보호하려는 내용을 위 각 기본권들 및 헌법원리들 중 일부에 완전히 포섭시키는 것은 불가능하다고 할 것이므로, 그 헌법적 근거를 굳이 어느 한 두개에 국한시키는 것은 바람직하지 않은 것으로 보이고, 오히려 개인정보자기결정권은 이들을 이념적 기초로 하는 독자적 기본권으로서 헌법에 명시되지 아니한 기본권이라고 보아야 한다(헌재 2005. 5. 26. 99헌마513).

(3) 개인정보자기결정권의 보호대상

개인정보자기결정권의 보호대상이 되는 개인정보는 개인의 신체, 신념, 사회적 지위, 신분 등과 같이 개인의 인격주체성을 특징짓는 사항으로서 그 개인의 동일성을 식별할 수 있게 하는 일체의 정보라고 할 수 있고, 반드시 개인의 내밀한 영역이나 사사(私事)의 영역에 속하는 정보에 국한되지 않고 공적 생활에서 형성되었거나 이미 공개된 개인정보까지 포함한다. 또한 그러한 개인정보를 대상으로 한 조사·수집·보관·처리·이용 등의 행위는 모두 원칙적으로 개인정보자기결정권에 대한 제한에 해당한다(헌재 2005. 5. 26. 99헌마513).

> **판례**
>
> ▶ **가명정보가 개인정보자기결정권의 보호대상이 되는 개인정보에 해당하는지**(적극): 가명정보는 원래의 상태로 복원하기 위한 추가 정보의 사용·결합을 통해서 특정 개인을 알아볼 수 있는 정보이므로 개인정보자기결정권의 보호대상이 되는 개인정보에 해당한다(헌재 2023. 10. 26. 2020헌마1477).
>
> ▶ **개인의 지문정보를 수집, 보관, 전산화 및 범죄수사 목적에 이용하는 것이 개인정보자기결정권을 제한하는지**(적극): 개인의 고유성, 동일성을 나타내는 지문은 그 정보주체를 타인으로부터 식별가능하게 하는 개인정보이므로, 시장·군수 또는 구청장이 개인의 지문정보를 수집하고, 경찰청장이 이를 보관·전산화하여 범죄수사목적에 이용하는 것은 모두 개인정보자기결정권을 제한하는 것이다(헌재 2005. 5. 26. 99헌마513).
>
> ▶ **인터넷게시판을 설치·운영하는 정보통신서비스 제공자에게 본인확인조치의무를 부과하여 게시판 이용자로 하여금 본인확인절차를 거쳐야만 게시판을 이용할 수 있도록 하는 본인확인제가 게시판 이용자의 개인정보자기결정권을 제한하는지**(적극): 본인확인제는 정보통신서비스 제공자에게 게시판 이용자의 본인확인정보를 수집하여 보관할 의무를 지우고 있는데, 본인확인정보는 개인의 동일성을 식별할 수 있게 하는 정보로서 개인정보자기결정권의 보호대상이 되는 개인정보에 해당하고, 개인정보를 대상으로 한 조사·수집·보관·처리·이용 등의 행위는 모두 원칙적으로 개인정보자기결정권에 대한 제한에 해당하므로, 본인확인제는 게시판 이용자가 자신의 개인정보에 대한 이용 및 보관에 관하여 스스로 결정할 권리인 개인정보자기결정권을 제한한다(헌재 2012. 8. 23. 2010헌마47).

▶ **정보주체의 의사에 따라 이미 공개된 개인정보를 별도의 동의 없이 영리 목적으로 수집·제공한 정보처리 행위의 위법성 여부를 판단하는 기준**: 개인정보에 관한 인격권 보호에 의하여 얻을 수 있는 이익과 정보처리 행위로 얻을 수 있는 이익 즉 정보처리자의 '알 권리'와 이를 기반으로 한 정보수용자의 '알 권리' 및 표현의 자유, 정보처리자의 영업의 자유, 사회 전체의 경제적 효율성 등의 가치를 구체적으로 비교·형량하여 어느 쪽 이익이 더 우월한 것으로 평가할 수 있는지에 따라 정보처리 행위의 최종적인 위법성 여부를 판단하여야 하고, 단지 정보처리자에게 영리 목적이 있었다는 사정만으로 곧바로 정보처리 행위를 위법하다고 할 수는 없다(대판 2016. 8. 17. 2014다235080).

▶ **보호자가 자녀 또는 보호아동의 안전을 확인할 목적으로 CCTV 영상정보 열람을 할 수 있도록 정한 영유아보육법 제15조의5 제1항 제1호가 어린이집 보육교사의 개인정보자기결정권 등을 침해하는지**(소극): 심판대상법률은 어린이집 안전사고 내지 아동학대 적발 및 방지를 위한 것으로, 아동학대 등이 의심되는 경우 보호자가 영상정보 열람을 통해 이를 확인할 수 있도록 하는 것은 어린이집에 CCTV 설치를 의무화하는 이유이다. 법은 CCTV 열람의 활용 목적을 제한하고 있고, 어린이집 원장은 열람시간 지정 등을 통해 보육활동에 지장이 없도록 보호자의 열람 요청에 적절히 대응할 수 있으므로 이 조항으로 어린이집 원장이나 보육교사 등의 기본권이 필요 이상으로 과도하게 제한된다고 볼 수 없다. 또한 이를 통해 달성할 수 있는 보호자와 어린이집 사이의 신뢰회복 및 어린이집 아동학대 근절이라는 공익의 중대함에 반하여, 제한되는 사익이 크다고 보기 어렵다. 따라서 법 제15조의5 제1항 제1호는 과잉금지원칙을 위반하여 어린이집 보육교사 등의 개인정보자기결정권 및 어린이집 원장의 직업수행의 자유를 침해하지 아니한다(헌재 2017. 12. 28. 2015헌마994).

▶ **전기통신역무제공에 관한 계약을 체결하는 경우 전기통신사업자로 하여금 가입자에게 본인임을 확인할 수 있는 증서 등을 제시하도록 한 전기통신사업법 제32조의4 제2항 등이 익명으로 이동통신서비스에 가입하여 자신들의 인적 사항을 밝히지 않은 채 통신하고자 하는 자들의 개인정보자기결정권 및 통신의 자유를 침해하는지**(소극): 심판대상조항이 타인 또는 허무인의 이름을 사용한 휴대전화인 이른바 대포폰이 보이스피싱 등 범죄의 범행도구로 이용되는 것을 막고, 개인정보를 도용하여 타인의 명의로 가입한 다음 휴대전화 소액결제나 서비스요금을 그 명의인에게 전가하는 등 명의도용범죄의 피해를 막고자 하는 입법목적은 정당하고, 이를 위하여 본인확인절차를 거치게 한 것은 적합한 수단이다. 심판대상조항에 의해서는 아직 의사소통이 이루어지지 않은 이동통신서비스 가입단계에서의 본인확인절차를 거치는 것이므로, 이동통신서비스 가입자가 누구인지 식별가능해진다고 하여도 곧바로 그가 누구와 언제, 얼마동안 통화하였는지 등의 정보를 파악할 수 있는 것은 아니다. 개인정보자기결정권, 통신의 자유가 제한되는 불이익과 비교했을 때, 명의도용피해를 막고, 차명휴대전화의 생성을 억제하여 보이스피싱 등 범죄의 범행도구로 악용될 가능성을 방지함으로써 잠재적 범죄 피해 방지 및 통신망 질서 유지라는 더욱 중대한 공익의 달성효과가 인정된다. 따라서 심판대상조항은 청구인들의 개인정보자기결정권 및 통신의 자유를 침해하지 않는다(헌재 2019. 9. 26. 2017헌마1209).

▶ **통계작성, 과학적 연구, 공익적 기록보존을 위하여 정보주체의 동의 없이 가명정보를 처리할 수 있도록 규정하고 있는 개인정보보호법 제28조의2 제1항 등이 청구인들의 개인정보자기결정권을 침해하는지**(소극): 심판대상조항은 데이터의 이용을 활성화하여 신산업을 육성하고 "통계작성, 연구, 공익적 기록보존"을 보다 효과적으로 수행하기 위한 것으로서, 그 입법목적이 정당하고 수단의 적합성이 인정된다. 가명정보는 그 자체만으로는 특정 개인을 알아볼 수 없어 인격권이나 사생활의 자유에 미치는 영향이 크지 않고, 정보주체의 동의 없는 처리는 "통계작성, 연구, 공익적 기록보존" 목적으로만 가능하며, 법률에서 정보주체를 보호하기 위한 여러 규정을 두고 있으므로, 침해의 최소성도 인정된다. "통계작성, 연구, 공익적 기록보존"을 효과적으로 수행하고자 하는 공익이 가명정보가 제한된 목적으로 동의 없이 처리되는 정보주체의 불이익보다 크다고 할 수 있으므로, 법익의 균형성도 갖추었다. 따라서 심판대상조항은 청구인들의 개인정보자기결정권을 침해하지 않는다(헌재 2023. 10. 26. 2020헌마1476).

▶ **가명정보의 재식별을 예외 없이 금지하고 있는 개인정보보호법 제28조의5**(재식별금지조항)**가 청구인들의 개인정보자기결정권을 침해하는지**(소극) : 재식별금지조항은 가명정보를 통해서는 특정 개인을 알아볼 수 없도록 함으로써 정보주체의 개인정보자기결정권을 충분히 보호하고자 하는 것으로서 그 입법목적이 정당하고, 재식별을 금지하여 특정 개인을 알아볼 가능성을 최소화하는 것은 그와 같은 입법목적을 달성하기에 적합한 수단이다. 최초 가명처리자에 한하여 재식별이 가능하도록 하면 가명정보로서 처리되던 정보를 다시 정보주체에게 미치는 영향이 큰 정보로 되돌림으로써 정보주체에게 예기치 못한 피해를 입힐 우려가 있고, 정보주체의 요청이 있는 경우에 한하여 재식별이 가능하도록 하면 다른 정보주체들의 가명정보도 모두 함께 재식별될 우려가 있다. 따라서 재식별을 전면적, 일률적으로 금지하는 것 외에 덜 침해적인 수단이 있다고 보기 어려워 침해의 최소성이 인정된다. 재식별을 금지하여 정보주체의 법익 침해 가능성을 최소화하고자 하는 공익은 이로 인하여 제한되는 정보주체의 사익보다 크므로, 법익의 균형성도 인정된다. 따라서 재식별금지조항은 청구인들의 개인정보자기결정권을 침해하지 않는다(헌재 2023. 10. 26. 2020헌마1477).

▶ **개인정보 보호를 위한 일부 규정들을 가명정보에는 적용하지 않도록 규정하고 있는 개인정보 보호법 제28조의7**(적용제외조항) **등이 청구인들의 개인정보자기결정권을 침해하는지**(소극) : 적용제외조항은 가명정보의 활용을 원활하게 하여 데이터의 이용을 활성화하고자 하는 것으로서 그 입법목적이 정당하고, 가명정보의 성질상 적용이 어려운 규정들을 배제하는 것은 그와 같은 입법목적을 달성하기에 적합한 수단이다. 가명정보는 그 자체만으로는 특정 개인을 알아볼 수 없으므로 일반적인 개인정보에 적용되는 통지의무 등을 그대로 적용하기가 불가능하거나 어렵고, 정보주체를 보호하기 위한 다른 규정들이 존재하므로, 침해의 최소성이 인정된다. 가명정보의 원활한 활용이라는 공익은 중대하고, 그 자체로 식별이 불가능한 가명정보를 제한된 목적으로만 동의 없이 처리할 수 있도록 하여 정보주체의 불이익은 크지 않으므로, 법익의 균형성도 갖추었다. 따라서 적용제외조항은 청구인들의 개인정보자기결정권을 침해하지 않는다(헌재 2023. 10. 26. 2020헌마1477).

▶ **수사기관 등이 전기통신사업자에게 이용자의 성명 등 통신자료의 열람이나 제출을 요청할 수 있도록 한 전기통신사업법 제83조 제3항 부분이 개인정보자기결정권을 침해하는지**(소극) : 이 사건 법률조항은 수사기관 등이 통신자료 제공요청을 할 수 있는 정보의 범위를 성명, 주민등록번호, 주소 등 피의자나 피해자를 특정하기 위한 불가피한 최소한의 기초정보로 한정하고, 민감정보를 포함하고 있지 않으며, 그 사유 또한 '수사, 형의 집행 또는 국가안전보장에 대한 위해를 방지하기 위한 정보수집'으로 한정하고 있다. 또한, 전기통신사업법은 통신자료 제공요청 방법이나 통신자료 제공현황 보고에 관한 규정 등을 두어 통신자료가 수사 등 정보수집의 목적달성에 필요한 최소한의 범위 내에서 이루어지도록 하고 있다. 따라서 이 사건 법률조항은 과잉금지원칙에 위배되지 않는다(헌재 2022. 7. 21. 2016헌마388 헌법불합치).

▶ **국민건강보험공단이 2013. 12. 20. 서울용산경찰서장에게 청구인들의 요양급여내역을 제공한 행위가 과잉금지원칙에 위배되어 청구인들의 개인정보자기결정권을 침해하는지**(적극) : 요양급여내역은 건강에 관한 정보로서 '개인정보보호법' 제23조 제1항이 규정한 민감정보에 해당한다. 서울용산경찰서장은 전기통신사업자로부터 위치추적자료를 제공받는 등으로 청구인들의 위치를 확인하였거나 확인할 수 있는 상태였다. 따라서 서울용산경찰서장이 청구인들을 검거하기 위하여 청구인들의 약 2년 또는 3년이라는 장기간의 요양급여내역을 제공받는 것이 불가피하였다고 보기 어렵다. … 그렇다면 이 사건 정보제공행위는 이 사건 정보제공조항 등이 정한 요건을 충족한 것으로 볼 수 없고, 침해의 최소성 및 법익의 균형성에 위배되어 청구인들의 개인정보자기결정권을 침해하였다(헌재 2018. 8. 30. 2014헌마368).

▶ **국민건강보험공단이 2013. 12. 20. 서울용산경찰서장에게 청구인들의 요양급여내역을 제공한 행위가 영장주의에 위배되어 청구인들의 개인정보자기결정권을 침해하는지**(소극) : 이 사건 사실조회행위는 강제력이 개입되지 아니한 임의수사에 해당하므로, 이에 응하여 이루어진 이 사건 정보제공행위에도 영장주의가 적용되지 않는다. 그러므로 이 사건 정보제공행위가 영장주의에 위배되어 청구인들의 개인정보자기결정권을 침해한다고 볼 수 없다(헌재 2018. 8. 30. 2014헌마368)

▶ **김포시장이 김포경찰서장에게 김포시장애인주간보호센터 직원인 청구인들의 이름, 생년월일, 전화번호, 주소를 제공한 행위가 과잉금지원칙에 위배되어 청구인들의 개인정보자기결정권을 침해하는지**(소극) : 김포경찰서장은 김포시장애인주간보호센터 직원으로부터 활동보조인들이 활동지원급여비용을 부정 수급하는 사례가 다수 있다는 첩보를 입수하고, 김포시장에게 김포시장애인복지관 등 4개 기관에 소속된 활동보조인 및 그 수급자들의 인적사항, 휴대전화번호 등을 확인할 수 있는 자료를 요청하였다. 이름, 생년월일, 주소는 사회생활 영역에서 노출되는 것이 자연스러운 정보이고, 전화번호 역시 특정한 개인을 고유하게 구별할 수 있는 기능을 갖거나, 개인의 신상이나 인격을 묘사하는 내용을 포함하는 것이 아니다. 또한 활동보조인의 부정 수급 관련 범죄의 수사를 가능하게 함으로써 실체적 진실 발견과 국가형벌권의 적정한 행사에 기여하고자 하는 공익은 매우 중대한 것인 점을 고려하면, 이 사건 정보제공행위는 과잉금지원칙에 위배되어 청구인들의 개인정보자기결정권을 침해하였다고 볼 수 없다(헌재 2018. 8. 30. 2016헌마483).

▶ **김포시장이 김포경찰서장에게 김포시장애인주간보호센터 직원인 청구인들의 이름, 생년월일, 전화번호, 주소를 제공한 행위가 영장주의에 위배되어 청구인들의 개인정보자기결정권을 침해하는지**(소극) : 이 사건 사실조회행위는 강제력이 개입되지 아니한 임의수사에 해당하므로, 이에 응하여 이루어진 이 사건 정보제공행위에도 영장주의가 적용되지 않는다. 그러므로 이 사건 정보제공행위가 영장주의에 위배되어 청구인들의 개인정보자기결정권을 침해한다고 볼 수 없다(헌재 2018. 8. 30. 2016헌마483).

▶ **개인별로 주민등록번호를 부여하면서 주민등록번호 변경에 관한 규정을 두고 있지 않은 주민등록법 제7조가 개인정보자기결정권을 침해하는지**(적극) : 주민등록번호 유출 또는 오 · 남용으로 인하여 발생할 수 있는 피해 등에 대한 아무런 고려 없이 주민등록번호 변경을 일체 허용하지 않는 것은 그 자체로 개인정보자기결정권에 대한 과도한 침해가 될 수 있다. 비록 국가가 개인정보보호법 등으로 정보보호를 위한 조치를 취하고 있더라도, 여전히 주민등록번호를 처리하거나 수집 · 이용할 수 있는 경우가 적지 아니하며, 이미 유출되어 발생된 피해에 대해서는 뚜렷한 해결책을 제시해 주지 못하므로, 국민의 개인정보를 충분히 보호하고 있다고 보기 어렵다. 따라서 주민등록번호 변경에 관한 규정을 두고 있지 않은 심판대상조항은 과잉금지원칙에 위배되어 개인정보자기결정권을 침해한다(헌재 2015. 12. 23. 2013헌바68 헌법불합치).

▶ **통계청장이 인구주택총조사의 방문 면접조사를 실시하면서, 담당 조사원을 통해 청구인에게 피청구인이 작성한 2015 인구주택총조사 조사표의 조사항목들에 응답할 것을 요구한 행위가 과잉금지원칙을 위반하여 청구인의 개인정보자기결정권을 침해하는지**(소극) : 2015 인구주택총조사 조사표의 조사항목들은 당시 우리 사회를 진단하고 미래를 대비하기 위하여 필요한 항목들로 구성되어 있다. 조사항목 52개 가운데 성명, 성별, 나이 등 38개 항목은 UN통계처의 조사권고 항목을 그대로 반영한 것이어서 범세계적 조사항목에 속한다. 한편, 1인 가구 및 맞벌이 부부의 증가, 오늘날 직장인이나 학생들의 근무 · 학업 시간, 도시화 · 산업화가 진행된 현대사회의 생활형태 등을 고려하면, 출근 시간 직전인 오전 7시 30분경 및 퇴근 직후인 오후 8시 45분경이 방문 면접조사를 실시하기에 불합리할 정도로 이르거나 늦은 시간이라고 단정하기 어렵다. 따라서 심판대상행위가 과잉금지원칙을 위반하여 청구인의 개인정보자기결정권을 침해하였다고 볼 수 없다(헌재 2017. 7. 27. 2015헌마1094).

▶ **형제자매에게 가족관계등록부 등의 기록사항에 관한 증명서 교부청구권을 부여하는 '가족관계등록법' 제14조 제1항 부분이 과잉금지원칙을 위반하여 청구인의 개인정보자기결정권을 침해하는지**(적극) : 가족관계등록법상 각종 증명서에 기재된 개인정보가 유출되거나 오남용될 경우 정보의 주체에게 가해지는 타격은 크므로 증명서 교부청구권자의 범위는 가능한 한 축소하여야 하는데, 형제자매는 언제나 이해관계를 같이 하는 것은 아니므로 형제자매가 본인에 대한 개인정보를 오남용 또는 유출할 가능성은 얼마든지 있다. 그런데 이 사건 법률조항은 증명서 발급에 있어 형제자매에게 정보주체인 본인과 거의 같은 지위를 부여하고 있으므로, 이는 증명서 교부청구권자의 범위를 필요한 최소한도로 한정한 것이라고 볼 수 없다. 따라서 이 사건 법률조항은 침해의 최소성에 위배된다. 또한, 이 사건 법률조항을 통해 달성하려는 공익에 비해 초래되는 기본권 제한의 정도가 중대하므로 법익의 균형성도 인정하기 어려워, 이 사건 법률조항은 청구인의 개인정보자기결정권을 침해한다(헌재 2016. 6. 30. 2015헌마924).

▶ **가족관계등록법 제14조 제1항 본문 중 '직계혈족이 제15조에 규정된 증명서 가운데 가족관계증명서 및 기본증명서의 교부를 청구'하는 부분이 불완전·불충분하게 규정되어 있어 가정폭력 피해자의 개인정보자기결정권을 침해하는지**(적극) : 이 사건 법률조항은 가정폭력 가해자에 대한 별도의 제한 없이 직계혈족이기만 하면 사실상 자유롭게 그 자녀의 가족관계증명서와 기본증명서의 교부를 청구하여 발급받을 수 있도록 함으로써, 그로 인하여 가정폭력 피해자인 청구인의 개인정보가 가정폭력 가해자인 전 배우자에게 무단으로 유출될 수 있는 가능성을 열어놓고 있다. 따라서 과잉금지원칙에 위배되어 청구인의 개인정보자기결정권을 침해한다(헌재 2020. 8. 28. 2018헌마927 헌법불합치).

▶ **정보주체의 배우자나 직계혈족이 정보주체의 위임 없이도 정보주체의 가족관계 상세증명서의 교부 청구를 할 수 있도록 하는 '가족관계등록법' 제14조 제1항 본문 부분이 개인정보자기결정권을 침해하는지**(소극) : 정보주체는 심판대상조항으로 인하여 전혼에서 얻은 자녀, 사실혼에서 얻은 자녀 등 현재의 혼인 외에서 얻은 자녀와 사명한 자녀(상세증명서 추가 기재 자녀)에 관한 내밀한 개인정보를 자신의 의사에 반하여 배우자나 직계혈족에게 공개당하게 된다. 그러나 상세증명서 추가 기재 자녀에 관한 개인정보는 경우에 따라 가족간의 신뢰의 근간을 이루는 중요한 정보에 해당되어 가족과 공유하는 것이 적절한 측면도 있으므로 배우자나 직계혈족에 대한 관계에서도 보호가치가 높다고 단정하기 어렵다. 심판대상조항은 정보주체의 배우자나 직계혈족이 스스로의 정당한 법적 이익을 지키기 위하여 정보주체 본인의 위임 없이도 가족관계 상세증명서를 간편하게 발급받을 수 있게 해 주는 것이므로, 상세증명서 추가 기재 자녀의 입장에서 보아도 자신의 개인정보가 공개되는 것을 중대한 불이익이라고 평가하기는 어렵다. 나아가 가족관계 관련 법령은 가족관계증명서 발급 청구에 관한 부당한 목적을 파악하기 위하여 '청구사유기재'라는 나름의 소명절차를 규정하는 점 등을 아울러 고려하면 심판대상조항은 그 입법목적과 그로 인해 제한되는 개인정보자기결정권 사이에 적절한 균형을 달성한 것으로 평가할 수 있다. 심판대상조항은 과잉금지원칙에 위배되어 청구인의 개인정보자기결정권을 침해하지 아니한다(헌재 2022. 11. 24. 2021헌마30).

▶ **보안관찰처분대상자에게 출소 후 신고의무를 부과하고 이를 위반한 경우 처벌하는 보안관찰법 제6조 제1항 및 제27조가 청구인의 사생활의 비밀과 자유 및 개인정보자기결정권을 침해하는지**(소극) : 출소 후 출소사실을 신고하여야 하는 신고의무 내용에 비추어 보안관찰처분대상자의 불편이 크다거나 7일의 신고기간이 지나치게 짧다고 할 수 없다. 보안관찰해당범죄는 민주주의체제의 수호와 사회질서의 유지, 국민의 생존 및 자유에 중대한 영향을 미치는 범죄인 점, 보안관찰법은 대상자를 파악하고 재범의 위험성 등 보안관찰처분의 필요성 유무의 판단 자료를 확보하기 위하여 위와 같은 신고의무를 규정하고 있다는 점 등에 비추어 출소 후 신고의무 위반에 대한 제재수단으로 형벌을 택한 것이 과도하다거나 법정형이 다른 법률들에 비하여 각별히 과중하다고 볼 수도 없다. 따라서 출소후신고조항 및 위반 시 처벌조항은 과잉금지원칙을 위반하여 청구인의 사생활의 비밀과 자유 및 개인정보자기결정권을 침해하지 아니한다(헌재 2021. 6. 24. 2017헌바479).

▶ **보안관찰처분대상자에게 출소 후 신고사항에 변동이 있을 때에는 변동이 있는 날부터 7일 이내에 그 변동된 사항을 관할경찰서장에게 신고의무를 부과하고 이를 위반한 경우 처벌하는 보안관찰법 제6조 제2항 및 제27조가 청구인의 사생활의 비밀과 자유 및 개인정보자기결정권을 침해하는지**(적극) : 변동신고조항은 출소 후 기존에 신고한 거주예정지 등 정보에 변동이 생기기만 하면 신고의무를 부과하는바, 의무기간의 상한이 정해져 있지 아니하여, 대상자로서는 보안관찰처분을 받은 자가 아님에도 무기한의 신고의무를 부담한다. 대상자가 면제결정을 받으면 신고의무에서 벗어날 수 있으나, 이러한 예외적인 구제절차가 존재한다는 사정만으로는 기간의 상한 없는 변동신고의무의 위헌성을 근본적으로 치유하기에는 부족하다. 그렇다면 변동신고조항 및 위반 시 처벌조항은 대상자에게 보안관찰처분의 개시 여부를 결정하기 위함이라는 공익을 위하여 지나치게 장기간 형사처벌의 부담이 있는 신고의무를 지도록 하므로, 이는 과잉금지원칙을 위반하여 청구인의 사생활의 비밀과 자유 및 개인정보자기결정권을 침해한다(헌재 2021. 6. 24. 2017헌바479 헌법불합치).

▶ **통신매체이용음란죄로 유죄판결이 확정된 자는 신상정보 등록대상자가 된다고 규정한 성폭력범죄처벌법 제42조 제1항 부분이 청구인의 개인정보자기결정권을 침해하는지**(적극) : 모든 성범죄자가 신상정보 등록대상이 되어서는 안 되고, 신상정보 등록제도의 입법목적에 필요한 범위 내로 제한되어야 한다. 통신매체이용음란죄의 구성요건에 해당하는 행위 태양은 행위자의 범의·범행 동기·행위 상대방·행위 횟수 및 방법 등에 따라 매우 다양한 유형이 존재하고, 개별 행위유형에 따라 재범의 위험성 및 신상정보 등록 필요성은 현저히 다르다. 그런데 심판대상조항은 통신매체이용음란죄로 유죄판결이 확정된 사람은 누구나 법관의 판단 등 별도의 절차 없이 필요적으로 신상정보 등록대상자가 되도록 하고 있고, 등록된 이후에는 그 결과를 다툴 방법도 없다. 그렇다면 심판대상조항은 통신매체이용음란죄의 죄질 및 재범의 위험성에 따라 등록대상을 축소하거나, 유죄판결 확정과 별도로 신상정보 등록 여부에 관하여 법관의 판단을 받도록 하는 절차를 두는 등 기본권 침해를 줄일 수 있는 다른 수단을 채택하지 않았다는 점에서 침해의 최소성 원칙에 위배된다. 또한, 심판대상조항으로 인하여 비교적 불법성이 경미한 통신매체이용음란죄를 저지르고 재범의 위험성이 인정되지 않는 이들에 대하여는 달성되는 공익과 침해되는 사익 사이에 불균형이 발생할 수 있다는 점에서 법익의 균형성도 인정하기 어렵다(헌재 2016. 3. 31. 2015헌마688).

▶ **공중밀집장소추행죄로 유죄판결이 확정된 자를 신상정보 등록대상자로 규정한 성폭력범죄처벌법 제42조 제1항 본문이 청구인의 개인정보자기결정권을 침해하는지**(소극) : 심판대상조항은 공중밀집장소추행죄로 유죄판결이 확정되면 모두 신상정보 등록대상자가 되도록 함으로써 그 관리의 기초를 마련하기 위한 것이므로, 등록대상 여부를 결정함에 있어 대상 성범죄로 인한 유죄판결 이외에 반드시 재범의 위험성을 고려해야 한다고 보기 어렵고, 현재 사용되는 재범의 위험성 평가 도구의 오류 가능성을 배제하기 어려워 일정한 성폭력범죄자를 일률적으로 등록대상자가 되도록 하는 것이 불가피한 점, 등록대상 성폭력범죄로 유죄판결을 선고할 경우 등록대상자에게 등록대상자라는 사실과 신상정보 제출의무가 있음을 알려주도록 하며, 등록대상자의 범위, 신상정보 제출의무의 내용 및 신상정보의 등록·보존·관리 또한 법률에서 규율하고 있는 점 등을 고려할 때, 심판대상조항은 청구인의 개인정보자기결정권을 침해하였다고 볼 수 없다(헌재 2020. 6. 25. 2019헌마699).

▶ **아동·청소년이용음란물 배포 및 소지 행위로 유죄판결이 확정된 자는 신상정보 등록대상자가 된다고 규정한 구 성폭력범죄처벌법 제42조 제1항 부분이 청구인의 개인정보자기결정권을 침해하는지**(소극) : 아동·청소년이용음란물 단순소지의 경우에는 행위 태양이나 그 불법성의 정도가 다양하게 나타날 수 있는데, 등록조항은 아동·청소년이용음란물을 소지한 행위로 징역형이 선고된 경우에는 신상정보 등록대상이 되지만, 벌금형이 선고된 경우에는 신상정보 등록대상에서 제외함으로써 신상정보 등록대상의 범위를 입법목적에 필요한 범위 내로 제한하고 있으므로 침해의 최소성에 위배되지 않는다. 등록조항에 의하여 제한되는 사익에 비하여 아동·청소년대상 성범죄의 발생 및 재범 방지와 사회 방위라는 공익이 크다는 점에서, 법익의 균형성도 인정된다. 따라서 등록조항은 청구인의 개인정보자기결정권을 침해하지 않는다(헌재 2017. 10. 26. 2016헌마656).

▶ **성적목적공공장소침입죄로 유죄판결이 확정된 자는 신상정보 등록대상자가 된다고 규정한 성폭력범죄처벌법 제42조 제1항 부분이 청구인의 개인정보자기결정권을 침해하는지**(소극) : 신상정보 등록제도는 국가기관이 성범죄자의 관리를 목적으로 신상정보를 내부적으로만 보존·관리하는 것으로, 성범죄자의 신상정보를 일반에게 공개하는 신상정보 공개·고지제도와는 달리 법익침해의 정도가 크지 않다. 성적목적공공장소침입죄는 공공화장실 등 일정한 장소를 침입하는 경우에 한하여 성립하므로 등록조항에 따른 등록대상자의 범위는 이에 따라 제한되는바, 등록조항은 침해의 최소성 원칙에 위배되지 않는다. 등록조항으로 인하여 제한되는 사익에 비하여 성범죄의 재범 방지와 사회 방위라는 공익이 크다는 점에서 법익의 균형성도 인정된다. 따라서 등록조항은 청구인의 개인정보자기결정권을 침해하지 않는다(헌재 2016. 10. 27. 2014헌마709).

▶ 강제추행죄로 유죄판결이 확정된 자는 신상정보 등록대상자가 되도록 규정한 성폭력범죄처벌법 제42조 제1항 부분이 청구인의 개인정보자기결정권을 침해하는지(소극) : 전과기록이나 수사경력자료는 보다 좁은 범위의 신상정보를 담고 있고, 정보의 변동이 반영되지 않는다는 점에서 이 사건 법률조항에 의한 정보 수집과 동일한 효과를 거둘 수 있다고 보기 어렵고, 이 사건 법률조항이 강제추행죄의 행위태양이나 불법성의 경중을 고려하지 않고 있더라도 이는 본질적으로 성폭력범죄에 해당하는 강제추행죄의 특성을 고려한 것이라고 할 것이므로, 이 사건 법률조항은 침해최소성이 인정된다. 또 신상정보 등록으로 인한 사익의 제한은 비교적 경미한 반면 달성되는 공익은 매우 중대하다고 할 것이어서 법익균형성도 인정된다. 따라서 이 사건 법률조항은 과잉금지원칙에 반하여 개인정보자기결정권을 침해한다고 할 수 없다(헌재 2015. 10. 21. 2014헌마637).

▶ 카메라등이용촬영죄로 유죄판결이 확정된 자를 신상정보 등록대상자가 되도록 규정한 성폭력범죄처벌법 제42조 제1항 부분이 개인정보자기결정권을 침해하는지(소극) : 카메라등이용촬영죄의 행위 태양, 불법성의 경중은 다양할 수 있으나, 결국 인격체인 피해자의 성적 자유 및 함부로 촬영당하지 않을 자유를 침해하는 성범죄로서의 본질은 같으므로 입법자가 개별 카메라등이용촬영죄의 행위 태양, 불법성을 구별하지 않은 것이 지나친 제한이라고 볼 수 없고, 신상정보 등록대상자가 된다고 하여 그 자체로 사회복귀가 저해되거나 전과자라는 사회적 낙인이 찍히는 것은 아니므로 침해되는 사익은 크지 않은 반면 이 사건 등록조항을 통해 달성되는 공익은 매우 중요하다. 따라서 이 사건 등록조항은 개인정보자기결정권을 침해하지 않는다(헌재 2015. 7. 30. 2014헌마340).

▶ 아동 · 청소년 성매수죄로 유죄가 확정된 자는 신상정보 등록대상자가 되도록 규정한 성폭력처벌법 제42조 제1항 부분이 청구인의 개인정보자기결정권을 침해하는지(소극) : 아동 · 청소년 성매수죄는 그 죄질이 무겁고, 그 행위 태양 및 불법성이 다양하다고 보기 어려우므로, 입법자가 개별 아동 · 청소년 성매수죄의 행위 태양, 불법성을 구별하지 않은 것이 불필요한 제한이라고 볼 수 없다. 또한, 신상정보 등록대상자가 된다고 하여 그 자체로 사회복귀가 저해되거나 전과자라는 사회적 낙인이 찍히는 것은 아니므로 침해되는 사익은 크지 않고, 반면 등록조항을 통해 달성되는 공익은 매우 중요하다. 따라서 등록조항은 청구인의 개인정보자기결정권을 침해하지 않는다(헌재 2016. 2. 25. 2013헌마830).

▶ 아동 · 청소년 대상 성폭력 범죄를 저지른 사람에 대하여 신상정보를 공개하도록 한 구 아동 · 청소년의 성보호에 관한 법률 제38조 제1항 본문 제1호가 청구인들의 인격권 및 개인정보자기결정권을 침해하는지(소극) : 심판대상조항에 따른 신상정보 공개제도는, 그 공개대상이나 공개기간이 제한적이고, 법관이 '특별한 사정' 등을 고려하여 공개 여부를 판단하도록 되어 있으며, 공개로 인한 피해를 최소화하는 장치도 마련되어 있으므로 침해의 최소성이 인정되고, 이를 통하여 달성하고자 하는 '아동 · 청소년의 성보호'라는 목적이 침해되는 사익에 비하여 매우 중요한 공익에 해당하므로 법익의 균형성도 인정된다. 따라서 심판대상조항은 과잉금지원칙을 위반하여 청구인들의 인격권, 개인정보자기결정권을 침해한다고 볼 수 없다(헌재 2013. 10. 24. 2011헌바106).

▶ 등록대상자는 성명, 주민등록번호 등을 제출하여야 하고 위 정보가 변경된 경우 그 사유와 변경내용을 제출하여야 한다고 규정한 구 성폭력범죄처벌법 제43조 제1항 본문 등이 청구인의 개인정보자기결정권을 침해하는지(소극) : 제출조항은 범죄 수사 및 예방을 위하여 일정한 신상정보를 제출하도록 하는 것으로서, 목적의 정당성 및 수단의 적합성이 인정된다. 제출조항은 복수의 정보를 요구하여 고정적인 거주지가 없거나 이동이 잦은 직업에 종사하는 등록대상자에 대한 수사가 효율적으로 이루어지게 하고, 종교, 질병, 가족관계 등 입법목적과 직접적인 관련성이 인정되지 않는 정보의 제출을 제한하고 있으므로 침해의 최소성이 인정된다. 제출조항으로 인하여 청구인은 일정한 신상정보를 제출해야 하는 불이익을 받게 되나, 이에 비하여 제출조항이 달성하려는 공익이 크다고 보이므로 법익의 균형성도 인정된다. 따라서 제출조항은 청구인의 개인정보자기결정권을 침해하지 않는다(헌재 2016. 3. 31. 2014헌마457).

▶ 관할경찰관서의 장으로 하여금 등록대상자와 연 1회 직접 대면 등의 방법으로 등록정보의 진위와 변경 여부를 확인하도록 규정한 성폭력처벌법 제45조 제7항 제3호(대면확인조항)가 개인정보자기결정권 및 일반적 행동자유권을 침해하는지(소극) : 대면확인조항은 범죄 수사 및 예방을 위하여 등록대상자들이 관할경찰관서의 장과 정기적으로 직접 대면하여 신상정보의 진위 및 변경 여부를 확인받도록 하는 것인데, 연 1회 등록정보의 변경 여부만을 확인하도록 한 구 성폭력특례법 제35조 제3항과 제출조항만으로는 신상정보의 최신성을 확보하는 데 한계가 있고, 등록대상자가 대면확인을 거부하더라도 처벌받지 않으므로 등록대상자는 국가의 신상정보 등록제도 운영에 협력하는 정도의 부담만을 지게 되는 것이어서 그로 인하여 등록대상자가 입는 불이익이 크다고 할 수 없다. 따라서 대면확인조항은 청구인의 일반적 행동자유권 및 개인정보자기결정권을 침해하지 않는다(헌재 2019. 11. 28. 2017헌마399).

▶ 법무부장관이 신상정보 등록대상자의 정보를 검사 또는 각급 경찰관서의 장에게 배포할 수 있도록 규정한 성폭력처벌법 제46조 제1항이 개인정보자기결정권을 침해하는지(소극) : 배포조항은 범죄 수사 및 예방을 위하여 법무부장관에게 수사를 담당하는 검사 또는 각급 경찰관서의 장에게 등록정보를 배포할 수 있는 권한을 부여한 것인데 등록정보를 활용하는 목적을 한정한 점, 배포되는 등록정보 중 민감정보, 고유식별정보는 더욱 두텁게 보호되는 점, 배포 대상인 검사 및 경찰관서의 장은 비밀준수의무를 지고 위 의무를 위반한 때 형사처벌되는 점 등을 고려하면 배포조항은 침해의 최소성 요건과 법익의 균형성을 갖추었다. 따라서 배포조항은 청구인의 개인정보자기결정권을 침해하지 않는다(헌재 2019. 11. 28. 2017헌마399).

▶ 법무부장관은 등록정보를 최초 등록일부터 20년간 보존·관리하여야 한다고 규정한 성폭력특례법 제45조 제1항이 개인정보자기결정권을 침해하는지 여부(적극) : 성범죄의 재범을 억제하고 수사의 효율성을 제고하기 위하여, 법무부장관이 등록대상자의 재범 위험성이 상존하는 20년 동안 그의 신상정보를 보존·관리하는 것은 정당한 목적을 위한 적합한 수단이다. 그런데 재범의 위험성은 등록대상 성범죄의 종류, 등록대상자의 특성에 따라 다르게 나타날 수 있고, 입법자는 이에 따라 등록기간을 차등화함으로써 등록대상자의 개인정보자기결정권에 대한 제한을 최소화하는 것이 바람직함에도, 이 사건 관리조항은 모든 등록대상 성범죄자에 대하여 일률적으로 20년의 등록기간을 적용하고 있으며, 이 사건 관리조항에 따라 등록기간이 정해지고 나면, 등록의무를 면하거나 등록기간을 단축하기 위해 심사를 받을 수 있는 여지도 없으므로 지나치게 가혹하다. 그리고 이 사건 관리조항이 추구하는 공익이 중요하더라도, 모든 등록대상자에게 20년 동안 신상정보를 등록하게 하고 위 기간 동안 각종 의무를 부과하는 것은 비교적 경미한 등록대상 성범죄를 저지르고 재범의 위험성도 많지 않은 자들에 대해서는 달성되는 공익과 침해되는 사익 사이의 불균형이 발생할 수 있으므로 이 사건 관리조항은 개인정보자기결정권을 침해한다(헌재 2015. 7. 30. 2014헌마340 헌법불합치).

▶ 신상정보 등록대상자의 등록기간을 정한 성폭력처벌법 제45조 제1항 본문 제3호 중 카메라나 그 밖에 이와 유사한 기능을 갖춘 기계장치를 이용하여 성적 욕망 또는 수치심을 유발할 수 있는 다른 사람의 신체를 그 의사에 반하여 촬영한 범죄로 3년 이하의 징역형을 선고받은 사람' 부분이 청구인의 개인정보자기결정권을 침해하는지(소극) : 헌재 2015. 7. 30. 2014헌마340등 헌법불합치결정에 따라 개정된 성폭력처벌법 제45조 제1항은 선고형에 따라 등록기간을 10년부터 30년까지 달리하여 형사책임의 경중 및 재범의 위험성에 따라 등록기간을 차등화하였다. 이 사건 범죄로 3년 이하의 징역형을 선고받은 사람은 재범의 위험성이 상당히 인정되는 사람이므로, 심판대상조항이 등록기간을 보다 세분화하거나 법관의 판단을 받을 수 있는 별도의 절차를 두지 않았더라도 불필요한 제한을 부과한 것이라 보기 어렵다. 성폭력처벌법은 신상정보 등록 면제제도를 도입하여, 재범의 위험성이 낮아진 경우 신상정보의 등록을 면할 수 있는 수단도 마련되어 있으므로 침해의 최소성이 인정된다. 심판대상조항으로 인하여 침해되는 사익보다 성범죄자의 재범 방지 및 사회 방위의 공익이 우월하므로, 법익의 균형성도 인정된다. 그렇다면, 심판대상조항은 청구인의 개인정보자기결정권을 침해하지 않는다(헌재 2018. 3. 29. 2017헌마396).

▶ 법무부장관이 성범죄로 벌금형을 선고받은 사람의 등록정보를 10년간 보존·관리하도록 규정한 성폭력처벌법 제 45조 제1항 본문 제4호가 개인정보자기결정권을 침해하는지(소극) : 헌법재판소는 신상정보 등록대상자의 등록기 간을 일률적으로 20년으로 규정하고 있던 구 성폭력처벌법 제45조 제1항에 대하여 헌법불합치결정을 선고한 바 있다(헌재 2015. 7. 30. 2014헌마340). 이에 따라 2016. 12. 20. 성폭력처벌법 제45조 제1항은 선고형에 따라 등록기간을 10년부터 30년까지 달리하는 내용으로 개정되었는데, 이는 형사책임의 경중 등을 고려하여 등록기간 을 차등화함으로써 헌법재판소가 지적한 위헌성을 제거한 것으로 볼 수 있다. 이와 같이 성폭력처벌법은 등록기 간을 형사책임의 경중에 따라 세분화하고 일정한 경우 그 기간을 단축할 수 있도록 함으로써 기본권 침해를 최소 화하고 있으므로 관리조항은 침해의 최소성이 인정된다. 관리조항에 의하여 등록정보가 보존·관리된다고 하여 그 자체로 신상정보 등록대상자의 일상생활이 방해받는 것은 아니므로 관리조항으로 인하여 침해되는 사익은 크 지 않다고 할 수 있다. 반면 관리조항을 통하여 달성하려는 성범죄자의 재범 방지 및 수사의 효율성이라는 공익은 크다. 따라서 관리조항은 법익의 균형성이 인정된다. 따라서 관리조항은 과잉금지원칙을 위반하여 청구인의 개인 정보자기결정권을 침해하지 않는다(헌재 2019. 11. 28. 2017헌마399 기각).

▶ 수사경력자료의 보존 및 보존기간을 정하면서 범죄경력자료의 삭제에 대해 규정하지 않은 '형의 실효 등에 관한 법률' 제8조의2가 과잉금지원칙을 위반하여 청구인의 개인정보자기결정권을 침해하는지(소극) : 범죄경력자료를 범인 추적과 실체적 진실 발견, 각종 결격사유 판단 등을 위한 자료로 사용하기 위해 보존하는 것은 그 목적에 있어 정당하고 수단의 적합성을 갖추고 있다. 벌금형에 해당하는 전과나 실효된 전과라고 하여 그 범죄경력자료 를 보존할 필요가 없게 되는 것이 아니라 범죄경력을 보존할 필요가 있는지 여부를 결정하는 다양한 요소들을 모두 고려해 각개의 전과마다 개별화된 보존기간을 설정하는 것 또한 현실적으로 가능하지 않으므로, 입법자가 범죄경력자료의 보존기간을 세분화하지 않았다는 사정만으로 기본권을 덜 침해하는 가능한 수단을 택하지 않았 다고 볼 수 없다. 또한 형실효법은 범죄경력자료의 불법조회나 누설에 대한 금지 및 벌칙 규정을 두고 있고 범죄 경력자료를 조회·회보할 수 있는 사유를 제한하고 있으므로 개인의 범죄경력에 관한 정보가 수사나 재판 등에 필요한 정도를 넘어 외부의 일반인들에게까지 공개될 가능성은 극히 적고, 범죄경력자료의 보존 그 자체만으로 전과자들의 사회복귀가 저해되는 것도 아니다. 따라서 이 사건 수사경력자료 정리조항에서 범죄경력자료의 삭제 를 규정하지 않은 것이 청구인의 개인정보자기결정권을 침해한다고 볼 수 없다(헌재 2012. 7. 26. 2010헌마446).

▶ 검사의 '기소유예처분 등'에 관한 수사경력자료의 보존 및 그 보존기간(5년)을 정한 형의 실효 등에 관한 법률 제8 조의2 제1항 제1호 등이 청구인의 개인정보자기결정권을 침해하는지(소극) : 기소유예처분에 관한 수사경력자료를 보존하도록 하는 것은 재기소나 재수사 상황에 대비한 기초자료를 제공하고, 수사 및 재판과정에서 적정한 양형 등을 통해 사법정의를 실현하기 위한 것으로서 그 목적이 정당하고 수단의 적합성이 인정된다. 보존되는 정보가 최소한에 그치고 이용범위도 제한적이며, 수사경력자료의 누설이나 목적 외 취득과 사용이 엄격히 금지될 뿐만 아니라 법정 보존기간이 합리적 범위 안에 있어 침해의 최소성에 반한다고 볼 수 없고, 수사경력자료의 보존으로 청구인이 현실적으로 입게 되는 불이익이 그다지 크지 않으므로 법익의 균형성도 갖추고 있다. 따라서 심판대상 조항은 과잉금지원칙을 위반하여 청구인의 개인정보자기결정권을 침해하지 아니한다(헌재 2016. 6. 30. 2015헌 마828).

▶ '혐의 없음'의 불기소처분을 받은 수사경력자료를 보존하고 그 보존기간을 두고 있는 이 사건 수사경력자료 정리 조항이 과잉금지원칙을 위반하여 청구인의 개인정보자기결정권을 침해하는지(소극) : 이 사건 수사경력자료 정리 조항에서 '혐의없음'의 불기소처분에 관한 개인정보를 보존하도록 하는 것은 재수사에 대비한 기초자료를 보존하 고 수사의 반복을 피하기 위한 것으로서 그 목적이 정당하고 수단의 적합성이 인정된다. 또한 해당범죄의 공소시 효를 고려할 때 이 사건 수사경력자료 정리조항이 규정한 수사경력자료의 보존기간이 필요 이상으로 긴 것으로 보기도 어려우므로 침해의 최소성을 갖추고 있고, 수사경력자료의 보존으로 청구인이 현실적으로 입게 되는 불이 익이 그다지 크지 않으므로 법익의 균형성도 갖추고 있다. 따라서 이 사건 수사경력자료 정리조항에서 '혐의없음' 의 불기소처분에 관한 개인정보를 보존하도록 하는 것은 청구인의 개인정보자기결정권을 침해하지 아니한다(헌 재 2012. 7. 26. 2010헌마446).

▶소년에 대한 수사경력자료의 삭제와 보존기간에 대하여 규정하면서 법원에서 불처분결정된 소년부송치 사건에 대하여 규정하지 않은 구 형의 실효 등에 관한 법률 제8조의2 제1항 등이 과잉금지원칙에 반하여 개인정보자기결정권을 침해하는지(적극) : 수사경력자료는 불처분결정의 효력을 뒤집고 다시 형사처벌을 할 필요성이 인정되는 경우 재수사에 대비한 기초자료 또는 소년이 이후 다른 사건으로 수사나 재판을 받는 경우 기소여부의 판단자료나 양형 자료가 되므로, 해당 수사경력자료의 보존은 목적의 정당성과 수단의 적합성이 인정된다. 하지만 법원에서 소년부송치된 사건을 심리하여 보호처분을 할 수 없거나 할 필요가 없다고 인정하여 불처분결정을 하는 경우 소년부송치 및 불처분결정된 사실이 소년의 장래 신상에 불이익한 영향을 미치지 않는 것이 마땅하다. 또한 어떤 범죄가 행해진 후 시간이 흐를수록 수사의 단서로서나 상습성 판단자료, 양형자료로서의 가치는 감소하므로, 모든 소년부송치 사건의 수사경력자료를 해당 사건의 경중이나 결정 이후 경과한 시간 등에 대한 고려 없이 일률적으로 당사자가 사망할 때까지 보존할 필요가 있다고 보기는 어렵고, 불처분결정된 소년부송치 사건의 수사경력자료가 조회 및 회보되는 경우에도 이를 통해 추구하는 실체적 진실발견과 형사사법의 정의 구현이라는 공익에 비해, 당사자가 입을 수 있는 실체적 또는 심리적 불이익과 그로 인한 재사회화 및 사회복귀의 어려움이 더 크다. 따라서 심판대상조항은 과잉금지원칙을 위반하여 소년부송치 후 불처분결정을 받은 자의 개인정보자기결정권을 침해한다(헌재 2021. 6. 24. 2018헌가2 헌법불합치).

▶디엔에이감식시료 채취대상자가 사망할 때까지 디엔에이신원확인정보를 데이터베이스에 수록, 관리할 수 있도록 규정한 디엔에이법 제13조 제3항 중 수형인 등에 관한 부분이 개인정보자기결정권을 침해하는지(소극) : 디엔에이신원확인정보는 개인식별을 위한 최소한의 정보인 단순한 숫자에 불과하여 이로부터 개인의 유전정보를 확인할 수 없는 것이어서 개인의 존엄과 인격권에 심대한 영향을 미칠 수 있는 민감한 정보라고 보기 어렵고, 디엔에이신원확인정보의 수록 후 디엔에이감식시료와 디엔에이의 즉시 폐기, 무죄 등의 판결이 확정된 경우 디엔에이신원확인정보의 삭제, 디엔에이인적관리자와 디엔에이신원확인정보담당자의 분리, 디엔에이신원확인정보데이터베이스관리위원회의 설치, 업무목적 외 디엔에이신원확인정보의 사용·제공·누설 금지 및 위반시 처벌, 데이터베이스 보안장치 등 개인정보보호에 관한 규정을 두고 있으므로 이 사건 삭제조항은 침해최소성 원칙에 위배되지 않는다. 디엔에이신원확인정보를 범죄수사 등에 이용함으로써 달성할 수 있는 공익의 중요성에 비하여 청구인의 불이익이 크다고 보기 어려워 법익균형성도 갖추었다. 따라서 이 사건 삭제조항이 과도하게 개인정보자기결정권을 침해한다고 볼 수 없다(헌재 2014. 8. 28. 2011헌마28).

▶디엔에이신원확인정보담당자가 디엔에이신원확인정보를 검색하거나 그 결과를 회보할 수 있도록 규정한 디엔에이법 제11조 제1항이 개인정보자기결정권을 침해하는지(소극) : 이 사건 검색·회보조항에서 정한 검색·회보 사유의 필요성이 있고, 검색·회보 사유가 한정되어 있으며, 개인정보보호를 위한 조치들을 규정하고 있고, 범죄수사 등을 위한 공익이 청구인들의 불이익보다 크다. 따라서 이 사건 검색·회보조항이 과도하게 개인정보자기결정권을 침해한다고 볼 수 없다(헌재 2014. 8. 28. 2011헌마28).

▶학교생활세부사항기록부의 '행동특성 및 종합의견'에 학교폭력예방법에 규정된 가해학생에 대한 조치사항을 입력하도록 규정한 '학교생활기록 작성 및 관리지침' 제16조 제2항 및 이러한 내용을 학생의 졸업과 동시에 삭제하도록 규정한 위 지침 제18조 제5항이 과잉금지원칙에 반하여 청구인의 개인정보자기결정권을 침해하는지(소극) : 학교폭력 관련 조치사항들을 학교생활기록부에 기재하고 보존하는 것은 가해학생을 선도하고 교육할 수 있는 유용한 정보가 되고, 특히 상급학교로의 진학 자료로 사용됨으로써 학생들의 경각심을 고취시켜 학교폭력을 예방하고 재발을 방지하는 가장 효과적인 수단이 된다. 그러므로 비록 경미한 조치라 하더라도 학교생활기록부에의 기재 및 보존의 필요성이 있고, 관련 조항들에서 목적 외 사용금지 등 활용목적의 확대 및 남용에 따른 부수적인 기본권침해도 방지하고 있으므로, 침해의 최소성도 인정된다. 안전하고 건전한 학교생활보장 및 학생보호라는 공익은 학교폭력의 가해자인 학생이 입게 되는 기본권제한의 정도에 비해 그 보호가치가 결코 작지 않으므로, 법익의 균형성도 인정된다. 따라서 이 사건 기재조항 및 보존조항은 과잉금지원칙에 위배되어 청구인의 개인정보자기결정권을 침해하지 않는다(헌재 2016. 4. 28. 2012헌마630).

▶ 구치소장이 미결수용자인 청구인에게 징벌을 부과한 뒤 그 규율위반 내용 및 징벌처분 결과 등을 관할 법원에 양형 참고자료로 통보한 행위가 청구인의 개인정보자기결정권을 침해하는지(소극) : 이 사건 통보행위는 해당 미결수용자에 대한 적정한 양형을 실현하고 형사재판절차를 원활하게 진행하기 위한 것이다. 이로 인하여 제공되는 개인정보의 내용은 정보주체와 관련한 객관적이고 외형적인 사항들로서 엄격한 보호의 대상이 되지 아니하고, 개인정보가 제공되는 상대방이 체포·구속의 주체인 법원으로 한정되며, 양형 참고자료를 통보받은 법원으로서는 관련 법령에 따라 이를 목적 외의 용도로 이용하거나 제3자에게 제공할 수 없다. 이 사건 통보행위로 인해 제공되는 정보의 성격이나 제공 상대방의 한정된 범위를 고려할 때 그로 인한 기본권 제한의 정도가 크지 않은 데 비해, 이로 인하여 달성하고자 하는 적정한 양형의 실현 및 형사재판절차의 원활한 진행과 같은 공익은 훨씬 중대하다. 이 사건 통보행위는 과잉금지원칙에 위배되어 청구인의 개인정보자기결정권을 침해하였다고 볼 수 없다(헌재 2023. 9. 26. 2022헌마926).

▶ 구치소장이 검사의 요청에 따라 청구인과 배우자의 접견녹음파일을 제공한 행위가 청구인의 개인정보자기결정권을 침해하는지(소극) : 이 사건 제공행위는 형사사법의 실체적 진실을 발견하고 이를 통해 형사사법의 적정한 수행을 도모하기 위한 것으로 그 목적이 정당하고, 수단 역시 적합하다. 또한, 접견기록물의 제공은 제한적으로 이루어지고, 제공된 접견내용은 수사와 공소제기 등에 필요한 범위 내에서만 사용하도록 제도적 장치가 마련되어 있으며, 사적 대화내용을 분리하여 제공하는 것은 그 구분이 실질적으로 불가능하고, 범죄와 관련 있는 대화내용을 쉽게 파악하기 어려워 전체제공이 불가피한 점 등을 고려할 때 침해의 최소성 요건도 갖추고 있다. 나아가 접견내용이 기록된다는 사실이 미리 고지되어 그에 대한 보호가치가 그리 크다고 볼 수 없는 점 등을 고려할 때, 법익의 불균형을 인정하기도 어려우므로, 과잉금지원칙에 위반하여 청구인의 개인정보자기결정권을 침해하였다고 볼 수 없다(헌재 2012. 12. 27. 2010헌마153).

▶ 수형자가 제출한 소송서류의 발송일자 등을 소송서류 접수 및 전달부에 등재한 행위가 청구인의 개인정보자기결정권을 침해하는지(소극) : 이 사건 소송서류 등재는 수형자가 제출하는 소송서류 접수, 발송업무라는 소관업무의 정확성을 기하고 형사소송법 제344조 제1항이 정한 재소자의 특칙 등 기간준수 여부 확인을 위한 공적 자료를 마련하기 위한 것으로서 그 목적의 정당성과 수단의 적절성이 인정된다. 또한 청구인이 제출한 소송서류의 '접수일자, 소송의 종류, 소송서류명, 관할법원 및 기관, 사건번호, 발송일자, 기일만료일' 등의 정보는 위 목적달성에 필요한 최소한의 범위에 그치고 있으며, 소송서류의 내용적 정보가 아니라 소송서류와 관련된 외형적이고 형식적인 사항들로서 개인의 인격과 밀접하게 연관된 민감한 정보라고 보기는 어렵고, 이 사건 소송서류 등재가 수형자의 편의를 도모하기 위한 측면이 있음에 비추어 볼 때, 이 사건 소송서류 등재가 청구인의 개인정보자기결정권을 침해하였다고 볼 수 없다(헌재 2014. 9. 25. 2012헌마523).

▶ 대통령의 지시로 대통령 비서실장 등이 야당 소속 후보를 지지하였거나 정부에 비판적 활동을 한 문화예술인이나 단체를 정부의 문화예술 지원사업에서 배제할 목적으로 개인의 정치적 견해에 관한 정보를 수집·보유·이용한 행위가 법률유보원칙을 위반하여 개인정보자기결정권을 침해하는지(적극) : 정치적 견해에 관한 정보는 공개된 정보라 하더라도 개인의 인격주체성을 특징짓는 것으로, 개인정보자기결정권의 보호 범위 내에 속하며, 국가가 개인의 정치적 견해에 관한 정보를 수집·보유·이용하는 등의 행위는 개인정보자기결정권에 대한 중대한 제한이 되므로 이를 위해서는 법령상의 명확한 근거가 필요함에도 그러한 법령상 근거가 존재하지 않으므로 이 사건 정보수집 등 행위는 법률유보원칙을 위반하여 청구인들의 개인정보자기결정권을 침해한다(헌재 2020. 12. 23. 2017헌마416).

▶ 법무부장관은 변호사시험 합격자가 결정되면 즉시 명단을 공고하여야 한다고 규정한 변호사시험법 제11조 부분이 청구인들의 개인정보자기결정권을 침해하는지(소극) : 심판대상조항의 입법목적은 공공성을 지닌 전문직인 변호사에 관한 정보를 널리 공개하여 법률서비스 수요자가 필요한 정보를 얻는 데 도움을 주고, 변호사시험 관리 업무의 공정성과 투명성을 간접적으로 담보하는 데 있다. 심판대상조항은 법무부장관이 시험 관리 업무를 위하여 수집한 응시자의 개인정보 중 합격자의 성명을 공개하도록 하는 데 그치므로, 청구인들의 개인정보자기결정권이 제한되는 범위와 정도는 매우 제한적이다. 따라서 심판대상조항이 과잉금지원칙에 위배되어 청구인들의 개인정보자기결정권을 침해한다고 볼 수 없다(헌재 2020. 3. 26. 2018헌마77).

▶ **국민기초생활보장법상의 급여신청자에게 금융거래정보의 제출을 요구할 수 있도록 한 법 시행규칙 제35조 제1항 제5호가 급여신청자의 개인정보자기결정권을 침해하는지**(소극) : 보장법시행규칙 제35조 제1항 제5호는 급여신청자의 수급자격 및 급여액 결정을 객관적이고 공정하게 판정하려는 데 그 목적이 있는 것으로 그 정당성이 인정되고, 이를 위해서 금융거래정보를 파악하는 것은 적절한 수단이며 금융기관과의 금융거래정보로 제한된 범위에서 수집되고 조사를 통해 얻은 정보와 자료를 목적 외의 다른 용도로 사용하거나 다른 기관에 제공하는 것이 금지될 뿐만 아니라 이를 어긴 경우 형벌을 부과하고 있으므로 정보주체의 자기결정권을 제한하는 데 따른 피해를 최소화하고 있고 위 시행규칙조항으로 인한 정보주체의 불이익보다 추구하는 공익이 더 크므로 개인정보자기결정권을 침해하지 아니한다(헌재 2005. 11. 24. 2005헌마112).

IV 사생활의 비밀과 자유의 한계와 제한

1. 사생활의 비밀 · 자유와 언론의 자유

명예훼손적 표현의 피해자가 공적 인물인지 아니면 사인인지, 그 표현이 공적인 관심 사안에 관한 것인지 순수한 사적인 영역에 속하는 사안인지의 여부에 따라 헌법적 심사기준에는 차이가 있어야 하고, 공적 인물의 공적 활동에 대한 명예훼손적 표현은 그 제한이 더 완화되어야 한다. 다만, 공인 내지 공적인 관심 사안에 관한 표현이라 할지라도 일상적인 수준으로 허용되는 과장의 범위를 넘어서는 명백한 허위사실로서 개인에 대한 악의적이거나 현저히 상당성을 잃은 공격은 제한될 수 있어야 한다(헌재 2013. 12. 26. 2009헌마747).

판례

▶ **공직자의 자질 · 도덕성 · 청렴성에 관한 사실은 순수한 사생활의 영역에 있다고 보기 어렵고, 이에 대한 문제제기 내지 비판이 허용되어야 하는지**(적극) : 공직자의 공무집행과 직접적인 관련이 없는 개인적인 사생활에 관한 사실이라도 일정한 경우 공적인 관심 사안에 해당할 수 있다. 공직자의 자질 · 도덕성 · 청렴성에 관한 사실은 그 내용이 개인적인 사생활에 관한 것이라 할지라도 순수한 사생활의 영역에 있다고 보기 어렵다. 이러한 사실은 공직자 등의 사회적 활동에 대한 비판 내지 평가의 한 자료가 될 수 있고, 업무집행의 내용에 따라서는 업무와 관련이 있을 수도 있으므로, 이에 대한 문제제기 내지 비판은 허용되어야 한다(헌재 2013. 12. 26. 2009헌마747).

▶ **4급 이상 공무원들의 병역 면제사유인 질병명을 관보와 인터넷을 통해 공개하도록 하는 것이 사생활의 비밀과 자유를 침해하는지**(적극) : 이 사건 법률조항은 공개 시 인격이나 사생활의 심각한 침해를 초래할 수 있는 질병이나 심신장애내용까지도 예외 없이 공개함으로써 신고의무자인 공무원의 사생활의 비밀을 심각하게 침해하고 있다. 우리 현실에 비추어 질병명 공개와 같은 처방을 통한 병역풍토의 쇄신이 필요하다 하더라도 특별한 책임과 희생을 추궁할 수 있는 소수 사회지도층에 국한하여야 할 것이다. 결론적으로, 이 사건 법률조항이 공적 관심의 정도가 약한 4급 이상의 공무원들까지 대상으로 삼아 모든 질병명을 아무런 예외 없이 공개토록 한 것은 입법목적 실현에 치중한 나머지 사생활 보호의 헌법적 요청을 현저히 무시한 것이고, 이로 인하여 청구인들을 비롯한 해당 공무원들의 헌법 제17조가 보장하는 기본권인 사생활의 비밀과 자유를 침해하는 것이다(헌재 2007. 5. 31. 2005 헌마1139 헌법불합치).

▶ **경찰공무원에게 재산등록의무를 부과하고 있는 공직자윤리법 시행령 조항이 사생활의 비밀과 자유를 침해하는지**(소극) : 이 사건 시행령 조항은 경찰공무원에게 재산등록 의무를 부과함으로써 경찰공무원의 청렴성을 확보하고자 하는 것이므로 그 목적의 정당성과 수단의 적정성이 인정되고, 등록되는 재산사항의 범위가 한정적인 점, 직계 존비속이 재산사항의 고지를 거부할 수 있는 점 및 등록된 재산사항의 유출 방지를 위한 여러 형벌적 조치가 존재하는 점 등을 종합하여 보면 이 사건 시행령조항은 청구인의 사생활의 비밀과 자유의 제한을 최소화하도록 규정하고 있다고 할 것이다. 또한 이 사건 시행령조항이 달성하려는 공익은 경찰공무원의 비리유혹을 억제하고 공무집행의 투명성을 확보하여 궁극적으로 국민의 봉사자로서 경찰공무원의 책임성을 확보하는 것이므로 기본권 제한의 법익균형성을 상실하였다고 볼 수 없어, 결국 이 사건 시행령조항이 청구인의 사생활의 비밀과 자유를 침해한다고 할 수 없다(헌재 2010. 10. 28. 2009헌마544).

2. 사생활의 비밀·자유와 국정감사·조사권

감사 또는 조사는 개인의 사생활을 침해하거나 계속 중인 재판 또는 수사 중인 사건의 소추에 관여할 목적으로 행사되어서는 아니 된다(국감국조법 제8조).

제2항 **주거의 자유**

> **헌법 제16조**
> 모든 국민은 주거의 자유를 침해받지 아니한다. 주거에 대한 압수나 수색을 할 때에는 검사의 신청에 의하여 법관이 발부한 영장을 제시하여야 한다.

> **참고**
> ▶ **헌정사** : 주거의 자유와 관련한 영장주의는 1962년 제5차 개정헌법에서 신설

I 주거의 자유의 의의

1. 주거의 자유의 개념

주거의 자유란 인간의 체류와 활동을 위한 사적 공간인 주거에 관하여는 개인의 자유로운 영역으로 인정하여 국가가 공간적으로 이를 침해할 수 없다는 것을 말하는 것으로, 개인의 인격의 발현과 자주적인 생활형성을 위한 공간적 기초를 보장해 준다. 헌법 제16조가 보장하는 주거의 자유는 개방되지 않은 사적 공간인 주거를 공권력이나 제3자에 의해 침해당하지 않도록 함으로써 국민의 사생활영역을 보호하기 위한 권리이다(헌재 2015. 11. 26. 2013헌바415).

2. 주거의 자유의 취지

헌법 제16조가 보장하는 주거의 자유는 개방되지 않은 사적 공간인 주거를 공권력이나 제3자에 의해 침해당하지 않도록 함으로써 국민의 사생활영역을 보호하기 위한 권리이므로, 주거용 건축물의 사용·수익관계를 정하고 있는 도시 및 주거환경정비법 조항이 주거의 자유를 제한한다고 볼 수 없다(헌재 2015. 11. 26. 2013헌바415).

II 주거의 자유의 내용

1. 주거의 불가침

주거의 불가침이란 주거소지자의 의사에 반하는 침입이나 체류를 금지하는 것을 의미한다. 즉 주거의 자유의 주체에 의한 동의나 승낙이 없는 경우 누구도 주거에 들어가거나 머무르는 것을 금지한다. 여기서 주거란 현재 거주여부를 불문하고 사람이 거주하기 위하여 점유하고 있는 일체의 건조물 및 시설을 말하고, 침입이란 주거의 사실상 평온상태를 해치는 행위 태양으로 주거에 들어가는 것을 의미하고, 침입에 해당하는지는 출입 당시 객관적·외형적으로 드러난 행위 태양을 기준으로 판단함이 원칙이다(대판 2022. 3. 24. 2017도18272).

> **⚖️ 판례**
>
> ▶ **주거침입죄의 성립 여부**: 행위자가 범죄 등을 목적으로 음식점에 출입하였거나 영업주가 행위자의 실제 출입 목적을 알았더라면 출입을 승낙하지 않았을 것이라는 사정이 인정되더라도 그러한 사정만으로는 출입 당시 객관적·외형적으로 드러난 행위 태양에 비추어 사실상의 평온상태를 해치는 방법으로 음식점에 들어갔다고 평가할 수 없으므로 침입행위에 해당하지 않는다(대판 2022. 3. 24. 2017도18272).
>
> ▶ **주거침입죄의 성립 여부**: 외부인이 공동거주자의 일부가 부재중에 주거 내에 현재하는 거주자의 현실적인 승낙을 받아 통상적인 출입방법에 따라 공동주거에 들어간 경우라면 그것이 부재중인 다른 거주자의 추정적 의사에 반하는 경우에도 주거침입죄가 성립하지 않는다(대판 2021. 9. 9. 2020도12630).

2. 영장주의

헌법 제12조 제3항과는 달리 헌법 제16조 후문은 "주거에 대한 압수나 수색을 할 때에는 검사의 신청에 의하여 법관이 발부한 영장을 제시하여야 한다."라고 규정하고 있을 뿐 영장주의에 대한 예외를 명문화하고 있지 않다. 그러나 헌법 제16조의 영장주의에 대해서도 그 예외를 인정하되, 이는 그 장소에 범죄혐의 등을 입증할 자료나 피의자가 존재할 개연성이 소명되고, 사전에 영장을 발부받기 어려운 긴급한 사정이 있는 경우에만 제한적으로 허용될 수 있다고 보는 것이 타당하다(헌재 2018. 4. 26. 2015헌바370).

> **⚖️ 판례**
>
> ▶ **체포영장을 집행하는 경우 필요한 때에는 타인의 주거 등에서 피의자 수사를 할 수 있도록 한 형사소송법 제216조 제1항 제1호 부분이 헌법 제16조의 영장주의에 위반되는지**(적극): 심판대상조항은 체포영장을 발부받아 피의자를 체포하는 경우에 필요한 때에는 영장 없이 타인의 주거 등 내에서 피의자 수사를 할 수 있다고 규정함으로써, 별도로 영장을 발부받기 어려운 긴급한 사정이 있는지 여부를 구별하지 아니하고 피의자가 소재할 개연성만 소명되면 영장 없이 타인의 주거 등을 수색할 수 있도록 허용하고 있다. 이는 체포영장이 발부된 피의자가 타인의 주거 등에 소재할 개연성은 소명되나, 수색에 앞서 영장을 발부받기 어려운 긴급한 사정이 인정되지 않는 경우에도 영장 없이 피의자 수색을 할 수 있다는 것이므로, 헌법 제16조의 영장주의 예외 요건을 벗어나는 것으로서 영장주의에 위반된다(헌재 2018. 4. 26. 2015헌바370 헌법불합치).
>
> ▶ **서울출입국관리사무소장이 불법체류 외국인인 청구인들을 긴급보호하는 과정에서 서울출입국관리사무소 소속 직원들이 청구인의 주거에 들어간 것이 주거의 자유를 침해하였는지**(소극): 출입국관리법에 의한 보호에 있어서 용의자에 대한 긴급보호를 위해 그의 주거에 들어간 것이라면 그 긴급보호가 적법한 이상 주거의 자유를 침해한 것으로 볼 수 없으므로 청구인에 대한 긴급보호가 적법한 이상 그 긴급보호 과정에서 청구인의 주거에 들어갔다고 하더라도 주거의 자유를 침해하였다고 볼 수 없다(헌재 2012. 8. 23. 2008헌마430).

제3항 거주·이전의 자유

> **헌법 제14조**
> 모든 국민은 거주·이전의 자유를 가진다.

Ⅰ 거주·이전의 자유의 의의

1. 거주·이전의 자유의 개념

거주·이전의 자유란 국가권력의 간섭을 받지 않고 누구나 그 의사에 따라 원하는 장소에 주소나 거소를 정하고 그 곳으로부터 자유롭게 이전하거나 또는 자신의 의사에 반하여 거주지나 체류지를 변경하지 않을 자유를 말한다(헌재 2004. 10. 28. 2003헌가18).

2. 거주·이전의 자유의 기능

거주·이전의 자유란 국가의 간섭없이 자유롭게 거주와 체류지를 정할 수 있는 자유로서 정치·경제·사회·문화 등 모든 생활영역에서 개성신장을 촉진함으로써 헌법상 보장되고 있는 다른 기본권들의 실효성을 증대시켜주는 기능을 한다(헌재 2004. 10. 28. 2003헌가18).

3. 거주·이전의 자유의 보호 범위

거주·이전의 자유는 생활형성의 중심지 즉, 거주지나 체류지라고 볼 만한 정도로 생활과 밀접한 연관을 갖는 장소를 선택하고 변경하는 행위를 보호하는 기본권으로서, 생활의 근거지에 이르지 못하는 일시적인 이동을 위한 장소의 선택과 변경까지 그 보호영역에 포함되는 것은 아니다(헌재 2011. 6. 30. 2009헌마406).

> 🖉 **판례**
>
> ▶ **거주·이전의 자유의 보호 범위**: 거주·이전의 자유는 공권력의 간섭을 받지 아니하고 일시적으로 머물 체류지와 생활의 근거되는 거주지를 자유롭게 정하고 체류지와 거주지를 변경할 목적으로 자유롭게 이동할 수 있는 자유를 내용으로 한다. 그러나 거주·이전의 자유가 국민에게 그가 선택할 직업 내지 그가 취임할 공직을 그가 선택하는 임의의 장소에서 자유롭게 행사할 수 있는 권리까지 보장하는 것은 아니다(헌재 1996. 6. 26. 96헌마200).
>
> ▶ **경찰청장이 경찰버스들로 서울특별시 서울광장을 둘러싸 통행을 제지한 행위가 청구인들의 거주·이전의 자유를 제한하는지**(소극): 거주·이전의 자유는 거주지나 체류지라고 볼 만한 정도로 생활과 밀접한 연관을 갖는 장소를 선택하고 변경하는 행위를 보호하는 기본권인바, 이 사건에서 서울광장이 청구인들의 생활형성의 중심지인 거주지나 체류지에 해당한다고 할 수 없고, 서울광장에 출입하고 통행하는 행위가 그 장소를 중심으로 생활을 형성해 나가는 행위에 속한다고 볼 수도 없으므로 청구인들의 거주·이전의 자유가 제한되었다고 할 수 없다(헌재 2011. 6. 30. 2009헌마406).
>
> ▶ **영내에 기거하는 군인은 그가 속한 세대의 거주지에서 등록하여야 한다고 규정하고 있는 주민등록법 제6조 제2항이 거주이전의 자유를 제한하는지**(소극): 주민등록은 주민의 거주관계 등 인구의 동태를 항상 명확하게 파악하여 주민생활의 편익을 증진시키고 행정사무를 적정하게 처리하기 위한 목적에서 만들어진 행정법상의 제도로서 주민의 협조(신고의무의 이행)에 기초하여 지방자치단체의 장이 행하는 행정 업무일 뿐 주민등록을 하는 것 자체를 거주하는 사람의 권리로 인정할 수 없고, 한편 누구든지 주민등록 여부와 무관하게 거주지를 자유롭게 이전할 수 있으므로 주민등록 여부가 거주·이전의 자유와 직접적인 관계가 있다고 보기도 어렵다. 더욱이 영내 기거 현역병은 병역법으로 인해 거주·이전의 자유를 제한받게 되므로, 영내로의 주민등록 가능 여부가 해당 현역병의 거주·이전의 자유에 영향을 미친다고 보기 어렵다(헌재 2011. 6. 30. 2009헌마59).

Ⅱ 거주·이전의 자유 내용

1. 국내 거주·이전의 자유

모든 국민은 국내에서 거주·이전의 자유를 가진다. 거주·이전의 자유에는 거주지의 이전 이외에도 국내여행의 자유, 기업활동의 근거지인 본점이나 사무소의 설치·이전의 자유 등이 포함된다.

> **판례**
>
> ▶ **지방자치단체장의 피선거권 자격요건으로서 90일 이상 관할구역 내에 주민등록이 되어 있을 것을 요구하는 공직선거법 조항이 거주·이전의 자유를 침해하는지**(소극) : 직업에 관한 규정이나 공직취임의 자격에 관한 제한규정이 그 직업 또는 공직을 선택하거나 행사하려는 자의 거주·이전의 자유를 간접적으로 어렵게 하거나 불가능하게 하거나 원하지 않는 지역으로 이주할 것을 강요하게 될 수 있다 하더라도, 그와 같은 조치가 특정한 직업 내지 공직의 선택 또는 행사에 있어서의 필요와 관련되어 있는 것인 한, 그러한 조치에 의하여 직업의 자유 내지 공무담임권이 제한될 수는 있어도 거주·이전의 자유가 제한되었다고 볼 수는 없다. 그러므로 이 사건 법률조항으로 인하여 청구인이 그 체류지와 거주지의 자유로운 결정과 선택에 사실상 제약을 받는다고 하더라도 청구인의 공무담임권에 대한 위와 같은 제한이 있는 것은 별론으로 하고 거주·이전의 자유가 침해되었다고 할 수는 없다(헌재 1996. 6. 26. 96헌마200).
>
> ▶ **법인이 과밀억제권역 내에 본점의 사업용 부동산으로 건축물을 신축하여 이를 취득하는 경우 취득세를 중과세하는 구 지방세법 제112조 제3항 본문 부분이 거주·이전의 자유 및 영업의 자유를 침해하는지**(소극) : 이 사건 법률조항은 수도권에 인구 및 경제·산업시설이 밀집되어 발생하는 문제를 해결하고 국토의 균형 있는 발전을 도모하기 위하여 법인이 과밀억제권역 내에 본점의 사업용 부동산으로 건축물을 신축·증축하여 이를 취득하는 경우 취득세를 중과세하는 조항으로서, 구법과 달리 인구유입과 경제력 집중의 효과가 뚜렷한 건물의 신축, 증축 그리고 부속토지의 취득만을 그 적용대상으로 한정하여 부당하게 중과세할 소지를 제거하였다. 따라서 이 사건 법률조항은 거주·이전의 자유와 영업의 자유를 침해하지 아니한다(헌재 2014. 7. 24. 2012헌바408).

2. 국외 거주·이전의 자유

해외여행 및 해외이주의 자유는 필연적으로 외국에서 체류 또는 거주하기 위해서 대한민국을 떠날 수 있는 '출국의 자유'와 외국체류 또는 거주를 중단하고 다시 대한민국으로 돌아올 수 있는 '입국의 자유'를 포함한다(헌재 2004. 10. 28. 2003헌가18).

> **판례**
>
> ▶ **지방병무청장으로 하여금 병역준비역에 대하여 27세를 초과하지 않는 범위에서 단기 국외여행을 허가하도록 한 구 '병역의무자 국외여행 업무처리 규정' 제5조 제1항 부분이 27세가 넘은 병역준비역인 청구인의 거주·이전의 자유를 침해하는지**(소극) : 심판대상조항은 병역법령에 의할 때 예외적인 경우가 아니면 27세까지만 징집 연기가 가능하다는 점을 고려하여, 병역준비역에 대하여 27세를 초과하지 않는 범위에서만 단기 국외여행을 허가하도록 규정한다. 단기 국외여행 허가는 별다른 구비서류를 요구하지 않아 병역의무 회피 도구로 악용될 가능성이 있기 때문에, 병역준비역의 개별적·구체적 사정을 감안하지 않고 연령이라는 일괄적 기준에 따라 허가 여부를 결정하도록 한 것이다. 이처럼 심판대상조항은 공정하고 효율적인 병역의무의 이행을 확보한다는 입법목적을 해치지 않으면서도 징집 연기가 가능한 범위에서 국외여행의 자유를 최대한 보장하고 있다. 따라서 심판대상조항은 청구인의 거주·이전의 자유를 침해하지 않는다(헌재 2023. 2. 23. 2019헌마157).

▶ **형사재판에 계속 중인 사람에 대하여 출국을 금지할 수 있다고 규정한 출입국관리법 제4조 제1항 제1호가 출국의 자유를 침해하는지**(소극) : 형사재판에 계속 중인 사람의 해외도피를 막아 국가 형벌권을 확보함으로써 실체적 진실발견과 사법정의를 실현하고자 하는 심판대상조항은 그 입법목적이 정당하고, 수단의 적정성도 인정된다. 법무부장관은 출국금지 여부를 결정함에 있어 출국금지의 기본원칙, 출국금지 대상자의 범죄사실, 연령 및 가족 관계, 해외도피 가능성 등 피고인의 구체적 사정을 반드시 고려하여야 하며, 실무에서도 심판대상조항에 따른 출국금지는 매우 제한적으로 운용되고 있으므로 침해의 최소성 원칙에 위배되지 아니한다. 심판대상조항으로 인하여 형사재판에 계속 중인 사람이 입게 되는 불이익은 일정 기간 출국이 금지되는 것인 반면, 심판대상조항을 통하여 얻는 공익은 국가 형벌권을 확보함으로써 실체적 진실발견과 사법정의를 실현하고자 하는 것으로서 중대하므로 법익의 균형성도 충족된다(헌재 2015. 9. 24. 2012헌바302).

▶ **아프가니스탄 등 전쟁 또는 테러위험이 있는 해외 위난지역에서 여권사용을 제한하거나 방문 또는 체류를 금지한 외교통상부 고시가 청구인들의 거주·이전의 자유를 침해하는지**(소극) : 이 사건 고시는 국민의 생명·신체 및 재산을 보호하기 위한 것으로 그 목적의 정당성과 수단의 적절성이 인정되며, 대상지역을 당시 전쟁이 계속 중이던 이라크와 소말리아, 그리고 실제로 한국인에 대한 테러 가능성이 높았던 아프가니스탄 등 3곳으로 한정하고, 그 기간도 1년으로 하여 그다지 장기간으로 볼 수 없을 뿐 아니라, 부득이한 경우 예외적으로 외교통상부장관의 허가를 받아 여권의 사용 및 방문·체류가 가능하도록 함으로써 국민의 거주·이전의 자유에 대한 제한을 최소화하고 법익의 균형성도 갖추었다(헌재 2008. 6. 26. 2007헌마1366).

▶ **여행금지국가로 고시된 사정을 알면서도 외교부장관으로부터 예외적 여권사용 등의 허가를 받지 않고 여행금지국가를 방문하는 등의 행위를 형사처벌하는 여권법 제26조 제3호가 과잉금지원칙에 반하여 청구인의 거주·이전의 자유를 침해하는지**(소극) : 해외여행이 증가하고 국제 테러리즘이 심각한 국제문제로 대두되면서 재외국민 보호를 위한 사후적 대처만으로 그 피해를 줄일 수 없게 되었다. 이 사건 처벌조항은 형벌을 수단으로 사용하여 그 경고 기능을 강화하려는 것이다. 또한 소수의 일탈이나 다른 국민들의 모방을 방지할 수 있는 수준의 수단이 필요하다. 따라서 형벌 외의 방법으로는 이 사건 처벌조항과 동일한 수준의 입법목적을 달성하기 어렵고, 외교부장관으로부터 허가를 받은 경우에는 이 사건 처벌조항으로 형사처벌되지 않도록 가벌성이 제한되어 있다. 따라서 이 사건 처벌조항은 침해의 최소성원칙에 반하지 않는다. 국외 위난상황이 우리나라의 국민 개인이나 국가·사회에 미칠 수 있는 피해는 매우 중대한 반면, 이 사건 처벌조항으로 인한 불이익은 완화되어 있으므로, 이 사건 처벌조항은 법익의 균형성원칙에도 반하지 않는다(헌재 2020. 2. 27. 2016헌마945).

3. 국적변경의 자유

거주·이전의 자유는 국내에서 체류지와 거주지를 자유롭게 정할 수 있는 자유영역뿐 아니라 나아가 국외에서 체류지와 거주지를 자유롭게 정할 수 있는 '해외여행 및 해외 이주의 자유'를 포함하고 덧붙여 대한민국의 국적을 이탈할 수 있는 '국적변경의 자유' 등도 그 내용에 포섭된다고 보아야 한다(헌재 2004. 10. 28. 2003헌가18).

제4항 통신의 자유

> **헌법 제18조**
> 모든 국민은 통신의 비밀을 침해받지 아니한다.

Ⅰ 통신의 자유의 의의

1. 통신의 자유의 개념

통신의 자유란 개인이 그 의사나 정보를 우편물이나 전기통신 등의 수단에 의하여 전달 또는 교환하는 경우에 그 내용 등이 본인의 의사에 반하여 공개되지 아니할 자유를 말한다. 통신의 일반적인 속성으로는 당사자 간의 동의, 비공개성, 당사자의 특정성 등을 들 수 있다. 이러한 통신의 속성에 비추어 헌법 제18조에서 규정하고 있는 통신의 의미는 비공개를 전제로 하는 쌍방향적인 의사소통이라고 할 수 있다(헌재 2001. 3. 21. 2000헌바25).

2. 통신의 자유의 취지

통신의 자유를 기본권으로서 보장하는 것은 사적 영역에 속하는 개인간의 의사소통을 사생활의 일부로서 보장하겠다는 취지에서 비롯된 것이다. 통신은 기본적으로 개인과 개인간의 관계를 전제로 하는 것이지만, 통신의 수단인 우편이나 전기통신의 운영이 전통적으로 국가독점에서 출발하였기 때문에, 통신의 영역은 다른 사생활 영역에 비하여 국가에 의한 침해 가능성이 매우 큰 영역이라 할 수 있고, 이것이 사생활의 비밀과 자유에 포섭될 수 있는 사적 영역에 속하는 통신의 자유를 헌법이 별개의 조항을 통해서 기본권으로 보호하고 있는 이유라 할 것이다(헌재 2001. 3. 21. 2000헌바25).

> **판례**
>
> ▶ **수형자도 통신의 자유의 주체가 되는지**(적극) : 징역형 등이 확정되어 교정시설에서 수용중인 수형자도 통신의 자유의 주체가 된다(헌재 1998. 8. 27. 96헌마398).

Ⅱ 통신의 자유의 내용

1. 통신의 자유

통신의 자유란 통신수단을 자유로이 이용하여 의사소통할 권리이고, 이러한 '통신수단의 자유로운 이용'에는 자신의 인적사항을 누구에게도 밝히지 않는 상태로 통신수단을 이용할 자유, 즉 통신수단의 익명성 보장도 포함된다(헌재 2019. 9. 26. 2017헌마1209).

> **판례**
>
> ▶ **전기통신역무제공에 관한 계약을 체결하는 경우 전기통신사업자로 하여금 가입자에게 본인임을 확인할 수 있는 증서 등을 제시하도록 한 전기통신사업법 제32조의 4 제2항이 통신의 자유를 제한하는지**(적극) : 통신의 자유란 통신수단을 자유로이 이용하여 의사소통할 권리이고, 이러한 '통신수단의 자유로운 이용'에는 자신의 인적사항을 누구에게도 밝히지 않는 상태로 통신수단을 이용할 자유, 즉 통신수단의 익명성 보장도 포함된다. 따라서 심판대상조항은 익명으로 통신하고자 하는 청구인들의 통신의 자유를 제한한다(헌재 2019. 9. 26. 2017헌마1209).

▶**육군 신병교육 지침서 중 '신병훈련소에서 교육훈련을 받는 동안 전화사용을 통제하는 부분'이 청구인의 통신의 자유 등 기본권을 침해하는지**(소극) : 이 사건 지침은 신병들을 군인으로 육성하고 교육훈련과 병영생활에 조속히 적응시키기 위하여 신병교육기간에 한하여 신병의 외부 전화통화를 통제한 것으로, 신병훈련기간이 5주의 기간으로서 상대적으로 단기의 기간이라는 점, 긴급한 전화통화의 경우는 지휘관의 통제 하에 허용될 수 있다는 점, 신병들이 부모 및 가족에 대한 편지를 작성하여 우편으로 송부하도록 하고 있는 점 등을 종합하여 고려하여 보면, 이 사건 지침이 청구인을 포함한 신병교육훈련생들의 통신의 자유 등 기본권을 필요한 정도를 넘어 과도하게 제한하는 것이라고 보기 어렵다(헌재 2010. 10. 28. 2007헌마890).

▶**구치소장이 구치소에 수용 중인 수형자 앞으로 온 서신 속에 허가받지 않은 물품인 녹취서와 사진이 동봉되어 있음을 이유로 수형자에게 해당 서신수수를 금지하고 해당 녹취서와 사진을 발신자인 교도소에 수용 중인 청구인에게 반송한 행위가 청구인의 통신의 자유를 침해하는지**(소극) : 구치소장이 구치소에 수용중인 수형자에게 온 서신에 '허가 없이 수수되는 물품'인 녹취서와 사진이 동봉되어 있음을 확인하여 서신수수를 금지하고 발신인인 청구인에게 위 물품을 반송한 것은 교정사고를 미연에 방지하고 교정시설의 안전과 질서 유지를 위하여 불가피한 측면이 있다. 또한 청구인은 관심대상수용자로 지정된 자이고, 서신에 동봉된 녹취서는 청구인이 원고인 민사사건 증인의 증언을 녹취한 소송서류로서 타인의 실명과 개인정보가 기재되어 있다. 한편, 수용자 사이에 사진을 자유롭게 교환할 수 있도록 하는 경우 각종 교정사고가 발생할 가능성이 있다. 이와 같은 점을 종합적으로 고려하면, 이 사건 반송행위는 과잉금지원칙에 위반되어 청구인의 통신의 자유를 침해하지 않는다(헌재 2019. 12. 27. 2017헌마413).

▶**수용자가 작성한 집필문의 외부반출을 금지할 수 있다고 규정한 형집행법 제49조 제3항 등이 수용자의 통신의 자유를 침해하는지**(소극) : 수용자의 처우 또는 교정시설의 운영에 관한 거짓 사실을 담고 있는 집필문이나 타인의 사생활의 비밀 또는 자유를 침해할 가능성이 있는 내용을 담고 있는 집필문이 외부로 반출되는 경우 그로 인한 부작용은 예측하기 어려우므로 이를 규제할 필요가 있다. 형집행법상 수용자들의 집필활동은 특별한 사정이 없는 한 자유롭게 허용되고, 작성된 집필문의 외부 반출도 원칙적으로 허용되며, 예외적으로 금지되는 사유도 구체적이고 한정되어 있으므로 그 제한의 정도도 최소한에 그치고 있다. 또한 집필문의 외부반출이 불허되고 영치처분이 내려진 경우에도 수용자는 행정소송 등을 통해 이러한 처분의 취소를 구할 수 있는 등의 불복수단도 마련되어 있으므로, 심판대상조항은 수용자의 통신의 자유를 침해하지 않는다(헌재 2016. 5. 26. 2013헌바98).

2. 통신의 비밀의 불가침

자유로운 의사소통은 통신내용의 비밀을 보장하는 것만으로는 충분하지 아니하고 구체적인 통신으로 발생하는 외형적인 사실관계, 특히 통신관여자의 인적 동일성·통신시간·통신장소·통신횟수 등 통신의 외형을 구성하는 통신이용의 전반적 상황의 비밀까지도 보장해야 한다(헌재 2018. 6. 28. 2012헌마191).

판례

▶**통신의 비밀** : 통신의 비밀이란 서신·우편·전신의 통신수단을 통하여 개인 간에 의사나 정보의 전달과 교환(의사소통)이 이루어지는 경우, 통신의 내용과 통신이용의 상황이 개인의 의사에 반하여 공개되지 아니할 자유를 의미한다(헌재 2019. 9. 26. 2017헌마1209).

▶**전기통신역무제공에 관한 계약을 체결하는 경우 전기통신사업자로 하여금 가입자에게 본인임을 확인할 수 있는 증서 등을 제시하도록 한 전기통신사업법 제32조의 4 제2항이 통신의 비밀을 제한하는지**(소극) : 심판대상조항이 통신의 비밀을 제한하는 것은 아니다. 가입자의 인적사항이라는 정보는 통신의 내용·상황과 관계없는 '비내용적 정보'이며 휴대전화 통신계약 체결 단계에서는 아직 통신수단을 통하여 어떠한 의사소통이 이루어지는 것이 아니므로 통신의 비밀에 대한 제한이 이루어진다고 보기는 어렵다. 따라서 심판대상조항에 의해서는 통신의 비밀이 제한되지 않으며, 오직 인적사항을 밝히지 않는 방식으로 통신수단을 이용할 자유라는 의미에서의 통신의 자유만이 문제된다(헌재 2019. 9. 26. 2017헌마1209).

▶ **교도소장이 소송대리인인 변호사가 수용자인 청구인에게 온 서신을 개봉한 행위가 청구인의 통신의 자유를 침해하는지**(소극) : 교도소장의 서신개봉행위는 법령상 금지되는 물품을 서신에 동봉하여 반입하는 것을 방지하기 위하여 구 형집행법 제43조 제3항 및 구 형집행법 시행령 제65조 제2항에 근거하여 수용자에게 온 서신의 봉투를 개봉하여 내용물을 확인한 행위로서, 교정시설의 안전과 질서를 유지하고 수용자의 교화 및 사회복귀를 원활하게 하기 위한 것이다. 개봉하는 발신자나 수용자를 한정하거나 엑스레이 기기 등으로 확인하는 방법 등으로는 금지물품 동봉 여부를 정확하게 확인하기 어려워, 입법목적을 같은 정도로 달성하면서, 소장이 서신을 개봉하여 육안으로 확인하는 것보다 덜 침해적인 수단이 있다고 보기 어렵다. 또한 서신을 개봉하더라도 그 내용에 대한 검열은 원칙적으로 금지된다. 따라서 서신개봉행위는 청구인의 통신의 자유를 침해하지 아니한다(헌재 2021. 9. 30. 2019헌마919 기각).

▶ **교도소장이 법원, 검찰청 등이 수용자인 청구인에게 보낸 문서를 열람한 행위가 청구인의 통신의 자유를 침해하는지**(소극) : 문서열람행위는 형집행법 시행령 제67조에 근거하여 법원 등 관계기관이 수용자에게 보내온 문서를 열람한 행위로서, 문서 전달 업무에 정확성을 기하고 수용자의 편의를 도모하며 법령상의 기간준수 여부 확인을 위한 공적 자료를 마련하기 위한 것이다. 수용자 스스로 고지하도록 하거나 특별히 엄중한 계호를 요하는 수용자에 한하여 열람하는 등의 방법으로는 목적 달성에 충분하지 않고, 다른 법령에 따라 열람이 금지된 문서는 열람할 수 없으며, 열람한 후에는 본인에게 신속히 전달하여야 하므로, 문서열람행위는 청구인의 통신의 자유를 침해하지 아니한다(헌재 2021. 9. 30. 2019헌마919).

▶ **수용자가 국가기관에 서신을 발송할 경우에 교도소장의 허가를 받도록 하는 것이 통신비밀의 자유를 침해하는지**(소극) : 교도소 수용자들의 도주를 예방하고 교도소내의 규율과 질서를 유지하여 구금의 목적을 달성하기 위해서는 서신에 대한 검열이 불가피하며, 만약 국가기관과 사인에 대한 서신을 따로 분리하여 사인에 대한 서신의 경우에만 검열을 실시하고, 국가기관에 대한 서신의 경우에는 검열을 하지 않는다면 사인에게 보낼 서신을 국가기관의 명의를 빌려 검열 없이 보낼 수 있게 됨으로써 검열을 거치지 않고 사인에게 서신을 발송하는 탈법수단으로 이용될 수 있게 되므로 수용자의 서신에 대한 검열은 국가안전보장·질서유지 또는 공공복리라는 정당한 목적을 위하여 부득이 할 뿐만 아니라 유효 적절한 방법에 의한 최소한의 제한이며, 통신비밀의 자유의 본질적 내용을 침해하는 것이 아니어서 헌법에 위반된다고 할 수 없다(헌재 2001. 11. 29. 99헌마713).

▶ **미결수용자의 서신에 대한 검열이 통신의 비밀을 침해받지 않을 권리를 침해하는지**(소극) : 미결수용자는 수사 및 재판과정에서 고소·고발인, 수사경찰관, 피해자, 증인, 감정인 등 많은 사람들과 관련되는데, 미결수용자가 이들에게 서신을 제한 없이 발송할 수 있게 한다면 증거인멸의 부탁, 출소 후의 보복 협박, 교도소 등에 있는 동안의 뒷바라지 강요 등 각양각색의 협박편지가 그대로 발송될 수 있고, 이와 같은 사례들이 사회에 전파될 때 많은 사람이 수사 및 재판과정에서의 증언 또는 진술을 기피할 것이고 보복이 두려워서라도 각종 불법행위를 외면하게 되어 공정한 사법제도가 운영될 수 없게 될 위험이 있다. 따라서 증거의 인멸이나 도망을 예방하고 교도소 내의 질서를 유지하여 미결구금제도를 실효성 있게 운영하고 일반사회의 불안을 방지하기 위한 미결수용자의 서신에 대한 검열은 그 필요성이 인정된다. 다만 검열은 합리적인 방법으로 운용되어야 하고 검열에 의한 서신수발의 불허는 엄격한 기준에 의하여야 하며 또 서신내용의 비밀은 엄수되어야 할 것인바, 교도관집무규칙 제78조 등은 서신검열의 기준 및 검열자의 비밀준수의무 등을 규정하고 있으므로, 서신검열로 인하여 미결수용자의 통신의 비밀이 일부 제한되는 것은 질서유지 또는 공공복리라는 정당한 목적을 위하여 불가피할 뿐만 아니라 유효적절한 방법에 의한 최소한의 제한으로서 헌법에 위반된다고 할 수는 없다(헌재 1995. 7. 21. 92헌마144).

▶ **수형자의 서신 검열이 통신의 자유를 침해하는지**(소극) : 수형자의 교화·갱생을 위하여 서신수발의 자유를 허용하는 것이 필요하다고 하더라도, 구금시설은 다수의 수형자를 집단으로 관리하는 시설로서 규율과 질서유지가 필요하므로 수형자의 서신수발의 자유에는 내재적 한계가 있고, 구금의 목적을 달성하기 위하여 수형자의 서신에 대한 검열은 불가피하다. 현행법령과 제도하에서 수형자가 수발하는 서신에 대한 검열로 인하여 수형자의 통신의 비밀이 일부 제한되는 것은 국가안전보장·질서유지 또는 공공복리라는 정당한 목적을 위하여 부득이할 뿐만 아니라 유효적절한 방법에 의한 최소한의 제한이며 통신의 자유의 본질적 내용을 침해하는 것이 아니다(헌재 1998. 8. 27. 96헌마398).

> ▶ **수용자가 밖으로 내보내는 모든 서신을 봉함하지 않은 상태로 교정시설에 제출하도록 규정하고 있는 형집행법 시행령 제65조 제1항이 청구인의 통신비밀의 자유를 침해하는지**(적극) : 이 사건 시행령조항은 교정시설의 안전과 질서유지, 수용자의 교화 및 사회복귀를 원활하게 하기 위해 수용자가 밖으로 내보내는 서신을 봉함하지 않은 상태로 제출하도록 한 것이나, 이와 같은 목적은 교도관이 수용자의 면전에서 서신에 금지물품이 들어 있는지를 확인하고 수용자로 하여금 서신을 봉함하게 하는 방법, 봉함된 상태로 제출된 서신을 X-ray 검색기 등으로 확인한 후 의심이 있는 경우에만 개봉하여 확인하는 방법, 서신에 대한 검열이 허용되는 경우에만 무봉함 상태로 제출하도록 하는 방법 등으로도 얼마든지 달성할 수 있다고 할 것인바, 위 시행령 조항이 수용자가 보내려는 모든 서신에 대해 무봉함 상태의 제출을 강제함으로써 수용자의 발송 서신 모두를 사실상 검열 가능한 상태에 놓이도록 하는 것은 기본권 제한의 최소 침해성 요건을 위반하여 수용자인 청구인의 통신비밀의 자유를 침해하는 것이다(헌재 2012. 2. 23. 2009헌마333).

Ⅲ 통신의 자유의 제한

1. 통신의 자유에 대한 제한 가능성

통신의 중요한 수단인 서신의 당사자나 내용은 본인의 의사에 반하여 공개될 수 없으므로 서신의 검열은 원칙으로 금지된다. 그러나 통신의 자유도 절대적인 것은 아니므로 헌법 제37조 제2항에 따라 국가안전보장·질서유지 또는 공공복리를 위하여 필요한 경우에는 법률로써 제한할 수 있고, 다만 제한하는 경우에도 그 본질적인 내용은 침해할 수 없다(헌재 1998. 8. 27. 96헌마398).

2. 통신비밀보호법

(I) 정의

1) 통신과 우편물

통신이란 우편물 및 전기통신을 말하고, 우편물이란 우편법에 의한 통상우편물과 소포우편물을 말한다(통신비밀보호법 제2조 1호, 2호).

2) 검열과 감청

검열이란 우편물에 대하여 당사자의 동의없이 이를 개봉하거나 기타의 방법으로 그 내용을 지득 또는 채록하거나 유치하는 것을 말하고, 감청이란 전기통신에 대하여 당사자의 동의없이 전자장치·기계장치등을 사용하여 통신의 음향·문언·부호·영상을 청취·공독하여 그 내용을 지득 또는 채록하거나 전기통신의 송·수신을 방해하는 것을 말한다(통신비밀보호법 제2조 6호, 7호).

3) 통신사실확인자료

통신사실확인자료란 a) 가입자의 전기통신일시, b) 전기통신개시·종료시간, c) 발·착신 통신번호 등 상대방의 가입자번호, d) 사용도수, e) 컴퓨터통신 또는 인터넷의 사용자가 전기통신역무를 이용한 사실에 관한 컴퓨터통신 또는 인터넷의 로그기록자료, f) 정보통신망에 접속된 정보통신기기의 위치를 확인할 수 있는 발신기지국의 위치추적자료, g) 컴퓨터통신 또는 인터넷의 사용자가 정보통신망에 접속하기 위하여 사용하는 정보통신기기의 위치를 확인할 수 있는 접속지의 추적자료를 말한다(통신비밀보호법 제2조 11호).

> 🔖 판례

▶ **이미 수신이 완료된 전기통신 내용을 지득하는 등의 행위도 감청에 포함되는지**(소극) : 통신비밀보호법 제2조 제3호 및 제7호 규정의 문언이 송신하거나 수신하는 전기통신 행위를 감청의 대상으로 규정하고 있을 뿐 송·수신이 완료되어 보관 중인 전기통신 내용은 대상으로 규정하지 않은 점, 일반적으로 감청은 다른 사람의 대화나 통신 내용을 몰래 엿듣는 행위를 의미하는 점 등을 고려하여 보면, 통신비밀보호법상 '감청'이란 대상이 되는 전기통신의 송·수신과 동시에 이루어지는 경우만을 의미하고, 이미 수신이 완료된 전기통신의 내용을 지득하는 등의 행위는 포함되지 않는다(대판 2012. 10. 25. 2012도4644).

(2) 통신 및 대화비밀의 보호

누구든지 통신비밀보호법과 형사소송법 또는 군사법원법의 규정에 의하지 아니하고는 우편물의 검열·전기통신의 감청 또는 통신사실확인자료의 제공을 하거나 공개되지 아니한 타인 간의 대화를 녹음 또는 청취하지 못하며(통신비밀보호법 제3조 제1항), 불법검열에 의하여 취득한 우편물이나 그 내용 및 불법감청에 의하여 지득 또는 채록된 전기통신의 내용은 재판 또는 징계절차에서 증거로 사용할 수 없다(통신비밀보호법 제4조).

(3) 통신제한조치

1) 통신제한조치의 절차

	청구권자	허가기관		허가기간	긴급통신제한
범죄수사	검사	법원		• 2개월 초과금지 • 2월 범위 내 연장 • 총 연장기간 1년	• 허가 없이 통신제한조치 • 착수 후 36시간 이내에 법원의 허가
국가안보	정보수사기관의 장	내국인	고법 수석	• 4개월 초과금지 • 4월 범위 내 연장 • 총 연장기간 1년	• 범죄수사와 동일
		외국인	대통령		• 소속장관의 승인을 얻어 통신제한조치 • 착수 후 36시간 이내에 대통령의 승인

> 🔖 판례

▶ **통신비밀보호법 제5조 제2항 중 '인터넷회선을 통하여 송·수신하는 전기통신'에 관한 부분이 과잉금지원칙을 위반하여 청구인의 통신의 자유와 사생활의 자유를 침해하는지**(적극) : 인터넷회선 감청은 수사기관이 실제 감청 집행을 하는 단계에서는 해당 인터넷회선을 통하여 흐르는 불특정 다수인의 모든 정보가 패킷 형태로 수집되어 일단 수사기관에 그대로 전송되므로, 다른 통신제한조치에 비하여 감청 집행을 통해 수사기관이 취득하는 자료가 비교할 수 없을 정도로 매우 방대하다. 불특정 다수가 하나의 인터넷회선을 공유하여 사용하는 경우가 대부분이므로, 실제 집행 단계에서는 법원이 허가한 범위를 넘어 피의자 내지 피내사자의 통신자료뿐만 아니라 동일한 인터넷회선을 이용하는 불특정 다수인의 통신자료까지 수사기관에 모두 수집·저장된다. 그러므로 이 사건 법률조항은 과잉금지원칙에 위반하는 것으로 청구인의 기본권을 침해한다(헌재 2018. 8. 30. 2016헌마263).

▶ **통신제한조치기간의 연장을 허가함에 있어 총연장기간 또는 총연장횟수의 제한을 두지 아니한 통신비밀보호법 조항이 통신의 비밀을 침해하는지**(적극) : 통신제한조치기간의 연장을 허가함에 있어 총연장기간 또는 총연장횟수의 제한을 두고 그 최소한의 연장기간동안 범죄혐의를 입증하지 못하는 경우 통신제한조치를 중단하게 한다고 하여도, 여전히 통신제한조치를 해야 할 필요가 있으면 법원에 새로운 통신제한조치의 허가를 청구할 수 있으므로 이로써 수사목적을 달성하는 데 충분하다. 그럼에도 통신제한조치기간을 연장함에 있어 법운용자의 남용을 막을 수 있는 최소한의 한계를 설정하지 않은 이 사건 법률조항은 침해의 최소성원칙에 위반한다(헌재 2010. 12. 28. 2009헌가30 헌법불합치).

2) 통신제한조치의 집행에 관한 통지

검사는 통신제한조치를 집행한 사건에 관하여 공소를 제기하거나, 공소의 제기 또는 입건을 하지 아니하는 처분(기소중지결정, 참고인중지결정 제외)을 한 때에는 그 처분을 한 날부터 30일 이내에 우편물 검열의 경우에는 그 대상자에게, 감청의 경우에는 그 대상이 된 전기통신의 가입자에게 통신제한조치를 집행한 사실과 집행기관 및 그 기간 등을 서면으로 통지하여야 한다(통신비밀보호법 제9조의2 제1항).

3) 압수 · 수색 · 검증의 집행에 관한 통지

검사는 송 · 수신이 완료된 전기통신에 대하여 압수 · 수색 · 검증을 집행한 경우 그 사건에 관하여 공소를 제기하거나 공소의 제기 또는 입건을 하지 아니하는 처분(기소중지결정, 참고인중지결정 제외)을 한 때에는 그 처분을 한 날부터 30일 이내에 수사대상이 된 가입자에게 압수 · 수색 · 검증을 집행한 사실을 서면으로 통지하여야 한다(통신비밀보호법 제9조의3 제1항).

> **판례**
>
> ▶ 통신비밀보호법 제9조의3 제2항 중 '통지의 대상을 수사대상이 된 가입자로만 한정한 부분'이 적법절차원칙에 위배되어 개인정보자기결정권을 침해하는지(소극) : 심판대상조항은 피의자의 방어권을 보장하기 위하여 도입된 것이나, 수사의 밀행성을 확보하기 위하여 송 · 수신이 완료된 전기통신에 대한 압수 · 수색영장 집행 사실을 수사대상이 된 가입자에게만 통지하도록 하고, 그 상대방에 대해서는 통지하지 않도록 한 것이다. 한편, 전기통신의 특성상 수사대상이 된 가입자와 전기통신을 송 · 수신한 상대방은 다수일 수 있는데, 이들 모두에 대하여 그 압수 · 수색 사실을 통지하도록 한다면, 수사대상이 된 가입자가 수사를 받았다는 사실이 상대방 모두에게 알려지게 되어 오히려 위 가입자가 예측하지 못한 피해를 입을 수 있고, 또한 통지를 위하여 상대방의 인적사항을 수집해야 함에 따라 또 다른 개인정보자기결정권의 침해를 야기할 수도 있다. 이상과 같은 점들을 종합하여 볼 때, 심판대상조항은 적법절차원칙에 위배되어 청구인들의 개인정보자기결정권을 침해하지 않는다(헌재 2018. 4. 26. 2014헌마1178 기각).

(4) 감청설비에 대한 인가와 신고

감청설비를 제조 · 수입 · 판매 · 배포 · 소지 · 사용하거나 이를 위한 광고를 하고자 하는 자는 과학기술정보통신부장관의 인가를 받아야 한다. 다만, 국가기관의 경우에는 그러하지 아니하다(통신비밀보호법 제10조 제1항).

> **판례**
>
> ▶ 감청설비 제조 · 수입 등의 경우 정보통신부장관의 인가를 받도록 하되 국가기관은 예외로 규정한 통신비밀보호법 제10조 제1항이 통신의 자유를 침해하는지(소극) : 국가기관의 감청설비 보유 · 사용에 대한 관리와 통제를 위한 법적, 제도적 장치가 마련되어 있으므로, 국가기관이 인가 없이 감청설비를 보유, 사용할 수 있다는 사실만 가지고 바로 국가기관에 의한 통신비밀침해행위를 용이하게 하는 결과를 초래함으로써 통신의 자유를 침해한다고 볼 수는 없다(헌재 2001. 3. 21. 2000헌바25).

⑸ 범죄수사를 위한 통신사실 확인자료제공

1) 제공의 절차

검사 또는 사법경찰관은 수사 또는 형의 집행을 위하여 필요한 경우 전기통신사업법에 의한 전기통신사업자에게 통신사실 확인자료의 열람이나 제출(통신사실 확인자료제공)을 요청할 수 있다 (통신비밀보호법 제13조 제1항). 검사 또는 사법경찰관은 수사를 위하여 통신사실확인자료 중 '실시간 추적자료', '특정한 기지국에 대한 통신사실확인자료'가 필요한 경우에는 다른 방법으로는 범죄의 실행을 저지하기 어렵거나 범인의 발견·확보 또는 증거의 수집·보전이 어려운 경우에만 전기통신사업자에게 해당 자료의 열람이나 제출을 요청할 수 있다. 다만, 통신비밀보호법 제5조 제1항에 해당하는 범죄 또는 전기통신을 수단으로 하는 범죄에 대한 통신사실확인자료가 필요한 경우에는 열람이나 제출을 요청할 수 있다(통신비밀보호법 제13조 제2항).

> **판례**
>
> ▶ 통신비밀보호법 제13조 제1항 중 '검사 또는 사법경찰관은 수사를 위하여 필요한 경우 전기통신사업법 에 의한 전기통신사업자에게 제2조 제11호 가목 내지 라목의 통신사실확인자료의 열람이나 제출을 요청할 수 있다' 부분이 과잉금지원칙에 위반되어 청구인의 개인정보자기결정권과 통신의 자유를 침해하는지(적극) : 이동전화의 이용과 관련하여 필연적으로 발생하는 통신사실확인자료는 비록 비내용적 정보이지만 여러 정보의 결합과 분석을 통해 정보주체에 관한 정보를 유추해낼 수 있는 민감한 정보인 점, 수사기관의 통신사실 확인자료 제공요청에 대해 법원의 허가를 거치도록 규정하고 있으나 수사의 필요성만을 그 요건으로 하고 있어 제대로 된 통제가 이루어지기 어려운 점, 기지국수사의 허용과 관련하여서는 유괴·납치·성폭력범죄 등 강력범죄나 국가안보를 위협하는 각종 범죄와 같이 피의자나 피해자의 통신사실확인자료가 반드시 필요한 범죄로 그 대상을 한정하는 방안 또는 다른 방법으로는 범죄수사가 어려운 경우(보충성)를 요건으로 추가하는 방안 등을 검토함으로써 수사에 지장을 초래하지 않으면서도 불특정 다수의 기본권을 덜 침해하는 수단이 존재하는 점을 고려할 때, 이 사건 요청조항은 과잉금지원칙에 반하여 청구인의 개인정보자기결정권과 통신의 자유를 침해한다(헌재 2018. 6. 28. 2012헌마538 헌법불합치).
>
> ▶ 통신비밀보호법 제13조 제1항 중 '검사 또는 사법경찰관은 수사를 위하여 필요한 경우 전기통신사업법에 의한 전기통신사업자에게 제2조 제11호 바목, 사목의 통신사실확인자료의 열람이나 제출을 요청할 수 있다' 부분이 과잉금지원칙에 위반되어 청구인들의 개인정보자기결정권과 통신의 자유를 침해하는지(적극) : 수사기관은 위치정보 추적자료를 통해 특정 시간대 정보주체의 위치 및 이동상황에 대한 정보를 취득할 수 있으므로 위치정보 추적자료는 충분한 보호가 필요한 민감한 정보에 해당되는 점, 그럼에도 이 사건 요청조항은 수사기관의 광범위한 위치정보 추적자료 제공요청을 허용하여 정보주체의 기본권을 과도하게 제한하는 점, 위치정보 추적자료의 제공요청과 관련하여서는 실시간 위치추적 또는 불특정 다수에 대한 위치추적의 경우 보충성 요건을 추가하거나 대상범죄의 경중에 따라 보충성 요건을 차등적으로 적용함으로써 수사에 지장을 초래하지 않으면서도 정보주체의 기본권을 덜 침해하는 수단이 존재하는 점, 수사기관의 위치정보 추적자료 제공요청에 대해 법원의 허가를 거치도록 규정하고 있으나 수사의 필요성만을 그 요건으로 하고 있어 절차적 통제마저도 제대로 이루어지기 어려운 현실인 점 등을 고려할 때, 이 사건 요청조항은 과잉금지원칙에 반하여 청구인들의 개인정보자기결정권과 통신의 자유를 침해한다(헌재 2018. 6. 28. 2012헌마191 헌법불합치).
>
> ▶ 수사기관이 수사를 위하여 필요한 경우 법원의 허가를 얻어 전기통신사업자에게 정보주체의 위치정보 추적자료의 제공을 요청할 수 있도록 하고 있는 통신비밀보호법 제13조 제2항 본문 부분이 헌법상 영장주의에 위반되어 청구인들의 개인정보자기결정권과 통신의 자유를 침해하는지(소극) : 위치정보 추적자료 제공요청은 통신비밀보호법이 정한 강제처분에 해당되므로 헌법상 영장주의가 적용된다. 영장주의의 본질은 강제처분을 함에 있어 중립적인 법관이 구체적 판단을 거쳐야 한다는 점에 있는바, 이 사건 허가조항은 수사기관이 전기통신사업자에게 위치정보 추적자료 제공을 요청함에 있어 관할 지방법원 또는 지원의 허가를 받도록 규정하고 있으므로 헌법상 영장주의에 위배되지 아니한다(헌재 2018. 6. 28. 2012헌마191).

2) 제공의 통지

검사 또는 사법경찰관은 제13조에 따라 통신사실 확인자료제공을 받은 사건에 관하여 통신비밀보호법이 정한 기간 내에 통신사실 확인자료제공을 받은 사실과 제공요청기관 및 그 기간 등을 통신사실 확인자료제공의 대상이 된 당사자에게 서면으로 통지하여야 한다(통신비밀보호법 제13조의3 제1항).

> ⚖️ **판례**
>
> ▶ 기소중지결정이나 수사 중에는 수사기관에게 위치정보 추적자료를 제공받은 사실 등에 관하여 통지할 의무를 부과하지 아니하고 있는 통신비밀보호법 제13조의3 제1항 부분이 적법절차원칙에 위반되어 청구인들의 개인정보자기결정권을 침해하는지(적극) : 수사의 밀행성 확보는 필요하지만, 적법절차원칙을 통하여 수사기관의 권한남용을 방지하고 정보주체의 기본권을 보호하기 위해서는, 위치정보 추적자료 제공과 관련하여 정보주체에게 적절한 고지와 실질적인 의견진술의 기회를 부여해야 한다. 그런데 이 사건 통지조항은 수사가 장기간 진행되거나 기소중지결정이 있는 경우에는 정보주체에게 위치정보 추적자료 제공사실을 통지할 의무를 규정하지 아니하고, 그 밖의 경우에 제공사실을 통지받더라도 그 제공사유가 통지되지 아니하며, 수사목적을 달성한 이후 해당 자료가 파기되었는지 여부도 확인할 수 없게 되어 있어. 정보주체로서는 위치정보 추적자료와 관련된 수사기관의 권한남용에 대해 적절한 대응을 할 수 없게 되었다. 이에 대해서는, 수사가 장기간 계속되거나 기소중지된 경우라도 일정 기간이 경과하면 원칙적으로 정보주체에게 그 제공사실을 통지하도록 하되 수사에 지장을 초래하는 경우에는 중립적 기관의 허가를 얻어 통지를 유예하는 방법, 일정한 조건하에서 정보주체가 그 제공요청 사유의 통지를 신청할 수 있도록 하는 방법, 통지의무를 위반한 수사기관을 제재하는 방법 등의 개선방안이 있다. 이러한 점들을 종합할 때, 이 사건 통지조항은 적법절차원칙에 위배되어 청구인들의 개인정보자기결정권을 침해한다(헌재 2018. 6. 28. 2012헌마191 헌법불합치).

(6) 타인의 대화비밀 침해금지

누구든지 공개되지 아니한 타인간의 대화를 녹음하거나 전자장치 또는 기계적 수단을 이용하여 청취할 수 없다(통신비밀보호법 제14조 제1항).

제3절	정신적 자유

제1항 양심의 자유

> **헌법 제19조**
> 모든 국민은 양심의 자유를 가진다.

Ⅰ 양심의 자유의 의의

1. 양심의 자유

(1) 양심의 자유의 개념

양심의 자유란 외부로부터의 부당한 간섭이나 강제를 받지 않고 개인의 내심영역에서 양심을 형성하고 양심상의 결정하며, 형성된 양심을 외부로 표명하고 양심에 따라 삶을 형성할 자유를 말한다(헌재 2004. 8. 26. 2002헌가1).

(2) 양심의 자유의 기능

헌법은 제19조는 양심의 자유를 국민의 기본권으로 보장하고 있는데, 인간의 존엄성 유지와 개인의 자유로운 인격발현을 최고의 가치로 삼는 우리 헌법상의 기본권체계 내에서 양심의 자유의 기능은 개인적 인격의 정체성과 동질성을 유지하는 데 있다(헌재 2004. 8. 26. 2002헌가1).

2. 양심

(1) 양심의 개념

헌법상 보호되는 양심은 어떤 일의 옳고 그름을 판단함에 있어서 그렇게 행동하지 아니하고는 자신의 인격적인 존재가치가 허물어지고 말 것이라는 강력하고 진지한 마음의 소리로서 절박하고 구체적인 양심을 말한다. 즉, '양심상의 결정'이란 선과 악의 기준에 따른 모든 진지한 윤리적 결정으로서 구체적인 상황에서 개인이 이러한 결정을 자신을 구속하고 무조건적으로 따라야 하는 것으로 받아들이기 때문에 양심상의 심각한 갈등이 없이는 그에 반하여 행동할 수 없는 것을 말한다(헌재 2018. 6. 28. 2011헌바379).

(2) 양심의 판단기준

특정한 내적인 확신 또는 신념이 양심으로 형성된 이상 그 내용 여하를 떠나 양심의 자유에 의해 보호되는 양심이 될 수 있으므로, 헌법상 양심의 자유에 의해 보호받는 '양심'으로 인정할 것인지의 판단은 그것이 깊고, 확고하며, 진실된 것인지 여부에 따르게 된다(헌재 2018. 6. 28. 2011헌바379). 즉 양심은 그 신념이 깊고, 확고하며, 진실하여야 한다. 신념이 깊다는 것은 그것이 사람의 내면 깊이 자리잡은 것으로서 그의 모든 생각과 행동에 영향을 미친다는 것을 뜻한다. 삶의 일부가 아닌 전부가 그 신념의 영향력 아래 있어야 한다. 신념이 확고하다는 것은 그것이 유동적이거나 가변적이지 않다는 것을 뜻한다. 반드시 고정불변이어야 하는 것은 아니지만, 그 신념은 분명한 실체를 가진 것으로서 좀처럼 쉽게 바뀌지 않는 것이어야 한다. 신념이 진실하다는 것은 거짓이 없고, 상황에 따라 타협적이거나 전략적이지 않다는 것을 뜻한다. 설령 병역거부자가 깊고 확고한 신념을 가지고 있더라도 그 신념과 관련한 문제에서 상황에 따라 다른 행동을 한다면 그러한 신념은 진실하다고 보기 어렵다(대판 2018. 11. 1. 2016도10912).

> **판례**
>
> ▶ **양심의 자유에 의해 보호하는 양심** : 양심의 자유에서 보호하는 양심은 그 어느 것으로도 대체되지 아니하며, 그에 따라 행동함으로써 자기를 표현하고 인간으로서의 존엄과 가치를 확인하는 의미를 가지는 것이다. 따라서 강요에 의하여 그러한 신념을 의심하고 그 포기 여부를 선택해야 하는 상황에 처하는 것만으로도 개인의 인격에는 큰 타격이 될 수 있다. 자신이 전인격을 걸고 옳은 것이라고 믿는 신념을 변경하지 않을 경우 형벌과 사회생활에서의 제약 등 커다란 피해를 입는 것이 예정되어 있는 상황에 처하면, 개인은 선택의 기로에서 자신의 인격적 존재가치에 회의를 느끼지 않을 수 없고, 이는 결국 인간의 존엄성에 대한 손상으로 이어질 수밖에 없기 때문이다(헌재 2018. 6. 28. 2011헌바379).
>
> ▶ **양심상 결정이 기초하는 가치체계** : 양심상의 결정이 어떠한 종교관·세계관 또는 그 외의 가치체계에 기초하고 있는가와 관계없이 모든 내용의 양심상의 결정이 양심의 자유에 의하여 보장된다(헌재 2004. 8. 26. 2002헌가1). 즉 헌법 제19조의 양심이란 세계관·인생관·주의·신조 등은 물론, 이에 이르지 아니하여도 보다 널리 개인의 인격형성에 관계되는 내심에 있어서의 가치적·윤리적 판단도 포함된다(헌재 1991. 4. 1. 89헌마160).

▶ **헌법에 의해 보호받는 양심** : 양심은 민주적 다수의 사고나 가치관과 일치하는 것이 아니라, 개인적 현상으로서 지극히 주관적인 것이다. 그래서 양심은 그 대상이나 내용 또는 동기에 의하여 판단될 수 없으며, 특히 양심상의 결정이 이성적·합리적인가, 타당한가 또는 법질서나 사회규범·도덕률과 일치하는가 하는 관점은 양심의 존재를 판단하는 기준이 될 수 없다(헌재 2018. 6. 28. 2011헌바379). 즉 개인의 양심은 사회 다수의 정의관·도덕관과 일치하지 않을 수 있으며, 오히려 헌법상 양심의 자유가 문제되는 상황은 개인의 양심이 국가의 법질서나 사회의 도덕률에 부합하지 않는 경우이므로, 헌법에 의해 보호받는 양심은 법질서와 도덕에 부합하는 사고를 가진 다수가 아니라 이른바 '소수자'의 양심이 되기 마련이다(헌재 2018. 6. 28. 2011헌바379).

▶ **양심의 자유에서 현실적으로 문제가 되는 양심** : 일반적으로 민주적 다수는 법질서와 사회질서를 그의 정치적 의사와 도덕적 기준에 따라 형성하기 때문에, 그들이 국가의 법질서나 사회의 도덕률과 양심상의 갈등을 일으키는 것은 예외에 속한다. 양심의 자유에서 현실적으로 문제가 되는 것은 국가의 법질서나 사회의 도덕률에서 벗어나려는 소수의 양심이다(헌재 2004. 8. 26. 2002헌가1).

▶ **양심에 대한 사회적·도덕적 평가** : 양심에 대한 사회적·도덕적 판단이나 평가는 당연히 가능하며, 양심이기 때문에 무조건 그 자체로 정당하다거나 도덕적이라는 의미는 아니다(헌재 2018. 6. 28. 2011헌바379).

▶ **민사집행법상 재산명시의무를 위반한 채무자에 대하여 법원이 결정으로 20일 이내의 감치에 처하도록 규정한 민사집행법 제68조 제1항이 청구인의 양심의 자유를 침해하는지**(소극) : 헌법 제19조에서 보호되어야 할 양심에는 세계관·인생관·주의·신조 등은 물론, 이에 이르지 아니하여도 보다 널리 개인의 인격형성에 관계되는 내심에 있어서의 가치적·윤리적 판단도 포함될 수 있으나, 단순한 사실관계의 확인과 같이 가치적·윤리적 판단이 개입될 여지가 없는 경우는 그 보호대상이 아니다. 이 사건에서 채무자가 부담하는 행위의무는 강제집행의 대상이 되는 재산관계를 명시한 재산목록을 제출하고 그 재산목록의 진실함을 법관 앞에서 선서하는 것으로서, 개인의 인격형성에 관계되는 내심의 가치적·윤리적 판단이 개입될 여지가 없는 단순한 사실관계의 확인에 불과한 것이므로, 헌법 제19조에 의하여 보장되는 양심의 영역에 포함되지 않는다(헌재 2014. 9. 25. 2013헌마11).

▶ **사업자단체의 독점규제 및 공정거래법 위반행위가 있을 때 공정거래위원회가 당해 사업자단체에 대하여 "법위반 사실의 공표"를 명할 수 있도록 한 공정거래법 제27조가 양심의 자유를 침해하는지**(소극) : 단순한 사실관계의 확인과 같이 가치적·윤리적 판단이 개입될 여지가 없는 경우는 물론, 법률해석에 관하여 여러 견해가 갈리는 경우처럼 다소의 가치관련성을 가진다고 하더라도 개인의 인격형성과는 관계가 없는 사사로운 사유나 의견 등은 그 보호대상이 아니다. 경제규제법적 성격을 가진 공정거래법에 위반하였는지 여부에 있어서도 각 개인의 소신에 따라 어느 정도의 가치판단이 개입될 수 있는 소지가 있고 그 한도에서 다소의 윤리적 도덕적 관련성을 가질 수도 있겠으나, 이러한 법률판단의 문제는 개인의 인격형성과는 무관하며, 대화와 토론을 통하여 가장 합리적인 것으로 그 내용이 동화되거나 수렴될 수 있는 포용성을 가지는 분야에 속한다고 할 것이므로 헌법 제19조에 의하여 보장되는 양심의 영역에 포함되지 아니한다(헌재 2002. 1. 31. 2001헌바43).

▶ **국가보안법 등 위반 수형자의 가석방 결정시 준법서약서를 제출하도록 한 가석방심사 등에 관한 규칙 제14조가 준법서약의 내용상 서약자의 양심의 영역을 침범하는 것인지**(소극) : 국법질서의 준수에 대한 국민의 일반적 의무가 헌법적으로 명백함을 감안할 때, 내용상 단순히 국법질서나 헌법체제를 준수하겠다는 취지의 서약을 할 것을 요구하는 준법서약은 국민이 부담하는 일반적 의무를 장래를 향하여 확인하는 것에 불과하며, 어떠한 가정적 혹은 실제적 상황하에서 특정의 사유(思惟)를 하거나 특별한 행동을 할 것을 새로이 요구하는 것이 아니다. 따라서 이 사건 준법서약은 어떤 구체적이거나 적극적인 내용을 담지 않은 채 단순한 헌법적 의무의 확인·서약에 불과하다 할 것이어서 양심의 영역을 건드리는 것이 아니다. 또한 … 어느 누구도 헌법과 법률을 무시하고 국법질서 혹은 자유민주적 기본질서를 무력, 폭력 등 비헌법적 수단으로 전복할 권리를 헌법적으로 보장받을 수는 없다(헌재 2002. 4. 25. 98헌마425).

▶ **주취운전의 혐의자에게 주취여부의 측정에 응할 의무를 지우고 이에 불응한 사람을 처벌하는 도로교통법조항이 양심의 자유를 침해하는지**(소극) : 음주측정에 응해야 할 것인지, 거부해야 할 것인지, 그 상황에서 고민에 빠질 수는 있겠으나 그러한 고민은 선과 악의 범주에 관한 진지한 윤리적 결정을 위한 고민이라 할 수 없으므로 그 고민 끝에 어쩔 수 없이 음주측정에 응하였다 하여 내면적으로 구축된 인간양심이 왜곡 굴절된다고 할 수도 없다. 따라서 음주측정요구와 그 거부는 양심의 자유의 보호영역에 포괄되지 아니하므로 이 사건 법률조항을 두고 헌법 제19조에서 보장하는 양심의 자유를 침해하는 것이라고 할 수 없다(헌재 1997. 3. 27. 96헌가11).

▶ **자동차 운전자에게 좌석안전띠를 매도록 하고, 이를 위반했을 때 범칙금을 납부하도록 통고하는 것이 양심의 자유를 침해하는지**(소극) : 자동차를 운전하며 좌석안전띠를 맬 것인지의 여부에 대하여 고민할 수는 있겠으나, 그 고민 끝에 제재를 받지 않기 위하여 어쩔 수 없이 좌석안전띠를 매었다 하여 청구인이 내면적으로 구축한 인간양심이 왜곡·굴절되고 청구인의 인격적인 존재가치가 허물어진다고 할 수는 없다. 따라서 운전 중 운전자의 좌석안전띠착용은 양심의 자유의 보호영역에 속하지 아니한다(헌재 2003. 10. 30. 2002헌마518).

▶ **주민등록증 발급대상자로 하여금 주민등록증발급신청서에 열 손가락의 지문을 날인하도록 하고 있는 주민등록법 시행령조항이 양심의 자유를 침해하는지**(소극) : 지문을 날인할 것인지 여부의 결정이 선악의 기준에 따른 개인의 진지한 윤리적 결정에 해당한다고 보기는 어려워, 열 손가락 지문날인의 의무를 부과하는 이 사건 시행령조항에 대하여 국가가 개인의 윤리적 판단에 개입한다거나 그 윤리적 판단을 표명하도록 강제하는 것으로 볼 여지는 없다(헌재 2005. 5. 26. 99헌마513).

▶ **인터넷언론사의 공개된 게시판·대화방에서 정당·후보자에 대한 지지·반대의 글을 게시하는 행위가 양심의 자유나 사생활 비밀의 자유에 의하여 보호되는 영역인지**(소극) : 인터넷언론사의 공개된 게시판·대화방에서 스스로의 의사에 의하여 정당·후보자에 대한 지지·반대의 글을 게시하는 행위는 정당·후보자에 대한 단순한 의견 등의 표현행위에 불과하여 양심의 자유나 사생활 비밀의 자유에 의하여 보호되는 영역이라고 할 수 없으므로, 그 과정에서 실명확인 절차의 부담을 진다고 하더라도 이를 두고 양심의 자유나 사생활 비밀의 자유를 제한받는 것이라고 볼 수 없다(헌재 2010. 2. 25. 2008헌마324).

▶ **탈법방법에 의한 문서·도화의 배부·게시 등을 금지하고 있는 공직선거법 조항이 양심의 자유를 침해하는지**(소극) : 자신의 태도나 입장을 외부에 설명하거나 해명하는 행위는, 진지한 윤리적 결정에 관계된 행위라기보다는 단순한 생각이나 의견, 사상이나 확신 등의 표현행위라고 볼 수 있어, 그 행위가 선거에 영향을 미치게 하기 위한 것이라는 이유로 이를 하지 못하게 된다 하더라도 내면적으로 구축된 인간의 양심이 왜곡 굴절된다고는 할 수 없다는 점에서 양심의 자유의 보호영역에 포괄되지 아니한다(헌재 2001. 8. 30. 99헌바92).

Ⅱ 양심의 자유의 주체

양심의 자유는 인간의 권리이므로 국민만이 아니라 외국인도 양심의 자유의 주체가 된다. 한편 헌법재판소는 법인은 양심의 자유의 주체가 될 수 없다는 입장이다(헌재 1991. 4. 1. 89헌마160).

Ⅲ 양심의 자유의 내용

1. 양심형성의 자유

양심형성의 자유란 외부로부터의 부당한 간섭이나 강제를 받지 않고 개인의 내심영역에서 양심을 형성하고 양심상의 결정을 내리는 자유를 말한다(헌재 2011. 8. 30. 2007헌가12).

2. 양심실현의 자유

(1) 양심실현의 자유의 내용

양심실현의 자유란 형성된 양심을 외부로 표명하고 양심에 따라 삶을 형성할 자유로, 구체적으로는 양심을 표명하거나 또는 양심을 표명하도록 강요받지 아니할 자유(양심표명의 자유), 양심에 반하는 행동을 강요받지 아니할 자유(부작위에 의한 양심실현의 자유), 양심에 따른 행동을 할 자유(작위에 의한 양심실현의 자유)를 모두 포함한다(헌재 2011. 8. 30. 2007헌가12).

> **판례**

> ▶**정당한 사유 없이 입영기간이 경과하여도 입영하지 아니한 자를 처벌하도록 규정하고 있는 구 병역법 제88조 제1항이 양심의 자유를 제한하는지**(적극) : 자신의 종교관·가치관·세계관 등에 따라 전쟁과 그에 따른 인간의 살상에 반대하는 진지한 양심이 형성되었다면, '병역의무를 이행할 수 없다'는 결정은 양심에 반하여 행동할 수 없다는 강력하고 진지한 윤리적 결정인 것이며, 현역복무라는 병역의무를 이행해야 하는 상황은 개인의 윤리적 정체성에 대한 중대한 위기상황에 해당한다. 이와 같이 상반된 내용의 2개의 명령 즉, '양심의 명령'과 '법질서의 명령'이 충돌하는 경우에 양심의 목소리를 따를 수 있는 가능성을 부여하고자 하는 것이 바로 양심의 자유가 보장하고자 하는 영역이다. 결국, 이 사건 법률조항은 형사처벌을 통하여 양심적 병역거부자에게 양심에 반하는 행동을 강요하고 있으므로, '양심에 반하는 행동을 강요당하지 아니할 자유', 즉 '부작위에 의한 양심실현의 자유'를 제한하는 규정이다(헌재 2011. 8. 30. 2008헌가22).

> ▶**불고지죄를 규정한 국가보안법 제10조가 양심의 자유를 침해하는지**(소극) : 국가의 존립·안전에 저해가 되는 죄를 범한 자라는 사실을 알고서도 그것이 본인의 양심이나 사상에 비추어 범죄가 되지 아니한다거나 이를 수사기관 또는 정보기관에 고지하는 것이 양심이나 사상에 어긋난다는 등의 이유로 고지하지 아니하는 것은 결국 부작위에 의한 양심실현 즉 내심의 의사를 외부에 표현하거나 실현하는 행위가 되는 것이고 이는 이미 순수한 내심의 영역을 벗어난 것이므로 이에 대하여는 필요한 경우 법률에 의한 제한이 가능하다 할 것이다. 남·북한의 정치·군사적 대결이나 긴장관계가 여전히 존재하고 있는 우리의 현실, 불고지죄가 보호하고자 하는 국가의 존립·안전이라는 법익의 중요성 등에 비추어 볼 때 이 사건 심판대상 법률조항이 양심의 자유를 제한하고 있다 하더라도 그것이 헌법 제37조 제2항이 정한 과잉금지의 원칙이나 기본권의 본질적 내용에 대한 침해금지의 원칙에 위반된 것이라고 볼 수 없다(헌재 1998. 7. 16. 96헌바35).

(2) 양심적 병역거부

1) 양심적 병역거부의 의의

양심적 병역거부는 병역의무가 인정되는 징병제 국가에서 종교적·윤리적·철학적 또는 이와 유사한 동기로부터 형성된 양심상의 결정을 이유로 병역의무의 이행을 거부하는 행위를 가리킨다(헌재 2018. 6. 28. 2011헌바379).

> **판례**

> ▶**양심적 병역거부가 도덕적이고 정당하다는 의미인지**(소극) : 양심의 의미에 따를 때, '양심적' 병역거부는 실상 당사자의 '양심에 따른' 혹은 '양심을 이유로 한' 병역거부를 가리키는 것일 뿐이지 병역거부가 '도덕적이고 정당하다'는 의미는 아닌 것이다(헌재 2018. 6. 28. 2011헌바379).

> ▶**양심적 병역거부와 종교 및 병역의무와의 관계** : 양심적 병역거부를 인정하는 것은 인류 공통의 염원인 평화를 수호하기 위하여 무기를 들 수 없다는 양심을 보호하고자 하는 것일 뿐, 특정 종교나 교리를 보호하고자 하는 것은 아니고, 양심적 병역거부를 인정한다고 해서 양심적 병역거부자의 병역의무를 전적으로 면제하는 것은 아니다(헌재 2018. 6. 28. 2011헌바379).

2) 대체복무제

양심적 병역거부를 인정하는 징병제 국가들은 대부분 양심적 병역거부자로 하여금 비군사적 성격의 공익적 업무에 종사하게 함으로써 병역의무의 이행에 갈음하는 제도를 두고 있는데, 이를 대체복무제라고 한다(헌재 2018. 6. 28. 2011헌바379). 양심적 병역거부자들은 병역의무를 단순히 거부하는 것이 아니라 자신의 양심을 지키면서도 국민으로서의 국방의 의무를 다할 수 있도록 집총 등 군사훈련을 수반하는 병역의무를 대신하는 제도를 마련해달라고 국가에 호소하고 있으므로, 단순히 군복무의 위험과 어려움 때문에 병역의무 이행을 회피하고자 하는 다른 병역기피 자들과는 구별된다(헌재 2018. 6. 28. 2011헌바379).

📌 판례

▶ **현역복무와 대체복무의 등가성** : 양심적 병역거부자들은 대체복무제를 통해 이 사회의 일원으로서 떳떳하게 공익에 기여할 수 있게 되어 국가와 사회에 대한 소속감을 키우고 스스로에 대한 자긍심을 가질 수 있게 될 것이다. 동시에 우리 사회는 이들을 공동체 구성원으로 포용하고 관용함으로써 국가와 사회의 통합과 다양성의 수준도 높아지게 될 것이다. 양심적 병역거부자에 대한 관용은 결코 병역의무의 면제와 특혜의 부여에 대한 관용이 아니다. 대체복무제는 병역의무의 일환으로 도입되는 것이고 현역복무와의 형평을 고려하여 최대한 등가성을 가지도록 설계되어야 하는 것이기 때문이다(헌재 2018. 6. 28. 2011헌바379).

▶ **병역의 종류를 현역, 예비역, 보충역, 병역준비역, 전시근로역의 다섯 가지로 한정하여 규정하고 양심적 병역거부자에 대한 대체복무제를 규정하지 아니한 병역법 제5조가 과잉금지원칙을 위반하여 양심적 병역거부자의 양심의 자유를 침해하는지**(적극) : ① 제한되는 기본권 - 병역종류조항에 대체복무제가 마련되지 아니한 상황에서, 양심상의 결정에 따라 입영을 거부하거나 소집에 불응하는 청구인 등이 현재의 대법원 판례에 따라 처벌조항에 의하여 형벌을 부과받음으로써 양심에 반하는 행동을 강요받고 있으므로, 이 사건 법률조항은 '양심에 반하는 행동을 강요당하지 아니할 자유', 즉 '부작위에 의한 양심실현의 자유'를 제한하고 있다. 한편, 청구인 등의 대부분은 여호와의 증인 또는 카톨릭 신도로서 자신들의 종교적 신앙에 따라 병역의무를 거부하고 있으므로, 이 사건 법률조항에 의하여 이들의 종교의 자유도 함께 제한된다. 그러나 종교적 신앙에 의한 행위라도 개인의 주관적·윤리적 판단을 동반하는 것인 한 양심의 자유에 포함시켜 고찰할 수 있고, 양심적 병역거부의 바탕이 되는 양심상의 결정은 종교적 동기뿐만 아니라 윤리적·철학적 또는 이와 유사한 동기로부터도 형성될 수 있는 것이므로, 이 사건에서는 양심의 자유를 중심으로 기본권 침해 여부를 판단하기로 한다. ② 과잉금지원칙 위반 - 국가가 관리하는 객관적이고 공정한 사전심사절차와 엄격한 사후관리절차를 갖추고, 현역복무와 대체복무 사이에 복무의 난이도나 기간과 관련하여 형평성을 확보해 현역복무를 회피할 요인을 제거한다면, 심사의 곤란성과 양심을 빙자한 병역기피자의 증가 문제를 해결할 수 있으므로, 대체복무제를 도입하면서도 병역의무의 형평을 유지하는 것은 충분히 가능하다. 따라서 대체복무제라는 대안이 있음에도 불구하고 군사훈련을 수반하는 병역의무만을 규정한 병역종류조항은, 침해의 최소성 원칙에 어긋난다. 병역종류조항이 대체복무제를 규정하지 아니함으로 인하여 양심적 병역거부자들은 최소 1년 6월 이상의 징역형과 그에 따른 막대한 유·무형의 불이익을 감수하여야 한다. 양심적 병역거부자들에게 공익 관련 업무에 종사하도록 한다면, 이들을 처벌하여 교도소에 수용하고 있는 것보다는 넓은 의미의 안보와 공익실현에 더 유익한 효과를 거둘 수 있을 것이다. 따라서 병역종류조항은 법익의 균형성 요건을 충족하지 못하였다(헌재 2018. 6. 28. 2011헌바379 헌법불합치).

▶ **현역입영 또는 소집 통지서를 받은 사람이 정당한 사유 없이 입영일이나 소집일부터 3일이 지나도 입영하지 아니하거나 소집에 응하지 아니한 경우를 처벌하는 병역법 제88조 제1항 본문 제1호, 제2호가 양심적 병역거부자의 양심의 자유를 침해하는지**(소극) : 양심적 병역거부자에 대한 처벌은 대체복무제를 규정하지 아니한 병역종류조항의 입법상 불비와 양심적 병역거부는 처벌조항의 '정당한 사유'에 해당하지 않는다는 법원의 해석이 결합되어 발생한 문제일 뿐, 처벌조항 자체에서 비롯된 문제가 아니다. 이는 병역종류조항에 대한 헌법불합치 결정과 그에 따른 입법부의 개선입법 및 법원의 후속 조치를 통하여 해결될 수 있는 문제이다. 이상을 종합하여 보면, 처벌조항은 정당한 사유 없이 병역의무를 거부하는 병역기피자를 처벌하는 조항으로서, 과잉금지원칙을 위반하여 양심적 병역거부자의 양심의 자유를 침해한다고 볼 수는 없다(헌재 2018. 6. 28. 2011헌바379).

> ▶ 양심적 병역거부가 병역법 제88조 제1항에서 정한 '정당한 사유'에 해당하는지(한정 적극) : 자유민주주의는 다수결의 원칙에 따라 운영되지만 소수자에 대한 관용과 포용을 전제로 할 때에만 정당성을 확보할 수 있다. 국민 다수의 동의를 받지 못하였다는 이유로 형사처벌을 감수하면서도 자신의 인격적 존재가치를 지키기 위하여 불가피하게 병역을 거부하는 양심적 병역거부자들의 존재를 국가가 언제까지나 외면하고 있을 수는 없다. 그 신념에 선뜻 동의할 수는 없다고 하더라도 이제 이들을 관용하고 포용할 수는 있어야 한다. 요컨대, 자신의 내면에 형성된 양심을 이유로 집총과 군사훈련을 수반하는 병역의무를 이행하지 않는 사람에게 형사처벌 등 제재를 해서는 안 된다. 양심적 병역거부자에게 병역의무의 이행을 일률적으로 강제하고 그 불이행에 대하여 형사처벌 등 제재를 하는 것은 양심의 자유를 비롯한 헌법상 기본권 보장체계와 전체 법질서에 비추어 타당하지 않을 뿐만 아니라 소수자에 대한 관용과 포용이라는 자유민주주의 정신에도 위배된다. 따라서 진정한 양심에 따른 병역거부라면, 이는 병역법 제88조 제1항의 '정당한 사유'에 해당한다(대판 2018. 11. 1. 2016도10912).
>
> ▶ 양심적 병역거부를 이유로 유죄판결을 받은 청구인들의 개인통보에 대하여 자유권규약위원회가 채택한 견해(Views)에 따른, 전과기록 말소 및 충분한 보상을 포함한 청구인들에 대한 효과적인 구제조치를 이행하는 법률을 제정하지 아니한 입법부작위의 위헌확인을 구하는 헌법소원심판청구가 적법한지(소극) : 시민적 및 정치적 권리에 관한 국제규약(자유권규약)의 조약상 기구인 자유권규약위원회의 견해는 규약을 해석함에 있어 중요한 참고기준이 되고, 규약 당사국은 그 견해를 존중하여야 한다. 특히 우리나라는 자유권규약을 비준함과 동시에, 자유권규약위원회의 개인통보 접수·심리 권한을 인정하는 내용의 선택의정서에 가입하였으므로, 대한민국 국민이 제기한 개인통보에 대한 자유권규약위원회의 견해(Views)를 존중하고, 그 이행을 위하여 가능한 범위에서 충분한 노력을 기울여야 한다. 다만, 자유권규약위원회의 심리가 서면으로 비공개로 진행되는 점 등을 고려하면, 개인통보에 대한 자유권규약위원회의 견해(Views)에 사법적인 판결이나 결정과 같은 법적 구속력이 인정된다고 단정하기는 어렵다. 또한, 자유권규약위원회의 견해가 규약 당사국의 국내법 질서와 충돌할 수 있고, 그 이행을 위해서는 각 당사국의 역사적, 사회적, 정치적 상황 등이 충분히 고려될 필요가 있으므로, 우리 입법자가 자유권규약위원회의 견해(Views)의 구체적인 내용에 구속되어 그 모든 내용을 그대로 따라야만 하는 의무를 부담한다고 볼 수는 없다. 나아가 기존에 유죄판결을 받은 양심적 병역거부자에 대해 전과기록 말소 등의 구제조치를 할 것인지에 대하여는 입법자에게 광범위한 입법재량이 부여되어 있다고 보아야 한다. 따라서 우리나라가 자유권규약의 당사국으로서 자유권규약위원회의 견해를 존중하고 고려하여야 한다는 점을 감안하더라도, 이 사건 견해에 언급된 구제조치를 그대로 이행하는 법률을 제정할 구체적인 입법의무가 발생하였다고 보기는 어렵다(헌재 2018. 7. 26. 2011헌마306).

Ⅳ 양심의 자유의 제한

1. 양심의 자유의 제한 가능성

양심의 자유 중 양심형성의 자유는 내심에 머무르는 한, 절대적으로 보호되는 기본권이라 할 수 있는 반면, 양심적 결정을 외부로 표현하고 실현할 수 있는 권리인 양심실현의 자유는 법질서에 위배되거나 타인의 권리를 침해할 수 있기 때문에 법률에 의하여 제한될 수 있다(헌재 2018. 6. 28. 2011헌바379).

2. 양심의 자유가 침해될 수 있는 경우

양심의 자유는 내심에서 우러나오는 윤리적 확신과 이에 반하는 외부적 법질서의 요구가 서로 회피할 수 없는 상태로 충돌할 때에만 침해될 수 있다. 양심의 자유를 침해하는 정도의 외부적 법질서의 요구가 있다고 할 수 있기 위해서는 법적 의무의 부과와 위반시 이행강제, 처벌 또는 법적 불이익의 부과 등 방법에 의하여 강제력이 있을 것임을 요한다. 여기서 법적 불이익의 부과라고 함은 권리침해의 정도에는 이르지 아니하더라도 기존의 법적 지위를 박탈하거나 법적 상태를 악화시키는 등 적어도 현재의 법적 지위나 상태를 장래에 있어 불안하게 변모시키는 것을 의미한다(헌재 2002. 4. 25. 98헌마425).

> ⚖️ **판례**

▶ **국가보안법 등 위반 수형자의 가석방결정시 준법서약서를 제출하도록 한 가석방심사등에 관한 규칙 제14조가 서약자의 양심의 자유를 침해하는지**(소극) : 수형자는 가석방심사위원회의 판단에 따라 준법서약서의 제출을 요구받았다고 하더라도 자신의 의사에 의하여 준법서약서의 제출을 거부할 수 있다. 또한 가석방은 행형기관의 교정정책 혹은 형사정책적 판단에 따라 수형자에게 주는 은혜적 조치일 뿐이고 수형자에게 주어지는 권리가 아니어서, 준법서약서의 제출을 거부하는 당해 수형자는 위 규칙조항에 의하여 가석방의 혜택을 받을 수 없게 될 것이지만, 단지 그것뿐이며 더 이상 법적 지위가 불안해지거나 법적 상태가 악화되지 아니한다. 이와 같이 위 규칙조항은 내용상 당해 수형자에게 하등의 법적 의무를 부과하는 것이 아니며 이행강제나 처벌 또는 법적 불이익의 부과 등 방법에 의하여 준법서약을 강제하고 있는 것이 아니므로 당해 수형자의 양심의 자유를 침해하는 것이 아니다(헌재 2002. 4. 25. 98헌마425).

▶ **연말정산 간소화를 위하여 의료기관에게 환자들의 의료비 내역에 관한 정보를 국세청에 제출하는 의무를 부과하고 있는 소득세법 조항이 의사인 청구인들의 양심의 자유를 침해하는지**(소극) : 의사가 환자의 신병(身病)에 관한 사실을 자신의 의사에 반하여 외부에 알려야 한다면, 이는 의사로서의 윤리적·도덕적 가치에 반하는 것으로서 심한 양심적 갈등을 겪을 수밖에 없을 것이다. 그런데 소득공제증빙서류 제출의무자들인 의료기관인 의사로서는 과세자료를 제출하지 않을 경우 국세청으로부터 행정지도와 함께 세무조사와 같은 불이익을 받을 수 있다는 심리적 강박감을 가지게 되는바(간접적이고 사실적인 강제수단) 이 사건 법령조항에 법적 강제수단의 존부와 관계없이 의사인 청구인들의 양심의 자유를 제한한다. 그러나 이 사건 법령조항은 근로소득자들의 연말정산 간소화라는 공익을 달성하기 위하여 그에 필요한 의료비내역을 국세청장에게 제출하도록 하는 것으로서, 이 사건 법령조항으로 얻게 되는 납세자의 편의와 사회적 제비용의 절감을 위한 연말정산 간소화라는 공익이 이로 인하여 제한되는 의사들의 양심실현의 자유에 비하여 결코 적다고 할 수 없으므로, 이 사건 법령조항은 피해의 최소성 원칙과 법익의 균형성도 충족하고 있다(헌재 2008. 10. 30. 2006헌마1401).

제2항 종교의 자유

> **헌법 제20조**
> ① 모든 국민은 종교의 자유를 가진다.
> ② 국교는 인정되지 아니하며, 종교와 정치는 분리된다.

Ⅰ 종교의 자유의 의의

종교의 자유란 자신이 선호하는 종교를 자신이 원하는 방법으로 신봉하는 자유를 말한다. 여기서 종교란 신이나 절대자 등 초월적 존재를 신봉하고 그것에 귀의하는 것 또는 신과 내세에 대한 내적인 확신을 말한다.

Ⅱ 종교의 자유의 내용

1. 신앙의 자유

신앙의 자유는 신과 피안 또는 내세에 대한 인간의 내적 확신에 대한 자유를 말하는 것으로서, 이러한 신앙의 자유는 그 자체가 내심의 자유의 핵심이기 때문에 법률로써도 이를 침해할 수 없다(헌재 2016. 6. 30. 2015헌바46). 한편 종교의 자유는 무종교의 자유도 포함하는 것으로, 신앙을 가지지 않고 종교적 행위 및 종교적 집회에 참석하지 아니할 소극적 자유도 함께 보호한다(헌재 2022. 11. 24. 2019헌마941).

2. 종교적 행위의 자유

(1) 의의

종교적 행위의 자유는 종교상의 의식·예배 등 종교적 행위를 각 개인이 임의로 할 수 있는 등 종교적인 확신에 따라 행동하고 교리에 따라 생활할 수 있는 자유와 소극적으로는 자신의 종교적인 확신에 반하는 행위를 강요당하지 않을 자유, 그리고 선교의 자유, 종교교육의 자유 등이 포함된다(헌재 2016. 6. 30. 2015헌바46).

> **판례**
>
> ▶ **종교적 행위의 자유**: 종교적 행위의 자유에는 신앙고백의 자유, 종교적 의식 및 집회·결사의 자유, 종교전파·교육의 자유 등이 있다(헌재 2008. 6. 26. 2007헌마1366).
>
> ▶ **소극적 종교행위의 자유**: 종교의 자유에는 신앙에 대한 침묵을 뜻하는 소극적인 신앙고백의 자유와 자신의 종교적인 확신에 반하는 행위를 강요당하지 아니하는 소극적인 종교행위의 자유 등이 포함된다(대판 2010. 4. 22. 2008다38288).

(2) 선교의 자유

선교의 자유란 자기가 신봉하는 종교를 선전하고 새로운 신자를 규합하기 위한 활동을 자유롭게 할 수 있는 자유를 말한다. 그러나 종교(선교활동)의 자유는 국민에게 그가 선택한 임의의 장소에서 자유롭게 행사할 수 있는 권리까지 보장한다고 할 수 없다(헌재 2008. 6. 26. 2007헌마1366).

> **판례**
>
> ▶ **선교의 자유의 내용과 보호 정도**: 선교의 자유에는 다른 종교를 비판하거나 다른 종교의 신자에 대하여 개종을 권고하는 자유도 포함되는바, 종교적 선전, 타 종교에 대한 비판 등은 동시에 표현의 자유의 보호대상이 되는 것이나, 그 경우 종교의 자유에 관한 헌법 제20조 제1항은 표현의 자유에 관한 헌법 제21조 제1항에 대하여 특별규정의 성격을 갖는다 할 것이므로 종교적 목적을 위한 언론·출판의 경우에는 그 밖의 일반적인 언론·출판에 비하여 보다 고도의 보장을 받게 된다(대판 1996. 9. 6. 96다19246).
>
> ▶ **군종장교가 종교활동을 수행하면서 소속 종단의 종교를 선전하거나 다른 종교를 비판한 것만으로 종교적 중립 준수 의무를 위반한 직무상의 위법이 있는지**(소극): 군종장교는 국가공무원인 참모장교로서의 신분뿐 아니라 성직자로서의 신분을 함께 가지고 소속 종단으로부터 부여된 권한에 따라 설교·강론 또는 설법을 행하거나 종교의식 및 성례를 할 수 있는 종교의 자유를 가지는 것이므로, 군종장교가 최소한 성직자의 신분에서 주재하는 종교활동을 수행함에 있어 소속종단의 종교를 선전하거나 다른 종교를 비판하였다고 할지라도 그것만으로 종교적 중립을 준수할 의무를 위반한 직무상의 위법이 있다고 할 수 없다(대판 2007. 4. 26. 2006다87903).
>
> ▶ **아프카니스탄 등 해외 위난지역에서의 여권사용 제한이 선교의 자유를 제한하는지**(소극): 종교전파의 자유는 국민에게 그가 선택한 임의의 장소에서 자유롭게 행사할 수 있는 권리까지 보장한다고 할 수 없으며, 그 임의의 장소가 대한민국의 주권이 미치지 아니하는 지역 나아가 국가에 의한 국민의 생명·신체 및 재산의 보호가 강력히 요구되는 해외 위난지역인 경우에는 더욱 그러하다(헌재 2008. 6. 26. 2007헌마1366).

⑶ 종교교육의 자유

종교의 자유에는 특정 종교단체가 그 종교의 지도자와 교리자를 자체적으로 교육시킬 수 있는 종교교육의 자유가 포함된다(헌재 2000. 3. 30. 99헌바14).

> 📌 **판례**
>
> ▶ **종교의 자유와 학교설립인가제도 및 학원의 등록제도** : 종교교육이라고 할지라도 그것이 일반국민에게 피해를 주지 않고 교단 내부적으로 종교지도자 양성을 위한 순수한 종교활동의 연장으로 운영되고 학교나 학원법상의 학원 형태라고 볼 수 없는 것이라면, 이는 종교교육의 자유에 속하는 단순한 종교내부의 활동으로서 국가의 제재를 받기에 적절하지 않다. 그러나 종교교육이라 하더라도 그것이 학교나 학원이라는 교육기관의 형태를 취할 경우에는 교육법이나 학원법상의 규정에 의한 규제를 받게 된다고 보아야 할 것이고, 종교교육이라고 해서 예외가 될 수 없다 할 것이다. 그러나 그러한 종교단체가 교육법상의 학교나 학원법상의 학원 형태가 아닌 교단 내부의 순수한 성직자 내지 교리자 양성기관을 운영하는 것은 방해받지 아니한다(헌재 2000. 3. 30. 99헌바14).
>
> ▶ **학교설립인가제도가 종교의 자유를 침해하는지**(소극) : 종교단체가 운영하는 학교형태 혹은 학원 형태의 교육기관도 예외없이 학교설립인가 혹은 학원설립등록을 받도록 규정하고 있는 이 사건 법률조항은 종교교육기관이 자체 내부의 순수한 성직자 양성기관이 아니라 학교 혹은 학원의 형태로 운영될 경우 일반국민들이 받을 수 있는 부실한 교육의 피해의 방지, 현행 법률상 학교 내지 학원의 설립절차가 지나치게 엄격하다고 볼 수 없는 점 등을 고려할 때, 종교의 자유 등을 침해하였다고 볼 수 없다(헌재 2000. 3. 30. 99헌바14).
>
> ▶ **종교교육의 자유와 학생의 종교의 자유의 관계** : 학교법인이 국·공립학교의 경우와는 달리 종교교육을 할 자유와 운영의 자유를 가진다고 하더라도, 그 종립학교가 공교육체계에 편입되어 있는 이상 원칙적으로 학생의 종교의 자유, 교육을 받을 권리를 고려한 대책을 마련하는 등의 조치를 취하는 속에서 그러한 자유를 누린다고 해석하여야 할 것이다(대판 2010. 4. 22. 2008다38288).
>
> ▶ **사립대학이 학생들로 하여금 일정한 내용의 종교교육을 받을 것을 졸업요건으로 하는 학칙을 제정할 수 있는지**(한정 적극) : 사립학교는 국·공립학교와는 달리 종교의 자유의 내용으로서 종교교육 내지는 종교선전을 할 수 있고, 학교는 인적·물적 시설을 포함한 교육시설로써 학생들에게 교육을 실시하는 것을 본질로 하며, 특히 대학은 헌법상 자치권이 부여되어 있으므로 사립대학은 종교교육 내지 종교선전을 위하여 학생들의 신앙을 가지지 않을 자유를 침해하지 않는 범위 내에서 학생들로 하여금 일정한 내용의 종교교육을 받을 것을 졸업요건으로 하는 학칙을 제정할 수 있다(대판 1998. 11. 10. 96다37268).

3. 종교적 집회·결사의 자유

종교적 집회·결사의 자유란 같은 신앙을 가진 사람끼리 종교적 목적의 단체를 조직하고 종교행사를 위해서 모임을 가질 수 있는 자유를 말한다(헌재 2016. 6. 30. 2015헌바46).

> 📌 **판례**
>
> ▶ **대구구치소장이 대구구치소 내에서 실시하는 종교의식 또는 행사에 미결수용자인 청구인의 참석을 금지한 행위가 청구인의 종교의 자유를 침해하였는지**(적극) : 무죄추정의 원칙이 적용되는 미결수용자들에 대한 기본권 제한은 징역형 등의 선고를 받아 그 형이 확정된 수형자의 경우보다는 더 완화되어야 할 것임에도, 피청구인이 수용자 중 미결수용자에 대하여만 일률적으로 종교행사 등에의 참석을 불허한 것은 미결수용자의 종교의 자유를 나머지 수용자의 종교의 자유보다 더욱 엄격하게 제한한 것이다. 나아가 공범 등이 없는 경우 내지 공범 등이 있는 경우라도 공범이나 동일사건 관련자를 분리하여 종교행사 등에의 참석을 허용하는 등의 방법으로 미결수용자의 기본권을 덜 침해하는 수단이 존재함에도 불구하고 이를 전혀 고려하지 아니하였으므로 이 사건 종교행사 등 참석불허 처우는 침해의 최소성 요건을 충족하였다고 보기 어렵다. … 따라서, 이 사건 종교행사 등 참석불허 처우는 과잉금지원칙을 위반하여 청구인의 종교의 자유를 침해하였다(헌재 2011. 12. 29. 2009헌마527).

▶ 구치소장이 구치소 내 미결수용자를 대상으로 한 개신교 종교행사를 4주에 1회, 일요일이 아닌 요일에 실시한 행위가 청구인의 종교의 자유를 침해하는지(소극) : 구치소에 종교행사 공간이 1개뿐이고, 종교행사는 종교, 수형자와 미결수용자, 성별, 수용동 별로 진행되며, 미결수용자는 공범이나 동일사건 관련자가 있는 경우 이를 분리하여 참석하게 해야 하는 점을 고려하면 피청구인이 미결수용자 대상 종교행사를 4주에 1회 실시했더라도 종교의 자유를 과도하게 제한하였다고 보기 어렵고, 구치소의 인적·물적 여건상 하루에 여러 종교행사를 동시에 하기 어려우며, 공휴일인 일요일에 종교행사를 할 행정적 여건도 마련되어 있지 않다는 점을 고려하면, 이 사건 종교행사 처우는 청구인의 종교의 자유를 침해하지 않는다(헌재 2015. 4. 30. 2013헌마190).

Ⅲ 종교의 자유의 제한

종교의 자유는 일반적으로 신앙의 자유, 종교적 행위의 자유 및 종교적 집회·결사의 자유로 구성된다. 신앙의 자유는 그 자체가 내심의 자유의 핵심이기 때문에 법률로써도 이를 침해할 수 없으나 종교적 행위의 자유와 종교적 집회·결사의 자유는 신앙의 자유와는 달리 절대적 자유는 아니지만, 이를 제한할 경우에는 헌법 제37조 제2항의 과잉금지원칙을 준수하여야 한다(헌재 2011. 12. 29. 2009헌마527).

판례

▶ 육군훈련소장이 청구인들로 하여금 육군훈련소 내 종교행사에 참석하도록 한 행위가 과잉금지원칙에 위배되어 청구인들의 종교의 자유를 침해하는지(적극) : 육군훈련소장이 청구인들로 하여금 육군훈련소 내 종교행사에 참석하도록 한 이 사건 종교행사 참석조치는 군에서 필요한 정신전력을 강화하는 데 기여하기보다 오히려 해당 종교와 군 생활에 대한 반감이나 불쾌감을 유발하여 역효과를 일으킬 소지가 크고, 훈련병들의 정신전력을 강화할 수 있는 방법으로 종교적 수단 이외에 일반적인 윤리교육 등 다른 대안도 택할 수 있으며, 종교는 개인의 인격을 형성하는 가장 핵심적인 신념일 수 있는 만큼 종교에 대한 국가의 강제는 심각한 기본권 침해에 해당하는 점을 고려할 때, 과잉금지원칙을 위반하여 청구인들의 종교의 자유를 침해한다(헌재 2022. 11. 24. 2019헌마941).

▶ 국가 또는 지방자치단체외의 자가 양로시설을 설치하고자 하는 경우 신고하도록 규정하고 이를 위반한 경우 처벌하는 노인복지법 제33조 제2항 등이 종교의 자유를 침해하는지(소극) : 종교단체에서 구호활동의 일환으로 운영하는 양로시설이라고 하더라도 신고대상에서 제외하면 관리·감독의 사각지대가 발생할 수 있으며, 일정 규모 이상의 양로시설의 경우 안전사고나 인권침해 피해정도가 커질 수 있으므로, 예외를 인정함이 없이 신고의무를 부과할 필요가 있다. 심판대상조항에 의하여 제한되는 사익에 비하여 심판대상조항이 달성하려는 공익은 양로시설에 입소한 노인들의 쾌적하고 안전한 주거환경을 보장하는 것으로 이는 매우 중대하다. 따라서 심판대상조항이 과잉금지원칙에 위배되어 종교의 자유를 침해한다고 볼 수 없다(헌재 2016. 6. 30. 2015헌바46).

▶ 행정자치부장관이 제42회 사법시험 제1차시험의 시행일자를 일요일로 정하여 공고한 2000년도 공무원임용시험 시행계획 공고가 기독교를 신봉하는 청구인의 종교의 자유를 침해하는지(소극) : 행정자치부장관이 사법시험 제1차시험 시행일을 일요일로 정하여 공고한 것은 국가공무원법 제35조에 의하여 다수 국민의 편의를 위한 것이므로 이로 인하여 청구인의 종교의 자유가 어느 정도 제한된다 하더라도 이는 공공복리를 위한 부득이한 제한으로 보아야 할 것이고 그 정도를 보더라도 비례의 원칙에 벗어난 것으로 볼 수 없고 청구인의 종교의 자유의 본질적 내용을 침해한 것으로 볼 수도 없다(헌재 2001. 9. 27. 2000헌마159).

Ⅳ 국교부인과 정교분리의 원칙

헌법 제20조 제2항은 "국교는 인정되지 아니하며, 종교와 정치는 분리된다."라고 규정하고 있다. 국가가 오로지 종교만을 이유로 일반적이고 중립적인 법률에 따른 의무를 면제하거나 부과하는 입법을 한다면, 그러한 법률의 주요한 효과는 종교를 장려하거나 금지하는 것이 될 것이어서, 헌법 제20조 제2항과 배치된다. 모든 종교를 동등하게 보호하거나 우대하는 조치도 무종교의 자유를 고려하면 헌법이 규정하고 있는 종교와 정치의 분리원칙에 어긋난다(헌재 2010. 2. 25. 2007헌바131). 한편 종교법인·종교시설·성직자 등 종교의 자유의 행사와 관련된 행위에 대한 조세나 부담금의 면제 등 각종 우대조치는 특정한 집단의 부담을 다른 일반 국민의 부담으로 떠넘기는 결과를 가져와 평등원칙과 배치되는 점이 있으므로, 특히 정책목표달성이 필요한 경우에 요건을 엄격히 하여 극히 한정된 범위에서 예외적으로만 허용되어야 한다(헌재 2000. 1. 27. 98헌바6). 또한 헌법 제20조 제1항이 보장하고 있는 종교의 자유는 국민을 종교와 관련된 공권력의 강제와 개입으로부터 보호하지만, 이로부터 종교를 이유로 국민이 일반적으로 적용되는 조세나 부담금을 부과하는 법률적용의 면제 등 적극적인 우대조치를 요구할 권리가 직접 도출된다거나 적극적인 우대조치를 할 국가의 의무가 발생하는 것은 아니다(헌재 2010. 2. 25. 2007헌바131).

⚖ 판례

▶ **육군훈련소장이 청구인들로 하여금 육군훈련소 내 종교행사에 참석하도록 한 행위가 정교분리원칙에 위배되어 청구인들의 종교의 자유를 침해하는지**(적극) : 육군훈련소장이 청구인들로 하여금 개신교, 천주교, 불교, 원불교 4개 종교의 종교행사 중 하나에 참석하도록 한 것은 그 자체로 종교적 행위의 외적 강제에 해당한다. 이는 피청구인이 위 4개 종교를 승인하고 장려한 것이자, 여타 종교 또는 무종교보다 이러한 4개 종교 중 하나를 가지는 것을 선호한다는 점을 표현한 것이라고 보여질 수 있으므로 국가의 종교에 대한 중립성을 위반하여 특정 종교를 우대하는 것이다. 또한, 이 사건 종교행사 참석조치는 국가가 종교를, 군사력 강화라는 목적을 달성하기 위한 수단으로 전락시키거나, 반대로 종교단체가 군대라는 국가권력에 개입하여 선교행위를 하는 등 영향력을 행사할 수 있는 기회를 제공하므로, 국가와 종교의 밀접한 결합을 초래한다는 점에서 정교분리원칙에 위배된다(헌재 2022. 11. 24. 2019헌마941).

▶ **기반시설부담금 부과제외나 경감을 규정하고 있는 기반시설부담금에 관한 법률 제8조 제1항 등이 종교의 자유를 침해하는지**(소극) : 종교의 자유에서 종교에 대한 적극적인 우대조치를 요구할 권리가 직접 도출되거나 우대할 국가의 의무가 발생하지 아니한다. 종교시설의 건축행위에만 기반시설부담금을 면제한다면 국가가 종교를 지원하여 종교를 승인하거나 우대하는 것으로 비칠 소지가 있어 헌법 제20조 제2항의 국교금지·정교분리에 위배될 수도 있다고 할 것이므로 종교시설의 건축행위에 대하여 기반시설부담금 부과를 제외하거나 감경하지 아니하였더라도, 종교의 자유를 침해하는 것이 아니다(헌재 2010. 2. 25. 2007헌바131).

▶ **이미 문화적 가치로 성숙한 종교적인 의식, 행사, 유형물에 대한 국가 등의 지원이 헌법상의 정교분리원칙에 위배되는지**(한정 소극) : 오늘날 종교적인 의식 또는 행사가 하나의 사회공동체의 문화적인 현상으로 자리잡고 있으므로, 어떤 의식, 행사, 유형물 등이 비록 종교적인 의식, 행사 또는 상징에서 유래되었다고 하더라도 그것이 이미 우리 사회공동체 구성원들 사이에서 관습화된 문화요소로 인식되고 받아들여질 정도에 이르렀다면, 이는 정교분리원칙이 적용되는 종교의 영역이 아니라 헌법적 보호가치를 지닌 문화의 의미를 갖게 된다. 그러므로 이와 같이 이미 문화적 가치로 성숙한 종교적인 의식, 행사, 유형물에 대한 국가 등의 지원은 일정 범위 내에서 전통문화의 계승·발전이라는 문화국가원리에 부합하며 정교분리원칙에 위배되지 않는다(대판 2009. 5. 28. 2008두16933).

▶ **지방자치단체가 유서 깊은 천주교 성당 일대를 문화관광지로 조성하기 위하여 상급 단체로부터 문화관광지 조성계획을 승인받은 후 사업부지 내 토지 등을 수용재결한 것이 헌법의 정교분리원칙에 위배되는지**(소극) : 문화관광지 조성계획은 지방자치단체가 지역경제의 활성화를 도모하기 위하여 추진한 것으로 보이며 특정 종교를 우대·조장하거나 배타적 특권을 부여하는 것으로 볼 수 없어, 그 계획의 승인과 그에 따른 토지 등 수용재결이 헌법의 정교분리원칙이나 평등권에 위배되지 않는다(대판 2009. 5. 28. 2008두16933).

제3항 언론·출판의 자유

> **헌법 제21조**
> ① 모든 국민은 언론·출판의 자유와 집회·결사의 자유를 가진다.

Ⅰ 언론·출판의 자유의 의의

1. 언론·출판의 자유의 개념

헌법 제21조에서 보장하고 있는 표현의 자유는, 전통적으로는 사상 또는 의견의 자유로운 표명(발표의 자유)과 그것을 전파할 자유(전달의 자유)를 의미하는 것으로서, 개인이 인간으로서의 존엄과 가치를 유지하고 행복을 추구하며 국민주권을 실현하는 데 필수불가결한 것이고, 종교의 자유, 양심의 자유, 학문과 예술의 자유 등의 정신적인 자유를 외부적으로 표현하는 자유이며, 이러한 표현의 자유의 내용에는 의사표현·전파의 자유, 정보의 자유, 신문의 자유 및 방송·방영의 자유 등이 있다(헌재 2009. 5. 28. 2006헌바109).

2. 언론·출판의 자유의 기능

언론의 자유는 개인이 언론 활동을 통하여 자기의 인격을 형성하는 개인적 가치인 자기실현의 수단임과 동시에 사회 구성원으로서 평등한 배려와 존중을 기본원리로 공생·공존관계를 유지하고 정치적 의사결정에 참여하는 사회적 가치인 자기통치를 실현하는 수단이다(헌재 1999. 6. 24. 97헌마265).

Ⅱ 언론·출판의 자유의 법적 성격

표현의 자유는 자신의 의사를 표현·전달하고, 의사형성에 필요한 정보를 수집·접수하며, 객관적인 사실을 보도·전파할 수 있는 자유를 그 내용으로 하는 주관적 공권일 뿐 아니라, 의사표현과 여론형성 그리고 정보의 전달을 통하여 국민의 정치적 공감대에 바탕을 둔 민주정치를 실현시키고 동화적 통합을 이루기 위한 객관적 가치질서로서의 성격도 갖는다(헌재 2009. 5. 28. 2006헌바109).

Ⅲ 언론·출판의 자유의 주체

표현의 자유는 개인이 자기의 인격을 형성하는 개인적 가치인 자기실현의 수단임과 동시에 정치적 의사결정에 참여하는 사회적 가치인 자기통치를 실현하는 수단이라는 점에서 이러한 자유는 공무원에게도 원칙적으로 보장되어야 한다. 더욱이 오늘날 정치적 표현의 자유는 자유민주적 기본질서의 구성요소로서 다른 기본권에 비하여 우월한 효력을 가지므로, 공무원이라는 지위에 있다는 이유만으로 정치적 표현의 자유를 전면적으로 부정할 수는 없다(헌재 2018. 7. 26. 2016헌바139).

> ✏ 판례
>
> ▶ **공무원의 정치적 표현의 자유의 제한**: 정치적 표현의 자유도 절대적인 것은 아니기 때문에, 헌법 제37조 제2항에서 도출되는 과잉금지원칙에 따라 제한될 수 있다. 특히 공무원은 국민 전체에 대한 봉사자로서의 지위와 기본권을 향유하는 기본권주체로서의 지위라는 이중적 지위를 가진다. 따라서 공무원이라고 하여 기본권이 무시되거나 경시되어서도 안 되지만, 공무원 지위의 특수성에 비추어 공무원에 대해서는 개별 법률에서 일반 국민에 비해 보다 폭넓고 강한 기본권 제한이 필요한 경우가 많다(헌재 2018. 7. 26. 2016헌바139).

Ⅳ 언론 · 출판의 자유의 내용

1. 표현의 자유

(1) 표현의 자유의 의의

표현의 자유는 사상 또는 의견의 자유로운 표명(발표의 자유)과 그것을 전파할 자유(전달의 자유)를 의미한다(헌재 2020. 11. 26. 2016헌마275).

> 🔨 **판례**
>
> ▶ **표현의 자유의 시의성** : 표현의 자유는 표현의 형식과 방법, 시기 면에서도 원칙적으로 제한받지 않을 것이 요구된다. 특히 특정한 쟁점이나 사건에 대한 자신의 의견을 표명하는 것과 관련해서는 그 대상과의 연관성이 밀접한 시기에 그 사건에 알맞은 의견을 표시하는 '시의성'이 매우 중요하므로, 표현의 '시의성'을 최대한 보장할 필요가 있다(헌재 2020. 11. 26. 2016헌마275).

(2) 표현의 자유의 방법

1) 의사표현의 매개체

언론 · 출판의 자유의 내용 중 의사표현 · 전파의 자유에 있어서 의사표현 또는 전파의 매개체는 어떠한 형태이건 가능하며 그 제한이 없으므로, 담화 · 연설 · 토론 · 연극 · 방송 · 음악 · 영화 · 가요 등과 문서 · 소설 · 시가 · 도화 · 사진 · 조각 · 서화 등 모든 형상의 의사표현 또는 의사전파의 매개체를 포함한다(헌재 2009. 5. 28. 2006헌바109).

> 🔨 **판례**
>
> ▶ **청소년유해매체물** : 청소년유해매체물로 결정된 매체물 내지 인터넷 정보라 하더라도 이들은 의사형성적 작용을 하는 의사의 표현 · 전파의 형식 중의 하나이므로 언론 · 출판의 자유에 의하여 보호되는 의사표현의 매개체에 해당된다(헌재 2004. 1. 29. 2001헌마894).
>
> ▶ **청소년이용음란물** : 청소년이용음란물은 의사형성적 작용을 하는 의사의 표현 · 전파의 형식 중 하나임이 분명하므로 언론 · 출판의 자유에 의하여 보호되는 의사표현의 매개체에 해당한다(헌재 2002. 4. 25. 2001헌가27).
>
> ▶ **음반 및 비디오물** : 음반 및 비디오물이 의사형성적 작용을 하는 한 의사의 표현 · 전파의 형식의 하나로 인정되며, 이러한 작용을 하는 음반 및 비디오물의 제작은 언론 · 출판의 자유에 의해 보호된다(헌재 2006. 10. 26. 2005헌가14).
>
> ▶ **인터넷게시판** : 인터넷게시판은 인터넷에서 의사를 형성 · 전파하는 매체로서의 역할을 담당하고 있으므로 의사의 표현 · 전파 형식의 하나로서 인정된다(헌재 2010. 2. 25. 2008헌마324).
>
> ▶ **영화** : 영화가 의사형성적 작용을 하는 한 의사의 표현 · 전파의 형식의 하나로 인정되며, 언론 · 출판의 자유에 의해서 보호되는 의사표현의 매개체라는 점은 의문의 여지가 없다(헌재 2001. 8. 30. 2000헌가9).
>
> ▶ **광고물** : 광고물은 사상 · 지식 · 정보 등을 불특정다수인에게 전파하는 것으로서 언론 · 출판의 자유에 의한 보호를 받는 대상이 됨은 물론이다(헌재 1998. 2. 27. 96헌바2).

2) 상업적 광고

광고가 단순히 상업적인 상품이나 서비스에 관한 사실을 알리는 경우에도 그 내용이 공익을 포함하는 때에는 헌법 제21조의 표현의 자유에 의하여 보호된다(헌재 2002. 12. 18. 2000헌마764).

✏ 판례

▶**상업적 광고 규제에 대한 위헌성 심사기준**: 상업광고는 표현의 자유의 보호영역에 속하지만 사상이나 지식에 관한 정치적·시민적 표현행위와는 차이가 있고, 한편 직업수행의 자유의 보호영역에 속하지만 인격발현과 개성신장에 미치는 효과가 중대한 것은 아니므로, 상업광고 규제에 관한 비례의 원칙 심사에 있어서 '피해의 최소성' 원칙은 같은 목적을 달성하기 위하여 달리 덜 제약적인 수단이 없을 것인지, 혹은 입법목적을 달성하기 위하여 필요한 최소한의 제한인지를 심사하기보다는 '입법목적을 달성하기 위하여 필요한 범위 내의 것인지'를 심사하는 정도로 완화하는 것이 상당하다(헌재 2005. 10. 27. 2003헌가3).

▶**식품이나 식품의 용기·포장에 "음주전후" 또는 "숙취해소"라는 표시를 금지하고 있는 식품등의 표시기준조항이 영업의 자유 등 기본권을 침해하는지**(적극): 위 규정은 음주전후, 숙취해소 등 음주를 조장하는 내용의 표시를 금지하고 있으나, "음주전후", "숙취해소"라는 표시는 이를 금지할 만큼 음주를 조장하는 내용이라 볼 수 없고, 식품에 숙취해소 작용이 있음에도 불구하고 이러한 표시를 금지하면 숙취해소용 식품에 관한 정확한 정보 및 제품의 제공을 차단함으로써 숙취해소의 기회를 국민으로부터 박탈하게 되므로, 위 규정은 숙취해소용 식품의 제조·판매에 관한 영업의 자유 및 광고표현의 자유를 과잉금지원칙에 위반하여 침해하는 것이다(헌재 2000. 3. 30. 99헌마143).

▶**특정의료기관이나 특정의료인의 기능·진료방법에 관한 광고를 금지하는 의료법 조항이 표현의 자유를 침해하는지**(적극): 비록 의료광고가 전문적이고 기술적인 영역에 관한 것이고, 일반 국민들이 그 가치를 판단하기 어려운 측면이 있다 하더라도, 소비자로 하여금 과연 특정의료인이 어떤 기술이나 기량을 지니고 있는지, 어떻게 진단하고 치료하는지를 알 수 없게 한다면, 이는 소비자를 중요한 특정 의료정보로부터 차단시킴으로써 정보의 효율적 유통을 방해하는 것이며, 표현의 자유와 영업의 자유의 대상이 된 상업광고에 대한 규제가 입법목적의 달성에 필요한 한도 내에서 섬세하게 재단(裁斷)된 것이라 할 수 없다. 그러므로 이 사건 조항이 의료인의 기능과 진료방법에 대한 광고를 금지하고 이에 대하여 벌금형에 처하도록 한 것은 입법목적을 달성하기 위하여 필요한 범위를 넘어선 것이므로, '피해의 최소성' 원칙에 위반된다(헌재 2005. 10. 27. 2003헌가3).

▶**교통수단을 이용하여 타인의 광고를 할 수 없도록 하고 있는 옥외광고물등 관리법 시행령 규정이 표현의 자유를 침해하는지**(소극): 도로안전과 환경·미관을 위하여 자동차에 광고를 부착하는 것을 제한하는 것은 일반 국민들과 운전자들의 공공복리를 위한 것이라 할 수 있고, 이 사건 시행령 규정은 모든 광고를 전면적으로 금지하는 것이 아니라, 자동차 소유자 자신에 관한 내용의 광고는 허용하면서 타인에 관한 내용의 광고를 금지하고 있다. 이는 광고의 매체로 이용될 수 있는 차량을 제한함으로써 자동차를 이용한 광고행위의 양을 도로교통의 안전과 도시미관을 해치지 않는 적정한 수준으로 제한하려고 한 것이다(헌재 2002. 12. 18. 2000헌마764).

3) 집필

일반적으로 표현의 자유는 정보의 전달 또는 전파와 관련지어 생각되므로 구체적인 전달이나 전파의 상대방이 없는 집필의 단계를 표현의 자유의 보호영역에 포함시킬 것인지 의문이 있을 수 있으나, 집필은 문자를 통한 모든 의사표현의 기본 전제가 된다는 점에서 당연히 표현의 자유의 보호영역에 속해 있다(헌재 2005. 2. 24. 2003헌마289).

> 🔎 **판례**
>
> ▶ **금치처분을 받은 미결수용자에게 금치기간 중 집필을 제한하는 형집행법 제112조 제3항 본문 부분**(집필제한 조항)**이 청구인의 표현의 자유를 침해하는지**(소극) : 이 사건 집필제한 조항은 금치처분을 받은 미결수용자에게 집필제한이라는 불이익을 가함으로써 규율 준수를 강제하고 수용시설의 안전과 질서를 유지하기 위한 것으로 목적의 정당성 및 방법의 적절성이 인정된다. 교정시설의 장이 수용자의 권리구제 등을 위해 특히 필요하다고 인정하는 때에는 집필을 허용할 수 있도록 예외가 규정되어 있으며, 형집행법 제85조에서 미결수용자의 징벌 집행 중 소송서류의 작성 등 수사 및 재판과정에서의 권리행사를 보장하도록 규정하고 있는 점 등에 비추어 볼 때 위 조항이 청구인의 표현의 자유를 과도하게 제한한다고 보기 어렵다(헌재 2016. 4. 28. 2012헌마549).

4) 익명표현의 자유

① 익명표현의 자유의 인정

자유로운 표명과 전파의 자유에는 자신의 신원을 누구에게도 밝히지 아니한 채 익명 또는 가명으로 자신의 사상이나 견해를 표명하고 전파할 익명표현의 자유도 그 보호영역에 포함된다(헌재 2010. 2. 25. 2008헌마324).

② 인터넷 공간에서의 익명표현의 자유

인터넷 공간에서 이루어지는 익명표현은 인터넷이 가지는 정보전달의 신속성 및 상호성과 결합하여 현실 공간에서의 경제력이나 권력에 의한 위계구조를 극복하여 계층·지위·나이·성 등으로부터 자유로운 여론을 형성함으로써 다양한 계층의 국민 의사를 평등하게 반영하여 민주주의가 더욱 발전되게 한다. 따라서 비록 인터넷 공간에서의 익명표현이 부작용을 초래할 우려가 있다 하더라도 그것이 갖는 헌법적 가치에 비추어 강하게 보호되어야 한다(헌재 2012. 8. 23. 2010헌마47).

> 🔎 **판례**
>
> ▶ **인터넷게시판을 설치·운영하는 정보통신서비스 제공자에게 본인확인조치의무를 부과하여 게시판 이용자로 하여금 본인확인절차를 거쳐야만 게시판을 이용할 수 있도록 하는 정보통신망법 조항이 게시판 이용자의 익명표현의 자유 등을 침해하는지**(적극) : 이 사건 법령조항들이 표방하는 건전한 인터넷 문화의 조성 등 입법목적은, 인터넷 주소 등의 추적 및 확인, 당해 정보의 삭제·임시조치, 손해배상, 형사처벌 등 인터넷 이용자의 표현의 자유나 개인정보자기결정권을 제약하지 않는 다른 수단에 의해서도 충분히 달성할 수 있음에도, 인터넷의 특성을 고려하지 아니한 채 본인확인제의 적용범위를 광범위하게 정하여 법집행자에게 자의적인 집행의 여지를 부여하고, 목적달성에 필요한 범위를 넘는 과도한 기본권 제한을 하고 있으므로 침해의 최소성이 인정되지 아니한다. 또한 본인확인제 시행 이후에 게시판 이용자의 표현의 자유를 사전에 제한하여 의사표현 자체를 위축시킴으로써 자유로운 여론의 형성을 방해하고, 본인확인제의 적용을 받지 않는 정보통신망상의 새로운 의사소통수단과 경쟁하여야 하는 게시판 운영자에게 업무상 불리한 제한을 가하며, 게시판 이용자의 개인정보가 외부로 유출되거나 부당하게 이용될 가능성이 증가하게 되었는바, 이러한 인터넷게시판 이용자 및 정보통신서비스 제공자의 불이익은 본인확인제가 달성하려는 공익보다 결코 더 작다고 할 수 없으므로, 법익의 균형성도 인정되지 않는다(헌재 2012. 8. 23. 2010헌마47).

▶ 인터넷언론사는 선거운동기간 중 당해 홈페이지 게시판 등에 정당·후보자에 대한 지지·반대 등의 정보를 게시하는 경우 실명을 확인받는 기술적 조치를 하도록 정한 공직선거법 조항이 게시판 등 이용자의 익명표현의 자유 및 개인정보자기결정권과 인터넷언론사의 언론의 자유를 침해하는지(적극): 인터넷홈페이지의 게시판 등에서 이루어지는 정치적 익명표현을 규제하는 것은 인터넷이 형성한 '사상의 자유시장'에서의 다양한 의견 교환을 억제하고, 이로써 국민의 의사표현 자체가 위축될 수 있으며, 민주주의의 근간을 이루는 자유로운 여론형성이 방해될 수 있다. 모든 익명표현을 사전적·포괄적으로 규율하는 것은 표현의 자유보다 행정편의와 단속편의를 우선함으로써 익명표현의 자유와 개인정보자기결정권 등을 지나치게 제한한다. 실명확인제가 표방하고 있는 선거의 공정성이라는 목적은 인터넷 이용자의 표현의 자유나 개인정보자기결정권을 제약하지 않는 다른 수단에 의해서도 충분히 달성할 수 있다. … 심판대상조항은 정치적 의사표현이 가장 긴요한 선거운동기간 중에 인터넷언론사 홈페이지 게시판 등 이용자로 하여금 실명확인을 하도록 강제함으로써 익명표현의 자유와 언론의 자유를 제한하고, 모든 익명표현을 규제함으로써 대다수 국민의 개인정보자기결정권도 광범위하게 제한하고 있다는 점에서 이와 같은 불이익은 선거의 공정성 유지라는 공익보다 결코 과소평가될 수 없다. 그러므로 심판대상조항은 과잉금지원칙에 반하여 인터넷언론사 홈페이지 게시판 등 이용자의 익명표현의 자유와 개인정보자기결정권, 인터넷언론사의 언론의 자유를 침해한다(헌재 2021. 1. 28. 2018헌마456).

▶ 공공기관등이 게시판을 설치·운영하려면 그 게시판 이용자의 본인 확인을 위한 방법 및 절차의 마련 등 대통령령으로 정하는 필요한 조치를 하도록 정한 '정보통신망법' 제44조의5 제1항 제1호가 청구인의 익명표현의 자유를 침해하는지(소극): 공공기관등이 설치·운영하는 게시판에 언어폭력, 명예훼손, 불법정보 등이 포함된 정보가 게시될 경우 그 게시판에 대한 신뢰성이 저하되고 결국에는 게시판 이용자가 피해를 입을 수 있으며, 공공기관등의 정상적인 업무 수행에 차질이 빚어질 수도 있다. 따라서 공공기관등이 설치·운영하는 게시판의 경우 본인확인조치를 통해 책임성과 건전성을 사전에 확보함으로써 해당 게시판에 대한 공공성과 신뢰성을 유지할 필요성이 크며, 그 이용 조건으로 본인확인을 요구하는 것이 과도하다고 보기는 어렵다. 게시판의 활용이 공공기관등을 상대방으로 한 익명표현의 유일한 방법은 아닌 점, 공공기관등에 게시판을 설치·운영할 일반적인 법률상 의무가 존재한다고 보기 어려운 점, 심판대상조항은 공공기관등이 설치·운영하는 게시판이라는 한정적 공간에 적용되는 점 등에 비추어 볼 때 심판대상조항으로 인한 기본권 제한의 정도가 크지 않다. 그에 반해 공공기관등이 설치·운영하는 게시판에 언어폭력, 명예훼손, 불법정보의 유통이 이루어지는 것을 방지함으로써 얻게 되는 건전한 인터넷 문화 조성이라는 공익은 중요하다. 따라서 심판대상조항은 청구인의 익명표현의 자유를 침해하지 않는다(헌재 2022. 12. 22. 2019헌마654).

2. 알 권리

(1) 알 권리의 의의

알 권리란 모든 정보원으로부터 일반적 정보를 수집하고 이를 처리할 수 있는 권리를 말한다. 여기서 일반적이란 신문, 잡지, 방송 등 불특정다수인에게 개방될 수 있는 것을 말하며, 정보란 양심, 사상, 의견, 지식 등의 형성에 관련이 있는 일체의 자료를 말한다(헌재 2010. 10. 28. 2008헌마638).

(2) 알 권리의 근거

사상 또는 의견의 자유로운 표명은 자유로운 의사의 형성을 전제로 하는데, 자유로운 의사의 형성은 충분한 정보에의 접근이 보장됨으로써 비로소 가능한 것이며, 다른 한편으로 자유로운 표명은 자유로운 수용 또는 접수와 불가분의 관계에 있다고 할 것이다. 그러한 의미에서 정보에의 접근·수집·처리의 자유 즉 알 권리는 표현의 자유에 당연히 포함되는 것으로 보아야 하는 것이다(헌재 1989. 9. 4. 88헌마22).

> ※ 판례
>
> ▶ **알 권리의 내용과 근거**: 알 권리는 국민이 일반적으로 접근할 수 있는 정보원으로부터 자유롭게 정보를 수령·수집하거나 의사형성이나 여론형성에 필요한 정보를 적극적으로 수집하고 수집에 대한 방해의 제거를 국가기관 등에 청구할 수 있는 권리로서 헌법 제21조에 의하여 직접 보장되는 기본권이다(헌재 2014. 9. 25. 2011헌바358).

(3) 알 권리의 법적 성격

1) 자유권적 성질과 청구권적 성질

자유로운 의사의 형성은 정보에의 접근이 충분히 보장됨으로써 비로소 가능한 것이며, 그러한 의미에서 정보에의 접근·수집·처리의 자유, 즉 알 권리는 표현의 자유와 표리일체의 관계에 있으며 자유권적 성질과 청구권적 성질을 공유하는 것이다(헌재 1991. 5. 13. 90헌마133).

2) 구체적 권리

알 권리의 핵심은 정부가 보유하고 있는 정보에 대한 국민의 알 권리, 즉 국민의 정부에 대한 일반적 정보공개를 구할 권리라고 할 것이며, 이러한 알 권리의 실현은 법률의 제정이 뒤따라 이를 구체화시키는 것이 충실하고도 바람직하지만, 그러한 법률이 제정되어 있지 않다고 하더라도 불가능한 것은 아니고 헌법 제21조에 의해 직접 보장될 수 있다(헌재 1991. 5. 13. 90헌마133).

(4) 알 권리의 내용

1) 정보수령권

정보수령권이란 정보제공자가 제공하는 정보를 아무런 방해 없이 수령할 수 있는 권리를 말한다. 즉, 일반적으로 접근할 수 있는 정보원으로부터 국가권력으로부터의 방해 없이 정보를 얻을 권리를 말하며, 이는 곧 정보의 자유와 같은 의미라고 할 수 있다.

2) 정보수집권

정보수집권이란 일반적으로 접근 가능한 정보원으로부터 자발적 또는 능동적으로 정보를 수집할 수 있는 권리를 말한다. 언론매체의 취재의 자유와 개인의 정보수집의 자유가 이에 해당한다.

> ※ 판례
>
> ▶ **교화상 또는 구금목적에 특히 부적당하다고 인정되는 기사, 조직범죄 등 수용자 관련 범죄기사에 대해 신문을 삭제한 후 수용자에게 구독케 한 행위가 알 권리를 침해하는지**(소극): 신문기사 중 탈주에 관한 사항이나 집단단식, 선동 등 구치소내 단체생활의 질서를 교란하는 내용이 미결수용자에게 전달될 때 동조단식이나 선동 등 수용의 내부질서와 규율을 해하는 상황이 전개될 수 있고, 이는 수용자가 과밀하게 수용되어 있는 현 구치소의 실정과 과소한 교도인력을 볼 때 구치소내의 질서유지와 보안을 어렵게 할 우려가 있다. 이 사건 신문기사의 삭제 내용은 그러한 범위내에 그치고 있을 뿐 신문기사 중 주요기사 대부분이 삭제된 바 없음이 인정되므로 이는 수용질서를 위한 청구인의 알 권리에 대한 최소한의 제한이라고 볼 수 있으며, 이로서 침해되는 청구인에 대한 수용질서와 관련되는 위 기사들에 대한 정보획득의 방해와 그러한 기사 삭제를 통해 얻을 수 있는 구치소의 질서유지와 보안에 대한 공익을 비교할 때 청구인의 알 권리를 과도하게 침해한 것은 아니다(헌재 1998. 10. 29. 98헌마4).

▶ **정보통신망을 통해 청소년유해매체물을 제공하는 자에게 이용자의 본인확인의무를 부과하고 있는 청소년 보호법 제16조 제1항 등이 청구인들의 알 권리 및 개인정보자기결정권을 침해하는지**(소극) : 이 사건 본인확인 조항은 청소년유해매체물 이용자의 연령을 정확하게 확인함으로써 청소년을 음란·폭력성 등을 지닌 유해매체물로부터 차단·보호하기 위한 것으로 입법목적의 정당성이 인정되고, 입법목적 달성을 위한 적절한 수단이다. 이 사건 본인확인 조항이 정하고 있는 공인인증서나 아이핀, 휴대전화를 통한 본인인증 방법은 신뢰할 수 있는 기관을 통해서 본인인증을 하도록 하여 정확한 본인확인이 이루어질 수 있도록 하면서도 개인정보의 제공이나 보유를 최소화하기 위해 고안된 방안이고, 이용자가 자율적으로 개인정보 제공에 대하여 동의하지 않는 한 이 사건 본인확인 조항 자체에 의해 정보제공자가 이용자의 개인정보를 수집·보관할 수 없으므로, 침해의 최소성에 위배되지 아니한다. 강한 전파력을 가지고 무차별적으로 유포될 수 있는 가능성을 지닌 인터넷 매체의 특성을 고려할 때 이러한 제한을 통하여 달성하고자 하는 청소년 보호라는 공익은 매우 중대한 것임에 반해, 청구인들이 입게 되는 불이익은 인터넷상 청소년유해매체물을 이용하려는 경우 본인인증 절차를 거쳐야 하는 것이므로, 법익의 균형성도 갖추었다(헌재 2015. 3. 26. 2013헌마354).

3) 정보공개청구권

알 권리의 핵심은 정부가 보유하고 있는 정보에 대한 국민의 알권리 즉, 국민의 정부에 대한 일반적 정보공개를 구할 권리라고 할 것이며, 또한 자유민주적 기본질서를 천명하고 있는 헌법 전문과 제1조 및 제4조의 해석상 당연한 것이라고 봐야 할 것이다(헌재 1989. 9. 4. 88헌마22). 국가 또는 지방자치단체의 기관이 보관하고 있는 문서 등에 관하여 이해관계 있는 국민이 공개를 요구함에도 정당한 이유 없이 이에 응하지 아니하거나 거부하는 것은 당해 국민의 알 권리를 침해하는 것이다(헌재 1994. 8. 31. 93헌마174).

⚖ 판례

▶ **입법과정의 공개를 요구할 권리** : 국민은 헌법상 보장된 알권리의 한 내용으로서 국회에 대하여 입법과정의 공개를 요구할 권리를 가지며, 국회의 의사에 대하여는 직접적인 이해관계 유무와 상관없이 일반적 정보공개청구권을 가진다고 할 수 있다(헌재 2009. 9. 24. 2007헌바17).

▶ **알 권리에서 파생되는 정부의 정보공개의무의 인정 요건** : 알 권리에서 파생되는 정부의 공개의무는 특별한 사정이 없는 한 국민의 적극적인 정보수집행위, 특히 특정의 정보에 대한 공개청구가 있는 경우에야 비로소 존재하므로, 정보공개청구가 없었던 경우 사전에 공개할 정부의 의무는 인정되지 아니한다(헌재 2004. 12. 16. 2002헌마579).

▶ **국회 소위원회 회의의 비공개 요건을 규정한 국회법 제57조 제5항 단서가 알 권리를 침해하는지**(소극) : 헌법 제50조 제1항 본문에서 천명하고 있는 국회 의사공개의 원칙이 소위원회의 회의에 적용되는 것과 마찬가지로, 출석의원 과반수의 찬성이 있거나 의장이 국가의 안전보장을 위하여 필요하다고 인정할 때에는 국회 회의를 공개하지 아니할 수 있다고 규정한 동항 단서 역시 소위원회의 회의에 적용된다. 국회법 제57조 제5항 단서는 헌법 제50조 제1항 단서가 국회의사공개원칙에 대한 예외로서의 비공개 요건을 규정한 내용을 소위원회 회의에 관하여 그대로 이어받아 규정한 것에 불과하므로, 헌법 제50조 제1항에 위반하여 국회 회의에 대한 국민의 알권리를 침해하는 것이라거나 과잉금지원칙을 위배하는 위헌적인 규정이라 할 수 없다(헌재 2009. 9. 24. 2007헌바17).

▶ **변호사시험 성적을 합격자에게 공개하지 않도록 규정한 변호사시험법 제18조 제1항 본문이 청구인들의 알 권리(정보공개청구권)를 침해하는지**(적극): 변호사시험 성적 비공개로 인하여 변호사시험 합격자의 능력을 평가할 수 있는 객관적인 자료가 없어서 오히려 대학의 서열에 따라 합격자를 평가하게 되어 대학의 서열화는 더욱 고착화된다. 또한 법학전문대학원도 학생들이 어떤 과목에 상대적으로 취약한지 등을 알 수 없게 되어 다양하고 경쟁력 있는 법조인 양성이라는 목적을 제대로 달성할 수 없게 된다. 한편 시험성적이 공개될 경우 변호사시험 대비에 치중하게 된다는 우려가 있으나, 좋은 성적을 얻기 위해 노력하는 것은 당연하고 시험성적을 공개하지 않는다고 하여 변호사시험 준비를 소홀히 하는 것도 아니다. 오히려 시험성적을 공개하는 경우 경쟁력 있는 법률가를 양성할 수 있고, 각종 법조직역에 채용과 선발의 객관적 기준을 제공할 수 있다. 따라서 변호사시험 성적의 비공개는 기존 대학의 서열화를 고착시키는 등의 부작용을 낳고 있으므로 수단의 적절성이 인정되지 않는다(헌재 2015. 6. 25. 2011헌마769).

▶ **변호사시험에 응시한 사람은 해당 시험의 합격자 발표일부터 1년 내에 법무부장관에게 본인의 성적 공개를 청구할 수 있다고 규정하고 있는 변호사법 제18조 제1항 부분이 청구인의 정보공개청구권을 침해하는지**(적극): 변호사 채용 과정에서 변호사시험 성적 제출을 요구하는 경우도 적지 않으며, 구직자 스스로 채용에 유리하다고 판단하여 성적을 제출하는 경우도 있으므로, 변호사시험 합격자는 변호사시험 성적에 관하여 특별한 이해관계를 맺는다. 변호사의 취업난이 가중되고 있다는 점, 이직을 위해서도 변호사시험 성적이 필요할 수 있다는 점 등을 고려하면, 변호사시험 합격자에게 취업 및 이직에 필요한 상당한 기간 동안 자신의 성적을 활용할 기회를 부여할 필요가 있다. 특례조항에서 정하고 있는 '이 법 시행일부터 6개월 내'라는 기간은 변호사시험 합격자가 취업시장에서 성적 정보에 접근하고 이를 활용하기에 지나치게 짧다. 이상을 종합하면, 특례조항은 과잉금지원칙에 위배되어 청구인의 정보공개청구권을 침해한다(헌재 2019. 7. 25. 2017헌마1329).

(5) 알 권리의 한계

1) 비공개 대상 정보

공공기관이 보유·관리하는 정보는 공개대상이 된다. 다만, a) 다른 법률 또는 법률에서 위임한 명령에 따라 비밀이나 비공개 사항으로 규정된 정보, b) 국가안전보장·국방·통일·외교관계 등에 관한 사항으로서 공개될 경우 국가의 중대한 이익을 현저히 해칠 우려가 있다고 인정되는 정보, c) 공개될 경우 국민의 생명·신체 및 재산의 보호에 현저한 지장을 초래할 우려가 있다고 인정되는 정보, d) 진행 중인 재판에 관련된 정보와 범죄의 예방, 수사, 공소의 제기 및 유지, 형의 집행, 교정, 보안처분에 관한 사항으로서 공개될 경우 그 직무수행을 현저히 곤란하게 하거나 형사피고인의 공정한 재판을 받을 권리를 침해한다고 인정할 만한 상당한 이유가 있는 정보 등은 공개하지 아니할 수 있다(정보공개법 제9조 제1항).

판례

▶ **공공기관이 보유·관리하는 인사관리에 관한 정보 중, 공개될 경우 업무의 공정한 수행에 현저한 지장을 초래한다고 인정할 만한 상당한 이유가 있는 정보를 비공개 대상 정보로 규정한, 구 정보공개법 제9조 제1항 단서 제5호 부분이 과잉금지원칙에 위배되어 청구인의 정보공개청구권을 침해하는지**(소극): 심판대상조항은 당해 공공기관의 판단에 따라 공개할 수 없는 정보의 범위를 스스로 획정할 수 있도록 하는 한편, 인사관리에 관한 사항 중에서 공개될 경우 업무의 공정한 수행에 현저한 지장을 초래할 우려가 있는 정보만을 비공개 대상 정보로 규정하는 등 비공개 가능한 정보의 요건을 강화하고 있다. 또한 공공기관의 재량을 통제하는 방법으로 정보공개법은 비공개결정에 대하여 청구인이 이의신청할 수 있는 절차도 마련하고 있다. 공공기관 전체 업무의 적정성을 높이기 위하여 내부적으로 적시에 적절한 인사행정이 가능하도록 보장하는 것이 무엇보다 중요하다는 점을 고려할 때, 심판대상조항으로 인하여 제한되는 사익보다 보호되는 공익이 크다고 할 것이다. 따라서 심판대상조항은 정보공개청구권을 침해한다고 할 수 없다(헌재 2021. 5. 27. 2019헌바224).

2) 국가기밀

국가기밀은 일반인에게 알려지지 아니한 것, 즉 비공지의 사실로서 국가의 안전에 대한 불이익의 발생을 방지하기 위하여 그것이 적국 또는 반국가단체에 알려지지 아니하도록 할 필요성, 즉 요비닉성이 있는 동시에, 그것이 누설되는 경우 국가의 안전에 명백한 위험을 초래한다고 볼 만큼의 실질적 가치가 있는 것 즉 실질비성을 갖춘 것이어야 한다. 법규와 행정상의 지시 등에 의하여 비밀로 취급되는 이른바 형식비라고 하더라도 그 구체적인 내용이 국가안전의 불이익 방지에 필요한 실질을 구비한 실질비에 해당하지 아니하는 한 국가기밀로 보호될 수 없다. 그러므로 국가안전의 보장과 관련된 내용이 아닌 정부 또는 어떤 정치세력의 단순한 정치적 이익이나 행정편의에 관련된 것에 불과한 이른바 가성비밀은 국가기밀에 해당하지 아니한다(헌재 1997. 1. 16. 92헌바6).

> **판례**
>
> ▶ '군사상의 기밀을 부당한 방법으로 탐지하거나 수집하는 자는 10년 이하의 징역이나 금고에 처한다.'고 규정하고 있는 군사기밀보호법 제6조 등이 알 권리를 침해하는지(소극) : 군사기밀의 범위는 국민의 표현의 자유 내지 알 권리의 대상영역을 최대한 넓혀줄 수 있도록 필요한 최소한도에 한정되어야 할 것이며 따라서 군사기밀보호법 제6조 등은 동법 제2조 제1항의 군사상의 기밀이 비공지의 사실로서 적법절차에 따라 군사기밀로서의 표지를 갖추고 그 누설이 국가의 안전보장에 명백한 위험을 초래한다고 볼 만큼의 실질가치를 지닌 것으로 인정되는 경우에 한하여 적용된다 할 것이므로 그러한 해석하에 헌법에 위반되지 아니한다(헌재 1992. 2. 25. 89헌가104 한정합헌).

3) 사생활의 비밀

알 권리의 대상이 타인의 사생활의 비밀인 경우에는 기본권의 충돌에 해당하여 사생활의 비밀은 알 권리의 보장한계가 된다. 다만 개인의 사생활이라 하여도 그것이 공공의 정당한 관심사가 될 경우에는 알 권리의 대상이 된다.

> **판례**
>
> ▶ 공공기관이 보유·관리하는 개인정보를 공개하면 개인의 사생활의 비밀 또는 자유를 침해할 우려가 있다고 인정되는 경우에 이를 비공개할 수 있도록 규정하고 있는 정보공개법 제9조 제1항 6호 부분이 청구인의 알 권리를 침해하는지(소극) : 개인정보가 정보주체의 의사와 무관하게 누구에게나 노출되어 개인의 사생활의 비밀과 자유가 침해되는 것을 방지하고자 하는 이 사건 법률조항의 입법목적은 정당하고, 입법목적을 달성하기 위한 효과적이고 적절한 수단이다. 한편, 정보공개법은 비공개대상으로 정할 수 있는 개인정보의 범위를 공개될 경우 개인의 사생활의 비밀 또는 자유를 침해할 우려가 있다고 인정되는 정보로 제한하는 등 국민의 알권리(정보공개청구권)를 필요·최소한으로 제한하고 있다. 나아가 이 사건 법률조항에 따른 비공개로 인하여 법률상 이익을 침해받은 자를 위한 구제절차(이의신청, 행정심판, 행정소송)도 마련되어 있어, 국민의 알권리(정보공개청구권)와 개인정보 주체의 사생활의 비밀과 자유 사이에 균형을 도모하고 있으므로 이 사건 법률조항은 청구인의 알 권리를 침해하지 아니한다(헌재 2010. 12. 28. 2009헌바258).
>
> ▶ 공시대상정보로서 교원의 교원단체 및 노동조합 가입현황(인원 수)만을 규정할 뿐 개별 교원의 명단은 규정하고 있지 아니한 교육기관정보공개법 시행령 조항이 학부모들의 알 권리를 침해하는지(소극) : 교원의 교원단체 및 노동조합 가입에 관한 정보는 개인정보 보호법상의 민감정보로서 특별히 보호되어야 할 성질의 것이고, 인터넷 게시판에 공개되는 '공시'로 말미암아 발생할 교원의 개인정보자기결정권에 대한 중대한 침해의 가능성을 고려할 때, 이 사건 시행령조항은 학부모 등 국민의 알 권리와 교원의 개인정보자기결정권이라는 두 기본권을 합리적으로 조화시킨 것이라 할 수 있으므로, 학부모들의 알 권리를 침해하지 않는다(헌재 2011. 12. 29. 2010헌마293).

(6) 알 권리의 제한

알 권리는 헌법유보(헌법 제21조 제4항)와 일반적 법률유보(헌법 제37조 제2항)에 의하여 제한될 수 있으며, 아무에게도 달리 보호되고 있는 법익을 침해하는 권리를 부여하는 것은 아니다. 그러나 알 권리의 제한은 본질적 내용을 침해하지 않은 범위 내에서 최소한도에 그쳐야 할 것이다(헌재 1989. 9. 4. 88헌마22). 다만 알 권리를 제한하는 경우에도 알 권리는 청구인에게 이해관계가 있고 타인의 기본권을 침해하지 않으면서 동시에 공익실현에 장애가 되지 않는다면 가급적 널리 인정하여야 할 것이고 적어도 직접의 이해관계가 있는 자에 대하여는 특단의 사정이 없는 한 의무적으로 공개하여야 한다(헌재 1991. 5. 13. 90헌마133).

> ✎ 판례
>
> ▶**공정거래위원회의 처분과 관련된 자료를 대상으로 한 당사자의 열람·복사 요구에 대하여 공정위로 하여금 자료를 제출한 자의 동의가 있거나 공익상 필요하다고 인정할 때에 응하도록 한 구 '독점규제 및 공정거래에 관한 법률' 제52조의2 후문 부분이 알 권리를 침해하는지**(소극): 심판대상조항은 공정위의 처분에 관련된 자료를 제출한 자의 개인정보, 영업비밀 또는 사생활을 보호하는 한편, 자료제출자와의 신뢰·협력관계를 유지하여 불공정거래행위의 효과적인 규제를 도모하려는 데 목적이 있다. 공정위는 당사자의 방어권과 거부에 의하여 보호되는 이익을 비교형량하여 열람·복사의 허용 여부를 결정하여야 한다. 따라서 당사자의 방어권 또는 그 행사를 위한 알 권리는 자료열람·복사 요구에 대하여 공정위가 심판대상조항에 해당하는 사유가 있는지를 판단하는 과정에서 충분히 보장될 수 있다. 그리고 당사자의 열람·복사요구가 정당한 사유 없이 거부되었다면 당사자는 그 거부처분의 취소를 구하는 항고소송을 제기할 수도 있다. 나아가 심판대상조항에 의한 청구인들의 사익 제한이 중대하다고 보기 어렵고, 위 조항이 추구하는 공익이 그보다 더 크다고 할 것이므로, 심판대상조항은 과잉금지원칙에 위반되어 알 권리를 침해하지 않는다(헌재 2023. 7. 20. 2019헌바417).

3. 언론기관 설립 및 언론기관의 자유

> **헌법 제21조**
> ③ 통신·방송의 시설기준과 신문의 기능을 보장하기 위하여 필요한 사항은 법률로 정한다.

(1) 언론기관 설립의 자유

헌법 제21조 제3항은 "통신·방송의 시설기준과 신문의 기능을 보장하기 위하여 필요한 사항은 법률로 정한다."고 규정하고 있는데, 이 규정에서 통신·방송의 시설기준 법정주의와 나란히 신문기능 법정주의를 정한 것은 우리 헌법이 방송뿐만 아니라 신문에 대하여도 그 공적 기능의 보장을 위한 입법형성, 즉 입법적 규율의 가능성을 예정하고 있음을 의미한다(헌재 2006. 6. 29. 2005헌마165).

판례

▶ 인터넷신문을 발행하려는 사업자가 취재 인력 3인 이상을 포함하여 취재 및 편집 인력 5명 이상을 상시 고용하지 않는 경우 인터넷신문으로 등록할 수 없도록 규정하고 있는 '신문법 시행령' 제2조 제1항 제1호 가목이 과잉금지원칙을 위반하여 언론의 자유를 침해하는지(적극) : 언론의 자유에 의하여 보호되는 것은 정보의 획득에서부터 뉴스와 의견의 전파에 이르기까지 언론의 기능과 본질적으로 관련되는 모든 활동이다. 이런 측면에서 고용조항 등은 인터넷신문의 발행을 제한하는 효과를 가지고 있으므로 언론의 자유를 제한한다. 고용조항은 취재 및 편집 역량을 갖춘 인터넷신문만 등록할 수 있도록 함으로써 인터넷신문의 언론으로서의 신뢰성 및 사회적 책임을 제고하기 위한 것으로 입법목적의 정당성 및 수단의 적합성이 인정된다. 인터넷신문의 부정확한 보도로 인한 폐해를 규제할 필요가 있다고 하더라도 다른 덜 제약적인 방법들이 신문법, 언론중재법 등에 이미 충분히 존재한다. 그런데 고용조항 등에 따라 소규모 인터넷신문이 신문법 적용대상에서 제외되면 신문법상 언론사의 의무를 전혀 부담하지 않게 될 뿐만 아니라, 언론중재법에 따른 구제절차 대상에서도 제외된다. 또 소규모 인터넷신문의 대표자나 임직원은 '부정청탁 및 금품등 수수의 금지에 관한 법률'상 공직자등에도 포함되지 않게 되어, 소규모 인터넷신문의 언론활동으로 인한 폐해를 예방하거나 이를 구제하는 법률의 테두리에서 완전히 벗어나는 결과를 초래한다. 또한 고용조항 등은 소규모 인터넷신문이 언론으로서 활동할 수 있는 기회 자체를 원천적으로 봉쇄할 수 있음에 비하여, 인터넷신문의 신뢰도 제고라는 입법목적의 효과는 불확실하다는 점에서 법익의 균형성도 잃고 있다. 따라서 고용조항 및 확인조항은 과잉금지원칙에 위배되어 청구인들의 언론의 자유를 침해한다(헌재 2016. 10. 27. 2015헌마1206).

▶ 정기간행물을 발행하고자 하는 자에게 일정한 물적 시설을 갖추어 등록할 것을 요구하는 정기간행물의 등록 등에 관한 법률 제7조 제1항이 언론·출판의 자유를 침해하는지(소극) : 정기간행물의 등록 등에 관한 법률 제7조 제1항은 정기간행물의 발행인들에 의한 무책임한 정기간행물의 난립을 방지함으로써 언론·출판의 공적 기능과 언론의 건전한 발전을 도모할 목적으로 제정된 법률규정으로서, 헌법상 금지된 허가제나 검열제와는 다른 차원의 규정이고 언론·출판의 자유를 본질적으로 침해하는 것도 아니고, 헌법상 제37조 제2항에 반하는 입법권행사라고 할 수 없다(헌재 1992. 6. 26. 90헌가23).

▶ 정기간행물을 발행하고자 하는 자에게 일정한 물적 시설을 갖추어 등록할 것을 요구하는 정기간행물의 등록 등에 관한 법률 제7조 제1항 제9호 소정의 해당시설을 자기소유이어야 하는 것으로 해석하는 한 헌법에 위반되는지(적극) : 이 사건 법률 제7조 제1항 제9호에서의 "해당시설"은 임차 또는 리스 등에 의하여도 갖출 수 있는 것이므로 위 조항의 등록요건인 동항 제9호 소정의 제6조 제3항 제1호 및 제2호의 규정에 의한 해당시설을 자기소유이어야 하는 것으로 해석하는 한 신문발행인의 자유를 제한하는 것으로서 허가제의 수단으로 남용될 우려가 있으므로 헌법 제12조의 죄형법정주의의 원칙에 반하고 헌법상 금지되고 있는 과잉금지원칙이나 비례의 원칙에 반한다(헌재 1992. 6. 26. 90헌가23).

▶ 음반제작자에 대하여 일정한 시설을 갖추어 등록할 것을 요구하는 구 음반에 관한 법률 제3조 제1항이 위헌인지(소극) : 구 음반에 관한 법률 제3조 제1항이 비디오물을 포함하는 음반제작자에 대하여 일정한 시설을 갖추어 문화공보부에 등록할 것을 명하는 것은 음반제작에 필수적인 기본시설을 갖추지 못함으로써 발생하는 폐해방지 등의 공공복리 목적을 위한 것으로서 헌법상 금지된 허가제나 검열제와는 다른 차원의 규정이고, 예술의 자유나 언론·출판의 자유를 본질적으로 침해하였다거나 헌법 제37조 제2항의 과잉금지의 원칙에 반한다고 할 수 없다(헌재 1993. 5. 13. 91헌바17).

▶ 음반제작자에 대하여 일정한 시설을 갖추어 등록할 것을 요구하는 구 음반에 관한 법률 제3조 제1항에 규정한 시설을 자기소유이어야 하는 것으로 해석하는 한 헌법에 위반되는지(적극) : 구 음반에관한법률 제3조 제1항 각호에 규정한 시설은 임차 또는 리스 등에 의하여도 갖출 수 있으므로, 동항 및 동법 제13조 제1항 제1호 등에 규정한 시설을 자기소유이어야 하는 것으로 해석하는 한, 헌법상 금지된 허가제의 수단으로 남용될 우려가 있으므로 예술의 자유, 언론·출판의 자유, 평등권을 침해할 수 있게 되고, 죄형법정주의에 반하는 결과가 된다(헌재 1993. 5. 13. 91헌바17 한정위헌)

▶ **영화법 제4조 제1항에서 영화제작업자에게 등록의무를 부과하는 것이 언론·출판의 자유를 침해하는지**(소극) : 언론출판기업에 대하여 일정한 시설을 갖추어 등록하게 하는 것은 언론·출판의 자유의 본질적 내용의 간섭과는 구분되며 원칙적으로 언론·출판의 자유에 관한 본질적인 내용의 침해에 해당하는 것이라고 볼 수 없다. 영화법 제4조 제1항 및 제32조 제1호는 헌법상 보장된 표현의 자유의 내용을 간섭하기 위한 것이 아니라 단순히 주무행정관청의 기본업무인 행정상의 절차와 행정업무상 필요한 사항을 등록하게 하고 이를 규제하기 위하여 그 위반행위에 대한 벌칙 규정을 두고 있는데 불과한 것이다. 따라서 위 법률조항은 입법부가 그러한 규제를 함에 있어서 입법재량을 남용함으로써 과잉금지의 원칙에 위반하는 등 자의적인 입법을 하지 않는 이상 그 규제입법 자체를 위헌이라고 할 수 없다(헌재 1996. 8. 29. 94헌바15).

▶ **방송사업허가제가 헌법적으로 허용될 수 있는지**(적극) : 헌법 제21조 제3항은 통신·방송의 시설기준을 법률로 정하도록 규정하여 일정한 방송시설기준을 구비한 자에 대해서만 방송사업을 허가하는 허가제가 허용될 여지를 주는 한편 행정부에 의한 방송사업허가제의 자의적 운영이 방지되도록 하고 있다. 정보유통 통로의 유한성, 사회적 영향력 등 방송매체의 특성을 감안할 때, 그리고 위 헌법 제21조 제3항의 규정에 비추어 보더라도, 종합유선방송등에 대한 사업허가제를 두는 것 자체는 허용된다(헌재 2001. 5. 31. 2000헌바43).

(2) 언론기관의 자유

1) 의의

언론기관의 자유란 언론기관을 운영하고 언론기관으로서의 기능을 자유롭게 행사하는 자유를 말한다.

2) 방송의 자유

① 방송의 자유의 법적 성격

헌법 제21조 제1항에 의해 보장되는 언론·출판의 자유에는 방송의 자유가 포함된다. 방송의 자유는 주관적 권리로서의 성격과 함께 자유로운 의견형성이나 여론형성을 위해 필수적인 기능을 행하는 객관적 규범질서로서 제도적 보장의 성격을 함께 가진다(헌재 2003. 12. 18. 2002헌바49).

② 방송의 자유의 보호영역

방송의 자유의 보호영역에는 단지 국가의 간섭을 배제함으로써 성취될 수 있는 방송프로그램에 의한 의견 및 정보를 표현, 전파하는 주관적인 자유권 영역 외에 그 자체만으로 실현될 수 없고 그 실현과 행사를 위해 실체적, 조직적, 절차적 형성 및 구체화를 필요로 하는 객관적 규범질서의 영역이 존재한다. 그러므로 입법자가 방송법제의 형성을 통하여 민영방송을 허용하는 경우 민영방송사업자는 그 방송법제에서 기대되는 방송의 기능을 보장받으며 형성된 법률에 의해 주어진 범위 내에서 주관적 권리를 가지고 헌법적 보호를 받는다(헌재 2003. 12. 18. 2002헌바49).

> ✎ **판례**
>
> ▶ **협찬고지의 허용범위를 대통령령에 위임하고 있는 방송법 제74조 제1항이 방송사업자의 방송의 자유를 침해하는지**(소극) : 이 사건 법률조항은 여타의 법익을 위한 방송의 자유에 대한 제한이 아니라 방송사업의 운영을 규율하는 형성법률의 한 내용으로서 협찬고지라는 광고방송의 한 형태를 규율함에 있어 헌법상 방송의 자유를 실질적으로 보장하기 위하여 필요한 규제로서 입법자의 형성의 범위 내에서 행해졌다고 볼 수 있어 헌법에 합치되며, 방송사업자인 청구인의 협찬고지에 관한 방송운영의 자유는 이 사건 법률조항의 형성을 통해서 비로소 그리고 오로지 형성된 기준에 따라 성립되는 것이므로 기본권 제한이나 침해를 내포하지 않고, 따라서 또 다른 헌법적 정당화를 필요로 하지 아니한다(헌재 2003. 12. 18. 2002헌바49).

> ▶ 방송통신위원회가 일정한 요건하에 서비스제공자 등에게 불법정보의 취급거부 등을 명하도록 한 정보통신망법 조항이 언론의 자유를 침해하는지(소극) : 어떤 행위가 국가의 안전을 위태롭게 하는 반국가활동에 해당하는가의 결정은 국민의 대표기관인 입법자의 판단에 맡겨져 있는 것인바, 국가보안법에서 금지하는 행위를 수행하는 내용의 정보는 '그 자체로서 불법성이 뚜렷하고 사회적 유해성이 명백한 표현물'에 해당하는 점, 정보를 직접 유통한 작성자를 형사처벌하는 것이 아니라 해당 정보의 시정요구, 취급거부 등을 통하여 그 정보의 삭제 등을 하는 데 불과한 점, 서비스제공자 등에 대하여도 방송통신심의위원회의 시정요구 및 방송통신위원회의 명령을 이행하지 아니한 때 비로소 형사책임을 묻는 점, 이의신청 및 의견진술기회 등을 제공하고 있는 점, 사법적 사후심사가 보장되어 있는 점 등에 비추어 보면, 이 사건 법률조항들은 침해최소성과 법익균형성 요건도 충족하고 있어 과도하게 언론의 자유를 침해하지 아니한다(헌재 2014. 9. 25. 2012헌바325).

3) 신문의 자유

헌법 제21조 제1항은 언론의 자유를 보장하고 있는바, 언론의 자유에 신문의 자유와 같은 언론매체의 자유가 포함됨은 물론이다. 신문의 자유는 개인의 주관적 기본권으로서 보호될 뿐만 아니라, '자유 신문'이라는 객관적 제도로서도 보장되고 있다. 객관적 제도로서의 '자유 신문'은 신문의 사경제적·사법적 조직과 존립의 보장 및 그 논조와 경향, 정치적 색채 또는 세계관에 있어 국가권력의 간섭과 검열을 받지 않는 자유롭고 독립적인 신문의 보장을 내용으로 하는 한편, 자유롭고 다양한 의사형성을 위한 상호 경쟁적인 다수 신문의 존재는 다원주의를 본질로 하는 민주주의사회에서 필수불가결한 요소가 된다(헌재 2006. 6. 29. 2005헌마165).

> **✦ 판례**
>
> ▶ **신문의 자유에 의해 보호되는 범위** : 신문의 자유에 의하여 보호되는 것은 정보의 획득에서부터 뉴스와 의견의 전파에 이르기까지, 언론으로서의 신문의 기능과 본질적으로 관련되는 모든 활동이다(헌재 2006. 6. 29. 2005헌마165).
>
> ▶ **언론·출판의 자유의 보장 범위** : 헌법이 언론·출판의 자유를 보장하는 것은 언론·출판의 자유의 내재적 본질인 표현의 방법과 내용을 보장하는 것을 말하는 것으로서 언론·출판기업의 주체인 기업인으로서의 활동까지 포함하는 것으로 볼 수 없다(헌재 1996. 8. 29. 94헌바15).
>
> ▶ **일간신문과 뉴스통신·방송사업의 겸영을 금지하는 신문법 제15조 제2항이 신문사업자인 청구인들의 신문의 자유를 침해하는지**(소극) : 신문법 제15조 제2항은 신문의 다양성을 보장하기 위하여 필요한 한도 내에서 그 규제의 대상과 정도를 선별하여 제한적으로 규제하고 있다. 규제 대상을 일간신문으로 한정하고 있고, 겸영에 해당하지 않는 행위, 즉 하나의 일간신문법인이 복수의 일간신문을 발행하는 것 등은 허용되며, 종합편성이나 보도전문편성이 아니어서 신문의 기능과 중복될 염려가 없는 방송채널사용사업이나 종합유선방송사업, 위성방송사업 등을 겸영하는 것도 가능하다. 그러므로 신문법 제15조 제2항은 헌법에 위반되지 아니한다(헌재 2006. 6. 29. 2005헌마165).
>
> ▶ **일간신문사 지배주주의 뉴스통신사 또는 다른 일간신문사 주식·지분의 소유·취득을 제한하는 신문법 제15조 제3항이 신문사업자인 청구인들의 신문의 자유를 침해하는지**(한정 적극) : 신문법 제15조 제3항에서 일간신문의 지배주주가 뉴스통신 법인의 주식 또는 지분의 2분의 1 이상을 취득 또는 소유하지 못하도록 함으로써 이종미디어 간의 결합을 규제하는 부분은 언론의 다양성을 보장하기 위한 필요한 한도 내의 제한이라고 할 것이어서 신문의 자유를 침해한다고 할 수 없다. 그런데 제15조 제3항은 나아가 일간신문의 지배주주에 의한 신문의 복수소유를 규제하고 있다. 신문의 다양성을 보장하기 위하여 신문의 복수소유를 제한하는 것 자체가 헌법에 위반된다고 할 수 없지만, 신문의 복수소유가 언론의 다양성을 저해하지 않거나 오히려 이에 기여하는 경우도 있을 수 있는데, 이 조항은 신문의 복수소유를 일률적으로 금지하고 있어서 필요 이상으로 신문의 자유를 제약하고 있다(헌재 2006. 6. 29. 2005헌마165 헌법불합치).

▶ 신문의 편집인 등으로 하여금 아동보호사건에 관련된 아동학대행위자를 특정하여 파악할 수 있는 인적 사항 등을 신문 등 출판물에 싣거나 방송매체를 통하여 방송할 수 없도록 하는 '아동학대처벌법' 제35조 제2항 부분이 언론 · 출판의 자유, 국민의 알 권리를 침해하는지(소극): 아동학대행위자 대부분은 피해아동과 평소 밀접한 관계에 있으므로, 행위자를 특정하여 파악할 수 있는 식별정보를 신문, 방송 등 매체를 통해 보도하는 것은 피해아동의 사생활 노출 등 2차 피해로 이어질 가능성이 매우 높다. 식별정보 보도 후에는 2차 피해를 차단하기 어려울 수 있고, 식별정보 보도를 허용할 경우 대중에 알려질 가능성을 두려워하는 피해아동이 신고를 자발적으로 포기하게 만들 우려도 있다. 따라서 아동학대행위자에 대한 식별정보의 보도를 금지하는 것이 과도하다고 보기 어렵다. 보도금지조항은 아동학대사건 보도를 전면금지하지 않으며 오직 식별정보에 대한 보도를 금지할 뿐으로, 익명화된 형태의 사건보도는 가능하다. 따라서 보도금지조항으로 제한되는 사익은 아동학대행위자의 식별정보 보도라는 자극적인 보도의 금지에 지나지 않는 반면 이를 통해 달성하려는 2차 피해로부터의 아동보호 및 아동의 건강한 성장이라는 공익은 매우 중요하다. 따라서 보도금지조항은 언론 · 출판의 자유와 국민의 알 권리를 침해하지 않는다(헌재 2022. 10. 27. 2021헌가4).

Ⅴ 언론 · 출판의 자유의 한계

헌법 제21조
④ 언론 · 출판은 타인의 명예나 권리 또는 공중도덕이나 사회윤리를 침해하여서는 아니된다. 언론 · 출판이 타인의 명예나 권리를 침해한 때에는 피해자는 이에 대한 피해의 배상을 청구할 수 있다.

1. 헌법 제21조 제4항의 취지

오늘날 언론기관이 정치적 · 사회적으로 미치는 영향력은 강력하여 언론기관이 공정성과 객관성을 유지하지 않을 경우 자칫 정치적, 사회적 여론을 왜곡시킬 수 있으며, 명예, 사생활 비밀과 같은 개인의 소중한 자유에 회복하기 어려운 피해를 입힐 수 있다. 이에 우리 헌법 제21조 제4항은 '언론 · 출판이 타인의 명예나 권리 또는 공중도덕이나 사회윤리를 침해하여서는 아니된다.'고 규정하여 막중한 언론의 사회적 책임과 의무를 헌법적 차원에서 강조하고 있다(헌재 1991. 9. 16. 89헌마165).

2. 헌법 제21조 제4항의 법적 성격

헌법 제21조 제4항은 언론 · 출판의 자유에 따르는 책임과 의무를 강조하는 동시에 '언론 · 출판의 자유에 대한 제한의 요건'을 명시한 규정으로 볼 것이고, 헌법상 표현의 자유의 보호영역 한계를 설정한 것이라고는 볼 수 없다(헌재 2009. 5. 28. 2006헌바109).

3. 헌법 제21조 제4항의 내용

(1) 명예

명예란 사람의 품성, 명성, 신용 등 인격적 가치에 대하여 사회로부터 받는 객관적인 평가를 말하고, 특히 법인의 경우에는 그 사회적 명성과 신용을 가리키는 것이며, 명예훼손이란 명예주체에 대한 사회적 평가를 저하시키는 일체의 행위를 말한다(대판 2000. 7. 28. 99다6203).

> **판례**

▶ **언론의 자유와 인격권의 조정 과정에서 고려할 사항** : 개인의 언론 활동이 타인의 명예를 훼손하는 경우, 행위자와 피해자라는 개인 대 개인 간의 사적 관계에서는 언론의 자유보다 명예 보호라는 인격권이 우선하나, 당해 표현이 공공적·사회적·객관적인 의미를 가진 정보에 해당되는 것은 그 평가를 달리 하여야 한다. 즉, 당해 표현으로 인한 피해자가 공적 인물인지 아니면 사인인지, 그 표현이 공적인 관심 사안에 관한 것인지 순수한 사적인 영역에 속하는 사안인지, 피해자가 당해 명예훼손적 표현의 위험을 자초한 것인지, 그 표현이 객관적으로 국민이 알아야 할 공공성·사회성을 갖춘 사실(알권리)로서 여론형성이나 공개토론에 기여하는 것인지 등을 종합하여 구체적인 표현 내용과 방식에 따라 상반되는 두 권리를 유형적으로 형량한 비례관계를 따져 언론의 자유에 대한 한계 설정을 할 필요가 있다(헌재 1999. 6. 24. 97헌마265).

▶ **공적 인물의 공적 활동에 관한 신문보도가 명예훼손적 표현을 담고 있는 경우 언론자유와 명예보호의 이익조정의 기준** : 신속한 보도를 생명으로 하는 신문의 속성상 허위를 진실한 것으로 믿고서 한 명예훼손적 표현에 정당성을 인정할 수 있거나, 중요한 내용이 아닌 사소한 부분에 대한 허위보도는 모두 형사제재의 위협으로부터 자유로워야 한다. 시간과 싸우는 신문보도에 오류를 수반하는 표현은, 사상과 의견에 대한 아무런 제한없는 자유로운 표현을 보장하는 데 따른 불가피한 결과이고 이러한 표현도 자유토론과 진실확인에 필요한 것이므로 함께 보호되어야 하기 때문이다. 그러나 허위라는 것을 알거나 진실이라고 믿을 수 있는 정당한 이유가 없는데도 진위를 알아보지 않고 게재한 허위보도에 대하여는 면책을 주장할 수 없다(헌재 1999. 6. 24. 97헌마265).

(2) 음란

1) 음란의 의의

음란이란 일반 보통인의 성욕을 자극하여 성적 흥분을 유발하고 정상적인 성적 수치심을 해하여 성적 도의관념에 반하는 것을 말한다(대판 2006. 4. 28. 2003도4128).

2) 언론·출판의 자유의 보호영역

음란표현이 언론·출판의 자유의 보호영역에 해당하지 아니한다고 해석할 경우 음란표현에 대하여는 언론·출판의 자유의 제한에 대한 헌법상의 기본원칙, 예컨대 명확성의 원칙, 검열 금지의 원칙 등에 입각한 합헌성 심사를 하지 못하게 될 뿐만 아니라, 기본권 제한에 대한 헌법상의 기본원칙, 예컨대 법률에 의한 제한, 본질적 내용의 침해금지 원칙 등도 적용하기 어렵게 되는 결과, 모든 음란표현에 대하여 사전 검열을 받도록 하고 이를 받지 않은 경우 형사처벌을 하거나, 유통목적이 없는 음란물의 단순소지를 금지하거나, 법률에 의하지 아니하고 음란물출판에 대한 불이익을 부과하는 행위 등에 대한 합헌성 심사도 하지 못하게 됨으로써, 결국 음란표현에 대한 최소한의 헌법상 보호마저도 부인하게 될 위험성이 농후하게 된다는 점을 간과할 수 없다. 따라서 음란표현은 헌법 제21조가 규정하는 언론·출판의 자유의 보호영역 내에 있다(헌재 2009. 5. 28. 2006헌바109).

Ⅵ 언론·출판의 자유의 제한

1. 사전 제한금지

> **헌법 제21조**
> ② 언론·출판에 대한 허가나 검열과 집회·결사에 대한 허가는 인정되지 아니한다.

⑴ 사전 허가의 금지

1) 사전 허가금지의 의의

헌법 제21조 제2항에서의 허가나 검열은 행정권이 주체가 되어 사상이나 의견 등이 발표되기 이전에 예방적 조치로서 그 내용을 심사·선별하여 발표를 사전에 억제하는, 즉 허가받지 아니한 것의 발표를 금지하는 제도를 뜻한다(헌재 1998. 2. 27. 96헌바2).

2) 사전 허가금지의 대상

사전 허가금지의 대상은 어디까지나 언론·출판 자유의 내재적 본질인 표현의 내용을 보장하는 것을 말하는 것이지, 언론·출판을 위해 필요한 물적 시설이나 언론기업의 주체인 기업인으로서의 활동까지 포함되는 것으로 볼 수는 없다. 즉, 언론·출판에 대한 허가·검열금지의 취지는 정부가 표현의 내용에 관한 가치판단에 입각해서 특정 표현의 자유로운 공개와 유통을 사전 봉쇄하는 것을 금지하는 데 있으므로, 내용 규제 그 자체가 아니거나 내용 규제 효과를 초래하는 것이 아니라면 헌법이 금지하는 "허가"에는 해당되지 않는다(헌재 2001. 5. 31. 2000헌바43).

> 🔖 **판례**
>
> ▶**옥외광고물의 사전허가를 규정하고 있는 옥외광고물등 관리법 제3조가 사전허가금지에 위반되는지**(소극) : 옥외광고물등관리법 제3조는 일정한 지역·장소 및 물건에 광고물 또는 게시시설을 표시하거나 설치하는 경우에 그 광고물 등의 종류·모양·크기·색깔 표시 또는 설치의 방법 및 기간 등을 규제하고 있을 뿐, 광고물 등의 내용을 심사·선별하여 광고물을 사전에 통제하려는 제도가 아님은 명백하므로, 헌법 제21조 제2항이 정하는 사전허가·검열에 해당되지 아니한다(헌재 1998. 2. 27. 96헌바2).
>
> ▶**인터넷신문의 등록제도를 규정하고 있는 신문 등의 진흥에 관한 법률 제9조 제1항 부분이 사전허가금지원칙에 위배되는지**(소극) : 등록조항은 인터넷신문의 명칭, 발행인과 편집인의 인적사항 등 인터넷신문의 외형적이고 객관적 사항을 제한적으로 등록하도록 하고 있고, 고용조항 및 확인조항은 5인 이상 취재 및 편집 인력을 고용하되, 그 확인을 위해 등록 시 서류를 제출하도록 하고 있다. 이런 조항들은 인터넷신문에 대한 인적 요건의 규제 및 확인에 관한 것으로, 인터넷신문의 내용을 심사·선별하여 사전에 통제하기 위한 규정이 아님이 명백하다. 따라서 등록조항은 사전허가금지원칙에도 위배되지 않는다(헌재 2016. 10. 27. 2015헌마1206).

⑵ 사전 검열의 금지

1) 사전 검열의 의의

헌법 제21조 제2항의 검열은 그 명칭이나 형식과 관계없이 실질적으로 행정권이 주체가 되어 사상이나 의견 등이 발표되기 이전에 예방적 조치로서 그 내용을 심사, 선별하여 발표를 사전에 억제하는, 즉 허가받지 아니한 것의 발표를 금지하는 제도를 뜻하고, 이러한 사전검열은 법률로써도 불가능한 것으로서 절대적으로 금지된다(헌재 2001. 8. 30. 2000헌가9). 그러나 사전검열금지원칙이 모든 형태의 사전적인 규제를 금지하는 것은 아니고, 의사표현의 발표 여부가 오로지 행정권의 허가에 달려있는 사전심사만을 금지한다(헌재 2008. 6. 26. 2005헌마506).

> **판례**
>
> ▶ **사전검열이 절대적으로 금지되는 이유**: 언론·출판에 대하여 사전검열이 허용될 경우에는 국민의 예술활동의 독창성과 창의성을 침해하여 정신생활에 미치는 위험이 크고 행정기관이 집권자에게 불리한 내용의 표현을 사전에 억제함으로써 이른바 관제의견이나 지배자에게 무해한 여론만이 허용되는 결과를 초래할 염려가 있기 때문에 헌법이 절대적으로 금지되고, 여기에서 절대적이라 함은 언론·출판의 자유의 보호를 받는 표현에 대해서는 사전검열금지원칙이 예외 없이 적용된다는 의미이다(헌재 2001. 8. 30. 2000헌가9).
>
> ▶ **영화에 대한 등급심사제가 사전검열에 해당하는지**(소극): 검열금지의 원칙은 모든 형태의 사전적인 규제를 금지하는 것이 아니고 단지 의사표현의 발표 여부가 오로지 행정권의 허가에 달려있는 사전심사만을 금지하는 것을 뜻하며, 또한 정신작품의 발표 이후에 비로소 취해지는 사후적인 사법적 규제를 금지하지 않는다. 따라서 심의기관에서 허가절차를 통하여 영화의 상영 여부를 종국적으로 결정할 수 있도록 하는 것은 검열에 해당하나, 예컨대 영화의 상영으로 인한 실정법위반의 가능성을 사전에 막고, 청소년 등에 대한 상영이 부적절할 경우 이를 유통단계에서 효과적으로 관리할 수 있도록 미리 등급을 심사하는 것은 사전검열이 아니다(헌재 1996. 10. 4. 93헌가13).

2) 사전 검열의 요건

① 일반적 요건

헌법재판소는 헌법이 금지하는 사전검열의 요건으로 첫째, 일반적으로 허가를 받기 위한 표현물의 제출의무가 존재할 것, 둘째, 행정권이 주체가 된 사전심사절차가 존재할 것, 셋째, 허가를 받지 아니한 의사표현을 금지할 것, 넷째, 심사절차를 관철할 수 있는 강제수단이 존재할 것을 제시하고 있다(헌재 2008. 6. 26. 2005헌마506).

> **판례**
>
> ▶ **민사소송법 제714조 제2항에 의한 방영금지가처분 규정이 검열에 해당하는지**(소극): 헌법 제21조 제2항에서 규정한 검열 금지의 원칙은 모든 형태의 사전적인 규제를 금지하는 것이 아니고 단지 의사표현의 발표 여부가 오로지 행정권의 허가에 달려있는 사전심사만을 금지하는 것을 뜻하므로, 이 사건 법률조항에 의한 방영금지가처분은 행정권에 의한 사전심사나 금지처분이 아니라 개별 당사자간의 분쟁에 관하여 사법부가 사법절차에 의하여 심리, 결정하는 것이어서 헌법에서 금지하는 사전검열에 해당하지 아니한다(헌재 2001. 8. 30. 2000헌바36).
>
> ▶ **건강기능식품 기능성 광고 사전심의에서 심사절차를 관철할 수 있는 강제수단**: 심의받은 내용과 다른 내용의 광고를 한 경우, 이 사건 제재조항은 대통령령으로 정하는 바에 따라 영업허가를 취소·정지하거나, 영업소의 폐쇄를 명할 수 있도록 하고, 이 사건 처벌조항은 5년 이하의 징역 또는 5천만 원 이하의 벌금에 처하도록 하고 있다. 이와 같은 행정제재나 형벌의 부과는 사전심의절차를 관철하기 위한 강제수단에 해당한다(헌재 2018. 6. 28. 2016헌가8).

② 독립적 위원회

광고의 심의기관이 행정기관인지 여부는 기관의 형식에 의하기보다는 그 실질에 따라 판단되어야 한다. 따라서 검열을 행정기관이 아닌 독립적인 위원회에서 행한다고 하더라도, 행정권이 주체가 되어 검열절차를 형성하고 검열기관의 구성에 지속적인 영향을 미칠 수 있는 경우라면 실질적으로 그 검열기관은 행정기관이라고 보아야 한다(헌재 2008. 10. 30. 2004헌가18).

> **판례**
>
> ▶ **공연윤리위원회가 검열기관인지**(적극) : 공연윤리위원회가 민간인으로 구성된 자율적인 기관이라고 할지라도 영화법에서 영화에 대한 사전허가제도를 채택하고, 공연법에 의하여 공연윤리위원회를 설치토록 하여 행정권이 공연윤리위원회의 구성에 지속적인 영향을 미칠 수 있게 하였으므로 공연윤리위원회는 검열기관으로 볼 수밖에 없다(헌재 1996. 10. 4. 93헌가13).
>
> ▶ **영상물등급위원회가 검열기관인지**(적극) : 영상물등급위원회는, 그 위원을 대통령이 위촉하고, 그 구성방법 및 절차에 관하여 필요한 사항을 대통령령으로 정하도록 하고 있으며, 국가예산으로 그 운영에 필요한 경비의 보조를 받을 수 있도록 하고 있는 점 등에 비추어 행정권이 심의기관의 구성에 지속적인 영향을 미칠 수 있고 행정권이 주체가 되어 검열절차를 형성하고 있어 검열기관에 해당한다(헌재 2001. 8. 30. 2000헌가9).

③ 민간심의기구

민간심의기구가 심의를 담당하는 경우에도 행정권이 개입하여 그 사전심의에 자율성이 보장되지 않는다면 이 역시 행정기관의 사전검열에 해당하게 된다. 또한 민간심의기구가 사전심의를 담당하고 있고, 현재에는 행정기관이 그 업무에 실질적인 개입을 하고 있지 않더라도 행정기관의 자의에 의해 언제든지 개입할 가능성이 열려 있다면, 개입 가능성의 존재 자체로 민간심의기구는 심의 업무에 영향을 받을 수밖에 없을 것이기 때문에, 이 경우 역시 헌법이 금지하는 사전검열이라는 의심을 면하기 어렵다(헌재 2015. 12. 23. 2015헌바75).

> **판례**
>
> ▶ **한국광고자율심의기구가 검열기관에 해당하는지**(적극) : 방송위원회와 자율심의기구 사이의 업무위탁계약서 제8조에 의하면, 방송위원회는 위탁업무의 원활한 수행을 위하여 위탁계약기간 동안에 필요한 비용의 전부 또는 일부를 심의기구에 지원할 수 있다고 규정하고 있고, 실제 자율심의기구의 운영비나 사무실 유지비, 인건비 등은 방송위원회가 비용을 지급하고 있다. 이와 같이 자율심의기구의 운영비용을 방송위원회에 의존하고 있는 상황에서는 그 영향력에서 완전히 벗어나 독립적이고 자율적으로 사전심의를 하고 있다고 보기 어렵고, 결국 이 사건 방송광고 사전심의에 있어서는 자율심의기구의 행정기관성을 부인하기는 어려울 것이다(헌재 2008. 6. 26. 2005헌마506).

3) 사전검열금지원칙의 적용범위

현행 헌법이 사전검열을 금지하는 규정을 두면서 1962년 헌법과 같이 특정한 표현에 대해 예외적으로 검열을 허용하는 규정을 두고 있지 아니한 점, 이러한 상황에서 표현의 특성이나 이에 대한 규제의 필요성에 따라 언론·출판의 자유의 보호를 받는 표현 중에서 사전검열금지원칙의 적용이 배제되는 영역을 따로 설정할 경우 그 기준에 대한 객관성을 담보할 수 없어 종국적으로는 집권자에게 불리한 내용의 표현을 사전에 억제할 가능성을 배제할 수 없게 된다는 점 등을 고려하면, 현행 헌법상 사전검열은 예외 없이 금지되는 것으로 보아야 한다(헌재 2015. 12. 23. 2015헌바75).

> **판례**
>
> ▶ **사전심의를 받은 내용과 다른 내용의 건강기능식품 기능성광고를 금지하고 이를 위반한 경우 처벌하는 '건강기능식품에 관한 법률' 제18조 제1항 제6호 등 부분이 사전검열금지원칙에 위배되는지**(적극, 선례변경) : 건강기능식품법상 기능성 광고의 심의는 식약처장으로부터 위탁받은 한국건강기능식품협회에서 수행하고 있지만, 법상 심의주체는 행정기관인 식약처장이며, 언제든지 그 위탁을 철회할 수 있고, 심의위원회의 구성에 관하여도 법령을 통해 행정권이 개입하고 지속적으로 영향을 미칠 가능성이 존재하는 이상 그 구성에 자율성이 보장되어 있다고 볼 수 없다. 따라서 이 사건 건강기능식품 기능성광고 사전심의는 그 검열이 행정권에 의하여 행하여진다 볼 수 있고, 헌법이 금지하는 사전검열에 해당하므로 헌법에 위반된다(헌재 2018. 6. 28. 2016헌가8 위헌).

▶ **사전심의를 받지 않은 건강기능식품의 기능성 광고를 금지하고 이를 어길 경우 형사처벌하도록 한 구 '건강기능식품에 관한 법률' 제18조 제1항 제6호 부분이 사전검열금지원칙에 위배되는지**(적극) : 헌법상 사전검열은 표현의 자유 보호대상이면 예외 없이 금지된다. '건강기능식품에 관한 법률'에 따르면 기능성 광고의 심의는 식품의약품안전처장으로부터 위탁받은 한국건강기능식품협회에서 수행하고 있지만, 법상 심의주체는 행정기관인 식품의약품안전처장이며, 언제든지 그 위탁을 철회할 수 있고, 심의위원회의 구성에 관하여도 법령을 통해 행정권이 개입하고 지속적으로 영향을 미칠 가능성이 존재하는 이상 그 구성에 자율성이 보장되어 있다고 볼 수 없다. 따라서 이 사건 건강기능식품 기능성 광고 사전심의는 행정권이 주체가 된 사전심사로서, 헌법이 금지하는 사전검열에 해당하므로 헌법에 위반된다(헌재 2019. 5. 30. 2019헌가4 위헌).

▶ **의료기기와 관련하여 심의를 받지 아니하거나 심의받은 내용과 다른 내용의 광고를 하는 것을 금지하고 이를 위반한 경우 행정제재와 형벌을 부과하도록 한 의료기기법 제24조 제2항 제6호 부분 등이 사전검열금지원칙에 위반되는지**(적극) : 의료기기법상 의료기기 광고의 심의는 식약처장으로부터 위탁받은 한국의료기기산업협회가 수행하고 있지만, 법상 심의주체는 행정기관인 식약처장이고, 식약처장이 언제든지 그 위탁을 철회할 수 있으며, 심의위원회의 구성에 관하여도 식약처고시를 통해 행정권이 개입하고 지속적으로 영향을 미칠 가능성이 존재하는 이상 그 구성에 자율성이 보장되어 있다고 보기 어렵다. 따라서 이 사건 의료기기 광고 사전심의는 행정권이 주체가 된 사전심사로서 헌법이 금지하는 사전검열에 해당하고, 이러한 사전심의제도를 구성하는 심판대상조항은 헌법 제21조 제2항의 사전검열금지원칙에 위반된다(헌재 2020. 8. 28. 2017헌가35 위헌).

▶ **사전심의를 받지 아니한 의료광고를 금지하고 이를 위반한 경우 처벌하는 의료법 제56조 제2항 제9호 부분이 사전검열금지원칙에 위배되는지**(적극) : 의료광고의 사전심의는 보건복지부장관으로부터 위탁을 받은 각 의사협회가 행하고 있으나 사전심의의 주체인 보건복지부장관은 언제든지 위탁을 철회하고 직접 의료광고 심의업무를 담당할 수 있는 점, 의료법 시행령이 심의위원회의 구성에 관하여 직접 규율하고 있는 점, 심의기관의 장은 심의 및 재심의 결과를 보건복지부장관에게 보고하여야 하는 점, 보건복지부장관은 의료인 단체에 대해 재정지원을 할 수 있는 점, 심의기준·절차 등에 관한 사항을 대통령령으로 정하도록 하고 있는 점 등을 종합하여 보면, 각 의사협회는 행정권의 영향력에서 벗어나 독립적이고 자율적으로 사전심의업무를 수행하고 있다고 보기 어렵다. 따라서 이 사건 법률규정들은 사전검열금지원칙에 위배된다(헌재 2015. 12. 23. 2015헌바75).

▶ **방송위원회로부터 위탁을 받은 한국광고자율심의기구로 하여금 텔레비전 방송광고의 사전심의를 담당하도록 한 것이 헌법이 금지하는 사전검열에 해당하는지**(적극) : 한국광고자율심의기구는 민간이 주도가 되어 설립된 기구이기는 하나, 그 구성에 행정권이 개입하고 있고, 행정법상 공무수탁사인으로서 그 위탁받은 업무에 관하여 국가의 지휘·감독을 받고 있으며, 방송위원회는 텔레비전 방송광고의 심의 기준이 되는 방송광고 심의규정을 제정·개정할 권한을 가지고 있고, 자율심의기구의 운영비나 사무실 유지비, 인건비 등을 지급하고 있다. 그렇다면 한국광고자율심의기구가 행하는 방송광고 사전심의는 방송위원회가 위탁이라는 방법에 의해 그 업무의 범위를 확장한 것에 지나지 않는다고 할 것이므로 한국광고자율심의기구가 행하는 이 사건 텔레비전 방송광고 사전심의는 행정기관에 의한 사전검열로서 헌법이 금지하는 사전검열에 해당한다(헌재 2008. 6. 26. 2005헌마506).

▶ **영화에 대한 공연윤리위원회의 사전심사가 검열에 해당하는지**(적극) : 영화법이 규정하고 있는 영화에 대한 심의제의 내용은 심의기관인 공연윤리위원회가 영화의 상영에 앞서 그 내용을 심사하여 심의기준에 적합하지 아니한 영화에 대하여는 상영을 금지할 수 있고, 심의를 받지 아니하고 영화를 상영할 경우에는 형사처벌까지 가능하도록 한 것이 그 핵심이므로 이는 헌법 제21조 제1항이 금지한 사전검열제도를 채택한 것이다(헌재 1996. 10. 4. 93헌가13).

▶ **영상물등급위원회에 의한 비디오물의 등급분류보류제도를 규정한 음반·비디오물 및 게임물에 관한 법률 제20조 제4항 부분이 행정기관에 의한 사전검열에 해당하는지**(적극) : 영상물등급위원회에 의한 등급분류보류는 비디오물 등급분류의 일환으로 유통 전에 비디오물을 제출받아 그 내용을 심사하여 이루어질 뿐 아니라, 영상물등급위원회는 그 위원을 대통령이 위촉하고, 위원회의 운영에 필요한 경비를 국고에서 보조할 수 있으며, 등급분류가 보류된 비디오물이나 등급분류를 받지 아니한 비디오물에 대하여 문화관광부장관 등은 관계공무원으로 하여금 이를 수거하여 폐기하게 할 수도 있고 이를 유통 또는 시청에 제공한 자에게는 형벌까지 부과될 수 있으며, 등급 분류보류의 횟수제한이 설정되어 있지 않아 무한정 등급분류가 보류될 수 있다. 따라서, 영상물등급위원회는 실 질적으로 행정기관인 검열기관에 해당하고, 이에 의한 등급분류보류는 비디오물 유통 이전에 그 내용을 심사하여 허가받지 아니한 것의 발표를 금지하는 제도, 즉 검열에 해당되므로 헌법에 위반된다(헌재 2008. 10. 30. 2004 헌가18).

▶ **외국음반의 영리목적 국내제작에 대한 영상물등급위원회의 추천제도가 검열에 해당하는지**(적극) : 외국음반 국내 제작 추천제도는 외국음반의 국내제작이라는 의사표현행위 이전에 그 표현물을 행정기관의 성격을 가진 영상물 등급위원회에 제출토록 하여 당해 표현행위의 허용여부가 행정기관의 결정에 좌우되도록 하고 있으며, 더 나아가 이를 준수하지 않는 자들에 대하여 형사처벌 등 강제수단까지 규정하고 있는바, 우리 헌법 제21조 제2항이 절대 적으로 금지하고 있는 사전검열에 해당하는 것으로서 위헌을 면할 수 없다(헌재 2006. 10. 26. 2005헌가14).

▶ **외국비디오물을 수입할 경우에 반드시 영상물등급위원회로부터 수입추천을 받도록 규정하고 있는 구 음반·비디오물 및 게임물에 관한 법률 제16조 제1항 등이 사전검열에 해당하는지**(적극) : 음반·비디오물및게임물에관한법 률 제16조 제1항 등에 의한 외국비디오물 수입추천제도는 외국비디오물의 수입·배포라는 의사표현행위 전에 표 현물을 행정기관의 성격을 가진 영상물등급위원회에 제출토록 하여 표현행위의 허용 여부를 행정기관의 결정에 좌우되게 하고, 이를 준수하지 않는 자들에 대하여 형사처벌 등의 강제조치를 규정하고 있는바, 허가를 받기 위한 표현물의 제출의무, 행정권이 주체가 된 사전심사절차, 허가를 받지 아니한 의사표현의 금지, 심사절차를 관철할 수 있는 강제수단이라는 요소를 모두 갖추고 있으므로, 우리나라 헌법이 절대적으로 금지하고 있는 사전검열에 해당한다(헌재 2005. 2. 3. 2004헌가8).

2. 사후 제한

(1) 과잉금지원칙

헌법 제37조 제2항에 근거한 과잉금지원칙은 모든 기본권 제한 입법의 한계원리이므로 표현의 자 유를 제한하는 입법도 이 원칙을 준수하여야 한다(헌재 2009. 5. 28. 2006헌바109).

⚒ 판례

▶ **남북합의서 위반행위로서 전단 등 살포를 하여 국민의 생명·신체에 위해를 끼치거나 심각한 위험을 발생시키는 것을 금지하고 이에 위반한 경우 처벌하는 남북관계 발전에 관한 법률 제24조 제1항 제3호 등이 청구인들의 표현의 자유를 침해하는지**(적극) : 심판대상조항은 표현의 내용을 제한하는 결과를 가져오는바, 국가가 표현 내용을 규제 하는 것은 원칙적으로 중대한 공익의 실현을 위하여 불가피한 경우에 한하여 허용되고, 특히 정치적 표현의 내용 중에서도 특정한 견해, 이념, 관점에 기초한 제한은 과잉금지원칙 준수 여부를 심사할 때 더 엄격한 기준이 적용 되어야 한다. 국가형벌권의 행사는 중대한 법익에 대한 위험이 명백한 경우에 한하여 최후수단으로 선택되어 필 요 최소한의 범위에 그쳐야 하는바, 심판대상조항은 전단 등 살포를 금지하는 데서 더 나아가 이를 범죄로 규정하 면서 징역형 등을 두고 있으며, 그 미수범도 처벌하도록 하고 있어 과도하다고 하지 않을 수 없다. 심판대상조항 으로 북한의 적대적 조치가 유의미하게 감소하고 이로써 접경지역 주민의 안전이 확보될 것인지, 나아가 남북 간 평화통일의 분위기가 조성되어 이를 지향하는 국가의 책무 달성에 도움이 될 것인지 단언하기 어려운 반면, 심판대상조항이 초래하는 정치적 표현의 자유에 대한 제한은 매우 중대하다. 그렇다면 심판대상조항은 과잉금지 원칙에 위배되어 청구인들의 표현의 자유를 침해한다(헌재 2023. 9. 26. 2020헌마1724).

▶사람을 비방할 목적으로 정보통신망을 통하여 공공연하게 사실을 드러내어 다른 사람의 명예를 훼손한 자를 형사처벌하도록 규정한 심판대상조항이 과잉금지원칙에 반하여 표현의 자유를 침해하는지(소극) : 진실한 사실이라도 사람을 비방할 목적으로 정보통신망을 통하여 이루어지는 명예훼손적 표현은 무차별적으로 살포될 가능성이 있고, 이로 인하여 개인의 인격을 형해화시키고 회복불능의 상황으로 몰아갈 위험이 존재한다. 심판대상조항은 타인의 명예를 침해하는 정보가 무분별하게 유통되는 것을 방지하면서도 '비방할 목적'이라는 초과주관적 구성요건을 추가로 요구하여 규제 범위를 최소한도로 제한하고 있고, 정보통신망에서 정하고 있는 구제방법이나 민사상 손해배상 등과 같은 민사적 구제방법이 형사처벌을 대체하여 정보통신망에서의 악의적이고 공격적인 명예훼손행위를 방지하기에 충분한 덜 제약적인 수단이라고 보기 어렵다. 심판대상조항이 법정형의 하한을 두지 않아 법관은 정상참작감경 없이도 선고유예나 집행유예를 선고할 수 있는 점 등을 고려할 때, 심판대상조항에서 정한 법정형이 과중하다고 볼 수 없다. 심판대상조항의 '사실'을 '사생활의 비밀에 해당하는 사실'로 한정하더라도 '사생활의 비밀에 해당하는 사실'과 '사생활의 비밀에 해당하지 아니하는 사실'의 불명확성으로 인해 위축효과가 발생할 가능성은 여전히 존재하는 점 등을 고려하면, 심판대상조항은 과잉금지원칙에 반하여 표현의 자유를 침해하지 아니한다(헌재 2023. 9. 26. 2021헌바281).

▶정보통신망을 통해 일반에게 공개된 정보로 사생활 침해 등 타인의 권리가 침해된 경우 그 침해를 받은 자가 삭제요청을 하면 정보통신서비스 제공자는 권리의 침해 여부를 판단하기 어렵거나 이해당사자 간에 다툼이 예상되는 경우에는 30일 이내에서 해당 정보에 대한 접근을 임시적으로 차단하는 조치를 하여야 한다고 규정한 정보통신망법 제44조의2 제2항 등이 과잉금지원칙에 위반되어 표현의 자유를 침해하는지(소극) : 정보통신망에서 무수하게 발생할 수 있는 권리침해적 정보와 관련한 정보통신서비스 제공자의 손해배상책임으로 인하여 그 서비스 자체가 위축되는 것을 방지하고자 이 사건 법률조항에 임시조치가 규정된 것임을 고려하면, 정보게재자의 이의제기권이나 복원권 등을 규정하지 않고 이를 정보통신서비스 제공자의 정책에 남겨두었다고 하여 정보게재자의 표현의 자유에 대한 제한이 과도하다고 볼 수 없는 점, 사인인 정보통신서비스 제공자가 임시조치를 하였다고 하여, 그것이 해당 정보에 대한 표현의 금지를 의미하는 것은 아니고, 정보게재자는 해당 정보를 다시 게재할 수 있으며, 의사표현의 통로가 다양하게 존재하고 있어, 이 사건 법률조항에 기한 임시조치로 인해 자유로운 여론 형성이 방해되고 있다거나 그로 인한 표현의 자유 제한이 심대하다고 보기 어려운 점 등에 비추어 볼 때, 이 사건에서 선례의 판단을 변경할 특별한 사정 변경이나 필요성이 있다고 할 수 없으므로, 이 사건 법률조항은 과잉금지원칙에 위반되어 표현의 자유를 침해하지 않는다(헌재 2020. 11. 26. 2016헌마275 기각).

▶학교 운영자나 학교의 장, 교사, 학생 등으로 하여금 성별, 종교, 나이, 사회적 신분, 출신지역, 출신국가, 출신민족 등의 사유를 이유로 한 차별적 언사나 행동, 혐오적 표현 등을 통해 다른 사람의 인권을 침해하지 못하도록 규정하고 있는 '서울특별시 학생인권조례' 제5조 제3항이 과잉금지원칙에 위배되어 학교 청구인들의 표현의 자유를 침해하는지(소극) : 이 사건 조례 제5조 제3항에서 금지하는 차별·혐오표현은 자유로운 의견 교환에서 발생하는 다소 과장되고, 부분적으로 잘못된 표현으로 민주주의를 위하여 허용되는 의사표현이 아니고, 그 경계를 넘어 '타인의 인권을 침해'할 것을 인식하였거나 최소한 인식할 가능성이 있고, 결과적으로 그러한 인권침해의 결과가 발생하는 표현으로, 이는 민주주의의 장에서 허용되는 한계를 넘는 것으로 민주주의 의사형성의 보호를 위해서도 제한될 필요가 있다. 또한, 이 사건 조례 제5조 제3항을 위반한 경우 구제신청을 받은 학생인권옹호관이 구제조치 등을 권고할 수 있고, 이를 받은 가해자나 관계인 또는 교육감은 그 권고사항을 존중하고 정당한 사유가 없는 한 이를 성실히 이행하여야 하지만, 이를 이행하지 아니할 경우 이유를 붙여 서면으로 통보할 수 있는 절차 역시 마련하고 있는바, 차별·혐오표현에 의한 인권침해가 가지는 해악에 비추어 그 구제적인 측면에서 이러한 조치보다 덜 기본권 제한적인 수단은 쉽게 발견하기 어렵다. 이와 같은 점을 종합할 때, 이 사건 조례 제5조 제3항은 침해의 최소성도 충족하였다. 이 사건 조례 제5조 제3항으로 달성되는 공익이 매우 중대한 반면, 제한되는 표현은 타인의 인권을 침해하는 정도에 이르는 표현으로 그 보호가치가 매우 낮으므로, 법익 간 균형이 인정된다(헌재 2019. 11. 28. 2017헌마1356).

PART 02

▶ 정보통신망을 통하여 공포심이나 불안감을 유발하는 문언 등을 반복적으로 상대방에게 도달하도록 하는 내용의 정보유통을 금지하고, 이를 위반한 경우 처벌을 규정하고 있는 정보통신망법 제74조 제1항 제3호 등이 표현의 자유를 침해하는지(소극) : 형법상 협박죄는 해악의 고지를 그 요건으로 하고 있어서, 해악의 고지는 없으나 반복적인 음향이나 문언 전송 등의 다양한 방법으로 상대방에게 공포심이나 불안감을 유발하는 소위 '사이버스토킹'을 규제하기는 불충분한 반면, 현대정보사회에서 정보통신망을 이용한 불법행위가 급증하는 추세에 있고, 오프라인 공간에서 발생하는 불법행위에 비해 행위유형이 비정형적이고 다양하여 피해자에게 주는 고통이 더욱 클 수도 있어서 규제의 필요성은 매우 크다. 이러한 사정을 종합하면 심판대상조항은 침해의 최소성에 반한다고 할 수 없다. 심판대상조항으로 인하여 개인은 정보통신망을 통한 표현에 일정한 제약을 받게 되나, 수신인인 피해자의 사생활의 평온 보호 및 정보의 건전한 이용풍토 조성이라고 하는 공익이 침해되는 사익보다 크다고 할 것이어서 심판대상조항은 법익균형성의 요건도 충족하였다. 따라서 심판대상조항은 표현의 자유를 침해하지 아니한다(헌재 2016. 12. 29. 2014헌바434).

▶ 대한민국 또는 헌법상 국가기관에 대하여 모욕, 비방, 사실 왜곡, 허위사실 유포 또는 기타 방법으로 대한민국의 안전, 이익 또는 위신을 해하거나 해할 우려가 있는 표현이나 행위에 대하여 형사처벌하도록 규정한 구 형법 제104조의2가 표현의 자유를 침해하는지(적극) : 심판대상조항의 신설 당시 제안이유에서는 '국가의 안전과 이익, 위신 보전'을 그 입법목적으로 밝히고 있으나, 언론이 통제되고 있던 당시 상황과 위 조항의 삭제 경위 등에 비추어 볼 때 이를 진정한 입법목적으로 볼 수 있는지 의문이고, 일률적인 형사처벌을 통해 국가의 안전과 이익, 위신 등을 보전할 수 있다고 볼 수도 없으므로 수단의 적합성을 인정할 수 없다. 심판대상조항에서 규정하고 있는 "기타 방법", 대한민국의 "이익"이나 "위신" 등과 같은 개념은 불명확하고 적용범위가 지나치게 광범위하며, 국가의 "위신"을 훼손한다는 이유로 표현행위를 형사처벌하는 것은 자유로운 비판과 참여를 보장하는 민주주의 정신에 위배되는 점, 형사처벌조항에 의하지 않더라도 허위사실 유포나 악의적인 왜곡 등에 적극적으로 대응할 수도 있는 점 등을 고려하면 심판대상조항은 침해의 최소성 원칙에도 어긋난다. 나아가 민주주의 사회에서 국민의 표현의 자유가 갖는 가치에 비추어 볼 때, 기본권 제한의 정도가 매우 중대하여 법익의 균형성 요건도 갖추지 못하였으므로, 심판대상조항은 과잉금지원칙에 위배되어 표현의 자유를 침해한다(헌재 2015. 10. 21. 2013헌가20).

(2) 명확성의 원칙

명확성의 원칙은 표현의 자유를 규제하는 입법에서는 특별히 중요한 의미를 지닌다. 즉, 무엇이 금지되는 표현인지가 불명확한 경우에는, 자신이 행하고자 하는 표현이 규제의 대상이 아니라는 확신이 없는 기본권 주체는 대체로 규제를 받을 것을 우려해서 표현행위를 스스로 억제하게 될 가능성이 높아지기 때문에 표현의 자유를 규제하는 법률은 그 규제로 인해 보호되는 다른 표현에 대해 위축효과가 미치지 않도록 규제되는 표현의 개념을 세밀하고 명확하게 규정할 것이 헌법적으로 요구된다(헌재 2008. 7. 31. 2007헌가4).

📌 판례

▶ 공익을 해할 목적으로 전기통신설비에 의하여 공연히 허위의 통신을 한 자를 형사처벌하는 전기통신기본법조항이 명확성 원칙에 위배하는지(적극) : 이 사건 법률조항은 "공익을 해할 목적"의 허위의 통신을 금지하는바, 여기서의 "공익"은 형벌조항의 구성요건으로서 구체적인 표지를 정하고 있는 것이 아니라, 헌법상 기본권 제한에 필요한 최소한의 요건 또는 헌법상 언론·출판의 자유의 한계를 그대로 법률에 옮겨 놓은 것에 불과할 정도로 그 의미가 불명확하고 추상적이다. 나아가 현재의 다원적이고 가치상대적인 사회구조 하에서 구체적으로 어떤 행위상황이 문제되었을 때에 문제되는 공익은 하나로 수렴되지 않는 경우가 대부분인바, 공익을 해할 목적이 있는지 여부를 판단하기 위한 공익간 형량의 결과가 언제나 객관적으로 명백한 것도 아니다. 결국, 이 사건 법률조항은 수범자인 국민에 대하여 일반적으로 허용되는 '허위의 통신' 가운데 어떤 목적의 통신이 금지되는 것인지 고지하여 주지 못하고 있으므로 표현의 자유에서 요구하는 명확성의 요청 및 죄형법정주의의 명확성 원칙에 위배하여 헌법에 위반된다(헌재 2010. 12. 28. 2008헌바157).

▶ 공공의 안녕질서 또는 미풍양속을 해하는 내용의 통신(불온통신)을 금하는 전기통신사업법 제53조 제1항이 명확성의 원칙에 위배되는지(적극) : "공공의 안녕질서 또는 미풍양속을 해하는"이라는 불온통신의 개념은 너무나 불명확하고 애매하다. 여기서의 "공공의 안녕질서"는 헌법 제37조 제2항의 "국가의 안전보장 · 질서유지"와, "미풍양속"은 헌법 제21조 제4항의 "공중도덕이나 사회윤리"와 비교하여 볼 때 동어반복이라 해도 좋을 정도로 전혀 구체화되어 있지 아니하다. 이처럼, "공공의 안녕질서", "미풍양속"은 매우 추상적인 개념이어서 어떠한 표현행위가 과연 "공공의 안녕질서"나 "미풍양속"을 해하는 것인지, 아닌지에 관한 판단은 사람마다의 가치관, 윤리관에 따라 크게 달라질 수밖에 없고, 법집행자의 통상적 해석을 통하여 그 의미내용을 객관적으로 확정하기도 어렵다(헌재 2002. 6. 27. 99헌마480 불온통신 사건).

▶ 저속한 간행물을 발간한 출판사에 대해 등록취소를 규정한 출판사 및 인쇄소 등록에 관한 법률 조항이 명확성 원칙에 위배되는지(적극) : "음란"의 개념과는 달리 "저속"의 개념은 그 적용범위가 매우 광범위할 뿐만 아니라 법관의 보충적인 해석에 의한다 하더라도 그 의미내용을 확정하기 어려울 정도로 매우 추상적이다. 이 "저속"의 개념에는 출판사 등록이 취소되는 성적 표현의 하한이 열려 있을 뿐만 아니라 폭력성이나 잔인성 및 천한 정도도 그 하한이 모두 열려 있기 때문에 출판을 하고자 하는 자는 어느 정도로 자신의 표현내용을 조절해야 되는지를 도저히 알 수 없도록 되어 있어 명확성의 원칙 및 과도한 광범성의 원칙에 반한다(헌재 1998. 4. 30. 95헌가16).

▶ '제한상영가' 등급의 영화를 '상영 및 광고 · 선전에 있어서 일정한 제한이 필요한 영화'라고 정의한 영화진흥법이 명확성 원칙에 위배되는지(적극) : 제한상영가 등급의 영화도 마찬가지로 헌법상 표현의 자유를 통하여 보호를 받는 표현물인데도, 다른 등급의 영화에 비하여 상영이나 광고 등의 면에서 제한을 받고 있으므로 이에 해당하는 영화가 어떤 영화인지에 관하여는 법률이 명확하게 규정할 필요가 있다. 영진법 제21조 제3항 제5호는 '제한상영가' 등급의 영화를 '상영 및 광고 · 선전에 있어서 일정한 제한이 필요한 영화'라고 규정하고 있는데, 이 규정은 제한상영가 등급의 영화가 어떤 영화인지를 말해주기보다는 제한상영가 등급을 받은 영화가 사후에 어떠한 법률적 제한을 받는지를 기술하고 있는바, 이것으로는 제한상영가 영화가 어떤 영화인지를 알 수가 없고, 따라서 영진법 제21조 제3항 제5호는 명확성원칙에 위배된다(헌재 2008. 7. 31. 2007헌가4 헌법불합치).

▶ 방송통신심의위원회의 직무의 하나로 '건전한 통신윤리의 함양을 위하여 필요한 사항으로서 대통령령이 정하는 정보의 심의 및 시정요구'를 규정하고 있는 '방송통신위원회의 설치 및 운영에 관한 법률' 제21조 제4호 중 '건전한 통신윤리' 부분이 명확성 원칙에 위배되는지(소극) : 이 사건 법률조항 중 '건전한 통신윤리'라는 개념은 전기통신회선을 이용하여 정보를 전달함에 있어 우리 사회가 요구하는 최소한의 질서 또는 도덕률을 의미하고, '건전한 통신윤리의 함양을 위하여 필요한 사항으로서 대통령령이 정하는 정보'란 이러한 질서 또는 도덕률에 저해되는 정보로서 심의 및 시정요구가 필요한 정보를 의미한다고 할 것이며, 정보통신영역의 광범위성과 빠른 변화속도, 그리고 다양하고 가변적인 표현형태를 문자화하기에 어려운 점을 감안할 때, 위와 같은 함축적인 표현은 불가피하다고 할 것이어서, 이 사건 법률조항이 명확성의 원칙에 반한다고 할 수 없다(헌재 2012. 2. 23. 2011헌가13).

VII 언론기관에 의한 권리침해와 구제

권리	요건
정정보도청구권 (언론중재법 14조①)	• 진실하지 아니한 사실적 주장 • 언론사 등의 고의·과실 불요
반론보도청구권 (언론중재법 16조②)	• 보도 내용의 진실 여부 불문 • 언론사 등의 고의·과실이나 위법성 불요
추후보도청구권 (언론중재법 17조①)	• 범죄혐의가 있거나 형사상의 조치를 받았다고 보도 또는 공표 • 무죄판결 또는 이와 동등한 형태로 종결
손해배상청구권 (언론중재법 30조①)	• 언론 등의 고의 또는 과실로 인한 위법행위 • 재산상 손해, 인격권 침해 또는 그 밖의 정신적 고통

판례

▶ **입증책임** : 방송 등 언론매체가 사실을 적시하여 개인의 명예를 훼손하는 행위를 한 경우에도 그 목적이 오로지 공공의 이익을 위한 것일 때에는 적시된 사실이 진실이라는 증명이 있거나 그 증명이 없다 하더라도 행위자가 그것을 진실이라고 믿었고 또 그렇게 믿을 상당한 이유가 있으면 위법성이 없다고 보아야 할 것이나, 그에 대한 입증책임은 어디까지나 명예훼손 행위를 한 방송 등 언론매체에 있고 피해자가 공적인 인물이라 하여 방송 등 언론매체의 명예훼손 행위가 현실적인 악의에 기한 것임을 그 피해자측에서 입증하여야 하는 것은 아니다(대판 1998. 5. 8. 97다34563).

제4항 집회·결사의 자유

Ⅰ 집회의 자유

> **헌법 제21조**
> ① 모든 국민은 언론·출판의 자유와 집회·결사의 자유를 가진다.
> ② 언론·출판에 대한 허가나 검열과 집회·결사에 대한 허가는 인정되지 아니한다.

1. 집회의 자유의 의의

(I) 집회의 자유의 개념

1) 집회의 자유

헌법 제21조 제1항은 집회의 자유를 '표현의 자유'로서 언론·출판의 자유와 함께 국민의 기본권으로 보장하고 있다. 집회의 자유에는 집회를 통하여 형성된 의사를 집단적으로 표현하고 이를 통해 불특정 다수인의 의사에 영향을 줄 자유를 포함한다. 따라서 이를 내용으로 하는 시위의 자유 또한 집회의 자유를 규정한 헌법 제21조 제1항에 의하여 보호되는 기본권이다(헌재 2005. 11. 24. 2004헌가17).

> **판례**
>
> ▶ **집회의 자유의 헌법적 의미**: 헌법 제21조 제1항은 타인과의 의견교환을 위한 기본권인 표현의 자유, 집회의 자유, 결사의 자유를 함께 국민의 기본권으로 보장하고 있다. 헌법은 집회의 자유를 국민의 기본권으로 보장함으로써, 평화적 집회 그 자체는 공공의 안녕질서에 대한 위험이나 침해로서 평가되어서는 아니 되며, 개인이 집회의 자유를 집단적으로 행사함으로써 불가피하게 발생하는 일반대중에 대한 불편함이나 법익에 대한 위험은 보호법익과 조화를 이루는 범위 내에서 국가와 제3자에 의하여 수인되어야 한다는 것을 헌법 스스로 규정하고 있다(헌재 2003. 10. 30. 2000헌바67).
>
> ▶ **집회의 자유의 전제**: 집회의 자유는 그 내용에 있어 집회참가자가 기본권행사를 이유로 혹은 기본권행사와 관련하여 국가의 감시를 받게 되거나, 경우에 따라서는 어떠한 불이익을 받을 수도 있다는 것을 걱정할 필요가 없는, 즉 자유로운 심리상태의 보장이 전제되어야 한다. 개인이 가능한 외부의 영향을 받지 않고 집회의 준비와 실행에 참여할 수 있고, 집회참가자 상호간 및 공중과의 의사소통이 가능한 방해받지 않아야 한다. 따라서 집회·시위 등 현장에서 집회·시위 참가자에 대한 사진이나 영상촬영 등의 행위는 집회·시위 참가자들에게 심리적 부담으로 작용하여 여론형성 및 민주적 토론절차에 영향을 주고 집회의 자유를 전체적으로 위축시키는 결과를 가져올 수 있으므로 집회의 자유를 제한한다고 할 수 있다(헌재 2018. 8. 30. 2014헌마843).

2) 집회

일반적으로 집회는, 일정한 장소를 전제로 하여 특정 목적을 가진 다수인이 일시적으로 회합하는 것을 말하는 것으로 일컬어지고 있고, 그 공동의 목적은 '내적인 유대 관계'로 족하다(헌재 2009. 5. 28. 2007헌바22).

> **판례**
>
> ▶ **집시법상 집회의 개념**: 집시법에 의하여 보장 및 규제의 대상이 되는 집회란 '특정 또는 불특정 다수인이 공동의 의견을 형성하여 이를 대외적으로 표명할 목적 아래 일시적으로 일정한 장소에 모이는 것을 말한다(대판 2012. 4. 26. 2011도6294).
>
> ▶ **2인이 모인 집회가 집시법의 규제대상이 되는지**(적극): 모이는 장소나 사람의 다과에 제한이 있을 수 없으므로, 2인이 모인 집회도 집시법의 규제대상이 된다(대판 2012. 5. 24. 2010도11381).

3) 시위

시위란 여러 사람이 공동의 목적을 가지고 도로, 광장, 공원 등 일반인이 자유로이 통행할 수 있는 장소를 행진하거나 위력 또는 기세를 보여, 불특정한 여러 사람의 의견에 영향을 주거나 제압을 가하는 행위를 말한다(집시법 제2조 2호).

> **판례**
>
> ▶ **집시법 제2조 제2호 소정의 "시위"의 개념요소**: 집시법 제2조 제2호의 "시위"는 그 문리와 개정연혁에 비추어 다수인이 공동목적을 가지고 ① 도로·광장·공원 등 공중이 자유로이 통행할 수 있는 장소를 진행함으로써 불특정다수인의 의견에 영향을 주거나 제압을 가하는 행위와 ② 위력 또는 기세를 보여 불특정다수인의 의견에 영향을 주거나 제압을 가하는 행위를 말한다고 풀이되므로, 위 ②의 경우에는 "공중이 자유로이 통행할 수 있는 장소"라는 장소적 제한개념은 시위라는 개념의 요소라고 볼 수 없다(헌재 1994. 4. 28. 91헌바14).

⑵ 집회의 자유의 취지 및 기능

집회의 자유는 국민들이 타인과 접촉하고 정보와 의견을 교환하며 공동의 목적을 위하여 집단적으로 의사표현을 할 수 있게 함으로써 개성신장과 아울러 여론형성에 영향을 미칠 수 있게 하여 동화적 통합을 촉진하는 기능을 가지며, 정치·사회현상에 대한 불만과 비판을 공개적으로 표출케 함으로써 정치적 불만세력을 사회적으로 통합하여 정치적 안정에 기여하는 역할을 한다. 또한 선거와 선거 사이의 기간에 유권자와 그 대표 사이의 의사를 연결하고, 대의기능이 약화된 경우에 그에 갈음하는 직접민주주의의 수단으로서 기능하며, 현대사회에서 의사표현의 통로가 봉쇄되거나 제한된 소수집단에게 의사표현의 수단을 제공한다는 점에서, 언론·출판의 자유와 더불어 대의제 자유민주국가에서는 필수적 구성요소가 되는 것이다. 이러한 의미에서 헌법이 집회의 자유를 보장한 것은 관용과 다양한 견해가 공존하는 다원적인 '열린사회'에 대한 헌법적 결단이다(헌재 2009. 9. 24. 2008헌가25).

2. 집회의 자유의 내용

⑴ 일반적 내용

집회의 자유는 집회의 시간, 장소, 방법과 목적을 스스로 결정할 권리를 보장한다. 집회의 자유에 의하여 구체적으로 보호되는 주요행위는 집회의 준비 및 조직, 지휘, 참가, 집회장소·시간의 선택이다. 그러나 집회를 방해할 의도로 집회에 참가하는 것은 보호되지 않는다. 주최자는 집회의 대상, 목적, 장소 및 시간에 관하여, 참가자는 참가의 형태와 정도, 복장을 자유로이 결정할 수 있다. 따라서 집회의 자유는 개인이 집회에 참가하는 것을 방해하거나 또는 집회에 참가할 것을 강요하는 국가행위를 금지할 뿐만 아니라, 집회장소로의 여행을 방해하거나, 집회장소로부터 귀가하는 것을 방해하거나, 집회참가자에 대한 검문의 방법으로 시간을 지연시킴으로써 집회장소에 접근하는 것을 방해하는 등 집회의 자유행사에 영향을 미치는 모든 조치를 금지한다(헌재 2003. 10. 30. 2000헌바67).

⑵ 집회의 장소

집회의 목적·내용과 집회의 장소는 일반적으로 밀접한 내적인 연관관계에 있기 때문에, 집회의 장소에 대한 선택이 집회의 성과를 결정짓는 경우가 적지 않다. 집회장소가 바로 집회의 목적과 효과에 대하여 중요한 의미를 가지기 때문에, 누구나 '어떤 장소에서' 자신이 계획한 집회를 할 것인가를 원칙적으로 자유롭게 결정할 수 있어야만 집회의 자유가 비로소 효과적으로 보장되는 것이다. 따라서 집회의 자유는 다른 법익의 보호를 위하여 정당화되지 않는 한, 집회장소를 항의의 대상으로부터 분리시키는 것을 금지한다(헌재 2003. 10. 30. 2000헌바67).

3. 집회의 자유의 한계

비록 헌법이 명시적으로 밝히고 있지는 않으나, 집회의 자유에 의하여 보호되는 것은 단지 '평화적' 또는 '비폭력적' 집회이다. 집회의 자유는 민주국가에서 정신적 대립과 논의의 수단으로서, 평화적 수단을 이용한 의견의 표명은 헌법적으로 보호되지만, 폭력을 사용한 의견의 강요는 헌법적으로 보호되지 않는다(헌재 2003. 10. 30. 2000헌바67).

4. 집회의 자유의 제한

(1) 허가제의 금지

허가제란 집회·시위의 일반적 금지를 전제로 당국의 재량적 허가처분에 따라 특정한 경우에 금지를 해제해 주는 것을 말하는데, 집회의 자유에 대한 허가제는 헌법 제21조 제2항에 의해 금지된다. 헌법 제21조 제2항 후단에서 금지하고 있는 집회에 대한 '허가'는 행정권이 주체가 되어 집회 이전에 예방적 조치로서 집회의 내용·시간·장소 등을 사전에 심사하여 일반적인 집회 금지를 특정한 경우에 해제함으로써 집회를 할 수 있게 하는 제도, 즉 허가를 받지 아니한 집회를 금지하는 제도를 의미한다(헌재 2009. 9. 24. 2008헌가25).

판례

▶ **헌법 제21조 제2항의 허가** : 헌법 제21조 제2항의 '허가'는 '행정청이 주체가 되어 집회의 허용 여부를 사전에 결정하는 것'으로서 행정청에 의한 사전허가는 헌법상 금지되지만, 입법자가 법률로써 일반적으로 집회를 제한하는 것은 헌법상 '사전허가금지'에 해당하지 않는다. 물론 이러한 법률적 제한이 실질적으로는 행정청의 허가 없는 집회 또는 시위를 불가능하게 하는 것이라면 헌법상 금지되는 허가제에 해당되지만, 그에 이르지 않는 한 헌법 제21조 제2항에 반하는 것이 아니라, 위 법률적 제한이 헌법 제37조 제2항에 위반하여 집회의 자유를 과도하게 제한하는지 여부만이 문제된다(헌재 2023. 7. 20. 2020헌바131).

▶ **해가 뜨기 전이나 해가 진 후의 옥외집회를 금지하고, 이에 위반한 경우의 처벌하는 집시법 조항이 사전허가금지에 위반되는지**(소극) : 집시법 제10조 본문은 "해가 뜨기 전이나 해가 진 후에는" 옥외집회를 못하도록 시간적 제한을 규정한 것이고, 단서는 오히려 본문에 의한 제한을 완화시키려는 규정이다. 따라서 본문에 의한 시간적 제한이 집회의 자유를 과도하게 제한하는지 여부는 별론으로 하고, 단서의 "관할경찰관서장의 허용"이 '옥외집회에 대한 일반적인 사전허가'라고는 볼 수 없는 것이다(헌재 2009. 9. 24. 2008헌가25).

▶ **일출시간 전, 일몰시간 후에는 옥외집회 또는 시위를 금지하고, 다만 옥외집회의 경우 예외적으로 관할 경찰관서장이 허용할 수 있도록 한 집시법 제10조가 허가제 금지에 위반되는지**(소극) : 이 사건 법률조항의 단서 부분은 본문에 의한 제한을 완화시키려는 것이므로 헌법이 금지하고 있는 '옥외집회에 대한 일반적인 사전허가'라고 볼 수 없다. 한편, 이 사건 법률조항 중 단서 부분은 시위에 대하여 적용되지 않으므로 야간 시위의 금지와 관련하여 헌법상 '허가제 금지' 규정의 위반 여부는 문제되지 아니한다(헌재 2014. 4. 24. 2011헌가29).

▶ **옥외집회·시위의 사전신고제도를 규정한 집시법 제6조 제1항이 헌법 제21조 제2항의 사전허가금지에 위배되는지**(소극) : 집회시위법의 사전신고는 경찰관청 등 행정관청으로 하여금 집회의 순조로운 개최와 공공의 안전보호를 위하여 필요한 준비를 할 수 있는 시간적 여유를 주기 위한 것으로서, 협력의무로서의 신고이다. 집회시위법 전체의 규정 체제에서 보면 집회시위법은 일정한 신고절차만 밟으면 일반적·원칙적으로 옥외집회 및 시위를 할 수 있도록 보장하고 있으므로, 집회에 대한 사전신고제도는 헌법 제21조 제2항의 사전허가금지에 위배되지 않는다(헌재 2014. 1. 28. 2011헌바174).

▶ **국내 주재 외교기관 인근의 옥외집회 또는 시위를 예외적으로 허용하는 구 '집시법' 제11조 제5호 부분이 헌법 제21조 제2항의 허가제 금지에 위배되는지**(소극) : 심판대상조항은 본문에서 외교기관 인근의 옥외집회 또는 시위를 금지하고, 단서에서 해당 외교기관 또는 외교사절의 숙소를 대상으로 하지 아니하는 경우, 대규모 집회 또는 시위로 확산될 우려가 없는 경우, 외교기관의 업무가 없는 휴일에 개최하는 경우 중 어느 하나에 해당하여 외교기관의 기능이나 안녕을 침해할 우려가 없다고 인정되는 옥외집회 또는 시위는 허용된다고 규정하고 있다. 이와 같은 단서의 규정은 본문에 의한 제한을 완화시키려는 것으로, 입법자는 본문과 단서를 합하여 법률로써 직접 집회의 장소적 제한을 규정한 것이고, 행정청이 주체가 되어 집회의 허용 여부를 사전에 결정하는 것이라고 볼 수 없다. 결국 심판대상조항은 법률로써 직접 옥외집회 또는 시위의 장소적 제한을 규정한 것으로서 헌법 제21조 제2항의 허가제 금지에 위반되지 않는다(헌재 2023. 7. 20. 2020헌바131).

---

(2) 제한의 한계

집회의 자유에 대한 제한은 다른 중요한 법익의 보호를 위하여 반드시 필요한 경우에 한하여 정당
화되는 것이며, 특히 집회의 금지와 해산은 원칙적으로 공공의 안녕질서에 대한 직접적인 위협이
명백하게 존재하는 경우에 한하여 허용될 수 있다. 집회의 금지와 해산은 집회의 자유를 보다 적게
제한하는 다른 수단, 즉 조건을 붙여 집회를 허용하는 가능성을 모두 소진한 후에 비로소 고려될
수 있는 최종적인 수단이다(헌재 2003. 10. 30. 2000헌바67).

> **판례**
>
> ▶ 집회 또는 시위를 하기 위하여 인천애(愛)뜰 중 잔디마당과 그 경계 내 부지에 대한 사용허가 신청을 한 경우 인천
> 광역시장이 이를 허가할 수 없도록 제한하는 인천애(愛)뜰의 사용 및 관리에 관한 조례 제7조 제1항 제5호 가목이
> 과잉금지원칙에 위배되어 청구인들의 집회의 자유를 침해하는지(적극) : 잔디마당은 도심에 위치하고 일반인에게
> 자유롭게 개방된 공간이며, 도보나 대중교통으로 접근하기 편리하고 다중의 이목을 집중시키기에 유리하여, 다수
> 인이 모여 공통의 의견을 표명하기에 적합하다. 잔디마당을 둘러싸고 인천광역시와 시의회 청사 등이 있으며 이
> 들은 모두 인천광역시 행정 사무의 중심적 역할을 수행하고 있으므로, 이와 같은 지방자치단체의 행정사무에 대
> 한 의견을 표명하려는 목적이나 내용의 집회의 경우에는 장소와의 관계가 매우 밀접하여 상징성이 크다. 이러한
> 특성을 고려하면 집회의 장소로 잔디마당을 선택할 자유는 원칙적으로 보장되어야 한다. 인천광역시로서는 시청
> 사 보호를 위한 방호인력을 확충하고 청사 입구에 보안시설물을 설치하는 등의 대책을 마련함으로써, 잔디마당에
> 서의 집회·시위를 전면적으로 제한하지 않고도 입법목적을 충분히 달성할 수 있다. 심판대상조항에 의하여 잔디
> 마당을 집회 장소로 선택할 자유가 완전히 제한되는바, 공공에 위험을 야기하지 않고 시청사의 안전과 기능에도
> 위협이 되지 않는 집회나 시위까지도 예외 없이 금지되는 불이익이 발생한다. 그렇다면 심판대상조항은 과잉금지
> 원칙에 위배되어 청구인들의 집회의 자유를 침해한다(헌재 2023. 9. 26. 2019헌마1417 위헌).
>
> ▶ 대한민국을 방문하는 외국의 국가 원수를 경호하기 위하여 지정된 경호구역 안에서 서울종로경찰서장이 안전 활동의
> 일환으로 청구인들의 삼보일배행진을 제지한 행위 등이 청구인들의 집회 또는 시위의 자유를 침해하는지(소극) : 이 사
> 건 공권력 행사는 경호대상자의 안전보호 및 국가 간 친선관계의 고양, 질서유지 등을 위한 것이다. 이 사건 공권력
> 행사는 집회장소의 장소적 특성과 미합중국 대통령의 이동경로, 집회 참가자와의 거리, 질서유지에 필요한 시간 등을
> 고려하여 경호 목적 달성을 위한 최소한의 범위에서 행해진 것으로 침해의 최소성을 갖추었다. 또한, 이 사건 공권력
> 행사로 인해 제한된 사익은 집회 또는 시위의 자유 일부에 대한 제한으로서 국가 간 신뢰를 공고히 하고 발전적인
> 외교관계를 맺으려는 공익이 위 제한되는 사익보다 덜 중요하다고 할 수 없다. 따라서 이 사건 공권력 행사는 과잉금
> 지원칙을 위반하여 청구인들의 집회의 자유 등을 침해하였다고 할 수 없다(헌재 2021. 10. 28. 2019헌마1091).
>
> ▶ 서울지방경찰청장 등이 2015. 11. 14. 19 : 00경 종로구청입구 사거리에서 살수차를 이용하여 물줄기가 일직선 형태로
> 청구인 백▽▽에게 도달되도록 살수한 행위(직사살수행위)가 청구인 백▽▽의 생명권 및 집회의 자유를 침해하는지(적극) :
> 이 사건 직사살수행위는 불법 집회로 인하여 발생할 수 있는 타인 또는 경찰관의 생명·신체의 위해와 재산·공공시설
> 의 위험을 억제하기 위하여 이루어진 것이므로 그 목적이 정당하다. 이 사건 직사살수행위 당시 청구인 백▽▽는 살수
> 를 피해 뒤로 물러난 시위대와 떨어져 홀로 경찰 기동버스에 매여 있는 밧줄을 잡아당기고 있었다. 따라서 이 사건
> 직사살수행위 당시 억제할 필요성이 있는 생명·신체의 위해 또는 재산·공공시설의 위험 자체가 발생하였다고 보기
> 어려우므로, 수단의 적합성을 인정할 수 없다. 피청구인들은 현장 상황을 제대로 확인하지 않은 채, 위 살수차를 배치
> 한 후 단순히 시위대를 향하여 살수하도록 지시하였다. 그 결과 청구인 백▽▽의 머리와 가슴 윗부분을 향해 약 13초
> 동안 강한 물살세기로 직사살수가 계속되었고, 이로 인하여 청구인 백▽▽는 상해를 입고 약 10개월 동안 의식불명 상
> 태로 치료받다가 2016. 9. 25. 사망하였다. 그러므로 이 사건 직사살수행위는 침해의 최소성에 반한다. 이 사건 직사살
> 수행위를 통하여 청구인 백▽▽가 홀로 경찰 기동버스에 매여 있는 밧줄을 잡아당기는 행위를 억제함으로써 얻을 수
> 있는 공익은 거의 없거나 미약하였던 반면, 청구인 백▽▽는 이 사건 직사살수행위로 인하여 사망에 이르렀으므로,
> 이 사건 직사살수행위는 법익의 균형성도 충족하지 못하였다. 그러므로 이 사건 직사살수행위는 과잉금지원칙에 반하
> 여 청구인 백▽▽의 생명권 및 집회의 자유를 침해하였다(헌재 2020. 4. 23. 2015헌마149).

> ▶ 서울종로경찰서장이 2015. 5. 1. 22 : 13경부터 23 : 20경까지 사이에 최루액을 물에 혼합한 용액을 살수차를 이용하여 청구인들에게 살수한 행위(혼합살수행위)가 법률유보원칙에 위배되어 청구인들의 신체의 자유와 집회의 자유를 침해하는지(적극): 집회나 시위 해산을 위한 살수차 사용은 집회의 자유 및 신체의 자유에 대한 중대한 제한을 초래하므로 살수차 사용요건이나 기준은 법률에 근거를 두어야 하고, 살수차와 같은 위해성 경찰장비는 본래의 사용방법에 따라 지정된 용도로 사용되어야 하며 다른 용도나 방법으로 사용하기 위해서는 반드시 법령에 근거가 있어야 한다. 혼합살수방법은 법령에 열거되지 않은 새로운 위해성 경찰장비에 해당하고 이 사건 지침에 혼합살수의 근거 규정을 둘 수 있도록 위임하고 있는 법령이 없으므로, 이 사건 지침은 법률유보원칙에 위배되고 이 사건 지침만을 근거로 한 이 사건 혼합살수행위 역시 법률유보원칙에 위배된다. 따라서 이 사건 혼합살수행위는 청구인들의 신체의 자유와 집회의 자유를 침해한다(헌재 2018. 5. 31. 2015헌마476).

(3) 금지되는 집회 및 시위

누구든지 a) 헌법재판소의 결정에 따라 해산된 정당의 목적을 달성하기 위한 집회 또는 시위, b) 집단적인 폭행, 협박, 손괴, 방화 등으로 공공의 안녕질서에 직접적인 위협을 끼칠 것이 명백한 집회나 시위를 주최하여서는 아니 된다(집시법 제5조 제1항).

판례

> ▶ 집단적인 폭행·협박·손괴·방화 등으로 공공의 안녕질서에 직접적인 위협을 가할 것이 명백한 집회 또는 시위의 주최를 금지하고 있는 집시법 조항이 집회의 자유를 침해하는지(소극): 집단적인 폭행·협박 등이 발생한 집회 또는 시위를 해산하고 질서를 회복시키는 데는 일반적으로 상당한 시간과 경찰력이 동원되고, 그 과정에서 공공의 안녕질서나 참가자나 제3자의 신체와 재산의 안전 등이 중대하게 침해되거나 위협받을 수밖에 없으므로, 그와 같은 집회 또는 시위의 주최를 절대적으로 금지하는 것은 공공의 안녕질서를 유지하고, 집회 또는 시위의 참가자나 이에 참가하지 않은 제3자의 생명·신체·재산의 안전 등 기본권을 보호하기 위한 것으로서 정당한 목적달성을 위한 적합한 수단이며, 목적달성에 필요한 정도를 넘은 과도한 제한이 된다고 보기 어렵다. 한편 이 사건 법률조항들을 통해 달성하려는 공공의 안녕질서 유지, 기본권 보호의 필요성은 양보하기 어려운 것이므로, 그로 인해 제한되는 사익과의 관계에서 현저한 불균형이 존재한다고 보기도 어렵다. 따라서 이 사건 법률조항들은 과잉금지원칙에 위반하여 집회의 자유를 침해하지 아니한다(헌재 2010. 4. 29. 2008헌바118).

> ▶ 재판에 영향을 미칠 염려가 있거나 미치게 하기 위한 집회 또는 시위를 금지하고 이를 위반한 자를 형사처벌하는 구 집시법 제3조 제1항 제2호 등이 집회의 자유를 침해하는지(적극): 이 사건 제2호 부분은 법관의 직무상 독립을 보호하여 사법작용의 공정성과 독립성을 확보하기 위한 것으로 입법목적의 정당성은 인정되나, 국가의 사법권한 역시 국민의 의사에 정당성의 기초를 두고 행사되어야 한다는 점과 재판에 대한 정당한 비판은 오히려 사법작용의 공정성 제고에 기여할 수도 있는 점을 고려하면 사법의 독립성을 확보하기 위한 적합한 수단이라 보기 어렵다. 또한 이 사건 제2호 부분은 재판에 영향을 미칠 염려가 있거나 미치게 하기 위한 집회·시위를 사전적·전면적으로 금지하고 있을 뿐 아니라, 어떠한 집회·시위가 규제대상에 해당하는지를 판단할 수 있는 아무런 기준도 제시하지 아니함으로써 사실상 재판과 관련된 집단적 의견표명 일체가 불가능하게 되어 집회의 자유를 실질적으로 박탈하는 결과를 초래하므로 최소침해성 원칙에 반한다. 더욱이 이 사건 제2호 부분으로 인하여 달성하고자 하는 공익 실현 효과는 가정적이고 추상적인 반면, 이 사건 제2호 부분으로 인하여 침해되는 집회의 자유에 대한 제한 정도는 중대하므로 법익균형성도 상실하였다. 따라서 이 사건 제2호 부분은 과잉금지원칙에 위배되어 집회의 자유를 침해한다(헌재 2016. 9. 29. 2014헌가3).

▶ **헌법의 민주적 기본질서에 위배되는 집회 또는 시위를 금지하고 이에 위반한 자를 형사처벌하는 구 집시법 제3조 제1항 제3호 등이 집회의 자유를 침해하는지**(적극) : 이 사건 제3호 부분은 6. 25. 전쟁 및 4. 19. 혁명 이후 남북한의 군사적 긴장 상태와 사회적 혼란이 계속되던 상황에서 우리 헌법의 지배원리인 민주적 기본질서를 수호하기 위한 방어적 장치로서 도입된 것으로 정당한 목적 달성을 위한 적합한 수단이 된다. 그러나 이 사건 제3호 부분은 규제대상인 집회·시위의 목적이나 내용을 구체적으로 적시하지 않은 채 헌법의 지배원리인 '민주적 기본질서'를 구성요건으로 규정하였을 뿐 기본권 제한의 한계를 설정할 수 있는 구체적 기준을 전혀 제시한 바 없다. 이와 같은 규율의 광범성으로 인하여 헌법이 규정한 민주주의의 세부적 내용과 상이한 주장을 하거나 집회·시위 과정에서 우발적으로 발생한 일이 민주적 기본질서에 조금이라도 위배되는 경우 처벌이 가능할 뿐 아니라 사실상 사회현실이나 정부정책에 비판적인 사람들의 집단적 의견표명 일체를 봉쇄하는 결과를 초래함으로써 침해의 최소성 및 법익의 균형성을 상실하였으므로, 이 사건 제3호 부분은 과잉금지원칙에 위배되어 집회의 자유를 침해한다(헌재 2016. 9. 29. 2014헌가3).

⑷ 옥외집회 및 시위

1) 옥외집회의 개념

옥외집회란 천장이 없거나 사방이 폐쇄되지 아니한 장소에서 여는 집회를 말한다(집시법 제2조 1호).

2) 신고제

옥외집회나 시위를 주최하려는 자는 그에 관한 목적, 일시(필요한 시간), 장소, 주최자, 참가 예정인 단체와 인원, 시위의 경우 그 방법(진로와 약도 포함) 모두를 적은 신고서를 옥외집회나 시위를 시작하기 720시간 전부터 48시간 전에 관할 경찰서장에게 제출하여야 한다(집시법 제6조 제1항 본문).

> ✎ **판례**
>
> ▶ **집회의 개념이 불명확하여 집시법 제22조 제2항 중 제6조 제1항 본문에 관한 부분이 죄형법정주의의 명확성 원칙에 위배되는지**(소극) : 일반적으로 집회는 일정한 장소를 전제로 하여 특정 목적을 가진 다수인이 일시적으로 회합하는 것을 말하는 것으로 일컬어지고 있고, 그 공동의 목적은 '내적인 유대 관계'로 족하다. 건전한 상식과 통상적인 법감정을 가진 사람이면 위와 같은 의미에서 집시법상 '집회'가 무엇을 의미하는지를 추론할 수 있으므로, 심판대상조항의 '집회'의 개념이 불명확하다고 볼 수 없다(헌재 2014. 1. 28. 2011헌바174).
>
> ▶ **서울남대문경찰서장이 ○○합섬HK지회에 대해 9회에 걸쳐 옥외집회신고서를 반려한 행위가 집회의 자유를 침해하는지**(적극) : 옥외집회를 주최하고자 하는 자는 집시법이 정한 시간 전에 관할경찰서장에게 집회신고서를 제출하여 접수시키기만 하면 원칙적으로 옥외집회를 할 수 있다. 그리고 이러한 집회의 자유에 대한 제한은 법률에 의해서만 가능하므로 법률에 정하여지지 않은 방법으로 이를 제한할 경우에는 그것이 과잉금지원칙에 위배되었는지 여부를 판단할 필요 없이 헌법에 위반된다. 그런데 이 사건 피청구인은 청구인 ○○합섬HK지회와 ○○생명인사지원실이 제출한 옥외집회신고서를 폭력사태 발생이 우려된다는 이유로 동시에 접수하였고, 이후 상호 충돌을 피한다는 이유로 두 개의 집회신고를 모두 반려하였는바, 법의 집행을 책임지고 있는 국가기관인 피청구인으로서는 이 사건 집회신고에 관한 사무를 처리하는 데 있어서 적법한 절차에 따라 접수순위를 확정하려는 최선의 노력을 한 후, 집시법 제8조 제2항에 따라 후순위로 접수된 집회의 금지 또는 제한을 통고하였어야 한다. 결국 이 사건 반려행위는 법률의 근거 없이 청구인들의 집회의 자유를 침해한 것으로서 헌법상 법률유보원칙에 위반된다(헌재 2008. 5. 29. 2007헌마712).

3) 금지 시간

누구든지 해가 뜨기 전이나 해가 진 후에는 옥외집회 또는 시위를 하여서는 아니 된다. 다만, 집회의 성격상 부득이하여 주최자가 질서유지인을 두고 미리 신고한 경우에는 관할경찰관서장은 질서유지를 위한 조건을 붙여 해가 뜨기 전이나 해가 진 후에도 옥외집회를 허용할 수 있다(집시법 제10조).

판례

▶ **해가 뜨기 전이나 해가 진 후의 시위를 금지하는 집시법 제10조 본문 중 '시위'에 관한 부분 및 이에 위반한 시위에 참가한 자를 형사처벌하는 집시법 제23조 제3호 부분이 집회의 자유를 침해하는지**(적극): 시위는 공공의 안녕질서, 법적 평화 및 타인의 평온에 미치는 영향이 크고, 야간이라는 특수한 시간적 상황은 시민들의 평온이 강하게 요청되는 시간대로, 야간의 시위는 주간의 시위보다 질서를 유지시키기가 어렵다. 야간의 시위 금지는 이러한 특징과 차별성을 고려하여 사회의 안녕질서를 유지하고 시민들의 주거 및 사생활의 평온을 보호하기 위한 것으로서 정당한 목적달성을 위한 적합한 수단이 된다. 그런데 집시법 제10조 본문에 의하면, 낮 시간이 짧은 동절기의 평일의 경우, 직장인이나 학생은 사실상 시위를 주최하거나 참가할 수 없게 되는 등 집회의 자유가 실질적으로 박탈되는 결과가 초래될 수 있다. 나아가 도시화·산업화가 진행된 현대 사회에서 전통적 의미의 야간, 즉 '해가 뜨기 전이나 해가 진 후'라는 광범위하고 가변적인 시간대는 위와 같은 '야간'이 특징이나 차별성이 명백하다고 보기 어려움에도 일률적으로 야간 시위를 금지하는 것은 목적달성을 위해 필요한 정도를 넘는 지나친 제한으로서 침해의 최소성 원칙 및 법익균형성 원칙에 반한다. 야간시위를 금지하는 집시법 제10조 본문에는 위헌적인 부분과 합헌적인 부분이 공존하고 있으며, 위 조항 전부의 적용이 중지될 경우 공공의 질서 내지 법적 평화에 대한 침해의 위험이 높아, 일반적인 옥외집회나 시위에 비하여 높은 수준의 규제가 불가피한 경우에도 대응하기 어려운 문제가 발생할 수 있으므로, 심판대상조항들은 이미 보편화된 야간의 일상적인 생활의 범주에 속하는 '해가 진 후부터 같은 날 24시까지의 시위'에 적용하는 한 헌법에 위반된다(헌재 2014. 3. 27. 2010헌가2 한정위헌).

▶ **일출시간 전, 일몰시간 후에는 옥외집회 또는 시위를 금지하고, 다만 옥외집회의 경우 예외적으로 관할 경찰관서장이 허용할 수 있도록 한 구 집시법 제10조 및 이에 위반하여 옥외집회 또는 시위에 참가한 자를 형사처벌하는 구 집시법 제20조 제3호 부분이 집회의 자유를 침해하는지**(적극): 옥외집회의 경우, 다수인의 집단적인 행동을 수반하여 개인적인 의사표현의 경우보다 공공의 안녕질서 등과 마찰을 빚을 가능성이 크다는 점은 시위와 다르지 아니하므로 야간의 옥외집회를 금지하는 이 사건 집회조항의 입법목적의 정당성 및 수단의 적합성은 이 사건 시위조항과 마찬가지로 인정된다. 그러나 이 사건 집회조항은 선례와 같은 이유로 침해의 최소성이나 법익균형성을 충족하고 있다고 인정하기 어렵다. 이 사건 법률조항은 목적달성을 위하여 필요한 범위를 넘어 과도하게 야간의 옥외집회 또는 시위를 제한함으로써, 과잉금지원칙에 위배하여 집회의 자유를 침해하는 것으로 헌법에 위반되고, 이를 구성요건으로 하는 집시법 제20조 제3호의 해당 부분 역시 헌법에 위반된다. 이 사건 법률조항과 이를 구성요건으로 하는 집시법 제20조 제3호 중 '제10조 본문' 부분은 '일몰시간 후부터 같은 날 24시까지의 옥외집회'에 적용하는 한 헌법에 위반된다(헌재 2014. 4. 24. 2011헌가29 한정위헌).

4) 금지 장소

누구든지 국회의사당, 각급 법원, 헌법재판소, 대통령 관저(官邸), 국회의장 공관, 대법원장 공관, 헌법재판소장 공관, 국무총리 공관, 국내 주재 외국의 외교기관이나 외교사절의 숙소의 경계 지점으로부터 100미터 이내의 장소에서는 옥외집회 또는 시위를 하여서는 아니 된다(집시법 제11조).

🔖 **판례**

▶**국내주재 외교기관 청사의 경계지점으로부터 100미터 이내의 장소에서의 옥외집회를 전면적으로 금지하고 있는 집시법 제11조 제5호 부분이 집회의 자유를 침해하는지**(적극) : 이 사건 법률조항에 의하여 전제된 추상적 위험성에 대한 입법자의 예측판단은 구체적으로 다음과 같은 경우에 부인될 수 있다고 할 것이다. 첫째, 외교기관에 대한 집회가 아니라 우연히 금지장소 내에 위치한 다른 항의대상에 대한 집회의 경우, 이 사건 법률조항에 의하여 전제된 법익충돌의 위험성이 작다고 판단된다. 둘째, 소규모 집회의 경우, 일반적으로 이 사건 법률조항의 보호법익이 침해될 위험성이 작다. 셋째, 예정된 집회가 외교기관의 업무가 없는 휴일에 행해지는 경우, 외교기관에의 자유로운 출입 및 원활한 업무의 보장 등 보호법익에 대한 침해의 위험이 일반적으로 작다고 할 수 있다. 따라서 이 사건 법률조항의 보호법익에 대한 위험이 구체적으로 존재하지 않는 경우에 대하여 예외적으로 집회를 허용하는 규정을 두어야만, 이 사건 법률조항은 비례의 원칙에 부합하는 것이다. 그럼에도 불구하고 이 사건 법률조항은 전제된 위험상황이 구체적으로 존재하지 않는 경우에도 이를 함께 예외 없이 금지하고 있는데, 이는 입법목적을 달성하기에 필요한 조치의 범위를 넘는 과도한 제한인 것이다. 그러므로 이 사건 법률조항은 최소침해의 원칙에 위반되어 집회의 자유를 과도하게 침해하는 위헌적인 규정이다(헌재 2003. 10. 30. 2000헌바67 헌법불합치).

▶**국내 주재 외교기관 인근의 옥외집회 또는 시위를 예외적으로 허용하는 구 '집시법' 제11조 제5호 부분이 과잉금지원칙에 위반하여 집회의 자유를 침해하는지**(소극) : 헌법재판소는 2010. 10. 28. 2010헌마111결정을 통해, 심판대상조항은 외교기관의 기능보장과 안전보호를 달성하기 위한 것으로 외교기관의 기능이나 안녕을 침해할 우려가 없다고 인정되는 세 가지의 예외적인 경우에는 집회, 시위를 허용하고 있어 집회의 자유를 침해하지 않는다고 판단한 바 있고, 이 사건에서 선례의 판단을 변경할 사정이 있다고 할 수 없으므로, 심판대상조항은 과잉금지원칙에 위반하여 집회의 자유를 침해한다고 볼 수 없다(헌재 2023. 7. 20. 2020헌바131).

▶**누구든지 각급 법원의 경계 지점으로부터 100미터 이내의 장소에서 옥외집회 또는 시위를 할 경우 형사처벌한다고 규정한 집시법 제11조 제1호 부분 등이 집회의 자유를 침해하는지**(적극) : 법원 인근에서의 집회라 할지라도 법관의 독립을 위협하거나 재판에 영향을 미칠 염려가 없는 집회도 있다. 예컨대 법원을 대상으로 하지 않고 검찰청 등 법원 인근 국가기관이나 일반법인 또는 개인을 대상으로 한 집회로서 재판업무에 영향을 미칠 우려가 없는 집회가 있을 수 있다. 법원을 대상으로 한 집회라도 사법행정과 관련된 의사표시 전달을 목적으로 한 집회 등 법관의 독립이나 구체적 사건의 재판에 영향을 미칠 우려가 없는 집회도 있다. 심판대상조항은 입법목적을 달성하는 데 필요한 최소한도의 범위를 넘어 규제가 불필요하거나 또는 예외적으로 허용 가능한 옥외집회·시위까지도 일률적·전면적으로 금지하고 있으므로, 침해의 최소성 원칙에 위배된다. 심판대상조항은 각급 법원 인근의 모든 옥외집회를 전면적으로 금지함으로써 상충하는 법익 사이의 조화를 이루려는 노력을 전혀 기울이지 않아, 법익의 균형성 원칙에도 어긋난다. 따라서 심판대상조항은 과잉금지원칙을 위반하여 집회의 자유를 침해한다(헌재 2018. 7. 26. 2018헌바137 헌법불합치).

▶**누구든지 국회의사당의 경계지점으로부터 100미터 이내의 장소에서 옥외집회 또는 시위를 할 경우 형사처벌한다고 규정한 집시법 제11조 제1호 중 '국회의사당'에 관한 부분 등이 집회의 자유를 침해하는지**(적극) : 국회의원은 국가이익을 우선하여 양심에 따라 직무를 수행해야 하므로, '민의의 수렴'이라는 국회의 기능을 고려할 때 국회가 특정인이나 일부 세력의 부당한 압력으로부터 보호될 필요성은 원칙적으로 국회의원에 대한 물리적인 압력이나 위해를 가할 가능성 및 국회의사당 등 국회 시설에의 출입이나 안전에 위협을 가할 위험성으로부터의 보호로 한정되어야 한다. 한편 국회의사당 인근에서의 집회가 심판대상조항에 의하여 보호되는 법익에 대한 직접적인 위협을 초래한다는 일반적 추정이 구체적인 상황에 의하여 부인될 수 있는 경우라면, 입법자로서는 예외적으로 옥외집회가 가능할 수 있도록 심판대상조항을 규정하여야 한다. 심판대상조항은 입법목적을 달성하는 데 필요한 최소한도의 범위를 넘어 규제가 불필요하거나 또는 예외적으로 허용하는 것이 가능한 집회까지도 이를 일률적·전면적으로 금지하고 있으므로 침해의 최소성 원칙에 위배된다. 심판대상조항으로 달성하려는 공익이 제한되는 집회의 자유 정도보다 크다고 단정할 수는 없다고 할 것이므로 심판대상조항은 법익의 균형성 원칙에도 위배된다. 따라서 심판대상조항은 과잉금지원칙을 위반하여 집회의 자유를 침해한다(헌재 2018. 5. 31. 2013헌바322 헌법불합치).

▶ **국무총리 공관 인근에서 옥외집회·시위를 금지하고 위반시 처벌하는 집시법 제11조 제3호 등이 집회의 자유를 침해하는지**(적극): 이 사건 금지장소 조항은 국무총리 공관의 기능과 안녕을 직접 저해할 가능성이 거의 없는 '소규모 옥외집회·시위의 경우', '국무총리를 대상으로 하는 옥외집회·시위가 아닌 경우'까지도 예외 없이 옥외집회·시위를 금지하고 있는바, 이는 입법목적 달성에 필요한 범위를 넘는 과도한 제한이다. 또한 이 사건 금지장소 조항은 국무총리 공관 인근에서의 '행진'을 허용하고 있으나, 집시법상 '행진'의 개념이 모호하여 기본권 제한을 완화하는 효과는 기대하기 어렵다. 이러한 사정들을 종합하여 볼 때, 이 사건 금지장소 조항은 그 입법목적을 달성하는 데 필요한 최소한도의 범위를 넘어, 규제가 불필요하거나 또는 예외적으로 허용하는 것이 가능한 집회까지도 이를 일률적·전면적으로 금지하고 있다고 할 것이므로 침해의 최소성 원칙에 위배된다. 이 사건 금지장소 조항을 통한 국무총리 공관의 기능과 안녕 보장이라는 목적과 집회의 자유에 대한 제약 정도를 비교할 때, 이 사건 금지장소 조항으로 달성하려는 공익이 제한되는 집회의 자유 정도보다 크다고 단정할 수는 없으므로 이 사건 금지장소 조항은 법익의 균형성 원칙에도 위배된다. 따라서 이 사건 금지장소 조항은 과잉금지원칙을 위반하여 집회의 자유를 침해한다(헌재 2018. 6. 28. 2015헌가28 헌법불합치).

▶ **대통령 관저의 경계 지점으로부터 100미터 이내의 장소에서는 옥외집회 또는 시위를 금지하고 위반시 형사처벌한다고 규정한 '집시법' 제11조 제2호 부분 등이 집회의 자유를 침해하는지**(적극): 심판대상조항은 대통령 관저 인근 일대를 광범위하게 집회금지장소로 설정함으로써, 집회가 금지될 필요가 없는 장소까지도 집회금지장소에 포함되게 한다. 대규모 집회 또는 시위로 확산될 우려가 없는 소규모 집회의 경우, 심판대상조항에 의하여 보호되는 법익에 대해 직접적인 위험이 될 가능성은 낮고, 이러한 집회가 대통령 등의 안전이나 대통령 관저 출입과 직접적 관련이 없는 장소에서 열릴 경우에는 위험성은 더욱 낮아진다. 또한, '집회 및 시위에 관한 법률' 및 '대통령 등의 경호에 관한 법률'은 폭력적이고 불법적인 집회에 대처할 수 있는 다양한 수단을 두고 있다. 이러한 점을 종합하면, 심판대상조항은 과잉금지원칙에 위배되어 집회의 자유를 침해한다(헌재 2022. 12. 22. 2018헌바48 헌법불합치).

▶ **국회의장 공관의 경계 지점으로부터 100미터 이내의 장소에서의 옥외집회 또는 시위를 일률적으로 금지하고, 이를 위반한 집회·시위의 참가자를 처벌하는 구 '집시법' 제11조 제2호 등이 집회의 자유를 침해하는지**(적극): 심판대상조항이 집회 금지 장소로 설정한 '국회의장 공관의 경계 지점으로부터 100미터 이내에 있는 장소'에는, 해당 장소에서 옥외집회·시위가 개최되더라도 국회의장에게 물리적 위해를 가하거나 국회의장 공관으로의 출입 내지 안전에 위협을 가할 우려가 없는 장소까지 포함되어 있다. 또한 대규모로 확산될 우려가 없는 소규모 옥외집회·시위의 경우, 심판대상조항에 의하여 보호되는 법익에 직접적인 위협을 가할 가능성은 상대적으로 낮다. 그럼에도 심판대상조항은 국회의장 공관 인근 일대를 광범위하게 전면적인 집회 금지 장소로 설정함으로써 입법목적 달성에 필요한 범위를 넘어 집회의 자유를 과도하게 제한하고 있는바, 과잉금지원칙에 반하여 집회의 자유를 침해한다(헌재 2023. 3. 23. 2021헌가1 헌법불합치).

5) 적용의 배제

학문, 예술, 체육, 종교, 의식, 친목, 오락, 관혼상제 및 국경행사에 관한 집회에는 제6조부터 제12조까지의 규정을 적용하지 아니한다(집시법 제15조).

⑸ 경찰관의 출입

경찰관은 집회 또는 시위의 주최자에게 알리고 그 집회 또는 시위의 장소에 정복을 입고 출입할 수 있다. 다만, 옥내집회 장소에 출입하는 것은 직무집행을 위하여 긴급한 경우에만 할 수 있다(집시법 제19조 제1항).

⑹ 집회 또는 시위의 해산

관할경찰관서장은 집시법 제5조 제1항(금지되는 집회) 등을 위반한 집회 또는 시위에 대하여는 상당한 시간 이내에 자진 해산할 것을 요청하고 이에 따르지 아니하면 해산을 명할 수 있다(집시법 제20조 제1항).

> 📖 **판례**

▶ **미신고 시위에 대한 해산명령에 불응하는 자를 처벌하도록 규정한 '집시법' 제24조 제5호 부분이 집회의 자유를 침해하는지**(소극) : 심판대상조항은 해산명령 제도의 실효성 확보를 위해 해산명령에 불응하는 자를 형사처벌하도록 한 것으로서 입법목적의 정당성과 수단의 적절성이 인정된다. 집시법상 해산명령은 미신고 시위라는 이유만으로 발할 수 있는 것이 아니라, 미신고 시위로 인하여 타인의 법익이나 공공의 안녕질서에 대한 위험이 명백하게 발생한 경우에만 발할 수 있고, 먼저 자진 해산을 요청한 후 참가자들이 자진 해산 요청에 따르지 아니하는 경우에 해산명령을 내리도록 하고 이에 불응하는 경우에만 처벌하는 점 등을 고려하면, 심판대상조항은 집회의 자유에 대한 제한을 최소화하고 있다. 해산명령에 불응하는 행위는 직접적으로 행정목적을 침해하고 나아가 공익을 침해할 고도의 개연성을 띤 행위라고 볼 수 있으므로, 심판대상조항이 법정형의 종류 및 범위의 선택에 관한 입법재량의 한계를 벗어난 과중한 처벌을 규정하였다고도 볼 수 없다. 또한 심판대상조항이 달성하려는 공공의 안녕질서 유지 및 회복이라는 공익과 심판대상조항으로 인하여 제한되는 청구인의 집회의 자유 사이의 균형을 상실하였다고 보기 어려우므로, 심판대상조항은 과잉금지원칙을 위반하여 집회의 자유를 침해한다고 볼 수 없다(헌재 2016. 9. 29. 2014헌바492).

▶ **신고사항에 미비점이 있거나 신고의 범위를 일탈하였다는 이유만으로 옥외집회 또는 시위를 해산하거나 저지할 수 있는지**(소극) : 관할 경찰관서장으로서는 단순히 신고사항에 미비점이 있었다거나 신고의 범위를 일탈하였다는 이유만으로 당해 옥외집회 또는 시위 자체를 해산하거나 저지하여서는 아니될 것이고, 그로 인하여 타인의 법익 기타 공공의 안녕질서에 대하여 직접적인 위험이 초래된 경우에 비로소 그 위험의 방지·제거에 적합한 제한조치를 취할 수 있되, 그 조치는 법령에 의하여 허용되는 범위 내에서 필요한 최소한도에 그쳐야 한다(대판 2001. 10. 9. 98다20929).

▶ **집회 및 시위에 관한 법률상 미신고 옥외집회 또는 시위라는 이유만으로 해산을 명하고 이에 불응하였다고 하여 처벌할 수 있는지**(소극) : 신고는 행정관청에 집회에 관한 구체적인 정보를 제공함으로써 공공질서의 유지에 협력하도록 하는 데 의의가 있는 것으로 집회의 허가를 구하는 신청으로 변질되어서는 아니 되므로, 신고를 하지 아니하였다는 이유만으로 옥외집회 또는 시위를 헌법의 보호범위를 벗어나 개최가 허용되지 않는 집회 내지 시위라고 단정할 수 없다. 따라서 집회 및 시위에 관한 법률 제20조 제1항 제2호가 미신고 옥외집회 또는 시위를 해산명령 대상으로 하면서 별도의 해산 요건을 정하고 있지 않더라도, 그 옥외집회 또는 시위로 인하여 타인의 법익이나 공공의 안녕질서에 대한 직접적인 위험이 명백하게 초래된 경우에 한하여 위 조항에 기하여 해산을 명할 수 있고, 이러한 요건을 갖춘 해산명령에 불응하는 경우에만 집시법 제24조 제5호에 의하여 처벌할 수 있다고 보아야 한다(대판 2012. 4. 19. 2010도6388).

Ⅱ 결사의 자유

> **헌법 제21조**
> ① 모든 국민은 언론·출판의 자유와 집회·결사의 자유를 가진다.
> ② 언론·출판에 대한 허가나 검열과 집회·결사에 대한 허가는 인정되지 아니한다.

1. 결사의 자유의 의의

(1) 결사의 자유의 개념

결사의 자유란 다수의 자연인 또는 법인이 공동의 목적을 위하여 단체를 결성하거나 또는 이미 결성된 단체에 자유롭게 가입할 수 있는 자유를 말한다. 여기서 결사란 자연인 또는 법인의 다수가 상당한 기간 동안 공동목적을 위하여 자유의사에 기하여 결합하고 조직화된 의사형성이 가능한 단체를 말하는 것으로, 공법상의 결사나 법이 특별한 공공목적에 의하여 구성원의 자격을 정하고 있는 특수단체의 조직활동은 이에 포함되지 아니한다(헌재 1994. 2. 24. 92헌바43).

> **판례**
>
> ▶**영리단체도 헌법상 결사의 자유의 보호를 받는지**(적극) : 헌법재판소는 결사의 자유에서 말하는 **결사의 공동목적의 범위를 비영리적인 것으로 제한하지는 않았고**, 영리단체를 결사에서 제외하여야 할 뚜렷한 근거가 없는 터이므로, 영리단체도 헌법상 결사의 자유에 의하여 보호된다(헌재 2002. 9. 19. 2000헌바84).
>
> ▶**농지개량조합**(소극) : 결사의 자유에서의 결사란 자연인 또는 법인이 공동목적을 위하여 자유의사에 기하여 결합한 단체를 말하는 것으로 공적책무의 수행을 목적으로 하는 **공법상의 결사는 이에 포함되지 아니한다**. 따라서 농지개량조합을 공법인으로 보는 이상, 이는 결사의 자유가 뜻하는 헌법상 보호법익의 대상이 되는 단체로 볼 수 없다(헌재 2000. 11. 30. 99헌마190).
>
> ▶**주택건설촉진법상 주택조합**(소극) : 주택건설촉진법상의 **주택조합은** 주택이 없는 국민의 주거생활의 안정을 도모하고 모든 국민의 주거수준의 향상을 기한다는 **공공목적을 위하여 법이 구성원의 자격을 제한적으로 정해 놓은 특수조합이어서** 이는 헌법상 결사의 자유가 뜻하는 헌법상 보호법익의 대상이 되는 단체가 아니다(헌재 1994. 2. 24. 92헌바43).

(2) 결사의 자유의 기능

결사의 자유는 견해 표명과 정보유통을 집단적으로 구현시켜 사회연대를 촉진하고 국가로부터 사회의 민주성과 자율성을 구현하는 자유이다(헌재 2012. 3. 29. 2011헌바53).

2. 결사의 자유의 주체

결사의 자유는 인격발현과 관련된 기본권이라는 점에서 외국인에게도 인정된다. 한편 법인 등 결사체도 그 조직과 의사형성에 있어서, 그리고 업무수행에 있어서 자기결정권을 가지고 있어 결사의 자유의 주체가 된다(헌재 2000. 6. 1. 99헌마553).

> **판례**
>
> ▶**상공회의소**(적극) : 상공회의소는 사업범위, 조직, 회계 등에 있어서 상공회의소법에 따른 규율을 받고 있는 특수성을 가지고 있으나, 기본적으로는 관할구역의 상공업계를 대표하여 그 권익을 대변하고 회원에게 기술 및 정보 등을 제공하여 회원의 경제적·사회적 지위를 높임으로써 상공업의 발전을 꾀함을 목적으로 하는 조직으로 목적이나 설립, 관리 면에서 자주적인 단체로 사법인이라고 할 것이므로 상공회의소와 관련해서도 결사의 자유는 보장된다(헌재 1996. 4. 25. 92헌바47).
>
> ▶**중소기업중앙회**(적극) : 중소기업중앙회는, 비록 국가가 그 육성을 위해 재정을 보조해주고 중앙회의 업무에 적극 협력할 의무를 부담할 뿐만 아니라 중소기업 전체의 발전을 위한 업무, 국가나 지방자치단체가 위탁하는 업무 등 공공성이 매우 큰 업무를 담당하여 상당한 정도의 공익단체성, 공법인성을 가지고 있다고 하더라도, 기본적으로는 회원 간의 상호부조, 협동을 통해 중소기업자의 경제적 지위를 향상시키기 위한 자조조직으로서 사법인에 해당한다. 따라서 결사의 자유를 누릴 수 있는 단체에 해당하고, 이러한 결사의 자유에는 당연히 그 내부기관 구성의 자유가 포함되므로, 중앙회 회장선거에 있어 선거운동을 제한하는 것은 단체구성원들의 결사의 자유를 제한하는 것이 된다(헌재 2021. 7. 15. 2020헌가9).

3. 결사의 자유의 내용

결사는 개인이 타인과 더불어 단체를 조직하고 견해를 같이하는 자들끼리 일정한 기간동안 결합함으로써 공동의 목적을 추구하고 단체의사를 형성하며, 그 조직의 한 구성원으로서 그 단체의사에 복종하는 사회공동체의 기본적인 조직 원리이고, 이러한 결사의 자유에는 단체결성의 자유, 단체존속의 자유, 단체활동의 자유, 결사에의 가입·잔류의 자유와 같은 적극적인 자유는 물론, 기존의 단체로부터 탈퇴할 자유와 결사에 가입하지 아니할 소극적인 자유도 포함된다(헌재 2012. 3. 29. 2011헌바53).

> 🔍 **판례**

▶ **단체활동의 자유** : 결사의 자유에는 '단체활동의 자유'도 포함되는데, 단체활동의 자유는 단체 외부에 대한 활동뿐만 아니라 단체의 조직, 의사형성의 절차 등의 단체의 내부적 생활을 스스로 결정하고 형성할 권리인 '단체 내부 활동의 자유'를 포함한다(헌재 2012. 12. 27. 2011헌마562).

▶ **운송사업자로 구성된 협회로 하여금 연합회에 강제로 가입하게 하고 임의로 탈퇴할 수 없도록 하는 '화물자동차 운수사업법' 제50조 제1항 후문 부분이 과잉금지원칙을 위반하여 결사의 자유를 침해하는지**(소극) : 심판대상조항은 연합회의 전국적인 단일 조직으로서의 지위를 강화함으로써 운송사업자의 공동이익을 효과적으로 증진시키고 법령에 따른 공익적 기능을 원활하게 수행하게 하여 화물자동차 운송사업의 건전한 발전을 도모하기 위한 것이다. 연합회는 공공재적 성격을 가지는 화물자동차 운송사업의 공익성을 구현한다는 점에서 다른 사법인과 차이가 있다. 연합회는 법령에 따라 다양한 공익적 기능을 수행하는바, 전국적인 단일 조직을 갖추지 못한다면 업무 수행의 효율성과 신속성 등이 저해될 우려가 있다. 국가나 지방자치단체가 공익적 기능을 직접 수행하거나 별개의 단체를 설립하는 방안은 연합회에의 가입강제 내지 임의탈퇴 불가와 같거나 유사한 효과를 가진다고 보기 어렵다. 따라서 심판대상조항이 과잉금지원칙에 위배되어 결사의 자유를 침해한다고 볼 수 없다(헌재 2022. 2. 24. 2018헌가8).

4. 결사의 자유의 제한

결사의 자유는 헌법 제37조 제2항에 의해 제한할 수 있다. 다만 결사의 자유는 민주주의질서를 비롯한 공동체의 전체적 질서를 구성하는 불가결의 요소이기 때문에 결사의 자유를 본질적으로 제한하는 허가제는 헌법에 의해 금지된다(헌법 21조 제2항). 결사의 자유에 대한 '허가제'란 행정권이 주체가 되어 예방적 조치로서 단체의 설립 여부를 사전에 심사하여 일반적인 단체 결성의 금지를 특정한 경우에 한하여 해제함으로써 단체를 설립할 수 있게 하는 제도, 즉 사전 허가를 받지 아니한 단체 결성을 금지하는 제도라고 할 것이다(헌재 2012. 3. 29. 2011헌바53).

> 🔍 **판례**

▶ **헌법 제21조 제2항 후단의 결사의 자유에 대한 허가제의 의의** : 헌법 제21조 제2항 후단의 결사의 자유에 대한 '허가제'란 행정권이 주체가 되어 예방적 조치로 단체의 설립 여부를 사전에 심사하여 일반적인 단체결성의 금지를 특정한 경우에 한하여 해제함으로써 단체를 설립할 수 있게 하는 제도, 즉 사전 허가를 받지 아니한 단체결성을 금지하는 제도를 말한다(헌재 2012. 3. 29. 2011헌바53).

▶ **노동조합을 설립할 때 행정관청에 설립신고서를 제출하게 하고 그 요건을 충족하지 못하는 경우 설립신고서를 반려하도록 하고 있는 노동조합법 제12조 제3항 제1호가 헌법상 금지된 단체결성에 대한 허가제에 해당하는지**(소극) : 이 사건 법률조항은 노동조합 설립에 있어 노동조합법상의 요건 충족 여부를 사전에 심사하도록 하는 구조를 취하고 있으나, 이 경우 노동조합법상 요구되는 요건만 충족되면 그 설립이 자유롭다는 점에서 일반적인 금지를 특정한 경우에 해제하는 허가와는 개념적으로 구분되고, 더욱이 행정관청의 설립신고서 수리 여부에 대한 결정은 재량 사항이 아니라 의무 사항으로 그 요건 충족이 확인되면 설립신고서를 수리하고 그 신고증을 교부하여야 한다는 점에서 단체의 설립 여부 자체를 사전에 심사하여 특정한 경우에 한해서만 그 설립을 허용하는 '허가'와는 다르다. 따라서 이 사건 법률조항의 노동조합 설립신고서 반려제도가 헌법 제21조 제2항 후단에서 금지하는 결사에 대한 허가제라고 볼 수 없다(헌재 2012. 3. 29. 2011헌바53).

제5항 학문과 예술의 자유

> 헌법 제22조
> ① 모든 국민은 학문과 예술의 자유를 가진다.
> ② 저작자·발명가·과학기술자와 예술가의 권리는 법률로써 보호한다.

I 학문의 자유

1. 학문의 자유의 의의

학문이란 자연과 사회의 변화·발전에 관한 법칙 또는 진리를 탐구하고 인식하는 행위를 말하는 것으로 학문의 자유란 이러한 학문적 활동에 관하여 공권력의 간섭이나 방해를 받지 아니하는 자유를 말한다(헌재 1992. 11. 12. 89헌마88).

> **판례**
>
> ▶**교육이 학문의 자유의 보호영역에 해당하는지**(소극) : 진리탐구의 과정과는 무관하게 단순히 기존의 지식을 전달하거나 인격을 형성하는 것을 목적으로 하는 '교육'은 학문의 자유의 보호영역이 아니라 교육에 관한 기본권(헌법 31조)의 보호영역에 속한다(헌재 2003. 9. 25. 2001헌마814).

2. 학문의 자유의 내용

학문의 자유에서 말하는 '학문'이란 일정한 지식수준을 기반으로 방법론적으로 정돈된 비판적인 성찰을 함으로써 진리를 탐구하는 활동을 말한다. 학문의 자유는 곧 진리탐구의 자유라 할 수 있고, 나아가 그렇게 탐구한 결과를 발표하거나 강의할 자유 등도 학문의 자유의 내용으로서 보장된다(헌재 1992. 11. 12. 89헌마88).

> **판례**
>
> ▶**국립대학 교원의 성과연봉 지급에 대하여 규정한 공무원보수규정 제39조의2 제1항 등이 과잉금지원칙에 반하여 청구인들의 학문의 자유를 침해하는지**(소극) : 이 사건 조항은 교원의 학문연구나 교육 등의 활동을 제약하거나 이를 일정한 방향으로 강요하고, 낮은 등급을 받은 교원에 대하여 직접적으로 어떤 제재를 가하는 것이 아니라, 평가결과에 따라 연봉에 상대적인 차등을 둠으로써 교원들의 자발적인 분발을 촉구할 뿐이고, 구체적인 평가기준이나 평가방법 등은 각 대학에서 합리적으로 설정하여 운영할 수 있으므로 침해의 최소성도 인정된다. 그리고 이 사건 조항으로 인하여 달성되는 공익이 그로 인하여 받게 되는 불이익보다 크므로 법익의 균형성도 인정된다. 따라서 이 사건 조항은 과잉금지원칙에 반하여 청구인들의 학문의 자유를 침해한다고 볼 수 없다(헌재 2013. 11. 28. 2011헌마282).

II 예술의 자유

1. 예술의 자유의 의의

예술의 자유란 인간의 미적인 감각세계 내지는 창조적인 경험세계의 표현형태에 관한 기본권으로서 객관화될 수 있는 주관적·미적 감각세계를 창조적이고도 개성적으로 추구하고 표현할 수 있는 자유를 말한다.

2. 예술의 자유의 내용

(1) 예술창작의 자유

예술창작의 자유는 예술창작활동을 할 수 있는 자유로서 창작소재, 창작형태 및 창작과정 등에 대한 임의로운 결정권을 포함한 모든 예술창작활동의 자유를 그 내용으로 한다(헌재 1993. 5. 13. 91헌바17).

(2) 예술표현의 자유

예술표현의 자유는 창작한 예술품을 일반대중에게 전시·공연·보급할 수 있는 자유이다. 예술품 보급의 자유와 관련해서 예술품보급을 목적으로 하는 예술출판자 등도 이러한 의미에서의 예술의 자유의 보호를 받는다고 하겠다. 따라서 비디오물을 포함하는 음반제작자도 이러한 의미에서의 예술표현의 자유를 향유한다(헌재 1993. 5. 13. 91헌바17).

> **판례**
>
> ▶**반국가단체의 활동을 찬양·고무하거나 동조한다는 인식 내지 목적 아래 발언하고 이적표현물을 제작·전시·배포하는 행위가 헌법상의 표현의 자유 및 예술의 자유의 한계 내의 행위인지**(소극): 표현의 자유 및 예술의 자유는 헌법이 보장하는 기본적 권리이긴 하나 무제한 한 것이 아니라 헌법 제37조 제2항에 의하여 국가안전보장, 질서유지 또는 공공복리를 위하여 필요한 경우에는 그 자유와 권리의 본질적인 내용을 침해하지 않는 한도내에서 제한할 수 있는 것이므로, 반국가단체의 활동을 찬양, 고무하거나 이에 동조한다는 인식 내지 목적 아래 발언하고 그와 같은 내용이 표현된 표현물을 제작, 전시, 배포한 행위는 헌법이 보장하는 자유의 한계를 벗어난 행위로서 국가보안법 제7조 제1항 및 제5항 소정의 구성요건을 충족하는 것이다(대판 1990. 9. 25. 90도1586).

Ⅲ 지적 재산권의 보호

지적 재산권이란 무형의 재산적 이익 즉 저작·발명 등의 정신적·지능적 창조물을 독점적으로 이용하는 것을 내용으로 하는 권리를 말한다(헌재 1993. 11. 25. 92헌마87). 헌법 제22조 제2항은 "저작자·발명가·과학기술자와 예술가의 권리는 법률로써 보호한다."고 하여, 학문과 예술의 자유를 제도적으로 뒷받침하고 학문과 예술의 자유에 내포된 문화국가실현의 실효성을 높이기 위하여 저작자 등의 권리보호를 국가의 과제로 규정하고 있는바, 저작자 등의 권리를 보호하는 것은 학문과 예술을 발전·진흥시키고 문화국가를 실현하기 위하여 불가결하다(헌재 2002. 4. 25. 2001헌마200).

> **판례**
>
> ▶**과학기술자의 특별보호를 명시한 헌법 제22조 제2항의 목적**: 과학기술자의 특별보호를 명시한 헌법 제22조 제2항은 과학·기술의 자유롭고 창조적인 연구개발을 촉진하여 이론과 실제 양면에 있어서 그 연구와 소산을 보호함으로써 문화창달을 제고하려는 데 목적이 있다(헌재 1993. 11. 25. 92헌마87).
>
> ▶**과거에 소멸한 저작인접권을 회복시키는 저작권법 부칙 제4조 제2항이 헌법 제13조 제2항이 금지하는 소급입법에 의한 재산권 박탈에 해당하는지**(소극): 심판대상조항은 개정된 저작권법이 시행되기 전에 있었던 과거의 음원 사용 행위에 대한 것이 아니라 개정된 법률 시행 이후에 음원을 사용하는 행위를 규율하고 있으므로 진정소급입법에 해당하지 않으며, 저작인접권이 소멸한 음원을 무상으로 사용하는 것은 저작인접권자의 권리가 소멸함으로 인하여 얻을 수 있는 반사적 이익에 불과할 뿐이므로, 심판대상조항은 헌법 제13조 제2항이 금지하는 소급입법에 의한 재산권 박탈에 해당하지 아니한다(헌재 2013. 11. 28. 2012헌마770).

▶ 청중이나 관중으로부터 당해 공연에 대한 반대급부를 받지 아니하는 경우에는 상업용 목적으로 공표된 음반 또는 상업용 목적으로 공표된 영상저작물을 재생하여 공중에게 공연할 수 있다고 규정한 저작권법 제29조 제2항 본문 등이 저작재산권자 및 저작인접권자의 재산권을 침해하는지(소극) : 심판대상조항이 적용되는 공연의 경우 저작재산권자 등은 해당 상업용 음반 등에 관한 권리를 행사할 수 없으나, 저작권법 제29조 제2항 단서 등이 정한 예외사유에 해당하는 경우에는 저작재산권자 등이 여전히 해당 상업용 음반 등에 관한 권리를 행사할 수 있다. 심판대상조항으로 인하여 저작재산권자 등이 상업용 음반 등을 재생하는 공연을 허락할 권리를 행사하지 못하거나 그러한 공연의 대가를 받지 못하게 되는 불이익이 상업용 음반 등을 재생하는 공연을 통하여 공중이 문화적 혜택을 누릴 수 있게 한다는 공익보다 크다고 보기도 어려우므로, 심판대상조항이 비례의 원칙에 반하여 저작재산권자 등의 재산권을 침해한다고 볼 수 없다(헌재 2019. 11. 28. 2016헌마115).

▶ 법인·단체 그 밖의 사용자의 기획 하에 법인 등의 업무에 종사하는 자가 업무상 작성하는 컴퓨터프로그램저작물의 저작자는 계약 또는 근무규칙 등에 다른 정함이 없는 때에는 그 법인 등이 된다고 규정한 저작권법 제9조 부분이 입법형성권의 한계를 일탈하였는지(소극) : 심판대상조항은 업무상 저작물의 성립요건을 엄격하게 제한하여 법인 등의 업무에 종사하는 자(피용자)의 이익을 충분히 배려하고 있고, 법인 등과 피용자 사이에 달리 합의할 가능성을 부여하여 이들의 이익을 상호 조정하는 수단도 마련하고 있다. 프로그램의 활발한 유통과 안정적 창작을 위하여 법인 등의 기획 하에 피용자가 통상적인 업무의 일환으로 보수를 지급받고 컴퓨터프로그램저작물을 작성한 경우 그 저작자를 법인 등으로 정하도록 하되, 계약 또는 근무규칙으로 저작자를 달리 정할 수 있도록 한 입법자의 판단은 합리적인 이유가 있으므로, 심판대상조항은 입법형성권의 한계를 일탈하였다고 보기 어렵다(헌재 2018. 8. 30. 2016헌가12).

04 경제적 기본권

제1절 　 재산권

제1항 　 현행 헌법상 재산권 조항

> **헌법 제23조**
> ① 모든 국민의 재산권은 보장된다. 그 내용과 한계는 법률로 정한다.
> ② 재산권의 행사는 공공복리에 적합하도록 하여야 한다.
> ③ 공공필요에 의한 재산권의 수용·사용 또는 제한 및 그에 대한 보상은 법률로써 하되, 정당한 보상을 지급하여야 한다.

Ⅰ 재산권 보장의 배경과 법적 성격

1. 재산권 보장의 배경

우리 헌법은 제23조 제1항 제1문에서 "모든 국민의 재산권은 보장된다."고 규정하고, 제119조 제1항에서 "대한민국의 경제질서는 개인과 기업의 경제상의 자유와 창의를 존중함을 기본으로 한다."고 규정함으로써, 국민 개개인이 사적 자치의 원칙을 기초로 하는 자본주의 시장경제질서 아래 자유로운 경제활동을 통하여 생활의 기본적 수요를 스스로 충족할 수 있도록 하면서, 사유재산의 자유로운 이용·수익과 그 처분 및 상속을 보장하고 있다. 이는 이러한 보장이 자유와 창의를 보장하는 지름길이고 궁극에는 인간의 존엄과 가치를 증대시키는 최선의 방법이라는 이상을 배경으로 하고 있다(헌재 1999. 4. 29. 94헌바37).

> 🔨 **판례**
>
> ▶ **재산권 보장의 의미** : 재산권은 기본권의 주체로서의 국민이 각자의 인간다운 생활을 자기 책임하에 자주적으로 형성하는 데 필요한 경제적 조건을 보장해 주는 기능을 하는 것으로서, 재산권의 보장은 곧 국민 개개인의 자유실현의 물질적 바탕을 의미한다고 할 수 있고, 따라서 자유와 재산권은 상호보완관계이자 불가분의 관계에 있다고 할 것이다(헌재 1999. 4. 29. 94헌바37).

2. 재산권 보장의 법적 성격

헌법 제23조와 제13조 제2항에 의한 재산권의 보장은 국민 개개인이 재산권을 향유할 수 있는 법제도로서의 사유재산제도를 보장한다는 의미와 함께 그 기조 위에서 그들이 현재 누리고 있는 구체적 재산권을 개인의 기본권으로 보장한다는 이중적 의미를 지니고 있다(헌재 1993. 7. 29. 92헌바20).

Ⅱ 재산권 보장에 관한 헌법의 규범구조

1. 헌법 제23조의 규범구조

(1) 재산권 형성적 법률유보

> **헌법 제23조**
> ① 모든 국민의 재산권은 보장된다. 그 내용과 한계는 법률로 정한다.

1) 재산권 형성적 법률유보의 의의

우리 헌법상의 재산권에 관한 규정은 다른 기본권규정과는 달리 그 내용과 한계가 법률에 의해 구체적으로 형성되는 기본권 형성적 법률유보의 형태를 띠고 있으므로, 재산권의 구체적 모습은 재산권의 내용과 한계를 정하는 법률에 의하여 형성되고, 그 법률은 재산권을 제한한다는 의미가 아니라 재산권을 형성한다는 의미를 갖는다(헌재 1993. 7. 29. 92헌바20). 다만 재산권의 내용과 한계를 법률로 정한다는 것은 헌법적으로 보장된 재산권의 내용을 구체화하면서 이를 제한하는 것으로 볼 수 있다(헌재 2006. 11. 30. 2003헌바66).

2) 재산권의 요건

재산권이 법질서 내에서 인정되고 보호받기 위하여는 '입법자에 의한 형성'을 필요로 한다. 즉, 재산권은 이를 구체적으로 형성하는 법이 없을 경우에는 재산에 대한 사실상의 지배만 있을 뿐이므로 다른 기본권과는 달리 그 내용이 입법자에 의하여 법률로 구체화됨으로써 비로소 권리다운 모습을 갖추게 된다(헌재 1998. 12. 24. 89헌마214).

3) 재산권의 범위

헌법상의 재산권은 토지소유자가 이용가능한 모든 용도로 토지를 자유로이 최대한 사용할 권리나 가장 경제적 또는 효율적으로 사용할 수 있는 권리를 보장하는 것을 의미하지는 않는다. 입법자는 중요한 공익상의 이유와 토지가 가진 특성에 따라 토지를 일정용도로 사용하는 권리를 제한할 수 있기 때문이다(헌재 1998. 12. 24. 89헌마214).

(2) 재산권 행사의 공공복리 적합의무

> **헌법 제23조**
> ② 재산권의 행사는 공공복리에 적합하도록 하여야 한다.

1) 재산권 행사의 공공복리 적합의무의 취지

재산권 행사의 사회적 의무성을 헌법 자체에서 명문화하고 있는 것은 사유재산제도의 보장이 타인과 더불어 살아가야 하는 공동체생활과의 조화와 균형을 흐트러뜨리지 않는 범위 내에서의 보장임을 천명한 것으로서 재산권의 악용 또는 남용으로 인한 사회공동체의 균열과 파괴를 방지하고 실질적인 사회정의를 구현하겠다는 국민적 합의의 표현이라고 할 수 있다(헌재 1989. 12. 22. 88헌가13)

2) 재산권 행사의 사회적 의무성의 정도

헌법 제23조 제2항은 재산권 행사의 사회적 의무성을 강조하고 있다. 이러한 재산권 행사의 사회적 의무성의 정도는 재산의 종류, 성질, 형태, 조건 등에 따라 달라질 수 있다. 따라서 재산권 행사의 대상이 되는 객체가 지닌 사회적인 연관성과 사회적 기능이 크면 클수록 입법자에 의한 보다 더 광범위한 제한이 허용된다고 할 것이다. 즉, 특정 재산권의 이용이나 처분이 그 소유자 개인의 생활영역에 머무르지 아니하고 일반 국민 다수의 일상생활에 큰 영향을 미치는 경우에는 입법자가 공동체의 이익을 위하여 개인의 재산권을 규제하는 권한을 더욱 폭넓게 가진다(헌재 1999. 4. 29. 94헌바37).

(3) 재산권 수용적 법률유보

헌법 제23조
③ 공공필요에 의한 재산권의 수용·사용 또는 제한 및 그에 대한 보상은 법률로써 하되, 정당한 보상을 지급하여야 한다.

재산권 수용적 법률이란 국가가 구체적인 공적 과제를 수행하기 위하여 이미 형성된 구체적인 재산적 권리를 전면적 또는 부분적으로 박탈하거나 제한하는 법률을 말한다(헌재 1999. 4. 29. 94헌바37).

2. 재산권에 관한 법률의 위헌성 심사기준

(1) 재산권 형성적 법률

1) 입법권의 범위

재산권이 헌법 제23조에 의하여 보장된다고 하더라도, 입법자에 의하여 일단 형성된 구체적 권리가 그 형태로 영원히 지속될 것이 보장된다고까지 하는 의미는 아니다. 재산권의 내용과 한계를 정할 입법자의 권한은 장래에 발생할 사실관계에 적용될 새로운 권리를 형성하고 그 내용을 규정할 권한뿐만 아니라, 더 나아가 과거의 법에 의하여 취득한 구체적인 법적 지위에 대하여까지도 그 내용을 새로이 형성할 수 있는 권한을 포함하고 있다(헌재 1999. 4. 29. 94헌바37).

2) 재산권의 내용과 한계를 형성하는 법률의 입법기준

입법자는 헌법 제23조 제1항 제2문에 의거 재산권의 내용과 한계를 구체적으로 형성함에 있어서는 헌법 제23조 제1항 제1문에 의한 사적 재산권의 보장과 함께 헌법 제23조 제2항의 재산권의 사회적 제약을 동시에 고려하여 양 법익이 균형을 이루도록 입법하여야 한다(헌재 2019. 9. 26. 2016헌바314).

3) 위헌성 심사기준

입법자가 헌법 제23조 제1항 및 제2항에 의하여 재산권의 내용을 구체적으로 형성함에 있어서는, 헌법상의 재산권 보장의 원칙과 재산권의 제한을 요청하는 공익 등 재산권의 사회적 제약성을 비교형량하여, 양 법익이 조화와 균형을 이루도록 하여야 한다. 입법자가 형성의 자유의 한계를 넘었는가 하는 것은 비례의 원칙에 의하여 판단하게 된다(헌재 1998. 12. 24. 89헌마214).

▶ **사유재산제도나 사유재산의 부인 금지**: 재산권의 내용과 한계를 정하는 법률도 사유재산제도나 사유재산을 부인하는 것은 재산권 보장 규정의 침해를 의미하고 결코 재산권 형성적 법률유보라는 이유로 정당화될 수 없다(헌재 2019. 9. 26. 2016헌바314).

▶ **비례의 원칙 준수 및 본질적 내용 침해 금지**: 토지재산권에 대한 제한입법 역시 다른 기본권을 제한하는 입법과 마찬가지로 과잉금지의 원칙(비례의 원칙)을 준수해야 하고, 재산권의 본질적 내용인 사용·수익권과 처분권을 부인해서는 안 된다(헌재 2003. 8. 21. 2000헌가11).

4) 비례의 원칙 위반과 보상 규정

① 보상의 방법

재산권에 대한 제약이 비례의 원칙에 합치하는 것이라면 그 제약은 재산권자가 수인하여야 하는 사회적 제약의 범위 내에 있는 것이고, 반대로 비례의 원칙에 위배되는 과잉제한이라면 그 제약은 재산권자가 수인하여야 하는 사회적 제약의 한계를 넘는 것이다. 따라서 후자의 경우 입법자는 재산권에 대한 제한의 비례성을 회복할 수 있도록 수인의 한계를 넘어 가혹한 부담이 발생하는 예외적인 경우 이를 완화하거나 조정하는 등의 보상규정을 두어야 한다. 다만, 헌법적으로 가혹한 부담의 조정이란 목적을 달성하기 위하여 이를 완화·조정할 수 있는 방법의 선택에 있어서는 반드시 직접적인 금전적 보상의 방법에 한정되지 아니하고, 입법자에게 광범위한 형성의 자유가 부여된다(헌재 2015. 11. 26. 2013헌바415).

② 보상규정이 필요한 경우

새로운 법규정으로 '이미 실현된 토지사용을 배제'한다면, 즉 토지를 종래 합법적으로 행사된 토지이용의 목적으로도 사용할 수 없는 경우에는 토지재산권의 제한을 단순히 사회적 제약으로 판단할 수 없고 수용적 효과를 인정해야 한다. 그리고 토지에 대한 사용제한으로 인하여 토지소유자에게 법적으로 허용되는 사적 효용을 가져오는 사용방법이 없기 때문에 '토지재산권의 사적 효용성이 폐지된 경우'에도 사회적 제약의 한계를 넘는 특별한 재산적 손해가 발생하였다고 보아 수용적 효과를 인정해야 한다(헌재 2003. 4. 24. 99헌바110).

▶ **토지재산권에 대한 제한으로 보상규정이 필요한 경우**: 토지재산권에 대한 제한으로 말미암아 토지를 종래의 목적으로도 사용할 수 없거나 또는 법률상으로 허용된 토지이용의 방법이 없기 때문에 실질적으로 토지의 사용·수익권이 폐지된 경우에는 재산권의 사회적 기속성으로도 정당화될 수 없는 가혹한 부담을 토지소유자에게 부과하는 것이므로 입법자가 그 부담을 완화하는 보상규정을 두어야만 비로소 헌법상으로 허용될 수 있다(헌재 1998. 12. 24. 89헌마214).

③ 보상규정의 법적 성격

토지재산권에 대한 제한이 재산권의 사회적 기속성으로도 정당화될 수 없는 가혹한 부담을 토지소유자에게 부과하는 경우 입법자가 그 부담을 완화하는 보상규정을 두어야만 비로소 헌법상으로 허용될 수 있다. 이러한 보상규정은 입법자가 '헌법 제23조 제1항 및 제2항'에 의하여 재산권의 내용을 구체적으로 형성하고 공공의 이익을 위하여 재산권을 제한하는 과정에서 이를 합헌적으로 규율하기 위하여 두어야 하는 규정이다(헌재 1998. 12. 24. 89헌마214).

(2) 재산권 수용적 법률

공공필요에 의한 재산권의 공권력적, 강제적 박탈을 의미하는 공용수용은 국민의 재산권을 그 의사에 반하여 강제적으로라도 취득해야 할 공익적 필요성이 있을 것, 수용과 그에 대한 보상은 모두 법률에 의거할 것, 정당한 보상을 지급할 것의 요건을 갖추어야 합헌적인 것이라고 할 수 있다. 다만 헌법 제23조 제3항 공용수용의 요건 중 '공공의 필요성'에 대한 심사는 실질적으로 헌법 제37조 제2항의 과잉금지원칙에 따라 이루어져야 한다(헌재 2006. 7. 27. 2003헌바18).

제2항 재산권

I 재산권의 의의

헌법이 보장하고 있는 재산권은 경제적 가치가 있는 모든 공법상·사법상의 권리를 뜻하고, 그 재산가액의 다과를 불문한다. 또 이 재산권의 보장은 재산권의 자유로운 처분의 보장까지 포함한다(헌재 1992. 6. 26. 90헌바26).

II 재산권의 범위

1. 일반적 범위

재산권의 범위에는 동산·부동산에 대한 모든 종류의 물권은 물론, 재산가치 있는 모든 사법상의 채권과 특별법상의 권리 및 재산가치 있는 공법상의 권리 등이 포함되나, 단순한 기대이익·반사적 이익 또는 경제적인 기회 등은 재산권에 속하지 않는다(헌재 1998. 7. 16. 96헌마246).

> **판례**
>
> ▶**헌법 제23조에서 보장하는 재산권** : 헌법 제23조에서 보장하는 재산권은 사적 유용성 및 그에 대한 원칙적 처분권을 내포하는 재산가치 있는 구체적 권리이므로, 구체적인 권리가 아닌 단순한 이익이나 재화의 획득에 관한 기회 또는 기업활동의 사실적·법적 여건 등은 재산권 보장의 대상에 포함되지 아니한다(헌재 1997. 11. 27. 97헌바10).
>
> ▶**권리금**(적극) : 상가임대차법이 제10조의4를 통해 임대인으로 하여금 임차인이 주선하는 신규임차인과 새로운 임대차계약을 체결하도록 하여 임대차 종료 당시의 영업 가치인 권리금을 금전적으로 회수할 수 있도록 하고 임대인이 정당한 사유 없이 이를 거절할 경우 임차인에 대하여 손해배상책임까지 부담하도록 하고 있는 점에 비추어 보면, 이는 임차인이 권리금을 회수할 수 있는 지위를 보장하는 것으로서 헌법상 재산권 보장의 대상이 된다(헌재 2023. 6. 29. 2021헌바264).
>
> ▶**상속권**(적극) : 상속권은 재산권의 일종이므로 상속제도나 상속권의 내용은 입법자가 입법정책적으로 결정하여야 할 사항으로서 원칙적으로 입법자의 입법형성의 자유에 속한다(헌재 1998. 8. 27. 96헌가22).
>
> ▶**유언의 자유**(적극) : 우리 헌법의 재산권 보장은 사유재산의 처분과 그 상속을 포함하는 것인바, 유언자가 생전에 최종적으로 자신의 재산권에 대하여 처분할 수 있는 법적 가능성을 의미하는 유언의 자유는 생전증여에 의한 처분과 마찬가지로 헌법상 재산권의 보호를 받는다(헌재 2008. 12. 26. 2007헌바128).
>
> ▶**사해행위취소권**(적극) : 사해행위취소권은 그 자체로 경제적 가치가 있는 사법상의 권리인 재산권으로 볼 수 있다(헌재 2006. 11. 30. 2003헌바66).

▶ **일본군위안부 피해자들이 일본에 대하여 가지는 배상청구권**(적극) : 일본국에 의하여 광범위하게 자행된 반인도적 범죄행위에 대하여 일본군위안부 피해자들이 일본에 대하여 가지는 배상청구권은 헌법상 보장되는 재산권일 뿐만 아니라, 그 배상청구권의 실현은 무자비하고 지속적으로 침해된 인간으로서의 존엄과 가치 및 신체의 자유를 사후적으로 회복한다는 의미를 가진다(헌재 2011. 8. 30. 2006헌마788).

▶ **정당한 지목을 등록함으로써 토지소유자가 누리게 될 이익**(적극) : 정당한 지목을 등록함으로써 토지소유자가 누리게 될 이익은 국가가 헌법 제23조에 따라 보장하여 주어야 할 재산권에 해당한다(헌재 1999. 6. 24. 97헌마315).

▶ **환매권**(적극) : 공용수용의 목적물이 공익사업의 폐지 등의 사유로 불필요하게 된 경우에 그 목적물의 피수용자(토지소유자 또는 그의 포괄승계인)가 일정한 대가를 지급하고 그 목적물의 소유권을 다시 취득할 수 있는 권리인 환매권은 헌법이 보장하는 재산권에 포함된다(헌재 1994. 2. 24. 92헌가15).

▶ **국가에 대한 구상권**(적극) : 국가에 대한 구상권은 헌법 제23조 제1항에 의하여 보장되는 재산권이다(헌재 1994. 12. 29. 93헌바21).

▶ **관행어업권**(적극) : 대법원판례에 의하여 인정되는 관행어업권은 물권에 유사한 권리로서 공동어업권이 설정되었는지 여부에 관계없이 발생하는 것이고, 그 존속에 있어서도 공동어업권과 운명을 같이 하지 않으며 공동어업권자는 물론 제3자에 대하여서도 주장하고 행사할 수 있는 권리이므로, 헌법상 재산권 보장의 대상이 되는 재산권에 해당한다(헌재 1999. 7. 22. 97헌바76).

▶ **정리회사의 주식**(적극) : 주식은 주주가 회사에 대하여 갖는 권리의무의 기초인 사원의 지위 또는 자격 즉 사원권을 의미하는 것으로 이러한 주주권에 의하여 주주는 재산권적 성질의 권리인 이익배당청구권과 잔여재산분배청구권 등의 자익권과 인격권적 내용의 의결권이나 지배권 등의 공익권을 갖는다. 따라서 재산권적 성질을 갖는 주식은 헌법이 보장하는 재산권의 객체가 된다(헌재 2003. 12. 18. 2001헌바91).

▶ **해상여객운송사업의 면허권**(적극) : 해상여객운송사업의 면허권은 사적 유용성 및 그에 대한 원칙적 처분권을 내포하는 재산적 가치가 있는 구체적 권리에 해당하므로, 헌법 제23조에 의하여 보장되는 재산권에 속한다(헌재 2018. 2. 22. 2015헌마552).

▶ **저작재산권자의 공연권 및 저작인접권자의 보상청구권**(적극) : 상업용 음반 등에 관한 저작재산권자의 공연권 및 저작인접권자의 보상청구권은 헌법 제23조에 의하여 보장되는 재산적 가치가 있는 권리에 해당한다(헌재 2019. 11. 28. 2016헌마1115).

▶ **상공회의소의 의결권**(소극) : 상공회의소의 의결권 또는 회원권은 상공회의소라는 법인의 의사형성에 관한 권리일 뿐 이를 따로 떼어 헌법상 보장되는 재산권이라고 보기 어렵다(헌재 2000. 11. 30. 99헌마190).

▶ **국립공원의 입장료**(소극) : 국립공원의 입장료는 수익자 부담의 원칙에 따라 국립공원에 입장하는 자에게 국립공원의 유지·관리비의 일부를 징수하는 것이며, 공원의 관리와 공원안에 있는 문화재의 관리·보수를 위한 비용에만 사용하여야 하는 것이므로, 민법상 과실이라고 볼 여지가 없으므로, 국립공원의 입장료를 국가 내지 국립공원관리공단의 수입으로 하도록 한 규정이 국립공원내 토지의 소유자의 재산권을 침해하는 것이라 할 수 없다(헌재 2001. 6. 28. 2000헌바44).

▶ **집합 제한조치로 감소된 영업이익**(소극) : 감염병예방법 제49조 제1항 제2호에 근거한 집합 제한조치로 인하여 청구인들의 일반음식점 영업이 제한되어 영업이익이 감소되었다 하더라도, 청구인들이 소유하는 영업 시설·장비 등에 대한 구체적인 사용·수익 및 처분권한을 제한받는 것은 아니므로, 보상규정의 부재가 청구인들의 재산권을 제한한다고 볼 수 없다(헌재 2023. 6. 29. 2020헌마1669).

▶ **개성공단 중단조치로 인한 영업상의 손실이나 주가 등의 하락**(소극) : 이 사건 중단조치에 의한 영업중단으로 영업상 손실이나 주식 등 권리의 가치하락이 발생하였더라도 이는 영리획득의 기회나 기업활동의 여건 변화에 따른 재산적 손실일 뿐이므로, 헌법 제23조의 재산권 보장의 범위에 속한다고 보기 어렵다(헌재 2022. 1. 27. 2016헌마364).

▶ **잠수기어업허가를 받지 못하여 상실된 이익**(소극) : 이 사건의 경우 청구인이 잠수기어업허가를 받아 키조개 등을 채취하는 직업에 종사한다고 하더라도 이는 원칙적으로 자신의 계획과 책임하에 행동하면서 법제도에 의하여 반사적으로 부여되는 기회를 활용하는 것에 불과하므로 잠수기어업허가를 받지 못하여 상실된 이익 등 청구인 주장의 재산권은 헌법 제23조에서 규정하는 재산권의 보호범위에 포함된다고 볼 수 없다(헌재 2008. 6. 26. 2005헌마173).

▶ **새로이 어업면허를 부여받음에 있어서 우선순위를 가질 것이라는 기대**(소극) : 헌법상 보장된 재산권은 사적 유용성 및 그에 대한 원칙적 처분권을 내포하는 재산가치 있는 구체적 권리로서 구체적인 권리가 아닌 단순한 이익이나 재화의 획득에 관한 기회 등은 재산권 보장의 대상이 아니다. 따라서 청구인이 새로이 어업면허를 부여받음에 있어서 우선순위를 가질 것이라는 기대는 헌법상 보장되는 재산권에 포함되지 아니한다(헌재 2019. 7. 25. 2017헌바133).

▶ **시혜적 입법의 시혜대상이 될 경우 얻을 수 있는 재산상 이익의 기대**(소극) : 시혜적 입법의 시혜대상에서 제외되었다는 이유만으로 재산권의 침해가 발생하는 것은 아니고 시혜대상에 포함될 경우 얻을 수 있었던 재산상 이익의 기대가 성취되지 않았다고 하여도 이와 같은 단순한 재산상 이익에 대한 기대는 헌법이 보호하는 재산권의 영역에 포함되지 아니한다(헌재 2008. 9. 25. 2007헌가9).

▶ **약사의 한약조제권**(소극) : 약사의 한약조제권이란 그것이 타인에 의하여 침해되었을 때 방해를 배제하거나 원상회복 내지 손해배상을 청구할 수 있는 권리가 아니라 법률에 의하여 약사의 지위에서 인정되는 하나의 권능에 불과하고, 더욱이 의약품을 판매하여 얻게 되는 이익 역시 장래의 불확실한 기대이익에 불과한 것이므로, 약사에게 인정된 한약조제권은 재산권의 범위에 속하지 아니한다(헌재 1997. 11. 27. 97헌바10).

2. 공법상의 권리가 헌법상 재산권 보장을 받기 위한 요건

첫째, 공법상의 권리가 권리주체에게 귀속되어 개인의 이익을 위하여 이용가능해야 하며(사적 유용성), 둘째, 국가의 일방적인 급부에 의한 것이 아니라 권리주체의 노동이나 투자, 특별한 희생에 의하여 획득되어 자신이 행한 급부의 등가물에 해당하는 것이어야 하며(수급자의 상당한 자기기여), 셋째, 수급자의 생존의 확보에 기여해야 한다(헌재 2000. 6. 29. 99헌마289).

🔖 판례

▶ **강제집행권**(소극) : 강제집행권은 국가가 보유하는 통치권의 한 작용으로서 민사사법권에 속하는 것이고, 채권자인 청구인들은 국가에 대하여 강제집행권의 발동을 구하는 공법상의 권능인 강제집행청구권만을 보유하고 있을 따름으로서 청구인들이 강제집행권을 침해받았다고 주장하는 권리는 헌법 제23조 제3항 소정의 재산권에 해당되지 아니한다(헌재 1998. 5. 28. 96헌마44).

▶ **의료보험공단의 적립금**(소극) : 공법상의 권리인 사회보험법상의 권리가 재산권 보장의 보호를 받기 위해서는 법적 지위가 사적 이익을 위하여 유용한 것으로서 권리주체에게 귀속될 수 있는 성질의 것이어야 하는데, 적립금에는 사법상의 재산권과 비교될 만한 최소한의 재산권적 특성이 결여되어 있다. 따라서 의료보험조합의 적립금은 헌법 제23조에 의하여 보장되는 재산권의 보호대상이라고 볼 수 없다(헌재 2000. 6. 29. 99헌마289).

▶ **학교안전공제 및 사고예방 기금**(소극) : 공제회가 관리·운용하는 기금은 학교안전사고보상공제 사업 등에 필요한 재원을 확보하고, 공제급여에 충당하기 위하여 설치 및 조성되는 것으로서 학교안전법령이 정하는 용도에 사용되는 것일 뿐, 각 공제회에 귀속되어 사적 유용성을 갖는다거나 원칙적 처분권이 있는 재산적 가치라고 보기 어렵고, 공제회가 갖는 기금에 대한 권리는 법에 의하여 정해진 대로 운영할 수 있는 법적 권능에 불과할 뿐 사적 이익을 위해 권리주체에게 귀속될 수 있는 성질의 것이 아니므로, 이는 헌법 제23조 제1항에 의하여 보호되는 공제회의 재산권에 해당되지 않는다(헌재 2015. 7. 30. 2014헌가7).

▶ **회원들에게 상공회의소의 재산**(소극) : 상공회의소의 재산은 법인인 상공회의소의 고유재산이지 회원들이 폐업이나 영업소·공장·사업장 소재지의 이전 등의 경우에 지분에 따라 당연히 반환받을 수 있는 재산이라고 보기 어려워서, 이를 헌법상 보장되는 재산권이라고 할 수 없다(헌재 2006. 5. 25. 2004헌가1).

▶ **사회부조와 같이 국가의 일방적인 급부에 대한 권리**(소극) : 사회부조와 같이 국가의 일방적인 급부에 대한 권리는 재산권의 보호대상에서 제외되고, 단지 사회법상의 지위가 자신의 급부에 대한 등가물에 해당하는 경우에 한하여 사법상의 재산권과 유사한 정도로 보호받아야 할 공법상의 권리가 인정된다(헌재 2000. 6. 29. 99헌마289).

▶ **의료급여수급권**(소극) : 의료급여수급권은 공공부조의 일종으로서 순수하게 사회정책적 목적에서 주어지는 권리이므로 개인의 노력과 금전적 기여를 통하여 취득되는 재산권의 보호대상에 포함된다고 보기 어렵다(헌재 2009. 9. 24. 2007헌마1092).

▶ **국외강제동원자지원법이 규정하는 위로금 및 의료지원금**(소극) : 국외강제동원자지원법이 규정하는 위로금 및 의료지원금은 국가의 일방적인 급부로서 헌법상 재산권의 보호대상에 포함된다고 보기 어렵다(헌재 2012. 7. 26. 2011헌바352).

▶ **의료보험수급권**(적극) : 의료보험법상의 보험급여는 가입자가 기여금의 형태로 납부한 보험료에 대한 반대급부의 성질을 갖는 것이고 본질상, 보험사고로 초래되는 가입자의 재산상의 부담을 전보하여 주는 경제적 유용성을 가지므로 의료보험수급권은 재산권의 성질을 갖는다(헌재 2003. 12. 18. 2002헌바1).

▶ **요양기관의 요양급여비용 지급청구권**(적극) : 요양기관이 요양급여 제공 후 공단에 요양급여비용의 지급을 청구하였고, 이에 관하여 심사평가원의 심사결과 통보가 있었다면, 요양급여비용 지급청구권은 공단의 지급결정이 있기 전이라고 하더라도 경제적 가치가 있는 권리로서 헌법 제23조에 의하여 보장되는 재산권의 성격을 갖는다고 보아야 한다(헌재 2023. 3. 23. 2018헌바433).

▶ **공무원연금법상 연금수급권**(적극) : 공무원연금제도는 공무원이 퇴직하거나 사망한 때에 공무원 및 그 유족의 생활안정과 복리향상에 기여하기 위한 사회보장제도임과 아울러 보험의 원리에 의하여 운용되는 사회보험의 하나이고, 다만 기여금 납부를 통하여 공무원 자신도 그 재원의 형성에 일부 기여한다는 점에서 후불임금의 성격도 가미되어 있다고 할 것이다. 그렇다면 공무원연금법상의 퇴직급여, 유족급여 등 각종 급여를 받을 권리, 즉 연금수급권은 사회적 기본권의 하나인 사회보장수급권의 성격과 재산권의 성격을 아울러 지니고 있다고 하겠다(헌재 1999. 4. 29. 97헌마333).

▶ **사립학교교직원 연금법상의 퇴직급여 및 퇴직수당을 받을 권리**(적극) : '사립학교교직원 연금법'상의 퇴직급여 및 퇴직수당을 받을 권리는 사회적 기본권의 하나인 사회보장수급권임과 동시에 경제적 가치가 있는 권리로서 헌법 제23조에 의하여 보장되는 재산권이다(헌재 2010. 7. 29. 2008헌가15).

▶ **국민연금법상 사망일시금**(소극) : 사망일시금은 애초에 수급자의 생존 확보에 기여하기 위하여 도입된 것이 아니라 가입자 등의 사망으로 인해 소요되는 비용을 일부 지급하여 주는 명목으로 도입된 급여로, 가입자 등과 일정한 인적 관계에 있을 것을 요건으로 지급된다. 한편, 사망일시금을 포함한 국민연금의 재원은 가입자와 사용자가 납부하는 보험료를 기반으로 하여 국가가 일부 비용을 부담하여 조성된다. 그렇다면 사망일시금은 수급자의 노동이나 투자, 특별한 희생에 의하여 그 권리를 획득한 것으로 보기 어렵고, 수급자의 생존확보를 위한 제도로 보기도 어렵다. 따라서 사망일시금은 헌법상 재산권에 해당하지 않는다(헌재 2019. 2. 28. 2017헌마432).

Ⅲ 재산권의 보장 방법

1. 일반적 보장방법

헌법 제23조 제1항은 '모든 국민의 재산권은 보장된다.'고 규정하여 국민의 재산권을 보장하고 있고, 헌법 제37조 제2항은 '국민의 모든 자유와 권리는 국가안전보장·질서유지 또는 공공복리를 위하여 필요한 경우에 한하여 법률로써 제한할 수 있으며, 제한하는 경우에도 자유와 권리의 본질적인 내용을 침해할 수 없다.'고 규정하여 국가가 국민의 기본권을 제한하는 내용의 입법을 함에 있어서 준수하여야 할 기본원칙을 천명하고 있다(헌재 2010. 7. 29. 2008헌가15).

> **판례**

▶ 요양기관이 의료법 제33조 제2항을 위반하였다는 사실(사무장병원)을 수사기관의 수사 결과로 확인한 경우 공단으로 하여금 해당 요양기관이 청구한 요양급여비용의 지급을 보류할 수 있도록 규정한 구 국민건강보험법 제47조의2 제1항 등이 의료기관 개설자의 재산권을 침해하는지(적극) : 지급보류처분은 잠정적 처분이고, 그 처분 이후 사무장병원에 해당하지 않는다는 사실이 밝혀져서 무죄판결의 확정 등 사정변경이 발생할 수 있다는 점 등을 고려하면, 지급보류처분의 '처분요건'뿐만 아니라 '지급보류처분의 취소'에 관하여도 명시적인 규율이 필요하고, 그 '취소사유'는 '처분요건'과 균형이 맞도록 규정되어야 한다. 사정변경사유가 발생할 경우 지급보류처분이 취소될 수 있도록 한다면, 이와 함께 지급보류기간 동안 의료기관의 개설자가 수인해야 했던 재산권 제한상황에 대한 적절하고 상당한 보상으로서의 이자 내지 지연손해금의 비율에 대해서도 규율이 필요하다. 이러한 사항들은 이 사건 지급보류조항으로 인한 기본권 제한이 입법목적 달성에 필요한 최소한도에 그치기 위해 필요한 조치들이지만, 현재 이에 대한 어떠한 입법적 규율도 없다. 따라서 이 사건 지급보류조항은 과잉금지원칙에 반하여 요양기관 개설자의 재산권을 침해한다(헌재 2023. 3. 23. 2018헌바433 헌법불합치).

▶ 임차인이 3기의 차임액에 해당하는 금액에 이르도록 차임을 연체한 경우 임대인의 권리금 회수기회 보호의무가 발생하지 않도록 규정한 '상가건물 임대차보호법' 제10조의4 제1항 단서 부분이 재산권을 침해하는지(소극) : 급격한 경제상황의 변동 등과 같은 사정이 있어 임차인이 귀책사유 없이 차임을 연체하였다 하더라도 그와 같은 경제상황의 변동은 일차적으로 임차인 스스로가 감수하여야 할 위험에 해당하는 점, '상가건물 임대차보호법' 제11조 제1항에 의하면 임차인은 경제 사정의 변동 등을 이유로 차임 감액을 청구할 수 있는 점, 심판대상조항은 임차인이 차임을 단순히 3회 연체한 경우가 아니라 3기의 차임액에 해당하는 금액에 이르도록 연체한 경우에 한하여 임대인의 권리금 회수기회 보호의무가 발생하지 않는 것으로 규정하고 있는 점 등을 종합하여 볼 때, 심판대상조항은 입법형성권의 한계를 일탈하여 재산권을 침해한다고 할 수 없다(헌재 2023. 6. 29. 2021헌바264).

▶ 사업주체가 공급질서 교란행위를 이유로 주택공급계약을 취소한 경우 선의의 제3자 보호규정을 두고 있지 않는 구 주택법 제39조 제2항이 입법형성권의 한계를 벗어나서 선의의 제3자의 재산권을 침해하는지(소극) : 심판대상조항의 입법취지는 주택이 최초로 공급되는 단계부터 투기적 행위 등 공급질서를 교란시키는 행위를 차단함으로써 투명하고 공정한 주택공급 절차를 확립하고, 이를 통해 실수요자 위주의 건전한 주택공급체계의 토대를 형성하는 것이다. 실수요자인 무주택 서민들에게 주택이 우선적으로 공급되는 것을 목적으로 하는 주택공급제도의 목표를 달성하기 위해서는 주택 분양단계에서 그 절차 및 과정이 투명하고 공정하게 운영되는 것이 특히 중요하다. 사업주체가 공급질서 교란자와 체결한 주택공급계약을 취소할 수 있도록 하는 것은 이를 위해 필요하고 적절한 조치이다. 한편 심판대상조항은 '주택공급계약을 취소할 수 있다'고 규정하여 사업주체가 선의의 제3자 보호의 필요성 등을 고려하여 주택공급계약의 효력을 유지할 수 있는 가능성을 열어두고 있다. 따라서 심판대상조항은 입법형성권의 한계를 벗어났다고 보이지 않으므로 재산권을 침해하지 않는다(헌재 2022. 3. 31. 2019헌가26).

▶ 전기통신금융사기의 피해자가 피해구제 신청을 하는 경우 피해자의 자금이 송금·이체된 계좌 및 해당 계좌로부터 자금의 이전에 이용된 계좌를 지급정지하는 '전기통신금융사기 피해방지 및 피해금 환급에 관한 특별법' 제4조 제1항 제1호가 청구인의 재산권을 침해하는지(소극) : 지급정지 조치를 받은 계좌명의인은 사기이용계좌에서 금원을 인출하는 것이 금지되어 사유 재산의 처분이 제한되므로, 지급정지조항은 재산권을 제한한다. 전기통신금융사기는 범행 이후 피해금 인출이 신속히 이루어지고 전기통신금융사기의 범인은 동일한 계좌를 이용하여 다수의 피해자를 상대로 여러 차례 범행을 저지를 가능성이 있으므로, 전기통신금융사기로 인한 피해를 실효적으로 구제하기 위하여는 피해금 상당액을 넘어 사기이용계좌 전부에 대하여 지급정지를 하는 것이 불가피하다. 전기통신금융사기 범인이 피해자에게 그 범죄와 무관한 사람의 계좌에 피해금을 입금하도록 하고 범인은 계좌 명의인으로부터 재화 또는 용역을 제공받는 경우, 계좌 명의인은 입금 받은 돈이 거래의 대가 등 정당한 권원에 의하여 취득한 것임을 객관적인 자료로 소명하여 지급정지에 대하여 이의제기를 하고 지급정지를 종료시킬 수 있다. 만약 금융회사가 계좌 명의인의 정당한 이의제기를 받고도 부당하게 지급정지의 종료를 지연한다면, 계좌명의인은 금융회사를 상대로 불법행위로 인한 손해배상을 청구할 수 있다. 따라서 지급정지조항은 과잉금지원칙을 위반하여 청구인의 재산권을 침해하지 아니한다(헌재 2022. 6. 30. 2019헌마579).

▶ 조세채무에 대하여 면책의 효력이 미치지 못하는 것으로 규정한 '채무자회생법 제566조 단서 제1호가 청구인들의 재산권을 침해하는지(소극) : 심판대상조항은 조세채무에 대해 면책의 효력을 부인함으로써 국가 또는 지방자치단체의 존립·활동의 재정적 기초가 되는 조세의 징수를 확보하고 국고의 손실을 방지하는 데 기여한다. 조세채권을 면책채권으로 하게 되면, 조세를 면탈할 목적으로 제기되는 파산신청이 증가하여 면책제도가 악용될 우려가 있을 뿐만 아니라, 조세의 부과·징수의 효율성과 실효성을 저해하여 국가나 지방자치단체의 활동을 위한 필수적인 재정수입의 확보에 어려움을 겪을 수 있다. 채무자회생법 제566조가 정하는 면책의 효력은 파산채권에 대한 것임을 고려하면, 심판대상조항으로 인하여 직접적으로 면책의 대상에서 제외되는 것은 파산채권인 조세채권으로 그 범위가 제한된다고 볼 수 있는바, 심판대상조항이 조세를 면책의 대상에서 제외하도록 한 것이 입법목적의 달성에 필요한 범위를 넘어선 지나친 규제로 보기는 어렵다. 또한 국세징수법 및 지방세징수법은 조세채무자의 신청 및 조세징수권자의 판단에 따른 징수유예·체납처분 등의 유예를 인정함으로써 채무자의 기본권 제한을 최소화하기 위한 장치를 마련하고 있다. 그렇다면 심판대상조항으로 인한 조세채무자의 재산권 제한은 조세징수의 확보라는 중대한 공익적 가치에 비하여 결코 크다고 할 수 없으므로, 심판대상조항은 청구인들의 재산권을 침해하지 아니한다(헌재 2022. 9. 29. 2019헌마874).

▶ 법인인 채무자가 파산폐지의 결정으로 소멸하는 경우 위 결정은 파산채권자가 채무자의 보증인에 대하여 가지는 권리에 영향을 미치지 아니한다고 규정한 '채무자회생법' 제548조 제2항 부분이 보증인의 재산권을 침해하는지(소극) : 심판대상조항은 파산채권자를 보호하기 위하여 법인인 채무자가 파산폐지의 결정으로 소멸하는 경우에도 보증인이 파산채권자에 대하여 원래의 내용에 따른 채무를 부담하도록 규정하고 있는데, 이는 정당한 입법목적을 달성하기 위한 적합한 수단이다. 파산절차에서 법인의 소멸로 인한 손실을 파산채권자 아니면 보증인에게 부담시킬 것인지의 문제는 양자의 이해를 조정한다는 관점에서 결정되어야 한다. 보증은 채무자의 변제능력 상실에 대비하기 위한 제도이므로, 법인인 채무자가 파산폐지로 소멸하여 채무를 이행할 수 없는 경우 비로소 제 기능을 다하게 된다. 이를 고려한다면, 심판대상조항이 파산절차가 진행되는 동안 발생한 지연이자를 포함한 원래의 내용에 따른 채무를 보증인에게 부담시킨다고 하여도 침해의 최소성에 위반된다고 할 수 없다. 보증인이 제한받는 재산권 정도가 보증을 신뢰하고 자금을 융통해준 파산채권자를 보호한다는 공익보다 더 크다고 할 수 없으므로 법익의 균형성도 인정된다. 심판대상조항은 과잉금지원칙에 반하여 보증인의 재산권을 침해한다고 할 수 없다(헌재 2023. 3. 23. 2021헌바183).

▶ **개성공단 전면중단 조치가 과잉금지원칙을 위반하여 청구인들의 영업의 자유와 재산권을 침해하는지**(소극) : 개성공단의 운영 중단은 북한의 핵개발에 대응하는 국제사회의 제재 방식에 부합하고, 철수조치를 통해 북한의 보복에 노출되는 국민의 수를 최소화할 수 있으므로, 개성공단 전면중단 조치는 국제평화 등을 위한 국제적 합의에 이바지하면서, 동시에 국민의 신변안전을 확보하기 위한 적합한 수단이 된다. 개성공단에서의 협력사업과 투자자산에 대한 보호는 지역적 특수성과 여건에 따른 한계가 있고, 개성공단의 운영 중단 후 관련 법령에 따라 상당 부분 피해지원도 이루어졌다. 개성공단 전면중단 조치로 개성공단에 투자한 청구인들이 입은 피해가 적지 않지만 그럼에도 불구하고 북한의 핵개발에 맞서 개성공단의 운영 중단을 통해 대한민국의 존립과 안전 등을 보장할 필요가 있다는 피청구인 대통령의 결정은 헌법이 대통령에게 부여한 권한 범위 내에서 정치적 책임을 지고 한 판단과 선택이며, 그 판단이 현저히 합리성을 결여한 것이거나 명백히 잘못된 것이라고 평가하기 어렵다. 따라서 개성공단 전면중단 조치는 과잉금지원칙을 위반하여 개성공단 투자기업인 청구인들의 영업의 자유와 재산권을 침해하지 아니한다(헌재 2022. 1. 27. 2016헌마364).

▶ **분묘기지권에 관한 관습법 중 "타인 소유의 토지에 소유자의 승낙 없이 분묘를 설치한 경우에는 20년간 평온 · 공연하게 그 분묘의 기지를 점유하면 지상권과 유사한 관습상의 물권인 분묘기지권을 시효로 취득하고, 이를 등기 없이 제3자에게 대항할 수 있다."는 부분 등이 과잉금지원칙에 위배되어 토지소유자의 재산권을 침해하는지**(소극) : 이 사건 관습법은 평온 · 공연한 점유를 요건으로 하고 있어 법률상 도저히 용인할 수 없는 분묘기지권의 시효취득 등을 배제하고 있고, 분묘기지권을 시효취득한 경우에도 분묘의 수호 · 관리에 필요한 상당한 범위 내에서만 인정되는 등 토지 소유자의 재산권 제한은 그 범위가 적절히 한정되어 있으며, 단지 원칙적으로 지료지급의무가 없다거나 분묘기지권의 존속기간에 제한이 없다는 사정만으로 이 사건 관습법이 필요한 정도를 넘어서는 과도한 재산권 제한이라고 보기는 어렵다. 분묘기지권은 조상숭배사상 및 부모에 대한 효사상을 기반으로 오랜 세월 우리의 관습으로 형성 · 유지되어 왔고 현행 민법 시행 이후에도 대법원 판결을 통해 일관되게 유지되어 왔는바, 이러한 전통문화의 보호 및 법률질서의 안정이라는 공익은 매우 중대하다. 따라서 이 사건 관습법은 과잉금지원칙에 위배되어 토지소유자의 재산권을 침해한다고 볼 수 없다(헌재 2020. 10. 29. 2017헌바208).

▶ **대구교육대학교 총장임용후보자선거 후보자가 제1차 투표에서 최종 환산득표율의 100분의 15 이상을 득표한 경우에만 기탁금의 반액을 반환하도록 하고 반환하지 않는 기탁금은 대학 발전기금에 귀속되도록 규정한 '대구교육대학교 총장임용후보자 선정규정' 제24조 제2항이 과잉금지원칙에 위배되어 청구인의 재산권을 침해하는지**(적극) : 이 사건 기탁금귀속조항에 따르면, 선거를 완주하여 성실성을 충분히 검증받은 후보는 물론, 최다 득표를 하여 총장임용후보자로 선정된 사람조차도 기탁금의 반액은 반환받지 못하게 된다. 이는 난립후보라고 할 수 없는 성실한 후보자들을 상대로도 기탁금의 발전기금 귀속을 일률적으로 강요함으로써 대학의 재정을 확충하는 것과 다름없다. 기탁금 반환 조건을 현재보다 완화하더라도 충분히 후보자의 난립을 방지하고 후보자의 성실성을 확보할 수 있음에도, 이 사건 기탁금귀속조항은 후보자의 성실성이나 노력 여하를 막론하고 기탁금의 절반은 반드시 대학 발전기금에 귀속되도록 하고 나머지 금액의 반환 조건조차 지나치게 까다롭게 규정하고 있다. 그러므로 이 사건 기탁금 귀속조항은 과잉금지원칙에 위반되어 청구인의 재산권을 침해한다(헌재 2021. 12. 23. 2019헌마825).

▶ **성매매에 제공되는 사실을 알면서 건물을 제공하는 행위를 처벌하는 성매매처벌법 제19조 제1항 제1호 부분이 과잉금지원칙에 위반하여 재산권을 침해하는지**(소극) : 이 사건 법률조항은 성매매, 성매매알선 등 행위를 근절하고, 성매매피해자의 인권을 보호하는 데에 이바지하고자 하는 것으로서 입법목적의 정당성이 인정되고, 성매매에 제공되는 사실을 알면서 건물을 제공함으로써 성매매와 성매매알선이 용이해지고 그로 인한 재산상의 이익은 성매매에 대한 건물제공의 유인 동기가 되므로, 이를 형사처벌하는 것은 입법목적을 달성하기 위한 적절한 수단이다. 한편, 우리 사회의 심각한 성매매 실태에 비추어 볼 때 건물제공행위로 인하여 성매매가 지속적으로 이루어지는 점, 직접 성매매를 알선한 자만 처벌해서는 성매매 근절에 한계가 있으며, 성매매는 그 자체가 유해한 범죄행위로서 그것을 용이하게 한 건물제공행위를 범죄행위로 보고 형사처벌을 택한 것이 결코 과도한 기본권 제한이라고 볼 수 없는 점, 청구인은 성매매가 아닌 다른 목적의 임대를 통해 당해 건물을 사용 · 수익하는 것이 충분히 가능한 반면, 성매매에 제공되는 사실을 알면서 건물을 제공하는 행위를 규제함으로써 보호하고자 하는 성매매 근절 등의 공익이 더 크고 중요하다는 점을 고려하면, 이 사건 법률조항이 과잉금지원칙에 위반하여 재산권을 침해한다고 할 수 없다(헌재 2012. 12. 27. 2011헌바235)

▶**사업시행자로 하여금 문화재 발굴비용 전부를 부담하도록 한 구 문화재보호법 제55조 제7항 제2문 등이 청구인의 재산권을 침해하는지**(소극) : 이 사건 법률조항은 건설공사 과정에서 매장문화재의 발굴로 인하여 문화재 훼손 위험을 야기한 사업시행자에게 원칙적으로 발굴경비를 부담시킴으로써, 각종 개발행위로 인한 무분별한 문화재 발굴로부터 매장문화재를 보호하는 것으로서 입법목적의 정당성, 방법의 적절성이 인정되고, 사업시행자가 발굴 조사비용을 감당하기 어렵다고 판단하는 경우에는 더 이상 사업시행에 나아가지 아니할 수 있고, 대통령령으로 정하는 경우에는 예외적으로 국가 등이 발굴비용을 부담할 수 있는 완화규정을 두고 있어 침해최소성 원칙, 법익 균형성 원칙에도 반하지 아니하므로, 과잉금지원칙에 위배되지 아니한다(헌재 2011. 7. 28. 2009헌바244).

▶**명의신탁자에 대하여 과징금을 부과하도록 규정한 구 부동산실명법 제5조 제1항 제1호가 재산권을 침해하는지**(소극) : 이 사건 법률조항은, 부동산등기제도를 악용한 투기·탈세·탈법행위 등 반사회적 행위를 방지하고 부동산거래의 정상화와 부동산가격의 안정을 도모하여 국민경제의 건전한 발전에 이바지하고자 제정된 부동산실명법의 실효성을 확보하기 위한 것으로 그 입법목적이 정당하고, 수단의 적합성 또한 인정된다. 또한 부동산실명법이 2002. 3. 30. 개정되면서 과징금 부과의 방식이 개선되어 실명등기의무를 위반한 자에 대하여 부동산가액의 100분의 30을 한도로 부동산평가액과 의무위반 경과기간을 각 3단계로 나누어 과징금의 부과비율을 달리하게 되었으며, 조세를 포탈하거나 법령에 의한 제한을 회피할 목적이 없었다는 점이 인정되면 산정된 과징금의 100분의 50으로 감경할 수도 있게 되었으므로 이 사건 법률조항에 따라 부과되는 과징금의 부과비율이 지나치게 고율이라고 보기는 어려워 침해의 최소성 원칙에 위배되지 아니한다. 그리고, 이 사건 법률조항에 따라 실명등기의무를 위반한 명의신탁자들은 과징금을 부과받는 불이익을 입게 되지만, 명의신탁행위로 발생할 수 있는 불법이익을 박탈하고, 실명등기의무의 이행을 강제하여 얻게 되는 공익이 훨씬 더 크다 할 것이므로 법익의 균형성원칙에도 위배되지 아니한다(헌재 2011. 12. 29. 2010헌바130).

▶**민법에 따라 등기를 하지 아니한 경우라도 부동산을 사실상 취득한 경우 그 취득물건의 소유자 또는 양수인을 취득자로 보도록 한 구 지방세법 제7조 제2항이 과잉금지원칙에 반하여 재산권을 침해하는지**(소극) : 심판대상조항이 부동산을 사실상 취득한 양수인에게 취득세를 부과하는 것은 조세공평과 조세정의를 실현하기 위한 것으로서, 심판대상조항에 의하더라도 양수인이 등기를 마치지 아니한 모든 경우가 아니라 사회통념상 대금의 거의 전부가 지급되었다고 볼 수 있는 경우에만 취득세를 부과하므로, 입법목적의 달성에 필요한 정도를 벗어났다고 보기 어렵다. 따라서 심판대상조항은 과잉금지원칙에 반하여 재산권을 침해한다고 볼 수 없다(헌재 2022. 3. 31. 2019헌바107).

▶**건축법을 위반한 건축주 등이 건축 허가권자로부터 위반건축물의 철거 등 시정명령을 받고도 그 이행을 하지 않는 경우 건축법 위반자에 대하여 시정명령 이행시까지 반복적으로 이행강제금을 부과할 수 있도록 규정한 건축법 제80조 제1항 및 제4항이 과잉금지원칙에 위배되어 건축법 위반자의 재산권을 침해하는지**(소극) : 개별사건에 있어서 위반 내용, 위반자의 시정의지 등을 감안하여 허가권자는 행정대집행과 이행강제금을 선택적으로 활용할 수 있고, 행정대집행과 이행강제금 부과가 동시에 이루어지는 것이 아니라 허가권자의 합리적인 재량에 의해 선택하여 활용하는 이상 이를 중첩적인 제재에 해당한다고 볼 수 없으며, 이행강제금은 위법건축물의 원상회복을 궁극적인 목적으로 하고, 그 궁극적인 목적을 달성하기 위해서는 위법건축물이 존재하는 한 계속하여 부과할 수밖에 없으며, 만약 통산 부과횟수나 통산 부과상한액의 제한을 두면 위반자에게 위법건축물의 현상을 고착할 수 있는 길을 열어 주게 됨으로써 이행강제금의 본래의 취지를 달성할 수 없게 되므로 이 사건 법률조항에서 이행강제금의 통산 부과횟수나 통산 부과상한액을 제한하는 규정을 두고 있지 않다고 하여 침해 최소성의 원칙에 반한다고 할 수는 없다. 그리고 이 사건 법률조항에 의하여 위반자는 위법건축물의 사용·수익·처분 등에 관한 권리가 제한되지만, 건축물의 안전과 기능, 미관을 향상시켜 공공복리의 증진을 도모하고자 하는 공익이 훨씬 크다고 할 것이므로, 이 사건 법률조항은 법익 균형성의 원칙에 위배되지 아니한다(헌재 2011. 10. 25. 2009헌바140).

▶ 개발제한구역 내에서 허가받지 않은 건축물을 건축하는 등 개발행위를 한 토지소유자에게 이행강제금을 부과한다고 규정한 '개발제한구역법' 제30조의2 제1항이 과잉금지원칙에 위배되어 토지소유자인 청구인들의 재산권을 침해하는지(소극) : 개발제한구역 내에서 이루어진 위법한 개발행위를 원상회복하기 위한 행정상 강제수단으로는 행정대집행과 이행강제금 부과가 있다. 대집행은 당사자의 의사와 무관하게 행해지고 당사자의 저항을 불러일으킬 수 있다는 점에서 당사자로 하여금 위법상태를 자발적으로 시정할 기회를 주고 그 방향으로 유도하는 이행강제금 부과를 우선 시행하는 것이 더 타당할 수 있다. 따라서 대집행이 가능한 경우 이행강제금을 부과하지 않는다는 제외규정을 두지 않았다고 하여 이행강제금 부과조항이 침해의 최소성을 위반하는 것은 아니다. 또한 이행강제금이 수차례 부과됨에 따라 이를 합산한 총액이 위법한 개발행위로 토지 소유자가 얻은 경제적 이익은 물론 위법건축물 자체의 객관적 가치를 넘어서는 경우도 발생할 수 있으나 만약 통산 부과횟수나 통산 부과상한액의 제한을 두면 토지 소유자로 하여금 위법한 상태를 유지할 수 있는 길을 열어주게 됨으로써 이행강제금의 본래의 취지를 달성할 수 없게 될 수 있다. 입법목적을 달성하기 위하여는 이행강제금을 반복적으로 부과하는 것이 필요하므로, 이행강제금 부과조항이 이행강제금의 통산 부과횟수나 통산 부과상한액을 제한하는 규정을 두고 있지 않더라도 침해의 최소성에 반한다고 할 수는 없다. 이행강제금 부과로 개발제한구역에서의 위법상태를 원상회복하도록 유도함으로써 개발제한구역의 취지인 도시주변의 자연환경을 보전한다는 공익은 중대한 반면, 그로 인하여 제한되는 사익은 위반행위자 등의 금전적 손실이 발생하는 것으로서, 이는 이행강제금 부과를 통해 실현하고자 하는 공익에 비해 크다고 보기 어렵다. 이를 종합하면, 이행강제금 부과조항은 과잉금지원칙을 위반하여 청구인들의 재산권을 침해한다고 할 수 없다(헌재 2023. 2. 23. 2019헌바550).

▶ 구 국민의료보험법 제41조 제1항의 보험급여 제한 사유에 고의와 중과실에 의한 범죄행위 이외에 경과실에 의한 범죄행위까지 포함되는 것으로 해석하는 것이 재산권에 대한 과도한 제한으로서 재산권을 침해하는지(적극) : 이 사건 법률조항은 보험급여의 제한 사유인 '범죄행위'에 고의나 중과실에 의한 것 이외에 경과실에 의한 것까지 포함하고 있는바, 고의·중과실을 제외한 경과실범의 경우에는 그 비난가능성이 상대적으로 낮으며 우연히 발생한 경과실에 의한 범죄행위에 기인한 보험사고에 대하여 보험급여를 하는 것이 의료보험의 공공성에 위반된다고 보기 어렵다. 보험재정의 공공성을 유지하기 위하여 범죄행위에 기인한 보험사고에 대하여 보험급여를 하지 않는 것은 고의범과 중과실범의 경우로 한정하면 충분하므로, 여기에서 더 나아가 경과실범에 의한 보험사고의 경우에까지 의료보험수급권을 부정하는 것은 기본권 제한에 있어서의 최소침해의 원칙에 어긋나며, 나아가 보호되는 공익에 비하여 침해되는 사익이 현저히 커서 법익균형의 원칙에도 어긋나므로 이는 재산권에 대한 과도한 제한으로서 헌법에 위반된다(헌재 2003. 12. 18. 2002헌바1 한정위헌).

▶ 국가에 대한 금전채권의 소멸시효기간을 5년으로 정하고 있는 예산회계법 제96조 제2항이 채권자의 재산권을 침해하여 헌법에 위반되는지(소극) : 국가채무에 대하여 단기소멸시효를 두는 것은 국가의 채권, 채무관계를 조기에 확정하고 예산 수립의 불안정성을 제거하여 국가재정을 합리적으로 운용하기 위한 것으로서 그 입법목적은 정당하며, 국가의 채무는 법률에 의하여 엄격하게 관리되므로 채무이행에 대한 신용도가 매우 높아 채무의 상환이 보장되고 채권자는 안정적인 지위에 있는 데 반해 채무자인 국가는 기한에 채권자의 청구가 있으리라는 예상을 하여 이를 예산에 반영하여야 하므로 법률상태가 조속히 확정되지 않음으로써 받는 불안정성이 상당하고 특히 불법행위로 인한 손해배상이나 구상금 채권과 같이 우연한 사고로 말미암아 발생하는 채권의 경우 그 발생을 예상하기 어려우므로 불안정성이 매우 크다. 게다가 국가에 대한 채권의 경우 민법상 단기시효기간이 적용되는 채권과 같이 일상적으로 빈번하게 발생하는 것이라 할 수 없고 일반사항에 관한 예산·회계관련 기록물들의 보존기간이 5년으로 되어 있는 점에 비추어 이 사건 법률조항에서 정한 5년의 단기시효기간이 채권자의 재산권을 본질적으로 침해할 정도로 지나치게 짧고 불합리하다고 볼 수 없다(헌재 2001. 4. 26. 99헌바37).

▶ **환매권의 발생기간을 제한하고 있는 '토지보상법' 제91조 제1항 중 '토지의 협의취득일 또는 수용의 개시일부터 10년 이내에' 부분이 재산권을 침해하는지**(적극) : 환매권의 발생기간을 제한한 것은 사업시행자의 지위나 이해관계인들의 토지이용에 관한 법률관계 안정, 토지의 사회경제적 이용 효율 제고, 사회일반에 돌아가야 할 개발이익이 원소유자에게 귀속되는 불합리 방지 등을 위한 것인데, 그 입법목적은 정당하고 이와 같은 제한은 입법목적 달성을 위한 유효적절한 방법이라 할 수 있다. 그러나 이 사건 법률조항의 환매권 발생기간 '10년'을 예외 없이 유지하게 되면 토지수용 등의 원인이 된 공익사업의 폐지 등으로 공공필요가 소멸하였음에도 단지 10년이 경과하였다는 사정만으로 환매권이 배제되는 결과가 초래될 수 있다. 다른 나라의 입법례에 비추어 보아도 발생기간을 제한하지 않거나 더 길게 규정하면서 행사기간 제한 또는 토지에 현저한 변경이 있을 때 환매거절권을 부여하는 등 보다 덜 침해적인 방법으로 입법목적을 달성하고 있다. 이 사건 법률조항은 침해의 최소성 원칙에 어긋난다. 이 사건 법률조항으로 제한되는 사익은 헌법상 재산권인 환매권의 발생 제한이고, 이 사건 법률조항으로 환매권이 발생하지 않는 경우에는 환매권 통지의무도 발생하지 않기 때문에 환매권 상실에 따른 손해배상도 받지 못하게 되므로, 사익 제한 정도가 상당히 크다. 그런데 이 사건 법률조항이 추구하고자 하는 공익은 원소유자의 사익침해 정도를 정당화할 정도로 크다고 보기 어려우므로, 법익의 균형성을 충족하지 못한다. 결국 이 사건 법률조항은 헌법 제37조 제2항에 반하여 재산권을 침해한다(헌재 2020. 11. 26. 2019헌바131 헌법불합치).

▶ **환매권의 행사기간을 수용일로부터 10년 이내로 제한한 구 토지수용법 제71조 제1항 중 환매권자는 "수용일로부터 10년" 이내 부분이 환매권자의 재산권을 침해하는지**(소극) : 사업시행자의 소유권 취득 당시로부터 일정 기간 내에 법률관계를 안정시킬 필요성과 수용일로부터 10년 이내라는 기간 설정의 적정성은 인정되며, 환매권의 발생기간과 행사기간을 동일하게 수용일로부터 10년 이내로 정함에 따라 그 기한에 임박한 시점에 환매권이 발생한 경우에도 또 다른 환매권의 행사기간인 "그 필요 없게 된 때로부터 1년"이 지나지 아니하였다면 환매권을 행사할 수 있다고 볼 수 있는바, 이러한 환매권 행사기간의 설정이 그 형성에 관한 입법재량을 일탈했다고 보기는 힘들다. 또한 환매권이 이미 발생하였다 하더라도 환매권자가 이를 알 때까지 언제까지나 계속 존속하고 있다면 여전히 법률관계의 안정이 어렵게 되고, 환매권자는 수용 당시에 이미 정당한 보상을 받았을 뿐만 아니라, 사업시행자가 통지 또는 공고의무를 위반한 경우에는 불법행위가 인정되어 환매권자의 손해가 전보됨에 비추어볼 때, 환매권자가 환매권의 발생사실을 알지 못한 경우를 별도로 고려하지 않고 일률적으로 수용일 또는 취득일을 기산점으로 하여 환매권의 행사기간을 정하였다 하더라도 환매권의 내용 형성에 관한 합리적인 입법재량의 범위를 일탈했다고 보기는 어렵다. 따라서, 이 사건 심판대상조항은 환매권자의 재산권을 침해하지 아니한다(헌재 2011. 3. 31. 2008헌바26).

▶ **토지의 협의취득 또는 수용 후 당해 공익사업이 다른 공익사업으로 변경되는 경우에 당해 토지의 원소유자 또는 그 포괄승계인의 환매권을 제한하고, 환매권 행사기간을 변환 고시일부터 기산하도록 한 공익사업법 제91조 제6항 전문이 과잉금지원칙에 위배되어 청구인의 재산권을 침해하는지**(소극) : 이 사건 법률조항은 수용된 토지가 애초의 사업목적이 폐지·변경되었다는 사유만으로 다른 공익사업을 위한 필요가 있음에도 예외 없이 원소유자에게 당해 토지를 반환하고 나서 다시 수용절차를 거칠 경우 발생할 수 있는 행정력 낭비를 막고 소유권 취득 지연에 따른 공익사업 시행에 차질이 없도록 하려는 것이므로, 입법목적이 정당하며, 이 사건 법률조항은 이를 위하여 적절한 수단이다. 이 사건 법률조항은 변환이 가능한 공익사업의 시행자와 사업의 종류를 한정하고 있고, 공익사업 변환을 하기 위해서는 적어도 새로운 공익사업이 공익사업법 제20조 제1항의 규정에 의해 사업인정을 받거나 다른 법률의 규정에 의해 사업인정을 받은 것으로 볼 수 있는 경우이어야 하며, 이 사건 법률조항에 의한 공익사업 변환을 토지수용과 마찬가지로 취급하여 반드시 환매권자를 위한 엄격하고 구체적인 규정을 둘 필요는 없으므로 침해의 최소성원칙에 반하지 아니한다. 이 사건 법률조항으로 인하여 제한되는 사익인 환매권은 이미 정당한 보상을 받은 소유자에게 수용된 토지가 목적 사업에 이용되지 않을 경우에 인정되는 것이고, 변환된 공익사업을 기준으로 다시 취득할 수 있어, 이 사건 법률조항으로 인하여 제한되는 사익이 이로써 달성할 수 있는 공익에 비하여 중하다고 할 수 없으므로, 이 사건 법률조항은 과잉금지원칙에 위배되어 청구인의 재산권을 침해한다고 할 수 없다(헌재 2012. 11. 29. 2011헌바49).

▶ **공익사업법 제91조 제4항 중 '토지의 가격이 취득일 당시에 비하여 현저히 상승한 경우 환매금액에 대한 협의가 성립하지 아니한 때에는 사업시행자로 하여금 환매금액의 증액을 청구할 수 있도록 한 부분'이 환매권자의 재산권을 침해하는지**(소극) : 이 사건 증액청구조항이 환매목적물인 토지의 가격이 통상적인 지가상승분을 넘어 현저히 상승하고 당사자 간 협의가 이루어지지 아니할 경우에 한하여 환매금액의 증액청구를 허용하고 있는 점, 환매권의 내용에 토지가 취득되지 아니하였다면 원소유자가 누렸을 법적 지위의 회복을 요구할 권리가 포함된다고 볼 수 없는 점, 개발이익은 토지의 취득 당시의 객관적 가치에 포함된다고 볼 수 없는 점, 환매권자가 증액된 환매금액의 지급의무를 부담하게 될 것을 우려하여 환매권을 행사하지 못하더라도 이는 사실상의 제약에 불과한 점 등에 비추어 볼 때, 위 조항이 재산권의 내용에 관한 입법형성권의 한계를 일탈하여 환매권자의 재산권을 침해한다고 볼 수 없다(헌재 2016. 9. 29. 2014헌바400).

▶ **피상속인에 대한 부양의무를 이행하지 않은 직계존속의 경우를 상속결격사유로 규정하지 않은 민법 제1004조가 청구인의 재산권을 침해하는지**(소극) : 심판대상조항은 일정한 형사상의 범죄행위와 유언의 자유를 침해하는 부정행위 등 5가지를 상속결격사유로 한정적으로 열거하고 있는데, 이는 극히 예외적인 경우를 제외하고는 상속인의 상속권을 보호함과 동시에 상속결격여부를 둘러싼 분쟁을 방지하고, 상속으로 인한 법률관계를 조속히 확정시키기 위함이다. 부양의무의 이행과 상속은 서로 대응하는 개념이 아니어서, 법정상속인이 피상속인에 대한 부양의무를 이행하지 않았다고 하여 상속인의 지위를 박탈당하는 것도 아니고, 반대로 법정상속인이 아닌 사람이 피상속인을 부양하였다고 하여 상속인이 되는 것도 아니다. 나아가 민법은 유언이나 기여분 제도를 통하여 피상속인의 의사나 피상속인에 대한 부양의무 이행 여부 등을 구체적인 상속분 산정에서 고려할 수 있는 장치를 이미 마련하고 있는 점들을 고려하면, 심판대상조항이 피상속인에 대한 부양의무를 이행하지 않은 직계존속의 경우를 상속결격사유로 규정하지 않았다고 하더라도 이것이 입법형성권의 한계를 일탈하여 다른 상속인인 청구인의 재산권을 침해한다고 보기 어렵다(헌재 2018. 2. 22. 2017헌바59).

▶ **피상속인의 4촌 이내의 방계혈족을 4순위 법정상속인으로 규정하고 있는 민법 제1000조 제1항 제4호가 피상속인의 4촌 이내의 방계혈족의 재산권 및 사적 자치권을 침해하는지**(소극) : 심판대상조항은 피상속인의 4촌 이내의 방계혈족을 상속인의 범위에 포함시키되 그 순위를 피상속인의 직계비속·직계존속 및 형제자매에 이어 4순위로 정하고 있을 뿐, 피상속인의 4촌 이내의 방계혈족에게 상속의 효과를 확정적으로 귀속시키지는 아니한다. 민법은 제1019조 내지 제1021조에서 상속의 효과를 귀속 받을지 여부에 관한 상속인의 선택권을 보장하고 상속인에게 불측의 부담이 부과되는 것을 막는 법적 장치를 마련하고 있다. 그렇다면 입법자가 피상속인의 4촌 이내의 방계혈족을 일률적으로 4순위 법정상속인으로 규정한 것이 자의적인 입법형성권의 행사라고 보기 어렵고, 구체적 사안에서 피상속인의 4촌 이내의 방계혈족이 개인적 사정으로 고려기간 내에 상속포기를 하지 못하여 피상속인의 채무를 변제하게 되는 경우가 발생할 수 있다는 이유만으로 심판대상조항이 입법형성권의 한계를 일탈하였다고 볼 수도 없다(헌재 2020. 2. 27. 2018헌가11).

▶ **배우자 상속공제를 인정받기 위한 요건으로 배우자상속재산분할기한까지 배우자의 상속재산을 분할하여 신고할 것을 요하고 있는 상속세 및 증여세법 제19조 제2항이 상속인들의 재산권과 평등권을 침해하는지**(적극) : 이 사건 법률조항은 피상속인의 배우자가 상속공제를 받은 후에 상속재산을 상속인들에게 이전하는 방법으로 부의 무상이전을 시도하는 것을 방지하고 상속세에 대한 조세법률관계를 조기에 확정하기 위한 정당한 입법목적을 가진 것이나, 상속재산분할심판과 같이 상속에 대한 실체적 분쟁이 계속 중이어서 법정기한 내에 재산분할을 마치기 어려운 부득이한 사정이 있는 경우, 후발적 경정청구 등에 의해 그러한 심판의 결과를 상속세 산정에 추후 반영할 길을 열어두지도 않은 채, 위 기한이 경과하면 일률적으로 배우자 상속공제를 부인함으로써 비례원칙에 위배되어 청구인들의 재산권을 침해하고, 나아가 소송계속 등 부득이한 사유로 법정기한 내에 상속분할을 마치지 못한 상속인들을 그렇지 아니한 자와 동일하게 취급하는 것으로서 그 차별의 합리성이 없으므로 청구인들의 평등권을 침해한다(헌재 2012. 5. 31. 2009헌바190 헌법불합치).

▶ **상속회복청구권의 행사기간을 상속 개시일로부터 10년으로 제한한 것이 재산권 등을 침해하는지**(적극) : 상속회복청구권은 진정상속인으로 하여금 참칭상속인을 배제하고 상속권의 내용을 실현할 수 있게 함으로써 진정상속인을 보호하기 위한 권리인바, 상속회복청구권에 대하여 '상속 개시일부터 10년'이라는 단기의 행사기간을 규정함으로 인하여, 위 기간이 경과된 후에는 진정한 상속인은 상속인으로서의 지위와 함께 상속에 의하여 승계한 개개의 권리의무도 총괄적으로 상실하여 참칭상속인을 상대로 재판상 그 권리를 주장할 수 없고, 오히려 그 반사적 효과로서 참칭상속인의 지위는 확정되어 참칭상속인이 상속개시의 시점으로부터 소급하여 상속인으로서의 지위를 취득하게 되므로, 이는 진정상속인의 권리를 심히 제한하여 기본권 제한의 한계를 넘어 헌법상 보장된 상속인의 재산권, 행복추구권, 재판청구권 등을 침해하고 평등원칙에 위배된다(헌재 2001. 7. 19. 99헌바9).

▶ **상속인이 상속개시 있음을 안 날로부터 3월내에 한정승인이나 포기를 하지 아니한 때에는 단순승인을 한 것으로 보는 민법 제1026조 제2호가 재산권과 사적자치권을 침해하는지**(적극) : 상속인이 귀책사유없이 상속채무가 적극재산을 초과하는 사실을 알지 못하여 상속개시 있음을 안 날로부터 3월내에 한정승인 또는 포기를 하지 못한 경우에도 단순승인을 한 것으로 보는 민법 제1026조 제2호는 기본권제한의 입법한계를 일탈한 것으로 재산권을 보장한 헌법 제23조 제1항, 사적자치권을 보장한 헌법 제10조에 위반된다(헌재 1998. 8. 27. 96헌가22 헌법불합치).

▶ **자필증서에 의한 유언의 방식으로 전문과 성명의 자서에 더하여 '날인'을 요구하고 있는 민법 제1066조 제1항 부분이 유언자의 재산권과 일반적 행동자유권을 침해하는지**(소극) : 이 사건 법률조항 부분은 유언자의 사망 후 그 진의를 확보하고, 상속재산을 둘러싼 이해 당사자들 사이의 법적 분쟁과 혼란을 예방하여 법적 안정성을 도모하며, 상속제도를 건전하게 보호하기 위한 것으로서 그 입법목적은 정당하고, 입법목적을 달성할 수 있는 적절한 수단이다. 한편, 동양문화권인 우리나라에는 법률행위에 있어서 인장을 사용하는 오랜 법의식 내지 관행이 존재하는바, 이 사건 법률조항 부분은 이와 같은 법의식 내지 관행에 비추어 성명의 자서만으로는 입법목적을 달성하기에 부족하다는 고려에 입각하고 있으므로 성명의 자서 외에 날인이라는 동일한 기능을 가진 두 가지 방식을 불필요하게 중복적으로 요구하는 것으로 볼 수는 없다. 나아가 유언자로서는 무인을 통하여 인장을 쉽게 대체할 수 있고, 민법이 마련하고 있는 다른 방식의 유언을 선택하여 유증을 할 수 있는 기회가 열려 있으며, 생전에 수증자와 낙성·불요식의 사인증여 계약을 체결함으로써 원하는 바를 달성할 수도 있으므로, 날인을 요구하는 것은 기본권침해의 최소성원칙에 위반되지 않을 뿐 아니라 법익균형성의 요건도 갖추고 있다(헌재 2008. 3. 27. 2006헌바82).

2. 소급입법에 의한 재산권 박탈의 금지

> **헌법 제13조**
> ② 모든 국민은 소급입법에 의하여 참정권의 제한을 받거나 재산권을 박탈당하지 아니한다.

헌법 제13조 제2항은 소급입법에 의한 재산권의 박탈을 금지하고 있다. 기존의 법에 따라 형성되어 이미 굳어진 개인의 법적 지위를 사후입법을 통하여 박탈하는 것 등을 내용으로 하는 소급입법은 개인의 신뢰보호와 법적 안정성을 내용으로 하는 법치국가원리에 의하여 특단의 사정이 없는 한 헌법적으로 허용되지 아니하는 것이 원칙이다. 다만 일반적으로 국민이 소급입법을 예상할 수 있었거나 법적 상태가 불확실하고 혼란스러워 보호할 만한 신뢰이익이 적은 경우와 소급입법에 따른 당사자의 손실이 없거나 아주 경미한 경우 그리고 신뢰보호의 요청에 우선하는 심히 중대한 공익상의 사유가 소급입법을 정당화하는 경우 등에는 예외적으로 허용된다(헌재 1999. 7. 22. 97헌바76).

판례

▶ **헌법 제13조 제2항이 금하고 있는 소급입법**: 헌법 제13조 제2항이 금하고 있는 소급입법은 진정소급효를 가지는 법률만을 의미하는 것으로서 이에 반하여 부진정소급효의 입법은 원칙적으로 허용되는 것이다. 다만 부진정소급효를 가지는 입법에 있어서도 소급효를 요구하는 공익상의 사유와 신뢰보호의 요청 사이의 비교형량 과정에서 신뢰보호의 관점이 입법자의 형성권에 제한을 가하게 된다(헌재 2005. 6. 30. 2004헌바42).

▶ **1945. 8. 9. 이후 성립된 거래를 전부 무효로 한 재조선미국육군사령부군정청 법령 제2호 제4조 본문과 1945. 8. 9. 이후 일본 국민이 소유하거나 관리하는 재산을 1945. 9. 25.자로 전부 미군정청이 취득하도록 정한 재조선미국육군사령부군정청 법령 제33호 제2조 전단 부분이 진정소급입법으로서 헌법 제13조 제2항에 반하는지**(소극): 심판대상조항은 진정소급입법에 해당하지만 진정소급입법이라 할지라도 예외적으로 법적 상태가 불확실하고 혼란스러웠거나 하여 보호할 만한 신뢰의 이익이 적은 경우나 신뢰보호의 요청에 우선하는 심히 중대한 공익상의 사유가 소급입법을 정당화하는 경우에는 허용될 수 있다. 1945. 8. 9.은 일본의 패망이 기정사실화된 시점으로, 그 이후 남한 내에 미군정이 수립되고 일본인의 사유재산에 대한 동결 및 귀속조치가 이루어지기까지 법적 상태는 매우 불확실하고 혼란스러웠으므로 1945. 8. 9. 이후 조선에 남아 있던 일본인들이 일본의 패망과 미군정의 수립에도 불구하고 그들이 한반도 내에서 소유하거나 관리하던 재산을 자유롭게 거래하거나 처분할 수 있다고 신뢰하였다 하더라도 그러한 신뢰가 헌법적으로 보호할 만한 가치가 있는 신뢰라고 보기 어렵다. 일본인들이 불법적인 한일병합조약을 통하여 조선 내에서 축적한 재산을 1945. 8. 9. 상태 그대로 일괄 동결시키고 그 산일과 훼손을 방지하여 향후 수립될 대한민국에 이양한다는 공익은, 한반도 내의 사유재산을 자유롭게 처분하고 일본 본토로 철수하고자 하였던 일본인이나, 일본의 패망 직후 일본인으로부터 재산을 매수한 한국인들에 대한 신뢰보호의 요청보다 훨씬 더 중대하다. 심판대상조항은 소급입법금지원칙에 대한 예외로서 헌법 제13조 제2항에 위반되지 아니한다(헌재 2021. 1. 28. 2018헌바88).

▶ **2009. 12. 31. 공무원이 '직무와 관련 없는 과실로 인한 경우' 및 '소속상관의 정당한 직무상의 명령에 따르다가 과실로 인한 경우'를 제외하고 재직 중의 사유로 금고 이상의 형을 받은 경우, 퇴직급여 등을 감액하도록 규정한 공무원연금 제64조 제1항 제1호를 2009. 1. 1.까지 소급하여 적용하도록 규정한 공무원연금법 부칙 제1조 단서 등이 소급입법금지원칙에 위배되는지**(적극): 이 사건 부칙조항은 이미 이행기가 도래하여 청구인들이 퇴직연금을 모두 수령한 부분까지 사후적으로 소급하여 적용되는 것으로서 헌법 제13조 제2항에 의하여 원칙적으로 금지되는 이미 완성된 사실·법률관계를 규율하는 소급입법에 해당한다. 헌법재판소의 헌법불합치결정에 따라 개선입법이 이루어질 것이 미리 예정되어 있기는 하였으나 그 결정이 내려진 2007. 3. 29.부터 잠정적용시한인 2008. 12. 31.까지 상당한 시간적 여유가 있었는데도 국회에서 개선입법이 이루어지지 아니하였다. 그에 따라 청구인들이 2009. 1. 1.부터 2009. 12. 31.까지 퇴직연금을 전부 지급받았는데 이는 전적으로 또는 상당 부분 국회가 개선입법을 하지 않은 것에 기인한 것이다. 그럼에도 이미 받은 퇴직연금 등을 환수하는 것은 국가기관의 잘못으로 인한 법집행의 책임을 퇴직공무원들에게 전가시키는 것이며, 퇴직급여를 소급적으로 환수당하지 않을 것에 대한 청구인들의 신뢰이익이 적다고 할 수도 없다. 이 사건 부칙조항으로 달성하려는 공무원범죄의 예방, 공무원의 성실근무 유도, 공무원에 대한 국민의 신뢰 제고, 제재의 실효성 확보 등은 범죄를 저지른 공무원을 당연퇴직시키거나, 장래 지급될 퇴직연금을 감액하는 방법으로 충분히 달성할 수 있고, 이 사건 부칙조항으로 보전되는 공무원연금의 재정규모도 그리 크지 않을 것으로 보이는 반면, 헌법불합치결정에 대한 입법자의 입법개선의무의 준수, 신속한 입법절차를 통한 법률관계의 안정 등은 중요한 공익상의 사유라고 볼 수 있다. 따라서 이 사건 부칙조항은 헌법 제13조 제2항에서 금지하는 소급입법에 해당하며 예외적으로 소급입법이 허용되는 경우에도 해당하지 아니하므로, 소급입법금지원칙에 위반하여 청구인들의 재산권을 침해한다(헌재 2013. 8. 29. 2010헌바354).

▶ **종래 인정되던 관행어업권에 대하여 2년 이내에 등록하여야 입어할 수 있도록 한 이 사건 법률조항이 소급입법에 의하여 재산권을 박탈하는 규정에 해당하는지**(소극): 이 사건 심판대상조항은 구 수산업법의 시행일 이전까지 존재하던 관행어업권에 관하여 규율하는바 없이 장래에 대하여 관행어업권의 행사방법에 관하여 규제할 뿐이므로 그 규정의 법적 효과가 시행일 이전의 시점에까지 미친다고 할 수 없다. 그리고 이 사건 심판대상조항은 종전의 수산업법에 의하여 인정되던 관행어업권을 일방적으로 박탈하는 것이 아니고, 일정한 기간 내에 등록만 하면 관행어업권을 인정하여 주는 것이므로 이를 가리켜 재산권을 소급적으로 박탈하는 규정이라고 할 수 없고, 다만 그 행사방법을 변경 내지 제한하는 규정이라고 할 것이다(헌재 1999. 7. 22. 97헌바76).

▶ 임차인의 계약갱신요구권 행사 기간을 10년으로 규정한 '상가건물 임대차보호법' 제10조 제2항을 개정법 시행 후 갱신되는 임대차에 대하여도 적용하도록 규정한 '상가건물 임대차보호법' 부칙 제2조 부분이 소급입법금지원칙에 위배되어 임대인의 재산권을 침해하는지(소극) : 개정법조항은 구 '상가건물 임대차보호법' 제10조 제2항에서 5년으로 정하고 있던 임차인의 계약갱신요구권 행사 기간을 10년으로 연장하였고, 이 사건 부칙조항은 개정법조항을 개정법 시행 후 갱신되는 임대차에도 적용한다. '개정법 시행 후 갱신되는 임대차'에는 구법조항에 따른 의무임대차기간이 경과하여 임대차가 갱신되지 않고 기간만료 등으로 종료되는 경우는 제외되고 구법조항에 따르더라도 여전히 갱신될 수 있는 경우만 포함되므로, 이 사건 부칙조항은 아직 진행과정에 있는 사안을 규율대상으로 한다. 따라서 헌법 제13조 제2항이 말하는 소급입법에 의한 재산권침해는 문제되지 않는다(헌재 2021. 10. 28. 2019헌마106).

3. 조세부과의 한계

헌법 제23조 제1항이 보장하고 있는 사유재산권은 사유재산에 관한 임의적인 이용, 수익, 처분권을 본질로 하기 때문에 사유재산의 처분금지를 내용으로 하는 입법조치는 원칙으로 재산권에 관한 입법형성권의 한계를 일탈하는 것이고, 조세의 부과·징수는 국민의 납세의무에 기초하는 것으로서 원칙으로 재산권의 침해가 되지 않지만 그로 인하여 납세의무자의 사유재산에 관한 이용, 수익, 처분권이 중대한 제한을 받게 되는 경우에는 그것도 재산권의 침해가 될 수 있다(헌재 1997. 12. 24. 96헌가19).

4. 부담금부과의 한계

(1) 부담금의 의의

부담금이란 특별한 행정적 과제를 수행하기 위하여 부과되는 공과금을 말하는 것으로 공적기관에 의한 반대급부가 보장되지 않는 금전급부의무를 설정하는 것이라는 점에서 조세와 유사하나, 조세는 국가 등의 일반적 과제의 수행을 위한 것으로서 담세능력이 있는 일반국민에 대해 부과되지만, 부담금은 특별한 과제의 수행을 위한 것으로서 당해 공익사업과 일정한 관련성이 있는 특정 부류의 사람들에 대해서만 부과되는 점에서 차이가 있다(헌재 2004. 7. 15. 2002헌바42).

🔨 판례

▶ 조세와 부담금의 구별기준 : 어떤 공과금이 조세인지 아니면 부담금인지는 단순히 법률에서 그것을 무엇으로 성격 규정하고 있느냐를 기준으로 할 것이 아니라, 그 실질적인 내용을 결정적인 기준으로 삼아야 한다(헌재 2004. 7. 15. 2002헌바42).

(2) 부담금의 종류

1) 재정조달목적 부담금

순수하게 재정조달의 목적만 가지는 재정조달목적 부담금은 공적 과제가 부담금 수입의 지출 단계에서 비로소 실현된다(헌재 2022. 6. 30. 2019헌바440).

2) 정책실현목적 부담금

재정조달의 목적뿐만 아니라 부담금 부과 자체로 추구되는 특정한 사회·경제정책을 실현하기 위한 정책실현목적 부담금은 공적 과제의 전부 혹은 일부가 부담금의 부과 단계에서 이미 실현된다. 이러한 정책실현목적 부담금은 a) 부담금이라는 경제적 부담을 지우는 것 자체가 국민의 행위를 일정한 정책적 방향으로 유도하는 수단이 되는 '유도적 부담금'과 b) 특정한 공법적 의무를 이행하지 않은 사람과 그것을 이행한 사람 사이 혹은 공공의 출연(出捐)으로부터 특별한 이익을 얻은 사람과 그 외의 사람 사이에 발생하는 형평성 문제를 조정하는 수단이 되는 '조정적 부담금'으로 구별할 수 있다(헌재 2022. 6. 30. 2019헌바440).

(3) 부담금의 헌법적 정당화 요건

1) 재정조달목적 부담금

부담금은 조세에 대한 관계에서 어디까지나 예외적으로만 인정되어야 하며, 어떤 공적 과제에 관한 재정조달을 조세로 할 것인지 아니면 부담금으로 할 것인지에 관하여 입법자의 자유로운 선택권을 허용하여서는 안 된다. 부담금 납부의무자는 재정조달 대상인 공적 과제에 대하여 일반국민에 비해 '특별히 밀접한 관련성'을 가져야 하며, 부담금이 장기적으로 유지되는 경우에 있어서는 그 징수의 타당성이나 적정성이 입법자에 의해 지속적으로 심사될 것이 요구된다(헌재 2004. 7. 15. 2002헌바42).

> 🔎 **판례**
>
> ▶**특별히 밀접한 관련성** : '특별히 밀접한 관련성' 요건은 납부의무자들이 일반인과 구별되는 동질성을 지니고 있고 이들 집단에게 당해 과제에 관한 특별한 재정책임이 인정되며 주로 그 부담금 수입이 납부의무자 집단에게 유용하게 사용될 때 용이하게 인정될 수 있다(헌재 2008. 9. 25. 2007헌가1).

2) 정책실현목적 부담금

정책실현목적 부담금은 부담금의 정당화 요건 중 '재정조달 대상인 공적 과제와 납부의무자 집단 사이에 존재하는 관련성' 자체보다 '재정조달 이전 단계에서 추구되는 특정 사회적·경제적 정책목적과 부담금의 부과 사이에 존재하는 상관관계'가 더 중요한 의미를 지닌다(헌재 2022. 6. 30. 2019헌바440).

> 🔎 **판례**
>
> ▶**정책실현목적 부담금의 특징** : 정책실현목적 부담금의 경우 조세의 우선적 지위가 인정되지 않고, 납부의무자와 공적 과제와의 특별히 밀접한 관련성을 요하지 않는다(헌재 2004. 7. 15. 2002헌바42).

(4) 부담금 부과의 한계

부담금은 국민의 재산권을 제한하는 성격을 가지고 있으므로 부담금을 부과함에 있어서도 '평등원칙'이나 '비례성원칙'과 같은 재산권 제한 입법의 한계 역시 준수되어야 한다(헌재 2008. 9. 25. 2007헌가1).

> 🔎 **판례**
>
> ▶경유를 연료로 사용하는 자동차의 소유자로부터 환경개선부담금을 부과·징수하도록 정한 환경개선비용 부담법 제9조 제1항이 휘발유를 연료로 사용하는 자동차의 소유자에 비해 차별하여 평등원칙에 위반되는지 여부(소극) : 경유차는 휘발유차에 비해 미세먼지, 초미세먼지, 질소산화물 등 대기오염물질을 훨씬 더 많이 배출하는 것으로 조사되고 있고, 경유차가 초래하는 환경피해비용 또한 휘발유차에 비해 월등히 높은 것으로 연구되고 있다. 입법자는 이와 같은 과학적 조사·연구결과 등을 토대로 자동차의 운행으로 인한 대기오염물질 및 환경피해비용을 저감하기 위해서는 환경개선부담금의 부과를 통해 휘발유차보다 경유차의 소유·운행을 억제하는 것이 더 효과적이라고 판단한 것으로 보이고, 위와 같은 입법자의 판단은 합리적인 이유가 인정되므로, 이 사건 법률조항은 평등원칙에 위반되지 아니한다(헌재 2022. 6. 30. 2019헌바440).

▶ **주택재개발사업과 주택재건축사업이 개발이익 환수의 필요성 측면에서 본질적으로 동일함에도, '재건축초과이익 환수에 관한 법률' 제3조 등이 주택재건축사업만을 재건축부담금의 부과대상으로 삼고 있으므로 평등원칙에 위반되는지**(소극) : 주택재건축사업은 기본적으로 정비기반시설이 양호한 지역에서 불량·노후한 주택을 소유자 스스로 개선하여 주거생활의 질을 높이고자 하는 목적으로 추진되는 것이고, 주택재개발 사업시행자는 정비구역 안에 도로·상하수도·공원 등의 정비기반시설을 설치하여야 하고 그 비용은 원칙적으로 주택재개발 사업시행자가 부담하도록 하고 있는바, 정비기반시설이 양호한지 여부가 주택재건축사업과 주택재개발사업의 주된 차이라는 점에 비추어 보면, 주택재개발사업의 경우 그 사업시행자가 정비기반시설의 설치에 상대적으로 더 큰 부담을 지게 된다. 따라서 주택재개발사업의 경우 정비기반시설의 설치비용을 부담하는 방식으로 개발이익환수가 일부 이루어지는 측면이 있다. 결국 주택재개발사업과 주택재건축사업은 그 사업목적과 대상, 강제성의 정도, 구체적인 사업의 시행방식 및 절차, 개발이익 환수의 방식과 정도가 모두 다르다고 할 것이어서, 개발이익 환수의 필요성 측면에서 주택재건축사업과 주택재개발사업이 동일하다고 볼 수 없다. 그렇다면 주택재건축사업과 주택재개발사업은 이 사건 재건축부담금 부과와 관련하여 헌법적으로 의미 있는 비교집단이라고 볼 수 없으므로, 주택재개발사업이 아닌 주택재건축사업에 한하여 재건축부담금을 부과하도록 한 이 사건 환수조항 등은 헌법상 평등원칙에 위반된다고 할 수 없다(헌재 2019. 12. 27. 2014헌바381).

▶ **회원제로 운영하는 골프장 시설의 입장료에 대한 부가금을 규정하고 있는 국민체육진흥법 제20조 제1항 제3호가 헌법상 평등원칙에 위배되는지**(적극) : 심판대상조항에 의한 부가금의 납부의무자는 골프장 부가금 징수 대상 시설의 이용자로 한정된다. 이들은 여러 체육시설 가운데 회원제로 운영되는 골프장을 이용하는 집단이라는 점에서 동질적인 특정 요소를 갖추고 있다. 그러나 광범위한 목표를 바탕으로 다양한 규율 내용을 수반하는 '국민체육의 진흥'이라는 공적 과제에 국민 중 어느 집단이 특별히 더 근접한다고 자리매김하는 것은 무리한 일이다. 골프 이외에도 많은 비용이 필요한 체육 활동이 적지 않을뿐더러, 체육시설 이용 비용의 다과(多寡)에 따라 '국민체육의 진흥'이라는 공적 과제에 대한 객관적 근접성의 정도가 달라진다고 단정할 수도 없다. 심판대상조항이 규정하고 있는 골프장 부가금은 일반 국민에 비해 특별히 객관적으로 밀접한 관련성을 가진다고 볼 수 없는 골프장 부가금 징수 대상 시설 이용자들을 대상으로 하는 것으로서 합리적 이유가 없는 차별을 초래하므로, 헌법상 평등원칙에 위배된다(헌재 2019. 12. 27. 2017헌가21).

▶ **한강을 취수원으로 한 수돗물의 최종수요자에게 물이용부담금을 부과하는 한강수계법 제19조 제1항 본문 부분이 물이용부담금 납부의무자의 평등원칙에 위배되는지**(소극) : 부담금의 선별적 부과라는 차별에 합리성이 있는지 여부는 그것이 행위 형식의 남용으로서 부담금의 헌법적 정당화 요건을 갖추었는지 여부와 관련이 있는데, 한강 수질개선이라는 공적과제와 부담금 납부대상자 사이에 특별히 밀접한 관련성을 인정할 수 있으므로 물이용부담금의 부과는 헌법적 정당화 요건을 갖추었다. 따라서 물이용부담금의 납부의무자 집단을 선정하면서 한강 하류지역의 수돗물 최종수요자를 납부의무자로 정한 부담금부과조항이 평등원칙에 위배된다고 볼 수 없다(헌재 2020. 8. 28. 2018헌바425).

Ⅳ **공용수용**

> **헌법 제23조**
> ③ 공공필요에 의한 재산권의 수용·사용 또는 제한 및 그에 대한 보상은 법률로써 하되, 정당한 보상을 지급하여야 한다.

1. 공공수용의 의의

공용수용이란 특정한 공익사업의 시행을 위하여 법률에 의거하여 타인의 토지 등의 재산권을 강제적으로 취득하는 제도를 말한다. 공용수용의 목적은 특정한 공익사업을 위한 재산권의 강제적 취득이고, 공익사업의 범위는 법률에 의해서 정해진다(헌재 1995. 2. 23. 92헌바14).

2. 공용수용의 요건

(1) 헌법 제23조 제3항의 취지

헌법 제23조 제3항의 근본 취지는 우리 헌법이 사유재산제도의 보장이라는 기조 위에서 원칙적으로 모든 국민의 구체적 재산권의 자유로운 이용·수익·처분을 보장하면서 공공필요에 의한 재산권의 수용·사용 또는 제한은 헌법이 규정하는 요건을 갖춘 경우에만 예외적으로 허용한다는 것으로 해석된다. 이와 같은 근본 취지에 비추어 볼 때, 공공필요에 의한 재산권의 공권력적, 강제적 박탈을 의미하는 공용수용은 헌법상의 재산권 보장의 요청상 불가피한 최소한에 그쳐야 한다(헌재 2014. 10. 30. 2011헌바172).

(2) 공공필요

1) 의의

헌법재판소는 헌법 제23조 제3항에서 규정하고 있는 공공필요의 의미를 국민의 재산권을 그 의사에 반하여 강제적으로라도 취득해야 할 공익적 필요성으로 해석하여 왔다. 즉 공공필요의 개념은 '공익성'과 '필요성'이라는 요소로 구성되어 있다(헌재 2014. 10. 30. 2011헌바172).

2) 공익성

공용수용이 허용될 수 있는 공익성을 가진 사업의 범위는 사업시행자와 토지소유자 등의 이해가 상반되는 중요한 사항으로서, 공용수용에 대한 법률유보의 원칙에 따라 법률에서 명확히 규정되어야 한다. 공공의 이익에 도움이 되는 사업이라도 '공익사업'으로 실정법에 열거되어 있지 않은 사업은 공용수용이 허용될 수 없다. 오늘날 공익사업의 범위가 확대되는 경향에 대응하여 재산권의 존속보장과의 조화를 위해서는 공공필요의 요건에 관하여, 공익성은 추상적인 공익 일반 또는 국가의 이익 이상의 중대한 공익을 요구하므로 기본권 일반의 제한사유인 공공복리보다 좁게 보는 것이 타당하다(헌재 2014. 10. 30. 2011헌바172).

3) 필요성

헌법적 요청에 의한 수용이라 하더라도 국민의 재산을 그 의사에 반하여 강제적으로라도 취득해야 할 정도의 필요성이 인정되어야 하고, 그 필요성이 인정되기 위해서는 공용수용을 통하여 달성하려는 공익과 그로 인하여 재산권을 침해당하는 사인의 이익 사이의 형량에서 사인의 재산권침해를 정당화할 정도의 공익의 우월성이 인정되어야 한다(헌재 2014. 10. 30. 2011헌바172).

> **판례**
>
> ▶ **공공의 필요성에 대한 심사기준**: 헌법 제23조 제3항 공용수용의 요건 중 '공공의 필요성'에 대한 심사는 실질적으로 헌법 제37조 제2항의 과잉금지원칙에 따라 이루어져야 한다(헌재 2006. 7. 27. 2003헌바18).
>
> ▶ **고급골프장 사업과 같이 공익성이 낮은 사업에 대해서까지도 시행자인 민간개발자에게 수용권한을 부여하는 구 '지역균형개발 및 지방중소기업 육성에 관한 법률' 제19조 제1항 등이 헌법 제23조 제3항에 위배되는지**(적극): 이 사건에서 문제된 지구개발사업의 하나인 '관광휴양지 조성사업' 중에는 고급골프장, 고급리조트 등의 사업과 같이 입법목적에 대한 기여도가 낮을 뿐만 아니라, 대중의 이용·접근가능성이 작아 공익성이 낮은 사업도 있다. 또한 고급골프장 등 사업은 그 특성상 사업 운영 과정에서 발생하는 지방세수 확보와 지역경제 활성화는 부수적인 공익일 뿐이고, 이 정도의 공익이 그 사업으로 인하여 강제수용 당하는 주민들의 기본권침해를 정당화할 정도로 우월하다고 볼 수는 없다. 따라서 이 사건 법률조항은 공익적 필요성이 인정되기 어려운 민간개발자의 지구개발사업을 위해서까지 공공수용이 허용될 수 있는 가능성을 열어두고 있어 헌법 제23조 제3항에 위반된다(헌재 2014. 10. 30. 2011헌바172 헌법불합치).

(3) 법률에 의거한 제한

1) 법률에 근거

헌법 제23조 제3항은 "공공필요에 의한 재산권의 수용·사용 또는 제한 및 그에 대한 보상은 법률로써 한다"라고 규정하고 있고 이는 법치주의 이념상 너무도 당연한 규정이다. 다만 위와 같은 사항을 대통령령에 위임할 수 있다(헌재 1994. 6. 30. 92헌가18).

> **⚖ 판례**
>
> ▶ **국가 등에 의하여 사유지가 불법사용되는 경우 수용청구권을 인정하지 않는 것이 위헌인지**(소극) : 공권력의 작용에 의한 손실(손해)전보제도를 손실보상과 국가배상으로 나누고 있는 우리 헌법 아래에서는 불법사용의 경우에는 국가배상 등을 통하여 문제를 해결할 것으로 예정되어 있고 기존 침해상태의 유지를 전제로 보상청구나 수용청구를 함으로써 문제를 해결하도록 예정되어 있지는 않으므로 국가배상법 제48조 제2항 중 "사용" 부분이 불법사용의 경우를 포함하지 않는다고 하더라도 헌법에 위반되지 아니한다(헌재 1997. 3. 27. 96헌바21).

2) 재산권 제한의 유형

① 법률수용과 행정수용

재산권의 제한의 방법으로는 법률의 효력발생과 함께 직접 집행행위 없이 개인의 구체적인 권리를 침해하는 '법률수용'과 법률의 수권에 근거하여 개인의 구체적인 재산권을 박탈하는 '행정수용'이 있다. 헌법재판소는 "입법적 수용은 법률에 근거하여 일련의 절차를 거쳐 별도의 행정처분에 의하여 이루어지는 소위 행정적 수용과 달리 법률에 의하여 직접 수용이 이루어지는 것이므로 법률에 의하여 수용하라는 헌법적 요청을 충족한다."고 판시하였다(헌재 1998. 3. 26. 93헌바12).

② 공용수용·공용사용·공용제한

공권적 제한의 유형으로는 공공필요를 위하여 국가 등이 a) 개인의 특정의 재산권을 종국적·강제적으로 취득하는 '공용수용', b) 개인의 토지 등의 재산권을 일시적·강제적으로 사용하는 '공용사용', c) 개인의 특정의 재산권에 대하여 과하는 공법상의 제한인 '공용제한'(계획제한·보전제한·사업제한·공물제한·사용제한 등)이 있다.

> **⚖ 판례**
>
> ▶ **개성공단 전면중단 조치가 헌법 제23조 제3항을 위반하여 청구인들의 재산권을 침해하는지**(소극) : 이 사건 중단조치로 개성공단에서의 영업활동을 중단시킴으로써 개성공단 내에 위치한 사업용 토지나 건물 등 재산을 사용할 수 없게 되는 제한이 발생하기는 하였으나 이는 개성공단이라는 특수한 지역에 위치한 사업용 재산이 받는 사회적 제약이 구체화된 것일 뿐이므로, 공익목적을 위해 개별적, 구체적으로 이미 형성된 구체적 재산권을 제한하는 공용 제한과는 구별된다. 또한 이 사건 중단조치에 의한 영업중단으로 영업상 손실이나 주식 등 권리의 가치하락이 발생하였더라도 이는 영리획득의 기회나 기업활동의 여건 변화에 따른 재산적 손실일 뿐이므로, 헌법 제23조의 재산권보장의 범위에 속한다고 보기 어렵다. 따라서 청구인들이 주장하는 재산권 제한이나 재산적 손실에 대해 헌법 제23조 제3항이 규정한 정당한 보상이 지급되지 않았더라도, 이 사건 중단조치가 위 헌법규정을 위반하여 청구인들의 재산권을 침해한 것으로 볼 수 없다(헌재 2022. 1. 27. 2016헌마364).

⑷ 정당한 보상

1) 완전보상

헌법이 규정한 정당한 보상이란 손실보상의 원인이 되는 재산권의 침해가 기존의 법질서 안에서 개인의 재산권에 대한 개별적인 침해인 경우에는 그 손실 보상은 원칙적으로 피수용재산의 객관적인 재산가치를 완전하게 보상하는 것이어야 한다는 완전보상을 뜻하는 것으로서 보상금액뿐만 아니라 보상의 시기나 방법 등에 있어서도 어떠한 제한을 두어서는 아니된다는 것을 의미한다고 할 것이다. 재산권의 객체가 갖는 객관적 가치란 그 물건의 성질에 정통한 사람들의 자유로운 거래에 의하여 도달할 수 있는 합리적인 매매가능가격 즉 시가에 의하여 산정되는 것이 보통이다(헌재 1990. 6. 25. 89헌마107).

2) 시가보상의 예외

헌법 제23조 제3항에 규정된 정당한 보상의 원칙이 모든 경우에 예외없이 개별적 시가에 의한 보상을 요구하는 것이라고 할 수 없으며, 본 사건의 경우 50여년 전에 국가에 수용되었던 주식의 현재가치를 정확한 자료가 미비한 상태에서 산정하여야 하는 특수한 어려움이 존재하므로 어떤 방식으로 주식의 가치를 산출할 것인지에 관하여 입법자에게 보다 넓은 판단권과 형성권을 부여하지 않을 수 없다(헌재 2002. 12. 18. 2002헌가4).

제2절   직업의 자유

> **헌법 제15조**
> 모든 국민은 직업선택의 자유를 가진다.

> 🔺 **참고**
> ▶ **헌정사** : 우리 헌법은 1962년 헌법(제5차 개정헌법)에서 처음으로 직업선택의 자유 규정

제1항   직업의 자유의 의의

Ⅰ 직업의 자유의 의의

헌법 제15조에 의한 직업선택의 자유는 자신이 원하는 직업을 자유롭게 선택하는 '좁은 의미의 직업선택의 자유'와 그가 선택한 직업을 자기가 원하는 방식으로 자유롭게 수행할 수 있는 '직업수행의 자유'를 포함하는 직업의 자유를 뜻한다(헌재 1998. 3. 26. 97헌마194).

Ⅱ 직업의 개념

직업이란 생활의 기본적 수요를 충족시키기 위한 계속적인 활동, 즉 총체적이며 경제적 성질을 가지는 모든 소득활동을 의미하며 이러한 활동인 한 그 종류나 성질을 불문한다(헌재 1993. 5. 13. 92헌마80). 한편 직업의 개념표지들은 개방적 성질을 지녀 엄격하게 해석할 필요는 없는바, '계속성'과 관련하여서는 주관적으로 활동의 주체가 어느 정도 계속적으로 해당 소득활동을 영위할 의사가 있고, 객관적으로도 그러한 활동이 계속성을 띨 수 있으면 족하다고 해석되므로 휴가기간 중에 하는 일, 수습직으로서의 활동 따위도 이에 포함된다. 또 '생활수단성'과 관련하여서는 단순한 여가활동이나 취미활동은 직업의 개념에 포함되지 않으나 겸업이나 부업은 삶의 수요를 충족하기에 적합하므로 직업에 해당한다(헌재 2003. 9. 25. 2002헌마519).

> **⚒ 판례**
>
> ▶**대학생이 방학기간을 이용하여 또는 휴학 중에 학원강사로서 일하는 행위**(적극) : 학업 수행이 청구인과 같은 대학생의 본업이라 하더라도 방학기간을 이용하여 또는 휴학 중에 학비 등을 벌기 위해 학원강사로서 일하는 행위는 어느 정도 계속성을 띤 소득활동으로서 직업의 자유의 보호영역에 속한다(헌재 2003. 9. 25. 2002헌마519).
>
> ▶**성매매**(적극) : 성매매는 그것이 가지는 사회적 유해성과는 별개로 성판매자의 입장에서 생활의 기본적 수요를 충족하기 위한 소득활동에 해당함을 부인할 수 없으므로, 심판대상조항은 성판매자의 직업선택의 자유도 제한하고 있다(헌재 2016. 3. 31. 2013헌가2).
>
> ▶**판매 목적의 모의총포 소지행위**(적극) : 청구인은 판매를 목적으로 모의총포를 소지하는 자인바 소지하는 행위 자체를 일률적으로 영업활동이라 볼 수는 없지만, 그 소지 목적이나 정황적 근거에 따라 소지행위가 영업을 위한 준비행위로서 영업활동의 일환으로 평가될 수 있고, 이 사건 법률조항에 의하여 금지되는 소지행위도 영업으로서 직업의 자유의 보호범위에 포함될 수 있다(헌재 2011. 11. 24. 2011헌바18).
>
> ▶**의무로서의 현역병이 직업인지**(소극) : 의무복무로서의 현역병은 헌법 제15조가 선택의 자유로서 보장하는 직업이라고 할 수 없다(헌재 2010. 12. 28. 2008헌마527).

제2항 직업의 자유의 법적 성질

Ⅰ 국민의 권리

직업의 자유는 국가자격제도정책과 국가의 경제상황에 따라 법률에 의하여 제한할 수 있고 인류보편적인 성격을 지니고 있지 아니하므로 국민의 권리에 해당한다. 헌법에서 인정하는 직업의 자유는 원칙적으로 대한민국 국민에게 인정되는 기본권이지, 외국인에게 인정되는 기본권은 아니다. 국가정책에 따라 정부의 허가를 받은 외국인은 정부가 허가한 범위 내에서 소득활동을 할 수 있는 것이므로, 외국인이 국내에서 누리는 직업의 자유는 법률 이전에 헌법에 의해서 부여된 기본권이라고 할 수는 없고, 법률에 따른 정부의 허가에 의해 비로소 발생하는 권리이다(헌재 2014. 8. 28. 2013헌마359).

Ⅱ 이중적 성질

직업의 선택 혹은 수행의 자유는 각자의 생활의 기본적 수요를 충족시키는 방편이 되고, 또한 개성 신장의 바탕이 된다는 점에서 주관적 공권의 성격이 두드러진 것이기는 하나 다른 한편 국가의 사회질서와 경제질서가 형성된다는 점에서 사회적 시장경제질서라고 하는 객관적 법질서의 구성 요소이기도 하다(헌재 1997. 4. 24. 95헌마273).

제3항 직업의 자유의 주체

직업의 자유는 국민의 권리라는 점에서 원칙적으로 외국인에게는 인정되지 않는다. 반면 직업의 자유는 법인에게도 인정된다.

> **판례**
>
> ▶ **외국인이 직업의 자유의 주체가 되는지**(한정 적극) : 헌법재판소의 결정례 중에는 외국인이 대한민국 법률에 따른 허가를 받아 국내에서 일정한 직업을 수행함으로써 근로관계가 형성된 경우, 그 직업은 그 외국인의 생활의 기본적 수요를 충족시키는 방편이 되고 또한 개성신장의 바탕이 된다는 점에서 외국인은 그 근로관계를 계속 유지함에 있어서 국가의 방해를 받지 않고 자유로운 선택과 결정을 할 자유가 있고 그러한 범위에서 제한적으로 직업의 자유에 대한 기본권주체성을 인정할 수 있다고 하였다. 하지만 이는 이미 근로관계가 형성되어 있는 예외적인 경우에 제한적으로 인정한 것에 불과하다. 그러한 근로관계가 형성되기 전단계인 특정한 직업을 선택할 수 있는 권리는 국가정책에 따라 법률로써 외국인에게 제한적으로 허용되는 것이지 헌법상 기본권에서 유래되는 것은 아니다(헌재 2014. 8. 28. 2013헌마359).

제4항 직업의 자유의 내용

Ⅰ 직업선택의 자유

1. 겸직의 자유
헌법 제15조의 뜻은 누구든지 자기가 선택한 직업에 종사하여 이를 영위하고 언제든지 임의로 그 것을 바꿀 수 있는 자유와 여러 개의 직업을 선택하여 동시에 함께 행사할 수 있는 자유, 즉 겸직의 자유도 가질 수 있다는 것이다(헌재 1997. 4. 24. 95헌마90).

2. 직업변경의 자유
직업선택의 자유는 자기가 선택한 직업에 종사하여 이를 영위하고 언제든지 임의로 그것을 전환 할 수 있는 자유로서 민주주의·자본주의 사회에서는 매우 중요한 기본권의 하나로 인식되고 있 다(헌재 1993. 5. 13. 92헌마80).

3. 직업교육장선택의 자유
직업선택의 자유에는 자신이 원하는 직업 내지 직종에 종사하는 데 필요한 전문지식을 습득하기 위한 직업교육장을 임의로 선택할 수 있는 직업교육장 선택의 자유도 포함된다(헌재 2009. 2. 26. 2007 헌마1262).

> 🔖 **판례**

▶ **법학전문대학원 입학자 중 법학 외의 분야 및 당해 법학전문대학원이 설치된 대학 외의 대학에서 학사학위를 취득한 자가 차지하는 비율이 입학자의 3분의 1 이상이 되도록 규정한 이 사건 법률 제26조 제2항 등이 직업선택의 자유를 제한하는지**(적극): 법 제26조 제2항 및 제3항이 로스쿨에 입학하는 자들에 대하여 학사 전공별로, 그리고 출신 대학별로 로스쿨 입학정원의 비율을 각각 규정한 것은 변호사가 되기 위하여 필요한 전문지식을 습득할 수 있는 로스쿨에 입학하는 것을 제한하는 것이기 때문에 직업교육장 선택의 자유 내지 직업선택의 자유를 제한한다(헌재 2009. 2. 26. 2007헌마1262).

Ⅱ 직업수행의 자유

1. 일반적 내용

직업수행의 자유에는 선택된 직업에서 이루어질 수 있는 모든 현실적 활동을 할 자유가 포함된다(헌재 2009. 9. 24. 2006헌마1264).

2. 기업의 자유

직업선택의 자유는 기업의 설립과 경영의 자유를 의미하는 기업의 자유를 포함한다(헌재 1998. 10. 29. 97헌마345).

3. 영업의 자유와 경쟁의 자유

직업의 자유는 영업의 자유와 기업의 자유를 포함하고, 이러한 영업 및 기업의 자유를 근거로 원칙적으로 누구나가 자유롭게 경쟁에 참여할 수 있다. 경쟁의 자유는 기본권의 주체가 직업의 자유를 실제로 행사하는 데에서 나오는 결과이므로 당연히 직업의 자유에 의하여 보장되고, 다른 기업과의 경쟁에서 국가의 간섭이나 방해를 받지 않고 기업활동을 할 수 있는 자유를 의미한다(헌재 1996. 12. 26. 96헌가18).

4. 직장선택의 자유

헌법 제15조가 보장하는 직업의 자유는 독립적 형태의 직업활동뿐만 아니라 고용된 형태의 종속적인 직업활동도 보장한다. 따라서 직업선택의 자유는 직장선택의 자유를 포함한다. 직장선택의 자유는 개인이 그 선택한 직업분야에서 구체적인 취업의 기회를 가지거나, 이미 형성된 근로관계를 계속 유지하거나 포기하는 데에 있어 국가의 방해를 받지 않는 자유로운 선택·결정을 보호하는 것을 내용으로 한다(헌재 2002. 11. 28. 2001헌바50).

> 🔖 **판례**

▶ **직장제공청구권, 직장존속보호청구권, 직접보호청구권이 인정되는지**(소극): 직장선택의 자유는 원하는 직장을 제공하여 줄 것을 청구하거나 한번 선택한 직장의 존속보호를 청구할 권리를 보장하지 않으며, 또한 사용자의 처분에 따른 직장 상실로부터 직접 보호하여 줄 것을 청구할 수도 없다. 다만 국가는 이 기본권에서 나오는 객관적 보호의무, 즉 사용자에 의한 해고로부터 근로자를 보호할 의무를 질뿐이다(헌재 2002. 11. 28. 2001헌바50).

▶ **외국인에게 직장선택의 자유에 대한 기본권 주체성을 인정할 수 있는지**(한정 적극): 직업의 자유 중 직장선택의 자유는 인간의 존엄과 가치 및 행복추구권과도 밀접한 관련을 가지는 만큼 단순히 국민의 권리가 아닌 인간의 권리로 보아야 할 것이므로 외국인도 제한적으로라도 직장선택의 자유를 향유할 수 있다. 청구인이 이미 적법하게 고용허가를 받아 적법하게 우리나라에 입국하여 우리나라에서 일정한 생활관계를 형성, 유지하는 등, 우리 사회에서 정당한 노동인력으로서의 지위를 부여받은 상황임을 전제로 하는 이상, 이 사건 청구인에게 직장선택의 자유에 대한 기본권 주체성을 인정할 수 있다(헌재 2011. 9. 29. 2009헌마351).

> ▶ **외국인근로자의 사업장 변경 사유를 제한하는 외국인고용법 제25조 제1항이 고용허가제에 따른 외국인근로자인 청구인들의 직장선택의 자유를 침해하는지**(소극) : 이 사건 사유제한조항이 외국인근로자의 자유로운 사업장 변경 신청권을 인정하지 않는 것은 고용허가제를 취지에 맞게 존속시키기 위해 필요한 제한으로 볼 수 있다. 이 사건 사유제한조항은 입법재량의 범위를 넘어 명백히 불합리하다고 볼 수 없으므로 청구인들의 직장선택의 자유를 침해하지 아니한다(헌재 2021. 12. 23. 2020헌마395).

> ▶ **외국인근로자의 사업장 이동을 3회로 제한한 구 외국인고용법 제25조 제4항이 직장선택의 자유를 침해하는지**(소극) : 이 사건 법률조항은 일정한 사유가 있는 경우에 외국인근로자에게 3년의 체류기간 동안 3회까지 사업장을 변경 할 수 있도록 하고 대통령령이 정하는 부득이한 사유가 있는 경우에는 추가로 사업장변경이 가능하도록 하여 외국인근로자의 사업장 변경을 일정한 범위 내에서 가능하도록 하고 있으므로 이 사건 법률조항이 입법자의 재량 의 범위를 넘어 명백히 불합리하다고 할 수는 없다. 따라서 이 사건 법률조항은 청구인들의 직장선택의 자유를 침해하지 아니한다(헌재 2011. 9. 29. 2007헌마1083).

5. 합당한 보수를 받을 권리

직업의 자유에 해당 직업에 합당한 보수를 받을 권리까지 포함되어 있다고 보기 어렵다(헌재 2004. 2. 26. 2001헌마718).

제5항 직업의 자유의 제한

Ⅰ 직업의 자유의 제한

직업의 자유는 헌법 제37조 제2항에 따라 국가안전보장, 질서유지 또는 공공복리 등 정당하고 중 요한 공공의 목적을 달성하기 위하여 필요한 경우에는 그 본질적 내용을 침해하지 않는 범위 내에 서 제한될 수 있다(헌재 2010. 5. 27. 2008헌바110).

> **판례**
>
> ▶ **직업의 자유를 제한하는 법률의 위헌성 심사기준** : 좁은 의미의 직업선택의 자유를 제한하는 것은 인격발현에 대한 침해의 효과가 직업수행의 자유를 제한하는 경우보다 일반적으로 크기 때문에 전자에 대한 제한은 후자에 대한 제한보다 더 엄격한 제약을 받는다. 또한 직업선택의 자유를 제한하는 경우에 기본권 주체의 능력이나 자격 등 주관적 사유에 의한 제한보다는 기본권 주체와는 전혀 무관한 객관적 사유를 이유로 하는 제한이 가장 심각한 제약이 되므로, 객관적 사유에 의한 직업선택의 자유의 제한은 가장 엄격한 요건이 갖추어진 경우에만 허용될 수 있고 그 제한법률에 대한 심사기준도 엄격한 비례의 원칙이 적용된다(헌재 2010. 5. 27. 2008헌바110).

Ⅱ 직업행사의 자유의 제한

직업행사의 자유는 직업결정의 자유에 비하여 상대적으로 그 침해의 정도가 작다고 할 것이어서, 이에 대하여는 공공복리 등 공익상의 이유로 비교적 넓은 법률상의 규제가 가능하다. 그러나 직업 수행의 자유를 제한할 때에도 헌법 제37조 제2항에 의거한 비례의 원칙에 위배되어서는 안 된다 (헌재 2003. 10. 30. 2001헌마700).

> 🔍 판례

▶ **직업수행의 자유에 대한 위헌성 심사기준**: 직업수행의 자유를 제한함에 있어서는 입법자의 재량의 여지가 많으므로 그 제한을 규정하는 법령에 대한 위헌 여부를 심사할 때 좁은 의미의 직업선택의 자유에 비하여 상대적으로 폭넓은 법률상의 규제가 가능한 것으로 보아 다소 완화된 심사기준을 적용할 수 있다(헌재 2008. 7. 31. 2006헌마1087).

▶ **경비업자가 시설경비업무 또는 신변보호업무 중 집단민원현장에 일반경비원을 배치하는 경우 경비원을 배치하기 48시간 전까지 배치허가를 신청하고 허가를 받도록 정한 경비업법 제18조 제2항 단서 부분이 과잉금지원칙을 위반하여 경비업자의 직업수행의 자유를 침해하는지**(소극): 경비업법상 '집단민원현장'으로 분류된, 이해당사자 간 갈등이 표출될 가능성이 큰 성격의 장소들에 경비원을 배치함으로 인하여 발생할 수 있는 폭력사태를 억제하고 그러한 위험성을 관리하기 위해서는 관할 경찰관서장이 배치할 경비원의 결격사유 해당 여부, 교육 이수 여부, 배치할 집단민원현장에서의 이해당사자 간의 갈등 정도 및 폭력 발생의 가능성을 비롯한 다양한 요소를 종합적으로 검토하여 충분한 시간을 갖고 경비원 배치허가 여부를 결정할 필요가 있다. 따라서 심판대상조항이 일률적으로 경비업자에게 집단민원현장에 경비원을 배치하는 시점을 기준으로 48시간 전까지 배치허가를 신청하도록 한 것은 과도하지 않으며, 심판대상조항을 통해 달성되는 공익인 국민의 생명과 안전 및 재산은 제한되는 경비업자의 사익보다 월등히 크므로, 심판대상조항은 과잉금지원칙을 위반하여 경비업자의 직업수행의 자유를 침해하지 않는다(헌재 2023. 2. 23. 2018헌마246).

▶ **시설경비업을 허가받은 경비업자로 하여금 허가받은 경비업무 외의 업무에 경비원을 종사하게 하는 것을 금지하고, 이를 위반한 경비업자에 대한 허가를 취소하도록 정하고 있는 경비업법 제7조 제5항 등이 시설경비업을 수행하는 경비업자의 직업의 자유를 침해하는지**(적극): 비경비업무의 수행이 경비업무의 전념성을 직접적으로 해하지 아니하는 경우가 있음에도 불구하고, 심판대상조항은 경비업무의 전념성이 훼손되는 정도를 고려하지 아니한 채 경비업자가 경비원으로 하여금 비경비업무에 종사하도록 하는 것을 일률적·전면적으로 금지하고, 경비업자가 허가받은 시설경비업무 외의 업무에 경비원을 종사하게 한 때에는 필요적으로 경비업의 허가를 취소하도록 규정하고 있는 점 등에 비추어 볼 때, 심판대상조항은 침해의 최소성에 위배되고, 경비업무의 전념성을 중대하게 훼손하지 않는 경우에도 경비원에게 비경비업무를 수행하도록 하면 허가받은 경비업 전체를 취소하도록 하여 경비업을 전부 영위할 수 없도록 하는 것은 법익의 균형성에도 반한다. 따라서 심판대상조항은 과잉금지원칙에 위반하여 시설경비업을 수행하는 경비업자의 직업의 자유를 침해한다(헌재 2023. 3. 23. 2020헌가19 헌법불합치).

▶ **문화체육관광부장관이 정부광고 업무를 한국언론진흥재단에 위탁하도록 한 '정부기관 및 공공법인 등의 광고시행에 관한 법률 시행령' 제6조 제1항이 광고대행업에 종사하는 청구인들의 직업수행의 자유를 침해하는지**(소극): 이 사건 시행령조항은 정부광고의 업무 집행을 일원화함으로써 정부광고 업무의 공공성과 투명성, 효율성을 도모하여 정부광고의 전반적인 질적 향상을 이루고자 하는 것이다. 정부광고의 대국민 정책소통 효과를 높이기 위해서는 정부광고의 기획부터 집행에 이르는 과정을 통합적으로 관리할 필요가 있다. 정부광고는 그 대부분이 소액광고들인 반면, 광고주에 해당하는 정부기관등의 수는 매우 많다. 이에 이 사건 시행령조항은 단일한 공적 기관이 규모의 경제를 통하여 협상력을 가지고 정부광고 업무를 신속하고 효율적으로 처리할 수 있도록 한 것이다. 정부광고가 전체 국내 광고시장에서 차지하는 비중이 크지 않고, 정부기관등을 제외한 나머지 광고주들이 의뢰하는 광고는 이 사건 시행령조항의 적용을 받지 않으므로, 이 사건 시행령조항으로 인한 기본권 제한의 정도는 제한적이다. 나아가 민간 광고사업자들이 경우에 따라 한국언론진흥재단을 통하여 정부광고에 참여할 수 있는 길이 열려 있다. 따라서 이 사건 시행령조항은 과잉금지원칙에 위배되어 청구인들의 직업수행의 자유를 침해한다고 볼 수 없다(헌재 2023. 6. 29. 2019헌마227).

PART 02

▶ 대한변호사협회의 변호사 광고에 관한 규정 제5조 제2항 제1호 중 '변호사등과 소비자를 연결' 부분과 제8조 제2항 제2호(대가수수 직접 연결 금지규정)의 규율대상, 제5조 제2항 제1호 중 '변호사등을 광고·홍보·소개하는 행위' 부분(대가수수 광고금지규정)이 과잉금지원칙에 위반되어 청구인들의 표현의 자유, 직업의 자유를 침해하는지(적극) : 각종 매체를 통한 변호사 광고를 원칙적으로 허용하는 변호사법 제23조 제1항의 취지에 비추어 볼 때, 변호사등이 다양한 매체의 광고업자에게 광고비를 지급하고 광고하는 것은 허용된다고 할 것인데, 이러한 행위를 일률적으로 금지하는 위 규정은 수단의 적합성을 인정하기 어렵다. 대가수수 광고금지규정이 아니더라도 변호사법이나 다른 규정들에 의하여 입법목적을 달성할 수 있고, 공정한 수임질서를 해치거나 소비자에게 피해를 줄 수 있는 내용의 광고를 특정하여 제한하는 등 완화된 수단에 의해서도 입법목적을 같은 정도로 달성할 수 있다. 나아가, 위 규정으로 입법목적이 달성될 수 있을지 불분명한 반면, 변호사들이 광고업자에게 유상으로 광고를 의뢰하는 것이 사실상 금지되어 청구인들의 표현의 자유, 직업의 자유에 중대한 제한을 받게 되므로, 위 규정은 침해의 최소성 및 법익의 균형성도 갖추지 못하였다(헌재 2022. 5. 26. 2021헌마619).

▶ 화물자동차운송사업을 양수한 자는 양도한 자의 운송사업자로서의 지위를 승계하도록 하고, 양도인의 위법행위를 원인으로 양수인에게 운행정지처분, 감차처분 및 유가보조금 환수처분을 부과하는 구 화물자동차 운수사업법 제14조 제3항 전단 등이 과잉금지원칙을 위반하여 화물자동차 운송사업의 양수인의 직업의 자유와 재산권을 침해하는지(소극) : 이 사건 법률조항은 양도인이 화물자동차 운송사업을 영위하는 과정에서 위법행위를 저질러 제재적 처분사유가 발생한 경우, 사업의 양도를 통한 제재처분의 면탈을 방지하기 위한 것이다. 당해사건과 같이 양도인이 불법증차행위를 한 경우에 그 선의의 양수인을 보호하기 위해 제재적 처분사유의 승계를 제한하게 되면 선의의 양수인에게 감차처분 등과 같은 제재처분을 부과할 수 없어 불법증차된 차량을 존치시킬 수밖에 없다. 이는 화물자동차 운송사업에 사용되는 차량의 수급불균형으로 이어지고, 이로 인한 화물자동차의 공급과잉은 화물자동차 운송사업 및 나아가 국가경제에 악영향을 끼칠 우려가 있다. 선의의 양수인이 입게 되는 불측의 손해는 양도인을 상대로 손해배상책임을 묻는 방법으로 어느 정도 해결할 수 있는 점 등을 종합하여 볼 때, 이 사건 법률조항은 과잉금지원칙에 반한다고 할 수 없다(헌재 2019. 9. 26. 2017헌바397).

▶ 허가받은 지역 밖에서의 이송업의 영업을 금지하고 처벌하는 응급의료법 제51조 제1항 후문 등이 직업수행의 자유를 침해하는지(소극) : 심판대상조항은 이송업자의 영업범위를 허가받은 지역 안으로 한정하여 구급차등이 신속하게 출동할 수 있도록 하고, 차고지가 위치한 허가지역에서 상시 구급차등이 정비될 수 있도록 하는 한편, 지역사정에 밝은 이송업자가 해당 지역에서 이송을 담당하게 함으로써, 응급의료의 질을 높임과 동시에 응급이송 자원이 지역간에 적절하게 분배·관리될 수 있도록 하여 국민건강을 증진하고 지역주민의 편의를 도모하기 위한 것이다. 이러한 입법목적은 정당하고, 수단의 적합성도 인정된다. 이송업 허가는 광역자치단체 단위로 이루어지는데 광역자치단체의 인구와 면적을 감안할 때, 그리고 여러 지역의 허가를 받아 영업을 하는 것도 가능하다는 점에서 심판대상조항은 침해의 최소성을 충족한다. 국민의 생명과 건강에 직결되는 응급이송체계를 적정하게 확립한다는 공익의 중요성에 비추어 영업지역의 제한에 따라 침해되는 이송업자의 사익이 크다고 보기는 어려우므로 법익의 균형성도 인정된다. 따라서 심판대상조항은 과잉금지원칙을 위반하여 직업수행의 자유를 침해한다고 볼 수 없다(헌재 2018. 2. 22. 2016헌바100).

▶ 택시운송사업자가 운송비용을 택시운수종사자에게 전가할 수 없도록 정한 택시발전법 제12조 제1항이 과잉금지원칙에 위반하여 청구인의 직업수행의 자유를 침해하는지(소극) : 이 사건 금지 조항은, 택시운수종사자의 생활안정을 통하여 과속운행, 난폭운전 등을 방지하고 승객들의 안전을 제고하기 위한 것으로 입법목적의 정당성이 인정되고, 운송비용 전가를 금지하여 택시운수종사자들의 경제적 부담을 완화하는 것은 입법목적을 달성하기 위한 적합한 수단에 해당한다. 또한, 일정한 금액이나 비율로 운송비용 전가를 허용하는 등 덜 침해적인 방법으로 입법목적을 동일하게 달성할 수 없으므로 침해의 최소성이 인정되고, 택시운송사업자의 운송비용 부담으로 인한 사익 침해보다 택시운수종사자의 근로조건 개선 및 승객의 안전과 편의 증대라는 공익이 중대하므로 법익의 균형성도 충족한다. 따라서, 이 사건 금지조항은 청구인의 직업의 자유를 침해한다고 할 수 없다(헌재 2018. 6. 28. 2016헌마1153).

▶ 입원환자에 대하여 의약분업의 예외를 인정하면서도 의사로 하여금 조제를 직접 담당하도록 하는 약사법 제23조 제4항 제4호 부분이 직업수행의 자유를 침해하는지(소극) : 이 사건 법률조항에서 의약분업의 예외를 인정한 취지를 살리면서도 약사 이외의 사람이 조제를 담당하여 발생할 수 있는 약화사고 등을 방지하기 위해서는, 의과대학에서 기초의학부터 시작하여 체계적으로 의학을 공부하고 상당기간 임상실습을 한 후 국가의 검증을 거친 의사로 하여금 조제를 직접 담당하도록 하는 것이 타당하고, 의사가 손수 의약품을 조제한 것에 준한다고 볼 수 있는 정도의 지휘·감독이 이루어진 경우에는 간호사의 보조를 받아 의약품을 조제하는 것이 허용되는 점 등을 감안하면 침해 최소성 원칙에 반한다고 볼 수 없으며, 이 사건 법률조항을 통하여 달성하고자 하는 국민보건의 향상과 약화사고의 방지라는 공익은 의약품 조제가 인정되는 가운데 의사가 받게 되는 조제방식의 제한이라는 사익에 비하여 현저히 커 법익균형성도 충족되므로, 이 사건 법률조항은 직업수행의 자유를 침해하지 아니한다(헌재 2015. 7. 30. 2013헌바422).

▶ 일반음식점영업소를 금연구역으로 지정하여 운영하도록 한 국민건강증진법 제9조 제4항 전문 부분이 과잉금지원칙을 위반하여 청구인의 직업수행의 자유를 침해하는지(소극) : 심판대상조항의 입법목적을 가장 효과적으로 달성하기 위해서는 음식점 공간 전체를 금연구역으로 지정하여 비흡연자를 흡연으로부터 완전히 차단하는 것이 필요하다. 주류를 주로 판매하는 업종에 한해서 음식점 영업자의 손실을 최소화할 수 있는 대안들을 고려해 보아도, 그러한 대안들이 음식점 전체를 금연구역으로 지정하는 방법에 대한 적절한 대체수단이 되기 어렵다. 음식점 시설 전체를 금연구역으로 지정함으로써 음식점 영업자가 입게 될 불이익보다 간접흡연을 차단하여 이로 인한 폐해를 예방하고 국민의 생명·신체를 보호하고자 하는 공익이 더욱 중대하므로, 심판대상조항이 과잉금지원칙을 위반하여 청구인의 직업수행의 자유를 침해한다고 할 수 없다(헌재 2016. 6. 30. 2015헌마813).

▶ 치과전문의 자격 인정 요건으로 '외국의 의료기관에서 치과의사 전문의 과정을 이수한 사람'을 포함하지 아니한 치과전문의규정 제18조 제1항이 청구인들의 직업수행의 자유를 침해하는지(적극) : 외국의 의료기관에서 치과전문의 과정을 이수한 사람에 대해 그 외국의 치과전문의 과정에 대한 인정절차를 거치거나, 치과전문의 자격시험에 앞서 예비시험제도를 두는 등 직업의 자유를 덜 제한하는 방법으로도 입법목적을 달성할 수 있고, 이미 국내에서 치과의사면허를 취득하고 외국의 의료기관에서 치과전문의 과정을 이수한 사람들에게 다시 국내에서 전문의 과정을 다시 이수할 것을 요구하는 것은 지나친 부담을 지우는 것이므로, 심판대상조항은 침해의 최소성원칙에 위배되고 법익의 균형성도 충족하지 못한다(헌재 2015. 9. 24. 2013헌마197 헌법불합치).

▶ 전문과목을 표시한 치과의원은 그 표시한 전문과목에 해당하는 환자만을 진료하여야 한다고 규정한 의료법 제77조 제3항이 과잉금지원칙에 위배되어 청구인들의 직업수행의 자유를 침해하는지(적극) : 치과의원의 치과전문의가 자신의 전문과목을 표시하는 경우 그 진료범위를 제한하여 현실적으로 전문과목의 표시를 매우 어렵게 하고 있는 바, 이는 치과전문의 자격 자체의 의미를 현저히 감소시키고, 이로 인해 치과의원의 치과전문의들이 대부분 전문과목을 표시하지 않음에 따라 치과전문의 제도를 유명무실하게 만들 위험이 있다. 또한 치과전문의는 표시한 전문과목 이외의 다른 모든 전문과목에 해당하는 환자를 진료할 수 없게 되므로 기본권 제한의 정도가 매우 크다. 따라서 심판대상조항은 수단의 적절성과 침해의 최소성을 갖추지 못하였다. 심판대상조항이 달성하고자 하는 적정한 치과 의료전달체계의 정립 및 치과전문의의 특정 전문과목에의 편중 방지라는 공익은 중요하나, 심판대상조항으로 그러한 공익이 얼마나 달성될 수 있을 것인지 의문인 반면, 치과의원의 치과전문의가 표시한 전문과목 이외의 영역에서 치과일반의로서의 진료도 전혀 하지 못하는 데서 오는 사적인 불이익은 매우 크므로, 심판대상조항은 과잉금지원칙에 위배되어 청구인들의 직업수행의 자유를 침해한다(헌재 2015. 5. 28. 2013헌마799).

▶ 법인의 임원이 학원법을 위반하여 벌금형을 선고받은 경우, 법인의 학원설립·운영 등록이 효력을 잃도록 규정하고 있는 학원법 제9조 제2항 본문 부분이 과잉금지원칙에 위배되어 직업수행의 자유를 침해하는지(적극) : 사회통념상 벌금형을 선고받은 피고인에 대한 사회적 비난가능성이 그리 높다고 보기 어려운데도, 이 사건 등록실효조항은 법인의 임원이 학원법을 위반하여 벌금형을 선고받으면 일률적으로 법인의 등록을 실효시키고 있고, 법인으로서는 대표자인 임원이건 그렇지 아니한 임원이건 모든 임원 개개인의 학원법위반범죄와 형사처벌 여부를 항시 감독하여야만 등록의 실효를 면할 수 있게 되므로 학원을 설립하고 운영하는 법인에게 지나치게 과중한 부담을 지우고 있다. 또한 이로 인하여 법인의 등록이 실효되면 해당 임원이 더 이상 임원직을 수행할 수 없게 될 뿐 아니라, 학원법인 소속 근로자는 모두 생계의 위협을 받을 수 있으며, 갑작스러운 수업의 중단으로 학습자 역시 불측의 피해를 입을 수밖에 없으므로 이 사건 등록실효조항은 학원법인의 직업수행의 자유를 침해한다(헌재 2015. 5. 28. 2012헌마653)

▶ **법에서 정한 근로자파견대상업무 외에 근로자파견사업을 행한 자를 형사처벌하도록 규정한 구 파견법 제43조 제1호 등이 근로자파견 사업자의 직업의 자유를 침해하는지**(소극) : 이 사건 법률조항들은 근로자파견사업의 허용대상 범위를 제한함으로써 근로자파견사업의 적정한 운영을 기하여 근로자의 직접고용을 증진하고 적정임금을 보장하기 위한 것으로 그 입법목적이 정당하고, 적절한 수단이라 할 수 있다. 제조업의 직접생산 공정업무 등을 제외하고 전문지식, 기술 또는 경험 등을 필요로 하는 업무 등에 대해서는 파견근무를 허용하고 있고, 파견근무가 허용되지 않는 경우에도 출산 등으로 결원이 생기는 등 일정한 사유가 발생하면 일정기간 동안 파견근로를 허용하고 있다. 제조업의 직접생산공정업무에 파견근로를 허용할 경우 제조업 전체가 간접고용형태의 근로자로 바뀜으로써 고용이 불안해지는 등 근로조건이 열악해질 가능성이 높고, 건설공사업무, 하역업무, 선원업무 등은 모두 유해하거나 위험한 성격의 업무로서 개별 사업장에서 파견근로자가 사용사업주의 지휘, 명령에 따라야 하는 근로자파견의 특성상 파견업무로 부적절하므로 이들 업무를 근로자파견 허용대상에서 제외할 필요성은 충분히 인정된다. 또한 과태료나 이행강제금 등의 단순한 행정상의 제재수단만으로 이 사건 법률조항들의 입법목적을 달성하는 데에 충분하다고 단정하기 어렵다. 따라서 이 사건 법률조항들은 근로자파견을 행하려는 자들의 직업의 자유를 침해하지 아니한다(헌재 2013. 7. 25. 2011헌바395).

▶ **접촉차단시설이 설치되지 않은 장소에서의 수용자 접견 대상을 소송사건의 대리인인 변호사로 한정한 구 형집행법 시행령 제58조 제4항 제2호가 변호사인 청구인의 직업수행의 자유를 침해하는지**(소극) : 소송대리인이 되려는 변호사의 수용자 접견의 주된 목적은 소송대리인 선임 여부를 확정하는 것이고 소송준비와 소송대리 등 소송에 관한 직무활동은 소송대리인 선임 이후에 이루어지는 것이 일반적이므로 소송대리인 선임 여부를 확정하기 위한 단계에서는 접촉차단시설이 설치된 장소에서 접견하더라도 그 접견의 목적을 수행하는데 필요한 의사소통이 심각하게 저해될 것이라고 보기 어렵다. 수용자가 소를 제기하지 아니한 상태에서 소송대리인이 되려는 변호사의 접견을 소송대리인인 변호사의 접견과 같은 형태로 허용한다면 소송제기 의사가 진지하지 않은 수용자가 이를 악용할 우려가 있고, 소송사건이 계속 중인 상태에서 수용자가 소송대리인으로 선임할 의사를 표시하였으나 선임신고가 이루어지지 않았을 뿐인 경우에도 선임신고가 이루어지기까지 특별한 절차나 상당한 시간이 소요된다고 보기 어려워 예외적으로 접촉차단시설이 설치되지 않은 장소에서 접견을 허용해야 할 필요가 있다고 보기 어렵다. 따라서 심판대상조항은 변호사인 청구인의 업무를 원하는 방식으로 자유롭게 수행할 수 있는 자유를 침해한다고 할 수 없다(헌재 2022. 2. 24. 2018헌마1010).

▶ **소송사건의 대리인인 변호사가 수형자를 접견하고자 하는 경우 소송계속 사실을 소명할 수 있는 자료를 제출하도록 규정하고 있는 형집행법 시행규칙 제29조의2 제1항 제2호 부분이 과잉금지원칙에 위배되어 변호사인 청구인의 직업수행의 자유를 침해하는지**(적극) : 심판대상조항은 소송사건의 대리인인 변호사라 하더라도 변호사접견을 하기 위해서는 소송계속 사실 소명자료를 제출하도록 규정함으로써 이를 제출하지 못하는 변호사는 일반접견을 이용할 수밖에 없게 되었다. 일반접견은 접촉차단시설이 설치된 일반접견실에서 10분 내외 짧게 이루어지므로 그 시간은 변호사접견의 1/6 수준에 그친다. 또한 그 대화 내용은 청취 · 기록 · 녹음 · 녹화의 대상이 되므로 교정시설에서 부당한 처우를 당했다는 등의 사정이 있는 수형자는 위축된 나머지 법적 구제를 단념할 가능성마저 배제할 수 없다. 심판대상조항은 소 제기 전 단계에서 충실한 소송준비를 하기 어렵게 하여 변호사의 직무수행에 큰 장애를 초래하고, 변호사의 도움이 가장 필요한 시기에 접견에 대한 제한의 정도가 위와 같이 크다는 점에서 수형자의 재판청구권 역시 심각하게 제한될 수밖에 없고, 이로 인해 법치국가원리로 추구되는 정의에 반하는 결과를 낳을 수도 있다. 따라서 심판대상조항은 과잉금지원칙에 위배되어 변호사인 청구인의 직업수행의 자유를 침해한다(헌재 2021. 10. 28. 2018헌마60).

▶ **법무법인에 대하여 변호사법 제38조 제2항을 준용하지 않고 있는 변호사법 제57조가 법무법인의 영업의 자유를 침해하는지**(소극) : 심판대상조항은 법무법인이 변호사 직무에 속하는 업무를 집중적으로 수행할 수 있도록 하는 한편, 법무법인이 변호사 직무와 구분되는 영리행위는 할 수 없도록 함으로써 법무법인이 단순한 영리추구 기업으로 변질되는 것을 방지하고, 또한 법무법인이 변호사 직무와 영리행위를 함께 수행할 때 발생할 수 있는 양자의 혼입(混入)을 방지하기 위한 것이다. 심판대상조항은 목적의 정당성 및 수단의 적합성이 인정된다. 법무법인이 영리기업으로 변질됨에 따라 변호사 직무의 일반적 신뢰 저하나 법률소비자의 불측의 손해가 발생할 수 있고, 그 정도 또한 클 것으로 예상되는 점, 현행 변호사법 규정으로는 영리추구 기업으로 변질된 법무법인에 대한 실질적인 감독·제재가 어려운 점 등을 종합하면, 법무법인이 변호사회 등의 허가를 받아 영리행위를 할 수 있도록 하는 방법으로는 심판대상조항과 동등한 수준으로 입법목적을 달성할 것으로 보기 어렵다. 또한 법무법인의 구성원 변호사들은 자신에 대한 겸직허가를 받아 영리행위를 하거나 영리법인을 설립할 수 있으므로, 법무법인의 구성원 변호사의 기본권실현에 특별한 지장이 있다고 보기도 어렵다. 이러한 점들을 종합하면, 심판대상조항이 피해의 최소성 및 법익의 균형성 원칙에 위반된다고 볼 수 없다(헌재 2020. 7. 16. 2018헌바195).

▶ **변호사가 비변호사로서 유상으로 법률사무를 처리하려는 자에게 자기의 명의를 이용하게 하는 것을 금지하고, 이를 위반한 경우 형사처벌하도록 규정한 변호사법 제34조 제3항 부분이 변호사의 직업수행의 자유를 침해하는지**(소극) : 변호사가 비변호사에게 법률사무 처리에 있어 자신의 명의를 이용하도록 하는 것을 금지하고 위반할 경우 형사처벌로 제재하는 것은 필요성이 인정되며, 징계처분 등 완화된 입법수단만으로 위험방지에 충분하다고 단정하기 어렵다. 나아가 변호사가 자신의 책임·계산으로 법률사무를 취급하면서 그 지휘·감독 하에 있는 사무직원에게 자신의 명의로 법률사무 처리를 지시하는 일반적인 행위는 심판대상조항 위반행위에 해당되지 않으므로, 심판대상조항으로 인하여 변호사가 자신의 지휘·감독을 받은 사무직원을 이용한 정상적인 업무가 불가능해지거나 현저한 지장이 초래된다고 보기 어렵다. 따라서 심판대상조항은 과잉금지원칙에 반하여 직업수행의 자유를 침해하지 아니한다(헌재 2018. 5. 31. 2017헌바204).

▶ **법률사건의 수임에 관하여 알선의 대가로 금품을 제공하거나 이를 약속한 변호사를 형사처벌하는 구 변호사법 제109조 제2호 중 제34조 제2항 부분이 과잉금지원칙에 위배하여 변호사의 직업수행의 자유를 침해하는지**(소극) : 이 사건 법률조항은 사건 브로커 등의 알선 행위를 조장할 우려가 큰 변호사의 행위를 금지하고, 이에 위반한 경우 형사처벌하는 것으로서 변호사제도의 특성상 변호사에게 요구되는 윤리성을 담보하고, 비변호사의 법률사무 취급행위를 방지하며, 법률사무 취급의 전문성, 공정성, 신뢰성 등을 확보하고자 하는 것인바, 정당한 목적 달성을 위한 적합한 수단에 해당하고, 불필요한 제한을 규정한 것이라 볼 수 없다. 나아가 이 사건 법률조항으로 인하여 수범자인 변호사가 받는 불이익이란 결국 수임 기회의 제한에 불과하고, 이는 현재의 변호사제도가 변호사에게 법률사무 전반을 독점시키고 있음에 따른 필연적으로 발생하는 규제로서 변호사를 직업으로 선택한 이로서는 당연히 감수하여야 할 부분이다. 따라서 이 사건 법률조항이 과잉금지원칙에 위반하여 변호사의 직업수행의 자유를 침해한다고 볼 수 없다(헌재 2013. 2. 28. 2012헌바62).

▶ **변호인선임서 등을 공공기관에 제출할 때 소속 지방변호사회를 경유하도록 하는 변호사법 제29조가 변호사의 직업수행의 자유를 침해하는지**(소극) : 변호인선임서 등의 지방변호사회 경유제도는 사건 브로커 등 수임관련 비리의 근절 및 사건수임 투명성을 위하여 도입된 것으로서 그 입법목적이 정당하고 그 수단도 적절하다. 변호인선임서의 경유 시에 사건수임에 관한 기본적인 사항만을 작성하도록 하고 있는 점, 상당수의 지방변호사회에서 '인터넷 경유업무시스템'을 도입하여 직접경유로 인한 불편함을 최소화하고 있는 점, 급박한 사정이 있는 경우에는 변호사법 제29조 단서에서 예외를 규정하고 있는 점을 고려할 때 입법목적 달성에 필요한 범위를 넘지 아니하였으며, 그로 인한 사익 제한은 크지 않은 반면 사건수임 투명화라는 공익은 더 크므로, 변호사법 제29조는 변호사의 직업수행의 자유를 침해하지 아니한다(헌재 2013. 5. 30. 2011헌마131 변호인선임서 등 지방변호사회 경유제도의 위헌여부에 관한 사건).

▶ **법학전문대학원 출신 변호사들에게 6개월간의 법률사무 종사 또는 연수 의무를 부과한 변호사법 제31조의2 제1항이 직업수행의 자유를 침해하는지**(소극) : 심판대상조항은 법학전문대학원 출신 변호사들에게 본격적이고 실질적인 실무습의 기회를 갖도록 함으로써 사회적 신뢰를 쌓을 수 있도록 하기 위한 것으로서 그 목적의 정당성과 수단의 적합성이 인정된다. 대한변호사협회 연수에 법무법인 위탁이 가능하고, 법무부장관이 법률사무종사기관을 지원하거나, 개선, 시정명령을 하도록 하여 실무습의 내용을 담보할 제도들도 마련되었다. 또한 의무연수 또는 의무종사의 선택권 보장, 대상기관의 확대, 기간통산제도 등을 통해 실무습의 다양성을 보장하고 있으므로 피해최소성원칙에 어긋나지 않는다. 실무교육 능력이 검증되지 않은 상황에서 소비자인 국민의 권익을 보호하고 법학전문대학원 출신 변호사들의 실무능력을 향상한다는 점에서 법익 균형성도 인정되므로, 심판대상조항은 과잉금지원칙에 위배되어 청구인의 직업수행의 자유를 침해하지 않는다(헌재 2013. 10. 24. 2012헌마480).

▶ **총포와 아주 비슷하게 보이는 것으로서 대통령령이 정하는 모의총포의 소지를 처벌하는 규정인 '총포 · 도검 · 화약류 등 단속법' 제73조 제1호 부분이 과잉금지원칙에 위반되어 영업의 자유 내지 일반적 행동의 자유를 침해하는지**(소극) : 이 사건 법률조항은 모의총포로 인한 위험과 재해를 미리 방지함으로써 공공의 안전 유지에 이바지하는 것으로서 그 목적의 정당성이 인정되고, 목적을 달성하기 위한 적합한 수단에 해당한다. 오늘날 모의총포의 제조기술이 발달함에 따라 일반인의 입장에서 모의총포와 실제 총포를 판별하기는 사실상 매우 어렵고, 일정한 요건 하에서 모의총포의 소지를 허용할 경우 안전사고가 발생하거나 모의총포가 범죄에 악용되는 사례가 많아질 것이므로 현행 규제방식은 불가피한 측면이 있으며, 무엇보다도 이러한 안전사고나 범죄는 일단 발생하면 국민의 생명 · 신체에 치명적 결과를 가져오고 사회적인 혼란과 불안감을 초래하게 되어 최소침해성이나 법익균형성원칙에도 위배되지 아니하므로 이 사건 법률조항은 청구인의 영업의 자유 내지 일반적 행동의 자유를 침해하지 아니한다(헌재 2011. 11. 24. 2011헌바18).

▶ **학교정화구역 내에서의 극장시설 및 영업을 금지하고 있는 학교보건법 제6조 제1항 본문 제2호 중 대학의 정화구역에서도 극장영업을 일반적으로 금지하고 있는 부분이 직업의 자유를 과도하게 침해하여 위헌인지**(적극) : 대학생들은 고등학교를 졸업한 자 또는 법령에 의하여 이와 동등 이상의 학력이 있는 자 중에서 선발되므로 신체적 · 정신적으로 성숙하여 자신의 판단에 따라 자율적으로 행동하고 책임을 질 수 있는 시기에 이르렀다고 할 것이다. 이와 같은 대학생의 신체적 · 정신적 성숙성에 비추어 볼 때 대학생이 영화의 오락성에 탐닉하여 학습을 소홀히 할 가능성이 적으며, 그와 같은 가능성이 있다고 하여도 이는 자율성을 가장 큰 특징으로 하는 대학교육이 용인해야 할 부분이라고 할 것이다. 따라서 대학의 정화구역에 관하여는 학교보건법 제6조 제1항 단서에서 규율하는 바와 같은 예외조항의 유무와 상관없이 극장에 대한 일반적 금지를 둘 필요성을 인정하기 어렵다. 결국, 대학의 정화구역 안에서 극장시설을 금지하는 이 사건 법률조항은 극장운영자의 직업수행의 자유를 필요 · 최소한 정도의 범위에서 제한한 것이라고 볼 수 없어 최소침해성의 원칙에 반한다(헌재 2004. 5. 27. 2003헌가1).

▶ **유치원 및 초 · 중 · 고등학교의 정화구역 중 극장영업을 절대적으로 금지하고 있는 절대금지구역 부분이 극장 영업을 하고자 하는 자의 직업의 자유를 과도하게 침해하여 위헌인지**(적극) : 이 사건 법률조항은 유치원 및 초 · 중 · 고등학교의 정화구역 내의 극장시설 및 영업도 일반적으로 금지하고 있는바, 그 정화구역 중 금지의 예외가 인정되는 구역을 제외한 나머지 구역은 어떠한 경우에도 예외가 인정되지 아니하는 절대금지구역이다. 그런데 국가 · 지방자치단체 또는 문화재단 등 비영리단체가 운영하는 공연장 및 영화상영관, 순수예술이나 아동 · 청소년을 위한 전용공연장 등을 포함한 예술적 관람물의 공연을 목적으로 하는 공연법상의 공연장, 순수예술이나 아동 · 청소년을 위한 영화진흥법상의 전용영화상영관 등의 경우에는 정화구역 내에 위치하더라도 초 · 중 · 고등학교 학생들에게 유해한 환경이라고 하기보다는 오히려 학생들의 문화적 성장을 위하여 유익한 시설로서의 성격을 가지고 있어 바람직한 방향으로 활용될 가능성이 높다는 점을 부인하기 어렵다. 그렇다면 정화구역 내의 절대금지구역에서는 이와 같은 유형의 극장에 대한 예외를 허용할 수 있는 가능성을 전혀 인정하지 아니하고 일률적으로 금지하고 있는 이 사건 법률조항은 그 입법목적을 달성하기 위하여 필요한 정도 이상으로 극장운영자의 기본권을 제한하는 법률이다(헌재 2004. 5. 27. 2003헌가1 헌법불합치).

▶ 학교보건법 소정의 학교환경위생정화구역 안에서 노래연습장의 시설·영업을 금지하는 것이 헌법 제15조의 직업선택의 자유 등을 침해하는지(소극): 이 사건 시행령조항은 노래연습장으로 인하여 청소년 학생이 학습을 소홀히 하는 것을 막고 노래연습장의 유해환경으로부터 학생들을 차단, 보호하여 학교교육의 능률화를 기하려는 것으로서 그 입법목적이 정당하고, 학교경계선으로부터 200미터 이내의 학교환경위생정화구역안에서만 노래연습장 시설을 금지하는데 불과하므로 기본권 제한의 정도가 그다지 크지 아니한 데 비하여, 학교환경위생정화구역 안에서 노래연습장 시설을 금지하면, 변별력과 의지력이 미약한 초·중등교육법상 각 학교(유치원은 제외)의 학생들을 노래연습장이 갖는 오락적인 유혹으로부터 차단하는 효과가 상당히 크다고 할 것이고, 학교보건법 제6조 제1항 단서, 같은 법시행령 제4조에 의하여 학교환경위생정화위원회의 심의를 거쳐 학습과 학교보건위생에 나쁜 영향을 주지 않는다고 인정하는 경우에는 학교환경위생정화구역 중 상대정화구역안에서의 노래연습장 시설은 허용되므로, 이 사건 시행령에 의한 직업행사 자유의 제한은 그 입법목적 달성을 위하여 필요한 정도를 넘어 과도하게 제한하는 것이라고 할 수 없다(헌재 1999. 7. 22. 98헌마480).

▶ 학교환경위생정화구역안에서는 당구장시설을 할 수 없도록 규정한 학교보건법 제6조 제1항 제13호 "당구장"부분이 헌법에 위배되는지 여부: ① 대학교(적극): 대학, 교육대학, 사범대학, 전문대학, 기타 이와 유사한 교육기관의 학생들은 변별력과 의지력을 갖춘 성인이어서 당구장을 어떻게 활용할 것인지는 이들의 자율적 판단과 책임에 맡길 일이고, 학교주변의 당구장시설 제한과 같은 타율적 규제를 가하는 것은 대학교육의 목적에도 어긋나고 대학교육의 능률화에도 도움이 되지 않으므로, 위 각 대학 및 이와 유사한 교육기관의 학교환경위생정화구역안에서 당구장시설을 하지 못하도록 기본권을 제한하는 것은 교육목적의 능률화라는 입법목적의 달성을 위하여 필요하고 적정한 방법이라고 할 수 없어 기본권제한의 한계를 벗어난 것이다. ② 유치원(적극): 유치원주변에 당구장시설을 허용한다고 하여도 이로 인하여 유치원생이 학습을 소홀히 하거나 교육적으로 나쁜 영향을 받을 위험성이 있다고 보기 어려우므로, 유치원 및 이와 유사한 교육기관의 학교환경위생정화구역안에서 당구장시설을 하지 못하도록 기본권을 제한하는 것은 입법목적의 달성을 위하여 필요하고도 적정한 방법이라고 할 수 없어 역시 기본권제한의 한계를 벗어난 것이다. ③ 초·중·고등학교(소극): 초등학교, 중학교, 고등학교 기타 이와 유사한 교육기관의 학생들은 아직 변별력 및 의지력이 미약하여 당구의 오락성에 빠져 학습을 소홀히 하고 당구장의 유해환경으로부터 나쁜 영향을 받을 위험성이 크므로 이들을 이러한 위험으로부터 보호할 필요가 있는바, 이를 위하여 위 각 학교 경계선으로부터 200미터 이내에 설정되는 학교환경위생정화구역내에서의 당구장시설을 제한하면서 예외적으로 학습과 학교보건위생에 나쁜 영향을 주지 않는다고 인정하는 경우에 한하여 당구장시설을 허용하도록 하는 것은 기본권제한의 입법목적, 기본권제한의 정도, 입법목적 달성의 효과 등에 비추어 필요한 정도를 넘어 과도하게 직업(행사)의 자유를 침해하는 것이라 할 수 없다(헌재 1997. 3. 27. 94헌마196).

Ⅲ 주관적 사유에 의한 직업선택의 자유의 제한

1. 일반적 기준

직업선택의 자유를 제한함에 있어 어떤 직업의 수행을 위한 전제요건으로서 일정한 주관적 요건을 갖춘 자에게만 그 직업에 종사할 수 있도록 제한하는 경우에는, 이러한 주관적 요건을 갖추도록 요구하는 것이 누구에게나 제한 없이 그 직업에 종사하도록 방임함으로써 발생할 우려가 있는 공공의 손실과 위험을 방지하기 위한 적절한 수단이고, 그 직업을 희망하는 모든 사람에게 동일하게 적용되어야 하며, 주관적 요건 자체가 그 제한목적과 합리적인 관계가 있어야 한다는 과잉금지원칙이 적용되어야 할 것이다(헌재 2015. 12. 23. 2014헌바446).

PART 02

판례

▶**성범죄 의료인 취업제한** : 청구인들은 이 사건 법률조항에 의하여 형의 집행을 종료한 때부터 10년간 의료기관에 취업할 수 없게 되었는바, 이는 일정한 직업을 선택함에 있어 기본권 주체의 능력과 자질에 따른 제한이므로 이른바 '주관적 요건에 의한 좁은 의미의 직업선택의 자유'에 대한 제한에 해당한다(헌재 2016. 3. 31. 2013헌마585).

▶**아동학대관련범죄자 취업제한** : 청구인들은 심판대상조항에 의하여 형이 확정된 때부터 형의 집행이 종료되거나 집행을 받지 아니하기로 확정된 후 10년까지의 기간 동안 아동관련기관인 체육시설 또는 '초·중등교육법' 제2조 각 호의 학교를 운영하거나 그에 취업할 수 없게 되었다. 이는 일정한 직업을 선택함에 있어 기본권 주체의 능력과 자질에 따른 제한에 해당하므로 이른바 '주관적 요건에 의한 좁은 의미의 직업선택의 자유'에 대한 제한에 해당한다(헌재 2018. 6. 28. 2017헌마130).

▶**정원제로 사법시험의 합격자를 결정하는 방법이 객관적인 사유에 의한 직업선택의 자유의 제한에 해당하는지 여부**(소극) : 시험제도란 본질적으로 응시자의 자질과 능력을 측정하는 것이며, 합격자의 결정을 상대평가(정원제)와 절대평가 중 어느 것에 의할 것인지는 측정방법의 선택의 문제일 뿐이고, 이 사건 법률조항이 사법시험의 합격자를 결정하는 방법으로 정원제를 취한 이유는 상대평가라는 방식을 통하여 응시자의 자질과 능력을 검정하려는 것이므로 이는 객관적 사유가 아닌 주관적 사유에 의한 직업선택의 자유의 제한이다(헌재 2010. 5. 27. 2008헌바110).

2. 자격제도

입법자는 일정한 전문분야에 관한 자격제도를 마련함에 있어서 그 제도를 마련한 목적을 고려하여 정책적인 판단에 따라 그 내용을 구성할 수 있고, 마련한 자격제도의 내용이 불합리하고 불공정하지 않는 한 입법자의 정책판단은 존중되어야 하며, 자격제도에서 입법자에게는 그 자격요건을 정함에 있어서 광범위한 입법재량이 인정되는 만큼, 자격요건에 관한 법률조항은 합리적인 근거없이 현저히 자의적인 경우에만 헌법에 위반된다(헌재 2001. 5. 31. 99헌바94).

판례

▶**자격제도에 대한 심사방법** : 어떠한 직업분야에 관하여 자격제도를 만들면서 그 자격요건을 어떻게 설정할 것인가에 관하여는 국가에게 폭넓은 입법재량권이 부여되어 있으므로, 다른 방법으로 직업의 자유를 제한하는 경우에 비하여 유연하고 탄력적인 심사가 필요하다(헌재 2008. 9. 25. 2007헌마419).

▶**전문자격의 등록취소로 직업선택의 자유에 대한 제한시 심사기준** : 어떠한 직업분야에 관하여 자격제도를 만들면서 그 자격요건을 어떻게 설정할 것인가에 관하여는 국가에게 폭넓은 입법재량권이 부여되어 있으므로, 특정 전문자격의 등록취소로 인한 직업선택의 자유에 대한 제한이 과잉금지원칙에 위반되는지 여부를 판단함에 있어서는 다른 방법으로 직업의 자유를 제한하는 경우에 비하여 유연하고 탄력적인 심사가 필요하다(헌재 2021. 10. 28. 2020헌바221).

▶**전문직 자격제도에서 침해의 최소성 판단 방법** : 전문직 자격제도에 관하여는 입법자에게 폭넓은 형성의 자유가 인정되므로, 심판대상조항이 직업선택의 자유를 최소한 침해하고 있는지 여부를 판단함에 있어서도 가장 덜 제약적인 방법인지가 아니라 입법목적을 달성하기 위해 필요한 범위 내의 것인지를 심사하는 방법에 따라야 한다(헌재 2016. 9. 29. 2012헌마1002).

▶ 입법자가 설정한 자격요건을 구비하여 자격을 부여받은 자에게 사후적으로 결격사유가 발생했다고 해서 당연히 그 자격을 박탈할 수 있는지(소극): 어떠한 직업분야에 관한 자격제도를 만들면서 그 자격요건 내지 결격사유를 어떻게 설정할 것인가에 관하여 입법자에게 폭넓은 입법재량이 인정되기는 하나, 일단 자격요건을 구비하여 자격을 부여받았다면 사후적으로 결격사유가 발생했다고 해서 당연히 그 자격을 박탈할 수 있는 것은 아니다. 국가가 설정한 자격요건을 구비하지 못했다는 이유로 일정한 자격을 부여하지 않더라도 해당자가 잃는 이익이 크다고 볼 수 없는 반면 그러한 자격을 일단 취득하여 직업활동을 영위해 오고 있는 자의 자격을 상실시킬 경우 장기간 쌓아온 지위를 박탈하는 것으로서 그 불이익이 중대할 수 있기 때문이다. 따라서 이미 부여받은 자격을 박탈하는 경우, 입법자로서는 입법목적을 달성하기 위해 선택할 수 있는 여러 수단 중에서 국민의 기본권을 가장 덜 제한하는 수단을 채택하여야 하며, 보다 덜 제한적인 방법으로도 동일한 목적을 실현할 수 있음에도 불구하고 더 제한적인 방법을 선택했다면 이는 최소침해성의 원칙에 위배되는 것이다(헌재 2014. 1. 28. 2011헌바252).

▶ 의료법 등을 위반하여 금고 이상의 형을 선고받은 경우 의료인의 면허를 필요적으로 취소하도록 규정한 의료법 제65조 제1항 단서 제1호 부분이 과잉금지원칙에 반하여 직업선택의 자유를 침해하는지(소극): 의료인에 대한 신뢰를 보호하고자 의료관련범죄로 인하여 처벌받은 의료인에게 면허취소라는 불이익을 과하는 심판대상조항은 입법목적의 정당성 및 수단의 적절성이 인정된다. 나아가 의료법 제65조 제2항 단서는 면허취소의 경우 의료인의 자격을 영구히 상실하게 하고 있지 않고 3년이 경과하는 경우 면허를 다시 받을 수 있는 길을 열어둠으로써 의료인의 직업선택의 자유에 대한 제한을 완화하는 규정을 두고 있다. 이와 같은 점을 고려하면 심판대상조항은 최소침해성의 원칙에도 부합한다. 한편 면허취소로 인하여 의료인이 직업선택의 자유를 제한받는다고 하더라도 그로 인한 불이익이 의료인에 대한 공공의 신뢰확보라는 공공의 이익과 비교하여 더 크다고 할 수 없다. 따라서 심판대상조항은 법익의 균형성 요건도 갖추었다(헌재 2020. 4. 23. 2019헌바118).

▶ 의료법을 위반하여 금고 이상의 형을 선고받은 경우 의료인의 면허를 필요적으로 취소하도록 규정한 의료법 제65조 제1항 단서 제1호 부분이 의료법위반죄와 '그보다 형이 더 중한 의료 관련 범죄가 아닌 다른 죄'의 상상적 경합범이 성립하는 경우 분리 선고 규정을 두지 않아 과잉금지원칙에 위반되어 직업선택의 자유를 침해하는지(소극): 사회관념상 한 개의 행위가 수개의 죄에 해당하는 경우인 상상적 경합범의 처벌에 있어서는 행위 전체의 불법과 책임을 판단하여 가장 중한 죄에 정한 형의 범위 내에서 한 개의 형이 선고되는 것이므로, 이로 인하여 심판대상조항이 의료인의 면허를 부당하게 취소하는 결과를 초래한다고 볼 수 없다. 또한, 의료법위반죄와 '그보다 형이 더 중한 의료 관련 범죄가 아닌 다른 죄'가 상상적 경합범으로 처벌되는 경우에도 당해 법원이 의료인 면허가 취소되는 것이 과도하다고 판단할 경우 벌금 이하의 형을 선택하거나 형의 선고를 유예함으로써 당해 의료인의 면허가 취소되지 않도록 할 수 있어 구체적 타당성도 확보할 수 있고, 의료법은 면허취소가 된 경우에도 3년이 경과하는 경우 면허를 다시 받을 수 있도록 규정하여 직업선택의 자유에 대한 제한을 완화하고 있다. 따라서 심판대상조항은 직업선택의 자유를 침해하지 아니한다(헌재 2022. 6. 30. 2020헌바64).

▶ 리베이트를 수수한 의료인을 처벌하도록 한 의료법 제88조의2 전문 중 비급여대상인 의료기기와 관련된 의료인에 대하여 징역형에 처하는 부분이 과잉금지원칙에 위배되어 직업의 자유를 침해하는지(소극): 이 사건 법률조항은 리베이트를 금지함으로써 의료기기 가격이 인상되고 환자에게 그 비용이 부당하게 전가되는 것을 방지하고, 의료서비스의 질을 높여 국가의 보호를 받는 국민 보건에 기여하는 한편, 보건의료시장에서 공정하고 자유로운 경쟁을 확보하여 의료기기 유통질서를 투명화하기 위한 것이므로 목적의 정당성이 인정되고, 수단의 적합성도 인정된다. 위반행위에 대한 처벌수위에 있어서도 구성요건이 까다로운 기존의 다른 형사처벌 규정에 비해서도 상대적으로 낮은 수준이고, 징역형을 규정하면서 벌금형도 선택적으로 규정하고 있어 지나치게 과중한 형벌을 규정하고 있다고 볼 수 없는 점 등을 고려하면 침해의 최소성 및 법익의 균형성도 인정되므로 과잉금지원칙에 위배되어 직업의 자유를 침해한다고 할 수 없다(헌재 2015. 11. 26. 2014헌바299).

▶ **의료인이 아닌 자의 문신시술업을 금지하고 처벌하는 의료법 제27조 제1항 본문 전단 부분 등이 청구인들의 직업선택의 자유를 침해하는지**(소극) : 문신시술은, 바늘을 이용하여 피부의 완전성을 침해하는 방식으로 색소를 주입하는 것으로, 감염과 염료 주입으로 인한 부작용 등 위험을 수반한다. 이러한 시술 방식으로 인한 잠재적 위험성은 피시술자뿐 아니라 공중위생에 영향을 미칠 우려가 있고, 문신시술을 이용한 반영구화장의 경우라고 하여 반드시 감소된다고 볼 수도 없다. 외국의 입법례처럼 별도의 문신시술 자격제도를 통하여 비의료인의 문신시술을 허용할 수 있다는 대안이 제시되기도 한다. 그러나 문신시술에 한정된 의학적 지식과 기술만으로는, 현재 의료인과 동일한 정도의 안전성과 사전적·사후적으로 필요할 수 있는 의료조치의 완전한 수행을 보장할 수 없으므로, 이러한 대안의 채택은 사회적으로 보건위생상 위험의 감수를 요한다. 따라서 문신시술 자격제도와 같은 대안의 도입 여부는 입법재량의 영역에 해당하고, 입법부가 위와 같은 대안을 선택하지 않고 국민건강과 보건위생을 위하여 의료인만이 문신시술을 하도록 허용하였다고 하여 헌법에 위반된다고 볼 수 없다. 그러므로 심판대상조항은 명확성원칙이나 과잉금지원칙을 위반하여 청구인들의 직업선택의 자유를 침해하지 않는다(헌재 2022. 3. 31. 2017헌마1343).

▶ **의료법 제33조 제2항 단서의 "의료인은 하나의 의료기관만을 개설할 수 있으며" 부분이 의사 및 한의사의 복수면허 의료인의 직업의 자유를 침해하는지**(적극) : 의료인 면허를 취득한 것은 그 면허에 따른 직업선택의 자유를 회복한 것이고, 이렇게 회복된 자유에 대하여 전문분야의 성격과 정책적 판단에 따라 면허를 실현할 수 있는 방법이나 내용을 정할 수는 있지만 이를 다시 전면적으로 금지하는 것은 입법형성의 범위 내라고 보기 어렵다. 환자가 양방과 한방 의료기관에서 순차적, 교차적으로 의료서비스를 받는 경우가 금지되지 않는 현실에서 복수면허 의료인은 양방 및 한방 의료행위 양쪽에 대하여 상대적으로 지식이 많거나 능력이 뛰어나고, 그가 행하는 양방 및 한방 의료행위의 내용과 그것이 인체에 미치는 영향 등에 대하여 더 유용한 정보를 취득하고 이를 분석하여 적절하게 대처할 수 있다고 평가될 수 있다. 양방 및 한방 의료행위가 중첩될 경우 인체에 미치는 영향에 대한 과학적 검증이 없다는 점을 고려한다 하여도 위험영역을 한정하여 규제를 하면 족한 것이지 진단 등과 같이 위험이 없는 영역까지 전면적으로 금지하는 것은 지나치다(헌재 2007. 12. 27. 2004헌마1021 헌법불합치).

▶ **"약사 또는 한약사가 아니면 약국을 개설할 수 없다."고 규정한 약사법 제16조 제1항은 법인을 구성하여 약국을 개설·운영하려고 하는 약사들 및 이들 약사들로 구성된 법인의 직업선택의 자유와 결사의 자유를 침해하는지**(적극) : 국민의 보건을 위해서는 약국에서 실제로 약을 취급하고 판매하는 사람은 반드시 약사이어야 한다는 제한을 둘 필요가 있을 뿐, 약국의 개설 및 운영 자체를 자연인 약사에게만 허용할 합리적 이유는 없다. 입법자가 약국의 개설 및 운영을 일반인에게 개방할 경우에 예상되는 장단점을 고려한 정책적 판단의 결과 약사가 아닌 일반인 및 일반법인에게 약국개설을 허용하지 않는 것으로 결정하는 것은 그 입법형성의 재량권 내의 것으로서 헌법에 위반된다고 볼 수 없지만, 법인의 설립은 그 자체가 간접적인 직업선택의 한 방법으로서 직업수행의 자유의 본질적 부분의 하나이므로, 정당한 이유 없이 본래 약국개설권이 있는 약사들만으로 구성된 법인에게도 약국개설을 금지하는 것은 입법목적을 달성하기 위하여 필요하고 적정한 방법이 아니고, 입법형성권의 범위를 넘어 과도한 제한을 가하는 것으로서, 법인을 구성하여 약국을 개설·운영하려고 하는 약사들 및 이들로 구성된 법인의 직업선택(직업수행)의 자유의 본질적 내용을 침해하는 것이고, 동시에 약사들이 약국경영을 위한 법인을 설립하고 운영하는 것에 관한 결사의 자유를 침해하는 것이다(헌재 2002. 9. 19. 2000헌바84 헌법불합치).

▶ **'약사 또는 한약사가 아닌 자연인'의 약국 개설을 금지하고 위반 시 형사처벌하는 약사법 제20조 제1항이 과잉금지원칙에 반하여 직업의 자유를 침해하는지**(소극) : 비약사의 약국 개설이 허용되면, 영리 위주의 의약품 판매로 인해 의약품 오남용 및 국민 건강상의 위험이 증대할 가능성이 높고, 대규모 자본이 약국시장에 유입되어 의약품 유통체계 및 판매질서를 위협할 우려가 있다. 또한 비약사의 약국 개설은, 개설등록 취소나 약사의 자격정지, 부당이득 보험급여 징수 등 행정제재만으로는 예방하기에 미흡하고, 그에 가담한 약사를 형사처벌 대상에서 제외할 특별한 사정이 있다고도 할 수 없다. 약국 개설은 전 국민의 건강과 보건, 나아가 생명과도 직결된다는 점에서 달성되는 공익보다 제한되는 사익이 더 중하다고 볼 수 없다. 심판대상조항은 과잉금지원칙에 반하여 직업의 자유를 침해하지 않는다(헌재 2020. 10. 29. 2019헌바249).

▶ **안경사 면허를 가진 자연인에게만 안경업소의 개설 등을 할 수 있도록 한 구 의료기사 등에 관한 법률 제12조 제1항 등이 과잉금지원칙에 반하여 자연인 안경사와 법인의 직업의 자유를 침해하는지**(소극): 국민의 눈 건강과 관련된 국민보건의 중요성, 안경사 업무의 전문성, 안경사로 하여금 자신의 책임하에 고객과의 신뢰를 쌓으면서 안경사 업무를 수행하게 할 필요성 등을 고려할 때, 안경소 개설은 그 업무를 담당할 자연인 안경사로 한정할 것이 요청된다. 법인 안경업소가 허용되면 영리추구 극대화를 위해 무면허자로 하여금 안경 조제·판매를 하게 하는 등의 문제가 발생할 가능성이 높아지고, 안경 조제·판매 서비스의 질이 하락할 우려가 있다. 또한 대규모 자본을 가진 비안경사들이 법인의 형태로 안경시장을 장악하여 개인 안경업소들이 폐업하면 안경사와 소비자 간 신뢰관계 형성이 어려워지고, 독과점으로 인해 안경 구매비용이 상승할 수 있다. 반면 현행법에 의하더라도 안경사들은 협동조합, 가맹점 가입, 동업 등의 방법으로 법인의 안경업소 개설과 같은 조직화, 대형화 효과를 어느 정도 누릴 수 있다. 따라서 심판대상조항은 과잉금지원칙에 반하지 아니하여 자연인 안경사와 법인의 직업의 자유를 침해하지 아니한다(헌재 2021. 6. 24. 2017헌가31).

▶ **나무의사만이 수목진료를 할 수 있도록 규정한 산림보호법 제21조의4 제1항이 과잉금지원칙에 위배되어 청구인들의 직업선택의 자유를 침해하는지**(소극): 나무의사조항은 나무의사 양성기관에서 교육을 이수한 후 나무의사 자격시험에 합격한 나무의사만이 수목을 진료하도록 하여 수목을 체계적으로 보호하기 위한 것으로, 목적의 정당성과 수단의 적합성이 인정된다. 식물보호기사·산업기사는 농작물을 포함한 식물 전체를 다루는 점, 산림보호법은 기존에 수목진료를 해오던 식물보호기사·산업기사의 기본권 제한을 최소화하기 위한 조치를 취하고 있는 점 등을 고려하면, 나무의사조항은 침해의 최소성에 반하지 않는다. 청구인들이 교육을 이수한 후 나무의사 자격시험에 합격하지 않으면 수목진료를 할 수 없게 되는 불이익이 나무의사조항이 추구하는 공익에 비하여 중대하다고 볼 수 없으므로, 나무의사조항은 법익의 균형성에도 반하지 않는다. 따라서 나무의사조항은 과잉금지원칙에 위배되어 청구인들의 직업선택의 자유를 침해하지 않는다(헌재 2020. 6. 25. 2018헌마974).

▶ **세무사 자격 보유 변호사로 하여금 세무사로서 세무사의 업무를 할 수 없도록 규정한 세무사법 제6조 제1항 및 세무사법 제20조 제1항 본문 중 변호사에 관한 부분이 세무사 자격 보유 변호사의 직업선택의 자유를 침해하는지**(적극): 세무사의 업무에는 세법 및 관련 법령에 대한 전문 지식과 법률에 대한 해석·적용능력이 필수적으로 요구되는 업무가 포함되어 있다. 세법 및 관련 법령에 대한 해석·적용에 있어서는 세무사나 공인회계사보다 변호사에게 오히려 전문성과 능력이 인정됨에도 불구하고, 심판대상조항은 세무사 자격 보유 변호사로 하여금 세무대리를 일체 할 수 없도록 전면적으로 금지하고 있으므로, 수단의 적합성을 인정할 수 없다. 심판대상조항이 세무사 자격 보유 변호사에 대하여 세무사로서의 세무대리를 일체 할 수 없도록 전면 금지하는 것은 세무사 자격 부여의 의미를 상실시키는 것일 뿐만 아니라, 세무사 자격에 기한 직업선택의 자유를 지나치게 제한하는 것이다. 따라서 심판대상조항은 침해의 최소성에도 반한다. 세무사로서 세무대리를 일체 할 수 없게 됨으로써 세무사 자격 보유 변호사가 받게 되는 불이익이 심판대상조항으로 달성하려는 공익보다 경미하다고 보기 어려우므로, 심판대상조항은 법익의 균형성도 갖추지 못하였다(헌재 2018. 4. 26. 2015헌가19 헌법불합치).

▶ **변호사의 자격이 있는 자에게 더 이상 세무사 자격을 부여하지 않는 구 세무사법 제3조가 시행일 이후 변호사 자격을 취득한 청구인들의 직업선택의 자유를 침해하는지**(소극): 이 사건 법률조항은 세무사 자격시험에 합격한 사람 이외에 변호사 자격 소지자에 대하여 세무사 자격을 인정(세무사 자격 자동부여)하는 것과 관련된 특혜시비를 없애고 세무사시험에 응시하는 일반 국민과의 형평을 도모함과 동시에 세무분야의 전문성을 제고하여 소비자에게 고품질의 세무서비스를 제공하고자 마련된 조항으로, 입법목적은 정당하고, 입법목적을 달성하기 위한 적합한 수단이다. 변호사가 세무나 회계 등과 관련한 법률사무를 처리할 수 있다고 하여 변호사에게 반드시 세무사의 자격이 부여되어야 하는 것은 아니고 변호사에 대하여 세무사 자격을 부여할 것인지 여부는 국가가 입법 정책적으로 결정할 사안이라는 점, 변호사에게 세무사의 자격을 부여하면서도 현행법상 실무교육에 더하여 세무대리업무에 특화된 추가교육을 이수하도록 하는 등의 대안을 통해서는 세무사 자격 자동부여와 관련된 특혜시비를 없애고 일반 국민과의 형평을 도모한다는 입법목적을 달성할 수 없는 점 등을 고려하면, 이 사건 법률조항이 피해의 최소성 원칙에 반한다고 보기 어렵다. 나아가, 청구인들은 이 사건 법률조항으로 인하여 변호사의 직무로서 세무대리를 하는 것 외에는 세무대리를 할 수 없게 되어 업무의 범위가 축소되는 불이익을 입었으나, 이러한 불이익이 위 조항으로 달성하고자 하는 공익보다 크다고 볼 수 없다(헌재 2021. 7. 15. 2018헌마279).

PART 02

▶ **어린이집 원장 또는 보육교사가 아동학대관련범죄로 처벌을 받은 경우 행정청이 재량으로 그 자격을 취소할 수 있도록 정한 영유아보육법 제48조 제1항 제3호 부분이 직업선택의 자유를 침해하는지**(소극) : 어린이집 원장 또는 보육교사는 6세 미만의 취학 전 아동인 영유아와 상시적으로 접촉하면서 긴밀한 생활관계를 형성하므로, 이들에 의한 아동학대관련범죄는 영유아의 신체·정서 발달에 치명적 영향을 미칠 수 있다. 어린이집의 안전성에 대한 사회적 신뢰를 지키고 영유아의 완전하고 조화로운 인격 발달을 도모하기 위해서는, 아동학대관련범죄로 처벌받은 어린이집 원장 또는 보육교사의 자격을 취소하여 보육현장에서 배제할 필요가 크다. 심판대상조항은 행정청에 자격취소에 관한 재량을 부여하는 임의적 규정이고, 재량권 행사의 당부를 법원에서 사후적으로 판단받을 수도 있다. 심판대상조항으로 실현하고자 하는 공익은 영유아를 건강하고 안전하게 보육하는 것으로서, 이로 인하여 어린이집 원장 또는 보육교사 자격을 취득하였던 사람이 그 자격을 취소당한 결과 일정 기간 어린이집에 근무하지 못하는 제한을 받더라도, 그 제한의 정도가 위 공익에 비하여 더 중대하다고 할 수 없다. 따라서 심판대상조항은 과잉금지원칙에 반하여 직업선택의 자유를 침해하지 아니한다(헌재 2023. 5. 25. 2021헌바234).

▶ **아동학대 관련 범죄로 형을 선고받아 확정된 자로 하여금 그 형이 확정된 때부터 형의 집행이 종료되거나 집행을 받지 아니하기로 확정된 후 10년 동안 체육시설 및 초·중등교육법 제2조 각 호의 학교를 운영하거나 이에 취업 또는 사실상 노무를 제공할 수 없도록 한 아동복지법 제29조의3 제1항 제17호 등이 청구인들의 직업선택의 자유를 침해하는지**(적극) : 이 사건 법률조항은 아동들이 행복하고 안전하게 자라나게 하는 동시에 체육시설 및 학교에 대한 윤리성과 신뢰성을 높여 아동 및 그 보호자가 이들 기관을 믿고 이용할 수 있도록 하는 입법목적을 지니는바 이러한 입법목적은 정당하다. 그러나 이 사건 법률조항은 아동학대관련범죄전력만으로 그가 장래에 동일한 유형의 범죄를 다시 저지를 것을 당연시하고, 형의 집행이 종료된 때부터 10년이 경과하기 전에는 결코 재범의 위험성이 소멸하지 않는다고 보며, 각 행위의 죄질에 따른 상이한 제재의 필요성을 간과함으로써, 아동학대관련범죄 전력자 중 재범의 위험성이 없는 자, 아동학대관련범죄전력이 있지만 10년의 기간 안에 재범의 위험성이 해소될 수 있는 자, 범행의 정도가 가볍고 재범의 위험성이 상대적으로 크지 않은 자에게까지 10년 동안 일률적인 취업제한을 부과하고 있는데, 이는 침해의 최소성 원칙과 법익의 균형성 원칙에 위배된다. 따라서 이 사건 법률조항은 청구인들의 직업선택의 자유를 침해한다(헌재 2018. 6. 28. 2017헌마130).

▶ **아동학대 관련 범죄로 벌금형이 확정된 날부터 10년이 지나지 아니한 사람은 어린이집을 설치·운영하거나 어린이집에 근무할 수 없고, 같은 이유로 보육교사 자격이 취소되면 그 취소된 날부터 10년간 자격을 재교부받지 못하도록 한, 영유아보육법 제16조 제8호 후단 등이 직업선택의 자유를 침해하는지**(적극) : 아동학대관련범죄전력자에 대해 범죄전력만으로 장래에 동일한 유형의 범죄를 다시 저지를 것이라고 단정하기는 어려움에도 불구하고, 심판대상조항은 오직 아동학대관련범죄전력에 기초해 10년이라는 기간 동안 일률적으로 취업제한의 제재를 부과하는 점, 이 기간 내에는 취업제한 대상자가 그러한 제재로부터 벗어날 수 있는 어떠한 기회도 존재하지 않는 점, 재범의 위험성에 대한 사회적 차원의 대처가 필요하다 해도 개별 범죄행위의 태양을 고려한 위험의 경중에 대한 판단이 있어야 하는 점 등에 비추어 볼 때, 심판대상조항은 침해의 최소성 요건을 충족했다고 보기 어렵다. 영유아를 아동학대관련범죄로부터 보호하여 영유아를 건강하고 안전하게 보육하고, 어린이집에 대한 윤리성과 신뢰성을 높여 영유아 및 그 관계자들이 어린이집을 믿고 이용하도록 하는 것은 우리 사회의 중요한 공익에 해당한다. 그러나 심판대상조항은 일률적으로 10년의 취업제한을 부과한다는 점에서 죄질이 가볍고 재범의 위험성이 낮은 범죄전력자들에게 지나치게 가혹한 제한이 될 수 있어, 그것이 달성하려는 공익의 무게에도 불구하고 법익의 균형성 요건을 충족하지 못한다(헌재 2022. 9. 29. 2019헌마813).

▶ **성적목적공공장소침입죄로 형을 선고받아 확정된 자로 하여금 그 형의 집행을 종료한 날부터 10년 동안 의료기관을 제외한 아동·청소년 관련기관 등을 개설하거나 그에 취업할 수 없도록 한 '아동·청소년의 성보호에 관한 법률' 제56조 제1항 부분이 청구인의 직업선택의 자유를 침해하는지**(적극) : 취업제한조항은 피해자가 존재하지 않거나 피해자의 성적자기결정권을 침해하지 아니하는 경우에도 발생할 수 있는 성적목적공공장소침입행위를 범죄화함과 동시에 취업제한 대상 성범죄로 규정하였다. 취업제한조항이 성적목적공공장소침입죄 전력만으로 그가 장래에 동일한 유형의 범죄를 저지를 것을 당연시하고, 형의 집행이 종료된 때로부터 10년이 경과하기 전에는 결코 재범의 위험성이 소멸하지 않는다고 보아, 각 행위의 죄질에 따른 상이한 제재의 필요성을 간과함으로써, 위 범죄 전력자 중 재범의 위험성이 없는 자, 위 범죄 전력이 있지만 10년의 기간 안에 재범의 위험성이 해소될 수 있는 자, 범행의 정도가 가볍고 재범의 위험성이 상대적으로 크지 않은 자에게까지 10년 동안 일률적인 취업제한을 하고 있는 것은 침해의 최소성 원칙과 법익의 균형성 원칙에 위배된다. 따라서 취업제한조항은 청구인의 직업선택의 자유를 침해한다(헌재 2016. 10. 27. 2014헌마709).

▶ 성인대상 성범죄로 형을 선고받아 확정된 자로 하여금 그 형의 집행을 종료한 날부터 10년 동안 의료기관을 개설하거나 의료기관에 취업할 수 없도록 한 구 아동·청소년의 성보호에 관한 법률 제44조 제1항 등이 청구인들의 직업선택의 자유를 침해하는지(적극) : 이 사건 법률조항은 의료기관의 운영자나 종사자의 자질을 일정 수준으로 담보하도록 함으로써, 아동·청소년을 잠재적 성범죄로부터 보호하고, 의료기관의 윤리성과 신뢰성을 높여 아동·청소년 및 그 보호자가 이들 기관을 믿고 이용할 수 있도록 하는 입법목적을 지니는바 이러한 입법목적은 정당하다. 그러나 이 사건 법률조항이 성범죄 전력만으로 그가 장래에 동일한 유형의 범죄를 다시 저지를 것을 당연시하고, 형의 집행이 종료된 때부터 10년이 경과하기 전에는 결코 재범의 위험성이 소멸하지 않는다고 보며, 각 행위의 죄질에 따른 상이한 제재의 필요성을 간과함으로써, 성범죄 전력자 중 재범의 위험성이 없는 자, 성범죄 전력이 있지만 10년의 기간 안에 재범의 위험성이 해소될 수 있는 자, 범행의 정도가 가볍고 재범의 위험성이 상대적으로 크지 않은 자에게까지 10년 동안 일률적인 취업제한을 부과하고 있는 것은 침해의 최소성 원칙과 법익의 균형성 원칙에 위배된다. 따라서 이 사건 법률조항은 청구인들의 직업선택의 자유를 침해한다(헌재 2016. 3. 31. 2013헌마585).

▶ 마약류관리법을 위반하여 금고 이상의 실형을 선고받고 그 집행이 끝나거나 면제된 날부터 20년이 지나지 아니한 것을 택시운송사업의 운전업무 종사자격의 결격사유 및 취소사유로 정한 여객자동차법 제24조 제4항 제1호 가목 등이 청구인들의 직업선택의 자유를 침해하는지(적극) : 20년이라는 기간은 좁게는 여객자동차운송사업과 관련된 결격사유 또는 취소사유를 규정하는 법률에서, 넓게는 기타 자격증 관련 직업의 결격사유 또는 취소사유를 규율하는 법률에서도 쉽게 찾아보기 어려운 긴 기간으로, 택시운송사업 운전업무 종사자의 일반적인 취업 연령이나 취업 실태에 비추어볼 때 실질적으로 해당 직업의 진입 자체를 거의 영구적으로 막는 것에 가까운 효과를 나타내며, 타 운송수단 대비 택시의 특수성을 고려하더라도 지나치게 긴 기간이라 할 수 있다. 심판대상조항은 구체적 사안의 개별성과 특수성을 고려할 수 있는 여지를 일체 배제하고 그 위법의 정도나 비난 가능성의 정도가 미약한 경우까지도 획일적으로 20년이라는 장기간 동안 택시운송사업의 운전업무 종사자격을 제한하는 것이므로 침해의 최소성 원칙에 위배되며, 법익의 균형성 원칙에도 반한다. 따라서 심판대상조항은 청구인들의 직업선택의 자유를 침해한다(헌재 2015. 12. 23. 2014헌바446 헌법불합치).

▶ 청원경찰이 금고 이상의 형의 선고유예를 받은 경우 당연 퇴직되도록 규정한 청원경찰법 제10조의6 제1호 중 제5조 제2항에 의한 국가공무원법 제33조 제5호에 관한 부분이 직업의 자유를 침해하는지(적극) : 심판대상조항은 청원경찰이 저지른 범죄의 종류나 내용을 불문하고 금고 이상의 형의 선고유예를 받게 되면 당연히 퇴직되도록 규정함으로써 청원경찰에게 공무원보다 더 가혹한 제재를 가하고 있으므로, 침해의 최소성 원칙에 위배된다. 심판대상조항은 청원경찰이 저지른 범죄의 종류나 내용을 불문하고 범죄행위로 금고 이상의 형의 선고유예를 받게 되면 당연히 퇴직되도록 규정함으로써 그것이 달성하려는 공익의 비중에도 불구하고 청원경찰의 직업의 자유를 과도하게 제한하고 있어 법익의 균형성 원칙에도 위배된다. 따라서, 심판대상조항은 과잉금지원칙에 반하여 직업의 자유를 침해한다(헌재 2018. 1. 25. 2017헌가26).

▶ 사립학교 교원이 금고 이상의 형의 집행유예를 받은 경우 당연퇴직 되도록 정한 사립학교법 제57조 본문 부분이 사립학교 교원의 직업의 자유 등을 침해하는지(소극) : 이 사건 법률조항은 교원의 사회적 책임 및 교직에 대한 국민의 신뢰를 제고하고 교원으로서의 성실한 직무수행을 담보하기 위한 법적 조치로서 그 입법목적이 정당하고, 입법목적을 달성하기 위한 효과적이고 적절한 수단이 될 수 있다. 나아가 위와 같은 입법목적을 효과적으로 달성하기 위한 덜 제약적인 대체적 입법수단의 존재가 명백하지 아니하고, 비록 이 사건 법률조항으로 인하여 교원 지위가 박탈된다고 하여도 그것이 위와 같은 공익에 비해 더 비중이 크다고 단정하기 어렵다. 결국 금고 이상의 형에 대한 집행유예 판결에 내포된 사회적 비난가능성과 공교육을 담당하는 교원에게 요구되는 사회적 책임 및 교직 수행에 대한 신뢰의 수준 등을 종합적으로 고려할 때, 금고 이상의 형의 집행유예를 사립학교 교원의 당연퇴직 사유로 하고 있는 이 사건 법률조항이 헌법 제37조 제2항에 위배하여 청구인의 직업선택의 자유를 침해한다고 볼 수는 없다(헌재 2020. 6. 25. 2018헌바256).

PART 02

▶ 거짓이나 그 밖의 부정한 수단으로 운전면허를 받은 경우 모든 범위의 운전면허를 필요적으로 취소하도록 한 도로 교통법 제93조 제1항 단서 부분이 일반적 행동의 자유 또는 직업의 자유를 침해하는지(일부 적극) : 심판대상조항이 '부정 취득하지 않은 운전면허'까지 필요적으로 취소하도록 한 것은, 임의적 취소·정지 사유로 함으로써 구체적 사안의 개별성과 특수성을 고려하여 불법의 정도에 상응하는 제재수단을 선택하도록 하는 등 완화된 수단에 의해서도 입법목적을 같은 정도로 달성하기에 충분하므로, 피해의 최소성 원칙에 위배된다. 나아가, 위법이나 비난의 정도가 미약한 사안을 포함한 모든 경우에 부정 취득하지 않은 운전면허까지 필요적으로 취소하고 이로 인해 2년 동안 해당 운전면허 역시 받을 수 없게 하는 것은, 공익의 중대성을 감안하더라도 지나치게 기본권을 제한하는 것이므로, 법익의 균형성 원칙에도 위배된다(헌재 2020. 6. 25. 2019헌가9).

▶ 운전면허를 받은 사람이 다른 사람의 자동차 등을 훔친 경우에는 운전면허를 필요적으로 취소하도록 한 구 도로교통법 제93조 제1항 제12호 부분이 운전면허 소지자의 직업의 자유 내지 일반적 행동의 자유를 침해하는지(적극) : 자동차 등을 훔친 범죄행위에 대한 행정적 제재를 강화하더라도 불법의 정도에 상응하는 제재수단을 선택할 수 있도록 임의적 운전면허 취소 또는 정지사유로 규정하여도 충분히 그 목적을 달성하는 것이 가능함에도, 심판대상조항은 필요적으로 운전면허를 취소하도록 하여 구체적 사안의 개별성과 특수성을 고려할 수 있는 여지를 일절 배제하고 있다. 자동차 절취행위에 이르게 된 경위, 행위의 태양, 당해 범죄의 경중이나 그 위법성의 정도, 운전자의 형사처벌 여부 등 제반사정을 고려할 여지를 전혀 두지 아니한 채 다른 사람의 자동차등을 훔친 모든 경우에 필요적으로 운전면허를 취소하는 것은, 그것이 달성하려는 공익의 비중에도 불구하고 운전면허 소지자의 직업의 자유 내지 일반적 행동의 자유를 과도하게 제한하는 것이다. 그러므로 심판대상조항은 직업의 자유 내지 일반적 행동의 자유를 침해한다(헌재 2017. 5. 25. 2016헌가6).

▶ 택시운전자격을 취득한 사람이 강제추행 등 성범죄를 범하여 금고 이상의 형의 집행유예를 선고받은 경우 그 자격을 취소하도록 규정한 여객자동차법 제87조 제1항 단서 제3호 등 부분이 과잉금지원칙에 위배되어 직업의 자유를 침해하는지(소극) : 택시 승객은 운전자와 접촉하는 빈도와 밀도가 높고 야간에도 택시를 이용하는 등 위험에 노출될 확률이 높다. 범죄의 개별성·특수성을 일일이 고려하여 해당 운전자의 준법의식 구비 여부를 가리는 방법은 매우 번잡한 절차가 필요하므로, 심판대상조항과 같이 명백하고 일률적인 기준을 설정하는 것은 불가피하다. 이러한 점을 종합하면 임의적 운전자격 취소만으로는 입법목적을 달성하는 데 충분하다고 보기 어려우므로, 침해의 최소성도 인정된다. 운전자격이 취소되더라도 집행유예기간이 경과하면 다시 운전자격을 취득할 수 있으므로 운수종사자가 받는 불이익은 제한적인 반면, 심판대상조항으로 달성되는 입법목적은 매우 중요하므로, 법익의 균형성 요건도 충족한다. 따라서 심판대상조항은 과잉금지원칙에 위배되지 않는다(헌재 2018. 5. 31. 2016헌바14).

▶ 법무부장관이 2020. 11. 23.에 한 '코로나19 관련 제10회 변호사시험 응시자 유의사항 등 알림' 중 코로나바이러스감염증-19 확진환자의 시험 응시를 금지한 부분이 청구인들의 직업선택의 자유를 침해하는지(적극) : 시험장 개수가 확대됨으로써 응시자들이 분산되고, 시험장 내에서 마스크를 착용하게 함으로써 비말이 전파될 가능성을 최소화할 수 있으며, 자가격리자나 유증상자는 별도의 장소에서 시험에 응시하도록 하는 등 시험장에서의 감염위험을 예방하기 위한 각종 장치가 마련된 사정을 고려할 때, 피청구인으로서는 응시자들의 응시 제한을 최소화하는 방법을 택하여야 할 것이다. 감염병의 유행은 일률적이고 광범위한 기본권 제한을 허용하는 면죄부가 될 수 없고, 감염병의 확산으로 인하여 의료자원이 부족할 수도 있다는 막연한 우려를 이유로 확진환자 등의 응시를 일률적으로 금지하는 것은 청구인들의 기본권을 과도하게 제한한 것이라고 볼 수밖에 없다. 확진환자가 시험장 이외에 의료기관이나 생활치료센터 등 입원치료를 받거나 격리 중인 곳에서 시험을 치를 수 있도록 한다면 감염병 확산 방지라는 목적을 동일하게 달성하면서도 확진환자의 시험 응시 기회를 보장할 수 있다. 따라서 이 사건 알림 중 코로나19 확진환자의 시험 응시를 금지한 부분은 청구인들의 직업선택의 자유를 침해한다(헌재 2023. 2. 23. 2020헌마1736).

▶ 변호사시험의 응시자격을 법학전문대학원 석사학위 취득자로 제한한 변호사시험법 제5조 제1항 본문이 청구인들의 직업선택의 자유를 침해하는지(소극) : 변호사시험법 제5조 제1항 본문은, 양질의 법률서비스를 제공하기 위하여 다양한 학문적 배경을 가진 전문법조인을 법률이론과 실무교육을 통해 양성하고, 법학교육을 정상화하며, 과다한 응시생이 장기간 사법시험에 빠져 있음으로 인한 국가인력의 극심한 낭비와 비효율성을 막기 위한 취지에서 도입된 법학전문대학원 제도의 목적을 변호사시험제도와의 연계를 통하여 효과적으로 달성하기 위한 것으로, 사법시험 병행제도 및 예비시험 제도는 위와 같은 입법목적을 달성하기에 부족한 것으로 보이는 반면, 법학전문대학원법은 특별전형제도, 장학금제도 등을 통해 경제적 자력이 없는 사람들에게도 법학전문대학원 과정을 이수할 기회를 부여하였고, 변호사시험법은 사법시험을 2017년까지 병행 실시하도록 하여 기존 사법시험 준비자들의 신뢰를 보호하였으므로, 위 법률조항은 침해의 최소성 원칙에도 위배되지 않는다. 또한, 위 법률조항으로 인하여 청구인이 받게 되는 불이익보다는 그것이 추구하는 공익이 더 크다고 할 것이므로 변호사시험법 제5조 제1항 본문은 과잉금지원칙을 위반하여 청구인의 직업선택의 자유를 침해한다고 보기 어렵다(헌재 2020. 10. 29. 2017헌마1128).

▶ 변호사시험의 응시기간과 응시횟수를 법학전문대학원의 석사학위를 취득한 달의 말일 또는 취득예정기간 내 시행된 시험일부터 5년 내에 5회로 제한한 변호사시험법 제7조 제1항이 변호사시험에 5회 모두 불합격한 청구인들의 직업선택의 자유를 침해하는지(소극) : 현행 변호사시험의 운영방식상 법학전문대학원 졸업자의 약 4분의 3이 변호사시험에 최종합격하고 있고, 변호사 자격을 취득하지 못하는 결과가 발생하는 것은 법학전문대학원에서의 교육 수료와 변호사시험 합격을 조건으로 변호사 자격을 취득하는 현행 제도에 내재되어 있으므로, 변호사시험의 응시기회를 제한한 것이 과도한 제약이라고 할 수 없다. 변호사시험에 무제한 응시함으로 인하여 발생하는 인력 낭비, 응시인원의 누적으로 인한 시험 합격률의 저하 및 법학전문대학원의 전문적인 교육효과 소멸 등을 방지하고자 하는 공익은 청구인들이 더 이상 시험에 응시하지 못하여 변호사를 직업으로 선택하지 못하는 불이익에 비하여 더욱 중대하다(헌재 2016. 9. 29. 2016헌마47).

▶ 성매매를 한 자를 형사처벌 하도록 규정한 성매매처벌법 제21조 제1항이 개인의 성적자기결정권, 사생활의 비밀과 자유, 성판매자의 직업선택의 자유를 침해하는지(소극) : 성매매를 형사처벌함으로써 사회 전반의 건전한 성풍속 및 성도덕을 확립하려는 심판대상조항의 입법목적은 정당하고 수단의 적절성도 인정된다. 한편, 성매매 공급이 확대되거나 쉽게 접근할 수 있는 길을 열어줄 위험과 불법적인 조건으로 성매매를 유도할 가능성이 있는 점 등을 고려할 때 성판매자도 형사처벌의 대상에 포함시킬 필요성이 인정된다. 또한 나라별로 다양하게 시행되는 성매매에 대하여 정책의 효율성을 판단하는 것도 쉽지 않으므로, 전면적 금지정책에 기초하여 성매매 당사자 모두를 형사처벌하도록 한 입법을 침해최소성에 어긋난다고 볼 수 없다. 자신의 성뿐만 아니라 타인의 성을 고귀한 것으로 여기고 이를 수단화하지 않는 것은 모든 인간의 존엄과 평등이 전제된 공동체의 발전을 위한 기본전제가 되는 가치관이므로, 사회 전반의 건전한 성풍속과 성도덕이라는 공익적 가치는 개인의 성적 자기결정권 등 기본권 제한의 정도에 비해 결코 작다고 볼 수 없어 법익균형성원칙에도 위배되지 아니한다(헌재 2016. 3. 31. 2013헌가2).

▶ 학원설립·운영자가 학원법을 위반하여 벌금형을 선고받은 경우 등록의 효력을 잃도록 규정하고 있는 학원법 제9조 제2항 본문 부분이 과잉금지원칙을 위배하여 직업선택의 자유를 침해하는지(적극) : 등록의 효력상실사유로서 벌금형 판결을 받은 학원법 위반범죄를 규정할 경우, 범죄의 유형, 내용 등으로 그 범위를 가급적 한정하여 규정해야 함에도 이 사건 효력상실조항은 학원법 위반으로 벌금형이 확정되기만 하면 일률적으로 등록을 상실하도록 규정하고 있어 지나친 제재라 하지 않을 수 없다. 또한 형사재판에서 벌금형을 선고하면서 등록의 실효에 관한 소명의 기회도 제공되지 않으며, 형사재판이 약식절차에 따라 진행될 경우 소명의 기회가 사실상 차단되는 반면, 이 사건 효력상실조항을 삭제하더라도 교육감은 위반행위의 내용을 감안하여 적절한 지도·감독을 하거나 등록 말소, 교습정지 등의 처분을 할 수 있어 입법목적을 달성하는 데 아무런 어려움이 발생하지 않는다. 따라서 이 사건 효력상실조항은 최소침해성 원칙에 위배된다. 이 사건 효력상실조항으로 인하여 등록이 실효된 학원운영자, 학원 소속 근로자는 모두 생계의 위협을 받을 수 있으며, 학습자 역시 불측의 피해를 입을 수밖에 없는 반면 이 사건 효력상실조항을 통하여 실제 달성되는 공익은 학원법 위반자의 학원운영을 조금 일찍 금지할 수 있다는 정도에 불과하여 이 사건 효력상실조항은 법익균형성 원칙에도 위배된다(헌재 2014. 1. 28. 2011헌바252).

▶ 대통령령으로 정하는 공공기관 및 공기업으로 하여금 매년 정원의 100분의 3 이상씩 34세 이하의 청년 미취업자를 채용하도록 한 청년고용촉진특별법 제5조 제1항 등(청년할당제)이 35세 이상 미취업자들의 평등권, 직업선택의 자유를 침해하는지(소극): 청년할당제는 일정 규모 이상의 기관에만 적용되고, 전문적인 자격이나 능력을 요하는 경우에는 적용을 배제하는 등 상당한 예외를 두고 있다. 더욱이 3년 간 한시적으로만 시행하며, 청년할당제가 추구하는 청년실업해소를 통한 지속적인 경제성장과 사회 안정은 매우 중요한 공익인 반면, 청년할당제가 시행되더라도 현실적으로 35세 이상 미취업자들이 공공기관 취업기회에서 불이익을 받을 가능성은 크다고 볼 수 없다. 따라서 이 사건 청년할당제가 청구인들의 평등권, 공공기관 취업의 자유를 침해한다고 볼 수 없다(헌재 2014. 8. 28. 2013헌마553).

▶ 시각장애인에 대하여만 안마사 자격인정을 받을 수 있도록 이른바 비맹제외기준을 설정하고 있는 구 의료법 조항이 직업선택의 자유를 침해하는지(소극): 위 조항들로 인하여 비시각장애인들의 직업선택의 자유가 제한되기는 하지만, 시각장애인에 대한 국가의 보호의무를 규정한 헌법 제34조 제5항의 요청 이외에, 시각장애인을 둘러싼 기본권의 특성과 복지정책의 현황, 안마사 직역 외에 생계보장을 위한 대안이 거의 없다는 점, 이러한 우리의 사회현실 등에 비추어 시각장애인 안마사제도가 사회적 약자인 시각장애인을 우대하기 위한 조치로서 불가피한 점, 이에 기초한 국회의 입법조치를 존중할 필요가 있는 점 등 제반 사정들을 종합하여 비맹제외기준을 설정한 위 조항들이 비시각장애인인 청구인들의 직업선택의 자유와 평등권을 침해하는 것으로 볼 수 없다(헌재 2008. 10. 30. 2006헌마1098).

Ⅳ 객관적 사유에 의한 직업선택의 자유의 제한

당사자의 능력이나 자격과 상관없는 객관적 사유에 의한 제한은 월등하게 중요한 공익을 위하여 명백하고 확실한 위험을 방지하기 위한 경우에만 정당화될 수 있고, 따라서 헌법재판소가 이 사건을 심사함에 있어서는 헌법 제37조 제2항이 요구하는바 과잉금지의 원칙, 즉 엄격한 비례의 원칙이 그 심사척도가 된다(헌재 2002. 4. 25. 2001헌마614).

판례

▶ 경비업을 전문으로 하는 별개의 법인을 설립하지 않는 한 경비업과 그밖의 업종을 겸영하지 못하도록 금지하고 있는 경비업법조항이 직업의 자유를 침해하는지 여부(적극): 비전문적인 영세경비업체의 난립을 막고 전문경비업체를 양성하며, 경비원의 자질을 높이고 무자격자를 차단하여 불법적인 노사분규 개입을 막고자 하는 입법목적 자체는 정당하다. 그러나 현대의 첨단기술을 바탕으로 한 소위 디지털시대에 있어서 경비업은 단순한 경비자체만으로는 '전문화'를 이룰 수 없고 오히려 경비장비의 제조·설비·판매업이나 네트워크를 통한 정보산업, 시설물 유지관리, 나아가 경비원교육업 등을 포함하는 '토탈서비스'를 절실히 요구하고 있는 추세이므로, 이 법에서 규정하고 있는 좁은 의미의 경비업만을 영위하도록 법에서 강제하는 수단으로는 오히려 영세한 경비업체의 난립을 방치하는 역효과를 가져올 수도 있다는 점에서 경비업체로 하여금 일체의 겸영을 금지하는 것이 적절한 방법이라고는 볼 수 없다. 한편 경비원의 자질향상과 같은 공익은 이 법의 다른 조항에 의하여도 충분히 달성할 수 있음에도 불구하고 노사분규 개입을 예방한다는 이유로 경비업자의 경영을 일체 금지하는 접근은 기본권 침해의 최소성 원칙에 어긋나는 과도하고 무리한 방법이며 이 사건 법률조항으로 달성하고자 하는 공익인 경비업체의 전문화, 경비원의 불법적인 노사분규 개입 방지 등은 그 실현 여부가 분명하지 않은데 반하여, 경비업자인 청구인들이나 새로이 경비업에 진출하고자 하는 자들이 짊어져야 할 직업의 자유에 대한 기본권침해의 강도는 지나치게 크다고 할 수 있으므로, 이 사건 법률조항은 보호하려는 공익과 기본권 침해간의 현저한 불균형으로 법익의 균형성을 잃고 있다(헌재 2002. 4. 25. 2001헌마614).

제3절 소비자의 권리

> **헌법 제124조**
> 국가는 건전한 소비행위를 계도하고 생산품의 품질향상을 촉구하기 위한 소비자보호운동을 법률이 정하는 바에 의하여 보장한다.

> 🏠 **참고**
> ▶ **헌정사** : 소비자보호운동 조항은 1980년 헌법(제8차 개정헌법)에서 처음으로 규정

제1항 소비자의 권리

I 의의

소비자의 권리란 공정한 가격으로 양질의 상품 또는 용역을 적절한 유통구조를 통해 적절한 시기에 안전하게 구입하거나 사용할 권리를 말한다. 여기서 소비자는 사업자가 제공하는 물품 또는 용역(시설물 포함)을 소비생활을 위하여 사용(이용 포함)하는 자 또는 생산활동을 위하여 사용하는 자이다(소비자기본법 제2조 제1호).

II 내용

소비자는 a) 물품 또는 용역(물품 등)으로 인한 생명·신체 또는 재산에 대한 위해로부터 보호받을 권리, b) 물품 등을 선택함에 있어서 필요한 지식 및 정보를 제공받을 권리, c) 물품 등을 사용함에 있어서 거래상대방·구입장소·가격 및 거래조건 등을 자유로이 선택할 권리, d) 소비생활에 영향을 주는 국가 및 지방자치단체의 정책과 사업자의 사업활동 등에 대하여 의견을 반영시킬 권리, e) 물품 등의 사용으로 인하여 입은 피해에 대하여 신속·공정한 절차에 따라 적절한 보상을 받을 권리, f) 합리적인 소비생활을 위하여 필요한 교육을 받을 권리, g) 소비자 스스로의 권익을 증진하기 위하여 단체를 조직하고 이를 통하여 활동할 수 있는 권리, h) 안전하고 쾌적한 소비생활 환경에서 소비할 권리를 가진다(소비자기본법 제4조).

제2항 소비자 권리의 침해와 구제

Ⅰ 피해구제의 신청

소비자는 물품 등의 사용으로 인한 피해의 구제를 한국소비자원에 신청할 수 있다(소비자기본법 제55
조 제1항).

Ⅱ 위법사실의 통보

원장은 피해구제신청사건을 처리함에 있어서 당사자 또는 관계인이 법령을 위반한 것으로 판단되
는 때에는 관계기관에 이를 통보하고 적절한 조치를 의뢰하여야 한다. 다만, 피해구제신청사건의
당사자가 피해보상에 관한 합의를 하고 법령위반행위를 시정한 경우, 관계 기관에서 위법사실을
이미 인지하여 조사하고 있는 경우에는 그러하지 아니하다(소비자기본법 제56조).

Ⅲ 소비자분쟁의 조정

소비자와 사업자 사이에 발생한 분쟁을 조정하기 위하여 한국소비자원에 소비자분쟁조정위원회
를 두며(소비자기본법 제60조 제1항), 조정위원회는 소비자분쟁에 대한 조정결정, 조정위원회의 의사에
관한 규칙의 제정 및 개정·폐지, 그 밖에 조정위원회의 위원장이 토의에 부치는 사항을 심의·의
결한다(소비자기본법 제60조 제2항).

Ⅳ 소비자단체소송

소비자단체는 사업자가 제20조(소비자의 권익증진 관련기준)의 규정을 위반하여 소비자의 생명·신체
또는 재산에 대한 권익을 직접적으로 침해하고 그 침해가 계속되는 경우 법원에 소비자권익침해
행위의 금지·중지를 구하는 소송을 제기할 수 있다(소비자기본법 제70조 제1항).

Chapter

05 정치적 기본권

제1절 정치적 기본권의 의의와 법적 성격

제1항 정치적 기본권의 의의

종래 정치적 기본권으로는 헌법 제24조(선거권)와 제25조(공무담임권) 및 그 밖에 제72조·제130조(국민투표권)가 규정하는 이른바 '참정권'만을 의미하는 것으로 보았다. 그러나 오늘날 정치적 기본권은 국민이 정치적 의사를 자유롭게 표현하고, 국가의 정치적 의사형성에 참여하는 정치적 활동을 총칭하는 것으로 넓게 인식하고 있다(헌재 2004. 3. 25. 2001헌마710).

> **판례**
>
> ▶ **정치적 자유권**: 정치적 자유권이란 국가권력의 간섭이나 통제를 받지 아니하고 자유롭게 정치적 의사를 형성·발표할 수 있는 자유라고 할 수 있다. 이러한 정치적 자유권에는 정치적 의사를 자유롭게 표현하고, 자발적으로 정당에 가입하고 활동하며, 자유롭게 선거운동을 할 수 있는 것을 주된 내용으로 한다(헌재 2004. 3. 25. 2001헌마710).

제2항 정치적 기본권의 법적 성격

정치적 기본권은 기본권의 주체인 개별 국민의 입장에서 보면 주관적 공권으로서의 성질을 가지지만, 민주정치를 표방한 민주국가에 있어서는 국민의 정치적 의사를 국정에 반영하기 위한 객관적 질서로서의 의미를 아울러 가진다(헌재 2004. 3. 25. 2001헌마710).

제2절 참정권

제1항 참정권의 의의

참정권이란 국민이 국가의 의사형성이나 정책결정에 직접 참여하거나 선거인단의 일원으로서 선거 또는 투표에 참여하거나 자신이 공무원으로 선임될 수 있는 국민의 주관적 공권을 말한다.

제2항 참정권의 내용

Ⅰ 직접참정권

1. 의의

직접참정권이란 국민이 국가의 의사형성이나 정책결정에 직접 참여할 수 있는 권리를 말한다.

2. 유형

국민발안권	• 국민이 헌법개정안이나 법률안을 제안할 수 있는 권리 • 헌법개정에 대한 국민발안 : 2차 개정헌법(1954)~6차 개정헌법(1969)
국민표결권	• 국민이 중요한 법안이나 정책을 국민투표로 결정하는 권리 • 레퍼랜덤(Referendum) : 국민투표로 확정 • 플레비지트(Plebiszit) : 여론 수렴, 신임투표(독재로 악용될 위험)
국민소환권	• 국민이 공직자를 임기만료 전에 해직시킬 수 있는 권리 • 우리 헌정사에서 규정된 적 없음.

3. 현행헌법상 국민투표권

> **헌법 제72조**
> 대통령은 필요하다고 인정할 때에는 외교·국방·통일 기타 국가안위에 관한 중요정책을 국민투표에 붙일 수 있다.
>
> **헌법 제130조**
> ② 헌법개정안은 국회가 의결한 후 30일 이내에 국민투표에 붙여 국회의원선거권자 과반수의 투표와 투표자 과반수의 찬성을 얻어야 한다.

(1) 국민투표권의 의의

국민투표권이란 국민이 국가의 특정 사안에 대해 직접 결정권을 행사하는 권리로서, 각종 선거에서의 선거권 및 피선거권과 더불어 국민의 참정권의 한 내용을 이루는 헌법상 기본권이다(헌재 2007. 6. 28. 2004헌마644).

(2) 국민투표권자의 범위

헌법 제72조의 중요정책 국민투표와 헌법 제130조의 헌법개정안 국민투표는 대의기관인 국회와 대통령의 의사결정에 대한 국민의 승인절차에 해당한다. 대의기관의 선출주체가 곧 대의기관의 의사결정에 대한 승인주체가 되는 것은 당연한 논리적 귀결이므로, 국민투표권자의 범위는 대통령선거권자·국회의원선거권자와 일치되어야 한다(헌재 2007. 6. 28. 2004헌마644).

> 🔖 **판례**
>
> ▶ **국민투표권자에 재외선거인이 포함되는지**(적극) : 공직선거법 제15조 제1항은 19세 이상의 국민에게 대통령 및 국회의원의 선거권을 인정하고 있는바, 재외선거인에게도 대통령선거권과 국회의원선거권이 인정되고 있다. 따라서 재외선거인은 대의기관을 선출할 권리가 있는 국민으로서 대의기관의 의사결정에 대해 승인할 권리가 있고, 국민투표권자에는 재외선거인이 포함된다고 보아야 한다. 특히 헌법 제130조 제2항에 의하면 헌법개정안 국민투표는 '국회의원선거권자' 과반수의 투표와 투표자의 과반수의 찬성을 얻도록 규정하고 있는바, 헌법은 헌법개정안 국민투표권자로서 국회의원선거권자를 예정하고 있다. 재외선거인은 임기만료에 따른 비례대표국회의원선거에 참여하고 있으므로, 재외선거인에게 국회의원선거권이 있음은 분명하다(헌재 2014. 7. 24. 2009헌마256).

> ▶ **재외선거인의 국민투표권을 배제할 이유가 존재하는지**(소극): 국민투표법조항이 국회의원선거권자인 재외선거인에게 국민투표권을 인정하지 않은 것은 국회의원선거권자의 헌법개정안 국민투표 참여를 전제하고 있는 헌법 제130조 제2항의 취지에도 부합하지 않는다. 선거권이 국가기관의 형성에 간접적으로 참여할 수 있는 간접적인 참정권이라면, 국민투표권은 국민이 국가의 의사형성에 직접 참여하는 헌법에 의해 보장되는 직접적인 참정권이다. 선거는 대의제를 가능하게 하기 위한 전제조건으로서 국민의 대표자를 선출하는 '인물에 관한 결정'이며, 이에 대하여 국민투표는 직접민주주의를 실현하기 위한 수단으로서 특정한 국가정책이나 법안을 대상으로 하는 '사안에 대한 결정'이다. 즉, 국민투표는 선거와 달리 국민이 직접 국가의 정치에 참여하는 절차이므로, 국민투표권은 대한민국 국민의 자격이 있는 사람에게 반드시 인정되어야 하는 권리이다. 대한민국 국민인 재외선거인의 의사는 국민투표에 반영되어야 하고, 재외선거인의 국민투표권을 배제할 이유가 없다(헌재 2014. 7. 24. 2009헌마256).

(3) 국민투표 절차

1) 투표권자

19세 이상의 국민은 투표권이 있다(국민투표법 제7조). 그러나 투표일 현재 공직선거법의 규정에 따라 선거권이 없는 자는 투표권이 없다(국민투표법 제9조).

2) 투표인명부

국민투표를 실시할 때에는 그때마다 구청장·시장·읍장·면장은 국민투표일공고일 현재로 그 관할 구역 안에 주민등록이 되어 있는 투표권자 및 재외동포법 제2조에 따른 재외국민으로서 같은 법 제6조에 따른 국내거소신고가 되어 있는 투표권자를 투표구별로 조사하여 국민투표일 공고일로부터 5일 이내에 투표인명부를 작성하여야 한다(국민투표법 제14조).

> 📖 **판례**
>
> ▶ **재외선거인의 국민투표권을 제한한 국민투표법 제14조 제1항 중 '그 관할 구역 안에 주민등록이 되어 있는 투표권자 및 재외동포법 제2조에 따른 재외국민으로서 같은 법 제6조에 따른 국내거소신고가 되어 있는 투표권자'** 부분이 재외선거인의 국민투표권을 침해하는지(적극): 대의기관의 선출주체가 곧 대의기관의 의사결정에 대한 승인주체가 되는 것은 당연한 논리적 귀결이다. 재외선거인은 대의기관을 선출할 권리가 있는 국민으로서 대의기관의 의사결정에 대해 승인할 권리가 있으므로, 국민투표권자에는 재외선거인이 포함된다. 또한, 국민투표는 선거와 달리 국민이 직접 국가의 정치에 참여하는 절차이므로, 국민투표권은 대한민국 국민의 자격이 있는 사람에게 반드시 인정되어야 하는 권리이다. 이처럼 국민의 본질적 지위에서 도출되는 국민투표권을 추상적 위험 내지 선거기술상의 사유로 배제하는 것은 헌법이 부여한 참정권을 사실상 박탈한 것과 다름없다. 따라서 국민투표법조항은 재외선거인의 국민투표권을 침해한다(헌재 2014. 7. 24. 2009헌마256 헌법불합치).

3) 국민투표무효의 소

국민투표의 효력에 관하여 이의가 있는 투표인은 투표인 10만인 이상의 찬성을 얻어 중앙선거관리위원회위원장을 피고로 하여 투표일로부터 20일 이내에 대법원에 제소할 수 있고(국민투표법 제92조), 대법원은 국민투표무효의 소송에 있어서 국민투표에 관하여 국민투표법 또는 국민투표법에 의하여 발하는 명령에 위반하는 사실이 있는 경우라도 국민투표의 결과에 영향이 미쳤다고 인정하는 때에 한하여 국민투표의 전부 또는 일부의 무효를 판결한다(국민투표법 제93조).

Ⅱ 간접참정권

1. 간접참정권의 의의

간접참정권이란 국민이 국가기관의 구성에 참여하거나 국가기관의 구성원으로 선임될 수 있는 권리를 말한다.

2. 선거권

선거권이란 국민이 공무원을 선거하는 권리를 말하고, 원칙적으로 간접민주정치를 채택하고 있는 우리나라에서는 공무원선거권은 국민의 참정권 중 가장 중요한 것이다. 그리고 위에서 말하는 공무원은 가장 광의의 공무원으로서 일반직공무원은 물론 대통령·국회의원·지방자치단체 장·지방의회의원·법관 등 국가기관과 지방자치단체를 구성하는 모든 자를 말한다(헌재 2002. 3. 28. 2000헌마283).

3. 공무담임권

> **헌법 제25조**
> 모든 국민은 법률이 정하는 바에 의하여 공무담임권을 가진다.

(1) 공무담임권의 의의

공무담임권이란 입법부, 집행부, 사법부는 물론 지방자치단체 등 국가, 공공단체의 구성원으로서 그 직무를 담당할 수 있는 권리를 말한다. 여기서 직무를 담당한다는 것은 모든 국민이 현실적으로 그 직무를 담당할 수 있다고 하는 의미가 아니라, 국민이 공무담임에 관한 자의적이지 않고 '평등한 기회를 보장받음'을 의미한다(헌재 2006. 5. 25. 2004헌바12).

(2) 공무담임권에 관한 입법형성권

1) 입법자의 권한과 책임

공무담임권은 원하는 경우에 언제나 공직을 담당할 수 있는 현실적인 권리가 아니라 공무담임의 기회를 보장하는 성격을 갖는 것으로서 선거에 당선되거나 또는 공직채용시험에 합격하는 등 일정한 공무담임에 필요한 요건을 충족하는 때에만 그 권리가 구체화되고 현실화되기 때문에 입법자는 공무담임의 전제조건으로서 각종 공직선거의 내용과 절차, 선거권·피선거권 등 공직선거에 참여할 수 있는 권리 또는 자격을 구체적으로 정하는 권한과 책임을 진다(헌재 2005. 4. 28. 2004헌마219).

2) 입법형성권과 한계

국민은 '법률이 정하는 바에 의하여' 공무담임권을 가지므로, 공무담임권의 내용에 관하여는 입법자에게 넓은 입법형성권이 인정된다고 할 것이다. 그러나 그 경우에도 헌법 제37조 제2항의 기본권 제한의 입법적 한계를 넘는 지나친 것이어서는 아니 된다(헌재 2006. 2. 23. 2005헌마403).

(3) 공무담임권의 내용

공무담임권은 여러 가지 선거에 입후보하여 당선될 수 있는 피선거권과 모든 공직에 임명될 수 있는 공직취임권을 포괄하고 있다(헌재 1996. 6. 26. 96헌마200).

⑷ 공무담임권의 보호범위

1) 일반적 범위

공무담임권의 보호영역에는 공직취임 기회의 자의적인 배제뿐 아니라, 공무원 신분의 부당한 박탈이나 권한(직무)의 부당한 정지도 포함된다(헌재 2007. 6. 28. 2005헌마1179).

> **판례**
>
> ▶ **공무원이 감봉처분을 받은 경우 12월간 승급을 제한하는 국가공무원법 제80조 제6항 중 '승급'에 관한 부분이 공무담임권을 제한하는지**(소극) : 승급은 일정한 재직기간의 경과 등에 따라 현재의 호봉보다 높은 호봉을 부여하는 것이므로, 이 사건 법률조항 중 '승급'에 관한 부분과 승급제한규정에 따라 승급이 12개월 동안 제한되면 정기승급에 따라 누릴 수 있었던 봉급 상승을 얻지 못하는 효과가 발생한다. 이처럼 이 사건 승급조항 및 수당제한규정의 효과는 공무원의 호봉 상승이 지연되거나 수당 일부를 지급받지 못하는 것에 그치고, 이는 공무담임권의 보호영역에 해당하지 않으므로 공무담임권을 제한한다고 볼 수 없다(헌재 2022. 3. 31. 2020헌마211).

2) 승진기회의 보장

승진시험의 응시제한이나 이를 통한 승진기회의 보장 문제는 공직신분의 유지나 업무수행에는 영향을 주지 않는 단순한 내부 승진인사에 관한 문제에 불과하여 공무담임권의 보호영역에 포함된다고 보기는 어렵다(헌재 2007. 6. 28. 2005헌마1179).

> **판례**
>
> ▶ **공무원임용시험령 제42조 제1항이 이미 징계를 받아 시험요구일 현재 승진임용이 제한된 자에 대하여 임용제청권자로 하여금 5급일반승진시험대상 후보자명부에서 제외하게 함으로써 청구인을 2005년과 2006년의 5급일반승진시험을 보지 못하게 한 것이 공무담임권을 침해하는지**(소극) : 청구인이 주장하는 '승진시험의 응시제한'이나 이를 통한 승진기회의 보장 문제는 공직신분의 유지나 업무수행에는 영향을 주지 않는 단순한 내부 승진인사에 관한 문제에 불과하여 공무담임권의 보호영역에 포함된다고 보기는 어려우므로 이 사건 심판대상 규정은 청구인의 공무담임권을 침해한다고 볼 수 없다(헌재 2007. 6. 28. 2005헌마1179).

3) 승진가능성

승진가능성이라는 것은 공직신분의 유지나 업무수행과 같은 법적 지위에 직접 영향을 미치는 것이 아니고 간접적, 사실적 또는 경제적 이해관계에 영향을 미치는 것에 불과하여 공무담임권의 보호영역에 포함된다고 보기는 어렵다(헌재 2010. 3. 25. 2009헌마538).

> **판례**
>
> ▶ **기능직공무원을 일반직공무원으로 특별채용하는 특례를 규정한 공무원임용령 부칙 제2조 제1항으로 인해 상위 직급의 결원을 보충할 승진대상자에 포함될 하위 직급 인원이 23배 정도 증가하게 되어 청구인들의 승진기대권인 공무담임권이 침해되는지**(소극) : 청구인들에게 승진기회 자체는 법적으로 동일하게 주어지는 것이고, 비록 기능직공무원의 일반직공무원으로의 전환으로 인하여 일반직공무원의 정원이 증가함으로써 승진경쟁이 치열하게 되어 사실상 승진기회 내지 승진확률이 축소되는 불이익을 입게 된다고 하여도 그러한 불이익은 사실상의 불이익에 불과할 뿐이므로 이 사건 심판대상조항으로 인하여 청구인들의 헌법상 공무담임권 침해 문제가 생길 여지는 없다(헌재 2010. 3. 25. 2009헌마538).

4) 승진할 때 균등한 기회 제공을 요구할 권리

공무담임권은 국민이 국가나 공공단체의 구성원으로서 직무를 담당할 수 있는 권리를 뜻하고, 여기서 직무를 담당한다는 것은 공무담임에 관하여 능력과 적성에 따라 평등한 기회를 보장받는 것을 의미한다. 승진임용은 신규임용과 함께 공무원을 임용하는 방법 중 하나이므로, 공무담임권은 공직취임의 기회 균등뿐만 아니라 취임한 뒤 승진할 때에도 균등한 기회 제공을 요구한다(헌재 2018. 7. 26. 2017헌마1183).

> 📌 **판례**

> ▶ **공무원으로 임용되기 전에 병역의무를 이행한 기간을 공무원 경력평정에 60퍼센트 반영하는 구 지방공무원임용령 제31조의6 제2항 단서 제1호 가목 부분과 공무원으로 임용되기 전에 병역의무를 이행한 기간을 승진소요 최저연수에 포함하는 규정을 두지 않은 지방공무원 임용령 제33조 제2항이 공무담임권을 제한하는지**(적극): 공무담임권은 국민이 국가나 공공단체의 구성원으로서 직무를 담당할 수 있는 권리를 뜻하고, 여기서 직무를 담당한다는 것은 공무담임에 관하여 능력과 적성에 따라 평등한 기회를 보장받는 것을 의미한다. 승진임용은 신규임용과 함께 공무원을 임용하는 방법 중 하나로서 임용령 제5장 이하에서 그 요건과 절차를 규정하고 있다. 공무담임권은 공직취임의 기회 균등뿐만 아니라 취임한 뒤 승진할 때에도 균등한 기회 제공을 요구한다. 청구인의 경우 군 복무기간이 승진소요 최저연수에 포함되지 않으므로 공무원으로 근무하다가 군 복무를 한 사람보다 더 오래 재직하여야 승진임용절차가 진행된다. 또 군 복무기간이 경력평정에서도 일부만 산입되므로 경력평정점수도 상대적으로 적게 부여된다. 이는 승진임용절차 개시 및 승진임용점수 산정과 관련된 법적 불이익에 해당하므로, 승진경쟁인원 증가에 따라 승진 가능성이 낮아지는 사실상의 불이익 문제나 단순한 내부 승진인사 문제와 달리 공무담임권의 제한에 해당한다(헌재 2018. 7. 26. 2017헌마1183).

> ▶ **공무원이 감봉처분을 받은 경우 12월간 승진임용을 제한하는 국가공무원법 제80조 제6항 중 '승진임용'에 관한 부분 등이 공무담임권을 제한하는지**(적극): 공무담임권은 국민이 국가나 공공단체의 구성원으로서 직무를 담당할 수 있는 권리를 뜻하고, 여기서 직무를 담당한다는 것은 공무담임에 관하여 능력과 적성에 따라 평등한 기회를 보장받는 것을 의미한다. 승진임용은 신규임용과 함께 공무원을 임용하는 방법 중 하나이므로, 공무담임권은 공직취임의 기회 균등뿐만 아니라 취임한 뒤 승진할 때에도 균등한 기회 제공을 요구한다. 이 사건 법률조항 중 '승진임용'에 관한 부분 및 승진제한규정에 따르면 감봉의 징계처분을 받은 경우 그 집행이 끝난 날로부터 12월 동안 승진임용이 제한된다. 따라서 이 사건 승진조항은 공무담임권을 제한한다(헌재 2022. 3. 31. 2020헌마211).

5) 일반직공무원으로 우선 임용될 권리

기능직공무원이 일반직공무원으로 우선 임용될 수 있는 기회의 보장은 공무담임권에서 당연히 파생되는 것으로 볼 수 없다(헌재 2013. 11. 28. 2011헌마565).

> 📌 **판례**

> ▶ **지방공무원 중 사무직렬 기능직공무원**(워드, 필기 등)**의 정원 감축에 따라 증원되는 일반직공무원에 사무직렬 기능직공무원을 임용할 수 있도록 규정한 지방공무원임용령 부칙 제4조 제1항 및 제2항이 조무직렬 기능직공무원**(검침, 교통지도 등)**인 청구인들의 공무담임권을 제한하는지**(소극): 공개경쟁시험이나 일반적인 경력경쟁시험보다 유리한 조건으로 청구인들과 같은 조무직렬 기능직공무원들에게 일반직공무원으로 우선 임용될 기회를 주지 않는다고 하여도 청구인들은 기능직공무원으로서 그대로 신분을 유지하게 되므로, 심판대상조항이 청구인들의 공직신분의 유지나 업무수행과 같은 법적 지위에 직접 영향을 미치는 것도 아니다. 따라서 청구인들이 주장하는 일반직공무원으로 우선 임용될 권리 내지 기회보장은 공무담임권의 보호영역에 속하지 아니하고, 심판대상조항으로 인하여 청구인들의 공무담임권 침해 문제가 생길 여지가 없다(헌재 2013. 11. 28. 2011헌마565).

6) 퇴직급여 및 공무상 재해보상

헌법 제25조의 공무담임권이 공무원의 재임 기간 동안 충실한 공무 수행을 담보하기 위하여 공무원의 퇴직급여 및 공무상 재해보상을 보장할 것까지 그 보호영역으로 하고 있다고 보기 어렵다(헌재 2014. 6. 26. 2012헌마459).

7) 정당의 내부경선에 참여할 권리

정당은 정치적 주장이나 정책을 추진하고 공직선거의 후보자를 추천 또는 지지함으로써 국민의 정치적 의사형성에 참여함을 목적으로 하는 국민의 자발적 조직으로서, 정당의 공직선거 후보자 선출은 자발적 조직 내부의 의사결정에 지나지 아니한다. 따라서 정당의 내부경선에 참여할 권리는 헌법이 보장하는 공무담임권의 내용에 포함된다고 보기 어렵다(헌재 2014. 11. 27. 2013헌마814).

8) 공무수행의 자유

헌법 제25조의 공무담임권의 보호영역에는 일반적으로 공직취임의 기회보장, 신분박탈, 직무의 정지에 관련된 사항이 포함되지만, 특별한 사정도 없이 공무원이 특정의 장소에서 근무하는 것이나 특정의 보직을 받아 근무하는 것을 포함하는 일종의 공무수행의 자유까지 포함된다고 보기 어렵다(헌재 2014. 1. 28. 2011헌마239).

> **⚖ 판례**
>
> ▶ 대학의 장이 단과대학장을 보할 때 그 대상자의 추천을 받거나 선출의 절차를 거치지 아니하고, 해당 단과대학 소속 교수 또는 부교수 중에서 직접 지명하도록 하고 있는 교육공무원 임용령 제9조의 4가 국립대학 교수인 청구인들의 공무담임권을 침해할 가능성이 인정되는지(소극) : 단과대학장이라는 특정의 보직을 받아 근무할 것을 요구할 권리는 공무담임권의 보호영역에 포함되지 않는 공무수행의 자유에 불과하므로, 이 사건 심판대상조항에 의해 청구인들의 공무담임권이 침해될 가능성이 인정되지 아니한다(헌재 2014. 1. 28. 2011헌마239).

(5) 공무담임권과 직업의 자유와의 관계

공무담임권은 국가 등에게 능력주의를 존중하는 공정한 공직자선발을 요구할 수 있는 권리라는 점에서 직업선택의 자유보다는 그 기본권의 효과가 현실적·구체적이므로, 공직을 직업으로 선택하는 경우에 있어서 직업선택의 자유는 공무담임권을 통해서 그 기본권보호를 받게 된다고 할 수 있으므로 공무담임권을 침해하는지 여부를 심사하는 이상 이와 별도로 직업선택의 자유 침해 여부를 심사할 필요는 없다(헌재 2006. 3. 30. 2005헌마598).

제3항 참정권의 제한

Ⅰ 일반적 법률유보에 의한 제한

공무담임권도 헌법 제37조 제2항에 따라 국가안전보장, 질서유지, 공공복리를 위하여 필요한 경우에 법률로써 제한할 수 있다. 그런데 헌법 제25조는 모든 국민은 '법률이 정하는 바에 의하여' 공무담임권을 가진다고 규정하고 있으므로 공무담임권의 내용에 관하여는 입법자에게 넓은 입법형성권이 인정된다고 할 것인바, 공무담임권의 제한의 경우에도 그 직무가 가지는 공익실현이라는 특수성으로 인하여 그 직무의 본질에 반하지 아니하고 결과적으로 다른 기본권의 침해를 야기하지 아니하는 한 상대적으로 강한 합헌성이 추정될 것이므로, 주로 평등의 원칙이나 목적과 수단의 합리적인 연관성 여부가 심사대상이 될 것이며, 법익형량에 있어서도 상대적으로 다소 완화된 심사를 하게 된다(헌재 2002. 10. 31. 2001헌마557).

🛠 **판례**

▶법무부장관이 2020. 7. 9. 공고한 '2021년도 검사 임용 지원 안내' 중 변호사자격을 취득하고 2021년 사회복무요원 소집해제 예정인 사람을 제외한 부분이 '법학전문대학원 졸업연도에 실시된 변호사시험에 불합격하여 사회복무요원으로 병역의무를 이행하던 중 변호사자격을 취득하고 2021년 소집해제 예정'인 청구인의 공무담임권을 침해하는지(소극): 임용연도에 변호사자격을 취득하여 검사로 즉시 임용될 수 있는 법학전문대학원 졸업예정자와 이에 준하여 볼 수 있는 법무관 전역예정자로 검사신규임용대상을 한정한 것은 공정한 경쟁을 통해 우수한 신규법조인을 검사로 선발하고자 하는 목적과 합리적 연관관계가 인정된다. 그에 비하여, 사회복무요원 소집해제예정 변호사는 법학전문대학원 졸업 직후 변호사자격을 취득하지 못하였고, 병역의무 이행기간 동안 법률사무에 종사한 것도 아니라는 점에서 동일하게 보기 어렵고, 오히려, 사회복무요원 소집해제예정 변호사에게 병역의무이행시점에 검사신규임용에 지원할 기회를 부여한다면, 졸업 직후 변호사자격을 취득하지 못할 경우 검사로 신규임용될 수 없는 여성이나 군면제인 사람보다 유리한 기준을 적용받는 것이 된다. 또한, 검사신규임용에 지원할 수 없다 하더라도 청구인에게는 추후 경력검사임용절차를 통하여 검사로 임용될 수 있는 기회가 여전히 남아 있다. 따라서 이 사건 공고는 사회복무요원 소집해제예정 변호사인 청구인의 공무담임권을 침해하지 않는다(헌재 2021. 4. 29. 2020헌마999).

▶교육공무원법 제10조의4 중 미성년자에 대하여 성범죄를 범하여 형을 선고받아 확정된 자와 성인에 대한 성폭력범죄를 범하여 벌금 100만 원 이상의 형을 선고받아 확정된 자는 초·중등교육법상의 교원에 임용될 수 없도록 한 부분이 과잉금지원칙에 반하여 청구인의 공무담임권을 침해하는지(소극): 아동·청소년과 상시적으로 접촉하고 밀접한 생활관계를 형성하여 이를 바탕으로 교육과 상담이 이루어지고 인성발달의 기초를 형성하는 데 지대한 영향을 미치는 초·중등학교 교원의 업무적인 특수성과 중요성을 고려해 본다면, 최소한 초·중등학교 교육현장에서 성범죄를 범한 자를 배제할 필요성은 어느 공직에서보다 높다고 할 것이고, 아동·청소년 대상 성범죄의 재범률까지 고려해 보면 미성년자에 대하여 성범죄를 범한 자는 교육현장에서 원천적으로 차단할 필요성이 매우 크다. 성인에 대한 성폭력범죄의 경우 미성년자에 대하여 성범죄를 범한 것과 달리, 성폭력범죄 행위로 인하여 형을 선고받기만 하면 곧바로 교원임용이 제한되는 것이 아니고, 100만 원 이상의 벌금형이나 그 이상의 형을 선고받고 그 형이 확정된 사람에 한하여 임용을 제한하고 있는바, 법원이 범죄의 모든 정황을 고려한 다음 벌금 100만 원 이상의 형을 선고하여 그 판결이 확정되었다면, 이는 결코 가벼운 성폭력범죄 행위라고 볼 수 없다. 이처럼 이 사건 결격사유조항은 성범죄를 범하는 대상과 확정된 형의 정도에 따라 성범죄에 관한 교원으로서의 최소한의 자격기준을 설정하였다고 할 것이고, 같은 정도의 입법목적을 달성하면서도 기본권을 덜 제한하는 수단이 명백히 존재한다고 볼 수도 없으므로, 이 사건 결격사유조항은 과잉금지원칙에 반하여 청구인의 공무담임권을 침해하지 아니한다(헌재 2019. 7. 25. 2016헌마754).

▶관련 자격증 소지자(변호사·공인회계사·세무사)에게 세무직 국가공무원 공개경쟁채용시험에서 일정한 가산점을 부여하는 구 공무원임용시험령 제31조 제2항 부분이 청구인의 공무담임권을 침해하는지(소극): 공무원 공개경쟁채용시험에서 자격증에 따른 가산점을 인정하는 목적은 공무원의 업무상 전문성을 강화하기 위함인바, 세무영역에서 전문성을 갖춘 것으로 평가되는 자격증(변호사·공인회계사·세무사) 소지자들에게 세무직 국가공무원 공개경쟁채용시험에서 가산점을 부여하는 것은 그 목적의 정당성이 인정된다. 변호사는 법률 전반에 관한 영역에서, 공인회계사와 세무사는 각종 세무 관련 영역에서 필요한 행위를 하거나 조력하는 전문가들이므로 그 자격증 소지자들의 선발은 세무행정의 전문성을 제고하는 데 기여하여 수단의 적합성이 인정된다. 가산점제도는 가산대상 자격증의 소지를 응시자격으로 하는 것이 아니고 일정한 요건하에 가산점을 부여하는 것이므로 자격증이 없는 자의 응시기회나 합격가능성을 원천적으로 제한하는 것으로 보기 어렵고, 가산점 여부가 시험 합격을 지나치게 좌우한다고 볼 근거도 충분치 아니하며, 채용 후 교육이나 경력자 채용으로는 적시에 충분한 전문인력을 확보할 수 있을 것으로 단정하기 어려우므로 피해의 최소성도 인정된다. 세무직 국가공무원의 업무상 전문성 강화라는 공익과 함께, 위와 같은 가산점 제도가 1993. 12. 31. 이후 유지되어 온 점, 자격증 없는 자들의 응시기회 자체가 박탈되거나 제한되는 것이 아닌 점, 가산점 부여를 위해서는 일정한 요건을 갖추도록 하고 있는 점 등을 고려하면 법익균형성이 인정된다(헌재 2020. 6. 25. 2017헌마1178).

▶ 2013. 1. 1.부터 판사임용자격에 일정기간 법조경력을 요구하는 법원조직법 부칙 제1조 단서 등이 신뢰보호원칙에 반하여 2011. 7. 18. 법원조직법 개정 당시 사법시험에 합격하였으나 아직 사법연수원에 입소하지 않은 청구인들의 공무담임권을 침해하는지(소극) : 청구인들이 신뢰한 개정 이전의 구 법원조직법 제42조 제2항에 의하더라도 판사임용자격을 가지는 자는 '사법시험에 합격하여 사법연수원의 소정 과정을 마친 자'로 되어 있었고, 청구인들이 사법시험에 합격하여 사법연수원에 입소하기 이전인 2011. 7. 18. 이미 법원조직법이 개정되어 판사임용자격에 일정기간의 법조경력을 요구함에 따라 구 법원조직법이 제공한 신뢰가 변경 또는 소멸되었다. 그렇다면, 청구인들의 신뢰에 대한 보호가치가 크다고 볼 수 없고, 반면 충분한 사회적 경험과 연륜을 갖춘 판사로부터 재판을 받도록 하여 국민의 기본권을 보장하고 사법에 대한 국민의 신뢰를 보호하려는 공익은 매우 중대하다. 따라서 이 사건 심판대상조항이 신뢰보호원칙에 위반하여 청구인들의 공무담임권을 침해한다고 볼 수 없다(헌재 2014. 5. 29. 2013헌마127).

▶ 10년 미만의 법조경력을 가진 사람의 판사임용을 위한 최소 법조경력요건을 단계적으로 2013년부터 2017년까지는 3년, 2018년부터 2021년까지는 5년, 2022년부터 2025년까지는 7년으로 정한 법원조직법 부칙 제2조가 청구인들의 공무담임권을 침해하는지(소극) : 심판대상조항은 법조일원화의 전면적인 시행으로 초래될 법관의 인력수급에 대한 차질을 방지하여 법조일원화로의 원활한 이행을 확보하고자 하는 것으로서 그 입법목적이 정당하고, 입법목적 달성에 적절한 수단이다. 심판대상조항은 최소 법조경력요건의 이행기를 연장하여 판사임용기회를 기존보다 확대하는 내용의 경과규정인 점, 청구인들이 사법연수원에 입소할 당시 심판대상조항이 이미 시행되고 있었으므로 10년 미만의 법조경력자들은 기간별로 상향되는 최소 법조경력요건에 부합하는 법조경력을 갖추어야만 판사임용자격을 취득하게 되는 사실을 충분히 알 수 있었던 점 등에 비추어 보면, 심판대상조항이 침해의 최소성 원칙이나 법익 균형성 원칙에 위배된다고 보기는 어렵다. 따라서 심판대상조항은 청구인들의 공무담임권을 침해하지 아니한다(헌재 2016. 5. 26. 2014헌마427).

▶ 판사와 검사의 임용자격을 각각 변호사 자격이 있는 자로 제한하는 법원조직법 제42조 제2항, 검찰청법 제29조 제2호가 청구인들의 공무담임권을 침해하는지(소극) : 2011. 7. 18. 법원조직법 개정으로 판사로 임용되기 위해서는 변호사자격을 요구하되, 판사임용자격에 10년 이상의 법조경력을 요구한 취지는 법원이 국민으로부터 신뢰와 존경을 받을 수 있도록 사법제도의 개혁이 필요하다는 사회적 요청에 부응하여 사법부의 인사제도를 개선할 필요에 따라 판사의 임용자격을 강화하여 충분한 사회적 경험과 연륜을 갖춘 판사가 재판할 수 있도록 하기 위함이다. 검찰청법 제29조 제2호가 검사 임용 시 변호사자격을 요구하고 변호사자격 없는 자들을 위한 별도의 교육후보생 선발시험을 도입하지 않은 이유는 법률가로서의 기본소양 및 자질은 지속적인 교육과정 이수를 통하여 배양하여야 한다는 입법자의 정책적 판단에 의한 것이다. 그런데 별도의 선발시험을 거쳐 국가가 실시하는 교육과정을 거치면 판사 또는 검사로 즉시 임용하는 것은 위와 같은 새로운 법조인 양성제도의 취지에 부합한다고 보기 어렵다. 따라서 임용자격조항이 변호사시험과 별도로 판·검사 교육후보자로 선발하는 시험 및 국가가 실시하는 교육과정을 거쳐 판·검사로 임용되는 별개의 제도를 도입하지 않았다 하여 공무담임권을 침해하였다고 볼 수 없다(헌재 2020. 10. 29. 2017헌마1128).

▶ 순경 공개경쟁채용시험의 응시연령 상한을 30세 이하로 규정한 경찰공무원임용령 조항, 소방사·지방소방사 공개경쟁채용시험 및 특별채용시험의 응시연령 상한을 30세 이하로 규정한 소방공무원임용령 조항이 청구인들의 공무담임권을 침해하는지(적극) : 획일적으로 30세까지는 순경과 소방사·지방소방사 및 소방간부후보생의 직무수행에 필요한 최소한도의 자격요건을 갖추고, 30세가 넘으면 그러한 자격요건을 상실한다고 보기 어렵고, 이 점은 순경을 특별 채용하는 경우 응시연령을 40세 이하로 제한하고, 소방사·지방소방사와 마찬가지로 화재현장업무 등을 담당하는 소방교·지방소방교의 경우 특채시험의 응시연령을 35세 이하로 제한하고 있는 점만 보아도 분명하다. 따라서 이 사건 심판대상 조항들이 순경 공채시험, 소방사 등 채용시험, 그리고 소방간부 선발시험의 응시연령의 상한을 '30세 이하'로 규정하고 있는 것은 합리적이라고 볼 수 없으므로 침해의 최소성 원칙에 위배되어 청구인들의 공무담임권을 침해한다. 그렇다고 하여, 순경 공채시험, 소방사 등 채용시험, 소방간부 선발시험에서 응시연령의 상한을 제한하는 것이 전면적으로 허용되지 않는다고 단정하기 어렵고, 경찰 또는 소방공무원의 채용 및 공무수행의 효율성을 도모하여 국민의 생명과 재산을 보호하기 위하여 필요한 최소한도의 제한은 허용되어야 할 것인바, 그 한계는 경찰 및 소방업무의 특성 및 인사제도 그리고 인력수급 등의 상황을 고려하여 입법기관이 결정할 사항이다(헌재 2012. 5. 31. 2010헌마278 헌법불합치).

PART 02

▶ **경찰대학의 입학 연령을 21세 미만으로 제한하고 있는 경찰대학의 학사운영에 관한 규정 제17조가 청구인의 공무담임권을 침해하는지**(소극): 경찰대학에 연령제한을 둔 목적은 젊고 유능한 인재를 확보하고 이들에게 필요한 교육·훈련을 일관적이고 체계적으로 실시하여 국민에게 전문적이고 질 높은 행정 서비스를 제공하기 위한 것이므로, 이를 위하여 경찰대학 입학에 일정한 상한연령을 규정하는 것은 정당한 목적에 대한 적절한 수단이다. 또한, 고등학교 졸업 후 2-3회의 입학 기회를 부여하고 있는 점, 경찰대학 외에 경찰간부가 될 수 있는 별도의 제도가 마련되어 있는 점 등을 볼 때 이 사건 심판대상 규정으로 확보되는 우수한 경찰간부 양성을 통한 경찰행정서비스의 향상이라는 입법목적을 달성하기 위하여 공무담임권을 보다 적게 제한할 방법은 찾기 어려우므로, 피해최소성의 원칙에 위배되지 아니한다. 그러므로 이 사건 심판대상 규정은 청구인의 공무담임권을 침해하지 아니한다(헌재 2009. 7. 30. 2007헌마991).

▶ **공무원임용시험령 제16조 부분 중 5급 공개경쟁채용시험의 응시연령 상한을 '32세까지'로 한 부분이 응시자의 공무담임권을 침해하는지**(적극): 32세까지는 5급 공무원의 직무수행에 필요한 최소한도의 자격요건을 갖추고, 32세가 넘으면 그러한 자격요건을 상실한다고 보기 어렵고, 6급 및 7급 공무원 공채시험의 응시연령 상한을 35세까지로 규정하면서 그 상급자인 5급 공무원의 채용연령을 32세까지로 제한한 것은 합리적이라고 볼 수 없으므로, 이 사건 시행령조항이 5급 공채시험 응시연령의 상한을 '32세까지'로 제한하고 있는 것은 기본권 제한을 최소한도에 그치도록 요구하는 헌법 제37조 제2항에 부합된다고 보기 어렵다. 다만 5급 공무원의 공채시험에서 응시연령의 상한을 제한하는 것이 전면적으로 허용되지 않는다고 보기는 어렵고, 정년제도의 틀 안에서 공무원 채용 및 공무수행의 효율성을 도모하기 위하여 필요한 최소한도의 제한은 허용된다고 할 것인바, 그 한계는 공무원정년제도와 인사정책 및 인력수급의 조절 등 여러 가지 입법정책을 고려하여 입법기관이 결정할 사항이다(헌재 2008. 5. 29. 2007헌마1105 헌법불합치).

▶ **부사관으로 최초로 임용되는 사람의 최고연령을 27세로 정한 군인사법 제15조 제1항 부분이 청구인들의 공무담임권을 침해하는지**(소극): 부사관 임용을 원하는 사람에게 고등학교 졸업 후 적어도 9년, 대학 졸업 후에도 최소한 4~5년 동안 지원 기회가 제공되고, 특히 제대군인의 경우 최대 3년간 상한 연장특례가 부여되는 점, 군인사법상 부사관의 계급별 연령정년은 하사가 40세로서 낮게 설정되어 있는 반면 근속진급기간은 다소 장기여서, 현재의 정년 및 진급체계를 그대로 둔 채 부사관의 임용연령상한만을 완화하는 경우 부사관 인사체계에 불합리한 결과가 발생할 수 있는 점 등 제반 사정을 종합하여 볼 때, 심판대상조항에서 정한 부사관의 최초 임용연령상한이 지나치게 낮아 부사관 임용을 원하는 사람의 응시기회를 실질적으로 차단한다거나 제한할 정도에 이르렀다고 보기 어렵다. 나아가 심판대상조항으로 인하여 입는 불이익은 부사관 임용지원기회가 27세 이후에 제한되는 것임에 반하여, 이를 통해 달성할 수 있는 공익은 군의 전투력 등 헌법적 요구에 부응하는 적절한 무력의 유지, 궁극적으로 국가안위의 보장과 국민의 생명·재산 보호로서 매우 중대하므로, 법익의 균형성 원칙에도 위배되지 아니한다. 따라서 심판대상조항이 과잉금지의 원칙을 위반하여 청구인들의 공무담임권을 침해한다고 볼 수 없다(헌재 2014. 9. 25. 2011헌마414).

Ⅱ 소급입법에 의한 참정권 제한의 금지

헌법 제13조
② 모든 국민은 소급입법에 의하여 참정권의 제한을 받거나 재산권을 박탈당하지 아니한다.

Chapter 06 청구권적 기본권

제1절 청원권

> **헌법 제26조**
> ① 모든 국민은 법률이 정하는 바에 의하여 국가기관에 문서로 청원할 권리를 가진다.
> ② 국가는 청원에 대하여 심사할 의무를 진다.

제1항 청원권의 의의

I 청원권의 개념

헌법 제26조와 청원법의 규정에 관하여 헌법상 보장된 청원권은 공권력과의 관계에서 일어나는 여러 가지 이해관계, 의견, 희망 등에 관하여 적법한 청원을 한 모든 당사자에게 국가기관이 청원을 수리할 뿐만 아니라 이를 심사하여 청원자에게 그 처리결과를 통지할 것을 요구할 수 있는 권리를 말한다(헌재 1997. 7. 16. 93헌마239).

II 입법형성권

청원권의 구체적 내용은 입법활동에 의하여 형성되며 입법형성에는 폭넓은 재량권이 있으므로 입법자는 국회에 제출되는 청원서에 대하여 청원의 내용과 절차는 물론 청원의 심사·처리를 공정하고 효율적으로 행할 수 있게 하는 합리적인 수단을 선택할 수 있다(헌재 2001. 11. 29. 99헌마713).

제2항 청원권의 내용

I 청원기관 등

1. 청원기관

청원법에 따라 국민이 청원을 제출할 수 있는 기관은 a) 국회·법원·헌법재판소·중앙선거관리위원회, 중앙행정기관(대통령 소속기관과 국무총리 소속기관을 포함)과 그 소속기관, b) 지방자치단체와 그 소속기관, c) 법령에 따라 행정권한을 가지고 있거나 행정권한을 위임 또는 위탁받은 법인·단체 또는 그 기관이나 개인이다(청원법 제4조).

2. 청원 사항

국민은 a) 피해의 구제, b) 공무원의 위법·부당한 행위에 대한 시정이나 징계의 요구, c) 법률·명령·조례·규칙 등의 제정·개정 또는 폐지, d) 공공의 제도 또는 시설의 운영, e) 그 밖에 청원기관의 권한에 속하는 사항에 대하여 청원기관에 청원할 수 있다(청원법 제5조). 그러나 누구든지 타인을 모해(謀害)할 목적으로 허위의 사실을 적시한 청원을 하여서는 아니 된다(청원법 제25조).

3. 청원 처리의 예외

청원기관의 장은 청원이 a) 국가기밀 또는 공무상 비밀에 관한 사항, b) 감사·수사·재판·행정심판·조정·중재 등 다른 법령에 의한 조사·불복 또는 구제절차가 진행 중인 사항, c) 허위의 사실로 타인으로 하여금 형사처분 또는 징계처분을 받게 하는 사항, d) 허위의 사실로 국가기관 등의 명예를 실추시키는 사항, e) 사인 간의 권리관계 또는 개인의 사생활에 관한 사항, f) 청원인의 성명, 주소 등이 불분명하거나 청원내용이 불명확한 사항에 해당하는 경우에는 처리를 하지 아니할 수 있고, 이 경우 사유를 청원인에게 알려야 한다(청원법 제6조).

4. 청원심의회

청원기관의 장은 a) 공개 청원의 공개 여부에 관한 사항, b) 청원의 조사 결과 등 청원 처리에 관한 사항, c) 그 밖에 청원에 관한 사항을 심의하기 위하여 청원심의회를 설치·운영하여야 한다(청원법 제8조 제1항).

Ⅱ 청원의 방법과 절차

1. 청원 방법

청원은 청원인의 성명과 주소 또는 거소를 기재하고 서명한 문서(전자문서 포함)로 하여야 한다(청원법 제9조 제1항). 행정안전부장관은 서면으로 제출된 청원을 전자적으로 관리하고, 전자문서로 제출된 청원을 효율적으로 접수·처리하기 위하여 정보처리시스템(온라인청원시스템)을 구축·운영하여야 하고(청원법 제10조 제1항), 대법원, 헌법재판소 및 중앙선거관리위원회는 별도의 온라인청원시스템을 구축·운영할 수 있다(청원법 제10조 제2항).

> 📌 **판례**
>
> ▶ **청원권 행사의 방법** : 청원권은 국민적 관심사를 국가기관에 표명할 수 있는 수단으로서의 성격을 가진 기본권으로 국민은 누구나 형식에 구애됨이 없이 그 관심사를 국가기관에 표명할 수 있다. 모든 국민은 공권력과의 관계에서 일어나는 여러 가지 이해관계 또는 국정에 관해서 자신의 의견이나 희망을 해당 기관에 진술할 수 있으며, 청원을 수리한 국가기관은 청원에 대하여 심사하여야 할 의무를 지게 된다. 이러한 청원권의 행사는 자신이 직접 하든 아니면 제3자인 중개인이나 대리인을 통해서 하든 청원권으로서 보호된다. 우리 헌법은 문서로 청원을 하도록 한 것 이외에 그 형식을 제한하고 있지 않으며, 청원권의 행사방법이나 그 절차를 구체화하고 있는 청원법도 제3자를 통해 하는 방식의 청원을 금지하고 있지 않다. 따라서 국민이 여러 가지 이해관계 또는 국정에 관해서 자신의 의견이나 희망을 해당 기관에 직접 진술하는 외에 그 본인을 대리하거나 중개하는 제3자를 통해 진술하더라도 이는 청원권으로서 보호된다(헌재 2005. 11. 24. 2003헌바108).

▶ 공무원의 직무에 속한 사항의 알선에 관하여 금품이나 이익을 수수·요구 또는 약속한 자를 형사처벌하는 특정범 죄가중법 제3조가 국민의 청원권을 제한하는지(적극): 이 사건 규정은 공무원의 직무에 속한 사항의 알선 관련 금품수수행위를 형사처벌하고 있으므로 국회의 입법이나 정부의 정책 결정 및 정책집행 등에 관한 로비 내지 알선 행위를 제한하게 되고, 이것은 공권력과의 관계에서 일어나는 여러 가지 이해관계 또는 국정에 관해서 그 의견이나 희망을 해당 기관에 진술할 자유를 제한하게 되므로 이는 청원권 제한 문제를 일으킨다(헌재 2005. 11. 24. 2003헌바108).

▶ 공무원이 취급하는 사건 또는 사무에 관하여 사건 해결의 청탁 등을 명목으로 금품을 수수하는 행위를 규제하는 구 변호사법 제111조 부분이 청원권을 제한하는지(적극): 국민은 여러 가지 이해관계 또는 국정에 관하여 자신의 의견이나 희망을 해당 기관에 직접 진술하는 외에 그 본인을 대리하거나 중개하는 제3자를 통해 진술하더라도 이는 청원권으로서 보호된다. 그런데 이 사건 법률조항은 공무원의 직무에 속하는 사항에 관하여 금품을 대가로 다른 사람을 중개하거나 대신하여 그 이해관계나 의견 또는 희망을 해당 기관에 진술할 수 없게 하므로, 청원권을 제한한다(헌재 2012. 4. 24. 2011헌바40).

▶ 수용자가 발송하는 서신이 국가기관에 대한 청원적 성격을 가지고 있는 경우에 교도소장의 허가를 받도록 한 것이 청원권을 침해하는지(소극): 서신을 통한 수용자의 청원을 아무런 제한 없이 허용한다면 수용자가 이를 악용하여 검열 없이 외부에 서신을 발송하는 탈법수단으로 이용할 수 있게 되므로 이에 대한 검열은 수용 목적 달성을 위한 불가피한 것으로서 청원권의 본질적 내용을 침해한다고 할 수 없다(헌재 2001. 11. 29. 99헌마713).

2. 청원서의 제출 등

(1) 청원서의 제출

청원인은 청원서를 해당 청원 사항을 담당하는 청원기관에 제출하여야 한다(청원법 제11조 제1항). 청 원인은 청원 사항이 법률·명령·조례·규칙 등의 제정·개정 또는 폐지 또는 공공의 제도 또는 시설의 운영에 해당하는 경우 청원의 내용, 접수 및 처리 상황과 결과를 온라인청원시스템에 공개 하도록 청원(공개 청원)할 수 있고, 이 경우 청원서에 공개 청원으로 표시하여야 한다(청원법 제11조 제2항). 한편 다수 청원인이 공동으로 청원(공동청원)을 하는 경우에는 그 처리결과를 통지받을 3명 이하의 대표자를 선정하여 이를 청원서에 표시하여야 한다(청원법 제11조 제3항). 청원인은 청원서에 이유와 취지를 밝히고, 필요한 때에는 참고자료를 붙일 수 있다(청원법 제11조 제4항).

(2) 청원의 취하

청원인은 해당 청원의 처리가 종결되기 전에 청원을 취하할 수 있다(청원법 제17조).

(3) 차별대우의 금지

누구든지 청원을 하였다는 이유로 청원인을 차별대우하거나 불이익을 강요해서는 아니 된다(청원 법 제26조).

3. 청원의 접수 등

(1) 청원의 접수

청원기관의 장은 제출된 청원서를 지체 없이 접수하여야 한다(청원법 제12조 제1항). 청원기관의 장은 청원서에 부족한 사항이 있다고 판단되는 경우에는 보완사항 및 보완기간을 표시하여 청원인(공동 청원의 경우 대표자)에게 보완을 요구할 수 있고(청원법 제15조 제1항), 청원사항이 다른 기관 소관인 경우 에는 지체 없이 소관 기관에 청원서를 이송하고 이를 청원인에게 알려야 한다(청원법 제15조 제2항).

(2) 반복청원 및 이중청원

청원기관의 장은 동일인이 같은 내용의 청원서를 같은 청원기관에 2건 이상 제출한 반복청원의 경우에는 나중에 제출된 청원서를 반려하거나 종결처리할 수 있고, 종결처리하는 경우 이를 청원인에게 알려야 하며(청원법 제16조 제1항), 동일인이 같은 내용의 청원서를 2개 이상의 청원기관에 제출한 경우 소관이 아닌 청원기관의 장은 청원서를 소관 청원기관의 장에게 이송하여야 한다(청원법 제16조 제2항). 청원기관의 장은 청원이 같은 내용의 청원인지 여부에 대해서는 해당 청원의 성격, 종전 청원과의 내용적 유사성·관련성 및 종전 청원과 같은 답변을 할 수밖에 없는 사정 등을 종합적으로 고려하여 결정하여야 한다(청원법 제16조 제3항).

4. 통지

(1) 공개 청원의 공개 여부 결정 통지

공개 청원을 접수한 청원기관의 장은 접수일부터 15일 이내에 청원심의회의 심의를 거쳐 공개 여부를 결정하고 결과를 청원인에게 알려야 한다(청원법 제13조 제1항). 청원기관의 장은 공개 청원의 공개 결정일부터 30일간 청원 사항에 관하여 국민의 의견을 들어야 한다(청원법 제13조 제2항).

(2) 접수·처리 상황의 통지 및 공개

청원기관의 장은 청원의 접수 및 처리 상황을 청원인에게 알려야 한다. 공개 청원의 경우에는 온라인청원시스템에 접수 및 처리 상황을 공개하여야 한다(청원법 제14조 제1항).

Ⅲ 청원의 조사와 처리

1. 청원의 조사

청원기관의 장은 청원을 접수한 경우에는 지체 없이 청원 사항을 성실하고 공정하게 조사하여야 한다. 다만, 청원 사항이 별도의 조사를 필요로 하지 아니하는 경우에는 조사 없이 신속하게 처리할 수 있다(청원법 제18조).

2. 조사의 방법

청원기관의 장은 청원 사항을 조사할 때 a) 관계 기관 등에 대한 설명 요구 또는 관련 자료 등의 제출 요구, b) 관계 기관 등의 직원, 청원인, 이해관계인이나 참고인의 출석 및 의견진술 등의 요구, c) 조사사항과 관계있다고 인정되는 장소·시설 등에 대한 실지조사, d) 조사사항과 관계있다고 인정되는 문서·자료 등에 대한 감정의 의뢰를 할 수 있다. 이 경우 출석하거나 의견진술 등을 한 사람(청원인은 제외)에게는 예산의 범위에서 여비와 수당을 지급할 수 있다(청원법 제19조 제1항). 한편 관계 기관 등의 장은 청원기관의 장의 요구나 조사에 성실하게 응하고 이에 협조하여야 한다(청원법 제19조 제2항).

3. 청원의 처리

(1) 청원심의회의 심의

청원기관의 장은 청원심의회의 심의를 거쳐 청원을 처리하여야 한다. 다만, 청원심의회의 심의를 거칠 필요가 없는 사항에 대해서는 심의를 생략할 수 있다(청원법 제21조 제1항). 정부에 제출 또는 회부된 정부의 정책에 관계되는 청원의 심사는 국무회의의 심의를 거쳐야 한다(헌법 제89조 15호).

(2) 청원의 처리 기간

청원기관의 장은 청원을 접수한 때에는 특별한 사유가 없으면 90일 이내(공개 청원의 공개 여부 결정기간 및 국민의 의견을 듣는 기간 제외)에 처리결과를 청원인에게 알려야 한다. 이 경우 공개 청원의 처리결과는 온라인청원시스템에 공개하여야 한다(청원법 제21조 제2항). 청원기관의 장은 부득이한 사유로 90일 이내에 청원을 처리하기 곤란한 경우에는 60일의 범위에서 한 차례만 처리 기간을 연장할 수 있다. 이 경우 그 사유와 처리 예정 기한을 지체 없이 청원인에게 알려야 한다(청원법 제21조 제3항).

> **판례**
>
> ▶ **청원권의 보호범위와 청원에 대한 처리 방법**: 헌법상 보장된 청원권은 공권력과의 관계에서 일어나는 여러 가지 이해관계, 의견, 희망 등에 관하여 적법한 청원을 한 모든 국민에게 국가기관이 청원을 수리할 뿐만 아니라 이를 심사하여 청원자에게 그 처리결과를 통지할 것을 요구할 수 있는 권리를 말하나, <u>청원 사항의 처리결과에 심판서나 재결서에 준하여 이유를 명시할 것을 요구하는 것은 청원권의 보호범위에 포함되지 아니하므로</u>, 청원 소관관서는 청원법이 정하는 절차와 범위 내에서 청원사항을 성실·공정·신속히 심사하고 청원인에게 그 청원을 어떻게 처리하였거나 처리하려 하는지를 알 수 있는 정도로 결과통지함으로써 충분하다(헌재 1994. 2. 24. 93헌마213).

(3) 이의신청

청원인은 a) 청원기관의 장의 공개 부적합 결정에 대하여 불복하는 경우, b) 청원기관의 장이 청원의 처리 기간 내에 청원을 처리하지 못한 경우로서 공개 부적합 결정 통지를 받은 날 또는 청원의 처리 기간이 경과한 날부터 30일 이내에 청원기관의 장에게 문서로 이의신청을 할 수 있고(청원법 제22조 제1항), 청원기관의 장은 이의신청을 받은 날부터 15일 이내에 이의신청에 대하여 인용 여부를 결정하고, 그 결과를 청원인에게 지체 없이 알려야 한다(청원법 제22조 제2항).

Ⅳ 청원의 처리결과에 대한 불복

1. 헌법소원

청원이 단순한 호소나 요청이 아닌 구체적인 권리행사로서의 성질을 갖는 경우라면 그에 대한 위 피청구인의 거부행위는 청구인의 법률관계나 법적 지위에 영향을 미치는 것으로서 당연히 헌법소원의 대상이 되는 공권력의 행사라고 할 수 있을 것이다. 그러나 청원이 구체적인 권리행사로서의 성질을 갖지 아니한 단순한 청원인 경우 청원서를 접수한 국가기관은 이를 적정히 처리하여야 할 의무를 부담하나, 그 의무이행은 청원법이 정하는 절차와 범위 내에서 청원사항을 성실·공정·신속히 심사하고 청원인에게 그 청원을 어떻게 처리하였거나 처리하려 하는지를 알 수 있을 정도로 결과통지함으로써 충분하고, 비록 그 처리내용이 청원인이 기대한 바에 미치지 않는다고 하더라도 헌법소원의 대상이 되는 공권력의 행사 또는 불행사가 있다고 볼 수 없다(헌재 2004. 10. 28. 2003헌마898).

2. 행정소송

국가기관이 그 수리한 청원을 받아들여 구체적인 조치를 취할 것인지 여부는 국가기관의 자유재량에 속한다고 할 것일 뿐만 아니라 이로써 청원자의 권리의무, 그 밖의 법률관계에는 하등의 영향을 미치는 것이 아니므로 청원에 대한 심사처리결과의 통지 유무는 행정소송의 대상이 되는 행정처분이라고 할 수 없다(대판 1990. 5. 25. 90누1458).

제3항 국회와 지방의회에 대한 청원

I 국회에 대한 청원

1. 청원서의 제출

국회에 청원을 하려는 자는 의원의 소개를 받거나 국회규칙으로 정하는 기간 동안 국회규칙으로 정하는 일정한 수 이상의 국민의 동의를 받아 청원서를 제출하여야 한다(국회법 제123조 제1항). 다만 청원이 a) 재판에 간섭하는 내용의 청원, b) 국가기관을 모독하는 내용의 청원, c) 국가기밀에 관한 내용의 청원에 해당하는 경우에는 이를 접수하지 아니한다(국회법 제123조 제4항).

> **판례**
>
> ▶ **국회에 청원을 할 때 국회의원의 소개를 얻도록 한 국회법 조항이 청원권을 침해하는지**(소극): 의회에 대한 청원에 국회의원의 소개를 얻도록 한 것은 청원 심사의 효율성을 확보하기 위한 적절한 수단이다. 또한 청원은 일반의안과 같이 처리되므로 청원서 제출단계부터 의원의 관여가 필요하고, 의원의 소개가 없는 민원의 경우에는 진정으로 접수하여 처리하고 있으며, 청원의 소개의원은 1인으로 족한 점 등을 감안할 때 이 사건 법률조항이 국회에 청원을 하려는 자의 청원권을 침해한다고 볼 수 없다(헌재 2006. 6. 29. 2005헌마604).
>
> ▶ **청원서를 제출하기 위한 구체적인 절차로서 국민의 찬성·동의를 받는 기간과 그 인원수 등을 규정한 국회청원심사규칙 제2조의2 제2항 중 '등록일부터 30일 이내에 100명 이상의 찬성을 받고' 부분 등이 청원권을 침해하는지**(소극): 국민동의법령조항들은 의원소개조항에 더하여 추가적으로 국민의 동의를 받는 방식으로 국회에 청원하는 방법을 허용하면서 그 구체적인 요건과 절차를 규정하고 있는 것으로, 청원권의 구체적인 입법형성에 해당한다. 국민동의법령조항들이 청원서의 일반인에 대한 공개를 위해 30일 이내에 100명 이상의 찬성을 받도록 한 것은 일종의 사전동의제도로서, 중복게시물을 방지하고 비방, 욕설, 혐오표현, 명예훼손 등 부적절한 청원을 줄이며 국민의 목소리를 효율적으로 담아내고자 함에 그 취지가 있다. 청원서가 일반인에게 공개되면 그로부터 30일 이내에 10만 명 이상의 동의를 받도록 한 것은 국회의 한정된 심의 역량과 자원의 효율적 배분을 고려함과 동시에, 일정 수준 이상의 인원에 해당하는 국민 다수가 관심을 갖고 동의하는 의제가 논의 대상이 되도록 하기 위한 것이다. 국회에 대한 청원은 법률안 등과 같이 의안에 준하여 위원회 심사를 거쳐 처리되고, 다른 행정부 등 국가기관과 달리 국회는 합의제 기관이라는 점에서 청원 심사의 실효성을 확보할 필요성 또한 크다. 이와 같은 점에서 국민동의법령조항들이 설정하고 있는 청원찬성·동의를 구하는 기간 및 그 인원수는 불합리하다고 보기 어렵다. 따라서 국민동의법령조항들은 입법재량을 일탈하여 청원권을 침해하였다고 볼 수 없다(헌재 2023. 3. 23. 2018헌마460).

2. 청원의 처리

의장은 청원을 접수하였을 때에는 청원요지서를 작성하여 인쇄하거나 전산망에 입력하는 방법으로 각 의원에게 배부하는 동시에 그 청원서를 소관 위원회에 회부하여 심사하게 하며(국회법 제124조 제1항), 청원을 소개한 의원은 소관 위원회 또는 청원심사소위원회의 요구가 있을 때에는 청원의 취지를 설명하여야 한다(국회법 제125조 제3항).

II 지방의회에 대한 청원

지방의회에 청원을 하려는 자는 지방의회의원의 소개를 받아 청원서를 제출하여야 하고(지방자치법 제85조 제1항), 지방의회의 의장은 청원서를 접수하면 소관 위원회나 본회의에 회부하여 심사를 하게 하며(지방자치법 제87조 제1항), 청원을 소개한 지방의회의원은 소관 위원회나 본회의가 요구하면 청원의 취지를 설명하여야 한다(지방자치법 제87조 제2항).

> **판례**

▶ **지방의회에 청원을 하고자 할 때에 반드시 지방의회 의원의 소개를 얻도록 한 것이 청원권의 과도한 제한에 해당하는지 여부**(소극) : 지방의회에 청원을 할 때에 지방의회 의원의 소개를 얻도록 한 것은 의원이 미리 청원의 내용을 확인하고 이를 소개하도록 함으로써 청원의 남발을 규제하고 심사의 효율을 기하기 위한 것이고, 지방의회 의원 모두가 소개의원이 되기를 거절하였다면 그 청원내용에 찬성하는 의원이 없는 것이므로 지방의회에서 심사하더라도 인용가능성이 전혀 없어 심사의 실익이 없으며, 청원의 소개의원도 1인으로 족한 점을 감안하면 이러한 정도의 제한은 공공복리를 위한 필요·최소한의 것이라고 할 수 있다(헌재 1999. 11. 25. 97헌마54).

▶ **국민의 동의를 받는 방식의 청원제도를 지방의회 청원에 도입하지 아니한 것이 과도한 청원권 제한에 해당하는지** (소극) : 국회법 조항이 개정됨에 따라 국회의원의 소개를 받는 방법 외에, 일정한 기간 동안 일정한 수 이상의 국민의 동의를 받는 방식으로 국회에 청원을 하는 방법이 추가적으로 허용되었다. 그런데 이는 기존에 국회의원의 소개를 받는 방법으로만 청원을 할 수 있었던 것의 위헌성을 해소하기 위한 것이라기보다 국회 청원제도에 대한 접근성의 향상과 청원을 통한 효과적이고 활발한 의견 표출의 증대를 도모하기 위한 것으로 이해된다. 아울러 전 국민을 대상으로 하는 국회에의 청원과 달리, 지방의회에의 청원은 지방자치단체의 주민만을 대상으로 한다는 점에서도, 국민의 동의를 받는 방식의 청원제도를 지방의회 청원에 도입하지 아니하였다고 하여 그것이 곧 바로 과도한 청원권 제한에 해당한다고 보기도 어렵다(헌재 2023. 3. 23. 2018헌마596).

제2절　재판청구권

> **헌법 제27조**
> ① 모든 국민은 헌법과 법률이 정한 법관에 의하여 법률에 의한 재판을 받을 권리를 가진다.
> ② 군인 또는 군무원이 아닌 국민은 대한민국의 영역 안에서는 중대한 군사상 기밀·초병·초소·유독음식물공급·포로·군용물에 관한 죄중 법률이 정한 경우와 비상계엄이 선포된 경우를 제외하고는 군사법원의 재판을 받지 아니한다.
> ③ 모든 국민은 신속한 재판을 받을 권리를 가진다. 형사피고인은 상당한 이유가 없는 한 지체없이 공개재판을 받을 권리를 가진다.
> ⑤ 형사피해자는 법률이 정하는 바에 의하여 당해 사건의 재판절차에서 진술할 수 있다.

제1항　재판청구권의 의의 및 법적 성격

Ⅰ　재판청구권의 의의

1. 재판청구권의 개념

재판이란 사실확정과 법률의 해석적용을 본질로 함에 비추어 볼 때, 헌법상의 재판을 받을 권리란, 법관에 의하여 사실적 측면과 법률적 측면이 적어도 한 차례의 심리검토의 기회는 보장되어야 한다는 것을 의미한다(헌재 1992. 6. 26. 90헌바25). 재판을 받을 권리에는 민사재판, 형사재판, 행정재판, 헌법재판이 포함된다(헌재 2013. 8. 29. 2011헌마122).

2. 재판청구권의 보호범위

(1) 일반적 범위

일반적으로 민, 형사, 행정소송이나 이에 직접 관련되는 것이 아닌 사항에서 어떤 것들이 재판을 청구할 수 있는 대상으로서 기본권(재판청구권)으로 보호되어야 하는가는 일률적으로 말하기 어렵고, 다만 적어도 국민에게 중요한 사항으로서 '사실확정과 법률의 해석적용'에 관련된 문제이고 사법절차를 통하여 결정되어야 할 만한 속성을 지닌 것이라면 재판청구권의 보호범위에 포함된다(헌재 2010. 4. 29. 2008헌마622).

(2) 피고인 스스로 치료감호를 청구할 권리

재판청구권의 보호범위는 사항의 성격 자체에서 판단되어야 하고, 다른 법률조항의 내용 여하, 예컨대 치료감호 기간의 형기 산입 여부 등에 따라 그 판단이 달라질 것은 아니다. 결국 '피고인 스스로 치료감호를 청구할 수 있는 권리'가 헌법상 재판청구권의 보호범위에 포함된다고 보기는 어렵다(헌재 2010. 4. 29. 2008헌마622).

(3) 수형자와 변호사 사이의 접견교통권

현대 사회의 복잡다단한 소송에서의 법률전문가의 증대되는 역할, 민사법상 무기 대등의 원칙 실현, 헌법소송의 변호사강제주의 적용 등을 감안할 때 교정시설 내 수용자와 변호사 사이의 접견교통권의 보장은 헌법상 보장되는 재판청구권의 한 내용 또는 그로부터 파생되는 권리로 볼 수 있다(헌재 2013. 8. 29. 2011헌마122).

⚖️ **판례**

▶ **변호사와 접견하는 경우에도 수용자의 접견은 원칙적으로 접촉차단시설이 설치된 장소에서 하도록 규정하고 있는 형의 집행 및 수용자의 처우에 관한 법률 시행령 제58조 제4항이 재판청구권을 침해하는지**(적극) : 이 사건 접견조항에 따르면 수용자는 효율적인 재판준비를 하는 것이 곤란하게 되고, 특히 교정시설 내에서의 처우에 대하여 국가 등을 상대로 소송을 하는 경우에는 소송의 상대방에게 소송자료를 그대로 노출하게 되어 무기대등의 원칙이 훼손될 수 있다. 변호사 직무의 공공성, 윤리성 및 사회적 책임성은 변호사 접견권을 이용한 증거인멸, 도주 및 마약 등 금지물품 반입 시도 등의 우려를 최소화시킬 수 있으며, 변호사접견이라 하더라도 교정시설의 질서 등을 해할 우려가 있는 특별한 사정이 있는 경우에는 예외를 두도록 한다면 악용될 가능성도 방지할 수 있다. 따라서 이 사건 접견조항은 과잉금지원칙에 위배하여 청구인의 재판청구권을 지나치게 제한하고 있으므로, 헌법에 위반된다(헌재 2013. 8. 29. 2011헌마122 헌법불합치).

▶ **수형자와 소송대리인인 변호사의 접견을 일반 접견에 포함시켜 시간은 30분 이내로, 횟수는 월 4회로 제한한 구 형집행법 제58조 제2항 등이 청구인의 재판청구권을 침해하는지**(적극) : 수형자의 재판청구권을 실효적으로 보장하기 위해서는 소송대리인인 변호사와의 접견 시간 및 횟수를 적절하게 보장하는 것이 필수적이다. 변호사와의 접견 횟수와 가족 등과의 접견 횟수를 합산함으로 인하여 수형자가 필요한 시기에 변호사의 조력을 받지 못할 가능성도 높아진다. 접견의 최소시간을 보장하되 이를 보장하기 어려운 특별한 사정이 있는 경우에는 예외적으로 일정한 범위 내에서 이를 단축할 수 있도록 하고, 횟수 또한 별도로 정하면서 이를 적절히 제한한다면, 교정시설 내의 수용질서 및 규율의 유지를 도모하면서도 수형자의 재판청구권을 실효적으로 보장할 수 있을 것이다. 이와 같이 심판대상조항들은 법률전문가인 변호사와의 소송상담의 특수성을 고려하지 않고 소송대리인인 변호사와의 접견을 그 성격이 전혀 다른 일반 접견에 포함시켜 접견 시간 및 횟수를 제한함으로써 청구인의 재판청구권을 침해한다(헌재 2015. 11. 26. 2012헌마858 헌법불합치).

▶ **수형자인 청구인이 헌법소원사건의 국선대리인인 변호사를 접견함에 있어서 그 접견내용을 녹음, 기록한 교도소장의 행위(녹취행위)가 청구인의 재판을 받을 권리를 침해하는지**(적극) : 수형자와 변호사와의 접견내용을 녹음, 녹화하게 되면 그로 인해 제3자인 교도소 측에 접견내용이 그대로 노출되므로 수형자와 변호사는 상담과정에서 상당히 위축될 수밖에 없고, 특히 소송의 상대방이 국가나 교도소 등의 구금시설로서 그 내용이 구금시설 등의 부당처우를 다투는 내용일 경우에 접견내용에 대한 녹음, 녹화는 실질적으로 당사자대등의 원칙에 따른 무기평등을 무력화시킬 수 있다. 변호사는 다른 전문직에 비하여도 더욱 엄격한 직무의 공공성 등이 강조되고 있는 지위에 있으므로, 소송사건의 변호사가 접견을 통하여 수형자와 모의하는 등으로 법령에 저촉되는 행위를 하거나 이에 가담하는 등의 행위를 할 우려는 거의 없다. 또한, 접견의 내용이 소송준비를 위한 상담내용일 수밖에 없는 변호사와의 접견에 있어서 수형자의 교화나 건전한 사회복귀를 위해 접견내용을 녹음, 녹화할 필요성을 생각하는 것도 어렵다. 이 사건에 있어서 청구인과 헌법소원 사건의 국선대리인인 변호사의 접견내용에 대해서는 접견의 목적이나 접견의 상대방 등을 고려할 때 녹음, 기록이 허용되어서는 아니 될 것임에도 이를 녹음, 기록한 행위는 청구인의 재판을 받을 권리를 침해한다(헌재 2013. 9. 26. 2011헌마398).

Ⅱ 재판청구권의 법적 성격 등

1. 재판청구권의 법적 성격

재판청구권은 재판이라는 국가적 행위를 청구할 수 있는 적극적 측면과 헌법과 법률이 정한 법관이 아닌 자에 의한 재판이나 법률에 의하지 아니한 재판을 받지 아니하는 소극적 측면을 아울러 가지고 있다(헌재 1998. 5. 28. 96헌바4).

2. 재판청구권에 관한 입법형성권

재판청구권의 실현은 재판권을 행사하는 법원의 조직과 소송절차에 관한 입법에 의존하고 있기 때문에 입법자에 의한 재판청구권의 구체적 형성은 불가피하며, 따라서 입법자는 소송요건과 관련하여 소송의 주체·방식·절차·시기·비용 등에 관하여 규율할 수 있다. 그러나 헌법 제27조 제1항은 권리구제절차에 관한 구체적 형성을 완전히 입법자의 형성권에 맡기지는 않는다. 재판청구권은 법적 분쟁의 해결을 가능하게 하는 적어도 한 번의 권리구제절차가 개설될 것을 요청할 뿐 아니라, 그를 넘어서 소송절차의 형성에 있어서 실효성 있는 권리보호를 제공하기 위하여 그에 필요한 절차적 요건을 갖출 것을 요청한다(헌재 2006. 4. 27. 2005헌마1119).

3. 위헌성 심사기준

재판청구권은 기본권이 침해당하거나 침해당할 위험에 처해 있을 때 그에 대한 구제 또는 예방을 요청할 수 있는 권리라는 점에서 다른 기본권의 보장을 위한 기본권이라는 성격을 가지고 있으므로, 재판청구권에 관한 입법재량에도 한계가 있을 수밖에 없다. 단지 법원에 제소할 수 있는 형식적인 권리나 이론적인 가능성만 제공할 뿐 권리구제의 실효성이 보장되지 않는다면 이는 헌법상 재판청구권을 공허하게 만드는 것이므로 입법재량의 한계를 일탈한 것으로서 위헌이다(헌재 2015. 9. 24. 2013헌가21). 즉 재판청구권과 같은 절차적 기본권은 자유권적 기본권 등 다른 기본권의 경우와 비교하여 볼 때 상대적으로 입법자의 광범위한 입법형성권이 인정되므로, 관련 법률에 대한 위헌 심사기준은 합리성원칙 내지 자의금지원칙이 적용된다(헌재 2005. 5. 26. 2003헌가7).

제2항 재판청구권의 주체

재판청구권은 인간의 권리인 신체의 자유를 실효적으로 보장하는 데 반드시 필요한 권리라고 볼 수 있어 청구인이 외국인이라 하더라도 재판청구권의 주체가 된다고 봄이 타당하다(헌재 2018. 5. 31. 2014헌마346 재판관 2인의 별개의견).

제3항 재판청구권의 내용

Ⅰ 재판의 범위

1. 대법원의 재판

(1) 원칙

헌법과 법률이 정하는 법관에 의하여 법률에 의한 재판을 받을 권리가 사건의 경중을 가리지 아니하고 모든 사건에 대하여 대법원을 구성하는 법관에 의한 균등한 재판을 받을 권리를 의미한다거나 또는 상고심재판을 받을 권리를 의미하는 것이라고 할 수는 없다. 왜냐하면 상고제도의 목적을 법질서의 통일과 법발견 또는 법창조에 관한 공익의 추구에 둘 것인지, 아니면 구체적인 사건의 적정한 판단에 의한 당사자의 권리구제에 둘 것인지, 또는 양자를 다 같이 고려할 것인지는 역시 입법자의 형성의 자유에 속하는 사항이고, 그 중 어느 하나를 더 우위에 두었다고 하여 헌법에 위반되는 것은 아니기 때문이다(헌재 1997. 10. 30. 97헌바37).

> **🔍 판례**
>
> ▶ **상소심의 재판을 받을 권리** : 상소심에서 재판을 받을 권리를 헌법상 명문화한 규정이 없고 상소문제가 일반법률에 맡겨진 것이 우리 법제라면 헌법 제27조에서 규정한 재판을 받을 권리에 모든 사건에 대해 상소법원의 구성법관에 의한, 상소심 절차에 의한 재판을 받을 권리까지도 당연히 포함된다고 단정할 수 없을 것이고, 모든 사건에 대해 획일적으로 상소할 수 있게 하느냐 않느냐는 특단의 사정이 없는 한 입법정책의 문제이다(헌재 1993. 11. 25. 91헌바8).
>
> ▶ **상급심재판을 받을 권리** : '법률에 의한' 재판을 받을 권리라 함은 법관에 의한 재판은 받되 법대로의 재판, 즉 절차법이 정한 절차에 따라 실체법이 정한 내용대로 재판을 받을 권리를 보장하는 취지이다. 이러한 취지에서 본다면 재판청구권에는 상급심재판을 받을 권리나 사건의 경중을 가리지 않고 모든 사건에 대하여 반드시 대법원 또는 상급법원을 구성하는 법관에 의한 균등한 재판을 받을 권리가 포함되어 있다고 할 수는 없다(헌재 1996. 10. 31. 94헌바3).

(2) 예외

헌법 제110조 제2항이 군사법원의 상고심을 대법원이 관할하도록 정하고 같은 조 제4항이 군사법원에서의 단심재판을 제한하도록 규정하고 있고, 헌법 제107조 제2항이 명령·규칙 또는 처분의 위헌·위법 여부에 대한 최종적 심사권이 대법원에 있음을 규정하고 있으므로 그 범위 내에서는 대법원에서의 재판을 받을 권리가 헌법상 보장된다(헌재 1997. 10. 30. 97헌바37).

> **판례**
>
> ▶ **상고심절차에 관한 특례법 제4조 제1항에서 규정하고 있는 심리불속행제도가 재판을 받을 권리를 침해하는지**(소극): 심급제도는 사법에 의한 권리보호에 관한 한정된 법 발견 자원의 합리적인 분배의 문제인 동시에 재판의 적정과 신속이라는 서로 상반되는 두 가지의 요청을 어떻게 조화시키느냐의 문제로 돌아가므로 원칙적으로 입법자의 형성의 자유에 속하는 사항이다. 그러므로 이 사건 조항이 비록 국민의 재판청구권을 제약하고 있기는 하지만 위 심급제도와 대법원의 기능에 비추어 볼 때 헌법이 요구하는 대법원의 최고법원성을 존중하면서 민사, 가사, 행정 등 소송사건에 있어서 상고심 재판을 받을 수 있는 객관적인 기준을 정함에 있어 개별적 사건에서의 권리구제보다 법령해석의 통일을 더 우위에 둔 규정으로서 그 합리성이 있다고 할 것이므로 헌법에 위반되지 아니한다(헌재 1997. 10. 30. 97헌바37).

2. 국민참여재판을 받을 권리

우리 헌법상 헌법과 법률이 정한 법관에 의한 재판을 받을 권리는 직업법관에 의한 재판을 주된 내용으로 하는 것이므로 국민참여재판을 받을 권리가 헌법 제27조 제1항에서 규정한 재판을 받을 권리의 보호범위에 속한다고 볼 수 없다(헌재 2009. 11. 26. 2008헌바12).

3. 재심

어떤 사유를 재심사유로 하여 재심을 허용할 것인가 하는 것은 입법자가 확정된 판결에 대한 법적 안정성, 재판의 신속, 적정성, 법원의 업무부담 등을 고려하여 결정하여야 할 입법정책의 문제이며, 재심청구권도 입법형성권의 행사에 의하여 비로소 창설되는 법률상의 권리일 뿐, 헌법 제27조 제1항, 제37조 제1항에 의하여 직접 발생되는 기본적 인권은 아니다(헌재 2000. 6. 29. 99헌바66).

> **판례**
>
> ▶ **민사소송법상 재심사유에 대한 위헌성 심사기준**: 재심제도와 관련하여 인정되는 입법적 재량을 감안한다면, 민사소송법상 재심의 사유를 규정하고 있는 이 사건 조항의 위헌성에 대한 판단은, 입법자가 분쟁의 신속한 해결을 통한 법적 안정성의 확보에만 매몰되어 재판의 적정성이라는 법치주의의 또 다른 이념을 현저히 희생함으로써, 제반 기본권의 실현을 위한 기본권으로서의 재판청구권의 본질을 심각하게 훼손하는 등 입법형성권의 한계를 일탈하여 그 내용이 현저히 자의적인지 여부에 의하여 결정되어야 할 것이다(헌재 2009. 10. 29. 2008헌바101).

Ⅱ 헌법과 법률이 정한 법관에 의한 재판을 받을 권리

1. '헌법과 법률이 정한' 법관

헌법과 법률이 정한 법관에 의하여 재판을 받을 권리라 함은 헌법과 법률이 정한 자격과 절차에 의하여 임명되고, 물적 독립과 인적 독립이 보장된 법관에 의한 재판을 받을 권리를 의미한다(헌재 1993. 11. 25. 91헌바8).

2. '법관'에 의한 재판

법관에 의한 재판을 받을 권리를 보장한다고 함은 법관이 사실을 확정하고 법률을 해석·적용하는 재판을 받을 권리를 보장한다는 뜻이고, 만일 그러한 보장이 제대로 이루어지지 아니한다면 헌법상 보장된 재판을 받을 권리의 본질적 내용을 침해하는 것으로서 우리 헌법상 허용되지 아니한다(헌재 2000. 6. 29. 99헌가9).

판례

▶**통고처분을 행정심판이나 행정소송의 대상에서 제외하고 있는 관세법 제38조 제3항 제2호가 재판청구권을 침해하였거나 적법절차에 위배되어 위헌인지**(소극) : 통고처분은 상대방의 임의의 승복을 그 발효요건으로 하기 때문에 그 자체만으로는 통고이행을 강제하거나 상대방에게 아무런 권리의무를 형성하지 않으므로 행정심판이나 행정소송의 대상으로서의 처분성을 부여할 수 없고, 통고처분에 대하여 이의가 있으면 통고내용을 이행하지 않음으로써 고발되어 형사재판절차에서 통고처분의 위법·부당함을 얼마든지 다툴 수 있기 때문에 관세법 제38조 제3항 제2호가 법관에 의한 재판받을 권리를 침해한다든가 적법절차의 원칙에 저촉된다고 볼 수 없다(헌재 1998. 5. 28. 96헌바4).

▶**대한변협의 징계에 대하여 법무부변호사징계위원회의 이의절차 후 대법원 즉시항고제도가 재판을 받을 권리를 침해하는지**(적극) : 대한변호사협회변호사징계위원회나 법무부변호사징계위원회의 징계에 관한 결정은 비록 그 징계위원 중 일부로 법관이 참여한다고 하더라도 이를 헌법과 법률이 정한 법관에 의한 재판이라고 볼 수 없으므로, 법무부변호사징계위원회의 결정이 법률에 위반된 것을 이유로 하는 경우에 한하여 법률심인 대법원에 즉시항고할 수 있도록 한 변호사법 제81조 제4항 내지 제6항은 법관에 의한 사실확정 및 법률적용의 기회를 박탈한 것으로서 헌법상 국민에게 보장된 "법관에 의한" 재판을 받을 권리를 침해하는 위헌규정이다(헌재 2000. 6. 29. 99헌가9).

▶**심의위원회의 배상금 등 지급결정에 신청인이 동의한 때에는 국가와 신청인 사이에 민사소송법에 따른 재판상 화해가 성립된 것으로 보는 세월호피해지원법 제16조가 과잉금지원칙을 위반하여 청구인들의 재판청구권을 침해하는지**(소극) : 세월호피해지원법 규정에 의하면, 심의위원회의 제3자성, 중립성 및 독립성이 보장되어 있다고 인정되고, 그 심의절차에 공정성과 신중성을 제고하기 위한 장치도 마련되어 있다. 세월호피해지원법은 소송절차에 준하여 피해에 상응하는 충분한 배상과 보상이 이루어질 수 있도록 관련 규정을 마련하고 있다. 신청인에게 지급결정 동의의 법적 효과를 안내하는 절차를 마련하고 있으며, 신청인은 배상금 등 지급에 대한 동의에 관하여 충분히 생각하고 검토할 시간이 보장되어 있고, 배상금 등 지급결정에 대한 동의 여부를 자유롭게 선택할 수 있다. 따라서 심의위원회의 배상금 등 지급결정에 동의한 때 재판상 화해가 성립한 것으로 간주하더라도 이것이 재판청구권 행사에 대한 지나친 제한이라고 보기 어렵다. 따라서 세월호피해지원법 제16조는 청구인들의 재판청구권을 침해하지 않는다(헌재 2017. 6. 29. 2015헌마654).

▶**사법보좌관에 의한 소송비용액 확정결정절차를 규정한 법원조직법 제54조 제2항 제1호 부분이 재판청구권을 규정한 헌법 제27조 제1항에 위반되는지**(소극) : 헌법 제27조 제1항의 재판청구권 보장과 관련하여 최소한 법관이 사실을 확정하고 법률을 해석·적용하는 재판을 받을 권리를 보장할 것이 요구되므로 사법보좌관의 처분에 대한 이의절차가 중요하다. 법원조직법 제54조 제3항 등에서는 사법보좌관의 처분에 대한 이의신청을 허용함으로써 동일 심급 내에서 법관으로부터 다시 재판받을 수 있는 권리를 보장하고 있는데, 이 사건 조항에 의한 소송비용액 확정결정절차의 경우에도 이러한 이의절차에 의하여 법관에 의한 판단을 거치도록 함으로써 법관에 의한 사실확정과 법률해석의 기회를 보장하고 있다. 따라서 사법보좌관에게 소송비용액 확정결정절차를 처리하도록 한 이 사건 조항이 그 입법재량권을 현저히 불합리하게 또는 자의적으로 행사하였다고 단정할 수 없으므로 헌법 제27조 제1항에 위반된다고 할 수 없다(헌재 2009. 2. 26. 2007헌바8).

Ⅲ 법률에 의한 재판을 받을 권리

법률에 의한 재판이라 함은 합헌적인 법률로 정한 내용과 절차에 따라, 즉 합헌적인 실체법과 절차법에 따라 행하여지는 재판을 의미한다. 따라서 형사재판에 있어서 합헌적인 실체법과 절차법에 따라 행하여지는 재판이라고 하려면, 적어도 죄형법정주의와 적법절차주의에 위반되지 아니하는 실체법과 절차법에 따라 규율되는 재판이 되어야 할 것이다. 결국 법률에 의한 재판을 받을 권리라 함은 법관에 의한 재판은 받되 법대로의 재판 즉 절차법이 정한 절차에 따라 실체법이 정한 내용대로 재판을 받을 권리를 보장하자는 취지라고 할 것이고 이는 재판에 있어서 법관이 법대로가 아닌 자의와 전단에 의하는 것을 배제한다는 것이다(헌재 1995. 10. 26. 94헌바28).

> 판례
>
> ▶ **심리방식** : 헌법 제27조 제1항은 '법률에 의한 재판을 받을 권리'를 보장하고 있다. 그런데 '재판을 받을 권리'가 모든 재판에서 구두변론에 의한 심리를 받을 권리를 뜻한다고 볼 수 없다. 사건의 성질에 따라 입법자는 공평하고 신중한 심리에 중점을 두어 구두변론을 거친 판결절차에 따르도록 할 수도 있고, 사건 관계자의 정보 보호와 신속한 심리에 중점을 두어 구두변론 실시 여부는 법관의 재량에 맡기고 결정절차에 따르도록 할 수도 있다(헌재 2018. 4. 26. 2016헌마1043)

Ⅳ 군사법원의 재판을 받지 않을 권리

헌법 제27조 제2항은 소극적으로 "군인·군무원을 제외한 모든 국민은 대한민국의 영역 안에서는 중대한 군사상 기밀·초병·초소·유독음식물공급·포로·군용물에 관한 죄 중 법률이 정한 경우와 비상계엄이 선포된 경우를 제외하고는 군사법원의 재판을 받지 않을 권리를 가진다."고 규정하고 있다(헌재 2009. 7. 30. 2008헌바162).

> 판례
>
> ▶ **일반법원과 따로 군사법원을 군부대 등에 설치하도록 한 군사법원법 제6조가 재판청구권 등을 침해하는지**(소극) : 헌법은 직접 군사법원을 일반법원과 조직 권한 및 재판관의 자격을 달리하는 특별법원으로 설치할 수 있도록 허용하고, 대법원을 군사재판의 최종심으로 하고 있으며, 군사법원법은 재판관의 신분을 보장하고, 군사법원의 재판관은 반드시 일반법원의 법관과 동등한 자격을 가진 군판사를 포함시켜 구성하도록 하고 있는바, 군사법원법 제6조가 일반법원과 따로 군사법원을 군부대 등에 설치하도록 하였다는 사유만으로 헌법이 허용한 특별법원으로서 군사법원의 한계를 일탈하여 사법권의 독립을 침해하고 위임입법의 한계를 일탈한 것이거나 헌법 제27조 제1항의 재판청구권, 헌법 제11조의 평등권을 본질적으로 침해한 것이라고 할 수 없다(헌재 1996. 10. 31. 93헌바25).
>
> ▶ **군인은 어떤 경우에도 일반법원의 재판을 받는 것이 금지되는지**(소극) : 헌법은 제27조 제1항에서 모든 국민에 대해 원칙적으로 일반법원에서 재판을 받을 권리가 있음을 적극적으로 선언하고 있으므로 설사 동조 제2항에서 군사재판을 받을 경우가 예외적으로 허용되고 있다고 하더라도 헌법 제27조 제2항이 '직접적으로' 군인은 어떤 경우에도 일반법원의 재판을 받는 것을 금지하는 것으로 단정하기는 어렵고 따라서 군인 신분취득 전에 범한 '일반형사범죄'에 대한 군사법원의 재판권이 헌법상 당연히 용인되어야 한다고 보기는 어렵다(헌재 2009. 7. 30. 2008헌바162).

▶ '전투용에 공하는 시설'을 손괴한 군인 또는 군무원이 아닌 국민이 군사법원에서 재판받도록 하는 구 군사법원법 제2조 제1항 제1호 부분이 법관에 의한 재판을 받을 권리를 침해하는지(적극) : '전투용에 공하는 시설'은 '군사목적에 직접 공용되는 시설'로 항상 '군사시설'에 해당한다. 군용물・군사시설에 관한 죄를 병렬적으로 규정하고 있었던 구 헌법 제26조 제2항에서 '군용물'은 명백히 '군사시설'을 포함하지 않는 개념으로 사용된 점, 군사시설에 관한 죄를 범한 민간인에 대한 군사법원의 재판권을 제외하는 것을 명백히 의도한 헌법 개정 경과 등을 종합하면, 군인 또는 군무원이 아닌 국민에 대한 군사법원의 예외적인 재판권을 정한 헌법 제27조 제2항에 규정된 군용물에는 군사시설이 포함되지 않는다. 그렇다면 '군사시설' 중 '전투용에 공하는 시설'을 손괴한 일반 국민이 항상 군사법원에서 재판받도록 하는 이 사건 법률조항은, 비상계엄이 선포된 경우를 제외하고는 '군사시설'에 관한 죄를 범한 군인 또는 군무원이 아닌 일반 국민은 군사법원의 재판을 받지 아니하도록 규정한 헌법 제27조 제2항에 위반되고, 국민이 헌법과 법률이 정한 법관에 의한 재판을 받을 권리를 침해한다(헌재 2013. 11. 28. 2012헌가10).

Ⅴ 신속한 공개재판을 받을 권리

> 헌법 제27조
> ③ 모든 국민은 신속한 재판을 받을 권리를 가진다. 형사피고인은 상당한 이유가 없는 한 지체없이 공개재판을 받을 권리를 가진다.

1. 신속한 재판을 받을 권리

(1) 의의

신속한 재판이란 공정하고 적정한 재판을 하는 데 필요한 기간을 넘어 부당하게 지연됨이 없는 재판을 말한다(헌재 2009. 7. 30. 2007헌마732).

(2) 기능

신속한 재판을 받을 권리는 주로 피고인의 이익을 보호하기 위하여 인정된 기본권이지만 동시에 실체적 진실발견, 소송경제, 재판에 대한 국민의 신뢰와 형벌목적의 달성과 같은 공공의 이익에도 근거가 있기 때문에 어느 면에서는 이중적인 성격을 갖고 있다(헌재 1995. 11. 30. 92헌마44).

(3) 법적 성격

신속한 재판을 받을 권리의 실현을 위한 방법들은 헌법 규정으로부터 곧바로 도출되는 것이 아니고 구체적인 입법형성을 필요로 한다(헌재 2009. 7. 30. 2007헌마732). 따라서 법률에 의한 구체적 형성없이는 신속한 재판을 위한 어떤 직접적이고 구체적인 청구권이 발생하지 아니한다(헌재 1999. 9. 16. 98헌마75).

> **판례**
>
> ▶ 원심법원이 소송기록과 증거물을 항소법원에 송부할 때 검찰청검사를 경유하도록 규정하고 있는 형사소송법 조항이 신속한 재판을 받을 권리를 침해하는지(적극) : 항소가 제기되었다는 사실을 검사에게 알려준다거나 피고인의 이송을 위하여서는 형사소송법 제356조, 즉 "상소, 상소의 포기나 취하 또는 상소권회복의 청구가 있는 때에는 법원은 지체없이 상대방에게 그 사유를 통지하여야 한다"는 규정에 따라 피고인측으로부터 항소가 제기된 경우 제1심법원이 이를 지체없이 검사에게 통지하여 주면 되는 것이지 소송기록 등까지 검사에게 보내야 하는 것은 아니다. 결국 이 사건 법률조항은 다른 형사소송법의 규정에 의하여서도 이미 충분히 달성할 수 있는 입법목적을 위한 과잉입법이라고 할 것이다(헌재 1995. 11. 30. 92헌마44).

2. 공개재판을 받을 권리

공개재판을 받을 권리란 비밀재판을 배제하고 일반국민의 감시하에 재판의 심리와 판결을 받을 권리를 말한다(헌재 1996. 1. 25. 95헌가5).

Ⅵ 공정한 재판을 받을 권리

1. 공정한 재판을 받을 권리의 의의

헌법 제27조 제1항에서 재판청구권을 보장하고 있는데, 이 재판청구권은 형사피고인의 공정한 재판을 받을 권리를 포함한다. 공정한 재판이란 헌법과 법률이 정한 자격이 있고, 헌법 제104조 내지 제106조에 정한 절차에 의하여 임명되고 신분이 보장되어 독립하여 심판하는 법관으로부터 헌법과 법률에 의하여 그 양심에 따라 적법절차에 의하여 이루어지는 재판을 의미한다(헌재 1996. 1. 25. 95헌가5).

2. 공정한 재판을 받을 권리의 인정 여부

우리 헌법에는 비록 명문의 문구는 없으나 "공정한 재판을 받을 권리"를 국민의 기본권으로 보장하고 있음이 명백하다(헌재 2001. 8. 30. 99헌마496).

3. 공정한 재판을 받을 권리의 내용

공정한 재판을 받을 권리 속에는 신속하고 공개된 법정의 법관의 면전에서 모든 증거자료가 조사·진술되고 이에 대하여 피고인이 공격·방어할 수 있는 기회가 보장되는 재판, 즉 원칙적으로 당사자주의와 구두변론주의가 보장되어 당사자가 공소사실에 대한 답변과 입증 및 반증하는 등 공격·방어권이 충분히 보장되는 재판을 받을 권리가 포함되어 있다(헌재 1998. 12. 24. 94헌바46).

> **판례**
>
> ▶ **공정한 재판을 받을 권리의 내용**: 우리 헌법에는 비록 명문의 문구는 없으나 "공정한 재판을 받을 권리"를 국민의 기본권으로 보장하고 있음이 명백하며, "공정한 재판을 받을 권리"는 공개된 법정의 법관 앞에서 모든 증거자료가 조사되고 검사와 피고인이 서로 공격·방어할 수 있는 공평한 기회가 보장되는 재판을 받을 권리를 포함한다(헌재 2001. 8. 30. 99헌마496).
>
> ▶ **공정한 재판을 받을 권리의 보호영역**: 형사소송에서 피고인이 자신을 방어하기 위하여 형사절차의 진행과정과 결과에 적극적으로 영향을 미칠 수 있도록 그에 필요한 절차적 권리를 보장하는 것은 공정한 재판을 받을 권리의 내용이 된다. 그러므로 형사재판에 있어 '사실, 법리, 양형'과 관련하여 피고인이 자신에게 유리한 주장 및 자료를 제출할 수 있는 기회를 보장하는 것은 헌법이 보장한 '공정한 재판을 받을 권리'의 보호영역에 포함된다(헌재 2021. 8. 31. 2019헌마516).
>
> ▶ **영상물에 수록된 19세 미만 성폭력범죄 피해자의 진술에 관하여 조사 과정에 동석하였던 신뢰관계인 내지 진술조력인의 법정진술에 의하여 그 성립의 진정함이 인정된 경우에도 증거능력을 인정할 수 있도록 정한 성폭력처벌법 제30조 제6항 부분이 과잉금지원칙을 위반하여 공정한 재판을 받을 권리를 침해하는지(적극)**: 미성년 피해자의 2차 피해를 방지하는 것은, 성폭력범죄에 관한 형사절차를 형성함에 있어 포기할 수 없는 중요한 가치이나 그 과정에서 피고인의 공정한 재판을 받을 권리도 보장되어야 한다. 성폭력범죄의 특성상 영상물에 수록된 미성년 피해자 진술이 사건의 핵심 증거인 경우가 적지 않음에도 심판대상조항은 진술증거의 오류를 탄핵할 수 있는 효과적인 방법인 피고인의 반대신문권을 보장하지 않고 있다. 심판대상조항은 영상물로 그 증거방법을 한정하고 신뢰관계인 등에 대한 신문 기회를 보장하고 있기는 하나 위 증거의 특성 및 형성과정을 고려할 때 이로써 원진술자에 대한 반대신문의 기능을 대체하기는 어렵다. 그 결과 피고인은 사건의 핵심 진술증거에 관하여 충분히 탄핵할 기회를 갖지 못한 채 유죄 판결을 받을 수 있는바, 그로 인한 방어권 제한의 정도는 매우 중대하다. 심판대상조항으로 인한 피고인의 방어권 제한의 중대성과 미성년 피해자의 2차 피해를 방지할 수 있는 여러 조화적인 대안들이 존재함을 고려할 때, 심판대상조항이 달성하려는 공익이 제한되는 피고인의 사익보다 우월하다고 쉽게 단정하기는 어렵다. 따라서 심판대상조항은 과잉금지원칙을 위반하여 공정한 재판을 받을 권리를 침해한다(헌재 2021. 12. 23. 2018헌바524).

▶ 형사소송법 제165조의2 제3호 중 '피고인 등'에 대하여 차폐시설을 설치하고 신문할 수 있도록 한 부분이 청구인의 공정한 재판을 받을 권리 및 변호인의 조력을 받을 권리를 침해하는지(소극) : 강력범죄 또는 조직폭력범죄의 수사와 재판에서 범죄입증을 위해 증언한 자의 안전을 효과적으로 보장해 줄 수 있는 조치가 마련되어야 할 필요성은 매우 크고, 경우에 따라서는 증인이 피고인의 변호인과 대면하여 진술하는 것으로부터 보호할 필요성이 있을 수 있다. 피고인 등과 증인 사이에 차폐시설을 설치한 경우에도 피고인 및 변호인에게는 여전히 반대신문권이 보장되고, 증인신문과정에서 증언의 신빙성에 대한 최종 판단 권한을 가진 재판부가 증인의 진술태도를 충분히 관찰할 수 있으며, 형사소송법은 차폐시설을 설치하고 증인신문절차를 진행할 경우 피고인으로부터 의견을 듣도록 하는 등 피고인이 받을 수 있는 불이익을 최소화하기 위한 장치를 마련하고 있다. 따라서 심판대상조항은 과잉금지원칙에 위배되어 청구인의 공정한 재판을 받을 권리 및 변호인의 조력을 받을 권리를 침해한다고 할 수 없다(헌재 2016. 12. 29. 2015헌바221).

▶ 형사소송법 제297조 제1항 전문 중 "재판장은 증인이 피고인의 면전에서 충분한 진술을 할 수 없다고 인정한 때에는 피고인을 퇴정하게 하고 진술하게 할 수 있다."는 부분이 피고인의 공정한 재판을 받을 권리를 침해하는지(소극) : 이 사건 법률조항에 의하여 피고인 퇴정 후 증인신문을 하는 경우에도 피고인은 진술의 요지를 고지받고 변호인이 있는 경우에는 변호인이, 변호인이 없는 경우에는 재판장이 반대신문을 대신하는 방식으로 피고인은 여전히 형사소송법 제161조의2에 의하여 반대신문권이 보장되며, 이때 피고인은 증인신문 전에 수사기관 작성의 조서나 증인 작성의 진술서 등의 열람·복사를 통하여 증인의 신분, 그 증언의 취지나 내용을 미리 알 수 있으므로, 반대신문할 내용을 실질적으로 준비할 수 있는 등 기본권 제한에 관한 피해의 최소성이 인정된다. 나아가 기본권 제한의 정도가 증인을 보호하여 실체적 진실의 발견에 이바지하는 공익에 비하여 크다고 할 수 없어 법익의 균형성도 갖추고 있으므로, 공정한 재판을 받을 권리를 침해한다고 할 수 없다(헌재 2012. 7. 26. 2010헌바62).

▶ 피고인인 공탁자가 형사공탁을 할 때 피해자인 피공탁자의 성명·주소·주민등록번호를 기재하도록 한 공탁규칙 제20조 제2항 제5호 부분이 피고인의 공정한 재판을 받을 권리를 침해하는지(소극) : 변제공탁을 함에 있어 피공탁자를 지정할 의무는 공탁자에게 있다. 공탁관은 공탁서에 기재된 사항에 대해 형식적 심사권만을 가질 뿐이므로, 입법자가 공탁자로 하여금 피공탁자를 특정하기 위한 인적사항을 기재하도록 한 것은 공탁절차의 효율적 운용을 위한 필요하고 효과적인 방법이다. 특히 형사공탁은 피해자가 합의를 원하지 않을 때 이루어지는 피고인의 일방적 행위인바, 양형감경을 원하는 피고인의 의사를 존중하여 피공탁자의 인적사항 기재에 관한 특례를 형사공탁에 인정할 것인지, 또는 양형감경을 원하지 않는 피해자의 의사를 존중하여 형사공탁에서도 일반 공탁과 동일한 인적사항 기재를 요구할 것인지는, 범죄예방 및 피해회복을 위한 형사정책적 측면 등을 고려하여 입법형성재량에 맡겨져 있는 사항이다. 이러한 점을 고려하면 형사공탁에서도 피공탁자의 특정을 일반 공탁제도와 동일하게 정하고 있는 심판대상조항은, 입법형성권의 한계를 일탈하여 피고인의 공정한 재판을 받을 권리를 침해하지 아니한다(헌재 2021. 8. 31. 2019헌마516).

▶ 기피신청에 대한 재판을 그 신청을 받은 법관의 소속 법원 합의부에서 하도록 한 민사소송법 제46조 제1항 중 '기피신청에 대한 재판의 관할'에 관한 부분이 공정한 재판을 받을 권리를 침해하는지(소극) : 기피재판은 일반적인 재판절차보다 신속성이 더욱 강하게 요구된다. 만약 기피신청을 당한 법관의 소속이 아닌 법원에서 기피재판을 담당하도록 한다면, 소송기록 등의 송부 절차에 시일이 걸려 상대방 당사자의 신속한 재판을 받을 권리를 저해할 수도 있다. 또한 어떠한 경우에도 기피신청을 받은 법관 자신은 기피재판에 관여하지 못하고, 기피신청을 받은 법관의 소속 법원이 기피신청을 받은 법관을 제외하면 합의부를 구성하지 못하는 경우에는 바로 위 상급법원이 결정하도록 규정하고 있으며, 기피신청에 대한 기각결정에 대하여는 즉시항고를 할 수 있도록 하여 상급심에 의한 시정의 기회가 부여되는 등 민사소송법에는 기피신청을 한 자의 공정한 재판을 받을 권리를 담보할 만한 법적 절차와 충분한 구제수단이 마련되어 있다. 따라서 이 사건 법률조항은 공정한 재판을 받을 권리를 침해하지 아니한다(헌재 2013. 3. 21. 2011헌바219).

▶소송의 지연을 목적으로 함이 명백한 기피신청의 경우 그 신청을 받은 법원 또는 법관이 결정으로 기각할 수 있도록 한 형사소송법 제20조 제1항이 공정한 재판을 받을 권리를 침해하는지(소극) : 심판대상조항은 기피신청 중에서 '소송의 지연을 목적으로 함이 명백한 때'에 한정하여 소송절차의 속행과 당해 법관에 의한 간이기각을 허용한 것이고, 그러한 간이기각결정에 대하여 형사소송법은 즉시항고에 의한 불복을 허용하여 상급심에 의한 시정의 기회를 부여하고 있다. 따라서 심판대상조항으로 인하여 기피신청을 기각당하는 당사자가 입을 수 있는 불이익을 최소화하고 있다. 나아가 심판대상조항은 형사재판절차에서의 공정성과 아울러 신속성까지도 조화롭게 보장하기 위한 것이라고 할 것이고, 신속한 재판에 치우쳐서 재판의 공정성을 필요한 한도를 넘어서 침해한다고 보기도 어렵다. 따라서 심판대상조항은 헌법 제27조 제1항, 제37조 제2항에 위반된다고 할 수 없다(헌재 2021. 2. 25. 2019헌바551).

▶자격정지 이상의 형을 받은 전과가 있는 자에 대하여 선고유예를 할 수 없도록 규정한 형법 제59조 제1항 단서가 평등권 및 공정한 재판을 받을 권리를 침해하는지(소극) : 형사처분이 범죄행위자에 대하여 지나치게 관대하면 전과자는 물론 전과가 없는 일반시민의 법질서 경시풍조를 조장할 우려가 있으므로, 이 사건 법률규정은 자격정지 이상의 형을 받은 전과가 있는 자를 형이 실효된 전과인지 여부를 불문하고 선고유예의 결격자로 한 것인바, 그 목적의 정당성과 수단의 적합성을 인정할 수 있다. 그리고 이 사건 법률규정은 선고유예의 결격자를 모든 전과자로 하지 않고 전과의 경중을 고려하여 자격정지 이상의 형을 받은 전과자로 한정하고 있으므로 피해의 최소성에 위배된다고 볼 수 없고, 이 사건 법률규정이 도모하고자 하는 공익이 위와 같은 전과를 가진 사람의 불이익에 비하여 더 크다고 할 것이므로 법익의 균형성도 갖추고 있다. 따라서 이 사건 법률규정이 헌법 제37조 제2항의 과잉금지의 원칙에 위배된다고 볼 수 없다(헌재 2020. 6. 25. 2018헌바278).

▶"검사, 피고인 또는 변호인이 속기 또는 녹취를 하고자 할 때에는 미리 법원의 허가를 받아야 한다"고 규정하고 있는 형사소송규칙 제40조가 청구인의 정당한 재판을 받을 권리 등을 침해하였는지(소극) : 규칙조항이 공판정에서의 녹취에 대하여 법원의 허가를 받도록 하였더라도 결코 법원의 자의적으로 녹취를 금지하거나 제한할 수 있도록 허용하는 취지는 아니다. 다시 말하면, 위 규칙 제40조는 합리적인 이익형량에 따라 녹취를 제한할 수 있는 기속적 재량을 의미하는 것으로서, "녹취를 하지 아니할 특별한 사유"가 없는 한 이를 원칙적으로 허용하여야 하는 것으로 풀이함이 상당하다 할 것이므로, 녹취허부에 관한 구체적인 기준을 설정하지 않았다는 이유만으로 규칙조항이 법률이나 헌법에 위반된다고 단정할 수는 없다. 따라서 규칙 제40조에서 피고인 또는 변호인이 형사소송법 제56조의2 제2항에 기하여 녹취를 하고자 할 때에는 미리 법원의 허가를 받도록 규정하였다고 하여 헌법상 형사사건의 피고인에게 보장되는 방어권의 적정한 행사를 위한 권리, 변호인의 조력을 받을 권리 또는 정당한 재판을 받을 권리 등을 침해하였다고 볼 수는 없다(헌재 1995. 12. 28. 91헌마114).

Ⅶ 형사피해자의 재판절차진술권

헌법 제27조
⑤ 형사피해자는 법률이 정하는 바에 의하여 당해 사건의 재판절차에서 진술할 수 있다.

1. 취지

형사피해자의 재판절차진술권은 피해자 등에 의한 사인소추를 전면 배제하고 형사소추권을 검사에게 독점시키고 있는 현행 기소독점주의의 형사소송체계 아래에서 형사사법의 절차적 적정성을 확보하기 위하여 이를 기본권으로 보장하는 것이다(헌재 1993. 3. 11. 92헌마48).

2. 법적 성격

헌법 제27조 제5항에 의하면 재판절차진술권의 구체적인 내용은 법률로 정하도록 하고 있다. 헌법 제27조 제5항이 정한 법률유보는 법률에 의한 기본권의 제한을 목적으로 하는 자유권적 기본권에 대한 법률유보의 경우와는 달리 기본권으로서의 재판절차진술권을 보장하고 있는 헌법규범의 의미와 내용을 법률로써 구체화하기 위한 이른바 기본권형성적 법률유보에 해당한다(헌재 1993. 3. 11. 92헌마48).

3. 형사피해자

형사피해자의 개념은 헌법 제30조의 범죄피해자보다 넓은 개념이다. 왜냐하면 헌법 제30조에서의 피해자는 생명과 신체에 피해를 입은 자에 한정되나 이 경우에는 모든 범죄행위로 인한 피해자를 의미하기 때문이다. 그리고 헌법 제27조 제5항의 형사피해자의 개념은 반드시 형사실체법상의 보호법익을 기준으로 한 피해자개념에 한정하여 결정할 것이 아니라 형사실체법상으로는 직접적인 보호법익의 향유주체로 해석되지 않는 자라 하더라도 문제된 범죄행위로 말미암아 법률상 불이익을 받게 되는 자를 뜻한다(헌재 1993. 3. 11. 92헌마48).

> 판례

▶ **공판절차 없이 피고인을 벌금 등에 처할 수 있게 한 약식명령에 관한 형사소송법 제448조 제1항이 재판절차진술권을 침해하는지**(소극) : 약식명령절차에서 피해자의 재판절차진술권은 법관의 면전에서 직접 진술할 기회만 제한되는 것뿐이지 전면적으로 그 진술을 제한하는 것은 아니며, 이러한 부분적 제한은 피고인의 인권보장과 신속재판의 원칙 및 소송경제의 측면이라는 법익에 비추어 볼 때 입법자의 재량권을 벗어난 것이라고 볼 수 없으므로, 이 사건 법률조항은 헌법 제27조 제5항에 위배되지 아니한다(헌재 1999. 12. 23. 98헌마345).

▶ **형사피해자를 약식명령의 고지 대상자에서 제외하고 있는 형사소송법 제452조가 형사피해자의 재판절차진술권을 침해하는지**(소극) : 형사피해자는 약식명령을 고지받지 않으나, 신청을 하는 경우 형사사건의 진행 및 처리 결과에 대한 통지를 받을 수 있고, 고소인인 경우에는 신청 없이도 검사가 약식명령을 청구한 사실을 알 수 있어, 법원이나 수사기관에 자신의 진술을 기재한 진술서나 탄원서 등을 제출하는 등 의견을 밝힐 수 있는 기회를 가질 수 있다. 또한, 약식명령은 경미하고 간이한 사건을 대상으로 하기 때문에, 대부분 범죄사실에 다툼이 없는 경우가 많고, 형사피해자도 이미 범죄사실을 충분히 인지하고 있어, 범죄사실에 대한 별도의 확인 없이도 얼마든지 법원이나 수사기관에 의견을 제출할 수 있으며, 직접 범죄사실의 확인을 원하는 경우에는 소송기록의 열람·등사를 신청하는 것도 가능하므로, 형사피해자가 약식명령을 고지받지 못한다고 하여 형사재판절차에서의 참여기회가 완전히 봉쇄되어 있다고 볼 수 없다. 따라서 이 사건 고지조항은 형사피해자의 재판절차진술권을 침해하지 않는다(헌재 2019. 9. 26. 2018헌마1015).

▶ **형사피해자를 정식재판청구권자에서 제외하고 있는 형사소송법 제453조 제1항이 형사피해자의 재판절차진술권을 침해하는지**(소극) : 형사피해자에게 정식재판청구권을 인정하게 된다면 공공의 이익을 위하여 실현되어야 할 형벌권을 형사피해자의 사적 응보관념에 의존하게 만들어 형벌의 목적에 부합하지 않을 뿐만 아니라, 남소로 인한 법원의 업무량 폭증으로 본래 약식절차를 도입함으로써 달성하고자 하였던 신속한 재판과 사법자원의 효율적인 배분을 통한 국민의 재판청구권 보장이라는 목적을 저해할 위험도 있다. 또한, 약식절차에서는 수사기관에서 한 형사피해자의 진술조서가 형사기록에 편철되어 오는 것이 보통이고, 형사피해자는 자신의 진술을 기재한 진술서나 탄원서 등을 법원에 제출함으로써 재판절차에 참여할 기회를 가지며, 법관은 약식명령으로 하는 것이 적당하지 않다고 인정하는 경우 정식재판절차에 회부할 수도 있으므로, 약식명령이 청구되었다고 하여 형사피해자의 공판정에서의 진술권이 완전히 배제되는 것은 아니다. 따라서 이 사건 정식재판청구조항은 형사피해자의 재판절차진술권을 침해하지 않는다(헌재 2019. 9. 26. 2018헌마1015).

▶ **재정신청에 대한 결정은 구두변론에 의거하지 아니할 수 있다고 규정하고 있는 형사소송법 제37조 제2항 부분이 청구인의 재판절차진술권과 재판청구권을 침해하는지**(소극) : 재정신청의 경우 대부분의 피해자가 수사기관에서 진술조서를 작성하거나 진술서를 제출하고 그 서면이 판사에게 제출된다. 또 형사피해자는 재정신청절차에서 자신의 의견을 기재한 서면을 언제든지 자유롭게 제출할 수 있다. 판사는 이런 자료를 바탕으로 구두변론의 필요성을 판단하여 서면심리로 진행하는 것이 적절하지 아니한 사건은 변론을 열어 피해자의 진술을 직접 들을 수 있다. 따라서 심판대상조항이 침해의 최소성에 반한다고 볼 수 없다. 재정신청절차를 신속하고 원활하게 진행하여 관계 당사자 사이의 법률관계를 확정하여 사회 안정을 도모한다는 공익은 매우 중요하다. 이에 반하여 심판대상조항에 따라 법관이 구두변론을 하지 않고 재정신청에 대한 결정을 함으로써 재정신청인이 받게 되는 불이익은 그다지 크다고 보기 어렵다. 심판대상조항은 법익의 균형성도 갖추었다. 따라서 심판대상조항이 청구인의 재판절차진술권과 재판청구권을 침해한다고 볼 수 없다(헌재 2018. 4. 26. 2016헌마1043).

제4항 재판을 받을 권리의 제한

재판청구권은 헌법과 법률에 정한 법관에 의하여 법률에 의한 재판을 받을 권리이기 때문에 법률에 의한 제한이 가능하다. 그러나 이 경우에도 국가안전보장, 질서유지 및 공공복리를 위하여 필요한 경우에 한하여 제한할 수 있다(헌법 제37조 제2항).

판례

▶ **'국가가 국립대학법인으로 설립하는 국립학교'가 '공공기관의 정보공개에 관한 법률' 제19조 제1항에 따라 행정심판의 피청구인이 된 경우 그 심판청구를 인용하는 재결에 기속되도록 정한 행정심판법 제49조 제1항 부분이 재판청구권을 침해하는지**(소극) : a) **재판관 4인의 의견** : 학교가 보유·관리하는 정보는 국가기관이나 지방자치단체 등이 보유·관리하는 정보와 마찬가지로 국민의 알 권리의 대상이 되는 공적 정보에 해당한다. 따라서 국립대학법인 서울대학교가 정보공개의무를 부담하는 경우에 있어서는 국민의 알 권리를 보호해야 할 의무를 부담하는 기본권 수범자의 지위에 있다고 할 것이다. 그렇다면, 서울대학교가 기본권의 수범자로 기능하면서 행정심판의 피청구인이 된 경우에 적용되는 심판대상조항의 위헌성을 다투는 이 사건에서 서울대학교는 기본권의 주체가 된다고 할 수 없으므로 재판청구권 침해 주장은 이유 없다. b) **재판관 2인의 의견** : 국립대학법인이 정보공개법 제9조 제1항에서 정한 비공개 대상 정보에 해당한다는 이유로 한 정보비공개결정은 대학의 자율권 행사의 일환으로 볼 수 있으므로, 청구인은 이에 관한 분쟁에 있어 재판청구권의 주체가 될 수 있다. 심판대상조항에서 국립대학법인을 국가 및 지방자치단체인 공공기관과 마찬가지로 정보비공개결정에 관한 행정심판 인용재결에 기속되도록 정한 것은 국립대학법인의 사회적 책무, 교육영역에 있어 정보공개청구권이 갖는 중요성, 국민 권리의 신속한 구제라는 행정심판의 취지 등을 종합적으로 고려한 것으로서 합리적인 이유가 있다. 따라서 심판대상조항은 재판청구권을 침해하여 헌법에 위반되지 아니한다(헌재 2023. 3. 23. 2018헌바385).

▶ **치료감호 가종료 시 3년의 보호관찰이 시작되도록 한 '치료감호 등에 관한 법률' 제32조 제1항 제1호 등이 적법절차원칙에 반하여 청구인의 재판청구권을 침해하는지**(소극) : 치료감호와 보호관찰은 모두 적법절차원칙의 적용대상인 보안처분이지만 보호관찰은 '시설 외 처분'으로서 '시설 내 처분'인 치료감호보다 경한 처분이고, 독립성과 전문성을 갖춘 치료감호심의위원회로 하여금 치료의 필요성과 재범의 위험성을 판단하도록 한 것은 합리성이 인정된다. 또한 3년의 보호관찰기간 종료 전이라도 6개월마다 치료감호의 종료 여부 심사를 치료감호심의위원회에 신청할 수 있고, 그 신청에 관한 치료감호심의위원회의 기각 결정에 불복하는 경우 행정소송을 제기하여 법관에 의한 재판을 받을 수 있다. 따라서 심판대상조항은 적법절차원칙에 반하여 청구인의 재판청구권을 침해하지 아니한다(헌재 2023. 10. 26. 2021헌마839).

▶ 디엔에이감식시료채취영장 발부 과정에서 채취대상자에게 자신의 의견을 밝히거나 영장 발부 후 불복할 수 있는 절차 등에 관하여 규정하지 아니한 디엔에이법 제8조가 청구인들의 재판청구권을 침해하는지(적극) : 이 사건 영장절차 조항은 채취대상자에게 디엔에이감식시료채취영장 발부 과정에서 자신의 의견을 진술할 수 있는 기회를 절차적으로 보장하고 있지 않을 뿐만 아니라, 발부 후 그 영장 발부에 대하여 불복할 수 있는 기회를 주거나 채취행위의 위법성 확인을 청구할 수 있도록 하는 구제절차마저 마련하고 있지 않다. 위와 같은 입법상의 불비가 있는 이 사건 영장절차 조항은 채취대상자인 청구인들의 재판청구권을 과도하게 제한하므로, 침해의 최소성 원칙에 위반된다. 이 사건 영장절차 조항에 따라 발부된 영장에 의하여 디엔에이신원확인정보를 확보할 수 있고, 이로써 장래 범죄수사 및 범죄예방 등에 기여하는 공익적 측면이 있으나, 이 사건 영장절차 조항의 불완전·불충분한 입법으로 인하여 채취대상자의 재판청구권이 형해화되고 채취대상자가 범죄수사 및 범죄예방의 객체로만 취급받게 된다는 점에서, 양자 사이에 법익의 균형성이 인정된다고 볼 수도 없다. 따라서 이 사건 영장절차 조항은 과잉금지원칙을 위반하여 청구인들의 재판청구권을 침해한다(헌재 2018. 8. 30. 2016헌마344 헌법불합치).

▶ 소송기록에 의하여 청구가 이유 없음이 명백한 때 법원이 변론 없이 청구를 기각할 수 있도록 규정한 소액사건심판법 제9조 제1항이 재판청구권을 침해하는지(소극) : 심판대상조항은 소액사건에서 남소를 방지하고 이러한 소송을 신속히 종결하고자 필요적 변론 원칙의 예외를 규정하였다. 심판대상조항에 의하더라도 남소로 판단되는 사건의 구두변론만이 제한될 뿐 준비서면, 각종 증거방법을 제출할 권리가 제한되는 것은 아니고 법관에 의한 서면심리가 보장되며 구두변론을 거칠 것인지 여부를 법원의 판단에 맡기고 있으므로 심판대상조항이 재판청구권의 본질적 내용을 침해한다고 볼 수 없다(헌재 2021. 6. 24. 2019헌바133).

▶ 의견제출 기한 내에 감경된 과태료를 자진납부한 경우 해당 질서위반행위에 대한 과태료 부과 및 징수절차는 종료한다고 규정한 질서위반행위규제법 제18조 제2항이 청구인의 재판청구권을 침해하거나 적법절차원칙에 위배되는지(소극) : 행정청이 과태료를 부과하기 전에 미리 당사자에게 사전통지를 하면서 의견제출 기한을 부여하고, 그 기한 내에 과태료를 자진납부한 당사자에게 과태료 감경의 혜택을 부여하는 주된 목적은 과태료를 신속하고 효율적으로 징수하려는 것인 점, 당사자는 의견제출 기간 내에 과태료를 자진납부하여 과태료의 감경을 받을 것인지, 아니면 과태료의 부과 여부나 그 액수를 다투어 법원을 통한 과태료 재판을 받을 것인지를 선택할 수 있는 점 등을 고려하면, 의견제출 기한 내에 감경된 과태료를 자진 납부하는 경우 해당 질서위반행위에 대한 과태료 부과 및 징수절차가 종료되도록 함으로써 당사자가 질서위반행위규제법에 따라 의견을 제출하거나 이의를 제기할 수 없도록 하였다고 하더라도, 이것이 입법형성의 한계를 일탈하여 재판청구권을 침해하였다거나 당사자의 의견제출 권리를 충분히 보장하지 않음으로써 적법절차원칙을 위반하였다고 보기 어렵다(헌재 2019. 12. 27. 2017헌바413).

▶ 공판조서의 절대적 증명력을 인정하는 형사소송법 제56조가 청구인의 재판을 받을 권리를 침해하는지(소극) : 형사소송법 제56조는 상소심에서 사건의 실체심리가 지연되거나 심리의 초점이 흐려지는 위험을 방지하고자 공판조서 기재에 절대적 증명력을 부여하는 것이므로 목적의 정당성 및 수단의 적절성이 인정되고, 공판조서의 증명력은 공판기일의 소송절차에 한하여 인정되며, 형사소송법은 그 기재의 정확성을 담보하기 위하여 요건을 엄격히 규정하고 있고, 피고인 등으로 하여금 기재 내용에 이의를 진술할 수 있도록 함으로써 기본권 침해를 최소화하고 있으며, 위 조항으로 인한 기본권 제한이 상소심에서의 심리지연 등으로 인한 피해보다 크다고 볼 수 없어 침해의 최소성과 법익의 균형성 요건도 갖추었으므로, 위 법률조항이 청구인의 재판을 받을 권리를 침해한다고 볼 수 없다(헌재 2013. 8. 29. 2011헌바253).

▶ 즉시항고 제기기간을 3일로 제한하고 있는 형사소송법 제405조가 재판청구권을 침해하는지(적극) : 심판대상조항은 변화된 사회 현실을 제대로 반영하지 못하여, 당사자가 어느 한 순간이라도 지체할 경우 즉시항고권 자체를 행사할 수 없게 하는 부당한 결과를 초래하고 있다. 민사소송, 민사집행, 행정소송, 형사보상절차 등의 즉시항고 기간 1주나, 외국의 입법례와 비교하더라도 3일이라는 제기기간은 지나치게 짧다. 즉시항고 자체가 형사소송법상 명문의 규정이 있는 경우에만 허용되므로 기간 연장으로 인한 폐해가 크다고 볼 수도 없는 점 등을 고려하면, 심판대상조항은 즉시항고 제도를 단지 형식적이고 이론적인 권리로서만 기능하게 함으로써 헌법상 재판청구권을 공허하게 하므로 입법재량의 한계를 일탈하여 재판청구권을 침해하는 규정이다(헌재 2018. 12. 27. 2015헌바77 헌법불합치).

▶인신보호법 제15조 중 '피수용자인 구제청구자'의 즉시항고 제기기간을 '3일'로 정한 부분이 피수용자의 재판청구권을 침해하는지(적극) : 인신보호법상 피수용자인 구제청구자는 자기 의사에 반하여 수용시설에 수용되어 인신의 자유가 제한된 상태에 있으므로 그 자신이 직접 법원에 가서 즉시항고장을 접수할 수 없고, 우편으로 즉시항고장을 접수하는 방법도 즉시항고장을 작성하는 시간과 우편물을 발송하고 도달하는 데 소요되는 시간을 고려하면 3일의 기간이 충분하다고 보기 어렵다. 나아가 즉시항고 제기기간을 3일보다 조금 더 긴 기간으로 정한다고 해도 피수용자의 신병에 관한 법률관계를 조속히 확정하려는 이 사건 법률조항의 입법목적이 달성되는 데 큰 장애가 생긴다고 볼 수 없으므로, 이 사건 법률조항은 피수용자의 재판청구권을 침해한다(헌재 2015. 9. 24. 2013헌가21).

▶'취소소송은 처분 등이 있음을 안 날부터 90일 이내에 제기하여야 한다.'고 규정하고 있는 행정소송법 제20조 제1항 부분이 재판청구권을 침해하는지(소극) : '처분 등이 있음을 안 날'을 기산점으로 정하여 취소소송의 제소기간에 제한을 둔 것은 법률관계의 조속한 확정을 위한 것으로 입법목적이 정당하다. 처분 등이 위법할 수 있다는 의심을 갖는데 있어 처분 등이 있음을 안 때로부터 90일의 기간은 지나치게 짧은 기간이라고 보기 어렵고, '처분 등이 있음'을 안 시점은 비교적 객관적이고 명확하게 특정할 수 있으므로 이를 제소기간의 기산점으로 둔 것은 행정법관계의 조속한 안정을 위해 필요하고 효과적인 방법이다. 또한 처분 등에 존속하는 하자가 중대하고 명백하여 무효인 경우에는 제소기간의 제한이 없고, 당사자가 책임질 수 없는 사유로 기간을 준수할 수 없을 때에는 추후보완이 허용되어 심판대상조항이 현저히 불합리하거나 합리성이 없다고 볼 수 없다. 따라서 '처분 등이 있음을 안 날'을 제소기간의 기산점으로 정한 심판대상조항은 재판청구권을 침해하지 아니한다(헌재 2018. 6. 28. 2017헌바66).

▶토지수용위원회의 수용재결서를 받은 날로부터 60일 이내에 보상금증감청구소송을 제기하도록 한 공익사업법 제85조 제1항 전문 부분이 보상금증감청구소송을 제기하려는 토지소유자의 재판청구권을 침해하는지(소극) : 공익사업의 안정적인 시행을 위하여서는 수용대상토지의 수용여부 못지 않게 보상금을 둘러싼 분쟁 역시 조속히 확정하여야 할 필요가 있다. 또한 토지소유자는 협의 및 수용재결 단계를 거치면서 오랜 기간 보상금 액수에 대하여 다투어 왔으므로, 수용재결의 보상금 액수에 관하여 보상금증감청구소송을 제기할 것인지 결정하는 데에 많은 시간이 필요하지 않다. 따라서 이 사건 법률조항이 정한 60일의 제소기간은 입법재량의 한계를 벗어났다고 보기 어려우므로, 보상금증감청구소송을 제기하려는 토지소유자의 재판청구권을 침해한다고 볼 수 없다(헌재 2016. 7. 28. 2014헌바206).

▶제1심의 형사판결에 대한 항소제기기간을 판결선고 후 7일 이내로 정하고 있는 형사소송법 조항이 재판청구권을 침해하는지(소극) : 이 사건 법률조항은 단기의 항소제기기간을 정하고 있지만 형사소송법은 항소권이 실효성 있게 보장되도록 여러 제도적 장치를 마련하고 있다. 즉, 피고인이 판결선고 시에 판결의 내용을 알 수 있도록 하고 있고, 피고인이 제1심 판결의 내용을 알 수 있게 하는 규정을 두는 등 피고인이 항소심재판을 받을 기회를 부당하게 상실하지 않도록 하기 위한 제도적 장치를 마련하고 있다. 형사소송법이 이와 같은 여러 가지 제도적 장치를 통하여 실효성 있는 항소제도를 보장하고 있다는 점을 감안하여 볼 때 이 사건 법률조항이 재판청구권에 대한 과도한 제한을 하고 있다고 보기 어렵다(헌재 2007. 11. 29. 2004헌바39).

▶항소심에서 심판대상이 된 사항에 한하여 법령위반의 상고이유로 삼을 수 있도록 상고를 제한하는 형사소송법 제383조 제1호가 재판청구권을 침해하는지(소극) : 현행 형사소송법은 상고심을 원칙적으로 법률심이자 사후심으로 규정하여, 상고심의 심판대상을 항소심에서 심판대상이 되었던 사항에 한정하고 있다. 따라서 항소이유로 주장하거나 항소심이 직권으로 심판대상으로 삼은 사항 이외의 사유는 항소심의 심판대상이 아니었으므로, 이를 다시 상고심의 심판대상으로 하는 것은 상고심의 사후심 구조에 반한다. 모든 사건의 제1심 형사재판 절차에서는 법관에 의한 사실적·법률적 심리검토의 기회가 충분히 보장되어 있고, 피고인이 제1심 재판결과를 인정하여 항소심에서 다투지 아니하였다면, 심판대상조항에 의하여 상고가 제한된다 하더라도 형사피고인의 재판청구권을 과도하게 제한하는 것은 아니다. 그렇다면 심판대상조항이 합리적인 입법재량의 한계를 일탈하여 청구인들의 재판청구권을 침해하였다고 볼 수 없다(헌재 2015. 9. 24. 2012헌마798).

▶ 사실오인 또는 양형부당을 이유로 원심판결에 대한 상고를 할 수 있는 경우를 "사형, 무기 또는 10년 이상의 징역이나 금고가 선고된 사건"의 경우로만 제한한 형사소송법 제383조 제4호가 재판청구권을 침해하는지(소극) : 형사소송법조항은 "사형, 무기 또는 10년 이상의 징역이나 금고"가 선고된 경우에만 사실오인 또는 양형부당을 이유로 상고할 수 있도록 제한하고 있다. 이는 한정된 사법자원을 효율적으로 분배하고 상고심 재판의 법률심 기능을 제고할 필요성, 제1심과 제2심에서 사실오인이나 양형부당을 다툴 충분한 기회가 부여되어 있다는 점 등을 감안할 때, 이로 인해 당사자가 입게 되는 불이익과 이로써 달성하고자 하는 공익을 법익형량함에 있어 현저히 합리성을 결하였다고 할 수도 없으므로, 형사소송법조항이 입법형성권의 한계를 현저히 벗어나 청구인들의 재판청구권을 침해하는 것이라고 볼 수 없다(헌재 2018. 1. 25. 2016헌바272).

▶ 판단누락을 이유로 든 재심의 제기기간을 판결이 확정된 뒤 그 사유를 안 날부터 30일 이내로 제한한 민사소송법 제456조 제1항 부분이 민사소송 당사자의 재판청구권을 침해하는지(소극) : 상소와는 달리 재심은 확정판결에 대한 불복방법이고 확정판결에 대한 법적 안정성의 요청은 미확정판결에 대한 그것보다 훨씬 크기 때문에 상소보다 더 예외적으로 인정되어야 한다. 조속한 권리관계의 확정을 통하여 종국판결의 법적 안정성을 유지하고, 이미 확정판결을 받은 당사자의 법적 불안상태가 장기간 계속되는 것을 방지함과 아울러 사법자원의 효율적인 분배를 추구하기 위해서는 재심의 제기기간을 제한할 필요성이 있다. 이미 소를 제기하여 판결을 선고받은 당사자가 스스로 한 주장에 대한 판단이 누락된 것을 알았다면, 그로부터 30일 이내에 재심의 소를 제기할 것인지를 충분히 숙고하고 이를 준비할 수 있을 것으로 보인다. 따라서 심판대상조항은 이 입법재량의 범위를 일탈하여 민사소송 당사자의 재판청구권을 침해하지 않는다(헌재 2019. 12. 27. 2018헌바84).

▶ 국가배상사건인 당해사건 확정판결에 대하여 헌법재판소 위헌결정을 이유로 한 재심의 소를 제기할 경우, 재심제기기간을 재심사유를 안 날부터 30일 이내로 한 헌법재판소법 제75조 제8항 중 '국가배상사건에 대하여 민사소송법 제456조 제1항을 준용하는 부분'이 재판청구권을 침해하는지(소극) : 위헌결정을 받은 당사자는 스스로 재심사유가 있음을 충분히 알거나 알 수 있는 점, 위헌결정을 이유로 한 재심의 소를 제기하기 위하여 관련 기록이나 증거를 면밀히 검토할 필요가 크지 않은 점, 30일의 재심제기기간은 불변기간이어서 추후보완이 허용되는 점 등을 종합하면, 재심사유가 있음을 안 날로 30일이라는 재심제기기간이 재심청구를 현저히 곤란하게 하거나 사실상 불가능하게 할 정도로 짧다고 보기도 어렵다. 심판대상조항은 재판청구권을 침해하지 않는다(헌재 2020. 9. 24. 2019헌바130).

▶ 형의 선고를 하는 때에 피고인에게 소송비용의 부담을 명하는 근거가 되는 형사소송법 제186조 제1항이 피고인의 재판청구권을 침해하는지(소극) : 심판대상조항은 형사재판절차에서 피고인의 방어권 남용을 방지하는 측면이 있고, 법원은 피고인의 방어권 행사의 적정성, 경제적 능력 등을 종합적으로 고려하여 피고인에 대한 소송비용 부담 여부 및 그 정도를 재량으로 정함으로써 사법제도의 적절한 운영을 도모할 수 있다. 소송비용의 범위도 '형사소송비용 등에 관한 법률'에서 정한 증인·감정인·통역인 또는 번역인과 관련된 비용 등으로 제한되어 있고 피고인은 소송비용 부담 재판에 대해 불복할 수 있으며 빈곤을 이유로 추후 집행 면제를 신청할 수도 있다. 따라서 심판대상조항은 피고인의 재판청구권을 침해하지 아니한다(헌재 2021. 2. 25. 2018헌바224).

▶ 무죄판결이 확정된 형사피고인에게 국선변호인의 보수에 준하여 변호사 보수를 보상하여 주도록 규정한 형사소송법 제194조의4 제1항 후문 부분이 재판청구권을 침해하는지(소극) : 이 사건 법률조항은 무제한적인 비용보상으로 인한 국가의 지나친 재정부담을 방지하고, 비용보상제도를 신속하고 안정적으로 운영하기 위한 것으로 입법목적이 정당하고, 수단의 적절성도 인정된다. 형사비용보상은 형사사법절차에 내재하는 불가피한 위험에 대하여 형사사법기관의 귀책사유를 따지지 않고 보상을 하는 것으로, 형사비용보상에서는 민사소송에서의 '소송목적의 값'과 같은 비용 상환기준을 제시하기가 어렵고, 국선변호인의 보수는 사안의 난이·수행직무의 내용 등을 참작하여 증액될 수도 있으며, 사법기관의 귀책사유가 있는 경우에는 국가배상청구 등을 통해 추가로 배상받을 수 있으므로 이 사건 법률조항은 침해최소성 및 법익균형성의 원칙에 반하지 않는다. 따라서 이 사건 법률조항은 과잉금지원칙에 위배하여 청구인의 재판청구권을 침해하지 아니한다(헌재 2013. 8. 29. 2012헌바168).

▶비용보상청구권의 제척기간을 무죄판결이 확정된 날부터 6개월로 규정한 구 형사소송법 제194조의3 제2항이 재판청구권 및 재산권을 침해하는지(소극) : 이 사건 법률조항이 비용보상청구에 관한 제척기간을 규정한 것은 비용보상에 관한 국가의 채무관계를 조속히 확정하여 국가재정을 합리적으로 운영하기 위한 것으로 입법목적의 정당성 및 수단의 적합성이 인정된다. 비용보상청구권은 그 보상기준이 법령에 구체적으로 정해져 있어 비용보상청구인은 특별한 증명책임이나 절차적 의무의 부담 없이 객관적 재판 진행상황에 관한 간단한 소명만으로 권리의 행사가 가능하므로 이 사건 법률조항에 규정된 제척기간이 현실적으로 비용보상청구권 행사를 불가능하게 하거나 현저한 곤란을 초래할 정도로 지나치게 짧다고 단정할 수 없다. 이 사건 법률조항을 통해 달성하려고 하는 비용보상에 관한 국가 채무관계를 조기에 확정하여 국가재정을 합리적으로 운영한다는 공익이 청구인 등이 입게 되는 경제적 불이익에 비해 작다고 단정하기도 어려워 법익의 균형성도 갖추었다. 따라서 이 사건 법률조항은 과잉금지원칙에 위반되어 청구인의 재판청구권 및 재산권을 침해하지는 않는다(헌재 2015. 4. 30. 2014헌바408).

▶비용보상청구권의 제척기간을 무죄판결이 확정된 날부터 6개월 이내로 규정한 구 군사법원법 제227조의12 제2항이 헌법에 위반되는지(적극) : a) 재판관 4인의 의견 : 제척기간을 단기로 규정하는 것은 권리의 행사가 용이하고 빈번히 발생하는 것이거나, 법률관계를 신속히 확정하여 분쟁을 방지할 필요가 있는 경우이다. 그런데 군사법원법상 비용보상청구권은 이러한 사유에 해당하지 않을 뿐만 아니라, 피고인의 방어권 및 재산권을 보호하기 위해서 일반적인 사법상의 권리보다 더 확실하게 보호되어야 하므로, 심판대상조항은 제척기간을 6개월이라는 단기로 규정할 합리적인 이유가 있다고 볼 수 없다. 군사법원법상 피고인이 재판의 진행이나 무죄판결의 선고 사실을 모르는 경우가 발생할 수 있는데, 심판대상조항은 기산점에 관한 예외를 인정하지 않는다. 심판대상조항의 제척기간을 보다 장기로 규정하더라도 국가재정의 합리적인 운영을 저해한다고 보기 어려운 점 등을 고려하면, 심판대상조항은 과잉금지원칙을 위반하여 비용보상청구권자의 재판청구권 및 재산권을 침해한다. b) 재판관 4인의 의견 : 형사소송법은 2014. 12. 30. 비용보상청구권의 제척기간을 '무죄판결이 확정된 사실을 안 날부터 3년, 무죄판결이 확정된 때부터 5년 이내'로 개정하였다. 무죄를 선고받은 비용보상청구권자가 형사소송법이 적용되는지와 군사법원법이 적용되는지는 본질적인 차이가 없는데, 심판대상조항의 제척기간이 형사소송법보다 짧은 것에는 그 차별을 정당화할 합리적인 이유를 찾아보기 어렵다. 군사법원법이 규정하는 비용보상청구권은 군사재판의 특수성이 적용될 영역이 아니기 때문이다. 따라서 심판대상조항은 군사법원법과 형사소송법의 적용을 받는 비용보상청구권자를 자의적으로 다르게 취급하여 평등원칙에 위반된다(헌재 2023. 8. 31. 2020헌바252).

▶학교안전사고에 대한 공제급여결정에 대하여 학교안전공제중앙회 소속의 학교안전공제보상재심사위원회가 재결을 행한 경우 재심사청구인이 공제급여와 관련된 소를 제기하지 아니하거나 소를 취하한 경우에는 학교안전공제회와 재심사청구인 간에 당해 재결 내용과 동일한 합의가 성립된 것으로 간주하는 학교안전법 제64조가 공제회의 재판청구권을 침해하는지(적극) : 공제중앙회는 공제회의 상급기관이라거나 지휘·감독기관으로 볼 수 없으므로 공제중앙회 소속 재심위원회의 재심사절차는 제3자적 입장에서 공제회와 재심사청구인 사이의 사법적 분쟁을 해결하기 위한 간이분쟁해결절차에 불과하다. 따라서 이러한 재심사절차에서 공제회는 재심사청구인과 마찬가지로 공제급여의 존부 및 범위에 관한 법률상 분쟁의 일방당사자의 지위에 있으므로, 공제회 역시 이에 관하여 법관에 의하여 재판받을 기회를 보장받아야 함에도 불구하고 이를 박탈하는 것은 헌법상 용인될 수 없다. 그런데 합의간주조항은 실질적으로 재심사청구인에게만 재결을 다툴 수 있도록 하고 있으므로, 합리적인 이유 없이 분쟁의 일방당사자인 공제회의 재판청구권을 침해한다(헌재 2015. 7. 30. 2014헌가7).

▶ **교원징계재심위원회의 결정에 대해 학교법인의 제소를 금지하고 있는 교원지위법 조항이 학교법인의 재판청구권 등을 침해하여 위헌인지**(적극, 선례변경) : 학교법인의 교원에 대한 징계 등 불리한 처분에 대하여 교원이 재심위원회에 재심청구를 할 수 있고, 그 재심결정에도 불복하는 경우 다시 행정소송법이 정하는 바에 따라 소송을 제기할 수 있도록 한 이 사건 법률조항은 교원의 임면권자인 학교법인과 교원 간의 징계 등 불리한 처분과 관련된 법률관계를 종국적으로 확정하고 이를 둘러싼 이해관계인의 침해된 권리를 구제하기 위한 절차를 규정한 것으로서 헌법 제27조에 의하여 보장되는 재판청구권을 구체화한 것이다. 재심위원회가 재심청구를 인용하든 또는 기각하든지 간에 사법상 법률관계의 당사자이자 재심청구의 당사자인 학교법인 또는 사립학교 교원 중 어느 일방은 이로 인하여 자신의 권익을 침해받게 되므로 이 경우 헌법 제27조의 취지에 따라 입법자는 재심결정으로 인하여 권익을 침해받은 자가 법원의 재판을 통하여 구제를 받을 수 있도록 하는 절차를 마련할 것이 요구된다. 학교법인에게 재심결정에 불복할 제소권한을 부여한다고 하여 이 사건 법률조항이 추구하는 사립학교 교원의 신분보장에 특별한 장애사유가 생긴다든가 그 권리구제에 공백이 발생하는 것도 아니다. 따라서 이 사건 법률조항은 사립학교 교원의 징계 등 불리한 처분에 대한 권리구제절차를 형성하면서 분쟁의 당사자이자 재심절차의 피청구인인 학교법인에게는 효율적인 권리구제절차를 제공하지 아니하므로 학교법인의 재판청구권을 침해한다(헌재 2006. 2. 23. 2005헌가7).

▶ **교원소청심사위원회의 재심결정에 대해 학교법인의 제소를 금지하고 있는 임용탈락구제법 조항이 학교법인의 재판청구권을 침해하는지**(적극) : 특별위원회의 재심결정은 학교법인과 사립대학 교원 간의 재임용 거부 조치를 둘러싼 법적 분쟁에 대하여 당사자로부터 독립된 행정기관인 특별위원회가 분쟁해결을 위하여 공적 권위를 가지고 판단·확정하는 행정처분이라고 할 것인바, 구체적으로 특별위원회가 재심청구를 인용하는 경우에는 과거의 재임용 거부조치가 부당하였음이 확인되는 효력이 있다. 이처럼 특별위원회가 재심청구를 인용하면 학교법인은 이로 인하여 위와 같은 효력의 범위 내에서 자신의 권익을 침해받게 되므로, 입법자는 헌법 제27조의 취지에 따라 학교법인이 법원의 재판을 통하여 구제를 받을 수 있도록 하는 절차를 마련할 것이 요구된다. 그럼에도 불구하고 이 사건 제소금지규정에 의하여 학교법인은 재임용 탈락이 부당하였다는 특별위원회의 결정에 대하여 소송으로 다투지 못한다. 물론 대학교원 기간임용제가 도입된 이후 재임용에서 탈락된 대학교원에 대한 재임용 탈락결정이 정당한 기준에 의해서 이루어졌는지 여부에 대하여 재심사 기회를 부여함으로써 재임용 탈락자들의 권익을 보호하기 위해서 학교법인의 재판청구권을 일부 제한할 필요성이 있을 수는 있지만, 그러한 경우에도 권리구제를 위한 '학교법인의 법원에의 접근'을 완전히 배제하는 것은 이를 정당화할 특별한 사정이 없는 한 허용되지 아니한다. 한편, 학교법인에게 재심결정에 불복할 제소권을 부여한다고 하여 이 사건 구제규정이 추구하는 재임용 탈락 교원들의 권익 보호에 특별한 장애사유가 생긴다든가 그 권리구제에 공백이 발생하는 것도 아니다. 따라서 이 사건 제소금지규정은 재임용에서 탈락한 사립대학 교원의 권리구제절차를 형성하면서 분쟁의 당사자이자 재심절차의 피청구인인 학교법인에게는 특별위원회의 재심결정에 대하여 소송으로 다투지 못하게 함으로써 학교법인의 재판청구권을 침해한다(헌재 2006. 4. 27. 2005헌마1119).

▶ **공공단체인 한국과학기술원의 총장이 교원소청심사위원회의 결정에 대하여 행정소송법으로 정하는 바에 따라 소송을 제기할 수 없도록 하는 구 '교원의 지위 향상 및 교육활동 보호를 위한 특별법' 제10조 제3항 부분이 재판청구권을 침해하는지**(소극) : 교원이나 사립학교법 제2조에 따른 학교법인 또는 사립학교 경영자 등 당사자는 교원소청심사결정에 대하여 행정소송을 제기할 수 있다고 규정한 심판대상조항으로 인하여 공공단체는 교원소청심사결정에 대하여 행정소송을 제기할 수 없다. 따라서 심판대상조항이 공공단체인 한국과학기술원의 교원 임면권을 가진 청구인의 재판청구권을 침해하는지 여부가 문제된다. 심판대상조항이 공공단체인 한국과학기술원의 총장을 교원소청심사위원회의 결정에 불복하여 행정소송을 제기할 수 있는 제소권자 범위에 포함시키지 아니하여 행정소송을 제기하지 못하도록 한 것은, 교원의 인사를 둘러싼 분쟁을 신속하게 해결하고 궁극적으로는 한국과학기술원의 설립취지를 효과적으로 실현하기 위한 것이다. 교원의 신분보장을 둘러싼 재판상 권리구제절차를 어떻게 마련할 것인지는 당해 학교의 설립목적과 공공적 성격의 정도, 국가의 감독 수준 등을 두루 고려하여 정할 수 있는 것으로, 교원 근로관계의 법적 성격에 의해서만 좌우된다고 보기 어렵다. 한국과학기술원 설립목적의 특수성과 그 목적을 달성하기 위한 국가의 관리·감독 및 재정 지원, 사무의 공공성 내지 공익성 등을 고려할 때, 소속 교원의 신분을 국·공립학교의 교원의 그것과 동등한 정도로 보장하면서 교원소청심사절차의 당사자인 청구인이 교원소청심사결정에 대해 행정소송을 제기할 수 없도록 한 것을 두고 입법형성의 범위를 벗어났다고 보기 어렵다. 교원소청심사위원회의 인용결정이 있을 경우 한국과학기술원 총장의 제소를 금지하여 교원으로 하여금 확정적이고 최종적으로 징계 등 불리한 처분에서 벗어날 수 있도록 한 것은 공공단체의 책무를 규정한 교원지위법의 취지에도 부합한다. 따라서 심판대상조항은 청구인의 재판청구권을 침해하지 아니한다(헌재 2022. 10. 27. 2019헌바117).

제3절 국가배상청구권

헌법 제29조
① 공무원의 직무상 불법행위로 손해를 받은 국민은 법률이 정하는 바에 의하여 국가 또는 공공단체에 정당한 배상을 청구할 수 있다. 이 경우 공무원 자신의 책임은 면제되지 아니한다.
② 군인·군무원·경찰공무원 기타 법률이 정하는 자가 전투·훈련 등 직무집행과 관련하여 받은 손해에 대하여는 법률이 정하는 보상 외에 국가 또는 공공단체에 공무원의 직무상 불법행위로 인한 배상은 청구할 수 없다.

참고

▶ **헌정사** : 제헌헌법부터 국가배상청구권 규정, 제7차 개정헌법 이후 군인 등의 국가배상청구권 제한

제1항 국가배상청구권의 의의 등

Ⅰ 국가배상청구권의 의의

국가배상청구권이란 공무원의 직무상 불법행위로 말미암아 손해를 입은 국민이 국가 또는 공공단체에 대하여 배상을 청구할 수 있는 권리를 말한다.

Ⅱ 국가배상청구권의 법적 성격

공무원의 직무상 불법행위로 손해를 받은 국민이 국가 또는 공공단체에 배상을 청구하는 경우 국가 또는 공공단체에 대하여 그의 불법행위를 이유로 손해배상을 구함은 국가배상법이 정한 바에 따른다 하여도 이 역시 '민사상의 손해배상책임'을 특별법인 국가배상법이 정한 데 불과하다(대판 1972. 10. 10. 69다701).

Ⅲ 국가배상청구권의 주체

대한민국의 국민이면 누구나 국가배상청구권의 주체가 되고 법인에게도 인정된다. 군인 등도 국가배상청구권의 주체가 된다. 다만 군인 등이 전투·훈련 등 직무집행과 관련하여 받은 손해에 대하여는 손해배상을 청구할 수 없다(헌법 제29조 제2항). 한편 외국인의 경우 상호의 보증이 있는 때 한하여 인정한다(국가배상법 7조).

제2항 국가배상청구권의 내용

I 국가배상청구권의 성립요건

1. 일반적 성립요건

국가나 지방자치단체는 공무원 또는 공무를 위탁받은 사인이 직무를 집행하면서 고의 또는 과실로 법령을 위반하여 타인에게 손해를 입히거나, 자동차손해배상 보장법에 따라 손해배상의 책임이 있을 때에는 국가배상법에 따라 그 손해를 배상하여야 한다(국가배상법 제2조 제1항 본문). 한편 공무원에게 고의 또는 중대한 과실이 있으면 국가나 지방자치단체는 그 공무원에게 구상할 수 있다(국가배상법 제2조 제2항).

2. 개별적 검토

(1) 공무원

국가배상의 요건으로서 공무원이란 국가나 지방자치단체는 공무원 또는 공무를 위탁받은 사인을 말한다(국가배상법 제2조 제1항).

(2) 직무를 집행하면서

국가배상청구의 요건인 공무원의 직무에는 권력적 작용만이 아니라 비권력적 작용도 포함되며 단지 행정주체가 사경제주체로서 하는 활동만 제외된다(대판 2001. 1. 5. 98다39060).

> **판례**
>
> ▶ **입법작용**: 우리 헌법이 채택하고 있는 의회민주주의하에서 국회는 다원적 의견이나 각가지 이익을 반영시킨 토론과정을 거쳐 다수결의 원리에 따라 통일적인 국가의사를 형성하는 역할을 담당하는 국가기관으로서 그 과정에 참여한 국회의원은 입법에 관하여 원칙적으로 국민 전체에 대한 관계에서 정치적 책임을 질 뿐 국민 개개인의 권리에 대응하여 법적 의무를 지는 것은 아니므로, 국회의원의 입법행위는 그 입법 내용이 헌법의 문언에 명백히 위반됨에도 불구하고 국회가 굳이 당해 입법을 한 것과 같은 특수한 경우가 아닌 한 국가배상법 제2조 제1항 소정의 위법행위에 해당된다고 볼 수 없다(대판 1997. 6. 13. 96다56115).
>
> ▶ **사법작용**: 법관이 행하는 재판사무의 특수성과 그 재판과정의 잘못에 대하여는 따로 불복절차에 의하여 시정될 수 있는 제도적 장치가 마련되어 있는 점 등에 비추어 보면, 법관의 재판에 법령의 규정을 따르지 아니한 잘못이 있다 하더라도 이로써 바로 그 재판상 직무행위가 국가배상법 제2조 제1항에서 말하는 위법한 행위로 되어 국가의 손해배상책임이 발생하는 것은 아니고, 그 국가배상책임이 인정되려면 당해 법관이 위법 또는 부당한 목적을 가지고 재판을 하는 등 법관이 그에게 부여된 권한의 취지에 명백히 어긋나게 이를 행사하였다고 인정할 만한 특별한 사정이 있어야 한다(대판 2001. 4. 24. 2000다16114).

(3) 법령에 위반

법령에 위반하여라 함은 엄격하게 형식적 의미의 법령에 명시적으로 공무원의 작위의무가 정하여져 있음에도 이를 위반하는 경우만을 의미하는 것은 아니고, 인권존중·권력남용금지·신의성실과 같이 공무원으로서 마땅히 지켜야 할 준칙이나 규범을 지키지 아니하고 위반한 경우를 포함하여 널리 그 행위가 객관적인 정당성을 결여하고 있는 경우도 포함한다(대판 2012. 7. 26. 2010다95666).

(4) 고의 또는 과실

어떠한 행정처분이 후에 항고소송에서 취소되었다고 할지라도 그 기판력에 의하여 당해 행정처분이 곧바로 공무원의 고의 또는 과실로 인한 것으로서 불법행위를 구성한다고 단정할 수 없는바, 그 이유는 행정청이 관계 법령의 해석이 확립되기 전에 어느 한 설을 취하여 업무를 처리한 것이 결과적으로 위법하게 되어 그 법령의 부당 집행이라는 결과를 빚었다고 하더라도 처분 당시 그와 같은 처리 방법 이상의 것을 성실한 평균적 공무원에게 기대하기 어려웠던 경우라면 특단의 사정이 없는 한 이를 두고 공무원의 과실로 인한 것이라고는 할 수 없기 때문이다(대판 1999. 9. 17. 96다53413).

> **판례**
>
> ▶ **국가배상청구권의 성립요건으로서 공무원의 고의 또는 과실을 규정함으로써 무과실책임을 인정하지 않은 국가배상법 제2조 제1항 본문 부분이 국가배상청구권을 침해하는지**(소극) : 공무원의 고의 또는 과실이 없는데도 국가배상을 인정할 경우 피해자 구제가 확대되기는 하겠지만 현실적으로 원활한 공무수행이 저해될 수 있어 이를 입법정책적으로 고려할 필요성이 있다. 외국의 경우에도 대부분 국가에서 국가배상책임에 공무수행자의 유책성을 요구하고 있으며, 최근에는 국가배상법상의 과실관념의 객관화, 조직과실의 인정, 과실 추정과 같은 논리를 통하여 되도록 피해자에 대한 구제의 폭을 넓히려는 추세에 있다. 이러한 점들을 고려할 때, 이 사건 법률조항이 국가배상청구권의 성립요건으로서 공무원의 고의 또는 과실을 규정한 것을 두고 입법형성의 범위를 벗어나 헌법 제29조에서 규정한 국가배상청구권을 침해한다고 보기는 어렵다(헌재 2015. 4. 30. 2013헌바395).

(5) 손해의 발생

불법행위로 인한 손해배상책임은 원칙적으로 위법행위 시에 성립하지만 위법행위 시점과 손해 발생 시점 사이에 시간적 간격이 있는 경우에는 손해가 발생한 때에 성립한다. 손해란 위법한 가해행위로 인하여 발생한 재산상의 불이익, 즉 그 위법행위가 없었더라면 존재하였을 재산상태와 그 위법행위가 있은 후의 재산상태의 차이를 말한다(대판 2018. 9. 28. 2015다69853).

> **판례**
>
> ▶ **5 · 18 민주화운동과 관련하여 보상금 지급 결정에 동의하면 '정신적 손해'에 관한 부분도 재판상 화해가 성립된 것으로 보는 5 · 18 보상법 제16조 제2항 부분이 국가배상청구권을 침해하는지**(적극) : 5 · 18 보상법 및 같은 법 시행령의 관련 조항을 살펴보면 정신적 손해배상에 상응하는 항목은 존재하지 아니하고, 보상심의위원회가 보상금 등 항목을 산정함에 있어 정신적 손해를 고려할 수 있다는 내용도 발견되지 아니한다. 그럼에도 불구하고 심판대상조항은 정신적 손해에 대해 적절한 배상이 이루어지지 않은 상태에서 5 · 18 민주화운동과 관련하여 사망하거나 행방불명된 자 및 상이를 입은 자 또는 그 유족이 적극적 · 소극적 손해의 배상에 상응하는 보상금 등 지급결정에 동의하였다는 사정만으로 재판상 화해의 성립을 간주하고 있다. 이는 국가배상청구권에 대한 과도한 제한이고, 해당 손해에 대한 적절한 배상이 이루어졌음을 전제로 하여 국가배상청구권 행사를 제한하려 한 5 · 18 보상법의 입법목적에도 부합하지 않는다. 따라서 이 조항이 5 · 18 보상법상 보상금 등의 성격과 중첩되지 않는 정신적 손해에 대한 국가배상청구권의 행사까지 금지하는 것은 국가배상청구권을 침해한다(헌재 2021. 5. 27. 2019헌가17).

▶ '민주화운동 관련자 명예 회복 및 보상심의위원회'의 보상금 등의 지급 결정에 동의한 때 "민주화운동과 관련하여 입은 피해"에 대해 재판상 화해의 성립을 간주하는 민주화보상법 제18조 제2항이 정신적 손해에 대한 국가배상청구권을 침해하는지(적극): 심판대상조항의 "민주화운동과 관련하여 입은 피해"에는 적법한 행위로 발생한 '손실'과 위법한 행위로 발생한 '손해'가 모두 포함되므로, 민주화보상법상 보상금 등에는 '손실보상'의 성격뿐만 아니라 '손해배상'의 성격도 포함되어 있다. 그리고 민주화보상법 및 같은 법 시행령에 규정되어 있는 보상금 등의 지급대상과 그 유형별 지급액 산정기준 등에 의하면, 민주화보상법상 보상금, 의료지원금, 생활지원금은 적극적·소극적 손해 내지 손실에 대한 배·보상 및 사회보장적 목적으로 지급되는 금원에 해당된다. 따라서 민주화보상법상 보상금 등에는 정신적 손해에 대한 배상이 포함되어 있지 않은바. 이처럼 정신적 손해에 대해 적절한 배상이 이루어지지 않은 상태에서 적극적·소극적 손해에 상응하는 배상이 이루어졌다는 사정만으로 정신적 손해에 대한 국가배상청구마저 금지하는 것은, 해당 손해에 대한 적절한 배상이 이루어졌음을 전제로 하여 국가배상청구권 행사를 제한하려 한 민주화보상법의 입법목적에도 부합하지 않으며, 국가의 기본권 보호의무를 규정한 헌법 제10조 제2문의 취지에도 반하는 것으로서, 국가배상청구권에 대한 지나치게 과도한 제한에 해당한다. 따라서 심판대상조항 중 정신적 손해에 관한 부분은 민주화운동 관련자와 유족의 국가배상청구권을 침해한다(헌재 2018. 8. 30. 2014헌바180)

▶ 특수임무수행자 등이 보상금 등의 지급 결정에 동의한 때에는 특수임무수행 또는 이와 관련한 교육훈련으로 입은 피해에 대하여 재판상 화해가 성립된 것으로 보는 특임자보상법 제17조의2 가운데 '정신적 손해'에 관한 부분이 국가배상청구권 또는 재판청구권을 침해하는지(소극): 보상금 중 기본공로금은 채용·입대경위, 교육훈련여건, 특수임무종결일 이후의 처리사항 등을 고려하여 위원회가 정한 금액으로 지급되는데, 여기에는 특수임무교육훈련에 관한 정신적 손해배상 또는 보상에 해당하는 금원이 포함된다. 특수임무수행자는 보상금등 산정과정에서 국가행위의 불법성이나 구체적인 손해 항목 등을 주장·입증할 필요가 없고 특수임무수행자의 과실이 반영되지도 않으며, 국가배상청구에 상당한 시간과 비용이 소요되는 데 반해 보상금 등 지급 결정은 비교적 간이·신속한 점까지 고려하면, 특임자보상법령이 정한 보상금 등을 지급받는 것이 국가배상을 받는 것에 비해 일률적으로 과소보상된다고 할 수도 없다. 따라서 심판대상조항이 과잉금지원칙을 위반하여 국가배상청구권 또는 재판청구권을 침해한다고 보기 어렵다(헌재 2021. 9. 30. 2019헌가28).

Ⅱ 국가배상청구권의 상대방 등

1. 국가배상청구권의 상대방

공무원이 공무집행상의 위법행위로 인하여 타인에게 손해를 입힌 경우에는 공무원에게 '고의 또는 중과실이 있는 때'에는 공무원 개인도 불법행위로 인한 손해배상책임을 진다고 할 것이지만, 공무원에게 경과실뿐인 때에는 공무원 개인은 손해배상책임을 부담하지 아니한다(대판 1996. 3. 8. 94다23876).

2. 국가배상청구권의 행사 절차

(1) 배상 신청

1) 배상심의회의 설치

국가나 지방자치단체에 대한 배상신청사건을 심의하기 위하여 법무부에 본부심의회를 둔다. 다만, 군인이나 군무원이 타인에게 입힌 손해에 대한 배상신청사건을 심의하기 위하여 국방부에 특별심의회를 둔다(국가배상법 제10조 제1항). 본부심의회와 특별심의회는 대통령령으로 정하는 바에 따라 지구심의회를 둔다(국가배상법 제10조 제2항). 본부심의회와 특별심의회와 지구심의회는 법무부장관의 지휘를 받아야 한다(국가배상법 제10조 제3항).

2) 배상 신청

국가배상법에 따라 배상금을 지급받으려는 자는 그 주소지·소재지 또는 배상원인 발생지를 관할하는 지구심의회에 배상 신청을 하여야 한다(국가배상법 제12조 제1항).

(2) 소송

국가배상법에 따른 손해배상의 소송은 배상심의회에 배상신청을 하지 아니하고도 제기할 수 있다(국가배상법 제9조).

> **판례**
>
> ▶ '배상금의 지급을 받고자 하는 자는 그 주소지·소재지 또는 배상원인 발생지를 관할하는 지구심의회에 대하여 배상신청을 하여야 한다.'고 규정한 국가배상법 제9조(배상결정전치주의)가 국민의 재판청구권을 침해하는지(소극): 국가배상법에 의한 손해배상청구에 관한 시간, 노력, 비용의 절감을 도모하여 배상사무의 원활을 기하며 피해자로서도 신속, 간편한 절차에 의하여 배상금을 지급받을 수 있도록 하는 한편, 국고손실을 절감하도록 하기 위한 이 사건 법률조항에 의해 달성되는 공익과, 배상절차의 합리성 및 적정성의 정도, 그리고 한편으로는 배상신청을 하는 국민이 치루어야 하는 수고나 시간의 소모를 비교하여볼 때, 이 사건 법률조항이 헌법 제37조의 기본권 제한의 한계에 관한 규정을 위배하여 국민의 재판청구권을 침해하는 정도에는 이르지 않는다(헌재 2000. 2. 24. 99헌바17).

3. 청구기간 등

국가나 지방자치단체의 손해배상 책임에 관하여는 국가배상법에 규정된 사항 외에는 민법에 따른다. 다만, 민법 외의 법률에 다른 규정이 있을 때에는 그 규정에 따른다(국가배상법 제8조).

> **판례**
>
> ▶ 국가배상법 제8조에서 일반적인 공무원의 직무상 불법행위로 손해를 받은 국민의 손해배상청구에 관한 소멸시효 기산점과 시효기간을 국가배상법 제8조에 의해 피해자나 법정대리인이 그 손해 및 가해자를 안 날(주관적 기산점) 및 불법행위를 한 날(객관적 기산점)로 정하되, 그 시효기간을 주관적 기산점으로부터 3년 및 객관적 기산점으로부터 5년으로 정하고 있는 것이 국가배상청구권을 침해하여 위헌인지(소극): 민법상 소멸시효제도의 일반적인 존재 이유는 '법적 안정성의 보호, 채무자의 이중변제 방지, 채권자의 권리불행사에 대한 제재 및 채무자의 정당한 신뢰 보호'에 있다. 이와 같은 민법상 소멸시효제도의 존재 이유는 국가배상청구권의 경우에도 일반적으로 타당하고, 특히 국가의 채무관계를 조기에 확정하여 예산수립의 불안정성을 제거하기 위해서는 국가채무에 대해 단기소멸시효를 정할 필요성도 있다. 그러므로 심판대상조항들이 일반적인 공무원의 직무상 불법행위로 손해를 받은 국민의 국가배상청구권에 관한 소멸시효 기산점과 시효기간을 정하고 있는 것은 합리적인 이유가 있다(헌재 2018. 8. 30. 2014헌바148).
>
> ▶ 소멸시효 기산점에 관한 민법 제166조 제1항, 제766조 제2항을 과거사정리법 제2조 제1항 제3호의 '민간인 집단희생 사건' 등에 적용되는 부분이 국가배상청구권을 침해하여 위헌인지(적극): 불법행위의 피해자가 '손해 및 가해자를 인식하게 된 때'로부터 3년 이내에 손해배상을 청구하도록 하는 것은 불법행위로 인한 손해배상청구에 있어 피해자와 가해자 보호의 균형을 도모하기 위한 것이므로, 과거사정리법 제2조 제1항 제3호 등에 규정된 사건에 민법 제766조 제1항의 '주관적 기산점'이 적용되도록 하는 것은 합리적 이유가 인정된다. 그러나, 국가가 소속 공무원들의 조직적 관여를 통해 불법적으로 민간인을 집단 희생시키거나 장기간의 불법구금·고문 등에 의한 허위자백으로 유죄판결을 하고 사후에도 조작·은폐를 통해 진상규명을 저해하였음에도 불구하고, 그 불법행위 시점을 소멸시효의 기산점으로 삼는 것은 피해자와 가해자 보호의 균형을 도모하는 것으로 보기 어렵고, 발생한 손해의 공평·타당한 분담이라는 손해배상제도의 지도원리에도 부합하지 않는다. 그러므로 과거사정리법 제2조 제1항 제3, 4호에 규정된 사건에 민법 제166조 제1항, 제766조 제2항의 '객관적 기산점'이 적용되도록 하는 것은 합리적 이유가 인정되지 않는다. 결국, 민법 제166조 제1항, 제766조 제2항의 객관적 기산점을 과거사정리법 제2조 제1항 제3, 4호의 민간인 집단희생사건, 중대한 인권침해·조작의혹사건에 적용하도록 규정하는 것은, 소멸시효제도를 통한 법적 안정성과 가해자 보호만을 지나치게 중시한 나머지 합리적 이유 없이 위 사건 유형에 관한 국가배상청구권 보장 필요성을 외면한 것으로서 입법형성의 한계를 일탈하여 청구인들의 국가배상청구권을 침해한다(헌재 2018. 8. 30. 2014헌바148).

4. 양도 등 금지

생명·신체의 침해로 인한 국가배상을 받을 권리는 양도하거나 압류하지 못한다(국가배상법 제4조).

제3항 국가배상청구권의 제한

군인·군무원·경찰공무원 또는 예비군대원이 전투·훈련 등 직무집행과 관련하여 전사·순직하거나 공상을 입은 경우에 본인이나 그 유족이 다른 법령에 따라 재해보상금·유족연금·상이연금 등의 보상을 지급받을 수 있을 때에는 국가배상법 및 민법에 따른 손해배상을 청구할 수 없다(국가배상법 제2조 제1항 단서).

🔖 판례

▶**국가배상법 제2조 제1항 단서 중 군인에 관련되는 부분이 위헌인지**(적극): 국가배상법 제2조 제1항 단서 중 군인에 관련되는 부분을, 일반국민이 직무집행 중인 군인과의 공동불법행위로 직무집행 중인 다른 군인에게 공상을 입혀 그 피해자에게 공동의 불법행위로 인한 손해를 배상한 다음 공동불법행위자인 군인의 부담부분에 관하여 국가에 대하여 구상권을 행사하는 것을 허용하지 않는다고 해석한다면, 이는 위 단서 규정의 헌법상 근거규정인 헌법 제29조가 구상권의 행사를 배제하지 아니하는데도 이를 배제하는 것으로 해석하는 것으로서 합리적인 이유 없이 일반국민을 국가에 대하여 지나치게 차별하는 경우에 해당하므로 헌법 제11조, 제29조에 위반되며, 헌법 제37조 제2항에 의하여 기본권을 제한할 때 요구되는 비례의 원칙에 위배하여 일반국민의 재산권을 과잉제한하는 경우에 해당하여 헌법 제23조 제1항 및 제37조 제2항에도 위반된다(헌재 1994. 12. 29. 93헌바21 한정위헌).

▶**민간인과 직무집행중인 군인 등의 공동불법행위로 인하여 직무집행중인 다른 군인 등이 피해를 입은 경우, 민간인의 피해 군인 등에 대한 손해배상의 범위 및 민간인이 피해 군인 등에게 자신의 귀책부분을 넘어서 배상한 경우 국가 등에게 구상권을 행사할 수 있는지**(소극): 민간인은 여전히 공동불법행위자 등이라는 이유로 피해 군인 등의 손해 전부를 배상할 책임을 부담하도록 하면서 국가 등에 대하여는 귀책비율에 따른 구상을 청구할 수 없도록 한다면, 공무원의 직무활동으로 빚어지는 이익의 귀속주체인 국가 등과 민간인과의 관계에서 원래는 국가 등이 부담하여야 할 손해까지 민간인이 부담하는 부당한 결과가 될 것이고, 이는 위 헌법과 국가배상법의 규정에 의하여도 정당화될 수 없다. 따라서 위와 같은 경우에는 공동불법행위자 등이 부진정연대채무자로서 각자 피해자의 손해 전부를 배상할 의무를 부담하는 공동불법행위의 일반적인 경우와 달리 예외적으로 민간인은 피해 군인 등에 대하여 그 손해 중 국가 등이 민간인에 대한 구상의무를 부담한다면 그 내부적인 관계에서 부담하여야 할 부분을 제외한 나머지 '자신의 부담부분에 한하여 손해배상의무를 부담'하고, 국가 등에 대하여는 그 귀책부분의 구상을 청구할 수 없다고 해석함이 상당하다(대판 2001. 2. 15. 96다42420).

▶**향토예비군대원의 국가배상청구권을 제한하고 있는 국가배상법 제2조 제1항 단서 부분이 위헌인지**(소극): 향토예비군의 직무는 그것이 비록 개별 향토예비군대원이 상시로 수행하여야 하는 것이 아니라 법령에 의하여 동원되거나 소집된 때에 한시적으로 수행하게 되는 것이라 하더라도 그 성질상 고도의 위험성을 내포하는 공적인 성격의 직무이므로, 국가배상법 제2조 제1항 단서가 그러한 직무에 종사하는 향토예비군대원에 대하여 다른 법령의 규정에 의한 사회보장적 보상제도를 전제로 이중보상으로 인한 일반인들과의 불균형을 제거하고 국가재정의 지출을 절감하기 위하여 임무수행 중 상해를 입거나 사망한 개별 향토예비군대원의 국가배상청구권을 금지하고 있는 데에는 그 목적의 정당성, 수단의 상당성 및 침해의 최소성, 법익의 균형성이 인정되어 기본권 제한규정으로서 헌법상 요청되는 과잉금지의 원칙에 반한다고 할 수 없다(헌재 1996. 6. 13. 94헌바20).

▶ **전투경찰순경이 국가배상청구권이 제한되는 군인 등에 해당하는지**(적극) : 전투경찰순경이 경찰청 산하 전투경찰대에 소속되어 대간첩작전의 수행 및 치안업무의 보조를 그 임무로 하고 있어서 그 직무수행상 위험성이 다른 경찰공무원의 경우보다 낮지 않을 뿐 아니라, 전투경찰대설치법 제4조에서 경찰공무원법의 일부 조항을 준용하고 있는 점에 비추어 보면, 국가배상법 제2조 제1항 단서 소정의 경찰공무원이 경찰공무원법상 경찰공무원에 한정된다고 단정하기 어렵고, 오히려 경찰조직의 구성원을 이루는 공무원을 특별취급하려는 것으로 보아야 할 것이므로 전투경찰순경은 국가배상법 제2조 제1항 단서 소정의 경찰공무원에 해당한다(대판 1995. 3. 24. 94다25414).

▶ **경비교도로 임용된 자가 국가배상청구권이 제한되는 군인 등에 해당하는지**(소극) : 현역병으로 입영하여 소정의 군사교육을 마치고 전임되어 법무부장관에 의하여 경비교도로 임용된 자는 군인으로서의 신분을 상실하고 새로이 경비교도로서의 신분을 취득하게 되었다 할 것이며, 경비교도로 근무중 공무수행과 관련하여 사망한 자에 대하여 국가유공자예우등에 관한 법률 소정의 순직군경에 해당한다 하여 국가유공자로 결정하고 사망급여금 등이 지급되었다 하더라도 그러한 사실 때문에 신분이 군인 또는 경찰공무원으로 되는 것은 아니다(대판 1993. 4. 9. 92다43395).

▶ **공익근무요원이 국가배상청구권이 제한되는 군인 등에 해당하는지**(소극) : 공익근무요원은 국가기관 또는 지방자치단체의 공익목적수행에 필요한 경비·감시·보호 또는 행정업무 등의 지원과 국제협력 또는 예술·체육의 육성을 위하여 소집되어 공익분야에 종사하는 사람으로서 보충역에 편입되어 있는 자이기 때문에, 공익근무요원이 국가배상법상 손해배상청구가 제한되는 군인·군무원·경찰공무원 또는 향토예비군대원에 해당한다고 할 수 없다(대판 1997. 3. 28. 97다4036).

제4절   형사보상청구권과 범죄피해자구조청구권

제1항   형사보상청구권

헌법 제28조
형사피의자 또는 형사피고인으로서 구금되었던 자가 법률이 정하는 불기소처분을 받거나 무죄판결을 받은 때에는 법률이 정하는 바에 의하여 국가에 정당한 보상을 청구할 수 있다.

🏛 **참고**

▶ **헌정사** : 피고인보상은 제헌헌법부터 규정, 피의자보상은 현행헌법에서 신설

I   형사보상청구권의 의의 등

1. 형사보상청구권의 개념

형사보상청구권이란 형사피의자 또는 형사피고인으로서 구금되었던 자가 무죄판결 등을 받은 경우에 국가에 대하여 물질적·정신적 피해에 대한 정당한 보상을 청구할 수 있는 권리를 말한다(헌재 2010. 10. 28. 2008헌마514).

2. 형사보상청구권의 보장 취지

최종적으로 무죄 판단을 받은 피의자 또는 피고인이 수사 및 재판과정에서 상당한 기간 동안 구금되었던 경우가 있을 수 있는바, 이는 형사사법절차에 불가피하게 내재되어 있는 위험이다. 그런데, 이러한 위험이 형사사법절차에 불가피하게 내재된 것이라 하더라도 그 위험으로 인한 부담을 무죄판결을 선고받은 자 개인에게 지워서는 아니 되고, 형사사법절차를 운영하는 국가는 이러한 위험에 의하여 발생되는 손해에 대응한 보상을 하지 않으면 안 된다. 헌법 제28조는 이러한 권리를 구체적으로 보장함으로써 국민의 기본권 보호를 강화하고 있다(헌재 2010. 10. 28. 2008헌마514).

3. 입법형성권

형사보상청구권은 '법률이 정하는 바에 의하여' 행사되므로 그 내용은 법률에 의하여 정해지는바, 이 과정에서 입법자에게 일정한 입법재량이 부여될 수 있고, 따라서 형사보상의 구체적 내용과 금액 및 절차에 관한 사항은 입법자가 정하여야 할 사항이라 할 것이다. 그러나 이러한 입법을 함에 있어서는 비록 완화된 의미일지언정 헌법 제37조 제2항의 비례의 원칙이 준수되어야 한다(헌재 2010. 10. 28. 2008헌마514).

4. 정당한 보상

헌법 제28조에서 규정하는 '정당한 보상'은 헌법 제23조 제3항에서 재산권의 침해에 대하여 규정하는 '정당한 보상'과는 차이가 있다. 헌법 제23조 제3항에서 규정하는 '정당한 보상'이란 원칙적으로 피수용재산의 객관적 재산가치를 완전하게 보상하는 것이어야 하는바, 토지수용 등과 같은 재산권의 제한은 물질적 가치에 대한 제한이므로 제한되는 가치의 범위가 객관적으로 산정될 수 있어 이에 대한 완전한 보상이 가능하다. 그런데 헌법 제28조에서 문제되는 신체의 자유에 대한 제한인 구금으로 인하여 침해되는 가치는 객관적으로 산정할 수 없으므로, 일단 침해된 신체의 자유에 대하여 어느 정도의 보상을 하여야 완전한 보상을 하였다고 할 것인지 단언하기 어렵다(헌재 2010. 10. 28. 2008헌마514).

Ⅱ 피고인보상

1. 보상의 요건

(1) 무죄재판이 확정된 경우 등

형사소송법에 따른 일반 절차 또는 재심이나 비상상고 절차에서 무죄재판을 받아 확정된 사건의 피고인이 미결구금(감정유치 포함)을 당하였을 때에는 형사보상법에 따라 국가에 대하여 그 구금에 대한 보상을 청구할 수 있다(형사보상법 제2조 제1항). 상소권회복에 의한 상소, 재심 또는 비상상고의 절차에서 무죄재판을 받아 확정된 사건의 피고인이 원판결에 의하여 구금(징역·금고·구류)되거나 형 집행(사형, 벌금, 노역장유치, 과료, 몰수, 추징)을 받았을 때에는 구금 또는 형의 집행에 대한 보상을 청구할 수 있다(형사보상법 제2조 제2항).

(2) 면소의 재판이 확정된 경우 등

형사소송법에 따라 면소 또는 공소기각의 재판을 받아 확정된 피고인이 면소 또는 공소기각의 재판을 할 만한 사유가 없었더라면 무죄재판을 받을 만한 현저한 사유가 있었을 경우, 치료감호의 독립 청구를 받은 피치료감호청구인의 치료감호사건이 범죄로 되지 아니하거나 범죄사실의 증명이 없는 때에 해당되어 청구기각의 판결을 받아 확정된 경우, 헌법재판소법에 따른 재심절차에서 원판결보다 가벼운 형으로 확정됨에 따라 원판결에 의한 형 집행이 재심절차에서 선고된 형을 초과한 경우에도 국가에 대하여 구금에 대한 보상을 청구할 수 있다(형사보상법 제26조 제1항). 다만 초과 구금에 따른 보상청구의 경우에 법원은 재량으로 보상청구의 전부 또는 일부를 기각할 수 있다(형사보상법 제26조 제3항).

> **⚖ 판례**
>
> ▶ 원판결의 근거가 된 가중처벌규정에 대해 헌법재판소의 위헌결정이 있었음을 이유로 개시된 재심절차에서 위헌결정된 가중처벌규정보다 법정형이 가벼운 처벌규정으로 적용법조가 변경되어 피고인이 원판결보다 가벼운 형으로 확정됨에 따라 원판결에 따른 구금형 집행이 재심판결에서 선고된 형을 초과하게 된 경우, 초과하여 집행된 구금에 대하여 보상요건을 규정하지 아니한 형사보상법 제26조 제1항이 청구인들의 평등권을 침해하는지(적극) : 원판결의 형 가운데 재심절차에서 선고된 형을 초과하는 부분의 전부 또는 일부에 대해서는 결과적으로 부당한 구금이 이루어진 것으로 볼 수 있다는 점에서 형사보상 대상으로 규정하고 있는 경우들과 본질적으로 다르다고 보기 어렵다. 그런데 형사사법기관이 피고인을 위한 비상구제절차인 재심절차에 이르러 공소장의 교환적 변경 등을 통해 무죄재판을 피하였다고 하더라도, 피고인이 그러한 형사사법절차 속에서 이미 신체의 자유에 관한 중대한 피해를 입었다면, 피고인 개인으로 하여금 그 피해를 부담하도록 하는 것은 헌법상 형사보상청구권의 취지에 어긋난다. 그럼에도 불구하고 심판대상조항이 이 사건에서 문제되는 경우를 형사보상 대상으로 규정하지 아니한 것은 현저히 자의적인 차별로서 평등원칙을 위반하여 청구인들의 평등권을 침해한다(헌재 2022. 2. 24. 2018헌마998 헌법불합치).

2. 보상하지 아니할 수 있는 경우

형법 제9조(형사미성년자) 및 제10조 제1항(심신상실)의 사유로 무죄재판을 받은 경우, 본인이 수사 또는 심판을 그르칠 목적으로 거짓 자백을 하거나 다른 유죄의 증거를 만듦으로써 기소, 미결구금 또는 유죄재판을 받게 된 것으로 인정된 경우, 1개의 재판으로 경합범의 일부에 대하여 무죄재판을 받고 다른 부분에 대하여 유죄재판을 받았을 경우, 법원은 재량으로 보상청구의 전부 또는 일부를 기각할 수 있다(형사보상법 제4조).

3. 보상금 및 손해배상

(1) 보상의 내용

구금에 대한 보상을 할 때에는 그 구금일수에 따라 1일당 보상청구의 원인이 발생한 연도의 최저임금법에 따른 일급 최저임금액 이상 대통령령으로 정하는 금액 이하의 비율에 의한 보상금을 지급한다(형사보상법 제5조 제1항). 사형 집행에 대한 보상을 할 때에는 집행 전 구금에 대한 보상금 외에 3천만원 이내에서 모든 사정을 고려하여 법원이 타당하다고 인정하는 금액을 더하여 보상한다. 이 경우 본인의 사망으로 인하여 발생한 재산상의 손실액이 증명되었을 때에는 그 손실액도 보상한다(형사보상법 제5조 제2항).

> ✏️ **판례**
>
> ▶ **형사보상금을 일정한 범위 내로 한정하고 있는 형사보상법 제4조 제1항 등이 청구인들의 형사보상청구권을 침해하는지**(소극) : 형사보상청구권은 헌법 제28조에 따라 '법률이 정하는 바에 의하여' 행사되므로 그 내용은 법률에 의해 정해지는바, 형사보상의 구체적 내용과 금액 및 절차에 관한 사항은 입법자가 정하여야 할 사항이다. 이 사건 보상금조항 및 이 사건 보상금 시행령조항은 보상금을 일정한 범위 내로 한정하고 있는데, 형사보상은 형사사법절차에 내재하는 불가피한 위험으로 인한 피해에 대한 보상으로서 국가의 위법·부당한 행위를 전제로 하는 국가배상과는 그 취지 자체가 상이하므로 형사보상절차로서 인과관계 있는 모든 손해를 보상하지 않는다고 하여 반드시 부당하다고 할 수는 없으며, 보상금액의 구체화·개별화를 추구할 경우에는 개별적인 보상금액을 산정하는 데 상당한 기간의 소요 및 절차의 지연을 초래하여 형사보상제도의 취지에 반하는 결과가 될 위험이 크고 나아가 그로 인하여 형사보상금의 액수에 지나친 차등이 발생하여 오히려 공평의 관념을 저해할 우려가 있는바, 이 사건 보상금조항 및 이 사건 보상금시행령조항은 청구인들의 형사보상청구권을 침해한다고 볼 수 없다(헌재 2010. 10. 28. 2008헌마514).

(2) 손해배상

형사보상법은 보상을 받을 자가 다른 법률에 따라 손해배상을 청구하는 것을 금지하지 아니한다(형사보상법 제6조 제1항).

4. 형사보상의 결정절차

(1) 형사보상의 청구

보상청구는 무죄재판이 확정된 사실을 안 날부터 3년, 무죄재판이 확정된 때부터 5년 이내에 하여야 한다(형사보상법 제8조).

> ✏️ **판례**
>
> ▶ **형사보상의 청구는 무죄재판이 확정된 때로부터 1년 이내에 하도록 규정하고 있는 형사보상법 제7조가 헌법 제28조에 위반되는지**(적극) : 권리의 행사가 용이하고 일상 빈번히 발생하는 것이거나 권리의 행사로 인하여 상대방의 지위가 불안정해지는 경우 또는 법률관계를 보다 신속히 확정하여 분쟁을 방지할 필요가 있는 경우에는 특별히 짧은 소멸시효나 제척기간을 인정할 필요가 있으나, 이 사건 법률조항은 위의 어떠한 사유에도 해당하지 아니하는 등 달리 합리적인 이유를 찾기 어렵고, 일반적인 사법상의 권리보다 더 확실하게 보호되어야 할 권리인 형사보상청구권의 보호를 저해하고 있다. 또한, 이 사건 법률조항은 형사소송법상 형사피고인이 재정하지 아니한 가운데 재판할 수 있는 예외적인 경우를 상정하고 있는 등 형사피고인은 당사자가 책임질 수 없는 사유에 의하여 무죄재판의 확정사실을 모를 수 있는 가능성이 있으므로, 형사피고인이 책임질 수 없는 사유에 의하여 제척기간을 도과할 가능성이 있는바, 이는 국가의 잘못된 형사사법작용에 의하여 신체의 자유라는 중대한 법익을 침해받은 국민의 기본권을 사법상의 권리보다도 가볍게 보호하는 것으로서 부당하다(헌재 2010. 7. 29. 2008헌가4 헌법불합치).

(2) 보상청구에 대한 재판

1) 관할법원

보상청구는 무죄재판을 한 법원에 대하여 하여야 한다(형사보상법 제7조).

2) 보상 또는 기각결정

보상의 청구가 이유 있을 때에는 보상결정을 하여야 하고(형사보상법 제17조 제1항), 보상의 청구가 이유 없을 때에는 청구기각의 결정을 하여야 한다(형사보상법 제17조 제2항).

3) 불복신청

보상결정에 대하여는 1주일 이내에 즉시항고를 할 수 있고(형사보상법 제20조 제1항), 청구기각 결정에 대하여는 즉시항고를 할 수 있다(형사보상법 제20조 제2항).

> **✦ 판례**
>
> ▶ 형사보상의 청구에 대하여 한 보상의 결정에 대하여는 불복을 신청할 수 없도록 하여 형사보상의 결정을 단심 재판으로 규정한 형사보상법 제19조 제1항이 형사보상청구권 및 재판청구권을 침해하는지(적극): 보상액의 산정에 기초되는 사실인정이나 보상액에 관한 판단에서 오류나 불합리성이 발견되는 경우에도 그 시정을 구하는 불복신청을 할 수 없도록 하는 것은 형사보상청구권 및 그 실현을 위한 기본권으로서의 재판청구권의 본질적 내용을 침해하는 것이라 할 것이고, 나아가 법적 안정성만을 지나치게 강조함으로써 재판의 적정성과 정의를 추구하는 사법제도의 본질에 부합하지 아니하는 것이다. 또한, 불복을 허용하더라도 즉시항고는 절차가 신속히 진행될 수 있고 사건수도 과다하지 아니한데다 그 재판내용도 비교적 단순하므로 불복을 허용한다고 하여 상급심에 과도한 부담을 줄 가능성은 별로 없다고 할 것이어서, 이 사건 불복금지조항은 형사보상청구권 및 재판청구권을 침해한다고 할 것이다(헌재 2010. 10. 28. 2008헌마514).

5. 형사보상금 지급 청구

(1) 보상금 지급청구서의 제출

보상금 지급을 청구하려는 자는 보상을 결정한 법원에 대응하는 검찰청에 보상금 지급청구서를 제출하여야 한다(형사보상법 제21조 제1항).

(2) 보상금 지급청구기간

보상결정이 송달된 후 2년 이내에 보상금 지급청구를 하지 아니할 때에는 권리를 상실한다(형사보상법 제21조 제3항).

(3) 양도 및 압류의 금지

보상청구권은 양도하거나 압류할 수 없다. 보상금 지급청구권도 또한 같다(형사보상법 제23조).

Ⅲ 피의자보상

1. 보상의 요건

피의자로서 구금되었던 자 중 검사로부터 불기소처분을 받거나 사법경찰관으로부터 불송치결정을 받은 자는 국가에 대하여 그 구금에 대한 보상을 청구할 수 있다. 다만, 구금된 이후 불기소처분 또는 불송치결정의 사유가 있는 경우와 해당 불기소처분 또는 불송치결정이 종국적인 것이 아니거나(수사중지·기소중지 등) 형사소송법 제247조(기소편의주의)에 따른 것일 경우(기소유예)에는 그러하지 아니하다(형사보상법 제27조 제1항).

2. 보상하지 아니할 수 있는 경우

본인이 수사 또는 재판을 그르칠 목적으로 거짓 자백을 하거나 다른 유죄의 증거를 만듦으로써 구금된 것으로 인정되는 경우, 구금기간 중에 다른 사실에 대하여 수사가 이루어지고 그 사실에 관하여 범죄가 성립한 경우, 보상을 하는 것이 선량한 풍속이나 그 밖에 사회질서에 위배된다고 인정할 특별한 사정이 있는 경우에는 피의자보상의 전부 또는 일부를 지급하지 아니할 수 있다(형사보상법 제27조 제2항).

3. 피의자보상심의회

피의자보상에 관한 사항을 심의·결정하기 위하여 지방검찰청에 피의자보상심의회를 두며(형사보상법 제27조 제3항), 심의회는 법무부장관의 지휘·감독을 받는다(형사보상법 제27조 제4항).

4. 피의자보상의 청구

(1) 피의자보상 청구 대상기관

피의자보상을 청구하려는 자는 불기소처분을 한 검사가 소속된 지방검찰청 또는 불송치결정을 한 사법경찰관이 소속된 경찰관서에 대응하는 지방검찰청의 심의회에 보상을 청구하여야 한다(형사보상법 제28조 제1항).

(2) 피의자보상 청구 기간

피의자보상의 청구는 불기소처분 또는 불송치결정의 고지 또는 통지를 받은 날부터 3년 이내에 하여야 한다(형사보상법 제28조 제3항).

(3) 불복절차

피의자보상의 청구에 대한 심의회의 결정에 대하여는 행정심판법에 따른 행정심판을 청구하거나 행정소송법에 따른 행정소송을 제기할 수 있다(형사보상법 제28조 제4항).

5. 보상금의 지급 청구 기간

심의회의 보상결정이 송달된 후 2년 이내에 보상금 지급청구를 하지 아니할 때에는 그 권리를 상실한다(형사보상법 제28조 제5항).

6. 준용규정

피의자보상에 대하여 특별한 규정이 있는 경우를 제외하고는 그 성질에 반하지 아니하는 범위에서 무죄재판을 받아 확정된 사건의 피고인에 대한 보상에 관한 규정을 준용한다(형사보상법 제29조 제1항).

제2항 범죄피해자구조청구권

헌법 제30조
타인의 범죄행위로 인하여 생명·신체에 대한 피해를 받은 국민은 법률이 정하는 바에 의하여 국가로부터 구조를 받을 수 있다.

🏛 참고

▶ **헌정사**: 범죄피해자구조청구권은 현행헌법에서 신설

Ⅰ 범죄피해자구조청구권의 의의 등

1. 의의 및 법적 성격

범죄피해자구조청구권이라 함은 타인의 범죄행위로 말미암아 생명을 잃거나 신체상의 피해를 입은 국민이나 그 유족이 가해자로부터 충분한 피해배상을 받지 못한 경우에 국가에 대하여 일정한 보상을 청구할 수 있는 권리이며, 그 법적 성격은 생존권적 기본권으로서의 성격을 가지는 청구권적 기본권이라고 할 것이다(헌재 2011. 12. 29. 2009헌마354).

2. 범죄피해자구조청구권의 취지

범죄피해자구조청구권을 인정하는 이유는 크게 국가의 범죄방지책임 또는 범죄로부터 국민을 보호할 국가의 국민보호의무를 다하지 못하였다는 것과 그 범죄피해자들에 대한 최소한의 구제가 필요하다는 데 있다(헌재 2011. 12. 29. 2009헌마354).

3. 입법형성권

헌법 제30조의 '법률이 정하는 바에 의하여' 범죄피해자구조청구권을 보장하기 위해서는 입법자에 의한 범죄피해자구조청구권의 구체적 형성이 불가피하므로 입법자의 광범위한 입법재량이 인정된다고 할 것이나, 당해 입법이 단지 범죄피해를 입은 경우에 국가에 대한 구조청구권을 행사할 수 있는 형식적인 권리나 이론적인 가능성만을 허용하는 것이어서는 아니 되고, 상당한 정도로 권리구제의 실효성이 보장되도록 하여야 한다(헌재 2011. 12. 29. 2009헌마354).

Ⅱ 범죄피해자구조청구권의 주체

1. 범죄피해자 등

범죄피해자란 타인의 범죄행위로 피해를 당한 사람과 그 배우자(사실상의 혼인관계 포함), 직계친족 및 형제자매를 말한다(범죄피해자 보호법 제3조 제1항 1호). 범죄피해 방지 및 범죄피해자 구조 활동으로 피해를 당한 사람도 범죄피해자로 본다(범죄피해자 보호법 제3조 제2항).

2. 외국인

범죄피해자보호법은 외국인이 구조피해자이거나 유족인 경우에는 해당 국가의 상호보증이 있는 경우에만 적용한다(범죄피해자 보호법 제23조).

Ⅲ 범죄피해자구조청구권의 성립요건

1. 범죄피해

구조대상 범죄피해란 대한민국의 영역 안에서 또는 대한민국의 영역 밖에 있는 대한민국의 선박이나 항공기 안에서 행하여진 사람의 생명 또는 신체를 해치는 죄에 해당하는 행위[형법 제9조(형사미성년자), 제10조 제1항(심신상실), 제12조(강요된 행위), 제22조 제1항(긴급피난)에 따라 처벌되지 아니하는 행위 포함, 같은 법 제20조(정당행위) 또는 제21조 제1항(정당방위)에 따라 처벌되지 아니하는 행위 및 과실에 의한 행위 제외]로 인하여 사망하거나 장해 또는 중상해를 입은 것을 말한다(범죄피해자 보호법 제3조 제1항 4호).

> **판례**

▶ **구 범죄피해자구조법 제2조 제1호에서 범죄피해자구조청구권의 대상이 되는 범죄피해의 범위에 관하여 해외에서 발생한 범죄피해는 포함하고 있지 아니한 것이 평등원칙에 위배되는지**(소극) : 국가의 주권이 미치지 못하고 국가의 경찰력 등을 행사할 수 없거나 행사하기 어려운 해외에서 발생한 범죄에 대하여는 국가에 그 방지책임이 있다고 보기 어렵고, 상호보증이 있는 외국에서 발생한 범죄피해에 대하여는 국민이 그 외국에서 피해구조를 받을 수 있으며, 국가의 재정에 기반을 두고 있는 구조금에 대한 청구권 행사대상을 우선적으로 대한민국의 영역 안의 범죄피해에 한정하고, 향후 해외에서 발생한 범죄피해의 경우에도 구조를 하는 방향으로 운영하는 것은 입법형성의 재량의 범위 내라고 할 것이다. 따라서 범죄피해자구조청구권의 대상이 되는 범죄피해에 해외에서 발생한 범죄피해의 경우를 포함하고 있지 아니한 것이 현저하게 불합리한 자의적인 차별이라고 볼 수 없어 평등원칙에 위배되지 아니한다(헌재 2011. 12. 29. 2009헌마354).

2. 구조금의 지급요건

국가는 구조대상 범죄피해를 받은 사람이 피해의 전부 또는 일부를 배상받지 못하는 경우 또는 자기 또는 타인의 형사사건의 수사 또는 재판에서 고소·고발 등 수사단서를 제공하거나 진술, 증언 또는 자료제출을 하다가 구조피해자가 된 경우에 해당하면 구조피해자 또는 그 유족에게 범죄피해 구조금을 지급한다(범죄피해자 보호법 제16조).

IV 범죄피해자구조금

1. 구조금의 종류

구조금은 유족구조금·장해구조금 및 중상해구조금으로 구분하며, 일시금으로 지급한다(범죄피해자 보호법 제17조 제1항).

2. 구조금의 지급 제한

(1) 구조금의 지급 금지

범죄행위 당시 구조피해자와 가해자 사이에 부부(사실상의 혼인관계 포함), 직계혈족, 4촌 이내의 친족, 동거친족 관계가 있는 경우에는 구조금을 지급하지 아니한다(범죄피해자 보호법 제19조 제1항).

(2) 다른 법령에 따른 급여를 받을 수 있는 경우

구조피해자나 유족이 해당 구조대상 범죄피해를 원인으로 하여 국가배상법이나 그 밖의 법령에 따른 급여 등을 받을 수 있는 경우에는 대통령령으로 정하는 바에 따라 구조금을 지급하지 아니한다(범죄피해자 보호법 제20조).

(3) 손해배상을 받은 경우

국가는 구조피해자나 유족이 해당 구조대상 범죄피해를 원인으로 하여 손해배상을 받았으면 그 범위에서 구조금을 지급하지 아니한다(범죄피해자 보호법 제21조 제1항).

V 범죄피해자구조금의 결정 및 청구

1. 범죄피해구조심의회의 설치

구조금 지급에 관한 사항을 심의·결정하기 위하여 각 지방검찰청에 범죄피해구조심의회(지구심의회)를 두고 법무부에 범죄피해구조본부심의회(본부심의회)를 두며(범죄피해자 보호법 제24조 제1항), 지구심의회 및 본부심의회는 법무부장관의 지휘·감독을 받는다(범죄피해자 보호법 제24조 제2항).

2. 범죄피해자구조금의 신청

(1) 구조금 신청 대상기관

구조금을 받으려는 사람은 법무부령으로 정하는 바에 따라 그 주소지, 거주지 또는 범죄 발생지를 관할하는 지구심의회에 신청하여야 한다(범죄피해자 보호법 제25조 제1항).

(2) 구조금 신청 기간

구조금의 신청은 해당 구조대상 범죄피해의 발생을 안 날부터 3년이 지나거나 해당 구조대상 범죄피해가 발생한 날부터 10년이 지나면 할 수 없다(범죄피해자 보호법 제25조 제2항).

> **판례**
>
> ▶ **구 범죄피해자구조법 제12조 제2항에서 범죄피해가 발생한 날부터 5년이 경과한 경우에는 구조금의 지급신청을 할 수 없다고 규정한 것이 평등원칙에 위배되는지**(소극) : 오늘날 현대사회에서 인터넷의 보급 등 교통·통신수단이 상대적으로 매우 발달하여 여러 정보에 대한 접근이 용이해진 점과 일반 국민의 권리의식이 신장된 점 등에 비추어 보면, 범죄피해가 발생한 날부터 5년이라는 청구기간이 지나치게 단기라든지 불합리하여 범죄피해자의 구조청구권 행사를 현저히 곤란하게 하거나 사실상 불가능하게 하는 것으로는 볼 수 없고, 합리적인 이유가 있다고 할 것이어서 평등원칙에 위반되지 아니한다(헌재 2011. 12. 29. 2009헌마354).

3. 구조결정

지구심의회는 구조금 신청을 받으면 신속하게 구조금을 지급하거나 지급하지 아니한다는 결정을 하여야 한다(범죄피해자 보호법 제26조). 지구심의회에서 구조금 지급신청을 기각 또는 각하하면 신청인은 결정의 정본이 송달된 날부터 2주일 이내에 그 지구심의회를 거쳐 본부심의회에 재심을 신청할 수 있다(범죄피해자 보호법 제27조 제1항).

4. 구조금을 받을 권리

(1) 소멸시효

구조금을 받을 권리는 그 구조결정이 해당 신청인에게 송달된 날부터 2년간 행사하지 아니하면 시효로 인하여 소멸된다(범죄피해자 보호법 제31조).

(2) 구조금 수급권의 보호

구조금을 받을 권리는 양도하거나 담보로 제공하거나 압류할 수 없다(범죄피해자 보호법 제32조).

07 사회적 기본권

제1절 인간다운 생활을 할 권리

> **헌법 제34조**
> ① 모든 국민은 인간다운 생활을 할 권리를 가진다.

제1항 인간다운 생활을 할 권리의 의의 등

Ⅰ 인간다운 생활을 할 권리의 의의

인간다운 생활을 할 권리는 사회권적 기본권의 일종으로서 인간의 존엄에 상응하는 최소한의 물질적인 생활의 유지에 필요한 급부를 요구할 수 있는 권리를 의미하는데, 이러한 권리는 국가가 재정형편 등 여러 가지 상황들을 종합적으로 감안하여 법률을 통하여 구체화할 때에 비로소 인정되는 법률적 권리이다(헌재 2004. 10. 28. 2002헌마328). 한편 인간다운 생활이란 그 자체가 추상적이고 상대적인 개념으로서 그 나라의 문화의 발달, 역사적·사회적·경제적 여건에 따라 어느 정도는 달라질 수 있다(헌재 2004. 10. 28. 2002헌마328).

Ⅱ 인간다운 생활을 할 권리의 법적 성격

인간다운 생활을 할 권리로부터는 인간의 존엄에 상응하는 최소한의 물질적인 생활의 유지에 필요한 급부를 요구할 수 있는 구체적인 권리가 상황에 따라서는 직접 도출될 수 있다고 할 수는 있어도, 동 기본권이 직접 그 이상의 급부를 내용으로 하는 구체적인 권리를 발생케 한다고는 볼 수 없다. 이러한 구체적 권리는 국가가 재정형편 등 여러 가지 상황들을 종합적으로 감안하여 법률을 통하여 구체화할 때에 비로소 인정되는 법률적 차원의 권리이다(헌재 1995. 7. 21. 93헌가14).

✍ 판례

▶ **고용보험법상 육아휴직 급여를 받을 권리** : 육아휴직 급여제도는 보험가입자(사업주와 근로자)가 납부하는 보험료와 국고부담 등을 재원으로 하여 근로자 가정에서의 임신, 출산, 양육으로 인해 임금노동을 수행하지 못함으로써 발생하는 사적 영역에서의 위험을 보험방식으로 대처하는 사회보험제도이다. 고용보험법상 육아휴직 급여를 받을 권리는 인간다운 생활을 할 권리(헌법 제34조 제1항) 및 이를 보장하기 위한 구체적 제도로서 사회보장과 사회복지에 관한 정책을 마련하고 실시할 국가의 의무(헌법 제34조 제2항)와 혼인과 가족을 지원하고 보호해야 할 국가의 의무(헌법 제36조 제1항)에 근거하여 형성된 권리이다. 또한, 육아휴직 급여제도는 고용보험료의 납부를 통하여 육아휴직 급여수급권자도 그 재원의 형성에 일부 기여한다는 점에서 후불임금의 성격도 가미되어 있으므로, 고용보험법상 육아휴직 급여수급권은 경제적 가치가 있는 권리로서 헌법 제23조에 의하여 보장되는 재산권의 성격도 가지고 있다(헌재 2023. 2. 23. 2018헌바240).

Ⅲ 인간다운 생활을 할 권리의 내용

> **헌법 제34조**
> ② 국가는 사회보장·사회복지의 증진에 노력할 의무를 진다.
> ③ 국가는 여자의 복지와 권익의 향상을 위하여 노력하여야 한다.
> ④ 국가는 노인과 청소년의 복지향상을 위한 정책을 실시할 의무를 진다.
> ⑤ 신체장애자 및 질병·노령 기타의 사유로 생활능력이 없는 국민은 법률이 정하는 바에 의하여 국가의 보호를 받는다.
> ⑥ 국가는 재해를 예방하고 그 위험으로부터 국민을 보호하기 위하여 노력하여야 한다.

✎ 판례

▶ **헌법 제34조로부터 지방자치단체장을 위한 퇴직급여제도를 마련할 입법의무가 도출되는지**(소극) : 퇴직 이후의 생활 안정과 보장을 위한 퇴직연금 등 각종 사회보장수급권은 사회적 기본권으로서 헌법 제34조의 인간다운 생활을 할 권리에 그 헌법적 근거를 두고 있다. 그러나 기본적으로 사회적 기본권의 구체적인 실현에 있어서 입법자는 광범위한 형성의 자유를 가지므로 헌법 제34조로부터 바로 지방자치단체장을 위한 별도의 퇴직급여제도를 마련할 입법의무가 도출된다고 보기 어렵다(헌재 2014. 6. 26. 2012헌마459).

제2항 인간다운 생활을 할 권리의 효력

Ⅰ 행위규범과 통제규범

모든 국민은 인간다운 생활을 할 권리를 가지며 국가는 생활능력 없는 국민을 보호할 의무가 있다는 헌법의 규정은 모든 국가기관을 기속하지만, 그 기속의 의미는 적극적·형성적 활동을 하는 입법부 또는 행정부의 경우와 헌법재판에 의한 사법적 통제기능을 하는 헌법재판소에 있어서 동일하지 아니하다. 위와 같은 헌법의 규정이 '입법부나 행정부'에 대하여는 국민소득, 국가의 재정능력과 정책 등을 고려하여 가능한 범위안에서 최대한으로 모든 국민이 물질적인 최저생활을 넘어서 인간의 존엄성에 맞는 건강하고 문화적인 생활을 누릴 수 있도록 하여야 한다는 행위의 지침 즉 '행위규범'으로서 작용하지만, '헌법재판'에 있어서는 다른 국가기관 즉 입법부나 행정부가 국민으로 하여금 인간다운 생활을 영위하도록 하기 위하여 객관적으로 필요한 최소한의 조치를 취할 의무를 다하였는지를 기준으로 국가기관의 행위의 합헌성을 심사하여야 한다는 '통제규범'으로 작용하는 것이다(헌재 1997. 5. 29. 94헌마33).

✎ 판례

▶ **국가가 인간다운 생활을 보장하기 위한 헌법적 의무를 다하지 못한 경우** : 국가가 인간다운 생활을 보장하기 위한 헌법적 의무를 다하였는지의 여부가 사법적 심사의 대상이 된 경우에는, 국가가 생계보호에 관한 입법을 전혀 하지 아니하였다든가 그 내용이 현저히 불합리하여 헌법상 용인될 수 있는 재량의 범위를 명백히 일탈한 경우에 한하여 인간다운 생활을 할 권리를 보장한 헌법에 위반된다고 할 수 있다(헌재 1997. 5. 29. 94헌마33).

Ⅱ 위헌심사의 대상

국가가 행하는 생계보호의 수준이 그 재량의 범위를 명백히 일탈하였는지의 여부, 즉 인간다운 생활을 보장하기 위한 객관적 내용의 최소한을 보장하고 있는지의 여부는 생활보호법에 의한 생계보호급여만을 가지고 판단하여서는 아니되고 그외의 법령에 의거하여 국가가 생계보호를 위하여 지급하는 각종 급여나 각종 부담의 감면 등을 총괄한 수준을 가지고 판단하여야 한다(헌재 1997. 5. 29. 94헌마33).

> 🖈 **판례**
>
> ▶ **생계보호수준이 최저생계비에도 미치지 못하는 94년도 생계보호기준이 인간다운 생활을 할 권리를 침해하는지**(소극) : 1994년도를 기준으로 생활보호대상자에 대한 생계보호급여와 그 밖의 각종 급여 및 각종 부담감면의 액수를 고려할 때, 이 사건 생계보호기준이 청구인들의 인간다운 생활을 보장하기 위하여 국가가 실현해야 할 객관적 내용의 최소한도의 보장에도 이르지 못하였다거나 헌법상 용인될 수 있는 재량의 범위를 명백히 일탈하였다고 보기 어렵고, 따라서 비록 위와 같은 생계보호의 수준이 일반 최저생계비에 못미친다고 하더라도 그 사실만으로 곧 그것이 헌법에 위반된다거나 청구인들의 행복추구권이나 인간다운 생활을 할 권리를 침해한 것이라고는 볼 수 없다(헌재 1997. 5. 29. 94헌마33).
>
> ▶ **기초생활보장제도의 보장단위인 개별가구에서 교도소·구치소에 수용 중인 자를 제외토록 규정한 '국민기초생활 보장법 시행령' 제2조 제2항 제3호 부분이 교도소·구치소에 수용 중인 자의 헌법상 인간다운 생활을 할 권리를 침해하는지**(소극) : 생활이 어려운 국민에게 필요한 급여를 행하여 이들의 최저생활을 보장하기 위해 제정된 '국민기초생활 보장법'은 부양의무자에 의한 부양과 다른 법령에 의한 보호가 이 법에 의한 급여에 우선하여 행하여지도록 하는 보충급여의 원칙을 채택하고 있는바, 형집행법에 의한 교도소·구치소에 수용 중인 자는 당해 법률에 의하여 생계유지의 보호를 받고 있으므로 이러한 생계유지의 보호를 받고 있는 교도소·구치소에 수용 중인 자에 대하여 '국민기초생활 보장법'에 의한 중복적인 보장을 피하기 위하여 개별가구에서 제외키로 한 입법자의 판단이 헌법상 용인될 수 있는 재량의 범위를 일탈하여 인간다운 생활을 할 권리를 침해한다고 볼 수 없다(헌재 2011. 3. 31. 2009헌마617).
>
> ▶ **고용보험법 제70조 제2항 본문 중 '육아휴직이 끝난 날 이후 12개월 이내에 신청하여야 한다' 부분이 육아휴직급여수급권자의 인간다운 생활을 할 권리나 재산권을 침해하는지**(소극) : 심판대상조항은 권리의무관계를 조기에 확정하고 고용보험기금 재정운용의 불안정성을 차단하여 기금재정을 합리적으로 운용하기 위한 것으로서 합리적인 이유가 있다. 육아휴직 수급권자가 육아휴직이 끝난 날 이후 12개월 이내에 급여를 신청하는 데 큰 부담이 있다고 보기 어렵고, 신청기간의 제한은 최초의 육아휴직 급여 신청 시에만 적용되어 국면이 한정적이며, 고용보험법 시행령에서 신청기간의 예외 사유도 인정하고 있는 등 그 내용이 현저히 불합리하여 헌법상 용인될 수 있는 재량의 범위를 명백히 벗어났다고 볼 수 없다. 따라서 심판대상조항은 육아휴직 급여수급권자의 인간다운 생활을 할 권리나 재산권을 침해한다고 볼 수 없다(헌재 2023. 2. 23. 2018헌바240).

제2절 　사회보장수급권

> **헌법 제34조**
> ② 국가는 사회보장·사회복지의 증진에 노력할 의무를 진다.

제1항 　사회보장수급권의 의의 등

Ⅰ 사회보장수급권의 의의

사회보장수급권이란 사회적 위험으로 인하여 요보호상태에 있는 개인이 인간의 존엄에 상응한 인간다운 생활을 영위하기 위하여 국가에 대해 일정한 내용의 적극적 급부를 요구할 수 있는 권리를 말한다.

Ⅱ 사회보장수급권의 법적 성격 등

1. 법적 성격

사회보장수급권은 헌법 제34조 제1항과 제2항의 규정들로부터 도출되는 사회적 기본권의 하나이다. 사회적 기본권의 성격을 가지는 사회보장수급권은 국가에 대하여 적극적으로 급부를 요구하는 것이므로 헌법 규정만으로는 실현할 수 없고, 법률에 의한 형성을 필요로 한다. 사회보장수급권의 구체적 내용, 즉 수급 요건, 수급권자의 범위, 급여금액 등은 법률에 의하여 비로소 확정된다(헌재 2001. 9. 27. 2000헌마342).

2. 입법형성권

사회보장수급권과 같은 사회적 기본권을 법률로 형성함에 있어 입법자는 광범위한 형성의 자유를 누린다. 국가의 재정능력, 국민 전체의 소득 및 생활수준, 기타 여러 가지 사회적·경제적 여건 등을 종합하여 합리적인 수준에서 결정할 수 있고, 그 결정이 현저히 자의적이거나, 사회적 기본권의 최소한도의 내용마저 보장하지 않은 경우에 한하여 헌법에 위반된다(헌재 1999. 4. 29. 97헌마333).

제2항 사회보장수급권의 내용

I 사회보험수급권

1. 사회보험의 의의

사회보험이란 경제적 약자에게 질병·상해 등 상당한 재산상의 부담이 되는 사고가 발생한 경우 그 위험부담을 국가적인 보험기술을 통하여 다수인에게 분산시키는 사회보장제도를 말한다.

2. 사회보험료

(1) 사회보험료의 의의

사회보험료는 기존의 공과금체계에 편입시킬 수 없는 독자적 성격을 가진 공과금이다. 특정의 반대급부 없이 금전납부의무를 부담하는 세금과는 달리, 보험료는 반대급부인 보험급여를 전제로 하고 있으며, 한편으로는 특정 이익의 혜택이나 특정 시설의 사용가능성에 대한 금전적 급부인 수익자부담금과는 달리, 급여혜택을 받지 못하는 제3자인 사용자에게도 보험료 납부의무가 부과된다는 점에서 수익자부담금과 그 성격을 달리한다(헌재 2001. 8. 30. 2000헌마668).

(2) 사회보험료 형성의 원칙

사회보험료를 형성하는 2가지 중요한 원리는 '보험의 원칙'과 '사회연대의 원칙'이다. 보험의 원칙이란 소위 등가성의 원칙이라고도 하는데, 이는 보험료와 보험급여간의 등가원칙을 말한다. 사회연대의 원칙은 국민들에게 최소한의 인간다운 생활을 보장해야 할 국가의 의무를 부과하는 사회국가원리에서 나온다. 보험료의 형성에 있어서 사회연대의 원칙은 보험료와 보험급여 사이의 개별적 등가성의 원칙에 수정을 가하는 원리일 뿐만 아니라, 사회보험체계 내에서의 소득의 재분배를 정당화하는 근거이며, 보험의 급여수혜자가 아닌 제3자인 사용자의 보험료 납부의무(이질부담)를 정당화하는 근거이기도 하다. 또한 사회연대의 원칙은 사회보험에의 강제가입의무를 정당화하며, 재정구조가 취약한 보험자와 재정구조가 건전한 보험자 사이의 재정조정을 가능하게 한다(헌재 2001. 8. 30. 2000헌마668).

> ✗ 판례
>
> ▶**국민으로 하여금 건강보험에 의무적으로 가입하도록 한 국민건강보험법 제5조 제1항 본문이 일반적 행동자유권, 재산권을 침해하는지**(소극) : 소득재분배와 위험분산의 효과를 거두려는 사회보험의 목표는 임의가입의 형식으로 운영되는 한 달성하기 어렵고 법률로써 가입을 강제하여야만 이루어질 수 있다. 따라서 국민으로 하여금 건강보험에 강제로 가입하게 하는 것은 건강보험의 목적을 달성하기 위하여 적합하고도 반드시 필요한 조치이다. 그리고 위와 같은 목적에 비추어 볼 때 강제가입으로 인하여 달성되는 공익이 그로 인하여 침해되는 사익에 비하여 월등히 크다고도 할 수 있다. 결국, 보험에의 강제가입으로 인하여 일반적 행동의 자유로서 보험에 가입하지 않을 자유와 재산권 등에 제한이 가해진다 하더라도 이러한 기본권의 제한은 부득이한 것으로 볼 수 있다. 따라서 건강보험에의 강제가입에 관하여 규정한 이 사건 강제가입조항은 과잉금지원칙에 위배하여 청구인의 행복추구권, 재산권 등을 침해하는 것이라고 볼 수 없다(헌재 2022. 3. 31. 2019헌바212).

3. 사회보험의 내용

(1) 의료보험

1) 의료보험의 의의

의료보험제도는 피보험자인 국민이 납부하는 기여금 형태의 보험료와 국고부담을 재원으로 하여, 국민에게 발생하는 질병·상해·분만·사망 등 상당한 재산상 부담이 되는 사회적 위험을 보험방식에 의하여 대처하는 사회보험제도이다(헌재 2003. 12. 18. 2002헌바1).

2) 의료보험수급권의 법적 성격

의료보험법상의 보험급여는 가입자가 기여금의 형태로 납부한 보험료에 대한 반대급부의 성질을 갖는 것이고 본질상, 보험사고로 초래되는 가입자의 재산상의 부담을 전보하여 주는 경제적 유용성을 가지므로 의료보험수급권은 재산권의 성질을 갖는다. 법률에 의하여 구체적으로 형성된 의료보험수급권에 대하여 헌법재판소는 이를 재산권의 보장을 받는 공법상의 권리라고 판시하였다(헌재 2003. 12. 18. 2002헌바1).

✎ 판례

▶ **재정통합 후에도 지역가입자에 대해서만 국가가 보험료의 일부를 부담할 수 있도록 규정함으로써, 직장가입자와 지역가입자를 달리 취급하고 있는 국민건강보험법 제67조 제3항이 평등원칙에 위반되는지**(소극) : 직장가입자에 비하여 지역가입자에는 노인, 실업자, 퇴직자 등 소득이 없거나 저소득의 주민이 다수 포함되어 있고, 이러한 저소득층 지역가입자에 대하여 국가가 국고지원을 통하여 보험료를 보조하는 것은, 경제적·사회적 약자에게도 의료보험의 혜택을 제공해야 할 사회국가적 의무를 이행하기 위한 것이다. 사회보험의 목적이 모든 국민에게 최소한의 인간다운 생활을 보장하고자 하는 데 있으므로, 사회보험은 국가의 사회국가적 의무를 이행하기 위한 주요수단이다. 사회국가원리는 소득의 재분배의 관점에서 경제적 약자에 대한 보험료의 지원을 허용할 뿐만 아니라, 한걸음 더 나아가 정의로운 사회질서의 실현을 위하여 이를 요청하는 것이다. 따라서 국가가 저소득층 지역가입자를 대상으로 소득수준에 따라 보험료를 차등지원하는 것은 사회국가원리에 의하여 정당화되는 것이다. 결국, 국고지원에 있어서의 지역가입자와 직장가입자의 차별취급은 사회국가원리의 관점에서 합리적인 차별에 해당하는 것으로서 평등원칙에 위반되지 아니한다(헌재 2000. 6. 29. 99헌마289).

▶ **교도소에 수용된 때에는 국민건강보험급여를 정지하도록 한 국민건강보험법 조항이 수용자의 건강권 등을 침해하는지**(소극) : 교도소에 수용된 때에는 국민건강보험급여를 정지하도록 한 국민건강보험법 제49조 제4호는 수용자에게 불이익을 주기 위한 것이 아니라, 국가의 보호, 감독을 받는 수용자의 질병치료를 국가가 부담하는 것을 전제로 수용자에 대한 의료보장제도를 합리적으로 운영하기 위한 것이므로 입법목적의 정당성을 갖고 있다. 가사 국가의 예산상의 이유로 수용자들이 적절한 의료보장을 받지 못하는 것이 현실이라고 하더라도 이는 수용자에 대한 국가의 보건의무불이행에 기인하는 것이지 위 조항에 기인하는 것으로 볼 수 없다. 위 조항은 수용자의 의료보장수급권을 직접 제약하는 규정이 아니며, 입법재량을 벗어나 수용자의 건강권을 침해하거나 국가의 보건의무를 저버린 것으로 볼 수 없으므로 수용자의 건강권, 인간의 존엄성, 행복추구권, 인간다운 생활을 할 권리를 침해하는 것이라 할 수 없다(헌재 2005. 2. 24. 2003헌마31).

---

(2) 국민연금

국민연금제도는 국민의 노령·폐질 또는 사망에 대하여 연금급여를 실시함으로써 국민의 생활안정과 복지증진에 기여할 목적으로 그 부담을 국가적인 보험기술을 통하여 대량적으로 분산시킴으로써 구제를 도모하는 사회보험제도의 일종이며, 가입 여부·보험관계의 내용 등을 계약자유의 원칙에 의하여 정할 수 있는 사보험과는 달리 보험가입이 강제되고, 보험료를 강제징수할 수 있으며, 보험관계의 내용이 법률에 의하여 정하여지고, 사용자 또는 국가가 보험비용의 일부를 부담하는 등 보험원리에 부양원리가 결합된 공적보험제도로 사회보장에 관한 헌법규정인 제34조 제1항, 제2항, 제5항을 구체화하는 제도이다(헌재 2004. 6. 24. 2002헌바15).

> **판례**
>
> ▶ **연금연계법 공포일 전에 공무원연금 등 직역연금에서 국민연금으로 이동한 경우를 소급적인 연계신청의 허용대상에 포함시키지 않은 연금연계법 부칙 제2조 제2항 제2호가 연금연계법 공포일 전에 직역연금에서 국민연금으로 이동한 사람의 인간다운 생활을 할 권리를 침해하는지**(소극) : 국민연금과 직역연금은 원래 가입자와 재원이 다르고, 국민연금과 직역연금의 가입기간을 흠결 없이 연계하여야 할 입법의무가 헌법상 도출된다고 보기 어려운 점, 연금연계법 공포일 전에 직역연금에서 국민연금으로 이동한 경우 연계신청이 허용되지 않아 연금수급권을 취득하지 못하더라도 퇴직일시금과 반환일시금을 지급받을 수 있는 점 등을 고려하면, 이 사건 부칙조항이 연금연계법 공포일 전에 직역연금에서 국민연금으로 이동한 경우에 연계신청을 허용하지 않는다고 하여 현저히 자의적이거나 인간다운 생활을 보장하기 위하여 필요한 최소한도의 내용마저 보장하지 않는 것이라고 할 수 없으므로, 이 사건 부칙조항이 연금연계법 공포일 전에 직역연금에서 국민연금으로 이동한 사람의 인간다운 생활을 할 권리를 침해한다고 볼 수 없다(헌재 2015. 2. 26. 2013헌바419).
>
> ▶ **국민연금법 제73조 제1항 전문 제2호 중 사람이 사망할 당시 그에 의하여 생계를 유지하고 있던 25세 미만의 자녀에 관한 부분이 청구인들의 평등권을 침해하는지**(소극) : 유족연금은 원래 가계를 책임진 자의 사망으로 생활의 곤란을 겪게 될 가족의 생계보호를 위하여 도입된 제도로서, 자신이 보험료를 납부하여 그에 상응하는 급여를 받는 것이 아니라 결혼 또는 의존성 여부에 따라 결정되는 파생적 급여이고, 이 급여가 부모 등 가족의 기여에만 의지한다기보다는 전체 가입자가 불행을 당한 가입자의 가족을 원조하는 형태를 띠고 있다. 이러한 점에서 유족연금은 가입기간과 소득수준에 비례하는 노령연금과는 지급기준이 다르다. 또한 한정된 재원으로 유족연금 등 사회보장급부를 보다 절실히 필요로 하는 사람들에게 복지혜택을 주기 위해서는 그 필요성이 보다 절실하지 아니하는 사람들은 수급권자로부터 배제하지 않을 수 없다. 이러한 점을 고려할 때, 이 사건 유족 범위 조항이 사망한 가입자 등에 의하여 생계를 유지하고 있지 않은 자녀 또는 25세 이상인 자녀를 유족연금을 받을 수 있는 자녀의 범위에 포함시키지 않았다고 하더라도, 그 차별이 현저하게 불합리하거나 자의적인 차별이라고 볼 수 없다(헌재 2019. 2. 28. 2017헌마432).
>
> ▶ **국민연금법 제80조 제2항**(사망일시금 한도 조항)**이 청구인들의 재산권을 침해하는지**(소극) : 사망일시금 제도는 유족연금 또는 반환일시금을 지급받지 못하는 가입자 등의 가족에게 사망으로 소요되는 비용의 일부를 지급함으로써 국민연금제도의 수혜범위를 확대하고자 하는 차원에서 도입되었는데, 국민연금제도가 사회보장에 관한 헌법규정인 제34조 제1항, 제2항, 제5항을 구체화한 제도로서, 국민연금법상 연금수급권 내지 연금수급기대권이 재산권의 보호대상인 사회보장적 급여라고 한다면 사망일시금은 사회보험의 원리에서 다소 벗어난 장제부조적·보상적 성격을 갖는 급여로 사망일시금은 헌법상 재산권에 해당하지 아니하므로, 이 사건 사망일시금 한도 조항이 청구인들의 재산권을 제한한다고 볼 수 없다(헌재 2019. 2. 28. 2017헌마432).

(3) 공무원연금

1) 공무원연금제도의 의의

공무원연금제도는 공무원을 대상으로 퇴직 또는 사망과 공무로 인한 부상·질병·폐질에 대하여 적절한 급여를 실시함으로써, 공무원 및 그 유족의 생활안정과 복리향상에 기여함을 목적으로 하는 사회보장제도이고, 법기술적으로는 위의 사유가 발생한 때에 국가적인 보험기술을 통하여 그 부담을 여러 사람들에게 분산시킴으로써 구제를 도모하는 사회보험제도의 일종이다(헌재 1999. 4. 29. 97헌마333).

2) 공무원연금의 법적 성격

공무원연금법상의 각종 급여는 기본적으로 모두 '사회보장적 급여로서의 성격'을 가짐과 동시에 '공로보상 내지 후불임금으로서의 성격'도 함께 가지며 특히 퇴직연금수급권은 경제적 가치 있는 권리로서 헌법 제23조에 의하여 보장되는 재산권으로서의 성격을 가진다. 다만, 그 구체적인 급여의 내용, 기여금의 액수 등을 형성하는 데에 있어서는 직업공무원제도나 사회보험원리에 입각한 사회보장적 급여로서의 성격으로 인하여 일반적인 재산권에 비하여 입법자에게 상대적으로 보다 폭넓은 재량이 헌법상 허용된다(헌재 2005. 6. 30. 2004헌바42).

> **판례**
>
> ▶ 개정법에서 분할연금제도를 도입하면서 개정법 시행 후 최초로 지급사유가 발생한 사람부터 분할연금을 지급하도록 한 공무원연금법 부칙 제2조 제1항 전문이 개정법 시행일 이전에 공무원과 이혼한 배우자의 평등권을 침해하는지(소극) : 분할연금제도를 도입하면서 그 시행 전에 이혼한 사람들도 소급하여 분할연금수급권자가 될 수 있도록 한다면, 분할연금 수급권자에게 지급하여야 할 분할연금을 포함하여 이미 퇴직연금을 지급한 경우나 퇴직연금수급자가 이미 사망하여 퇴직연금이 소멸된 경우 등 과거에 이미 형성된 법률관계에 중대한 영향을 미쳐 법적 안정성이 훼손될 우려가 크다. 지급적용대상 조항은 이러한 문제를 방지하기 위하여 개정 법률의 적용대상을 제한한 것으로 충분히 납득할 이유가 있다. 따라서 2015년 개정 공무원연금법에 분할연금제도를 신설하면서, 그 지급적용 대상을 개정법 시행일 이후에 이혼한 사람으로 한정한 것은 입법재량의 범위를 벗어난 현저히 불합리한 차별이라고 보기 어려우므로, 지급적용대상 조항은 청구인의 평등권을 침해하지 아니한다(헌재 2018. 4. 26. 2016헌마54).
>
> ▶ 퇴직연금 수급자가 유족연금을 함께 받게 된 경우 그 유족연금액의 2분의 1을 빼고 지급하도록 하는 구 공무원연금법 제45조 제4항 부분이 청구인의 인간다운 생활을 할 권리 및 재산권을 침해하는지(소극) : 심판대상조항은 퇴직연금 수급자의 유족연금 수급권을 구체화함에 있어 급여의 적절성을 확보할 필요성, 한정된 공무원연금 재정의 안정적 운영, 우리 국민 전체의 소득 및 생활수준, 공무원 퇴직연금의 급여 수준, 유족연금의 특성, 사회보장의 기본원리 등을 종합적으로 고려하여 유족연금액의 2분의 1을 감액하여 지급하도록 한 것이므로, 입법형성의 한계를 벗어나 청구인의 인간다운 생활을 할 권리 및 재산권을 침해하였다고 볼 수 없다(헌재 2020. 6. 25. 2018헌마865).
>
> ▶ 재혼을 유족연금수급권 상실사유로 규정한 구 공무원연금법 제59조 제1항 제2호 중 '유족연금'에 관한 부분이 재혼한 배우자의 인간다운 생활을 할 권리와 재산권을 침해하는지(소극) : 부부는 민법상 서로 동거하며 부양하고 협조할 의무를 부담하므로, 공무원연금법은 공무원 또는 공무원이었던 자의 사망 당시 그에 의하여 부양되고 있던 배우자를 갑작스러운 소득상실의 위험으로부터 보호해야 할 필요성과 중요성을 인정하여 유족연금수급권자로 규정하고 있다. 따라서 심판대상조항이 배우자의 재혼을 유족연금수급권 상실사유로 규정한 것은 배우자가 재혼을 통하여 새로운 부양관계를 형성함으로써 재혼 상대방 배우자를 통한 사적 부양이 가능해짐에 따라 더 이상 사망한 공무원의 유족으로서의 보호의 필요성이나 중요성을 인정하기 어렵다고 보았기 때문이다. 이는 한정된 재원의 범위 내에서 부양의 필요성과 중요성 등을 고려하여 유족들을 보다 효과적으로 보호하기 위한 것이므로, 입법재량의 한계를 벗어나 재혼한 배우자의 인간다운 생활을 할 권리와 재산권을 침해하였다고 볼 수 없다(헌재 2022. 8. 31. 2019헌가31).

PART 02

▶ 공무원 또는 공무원이었던 자가 재직중의 사유로 금고 이상의 형을 받은 때에는 대통령령이 정하는 바에 의하여 퇴직급여 및 퇴직수당의 일부를 감액하여 지급하도록 한 공무원연금법 제64조 제1항 제1호가 재산권을 침해하고 평등의 원칙에 위배되는지(적극) : 공무원의 신분이나 직무상 의무와 관련이 없는 범죄의 경우에도 퇴직급여 등을 제한하는 것은, 공무원범죄를 예방하고 공무원이 재직중 성실히 근무하도록 유도하는 입법목적을 달성하는 데 적합한 수단이라고 볼 수 없다. 그리고 특히 과실범의 경우에는 공무원이기 때문에 더 강한 주의의무 내지 결과발생에 대한 가중된 비난가능성이 있다고 보기 어려우므로, 퇴직급여 등의 제한이 공무원으로서의 직무상 의무를 위반하지 않도록 유도 또는 강제하는 수단으로서 작용한다고 보기 어렵다. 단지 금고 이상의 형을 받았다는 이유만으로 이미 공직에서 퇴출당할 공무원에게 더 나아가 일률적으로 그 생존의 기초가 될 퇴직급여 등까지 반드시 감액하도록 규정한다면 그 법률조항은 침해되는 사익에 비해 지나치게 공익만을 강조한 입법이라고 아니할 수 없다. 나아가 이 사건 법률조항은 퇴직급여에 있어서는 국민연금법상의 사업장 가입자에 비하여, 퇴직수당에 있어서는 근로기준법상의 근로자에 비하여 각각 차별대우를 하고 있는바, 이는 자의적인 차별에 해당한다(헌재 2007. 3. 29. 2005헌바33 헌법불합치).

▶ 공무원이 '직무와 관련 없는 과실로 인한 경우' 및 '소속상관의 정당한 직무상의 명령에 따르다가 과실로 인한 경우'를 제외하고 재직 중의 사유로 금고 이상의 형을 받은 경우, 퇴직급여 등을 감액하도록 규정한 공무원연금 제64조 제1항 제1호가 청구인들의 재산권, 인간다운 생활을 할 권리를 침해하는지(소극) : 이 사건 감액조항은 공무원범죄를 예방하고 공무원이 재직 중 성실히 근무하도록 유도하기 위한 것으로서 그 입법목적은 정당하고, 수단도 적절하다. 이 사건 감액조항은 퇴직급여 등의 감액사유에서 '직무와 관련 없는 과실로 인하여 범죄를 저지른 경우' 및 '소속 상관의 정당한 직무상의 명령에 따르다가 과실로 인하여 범죄를 저지른 경우'를 제외하고, 이러한 범죄행위로 인하여 그 결과 '금고 이상의 형을 받은 경우'로 한정한 점, 감액의 범위도 국가 또는 지방자치단체의 부담 부분을 넘지 않도록 한 점 등을 고려하면 침해의 최소성도 인정된다. 청구인들은 퇴직급여의 일부가 감액되는 사익의 침해를 받지만, 이는 공무원 자신이 저지른 범죄에서 비롯된 것인 점, 공무원 개개인이나 공직에 대한 국민의 신뢰를 유지하고자 하는 공익이 결코 적지 않은 점, 특히 이 사건 감액조항은 구법조항보다 감액사유를 더욱 한정하여 침해되는 사익을 최소화하고자 하였다는 점에서 법익의 균형성도 인정된다. 따라서 이 사건 감액조항은 청구인들의 재산권과 인간다운 생활을 할 권리를 침해하지 아니한다(헌재 2013. 8. 29. 2010헌바354).

▶ 공무원이거나 공무원이었던 사람이 재직 중의 사유로 금고 이상의 형을 받거나 형이 확정된 경우 퇴직급여 및 퇴직수당의 일부를 감액하여 지급함에 있어 그 이후 형의 선고의 효력을 상실하게 하는 특별사면 및 복권을 받은 경우를 달리 취급하는 규정을 두지 아니한 구 공무원연금법 제64조 제1항 제1호 등이 재산권, 인간다운 생활을 할 권리를 침해하여 헌법에 위반되는지(소극) : 공무원이 범죄행위로 형사처벌을 받은 경우 국민의 신뢰가 손상되고 공직 전체에 대한 신뢰를 실추시켜 공공의 이익을 해하는 결과를 초래하는 것은 그 이후 특별사면 및 복권을 받아 형의 선고의 효력이 상실된 경우에도 마찬가지이다. 또한, 형의 선고의 효력을 상실하게 하는 특별사면 및 복권을 받았다 하더라도 그 대상인 형의 선고의 효력이나 그로 인한 자격상실 또는 정지의 효력이 장래를 향하여 소멸되는 것에 불과하고, 형사처벌에 이른 범죄사실 자체가 부인되는 것은 아니므로, 공무원범죄에 대한 제재수단으로서의 실효성을 확보하기 위하여 특별사면 및 복권을 받았다 하더라도 퇴직급여 등을 계속 감액하는 것을 두고 현저히 불합리하다고 평가할 수 없다. 나아가 심판대상조항에 의하여 퇴직급여 등의 감액대상이 되는 경우에도 본인의 기여금 부분은 보장하고 있다. 따라서 심판대상조항은 그 합리적인 이유가 인정되는바, 재산권 및 인간다운 생활을 할 권리를 침해한다고 볼 수 없어 헌법에 위반되지 아니한다(헌재 2020. 4. 23. 2018헌바402).

▶ **범죄의 종류와 그 형의 경중을 가리지 않고 재직기간 5년 이상인 공무원에게 금고 이상의 형이 있으면 무조건 퇴직급여의 2분의 1을 감액하도록 규정하고 있는 구 공무원연금법 시행령 제55조 제1항 제1호 나목이 재산권 및 인간다운 생활을 할 권리를 침해하는지**(소극) : 이 사건 시행령조항이 공무원에게 금고 이상의 형이 있는 경우 재직기간 5년을 기준으로 퇴직급여 감액의 정도를 달리한 것은, 퇴직급여 산정방법상 재직기간이 짧을수록 급여액 중 본인의 기여금이 차지하는 비율이 상대적으로 높은 것을 감안하여 재직기간이 짧은 사람의 경우에는 감액의 수준을 낮게 하고 재직기간이 긴 사람은 감액의 수준을 높게 하여 감액의 정도를 실질화한 것이고, 퇴직급여를 감액하는 경우에도 이미 낸 기여금 및 그에 대한 이자의 합산액 이하로는 감액할 수 없다고 하여 공무원의 퇴직급여를 보호하는 장치도 마련하고 있는바, 재직 중의 사유로 금고 이상의 형을 받은 경우 재직기간이 5년 이상인 공무원에 대하여 그 퇴직급여를 2분의 1 감액하도록 한 것은 입법재량의 한계를 넘은 것이라고 보기 어려우므로, 이 사건 시행령조항은 재산권, 인간다운생활을 할 권리, 평등권을 침해하지 아니한다(헌재 2019. 2. 28. 2017헌마403).

▶ **공무원연금법상 급여를 받을 권리의 압류를 금지하는 구 공무원연금법 제32조 제1항 등이 청구인의 재산권을 침해하는지**(소극) : 공무원연금법상의 급여는 퇴직공무원 및 그 유족의 생활안정과 복리향상을 위한 사회보장적 급여로서의 성질을 가지므로, 일신전속성이 강하고 사적거래의 대상으로 삼기에 적합하지 아니하며 압류를 금지할 필요성이 크다. 이 사건 법률조항은 급여수급권에 대하여만 압류를 금지할 뿐 급여를 받은 이후까지 압류를 금지하는 것은 아니므로 채권자가 급여에 대하여 전혀 강제집행을 할 수 없는 것이 아니다. 또 공무원연금법이 민사소송법의 일반 규정과 달리 급여수급권 전액에 대하여 압류를 금지한 것은 입법자가 급여의 사회보장적 성격과 압류금지의 필요성 등 여러 사정을 고려하여 결정한 것으로 합리적 이유가 있다. 따라서 이 사건 법률조항에서 공무원연금법상 각종 급여수급권 전액에 대하여 압류를 금지한 것이 기본권 제한의 입법적 한계를 넘어서 재산권의 본질적 내용을 침해한 것이라고 볼 수는 없다(헌재 2018. 7. 26. 2016헌마260).

▶ **공무원이 퇴직한 뒤에는 재직기간 합산을 할 수 없도록 규정한 공무원연금법 제23조 제2항이 청구인의 공무원연금수급권을 침해하는지**(소극) : 공무원연금의 재원은 개인이 부담하는 기여금과 국가 등이 부담하는 부담금 등으로 형성되므로 한정적일 수밖에 없어서, 연금의 안정적 재정 운용을 위하여 재직기간 합산에 일정한 제한을 둔 것은 입법목적이 정당하고 그 수단도 적절하다. 그리고 공무원이 받게 될 급여의 종류 · 금액은 퇴직한 때를 기준으로 우선 확정되는 점, 공무원이 퇴직한 후에도 재직기간의 합산신청을 할 수 있도록 한다면 퇴직일시금을 수령한 뒤에도 이해관계를 따져 유리한 시점에 재직기간 합산을 신청함으로써 납부한 기여금 등에 비해 과도한 급여를 받을 수 있고 이로써 공무원연금의 재정적자가 가중되고 연금재정의 예측가능성도 나빠지는 점, 이 사건 합산 조항에 의하더라도 공무원은 그 퇴직 이전에는 기간 제한 없이 언제든지 재직기간 합산을 신청할 수 있는 점 등을 종합하면, 이 사건 합산 조항이 재직 중인 공무원에게만 재직기간 합산신청을 할 수 있도록 한 것이 입법형성의 한계를 벗어난 것이라고 볼 수 없다. 따라서, 이 사건 합산 조항은 청구인의 재산권으로서의 공무원연금수급권을 침해하지 않는다(헌재 2016. 3. 31. 2015헌바18).

▶ **공무원 퇴직연금의 수급요건을 재직기간 20년에서 10년으로 완화한 개정 공무원연금법 제46조 제1항의 적용대상을 법 시행일 당시 재직 중인 공무원으로 한정한 공무원연금법 부칙 제6조 부분이 청구인의 평등권을 침해하는지**(소극) : 2015. 6. 22. 공무원연금법이 개정되면서 퇴직연금의 수급요건인 재직기간이 20년에서 10년으로 완화되었는바, 이와 같은 개정을 하면서 그 적용대상을 제한하지 아니하고 이미 법률관계가 확정된 자들에게까지 소급한다면 그로 인하여 법적 안정성 문제를 야기하게 되고 상당한 규모의 재정부담도 발생하게 될 것이므로, 일정한 기준을 두어 적용대상을 제한한 것은 충분히 납득할 만한 이유가 있다. 이때 법률의 개정 · 공포일 즉시 법률을 시행하지 아니하고 약 6개월 뒤로 시행일을 정한 것은 개정법의 원활한 시행을 위하여 준비기간이 필요했기 때문으로, 심판대상조항으로 인하여 법률의 개정 · 공포일부터 시행일 사이에 퇴직한 사람이 완화된 퇴직연금 수급요건의 적용대상에서 제외된다 하더라도 이것은 불가피한 경우에 해당한다. 따라서 개정 법률을 그 시행일 전으로 소급적용하는 경과규정을 두지 않았다고 하여 이를 현저히 불합리한 차별이라고 볼 수 없으므로, 심판대상조항은 청구인의 평등권을 침해하지 아니한다(헌재 2017. 5. 25. 2015헌마933).

(4) 군인연금

군인연금법상 퇴역연금은 군인이 장기간 충실히 복무한 공로에 대한 공적보상으로서 지급된다고 하는 은혜적 성질을 갖는 한편 퇴역연금 중 기여금에 상당한 부분만은 봉급연불적인 성질을 갖고 있을 뿐만 아니라, 군인이 부담하는 기여금은 군인인 기간 동안 및 퇴직 후에 있어서의 공적 재해보험의 성질이 있고 국고의 부담금은 군인과 그 가족을 위한 사회보장 부담금으로서의 성질이 있다 할 것이므로, 결국 퇴역연금은 퇴역군인의 생활을 보장하기 위한 사회보험 내지 사회보장·사회복지적인 성질도 함께 갖는다(헌재 1994. 6. 30. 92헌가9).

판례

▶ 유족연금수급권은 그 급여의 사유가 발생한 날로부터 5년간 이를 행사하지 아니하면 시효로 인하여 소멸하도록 규정한 구 군인연금법 제8조 제1항 본문 부분이 유족연금수급권자의 인간다운 생활을 할 권리 및 재산권을 침해하는 지(소극) : 심판대상조항은 연금재정의 불안정성을 차단하여 연금재정을 합리적으로 운용하기 위한 것이다. 군인연금이라는 사회보장 제도의 운영 목적과 연금재정체계 및 다른 법률에 정한 급여수급권에 관한 소멸시효 규정과 비교할 때 소멸시효 기간을 5년으로 정한 것은 수긍할 만한 이유가 존재한다. 한편, 심판대상조항은 유족연금수급권자가 급여의 사유가 발생하였는지를 알고 있는지 여부를 고려하는 예외를 두고 있지 않으나, 피보험자에 의해 부양되고 있던 유족이 피보험자의 사망사실을 알지 못하는 경우까지 상정하여 보호하지 않는다고 하여 이를 두고 정의와 형평의 이념에 반한다고 보기 어렵다. 따라서 심판대상조항은 유족연금수급권자의 인간다운 생활을 할 권리 및 재산권을 침해한다고 볼 수 없다(헌재 2021. 4. 29. 2019헌바412).

(5) 산업재해보험

헌법 제34조 제2항은 국가의 사회보장·사회복지 증진의무를, 같은 조 제6항은 재해예방 및 그 위험으로부터 국민을 보호해야 할 국가의 의무를 규정하고 있는데, 산재보험법상의 유족급여는 이러한 헌법 제34조의 인간다운 생활을 할 권리에 근거하여 산재보험법에 구체화된 사회보장적 성격의 보험급여라고 할 것이다(헌재 2012. 3. 29. 2011헌바133).

판례

▶ 근로자가 사업주의 지배관리 아래 출퇴근하던 중 발생한 사고로 부상 등이 발생한 경우만 업무상 재해로 인정하는 산재보험법 제37조 제1항 제1호 다목이 평등원칙에 위배되는지(적극) : 근로자의 출퇴근 행위는 업무의 전 단계로서 업무와 밀접·불가분의 관계에 있고, 사실상 사업주가 정한 출퇴근 시각과 근무지에 기속된다. 대법원은 출장행위 중 발생한 재해를 사업주의 지배관리 아래 발생한 업무상 재해로 인정하는데, 이러한 출장행위도 이동방법이나 경로선택이 근로자에게 맡겨져 있다는 점에서 통상의 출퇴근행위와 다를 바 없다. 따라서 통상의 출퇴근 재해를 업무상 재해로 인정하여 근로자를 보호해 주는 것이 산재보험의 생활보장적 성격에 부합한다. 사업장 규모나 재정여건의 부족 또는 사업주의 일방적 의사나 개인 사정 등으로 출퇴근용 차량을 제공받지 못하거나 그에 준하는 교통수단을 지원받지 못하는 비혜택근로자는 비록 산재보험에 가입되어 있다 하더라도 출퇴근 재해에 대하여 보상을 받을 수 없는데, 이러한 차별을 정당화할 수 있는 합리적 근거를 찾을 수 없다. 통상의 출퇴근 재해를 산재보험법상 업무상 재해로 인정할 경우 산재보험 재정상황이 악화되거나 사업주 부담 보험료가 인상될 수 있다는 문제점은 보상대상을 제한하거나 근로자에게도 해당 보험료의 일정 부분을 부담시키는 방법 등으로 어느 정도 해결할 수 있다. 반면에 통상의 출퇴근 중 재해를 입은 비혜택근로자는 가해자를 상대로 불법행위 책임을 물어도 충분한 구제를 받지 못하는 것이 현실이고, 심판대상조항으로 초래되는 비혜택근로자와 그 가족의 정신적·신체적 혹은 경제적 불이익은 매우 중대하다. 따라서 심판대상조항은 합리적 이유 없이 비혜택근로자를 자의적으로 차별하는 것이므로, 헌법상 평등원칙에 위배된다(헌재 2016. 9. 29. 2014헌바254 헌법불합치).

▶ 업무상 재해에 통상의 출퇴근 재해를 포함시키는 개정 법률조항을 개정법 시행 후 최초로 발생하는 재해부터 적용하도록 하는 산재보험법 부칙 제2조 부분이 헌법상 평등원칙에 위반되는지(적극): 최근 산재보험 재정수지와 적립금 보유액, 통상의 출퇴근 재해를 업무상 재해로 인정함에 따라 인상된 보험료율 등을 살펴보면, 헌법불합치결정(헌재 2016. 9. 29. 2014헌바254) 이후 통상의 출퇴근 사고를 당한 근로자에게 이미 위헌성이 확인된 구법 조항을 계속 적용하면서까지 산재보험 기금의 재정건전성을 담보할 필요가 있는지 의문이 있다. 또한 개정법은 통상의 출퇴근 재해 인정에 따른 산재보험 기금의 재정상 부담을 완화할 수 있는 다양한 방법을 마련하고 있다. 심판대상조항이 신법 조항의 소급적용을 위한 경과규정을 두지 않음으로써 개정법 시행일 전에 통상의 출퇴근 사고를 당한 비혜택근로자를 보호하기 위한 최소한의 조치도 취하지 않은 것은, 산재보험의 재정상황 등 실무적 여건이나 경제상황 등을 고려한 것이라고 하더라도, 그 차별을 정당화할 만한 합리적인 이유가 있는 것으로 보기 어렵고, 이 사건 헌법불합치결정의 취지에도 어긋난다. 따라서 심판대상조항은 헌법상 평등원칙에 위반된다(헌재 2019. 9. 26. 2018헌바218).

▶ 일정 범위의 사업을 산업재해보상보험법의 적용 대상에서 제외하면서 그 적용제외사업을 대통령령으로 정하도록 규정한 산재보험법 제6조 단서가 인간다운 생활을 할 권리 등을 규정한 헌법 제34조에 위배되는지(소극): 심판대상조항에 따라 대통령령으로 정하는 사업에 대하여는 산재보험이 적용되지 아니하나, 이는 사업의 종류와 규모 등에 따른 재해발생률, 그로 인한 비용부담의 정도 및 비용부담이 당해 사업에 미치는 영향의 차이와 국가의 산재보험 운용능력 등을 고려한 조치로 보이고, 나아가 심판대상조항에 따른 산재보험 적용제외사업의 사업주도 산재보험에 임의로 가입할 수 있는 점, 행정부가 산재보험의 운용실태를 조사·분석하여 적용제외사업의 범위를 적절히 조정해오고 있는 점 등을 고려하면, 심판대상조항의 내용이 현저히 불합리하여 헌법상 용인될 수 있는 재량의 범위를 명백히 일탈한 경우에 해당한다고 볼 수 없으므로, 심판대상조항이 헌법 제34조에 위배된다고 볼 수 없다(헌재 2018. 1. 25. 2016헌바466).

▶ 업무상 질병으로 인한 업무상 재해에 있어 업무와 재해 사이의 상당인과관계에 대한 입증책임을 이를 주장하는 근로자나 그 유족(근로자 측)에게 부담시키는 산업재해보상보험법 제37조 제1항 제2호가 사회보장수급권을 침해하는지(소극): 업무상 재해의 인정요건 중 하나로 '업무와 재해 사이에 상당인과관계'를 요구하고 근로자 측에게 그에 대한 입증을 부담시키는 것은 재해근로자와 그 가족에 대한 보상과 생활보호를 필요한 수준으로 유지하면서도 그와 동시에 보험재정의 건전성을 유지하기 위한 것으로서 그 합리성이 있다. 입증책임분배에 있어 권리의 존재를 주장하는 당사자가 권리근거사실에 대하여 입증책임을 부담한다는 것은 일반적으로 받아들여지고 있고, 통상적으로 업무상 재해를 직접 경험한 당사자가 이를 입증하는 것이 용이하다는 점을 감안하면, 이러한 입증책임의 분배가 입법재량을 일탈한 것이라고는 보기 어렵다. 또한 산업재해보상보험법 등은 근로복지공단으로 하여금 사업장 조사 등 업무상 재해 여부를 판단할 수 있는 자료를 실질적으로 조사·수집하게 하도록 하고 있는데 이는 근로자 측의 입증부담을 사실상 완화하는 역할을 할 수 있는 점 등을 고려할 때, 근로자 측이 현실적으로 부담하는 입증책임이 근로자 측의 보호를 위한 산업재해보상보험제도 자체를 형해화시킬 정도로 과도하다고 보기도 어렵다. 따라서 심판대상조항이 사회보장수급권을 침해한다고 볼 수 없다(헌재 2015. 6. 25. 2014헌바269).

Ⅱ 공적부조청구권

헌법 제34조
⑤ 신체장애자 및 질병·노령 기타의 사유로 생활능력이 없는 국민은 법률이 정하는 바에 의하여 국가의 보호를 받는다.

공적부조청구권이란 현실적으로 생활불능상태에 있거나 생계유지가 곤란한 사람에게 국가가 최종적인 생활보장수단으로서 갹출을 요건으로 하지 아니하고 최저생활에 필요한 급여를 제공하는 제도를 말한다.

> **판례**

▶ **기초연금법 제3조 제3항 제1호 중 '공무원연금법 제42조에 따른 퇴직연금일시금을 받은 사람과 그 배우자에게는 기초연금을 지급하지 아니한다'는 부분이 인간다운 생활을 할 권리를 침해하는지**(소극) : 심판대상조항은 공무원연금법에 따른 퇴직연금일시금을 지급받은 사람 및 그 배우자를 기초연금 수급권자의 범위에서 제외하고 있는바, 이는 한정된 재원으로 노인의 생활안정 및 복리향상이라는 기초연금법의 목적을 달성하기 위한 것으로서 합리성이 인정되고, 국가가 기초연금제도 외에도 다양한 노인복지제도와 저소득층 노인의 노후소득보장을 위한 기초생활보장제도를 실시하고 있으며, 퇴직공무원의 후생복지 및 재취업을 위한 사업을 실시하고 있는 점을 고려할 때 인간다운 생활을 할 권리를 침해한다고 볼 수 없다(헌재 2018. 8. 30. 2017헌바197).

▶ **기초연금 수급액을 '국민기초생활 보장법'상 이전소득에 포함시키도록 하는 구 '국민기초생활 보장법 시행령' 제5조 제1항 제4호 다목 부분이 청구인들과 같이 기초연금을 함께 수급하고 있거나 장차 수급하려는 '국민기초생활 보장법'상 수급자인 노인들의 인간다운 생활을 할 권리를 침해하는지**(소극) : 기초생활보장제도는 생활이 어려운 자에게 필요한 급여를 행하여 이들의 최저생활을 보장함과 동시에 그 자활을 조성함에 목적이 있는 것으로, 개인의 경제적 능력은 물론 사회보험을 비롯한 다른 사회보장제도 적용 이후에도 빈곤이 지속되는 경우에 작동하는 최후의 사회안전망으로서의 성격을 갖고 있는 점, 이 사건 시행령조항에도 불구하고 현금급여 등의 측면에서 청구인들의 삶의 질이 기초연금 수급 이전보다 불리해지는 것은 아니라는 점, 국가는 질병 등으로 인한 비용이 상대적으로 많이 발생할 수 있는 노인의 특성을 고려하여, 노인장기요양보험법에 따른 장기요양보험제도, 노인복지법에 기초한 노인일자리사업 및 노인주거복지시설제도 등 노인복지를 위한 다양한 제도를 실시하고 있는 점 등을 종합하여 보면, 이 사건 시행령조항으로 인하여 기초연금 수급액이 '국민기초생활 보장법'상 이전소득에 포함된다는 사정만으로, 국가가 노인가구의 생계보호에 관한 입법을 전혀 하지 아니하였다거나 그 내용이 현저히 불합리하여 헌법상 용인될 수 있는 재량의 범위를 명백히 일탈하였다고 보기는 어렵다(헌재 2019. 12. 27. 2017헌마1299)

Ⅲ 사회보상청구권

> **헌법 제32조**
> ⑥ 국가유공자·상이군경 및 전몰군경의 유가족은 법률이 정하는 바에 의하여 우선적으로 근로의 기회를 부여받는다.

1. 사회보상청구권의 의의

사회보상청구권이란 국가유공자가 상해 또는 사망하거나 노동능력을 상실함으로써 본인이나 유족의 생활이 곤궁하게 된 경우 본인이나 부양가족 또는 유족의 의료와 생활을 보장하기 위한 제도를 말한다.

2. 사회보상청구권의 법적 성격

헌법 제32조 제6항은 "국가유공자·상이군경 및 전몰군경의 유가족은 법률이 정하는 바에 의하여 우선적으로 근로의 기회를 부여받는다."고 규정하고 있는바, 이 규정이 언급하는 근로의 기회 제공은 국가유공자 등에 대한 보훈의 한 방법을 구체적으로 예시한 것일 뿐이고 전체로서의 이 규정이 가지는 의미는 국가가 국가유공자 등을 예우할 포괄적인 의무를 지고 있음을 선언하는 데 있다고 해석된다. 다만, 구체적인 보훈의 내용은 입법자가 국가의 경제수준, 재정능력, 국민감정 등을 종합적으로 고려하여 결정해야 하는 입법정책의 문제이므로 국가유공자가 받게 될 보훈은 법률에 규정됨으로써 비로소 구체적인 법적 권리로 형성된다(헌재 1995. 7. 21. 93헌가14).

✎ 판례

▶ 독립유공자예우법 제12조 제2항 제1호 중 '손자녀 1명에 한정하여 보상금을 지급하는 부분' 및 같은 조 제4항 제1호 중 '나이가 많은 손자녀를 우선하는 부분'이 청구인의 평등권을 침해하는지(소극) : 2014년 개정된 '독립유공자예우에 관한 법률'은 대통령령으로 정하는 생활수준 등을 고려하여 손자녀 1명에게 보상금을 지급하도록 한바, 유족의 생활 안정과 복지 향상을 도모하기 위하여 보상금이 가장 필요한 손자녀에게 보상금을 지급하여 보상금 수급권의 실효성을 보장하면서 아울러 국가의 재정부담 능력도 고려하였다. 아울러 2018년 개정된 독립유공자법은 독립유공자법 제12조에 따른 보상금을 받지 아니하는 손자녀에게 생활안정을 위한 지원금을 지급할 수 있도록 한바, 보상금을 지급받지 못하는 손자녀들에 대한 생활보호 대책을 마련하고 독립유공자법에 따른 보훈에 있어 손자녀간의 형평성도 고려하였다. 위와 같은 사정을 종합해 볼 때, 심판대상조항에 나타난 입법자의 선택이 명백히 그 재량을 일탈한 것이라고 보기 어려우므로 심판대상조항은 청구인의 평등권을 침해하지 아니한다(헌재 2018. 6. 28. 2015헌마304).

▶ 보훈보상대상자의 부모에 대한 유족보상금 지급 시 수급권자를 1인에 한정하고 나이가 많은 자를 우선하도록 규정한 '보훈보상대상자 지원에 관한 법률' 제11조 제1항 제2호 등이 나이가 적은 부모 일방을 합리적 이유없이 차별하는지(적극) : 국가의 재정부담능력 등이 허락하는 한도에서 보상금 총액을 일정액으로 제한하되, 그 범위 내에서 적어도 같은 순위의 유족들에게는 생활정도에 따라 보상금을 분할해서 지급하는 방법이 가능하다. 만약 다른 유족에 비하여 특별히 경제적으로 어려운 자가 있고, 그 이외의 유족에게는 생활보호의 필요성이 인정되지 않는다는 별도의 소명이 존재한다면 그 경우에는 보상금 수급권자의 범위를 경제적으로 어려운 자에게 한정하는 방법도 가능하다. 이처럼 국가의 재정부담을 늘리지 않으면서도 보훈보상대상자 유족의 실질적인 생활보호에 충실할 수 있는 방안이 존재하는 상황에서, 부모에 대한 보상금 지급에 있어서 예외 없이 오로지 1명에 한정하여 지급해야 할 필요성이 크다고 볼 수 없다. 심판대상조항이 국가의 재정부담능력의 한계를 이유로 하여 부모 1명에 한정하여 보상금을 지급하도록 하면서 어떠한 예외도 두지 않은 것에는 합리적 이유가 있다고 보기 어렵다(헌재 2018. 6. 28. 2016헌가14 헌법불합치).

▶ 6·25 전몰 군경자녀에게 6·25 전몰 군경자녀수당을 지급하면서 그 수급권자를 6·25 전몰 군경자녀 중 1명에 한정하고, 나이가 많은 자를 우선하도록 정한 구 국가유공자예우법 제16조의3 제1항 부분이 나이가 적은 6·25 전몰 군경자녀의 평등권을 침해하는지(적극) : 6·25 전몰 군경자녀 중 1명에게만 6·25 전몰 군경자녀수당을 지급한다면, 소액의 수당조차 전혀 지급받지 못하는 자녀의 생활보호는 미흡하게 된다. 국가의 재정부담능력 등 때문에 이 사건 수당의 지급 총액이 일정액으로 제한될 수밖에 없다고 하더라도, 그 범위 내에서 생활정도에 따라 이 사건 수당을 적절히 분할해서 지급한다면 이 사건 수당의 지급취지를 살리면서도 1명에게만 지급됨으로 인해 발생하는 불합리를 해소할 수 있다. 따라서 이 사건 법률조항이 6·25 전몰 군경자녀 중 1명에 한정하여 이 사건 수당을 지급하도록 하고 수급권자의 수를 확대할 수 있는 어떠한 예외도 두지 않은 것에는 합리적 이유가 있다고 보기 어렵다(헌재 2021. 3. 25. 2018헌가6 헌법불합치).

▶ 애국지사 본인에게 순국선열의 유족보다 더 많은 보상금을 주고, 순국선열의 유족과 애국지사의 유족에게 동일한 수준의 보상금 수급권을 인정하고 있는 구 독립유공자법 시행령 제6조의 [별표 1] 부분이 청구인의 평등권을 침해하는지(소극) : 애국지사는 일제의 국권침탈에 반대하거나 항거한 사실이 있는 당사자로서 조국의 자주독립을 위하여 직접 공헌하고 희생한 사람이지만, 순국선열의 유족은 일제의 국권침탈에 반대하거나 항거하다가 그로 인하여 사망한 당사자의 유가족으로서 독립유공자법이 정하는 바에 따라 그 공로에 대한 예우를 받는 지위에 있다. 독립유공자의 유족에 대하여 국가가 독립유공자법에 의한 보상을 하는 것은 유족 그 자신이 조국의 자주독립을 위하여 직접 공헌하고 희생하였기 때문이 아니라, 독립유공자의 공헌과 희생에 대한 보은과 예우로서 그와 한가족을 이루고 가족공동체로서 함께 살아온 그 유족에 대하여서도 그에 상응한 예우를 하기 위함이다. 애국지사 본인과 순국선열의 유족은 본질적으로 다른 집단이므로, 같은 서훈 등급임에도 순국선열의 유족보다 애국지사 본인에게 높은 보상금 지급액 기준을 두고 있다 하여 곧 청구인의 평등권이 침해되었다고 볼 수 없다(헌재 2018. 1. 25. 2016헌마319).

▶ 독립유공자예우법 제12조 제2항 단서 제1호 중 보상금을 받을 권리가 다른 손자녀에게 이전되지 않도록 하는 것에 관한 부분이 청구인의 평등권을 침해하는지(소극): 독립유공자 손자녀의 경우, 유공자의 사망이나 장해에 따른 영향이 자녀와 비교하여 덜 직접적이며 물질적·정신적 고통의 정도가 동등하다고 보기 어려우므로, 그에 대한 보호와 예우 필요성은 유공자의 자녀와 비교하여 상대적으로 적다. 독립유공자 손자녀는 자녀와 비교하여 다수이 며 평균연령이 낮으므로, 심판대상조항과 같은 제한을 두지 않고 손자녀 사이에 보상금을 받을 권리의 이전을 인정하면 국가 재정부담이 계속 증가할 여지가 있다. 독립유공자 손자녀 중 보상금을 받지 않는 사람에게는 생활 수준 등을 고려하여 '생활안정을 위한 지원금'이 지급될 수 있다. 또한, 독립유공자 손자녀에게는 교육지원, 취업 지원 등 비금전적 예우가 제공될 수 있으므로, 그 손자녀가 아무런 예우를 받지 못한다고 할 수 없다. 그러므로 심판대상조항이 보상금을 받을 권리의 이전과 관련하여 독립유공자의 손자녀를 달리 취급하고 있더라도 이것이 현저하게 합리성을 잃은 자의적인 차별이라 할 수 없으며, 심판대상조항은 청구인의 평등권을 침해하지 않는다 (헌재 2020. 3. 26. 2018헌마331 기각).

▶ 1945년 8월 15일 이후에 사망한 독립유공자의 유족으로 최초로 등록할 당시 자녀까지 모두 사망하거나 생존 자녀 가 보상금을 지급받지 못하고 사망한 경우에 한하여 독립유공자의 손자녀 1명에게 보상금을 지급하도록 하는 독립 유공자예우법 제12조 제2항 제2호가 청구인의 평등권을 침해하는지(소극): 1945년 8월 14일 이전에 사망한 독립 유공자는 희생의 정도가 큰 데 반해 독립유공자 본인은 물론 그 자녀들까지 보상금을 지급받지 못한 경우가 많다. 따라서 독립유공자의 사망 시기를 기준으로 손자녀에 대한 보상금의 요건을 달리 정한 것이 불합리한 차별을 야기 한다고 보기는 어렵다. 또한 심판대상조항 각목의 취지는 유족 간 형평을 고려하여 예외적으로 손자녀에게 보상금 지급의 기회를 열어주고자 하는 것으로서 합리적 이유가 있다. 따라서 심판대상조항이 1945년 8월 15일 이후에 사망한 독립유공자의 손자녀에 대하여 최초 등록 시 독립유공자 자녀의 사망 여부 또는 보상금 수령 여부를 기준 으로 보상금 지급 여부를 달리 취급하는 것은 평등권을 침해하지 않는다(헌재 2022. 1. 27. 2020헌마594 기각).

▶ 독립유공자의 유족 중 자녀의 범위에서 사후양자를 제외하는 독립유공자예우법 제5조 제3항 본문이 평등원칙에 위 반되는지(소극): 사후양자의 경우 양자가 되는 시점에 이미 독립유공자가 사망하였으므로, 독립유공자와 생계를 같 이하였거나 부양받는 상황에서 그의 희생으로 인하여 사회·경제적으로 예전보다 불리한 지위에 놓이게 될 여지가 없다. 사후양자와 일반양자는 생활의 안정과 복지의 향상을 도모할 필요성의 면에서 보면 상당한 차이가 있으므로, 본문조항이 서로를 달리 취급하는 것은 헌법상 평등원칙에 위반되지 않는다(헌재 2021. 5. 27. 2018헌바277).

▶ 1945년 8월 15일 이후에 독립유공자에게 입양된 양자의 경우 독립유공자, 그의 배우자 또는 직계존비속을 부양한 사실이 있는 자만 유족 중 자녀에 포함시키고 있는 독립유공자예우법 제5조 제3항 단서가 평등원칙에 위반되는지(소극): 1945년 8월 15일 이후에 독립유공자에게 입양된 양자가 독립유공자등을 부양한 사실이 없는 경우 유족의 범위에 서 제외하는 것은 독립유공자와 양자 상호간의 희생분담 등을 고려한 것으로서 현저히 불합리한 차별이라고 보기 는 어렵다. 따라서 단서조항이 헌법상 평등원칙에 위반된다고 볼 수 없다(헌재 2021. 5. 27. 2018헌바277).

Ⅳ 사회복지청구권

> **헌법 제34조**
> ③ 국가는 여자의 복지와 권익의 향상을 위하여 노력하여야 한다.
> ④ 국가는 노인과 청소년의 복지향상을 위한 정책을 실시할 의무를 진다.

사회복지란 공적부조대상자 등 요보호자가 자립의 생활능력을 계발하는 데 필요한 지원을 하는 국가적 활동을 말한다. 헌법이 제34조에서 여자(제3항), 노인·청소년(제4항), 신체장애자(제5항) 등 특 정 사회적 약자의 보호를 명시적으로 규정한 것은, '장애인과 같은 사회적 약자의 경우에는 개인 스스로가 자유행사의 실질적 조건을 갖추는 데 어려움이 많으므로, 국가가 특히 이들에 대하여 자유를 실질적으로 행사할 수 있는 조건을 형성하고 유지해야 한다.'는 점을 강조하고자 하는 것이다 (헌재 2002. 12. 18. 2002헌마52).

▶**노인주거복지시설에 대한 국가의 의무**: 헌법 제34조 제1항은 모든 국민은 인간다운 생활을 할 권리를 가진다고 하여 인간다운 생활을 할 권리를 보장하고, 동조 제4항은 국가는 노인과 청소년의 복지향상을 위하여 정책을 실시할 의무를 진다고 하고 있다. 한편, 헌법은 제35조 제3항에서 국가는 주택정책개발을 통하여 모든 국민이 쾌적한 주거생활을 할 수 있도록 노력해야 한다고 규정한다. 따라서 국가는 노인의 특성에 적합한 주택정책을 복지향상차원에서 개발하여 노인으로 하여금 쾌적한 주거활동을 할 수 있도록 노력하여야 할 의무를 부담한다(헌재 2016. 6. 30. 2015헌바46).

▶**65세 미만의 일정한 노인성 질병이 있는 사람의 장애인 활동지원급여 신청자격을 제한하는 '장애인활동 지원에 관한 법률' 제5조 제2호 본문 부분이 평등원칙에 위반되는지**(적극): 65세 미만의 비교적 젊은 나이인 경우, 자립욕구나 자립지원의 필요성이 높고, 질병의 치료효과나 재활의 가능성이 높은 편이므로 노인성 질병이 발병하였다고 하여 곧 사회생활이 객관적으로 불가능하다거나, 가내에서의 장기요양의 욕구·필요성이 급격히 증가한다고 평가할 것은 아니다. 또한 활동지원급여와 장기요양급여는 급여량 편차가 크고, 사회활동 지원 여부 등에 있어 큰 차이가 있다. 그럼에도 불구하고 65세 미만의 장애인 가운데 일정한 노인성 질병이 있는 사람의 경우 일률적으로 활동지원급여 신청자격을 제한한 데에 합리적 이유가 있다고 보기 어려우므로 심판대상조항은 평등원칙에 위반된다(헌재 2020. 12. 23. 2017헌가22 헌법불합치).

제3절 교육을 받을 권리

헌법 제31조
① 모든 국민은 능력에 따라 균등하게 교육을 받을 권리를 가진다.
② 모든 국민은 그 보호하는 자녀에게 적어도 초등교육과 법률이 정하는 교육을 받게 할 의무를 진다.
③ 의무교육은 무상으로 한다.
④ 교육의 자주성·전문성·정치적 중립성 및 대학의 자율성은 법률이 정하는 바에 의하여 보장된다.
⑤ 국가는 평생교육을 진흥하여야 한다.
⑥ 학교교육 및 평생교육을 포함한 교육제도와 그 운영, 교육재정 및 교원의 지위에 관한 기본적인 사항은 법률로 정한다.

제1항 교육을 받을 권리의 의의

Ⅰ 교육을 받을 권리의 개념

헌법 제31조 제1항은 국민의 교육을 받을 권리(수학권)를 보장하고 있는데, 교육을 받을 권리는 통상 국가에 의한 교육조건의 개선·정비와 교육기회의 균등한 보장을 적극적으로 요구할 수 있는 권리로 이해되고 있다(헌재 1992. 11. 12. 89헌마88).

▶**수학권을 보장하는 취지**: 통치자와 피치자가 이념적으로 자동적(自同的)인 민주국가에서 수학권의 보장을 통한 국민의 능력과 자질의 향상은 바로 그 나라의 번영과 발전의 토대요 원동력이므로 현대의 모든 민주국가는 교육의 진흥과 창달을 행정의 주요한 지표로 수립하고 있으며 헌법도 제31조 제1항에서 이를 명시하고 있는 것이다(헌재 1992. 11. 12. 89헌마88).

Ⅱ 교육을 받을 권리의 법적 성격

1. 주관적 공권

교육을 받을 권리는 국민이 능력에 따라 균등하게 교육받을 것을 공권력에 의하여 부당하게 침해받지 않을 권리와 국민이 능력에 따라 균등하게 교육받을 수 있도록 국가가 적극적으로 배려하여 줄 것을 요구할 수 있는 권리로 구성되는바, 전자는 자유권적 기본권의 성격이, 후자는 사회권적 기본권의 성격이 강하다(헌재 2008. 4. 24. 2007헌마1456).

> ✎ 판례
>
> ▶ **검정고시 합격자의 재응시를 제한하고 있는 전라남도교육청 공고의 위헌성 심사가준** : 검정고시 응시자격을 제한하는 것은, 국민의 교육받을 권리 중 그 의사와 능력에 따라 균등하게 교육받을 것을 국가로부터 방해받지 않을 권리, 즉 자유권적 기본권을 제한하는 것이므로, 그 제한에 대하여는 헌법 제37조 제2항의 비례원칙에 의한 심사, 즉 과잉금지원칙에 따른 심사를 받아야 할 것이다(헌재 2012. 5. 31. 2010헌마139).
>
> ▶ **고시 공고일을 기준으로 고등학교에서 퇴학된 날로부터 6월이 지나지 아니한 자를 고등학교 졸업학력 검정고시를 받을 수 있는 자의 범위에서 제외하고 있는 고등학교졸업학력검정고시 규칙 제10조 제1항에 대한 위헌성 심사기준** : 검정고시응시자격을 제한하는 것은 국민의 교육받을 권리 중 그 의사와 능력에 따라 균등하게 교육받을 것을 국가로부터 방해받지 않을 권리, 즉 자유권적 기본권을 제한하는 것이므로, 그 제한에 대하여는 헌법 제37조 제2항의 비례원칙에 의한 심사, 즉 과잉금지원칙에 따른 심사를 받아야 할 것이다(헌재 2008. 4. 24. 2007헌마1456).

2. 객관적 질서

헌법은 제31조 제1항에서 '교육을 받을 권리'를 보장함으로써 국가로부터 교육에 필요한 시설의 제공을 요구할 수 있는 권리 및 각자의 능력에 따라 교육시설에 입학하여 배울 수 있는 권리를 국민의 기본권으로서 보장하면서, 한편, 국민 누구나 능력에 따라 균등한 교육을 받을 수 있게끔 노력해야 할 의무와 과제를 국가에게 부과하고 있는 것이다(헌재 2000. 4. 27. 98헌가16).

Ⅲ 교육을 받을 권리의 주체

교육권의 내용 중 수학권의 주체는 국민 개개인이지만 교육기회제공청구권의 주체는 학령아동의 부모이다(헌재 2000. 4. 27. 98헌가16).

제2항 교육을 받을 권리의 내용

I 수학권

> **헌법 제31조**
> ① 모든 국민은 능력에 따라 균등하게 교육을 받을 권리를 가진다.

1. 능력에 따라 균등하게 교육을 받을 권리

(1) 평등권으로서 교육을 받을 권리의 의미

헌법은 제31조 제1항에서 "능력에 따라 균등하게"라고 하여 교육영역에서 평등원칙을 구체화하고 있다. 헌법 제31조 제1항은 헌법 제11조의 일반적 평등조항에 대한 특별규정으로서 교육의 영역에서 평등원칙을 실현하고자 하는 것이다. 평등권으로서 교육을 받을 권리는 '취학의 기회균등', 즉 각자의 능력에 상응하는 교육을 받을 수 있도록 학교 입학에 있어서 자의적 차별이 금지되어야 한다는 차별금지원칙을 의미한다(헌재 2017. 12. 28. 2016헌마649).

> **🔨 판례**
>
> ▶ **능력에 따른 균등한 교육의 의미** : 헌법 제31조 제1항에 따라 보장되는 교육을 받을 권리는 교육의 영역에서 평등권을 실현하기 위한 것으로서 교육의 기회균등을 의미하고, 이는 국민 누구나가 교육에 대한 접근 기회, 즉 취학의 기회가 균등하게 보장되어야 함을 뜻한다(헌재 2008. 4. 24. 2007헌마1456).
>
> ▶ **교육의 기회균등의 적극적 의미** : 우리 헌법은 제31조 제1항에서 모든 국민의 교육의 기회균등권을 보장하고 있다. 이는 정신적·육체적 능력 이외의 성별·종교·경제력·사회적 신분 등에 의하여 교육을 받을 기회를 차별하지 않고, 즉 합리적 차별사유 없이 교육을 받을 권리를 제한하지 아니함과 동시에 국가가 모든 국민에게 균등한 교육을 받게 하고 특히 경제적 약자가 실질적인 평등교육을 받을 수 있도록 적극적 정책을 실현해야 한다는 것이다(헌재 1994. 2. 24. 93헌마192).
>
> ▶ **헌법 제31조와 사교육과의 관계** : 헌법 제31조의 '능력에 따라 균등한 교육을 받을 권리'는 국가에 의한 교육제도의 정비·개선 외에도 의무교육의 도입 및 확대, 교육비의 보조나 학자금의 융자 등 교육영역에서의 사회적 급부의 확대와 같은 국가의 적극적인 활동을 통하여 사인간의 출발기회에서의 불평등을 완화해야 할 국가의 의무를 규정한 것이다. 그러나 위 조항은 교육의 모든 영역, 특히 학교교육 밖에서의 사적인 교육영역에까지 균등한 교육이 이루어지도록 개인이 별도로 교육을 시키거나 받는 행위를 국가가 금지하거나 제한할 수 있는 근거를 부여하는 수권규범이 아니다. 오히려 국가는 헌법이 지향하는 문화국가이념에 비추어, 학교교육과 같은 제도교육 외에 사적인 교육의 영역에서도 사인의 교육을 지원하고 장려해야 할 의무가 있는 것이다. 경제력의 차이 등으로 말미암아 교육의 기회에 있어서 사인간에 불평등이 존재한다면, 국가는 원칙적으로 의무교육의 확대 등 적극적인 급부활동을 통하여 사인간의 교육기회의 불평등을 해소할 수 있을 뿐, 과외교습의 금지나 제한의 형태로 개인의 기본권행사인 사교육을 억제함으로써 교육에서의 평등을 실현할 수는 없는 것이다(헌재 2000. 4. 27. 98헌가16).

(2) 능력의 의미

헌법 제31조 제1항은 취학의 기회에 있어서 고려될 수 있는 차별기준으로 '능력'을 제시함으로써, 능력 이외의 다른 요소에 의한 차별을 원칙적으로 제한하고 있다. 여기서 '능력'이란 '수학능력'을 의미하고 교육제도에서 '수학능력'은 개인의 인격발현과 밀접한 관계에 있는 인격적 요소이며, 학교 입학에 있어서 고려될 수 있는 합리적인 차별기준을 의미한다(헌재 2017. 12. 28. 2016헌마649).

판례

▶ **2021학년도 대학입학전형기본사항 중 재외국민 특별전형 지원자격 가운데 학생의 부모의 해외체류요건 부분**(부모 중 일방이 학생의 이수기간의 3분의 2 미만을 해외에 체류한 경우)**이 학생인 청구인을 불합리하게 차별하여 균등하게 교육받을 권리를 침해하는지**(소극) : 이 사건 전형사항은 재외국민 특별전형의 공정하고 합리적인 운영을 위해 각 대학의 자율에 맡겨졌던 지원자격 중 해외체류 요건을 표준화한 것이다. 부모 중 일방이 해외에 근무·체류하는 경우와 부모 모두가 해외에 근무·체류하는 경우는 그 자녀의 국내 체류 및 수학의 선택 가능성에서 현저한 차이가 있고, 제도의 본래 목적에 맞게 부모의 해외근무로 국내 교육과정의 수학 결손이 있는 재외국민에 한정하여 혜택을 부여하는 것에는 합리적 이유가 있다. 또한 이 사건 전형사항은 그 문언상 해외근무자의 배우자가 없는 한부모 가족에는 적용이 없다고 볼 것이므로 부모가 함께 해외에 체류하는 것이 불가능한 경우의 예외도 인정하고 있다. 결국 이 사건 전형사항은 청구인을 불합리하게 차별하여 균등하게 교육을 받을 권리를 침해하는 것이라고 볼 수 없다(재 2020. 3. 26. 2019헌마212).

▶ **검정고시로 고등학교 졸업학력을 취득한 사람들의 수시모집 지원을 제한하는 내용의 국립교육대학교 등의 '2017학년도 신입생 수시모집 입시요강'이 청구인들의 균등하게 교육을 받을 권리를 침해하는지**(적극) : 이 사건 수시모집요강은 기초생활수급자·차상위계층, 장애인 등을 대상으로 하는 일부 특별전형에만 검정고시 출신자의 지원을 허용하고 있을 뿐 수시모집에서의 검정고시 출신자의 지원을 일률적으로 제한함으로써 실질적으로 검정고시 출신자의 대학입학 기회의 박탈이라는 결과를 초래하고 있다. 수시모집의 학생선발방법이 정시모집과 동일할 수는 없으나, 이는 수시모집에서 응시자의 수학능력이나 그 정도를 평가하는 방법이 정시모집과 다른 것을 의미할 뿐, 수학능력이 있는 자들에게 동등한 기회를 주고 합리적인 선발 기준에 따라 학생을 선발하여야 한다는 점은 정시모집과 다르지 않다. 따라서 수시모집에서 검정고시 출신자에게 수학능력이 있는지 여부를 평가받을 기회를 부여하지 아니하고 이를 박탈한다는 것은 수학능력에 따른 합리적인 차별이라고 보기 어렵다. 그렇다면 이 사건 수시모집요강은 검정고시 출신자인 청구인들을 합리적인 이유 없이 차별함으로써 청구인들의 균등하게 교육을 받을 권리를 침해한다(헌재 2017. 12. 28. 2016헌마649).

▶ **고등학교 퇴학일부터 검정고시 공고일까지의 기간이 6개월 이상이 되지 않은 사람은 고졸검정고시에 응시할 수 없도록 규정한 '초·중등교육법 시행규칙' 제35조 제6항 제2호 본문 부분이 고등학교를 자진퇴학한 청구인들의 교육을 받을 권리를 침해하는지**(소극) : 통상 2월과 6월에 검정고시 시행 공고가 있기 때문에 퇴학한 다음 해에 최소한 1회 이상의 검정고시 응시기회가 주어지고 퇴학일로부터 6월이 경과하기만 하면 이후로는 횟수에 제한 없이 계속적으로 검정고시 응시가 가능한 점, 12월 말 경에 고등학교를 퇴학한 경우 공고일에 따라서 다음 해 검정고시에 모두 응시하지 못하는 결과가 발생할 수도 있지만, 이는 내신이 결정되는 학년도 말에 임박할수록 충동적인 자진퇴학을 막고 신중한 결정을 하게 하기 위한 불가피한 결과라고 볼 수 있는 점, 심판대상조항에 의하여 제한 받는 사익은 자신이 원하는 시기에 고등학교졸업의 학력인정을 취득하려는 것에 불과한 반면, 심판대상조항이 추구하는 공익은 고등학교 퇴학자의 고졸검정고시 응시 증가를 억제하여 정규 학교교육 과정의 이수를 유도함으로써 공교육의 내실화를 도모하고자 하는 것으로, 달성하려는 공익이 제한받는 사익보다 큰 점 등을 종합하여 보면, 심판대상조항은 청구인들의 교육을 받을 권리를 침해한다고 볼 수 없다(헌재 2022. 5. 26. 2020헌마1512).

▶ **고졸검정고시 또는 '고등학교 입학자격 검정고시'에 합격했던 자는 해당 검정고시에 다시 응시할 수 없도록 응시자격을 제한한 전라남도 교육청 공고 부분이 과잉금지원칙을 위반하여 청구인들의 교육을 받을 권리를 침해하는지**(적극) : 이 사건 응시제한은 2009년도 검정고시 시행 시까지 허용되어 온 합격자의 재응시를, 아무런 사전 예고나 경과규정 없이 일시에 전면적으로 금지함으로써 종래의 제도를 신뢰하고 검정고시를 준비했던 청구인들과 같은 응시생의 응시기회를 단번에 박탈하고 있을 뿐만 아니라, 기왕의 합격시기에 대한 아무런 제한 없이 재응시를 금지함으로써 검정고시 합격의 유효기간을 지원 자격으로 정하고 있는 일부 학교에의 지원가능성을 봉쇄하고 있으며, 또한 응시자격을 일시적으로 제한하는 것이 아니라 영구적으로 박탈하고 있다. 이러한 점들에 비추어 볼 때, 이 사건 응시제한은 기본권 제한에 있어서의 피해최소성원칙에 어긋난다고 할 것이고 법익의 균형성도 상실하고 있다 할 것이므로 과잉금지원칙에 위배된다(헌재 2012. 5. 31. 2010헌마139).

(3) 교육을 받을 권리의 내용

교육의 기회균등이란 국민 누구나가 교육에 대한 접근 기회 즉, 취학의 기회가 균등하게 보장되어야 함을 뜻하므로, 교육을 받을 권리는 국가로 하여금 능력이 있는 국민이 여러 가지 사회적·경제적 이유로 교육을 받지 못하는 일이 없도록 국가의 재정능력이 허용하는 범위 내에서 모든 국민에게 취학의 기회가 골고루 주어지게끔 그에 필요한 교육시설 및 제도를 마련할 의무를 부과한다(헌재 2008. 9. 25. 2008헌마456).

> **판례**
>
> ▶ **대학구성원이 아닌 청구인의 대학도서관에서의 도서 대출 또는 열람실 이용을 승인하지 않는 내용의 회신이 청구인의 교육을 받을 권리를 침해하는지**(소극) : 교육을 받을 권리가 국가에 대하여 특정한 교육제도나 시설의 제공을 요구할 수 있는 권리를 뜻하는 것은 아니므로, 청구인이 이 사건 도서관에서 도서를 대출할 수 없거나 열람실을 이용할 수 없더라도 청구인의 교육을 받을 권리가 침해된다고 볼 수 없다(헌재 2016. 11. 24. 2014헌마977).
>
> ▶ **중등교사자격자들 중 교육대학교 3학년에 특별편입학시킬 대상자를 선발하기 위한 시험의 공고로 인해 당해 교육대학교 재학생들의 교육을 받을 권리가 제한될 수 있는지**(소극) : 헌법 제31조 제1항에 의해서 보장되는 교육을 받을 권리는 교육영역에서의 기회균등을 내용으로 하는 것이지, 자신의 교육환경을 최상 혹은 최적으로 만들기 위해 타인의 교육시설 참여 기회를 제한할 것을 청구할 수 있는 기본권은 아니므로, 기존의 재학생들에 대한 교육환경이 상대적으로 열악해질 수 있음을 이유로 새로운 편입학 자체를 하지 말도록 요구하는 것은 교육을 받을 권리의 내용으로는 포섭할 수 없다(헌재 2003. 9. 25. 2001헌마814).
>
> ▶ **중학교 졸업자에게는 졸업과 동시에 학력을 인정하면서 중학교에 상응하는 교육과정인 3년제 고등공민학교 졸업자에 대하여는 중학교 학력을 인정하지 않는 것이 교육을 받을 권리를 제한하는지**(소극) : 교육을 받을 권리는 국민이 국가에 대하여 직접 특정한 교육제도나 교육과정을 요구할 수 있는 것을 포함하지는 않는다. 더욱이 자신이 이수한 교육과정을 유사한 다른 교육과정을 이수한 것과 동등하게 평가해 줄 것을, 즉 동등 학력으로 인정해 줄 것을 요구할 수 있음을 뜻하는 것은 더욱 아니다. 교육에 대한 기회균등 보장이 교육과정에 대한 동등한 평가까지 보장하는 것은 아니기 때문이다(헌재 2005. 11. 24. 2003헌마173).
>
> ▶ **국가유공자의 자녀의 경우 유족연금지급 대상 자격을 "미성년인 자녀와 대통령령이 정하는 생활능력이 없는 정도의 장애가 있는 성년인 자녀"에 한정하고 있는 국가유공자법 제12조 제2항 제1문이 성년자인 유족의 교육을 받을 권리를 침해하는지**(소극) : 실질적인 평등교육을 실현해야 할 국가의 적극적인 의무가 인정되지만, 이러한 의무조항으로부터 국민이 직접 실질적 평등교육을 위한 교육비를 청구할 권리가 도출되는 것은 아니다. 따라서 유족연금의 지급여부와 청구인의 교육을 받을 권리의 침해 여부는 직접적 관련성을 가지지 못한다고 볼 것이다. 그렇다면 청구인의 교육을 받을 권리가 침해되었다고 할 수 없다(헌재 2003. 11. 27. 2003헌바39).
>
> ▶ **군인이 자비 해외유학을 위하여 휴직하는 경우 다른 국가공무원과 달리 봉급을 지급하지 않도록 하고 있는 군인사법 제48조 제4항 본문 부분이 청구인의 교육을 받을 권리를 침해하는지**(소극) : 헌법 제31조 제1항으로부터 군인이 자기계발을 위하여 해외유학하는 경우에 그 교육비를 청구할 수 있는 권리가 도출된다고 할 수는 없다. 또한, 동일한 사유로 휴직하는 다른 공무원에게 봉급의 일부를 지급할 수 있도록 하는 것이 교육비에 충당될 것을 예정하고 있는 것도 아니므로 자비 해외유학을 위한 휴직기간 동안 봉급 일부를 지급할지 여부와 청구인의 교육을 받을 권리의 침해 여부는 직접적인 관련성을 가지지 못한다고 할 것이다(헌재 2009. 4. 30. 2007헌마290).

> ▶국가 또는 지방자치단체에게 2003년도 사립유치원의 교사 인건비, 운영비 및 영양사 인건비를 예산으로 지원하여야 할 헌법상 작위의무가 존재하는지(소극): 헌법 제31조 제1항은 국민의 교육을 받을 권리를 보장하고 있고, 그 권리는 통상 국가에 의한 교육조건의 개선·정비와 교육기회의 균등한 보장을 적극적으로 요구할 수 있는 권리로 이해되고 있으나, 이러한 규정으로부터 국가 및 지방자치단체가 사립유치원에 대하여 교사 인건비, 운영비 및 영양사 인건비를 예산으로 지원하여야 할 구체적인 작위의무가 헌법해석상 바로 도출된다고 볼 수는 없다(헌재 2006. 10. 26. 2004헌마13).

> ▶국립대학 서울대학교를 법인인 국립대학법인 서울대학교로 전환하는 내용 등을 담고 있는 구 서울대법 제3조 제1항 등에 대하여 서울대학교 재학생의 기본권 침해 가능성 내지 자기관련성이 인정되는지(소극): 서울대학교 재학생은 공무담임권이 침해될 가능성이 없고, 재학 중인 학교의 법적 형태를 공법상 영조물인 국립대학으로 유지하여 줄 것을 요구할 권리는 교육받을 권리에 포함되지 아니한다(헌재 2014. 4. 24. 2011헌마612).

2. 무상의 의무교육을 받을 권리

> **헌법 제31조**
> ② 모든 국민은 그 보호하는 자녀에게 적어도 초등교육과 법률이 정하는 교육을 받게 할 의무를 진다.
> ③ 의무교육은 무상으로 한다.

(1) 무상의 의무교육을 받을 권리의 취지

헌법 제31조는 제2항은 국민의 교육을 받을 권리를 현실적으로 보장하기 위한 수단의 하나로서 모든 국민에게 그 보호하는 자녀를 적어도 초등교육과 법률이 정하는 교육을 받게 할 의무를 부여하였다. 나아가 국가는 학부모가 경제적 여건에 관계없이 교육의 의무를 이행할 수 있도록 제3항에서는 의무교육은 무상으로 할 것을 원칙으로 천명하여 국가에 의무교육을 실시할 수 있는 인적·물적 여건을 마련할 의무를 부과하였다(헌재 2012. 8. 23. 2010헌바220).

> ✎ **판례**
>
> ▶헌법 제31조 제2항과 제3항의 취지: 교육을 받을 권리란 국민이 헌법 규정을 근거로 하여 직접 특정한 교육제도나 학교시설을 요구할 수 있는 권리라기보다는 모든 국민이 능력에 따라 균등하게 교육을 받을 수 있는 교육제도를 제공해야 할 국가의 의무를 규정한 것이다. 즉, '교육을 받을 권리'란, 모든 국민에게 저마다의 능력에 따른 교육이 가능하도록 그에 필요한 설비와 제도를 마련해야 할 국가의 과제와 아울러 이를 넘어 사회적·경제적 약자도 능력에 따른 실질적 평등교육을 받을 수 있도록 적극적인 정책을 실현해야 할 국가의 의무를 뜻한다. 이에 따라 국가는 다른 중요한 국가과제 및 국가재정이 허용하는 범위 내에서 민주시민이 갖추어야 할 최소한의 필수적인 교육과정을 의무교육으로서 국민 누구나가 혜택을 받을 수 있도록 제공해야 한다. 헌법 제31조 제2항 및 제3항은 이에 상응하여 국가가 제공하는 의무교육을 받게 해야 할 '부모의 의무' 및 '의무교육은 무상임'을 규정하고 있다(헌재 2000. 4. 27. 98헌가16).

(2) 의무교육에서 무상의 범위

교육을 받을 권리와 같은 사회적 기본권을 실현하는 데는 국가의 재정상황 역시 도외시할 수 없으므로, 원칙적으로 헌법상 교육의 기회균등을 실현하기 위해 필수불가결한 비용, 즉 모든 학생이 의무교육을 받음에 있어서 경제적인 차별 없이 수학하는 데 반드시 필요한 비용에 한한다고 할 것이다. 따라서, 의무교육에 있어서 무상의 범위에는 의무교육이 실질적이고 균등하게 이루어지기 위한 본질적 항목으로, 수업료나 입학금의 면제, 학교와 교사 등 인적·물적 시설 및 그 시설을 유지하기 위한 인건비와 시설유지비, 신규시설투자비 등의 재원 부담으로부터의 면제가 포함된다할 것이며, 그 외에도 의무교육을 받는 과정에 수반하는 비용으로서 의무교육의 실질적인 균등보장을 위해 필수불가결한 비용은 무상의 범위에 포함된다(헌재 2012. 4. 24. 2010헌바164).

> **판례**

▶ **의무교육 대상인 중학생의 학부모에게 급식관련비용 일부를 부담하도록 하는 구 학교급식법 제8조 제1항 후단 등이 의무교육의 무상원칙을 위반하였는지**(소극) : 학교급식은 학생들에게 한 끼 식사를 제공하는 영양공급 차원을 넘어 교육적인 성격을 가지고 있지만, 이러한 교육적 측면은 기본적이고 필수적인 학교 교육 이외에 부가적으로 이루어지는 식생활 및 인성교육으로서의 보충적 성격을 가지므로 의무교육의 실질적인 균등보장을 위한 본질적이고 핵심적인 부분이라고까지는 할 수 없다. 이 사건 법률조항들은 비록 중학생의 학부모들에게 급식관련 비용의 일부를 부담하도록 하고 있지만, 학부모에게 급식에 필요한 경비의 일부를 부담시키는 경우에 있어서도 학교급식 실시의 기본적 인프라가 되는 부분은 배제하고 있으며, 국가나 지방자치단체의 지원으로 학부모의 급식비 부담을 경감하는 조항이 마련되어 있고, 특히 저소득층 학생들을 위한 지원방안이 마련되어 있다는 점 등을 고려해 보면, 이 사건 법률조항들이 입법형성권의 범위를 넘어 헌법상 의무교육의 무상원칙에 반하는 것으로 보기는 어렵다(헌재 2012. 4. 24. 2010헌바164).

(3) 의무교육의 실시범위

의무교육의 실시범위와 관련하여 의무교육의 무상원칙을 규정한 헌법 제31조 제3항은 초등교육에 관하여는 직접적인 효력규정으로서 개인이 국가에 대하여 입학금·수업료 등을 면제받을 수 있는 헌법상의 권리라고 볼 수 있다. 그러나 중등교육의 경우에는 초등교육과는 달리 헌법 제31조 제2항에서 직접 중학교교육 또는 고등학교교육 등 중등교육을 지칭하지 아니하고 단지 법률이 정하는 교육이라고 규정하였을 뿐이므로 무상의 의무교육중 초등교육을 넘는 중학교교육 이상의 교육에 대하여는 국가의 재정형편 등을 고려하여 입법권자가 법률로 정한 경우에 한하여 인정될 수 있는 것이다. 따라서 무상의 중등교육을 받을 권리는 법률에서 중등교육을 의무교육으로서 시행하도록 규정하기 전에는 헌법상 권리로서 보장되는 것은 아니다(헌재 1991. 2. 11. 90헌가27).

(4) 경비부담자

헌법 제31조 제2항, 제3항으로부터 직접 의무교육 경비를 중앙정부로서의 국가가 부담하여야 한다는 결론은 도출되지 않으며, 그렇다고 하여 의무교육의 성질상 중앙정부로서의 국가가 모든 비용을 부담하여야 하는 것도 아니므로, 교육자치법 제39조 제1항이 의무교육 경비에 대한 지방자치단체의 부담 가능성을 예정하고 있다는 점만으로는 헌법에 위반되지 않는다(헌재 2005. 12. 22. 2004헌라3).

> **판례**

▶ **학교용지확보를 위하여 공동주택 수분양자들에게 학교용지부담금을 부과할 수 있도록 하고 있는 구 학교용지법 조항이 무상의 의무교육을 받을 권리를 침해하는지**(적극) : 의무교육제도는 국민에 대하여 보호하는 자녀들을 취학시키도록 한다는 의무부과의 면보다는 국가에 대하여 인적·물적 교육시설을 정비하고 교육환경을 개선하여야 한다는 의무부과의 측면이 보다 더 중요한 의미를 갖는다. 의무교육에 필요한 학교시설은 국가의 일반적 과제이고, 학교용지는 의무교육을 시행하기 위한 물적 기반으로서 필수조건임은 말할 필요도 없으므로 이를 달성하기 위한 비용은 국가의 일반재정으로 충당하여야 한다. 따라서 적어도 의무교육에 관한 한 일반재정이 아닌 부담금과 같은 별도의 재정수단을 동원하여 특정한 집단으로부터 그 비용을 추가로 징수하여 충당하는 것은 의무교육의 무상성을 선언한 헌법에 반한다(헌재 2005. 3. 31. 2003헌가20).

▶수분양자가 아닌 개발사업자를 부과대상으로 하는 구 학교용지법 제2조 제2호 등이 헌법 제31조 제3항의 의무교육 무상원칙에 위배되는지(소극) : 수분양자를 부과대상으로 하는 구 학교용지부담금제도가 의무교육의 무상성에 반한다는 종전 헌법재판소의 설시는 의무교육의 대상인 학령아동의 보호자(친권자 또는 후견인)로부터 의무교육의 비용을 징수해서는 안된다는 취지에 불과하다. 즉 의무교육무상에 관한 헌법 제31조 제3항은 교육을 받을 권리를 보다 실효성 있게 보장하기 위하여 의무교육 비용을 학령아동의 보호자 개개인의 직접적 부담에서 공동체 전체의 부담으로 이전하라는 명령일 뿐이고 의무교육의 비용을 오로지 국가 또는 지방자치단체의 예산, 즉 조세로 해결해야 함을 의미하는 것은 아니다. 따라서 의무교육의 대상인 수분양자가 아닌 개발사업자에게 학교용지부담금을 부과하고 그 재원으로 의무교육시설을 마련하도록 하는 특례법조항은 더 이상 헌법 제31조 제3항의 의무교육의 무상성과는 관계가 없다(헌재 2008. 9. 25. 2007헌가1).

▶학교운영지원비를 학교회계 세입항목에 포함시키도록 하는 구 초·중등교육법 제30조의2 제2항 제2호 부분이 헌법 제31조 제3항에 규정되어 있는 의무교육 무상의 원칙에 위배되는지(적극) : 학교운영지원비는 그 운영상 교원 연구비와 같은 교사의 인건비 일부와 학교회계직원의 인건비 일부 등 의무교육과정의 인적기반을 유지하기 위한 비용을 충당하는데 사용되고 있다는 점, 학교회계의 세입상 현재 의무교육기관에서는 국고지원을 받고 있는 입학금, 수업료와 함께 같은 항에 속하여 분류되고 있음에도 불구하고 학교운영지원비에 대해서만 학생과 학부모의 부담으로 남아있다는 점, 학교운영지원비는 기본적으로 학부모의 자율적 협찬금의 외양을 갖고 있음에도 그 조성이나 징수의 자율성이 완전히 보장되지 않아 기본적이고 필수적인 학교 교육에 필요한 비용에 가깝게 운영되고 있다는 점 등을 고려해보면 이 사건 세입조항은 헌법 제31조 제3항에 규정되어 있는 의무교육의 무상원칙에 위배되어 헌법에 위반된다(헌재 2012. 8. 23. 2010헌바220).

Ⅱ 부모의 자녀에 대한 교육권 등

1. 부모의 자녀교육권

(1) 의의

부모는 자녀의 교육에 관하여 전반적인 계획을 세우고 자신의 인생관·사회관·교육관에 따라 자녀의 교육을 자유롭게 형성할 권리를 가지며, 부모의 교육권은 다른 교육의 주체와의 관계에서 원칙적인 우위를 가진다(헌재 2000. 4. 27. 98헌가16).

(2) 근거

헌법상 부모의 자녀에 대한 교육권은 비록 명문으로 규정되어 있지는 아니하지만, 이는 모든 인간이 국적과 관계없이 누리는 양도할 수 없는 불가침의 인권으로서, 혼인과 가족생활을 보장하는 헌법 제36조 제1항, 행복추구권을 보장하는 헌법 제10조 및 "국민의 자유와 권리는 헌법에 열거되지 아니한 이유로 경시되지 아니한다."고 규정하는 헌법 제37조 제1항에서 나오는 중요한 기본권이다(헌재 2001. 11. 29. 2000헌마278).

(3) 내용

1) 교육의 목표와 수단에 관한 결정권

자녀의 교육에 관한 부모의 '권리와 의무'는 서로 불가분의 관계에 있고 자녀교육권의 본질을 결정하는 구성요소이기 때문에, 부모의 자녀교육권은 '자녀교육에 대한 부모의 책임'으로도 표현될 수 있다. 따라서 자녀교육권은 부모가 자녀교육에 대한 책임을 어떠한 방법으로 이행할 것인가에 관하여 자유롭게 결정할 수 있는 권리로서 교육의 목표와 수단에 관한 결정권을 뜻한다. 즉, 부모는 어떠한 방향으로 자녀의 인격이 형성되어야 하는가에 관한 목표를 정하고, 자녀의 개인적 성향·능력·정신적, 신체적 발달상황 등을 고려하여 교육목적을 달성하기에 적합한 교육수단을 선택할 권리를 가진다(헌재 2000. 4. 27. 98헌가16).

2) 학교선택권

부모는 아직 성숙하지 못하고 인격을 닦고 있는 초·중·고등학생인 자녀를 교육시킬 교육권을 가지고 있으며, 그 내용 중 하나로서 학교선택권이 인정된다. 이러한 부모의 학교선택권은 미성년인 자녀의 교육을 받을 권리를 실효성 있게 보장하기 위한 것이므로, 미성년인 자녀의 교육을 받을 권리의 근거규정인 헌법 제31조 제1항에서 헌법적 근거를 찾을 수 있다(헌재 1995. 2. 23. 91헌마204).

> **판례**
>
> ▶ **학부모의 학교참여권**(소극) : 부모의 자녀에 대한 교육권으로부터 바로 학부모의 학교참여권이 도출된다고 보기는 어렵겠지만, 학부모가 미성년자인 학생의 교육과정에 참여할 당위성은 부정할 수 없다. 그러므로 입법자가 학부모의 집단적인 교육참여권을 법률로써 인정하는 것은 헌법상 당연히 허용된다(헌재 2001. 11. 29. 2000헌마278).
>
> ▶ **학교 운영 및 국가의 공교육 형성에 참여할 권리**(소극) : 미성년자인 학생의 교육문제에 관하여 다양한 견해가 있을 수 있고, 최선의 교육과정을 마련하기 위하여 교육과정에 학부모나 학생이 참여할 필요가 있다고 하더라도, 이는 입법자의 광범한 입법형성영역인 정책문제에 속한다. 교육받을 권리에 기초하여 교육기회 보장을 위한 국가의 적극적 행위를 요구할 수 있다고 하더라도, 이는 학교교육을 받을 권리로서 그에 필요한 교육시설 및 제도 마련을 요구할 권리이지 특정한 교육제도나 교육과정을 요구할 권리는 아니며, 학교교육이라는 국가의 공교육 급부의 형성과정에 균등하게 참여할 권리로서의 참여권이 내포되어 있다고 할 수 없다. 즉, 입법자가 정책적 판단에 의하여 법률로써 학부모나 학생, 학부모회나 학생회에게 일정한 학교 행정 참여권 등을 부여할 수는 있으나, 그러한 참여권이 학부모의 자녀교육권이나 학생의 자유로운 인격발현권, 교육받을 권리를 근거로 하여 헌법적으로 보장된다고 볼 수 없다(헌재 2019. 11. 28. 2018헌마1153).

3) 의견을 제시할 권리

부모는 자녀의 교육에 관하여 전반적인 계획을 세우고 자신의 인생관·사회관·교육관에 따라 자녀의 교육을 자유롭게 형성할 권리를 가지고, 아직 성숙하지 못한 초·중·고등학생인 자녀의 교육과정에 참여할 권리를 가진다. 따라서 학교가 학생에 대해 불이익 조치를 할 경우 해당 학생의 학부모가 의견을 제시할 권리는 자녀교육권의 일환으로 보호된다(헌재 2013. 10. 24. 2012헌마832).

> **판례**
>
> ▶ **학교폭력과 관련하여 가해학생에 대한 조치 중 전학과 퇴학을 제외한 나머지 조치에 대해 재심을 제한하는 학교폭력예방법 제17조의2 제2항이 가해학생 보호자의 자녀교육권을 침해하는지**(소극) : 학교폭력예방법이 전학과 퇴학 이외의 조치들에 대해 재심을 불허하는 것은 학교폭력으로 인한 갈등 상황을 신속히 종결하여 관련 학생들의 보호와 치료·선도·교육을 조속히 시행함으로써 해당 학생 모두가 빨리 정상적인 학교생활에 복귀할 수 있도록 하기 위함인바, 재심에 보통 45일의 시간이 소요되는 것을 감안하면, 신중한 판단이 필요한 전학과 퇴학 이외의 가벼운 조치들에 대해서까지 모두 재심을 허용해서는 신속한 피해 구제와 빠른 학교생활로의 복귀를 어렵게 할 것이므로, 재심규정은 학부모의 자녀교육권을 지나치게 제한한다고 볼 수 없다(헌재 2013. 10. 24. 2012헌마832).

4) 교육정보에 대한 알 권리

자녀교육권을 실질적으로 보장하기 위해서는 자녀의 교육에 필요한 정보가 제공되어야 하는바 학부모는 교육정보에 대한 알 권리를 가진다. 이러한 정보 속에는 자신의 자녀를 가르치는 교원이 어떠한 자격과 경력을 가진 사람인지는 물론 어떠한 정치성향과 가치관을 가지고 있는 사람인지에 대한 정보도 포함되는 것이므로, 교원의 교원단체 및 노동조합 가입에 관한 정보도 알 권리의 한 내용이 될 수 있다(헌재 2011. 12. 29. 2010헌마293).

2. 학생의 학습권

(1) 의의

청소년은 인격의 발전을 위하여 어느 정도 부모와 학교의 교사 등 타인에 의한 결정을 필요로 하는 아직 성숙하지 못한 인격체이지만, 부모와 국가에 의한 교육의 단순한 대상이 아닌 독자적인 인격체이며, 그의 인격권은 성인과 마찬가지로 인간의 존엄성 및 행복추구권을 보장하는 헌법 제10조에 의하여 보호되어야 한다. 따라서 청소년은 국가의 교육권한과 부모의 교육권의 범주 내에서 자신의 교육에 관하여 스스로 결정할 권리, 즉 자유롭게 교육을 받을 권리를 가진다(헌재 2019. 4. 11. 2017헌바140).

> **✏ 판례**
>
> ▶ 학교폭력예방법 제17조 제1항은 학교폭력 가해학생에 대하여 취할 수 있는 조치로서 출석정지조치 등을 병과할 수 있도록 규정하면서 출석정지 조치에 대해서는 그 기간의 제한을 두지 않은 것이 청구인들의 자유롭게 교육을 받을 권리, 즉 학습의 자유를 침해하는지(소극) : 이 사건 징계조치 조항에서 수개의 조치를 병과하고 출석정지기간의 상한을 두지 않음으로써 구체적 사정에 따라 다양한 조치를 취할 수 있도록 한 것은, 피해학생의 보호 및 가해학생의 선도·교육을 위하여 바람직하다고 할 것이고, 이 사건 징계조치 조항보다 가해학생의 학습의 자유를 덜 제한하면서, 피해학생에게 심각한 피해와 지속적인 영향을 미칠 수 있는 학교폭력에 구체적·탄력적으로 대처하고, 피해학생을 우선적으로 보호하면서 가해학생도 선도·교육하려는 입법 목적을 이 사건 징계조치 조항과 동일한 수준으로 달성할 수 있는 입법의 대안이 있다고 보기 어렵다. 따라서 이 사건 징계조치 조항이 가해학생에 대하여 수개의 조치를 병과할 수 있도록 하고 출석정지조치를 취함에 있어 기간의 상한을 두고 있지 않다고 하더라도, 가해학생의 학습의 자유에 대한 제한이 입법 목적 달성에 필요한 최소한의 정도를 넘는다고 볼 수 없다(헌재 2019. 4. 11. 2017헌바140).

(2) 학습권의 내용

1) 과외교습을 받을 권리

헌법은 국가의 교육 권한과 부모의 교육권의 범주 내에서 아동에게도 자신의 교육에 관하여 스스로 결정할 권리, 즉 자유롭게 교육을 받을 권리를 부여한다. 이에 따라 아동은 학교교육 외에 별도로 과외교습을 받아야 할지의 여부와 누구로부터 어떠한 형태로 과외교습을 받을 것인가 하는 방법에 관하여 국가의 간섭을 받지 아니하고 자유롭게 결정할 권리를 가진다(헌재 2000. 4. 27. 98헌가16).

> **✏ 판례**
>
> ▶ 원칙적으로 과외교습을 금지하고 있는 학원법 제3조가 배우고자 하는 아동과 청소년의 인격의 자유로운 발현권, 자녀를 가르치고자 하는 부모의 교육권, 과외교습을 하고자 하는 개인의 직업선택의 자유 및 행복추구권을 침해하는지(적극) : 학원법 제3조는 원칙적으로 허용되고 기본권적으로 보장되는 행위에 대하여 원칙적으로 금지하고 예외적으로 허용하는 방식의 '원칙과 예외'가 전도된 규율형식을 취한데다가, 그 내용상으로도 규제의 편의성만을 강조하여 입법목적달성의 측면에서 보더라도 금지범위에 포함시킬 불가피성이 없는 행위의 유형을 광범위하게 포함시키고 있다는 점에서, 입법자가 선택한 규제수단은 입법목적의 달성을 위한 최소한의 불가피한 수단이라고 볼 수 없다. 또한 법 제3조와 같은 형태의 사교육에 대한 규율은, 사적인 교육의 영역에서 부모와 자녀의 기본권에 대한 중대한 침해라는 개인적인 차원을 넘어서 국가를 문화적으로 빈곤하게 만들며, 국가간의 경쟁에서 살아남기 힘든 오늘날의 무한경쟁시대에서 문화의 빈곤은 궁극적으로는 사회적·경제적인 후진성으로 이어질 수 밖에 없다. 따라서 법 제3조가 실현하려는 입법목적의 실현효과에 대하여 의문의 여지가 있고, 반면에 법 제3조에 의하여 발생하는 기본권제한의 효과 및 문화국가 실현에 대한 불리한 효과가 현저하므로, 법 제3조는 제한을 통하여 얻는 공익적 성과와 제한이 초래하는 효과가 합리적인 비례관계를 현저하게 일탈하여 법익의 균형성을 갖추지 못하고 있다(헌재 2000. 4. 27. 98헌가16).

2) 학교선택권

헌법은 국가의 교육권한과 부모의 교육권의 범주 내에서 학생에게도 자신의 교육에 관하여 스스로 결정할 권리, 즉 자유롭게 교육을 받을 권리를 부여하고 있으므로, 학생은 국가의 간섭을 받지 아니하고 자신의 능력과 개성, 적성에 맞는 학교를 자유롭게 선택할 권리를 가진다(헌재 2012. 11. 29. 2011헌마827).

제3항 교육제도

Ⅰ 교육의 기본원칙

> **헌법 제31조**
> ④ 교육의 자주성·전문성·정치적 중립성 및 대학의 자율성은 법률이 정하는 바에 의하여 보장된다.

1. 교육의 자주성

(1) 사립학교의 자율성

사립학교는 설립자의 의사와 재산으로 독자적인 교육목적을 구현하기 위해 설립되는 것이므로 사립학교설립의 자유와 운영의 독자성을 보장하는 것은 그 무엇과도 바꿀 수 없는 본질적 요체라고 할 수 있다. 따라서 설립자가 사립학교를 자유롭게 운영할 자유는 비록 헌법에 독일기본법 제7조 제4항과 같은 명문규정은 없으나 헌법 제10조에서 보장되는 행복추구권의 한 내용을 이루는 일반적인 행동의 자유권과 모든 국민의 능력에 따라 균등하게 교육을 받을 권리를 규정하고 있는 헌법 제31조 제1항 그리고 교육의 자주성·전문성·정치적 중립성 및 대학의 자율성을 규정하고 있는 헌법 제31조 제4항에 의하여 인정되는 기본권의 하나이다(헌재 2001. 1. 18. 99헌바63).

> ★ **판례**
>
> ▶ **교비회계의 전용을 금지하고 이를 위반하는 경우 처벌하는 구 사립학교법 제29조 제6항 등이 사립학교 운영의 자유를 침해하는지**(소극) : 이 사건 금지조항과 처벌조항은 사립학교의 '교비회계에 속하는 수입 및 재산'이 본래의 용도인 학교의 학문 연구와 교육 및 학교운영을 위해 사용될 수 있도록 강제함으로써 사립학교가 교육기관으로서 양질의 교육을 제공하는 동시에 교육의 공공성을 지킬 수 있는 재정적 기초를 보호하고 있다. 우리나라에서 사립학교가 공교육에서 차지하는 비중은 매우 높은바, 교비회계에 속하는 수입 및 재산의 전용을 금지하고 그 위반시 처벌하는 강력한 제재는 사립학교의 발전을 이루기 위해 반드시 필요한 조치이다. 사립학교법은 교비회계에 속하는 수입이나 재산을 다른 회계에 전출하거나 대여할 수 있는 예외적인 경우를 규정하고 있으며, 법원은 구체적인 개별 사안에서 그 지출이 당해 학교의 교육에 직접 필요한 경비인지 여부를 결정함으로써 구체적인 타당성을 도모하고 있는 점 등을 종합하면, 이 사건 위임조항과 처벌조항은 사립학교 운영의 자유를 침해한다고 할 수 없다(헌재 2023. 8. 31. 2021헌바180).

(2) 교사의 수업권

1) 의의 및 근거

학교교육에 있어서 교사의 가르치는 권리를 수업권이라고 한다면 그것은 자연법적으로는 학부모에게 속하는 자녀에 대한 교육권을 신탁받은 것이고, 실정법상으로는 공교육의 책임이 있는 국가의 위임에 의한 것이다(헌재 1992. 11. 12. 89헌마88).

2) 교사의 수업권의 법적 성질

교사의 수업권은 교사의 지위에서 생겨나는 직권인데, 그것이 헌법상 보장되는 기본권이라고 할 수 있느냐에 대하여서는 이를 부정적으로 보는 견해가 많으며, 설사 헌법상 보장되고 있는 학문의 자유 또는 교육을 받을 권리의 규정에서 교사의 수업권이 파생되는 것으로 해석하여 기본권에 준하는 것으로 간주하더라도 수업권을 내세워 수학권을 침해할 수는 없으며 국민의 수학권의 보장을 위하여 교사의 수업권은 일정범위 내에서 제약을 받을 수밖에 없는 것이다(헌재 1992. 11. 12. 89헌마88).

> ✒ **판례**
>
> ▶ **교사의 수업권의 법적 성질** : 학부모의 집단적인 교육참여권이나 교사의 수업권은 헌법상 도출되는 기본권은 아니지만 법률로써 이들 권리를 인정하고 보장하는 것은 헌법상 당연히 허용된다(헌재 2013. 11. 28. 2007헌마1189).
>
> ▶ **교사의 수업권과 학생의 수학권의 관계** : 교사의 수업권은 교사의 지위에서 생기는 학생에 대한 일차적인 교육상의 직무권한이지만, 학생의 수학권의 실현을 위하여 인정되는 것으로서 양자는 상호협력관계에 있다고 하겠으나, 수학권은 헌법상 보장된 기본권의 하나로서 보다 존중되어야 하며, 그것이 왜곡되지 않고 올바로 행사될 수 있게 하기 위한 범위내에서는 수업권도 어느 정도의 범위 내에서 제약을 받지 않으면 안 될 것이다(헌재 1992. 11. 12. 89헌마88).
>
> ▶ **교수의 자유와 수업의 자유의 관계** : 학문의 자유라 함은 진리를 탐구하는 자유를 의미하는데, 그것은 단순히 진리탐구의 자유에 그치지 않고 탐구한 결과에 대한 발표의 자유 내지 가르치는 자유(편의상 대학의 교수의 자유와 구분하여 수업(授業)의 자유로 한다) 등을 포함하는 것이라 할 수 있다. 다만, 진리탐구의 자유와 결과발표 내지 수업의 자유는 같은 차원에서 거론하기가 어려우며, 전자는 신앙의 자유·양심의 자유처럼 절대적인 자유라고 할 수 있으나, 후자는 표현의 자유와도 밀접한 관련이 있는 것으로서 경우에 따라 헌법 제21조 제4항은 물론 제37조 제2항에 따른 제약이 있을 수 있는 것이다. 물론 수업의 자유는 두텁게 보호되어야 합당하겠지만 그것은 대학에서의 교수의 자유와 완전히 동일할 수는 없을 것이며 대학에서는 교수의 자유가 더욱 보장되어야 하는 반면, 초·중·고교에서의 수업의 자유는 제약이 있을 수 있다고 봐야 할 것이다(헌재 1992. 11. 12. 89헌마88).

2. 대학의 자율성

(1) 의의

대학의 자율성 즉, 대학의 자치란 대학이 그 본연의 임무인 연구와 교수를 외부의 간섭 없이 수행하기 위하여 인사·학사·시설·재정 등의 사항을 자주적으로 결정하여 운영하는 것을 말한다(헌재 2013. 11. 28. 2007헌마1189).

(2) 취지

헌법 제31조 제4항은 교육의 자주성·대학의 자율성을 보장하고 있는데, 이는 대학에 대한 공권력 등 외부세력의 간섭을 배제하고 대학구성원 자신이 대학을 자주적으로 운영할 수 있도록 함으로써 대학인으로 하여금 연구와 교육을 자유롭게 하여 진리탐구와 지도적 인격의 도야라는 대학의 기능을 충분히 발휘할 수 있도록 하기 위한 것이다(헌재 2006. 4. 27. 2005헌마1119).

(3) 법적 성격

교육의 자주성이나 대학의 자율성은 헌법 제22조 제1항이 보장하고 있는 학문의 자유의 확실한 보장 수단으로 꼭 필요한 것으로서 이는 대학에게 부여된 헌법상의 기본권이다(헌재 1998. 7. 16. 96헌바33).

(4) 주체

대학의 자치의 주체를 기본적으로 대학으로 본다고 하더라도 교수나 교수회의 주체성이 부정된다고 볼 수는 없고, 가령 학문의 자유를 침해하는 대학의 장에 대한 관계에서는 교수나 교수회가 주체가 될 수 있고, 또한 국가에 의한 침해에 있어서는 대학 자체 외에도 대학 전구성원이 자율성을 갖는 경우도 있을 것이므로 문제되는 경우에 따라서 대학, 교수, 교수회 모두가 단독, 혹은 중첩적으로 주체가 될 수 있다(헌재 2006. 4. 27. 2005헌마1047).

> ☆ **판례**
>
> ▶ **대학의 자율성과 사립대학 운영의 자유** : 대학의 자율성 즉, 대학의 자치란 연구·교수활동의 담당자인 교수가 그 핵심주체라 할 것이나, 연구·교수활동의 범위를 좁게 한정할 이유가 없으므로 학생, 직원 등도 포함될 수 있다. 한편, 학교법인도 사립대학의 운영 주체로서 학교운영에 관한 자율적 결정권을 가지고 있으므로, 학교법인의 대학운영의 영역과 대학구성원에 의한 대학자치의 영역이 서로 겹칠 수 있고, 이 경우 양자의 기본권 사이에 충돌이 발생할 여지도 있다. 양 기본권의 보호영역이 중첩되는 관계에 있을 경우 어느 일방의 기본권을 우선하기보다는 실제적 조화의 관점에서 양자를 조정하는 방법을 도모하여야 할 것이다. 대체로 보자면, 대학 본연의 기능인 학술의 연구나 교수, 학생선발·지도 등과 관련된 교무·학사행정의 영역에서는 대학구성원의 결정이 우선한다고 볼 수 있으나, 학교법인으로서도 설립 목적을 구현하는 차원에서 조정적 개입은 가능하다고 할 것이고, 우리 법제상 학교법인에게만 권리능력이 인정되므로 각종 법률관계의 형성이나 법적 분쟁의 해결에는 법인이 대학을 대표하게 될 것이다. 한편, 대학의 재정, 시설 및 인사 등의 영역에서는 학교법인이 기본적인 윤곽을 결정하되, 대학구성원에게는 이러한 영역에 대하여 일정 정도 참여권을 인정하는 것이 필요하다(헌재 2013. 11. 28. 2007헌마1189).
>
> ▶ **대학자치의 주체** : 대학의 자율성은 학문의 자유의 주체인 교원들이 그 중심이 되는 것이지만, 공권력 등 외부세력의 간섭을 배제하고 대학을 자주적으로 운영한다는 측면에서는 교원뿐만 아니라 역시 대학의 구성원인 직원, 학생 등도 원칙적으로 대학자치의 주체가 될 수 있다고 보아야 한다(대판 2015. 7. 23. 2012두19496).

(5) 내용

1) 입법형성권

대학의 자율의 구체적인 내용은 법률이 정하는 바에 의하여 보장되며, 국가는 헌법 제31조 제6항에 따라 모든 학교제도의 조직·계획·운영·감독에 관한 포괄적인 권한, 즉 학교제도에 관한 전반적인 형성권과 규율권을 부여받는다. 다만 그 규율의 정도는 그 시대와 각급 학교의 사정에 따라 다를 수밖에 없으므로 교육의 본질을 침해하지 않는 한 궁극적으로는 입법권자의 형성의 자유에 속한다. 따라서 대학의 자율에 대한 침해 여부를 심사함에 있어서는 입법자가 입법형성의 한계를 넘는 자의적인 입법을 하였는지 여부를 판단하여야 한다(헌재 2014. 4. 24. 2011헌마612).

2) 일반적 내용

대학의 자율은 대학시설의 관리·운영만이 아니라 전반적인 것이라야 하므로 연구와 교육의 내용, 그 방법과 대상, 교과과정의 편성, 학생의 선발과 전형 및 특히 교원의 임면에 관한 사항도 자율의 범위에 속한다(헌재 2006. 4. 27. 2005헌마1119).

> **판례**

> ▶ **학칙의 제정 또는 개정에 관한 사항 등 대학평의원회의 심의사항을 규정한 고등교육법 제19조의2 제1항**(심의 조항)**이 국·공립대학 교수회 및 교수들의 대학의 자율권을 침해하는지**(소극) : 심의조항은 대학구성원이 학교 운영의 기본사항에 대한 의사결정 과정에 참여할 수 있는 기회를 절차적으로 보장하는 것으로서, 연구에 관한 사항은 대학평의원회의 심의사항에서 제외하고 있는 점, 교육과정 운영에 관한 사항은 대학평의원회의 자문사 항에 해당하는 점, 심의결과가 대학의 의사결정을 기속하지 않는 점 등을 고려할 때, 심의조항이 연구와 교육 등 대학의 중심적 기능에 관한 자율적 의사결정을 방해한다고 볼 수 없으며, 학교운영이 민주적 절차에 따라 공정하고 투명하게 이루어질 수 있도록 하기 위한 것으로서 합리적 이유가 인정된다. 따라서 심의조항이 국· 공립대학 교수회 및 교수들의 대학의 자율권을 침해한다고 볼 수 없다(헌재 2023. 10. 26. 2018헌마872).

> ▶ **교원, 직원, 학생 등 대학평의원회의 각 구성단위에 속하는 평의원의 수가 전체 평의원 정수의 2분의 1을 초과 할 수 없도록 규정한 구 고등교육법 제19조의2 제2항 후문**(구성제한조항)**이 국·공립대학 교수회 및 교수들의 대학의 자율권을 침해하는지**(소극) : 대학의 학문과 연구 활동에서 중요한 역할을 담당하는 교원에게 그와 관 련된 영역에서 주도적인 역할을 인정하는 것은 대학의 자율성의 본질에 부합하고 필요하나, 이것이 교육과 연구에 관한 사항은 모두 교원이 전적으로 결정할 수 있어야 한다는 의미는 아니다. 대학평의원회의 심의·자 문사항은 제한적이고, 교원의 인사에 관한 사항에 대해서는 교원으로 구성되는 대학인사위원회가 심의하는 점, 대학평의원회의 심의결과는 대학의 의사결정을 기속하는 효력이 없는 점을 종합하면, 이 사건 구성제한조 항으로 인하여 교육과 연구에 관한 사항의 결정에 교원이 주도적 지위를 가질 수 없게 된다고 볼 수 없다. 이 사건 구성제한조항은 대학의 의사결정에 영향을 받는 다양한 구성원들의 자유로운 논의와 의사결정 참여를 보장하기 위한 것으로서 합리적 이유가 있다고 할 것이므로, 국·공립대학 교수회 및 교수들의 대학의 자율권 을 침해한다고 볼 수 없다(헌재 2023. 10. 26. 2018헌마872).

> ▶ **국립대학 교원의 성과연봉 지급에 대하여 규정한 공무원보수규정 제39조의2 제1항 등이 대학의 자율성을 제한 하는지**(소극) : 국립대학 교원에 대한 보수를 산정할 때 해당 교원에게 그 과정에 참여할 권리가 있다고 보기 어렵고, 이 사건 조항이 규율하고 있는 공무원의 보수에 관한 사항이, '대학이 자유로운 연구와 교육을 위해 필요한 사항을 국가나 외부의 간섭 없이 자유롭게 결정할 수 있는 기본권'인 대학의 자율성의 범위에 속하는 사항이라고 보기 어려울 뿐만 아니라, 이 사건 조항으로 인하여 청구인들의 학문의 자유가 제한된다고 보는 이상 학문의 자유를 확실히 보장하기 위한 수단으로서의 기본권인 대학의 자율성이 별도로 제한된다고 볼 실 익도 없다(헌재 2013. 11. 28. 2011헌마282).

3) 인사에 관한 자주결정권

교수나 교수회에게 대학총장 후보자 선출에 참여할 권리가 있고 이 권리는 대학의 자치의 본질 적인 내용에 포함된다고 할 것이므로 결국 헌법상의 기본권으로 인정할 수 있다(헌재 2006. 4. 27. 2005헌마1047).

> **판례**

> ▶ **대학의 장이 단과대학장을 보할 때 그 대상자의 추천을 받거나 선출의 절차를 거치지 아니하고, 해당 단과대학 소속 교수 또는 부교수 중에서 직접 지명하도록 한 교육공무원 임용령 제9조의4가 대학의 자율성을 침해할 가능 성이 인정되는지**(소극) : 단과대학은 대학을 구성하는 하나의 조직·기관일 뿐이고, 단과대학장은 그 지위와 권한 및 중요도에서 대학의 장과 구별된다. 또한 대학의 장을 구성원들의 참여에 따라 자율적으로 선출한 이 상, 하나의 보직에 불과한 단과대학장의 선출에 다시 한 번 대학교수들이 참여할 권리가 대학의 자율에서 당연 히 도출된다고 보기 어렵다. 따라서 단과대학장의 선출에 참여할 권리는 대학의 자율에 포함된다고 볼 수 없 어, 이 사건 심판대상조항에 의해 대학의 자율성이 침해될 가능성이 인정되지 아니한다(헌재 2014. 1. 28. 2011헌마239).

▶ 추천위원회의 직원위원 수를 4인으로 정한 '부경대학교 총장임용후보자 선정 및 추천에 관한 규정' 제4조 제1항 제2호(구성조항)가 부경대학교 직원인 청구인들의 평등권을 침해하는지(소극) : 대학의 총장후보자를 선출하는 일은 학문의 자유와 매우 밀접한 관련이 있는 사안이다. 그런데 대학의 직원은 교원의 연구 및 교수활동과 학생들의 대학에서의 수학을 행정적으로 지원하기 위한 역할을 담당하고 대학의 본래적 기능인 학문적 활동에 관여하는 것이라고는 할 수 없으므로, 법률을 통하여 대학의 직원에게 대학의 구성원으로서 대학의 자율적 운영에 참여할 권리를 인정하더라도 그 참여 비율이나 참여 가치의 보장은 반드시 교원과 동등하여야 하는 것은 아니며 학문적 활동과의 관련성 정도에 따라 조정될 필요가 있다. 반면 대학의 교원은 진리를 탐구하고, 교육의 현장에서 학생들을 가르치거나 연구의 결과를 전달하여 개개 학생들의 인격신장에 이바지할 뿐만 아니라 문화를 계승·창조하며 국가·사회의 지속적인 발전에 중요한 역할을 수행한다. 헌법이 특별히 대학의 자율성을 보장하는 이유는 학문의 자유를 보장하기 위함이므로, 대학의 학문과 연구 활동에서 중요한 역할을 담당하는 교원에게 그와 관련된 영역에서 주도적인 역할을 인정하는 것은 대학의 자율성의 본질에 부합하고 필요하다. 그렇다면 이 사건 구성조항이 대학 직원의 추천위원회 참여 비율을 교원보다 낮게 정한 데에는 합리적인 이유가 있다고 할 것이므로, 이 사건 구성조항은 이 사건 직원들의 평등권을 침해하지 아니한다(헌재 2023. 5. 25. 2020헌마1336).

▶ 경상국립대학교의 교원, 직원 및 조교, 학생에게 총장선거권을 부여한 '경상국립대학교 총장임용후보자 선정에 관한 규정' 제12조 제1항 본문이 같은 대학의 강사인 청구인들의 평등권을 침해하는지(소극) : 헌법이 대학의 자율성을 보장하는 이유는 학문의 자유에 대한 보장을 담보하기 위함인데, 강사는 교수에 비하여 임용기간이나 주당 강의시간이 짧고 다른 대학에서 자유롭게 강의할 수 있는 등 대학과의 사용·종속 관계가 약하며, 임무의 내용도 학문의 연구보다는 학생의 교육에 집중되어 있고 학문적 활동의 밀도도 교수에 비하여 낮다. 한편 국립대학의 직원이나 조교는 국가공무원 내지 교육공무원에 해당하는 반면 강사는 대학과 일시적이고 비전속적인 고용관계를 맺고 있고, 국립대학의 학생은 영조물 이용자로서 대학의 정책 방향에 높은 이해관계를 가지는 반면, 강사는 대학의 교육역무를 지원·보조하기 위하여 일시적으로 고용된 사람으로서 대학의 정책방향과 관련하여 선거권 보장의 필요성이 상대적으로 낮다. 이러한 사정을 고려할 때 심판대상조항이 교원, 직원 및 조교, 학생과 강사를 달리 취급한 데에는 합리적 이유가 있으므로, 심판대상조항은 청구인들의 평등권을 침해하지 아니한다(헌재 2023. 9. 26. 2020헌마553).

4) 국립대학의 존속

국립대학인 세무대학은 공법인으로서 사립대학과 마찬가지로 대학의 자율권이라는 기본권의 보호를 받으므로, 세무대학은 국가의 간섭 없이 인사·학사·시설·재정 등 대학과 관련된 사항들을 자주적으로 결정하고 운영할 자유를 갖는다. 그러나 대학의 자율성은 그 보호영역이 원칙적으로 당해 대학 자체의 계속적 존립에까지 미치는 것은 아니다(헌재 2001. 2. 22. 99헌마613).

(5) 대학의 자율성의 제한

대학의 자율도 헌법상의 기본권이므로 기본권 제한의 일반적 법률유보의 원칙을 규정한 헌법 제37조 제2항에 따라 제한될 수 있고, 대학의 자율의 구체적인 내용은 법률이 정하는 바에 의하여 보장되며, 또한 국가는 헌법 제31조 제6항에 따라 모든 학교제도의 조직, 계획, 운영, 감독에 관한 포괄적인 권한 즉, 학교제도에 관한 전반적인 형성권과 규율권을 부여받았다고 할 수 있고, 다만 그 규율의 정도는 그 시대의 사정과 각급 학교에 따라 다를 수 밖에 없는 것이므로 교육의 본질을 침해하지 않는 한 궁극적으로는 입법권자의 형성의 자유에 속하는 것이라 할 수 있다. 따라서 그 위헌 여부는 입법자가 기본권을 제한함에 있어 헌법 제37조 제2항에 의한 합리적인 입법한계를 벗어나 자의적으로 그 본질적 내용을 침해하였는지 여부에 따라 판단되어야 할 것이다(헌재 2006. 4. 27. 2005헌마1047).

Ⅱ 교육제도 법정주의

> **헌법 제31조**
> ⑥ 학교교육 및 평생교육을 포함한 교육제도와 그 운영, 교육재정 및 교원의 지위에 관한 기본적인 사항은 법률로 정한다.

1. 교육제도 법정주의의 취지

넓은 의미의 "교육제도 법률주의"는 국가의 백년대계인 교육이 일시적인 특정정치 세력에 의하여 영향을 받거나 집권자의 통치상의 의도에 따라 수시로 변경되는 것을 예방하고 장래를 전망한 일관성이 있는 교육체계를 유지·발전시키기 위한 것이며 그러한 관점에서 국민의 대표기관인 국회의 통제하에 두는 것이 가장 온당하다는 의회민주주의 내지 법치주의 이념에서 비롯된 것이다. 이는 헌법이 한편으로는 수학권을 국민의 기본권으로서 보장하고 다른 한편으로 이를 실현하는 의무와 책임을 국가가 부담하게 하는 교육체계를 교육제도의 근간으로 하고 있음을 나타내는 것이라고 할 수 있는 것이다(헌재 1992. 11. 12. 89헌마88).

> ✎ **판례**
>
> ▶ **교육제도 법정주의의 취지**: 헌법 제31조 제6항은 교육제도 법정주의를 규정하고 있는데, 이 조항은 특히 학교교육의 중요성에 비추어 교육에 관한 기본정책 또는 기본방침 등 교육에 관한 기본적 사항을 국민의 대표기관인 국회가 직접 입법절차를 거쳐 제정한 형식적 의미의 법률로 규정하게 함으로써 국민의 교육을 받을 권리가 행정기관에 의하여 자의적으로 무시되거나 침해당하지 않도록 하고, 교육의 자주성과 중립성을 유지하고자 하는 데에 그 의의가 있다(헌재 2019. 4. 11. 2018헌마221).
>
> ▶ **수학권과 교육제도 법정주의의 관계**: 헌법 제31조 제1항에서 규정하고 있는 국민의 교육을 받을 권리는 통상 국가에 의한 교육조건의 개선·정비와 교육기회의 균등한 보장을 적극적으로 요구할 수 있는 권리로 이해되고 있다. 헌법 제31조 제2항 내지 제6항 소정의 교육을 받게 할 의무, 의무교육의 무상, 교육의 자주성·전문성·정치적 중립성 및 대학의 자율성, 평생교육진흥, 교육제도와 그 운영·교육재정 및 교원지위 법률주의 등은 수학권의 효율적인 보장을 위한 규정이다(헌재 1999. 3. 25. 97헌마130).
>
> ▶ **교육제도 법정주의와 의회유보원칙**: 오늘날의 법률유보원칙은 단순히 행정작용이 법률에 근거를 두기만 하면 충분한 것이 아니라, 국가공동체와 그 구성원에게 기본적이고도 중요한 의미를 갖는 영역, 특히 국민의 기본권 실현에 관련된 영역에 있어서는 행정에 맡길 것이 아니라 국민의 대표자인 입법자 스스로 그 본질적 사항에 대하여 결정하여야 한다는 요구, 즉 의회유보원칙까지 내포하는 것으로 이해되고 있다. 한편, 헌법 제31조 제6항은 교육제도 법정주의를 규정하고 있다. 그렇다면 교육제도 법정주의는 교육 영역에 있어서의 의회유보원칙이라 할 것이다(헌재 2013. 11. 28. 2011헌마282).
>
> ▶ **교육제도에 대한 위임 가능성**(적극): 헌법 제31조 제6항 소정의 교육제도 법정주의는 교육제도에 관한 기본방침을 제외한 나머지 세부적인 사항까지 반드시 형식적 의미의 법률만으로 정하여야 한다는 의미는 아니다. 그러므로 입법자가 정한 기본방침을 구체화하거나 이를 집행하기 위한 세부시행 사항은 하위법령에 위임이 가능하다(헌재 2019. 4. 11. 2018헌마221).

2. 교육제도 법정주의의 내용

(1) 협의의 교육제도

헌법 제31조 제6항은 "학교교육 및 평생교육을 포함한 교육제도와 그 운영, 교육재정 및 교원의 지위에 관한 기본적인 사항은 법률로 정한다"고 함으로써 학교교육에 관한 국가의 권한과 책임을 규정하고 있다. 위 조항은 국가에게 학교제도를 통한 교육을 시행하도록 위임하였고, 이로써 국가는 학교제도에 관한 포괄적인 규율권한과 자녀에 대한 학교교육의 책임을 부여받았다. 따라서 국가는 헌법 제31조 제6항에 의하여 모든 학교제도의 조직, 계획, 운영, 감독에 관한 포괄적인 권한, 즉, 학교제도에 관한 전반적인 형성권과 규율권을 가지고 있다(헌재 2000. 4. 27. 98헌가16).

(2) 교육재정

입법자는 중앙정부와 지방정부의 재정상황, 의무교육의 수준 등의 여러 가지 요소와 사정을 감안하여 교육 및 교육재정의 충실을 위한 여러 정책적 방안들을 구상하고 그 중의 하나를 선택할 수 있으며, 이에 관한 입법자의 정책적 판단·선택권은 넓게 인정된다(헌재 2005. 12. 22. 2004헌라3).

(3) 교원지위

1) 교원지위 법정주의의 의의

우리 헌법 제31조 제6항은 교육의 물적 기반이 되는 교육제도와 아울러 교육의 인적 기반으로서 가장 중요한 교원의 근로기본권을 포함한 모든 지위에 관한 기본적인 사항을 정하는 것을 국민의 대표기관인 입법부의 권한으로 규정하고 있다(헌재 2006. 5. 25. 2004헌바72).

> 🔨 **판례**
>
> ▶ **교원의 개념 등**: 교원의 개념에는 국·공립대학의 교원뿐만 아니라, 사립대학의 교원도 포함되고, 교원의 지위란 교원에게 주어지는 사회적 대우 또는 근무조건·신분보장·보수 및 그 밖의 물적 급부 등을 모두 포함하는 의미이며, 대학교원의 지위에 관한 기본적인 사항이란 대학교원이 자주적·전문적·중립적으로 학생을 교육·지도하고 학문을 연구하기 위하여 필요한 중요한 사항이라고 보아야 하고, 법률이란 국민의 대표자로서 민주적 정당성을 가진 국회가 제정하는 형식적 의미의 법률을 의미한다(헌재 2006. 5. 25. 2004헌바72).

2) 교원지위에 관한 법률의 내용

헌법 제31조 제6항을 근거로 하여 제정되는 법률에는 교원의 신분보장·경제적·사회적 지위 보장 등 교원의 권리에 해당하는 사항뿐만 아니라 국민의 교육을 받을 권리를 저해할 우려가 있는 행위의 금지 등 교원의 의무에 관한 사항도 당연히 규정할 수 있는 것이므로 결과적으로 교원의 기본권을 제한하는 사항까지도 규정할 수 있다. 다만 입법자가 법률로 정하여야 할 교원 지위의 기본적 사항에는 교원의 신분이 부당하게 박탈되지 않도록 하는 최소한의 보호의무에 관한 사항이 포함된다(헌재 2003. 2. 27. 2000헌바26).

✎ 판례

▶ **대학교육기관의 교원은 당해 학교법인의 정관이 정하는 바에 따라 기간을 정하여 임면할 수 있다고 규정한 구 사립학교법 제53조의2 제3항이 교원지위 법정주의에 위반되는지**(적극) : 이 사건 법률조항은 임용기간이 만료되는 교원을 별다른 하자가 없는 한 다시 임용하여야 하는지의 여부 및 재임용대상으로부터 배제하는 기준이나 요건 및 그 사유의 사전통지 절차에 관하여 아무런 지침을 포함하고 있지 않을 뿐만 아니라, 부당한 재임용 거부의 구제에 관한 절차에 대해서도 아무런 규정을 두고 있지 않다. 그렇기 때문에 이 사건 법률조항은, 정년보장으로 인한 대학교원의 무사안일을 타파하고 연구분위기를 제고하는 동시에 대학교육의 질도 향상시킨다는 기간임용제 본연의 입법목적에서 벗어나, 사학재단에 비판적인 교원을 배제하거나 기타 임면권자 개인의 주관적 목적을 위하여 악용될 위험성이 다분히 존재한다. … 따라서 객관적인 기준의 재임용 거부사유와 재임용에서 탈락하게 되는 교원이 자신의 입장을 진술할 수 있는 기회 그리고 재임용거부를 사전에 통지하는 규정 등이 없으며, 나아가 재임용이 거부되었을 경우 사후에 그에 대해 다툴 수 있는 제도적 장치를 전혀 마련하지 않고 있는 이 사건 법률조항은, 현대사회에서 대학교육이 갖는 중요한 기능과 그 교육을 담당하고 있는 대학교원의 신분의 부당한 박탈에 대한 최소한의 보호요청에 비추어 볼 때 헌법 제31조 제6항에서 정하고 있는 교원지위 법정주의에 위반된다고 볼 수밖에 없다(헌재 2003. 2. 27. 2000헌바26 헌법불합치).

▶ **교원 재임용의 심사요소로 학생교육·학문연구·학생지도를 언급하되 이를 모두 필수요소로 강제하지 않는 사립학교법 제53조의2 제7항 전문이 교원지위 법정주의에 위반되는지**(소극) : 학교법인은 다양한 교육수요에 적합한 강의전담교원과 연구전담교원을 재량적으로 임용할 수 있는바, 강의전담교원에 대한 재임용 심사는 직무의 성질상 학생교육이 주된 평가기준이 되어야 할 것인데 법에서 학문연구에 대한 평가를 강제한다면 적절한 평가가 이루어질 수 없을 것이고, 반대로 연구전담교원에 대한 재임용 심사에서 학문연구가 아닌 학생교육에 대한 평가를 강제한다면 역시 불합리할 것이다. 따라서 이 사건 법률조항이 교원 재임용 심사에 학생교육·학문연구·학생지도라는 3가지 기준을 예시하는 한편 이를 바탕으로 대학이 객관적이고 적절한 평가기준을 마련할 수 있도록 한 것은, 교원의 신분에 대한 부당한 박탈을 방지함과 동시에 대학의 자율성을 도모한 것으로서 교원지위 법정주의에 위반되지 아니한다(헌재 2014. 4. 24. 2012헌바336).

▶ **사립학교가 교원에 대한 징계권을 남용하는 경우에 관할청의 직접적인 감독규정을 마련할 입법의무가 인정되는지**(소극) : 사립학교법에서 사립학교 교원은 형의 선고·징계처분 또는 사립학교법에 정하는 사유에 의하지 아니하고는 본인의 의사에 반하여 휴직 또는 면직 등 불리한 처분을 받지 아니하도록 규정하고, 징계의 사유 및 종류를 법률로 정하고 있으며, 교원의 징계사건을 심의·의결하기 위하여 학교법인 등에 교원징계위원회를 두도록 하면서 징계위원회의 위원의 자격 및 구성에 관한 사항을 법률로 정하고 있다. 한편 교원지위법에서 교원은 징계처분에 불복하는 경우 교육부에 설치된 교원소청심사위원회에 소청심사를 청구할 수 있고, 그 결정에 대하여 행정소송법에 따라 소송을 제기할 수 있다. 또한 징계 등 불리한 처분은 여전히 사법적 법률행위로서 효력을 가지므로 민사소송을 통해 권리구제를 받을 수도 있다. 그러므로 입법자로서는 교원의 신분이 부당하게 박탈되지 않도록 하는 최소한의 보호의무에 관한 입법의무는 이행하였다고 할 것이고, 이를 넘어 불이익처분 절차의 일시정지 규정이나 그 밖의 사립 학교법인의 징계권 남용에 관한 관할청의 직접적인 감독규정을 마련해야할 구체적인 입법의무가 헌법해석상 발생한다고 볼 수 없다(헌재 2019. 11. 28. 2018헌마1153).

Ⅲ 지방교육자치제

국민주권의 원리는 공권력의 구성·행사·통제를 지배하는 우리 통치질서의 기본원리이므로, 공권력의 일종인 지방자치권과 국가교육권(교육입법권·교육행정권·교육감독권)도 이 원리에 따른 국민적 정당성기반을 갖추어야만 한다. 지방교육자치도 지방자치권행사의 일환으로서 보장되는 것이므로, 중앙권력에 대한 지방적 자치로서의 속성을 지니고 있지만, 동시에 그것은 헌법 제31조 제4항이 보장하고 있는 교육의 자주성·전문성·정치적 중립성을 구현하기 위한 것이므로, 정치권력에 대한 문화적 자치로서의 속성도 아울러 지니고 있다. 결국 지방교육자치는 '민주주의·지방자치·교육자주'라고 하는 세 가지의 헌법적 가치를 골고루 만족시킬 수 있어야만 하는 것이다. '민주주의'의 요구를 절대시하여 비정치기관인 교육위원이나 교육감을 정치기관의 선출과 완전히 동일한 방식으로 구성한다거나, '지방자치'의 요구를 절대시하여 지방자치단체장이나 지방의회가 교육위원·교육감의 선발을 무조건적으로 좌우한다거나, '교육자주'의 요구를 절대시하여 교육·문화분야 관계자들만이 전적으로 교육위원·교육감을 결정한다거나 하는 방식은 그 어느 것이나 헌법적으로 허용될 수 없다(헌재 2000. 3. 30. 99헌바113).

제4절 　근로의 권리

헌법 제32조
① 모든 국민은 근로의 권리를 가진다. 국가는 사회적·경제적 방법으로 근로자의 고용의 증진과 적정임금의 보장에 노력하여야 하며, 법률이 정하는 바에 의하여 최저임금제를 시행하여야 한다.

참고
▶ **헌정사** : 적정임금보장은 제8차 개정헌법에서, 최저임금제는 제9차 개정헌법에 규정

제1항 　근로의 권리의 의의

Ⅰ 근로의 권리의 개념

근로의 권리란 인간이 자신의 의사와 능력에 따라 근로관계를 형성하고, 타인의 방해를 받음이 없이 근로관계를 계속 유지하며, 근로의 기회를 얻지 못한 경우에는 국가에 대하여 근로의 기회를 제공하여 줄 것을 요구할 수 있는 권리를 말한다(헌재 2007. 8. 30. 2004헌마670).

판례
▶ **엄격한 의미에서 근로의 권리** : 엄격한 의미에서 근로의 권리는 사회적 기본권으로서, 국가에 대하여 직접 일자리(직장)를 청구하거나 일자리에 갈음하는 생계비의 지급청구권을 의미하는 것이 아니라, 고용증진을 위한 사회적·경제적 정책을 요구할 수 있는 권리에 그친다. 근로의 권리를 직접적인 일자리 청구권으로 이해하는 것은 사회주의적 통제경제를 배제하고, 사기업 주체의 경제상의 자유를 보장하는 우리 헌법의 경제질서 내지 기본권규정들과 조화될 수 없다(헌재 2002. 11. 28. 2001헌바50).

Ⅱ 근로의 권리의 기능

근로의 권리의 보장은 생활의 기본적인 수요를 충족시킬 수 있는 생활수단을 확보해 주고, 인격의 자유로운 발현과 인간의 존엄성을 보장해 주는 의의를 지닌다(헌재 2002. 11. 28. 2001헌바50).

제2항 근로의 권리의 법적 성격과 주체

Ⅰ 일할 자리와 일한 환경에 관한 권리

근로의 권리는 생활의 기본적인 수요를 충족시킬 수 있는 생활수단을 확보해 주고 나아가 인격의 자유로운 발현과 인간의 존엄성을 보장해 주는 것으로서 사회권적 기본권의 성격이 강하므로 이에 대한 외국인의 기본권 주체성을 전면적으로 인정하기는 어렵다. 그러나 근로의 권리가 '일할 자리에 관한 권리'만이 아니라 '일할 환경에 관한 권리'도 함께 내포하고 있는바, 후자는 인간의 존엄성에 대한 침해를 방어하기 위한 자유권적 기본권의 성격도 갖고 있어 건강한 작업환경, 일에 대한 정당한 보수, 합리적인 근로조건의 보장 등을 요구할 수 있는 권리 등을 포함한다고 할 것이므로 외국인 근로자라고 하여 이 부분에까지 기본권 주체성을 부인할 수는 없다(헌재 2007. 8. 30. 2004헌마670).

Ⅱ 사회권적 기본권과 자유권적 기본권

근로의 권리의 구체적인 내용에 따라, 국가에 대하여 고용증진을 위한 사회적·경제적 정책을 요구할 수 있는 권리는 '사회권적 기본권'으로서 국민에 대하여만 인정해야 하지만, 자본주의 경제질서하에서 근로자가 기본적 생활수단을 확보하고 인간의 존엄성을 보장받기 위하여 최소한의 근로조건을 요구할 수 있는 권리는 '자유권적 기본권'의 성격도 아울러 가지므로 이러한 경우 외국인 근로자에게도 그 기본권 주체성을 인정함이 타당하다(헌재 2007. 8. 30. 2004헌마670).

> ✒ 판례
>
> ▶ **노동조합이 근로의 권리의 주체가 되는지**(소극) : 근로의 권리는 국가의 개입·간섭을 받지 않고 자유로이 근로를 할 자유와, 국가에 대하여 근로의 기회를 제공하는 정책을 수립해 줄 것을 요구할 수 있는 권리 등을 기본적인 내용으로 하고 있고, 이 때 근로의 권리는 근로자를 개인의 차원에서 보호하기 위한 권리로서 개인인 근로자가 근로의 권리의 주체가 되는 것이고, 노동조합은 그 주체가 될 수 없는 것으로 이해되고 있다(헌재 2009. 2. 26. 2007헌바27).
>
> ▶ **고용 허가를 받아 국내에 입국한 외국인근로자의 출국만기보험금을 출국 후 14일 이내에 지급하도록 한 외국인고용법 제13조 제3항 부분이 청구인들의 근로의 권리를 침해하는지**(소극) : 불법체류자는 임금체불이나 폭행 등 각종 범죄에 노출될 위험이 있고, 그 신분의 취약성으로 인해 강제 근로와 같은 인권침해의 우려가 높으며, 행정관청의 관리 감독의 사각지대에 놓이게 됨으로써 안전사고 등 각종 사회적 문제를 일으킬 가능성이 있다. 또한 단순기능직 외국인근로자의 불법체류를 통한 국내 정주는 일반적으로 사회통합 비용을 증가시키고 국내 고용 상황에 부정적 영향을 미칠 수 있다. 따라서 이 사건 출국만기보험금이 근로자의 퇴직 후 생계 보호를 위한 퇴직금의 성격을 가진다고 하더라도 불법체류가 초래하는 여러 가지 문제를 고려할 때 불법체류 방지를 위해 그 지급시기를 출국과 연계시키는 것은 불가피하므로 심판대상조항이 청구인들의 근로의 권리를 침해한다고 보기 어렵다(헌재 2016. 3. 31. 2014헌마367).

제3항 근로의 권리의 내용

I 국가의 고용증진의무

헌법 제32조
① 모든 국민은 근로의 권리를 가진다. 국가는 사회적·경제적 방법으로 근로자의 고용의 증진과 적정임금의 보장에 노력하여야 하며, 법률이 정하는 바에 의하여 최저임금제를 시행하여야 한다.

판례

▶ **근로기준법 제23조 제1항의 부당해고제한이 근로의 권리의 내용에 포함되는지**(적극) : 근로기준법 제23조 제1항의 부당해고제한은 근로관계의 존속을 좌우하는 해고에 있어서 정당한 이유를 요구함으로써 사용자에 의한 일방적인 부당해고를 예방하는 역할을 하므로 근로조건을 이루는 중요한 사항에 해당하며, 근로의 권리의 내용에 포함된다(헌재 2019. 4. 11. 2017헌마820).

▶ **헌법 제32조의 근로의 권리로부터 근로자의 직장존속보장청구권을 인정할 수 있는지**(소극) : 근로의 권리를 직접적인 일자리 청구권으로 이해하는 것은 사회주의적 통제경제를 배제하고, 사기업 주체의 경제상의 자유를 보장하는 우리 헌법의 경제질서 내지 기본권규정들과 조화될 수 없다. 따라서 근로의 권리로부터 국가에 대한 직접적인 직장존속청구권을 도출할 수도 없다. 단지 직업의 자유에서 도출되는 보호의무와 마찬가지로 사용자의 처분에 따른 직장 상실에 대하여 최소한의 보호를 제공하여야 할 의무를 국가에 지우는 것으로 볼 수는 있을 것이다(헌재 2002. 11. 28. 2001헌바50).

▶ **근로기준법에 마련된 해고예고제도는 근로의 권리의 내용에 포함되는지**(적극) : 근로기준법에 마련된 해고예고제도는 근로조건의 핵심적 부분인 해고와 관련된 사항일 뿐만 아니라, 근로자가 갑자기 직장을 잃어 생활이 곤란해지는 것을 막는 데 목적이 있으므로 근로자의 인간 존엄성을 보장하기 위한 최소한의 근로조건으로서 근로의 권리의 내용에 포함된다(헌재 2015. 12. 23. 2014헌바3).

▶ **월급근로자로서 6개월이 되지 못한 자를 해고예고제도의 적용예외 사유로 규정하고 있는 근로기준법 제35조 제3호가 근무기간이 6개월 미만인 월급근로자의 근로의 권리를 침해하고, 평등원칙에 위배되는지**(적극) : 원칙적으로 해고예고 적용배제사유로 허용될 수 있는 경우는 근로계약의 성질상 근로관계 계속에 대한 근로자의 기대가능성이 적은 경우로 한정되어야 한다. "월급근로자로서 6월이 되지 못한 자"는 대체로 기간의 정함이 없는 근로계약을 한 자들로서 근로관계의 계속성에 대한 기대가 크다고 할 것이므로, 이들에 대한 해고 역시 예기치 못한 돌발적 해고에 해당한다. 그럼에도 불구하고 합리적 이유 없이 "월급근로자로서 6개월이 되지 못한자"를 해고예고제도의 적용대상에서 제외한 이 사건 법률조항은 근무기간이 6개월 미만인 월급근로자의 근로의 권리를 침해하고, 평등원칙에도 위배된다(헌재 2015. 12. 23. 2014헌바3).

▶ **일용근로자로서 3개월을 계속 근무하지 아니한 자를 해고예고제도의 적용제외사유로 규정하고 있는 근로기준법 제35조 제1호가 청구인의 근로의 권리를 침해하는지**(소극) : 일용근로자는 계약한 1일 단위의 근로기간이 종료되면 해고의 절차를 거칠 것도 없이 근로관계가 종료되는 것이 원칙이므로, 그 성질상 해고예고의 예외를 인정한 것에 상당한 이유가 있다. 다만 3개월 이상 근무하는 경우에는 임시로 고용관계를 유지하고 있다고 보기 어렵고, 소득세법이나 산업재해보상보험법의 적용과 관련하여서도 상용근로자와 동일한 취급을 받게 되므로, 근로계약의 형식 여하에 불구하고 일용근로자를 상용근로자와 동일하게 취급하기 위한 최소한의 기간으로 3개월이라는 기준을 설정한 것이 입법재량의 범위를 현저히 일탈하였다고 볼 수 없다. 해고예고제도는 30일 전에 예고를 하거나 30일분 이상의 통상임금을 해고예고수당으로 지급하도록 하고 있는바, 일용근로계약을 체결한 후 근속기간이 3개월이 안 된 근로자를 해고할 때에도 이를 적용하도록 한다면 사용자에게 지나치게 불리하다는 점에서도 심판대상조항이 입법재량의 범위를 현저히 일탈하였다고 볼 수 없다(헌재 2017. 5. 25. 2016헌마640).

II 적정임금의 보장 등

헌법 제32조
① 모든 국민은 근로의 권리를 가진다. 국가는 사회적 · 경제적 방법으로 근로자의 고용의 증진과 적정임금의 보장에 노력하여야 하며, 법률이 정하는 바에 의하여 최저임금제를 시행하여야 한다.

✦ 판례

▶**최저임금에 관한 권리가 근로의 권리에 포함되는지**(적극) : 최저임금제도는 근로조건의 핵심적 부분인 임금과 관련된 사항일 뿐만 아니라, 근로자에 대하여 임금의 최저수준을 보장하여 근로자의 생활안정을 꾀하는 데 그 일차적인 목적이 있다. 따라서 최저임금은 인간의 존엄성을 보장하기 위한 최소한의 근로조건에 해당하며, 이에 관한 권리는 근로의 권리의 내용에 포함된다(헌재 2021. 12. 23. 2018헌마629).

▶**최저임금을 청구할 수 있는 권리가 바로 헌법 제32조 제1항의 근로의 권리에 의하여 보장되는지**(소극) : 헌법 제32조 제1항 후단은 "국가는 사회적 · 경제적 방법으로 근로자의 고용의 증진과 적정임금의 보장에 노력하여야 하며, 법률이 정하는 바에 의하여 최저임금제를 시행하여야 한다."라고 규정하고 있어서 근로자가 최저임금을 청구할 수 있는 권리도 헌법상 바로 도출되는 것이 아니라 최저임금법 등 관련 법률이 구체적으로 정하는 바에 따라 비로소 인정될 수 있다(헌재 2012. 10. 25. 2011헌마307).

▶**적정임금이나 최저임금의 보장을 요구할 수 있는 권리가 헌법 제32조 제1항에 의하여 바로 도출되는지**(소극) : 헌법 제32조 제1항은 국가에게 사회적 · 경제적 방법으로 근로자의 고용의 증진과 적정임금의 보장에 노력할 의무와 법률이 정하는 바에 따라 최저임금제를 시행할 의무를 부과하고 있을 뿐이므로, 근로자 개인이 국가에 대하여 적정임금이나 최저임금의 보장을 요구할 수 있는 권리가 위 조항에 의하여 바로 도출된다고 보기 어렵다(헌재 2021. 12. 23. 2018헌마629).

▶**근로자가 퇴직급여를 청구할 수 있는 권리가 헌법상 바로 도출되는지**(소극) : 근로자가 퇴직급여를 청구할 수 있는 권리도 헌법상 바로 도출되는 것이 아니라 퇴직급여법 등 관련 법률이 구체적으로 정하는 바에 따라 비로소 인정될 수 있는 것이다(헌재 2011. 7. 28. 2009헌마408).

III 근로조건 기준 법정주의

헌법 제32조
② 모든 국민은 근로의 의무를 진다. 국가는 근로의 의무의 내용과 조건을 민주주의 원칙에 따라 법률로 정한다.
③ 근로조건의 기준은 인간의 존엄성을 보장하도록 법률로 정한다.

1. 근로조건 기준 법정주의의 의의

근로조건이라 함은 임금과 그 지불방법, 취업시간과 휴식시간, 안전시설과 위생시설, 재해보상 등 근로계약에 의하여 근로자가 근로를 제공하고 임금을 수령하는 것에 관한 조건들로서, 근로조건에 관한 기준을 법률로써 정한다는 것은 근로조건에 관하여 법률이 최저한의 제한을 설정한다는 의미이다(헌재 2011. 7. 28. 2009헌마408).

> **판례**

▶ **근로조건 기준 법정주의의 취지** : 헌법이 근로조건의 기준을 법률로 정하도록 한 것은 인간의 존엄에 상응하는 근로조건에 관한 기준의 확보가 사용자에 비하여 경제적·사회적으로 열등한 지위에 있는 개별 근로자의 인간존엄성 실현에 중요한 사항일 뿐만 아니라, 근로자와 그 사용자들 사이에 이해관계가 첨예하게 대립될 수 있는 사항이어서 사회적 평화를 위해서도 민주적으로 정당성이 있는 입법자가 이를 법률로 정할 필요가 있으며, 인간의 존엄성에 관한 판단기준도 사회적·경제적 상황에 따라 변화하는 상대적 성격을 띠는 만큼 그에 상응하는 근로조건에 관한 기준도 시대상황에 부합하게 탄력적으로 구체화하도록 법률에 유보한 것이다. 입법자는 헌법 제32조 제3항에 의거하여 근로조건의 최저기준을 근로기준법에 규정하고 있다(헌재 2011. 7. 28. 2009헌마408).

2. 근로조건에 관한 입법형성권

인간의 존엄에 상응하는 근로조건의 기준이 무엇인지를 구체적으로 정하는 것은 일차적으로 입법자의 형성의 자유에 속하고, 이는 근로자보호의 필요성, 사용자의 법 준수능력, 국가의 근로감독능력 등을 모두 고려하여 입법정책적으로 결정할 문제이지만, 그 차별에는 합리적 근거가 있어야 하고, 자의적이어서는 안 된다(헌재 2007. 8. 30. 2004헌마670).

> **판례**

▶ **부당해고제한제도에 대한 위헌성심사기준** : 부당해고를 제한하는 것이 근로의 권리의 내용에 포함된다 하더라도, 그 구체적 내용인 적용대상 사업장의 범위를 어떻게 정할 것인지, 또 부당해고임이 인정된 경우의 구제절차는 행정기구인 노동위원회를 거칠 수 있게 할 것인지 등에 대해서는 입법자에게 입법형성의 재량이 주어져 있다. 다만, 근로조건의 기준을 정함에 있어 인간의 존엄성을 보장하도록 한 헌법 제32조 제3항에 위반되어서는 안 된다. 그렇다면 입법자는 헌법 제32조 제3항에 의하여 인간의 존엄성에 부합하는 근로조건의 기준을 정하여야 하나, 심판대상조항이 근로의 권리를 침해하는지 여부는, 부당해고제한제도를 형성함에 있어 해고로부터 근로자를 보호할 의무를 전혀 이행하지 아니하거나 그 내용이 현저히 불합리하여 헌법상 용인될 수 있는 재량의 범위를 벗어난 것인지 여부에 달려 있다(헌재 2019. 4. 11. 2017헌마820).

▶ **퇴직급여제도의 적용대상에 대한 위헌성심사기준** : 인간의 존엄에 상응하는 근로조건의 기준이 무엇인지를 구체적으로 정하는 것은 입법자의 형성의 자유에 속하는 것으로, 퇴직급여제도의 적용대상에서 초단시간근로자를 배제한 심판대상조항이 헌법 제32조 제3항에 위배되는지 여부는 입법자가 퇴직급여제도를 형성함에 있어 근로자보호의 필요성, 사용자의 부담능력, 목적달성에 소요되는 경제적·사회적 비용, 각종 사회보험제도의 활용이나 그러한 제도에 의한 대체나 보완가능성 등 제반사정을 고려하여 근로자 퇴직급여제도를 설정함에 있어 그 내용이 현저히 불합리하여 헌법상 용인될 수 있는 재량의 범위를 벗어난 것인지 여부에 달려 있다(헌재 2021. 11. 25. 2015헌바334).

▶ **근로기준법 등에 규정된 연차유급휴가를 받을 권리가 근로의 권리에 포함되는지**(적극) : 헌법 제32조 제3항은 근로의 권리가 실효적인 것이 될 수 있도록 "근로조건의 기준은 인간의 존엄성을 보장하도록 법률로 정한다."고 하여 근로조건의 법정주의를 규정하고 있고, 이에 따라 근로기준법 등에 규정된 연차유급휴가는 근로자의 건강하고 문화적인 생활의 실현에 이바지할 수 있도록 여가를 부여하는 데 그 목적이 있으므로 이는 인간의 존엄성을 보장하기 위한 합리적인 근로조건에 해당한다. 따라서 연차유급휴가에 관한 권리는 인간의 존엄성을 보장받기 위한 최소한의 근로조건을 요구할 수 있는 권리로서 근로의 권리의 내용에 포함된다(헌재 2008. 9. 25. 2005헌마586).

▶계속근로기간 1년 미만인 근로자를 퇴직급여 지급대상에서 제외하는 근로자퇴직급여 보장법 제4조 제1항 단서 등이 근로조건의 기준이 인간의 존엄성을 보장하도록 법률로 정할 것을 규정한 헌법 제32조 제3항에 위반되는지(소극) : 인간의 존엄에 상응하는 근로조건의 기준이 무엇인지를 구체적으로 정하는 것은 일차적으로 입법자의 형성의 자유에 속한다고 할 것인데, 이 사건 법률조항이 '계속근로기간 1년 이상인 근로자인지 여부'라는 기준에 따라 퇴직급여법의 적용 여부를 달리한 것에는 합리적 이유가 있다고 인정되고, 그 기준이 인간의 존엄성을 전혀 보장할 수 없을 정도라고도 보기 어려우므로, 이 사건 법률조항이 헌법 제32조 제3항에 위반된다고 할 수 없다(헌재 2011. 7. 28. 2009헌마408).

▶4주간을 평균하여 1주간의 소정근로시간이 15시간 미만인 근로자, 즉 이른바 '초단시간근로자'를 퇴직급여제도의 적용대상에서 제외하고 있는 '근로자퇴직급여 보장법' 제4조 제1항 단서 부분이 근로조건의 기준은 인간의 존엄성을 보장하도록 법률로 정하도록 한 헌법 제32조 제3항에 위배되는지(소극) : 퇴직급여제도는 사회보장적 급여의 성격과 근로자의 장기간 복무 및 충실한 근무를 유도하는 기능을 갖고 있으므로, 해당 사업 또는 사업장에의 전속성이나 기여도가 낮은 일부 근로자를 한정하여 사용자의 부담이 요구되는 퇴직급여 지급대상에서 배제한 것이 입법형성권의 한계를 일탈하여 명백히 불공정하거나 불합리한 판단이라 볼 수는 없다. 소정근로시간이 1주간 15시간 미만인 이른바 '초단시간근로'는 일반적으로 임시적이고 일시적인 근로에 불과하여, 해당 사업 또는 사업장에 대한 기여를 전제로 하는 퇴직급여제도의 본질에 부합한다고 보기 어렵다. 따라서 심판대상조항은 헌법 제32조 제3항에 위배되는 것으로 볼 수 없다(헌재 2021. 11. 25. 2015헌바334).

3. 근로기준법 위반의 효력

근로기준법에 정한 기준에 달하지 못하는 근로조건을 정한 근로계약은 그 부분에 한하여 무효이므로 그것이 단체협약에 의한 것이라거나 근로자들의 승인을 받은 것이라고 하여 유효로 볼 수 없다(대판 1990. 12. 21. 90다카24496).

Ⅳ 여자와 연소자의 근로의 특별보호

헌법 제32조
④ 여자의 근로는 특별한 보호를 받으며, 고용·임금 및 근로조건에 있어서 부당한 차별을 받지 아니한다.
⑤ 연소자의 근로는 특별한 보호를 받는다.

Ⅴ 국가유공자 등의 근로기회 우선 보장

헌법 제32조
⑥ 국가유공자·상이군경 및 전몰군경의 유가족은 법률이 정하는 바에 의하여 우선적으로 근로의 기회를 부여받는다.

헌법은 제32조 제6항에서 국가유공자 등에게 우선적으로 근로의 기회를 제공할 국가의 의무를 명시하고 있다. 하지만, 이는 헌법이 국가유공자 등이 조국광복과 국가민족에 기여한 공로에 대한 보훈의 한 방법을 구체적으로 '예시한 것'일 뿐이며, 동 규정과 헌법전문에 담긴 헌법정신에 따르면, 국가는 사회적 특수계급을 창설하지 않는 범위 내에서 국가유공자 등을 예우할 포괄적인 의무를 지고 있다고 해석된다(헌재 2003. 5. 15. 2002헌마90).

제5절	근로3권

헌법 제33조
① 근로자는 근로조건의 향상을 위하여 자주적인 단결권·단체교섭권 및 단체행동권을 가진다.
② 공무원인 근로자는 법률이 정하는 자에 한하여 단결권·단체교섭권 및 단체행동권을 가진다.
③ 법률이 정하는 주요방위산업체에 종사하는 근로자의 단체행동권은 법률이 정하는 바에 의하여 이를 제한하거나 인정하지 아니할 수 있다.

제1항 근로3권의 의의

Ⅰ 근로3권의 개념

근로3권이란 자본주의사회에서 경제적 약자인 근로자들이 근로조건의 향상을 위하여 자주적으로 조직체를 결성하고, 교섭하며, 단체행동을 할 수 있는 권리를 말한다. 여기서 근로자라 함은 직업의 종류를 불문하고 임금·급료 기타 이에 준하는 수입에 의하여 생활하는 자 즉 임금생활자를 의미한다(헌재 2015. 5. 28. 2013헌마671).

판례

▶ **공무원의 근로자성**: 공무원도 각종 노무의 대가로 얻는 수입에 의존하여 생활하는 사람이라는 점에서는 통상적인 의미의 근로자적인 성격을 지니고 있으므로 헌법 제33조 제2항 역시 공무원의 근로자적 성격을 인정하는 것을 전제로 규정하고 있다(헌재 1992. 4. 28. 90헌바27).

Ⅱ 근로3권의 취지

헌법이 근로3권을 보장하는 취지는 원칙적으로 개인과 기업의 경제상의 자유와 창의를 존중함을 기본으로 하는 시장경제의 원리를 경제의 기본질서로 채택하면서, 노동관계 당사자가 상반된 이해관계로 말미암아 계급적 대립·적대의 관계로 나아가지 않고 활동과정에서 서로 기능을 나누어 가진 대등한 교섭주체의 관계로 발전하게 하여 그들로 하여금 때로는 대립·항쟁하고, 때로는 교섭·타협의 조정과정을 거쳐 분쟁을 평화적으로 해결하게 함으로써, 결국에 있어서 근로자의 이익과 지위의 향상을 도모하는 사회복지국가 건설의 과제를 달성하고자 함에 있다(헌재 1993. 3. 11. 92헌바33).

판례

▶ **근로기본권의 취지**: 헌법 제32조 및 제33조에 각 규정된 근로기본권은 근로자의 근로조건을 개선함으로써 그들의 경제적·사회적 지위의 향상을 기하기 위한 것으로서 자유권적 기본권으로서의 성격보다는 생존권 내지 사회권적 기본권으로서의 측면이 보다 강한 것으로서 그 권리의 실질적 보장을 위해서는 국가의 적극적인 개입과 뒷받침이 요구되는 기본권이다. 헌법의 근로기본권에 관한 규정은 근로자의 근로조건을 기본적으로 근로자와 사용자 사이의 자유로운 계약에 의하여 결정하도록 한다는 계약자유의 원칙을 그 바탕으로 하되, 근로자의 인간다운 존엄성을 보장할 수 있도록 계약기준의 최저선을 법정하여 이를 지키도록 강제하는 한편, 사용자에 비하여 경제적으로 약한 지위에 있는 근로자로 하여금 사용자와 대등한 지위를 갖추도록 하기 위하여 단결권·단체교섭권 및 단체행동권 등 이른바 근로3권을 부여하고, 근로자가 이를 무기로 하여 사용자에 맞서서 그들의 생존권을 보장하고 근로조건을 개선하도록 하는 제도를 보장함으로써 사적 자치의 원칙을 보완하고자 하는 것이다. 다시 말하면 국가가 직접 근로자의 생활을 보장하는 대신 근로자에게 근로기본권을 보장함으로써 근로자가 자주적으로 보다 좋은 근로조건을 마련할 수 있도록 하려는 것이다(헌재 1991. 7. 22. 89헌가106).

제2항 근로3권의 법적 성격

헌법 제33조 제1항이 보장하는 근로3권은 근로자가 자주적으로 단결하여 근로조건의 유지·개선과 근로자의 복지증진 기타 사회적·경제적 지위의 향상을 도모함을 목적으로 단체를 자유롭게 결성하고, 이를 바탕으로 사용자와 근로조건에 관하여 자유롭게 교섭하며, 때로는 자신의 요구를 관철하기 위하여 단체행동을 할 수 있는 자유를 보장하는 자유권적 성격과 사회·경제적으로 열등한 지위에 있는 근로자로 하여금 근로자단체의 힘을 배경으로 그 지위를 보완·강화함으로써 근로자가 사용자와 실질적으로 대등한 지위에서 교섭할 수 있도록 해주는 기능을 부여하는 사회권적 성격도 함께 지닌 기본권이다(헌재 1998. 2. 27. 94헌바13).

제3항 근로3권의 내용

I 단결권

1. 단결권의 의의

단결권이란 근로자가 주체가 되어 근로조건의 유지·개선과 근로자의 경제적·사회적 지위의 향상을 도모하기 위하여 자주적으로 노동조합을 결성하고, 가입하여 활동할 수 있는 권리를 말한다.

> **판례**
>
> ▶ **노동조합과 각종 단체의 헌법상 차이** : 결사의 자유의 경우 단체를 결성하는 자유, 단체에 가입하는 자유뿐만 아니라 단체를 결성하지 아니할 자유, 단체에의 참가를 강제당하지 아니할 자유, 단체를 탈퇴할 자유를 포함하는데 반하여, 근로자의 단결권은 단결할 자유만을 가리킬 뿐이다. 따라서 노동조합의 경우, 사용자와의 교섭력을 확보하기 위하여 사실상 어느 정도의 조직강제 내지 단결강제를 수반하게 되는 것이다(헌재 1999. 11. 25. 98헌마141).

2. 단결권의 주체

근로자와 노동조합은 단결권의 주체가 된다. 노동조합법도 "노동조합이라 함은 근로자가 주체가 되어 자주적으로 단결하여 근로조건의 유지·개선 기타 근로자의 경제적·사회적 지위의 향상을 도모함을 목적으로 조직하는 단체 또는 그 연합단체를 말한다."고 규정하고 있다(동법 제2조 4호).

> **판례**
>
> ▶ **개별적 단결권과 집단적 단결권** : 근로3권 중 단결권에는 개별 근로자가 노동조합 등 근로자단체를 조직하거나 그에 가입하여 활동할 수 있는 개별적 단결권뿐만 아니라 근로자단체가 존립하고 활동할 수 있는 집단적 단결권도 포함된다(헌재 2015. 5. 28. 2013헌마671).

3. 단결권의 유형

헌법상 보장된 근로자의 단결권은 단결할 자유만을 가리킬 뿐이고, 단결하지 아니할 자유 이른바 소극적 단결권은 이에 포함되지 않는다(헌재 1999. 11. 25. 98헌마141).

> 🔍 **판례**
>
> ▶ **소극적 단결권의 인정 여부**(적극) : 근로자가 노동조합을 결성하지 아니할 자유나 노동조합에 가입을 강제당하지 아니할 자유, 그리고 가입한 노동조합을 탈퇴할 자유는 근로자에게 보장된 단결권의 내용에 포섭되는 권리로서가 아니라 헌법 제10조의 행복추구권에서 파생되는 '일반적 행동의 자유' 또는 제21조 제1항의 '결사의 자유'에서 근거를 찾을 수 있다(헌재 2005. 11. 24. 2002헌바95).
>
> ▶ **당해 사업장에 종사하는 근로자의 3분의 2 이상을 대표하는 노동조합의 경우 단체협약을 매개로 한 조직강제 (Union Shop)를 용인하고 있는 노동조합법 제81조 제1항 2호 단서 부분이 헌법 제33조 제1항 등에 위반되는지**(소극) : 근로자에게 보장되는 적극적 단결권이 단결하지 아니할 자유보다 특별한 의미를 갖고 있고, 노동조합의 조직강제권도 이른바 자유권을 수정하는 의미의 생존권(사회권)적 성격을 함께 가지는 만큼 근로자 개인의 자유권에 비하여 보다 특별한 가치로 보장되는 점 등을 고려하면, 노동조합의 적극적 단결권은 근로자 개인의 단결하지 않을 자유보다 중시된다고 할 것이고, 또 노동조합에게 위와 같은 조직강제권을 부여한다고 하여 이를 근로자의 단결하지 아니할 자유의 본질적인 내용을 침해하는 것으로 단정할 수는 없다. 이 사건 법률조항은 단체협약을 매개로 하여 특정 노동조합에의 가입을 강제함으로써 근로자의 단결선택권과 노동조합의 집단적 단결권(조직강제권)이 충돌하는 측면이 있으나, 이러한 조직강제를 적법·유효하게 할 수 있는 노동조합의 범위를 엄격하게 제한하고 지배적 노동조합의 권한남용으로부터 개별근로자를 보호하기 위한 규정을 두고 있는 등 전체적으로 상충되는 두 기본권 사이에 합리적인 조화를 이루고 있고 그 제한에 있어서도 적정한 비례관계를 유지하고 있으며, 또 근로자의 단결선택권의 본질적인 내용을 침해하는 것으로도 볼 수 없으므로, 근로자의 단결권을 보장한 헌법 제33조 제1항에 위반되지 않는다(헌재 2005. 11. 24. 2002헌바95).

Ⅱ 단체교섭권

1. 단체교섭권의 의의

단체교섭권이란 노동조합이 근로자들이 근로조건의 향상을 위하여 사용자나 사용자단체와 자주적으로 교섭하는 권리를 말한다.

> 🔍 **판례**
>
> ▶ **단체교섭의 당사자** : 단체교섭의 당사자란 단체교섭에 대한 권리와 의무를 가진 자로서 스스로의 이름으로 단체교섭을 하고, 그 결과인 단체협약의 권리와 의무를 부담하는 자를 의미한다. 근로자측 교섭당사자로는 소정의 노동조합 설립요건을 갖춘 적법한 노동조합이어야 한다(헌재 2006. 12. 28. 2004헌바67).
>
> ▶ **국가의 행정관청이 체결한 사법상 근로계약에 따른 근로계약관계에서 국가가 단체교섭의 당사자의 지위에 있는 사용자에 해당하는지**(적극) : 국가의 행정관청이 사법상 근로계약을 체결한 경우 그 근로계약관계의 권리·의무는 행정주체인 국가에 귀속되므로, 국가는 그러한 근로계약관계에 있어서 노동조합 및 노동관계조정법 제2조 제2호에 정한 사업주로서 단체교섭의 당사자의 지위에 있는 사용자에 해당한다(대판 2008. 9. 11. 2006다40935).

2. 단체교섭권의 대상

단체교섭의 대상은 근로자의 근로조건과 관련된 사항이어야 한다. 따라서 경영권·인사권 및 이윤 취득권에 속하는 사항은 원칙적으로 단체교섭의 대상이 되지 않는다.

> 🔍 **판례**

> ▶ **단체교섭권에 단체협약체결권이 포함되는지**(적극) : 헌법 제33조 제1항이 근로자에게 "단결권, 단체교섭권, 단체행동권"을 기본권으로 보장하는 뜻은 근로자가 사용자와 대등한 지위에서 단체교섭을 통하여 자율적으로 임금 등 근로조건에 관한 단체협약을 체결할 수 있도록 하기 위한 것이다. 비록 헌법이 위 조항에서 '단체협약체결권'을 명시하여 규정하고 있지 않다고 하더라도 근로조건의 향상을 위한 근로자 및 그 단체의 본질적인 활동의 자유인 '단체교섭권'에는 단체협약체결권이 포함되어 있다(헌재 1998. 2. 27. 94헌바13).

> ▶ **하나의 사업 또는 사업장에 두 개 이상의 노동조합이 있는 경우 단체교섭에 있어 그 창구를 단일화하도록 하고 교섭대표가 된 노동조합에게만 단체교섭권을 부여하고 있는 노동조합법 제29조 제2항 등이 청구인들의 단체교섭권을 침해하는지**(소극) : 교섭창구단일화제도는 근로조건의 결정권이 있는 사업 또는 사업장 단위에서 복수 노동조합과 사용자 사이의 교섭절차를 일원화하여 효율적이고 안정적인 교섭체계를 구축하고, 소속 노동조합과 관계없이 조합원들의 근로조건을 통일하기 위한 것으로, 노사대등의 원리 하에 적정한 근로조건의 구현이라는 단체교섭권의 실질적인 보장을 위한 불가피한 제도라고 볼 수 있다. 더욱이 노동조합법은 위와 같은 교섭창구단일화제도를 원칙으로 하되, 사용자의 동의가 있는 경우에는 자율교섭도 가능하도록 하고 있고, 노동조합 사이에 현격한 근로조건 등의 차이로 교섭단위를 분리할 필요가 있는 경우에는 교섭단위를 분리할 수 있도록 하는 한편, 교섭대표노동조합이 되지 못한 소수 노동조합을 보호하기 위해 사용자와 교섭대표노동조합에게 공정대표의무를 부과하여 교섭창구단일화를 일률적으로 강제할 경우 발생하는 문제점을 보완하고 있다. 따라서 위 노동조합법 조항들이 과잉금지원칙을 위반하여 청구인들의 단체교섭권을 침해한다고 볼 수 없다(헌재 2012. 4. 24. 2011헌마338).

> ▶ **사용자가 노동조합의 운영비를 원조하는 행위를 부당노동행위로 금지하는 노동조합법 제81조 제4호 부분이 노동조합의 단체교섭권을 침해하는지**(적극) : 운영비 원조 행위에 대한 제한은 실질적으로 노동조합의 자주성이 저해되었거나 저해될 위험이 현저한 경우에 한하여 이루어져야 한다. 그럼에도 불구하고 운영비원조금지조항은 단서에서 정한 두 가지 예외를 제외한 일체의 운영비 원조 행위를 금지하고 있으므로, 그 입법목적 달성을 위해서 필요한 범위를 넘어서 노동조합의 단체교섭권을 과도하게 제한한다. 따라서 운영비원조금지조항이 단서에서 정한 두 가지 예외를 제외한 운영비 원조 행위를 일률적으로 부당노동행위로 간주하여 금지하는 것은 침해의 최소성에 반한다. 노동조합의 자주성을 저해하거나 저해할 위험이 현저하지 않은 운영비 원조 행위를 부당노동행위로 규제하는 것은 입법목적 달성에 기여하는 바가 전혀 없는 반면, 운영비원조금지조항으로 인하여 청구인은 사용자로부터 운영비를 원조받을 수 없을 뿐만 아니라 궁극적으로 노사자치의 원칙을 실현할 수 없게 되므로, 운영비원조금지조항은 법익의 균형성에도 반한다(헌재 2018. 5. 31. 2012헌바90 헌법불합치).

> ▶ **노조전임자의 급여를 지원하는 행위를 금지하는 노동조합법 제81조 제4호 본문 부분이 과잉금지원칙에 위배되어 기업의 자유를 침해하는지**(소극) : 이 사건 급여지원금지조항은 노동조합의 자주성 및 독립성 확보에 기여하는 한편 나아가 경영의 효율성을 제고하고자 함에 목적이 있으므로 그 입법목적은 정당하고, 입법목적 달성을 위한 적합한 수단이다. 사용자가 노조전임자에 대한 급여지원 여부, 지원 규모 등을 조건으로 노동조합을 회유하거나 압박하는 등 노동조합의 활동에 영향력을 행사할 수 있으므로, 노동조합의 자주성의 중요성에 비추어 사용자의 이러한 행위는 금지하여야 할 필요성이 크다. 또한 이 사건 급여지원금지조항이 사용자의 노조전임자 급여지원을 금지하면서 예외적으로 근로시간 면제 한도의 범위 내에서 유급으로 노동조합의 업무를 수행할 수 있도록 한 것은 노동조합이 자주성을 잃지 않으면서도 노동조합의 활동을 일정수준 보장받을 수 있도록 적절한 균형점을 찾은 것으로 볼 수 있다. 이 사건 급여지원금지조항으로 인하여 초래되는 사용자의 기업의 자유의 제한은 근로시간 면제 제도로 인하여 상당히 완화되는 반면에, 이 사건 급여지원금지조항은 노동조합의 자주성과 독립성 확보, 안정적인 노사관계의 유지와 산업 평화를 도모하기 위한 것으로서 그 공익은 중대하므로 법익의 균형성도 인정된다(헌재 2022. 5. 26. 2019헌바341).

Ⅲ 단체행동권

1. 단체행동권의 의의

단체행동권이란 노동조합이 사용자에게 파업·태업 등의 수단으로 업무의 정상적인 운영을 저해하여 요구 조건을 받아들이도록 압력을 가할 수 있는 쟁의권을 말한다. 노동조합법은 "쟁의행위라 함은 파업·태업·직장폐쇄 기타 노동관계 당사자가 그 주장을 관철할 목적으로 행하는 행위와 이에 대항하는 행위로서 업무의 정상적인 운영을 저해하는 행위를 말한다."고 규정하고 있다(동법 제2조 6호).

2. 단체행동권의 주체

단체행동권의 주체는 근로자이다. 한편 사용자는 노동조합이 쟁의행위를 개시한 이후에만 직장폐쇄를 할 수 있다. 사용자가 직장폐쇄를 할 경우에는 미리 행정관청 및 노동위원회에 각각 신고하여야 한다(노동조합법 제46조).

> **판례**
>
> ▶ **모든 공무원에게 단체행동권, 즉 쟁의권을 근본적으로 부인하고 있는 노동쟁의조정법 제12조 제2항 부분이 위헌인지**(적극): 현행 헌법 제33조 제2항은 구헌법과는 달리 국가공무원이든 지방공무원이든 막론하고 공무원의 경우에 전면적으로 단체행동권을 제한하거나 부인하는 것이 아니라 일정한 범위 내의 공무원인 노동자의 경우에는 단결권·단체교섭권을 포함하여 단체행동권을 갖는 것을 전제하였으며, 다만 그 구체적인 범위는 법률에서 정하여 부여하도록 위임하고 있다. 모든 공무원에게 단체행동권, 즉 쟁의권을 근본적으로 부인하고 있는 노동쟁의조정법 제12조 제2항 중 「국가·지방자치단체에 종사하는 노동자」에 관한 부분은 현행헌법 제33조 제2항의 규정과 저촉되고 충돌되는 것으로 헌법 제37조 제2항의 일반적 법률유보조항에 의하여서도 정당화될 수 없는 것이지만, 헌법 제33조 제2항의 규정은 일부 공무원에게는 단체행동권을 주지 않는다는 것도 전제하고 있으므로 합헌적인 면도 포함되어 있다(헌재 1993. 3. 11. 88헌마5 헌법불합치).

3. 단체행동권의 한계

쟁의행위가 정당성을 갖추기 위하여는 우선 단체교섭과 관련하여 근로조건의 유지, 개선 등을 목적으로 하는 것으로서 그 목적이 정당하여야 하고, 그 시기와 절차가 법령의 규정에 따른 것으로서 정당하여야 하며, 또 그 방법과 태양이 폭력이나 파괴행위를 수반하거나 기타 고도의 반사회성을 띤 행위가 아닌 정당한 범위 내의 것이어야 한다(대판 1992. 1. 21. 선고 91누5204).

4. 단체행동권의 보호

(1) 손해배상 청구의 제한

사용자는 노동조합법에 의한 단체교섭 또는 쟁의행위로 인하여 손해를 입은 경우에 노동조합 또는 근로자에 대하여 그 배상을 청구할 수 없다(노동조합법 제3조).

(2) 정당행위

형법 제20조(정당행위)의 규정은 노동조합이 단체교섭·쟁의행위 기타의 행위로서 노동조합법의 목적을 달성하기 위하여 한 정당한 행위에 대하여 적용된다. 다만, 어떠한 경우에도 폭력이나 파괴행위는 정당한 행위로 해석되어서는 아니된다(노동조합법 제4조).

PART 02

제4항 근로3권의 제한

Ⅰ 헌법 제37조 제2항에 의한 제한

헌법 제33조 제1항에서는 근로자의 단결권·단체교섭권 및 단체행동권을 보장하고 있는바, 현행 헌법에서 공무원 및 법률이 정하는 주요방위산업체에 종사하는 근로자와는 달리 특수경비원에 대해서는 단체행동권 등 근로3권의 제한에 관한 개별적 제한규정을 두고 있지 않다고 하더라도, 헌법 제37조 제2항의 일반유보조항에 따른 기본권제한의 원칙에 의하여 특수경비원의 근로3권 중 하나인 단체행동권을 제한할 수 있음은 의문의 여지가 없다(헌재 2009. 10. 29. 2007헌마1359).

> **판례**
>
> ▶ **공항·항만 등 국가중요시설의 경비업무를 담당하는 특수경비원에게 경비업무의 정상적인 운영을 저해하는 일체의 쟁의행위를 금지하는 경비업법 제15조 제3항이 특수경비원의 단체행동권을 박탈하여 헌법 제33조 제1항에 위배되는지**(소극) : 이 사건 법률조항에 의한 쟁의행위의 금지는, 특수경비원에게 보장되는 근로3권 중 단체행동권의 제한에 관한 법률조항에 해당하는 것으로서, 헌법 제37조 제2항의 과잉금지원칙에 위반되는지 여부가 문제될 뿐이지, 그 자체로 근로3권의 보장에 관한 헌법 제33조 제1항에 위배된다고 볼 수는 없는 것이다. 이 사건 법률조항에 의한 단체행동권의 제한은 헌법 제33조 제2항과 제3항의 개별유보조항에 의한 것이 아니라 헌법 제37조 제2항의 일반유보조항에 의한 것인 만큼, 헌법 제33조 제2항과 제3항으로부터 이 사건 법률조항이 헌법 제33조 제1항에 위배된다는 결론은 도출될 수 없는 것이다(헌재 2009. 10. 29. 2007헌마1359).
>
> ▶ **공항·항만 등 국가중요시설의 경비업무를 담당하는 특수경비원에게 경비업무의 정상적인 운영을 저해하는 일체의 쟁의행위를 금지하는 경비업법 제15조 제3항이 과잉금지원칙을 위반하여 특수경비원의 단체행동권을 침해하는지**(소극) : 이 사건 법률조항은 특수경비원들이 관리하는 국가 중요시설의 안전을 도모하고 방호혼란을 방지하려고 하는 것이므로 그 목적의 정당성을 인정할 수 있고, 수단의 적합성도 인정할 수 있다. 특수경비원 업무의 강한 공공성과 특히 특수경비원은 소총과 권총 등 무기를 휴대한 상태로 근무할 수 있는 특수성 등을 감안할 때, 특수경비원의 신분이 공무원이 아닌 일반근로자라는 점에만 치중하여 특수경비원에게 근로3권 즉 단결권, 단체교섭권, 단체행동권 모두를 인정하여야 한다고 보기는 어렵고, 적어도 특수경비원에 대하여 단결권, 단체교섭권에 대한 제한은 전혀 두지 아니하면서 단체행동권 중 '경비업무의 정상적인 운영을 저해하는 일체의 쟁위행위'만을 금지·제한하는 것은 입법목적 달성에 필요불가결한 최소한의 수단이라고 할 것이다. 이 사건 법률조항으로 인하여 특수경비원의 단체행동권이 제한되는 불이익을 받게 되는 것을 부정할 수는 없으나 국가나 사회의 중추를 이루는 중요시설 운영에 안정을 기함으로써 얻게 되는 국가안전보장, 질서유지, 공공복리 등의 공익이 매우 크다고 할 것이므로, 이 사건 법률조항에 의한 기본권제한은 법익의 균형성원칙에 위배되지 아니한다. 따라서 이 사건 법률조항은 과잉금지원칙에 위배되지 아니하므로, 헌법에 위반되지 아니한다(헌재 2009. 10. 29. 2007헌마1359).

Ⅱ 공무원에 대한 제한

1. 근로3권의 보장과 제한

우리 헌법은 제33조 제2항에서 "공무원인 근로자는 법률이 정하는 자에 한하여 단결권·단체교섭권 및 단체행동권을 가진다."고 규정하여 공무원인 근로자에 대하여는 일정한 범위의 공무원에 한하여서만 노동3권을 향유할 수 있도록 함으로써 기본권의 주체에 관한 제한을 두고 있다. 공무원인 근로자 중 법률이 정하는 자 이외의 공무원에게는 그 권리행사의 제한뿐만 아니라 금지까지도 할 수 있는 법률제정의 가능성을 헌법에서 직접 규정하고 있다는 점에서 헌법 제33조 제2항은 특별한 의미가 있다(헌재 2008. 12. 26. 2005헌마971).

2. 입법형성권

국회는 헌법 제33조 제2항에 따라 공무원인 근로자에게 단결권·단체교섭권·단체행동권을 인정할 것인가의 여부, 어떤 형태의 행위를 어느 범위에서 인정할 것인가 등에 대하여 광범위한 입법형성의 자유를 가진다(헌재 2007. 8. 30. 2003헌바51).

3. 국가공무원법과 지방공무원법

(1) 국가공무원법

공무원은 노동운동이나 그 밖에 공무 외의 일을 위한 집단 행위를 하여서는 아니 된다. 다만, 사실상 노무에 종사하는 공무원은 예외로 한다(국가공무원법 제66조 제1항). 사실상 노무에 종사하는 공무원의 범위는 대통령령 등으로 정한다(국가공무원법 제66조 제2항).

> **판례**
>
> ▶ **사실상 노무에 종사하는 공무원에 한해 노동운동을 허용하는 국가공무원법 조항이 위헌인지**(소극): 국가공무원법 제66조 제1항이 근로3권이 보장되는 공무원의 범위를 사실상의 노무에 종사하는 공무원에 한정하고 있는 것은, 헌법상 근로자에 대한 근로3권의 실질적 보장이 전제되고 있으면서도 헌법 제33조 제2항이 근로3권이 보장되는 공무원의 범위를 법률에 의하여 정하도록 유보함으로써 공무원의 국민 전체에 대한 봉사자로서의 지위 및 그 직무상의 공공성 등의 성질을 고려한 합리적인 공무원제도의 보장, 공무원제도와 관련한 주권자 등 이해관계인의 권익을 공공복리의 목적아래 통합 조정하려는 의도와 어긋나는 것이라고는 볼 수 없다. 그러므로 위 법률조항은 입법권자가 근로3권의 향유주체가 될 수 있는 공무원의 범위를 정하도록 하기 위하여 헌법 제33조 제2항이 입법권자에게 부여하고 있는 형성적 재량권의 범위를 벗어난 것이 아니며, 따라서 헌법에 위반하는 것이라고 할 수는 없다(헌재 1992. 4. 28. 90헌바27).
>
> ▶ **청원경찰의 복무에 관하여 국가공무원법 제66조 제1항을 준용함으로써 노동운동을 금지하는 청원경찰법 제5조 제4항 부분이 국가기관이나 지방자치단체 이외의 곳에서 근무하는 청원경찰인 청구인들의 근로3권을 침해하는지**(적극): 청원경찰은 일반근로자일 뿐 공무원이 아니므로 원칙적으로 헌법 제33조 제1항에 따라 근로3권이 보장되어야 한다. 청원경찰에 대하여 직접행동을 수반하지 않는 단결권과 단체교섭권을 인정하더라도 시설의 안전 유지에 지장이 된다고 단정할 수 없다. 헌법은 주요방위산업체 근로자들의 경우에도 단체행동권만을 제한하고 있고, 경비업법은 무기를 휴대하고 국가중요시설의 경비 업무를 수행하는 특수경비원의 경우에도 쟁의행위를 금지할 뿐이다. 청원경찰은 특정 경비구역에서 근무하며 그 구역의 경비에 필요한 한정된 권한만을 행사하므로, 청원경찰의 업무가 가지는 공공성이나 사회적 파급력은 군인이나 경찰의 그것과는 비교하여 견주기 어렵다. 그럼에도 심판대상조항은 군인이나 경찰과 마찬가지로 모든 청원경찰의 근로3권을 획일적으로 제한하고 있다. 이상을 종합하여 보면, 심판대상조항이 모든 청원경찰의 근로3권을 전면적으로 제한하는 것은 과잉금지원칙을 위반하여 청구인들의 근로3권을 침해하는 것이다(헌재 2017. 9. 28. 2015헌마653 헌법불합치).

(2) 지방공무원법

공무원은 노동운동이나 그 밖에 공무 외의 일을 위한 집단행위를 하여서는 아니 된다. 다만, 사실상 노무에 종사하는 공무원은 예외로 한다(지방공무원법 제58조 제1항). 사실상 노무에 종사하는 공무원의 범위는 조례로 정한다(지방공무원법 제58조 제2항).

4. 공무원노조법

(1) 단결권

1) 노동조합의 설립

공무원이 노동조합을 설립하려는 경우에는 국회·법원·헌법재판소·선거관리위원회·행정부·특별시·광역시·특별자치시·도·특별자치도·시·군·구(자치구) 및 특별시·광역시·특별자치시·도·특별자치도의 교육청을 최소 단위로 한다(공무원노조법 제5조 제1항).

> 🔍 **판례**
>
> ▶ **공무원 노동조합의 설립 최소단위를 '행정부'로 규정하여 노동부만의 노동조합 결성을 제한한 공무원노조법 제5조 제1항 부분이 청구인들의 단결권을 침해하는지**(소극) : 공무원노조법 제5조 부분은 조합활동 및 단체교섭체계의 효율화를 위하여 근무조건이 결정되는 단위별로 공무원노동조합을 결성하도록 노동조합 설립의 최소단위를 규정한 것으로서 입법목적에 합리성이 인정되고, 공무원노동조합의 형태로서 최소단위만을 제한할 뿐이어서, 각 부·처 단위의 공무원들은 행정부 공무원노동조합 또는 전국단위 공무원노동조합에 가입할 수 있을 뿐만 아니라, 행정부·처별로 설치된 노동조합 지부 등은 각 부·처 장관이 관리하거나 결정할 권한을 가진 사항에 대하여 해당장관과의 교섭이 가능하여 그 제한의 정도가 과하다고 보기 어렵다. 따라서, 공노법 제5조 부분이 헌법 제33조 제2항의 입법형성권의 한계를 넘어 청구인들의 단결권을 제한한다고 보기 어렵다(헌재 2008. 12. 26. 2006헌마518).

2) 가입 범위

업무의 주된 내용이 다른 공무원에 대하여 지휘·감독권을 행사하거나 다른 공무원의 업무를 총괄하는 업무에 종사하는 공무원, 업무의 주된 내용이 인사·보수 또는 노동관계의 조정·감독 등 노동조합의 조합원 지위를 가지고 수행하기에 적절하지 아니한 업무에 종사하는 공무원, 교정·수사 등 공공의 안녕과 국가안전보장에 관한 업무에 종사하는 공무원은 노동조합에 가입할 수 없다(공무원노조법 제6조 제2항).

(2) 단체교섭권

1) 교섭 및 체결 권한 등

노동조합의 대표자는 그 노동조합에 관한 사항 또는 조합원의 보수·복지, 그 밖의 근무조건에 관하여 국회사무총장·법원행정처장·헌법재판소사무처장·중앙선거관리위원회사무총장·인사혁신처장·특별시장·광역시장·특별자치시장·도지사·특별자치도지사·시장·군수·구청장 또는 특별시·광역시·특별자치시·도·특별자치도의 교육감 중 어느 하나에 해당하는 사람과 각각 교섭하고 단체협약을 체결할 권한을 가진다. 다만, 법령 등에 따라 국가나 지방자치단체가 그 권한으로 행하는 정책결정에 관한 사항, 임용권의 행사 등 그 기관의 관리·운영에 관한 사항으로서 근무조건과 직접 관련되지 아니하는 사항은 교섭의 대상이 될 수 없다(공무원노조법 제8조 제1항).

> 🔍 **판례**
>
> ▶ **'법령 등에 의하여 국가 또는 지방자치단체가 그 권한으로 행하는 정책결정에 관한 사항, 임용권의 행사 등 그 기관의 관리·운영에 관한 사항으로서 근무조건과 직접 관련되지 아니하는 사항'에 대해서는 단체교섭을 할 수 없도록 규정하고 있는 공무원노조법 제8조 제1항 단서가 청구인들의 단체교섭권을 침해하는지**(소극) : "정책결정에 관한 사항, 임용권의 행사 등 그 기관의 관리·운영에 관한 사항으로서 근무조건과 직접 관련되지 아니하는 사항"을 단체교섭의 대상에서 제외시킨 공노법 제8조 제1항 단서는 정부의 정책결정 및 관리운영사항은 교섭대상사항이 아니라고 본 것으로, 정책결정 및 관리운영사항 일체를 교섭대상에서 제외시킨 것이 아니고, 정부의 정책결정 및 관리운영사항 중에서도 근무조건과 직접 관련되는 사항에 대하여는 단체교섭을 허용하고 있으므로, 합리적 근거 없이 입법형성권의 범위를 일탈하여 청구인들의 단체교섭권을 침해하는 것으로 볼 수 없다(헌재 2008. 12. 26. 2005헌마971).

2) 교섭의 절차

정부교섭대표는 교섭을 요구하는 노동조합이 둘 이상인 경우에는 해당 노동조합에 교섭창구를 단일화하도록 요청할 수 있다. 이 경우 교섭창구가 단일화된 때에는 교섭에 응하여야 한다(공무원노조법 제9조 제4항).

3) 단체협약의 효력

체결된 단체협약의 내용 중 법령·조례 또는 예산에 의하여 규정되는 내용과 법령 또는 조례에 의하여 위임을 받아 규정되는 내용은 단체협약으로서의 효력을 가지지 아니한다(공무원노조법 제 10조 제1항).

(3) 정치활동 및 단체행동권

노동조합과 그 조합원은 정치활동을 하여서는 아니 되며(공무원노조법 제4조), 노동조합과 그 조합원은 파업, 태업 또는 그 밖에 업무의 정상적인 운영을 방해하는 어떠한 행위도 하여서는 아니 된다(공무원노조법 제11조)

> **판례**
>
> ▶ **공무원에 대하여 일체의 쟁의행위를 금지한 공무원노조법 제11조가 청구인들의 단체행동권을 침해하는지**(소극) : 공무원이 쟁의행위를 통하여 공무원 집단의 이익을 대변하는 것은 국민전체에 대한 봉사자로서의 공무원의 지위와 특성에 반하고 국민전체의 이익추구에 장애가 되며, 공무원의 보수 등 근무조건은 국회에서 결정되고 그 비용은 최종적으로 국민이 부담하는바, 공무원의 파업으로 행정서비스가 중단되면 국가기능이 마비될 우려가 크고 그 손해는 고스란히 국민이 부담하게 되며, 공공업무의 속성상 공무원의 파업에 대한 정부의 대응수단을 찾기 어려워 노사 간 힘의 균형을 확보하기 어렵다. 따라서, 공무원에 대하여 일체의 쟁의행위를 금지한 공노법 제11조는 헌법 제33조 제2항에 따른 입법형성권의 범위 내에 있어 헌법에 위배되지 아니한다(헌재 2008. 12. 26. 2005헌마971).

5. 교원노조법

(1) 교원

교원이란 유아교육법에 따른 교원, 초·중등교육법에 따른 교원, 고등교육법에 따른 교원(강사 제외)을 말한다(교원노조법 제2조).

> **판례**
>
> ▶ **'교원의 노동조합 설립 및 운영 등에 관한 법률'의 적용대상을 초·중등교육법 제19조 제1항의 교원이라고 규정함으로써, 고등교육법에서 규율하는 대학교원들의 단결권을 인정하지 않는 교원노조법 제2조 본문에 대한 위헌성 심사기준** : 대학교원에는 교육공무원인 교원과 교육공무원이 아닌 교원이 모두 포함되어 있다. 이 사건에서는 대학교원을 교육공무원 아닌 대학교원과 교육공무원인 대학교원으로 나누어, 각각의 단결권에 대한 제한이 헌법에 위배되는지 여부에 관하여 살펴보기로 하되, 교육공무원 아닌 대학교원에 대해서는 과잉금지원칙 위배 여부를 기준으로, 교육공무원인 대학 교원에 대해서는 입법형성의 범위를 일탈하였는지 여부를 기준으로 나누어 심사하기로 한다(헌재 2018. 8. 30. 2015헌가38).

▶ **교원노조법의 적용대상을 초·중등교육법 제19조 제1항의 교원이라고 규정함으로써, 고등교육법에서 규율하는 대학교원들의 단결권을 인정하지 않는 교원노조법 제2조 본문이 헌법에 위반되는지(적극)** : a) 심판대상조항의 입법목적이 재직 중인 초·중등교원에 대하여 교원노조를 인정해 줌으로써 교원노조의 자주성과 주체성을 확보한다는 측면에서는 그 정당성을 인정할 수 있을 것이나, 교원노조를 설립하거나 가입하여 활동할 수 있는 자격을 초·중등교원으로 한정함으로써 교육공무원이 아닌 대학교원에 대해서는 근로기본권의 핵심인 단결권조차 전면적으로 부정한 측면에 대해서는 그 입법목적의 정당성을 인정하기 어렵고, 수단의 적합성 역시 인정할 수 없다. 대학교원에게도 단결권을 인정하면서 다만 해당 노동조합이 행사할 수 있는 권리를 다른 노동조합과 달리 강한 제약 아래 두는 방법도 얼마든지 가능하므로, 단결권을 전면적으로 부정하는 것은 필요 최소한의 제한이라고 보기 어렵다. 또 최근 들어 대학 사회가 다층적으로 변화하면서 단결권을 행사하지 못한 채 개별적으로만 근로조건의 향상을 도모해야 하는 불이익은 중대한 것이므로, 심판대상조항은 과잉금지원칙에 위배된다. b) 교육공무원인 대학교원에 대하여 보더라도, 교육공무원의 직무수행의 특성과 헌법 제33조 제1항 및 제2항의 정신을 종합해 볼 때, 교육공무원에게 근로3권을 일체 허용하지 않고 전면적으로 부정하는 것은 합리성을 상실한 과도한 것으로서 입법형성권의 범위를 벗어나 헌법에 위반된다(헌재 2018. 8. 30. 2015헌가38 헌법불합치).

▶ **'교원의 노동조합 설립 및 운영 등에 관한 법률'의 적용을 받는 교원의 범위를 초·중등학교에 재직 중인 교원으로 한정하고 있는 교원노조법 제2조가 청구인 전국교직원노동조합 및 해직 교원들의 단결권을 침해하는지(소극)** : 교원노조는 교원을 대표하여 단체교섭권을 행사하는 등 교원의 근로조건에 직접적이고 중대한 영향력을 행사하고, 교원의 근로조건의 대부분은 법령이나 조례 등으로 정해지므로 교원의 근로조건과 직접 관련이 없는 교원이 아닌 사람을 교원노조의 조합원 자격에서 배제하는 것이 단결권의 지나친 제한이라고 볼 수 없고, 교원으로 취업하기를 희망하는 사람들이 '노동조합 및 노동관계조정법'에 따라 노동조합을 설립하거나 그에 가입하는 데에는 아무런 제한이 없으므로 이들의 단결권이 박탈되는 것도 아니다. 따라서 이 사건 법률조항은 침해의 최소성에도 위반되지 않는다. 이 사건 법률조항으로 인하여 교원 노조 및 해직 교원의 단결권 자체가 박탈된다고 할 수는 없는 반면, 교원이 아닌 자가 교원노조의 조합원 자격을 가질 경우 교원노조의 자주성에 대한 침해는 중대할 것이어서 법익의 균형성도 갖추었으므로, 이 사건 법률조항은 청구인들의 단결권을 침해하지 아니한다(헌재 2015. 5. 28. 2013헌마671).

(2) 노동조합의 설립

유아교육법과 초·중등교육법상의 교원은 특별시·광역시·특별자치시·도·특별자치도(시·도) 단위 또는 전국 단위로만 노동조합을 설립할 수 있고(교원노조법 제4조 제1항), 고등교육법상의 교원은 개별학교 단위, 시·도 단위 또는 전국 단위로 노동조합을 설립할 수 있다(교원노조법 제4조 제2항).

(3) 정치활동 및 쟁의행위의 금지

교원의 노동조합은 어떠한 정치활동도 하여서는 아니 되며(교원노조법 제3조), 노동조합과 그 조합원은 파업, 태업 또는 그 밖에 업무의 정상적인 운영을 방해하는 어떠한 쟁의행위도 하여서는 아니 된다(교원노조법 제8조).

Ⅲ 주요방위산업체에 종사하는 근로자에 대한 제한

법률이 정하는 주요방위산업체에 종사하는 근로자의 단체행동권은 법률이 정하는 바에 의하여 이를 제한하거나 인정하지 아니할 수 있다(헌법 제33조 제3항).

Ⅳ 국가비상사태하에서의 제한

비상계엄지역에서 계엄사령관은 군사상 필요할 때에는 체포·구금·압수·수색·거주·이전·언론·출판·집회·결사 또는 단체행동에 대하여 특별한 조치를 할 수 있다(계엄법 제9조 제1항).

> **판례**
>
> ▶ **국가비상사태 하에서 근로자의 단체교섭권 및 단체행동권을 제한한 구 국가보위에 관한 특별조치법 제11조 제2항 부분이 근로3권의 본질적인 내용을 침해하는지**(적극) : 헌법 제37조 제2항 전단에 의하여 근로자의 근로3권에 대해 일부 제한이 가능하다 하더라도, '공무원 또는 주요방위사업체 근로자'가 아닌 근로자의 근로3권을 전면적으로 부정하는 것은 헌법 제37조 제2항 후단의 본질적 내용 침해금지에 위반된다. 그런데 심판대상조항은 단체교섭권·단체행동권이 제한되는 근로자의 범위를 구체적으로 제한함이 없이, 단체교섭권·단체행동권의 행사요건 및 한계 등에 관한 기본적 사항조차 법률에서 정하지 아니한 채, 그 허용 여부를 주무관청의 조정결정에 포괄적으로 위임하고 이에 위반할 경우 형사처벌하도록 하고 있는바, 이는 모든 근로자의 단체교섭권·단체행동권을 사실상 전면적으로 부정하는 것으로서 헌법에 규정된 근로3권의 본질적 내용을 침해하는 것이다(헌재 2015. 3. 26. 2014헌가5).

제6절　환경권과 보건권

제1항　환경권

> **헌법 제35조**
> ① 모든 국민은 건강하고 쾌적한 환경에서 생활할 권리를 가지며, 국가와 국민은 환경보전을 위하여 노력하여야 한다.
> ② 환경권의 내용과 행사에 관하여는 법률로 정한다.
> ③ 국가는 주택개발정책등을 통하여 모든 국민이 쾌적한 주거생활을 할 수 있도록 노력하여야 한다.

> **참고**
>
> ▶ **헌정사** : 환경권은 1980년 제8차 개정헌법에서 도입, 쾌적한 주거생활권은 현행헌법에서 도입

Ⅰ 환경권의 의의

환경권은 건강하고 쾌적한 생활을 유지하는 조건으로서 양호한 환경을 향유할 권리이고, 생명·신체의 자유를 보호하는 토대를 이루며, 궁극적으로 '삶의 질' 확보를 목표로 하는 권리이다(헌재 2008. 7. 31. 2006헌마711).

PART 02

Ⅱ 환경권의 법적 성격 등

1. 환경권의 법적 성격

환경권을 행사함에 있어 국민은 국가로부터 건강하고 쾌적한 환경을 향유할 수 있는 자유를 침해 당하지 않을 권리를 행사할 수 있고, 일정한 경우 국가에 대하여 건강하고 쾌적한 환경에서 생활할 수 있도록 요구할 수 있는 권리가 인정되기도 하는바, 환경권은 그 자체 '종합적 기본권'으로서의 성격을 지닌다(헌재 2008. 7. 31. 2006헌마711).

2. 입법형성권

환경권의 내용과 행사는 법률에 의해 구체적으로 정해지는 것이기는 하나, 이 헌법조항의 취지는 특별히 명문으로 헌법에서 정한 환경권을 입법자가 그 취지에 부합하도록 법률로써 내용을 구체화하도록 한 것이지 환경권이 완전히 무의미하게 되는데도 그에 대한 입법을 전혀 하지 아니하거나, 어떠한 내용이든 법률로써 정하기만 하면 된다는 것은 아니다. 그러므로 일정한 요건이 충족될 때 환경권 보호를 위한 입법이 없거나 현저히 불충분하여 국민의 환경권을 과도하게 침해하고 있다면 헌법재판소에 그 구제를 구할 수 있다(헌재 2008. 7. 31. 2006헌마711).

> 🔨 **판례**
>
> ▶ **공직선거에서 발생하는 소음으로 인한 환경권 침해의 심사기준** : 일정한 경우 국가는 사인인 제3자에 의한 국민의 환경권 침해에 대해서도 적극적으로 기본권 보호조치를 취할 의무를 지나, 헌법재판소가 이를 심사할 때에는 국가가 국민의 기본권적 법익 보호를 위하여 적어도 적절하고 효율적인 최소한의 보호조치를 취했는가 하는 이른 바 "과소보호금지원칙"의 위반 여부를 기준으로 삼아야 한다(헌재 2008. 7. 31. 2006헌마711).
>
> ▶ **독서실과 같이 정온을 요하는 사업장의 실내소음 규제기준을 규정하지 아니한 진정입법부작위에 대한 심판청구가 적법한지**(소극) : 헌법 제35조 제1항, 제2항만으로는 헌법이 독서실과 같이 정온을 요하는 사업장의 실내소음 규제기준을 마련하여야 할 구체적이고 명시적인 입법의무를 부과하였다고 볼 수 없고, 다른 헌법조항을 살펴보아도 위와 같은 사항에 대한 명시적인 입법위임은 존재하지 아니한다. 환경권의 내용과 행사는 법률에 의해 구체적으로 정해지므로(헌법 제35조 제2항), 입법자는 환경권의 구체적인 실현에 있어 광범위한 형성의 자유를 가진다. 정온을 요하는 사업장의 실내소음 규제기준을 마련할 것인지 여부나 소음을 제거·방지할 수 있는 다양한 수단과 방법 중 어떠한 방법을 채택하고 결합할 것인지 여부는 당시의 기술 수준이나 경제적·사회적·지역적 여건 등을 종합적으로 고려하지 않을 수 없으므로, 독서실과 같이 정온을 요하는 사업장의 실내소음 규제기준을 만들어야 할 입법의무가 헌법의 해석상 곧바로 도출된다고 보기도 어렵다. 결국 독서실과 같이 정온을 요하는 사업장의 실내소음 규제기준을 제정하여야 할 입법자의 입법의무를 인정할 수 없다(헌재 2017. 12. 28. 2016헌마45).

Ⅲ 환경권의 내용

1. 환경권의 보호대상

건강하고 쾌적한 환경에서 생활할 권리를 보장하는 환경권의 보호대상이 되는 환경에는 자연 환경뿐만 아니라 인공적 환경과 같은 생활환경도 포함된다. 환경권을 구체화한 입법이라 할 환경정책기본법 제3조에서도 환경을 자연환경과 생활환경으로 분류하면서, 생활환경에 소음·진동 등 사람의 일상생활과 관계되는 환경을 포함시키고 있다. 그러므로 일상생활에서 소음을 제거·방지하여 정온한 환경에서 생활할 권리는 환경권의 한 내용을 구성한다(헌재 2008. 7. 31. 2006헌마711).

2. 쾌적한 주거생활권

헌법은 제35조 제3항에서 국가는 주택정책개발을 통하여 모든 국민이 쾌적한 주거생활을 할 수 있도록 노력해야 한다고 규정한다. 따라서 국가는 노인의 특성에 적합한 주택정책을 복지향상차원에서 개발하여 노인으로 하여금 쾌적한 주거활동을 할 수 있도록 노력하여야 할 의무를 부담한다(헌재 2016. 6. 30. 2015헌바46).

> ✎ **판례**
>
> ▶ **교도소 독거실 내 화장실 창문과 철격자 사이에 안전 철망을 설치한 행위가 청구인의 환경권, 인격권 등 기본권을 침해하는지**(소극): 이 사건 설치행위는 수용자의 자살을 방지하여 생명권을 보호하고 교정시설 내의 안전과 질서를 보호하기 위한 것이다. 안전철망을 설치한 이후 교도소 내 화장실 창문 철격자를 이용한 자살사고는 단 한 건도 발생하지 않았고, 교도소 내 전체 자살사고도 현저히 감소하였다. 교정시설 내 자살사고는 수용자 본인이 생명을 잃는 중대한 결과를 초래할 뿐만 아니라 다른 수용자들에게도 직접적으로 부정적인 영향을 미치고 나아가 교정시설이나 교정정책 전반에 대한 불신을 야기할 수 있다는 점에서 이를 방지할 필요성이 매우 크고, 그에 비해 청구인에게 가해지는 불이익은 채광·통풍이 다소 제한되는 정도에 불과하다. 따라서 이 사건 설치행위는 청구인의 환경권 등 기본권을 침해하지 아니한다(헌재 2014. 6. 26. 2011헌마150).
>
> ▶ **공해배제청구권을 인정할 수 있는지**(소극): 환경권은 명문의 법률규정이나 관계 법령의 규정 취지 및 조리에 비추어 권리의 주체, 대상, 내용, 행사 방법 등이 구체적으로 정립될 수 있어야만 인정되는 것이므로, 사법상의 권리로서의 환경권을 인정하는 명문의 규정이 없는데도 환경권에 기하여 직접 방해배제청구권을 인정할 수 없다(대판 1997. 7. 22. 96다56153).

Ⅳ 환경권의 효력

헌법 제10조의 규정에 의하면, 국가는 개인이 가지는 불가침의 기본적 인권을 확인하고 이를 보장할 의무를 지고 기본권은 공동체의 객관적 가치질서로서의 성격을 가지므로, 적어도 생명·신체의 보호와 같은 중요한 기본권적 법익 침해에 대해서는 그것이 국가가 아닌 제3자로서의 사인에 의해서 유발된 것이라고 하더라도 국가가 '적극적인 보호의 의무'를 진다. 그렇다면 국가가 국민의 기본권을 적극적으로 보장하여야 할 의무가 인정된다는 점, 헌법 제35조 제1항이 국가와 국민에게 환경보전을 위하여 노력하여야 할 의무를 부여하고 있는 점, 환경침해는 사인에 의해서 빈번하게 유발되므로 입법자가 그 허용 범위에 관해 정할 필요가 있다는 점, 환경피해는 생명·신체의 보호와 같은 중요한 기본권적 법익 침해로 이어질 수 있다는 점 등을 고려할 때, 일정한 경우 국가는 사인인 제3자에 의한 국민의 환경권 침해에 대해서도 적극적으로 기본권 보호조치를 취할 의무를 진다(헌재 2008. 7. 31. 2006헌마711).

Ⅴ 환경권 침해와 인과관계

일반적으로 불법행위로 인한 손해배상청구사건에 있어서 가해행위와 손해발생간의 인과관계의 입증책임은 청구자인 피해자가 부담하나, 수질오탁으로 인한 손해배상청구 소송에 있어서는 기업이 배출한 원인물질이 물을 매체로 간접적으로 손해를 끼치는 수가 많고 공해문제에 관하여는 현재의 과학수준으로 해명할 수 없는 분야가 있기 때문에 가해행위와 손해발생 간의 인과관계의 고리를 모두 자연과학적으로 증명하는 것은 곤란 내지 불가능한 경우가 대부분이므로 피해자에게 사실적 인과관계의 존재에 관한 엄밀한 과학적 증명을 요구함은 공해의 사법적 구제의 사실상 거부가 될 우려가 있는 반면에 가해기업은 기술적 경제적으로 피해자 보다 원인조사가 훨씬 용이할 뿐 아니라 그 원인을 은폐할 염려가 있어, 가해기업이 배출한 어떤 유해한 원인물질이 피해물건에 도달하여 손해가 발생하였다면 가해자측에서 그 무해함을 입증하지 못하는 한 책임을 면할 수 없다고 봄이 사회형평의 관념에 적합하다(대판 1984. 6. 12. 81다558).

제2항 보건권과 모성을 보호받을 권리

> **헌법 제36조**
> ② 국가는 모성의 보호를 위하여 노력하여야 한다.
> ③ 모든 국민은 보건에 관하여 국가의 보호를 받는다.

🏠 **참고**

> ▶ **헌정사** : 모성을 보호받을 권리는 1987년 현행헌법에서 신설, 보건권은 제헌헌법 당시 혼인의 순결과 가족의 건강에 관한 국가의 특별보호에서 시작하여 1962년 헌법에서 명문으로 규정

Ⅰ 보건권의 의의

보건권이란 국민이 자신의 건강을 유지하는 데 필요한 국가적 급부와 배려를 요구할 수 있는 권리를 말한다(헌재 2009. 2. 26. 2007헌마1285).

Ⅱ 보건권의 주체

국가의 국민보건에 관한 보호의무를 명시한 헌법 제36조 제3항에 의한 권리를 헌법소원을 통하여 주장할 수 있는 자는 직접 자신의 보건이나 의료문제가 국가에 의해 보호받지 못하고 있는 의료수혜자적 지위에 있는 국민이라고 할 것이므로 의료시술자적 지위에 있는 안과의사가 자기 고유의 업무범위를 주장하여 다투는 경우에는 위 헌법규정을 원용할 수 없다(헌재 1993. 11. 25. 92헌마87).

Ⅲ 보건권의 내용

헌법 제36조 제3항은 보건에 관한 권리를 규정하고 있고, 이에 따라 국가는 국민의 건강을 소극적으로 침해하여서는 아니 될 의무를 부담하는 것에서 한 걸음 더 나아가 적극적으로 국민의 보건을 위한 정책을 수립하고 시행하여야 할 의무를 부담한다(헌재 1995. 4. 20. 91헌바11).

08 국민의 기본적 의무

제1절 납세의 의무

헌법 제38조
모든 국민은 법률이 정하는 바에 의하여 납세의 의무를 진다.

제2절 국방의 의무

헌법 제39조
① 모든 국민은 법률이 정하는 바에 의하여 국방의 의무를 진다.
② 누구든지 병역의무의 이행으로 인하여 불이익한 처우를 받지 아니한다.

제1항 국방의 의무의 의의

I 국방의 의무의 개념

국방의 의무는 외부의 적대세력의 직접적·간접적인 위협으로부터 국가의 독립을 유지하고 영토를 보전하기 위한 의무를 말한다(헌재 1995. 12. 28. 91헌마80).

II 입법형성권

입법자는 국가의 안보상황, 재정능력 등의 여러 가지 사정을 고려하여 필요한 범위 내에서 이러한 국방의무를 법률로써 구체적으로 형성할 수 있는바, 그 기본적인 사항을 규율하는 법률이 병역법이다(헌재 2012. 10. 25. 2011헌마307).

제2항 국방의 의무의 내용

I 군사적 역무

1. 병력형성의 의무

현대전이 고도의 과학기술과 정보를 요구하고 국민전체의 협력을 필요로 하는 이른바 총력전인 점에 비추어 단지 병역법에 의하여 군복무에 임하는 등의 '직접적인 병력형성의무'만을 가리키는 것이 아니라, 병역법, 향토예비군설치법, 민방위기본법, 비상대비자원관리법 등에 의한 '간접적인 병력형성의무' 및 병력형성 이후 '군작전명령에 복종하고 협력하여야 할 의무'도 포함하는 개념이다(헌재 2002. 11. 28. 2002헌바45).

2. 병역부담평등의 원칙

국민개병주의를 규정한 헌법 제39조, 평등의 원칙을 규정한 헌법 제11조에서 나오는 병역부담평등의 원칙은 헌법적 요청일 뿐만 아니라, 우리나라에서 그것은 다른 어느 사회와도 비교할 수 없을 정도로 강력하고도 절대적인 사회적 요구이다(헌재 2006. 11. 30. 2005헌마739).

3. 불이익처우의 금지

헌법 제39조 제2항은 병역의무를 이행한 사람에게 보상조치를 취하거나 특혜를 부여할 의무를 국가에게 지우는 것이 아니라, 법문 그대로 병역의무의 이행을 이유로 불이익한 처우를 하는 것을 금지하고 있을 뿐이다. 그리고 이 조항에서 금지하는 "불이익한 처우"라 함은 단순한 사실상, 경제상의 불이익을 모두 포함하는 것이 아니라 법적인 불이익을 의미하는 것으로 보아야 한다(헌재 1999. 12. 23. 98헌바33).

판례

▶**국가정보원의 2005년도 7급 제한경쟁시험 채용공고 중 '남자는 병역을 필한 자' 부분이 헌법 제39조 제2항에서 금지하는 '불이익한 처우'에 해당하는지**(소극) : 이 사건 공고는 현역군인 신분자에게 다른 직종의 시험응시기회를 제한하고 있으나 이는 병역의무 그 자체를 이행하느라 받는 불이익으로서 병역의무 중에 있는 불이익에 해당될 뿐, 병역의무의 이행을 이유로 한 불이익은 아니므로 이 사건 공고로 인하여 현역군인이 타 직종에 시험응시를 하지 못하는 것은 헌법 제39조 제2항에서 금지하는 '불이익한 처우'라 볼 수 없다(헌재 2007. 5. 31. 2006헌마627).

▶**향토예비군설치법에 따라 예비군훈련소집에 응하여 훈련을 받는 것이 보상을 요하는 특별한 희생인지**(소극) : 헌법 제39조 제1항은 "모든 국민은 법률이 정하는 바에 의하여 국방의 의무를 진다"고 규정하고 있는바, 이러한 국방의 의무는 외부 적대세력의 직·간접적인 침략행위로부터 국가의 독립을 유지하고 영토를 보전하기 위한 의무로서, 헌법에서 이러한 국방의 의무를 국민에게 부과하고 있는 이상 향토예비군설치법에 따라 예비군훈련소집에 응하여 훈련을 받는 것은 국민이 마땅히 하여야 할 의무를 다하는 것일 뿐, 국가나 공익목적을 위하여 특별한 희생을 하는 것이라고 할 수 없다. 즉, 국민이 헌법에 따라 부과되는 의무를 이행하는 것은 국가의 존속과 활동을 위하여 불가결한 일인데, 그러한 의무를 이행하였다고 하여 이를 특별한 희생으로 보아 일일이 보상하여야 한다고 할 수는 없는 것이다(헌재 2003. 6. 26. 2002헌마484).

Ⅱ 비군사적 역무

오늘날 국가안보의 개념이 군사적 위협뿐만 아니라 자연재난이나 사회재난, 테러 등으로 인한 안보 위기에 대한 대응을 포함하는 포괄적 안보 개념으로 나아가고 있는 점 등을 고려할 때, 국방의 의무의 내용은 군에 복무하는 등의 군사적 역무에만 국한되어야 한다고 볼 수 없다. 즉, 전시·사변 또는 이에 준하는 비상사태, 재난사태 발생 시의 방재·구조·복구 등 활동이나, 그러한 재난사태를 예방하기 위한 소방·보건의료·방재·구호 등 활동도 넓은 의미의 안보에 기여할 수 있으므로, 그와 같은 비군사적 역무 역시 입법자의 형성에 따라 국방의 의무 또는 그 주요한 부분을 이루는 병역의무의 내용에 포함될 수 있다(헌재 2018. 6. 28. 2011헌바379).

| 제3절 | 교육을 받게 할 의무 |

헌법 제31조
② 모든 국민은 그 보호하는 자녀에게 적어도 초등교육과 법률이 정하는 교육을 받게 할 의무를 진다.

| 제4절 | 근로의 의무 |

헌법 제32조
② 모든 국민은 근로의 의무를 진다.

| 제5절 | 환경보전의 의무 |

헌법 제35조
① 모든 국민은 건강하고 쾌적한 환경에서 생활할 권리를 가지며, 국가와 국민은 환경보전을 위하여 노력하여야 한다.

박충신

약력
- 연세대학교 법과대학 졸업
- 현) 박문각 남부고시학원 헌법 대표교수
  숭실사이버대학교 헌법교수
- 전) 합격의 법학원, 베리타스법학원 사시·행시 헌법강사
  고시뱅크 경정승진 헌법강사
  노무사 단기학원 행정법강사
  PSAT 단기학원 헌법강사

저서
- 박충신 헌법(박문각, 공무원시험 대비)
- 박충신 경찰헌법(박문각, 일반순경, 경찰간부시험 대비)
- 헌법기본서(문형사, 사시·행시 1차 대비)
- 객관식헌법(문형사, 사시 1차 대비)
- 사례헌법(베리타스, 사시 2차 대비)
- 헌법(고시뱅크, 경찰승진 대비)
- 헌법이론과 헌법판례(고시뱅크, 경찰승진 대비)
- 헌법(프라임에듀북, 경찰승진, 공무원시험 대비)
- 객관식헌법(프라임에듀북, 경찰승진, 공무원시험 대비)
- 행정쟁송법 단문과 사례(나눔, 노무사시험 대비)
- 경찰행정법(나눔, 경찰간부시험 대비)

박충신
경찰헌법
기본 이론서

초판 발행 | 2021. 10. 25.   전면개정판 발행 | 2022. 10. 25.
개정2판 인쇄 | 2024. 4. 11.   개정2판 발행 | 2024. 4. 15.   편저자 | 박충신
발행인 | 박 용   발행처 | (주)박문각출판   등록 | 2015년 4월 29일 제2015-000104호
주소 | 06654 서울시 서초구 효령로 283 서경 B/D 4층   팩스 | (02)584-2927

정가 38,000원   ISBN 979-11-6987-961-3

교재관련 문의 02-6466-7202   동영상강의 문의 www.pmg.co.kr(Tel. 02-6466-7201)